名家手把手教你财会知识与技能

依据自2014年7月1日起
施行的新修订的企业会计准则等精心编写

名家手把手教你
做会计

贺志东　主编
中华第一财税网　编著

電子工業出版社
Publishing House of Electronics Industry
北京 · BEIJING

内 容 简 介

本书是名家手把手教你财会知识与技能丛书之一，依据自2014年7月1日起施行的新修订的企业会计准则等会计法律、法规、规章和其他规范性文件精心编写。本书分为7篇共39章，全面涵盖企业会计综合知识、企业经营成果、企业财务状况、企业现金流量、会计专题、行业专题和企业财务报表等内容。本书政策最新、内容全面、案例丰富，具有极强的实用性和可操作性，适合广大企业财税人员阅读和使用。

图书在版编目（CIP）数据

名家手把手教你做会计 / 中华第一财税网编著. —北京：电子工业出版社，2014.9
（名家手把手教你财会知识与技能）
ISBN 978-7-121-24173-4

Ⅰ. ①名… Ⅱ. ①中… Ⅲ. ①会计学 Ⅳ. ①F230

中国版本图书馆CIP数据核字(2014)第195906号

责任编辑：杨洪军
印　　刷：三河市鑫金马印装有限公司
装　　订：三河市鑫金马印装有限公司
出版发行：电子工业出版社
　　　　　北京市海淀区万寿路173信箱　邮编100036
开　　本：787×1092　1/16　印张：61　字数：1655千字
版　　次：2014年9月第1版
印　　次：2014年9月第1次印刷
定　　价：118.00元

凡所购买电子工业出版社图书有缺损问题，请向购买书店调换。若书店售缺，请与本社发行部联系，联系及邮购电话：（010）88254888。
质量投诉请发邮件至zlts@phei.com.cn，盗版侵权举报请发邮件至dbqq@phei.com.cn。
服务热线：（010）88258888。

前言

会计是以货币为主要计量单位，反映和监督一个单位经济活动的一种经济管理工作。在企业，会计主要反映企业的财务状况、经营成果和现金流量，并对企业经营活动和财务收支进行监督。

会计通过一系列的确认、计量、记录和报告程序，能够为投资者、债权人、政府部门，以及其他各个方面提供有关企业财务状况、经营成果和现金流量的重要信息，是有关各方据以进行经济决策和宏观经济管理的重要依据，是考核企业领导人经济责任的履行情况、加强经营管理、提高经济效益的重要保证。

为了帮助全国广大财会、财税、审计、企业管理等人员全面、深入、正确地理解最新会计实务知识与技能，实现自我充电、知识更新，著名财税专家贺志东主持编写了本书。

全书分为7篇共39章，内容包括：企业会计综合知识（企业会计综述）；企业经营成果信息的反映（收入、建造合同、政府补助、借款费用、所得税、利润表）；企业财务状况信息的反映（存货、长期股权投资、投资性房地产、固定资产、无形资产、资产减值、债务重组、或有事项、资产负债表、所有者权益变动表）；企业现金流量信息的反映（现金流量、现金流量表）、会计专题（非货币性资产交换，人力资源会计，外币折算，企业合并，租赁，会计政策、会计估计变更和差错更正，资产负债表日后事项，关联方及其披露）；行业专题（金融工具确认和计量、金融资产转移、金融工具列报、套期保值、原保险合同、再保险合同、石油天然气开采、生物资产）；企业财务报表（财务报表列报、中期财务报告、合并财务报表、分部报告）等。

本书紧密依托新企业会计准则（从2014年7月1日起执行的新修订准则）等现行会计法律、法规、规章及其他规范性文件，用通俗易懂的语言、“手把手”地逐一介绍企业会计人员工作过程中所有业务问题，具有政策最新、内容全面深入、举例丰富、实用性强等特色。

目 录

第 3 篇 企业财务状况信息的反映

第 6 篇 行业专题

第 1 篇　企业会计综合知识

第 1 章 企业会计综述

会计是以货币为主要计量单位，以凭证为主要依据，借助于专门的技术方法，对一定单位的资金运动进行全面、综合、连续、系统的核算与监督，向有关方面提供会计信息，参与经营管理，旨在提高经济效益的一种经济管理活动。

1.1 会计从业资格

为了加强会计从业资格管理、规范会计人员行为，根据《中华人民共和国会计法》（以下简称《会计法》）及相关法律的规定，财政部于 2012 年 12 月 10 日公布了《会计从业资格管理办法》（本节以下简称本办法），自 2013 年 7 月 1 日起施行。

在国家机关、社会团体、企业、事业单位和其他组织（以下统称单位）中担任会计机构负责人（会计主管）的人员，以及从事下列会计工作的人员应当取得会计从业资格：

（1）出纳。

（2）稽核。

（3）资本、基金核算。

（4）收入、支出、债权债务核算。

（5）职工薪酬、成本费用、财务成果核算。

（6）财产物资的收发、增减核算。

（7）总账。

（8）财务会计报告编制。

（9）会计机构内会计档案管理。

（10）其他会计工作。

单位不得任用（聘用）不具备会计从业资格的人员从事会计工作。不具备会计从业资格的人员，不得从事会计工作，不得参加会计专业技术资格考试或评审、会计专业技术职务的聘任，不得申请取得会计人员荣誉证书。

除本办法另有规定外，县级以上地方人民政府财政部门负责本行政区域内的会计从业资格管理。财政部委托中共中央直属机关事务管理局、国务院机关事务管理局按照各自权限分别负责中央在京单位的会计从业资格的管理。新疆生产建设兵团财务局负责所属单位会计从业资格的管理。财政部委托铁道部负责铁路系统会计从业资格的管理。财政部委托中国人民解放军总后勤部、中国人民武装警察部队后勤部分别负责中国人民解放军、中国人民武装警察部队系统的会计从业资格的管理。

1.1.1 会计从业资格的取得

国家实行会计从业资格考试制度。符合下列条件的人员，可以申请参加会计从业资格考试：

（1）遵守会计和其他财经法律、法规。

（2）具备良好的道德品质。

（3）具备会计专业基础知识和技能。

因有《会计法》所列违法情形，被依法吊销会计从业资格证书的人员，自被吊销之日起 5 年以内不得参加会计从业资格考试，不得重新取得会计从业资格证书。

因有提供虚假财务会计报告，做假账，隐匿或者故意销毁会计凭证、会计账簿、财务会计报告，贪污、挪用公款，职务侵占等与会计职务有关的违法行为，被依法追究刑事责任的人员，不得参加会计从业资格考试，不得取得或者重新取得会计从业资格证书。

县级以上地方人民政府财政部门、新疆生产建设兵团财务局、中共中央直属机关事务管理局、国务院机关事务管理局、铁道部、中国人民解放军总后勤部、中国人民武装警察部队后勤部（以下简称会计从业资格管理机构）应当对申请参加会计从业资格考试人员的条件进行审核，符合条件的，允许其参加会计从业资格考试。

会计从业资格考试科目是财经法规与会计职业道德、会计基础、会计电算化（或者珠算）。会计从业资格考试大纲、考试合格标准由财政部统一制定和公布。会计从业资格考试科目实行无纸化考试，无纸化考试题库由财政部统一组织建设。

会计从业资格各考试科目应当一次性通过。会计从业资格管理机构应当在考试结束后及时公布考试结果，通知考试通过人员在考试结果公布之日起 6 个月内，到指定的会计从业资格管理机构领取会计从业资格证书。通过会计从业资格考试的人员，应当持本人有效身份证件原件，在规定的期限内，到指定的地点领取会计从业资格证书。通过会计从业资格考试的人员，可以委托代理人领取会计从业资格证书。代理人领取会计从业资格证书时，应当持本人和委托人的有效身份证件原件。

各省、自治区、直辖市、计划单列市财政厅（局）（以下简称省级财政部门），新疆生产建设兵团财务局，中共中央直属机关事务管理局、国务院机关事务管理局、铁道部、中国人民解放军总后勤部、中国人民武装警察部队后勤部（以下简称中央主管单位），应当按照本办法、规定的管理范围，负责组织实施会计从业资格考试的下列事项：

（1）制定会计从业资格考试考务规则。

（2）组织会计从业资格考试软件系统的建设及管理。

（3）接收并管理财政部下发的会计从业资格无纸化考试题库。

（4）组织开展会计从业资格考试。

（5）监督检查会计从业资格考试考风、考纪，并依法对违规违纪行为进行处理处罚。

省级财政部门、新疆生产建设兵团财务局和中央主管单位应当根据本办法制定、公布会计从业资格考试的报考办法、考务规则、考试相关要求、报名条件和考试科目。

会计从业资格考试收费标准按照国家物价管理部门的有关规定执行。

财政部统一规定会计从业资格证书样式和编号规则。省级财政部门负责本地区会计从业资格证书的印制；新疆生产建设兵团财务局和中央主管单位分别负责本部门、本系统会计从业资格证书的印制。

会计从业资格证书是具备会计从业资格的证明文件，在全国范围内有效。持有会计从业资格证书的人员（以下简称持证人员）不得涂改、出借会计从业资格证书。

1.1.2 会计从业资格管理

持证人员应当接受继续教育，提高业务素质和会计职业道德水平。持证人员参加继续教育采取学分制管理制度。

会计从业资格管理机构应当加强对持证人员继续教育工作的监督与指导。单位应当鼓励和支持持证人员参加继续教育，保证学习时间，提供必要的学习条件。

会计从业资格管理机构应当对开展会计人员继续教育的培训机构进行监督和指导，规范培训市场，确保培训质量。

会计从业资格实行信息化管理。会计从业资格管理机构应当建立持证人员从业档案信息系统，及时记载、更新持证人员下列信息：

（1）持证人员的相关基础信息。

（2）持证人员从事会计工作情况。

（3）持证人员的变更、调转登记情况。

（4）持证人员换发会计从业资格证书情况。

（5）持证人员接受继续教育情况。

（6）持证人员受到表彰奖励情况。

（7）持证人员因违反会计法律、法规、规章和会计职业道德被处罚情况。

持证人员的姓名、有效身份证件及号码、照片、学历或学位、会计专业技术职务资格、开始从事会计工作时间等基础信息，以及第（5）和第（6）项内容发生变化的，应当持相关有效证明和会计从业资格证书，到所属会计从业资格管理机构办理从业档案信息变更。会计从业资格管理机构应当在核实相关信息后，为持证人员办理从业档案信息变更。持证人员的其他相关信息发生变化的，应当登录所属会计从业资格管理机构指定网站进行信息变更，也可以到所属会计从业资格管理机构办理。

持证人员所属会计从业资格管理机构发生变化的，应当及时办理调转登记手续。持证人员所属会计从业资格管理机构在各省级财政部门、新疆生产建设兵团财务局、中央主管单位各自管辖范围内发生变化的，应当持会计从业资格证书、工作证明（或户籍证明、居住证明）到调入地所属会计从业资格管理机构办理调转登记。持证人员所属会计从业资格管理机构在各省级财政部门、新疆生产建设兵团财务局、中央主管单位管辖范围之间发生变化的，应当及时填写调转登记表，持会计从业资格证书，到原会计从业资格管理机构办理调出手续。持证人员应当自办理调出手续之日起3个月内，持会计从业资格证书、调转登记表和在调入地的工作证明（或户籍证明、居住证明），到调入地会计从业资格管理机构办理调入手续。

持证人员应当妥善保管会计从业资格证书。如有遗失，持证人员应当在履行公告程序后，填写补发申请表，持有关证明材料，向所属会计从业资格管理机构申请补发会计从业资格证书。会计从业资格管理机构核实无误后，应当自受理之日起20个工作日内予以补发。如有毁损，持证人员应当填写补发申请表，持毁损证书原件，向所属会计从业资格管理机构申请补发会计从业资格证书。会计从业资格管理机构核实无误后，应当自受理之日起20个工作日内予以补发。

会计从业资格证书实行 6 年定期换证制度。持证人员应当在会计从业资格证书到期前 6 个月内，填写定期换证登记表，持有效身份证件原件和会计从业资格证书，到所属会计从业资格管理机构办理换证手续。

有下列情形之一的，会计从业资格管理机构可以撤销持证人员的会计从业资格：

（1）会计从业资格管理机构工作人员滥用职权、玩忽职守，做出给予持证人员会计从业资格决定的。

（2）超越法定职权或者违反法定程序，做出给予持证人员会计从业资格决定的。

（3）对不具备会计从业资格的人员，做出给予会计从业资格决定的。

持证人员以欺骗、贿赂、舞弊等不正当手段取得会计从业资格的，会计从业资格管理机构应当撤销其会计从业资格。

持证人员具有下列情形之一的，会计从业资格管理机构应当注销其会计从业资格。

（1）死亡或者丧失行为能力的。

（2）会计从业资格被依法吊销的。

会计从业资格管理机构应当将领取会计从业资格证书和办理会计从业资格证书换发、调转、变更登记的条件、程序、期限以及需要提交的材料和相关申请登记表格示范文本等在办公场所公示，或者在会计从业资格管理机构指定网站进行公示。相关申请登记表格示范文本应当置放于会计从业资格管理机构办公场所，免费提供，或者由申请人从会计从业资格管理机构指定网站下载。

会计从业资格管理机构应当对下列情况实施监督检查：

（1）从事会计工作的人员持有会计从业资格证书情况。

（2）持证人员换发、调转、变更登记会计从业资格证书情况。

（3）持证人员从事会计工作和执行国家统一的会计制度情况。

（4）持证人员遵守会计职业道德情况。

（5）持证人员接受继续教育情况。

会计从业资格管理机构在实施监督检查时，持证人员应当如实提供有关情况和材料，有关单位应当予以配合。

单位和个人对违反本办法规定的行为有权检举，会计从业资格管理机构应当及时核实、处理，并为检举人保密。

持证人员对会计从业资格管理机构的处理处罚决定，享有陈述权、申辩权；有权依法申请行政复议或者提起行政诉讼。

1.1.3 法律责任

参加会计从业资格考试舞弊的，两年内不得参加会计从业资格考试，由会计从业资格管理机构取消其考试成绩，已取得会计从业资格的，由会计从业资格管理机构撤销其会计从业资格。

持证人员具有下列情形之一的，由会计从业资格管理机构责令其限期改正：

（1）不参加继续教育或参加继续教育未取得规定学分的。

（2）未按照本办法规定办理调转登记的。

（3）未按照本办法规定进行信息更新的。

会计从业资格管理机构及其工作人员在实施会计从业资格管理中滥用职权、玩忽职守、徇私舞弊的，依法给予处分。构成犯罪的，依法追究刑事责任。

会计从业资格管理机构工作人员违反本办法规定，将检举人姓名和检举材料转给被检举单位或个人，或者将应当保密的检举信息对外泄露的，由所在单位或者有关单位依法给予处分。构成犯罪的，依法追究刑事责任。

1.2 会计核算的基本前提

财务会计要在一定的假设条件下才能确认、计量、记录和报告会计信息。会计核算的基本前提是指一般在会计实践中长期奉行，不需证明便为人们所接受的前提条件。

我国《企业会计准则——基本准则》（2007 年 1 月 1 日起施行，2014 年 7 月 23 日根据《财政部关于修改〈企业会计准则——基本准则〉的决定》修改）明确了四个会计核算的基本前提，即会计主体、持续经营、会计分期和货币计量。

1.2.1 会计主体

《企业会计准则——基本准则》第五条规定，企业应当对其本身发生的交易或者事项进行会计确认、计量和报告。

会计主体是指企业会计确认、计量和报告的空间范围。为了向财务报告使用者反映企业财务状况、经营成果和现金流量，提供与其决策有用的信息，会计核算和财务报告的编制应当集中于反映特定对象的活动，并将其与其他经济实体区别开来，才能实现财务报告的目标。

在会计主体假设下，企业应当对其本身发生的交易或者事项进行会计确认、计量和报告，反映企业本身所从事的各项生产经营活动。明确界定会计主体是开展会计确认、计量和报告工作的重要前提。

首先，明确会计主体，才能划定会计所要处理的各项交易或事项的范围。在会计工作中，只有那些影响企业本身经济利益的各项交易或事项才能加以确认、计量和报告，那些不影响企业本身经济利益的各项交易或事项则不能加以确认、计量和报告。会计工作中通常所讲的资产、负债的确认，收入的实现，费用的发生等，都是针对特定会计主体而言的。

其次，明确会计主体，才能将会计主体的交易或者事项与会计主体所有者的交易或者事项以及其他会计主体的交易或者事项区分开来。例如，企业所有者的经济交易或者事项是属于企业所有者主体所发生的，不应纳入企业会计核算的范围，但是企业所有者投入到企业的资本或者企业向所有者分配的利润，则属于企业主体所发生的交易或者事项，应当纳入企业会计核算的范围。

会计主体不同于法律主体。一般来说，法律主体必然是一个会计主体。例如，一个企业作为一个法律主体，应当建立财务会计系统，独立反映其财务状况、经营成果和现金流量。但是，会计主体不一定是法律主体。例如，就企业集团而言，母公司拥有若干子公司，母、子公司虽然是不同的法律主体，但是母公司对子公司拥有控制权，为了全面反映企业集团的财务状况、经营成果和现金流量，有必要将企业集团作为一个会计主体，编制合并财务报表，在这种情况下，尽管企业集团不属于法律主体，但它却是会计主体。再如，由企业管理的证券投资基金、企业年金基金等，尽管不属于法律主体，但属于会计主体，应当对每项基金进行会计确认、计量和报告。

1.2.2 持续经营

《企业会计准则——基本准则》第六条规定，企业会计确认、计量和报告应当以持续经营为前提。

《企业会计准则第 30 号——财务报表列报》（2014 年 1 月 26 日修订，自 2014 年 7 月 1 日起在所有执行企业会计准则的企业范围内施行）第四条规定，企业应当以持续经营为基础，根据实际发生的交易和事项，按照《企业会计准则——基本准则》和其他各项会计准则的规定进行确认和计量，在此基础上编制财务报表。

《企业会计准则第 30 号——财务报表列报》第五条规定，在编制财务报表的过程中，企业管理层应当利用所有可获得信息来评价企业自报告期末起至少 12 个月的持续经营能力。评价时需要考虑宏观政策风险、市场经营风险、企业目前或长期的盈利能力、偿债能力、财务弹性以及企业管理层改变经营政策的意向等因素。评价结果表明对持续经营能力产生重大怀疑的，企业应当在附注中披露导致对持续经营能力产生重大怀疑的因素以及企业拟采取的改善措施。

《企业会计准则第 30 号——财务报表列报》第六条规定，企业如有近期获利经营的历史且有财务资源支持，则通常表明以持续经营为基础编制财务报表是合理的。企业正式决定或被迫在当期或将在下一个会计期间进行清算或停止营业的，则表明以持续经营为基础编制财务报表不再合理。在这种情况下，企业应当采用其他基础编制财务报表，并在附注中声明财务报表未以持续经营为基础编制的事实、披露未以持续经营为基础编制的原因和财务报表的编制基础。

1. 持续经营的定义

持续经营是指在可以预见的将来，企业将会按当前的规模和状态继续经营下去，不会停业，也不会大规模削减业务。在持续经营前提下，企业会计确认、计量和报告应当以持续、正常的生产经营活动为前提。

2. 持续经营为何要作为会计核算的基本前提

企业是否持续经营，在会计原则、会计方法的选择上有很大差别。一般情况下，应当假定企业将会按当前的规模和状态继续经营下去，不会停业，也不会大规模削减业务。明确这个基本前提，就意味着会计主体将按照既定用途使用资产，按照既定的合约条件清偿债务，会计人员就可以在此基础上选择会计原则和会计方法。

例如，一般情况下，企业的固定资产可以在一个较长的时期发挥作用，如果可以判断企业会持续经营，就可以假定企业的固定资产会在持续经营的生产经营过程中长期发挥作用，并服务于生产经营过程，固定资产就可以根据历史成本进行记录，并采用折旧的方法，将历史成本分摊到各个会计期间或相关产品的成本中。如果判断企业不会持续经营，固定资产就不应采用历史成本进行记录并按期计提折旧。

由于持续经营是根据企业发展的一般情况所做的设定，而任何企业都存在破产、清算的风险，也就是说，企业不能持续经营的可能性总是存在的。为此，需要企业定期对其持续经营基本前提做出分析和判断。如果可以判断企业不会持续经营，就应当改变会计核算的原则和方法，并在企业财务会计报告中作相应披露。

1.2.3 会计分期

《企业会计准则——基本准则》第七条规定，企业应当划分会计期间，分期结算账目和编制财务会计报告。会计期间分为年度和中期。中期是指短于一个完整的会计年度的报告期间。

会计分期又称会计期间，是指将一个企业持续经营的生产经营活动划分为一个个连续的、长短相同的期间。

在会计分期前提下，会计应当划分会计期间，分期结算账目和编制财务会计报告。会计期间分为年度、半年度、季度和月度。年度、半年度、季度和月度均按公历起讫日期确定。半年度、季度和月度均称为会计中期。中期，是指短于一个完整的会计年度的报告期间。

会计分期的目的是，将持续经营的生产经营活动划分成连续、相等的期间，据以结算盈亏，按期编报财务会计报告，从而及时向各方面提供有关企业财务状况、经营成果和现金流量的信息。

根据持续经营基本前提，一个企业将要按当前的规模和状态持续经营下去。要最终确定企业的生产经营成果，只能等到一个企业在若干年后歇业的时候核算一次盈亏。但是，企业的生产经营活动和投资决策要求及时得到有关信息，不能等到歇业时一次性地核算盈亏。因此，就需要将企业持续经营的生产经营活动划分为一个个连续的、长短相同的期间，分期核算和反映。明确会计分期基本前提对会计核算有着重要影响。由于会计分期，才产生了当期与其他期间的差别，从而出现权责发生制和收付实现制的区别，才使不同类型的会计主体有了记账的基准，进而出现了应收、应付、递延、预提、待摊等会计处理方法。

最常见的会计期间是一年，以一年确定的会计期间称为会计年度，按年度编制的财务会计报表也称为年报，以中期为基础编制的财务报告也称为中期财务报告。在我国，会计年度自公历每年的 1 月 1 日起至 12 月 31 日止。为满足人们对会计信息的需要，也要求企业按短于一年的期间编制财务报告，如要求上市公司每个季度提供一次财务会计报告。

1.2.4 货币计量

《企业会计准则——基本准则》第八条规定，企业会计应当以货币计量。

货币计量是指会计主体在会计核算过程中采用货币作为计量单位，计量、记录和报告会计主体的生产经营活动。

在会计核算过程中之所以选择货币作为计量单位，是由货币的本身属性决定的。货币是商品的一般等价物，是衡量一般商品价值的共同尺度，具有价值尺度、流通手段、贮藏手段和支付手段等特点。其他的计量单位，如重量、长度、容积、台、件等，只能从一个侧面反映企业的生产经营情况，无法在量上进行汇总和比较，不便于实物管理和会计计量。所以，为全面反映企业的生产经营、业务收支等情况，会计核算就选择了货币作为计量单位。

当然，统一采用货币尺度，也有不利之处，许多影响财务状况和经营成果的一些因素，并不是都能用货币来计量的，如企业经营战略、在消费者当中的信誉度、企业的地理位置、企业的技术开发能力等。为了弥补货币计量的局限性，要求企业采用一些非货币指标作为会计报表的补充。

小知识

记账本位币

记账本位币是指企业经营所处的主要经济环境中的货币。

在货币计量前提下，企业会计应当以货币计量。在我国，企业会计通常应当以人民币为记账本位币。业务收支以人民币以外的货币为主的企业，可以选定其中一种货币作为记账本位币，但是编报的财务会计报告应当折算为人民币。在境外设立的中国企业向国内报送的财务会计报告，应当折算为人民币。

企业在选定记账本位币时，应当考虑下列因素：

（1）该货币主要影响商品和劳务的销售价格，通常以该货币进行商品和劳务的计价和结算。

（2）该货币主要影响商品和劳务所需人工、材料和其他费用，通常以该货币进行上述费用的计价和结算。

（3）融资活动获得的货币以及保存从经营活动中收取款项所使用的货币。

企业在选定境外经营的记账本位币时，还应当考虑下列因素：

（1）境外经营对其所从事的活动是否拥有很强的自主性。

（2）境外经营活动中与企业的交易是否在境外经营活动中占有较大比重。

（3）境外经营活动产生的现金流量是否直接影响企业的现金流量、是否可以随时汇回。

（4）境外经营活动产生的现金流量是否足以偿还其现有债务和可预期的债务。

其中，境外经营，是指企业在境外的子公司、合营企业、联营企业、分支机构。在境内的子公司、合营企业、联营企业、分支机构，采用不同于企业记账本位币的，也视同境外经营。

1.3 会计要素

会计要素是根据交易或者事项的经济特征确定的财务会计对象所进行的基本分类。会计要素按照其性质分为资产、负债、所有者权益、收入、费用和利润，其中，资产、负债和所有者权益要素侧重于反映企业的财务状况，收入、费用和利润要素侧重于反映企业的经营成果。

1.3.1 资产

资产是指企业过去的交易或者事项形成的、由企业拥有或者控制的、预期会给企业带来经济利益的资源。

1. 资产的特征

（1）资产应为企业拥有或者控制的资源。资产作为一项资源，应当由企业拥有或者控制，具体是指企业享有某项资源的所有权，或者虽然不享有某项资源的所有权，但该资源能被企业所控制。

企业享有资产的所有权，通常表明企业能够排他性地从资产中获取经济利益。一般而言，在判断资产是否存在时，所有权是考虑的首要因素。有些情况下，资产虽然不为企业所拥有，即企业并不享有其所有权，但企业控制了这些资产，同样表明企业能够从资产中获取经济利益，符合会计上对资产的定义。例如，智董公司以融资租赁方式租入一项固定资产，尽管企业并不拥有其所有权，但是如果租赁合同规定的租赁期相当长，接近于该资产的使用寿命，表明企业控制了该资产的使用及其所能带来的经济利益，应当将其作为企业资产予以确认、计量和报告。

（2）资产预期会给企业带来经济利益。资产预期会给企业带来经济利益，是指资产直接或者间接导致现金和现金等价物流入企业的潜力。这种潜力可以来自企业日常的生产经营活动，也可以是非日常活动；带来经济利益的形式可以是现金或者现金等价物形式，也可以是能转化为现金或者现金等价物的形式，或者是可以减少现金或者现金等价物流出的形式。

资产预期能否会为企业带来经济利益是资产的重要特征。例如，企业采购的原材料、购置的固定资产等可以用于生产经营过程，制造商品或者提供劳务，对外出售后收回货款，货款即为企业所获得的经济利益。如果某一项目预期不能给企业带来经济利益，那么就不能将其确认为企业的资产。前期已经确认为资产的项目，如果不能再为企业带来经济利益，也不能再确认为企业的资产。例如，待处理财产损失以及某些财务挂账等，由于不符合资产定义，均不应当确认为资产。

（3）资产是由企业过去的交易或者事项形成的。资产应当由企业过去的交易或者事项所形成，过去的交易或者事项包括购买、生产、建造行为或者其他交易或事项。换句话说，只有过去的交易或者事项才能产生资产，企业预期在未来发生的交易或者事项不形成资产。例如，企业有购买某存货的意愿或者计划，但是购买行为尚未发生，就不符合资产的定义，不能因此而确认为存货资产。

2. 资产的确认条件

将一项资源确认为资产，需要符合资产的定义，还应同时满足以下两个条件。

（1）与该资源有关的经济利益很可能流入企业。从资产的定义来看，能否带来经济利益是资产的一个本质特征，但在现实生活中，由于经济环境瞬息万变，与资源有关的经济利益能否流入企业或者能够流入多少实际上带有不确定性。因此，资产的确认还应与经济利益流入的不确定性程度的判断结合起来。如果根据编制财务报表时所取得的证据，与资源有关的经济利益很可能流入企业，那么就应当将其作为资产予以确认；反之，不能确认为资产。

（2）该资源的成本或者价值能够可靠地计量。财务会计系统是一个确认、计量和报告的系统，其中可计量性是所有会计要素确认的重要前提，资产的确认也是如此。只有当有关资源的成本或者价值能够可靠地计量时，资产才能予以确认。在实务中，企业取得的许多资产都是发生了实际成本的，如企业购买或者生产的存货、企业购置的厂房或者设备等，对于这些资产，只要实际发生的购买成本或者生产成本能够可靠计量，就视为符合了资产确认的可计量条件。在某些特定情况下，企业取得的资产没有发生实际成本或者发生的实际成本很小，如企业持有的某些衍生金融工具形成的资产，对于这些资产，尽管它们没有实际成本或者发生的实际成本很小，但是如果其公允价值能够可靠计量的话，也被认为符合了资产可计量性的确认条件。

小知识

资产的分类

资产可以按照不同的标准进行分类，比较常见的是按照流动性和按有无实物形态进行分类。

1. 按照流动性对资产进行分类

（1）流动资产。《企业会计准则第30号——财务报表列报》（2014年1月26日修订，自2014年7月1日起在所有执行企业会计准则的企业范围内施行）第十七条规定，资产满足下列条件之一的，应当归类为流动资产：

① 预计在一个正常营业周期中变现、出售或耗用。

② 主要为交易目的而持有。

③ 预计在资产负债表日起一年内变现。

④ 自资产负债表日起一年内，交换其他资产或清偿负债的能力不受限制的现金或现金等价物。

正常营业周期是指企业从购买用于加工的资产起至实现现金或现金等价物的期间。正常营业周期通常短于一年。因生产周期较长等导致正常营业周期长于一年的，尽管相关资产往往超过一年才变现、出售或耗用，仍应当划分为流动资产。正常营业周期不能确定的，应当以一年（12个月）作为正常营业周期。

通常情况下，流动资产主要包括货币资金、以公允价值计量且其变动计入当期损益的金融资产、应收款项、预付款项、存货、被划分为持有待售的非流动资产及被划分为持有待售的处置组中的资产。

（2）非流动资产。《企业会计准则第30号——财务报表列报》第十八条规定，流动资产以外的资产应当归类为非流动资产，并应按其性质分类列示。被划分为持有待售的非流动资产应当归类为流动资产。

非流动资产主要包括可供出售金融资产、持有至到期投资、长期股权投资、投资性房地产、固定资产、生物资产、无形资产、递延所得税资产。

2. 按照有无实物形态对资产进行分类

例如，存货、固定资产等属于有形资产，因为它们具有物质实体；货币资金、应收款项、短期投资、长期股权投资、长期债权投资、专利权、商标权等属于无形资产，因为它们没有物质实体，而是表现为某种法定权利或技术。

一般来说，通常将无形资产作狭义的理解，仅将专利权、商标权等不具有物质形态，能够为企业带来超额利润的资产称为无形资产。

1.3.2 负债

负债是指企业过去的交易或者事项形成的预期会导致经济利益流出企业的现时义务。

1. 负债的特征

（1）负债是企业承担的现时义务。负债必须是企业承担的现时义务，这是负债的一个基本特征。其中，现时义务是指企业在现行条件下已承担的义务。未来发生的交易或者事项形成的义务，不属于现时义务，不应当确认为负债。这里所指的义务可以是法定义务，也可以是推定义务。其中，法定义务是指具有约束力的合同或者法律、法规规定的义务，通常必须依法执行。例如，企业购买原材料形成应付账款，企业向银行借入款项形成借款，企业按照税法规定应当缴纳的税款等，均属于企业承担的法定义务，需要依法予以偿还。推定义务是指根据企业多年来的习惯做法、公开的承诺或者公开宣布的政策而导致企业将承担的责任，这些责任也使有关各方形成了企业将履行义务解脱责任的合理预期。

（2）负债预期会导致经济利益流出企业。预期会导致经济利益流出企业也是负债的一个本质特征，只有企业在履行义务时会导致经济利益流出企业的，才符合负债的定义，如果不会导致企业经济利益流出，就不符合负债的定义。在履行现时义务清偿负债时，导致经济利益流出企业的形式多种多样，如用现金偿还或以实物资产形式偿还，以提供劳务形式偿还，以部分转移资产、部分提供劳务形式偿还等。

（3）负债是由企业过去的交易或者事项形成的。负债应当由企业过去的交易或者事项所形成。换句话说，只有过去的交易或者事项才形成负债，企业将在未来发生的承诺、签订的合同等交易或者事项，不形成负债。

2. 负债的确认条件

将一项现时义务确认为负债，需要符合负债的定义，还应当同时满足以下两个条件。

（1）与该义务有关的经济利益很可能流出企业。从负债的定义来看，负债预期会导致经济利益流出企业，但是履行义务所需流出的经济利益带有不确定性，尤其是与推定义务相关的经济利益通常需要依赖于大量的估计。因此，负债的确认应当与经济利益流出的不确定性程度的判断结合起来。如果有确凿证据表明，与现时义务有关的经济利益很可能流出企业，就应当将其作为负债予以确认；反之，如果企业承担了现时义务，但是导致经济利益流出企业的可能性若已不复存在，就不符合负债的确认条件，不应将其作为负债予以确认。

（2）未来流出的经济利益的金额能够可靠地计量。负债的确认在考虑经济利益流出企业的同时，对于未来流出的经济利益的金额应当能够可靠计量。对于与法定义务有关的经济利益流出金额，通常可以根据合同或者法律规定的金额予以确定，考虑到经济利益流出的金额通常在未来期间，有时未来期间较长，有关金额的计量需要考虑货币时间价值等因素的影响。对于与推定义务有关的经济利益流出金额，企业应当根据履行相关义务所需支出的最佳估计数进行估计，并综合考虑有关货币时间价值、风险等因素的影响。

小知识

负债的分类

按照流动性对负债进行分类，可以分为流动负债和非流动负债。

1. 流动负债

《企业会计准则第 30 号——财务报表列报》第十九条规定，负债满足下列条件之一的，应当归类为流动负债：

（1）预计在一个正常营业周期中清偿。

（2）主要为交易目的而持有。

（3）自资产负债表日起一年内到期应予以清偿。

（4）企业无权自主地将清偿推迟至资产负债表日后一年以上。负债在其对手方选择的情况下可通过发行权益进行清偿的条款与负债的流动性划分无关。

企业对资产和负债进行流动性分类时，应当采用相同的正常营业周期。企业正常营业周期中的经营性负债项目即使在资产负债表日后超过一年才予清偿的，仍应当划分为流动负债。经营性负债项目包括应付账款、应付职工薪酬等，这些项目属于企业正常营业周期中使用的营运资金的一部分。

通常情况下，流动负债包括短期借款、以公允价值计量且其变动计入当期损益的金融负债、应付款项、预收款项、应付职工薪酬、应交税费、被划分为持有待售的处置组中的负债。

2. 非流动负债

《企业会计准则第 30 号——财务报表列报》第二十条规定，流动负债以外的负债应当归类为非流动负债，并应当按其性质分类列示。被划分为持有待售的非流动负债应当归类为流动负债。

非流动负债主要包括长期借款、应付债券、长期应付款、预计负债、递延所得税负债。

3. 两种特别指出的情况

（1）对于在资产负债表日起一年内到期的负债，企业预计能够自主地将清偿义务展期至资产负债表日起一年以上的，应当归类为非流动负债；不能自主地将清偿义务展期的，即使在资产负债表日后、财务报表批准报出日前签订了重新安排清偿计划协议，该项负债仍应归类为流动负债。

（2）企业在资产负债表日或之前违反了长期借款协议，导致贷款人可随时要求清偿的负债，应当归类为流动负债。贷款人在资产负债表日或之前同意提供在资产负债表日起一年以上的宽限期，企业能够在此期限内改正违约行为，且贷款人不能要求随时清偿的，该项负债应当归类为非流动负债。

法律依据

第二十一条　对于在资产负债表日起一年内到期的负债，企业有意图且有能力自主地将清偿义务展期至资产负债表日后一年以上的，应当归类为非流动负债；不能自主地将清偿义务展期的，即使在资产负债表日后、财务报告批准报出日前签订了重新安排清偿计划协议，该项负债仍应当归类为流动负债。

第二十二条　企业在资产负债表日或之前违反了长期借款协议，导致贷款人可随时要求清偿的负债，应当归类为流动负债。

贷款人在资产负债表日或之前同意提供在资产负债表日后一年以上的宽限期，在此期限内企业能够改正违约行为，且贷款人不能要求随时清偿的，该项负债应当归类为非流动负债。

其他长期负债存在类似情况的，比照上述第一款和第二款处理。

1.3.3 所有者权益

所有者权益是指企业资产扣除负债后由所有者享有的剩余权益。公司的所有者权益又称股东权益。所有者权益是所有者对企业资产的剩余索取权，是企业资产中扣除债权人权益后应由所有者享有的部分，既可反映所有者投入资本的保值、增值情况，又体现了保护债权人权益的理念。

1. 所有者权益的来源构成

所有者权益的来源包括所有者投入的资本、直接计入所有者权益的利得和损失、留存收益等，通常由实收资本（或股本）、资本公积（含资本溢价或股本溢价、其他资本公积）、盈余公积和未分配利润构成，商业银行等金融企业按照规定在税后利润中提取的一般风险准备也构成所有者权益。

所有者投入的资本是指所有者投入企业的资本部分，它既包括构成企业注册资本或者股本部分的金额，也包括投入资本超过注册资本或者股本部分的金额，即资本溢价或者股本溢价，这部分投入资本在我国企业会计准则体系中被计入了资本公积，并在资产负债表中的资本公积项目下反映。

直接计入所有者权益的利得和损失，是指不应计入当期损益、会导致所有者权益发生增减变动的、与所有者投入资本或者向所有者分配利润无关的利得或者损失。其中，利得是指由企业非日常活动所形成的、会导致所有者权益增加的、与所有者投入资本无关的经济利益的流入，利得包括直接计入所有者权益的利得和直接计入当期利润的利得。损失是指由企业非日常活动所发生的、会导致所有者权益减少的、与向所有者分配利润无关的经济利益的流出，损失包括直接计入所有者权益的损失和直接计入当期利润的损失。直接计入所有者权益的利得和损失主要包括可供出售金融资产的公允价值变动额、现金流量套期中套期工具公允价值变动额（有效套期部分）等。

留存收益是企业历年实现的净利润留存于企业的部分，主要包括累计计提的盈余公积和未分配利润。

2. 所有者权益的确认条件

所有者权益的确认和计量主要取决于资产、负债、收入、费用等其他会计要素的确认和计量。所有者权益即为企业的净资产，是企业资产总额中扣除债权人权益后的净额，反映所有者（股东）财富的净增加额。通常企业收入增加时，会导致资产的增加，相应地会增加所有者权益；企业发生费用时，会导致负债增加，相应地会减少所有者权益。因此，企业日常经营的好坏和资产负债的质量直接决定着企业所有者权益的增减变化和资本的保值、增值。

所有者权益反映的是企业所有者对企业资产的索取权，负债反映的是企业债权人对企业资产的索取权，而且通常债权人对企业资产的索取权要优先于所有者对企业资产的索取权，因此，所有者享有的是企业资产的剩余索取权，两者在性质上有本质区别，因此企业在会计确认、计量和报告中应当严格区分负债和所有者权益，以如实反映企业的财务状况，尤其是企业的偿债能力和产权比率等。在实务中，企业某些交易或者事项可能同时具有负债和所有者权益的特征，在这种情况下，企业应当将属于负债和所有者权益的部分分开核算和列报。例如，企业发行的可转换公司债券，企业应当将其中的负债部分和权益性工具部分进行分拆，分别确认负债和所有者权益。

1.3.4 收入

收入是指企业在日常活动中形成的、会导致所有者权益增加的、与所有者投入资本无关的经济利益的总流入。

1. 收入的特征

（1）收入是企业在日常活动中形成的。日常活动是指企业为完成其经营目标所从事的经常性活动以及与之相关的活动。例如，工业企业制造并销售产品、商业企业销售商品、保险公司签发保单、咨询公司提供咨询服务、软件企业为客户开发软件、安装公司提供安装服务、商业银行对外贷款、租赁公司出租资产等，均属于企业的日常活动。明确界定日常活动是为了将收入与利得相区分，日常活动是确认收入的重要判断标准，凡是日常活动所形成的经济利益的流入应当确认为收入，反之，非日常活动所形成的经济利益的流入不能确认为收入，而应当计入利得。比如，处置固定资产属于非日常活动，所形成的净利益就不应确认为收入，而应当确认为利得。再如，无形资产出租所取得的租金收入属于日常活动所形成的，应当确认为收入，但是处置无形资产属于非日常活动，所形成的净利益不应当确认为收入，而应当确认为利得。

（2）收入会导致所有者权益的增加。与收入相关的经济利益的流入应当会导致所有者权益的增加，不会导致所有者权益增加的经济利益的流入不符合收入的定义，不应确认为收入。例如，企业向银行借入款项，尽管也导致了企业经济利益的流入，但该流入并不导致所有者权益的增加，而使企业承担了一项现时义务，不应将其确认为收入，应当确认为一项负债。

（3）收入是与所有者投入资本无关的经济利益的总流入。收入应当会导致经济利益的流入，从而导致资产的增加。例如，企业销售商品，应当收到现金或者在未来有权收到现金，才表明该交易符合收入的定义。但是，经济利益的流入有时是所有者投入资本的增加所致，所有者投入资本的增加不应当确认为收入，应当将其直接确认为所有者权益。

2. 收入的确认条件

企业收入的来源渠道多种多样，不同收入来源的特征有所不同，其收入确认条件也往往存在一些差别，如销售商品、提供劳务、让渡资产使用权等。一般而言，收入只有在经济利益很可能流入从而导致企业资产增加或者负债减少、经济利益的流入额能够可靠计量时才能予以确认。收入的确认至少应当符合以下条件：一是与收入相关的经济利益应当很可能流入企业；二是经济利益流入企业的结果会导致资产的增加或者负债的减少；三是经济利益的流入额能够可靠计量。

1.3.5 费用

费用是指企业在日常活动中发生的、会导致所有者权益减少的、与向所有者分配利润无关的经济利益的总流出。

1. 费用的特征

（1）费用是企业在日常活动中形成的。费用必须是企业在其日常活动中所形成的，这些日常活动的界定与收入定义中涉及的日常活动的界定相一致。因日常活动所产生的费用通常包括销售成本（营业成本）、管理费用等。将费用界定为日常活动所形成的，目的是为了将其与损失相区分，企业非日常活动所形成的经济利益的流出不能确认为费用，而应当计入损失。

（2）费用会导致所有者权益的减少。与费用相关的经济利益的流出应当会导致所有者权益的减少，不会导致所有者权益减少的经济利益的流出不符合费用的定义，不应确认为费用。

（3）费用导致的经济利益总流出与向所有者分配利润无关。费用的发生应当会导致经济利益的流出，从而导致资产的减少或者负债的增加（最终也会导致资产的减少）。其表现形式包括现金或者现金等价物的流出，存货、固定资产和无形资产等的流出或者消耗等。企业向所有者分配利润也会导致经济利益的流出，而该经济利益的流出属于投资者投资回报的分配，是所有者权益的直接抵减项目，不应确认为费用，应当将其排除在费用的定义之外。

2. 费用的确认条件

费用的确认除了应当符合定义外，也应当满足严格的条件，即费用只有在经济利益很可能流出从而导致企业资产减少或者负债增加、经济利益的流出额能够可靠计量时才能予以确认。费用的确认至少应当符合以下条件：一是与费用相关的经济利益应当很可能流出企业；二是经济利益流出企业的结果会导致资产的减少或者负债的增加；三是经济利益的流出额能够可靠计量。

1.3.6 利润

利润是指企业在一定会计期间的经营成果。

通常情况下，如果企业实现了利润，表明企业的所有者权益将增加，业绩得到了提升；反之，如果企业发生了亏损（利润为负数），表明企业的所有者权益将减少，业绩下降。利润是评价企业管理层业绩的指标之一，也是投资者等财务报告使用者进行决策时的重要参考。

1. 利润的来源构成

利润包括收入减去费用后的净额、直接计入当期利润的利得或损失等。其中收入减去费用后的净额反映企业日常活动的经营业绩，直接计入当期利润的利得和损失反映企业非日常活动取得的利得或受到的损失。直接计入当期利润的利得和损失，是指应当计入当期损益、最终会引起所有者权益发生增减变动的、与所有者投入资本或者向所有者分配利润无关的利得或者损失。企业应当严格区分收入和利得、费用和损失，以更加全面地反映企业的经营成果。

2. 利润的确认条件

利润反映收入减去费用、利得减去损失后的净额。利润的确认主要依赖于收入和费用以及利得和损失的确认，其金额的确定也主要取决于收入、费用、利得、损失金额的计量。

小知识

2014年7月1日起施行的新修订的会计准则中有关“综合收益”的内容

我国《企业会计准则第30号——财务报表列报》（简称“我国列报准则”）自2006年2月发布后，《国际会计准则第1号——财务报表列报》（简称“国际列报准则”）就综合收益的列报进行了两次修订，我国企业会计准则也通过发布解释等对财务报表列报提出了一些新的要求。

国际会计准则理事会（IASB）曾于2007年9月发布了对国际列报准则的修订，引入了“综合收益”的概念。对此，我国已于2009年6月11日发布了《企业会计准则解释第3号》（简称《解释第3号》），在利润表中增加了“其他综合收益”和“综合收益总额”项目，实现了与国际列报准则的持续趋同，并且在实务中实施良好。

2011 年 6 月 16 日，国际会计准则理事会正式发布了《对〈国际会计准则第 1 号——财务报表列报〉的修改——其他综合收益项目的列报》，于 2012 年 7 月 1 日或以后日期开始的年度期间生效，允许提前采用。国际列报准则的此次修订主要包括：一是将其他综合收益项目划分为“满足特定条件时后续将重分类计入损益的项目”和“不能重分类计入损益的项目”两类区别列报。二是当企业选择以税前为基础列报其他综合收益项目时，要求将相关税收影响在上述两类项目之间分配。

《企业会计准则第 30 号——财务报表列报》在利润表中增加了“其他综合收益”和“综合收益总额”项目并进行了定义，同时将“其他综合收益”项目进一步划分为“以后会计期间不能重分类进损益的其他综合收益项目”和“以后会计期间在满足规定条件时将重分类进损益的其他综合收益项目”两类区别列报。此外，原在所有者权益变动表中反映的“综合收益”有关内容也做出相应调整，并在附注中增加有关披露内容。

《企业会计准则第 30 号——财务报表列报》第三十二条规定，综合收益是指企业在某一期间除与所有者以其所有者身份进行的交易之外的其他交易或事项所引起的所有者权益变动。“综合收益总额”项目反映净利润和其他综合收益扣除所得税影响后的净额相加后的合计金额。

第三十三条规定：其他综合收益是指企业根据其他会计准则规定未在当期损益中确认的各项利得和损失。

其他综合收益项目应当根据其他相关会计准则的规定分为下列两类列报：

（1）以后会计期间不能重分类进损益的其他综合收益项目，主要包括重新计量设定受益计划净负债或净资产导致的变动、按照权益法核算的在被投资单位以后会计期间不能重分类进损益的其他综合收益中所享有的份额等。

（2）以后会计期间在满足规定条件时将重分类进损益的其他综合收益项目，主要包括按照权益法核算的在被投资单位以后会计期间在满足规定条件时将重分类进损益的其他综合收益中所享有的份额、可供出售金融资产公允价值变动形成的利得或损失、持有至到期投资重分类为可供出售金融资产形成的利得或损失、现金流量套期工具产生的利得或损失中属于有效套期的部分、外币财务报表折算差额等。

1.4 会计等式

会计等式是指运用数学方程的原理来描述会计对象各要素之间数量关系的一种表达方式，通常也称为会计恒等式或会计平衡公式。会计等式是客观存在的必然经济现象，是资金运动规律的具体化表现，它不仅揭示了会计要素之间的关系，也是复式记账、试算平衡和编制会计报表的理论基础。

每个会计要素都有其自身的特点，各自包含不同的内容。但是，各个会计要素之间也存在一些内在、必然的联系。

1. 资产=负债+所有者权益

企业要开始生产经营活动，必须从投资者和债权人那里取得一定的经营资金或一定的实物，即首先得占用一定的资财才能开始生产经营活动。这些资财就形成企业的资产，在会计核算上以货币形式表现并确认。另外，这些资产要么来源于债权人提供的资金，形成企业的负债；要么来源于所有者的资本投资，形成企业的所有者权益。资产、负债与所有者权益，实质上是同一价值运动的两个方面的表现。在所有者权益数额一定的情况下，从债权人手中取得多少数额的资金，必然是使资产按同一数额增加；在负债数额一定的情况下，所有者向企业投入多少数额的资金，也必然使资产按同一数额增加。所以，资产的价值量必然等于负债与所有者权益之和。

企业的生产经营活动就是不断地取得、使用、生产和销售不同资财的过程。从静态来看，企业开始生产经营活动后，在某一时点上总是表现为占用一定的资财，即占用一定的资产。这些资财同样也只能是来源于债权人的债务、所有者的投资或归所有者所有。企业的资产价值总量也仍然等于企业的负债和所有者对企业初始投资额及其增值额的总和。企业经济活动的发生，只是表现在数量上影响企业资产总额与负债或所有者权益总额的同时增减变化，并不能也不会破坏这一基本的恒等关系。

这一基本平衡关系用公式表示出来，就是会计等式，即

资产=负债+所有者权益

这一会计等式表明某一会计主体在某一特定时点所拥有的各种资产，以及债权人和投资者（所有者）对企业资产要求权的基本状况，表明资产和负债与所有者权益之间的基本关系。这一会计等式还是会计复式记账、会计核算和会计报表的基础。

2. 利润=收入–费用+直接计入当期利润的利得和损失等

企业的目标就是从生产经营活动中获取收入，实现盈利。企业在取得收入的同时，也必然要发生相应的费用。企业通过收入与费用的比较，才能计算确定一定期间的盈利水平，确定当期实现的利润总额。利润与收入和费用的关系用公式表示出来，即

利润=收入–费用+直接计入当期利润的利得和损失等

其中，直接计入当期利润的利得和损失是指应当计入当期损益、会导致所有者权益发生增减变动的、与所有者投入资本或者向所有者分配利润无关的利得或者损失。

这一等式表明经营成果与相应期间的收入和费用的关系。

3. 会计事项对会计等式的影响

会计事项又称经济业务，是指那些能用货币计量，并足以引起会计要素增减变动的经济业务或经济事项。

（1）会计事项的类型。一个企业在经营活动中所发生的会计事项是多种多样的，但从它们对资产、负债和所有者权益所引起的变化来说，则可概括为以下类型：

① 资产增加，负债增加。

② 资产增加，所有者权益增加。

③ 资产增加，另一项资产减少。

④ 负债减少，资产减少。

⑤ 负债减少，另一项负债增加。

⑥ 负债减少，所有者权益增加。

⑦ 所有者权益减少，资产减少。

⑧ 所有者权益减少，负债增加。

⑨ 所有者权益减少，另一项所有者权益增加。

（2）会计事项对基本会计等式的影响。一个企业的所有资产和权益（负债和资本）经常随着它在经营中所进行的各种经济活动而不断发生变化。但不论它们怎样变化，总不会破坏上述会计方程式的平衡关系。也就是说，不论企业的经济活动会使它的资产与权益（负债和资本）发生怎样的变化，它在一定时日所有的资产总额必定等于它的权益（负债和资本）总额。

1.5 会计核算的基本原则

1．配比

企业为生产产品、提供劳务等发生的可归属于产品成本、劳务成本等的费用，应当在确认产品销售收入、劳务收入等时，将已销售产品、已提供劳务的成本等计入当期损益；企业发生的支出不产生经济利益的，或者即使能够产生经济利益但不符合或者不再符合资产确认条件的，应当在发生时确认为费用，计入当期损益；企业发生的交易或者事项导致其承担了一项负债而又不确认为一项资产的，应当在发生时确认为费用，计入当期损益。

换句话说，配比原则要求企业在进行会计核算时，收入与其成本、费用应当相互配比，同一会计期间内的各项收入和与其相关的成本、费用，应当在该会计期间内确认。

小知识

配比的两层含义

配比原则是根据收入与费用的内在联系，要求将一定时期内的收入与为取得收入所发生的费用在同一期间进行确认和计量。在会计核算工作中坚持配比原则有两层含义。

1．因果配比

将收入与其对应的成本相配比，比如，将主营业务收入与主营业务成本相配比，将其他业务收入与其他业务成本相配比。

2．期间配比

将一定时期的收入与同时期的费用相配比，比如，将当期的收入与管理费用、财务费用等期间费用相配比等。

2．划分资本性支出和收益性支出

划分资本性支出和收益性支出是指企业的会计处理应当合理划分收益性支出与资本性支出的界限。凡支出的效益仅及于本会计期间的，应当作为收益性支出；凡支出的效益及于几个会计期间的，应当作为资本性支出，以便正确计算各会计期间的损益。

1.6 会计确认、计量和报告的基础——权责发生制

企业应当以权责发生制为基础进行会计确认、计量和报告。

1．以权责发生制为基础的要求

在企业会计核算以权责发生制为基础的情况下，凡是当期已经实现的收入和已经发生或应当负担的费用，不论款项是否收付，都应当作为当期的收入和费用；凡是不属于当期的收入和费用，即使款项已在当期收付，也不应当作为当期的收入和费用。有时，企业发生的货币收支业务与交易或事项本身并不完全一致。例如，款项已经收到，但销售并未实现；或者款项已经支付，但并不是为本期生产经营活动而发生的。为了明确会计核算的确认基础，更真实地反映特定会计期间的财务状况和经营成果，就要求企业在会计核算过程中应当以权责发生制为基础。

2．权责发生制与收付实现制的区别

收付实现制是与权责发生制相对应的一种确认基础，它是以收到或支付现金作为确认收入

和费用的依据。目前，我国的行政单位采用收付实现制，事业单位除经营业务采用权责发生制外，其他业务也采用收付实现制。

1.7 会计计量

会计计量是指根据一定的计量标准和计量方法，在资产负债表和利润表中确认和列示会计要素而确定其金额的过程。会计计量基础又称会计计量属性，是指用货币对会计要素进行计量时的标准。根据基本准则的规定，会计计量属性主要有历史成本、重置成本、可变现净值、现值和公允价值。

1．会计计量要求

《企业会计准则——基本准则》第四十一条规定，企业在将符合确认条件的会计要素登记入账并列报于会计报表及其附注（又称财务报表，下同）时，应当按照规定的会计计量属性进行计量，确定其金额。

2．会计计量属性的采用

《企业会计准则——基本准则》第四十三条规定，企业在对会计要素进行计量时，一般应当采用历史成本，采用重置成本、可变现净值、现值、公允价值计量的，应当保证所确定的会计要素金额能够取得并可靠计量。

3．会计计量属性（见图 1-1）

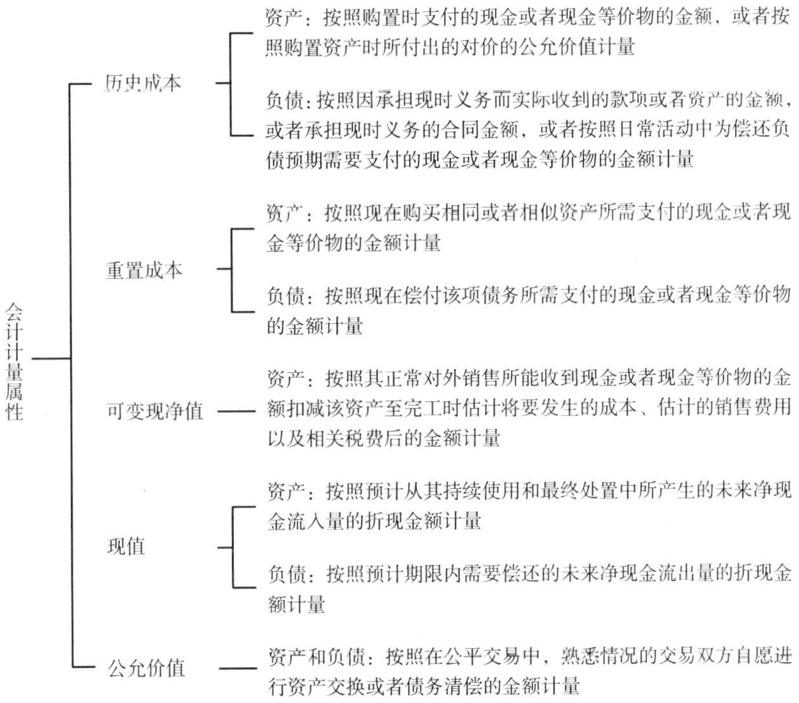

图 1-1 会计计量属性

（1）历史成本。历史成本又称原始成本，是指以取得资产时实际发生的成本作为资产的入账价值。一般情况下，资产的历史成本越高，资产的原始价值就越大；反之，资产的原始价值就越小，二者在质和量的内涵上是一致的。

在历史成本计量下，资产按照购置时支付的现金或者现金等价物的金额，或者按照购置资产时所付出的对价的公允价值计量。负债按照因承担现时义务而实际收到的款项或者资产的金额，或者承担现时义务的合同金额，或者按照日常活动中为偿还负债预期需要支付的现金或者现金等价物的金额计量。

（2）重置成本。重置成本是指企业重新取得与其所拥有的某项资产相同或与其功能相当的资产需要支付的现金或现金等价物。重置成本适用的前提是资产处于在用状态，一方面反映资产已经投入使用，另一方面反映资产能够继续使用，对所有者具有使用价值。

一般情况下，重置成本可分为复原重置成本和更新重置成本。复原重置成本是指运用原来相同的材料、建筑或制造标准、设计、格式及技术等，以现行市价复原购建原来某项全新资产所发生的支出。更新重置成本是指利用新型材料，并根据现代标准、设计及格式，以现行市价生产或建造具有相等功能的全新资产所发生的支出。

在重置成本计量下，资产按照现在购买相同或者相似资产所需支付的现金或者现金等价物的金额计量。负债按照现在偿付该项债务所需支付的现金或者现金等价物的金额计量。

（3）可变现净值。可变现净值是指在日常活动中，存货的估计售价减去至完工时估计将要发生的成本、估计的销售费用以及相关税费后的金额。

在可变现净值计量下，资产按照其正常对外销售所能收到现金或者现金等价物的金额扣减该资产至完工时估计将要发生的成本、估计的销售费用以及相关税费后的金额计量。

（4）现值。现值是指资产或负债形成的未来现金流量的折现价值。

在现值计量下，资产按照预计从其持续使用和最终处置中所产生的未来净现金流入量的折现金额计量。负债按照预计期限内需要偿还的未来净现金流出量的折现金额计量。

（5）公允价值。在公允价值计量下，资产和负债按照市场参与者在计量日发生的有序交易中，出售资产所能收到或者转移负债所需支付的价格计量。

4．各种会计计量属性的关系

在各种会计计量属性中，历史成本通常反映的是资产或者负债过去的价值，而重置成本、可变现净值、现值以及公允价值通常反映的是资产或者负债的现时成本或者现时价值，是与历史成本相对应的计量属性。当然这种关系也并不是绝对的。比如，资产或者负债的历史成本有时就是根据交易时有关资产或者负债的公允价值确定的。在非货币性资产交换中，如果交换具有商业实质，且换入、换出资产的公允价值能够可靠计量，换入资产入账成本的确定应当以换出资产的公允价值为基础，除非有确凿证据表明换入资产的公允价值更加可靠；在非同一控制下的企业合并交易中，合并成本也是以购买方在购买日为取得对被购买方的控制权而付出的资产、发生或承担的负债等的公允价值确定的。再如，在应用公允价值时，当相关资产或者负债不存在活跃市场的报价或者不存在同类或者类似资产的活跃市场报价时，需要采用估值技术来确定相关资产或者负债的公允价值，而在采用估值技术估计相关资产或者负债的公允价值时，现值往往是比较普遍的一种估值方法，在这种情况下，公允价值就是以现值为基础确定的。另外，公允价值相对于历史成本而言，具有很强的时间概念，也就是说，当前环境下某项资产或负债的历史成本可能是过去环境下该项资产或负债的公允价值，而当前环境下某项资产或负债的公允价值也许就是未来环境下该项资产或负债的历史成本。

5. 会计计量属性的应用原则

《企业会计准则——基本准则》规定，企业在对会计要素进行计量时，一般应当采用历史成本，采用重置成本、可变现净值、现值、公允价值计量的，应当保证所确定的会计要素金额能够取得并可靠计量。

在企业会计准则体系建设中适度、谨慎地引入公允价值这一计量属性，是因为随着我国资本市场的发展，股权分置改革的基本完成，越来越多的股票、债券、基金等金融产品在交易所挂牌上市，使得这类金融资产的交易已经形成了较为活跃的市场，因此，我国已经具备了引入公允价值的条件。在这种情况下，引入公允价值，更能反映企业的实际情况，对投资者等财务报告使用者的决策更加有用，而且也正因如此，我国准则才实现了与国际财务报告准则的趋同。

在引入公允价值过程中，我国充分考虑了国际财务报告准则中公允价值应用的三个级次：

第一，资产或负债等存在活跃市场的，活跃市场中的报价应当用于确定其公允价值。

第二，资产或负债等不存在活跃市场的，参考熟悉情况并自愿交易的各方最近进行的市场交易中使用的价格或参照实质上相同或相似的其他资产或负债等的市场价格确定其公允价值。

第三，资产或负债等不存在活跃市场，且不满足上述两个条件的，应当采用估值技术等确定其公允价值。

我国引入公允价值是适度、谨慎和有条件的。原因是考虑到我国尚属新兴的市场经济国家，如果不加限制地引入公允价值，有可能出现公允价值计量不可靠，甚至借机人为操纵利润的现象。因此，在投资性房地产和生物资产等具体准则中规定，只有存在活跃市场、公允价值能够取得并可靠计量的情况下，才能采用公允价值计量。

法律依据

《企业会计准则第 39 号——公允价值计量》

第一章 总则

第一条 为了规范公允价值的计量和披露，根据《企业会计准则——基本准则》，制定本准则。

第二条 公允价值，是指市场参与者在计量日发生的有序交易中，出售一项资产所能收到或者转移一项负债所需支付的价格。

第三条 本准则适用于其他相关会计准则要求或者允许采用公允价值进行计量或披露的情形，本准则第四条和第五条所列情形除外。

第四条 下列各项的计量和披露适用其他相关会计准则：

（一）与公允价值类似的其他计量属性的计量和披露，如《企业会计准则第 1 号——存货》规范的可变现净值、《企业会计准则第 8 号——资产减值》规范的预计未来现金流量现值，分别适用《企业会计准则第 1 号——存货》和《企业会计准则第 8 号——资产减值》。

（二）股份支付业务相关的计量和披露，适用《企业会计准则第 11 号——股份支付》。

（三）租赁业务相关的计量和披露，适用《企业会计准则第 21 号——租赁》。

第五条 下列各项的披露适用其他相关会计准则：

（一）以公允价值减去处置费用后的净额确定可收回金额的资产的披露，适用《企业会计准则第 8 号——资产减值》。

（二）以公允价值计量的职工离职后福利计划资产的披露，适用《企业会计准则第 9 号——职工薪酬》。

（三）以公允价值计量的企业年金基金投资的披露，适用《企业会计准则第 10 号——企业年金基金》。

第二章 相关资产或负债

第六条 企业以公允价值计量相关资产或负债，应当考虑该资产或负债的特征。

相关资产或负债的特征，是指市场参与者在计量日对该资产或负债进行定价时考虑的特征，包括资产状况及所在位置、对资产出售或者使用的限制等。

第七条　以公允价值计量的相关资产或负债可以是单项资产或负债(如一项金融工具、一项非金融资产等)，也可以是资产组合、负债组合或者资产和负债的组合(如《企业会计准则第8号——资产减值》规范的资产组、《企业会计准则第20号——企业合并》规范的业务等)。企业是以单项还是以组合的方式对相关资产或负债进行公允价值计量，取决于该资产或负债的计量单元。

计量单元是指相关资产或负债以单独或者组合方式进行计量的最小单位。相关资产或负债的计量单元应当由要求或者允许以公允价值计量的其他相关会计准则规定，但本准则第十章规范的市场风险或信用风险可抵消的金融资产和金融负债的公允价值计量除外。

第三章　有序交易和市场

第八条　企业以公允价值计量相关资产或负债，应当假定市场参与者在计量日出售资产或者转移负债的交易，是在当前市场条件下的有序交易。

有序交易是指在计量日前一段时期内相关资产或负债具有惯常市场活动的交易。清算等被迫交易不属于有序交易。

第九条　企业以公允价值计量相关资产或负债，应当假定出售资产或者转移负债的有序交易在相关资产或负债的主要市场进行。不存在主要市场的，企业应当假定该交易在相关资产或负债的最有利市场进行。

主要市场是指相关资产或负债交易量最大和交易活跃程度最高的市场。

最有利市场是指在考虑交易费用和运输费用后，能够以最高金额出售相关资产或者以最低金额转移相关负债的市场。

交易费用是指在相关资产或负债的主要市场(或最有利市场)中，发生的可直接归属于资产出售或者负债转移的费用。交易费用是直接由交易引起的、交易所必需的，而且不出售资产或者不转移负债就不会发生的费用。

运输费用是指将资产从当前位置运抵主要市场(或最有利市场)发生的费用。

第十条　企业在识别主要市场(或最有利市场)时，应当考虑所有可合理取得的信息，但没有必要考察所有市场。

通常情况下，企业正常进行资产出售或者负债转移的市场可以视为主要市场(或最有利市场)。

第十一条　主要市场(或最有利市场)应当是企业在计量日能够进入的交易市场，但不要求企业于计量日在该市场上实际出售资产或者转移负债。

由于不同企业可以进入的市场不同，对于不同企业，相同资产或负债可能具有不同的主要市场(或最有利市场)。

第十二条　企业应当以主要市场的价格计量相关资产或负债的公允价值。不存在主要市场的，企业应当以最有利市场的价格计量相关资产或负债的公允价值。

企业不应当因交易费用对该价格进行调整。交易费用不属于相关资产或负债的特征，只与特定交易有关。交易费用不包括运输费用。

相关资产所在的位置是该资产的特征，发生的运输费用能够使该资产从当前位置转移到主要市场(或最有利市场)的，企业应当根据使该资产从当前位置转移到主要市场(或最有利市场)的运输费用调整主要市场(或最有利市场)的价格。

第十三条　当计量日不存在能够提供出售资产或者转移负债的相关价格信息的可观察市场时，企业应当从持有资产或者承担负债的市场参与者角度，假定计量日发生了出售资产或者转移负债的交易，并以该假定交易的价格为基础计量相关资产或负债的公允价值。

第四章　市场参与者

第十四条　企业以公允价值计量相关资产或负债，应当采用市场参与者在对该资产或负债定价时为实现其经济利益最大化所使用的假设。

市场参与者，是指在相关资产或负债的主要市场（或最有利市场）中，同时具备下列特征的买方和卖方。

（一）市场参与者应当相互独立，不存在《企业会计准则第36号——关联方披露》所述的关联方关系。

（二）市场参与者应当熟悉情况，能够根据可取得的信息对相关资产或负债以及交易具备合理认知。

（三）市场参与者应当有能力并自愿进行相关资产或负债的交易。

第十五条　企业在确定市场参与者时，应当考虑所计量的相关资产或负债、该资产或负债的主要市场（或最有利市场）以及在该市场上与企业进行交易的市场参与者等因素，从总体上识别市场参与者。

第五章　公允价值初始计量

第十六条　企业应当根据交易性质和相关资产或负债的特征等，判断初始确认时的公允价值是否与其交易价格相等。

在企业取得资产或者承担负债的交易中，交易价格是取得该项资产所支付或者承担该项负债所收到的价格（进入价格）。公允价值是出售该项资产所能收到或者转移该项负债所需支付的价格（脱手价格）。相关资产或负债在初始确认时的公允价值通常与其交易价格相等，但在下列情况中两者可能不相等。

（一）交易发生在关联方之间。但企业有证据表明该关联方交易是在市场条件下进行的除外。

（二）交易是被迫的。

（三）交易价格所代表的计量单元与按照本准则第七条确定的计量单元不同。

（四）交易市场不是相关资产或负债的主要市场（或最有利市场）。

第十七条　其他相关会计准则要求或者允许企业以公允价值对相关资产或负债进行初始计量，且其交易价格与公允价值不相等的，企业应当将相关利得或损失计入当期损益，但其他相关会计准则另有规定的除外。

第六章　估值技术

第十八条　企业以公允价值计量相关资产或负债，应当采用在当前情况下适用并且有足够可利用数据和其他信息支持的估值技术。企业使用估值技术的目的，是为了估计在计量日当前市场条件下，市场参与者在有序交易中出售一项资产或者转移一项负债的价格。

企业以公允价值计量相关资产或负债，使用的估值技术主要包括市场法、收益法和成本法。企业应当使用与其中一种或多种估值技术相一致的方法计量公允价值。企业使用多种估值技术计量公允价值的，应当考虑各估值结果的合理性，选取在当前情况下最能代表公允价值的金额作为公允价值。

市场法是利用相同或类似的资产、负债或资产和负债组合的价格以及其他相关市场交易信息进行估值的技术。

收益法是将未来金额转换成单一现值的估值技术。

成本法是反映当前要求重置相关资产服务能力所需金额（通常指现行重置成本）的估值技术。

第十九条　企业在估值技术的应用中，应当优先使用相关可观察输入值，只有在相关可观察输入值无法取得或取得不切实可行的情况下，才可以使用不可观察输入值。

输入值是指市场参与者在给相关资产或负债定价时所使用的假设，包括可观察输入值和不可观察输入值。

可观察输入值是指能够从市场数据中取得的输入值。该输入值反映了市场参与者在对相关资产或负债定价时所使用的假设。

不可观察输入值是指不能从市场数据中取得的输入值。该输入值应当根据可获得的市场参与者在对相关资产或负债定价时所使用假设的最佳信息确定。

第二十条　企业以交易价格作为初始确认时的公允价值，且在公允价值后续计量中使用了涉及不可观察输入值的估值技术的，应当在估值过程中校正该估值技术，以使估值技术确定的初始确认结果与交易价格相等。

企业在公允价值后续计量中使用估值技术的，尤其是涉及不可观察输入值的，应当确保该估值技术反映了计量日可观察的市场数据，如类似资产或负债的价格等。

第二十一条　公允价值计量使用的估值技术一经确定，不得随意变更，但变更估值技术或其应用能使计量结果在当前情况下同样或者更能代表公允价值的情况除外，包括但不限于下列情况。

（一）出现新的市场。

（二）可以取得新的信息。

（三）无法再取得以前使用的信息。

（四）改进了估值技术。

（五）市场状况发生变化。企业变更估值技术或其应用的，应当按照《企业会计准则第28号——会计政策、会计估计变更和差错更正》的规定作为会计估计变更，并根据本准则的披露要求对估值技术及其应用的变更进行披露，而不需要按照《企业会计准则第28号——会计政策、会计估计变更和差错更正》的规定对相关会计估计变更进行披露。

第二十二条　企业采用估值技术计量公允价值时，应当选择与市场参与者在相关资产或负债的交易中所考虑的资产或负债特征相一致的输入值，包括流动性折溢价、控制权溢价或少数股东权益折价等，但不包括与本准则第七条规定的计量单元不一致的折溢价。

企业不应当考虑因其大量持有相关资产或负债所产生的折价或溢价。该折价或溢价反映了市场正常日交易量低于企业在当前市场出售或转让其持有的相关资产或负债数量时，市场参与者对该资产或负债报价的调整。

第二十三条　以公允价值计量的相关资产或负债存在出价和要价的，企业应当以在出价和要价之间最能代表当前情况下公允价值的价格确定该资产或负债的公允价值。企业可以使用出价计量资产头寸、使用要价计量负债头寸。

本准则不限制企业使用市场参与者在实务中使用的在出价和要价之间的中间价或其他定价惯例计量相关资产或负债。

第七章　公允价值层次

第二十四条　企业应当将公允价值计量所使用的输入值划分为三个层次，并首先使用第一层次输入值，其次使用第二层次输入值，最后使用第三层次输入值。

第一层次输入值是在计量日能够取得的相同资产或负债在活跃市场上未经调整的报价。活跃市场，是指相关资产或负债的交易量和交易频率足以持续提供定价信息的市场。

第二层次输入值是除第一层次输入值外相关资产或负债直接或间接可观察的输入值。

第三层次输入值是相关资产或负债的不可观察输入值。公允价值计量结果所属的层次，由对公允价值计量整体而言具有重要意义的输入值所属的最低层次决定。企业应当在考虑相关资产或负债特征的基础上判断所使用的输入值是否重要。公允价值计量结果所属的层次，取决于估值技术的输入值，而不是估值技术本身。

第二十五条　第一层次输入值为公允价值提供了最可靠的证据。在所有情况下，企业只要能够获得相同资产或负债在活跃市场上的报价，就应当将该报价不加调整地应用于该资产或负债的公允价值计量，但下列情况除外。

（一）企业持有大量类似但不相同的以公允价值计量的资产或负债，这些资产或负债存在活跃市场报价，但难以获得每项资产或负债在计量日单独的定价信息。在这种情况下，企业可以采用不单纯依赖报价的其他估值模型。

（二）活跃市场报价未能代表计量日的公允价值，如因发生影响公允价值计量的重大事件等导致活跃市场的报价未能代表计量日的公允价值。

（三）本准则第三十四条（二）所述情况。企业因上述情况对相同资产或负债在活跃市场上的报价进行调整的，公允价值计量结果应当划分为较低层次。

第二十六条 企业在使用第二层次输入值对相关资产或负债进行公允价值计量时，应当根据该资产或负债的特征，对第二层次输入值进行调整。这些特征包括资产状况或所在位置、输入值与类似资产或负债的相关程度（包括本准则第三十四条（二）规定的因素）、可观察输入值所在市场的交易量和活跃程度等。

对于具有合同期限等具体期限的相关资产或负债，第二层次输入值应当在几乎整个期限内是可观察的。

第二层次输入值包括：

（一）活跃市场中类似资产或负债的报价。

（二）非活跃市场中相同或类似资产或负债的报价。

（三）除报价以外的其他可观察输入值，包括在正常报价间隔期间可观察的利率和收益率曲线、隐含波动率和信用利差等。

（四）市场验证的输入值等。市场验证的输入值是指通过相关性分析或其他手段获得的主要来源于可观察市场数据或者经过可观察市场数据验证的输入值。

企业使用重要的不可观察输入值对第二层次输入值进行调整，且该调整对公允价值计量整体而言是重要的，公允价值计量结果应当划分为第三层次。

第二十七条　企业只有在相关资产或负债不存在市场活动或者市场活动很少导致相关可观察输入值无法取得或取得不切实可行的情况下，才能使用第三层次输入值，即不可观察输入值。

不可观察输入值应当反映市场参与者对相关资产或负债定价时所使用的假设，包括有关风险的假设，如特定估值技术的固有风险和估值技术输入值的固有风险等。

第二十八条　企业在确定不可观察输入值时，应当使用在当前情况下可合理取得的最佳信息，包括所有可合理取得的市场参与者假设。

企业可以使用内部数据作为不可观察输入值，但如果有证据表明其他市场参与者将使用不同于企业内部数据的其他数据，或者这些企业内部数据是企业特定数据、其他市场参与者不具备企业相关特征时，企业应当对其内部数据做出相应调整。

第八章　非金融资产的公允价值计量

第二十九条　企业以公允价值计量非金融资产，应当考虑市场参与者将该资产用于最佳用途产生经济利益的能力，或者将该资产出售给能够用于最佳用途的其他市场参与者产生经济利益的能力。

最佳用途是指市场参与者实现一项非金融资产或其所属的资产和负债组合的价值最大化时该非金融资产的用途。

第三十条　企业确定非金融资产的最佳用途，应当考虑法律上是否允许、实物上是否可能以及财务上是否可行等因素。

（一）企业判断非金融资产的用途在法律上是否允许，应当考虑市场参与者在对该资产定价时考虑的资产使用在法律上的限制。

（二）企业判断非金融资产的用途在实物上是否可能，应当考虑市场参与者在对该资产定价时考虑的资产实物特征。

（三）企业判断非金融资产的用途在财务上是否可行，应当考虑在法律上允许且实物上可能的情况下，使用该资产能否产生足够的收益或现金流量，从而在补偿使资产用于该用途所发生的成本后，仍然能够满足市场参与者所要求的投资回报。

第三十一条　企业应当从市场参与者的角度确定非金融资产的最佳用途。

通常情况下，企业对非金融资产的现行用途可以视为最佳用途，除非市场因素或者其他因素表明市场参与者按照其他用途使用该资产可以实现价值最大化。

第三十二条　企业以公允价值计量非金融资产，应当基于最佳用途确定下列估值前提。

（一）市场参与者单独使用一项非金融资产产生最大价值的，该非金融资产的公允价值应当是将其出售给同样单独使用该资产的市场参与者的当前交易价格。

（二）市场参与者将一项非金融资产与其他资产（或者其他资产或负债的组合）组合使用产生最大价值的，该非金融资产的公允价值应当是将其出售给以同样组合方式使用该资产的市场参与者的当前交易价格，并且该市场参与者可以取得组合中的其他资产和负债。其中，负债包括企业为筹集营运资金产生的负债，但不包括企业为组合之外的资产筹集资金所产生的负债。最佳用途的假定应当一致地应用于组合中所有与最佳用途相关的资产。

企业应当从市场参与者的角度判断该资产的最佳用途是单独使用、与其他资产组合使用，还是与其他资产和负债组合使用，但在计量非金融资产的公允价值时，应当假定按照本准则第七条确定的计量单元出售该资产。

第九章　负债和企业自身权益工具的公允价值计量

第三十三条　企业以公允价值计量负债，应当假定在计量日将该负债转移给其他市场参与者，而且该负债在转移后继续存在，并由作为受让方的市场参与者履行义务。企业以公允价值计量自身权益工具，应当假定在计量日将该自身权益工具转移给其他市场参与者，而且该自身权益工具在转移后继续存在，并由作为受让方的市场参与者取得与该工具相关的权利、承担相应的义务。

第三十四条　企业以公允价值计量负债或自身权益工具，应当遵循下列原则。

（一）存在相同或类似负债或企业自身权益工具可观察市场报价的，应当以该报价为基础确定该负债或企业自身权益工具的公允价值。

（二）不存在相同或类似负债或企业自身权益工具可观察市场报价，但其他方将其作为资产持有的，企业应当在计量日从持有该资产的市场参与者角度，以该资产的公允价值为基础确定该负债或自身权益工具的公允价值。

当该资产的某些特征不适用于所计量的负债或企业自身权益工具时，企业应当根据该资产的公允价值进行调整，以调整后的价值确定负债或企业自身权益工具的公允价值。这些特征包括资产出售受到限制、资产与所计量负债或企业自身权益工具类似但不相同、资产的计量单元与负债或企业自身权益工具的计量单元不完全相同等。

（三）不存在相同或类似负债或企业自身权益工具可观察市场报价，并且其他方未将其作为资产持有的，企业应当从承担负债或者发行权益工具的市场参与者角度，采用估值技术确定该负债或企业自身权益工具的公允价值。

第三十五条　企业以公允价值计量负债，应当考虑不履约风险，并假定不履约风险在负债转移前后保持不变。

不履约风险是指企业不履行义务的风险，包括但不限于企业自身信用风险。

第三十六条　企业以公允价值计量负债或自身权益工具，并且该负债或自身权益工具存在限制转移因素的，如果公允价值计量的输入值中已经考虑了该因素，企业不应当再单独设置相关输入值，也不应当对其他输入值进行相关调整。

第三十七条　企业以公允价值计量活期存款等具有可随时要求偿还特征的金融负债的，该金融负债的公允价值不应当低于债权人随时要求偿还时的应付金额，即从债权人可要求偿还的第一天起折现的现值。

第十章　市场风险或信用风险可抵消的金融资产和金融负债的公允价值计量

第三十八条　企业以市场风险和信用风险的净敞口为基础管理金融资产和金融负债的，可以以计量日市场参与者在当前市场条件下有序交易中出售净多头（资产）或者转移净空头（负债）的价格为基础，计量该金融资产和金融负债组合的公允价值。

市场风险或信用风险可抵消的金融资产或金融负债，应当是由《企业会计准则第22号——金融工具确认和计量》规范的金融资产和金融负债，也包括不符合金融资产或金融负债定义但按照《企业会计准则第22号——金融工具确认和计量》进行会计处理的其他合同。

与市场风险或信用风险可抵消的金融资产和金融负债相关的财务报表列报，应当适用其他相关会计准则。

第三十九条　企业按照本准则第三十八条规定计量金融资产和金融负债组合的公允价值的，应当同时满足下列条件。

（一）企业风险管理或投资策略的正式书面文件已载明，企业以特定市场风险或特定对手信用风险的净敞口为基础，管理金融资产和金融负债的组合。

（二）企业以特定市场风险或特定对手信用风险的净敞口为基础，向企业关键管理人员报告金融资产和金融负债组合的信息。

（三）企业在每个资产负债表日以公允价值计量组合中的金融资产和金融负债。

第四十条　企业按照本准则第三十八条规定计量金融资产和金融负债组合的公允价值的，该金融资产和金融负债面临的特定市场风险及其期限实质上应当相同。

企业按照本准则第三十八条规定计量金融资产和金融负债组合的公允价值的，如果市场参与者将会考虑假定出现违约情况下能够减小信用风险敞口的所有现行安排，企业应当考虑特定对手的信用风险净敞口的影响或特定对手对企业的信用风险净敞口的影响，并预计市场参与者依法强制执行这些安排的可能性。

第四十一条　企业采用本准则第三十八条规定的，应当按照《企业会计准则第28号——会计政策、会计估计变更和差错更正》的规定确定相关会计政策，并且一经确定，不得随意变更。

第十一章　公允价值披露

第四十二条　企业应当根据相关资产或负债的性质、特征、风险以及公允价值计量的层次对该资产或负债进行恰当分组，并按照组别披露公允价值计量的相关信息。

为确定资产和负债的组别，企业通常应当对资产负债表列报项目做进一步分解。企业应当披露各组别与报表列报项目之间的调节信息。

其他相关会计准则明确规定了相关资产或负债组别且其分组原则符合本条规定的，企业可以直接使用该组别提供相关信息。

第四十三条　企业应当区分持续的公允价值计量和非持续的公允价值计量。持续的公允价值计量是指其他相关会计准则要求或者允许企业在每个资产负债表日持续以公允价值进行的计量。非持续的公允价值计量是指其他相关会计准则要求或者允许企业在特定情况下的资产负债表中以公允价值进行的计量。

第四十四条　在相关资产或负债初始确认后的每个资产负债表日，企业至少应当在附注中披露持续以公允价值计量的每组资产和负债的下列信息。

（一）其他相关会计准则要求或者允许企业在资产负债表日持续以公允价值计量的项目和金额。

（二）公允价值计量的层次。

（三）在各层次之间转换的金额和原因，以及确定各层次之间转换时点的政策。每一层次的转入与转出应当分别披露。

（四）对于第二层次的公允价值计量，企业应当披露使用的估值技术和输入值的描述性信息。当变更估值技术时，企业还应当披露这一变更以及变更的原因。

（五）对于第三层次的公允价值计量，企业应当披露使用的估值技术、输入值和估值流程的描述性信息。当变更估值技术时，企业还应当披露这一变更以及变更的原因。企业应当披露公允价值计量中使用的重要的、可合理取得的不可观察输入值的量化信息。

（六）对于第三层次的公允价值计量，企业应当披露期初余额与期末余额之间的调节信息，包括计入当期损益的已实现利得或损失总额，以及确认这些利得或损失时的损益项目；计入当期损益的未实现利得或损失总额，以及确认这些未实现利得或损失时的损益项目（如相关资产或负债的公允价值变动损益等）；计入当期其他综合收益的利得或损失总额，以及确认这些利得或损失时的其他综合收益项目；分别披露相关资产或负债购买、出售、发行及结算情况。

（七）对于第三层次的公允价值计量，当改变不可观察输入值的金额可能导致公允价值显著变化时，企业应当披露有关敏感性分析的描述性信息。

这些输入值和使用的其他不可观察输入值之间具有相关关系的，企业应当描述这种相关关系及其影响，其中不可观察输入值至少包括本条（五）要求披露的不可观察输入值。

对于金融资产和金融负债，如果为反映合理、可能的其他假设而变更一个或多个不可观察输入值将导致公允价值的重大改变，企业还应当披露这一事实、变更的影响金额及其计算方法。

（八）当非金融资产的最佳用途与其当前用途不同时，企业应当披露这一事实及其原因。

第四十五条　在相关资产或负债初始确认后的资产负债表中，企业至少应当在附注中披露非持续以公允价值计量的每组资产和负债的下列信息。

（一）其他相关会计准则要求或者允许企业在特定情况下非持续以公允价值计量的项目和金额，以及以公允价值计量的原因。

（二）公允价值计量的层次。

（三）对于第二层次的公允价值计量，企业应当披露使用的估值技术和输入值的描述性信息。当变更估值技术时，企业还应当披露这一变更以及变更的原因。

（四）对于第三层次的公允价值计量，企业应当披露使用的估值技术、输入值和估值流程的描述性信息，当变更估值技术时，企业还应当披露这一变更以及变更的原因。企业应当披露公允价值计量中使用的重要不可观察输入值的量化信息。

（五）当非金融资产的最佳用途与其当前用途不同时，企业应当披露这一事实及其原因。

第四十六条　企业调整公允价值计量层次转换时点的相关会计政策应当在前后各会计期间保持一致，并按照本准则第四十四条（三）的规定进行披露。企业调整公允价值计量层次转换时点的相关会计政策应当一致地应用于转出的公允价值计量层次和转入的公允价值计量层次。

第四十七条　企业采用本准则第三十八条规定的会计政策的，应当披露该事实。

第四十八条　对于在资产负债表中不以公允价值计量但以公允价值披露的各组资产和负债，企业应当按照本准则第四十四条（二）、（四）、（五）和（八）披露信息，但不需要按照本准则第四十四条（五）披露第三层次公允价值计量的估值流程和使用的重要不可观察输入值的量化信息。

第四十九条　对于以公允价值计量且在发行时附有不可分割的第三方信用增级的负债，发行人应当披露这一事实，并说明该信用增级是否已反映在该负债的公允价值计量中。

第五十条　企业应当以表格形式披露本准则要求的量化信息，除非其他形式更适当。

第十二章　衔接规定

第五十一条　本准则施行日之前的公允价值计量与本准则要求不一致的，企业不作追溯调整。

第五十二条　比较财务报表中披露的本准则施行日之前的信息与本准则要求不一致的，企业不需要按照本准则的规定进行调整。

第十三章　附则

第五十三条　本准则自 2014 年 7 月 1 日起施行。

1.8　会计记账方法

《企业会计准则——基本准则》第十一条规定：企业应当采用借贷记账法记账。

1.8.1　复式记账法

复式记账法是指根据资产与负债和所有者权益的平衡原理，对于每项经济业务所引起的资金运动，都必须用相等的金额同时在两个或两个以上的相互联系的账户中进行全面登记的一种科学的记账方法。

由于科目分类、记账符号、记账规则和试算平衡等方面有所不同，可以将复式记账法分为不同种类，如图 1-2 所示。

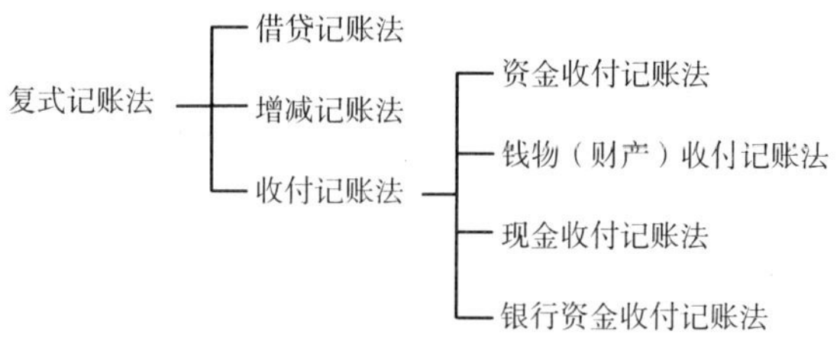

图 1-2　复式记账法的种类

1．复式记账法的优点

复式记账法是从单式记账法发展而来的。单式记账法是一种比较原始的、不完整的记账方法，它是就经济业务的单方面或一个方面来记账。最早的单式簿记是以现金为主体来进行的。采用单式记账方法，账户设置要求不严格，记录比较简单，账务处理不严密，内容不完整，各账户之间的记录互不联系，也没有明显的平衡关系。由于这种记账方法无法适应社会经济发展的客观需要，目前已不再采用。

复式记账法克服了单式记账法的缺点，扩大了记账法的应用领域，提高了记账质量。其优点表现在以下几个方面。

（1）设置了较完整的会计科目，各个会计科目固定了一定的经济内容，明确了账户的用途和结构，使会计科目系统化。

（2）对发生的每一项经济业务，都要将相同的金额在两个或两个以上相互联系的账户中按规定的会计科目，并以分类的形式来进行登记，显示出它们的对应关系。

（3）使用复式记账法可使经济业务的本期发生额和期末结余额均能自行保持平衡关系，保证了会计记录的正确性。所以，记账方法从单式发展到复式，是会计方法上一个重大进步。使用复式记账法，能够保证会计在反映、监督和分析经济业务的发生更加合理化和科学化，促使会计管理更好地发挥它应有的职能使用。

2．复式记账法的基本内容

复式记账法以“资产=负债+所有者权益”的平衡公式作为其理论依据。按照这个平衡原理，任何一项经济业务的发生，都会引起资金运用和资金来源或者两者之间内部关系发生增减变化，这种变化通过两个或两个以上的账户（科目），以相同的金额，相互联系地全面反映出来。

采用复式记账法，首先，必须制定会计科目，然后，根据会计科目开设相应的账户，这样才能把发生的每一项经济业务，以相等的金额，记入两个或两个以上相互关联的账户中。

采用复式记账法时，对所有的账户都要固定记账方向，表示这个方向的记号，就是记账符号。如企业资产增加记在这个方向，负债和所有者权益减少记在那个方向等，都要事先确定记账符号，才能进行复式记账。

采用复式记账时，必须根据资金增减变化的客观规律制定记账规则，以便每发生一项经济业务，都按照记账规则去记账。填制记账凭证、登记账簿和编制报表都必须严格遵守记账规则，以取得正确的会计资料。

会计分录又称记账公式，是指经济业务所运用的账户、记账方向（记账符号，如收付、借贷、增减等）和入账金额的一种记录。编制会计分录是对经济业务的发生或完成进行反映和监督的一种形式，也是保证记账正确的重要手段。由于各种记账方法的记账符号、记账规则不同，因此，编制会计分录的表达方式也不同。

会计分录始终保持平衡关系是复式记账法的基本要求。平衡关系可用公式表示为：

资产类所有账户借方余额合计=负债类所有账户贷方余额合计+所有者权益类所有账户贷方余额合计

通过平衡公式的计算，就可以根据经济业务所编制的分录和入账金额进行发生额和余额的试算平衡，以检查会计记录是否正确无误。

1.8.2 借贷记账法

借贷记账法是历史上第一个复式记账法，也是当前世界各国普遍使用的一种记账方法。借贷记账法开始是单式记账法，到了15世纪逐步形成比较完备的复式记账法。采用“借”和“贷”这两字，其目的是为了适应借贷资本家记录其货币的存入和支出的需要。随着资本主义的发展，记账的内容不断扩大，用来记录各种经济业务，借贷两字也就逐渐失去了原来的含义，而转化为纯粹的记账符号，变成了会计上的专用术语。

借贷记账法以“借”和“贷”作为记账符号，以“有借必有贷，借贷必相等”作为记账规则，对每一项经济业务，都在两个或两个以上账户中，以相等的金额、相反的方向，全面、相互联系地记录经济业务。

1. 借贷记账法的基本原理

（1）理论依据。借贷记账法一般以“资产=负债+所有者权益”平衡公式为理论基础。这种资金平衡关系是借贷记账法进行记账的必然结果。

（2）账户结构。在借贷记账法下，任何账户都分为借、贷两方，一方登记数额的增加，另一方登记数额的减少。在资产类账户中，习惯上用借方登记它的增加数，贷方登记它的减少数，而在负债及所有者权益中，则用贷方登记它的增加数，借方登记它的减少数。在资产类账户中，其减少额不可能大于它的期初余额与本期增加额之和，所以期末如有余额，必定在借方。而在负债及所有者权益类账户中，其增加额与期初余额之和，通常要大于本期减少数，所以，期末如有余额，必定在贷方。资产类账户和负债及所有者权益类账户期末余额的计算公式为：

资产类账户余额=期初余额+本期借方发生额−本期贷方发生额

负债及所有者权益类账户余额=期初余额+本期贷方发生额−本期借方发生额

（3）记账规则。采用借贷记账法，对每项经济业务，不论其只涉及资产或负债与所有者权益方面的账户，还是同时涉及资产和负债与所有者权益两方面的账户，都必须记入一个账户的借方和另一个账户的贷方，而且记入借方与记入贷方的数额必须相等。因此，借贷记账法的记账规则可概括为：有借必有贷，借贷必相等。

比如，智董公司销售一批商品，收入实现，货款尚未收回，形成应收账款。对于这笔销售业务，如果其符合会计要素的确认标准，那么，智董公司一方面要在借方记录资产类账户“应收账款”的增加，另一方面要在贷方记录收入类账户“主营业务收入”的增加。与此同时，为反映这批收入的费用，还要在借方记录损益类账户“主营业务成本”的增加，并在贷方记录资产类账户“库存商品”的减少。

再如，贵琛公司购买一台不需要安装即可投入使用的设备，已投入使用，货款尚未支付，形成应付账款。对于这笔采购业务，如果其符合会计要素的确认标准，那么，贵琛公司一方面要在借方记录资产类账户“固定资产”的增加，另一方面要在贷方记录负债类账户“应付账款”的增加。

以上对某项经济业务标明其应借应贷账户及其金额的记录，我们将其称为会计分录。

按照所涉及账户的多少，会计分录分为简单会计分录和复合会计分录。简单会计分录是指只涉及一个账户借方和另一个账户贷方的会计分录，即一借一贷的会计分录；复合会计分录是指由两个以上（不含两个）对应账户所组成的会计分录，即一借多贷或一贷多借的会计分录。通常情况下，复合会计分录可以分解为若干个简单会计分录。

2. 借贷记账法的试算平衡

试算平衡是指根据资产、负债和所有者权益的会计等式以及借贷记账法的记账规则，检查所有账户记录是否正确。它是通过编制总分类账户试算平衡表来进行的。

试算平衡有发生额试算平衡法和余额试算平衡法。

（1）发生额试算平衡法。发生额试算平衡法是根据本期所有账户借方发生额合计等于贷方发生额合计的恒等关系，检查本期发生额记录是否正确的方法。

计算公式为：

全部账户本期借方发生额合计=全部账户本期贷方发生额合计

（2）余额试算平衡法。余额试算平衡法是根据本期所有账户借方余额合计与贷方余额合计的恒等关系，检查本期账户记录是否正确的方法。

根据余额时间的不同，又分为期初余额平衡与期末余额平衡两种。

期初余额平衡是期初所有账户借方余额合计与贷方余额合计相等。

期末余额平衡是期末所有账户借方余额合计与贷方余额合计相等。计算公式为：

全部账户的借方期初余额合计=全部账户的贷方期初余额合计

全部账户的借方期末余额合计=全部账户的贷方期末余额合计

1.9 会计账务处理程序

1. 会计核算的一般要求

各单位应当按照《会计法》和国家统一会计制度的规定建立会计账册，进行会计核算，及时提供合法、真实、准确、完整的会计信息。

各单位发生的下列事项，应当及时办理会计手续、进行会计核算：

（1）款项和有价证券的收付。

（2）财物的收发、增减和使用。

（3）债权债务的发生和结算。

（4）资本、基金的增减。

（5）收入、支出、费用、成本的计算。

（6）财务成果的计算和处理。

（7）其他需要办理会计手续、进行会计核算的事项。

各单位的会计核算应当以实际发生的经济业务为依据，按照规定的会计处理方法进行，保证会计指标的口径一致、相互可比和会计处理方法的前后各期相一致。

会计年度自公历1月1日起至12月31日止。

会计核算以人民币为记账本位币。收支业务以外国货币为主的单位，也可以选定某种外国货币作为记账本位币，但是编制的会计报表应当折算为人民币反映。境外单位向国内有关部门编报的会计报表，应当折算为人民币反映。

各单位根据国家统一会计制度的要求，在不影响会计核算要求、会计报表指标汇总和对外统一会计报表的前提下，可以根据实际情况自行设置和使用会计科目。事业行政单位会计科目的设置和使用，应当符合国家统一事业行政单位会计制度的规定。

会计凭证、会计账簿、会计报表和其他会计资料的内容和要求必须符合国家统一会计制度的规定，不得伪造、变造会计凭证和会计账簿，不得设置账外账，不得报送虚假会计报表。

各单位对外报送的会计报表格式由财政部统一规定。

实行会计电算化的单位，对使用的会计软件及其生成的会计凭证、会计账簿、会计报表和其他会计资料的要求，应当符合财政部关于会计电算化的有关规定。

各单位的会计凭证、会计账簿、会计报表和其他会计资料，应当建立档案，妥善保管。会计档案建档要求、保管期限、销毁办法等依据《会计档案管理办法》的规定进行。实行会计电算化的单位，有关电子数据、会计软件资料等应当作为会计档案进行管理。

会计记录的文字应当使用中文，少数民族自治地区可以同时使用少数民族文字。中国境内的外商投资企业、外国企业和其他外国经济组织也可以同时使用某种外国文字。

2．会计循环

会计循环是指会计单位依照会计程序，把会计期间发生的经济业务，运用一定的会计方法，按照一定的会计步骤，进行计量、汇总、报告的过程。这种过程在企业长期的经济活动中是周而复始的。一个会计期间表示一个会计循环。会计循环也是一般经济数据输入到会计信息产出的过程，一般由下列基本步骤组成：

（1）会计事项分析。

（2）会计分录的编制。

（3）记入有关账户。

（4）以总分类账户期末余额为依据，编制调整前试算表。

（5）会计分录调整并记入有关账户。

（6）调整后试算表编制。

（7）对临时性试算表的编制。

（8）结账后试算表的编制。

（9）会计报表的编制。

（10）提出会计报告。

3．账务处理程序

账务处理程序，亦称会计核算组织程序，是指对会计数据的记录、归类、汇总、呈报的步骤和方法。具体是指填制会计凭证、根据凭证登记账簿、根据账簿记录提供会计信息这一过程的步骤和方法。

（1）要求。账务处理程序的确定，一般应符合三个要求。

① 与本单位的性质、规模大小、经济业务的繁简等相适应，以保证会计核算的顺利进行。

② 能正确、及时地提供本单位经济活动情况，以满足经营管理和国家综合平衡工作的需要。

③ 在保证核算资料正确、及时和完整的前提下，要力求提高会计工作的效率，节省核算费用。

（2）类型。我国企业一般采用的账务处理程序如下：

① 记账凭证账务处理程序。

② 汇总记账凭证账务处理程序。

③ 科日汇总表账务处理程序。

④ 多栏式日记账账务处理程序。

4．记账凭证账务处理程序

记账凭证账务处理程序是一种直接根据各种记账凭证逐笔登记总分类账的会计核算形式。它是会计核算中最基本的一种账务处理程序。

记账凭证账务处理程序的操作如下：

（1）根据原始凭证和原始凭证汇总表编制记账凭证。

（2）根据现金收款、付款登记库存现金日记账和银行存款日记账。

（3）根据记账凭证、原始凭证或原始凭证汇总表登记各种明细账。

（4）根据收款凭证、付款凭证和转账凭证逐笔登记总分类账。

（5）期末将库存现金日记账、银行存款日记账、各种明细分类账的余额与相应的总分类账户的余额核对。

（6）期末根据总分类账和明细分类账的资料编制会计报表。

记账凭证账务处理程序的特点是直接根据各种记账凭证逐笔登记总分类账。其优点是简单明了，总分类账可详细记录和反映经济业务状况，对经济业务发生较少的科目，总账可代替明细账；其缺点是登记分类总账工作量较大，不便于会计分工。

这种账务处理程序多适用于规模较小、经济业务比较简单的企业和单位。

5．汇总记账凭证账务处理程序

汇总记账凭证账务处理程序，是指根据原始凭证或原始凭证汇总表编制记账凭证，并定期根据记账凭证编制汇总记账凭证，据以登记总分类账的一定会计账务处理程序。

采用汇总记账凭证账务处理程序时，设置的主要账簿包括库存现金日记账、银行存款日记账、总分类账和各种明细分类账。

采用汇总记账凭证账务处理程序时，登记总账的依据是"汇总记账凭证"，而不是"记账凭证"。

汇总记账凭证是按照有关账户的借方或贷方设置记账凭证，根据记账凭证定期汇总各对应账户的发生额及月末余额，据以登记总分类账的汇总凭证。其编制方法主要有以下步骤：

（1）汇总记账凭证，按其反映经济业务的性质不同，可分为汇总收款凭证、汇总付款凭证和汇总转账凭证。

（2）汇总收款凭证，是根据收款凭证定期汇总编制的凭证。编制时，按库存现金、银行存款账户的借方设置汇总付款凭证，按相对应的各个贷方账户分别归类汇总，加计发生额。

（3）汇总付款凭证，是根据付款凭证定期汇总编制的凭证。编制时，按库存现金、银行存款账户的贷方设置汇总付款凭证，按相对应的各个借方账户分别归类汇总，加计发生额。

（4）汇总转账凭证，是根据转账凭证定期汇总编制的凭证。编制时，按转账凭证中所涉及的每一贷方账户为主体，分别设置汇总转账凭证，并按与各该贷方相对应的各借方账户分别归类汇总，加计发生额。

汇总记账凭证账务处理程序如下：

（1）根据各种原始凭证或原始凭证汇总表编制各种记账凭证。

（2）根据收款凭证、付款凭证登记库存现金日记账和银行存款日记账。

（3）根据记账凭证及其所附的原始凭证或原始凭证汇总表登记各种明细分类账。

（4）根据各种记账凭证编制各种汇总记账凭证。

（5）根据各种汇总记账凭证登记总分类账。

（6）月终，将库存现金日记账、银行存款日记账和各种明细分类账的余额与总账余额核对。

（7）月终，根据总分类账和各种明细分类账的资料编制会计报表。

在汇总记账凭证账务处理程序下，利用汇总记账凭证，可以大大简化总分类账的登记工作，且既易于及时掌握资金运动，又简便了记账凭证的整体归类。但由于记账凭证的汇总是按有关账户的借方或贷方而不是按经济业务性质归类汇总的，不利于日常核算工作的合理分工。这种账务处理程序一般适用于规模较大、业务较多的企业。

6. 科目汇总表账务处理程序

科目汇总表账务处理程序，又称记账凭证汇总表账务处理程序，是指根据记账凭证，定期编制科目汇总表，据以登记总分类账的一种账务处理程序。

科目汇总表又称记账凭证汇总表，是指根据记账凭证定期汇总编制，以表格形式列示有关总分类账户的本期发生额合计数，据以登记总分类账的一种汇总记账凭证。其格式如表 1-1 所示。

表 1-1 科目汇总表

年 月 日

会计科目	账 页	本期发生额		记账凭证起讫号数
		借 方	贷 方	

会计主管： 会计： 复核： 制表：

科目汇总表的编制方法如下：

（1）根据一定时间的全部记账凭证，按照相同的会计科目归类，定期汇总每一个会计科目的借方发生额和贷方发生额，并将发生额填入科目汇总表的相应栏目。

（2）每月汇总一次编制一张，也可以按旬汇总，每月编制一张。

科目汇总表账务处理程序如下：

（1）据各种原始凭证或原始凭证汇总表编制记账凭证。

（2）根据收款凭证和付款凭证登记库存现金日记账和银行存款日记账。

（3）根据记账凭证及其所附的原始凭证或原始凭证汇总表登记各种明细账。

（4）根据各种记账编制科目汇总表。

（5）根据科目汇总表登记总分类账。

（6）期末将库存现金日记账、银行存款日记账和各种明细分类账的余额与总分类账的余额相核对。

（7）月终，根据总分类账和明细分类账的资料编制会计报表。

采用科目汇总表账务处理程序，可以简化总分类账的登记，还可以每天或定期就科目汇总表进行试算平衡，便于及时发现问题，采取措施。但科目汇总表不能反映账户之间的对应关系，不便于查对账目，也不便于对企业经济活动情况进行分析。这种账务处理程序一般适用于业务频繁、规模大的大中型企业。

7. 日记总账账务处理程序

日记总账账务处理程序又称序时总账账务处理程序，是指一切经济业务根据原始凭证或记账凭证在日记总账中同时进行序时和分类登记的一种会计账务处理程序。

采用日记总账账务处理程序时，设置的主要账簿有库存现金日记账、银行存款日记账、日记总账和明细分类账。

在日记总账核算形式下，库存现金和银行存款可用三栏式，也可用多栏式。日记总账把所有的总账科目集中在一张账页上，账页按总账科目分为许多专栏，科目下再分为借方和贷方。

具体方法如下：

（1）对于收付款业务，在采用三栏式库存现金和银行存款日记账的情况下，可以直接根据收款凭证和付款凭证登记日记账，月终时结出会计数与日记账核对；如采用多栏式库存现金和银行存款日记账，在月终根据多栏式库存现金和银行存款日记账汇总登记日记总账。

（2）对于转账业务，根据转账凭证逐日、逐笔登记日记总账。月终，结出日记总账各栏合计数，计算各科目的月末借方或贷方额，并核对账簿记录。主要核对“发生额”栏的本月合计数与全部科目的借方发生额的合计数是否相符，各科目的借方余额合计数与贷方余额合计数是否相符。

日记总账账务处理程序如下：

（1）根据原始凭证、原始凭证汇总表编制记账凭证。

（2）根据收款、付款凭证登记库存现金和银行存款日记账。

（3）根据原始凭证、原始凭证汇总表或记账凭证登记各种明细分类账。

（4）根据各种记账凭证登记日记总账。

（5）期末，将日记总账所有科目的借方发生额合计与贷方发生额合计核对；将所有科目借方发生额合计、贷方发生额合计分别与发生额栏合计相核对；将日记总账所有借方余额合计与贷方发生额合计相核对；将日记总账中库存现金、银行存款科目的余额分别与库存现金、银行存款日记账的余额相核对；将日记总账有关科目的余额与其所属明细分类账的余额相核对。

（6）期末，根据日记总账和明细分类账的资料编制会计报表。

日记总账账务处理程序，可以全面反映一个企业在一个定会计期间的全部经济活动。但如果企业的经济业务量大，账页会过长，不便于记账和查账。这种账务处理程序适用于规模较小、业务简单、使用会计科目少的企业或单位。

8. 多栏式日记账账务处理程序

多栏式日记账账务处理程序，是指根据多栏式库存现金日记账和多栏式银行存款日记账及转账凭证登记总分类账的一种账务处理程序。

采用这种账务处理程序时，应设置以下主要账簿：多栏式库存现金日记账和银行存款日记账、总分类账和明细分类账。总分类账一般采用三栏式，明细分类账的格式根据需要设置。

多栏式日记账账务处理程序如下：

（1）根据各种原始凭证或原始凭证汇总表编制记账凭证。

（2）根据收款凭证和付款凭证登记多栏式库存现金日记账和多栏式银行存款、专项存款日记账。

（3）根据记账凭证及其所附的原始凭证或原始凭证汇总表登记各种明细账。

（4）根据多栏式库存现金日记账和多栏式银行存款日记账登记总分类账；根据转账凭证或转账凭证科目汇总表登记总账。

（5）将各种明细分类账的余额合计数，分别与相应的总分类账余额相核对。

（6）月终，根据总分类账和有关明细分类账的资料编制会计报表。

采用这种账务处理程序，可简化总分类账的记账工作。但在业务较为繁杂的企业里，日记账的专栏栏次势必较多，账页庞大，因而不便于登记。它一般适用于规模不是很大、收付业务又较多的企业和单位。

1.10 会计信息质量要求

什么样的信息才是有用的信息？这涉及财务会计信息的质量特征。财务会计报告的目标不会自动实现，只有通过会计人员运用良好的具体准则、会计程序和方法来生成会计信息，才能最终实现财务会计报告的目标。财务会计信息的质量特征正是选择或评价可供取舍的具体会计准则、会计程序和方法的标准，是财务会计报告目标的具体化，主要回答什么样的会计信息才是有用的或有助于决策的会计信息。

会计工作的基本任务就是向财务会计报告使用者提供与企业财务状况、经营成果和现金流量等有关的会计信息。会计信息质量的高低是评价会计工作成败的标准。会计信息质量要求主要包括客观性、相关性、明晰性、可比性、实质重于形式、重要性、谨慎性、及时性等。

1. 客观性

《企业会计准则——基本准则》第十二条规定，企业应当以实际发生的交易或者事项为依据进行会计确认、计量和报告，如实反映符合确认和计量要求的各项会计要素及其他相关信息，保证会计信息真实可靠、内容完整。

客观性是对会计工作的基本要求。会计工作提供信息的目的是为了满足会计信息使用者的决策需要，因此，就应做到内容真实、数字准确、资料可靠。在会计核算工作中坚持客观性原则，就应当在会计核算时客观地反映企业的财务状况、经营成果和现金流量，保证会计信息的真实性；会计工作应当正确运用会计原则和方法，准确反映企业的实际情况；会计信息应当能够经受验证，以核实其是否真实。如果企业的会计核算不是以实际发生的交易或事项为依据，没有如实地反映企业的财务状况、经营成果和现金流量，会计工作就失去了存在的意义，甚至会误导会计信息使用者，导致决策的失误。

2. 相关性

《企业会计准则——基本准则》第十三条规定，企业提供的会计信息应当与财务会计报告使用者的经济决策需要相关，有助于财务会计报告使用者对企业过去、现在或者未来的情况做出评价或者预测。

相关性要求企业提供的会计信息应当与财务会计报告使用者的经济需要相关，有助于财务会计报告使用者对企业过去、现在或者未来的情况做出评价或者预测。信息的价值在于其与决策相关，有助于决策。相关的会计信息能够有助于财务会计报告使用者评价过去的决策，证实或修正某些预测，从而具有反馈价值；有助于财务会计报告使用者做出预测，做出决策，从而具有预测价值。在会计核算工作中坚持相关性原则，就要求在收集、加工、处理和提供会计信息过程中，充分考虑财务会计报告使用者的信息需求。对于特定用途的会计信息，不一定都能通过财务会计报告来提供，而可以采用其他形式加以提供。如果会计信息提供以后，没有满足财务会计报告使用者的需要，对财务会计报告使用者的决策没有什么作用，就不具有相关性。

3. 明晰性

《企业会计准则——基本准则》第十四条规定，企业提供的会计信息应当清晰明了，便于财务会计报告使用者理解和使用。

提供会计信息的目的在于使用，要使用会计信息首先必须了解会计信息的内涵，弄懂会计信息的内容，这就要求会计核算和财务会计报告必须清晰明了。在会计核算工作中坚持明晰性原则，会计记录应当准确、清晰，填制会计凭证、登记会计账簿必须做到依据合法、账户对应关系清楚、文字摘要完整；在编制会计报表时，项目钩稽关系清楚、项目完整、数字准确。

如果企业的会计核算和编制的财务会计报告不能做到清晰明了、便于理解和使用，就不符合明晰性原则的要求，不能满足财务会计报告使用者的决策需求。

4．可比性（含一致性）

《企业会计准则——基本准则》第十五条规定，企业提供的会计信息应当具有可比性。同一企业不同时期发生的相同或者相似的交易或者事项，应当采用一致的会计政策，不得随意变更。确需变更的，应当在附注中说明。不同企业发生的相同或者相似的交易或者事项，应当采用规定的会计政策，确保会计信息口径一致、相互可比。

可比性要求企业提供的会计信息应当具有可比性。企业发生的交易或事项具有复杂性和多样化，对于某些交易或事项可以有多种会计核算方法。例如，存货的领用和发出，可以采用先进先出法、加权平均法或者个别计价法确定其实际成本；固定资产折旧方法可以采用年限平均法、工作量法、年数总和法、双倍余额递减法等。保证会计信息可比性的前提是企业在各个会计期间应尽可能地采用相同的会计核算方法，即同一企业不同时期发生的相同或者相似的交易或者事项，应当采用一致的会计政策，不能随意变更。确需变更的，应当在附注中说明。

不同的企业可能处于不同行业、不同地区，经济业务发生于不同时点，为了保证会计信息能够满足决策的需要，便于比较不同企业的财务状况、经营成果和现金流量，企业应当遵循可比性要求，即不同企业发生的相同或者相似的交易或者事项，应当采用规定的会计政策，确保会计信息口径一致、相互可比。如果对于相同或者相似的交易或者事项，不同的企业或者同一企业在不同的会计期间采用不同的会计政策，将不利于财务会计报告使用者对会计信息的理解，不利于会计信息作用的发挥。

5．实质重于形式

《企业会计准则——基本准则》第十六条规定，企业应当按照交易或者事项的经济实质进行会计确认、计量和报告，不应仅以交易或者事项的法律形式为依据。

实质重于形式要求企业应当按照交易或者事项的经济实质进行会计确认、计量和报告，不应仅仅以交易或者事项的法律形式为依据。

在实际工作中，交易或事项的外在法律形式或人为形式并不总能完全反映其实质内容。所以，会计信息要想反映其所拟反映的交易或事项，就必须根据交易或事项的实质和经济现实，而不能仅仅根据它们的法律形式进行核算和反映。

例如，销售商品的售后回购，如果企业已将商品所有权上的主要风险和报酬转移给购货方，并同时满足收入确认的其他条件，则销售实现，应当确认收入；如果企业没有将商品所有权上的主要风险和报酬转移给购货方，或没有满足收入确认的其他条件，即使企业已将商品交付购货方，销售也没有实现，不应当确认收入。

再如，以融资租赁方式租入的资产，虽然从法律形式来讲企业并不拥有其所有权，但是由于租赁合同中规定的租赁期相当长，接近于该资产的使用寿命；租赁期结束时承租企业有优先购买该资产的选择权；在租赁期内承租企业有权支配资产并从中受益，所以，从其经济实质来看，企业能够控制其创造的未来经济利益，所以，会计核算上将以融资租赁方式租入的资产视为企业的资产。

如果企业的会计核算仅仅按照交易或事项的法律形式或人为形式进行，而其法律形式或人为形式又没有反映其经济实质和经济现实，那么，其最终结果将不仅不会有利于财务会计报告使用者的决策，反而会误导财务会计报告使用者的决策。

6．重要性

《企业会计准则——基本准则》第十七条规定，企业提供的会计信息应当反映与企业财务状况、经营成果和现金流量等有关的所有重要交易或者事项。

《企业会计准则第30号——财务报表列报》第九条规定，性质或功能不同的项目，应当在财务报表中单独列报，但不具有重要性的项目除外。性质或功能类似的项目，其所属类别具有重要性的，应当按其类别在财务报表中单独列报。某些项目的重要性程度不足以在资产负债表、利润表、现金流量表或所有者权益变动表中单独列示，但对附注却具有重要性，则应当在附注中单独披露。

《企业会计准则第30号——财务报表列表》第十条规定，重要性，是指在合理预期下，财务报表某项目的省略或错报会影响使用者据此做出经济决策的，该项目具有重要性。重要性应当根据企业所处的具体环境，从项目的性质和金额两方面予以判断，且对各项目重要性的判断标准一经确定，不得随意变更。判断项目性质的重要性，应当考虑该项目在性质上是否属于企业日常活动、是否显著影响企业的财务状况、经营成果和现金流量等因素；判断项目金额大小的重要性，应当考虑该项目金额占资产总额、负债总额、所有者权益总额、营业收入总额、营业成本总额、净利润、综合收益总额等直接相关项目金额的比重或所属报表单列项目金额的比重。

在评价某些项目的重要性时，很大程度上取决于会计人员的职业判断。一般来说，应当根据企业所处环境，从项目的性质和金额大小两方面加以判断。从性质来说，当某一事项有可能对决策产生一定影响时，就属于重要项目；从金额方面来说，当某一项目的数量达到一定规模时，就可能对决策产生影响。

7．谨慎性

《企业会计准则——基本准则》第十八条规定，企业对交易或者事项进行会计确认、计量和报告应当保持应有的谨慎，不应高估资产或者收益、低估负债或者费用。

谨慎性要求企业对交易或者事项进行会计确认、计量和报告应当保持应有的谨慎，不应高估资产或者收益、低估负债或者费用。

企业的经营活动充满着风险和不确定性，在会计核算工作中坚持谨慎性原则，要求企业在面临不确定因素的情况下做出职业判断时，应当保持必要的谨慎，充分估计到各种风险和损失，既不高估资产或收益，也不低估负债或费用。例如，要求企业在资产负债表日判断资产是否存在可能发生减值的迹象。资产存在减值迹象的，应当估计其可收回金额。可收回金额的计量结果表明资产的可收回金额低于其账面价值的，应当将资产的账面价值减记至可收回金额，减记的金额确认为资产减值损失，计入当期损益，同时计提相应的资产减值准备，就充分体现了谨慎性原则。

需要注意的是，谨慎性并不意味着企业可以任意设置各种秘密准备，否则，就属于滥用谨慎性，将按照对会计差错更正的要求进行相应地会计处理。

8．及时性

《企业会计准则——基本准则》第十九条规定，企业对于已经发生的交易或者事项，应当及时进行会计确认、计量和报告，不得提前或者延后。

及时性要求企业对于已经发生的交易或者事项，应当及时进行会计确认、计量和报告，不得提前或者延后。

会计信息的价值在于帮助所有者或其他方面做出经济决策，具有时效性。即使是客观、可比、相关的会计信息，如果不及时提供，对于财务会计报告使用者也没有任何意义，甚至可能误导财务会计报告使用者。在会计核算过程中坚持上述基本原则，一是要求及时收集会计信息，即在经济业务发生后，及时收集整理各种原始单据；二是及时处理会计信息，即在国家统一的会计制度规定的时限内，及时编制出财务会计报告；三是及时传递会计信息，即在国家统一的会计制度规定的时限内，及时将编制出的财务会计报告传递给财务会计报告使用者。

如果企业的会计核算不能及时进行，会计信息不能及时提供，就无助于经济决策，就不符合及时性原则的要求。

1.11 企业会计准则

企业会计准则是反映经济活动、确认产权关系、规范收益分配的会计技术标准，是生成和提供会计信息的重要依据；它是实现社会资源优化配置的重要依据；也是国家社会规范乃至强制性规范的重要组成部分，是政府干预经济活动、规范经济秩序和从事国际经济交往等的重要手段。

1.11.1 《企业会计准则——基本准则》的地位和作用

1. 地位

《企业会计准则——基本准则》是我国会计准则体系的重要组成部分，从其所起的作用来看，《企业会计准则——基本准则》类似于国际会计准则理事会的《编报财务报表的框架》和美国财务会计准则委员会的《财务会计概念公告》。

基本准则借鉴国际会计准则编制财务报表的框架和美国等西方国家财务会计概念框架中适合中国国情的、先进的、合理的内容，但其名称和法律地位则与编制财务报表的框架或财务会计概念框架有区别。

无论是国际会计准则理事会的《编制财务报表的框架》，还是美国财务会计准则委员会的《财务会计概念公告》，尽管起着指导会计准则制定的作用，但都不属于会计准则的组成部分，也没有法律约束力。

我国属于成文法法系国家，根据《中华人民共和国立法法》规定，我国的法规体系通常由四个部分构成：一是法律，二是行政法规，三是部门规章，四是规范性文件。其中，法律由全国人民代表大会常务委员会通过，由国家主席签发。行政法规由国务院常务委员会通过，由国务院总理签发。部门规章由国务院主管部门部长以部长令签发。

我国企业会计准则体系中，基本准则属于部门规章，是由财政部于2006年2月15日以第33号部长令签发的，2014年7月23日根据《财政部关于修改〈企业会计准则——基本准则〉的决定》修改；具体准则及其应用指南属于规范性文件，分别于2006年2月15日和2006年10月30日以财政部文件印发，2014年又发布了《企业会计准则第39号——公允价值计量》、《企业会计准则第40号——合营安排》、《企业会计准则第41号——在其他主体中权益的披露》等，对《企业会计准则第30号——财务报表列报》、《企业会计准则第9号——职工薪酬》、《企业会计第33号——合并财务报表》、《企业会计准则第2号——长期股权投资》等进行了修订。

2．作用

基本准则在企业会计准则体系中具有重要地位，其作用主要表现为两个方面。

（1）基本准则统驭具体准则的制定。《企业会计准则——基本准则》规范了包括财务报告目标、会计基本假设、会计信息质量要求、会计要素的定义及其确认、计量原则、财务报告等在内的基本问题，是制定具体准则的基础，对各具体准则的制定起着统驭作用，可以确保各具体准则的内在一致性。为此，我国《企业会计准则——基本准则》第三条明确规定，“企业会计准则包括基本准则和具体准则，具体准则的制定应当遵循本准则（基本准则）”。在企业会计准则体系的建设中，各项具体准则也都严格按照基本准则的要求加以制定和完善，并且在各具体准则的第一条中做了明确规定。

（2）基本准则为会计实务中出现的、具体准则尚未规范的新问题提供会计处理依据。在会计实务中，由于经济交易事项的不断发展、创新，具体准则的制定有时会出现滞后的情况，会出现一些新的交易或者事项在具体准则中尚未规范但又急需处理，这时，企业不仅应当对这些新的交易或者事项及时进行会计处理，而且在处理时应当严格遵循基本准则的要求，尤其是基本准则关于会计要素的定义及其确认与计量等方面的规定。因此，基本准则不仅扮演着具体准则制定依据的角色，也为会计实务中出现的、具体准则尚未做出规范的新问题提供了会计处理依据，从而确保了企业会计准则体系对所有会计实务问题的规范作用。

1.11.2 《企业会计准则——基本准则》的适用范围

基本准则适用于在中华人民共和国境内设立的企业（包括公司，下同）。

企业是指依法设立的以营利为目的从事生产经营活动的独立核算的经济组织。

1．企业的特征

（1）企业是社会经济组织。企业作为一种社会经济组织，表明其主要从事经济活动，并有相应的财产。因此，企业是一定人员和一定财产的组合。

（2）企业是以营利为目的从事生产经营活动的独立核算的经济组织。企业从事的生产经营活动是指创造社会财富和提供服务的活动，包括生产、交易、服务等。企业从事生产经营活动以营利为目的。

（3）企业是实行独立核算的社会经济组织。实行独立核算就是要单独计算成本费用，以收抵支，计算盈亏，对经济业务做出全面反映和控制。不实行独立核算的社会经济组织不能称其为企业。

（4）企业是依法设立的社会经济组织。企业通过依法设立，可以取得相应的法律地位，获得合法身份，得到国家法律的认可和保护。

2．企业的分类

（1）按企业的经济性质，可将企业分为全民所有制企业、集体所有制企业、私营企业、混合所有制企业。采用这种划分方法除了可明确企业财产所有权的归属外，还可使国家对不同经济性质的企业采用不同的经济政策和监管办法。

（2）按出资者的身份不同，可将企业划分为内资企业和外商投资企业。这样划分的目的是适应国家统计、宏观决策的需要，也是适应国家管理的需要。

（3）按企业的法律地位，可将企业划分为法人企业和非法人企业。法人企业主要有公司企业、非公司制法人企业；非法人企业主要有个人独资企业、合伙企业等。这样划分能明确地反映出企业的法律地位及能力，不仅有利于国家管理，而且也有利于企业间的经济交往。

1.11.3 企业会计准则体系的框架结构

2006 年 2 月 15 日财政部发布了《企业会计准则——基本准则》(2014 年 7 月 23 日根据《财政部关于修订〈企业会计准则——基本准则〉的决定》修改)、《企业会计准则第 1 号——存货》等38项具体准则,2006年10月30日财政部又发布了《企业会计准则——应用指南》(财会[2006]18 号)。执行新会计准则的企业不再执行原准则、《企业会计制度》、《金融企业会计制度》、各项专业核算方法和问题解答。

《企业会计准则——基本准则》第三条规定，企业会计准则包括基本准则和具体准则，具体准则的制定应当遵循本准则。实际上，新企业会计准则体系包括基本准则、具体准则和应用指南三个部分，如图 1-3 所示。这三个部分是一个有机整体。

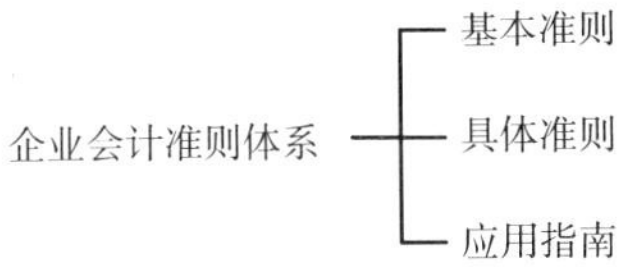

图 1-3 新企业会计准则体系

1. 就准则体系的内涵而言，中国企业会计准则强调了会计要素和主要经济业务事项的确认、计量和报告，同时兼顾了会计记录的要求

国际财务报告准则不规范会计记录，而由企业根据会计确认、计量和报告准则自行处理。

会计确认解决的是定性问题。比如，什么是资产？判断资产的关键是能否预期为企业带来经济利益流入，不能为企业带来预期经济利益流入的资源就不是资产。什么是负债？负债强调现时义务，也就是说，某项义务形成企业的负债时，表明企业一定承担支付义务。什么是收入或费用？收入或费用突出日常活动，只有企业日常活动形成的经济利益的流入或流出才构成营业收入或成本，非日常活动形成的经济利益流入或流出属于利得或损失，计入营业外收入或支出。所有者权益是企业的净资产，净资产体现企业的规模和实力，利润的实质是净资产的增加，亏损表示净资产的减少，等等。会计计量解决的是定量问题，即在确认的基础上确定金额。会计确认和计量构成了会计政策的主要内容。报告是确认、计量的结果，是连接企业和投资人等会计信息使用者的载体和桥梁。投资人等信息使用者主要是通过充分披露的财务报告，了解企业的财务状况、经营成果和现金流量，判断企业的内在价值，预测企业未来的发展趋势，从而做出投资决策等。

财务报告具有特殊作用，企业会计准则体系强调了财务报告的地位。基本准则单独规定了“财务报告”一章，具体准则大都规定了披露要求。这些披露要求与财务报表列报、现金流量表、中期财务报告、合并财务报表、分部报告、关联方披露、金融工具列报、每股收益等报告类准则，共同构成了企业财务报告体系。国际会计准则理事会从 2002 年开始，将国际会计准则更名为国际财务报告准则，是从投资人等信息使用者决策的立场出发，向投资人等提供反映企业会计要素和主要经济业务事项确认、计量结果的财务报告。我国的会计准则虽然没有称为中国财务报告准则，但与国际财务报告准则的出发点和理念是一致的。企业会计准则体系从基本准则、38 项具体准则到应用指南，其核心是围绕会计确认、计量和报告加以规范的，从而实现了中国会计准则与国际财务报告准则内涵上的统一。

会计记录是在确认和计量基础上对经济业务事项运用会计科目进行账务处理的方法，我国以前的会计制度主要是以会计科目和会计报表形式加以规定的，其中涵盖了会计确认和计量的内容，将会计确认、计量、记录和报告融为一体。新会计准则改变了这种传统做法，明确了会计确认、计量和报告构成准则体系的正文，从而实现了国际趋同；同时根据会计准则规定了 156 个会计科目及其主要账务处理，作为准则应用指南的附录，附录中的会计科目和主要账务处理不再涉及会计确认、计量和报告的内容。国际财务报告准则不涉及会计记录，主要是规范会计确认、计量和报告，会计科目由企业自行设计并进行账务处理。我国目前乃至相当长的时期内，还不能缺少对会计记录的规范，这样设计和安排，能够使会计准则更具操作性，便于会计准则体系全面准确地贯彻实施。企业在不违反会计准则中确认、计量和报告规定的前提下，可以根据本单位的实际情况，自行增设、分拆、合并会计科目。

2. 就中国准则与国际准则项目的对应关系而言，不仅整体架构保持了一致，而且大多数项目做到了相互对应

国际财务报告准则体系由编报财务报表的框架、国际财务报告准则和解释公告三部分构成，这与我国企业会计准则体系的整体架构一致。

我国的基本准则类似于国际财务报告准则中“编报财务报表的框架”，在会计准则中起统驭作用，是具体准则的制定依据，主要规范了财务报告目标、会计基础、会计基本假设、会计信息质量要求、会计要素及其确认与计量原则、财务报告等内容。

我国的具体准则和应用指南正文涵盖了目前各类企业各项经济交易或事项的会计处理，与国际财务报告准则的内部结构相同。具体准则分为一般业务准则、特殊业务准则和报告类准则，主要规范了各项具体业务事项的确认、计量和报告；应用指南是对具体准则相关条款的细化和重点难点内容提供的操作性规定。

我国新会计准则实施后，就实务中遇到的实施问题，将以财政部规范性文件形式陆续印发解释公告，这与国际财务报告准则体系中的解释公告相同。

中国的企业会计准则体系发布实施后将保持相对稳定，如果实际工作中出现了新业务需要制定新准则项目加以规范，财政部将根据基本准则并遵循既定的程序制定必要的具体准则，同时考虑国际趋同的原则要求，以进一步完善和发展我国的企业会计准则体系。

中国企业会计准则与国际财务报告准则的具体项目比较如表 1-2 所示。

表 1-2 中国企业会计准则与国际财务报告准则的具体项目比较

中国企业会计准则	国际财务报告准则
CAS 1 存货	IAS 2 存货
CAS 2 长期股权投资	IAS 27 合并财务报表和单独财务报表 IAS 28 联营中的投资 IAS 31 合营中的权益
CAS 3 投资性房地产	IAS 40 投资性房地产
CAS 4 固定资产	IAS 16 不动产、厂房及设备 IFRS 5 持有待售的非流动资产和终止经营
CAS 5 生物资产	IAS 41 农业
CAS 6 无形资产	IAS 38 无形资产

续表

中国企业会计准则	国际财务报告准则
CAS 7 非货币性资产交换	IAS 16 不动产、厂房及设备 IAS 38 无形资产 IAS 40 投资性房地产
CAS 8 资产减值	IAS 36 资产减值
CAS 9 职工薪酬	IAS 19 雇员福利
CAS 10 企业年金	IAS 26 退休福利计划的会计和报告
CAS 11 股份支付	IFRS 2 以股份为基础的支付
CAS 12 债务重组	IAS 39 金融工具：确认和计量
CAS 13 或有事项	IAS 37 准备、或有负债和或有资产
CAS 14 收入	IAS 18 收入
CAS 15 建造合同	IAS 11 建造合同
CAS 16 政府补助	IAS 20 政府补助的会计和政府援助的披露
CAS 17 借款费用	IAS 23 借款费用
CAS 18 所得税	IAS 12 所得税
CAS 19 外币折算	IAS 21 汇率变动的影响 IAS 29 恶性通货膨胀经济中的财务报告
CAS 20 企业合并	IFRS 3 企业合并
CAS 21 租赁	IAS 17 租赁
CAS 22 金融工具确认和计量 CAS 23 金融资产转移 CAS 24 套期保值	IAS 39 金融工具：确认和计量
CAS 25 原保险合同 CAS 26 再保险合同	IFRS 4 保险合同
CAS 27 石油天然气开采	IFRS 6 矿产资源的勘探和评价
CAS 28 会计政策、会计估计变更和差错更正	IAS 8 会计政策、会计估计变更和差错更正
CAS 29 资产负债表日后事项	IAS 10 资产负债表日后事项
CAS 30 财务报表列报	IAS 1 财务报表的列报 IFRS 5 持有待售的非流动资产和终止经营
CAS 31 现金流量表	IAS 7 现金流量表
CAS 32 中期财务报告	IAS 34 中期财务报告
CAS 33 合并财务报表	IAS 27 合并财务报表和单独财务报表
CAS 34 每股收益	IAS 33 每股收益
CAS 35 分部报告	IFRS 8 分部报告
CAS 36 关联方披露	IAS 24 关联方披露
CAS 37 金融工具列报	IFRS 7 金融工具：披露 IAS 32 金融工具：列报
CAS 38 首次执行企业会计准则	IFRS 1 首次采用国际财务报告准则

1.12 会计人员继续教育

为加强持有会计从业资格证书人员（以下简称会计人员）继续教育的管理，推进会计人员继续教育工作科学化、规范化、信息化，培养造就高素质的会计队伍，提高会计人员专业胜任能力，根据《会计法》和《会计从业资格管理办法》的规定，财政部2013年8月27日印发了《会计人员继续教育规定》（本节以下简称本办法），自2013年10月1日起施行。

会计人员继续教育应当紧密结合经济社会发展和会计行业发展要求，统筹规划，强化服务，注重质量，全面推进会计人才队伍建设，为经济社会和会计行业发展提供人才保证和智力支持。

会计人员继续教育工作应当遵循下列基本原则：

（1）以人为本，按需施教。把握会计行业发展趋势和会计人员从业基本要求，突出提升会计人员专业胜任能力，引导会计人员更新知识、拓展技能，提高解决实际问题的能力。

（2）突出重点，提高能力。会计人员继续教育面向会计人员，全面提高会计人员整体素质，进一步改善会计人员知识结构。

（3）加强指导，创新机制。在统筹规划的前提下，有效利用各方面教育资源，引导社会办学单位参与会计人员继续教育，并不断丰富继续教育内容，创新继续教育方式，整合继续教育资源，提高继续教育质量，逐步形成政府部门规划指导、社会单位积极参与、用人单位支持督促的会计人员继续教育新格局。

会计人员享有参加继续教育的权利和接受继续教育的义务。

会计人员继续教育的对象是取得会计从业资格的人员。

取得会计从业资格的人员，应当自取得资格的次年开始参加继续教育，并在规定时间内取得规定学分。

1. 管理体制

财政部负责全国会计人员继续教育管理的下列事项：

（1）制定全国会计人员继续教育规划。

（2）制定全国会计人员继续教育制度。

（3）拟定全国会计人员继续教育工作重点。

（4）组织开发、评估、推荐全国会计人员继续教育重点教材。

（5）组织全国会计人员继续教育师资培训。

（6）指导、督促各地区和有关部门开展会计人员继续教育工作。

各省、自治区、直辖市、计划单列市财政厅（局）（以下简称省级财政部门）负责本地区会计人员继续教育管理的下列事项：

（1）依据全国会计人员继续教育制度，制定本地区的会计人员继续教育实施办法。

（2）依据全国会计人员继续教育规划和工作重点，制定本地区会计人员继续教育计划并组织实施。

（3）确定本地区各级财政部门会计人员继续教育管理工作的具体职责和权限。

（4）组织推荐适合本地区的会计人员继续教育教材，或者选用财政部统一组织开发、推荐的全国会计人员继续教育重点教材。

（5）组织本地区会计人员继续教育培训和会计人员继续教育师资培训。

（6）指导、监督本地区会计人员继续教育工作，规范会计人员继续教育培训市场。

（7）监督、检查会计人员接受继续教育情况。

中共中央直属机关事务管理局、国家机关事务管理局、中国人民解放军总后勤部、中国人民武装警察部队后勤部（以下简称中央主管单位）和新疆生产建设兵团财务局应当按照会计从业资格管理体制，分别负责中央在京单位、中国人民解放军系统、中国人民武装警察部队系统和新疆生产建设兵团财务局会计人员继续教育的组织实施工作。中央主管单位和新疆生产建设兵团财务局管理会计人员继续教育的职责，比照本办法执行。

会计人员所在单位负责组织和督促本单位的会计人员参加继续教育。会计人员所在单位应当遵循教育、考核、使用相结合的原则，鼓励、支持并组织本单位会计人员参加继续教育，保证学习时间，提供必要的学习条件。

2. 内容与形式

会计人员继续教育的内容主要包括会计理论、政策法规、业务知识、技能训练和职业道德等。

（1）会计理论继续教育，重点加强会计基础理论和应用理论的培训，提高会计人员用理论指导实践的能力。

（2）政策法规继续教育，重点加强会计法规制度及其他相关法规制度的培训，提高会计人员依法从事会计工作的能力。

（3）业务知识和技能训练继续教育，重点加强履行岗位职责所必备的会计准则制度等专业知识、内部控制、会计信息化等方面的培训，提高会计人员的实际工作能力和业务技能。

（4）职业道德继续教育，重点加强会计职业道德的培训，提高会计人员职业道德水平。

会计人员可以自愿选择参加本办法规定的继续教育形式。会计人员继续教育的形式主要如下：

（1）参加县级以上地方人民政府财政部门、中央主管单位、新疆生产建设兵团财务局（以下简称继续教育管理部门）组织的会计人员继续教育师资培训、会计脱产培训、远程网络化会计培训。

（2）参加继续教育管理部门公布的会计人员继续教育机构组织的会计脱产培训、远程网络化会计培训。

（3）参加继续教育管理部门公布的会计人员所在单位组织的会计脱产培训、远程网络化会计培训。

（4）参加财政部组织的全国会计领军人才培训。

（5）参加财政部组织的大中型企事业单位总会计师素质提升工程培训。

（6）参加省级财政部门、中央主管单位、新疆生产建设兵团财务局组织的高端会计人才培训。

（7）参加中国注册会计师继续教育培训。

（8）参加继续教育管理部门组织的其他形式培训。

继续教育管理部门应当按照管理权限，定期公布会计人员继续教育机构或会计人员所在单位名称等相关信息。

除本办法规定的继续教育形式外，会计人员继续教育的形式还包括：

（1）参加财政部组织的全国会计领军人才考试，以及省级财政部门、中央主管单位、新疆生产建设兵团财务局组织的高端会计人才考试。

（2）参加会计、审计专业技术资格考试，以及注册会计师、注册资产评估师、注册税务师考试。

（3）参加国家教育行政主管部门承认的会计类专科以上学位学历教育。

（4）承担继续教育管理部门或其认可的会计学术团体的会计类研究课题，或在有国内统一刊号（CN）的经济管理类报刊上发表会计类论文。

（5）公开出版会计类书籍。

（6）参加省级以上财政部门、中央主管单位、新疆生产建设兵团财务局组织或其认可的会计类知识大赛。

（7）继续教育管理部门认可的其他形式。

会计人员继续教育内容应当根据会计人员的从业要求，综合运用讲授式、研究式、案例式、模拟式、体验式等教学方法，提高培训效果和质量。

继续教育管理部门应当积极推广网络教育、远程教育、电化教育等方式，提高会计人员继续教育教学和管理的信息化水平。

3．学分管理

会计人员参加继续教育采取学分制管理制度，每年参加继续教育取得的学分不得少于 24 学分。会计人员参加继续教育取得的学分，在全国范围内有效。

会计人员参加本办法规定的继续教育形式，继续教育学分计量标准如下：

（1）参加继续教育管理部门组织的会计人员继续教育师资培训、会计脱产培训、远程网络化会计培训，考试或考核合格的，每学时折算为 1 学分。

（2）参加继续教育管理部门公布的会计人员继续教育机构组织的会计脱产培训、远程网络化会计培训，考试或考核合格的，每学时折算为 1 学分。

（3）参加继续教育管理部门公布的会计人员所在单位组织的会计脱产培训、远程网络化会计培训，考试或考核合格的，每学时折算为 1 学分。

（4）参加财政部组织的全国会计领军人才培训，考试或考核合格的，每学时折算为 1 学分。

（5）参加财政部组织的大中型企事业单位总会计师素质提升工程培训，考试或考核合格的，每学时折算为 1 学分。

（6）参加省级财政部门、中央主管单位、新疆生产建设兵团财务局组织的高端会计人才培训，考试或考核合格的，每学时折算为 1 学分。

（7）参加中国注册会计师继续教育培训，经所属注册会计师协会确认的，每学时折算为 1 学分。

会计人员参加本办法规定的继续教育形式，继续教育学分计量标准如下：

（1）参加财政部组织的全国会计领军人才考试，以及省级财政部门、中央主管单位、新疆生产建设兵团财务局组织的高端会计人才考试，被录取的，折算为 24 学分。

（2）参加会计、审计专业技术资格考试，以及注册会计师、注册资产评估师、注册税务师考试，每通过一科考试，折算为 24 学分。

（3）参加国家教育行政主管部门承认的会计类专科以上学位学历教育，通过当年度一个学习科目考试或考核的，折算为 24 学分。

（4）独立承担继续教育管理部门或其认可的会计学术团体的会计类研究课题，课题结项的，每项研究课题折算为 24 学分；与他人合作完成的，每项研究课题的第一作者折算为 24 学分，其他作者每人折算为 12 学分。

（5）独立在有国内统一刊号的经济管理类报刊上发表会计类论文的，每篇论文折算为 24 学分；与他人合作发表的，每篇论文的第一作者折算为 24 学分，其他作者每人折算为 12 学分。

（6）独立公开出版会计类书籍的，每本会计类书籍折算为 24 学分；与他人合作出版的，每本会计类书籍的第一作者折算为 24 学分，其他作者每人折算为 12 学分。

（7）参加省级以上财政部门、中央主管单位、新疆生产建设兵团财务局组织或其认可的会计类知识大赛，成绩合格或受到表彰的，折算为 24 学分。

会计人员参加继续教育取得的学分，均在当年度有效，不得结转至下年度。

会计人员在省级财政部门、中央主管单位、新疆生产建设兵团财务局管辖范围之间办理调转登记时，未按规定完成继续教育的，应当分情况进行处理。

（1）会计人员未按规定完成以前年度继续教育的，应当在调出地完成以前年度继续教育后，才能办理会计从业资格调转手续。

（2）会计人员未按规定完成当年度继续教育的，调出地应当在其调转登记表中予以注明，会计人员办理调转后，应当在调入地完成当年度继续教育。

会计人员参加未经继续教育管理部门公布的会计人员继续教育机构组织开展的会计人员继续教育，继续教育管理部门不为其办理继续教育事项登记。会计人员参加未经继续教育管理部门公布的会计人员所在单位组织开展的会计人员继续教育，继续教育管理部门不为其办理继续教育事项登记。

4．机构管理

继续教育管理部门应当加强会计人员继续教育机构建设，构建分工明确、优势互补、布局合理、竞争有序的会计人员继续教育体系。会计人员继续教育应当充分发挥国家会计学院、中华会计函授学校、会计学会、总会计师协会、县级以上地方人民政府财政部门和中央主管单位会计人员培训基地（中心）等教育资源的主渠道作用，鼓励、引导高等院校、科研院所等单位参与会计人员继续教育工作。

会计人员继续教育机构必须同时符合下列条件：

（1）具备承担培训工作相适应的教学场所和教学设施。

（2）拥有与承担培训工作相适应的师资队伍和管理力量。

（3）制定完善的教学培训计划、管理制度和其他相关制度。

（4）能够完成所承担的培训任务，保证培训质量。

（5）符合有关法律法规的规定。

会计人员继续教育机构应当根据会计人员继续教育规划和工作重点等，改进培训方式，科学设置培训内容，加强教学管理，提高教学水平，保证培训质量。

会计人员继续教育机构应当建立、健全会计人员继续教育培训档案，如实记载会计人员继续教育情况，并在培训结束后及时将有关情况报送所在地继续教育管理部门。

5．师资与教材

会计人员继续教育机构的教学人员，应当具有良好的职业道德修养、较高的理论政策水平、扎实的专业知识基础，有一定的实际工作经验，掌握现代教育培训理论和方法，具备胜任教学、科研工作的能力。

继续教育管理部门应当加强会计人员继续教育教材建设，逐步形成会计人员继续教育教材体系，以适应会计人员继续教育的需要。

会计人员继续教育教材的建设应当坚持开发与利用相结合，加强教材开发的针对性和实用性。提倡会计人员继续教育教材开发社会化，鼓励社会上有能力的部门和单位按照统一的会计人员继续教育规划和工作重点等，参与编制会计人员继续教育教材。

继续教育管理部门应当加强对会计人员继续教育教材的编写、评估、推荐、出版、发行、使用情况的管理和监督。

任何部门、单位和个人不得向会计人员强行推销、搭售会计人员继续教育教材。

6．监督与检查

会计人员继续教育管理实行登记制度。会计人员办理继续教育事项登记，可以通过以下两种途径：

（1）会计人员参加继续教育经考试或考核合格后，应当在 3 个月内持会计从业资格证书、相关证明材料向所属继续教育管理部门办理继续教育事项登记。

（2）继续教育管理部门根据公布的会计人员继续教育机构或会计人员所在单位报送的会计人员继续教育信息，为会计人员办理继续教育事项登记。

继续教育管理部门应当建立、健全会计人员从业档案信息系统，如实记载会计人员接受继续教育情况。

会计人员由于病假、在境外工作、生育等原因，无法在当年完成继续教育取得规定学分的，应当提供合理证明，经继续教育管理部门审核确认后，其没有取得的继续教育学分可以顺延至下一年度取得。

继续教育管理部门应当加强对会计人员继续教育情况的监督与检查，并将监督、检查结果作为会计人员参加先进会计工作者评选、颁发会计人员荣誉证书等的依据之一。对未按规定参加继续教育或者参加继续教育未取得规定学分的会计人员，继续教育管理部门应当责令其限期改正。

继续教育管理部门应当定期对所在地会计人员继续教育机构进行检查、评估。

会计人员继续教育机构不得有下列行为：

（1）采取虚假、欺诈等不正当手段招揽生源的。

（2）以会计人员继续教育名义组织境内外公费旅游或者进行其他高消费活动的。

（3）违反国家有关规定擅自印发与会计人员继续教育相关培训证书的。

（4）以会计人员继续教育名义乱收费或者只收费不培训的。

继续教育管理部门应当将各单位会计人员继续教育情况作为《会计法》执行情况检查、会计从业资格情况检查的内容。

第 2 篇　企业经营成果信息的反映

第 2 章

收入

收入是指企业在日常活动中形成的、会导致所有者权益增加的、与所有者投入资本无关的经济利益的总流入。《企业会计准则第 14 号——收入》所涉及的收入，包括销售商品收入、提供劳务收入和让渡资产使用权收入。企业代第三方收取的款项，应当作为负债处理，不应当确认为收入。

小知识

日常活动的认定

《企业会计准则第 14 号——收入》第二条规定，收入是指企业在日常活动中形成的、会导致所有者权益增加的、与所有者投入资本无关的经济利益的总流入。其中，“日常活动”是指企业为完成其经营目标所从事的经常性活动以及与之相关的活动。

比如，工业企业制造并销售产品、商品流通企业销售商品、保险公司签发保单、咨询公司提供咨询服务、软件企业为客户开发软件、安装公司提供安装服务、商业银行对外贷款、租赁公司出租资产等，均属于企业为完成其经营目标所从事的经常性活动，由此产生的经济利益的总流入构成收入。

工业企业转让无形资产使用权、出售不需用原材料等，属于与经常性活动相关的活动，由此产生的经济利益的总流入也构成收入。企业处置固定资产、无形资产等活动，不是企业为完成其经营目标所从事的经常性活动，也不属于与经常性活动相关的活动，由此产生的经济利益的总流入不构成收入，应当确认为营业外收入。

2.1 销售商品收入

2.1.1 确认条件

销售商品收入同时满足下列条件的，才能予以确认。

（1）企业已将商品所有权上的主要风险和报酬转移给购货方。根据《企业会计准则第 14 号——收入》第四条规定，企业已将商品所有权上的主要风险和报酬转移给购货方，构成确认销售商品收入的重要条件。

① 企业已将商品所有权上的主要风险和报酬转移给购货方，是指与商品所有权有关的主要风险和报酬同时转移。与商品所有权有关的风险是指商品可能发生减值或毁损等形成的损失；与商品所有权有关的报酬是指商品价值增值或通过使用商品等产生的经济利益。

② 判断企业是否已将商品所有权上的主要风险和报酬转移给购货方，应当关注交易的实质，并结合所有权凭证的转移进行判断。通常情况下，转移商品所有权凭证并交付实物后，商品所有权上的主要风险和报酬随之转移，如大多数零售商品。某些情况下，转移商品所有权凭证但未交付实物，商品所有权上的主要风险和报酬随之转移，企业只保留了次要风险和报酬，如交款提货方式销售商品。有时，已交付实物但未转移商品所有权凭证，商品所有权上的主要风险和报酬未随之转移，如采用支付手续费方式委托代销的商品。

（2）企业既没有保留通常与所有权相联系的继续管理权，也没有对已售出的商品实施有效控制。

（3）收入的金额能够可靠地计量。

（4）相关的经济利益很可能流入企业。

（5）相关的已发生或将发生的成本能够可靠地计量。

小知识

销售商品收入确认条件的具体应用

（1）下列商品销售，通常按规定的时点确认为收入，有证据表明不满足收入确认条件的除外：

① 销售商品采用托收承付方式的，在办妥托收手续时确认收入。

② 销售商品采用预收款方式的，在发出商品时确认收入，预收的货款应确认为负债。

③ 销售商品需要安装和检验的，在购买方接受商品以及安装和检验完毕前，不确认收入，待安装和检验完毕时确认收入。如果安装程序比较简单，可在发出商品时确认收入。

④ 销售商品采用以旧换新方式的，销售的商品应当按照销售商品收入确认条件确认收入，回收的商品作为购进商品处理。

⑤ 销售商品采用支付手续费方式委托代销的，在收到代销清单时确认收入。

（2）采用售后回购方式销售商品的，收到的款项应确认为负债；回购价格大于原售价的，差额应在回购期间按期计提利息，计入财务费用。有确凿证据表明售后回购交易满足销售商品收入确认条件的，销售的商品按售价确认收入，回购的商品作为购进商品处理。

（3）采用售后租回方式销售商品的，收到的款项应确认为负债；售价与资产账面价值之间的差额，应当采用合理的方法进行分摊，作为折旧费用或租金费用的调整。有确凿证据表明认定为经营租赁的售后租回交易是按照公允价值达成的，销售的商品按售价确认收入，并按账面价值结转成本。

【例2-1】 20×8年2月17日，智董公司向贵琛公司销售一批商品，以托收承付结算方式进行结算。该批商品的成本为60 000元，增值税发票上注明售价为100 000元，增值税税额为17 000元。智董公司在销售时已知贵琛公司资金周转发生暂时困难，但为了减少存货积压，同时也为了维持与贵琛公司长期以来建立的商业关系，智董公司将商品销售给了贵琛公司。该批商品已经发出，并已向银行办理了托收手续。假定智董公司销售该批商品的纳税义务已经发生。

由于贵琛公司资金周转存在暂时困难，因而智董公司在货款回收方面存在不确定性。根据销售商品收入的确认条件，智董公司在销售时不能确认收入。为此，智董公司应将已发出的商品成本转入“发出商品”科目。

有关账务处理如下：

（1）发出商品时。

借：发出商品　　60 000
　贷：库存商品　　60 000

（2）将增值税发票上注明的增值税额转入应收账款。

借：应收账款——应收销项税额　　17 000
　贷：应交税费——应交增值税（销项税额）　　17 000

（注：如果销售该商品的纳税义务尚未发生，则不做这笔分录，待纳税义务发生时再做应交增值税的分录）

（3）10 月 23 日智董公司得知贵琛公司经营情况逐渐好转，贵琛公司承诺近期付款。智董公司可以确认收入，同时结转成本。

借：应收账款——贵琛公司　　100 000
　贷：主营业务收入　　100 000
借：主营业务成本　　60 000
　贷：发出商品　　60 000

（4）11 月 26 日收到款项时。

借：银行存款　　117 000
　贷：应收账款——贵琛公司　　100 000
　　　应交税费——应交增值税（销项税额）　　17 000

2.1.2 销售商品收入金额的确定

企业应当按照从购货方已收或应收的合同或协议价款确定销售商品收入金额，但已收或应收的合同或协议价款不公允的除外。

合同或协议价款的收取采用递延方式，实质上具有融资性质的，应当按照应收的合同或协议价款的公允价值确定销售商品收入金额。

应收的合同或协议价款与其公允价值之间的差额，应当在合同或协议期间内采用实际利率法进行摊销，计入当期损益。

《企业会计准则第 14 号——收入》第五条规定，企业销售商品满足收入确认条件时，应当按照已收或应收合同或协议价款的公允价值确定销售商品收入金额。

从购货方已收或应收的合同或协议价款，通常为公允价值。某些情况下，合同或协议明确规定销售商品需要延期收取价款，如分期收款销售商品，实质上具有融资性质的，应当按照应收的合同或协议价款的现值确定其公允价值。应收的合同或协议价款与其公允价值之间的差额，应当在合同或协议期间内，按照应收款项的摊余成本和实际利率计算确定的摊销金额，冲减财务费用。

【例 2-2】 智董公司于 20×7 年 1 月 1 日采用分期收款方式销售大型设备，合同价格为 1 000 万元，分 5 年于每年年末收取。假定该大型设备不采用分期收款方式时的销售价格为 800 万元，不考虑增值税。该应收款项的收取时间较长，相当于对客户提供信贷，具有融资性质，应按 800 万元确认收入，合同价格 1 000 万元与 800 万元的差额应当作为未实现融资收益，在 5 年内采用实际利率法进行摊销，冲减财务费用。根据 1 元年金现值系数表，该公司计算得出年金 200 万元、期数 5 年、现值 800 万元的折现率为 7.93%，即为该笔应收款项的实际利率。该笔应收款项账面余额，减去未实现融资收益账面余额后的差额，即为应收款项的摊余成本；摊余成本和实际利率 7.93%的乘积即为当期应冲减的财务费用。

2.1.3 特殊情况

1. 现金折扣

现金折扣是指债权人为鼓励债务人在规定的期限内付款而向债务人提供的债务扣除。销售商品涉及现金折扣的，应当按照扣除现金折扣前的金额确定销售商品收入金额。现金折扣在实际发生时计入当期损益。

【例 2-3】 20×7 年 5 月 1 日，智董公司销售一批商品 100 件，增值税发票上注明售价为 10 000 元，增值税税额为 1 700 元。智董公司为了早日收回货款，在合同中承诺给予购货方的现金折扣条件是：2/10，1/20，N/30。假定计算现金折扣时不考虑增值税，该销售商品收入符合确认条件。

智董公司的会计处理如下：

（1）5 月 1 日按总售价确认收入。

借：应收账款	11 700	
贷：主营业务收入		10 000
应交税费——应交增值税（销项税额）		1 700

（2）如 5 月 9 日买方付清货款，则按售价 10 000 元的 2%享受 200 元（10 000×2%）的现金折扣，实际付款 11 500 元（11 700–200）。

借：银行存款	11 500	
财务费用	200	
贷：应收账款		11 700

（3）如 5 月 18 日买方付清货款，则应享受的现金折扣为 100 元（10 000×1%），实际付款 11 600 元。

借：银行存款	11 600	
财务费用	100	
贷：应收账款		11 700

（4）如买方在 5 月 31 日以后才付款，则应按全额付款。

借：银行存款	11 700	
贷：应收账款		11 700

2. 商业折扣

商业折扣是指企业为促进商品销售而在商品标价上给予的价格扣除。销售商品涉及商业折扣的，应当按照扣除商业折扣后的金额确定销售商品收入金额。

3. 销售折让

销售折让是指企业因售出商品的质量不合格等原因而在售价上给予的减让。企业已经确认销售商品收入的售出商品发生销售折让的，应当在发生时冲减当期销售商品收入。销售折让属于资产负债表日后事项的，适用《企业会计准则第 29 号——资产负债表日后事项》。

【例 2-4】 20×7 年 9 月 1 日，智董公司销售一批商品给贵琛公司，增值税发票上注明售价为 80 000 元，增值税税额为 13 600 元。货到后，买方发现商品质量不合格，要求在价格上给予 5%的折让。经查明，贵琛公司提出的销售折让要求符合原合同的约定，智董公司同意并办妥了有关手续。假定此前智董公司已确认该批商品的销售收入，不属于资产负债表日后事项。

智董公司的会计处理如下：

（1）确认销售收入时。

借：应收账款——贵琛公司　93 600

　贷：主营业务收入　80 000

　　应交税费——应交增值税（销项税额）　13 600

（2）发生销售折让时。

借：主营业务收入　4 000

　应交税费——应交增值税（销项税额）　680

　贷：应收账款——贵琛公司　4 680

（3）实际收到款项时。

借：银行存款　88 920

　贷：应收账款——贵琛公司　88 920

4．销售退回

销售退回是指企业售出的商品由于质量、品种不符合要求等原因而发生的退货。企业已经确认销售商品收入的售出商品发生销售退回的，应当在发生时冲减当期销售商品收入。销售退回属于资产负债表日后事项的，适用《企业会计准则第29号——资产负债表日后事项》。

【例2-5】 20×7年12月18日，智董公司销售甲商品一批，售价为50 000元，增值税税额为8 500元，成本为26 000元。合同规定现金折扣条件为：2/10，1/20，N/30。买方于12月27日付款，享受现金折扣1 000元。20×8年5月20日，该批产品因质量严重不合格被退回。

智董公司的会计处理如下：

（1）销售商品时。

借：应收账款　58 500

　贷：主营业务收入　50 000

　　应交税费——应交增值税（销项税额）　8 500

借：主营业务成本　26 000

　贷：库存商品　26 000

（2）收回货款时。

借：银行存款　57 500

　财务费用　1 000

　贷：应收账款　58 500

（3）销售退回时。

借：主营业务收入　50 000

　应交税费——应交增值税（销项税额）　8 500

　贷：银行存款　57 500

　　财务费用　1 000

借：库存商品　26 000

　贷：主营业务成本　26 000

在特殊情况下，即在资产负债表日及之前售出的商品在资产负债表日至财务报告批准报出日之间发生退回的，应作为资产负债表日后调整事项处理，调整报告年度的收入、成本等。如果该项销售在资产负债表日及之前已经发生现金折扣的，还应同时冲减报告年度的现金折扣。

沿用例2-5的资料。同时假定上述销售退回是在20×7年12月31日以后、20×8年3月24日财务报告批准报出日之前发生的,该项销售退回应作为资产负债表日后事项处理,在20×8年账上做如下调整分录(假定该企业所得税税率为33%):

借:以前年度损益调整(50 000–1 000)　49 000
　　应交税费——应交增值税(销项税额)　8 500
　贷:银行存款　57 500
借:库存商品　26 000
　贷:以前年度损益调整　26 000
借:应交税费——应交所得税　7 590
　贷:以前年度损益调整　7 590

"以前年度损益调整"科目余额15 410元应转入"利润分配"科目:

借:利润分配　15 410
　贷:以前年度损益调整　15 410

同时在20×7年度报表中做如下调整:在资产负债表中冲减银行存款57 500元,增加存货成本26 000元,冲减应交税费16 090元;在利润表中冲减收入50 000元、成本26 000元、财务费用1 000元、所得税7 590元。值得注意的是,如果现金折扣是在20×8年发生的,则不需要在20×7年度报表中冲减财务费用。

在20×8年账上应做如下调整:

借:以前年度损益调整　50 000
　　应交税费——应交增值税(销项税额)　8 500
　贷:银行存款　57 500
　　　财务费用　1 000
借:库存商品　26 000
　贷:以前年度损益调整　26 000

有关冲减所得税和结转以前年度损益调整的分录同上,在这里省略。需要注意的是,企业对发生的销售退回,只要购货方提供退货的适当证明,则可冲减退货当期的销售收入。企业年终申报纳税汇算清缴前发生的属于资产负债表日后事项的销售退回,所涉及的应纳税所得额的调整,应作为报告年度的纳税调整。企业年终申报纳税汇算清缴后发生的属于资产负债表日后事项的销售退回所涉及的应纳税所得额的调整,应作为本年度的纳税调整。除属于资产负债表日后事项的销售退回,可能因发生于报告年度申报纳税汇算清缴后,相应产生会计与税法对销售退回相关的收入、成本等确认时间不同以外,对于其他的销售退回,会计规定与税法规定是一致的。上述"报告年度"是指上年度。例如,智董上市公司20×7年度的财务报告经董事会批准于20×8年3月25日报出,则这里的报告年度为20×7年度,下同;上述"本年度"是指报告年度的下一个年度。

【例2-6】 智董公司委托贵琛公司销售甲商品100件,协议价为100元/件,该商品成本为60元/件,增值税税率为17%。智董公司在收到贵琛公司开来的代销清单时开具增值税发票,发票上注明:售价10 000元,增值税税额1 700元。贵琛公司实际销售时开具的增值税发票上注明:售价12 000元,增值税税额2 040元。

（1）智董公司的账务处理：

① 智董公司将甲商品交付贵琛公司时。

借：应收账款——贵琛公司　　11 700
　贷：主营业务收入　　10 000
　　　应交税费——应交增值税（销项税额）　　1 700
借：主营业务成本　　6 000
　贷：库存商品　　6 000

② 收到贵琛公司汇来的货款 11 700 元时。

借：银行存款　　11 700
　贷：应收账款——贵琛公司　　11 700

（2）贵琛公司的账务处理：

① 收到甲商品时。

借：库存商品　　10 000
　　应交税费——应交增值税（进项税额）　　1 700
　贷：应付账款——智董公司　　11 700

② 实际销售时。

借：银行存款　　14 040
　贷：主营业务收入　　12 000
　　　应交税费——应交增值税（销项税额）　　2 040
借：主营业务成本　　10 000
　贷：库存商品　　10 000

③ 按协议价将款项付给智董公司时。

借：应付账款——智董公司　　11 700
　贷：银行存款　　11 700

沿用例 2-6 的资料。假定代销合同规定，贵琛公司应按每件 100 元售给顾客，智董公司按售价的 10%支付贵琛公司手续费。贵琛公司在实际销售时，即向买方开具一张增值税专用发票，发票上注明：甲商品售价 10 000 元，增值税税额 1 700 元。智董公司在收到贵琛公司交来的代销清单时，向贵琛公司开具一张相同金额的增值税发票。

（1）智董公司的账务处理：

① 将甲商品交付贵琛公司时。

借：委托代销商品　　6 000
　贷：库存商品　　6 000

② 收到代销清单时。

借：应收账款——贵琛公司　　11 700
　贷：主营业务收入　　10 000
　　　应交税费——应交增值税（销项税额）　　1 700
借：销售费用——代销手续费　　1 000
　贷：应收账款——贵琛公司　　1 000

③ 收到贵琛公司汇来的货款净额 10 700 元（11 700–1 000）时。

借：银行存款　　10 700
　贷：应收账款——贵琛公司　　10 700

（2）贵琛公司的账务处理：

① 收到甲商品时。

借：受托代销商品　　10 000
　贷：代销商品款　　10 000

② 实际销售时。

借：银行存款　　11 700
　贷：应付账款——智董公司　　10 000
　　应交税费——应交增值税（销项税额）　　1 700
借：应交税费——应交增值税（进项税额）　　1 700
　贷：应付账款——智董公司　　1 700
借：代销商品款　　10 000
　贷：受托代销商品　　10 000

③ 归还智董公司货款并计算代销手续费时。

借：应付账款——智董公司　　11 700
　贷：银行存款　　10 700
　　主营业务收入　　1 000

5. 具有融资性质的分期收款销售商品的处理

企业销售商品，有时会采取分期收款的方式，如分期收款发出商品，即商品已经交付，货款分期收回（通常为超过 3 年）。如果延期收取的货款具有融资性质，其实质是企业向购货方提供信贷时，企业应当按照应收的合同或协议价款的公允价值确定收入金额。应收的合同或协议价款的公允价值，通常应当按照其未来现金流量现值或商品现销价格计算确定。

应收的合同或协议价款与其公允价值之间的差额，应当在合同或协议期间内，按照应收款项的摊余成本和实际利率计算确定的金额进行摊销，作为财务费用的抵减处理。其中，实际利率是指具有类似信用等级的企业发行类似工具的现时利率，或者将应收的合同或协议价款折现为商品现销价格时的折现率等。

应收的合同或协议价款与其公允价值之间的差额，按照实际利率法摊销与直线法摊销结果相差不大的，也可以采用直线法进行摊销。

【例 2-7】 20×1 年 1 月 1 日，智董公司采用分期收款方式向贵琛公司销售一套大型设备，合同约定的销售价格为 2 000 万元，分 5 次于每年 12 月 31 日等额收取。该大型设备成本为 1 560 万元。在现销方式下，该大型设备的销售价格为 1 600 万元。假定智董公司发出商品时开出增值税专用发票，注明的增值税税额为 340 万元，并于当天收到增值税税额 340 万元。

根据本例的资料，智董公司应当确认的销售商品收入金额为 1 600 万元。根据未来五年收款额的现值=现销方式下应收款项金额，可以得出：

$400\times(P/A,r,5)+340=1\,600+340=1\,940$（万元）

可在多次测试的基础上，用插值法计算折现率。

当 $r=7\%$ 时，$400\times4.1002+340=1\,980.08$（万元）$>1\,940$（万元）

当 $r=8\%$ 时，$400\times3.9927+340=1\,937.08$（万元）$<1\,940$（万元）

因此，$7\%<r<8\%$。用插值法计算如表 2-1 所示。

表 2-1 计算过程 单位：万元

现 值	利 率
1 980.08	7%
1 940	r
1 937.08	8%

$$\frac{1\,980.08-1\,940}{1\,980.08-1\,937.08}=\frac{7\%-r}{7\%-8\%}$$

$r=7.93\%$

每期计入财务费用的金额如表 2-2 所示。

表 2-2 财务费用和已收本金计算表 单位：万元

	未收本金 ①=上期①–上期④	财务费用 ②=①×7.93%	收现总额③	已收本金 ④=③–②
20×1 年 1 月 1 日	1 600			
20×1 年 12 月 31 日	1 600	126.88	400	273.12
20×2 年 12 月 31 日	1 326.88	105.22	400	294.78
20×3 年 12 月 31 日	1 032.10	81.85	400	318.15
20×4 年 12 月 31 日	713.95	56.62	400	343.38
20×5 年 12 月 31 日	370.57	29.43*	400	370.57
总 额		400	2 000	1 600

注：*尾数调整。

根据表 2-2 的计算结果，智董公司各期的账务处理如下：

（1）20×1 年 1 月 1 日销售实现时。

借：长期应收款 20 000 000
　　银行存款 3 400 000
　贷：主营业务收入 16 000 000
　　　应交税费——应交增值税（销项税额） 3 400 000
　　　未实现融资收益 4 000 000
借：主营业务成本 15 600 000
　贷：库存商品 15 600 000

（2）20×1 年 12 月 31 日收取货款时。

借：银行存款 4 000 000
　贷：长期应收款 4 000 000
借：未实现融资收益 1 268 800
　贷：财务费用 1 268 800

（3）20×2 年 12 月 31 日收取货款时。

借：银行存款 4 000 000
　贷：长期应收款 4 000 000
借：未实现融资收益 1 052 200
　贷：财务费用 1 052 200

（4）20×3 年 12 月 31 日收取货款时。

借：银行存款　　4 000 000
　贷：长期应收款　　4 000 000
借：未实现融资收益　　818 500
　贷：财务费用　　818 500

（5）20×4 年 12 月 31 日收取货款时。

借：银行存款　　4 000 000
　贷：长期应收款　　4 000 000
借：未实现融资收益　　566 200
　贷：财务费用　　566 200

（6）20×5 年 12 月 31 日收取货款和增值税时。

借：银行存款　　4 000 000
　贷：长期应收款　　4 000 000
借：未实现融资收益　　294 300
　贷：财务费用　　294 300

2.2 提供劳务收入

1. 提供劳务收入确认条件的具体应用

下列提供劳务满足收入确认条件的，应按规定确认收入：

（1）安装费，在资产负债表日根据安装的完工进度确认收入。安装工作是商品销售附带条件的，安装费在确认商品销售实现时确认收入。

（2）宣传媒介的收费，在相关的广告或商业行为开始出现于公众面前时确认收入。广告的制作费，在资产负债表日根据制作广告的完工进度确认收入。

（3）为特定客户开发软件的收费，在资产负债表日根据开发的完工进度确认收入。

（4）包括在商品售价内可区分的服务费，在提供服务的期间内分期确认收入。

（5）艺术表演、招待宴会和其他特殊活动的收费，在相关活动发生时确认收入。收费涉及几项活动的，预收的款项应合理分配给每项活动，分别确认收入。

（6）申请入会费和会员费只允许取得会籍，所有其他服务或商品都要另行收费的，在款项收回不存在重大不确定性时确认收入。申请入会费和会员费能使会员在会员期内得到各种服务或商品，或者以低于非会员的价格销售商品或提供服务的，在整个受益期内分期确认收入。

（7）属于提供设备和其他有形资产的特许权费，在交付资产或转移资产所有权时确认收入；属于提供初始及后续服务的特许权费，在提供服务时确认收入。

（8）长期为客户提供重复的劳务收取的劳务费，在相关劳务活动发生时确认收入。

2. 在资产负债表日提供劳务交易的结果能够可靠估计的

企业在资产负债表日提供劳务交易的结果能够可靠估计的，应当采用完工百分比法确认提供劳务收入。完工百分比法是指按照提供劳务交易的完工进度确认收入与费用的方法。

提供劳务交易的结果能够可靠估计，是指同时满足下列条件：

（1）收入的金额能够可靠地计量。

（2）相关的经济利益很可能流入企业。

（3）交易的完工进度能够可靠地确定。

（4）交易中已发生和将发生的成本能够可靠地计量。

企业确定提供劳务交易的完工进度，可以选用下列方法：

（1）已完工作的测量。

（2）已经提供的劳务占应提供劳务总量的比例。

（3）已经发生的成本占估计总成本的比例。

企业应当按照从接受劳务方已收或应收的合同或协议价款确定提供劳务收入总额，但已收或应收的合同或协议价款不公允的除外。

企业应当在资产负债表日按照提供劳务收入总额乘以完工进度扣除以前会计期间累计已确认提供劳务收入后的金额，确认当期提供劳务收入；同时，按照提供劳务估计总成本乘以完工进度扣除以前会计期间累计已确认劳务成本后的金额，结转当期劳务成本。

【例 2-8】 智董公司于20×7年12月1日接受一项设备安装任务，安装期为3个月，合同总收入600 000元，至年底已预收安装费440 000元，实际发生安装费用为280 000元（假定均为安装人员薪酬），估计还会发生安装费用120 000元。假定智董公司按实际发生的成本占估计总成本的比例确定劳务的完工进度。

智董公司的会计处理如下：

实际发生的成本占估计总成本的比例=280 000÷（280 000+120 000）×100%=70%

20×7年12月31日确认的劳务收入=600 000×70%–0=420 000（元）

20×7年12月31日结转的劳务成本=（280 000+120 000）×70%–0=280 000（元）

（1）实际发生劳务成本时。

借：劳务成本	280 000	
贷：应付职工薪酬		280 000

（2）预收劳务款时。

借：银行存款	440 000	
贷：预收账款		440 000

（3）20×7年12月31日确认劳务收入并结转劳务成本时。

借：预收账款	420 000	
贷：主营业务收入		420 000
借：主营业务成本	280 000	
贷：劳务成本		280 000

3. 在资产负债表日提供劳务交易结果不能够可靠估计的

企业在资产负债表日提供劳务交易结果不能够可靠估计的，应当分别下列情况处理：

（1）已经发生的劳务成本预计能够得到补偿的，按照已经发生的劳务成本金额确认提供劳务收入，并按相同金额结转劳务成本。

（2）已经发生的劳务成本预计不能够得到补偿的，应当将已经发生的劳务成本计入当期损益，不确认提供劳务收入。

【例 2-9】 智董公司于20×7年12月25日接受贵琛公司委托，为其培训一批学员，培训期为6个月，20×8年1月1日开学。协议约定，贵琛公司应向智董公司支付的培训费总额为60 000元，分三次等额支付，第一次在开学时预付，第二次在20×8年3月1日支付，第三次在培训结束时支付。

20×8 年 1 月 1 日，贵琛公司预付第一次培训费。至 20×8 年 2 月 28 日，智董公司发生培训成本 30 000 元（假定均为培训人员薪酬）。20×8 年 3 月 1 日，智董公司得知贵琛公司经营发生困难，后两次培训费能否收回难以确定。

智董公司的账务处理如下：

（1）20×8 年 1 月 1 日收到贵琛公司预付的培训费时。

借：银行存款　　20 000

　贷：预收账款　　20 000

（2）实际发生培训支出时。

借：劳务成本　　30 000

　贷：应付职工薪酬　　30 000

（3）20×8 年 2 月 28 日确认劳务收入并结转劳务成本时。

借：预收账款　　20 000

　贷：主营业务收入　　20 000

借：主营业务成本　　30 000

　贷：劳务成本　　30 000

4．合同或协议包括销售商品和提供劳务时的处理

企业与其他企业签订的合同或协议包括销售商品和提供劳务时，销售商品部分和提供劳务部分能够区分且能够单独计量的，应当将销售商品的部分作为销售商品处理，将提供劳务的部分作为提供劳务处理。

销售商品部分和提供劳务部分不能够区分，或虽能区分但不能够单独计量的，应当将销售商品部分和提供劳务部分全部作为销售商品处理。

【例 2-10】 智董公司与贵琛公司签订合同，向贵琛公司销售一部电梯并负责安装。智董公司开出的增值税专用发票上注明的价款合计为 1 000 000 元，其中电梯销售价格为 980 000 元，安装费为 20 000 元，增值税税额为 166 600 元。电梯的成本为 560 000 元；电梯安装过程中发生安装费 12 000 元，均为安装人员薪酬。假定电梯已经安装完成并经验收合格，款项尚未收到；安装工作是销售合同的重要组成部分。

智董公司的账务处理如下：

（1）电梯发出结转成本 560 000 元。

借：发出商品　　560 000

　贷：库存商品　　560 000

（2）实际发生安装费用 12 000 元。

借：劳务成本　　12 000

　贷：应付职工薪酬　　12 000

（3）电梯销售实现，确认收入 980 000 元。

借：应收账款　　1 146 600

　贷：主营业务收入　　980 000

　　　应交税费——应交增值税（销项税额）　　166 600

借：主营业务成本　　560 000

　贷：发出商品　　560 000

（4）确认安装费收入 20 000 元并结转安装成本 12 000 元。

借：应收账款 20 000

　贷：主营业务收入 20 000

借：主营业务成本 12 000

　贷：劳务成本 12 000

【例 2-11】 沿用例 2-10，同时假定电梯销售价格和安装费用无法区分。

智董公司的会计处理如下：

（1）电梯发出结转成本 560 000 元。

借：发出商品 560 000

　贷：库存商品 560 000

（2）发生安装费用 12 000 元。

借：劳务成本 12 000

　贷：应付职工薪酬 12 000

（3）销售实现，确认收入 1 000 000 元，并结转成本 572 000 元。

借：应收账款 1 166 600

　贷：主营业务收入 1 000 000

　　应交税费——应交增值税（销项税额） 166 600

借：主营业务成本 572 000

　贷：库存商品 560 000

　　劳务成本 12 000

2.3 让渡资产使用权收入

让渡资产使用权收入包括利息收入、使用费收入等。让渡资产使用权收入同时满足下列条件的，才能予以确认：

（1）相关的经济利益很可能流入企业。

（2）收入的金额能够可靠地计量。

企业应当分别下列情况确定让渡资产使用权收入金额：

（1）利息收入金额，按照他人使用本企业货币资金的时间和实际利率计算确定。

（2）使用费收入金额，按照有关合同或协议约定的收费时间和方法计算确定。

【例 2-12】 智董公司向怡平公司转让其商品的商标使用权，约定怡平公司每年年末按年销售收入的 10%支付使用费，使用期为 10 年。第一年，怡平公司实现销售收入 1 000 000 元；第二年，怡平公司实现销售收入 1 500 000 元。假定智董公司均于每年年末收到使用费，不考虑其他因素。

智董公司的账务处理如下：

（1）第一年年末确认使用费收入时。

借：银行存款 100 000

　贷：主营业务收入 100 000

使用费收入金额=1 000 000×10%=100 000（元）。

（2）第二年年末确认使用费收入时。

借：银行存款　　150 000

　贷：主营业务收入　　150 000

使用费收入金额=1 500 000×10%=150 000（元）。

2.4 会计科目及主要账务处理

2.4.1 主营业务收入

1. 会计科目核算内容

本科目核算企业确认的销售商品、提供劳务等主营业务的收入。

2. 明细核算

本科目可按主营业务的种类进行明细核算。

3. 主要账务处理

（1）企业销售商品或提供劳务实现的收入，应按实际收到或应收的金额，借记“银行存款”、“应收账款”、“应收票据”等科目，按确认的营业收入，贷记本科目。

采用递延方式分期收款、具有融资性质的销售商品或提供劳务满足收入确认条件的，按应收合同或协议价款，借记“长期应收款”科目，按应收合同或协议价款的公允价值（折现值），贷记本科目，按其差额，贷记“未实现融资收益”科目。

以库存商品进行非货币性资产交换（非货币性资产交换具有商业实质且公允价值能够可靠计量）、债务重组的，应按该产成品、商品的公允价值，借记有关科目，贷记本科目。

本期（月）发生的销售退回或销售折让，按应冲减的营业收入，借记本科目，按实际支付或应退还的金额，贷记“银行存款”、“应收账款”等科目。

上述销售业务涉及增值税销项税额的，还应进行相应的处理。

（2）确认建造合同收入，按应确认的合同费用，借记“主营业务成本”科目，按应确认的合同收入，贷记本科目，按其差额，借记或贷记“工程施工——合同毛利”科目。

期末，应将本科目的余额转入“本年利润”科目，结转后本科目应无余额。

2.4.2 利息收入

1. 会计科目核算内容

本科目核算企业（金融）确认的利息收入，包括发放的各类贷款（银团贷款、贸易融资、贴现和转贴现融出资金、协议透支、信用卡透支、转贷款、垫款等）、与其他金融机构（中央银行、同业等）之间发生资金往来业务、买入返售金融资产等实现的利息收入等。

期末，应将本科目余额转入“本年利润”科目，结转后本科日无余额。

2. 明细核算

本科目可按业务类别进行明细核算。

3. 主要账务处理

资产负债表日，企业应按合同利率计算确定的应收未收利息，借记“应收利息”等科目，按摊余成本和实际利率计算确定的利息收入，贷记本科目，按其差额，借记或贷记“贷款——利息调整”等科目。

实际利率与合同利率差异较小的，也可以采用合同利率计算确定利息收入。

2.4.3 手续费及佣金收入

1. 会计科目核算内容

本科目核算企业（金融）确认的手续费及佣金收入，包括办理结算业务、咨询业务、担保业务、代保管等代理业务以及办理受托贷款及投资业务等取得的手续费及佣金，如结算手续费收入、佣金收入、业务代办手续费收入、基金托管收入、咨询服务收入、担保收入、受托贷款手续费收入、代保管收入，代理买卖证券、代理承销证券、代理兑付证券、代理保管证券、代理保险业务等代理业务以及其他相关服务实现的手续费及佣金收入等。

期末，应将本科目余额转入“本年利润”科目，结转后本科目无余额。

2. 明细核算

本科目可按手续费及佣金收入类别进行明细核算。

3. 主要账务处理

企业确认的手续费及佣金收入，按应收的金额，借记“应收手续费及佣金”、“代理承销证券款”等科目，贷记本科目。实际收到手续费及佣金，借记“存放中央银行款项”、“银行存款”、“结算备付金”、“吸收存款”等科目，贷记“应收手续费及佣金”等科目。

2.4.4 其他业务收入

1. 会计科目核算内容

本科目核算企业确认的除主营业务活动以外的其他经营活动实现的收入，包括出租固定资产、出租无形资产、出租包装物和商品、销售材料、用材料进行非货币性交换（非货币性资产交换具有商业实质且公允价值能够可靠计量）或债务重组等实现的收入。

企业（保险）经营受托管理业务收取的管理费收入，也通过本科目核算。

期末，应将本科目余额转入“本年利润”科目，结转后本科目应无余额。

2. 明细核算

本科目可按其他业务收入种类进行明细核算。

3. 主要账务处理

企业确认的其他业务收入，借记“银行存款”、“其他应收款”等科目，贷记本科目等。

2.4.5 营业外收入

1. 会计科目核算内容

本科目核算企业发生的各项营业外收入，主要包括非流动资产处置利得、非货币性资产交换利得、债务重组利得、政府补助、盘盈利得、捐赠利得等。

期末，应将本科目余额转入“本年利润”科目，结转后本科目无余额。

2. 明细核算

本科目可按营业外收入项目进行明细核算。

3. 主要账务处理

企业确认处置非流动资产利得、非货币性资产交换利得、债务重组利得，比照“固定资产清理”、“无形资产”、“原材料”、“库存商品”、“应付账款”等科目的相关规定进行处理。

确认的政府补助利得，借记“银行存款”、“递延收益”等科目，贷记本科目。

2.5 附注披露

1.《企业会计准则第 14 号——收入》的规定

企业应当在附注中披露与收入有关的下列信息：

（1）收入确认所采用的会计政策，包括确定提供劳务交易完工进度的方法。

（2）本期确认的销售商品收入、提供劳务收入、利息收入和使用费收入的金额。

2. 《企业会计准则第 30 号——财务报表列报》应用指南的规定

营业收入的披露格式如表 2-3 所示。

表 2-3 营业收入的披露格式

项　　目	本期发生额	上期发生额
1. 主营业务收入		
2. 其他业务收入		
合　　计		

第 3 章

建造合同

3.1 建造合同会计概述

建造合同是指为建造一项或数项在设计、技术、功能、最终用途等方面密切相关的资产而订立的合同。这里所讲的资产，是指房屋、道路、桥梁、水坝等建筑物以及船舶、飞机、大型机械设备等。所建造的资产从其功能和最终用途看，可分为两类：一类是建成后就可投入使用和单独发挥作用的单项工程，如房屋、桥梁、船舶等；另一类是由设计、技术、功能和最终用途等方面密切相关的数项资产构成的建设项目，只有这些资产全部建成投入使用时，才能整体发挥效益。如承建一个发电厂，该项目由锅炉房、发电室、冷却塔等几个单项工程构成，只有各单项工程全部建成投入使用时，发电厂才能正常运转和发电。

1. 建造合同的特征

建造合同属于经济合同范畴，但它不同于一般的材料采购合同和劳务合同，而有其自身的特征，主要表现在：先有买主（客户），后有标底（资产），建造资产的造价在签订合同时已经确定；资产的建设期长，一般都要跨越一个会计年度，有的长达数年；所建造的资产体积大、造价高；建造合同一般为不可取消的合同。

2. 建造合同的分类

《企业会计准则第 15 号——建造合同》第三条规定，建造合同分为固定造价合同和成本加成合同。

建造合同通常分为两种类型，一种是固定造价合同，另一种是成本加成合同。这两类合同最大的区别在于它们所包含风险的承担者不同。固定造价合同的风险主要由建造承包方承担，而成本加成合同的风险则主要由发包方承担。

在实际工作中，从合同价款的确定上看，有几种不同的方式：施工图预算造价方式，即企业按施工图纸所提供的资料和计算出的工作量，依据预算定额和单位造价以及有关文件所规定的取费标准计算出工程造价；对某些军需品（如船舰）采用按实际成本加一定比例利润确定造价的方式；投标造价方式，即施工企业依据招标单位提供的有关资料提出自己的报价，中标后决定造价并依此签订合同。

可见，我国原先的三类合同中，施工图预算造价方式、投标造价方式类似于固定造价合同，实际成本加一定比例利润确定造价的方式类似于成本加成合同。目前在我国，以招投标形式确定工程造价的方式占多数，由于风险承担者不同，判断建造合同的结果能否可靠确定的标准也不同。

（1）固定造价合同。《企业会计准则第 15 号——建造合同》第三条规定，固定造价合同是指按照固定的合同价或固定单价确定工程价款的建造合同。

【例 3-1】 智董公司（建造承包商）与一客户签订一项建造合同，为客户建造一座办公大楼，合同规定建造办公大楼的总造价为 1 000 万元。该项合同即是固定造价合同。再如，智董公司（建造承包商）与一客户签订一项建造合同，为客户建造一条 80 公里的高速公路，合同规定每公里单价为 500 万元。该项合同也是固定造价合同。

（2）成本加成合同。《企业会计准则第 15 号——建造合同》第三条规定，成本加成合同是指以合同约定或其他方式议定的成本为基础，加上该成本的一定比例或定额费用确定工程价款的建造合同。

【例 3-2】 智董公司（建造承包商）与一客户签订一项建造合同，为客户建造一艘船舶，双方商定以建造该艘船舶的实际成本为基础，合同总价款以实际成本的 101%计取。该项合同即是成本加成合同。再如，智董公司（建造承包商）与一客户签订一项建造合同，为客户建造一段地铁，合同规定以建造该段地铁的实际成本为基础，另加 800 万元计取工程价款。该项合同也为成本加成合同。

3.2 合同的分立与合并

一组建造合同是合并为一项合同进行会计处理，还是分立为多项合同分别进行会计处理，会对建造承包商的报告损益产生重大影响。由于在一组合同中，有的项目可能是盈利的，有的则可能发生亏损，加之各项目可能在不同的会计期间履行，单独报告合同损益与合并起来报告合同损益会不相同。为了避免合同的不同组合对损益计算的人为影响，《企业会计准则第 15 号——建造合同》对合同的分立与合并的条件做出了严格的规定。凡是符合合同分立条件的，必须将一组合同分立开来进行会计处理；凡是符合合同合并条件的，必须将一组合同合并为单一合同进行处理。

《企业会计准则第 15 号——建造合同》有关合同分立与合同合并的条款，实际上是确定建造合同会计核算对象的规范。确定建造合同会计核算对象，对于准确核算建造合同的损益有十分重要的意义。

《企业会计准则第 15 号——建造合同》第四条规定，企业通常应当按照单项建造合同进行会计处理。但是，在某些情况下，为了反映一项或一组合同的实质，需要将单项合同进行分立或将数项合同进行合并。

一般情况下，企业应以所订立的单项合同为对象，分别计量和确认各单项合同的收入、费用和利润。如果一项合同包括建造多项资产，《企业会计准则第 15 号——建造合同》规定了合同分立的条款，企业应按《企业会计准则第 15 号——建造合同》规定的合同分立的原则，确定建造合同的会计核算对象；如果为建造一项或数项资产而签订一组合同，《企业会计准则第 15 号——建造合同》规定了合同合并的条款，企业应按《企业会计准则第 15 号——建造合同》规定的合同合并的原则，确定建造合同的会计核算对象。

1．合同分立

《企业会计准则第15号——建造合同》第五条规定，一项包括建造数项资产的建造合同，同时满足下列条件的，每项资产应当分立为单项合同：

（1）每项资产均有独立的建造计划。

（2）与客户就每项资产单独进行谈判，双方能够接受或拒绝与每项资产有关的合同条款。

（3）每项资产的收入和成本可以单独辨认。

《企业会计准则第15号——建造合同》第六条规定，追加资产的建造，满足下列条件之一的，应当作为单项合同：

（1）该追加资产在设计、技术或功能上与原合同包括的一项或数项资产存在重大差异。

（2）议定该追加资产的造价时，不需要考虑原合同价款。

【例3-3】 智董建筑公司与一客户签订一项建造合同，该合同规定，建筑公司为客户建造一栋房屋和一座食堂。在签订合同时，建筑公司与客户分别就所建房屋和食堂进行谈判，并达成一致意见：房屋的工程造价为400万元，食堂的工程造价为150万元。房屋和食堂均有独立的施工图预算，房屋的预算成本为370万元，食堂的预算成本为130万元。根据上述资料分析：由于房屋和食堂均有独立的施工图预算，表明符合条件（1）；由于在签订合同时，建筑公司与客户分别就所建房屋和食堂进行谈判，并达成一致意见，表明符合条件（2）；由于房屋和食堂均有单独的造价和预算成本，表明符合条件（3）。因此，该项建造合同同时符合合同分立的条件，建筑公司应将建造房屋和食堂分立为两个单项合同进行会计处理。

假如该项建造合同中，没有明确规定房屋和食堂各自的工程造价，而是以550万元的总金额签订了该项合同，也未做出各自的预算成本。这时，不符合条件（3），建筑公司不能将该项建造合同分立为两个单项合同，而应作为一个单项合同进行会计处理。

2．合同合并

《企业会计准则第15号——建造合同》第七条规定，一组合同无论对应单个客户还是多个客户，同时满足下列条件的，应当合并为单项合同：

（1）该组合同按一揽子交易签订。

（2）该组合同密切相关，每项合同实际上已构成一项综合利润率工程的组成部分。

（3）该组合同同时或依次履行。

【例3-4】 智董公司（建造承包商）为承包建造一个冶炼厂而与客户一揽子签订了三项建造合同，这三项合同分别是建造一个选矿车间、一个冶炼车间和一个工业污水处理系统。根据合同规定，这三个工程将由该建造承包商同时施工，并根据整个项目的施工进度办理价款结算。根据上述资料分析：由于这三项建造合同是一揽子签订的，表明符合条件（1）。对客户而言，只有这三项合同全部完工交付使用时，该冶炼厂才能投料生产，发挥效益。对建造承包商而言，这三项合同的各自完工进度，直接关系到整个建设项目的完工进度和价款结算，由于在同一施工地点同时施工，建造承包商对工程施工人员和工程用料实行统一管理。因此，该组合同密切相关，已构成一项综合利润率工程项目，表明符合条件（2）；该组合同同时履行，表明符合条件（3）。因此，这三项建造合同符合合同合并的三个条件，该建造承包商应将该组合同合并为一个合同进行会计处理，统一核算该组合同的损益。

3.3 合同收入

1. 合同收入的组成内容

《企业会计准则第 15 号——建造合同》第八条规定，合同收入应当包括下列内容：

（1）合同规定的初始收入。

（2）因合同变更、索赔、奖励等形成的收入。

合同收入包括两部分内容：合同中规定的初始收入，即建造承包商与客户在双方签订的合同中最初商订的合同总金额，它构成了合同收入的基本内容；因合同变更、索赔、奖励等形成的收入，这部分收入并不构成合同双方在签订合同时已在合同中商订的合同总金额，而是在执行合同过程中由于合同变更、索赔、奖励等原因而形成的追加收入。建造承包商不能随意确认这部分收入，只有在符合规定条件时才能构成合同总收入。

2. 合同变更的进一步说明以及确认合同变更收入的标准

（1）合同变更。《企业会计准则第 15 号——建造合同》第九条规定，合同变更，是指客户为改变合同规定的作业内容而提出的调整。

例如，智董公司（建造承包商）与一客户签订了一份金额为 5 000 万元的固定造价合同，建造一座图书馆，合同规定的建设期为三年。第二年，客户改变部分设计，要求建造承包商将原设计中采用的木门窗改为铝合金门窗，并同意增加变更收入 50 万元。这一事项就是合同变更的例子。

（2）合同变更款构成合同收入的条件。《企业会计准则第 15 号——建造合同》第九条规定，合同变更款同时满足下列条件的，才能构成合同收入：

① 客户能够认可因变更而增加的收入。

② 该收入能够可靠地计量。

【例 3-5】 在上述（1）的例子中，该项建造合同的初始收入为 5 000 万元，变更收入 50 万元，符合上述两个条件，建造承包商便可在第二年将因合同变更而增加的收入 50 万元确认为合同收入的组成部分。第二年的合同总收入应为 5 050 万元（5 000+50）。假如客户承认因变更而增加收入，但双方只达成增加金额为 20 万元，则只能将 20 万元确认为合同收入的组成部分，第二年的合同总收入应为 5 020 万元（5 000+20）。

3. 索赔款的进一步说明以及确认索赔款收入的标准

（1）索赔款。《企业会计准则第 15 号——建造合同》第十条规定，索赔款是指因客户或第三方的原因造成的、向客户或第三方收取的、用以补偿不包括在合同造价中成本的款项。

【例 3-6】 智董公司（建造承包商）与一客户签订了一份金额为 8 000 万元的建造合同，建造一座水电站。合同规定的建设期是 2011 年 3 月至 2014 年 8 月，同时规定，发电机由客户采购，于 2013 年 8 月交付建造承包商进行安装。该项合同在执行过程中，客户于 2014 年 1 月才将发电机交付建造承包商。建造承包商因客户交货延期要求客户支付延误工期款 100 万元。这一事项即为发生索赔款的例子。

（2）索赔款构成合同收入的条件。《企业会计准则第 15 号——建造合同》第十条规定，索赔款同时满足下列条件的，才能构成合同收入：根据谈判情况，预计对方能够同意该项索赔；对方同意接受的金额能够可靠地计量。

【例 3-7】 例 3-6 中，该项建造合同的初始收入为 8 000 万元。根据双方谈判情况，客户同意向建造承包商支付延误工期款 100 万元。索赔款 100 万元，符合上述两个条件，建造承包商便可于 2014 年将因索赔而增加的收入 100 万元确认为合同收入的组成部分。2014 年该项建造合同的总收入应为 8 100 万元（8 000+100）。假如客户不同意支付延误工期款，则不能将 100 万元计入合同总收入，合同总收入仍为 8 000 万元。假如客户同意这项索赔，但只同意支付延误工期款 50 万元，则只能将 50 万元确认为合同收入的组成部分。在这种情况下，2014 年该项建造合同的总收入应为 8 050 万元（8 000+50）。

4．奖励款的进一步说明以及确认奖励款收入的标准

（1）奖励款。《企业会计准则第 15 号——建造合同》第十一条规定，奖励款是指工程达到或超过规定的标准，客户同意支付的额外款项。

【例 3-8】 智董公司（建造承包商）与一客户签订一项合同金额为 9 000 万元的建造合同，建造一座跨海大桥，合同规定的建设期为 20×7 年 12 月 20 日至 20×9 年 12 月 20 日。该合同在执行中于 20×9 年 9 月主体工程已基本完工，工程质量符合设计要求，有望提前 3 个月竣工。客户同意向建造承包商支付提前竣工奖 100 万元。这一事项即为发生奖励款的例子。

（2）奖励款构成合同收入的条件。《企业会计准则第 15 号——建造合同》第十一条规定，奖励款同时满足下列条件的，才能构成合同收入：根据合同目前完成情况，足以判断工程进度和工程质量能够达到或超过规定的标准；奖励金额能够可靠地计量。

【例 3-9】 例 3-8 中，该项建造合同的初始收入为 9 000 万元。提前竣工奖 100 万元，符合上述两个条件，建造承包商应于 20×9 年将因奖励款而形成的收入 100 万元确认为合同收入的组成部分，20×9 年该项建造合同的总收入应为 9 100 万元（9 000+100）。假定该项合同的主体工程虽于 20×9 年 9 月基本完工，但是经工程监理人员认定，工程质量未达到设计要求，还需进一步施工。在这种情况下，建造承包商不能确认奖励款。

3.4 合同成本

1．合同成本的组成内容

合同成本应包括从合同签订开始至合同完成止所发生的、与执行合同有关的直接费用和间接费用。

《企业会计准则第 15 号——建造合同》第十二条规定，合同成本应当包括从合同签订开始至合同完成止所发生的、与执行合同有关的直接费用和间接费用。

这里所说的“直接费用”是指为完成合同所发生的、可以直接计入合同成本核算对象的各项费用支出；“间接费用”是指为完成合同所发生的、不易直接归属于合同成本核算对象而应分配计入有关合同成本核算对象的各项费用支出。

2．对直接费用组成内容的进一步说明

《企业会计准则第 15 号——建造合同》第十三条规定，合同的直接费用包括耗用的材料费用、耗用的人工费用、耗用的机械使用费和其他直接费用。

（1）耗用的材料费用。包括施工过程中耗用的构成工程实体或有助于形成工程实体的原材料、辅助材料、构配件、零件、半成品的成本和周转材料的摊销及租赁费用。周转材料是指企业在施工过程中能多次使用，并可基本保持原来的实物形态而逐渐转移其价值的材料，如施工

中使用的模板、挡板和脚手架等。

（2）耗用的人工费用。包括从事工程建造的人员的工资、奖金、福利费、工资性质的津贴等支出。

（3）耗用的机械使用费。包括施工生产过程中使用自有施工机械所发生的机械使用费、租用外单位施工机械支付的租赁费和施工机械的安装、拆卸和进出场费。

（4）其他直接费用。在施工过程中发生的除上述三项直接费用以外的其他可以直接计入合同成本核算对象的费用。主要包括有关的设计和技术援助费用、施工现场材料二次搬运费、生产工具和用具使用费、检验试验费、工程定位复测费、工程点交费用、场地清理费用等。

3. 对间接费用组成内容的进一步说明

《企业会计准则第 15 号——建造合同》第十四条规定，间接费用是企业下属的施工单位或生产单位为组织和管理施工生产活动所发生的费用。这里所说的“施工单位”是指建筑安装企业的工区、施工队、项目经理部等，“生产单位”是指船舶企业的现场管理机构，飞机、大型机械设备制造企业的生产车间等。

间接费用主要包括临时设施摊销费用和施工、生产单位发生的管理人员工资、奖金、福利费、劳动保护费、固定资产折旧费及修理费、物料消耗、低值易耗品摊销、取暖费、水电费、办公费、差旅费、财产保险费、工程保修费、排污费等。

4. 合同成本的会计处理

（1）直接费用。由于直接费用在发生时能够分清受益对象，所以《企业会计准则第 15 号——建造合同》第十五条规定，直接费用在发生时直接计入合同成本。其账务处理是：耗用的人工费用，借记“工程施工”或“生产成本”科目，贷记“应付职工薪酬——工资”、“应付职工薪酬——职工福利费”等科目；耗用的材料费用，借记“工程施工”或“生产成本”科目，贷记“库存材料”、“原材料”、“周转材料摊销”（分摊的周转材料摊销额）、“银行存款”（支付的周转材料租赁费）等科目；耗用的机械使用费，借记“工程施工”或“生产成本”科目，贷记“机械作业”（使用本单位的自有施工机械发生的费用）、“银行存款”（租用外单位的施工机械发生的租赁费）等科目；耗用的其他直接费用，借记“工程施工”或“生产成本”科目，贷记“银行存款”等科目。

（2）间接费用。间接费用虽然也构成了合同成本的组成内容，但是间接费用在发生时一般不易直接归属于受益对象，这是因为，间接费用是在企业下属的直接组织和管理施工生产活动的单位发生的费用，这些单位如果同时组织实施几项合同，则其发生的费用应由这几项合同的成本共同负担，因此，《企业会计准则第 15 号——建造合同》第十五条规定：间接费用在资产负债表日按照系统、合理的方法分摊计入合同成本。

在会计实务中，间接费用一般应设置必要的会计科目进行归集，期末再按一定的方法分配计入有关合同成本。间接费用的分配方法主要有人工费用比例法、直接费用比例法等。

1）人工费用比例法。人工费用比例法是以各合同实际发生的人工费为基数分配间接费用的一种方法。计算公式如下：

$$间接费用分配率=当期实际发生的全部间接费用\div当期各合同实际发生的人工费之和\times100\%$$

$$某合同应负担的间接费用=该合同实际发生的人工费\times间接费用分配率$$

【例 3-10】 智董建筑公司第一项目经理部同时承建 A、B、C 三项合同工程，已知 A 合同发生的人工费为 140 万元，B 合同发生的人工费为 160 万元，C 合同发生的人工费为 200 万元。第一项目经理部当期共发生间接费用 50 万元。

间接费用分配率=50÷（140+160+200）×100%=10%

A 合同应负担的间接费用=140×10%=14（万元）

B 合同应负担的间接费用=160×10%=16（万元）

C 合同应负担的间接费用=200×10%=20（万元）

实际发生的间接费用的账务处理如下：

借：工程施工——间接费用　　500 000

　贷：银行存款等　　500 000

期末将间接费用分配计入各合同成本的账务处理如下：

借：工程施工——A 合同　　140 000

　　　　　　——B 合同　　160 000

　　　　　　——C 合同　　200 000

　贷：工程施工——间接费用　　500 000

2）直接费用比例法。直接费用比例法是以各合同实际发生的直接费用为基数分配间接费用的一种方法。计算公式如下：

直接费用分配率=当期实际发生的全部间接费用÷当期各合同实际发生的直接费用之和×100%

某合同当期应负担的直接费用=该合同当期实际发生的直接费用×间接费用分配率

【例 3-11】 智董建筑公司第二项目经理部同时承建甲、乙、丙三项合同工程，已知甲合同发生的直接费用 150 万元，乙合同发生的直接费用 200 万元，丙合同发生的直接费用 250 万元。第二工业区当期共发生间接费用 15 万元。

间接费用分配率=15÷（150+200+250）×100%=2.5%

甲合同应负担的间接费用=150×2.5%=3.75（万元）

乙合同应负担的间接费用=200×2.5%=5（万元）

丙合同应负担的间接费用=250×2.5%=6.25（万元）

其账务处理如下：

① 实际发生的间接费用。

借：工程施工——间接费用　　150 000

　贷：银行存款等　　150 000

② 期末将间接费用分配计入各合同成本。

借：工程施工——甲合同　　37 500

　　　　　　——乙合同　　50 000

　　　　　　——丙合同　　62 500

　贷：工程施工——间接费用　　150 000

5. 合同完成后取得与合同有关的零星收益的会计处理

《企业会计准则第 15 号——建造合同》第十六条规定，合同完成后处置残余物资取得的收益等与合同有关的零星收益，应当冲减合同成本。

上述的“与合同有关的零星收益”，是指在合同执行过程中取得，但不计入合同收入而应冲减合同成本的非经常性的收益。例如，完成合同后处置残余物资取得的收益。残余物资是指在施工过程中产生的一些材料物资的下脚料，由于工程领用材料时，已将领用材料的价值直接计入工程成本，材料物资的下脚料已包括在合同成本中，因此，处置这些残余物资而取得的收益，应冲减合同成本。其账务处理是：借记“银行存款”、“原材料”等科目，贷记“工程施工”或“生产成本”科目。

6．不计入合同成本的各项费用

《企业会计准则第15号——建造合同》第十七条规定，合同成本不包括应当计入当期损益的管理费用、销售费用和财务费用。

（1）企业行政管理部门为组织和管理生产经营活动所发生的管理费用。这里所述的“企业行政管理部门”有建筑安装公司的总公司、船舶企业、飞机制造企业、大型机械设备制造企业等企业总部。企业行政管理部门为组织和管理生产经营活动所发生的管理费用，属于企业的期间费用，应在发生时直接计入当期损益。其账务处理是：借记“管理费用”科目，贷记“银行存款”等科目。

（2）船舶等制造企业的销售费用。销售费用也属于企业的期间费用，应在发生时直接计入当期损益。其账务处理是：借记“销售费用”科目，贷记“银行存款”等科目。

（3）企业因筹集生产经营所需资金而发生的财务费用。如企业生产经营期间发生的利息净支出、汇兑净损失、金融机构手续费以及筹资发生的其他财务费用。财务费用属于企业的期间费用，应在发生时直接计入当期损益。其账务处理是：借记“财务费用”科目，贷记“长期借款”等科目。

《企业会计准则第15号——建造合同》第十七条规定，因订立合同而发生的有关费用，应当直接计入当期损益。其中的“因订立合同而发生的有关费用”，是指企业为订立合同而发生的差旅费、投标费等。建造承包商与客户在进行商务谈判时，有可能签订一项合同，也有可能达不成一致意见。由于商谈的结果具有不确定性，为简化核算，《企业会计准则第15号——建造合同》规定，因订立合同而发生的有关费用，应在发生时直接确认为当期费用，通过“管理费用”科目核算。其账务处理是：借记“管理费用”科目，贷记“银行存款”等科目。

3.5 合同收入与合同费用的确认

3.5.1 资产负债表日，建造合同的结果能够可靠估计的合同收入和合同费用的确认

1．采用完工百分比法确认合同收入与合同费用的总原则

《企业会计准则第15号——建造合同》第十八条规定，在资产负债表日，建造合同的结果能够可靠估计的，应当根据完工百分比法确认合同收入和合同费用。

《企业会计准则第15号——建造合同》第十八条规定了采用完工百分比法确认合同收入与合同费用的总原则，即：如果建造合同的结果能够可靠地估计，企业应根据完工百分比法在资产负债表日确认合同收入和合同费用。这里涉及三层含义：一是采用完工百分比法确认合同收入和合同费用的前提条件；二是在什么时间确认合同收入和合同费用；三是完工百分比法的含义及运用。

（1）采用完工百分比法确认合同收入和合同费用的前提条件是建造合同的结果能够可靠地估计。建造合同划分为固定造价合同和成本加成合同两种类型，不同类型的建造合同，判断其结果能够可靠估计的前提条件也不同。《企业会计准则第 15 号——建造合同》在第十九、二十条明确规定了判断固定造价合同和成本加成合同的结果能够可靠估计的前提条件。

（2）应在资产负债表日根据完工百分比法确认合同收入和合同费用。这里所说的“资产负债表日”是指各会计年度的最后一天，即公历 12 月 31 日。需要指出的是，对一项建造合同而言，并不是只有在 12 月 31 日才能确认合同收入和费用。在资产负债日根据完工百分比法确认合同收入和合同费用，是针对在资产负债日尚未完工的在建合同而言的。由于建造合同的施工期较长，通常都跨越一个会计年度，为了核算和反映当期已完工部分的合同收入、费用和利润，根据权责发生制和配比原则，因而才采用了完工百分比法。对于已在以前会计年度开工本年度完工的建造合同以及本年度开工本年度完工的建造合同，应在合同完工时确认当期的收入和费用。

【例 3-12】 某项建造合同于 20×7 年 3 月 1 日开工，20×8 年 7 月 1 日完工。假定该合同的结果能够可靠地估计。建造承包商应于 20×7 年 12 月 31 日和 20×8 年 7 月 1 日两个时点分别确认该项合同在各年度的收入和费用。

【例 3-13】 某项建造合同于 20×8 年 1 月 1 日开工，20×8 年 10 月 18 日完工。建造承包商应于 20×8 年 10 月 18 日确认该项合同的收入和费用，而并非 20×8 年 12 月 31 日。

（3）完工百分比法的含义及运用。完工百分比法是指根据合同完工进度确认收入与费用的方法。运用这种方法确认合同收入和费用，能为报表使用者提供有关合同进度及本期业绩的有用信息，体现了权责发生制的精神。

完工百分比法的运用就是如何根据该方法确认合同收入和合同费用。完工百分比法的运用包括两个步骤：首先，确定建造合同的完工进度，计算出完工百分比，《企业会计准则第 15 号——建造合同》第二十一条规定了确定完工进度的方法；其次，根据完工百分比计量和确认当期的合同收入和费用。当期确认的合同收入和费用可用下列公式计算。

当期确认的合同收入=（合同总收入×完工进度）–以前会计年度累计已确认的收入

当期确认的合同毛利=（合同总收入–合同预计总成本）×完工进度–以前会计年度累计已确认的毛利

当期确认的合同费用=当期确认的合同收入–当期确认的合同毛利–以前会计年度预计损失准备

需要说明的是，完工进度实际上是累计完工进度，因此，企业在运用上述公式计量和确认当期合同收入和合同费用时，应分别建造合同的实施情况进行处理。

第一种情况：当年开工当年未完工的建造合同。在这种情况下，企业在运用上述公式计量和确认当期合同收入和合同费用时，在以前会计年度累计已确认的合同收入和合同毛利均为零。

第二种情况：以前年度开工本年仍未完工的建造合同。在这种情况下，企业可直接运用上述公式计量和确认当期收入和费用。

第三种情况：以前年度开工本年完工的建造合同。在这种情况下，当期计量和确认的合同收入等于合同总收入扣除以前会计年度累计已确认的收入后的余额；当期计量和确认的合同毛利等于合同总收入扣除实际合同总成本减以前会计年度累计已确认的毛利后的余额。

第四种情况：当年开工当年完工的建造合同。在这种情况下，当期计量和确认的合同收入，等于该项合同的总收入，当期计量和确认的合同费用，等于该项合同的实际总成本。

《企业会计准则第 15 号——建造合同》第二十三、二十四条已对上述第三种和第四种情况的会计处理做了明确规定。第二十三条：在资产负债表日，应当按照合同总收入乘以完工进度扣除以前会计期间累计已确认收入后的金额，确认为当期合同收入；同时，按照合同预计总成本乘以完工进度扣除以前会计期间累计已确认费用后的金额，确认为当期合同费用。第二十四条：当期完成的建造合同，应当按照实际合同总收入扣除以前会计期间累计已确认收入后的金额，确认为当期合同收入；同时，按照累计实际发生的合同成本扣除以前会计期间累计已确认费用后的金额，确认为当期合同费用。

下面举例说明完工百分比法的运用。

【例 3-14】 智董建筑公司签订了一项合同总金额为 1 000 万元的固定造价合同。合同规定的工期为三年。假定经计算第一年完工进度为 30%，第二年完工进度已达 80%，经测定前两年的合同预计总成本均为 800 万元。第三年工程全部完成，累计实际发生合同成本 750 万元。根据上述资料计算各期确认的合同收入和费用。

第一年确认的合同收入=1 000×30%=300（万元）

第一年确认的合同毛利=（1 000–800）×30%=60（万元）

第一年确认的合同费用=300–60=240（万元）

其账务处理如下：

借：主营业务成本	2 400 000	
工程施工——毛利	600 000	
贷：主营业务收入		3 000 000

第二年确认的合同收入=（1 000×80%）–300=500（万元）

第二年确认的合同毛利=（1 000–800）×80%–60=100（万元）

第二年确认的合同费用=500–100=400（万元）

其账务处理如下：

借：主营业务成本	4 000 000	
工程施工——毛利	1 000 000	
贷：主营业务收入		5 000 000

第三年确认的合同收入=1 000–（300+500）=200（万元）

第三年确认的合同毛利=（1 000–750）–（60+100）=90（万元）

第三年确认的合同费用=200–90=110（万元）

其账务处理如下：

借：主营业务成本	1 100 000	
工程施工——毛利	900 000	
贷：主营业务收入		2 000 000

小知识

完工百分比法及完工百分比的确定

根据完工百分比法，合同收入应与为达到完工进度而发生的合同成本相配比，以反映当期已完工部分的合同收入、费用和利润。这种方法能为报表使用者提供有关合同进度及本期业绩的有用信息。

采用完工百分比法确认合同收入和费用的前提是，该项建造合同的结果能够可靠地估计。只有在建造合同的结果能够可靠地估计时，才能采用完工百分比法确认合同收入和费用，否则不能采用完工百分比法确认合同收入和费用。

采用完工百分比法确认合同收入和费用的关键是，确定合同完工进度。《企业会计准则第 15 号——建造合同》规定了确定合同完工进度的三种方法。

确定完工百分比是应用完工百分比法的关键。确定完工百分比有多各方法，各种方法的目标不外乎通过成本、产出单位或增加的价值来衡量工程的完工进度。这些不同形式的衡量标准（如实际发生的成本、实际耗用的工时、实际生产的数量、实际建成的楼层数，等等），可划分为投入衡量和产出衡量两大类。投入衡量是指根据建造过程中所付出的努力（如实际发生的成本、实际耗用的工时等）来衡量完工进度；产出衡量是指根据产出结果（如生产数量、实际建成的楼层数、完工的公路公里数）来衡量完工进度。实务中，并非每类衡量方法都可应用于所有的建造工程，而是需要根据具体环境做出仔细的判断。

不管是投入衡量，还是产出衡量，都存在一定的缺陷。以投入衡量为例，从理论上说，每投入一个单位，就会有相应的产出。也就是说，投入与产出之间存在一种对应关系，这正是投入衡量能够成立的基础。但是，如果在实际工作中发生了无效率的投入，则投入与产出之间的关系就会改变，按投入衡量就会得出不准确的结果。此外，采用投入衡量还须注意一个问题，这就是，一般在工程开工的初期阶段，往往投入比较多，而这些投入中，有一些可能是与工程进度无关的，如未用于施工的材料和未开工的分包合同成本。如果不加调整地采用投入衡量，很容易高估初期的完工百分比。因此，《企业会计准则第 15 号——建造合同》规定，采用累计实际发生的合同成本占合同预计总成本的比例确定合同完工进度时，累计实际发生的合同成本不包括下列内容：与合同未来活动相关的成本，如施工中尚未安装、使用或耗用的材料成本；在分包工程的工作量完成之前预付给分包单位的款项。

在采用产出衡量时，如果所选用的产出单位与为完成工程所需花费的时间、努力或成本不可比，则也会得出不准确的结果。例如，以建成的楼层数来衡量一座 9 层大楼的完工进度，就存在一定的缺陷，因为建造大楼底层所需花费的成本和付出的努力与建造其他楼层会有所不同，基成本可能大于大楼总成本的 1/9。这时，按完成的楼层数为确认工程收入，就不能与所发生的费用很好地配比。

从所考察的国家或地区看，完工百分比的确定没有根本性的差异。在美国，虽然没有专门的建造合同会计准则，但在实务中应用较为普遍的方法有：成本比例法、耗费努力衡量法以及产出单位法。其中又以成本比例法应用得最为广泛，这也是美国注册会计师协会推荐企业采用的方法。第 11 号国际会计准则规定了三种方法：累计已发生的合同成本占合同预计总成本的比例；对已完成工作的测量；完成合同工作的实物比例。英国和中国香港的准则并没有详细规定完工百分比的确定方法。中国台湾在第 11 号《财务会计准则公报》中规定，完工百分比的确定可采用工程成本比例法、工时进度比例法和产出单位比例法三种。

2. 判断固定造价合同的结果能够可靠估计的标准

《企业会计准则第 15 号——建造合同》第十九条规定，固定造价合同的结果能够可靠估计，是指同时满足下列条件：合同总收入能够可靠地计量；与合同相关的经济利益很可能流入企业；实际发生的合同成本能够清楚地区分和可靠地计量；合同完工进度和为完成合同尚需发生的成本能够可靠地确定。

（1）合同总收入能够可靠地计量。合同总收入一般根据建造承包商与客户订立的合同中的合同总金额来确定，如果在合同中明确规定了合同总金额，且订立的合同是合法的，则说明合同总收入能够可靠地计量；反之，则意味着合同总收入不能可靠地计量。

（2）与合同相关的经济利益很可能流入企业。经济利益是指直接或间接地流入企业的现金或现金等价物，表现为资产的增加，如增加银行存款或应收账款等，或表现为负债的减少，如用合同价款抵偿负债等，或表现为两者兼而有之。与合同相关的经济利益能够流入企业，意味着企业能够收回建造合同的工程价款。

建造合同的工程价款能否收回，取决于客户与建造承包商双方是否都能够正常履行合同。客户能否履行合同，主要根据建造承包商以往与客户交往的直接经验，或从其他方面取得的信息等进行判断。一般情况下，如果客户的信用良好，其生产经营活动也能正常地进行，能够按合同规定的结算方式和结算时间，按期办理工程价款结算和支付进度款，则意味着客户能够履行合同。但在某些特殊情况下，如客户破产或死亡、客户的财务支付出现严重困难、非常原因造成客户的生产或生存环境严重恶化等情况，则意味着客户已不能正常履行合同条款。建造承包商能否履行合同，关键在于建造承包商能否保质、保量、按期完成建造合同。如果有情况表明建造承包商能够保质、保量、按期完成建造合同，则意味着建造承包商能够履行合同。如果有情况表明建造承包商不能保质、保量、按期完成建造合同，则意味着建造承包商不能履行合同。

如果建造承包商与客户双方都能够正常履行合同，则意味着建造承包商能够收回工程价款，经济利益能够流入企业；反之，则意味着建造承包商不能够收回工程价款，经济利益不能够流入企业。

（3）合同完工进度和为完成合同尚需发生的成本能够可靠地确定。合同完工进度能够可靠地确定，意味着建造承包商能够严格履行合同条款，已经和正在为完成合同而进行工程施工，并已完成了一定的工程量，达到了一定的工程形象进度，对将要完成的工程量也能够做出科学、可靠地测定。如果建造承包商尚未动工，或刚刚开工，尚未形成一定的工程量，对将要完成的工程量不能够做出科学、可靠的测定，则表明合同完工进度不能可靠地确定。

为完成合同尚需发生的成本能否可靠地确定，关键在于建造承包商是否已经建立了完善的内部成本核算制度和有效的内部财务预算及报告制度；能否对为完成合同尚需发生的合同成本做出科学、可靠的估计。如果建造承包商已经建立了完善的内部成本核算制度和有效的内部财务预算及报告制度，并对为完成合同尚需发生的合同成本能够做出科学、可靠地估计，则意味着建造承包商能够可靠地确定为完成合同尚需发生的成本。反之，则意味着建造承包商不能可靠地确定为完成合同尚需发生的成本。

（4）实际发生的合同成本能够清楚地区分和可靠地计量。为完成合同已经发生的合同成本能否清楚地区分和可靠地计量，关键在于建造承包商能否做好建造合同成本核算的各项基础工作和准确计算合同成本。如果建造承包商能够做好建造合同成本核算的各项基础工作（包括建立各种财产物资的收发、领退、转移、报废、清查制度，建立、健全与成本核算有关的各项原始记录和工程量统计制度，制定或修订工时、材料、费用等各项内部消耗定额，完善各种计量检测设施，严格计量检验制度，使成本核算具有可靠的基础）；能够准确核算已经发生的合同成本，在核算已经发生的成本时，能够划清当期成本与下期成本的界限，不同成本核算对象之间成本的界限，未完合同成本与已完合同成本的界限。则说明为完成合同已经发生的合同成本能够清楚地区分和可靠地计量，以便实际合同成本能够与以前的预计成本相比较。反之，则意味着为完成合同已经发生的合同成本不能够清楚地区分和可靠地计量。

3. 判断成本加成合同的结果能够可靠估计的标准

《企业会计准则第 15 号——建造合同》第二十条规定，成本加成合同的结果能够可靠估计，是指同时满足下列条件，与合同相关的经济利益很可能流入企业；实际发生的合同成本能够清楚地区分和可靠地计量。

对成本加成合同而言，合同成本的组成内容一般已在合同中进行了相应规定。合同成本是确定其合同造价的基础，也是确定其完工进度的重要依据，因此，要求其实际发生的合同成本，能够清楚地区分并且能够可靠地计量。如果建造承包商为完成成本加成合同而发生的直接费用及间接费用能够及时、真实、准确地记录，并合理归集到该成本核算对象中，则表明实际发生的合同成本能够清楚地区分并且能够可靠地计量。反之，则意味着实际发生的合同成本不能清楚地区分并可靠地计量。

4．企业确定合同完工进度的方法

《企业会计准则第 15 号——建造合同》第二十一条规定，企业确定合同完工进度可以选用下列方法。

（1）累计实际发生的合同成本占合同预计总成本的比例。该方法是确定合同完工进度较常用的方法。用公式表示如下：

合同完工进度=累计实际发生的合同成本÷合同预计总成本×100%

【例 3-15】 智董建筑公司签订了一项合同总金额为 1 000 万元的建造合同，合同规定的建设期为三年。第一年，实际发生合同成本 300 万元，年末预计为完成合同尚需发生成本 520 万元；第二年，实际发生合同成本为 400 万元，年末预计为完成合同尚需发生成本 150 万元。根据上述资料，计算合同完工进度如下：

第一年合同完工进度=300÷（300+250）×100%=37%

第二年合同完工进度=（300+400）÷（300+400+150）×100%=82%

（2）已经完成的合同工作量占合同预计总工作量的比例。该方法适用于合同工作量容易确定的建造合同，如道路工程、土石方挖掘、砌筑工程等。用公式表示如下：

合同完工进度=已经完成的合同工作量÷合同预计总工作量×100%

【例 3-16】 智董路桥工程公司签订了修建一条 100 公里公路的一项建造合同，合同规定的总金额为 8 000 万元，工期为三年。该公司第一年修建了 30 公里，第二年修建了 40 公里。根据上述资料，计算合同完工进度如下：

第一年合同完工进度=30÷100×100%=30%

第二年合同完工进度=（30+40）÷100×100%=70%

（3）实际测定的完工进度。该方法是在无法根据上述两种方法确定合同完工进度时所采用的一种特殊的技术测量方法。适用于一些特殊的建造合同，如水下施工工程等。需要指出的是，这种技术测量并不是由建造承包商自行随意测定的，而应由专业人员现场进行科学测定。

【例 3-17】 智董建筑公司承建一项水下作业工程，在资产负债表日，经专业人员现场测定，已完工作量已达合同总工作量的 80%，则该合同的完工进度为 80%。

《企业会计准则第 15 号——建造合同》第二十二条是对第二十一条（1）的进一步补充和说明。

《企业会计准则第 15 号——建造合同》第二十二条规定，采用累计实际发生的合同成本占合同预计总成本的比例确定合同完工进度的，累计实际发生的合同成本不包括下列内容：

1）施工中尚未安装或使用的材料成本等与合同未来活动相关的合同成本。材料从仓库运抵施工现场，如果尚未安装、使用或耗用，则没有形成工程实体，就其资金的占用形态而言，仍属于材料占用的资金，而非“在产品”占用的资金。因此，为了保证确定完工进度的可靠性，不应将这部分成本列入累计实际发生的合同成本中来确定完工进度。

【例3-18】 智董建筑公司承建A工程，工期两年，A工程的预计总成本为1 000万元。第一年，该建筑公司的“工程施工——A工程”账户的实际发生额为680万元。其中，人工费150万元，材料费380万元，机械使用费100万元，其他直接费和工程间接费50万元。

经查明，A工程领用的材料中有一批虽已运到施工现场但尚未使用，尚未使用的材料成本为80万元。根据上述资料计算第一年的完工进度如下：

合同完工进度=（680−80）÷1 000×100%=60%

2）在分包工程的工作量完成之前预付给分包单位的款项。总承包商将其承包的工程项目中的单项工程或单项工程中的单位工程、分部分项工程分包给另一个承包商（分包单位）进行施工时，分包单位所承包的那部分单项工程或单位工程、分部分项工程，即为分包工程。对总承包商来说，分包工程是其承建的总体工程的一部分，分包工程的工作量也是其总体工程的工作量，总承包商在确定总体工程的完工进度时，应考虑分包工程的完工进度。在分包工程的工作量完成之前预付给分包单位的款项，虽然是总承包商的一项资金支出，但是该项支出并没有形成相应的工作量，因此，不应将这部分支出列入累计实际发生的合同成本中来确定完工进度。但是，根据分包工程进度支付的分包工程进度款，应构成累计实际发生的合同成本。

【例3-19】 智董建筑公司与客户一揽子签订了一项建造合同，承建A、B两项工程。该项合同的A、B两项工程密切相关，客户要求同时施工，一起交付，工期为两年。合同规定的总金额为1 100万元。智董建筑公司决定A工程由自己施工，B工程以400万元的合同金额分包给乙建筑公司承建，智董公司已与贵琛公司签订了分包合同。

第一年，智董公司自行施工的A工程实际发生工程成本450万元，预计为完成A工程尚需发生工程成本150万元；智董公司根据贵琛公司分包的B工程的完工进度，向贵琛公司支付了B工程的进度款250万元，并向贵琛公司预付了下年度备料款50万元。智董公司根据上述资料计算确定该项建造合同第一年的完工进度如下：

合同完工进度=（450+250）÷（450+150+400）×100%=70%

3.5.2 建造合同的结果不能可靠估计的情况下确认合同收入和费用的会计处理

《企业会计准则第15号——建造合同》第二十五、二十六条规定了在建造合同的结果不能可靠估计的情况下，确认合同收入和费用的会计处理。

建造合同的结果能否可靠地估计，依据《企业会计准则第 15 号——建造合同》第十九、二十条规定的标准来判断。

《企业会计准则第15号——建造合同》第二十五条规定，建造合同的结果不能可靠估计的，应当分别下列情况处理：

（1）合同成本能够收回的，合同收入根据能够收回的实际合同成本予以确认，合同成本在其发生的当期确认为合同费用。

（2）合同成本不可能收回的，在发生时立即确认为合同费用，不确认合同收入。

《企业会计准则第15号——建造合同》第二十六条规定，使建造合同的结果不能可靠估计的不确定因素不复存在的，应当按照本准则第十八条的规定确认与建造合同有关的收入和费用。

【例3-20】 智董建筑公司与客户签订了一项总金额为100万元的建造合同。第一年实际发生工程成本40万元，双方均能履行合同规定的义务。但建筑公司在年末时对该项工程的完工进度无法可靠估计。在这种情况下，该公司不能采用完工百分比法确认收入，但由于客户能够履行合同，当年发生的成本均能收回，所以，公司可将当年发生的成本金额同时确认为当年的收入和费用，当年不确认利润。其账务处理如下：

借：主营业务成本　　400 000

　贷：主营业务收入　　400 000

假定该公司当年与客户只办理价款结算 15 万元，由于客户出现财务危机，其余款项可能收不回来。在这种情况下，该公司只将 15 万元确认为当年的收入，40 万元应确认为当年的费用。其账务处理如下：

借：主营业务成本　　400 000

　贷：主营业务收入　　150 000

　　工程施工——毛利　　250 000

3.5.3 建造合同开单结算的会计处理

《企业会计准则第 15 号——建造合同》区分不同的情况，进行不同的确认，在完工百分比法下，合同收入是按完工进度确认的，与实际结算的工程价款会有一定的差别。《企业会计准则第 15 号——建造合同》的规定更为符合权责发生制的要求，并遵循了谨慎原则。

确认建造合同收入，常见的有两种方法，一是完成合同法，二是完工百分比法。完成合同法是指建造工程全部完工或实质上已完工时才确认收入和费用；完工百分比法是指根据完工进度确认收入和费用。

有关开单结算时的会计处理，《企业会计准则第 15 号——建造合同》主要是从所提供的会计信息的数量及其有用性方面考虑的，这也是国际上较为普遍的做法。

按照《企业会计准则第 15 号——建造合同》对开单结算进行会计处理，至少有这样两个优点："生产成本"或"工程施工"账户余额在账上保持不变，从而可以提供工程自开以来累计发生的工程成本；由于将开单结算单独加以处理，可以提供自开工以来累计开出结算单金额，以及已经收到了多少工程款。为了直观地反映勤务员施工实际占用的资金或占用发包商的资金情况，《企业会计准则第 15 号——建造合同》要求"工程结算"科目在资产负债表中，应作为"工程施工"科目或"生产成本"科目的抵消账户。如果"工程施工"科目或"生产成本"科目的余额大于"工程结算"科目余额，则在资产负债表中列示为一项流动资产，反之，如果"工程结算"科目余额大于"工程施工"科目或"生产成本"科目的余额，则在资产负债表中列示为一项流动负债。

【例 3-21】 C 建筑公司承建一项工程，施工期为三年，有关资料如表 3-1 所示。

表 3-1　资料（一）　　单位：元

项　　目	20×7 年	20×8 年	20×9 年	合　　计
合同总价款				4 000 000
实际发生成本	900 000	1 468 000	1 132 000	3 500 000
估计至完工尚需投入成本	2 100 000	1 332 000		
开出账单金额	800 000	1 400 000	1 800 000	4 000 000
实际收到款项	600 000	1 300 000	2 100 000	4 000 000

完工百分比法下的有关数据计算如表 3-2 所示。

表3-2 资料（二） 单位：元

项　目	20×7年	20×8年	20×9年
合同总价款	4 000 000	4 000 000	4 000 000
至本期止实际发生成本	900 000	2 368 000	3 500 000
加：估计至完工尚需投入成本	2 100 000	1 332 000	
估计合同总成本	3 000 000	3 700 000	3 500 000
估计合同毛利	1 000 000	300 000	500 000
完工比例	30%	64%	100%
本期累计应确认收入	1 200 000	2 560 000	4 000 000
本期应确认收入	1 200 000	1 360 000	1 440 000

现列示完成合同法和完工百分比法下的会计处理。

（1）20×7年：	完成合同法	完工百分比法
① 记录实际发生的合同成本。		
借：工程施工	900 000	900 000
贷：应付职工薪酬——工资、库存材料等	900 000	900 000
② 记录开出账单结算款。		
借：应收账款	800 000	800 000
贷：工程结算	800 000	800 000
③ 记录收到工程款。		
借：银行存款	600 000	600 000
贷：应收账款	600 000	600 000
④ 确认合同收入和费用。		
借：主营业务成本		900 000
工程施工——毛利（无分录）		300 000
贷：主营业务收入		1 200 000

（2）20×8年：	完成合同法	完工百分比法
① 记录实际发生的合同成本。		
借：工程施工	1 468 000	1 468 000
贷：应付职工薪酬——工资、库存材料等	1 468 000	1 468 000
② 记录开出账单结算款。		
借：应收账款	1 400 000	1 400 000
贷：工程结算	1 400 000	1 400 000
③ 记录收到工程款。		
借：银行存款	1 300 000	1 300 000
贷：应收账款	1 300 000	1 300 000
④ 确认合同收入和费用。		
借：主营业务成本		1 468 000
贷：工程施工——毛得（无分录）		108 000
主营业务收入		1 360 000

（3）20×9年：	完成合同法	完工百分比法
① 记录实际发生的合同成本。		
借：工程施工	1 132 000	1 132 000
贷：应付职工薪酬——工资、库存材料等	1 132 000	1 132 000
② 记录开出账单结算款。		
借：应收账款	1 800 000	1 800 000
贷：工程结算	1 800 000	1 800 000
③ 记录收到工程款。		
借：银行存款	2 100 000	2 100 000
贷：应收账款	2 100 000	2 100 000
④ 确认合同收入和费用。		
借：主营业务成本	3 500 000	1 132 000
工程施工——毛利	500 000	308 000
贷：主营业务收入	4 000 000	1 440 000
⑤ 结清工程施工和工程结算账户。		
借：工程结算	4 000 000	4 000 000
贷：工程施工	4 000 000	4 000 000

完工百分比法下，此项建造工程在资产负债表上的列示如下：

资产负债表（部分）　　单位：元

	20×7年	20×8年
流动资产		
应收账款	200 000	300 000
存货：		
工程施工	1 200 000	2 560 000
减：工程结算	800 000	2 200 000
已完工尚未结算款	400 000	360 000

3.5.4 预计损失的会计处理

《企业会计准则第15号——建造合同》第二十七条规定，合同预计总成本超过合同总收入的，应当将预计损失确认为当期费用。

《企业会计准则第15号——建造合同》要求在合同预计发生亏损（合同预计总成本大于合同总收入）时，应预提合同损失准备。

如果建造工程预计合同总成本将超过合同总收入，即建造合同估计将发生亏损时，出于会计上的稳健考虑，这部分亏损应全部确认到当期损益中。具体确认时，应先按完工百分比法计算当期的合同收入，与当期实际发生的工程成本相配比后，确认为当期的工程毛利（亏损），然后再用预计总亏损减去累计的工程毛利（亏损），计入“合同预计损失”账户，列入损益表。

【例3-22】 智董建筑公司签订了一项总金额为100万元的固定造价合同，最初预计总成本为90万元。第一年实际发生成本63万元，年末，预计为完成合同尚需发生成本42万元。假定该合同的结果能够可靠地估计。

该公司应在年末时进行如下会计处理：

第一年合同完工进度=63÷（63+42）×100%=60%

第一年确认的合同收入=合同总收入×60%=100×60%=60（万元）

第一年确认的合同毛利=［100–（63+42）］×60%=–3（万元）

第一年应确认的合同费用=收入–毛利=60–（–3）=63（万元）

第一年预计的合同损失=［（63+42）–100］×（1–60%）=2（万元）

其账务处理如下：

借：主营业务成本　　630 000
　贷：主营业务收入　　600 000
　　　工程施工——毛利　　30 000

同时：

借：管理费用——合同预计损失　　20 000
　贷：存货跌价准备——预计损失准备　　20 000

3.6 会计科目及主要账务处理

本节介绍涉及建造合同的会计科目及账务处理。

3.6.1 存货跌价准备

1．会计科目核算内容

本科目核算企业存货的跌价准备。

本科目期末贷方余额反映企业已计提但尚未转销的存货跌价准备。

2．明细核算

本科目可按存货项目或类别进行明细核算。

3．主要账务处理

（1）资产负债表日，存货发生减值的，按存货可变现净值低于成本的差额，借记“资产减值损失”科目，贷记本科目。

已计提跌价准备的存货价值以后又得以恢复，应在原已计提的存货跌价准备金额内，按恢复增加的金额，借记本科目，贷记“资产减值损失”科目。

发出存货结转存货跌价准备的，借记本科目，贷记“主营业务成本”、“生产成本”等科目。

（2）企业（建造承包商）建造合同执行中预计总成本超过合同总收入的，应按其差额，借记“资产减值损失”科目，贷记本科目。合同完工时，借记本科目，贷记“主营业务成本”科目。

3.6.2 工程施工

1．会计科目核算内容

本科目核算企业（建造承包商）实际发生的合同成本和合同毛利。

本科目期末借方余额反映企业尚未完工的建造合同成本和合同毛利。

2. 明细核算

本科目可按建造合同，分别“合同成本”、“间接费用”、“合同毛利”进行明细核算。

3. 主要账务处理

（1）企业进行合同建造时发生的人工费、材料费、机械使用费以及施工现场材料的二次搬运费、生产工具和用具使用费、检验试验费、临时设施折旧费等其他直接费用，借记本科目（合同成本），贷记“应付职工薪酬”、“原材料”等科目。发生的施工、生产单位管理人员职工薪酬、固定资产折旧费、财产保险费、工程保修费、排污费等间接费用，借记本科目（间接费用），贷记“累计折旧”、“银行存款”等科目。

期（月）末，将间接费用分配计入有关合同成本，借记本科目（合同成本），贷记本科目（间接费用）。

（2）确认合同收入、合同费用时，借记“主营业务成本”科目，贷记“主营业务收入”科目，按其差额，借记或贷记本科目（合同毛利）。

（3）合同完工时，应将本科目余额与相关工程施工合同的“工程结算”科目对冲，借记“工程结算”科目，贷记本科目。

3.6.3 工程结算

1. 会计科目核算内容

本科目核算企业（建造承包商）根据建造合同约定向业主办理结算的累计金额。

2. 明细核算

本科目可按建造合同进行明细核算。

3. 主要账务处理

企业向业主办理工程价款结算，按应结算的金额，借记“应收账款”等科目，贷记本科目。

合同完工时，应将本科目余额与相关工程施工合同的“工程施工”科目对冲，借记本科目，贷记“工程施工”科目。

本科目期末贷方余额反映企业尚未完工建造合同已办理结算的累计金额。

3.6.4 机械作业

1. 会计科目核算内容

本科目核算企业（建造承包商）及其内部独立核算的施工单位、机械站和运输队使用自有施工机械和运输设备进行机械作业（包括机械化施工和运输作业等）所发生的各项费用。

企业及其内部独立核算的施工单位，从外单位或本企业其他内部独立核算的机械站租入施工机械发生的机械租赁费，在“工程施工”科目核算。

2. 明细核算

本科目可按施工机械或运输设备的种类等进行明细核算。

施工企业内部独立核算的机械施工、运输单位使用自有施工机械或运输设备进行机械作业所发生的各项费用，可按成本核算对象和成本项目进行归集。

成本项目一般分为人工费、燃料及动力费、折旧及修理费、其他直接费用、间接费用（为组织和管理机械作业生产所发生的费用）。

3．主要账务处理

（1）企业发生的机械作业支出，借记本科目，贷记“原材料”、“应付职工薪酬”、“累计折旧”等科目。

（2）期（月）末，企业及其内部独立核算的施工单位、机械站和运输队为本单位承包的工程进行机械化施工和运输作业的成本，应转入承包工程的成本，借记“工程施工”科目，贷记本科目。对外单位、专项工程等提供机械作业（包括运输设备）的成本，借记“劳务成本”科目，贷记本科目。

本科目期末应无余额。

3.6.5 主营业务收入

1．会计科目核算内容

本科目核算企业确认的销售商品、提供劳务等主营业务的收入。

2．明细核算

本科目可按主营业务的种类进行明细核算。

3．主要账务处理

（1）企业销售商品或提供劳务实现的收入，应按实际收到或应收的金额，借记“银行存款”、“应收账款”、“应收票据”等科目，按确认的营业收入，贷记本科目。

采用递延方式分期收款、具有融资性质的销售商品或提供劳务满足收入确认条件的，按应收合同或协议价款，借记“长期应收款”科目，按应收合同或协议价款的公允价值（折现值），贷记本科目，按其差额，贷记“未实现融资收益”科目。

以库存商品进行非货币性资产交换（非货币性资产交换具有商业实质且公允价值能够可靠计量）、债务重组的，应按该产成品、商品的公允价值，借记有关科目，贷记本科目。

本期（月）发生的销售退回或销售折让，按应冲减的营业收入，借记本科目，按实际支付或应退还的金额，贷记“银行存款”、“应收账款”等科目。

上述销售业务涉及增值税销项税额的，还应进行相应的处理。

（2）确认建造合同收入，按应确认的合同费用，借记“主营业务成本”科目，按应确认的合同收入，贷记本科目，按其差额，借记或贷记“工程施工——合同毛利”科目。

期末，应将本科目的余额转入“本年利润”科目，结转后本科目应无余额。

3.6.6 主营业务成本

1．会计科目核算内容

本科目核算企业确认销售商品、提供劳务等主营业务收入时应结转的成本。

期末，应将本科目的余额转入“本年利润”科目，结转后本科目无余额。

2．明细核算

本科目可按主营业务的种类进行明细核算。

3．主要账务处理

（1）期（月）末，企业应根据本期（月）销售各种商品、提供各种劳务等实际成本，计算应结转的主营业务成本，借记本科目，贷记“库存商品”、“劳务成本”等科目。

采用计划成本或售价核算库存商品的，平时的营业成本按计划成本或售价结转，月末，还应结转本月销售商品应分摊的产品成本差异或商品进销差价。

本期（月）发生的销售退回，如已结转销售成本的，借记“库存商品”等科目，贷记本科目。

（2）确认建造合同收入，按应确认的合同费用，借记本科目，按应确认的合同收入，贷记“主营业务收入”科目，按其差额，借记或贷记“工程施工——合同毛利”科目。合同完工时，已计提存货跌价准备的，还应结转跌价准备。

3.6.7 周转材料

1．会计科目核算内容

本科目核算企业周转材料的计划成本或实际成本，包括包装物、低值易耗品，以及企业（建造承包商）的钢模板、木模板、脚手架等。

企业的包装物、低值易耗品，也可以单独设置“包装物”、“低值易耗品”科目。

本科目期末借方余额反映企业在库周转材料的计划成本或实际成本以及在用周转材料的摊余价值。

2．明细核算

本科目可按周转材料的种类，分别“在库”、“在用”和“摊销”进行明细核算。

3．主要账务处理

（1）企业购入、自制、委托外单位加工完成并已验收入库的周转材料等，比照“原材料”科目的相关规定进行处理。

（2）采用一次转销法的，领用时应按其账面价值，借记“管理费用”、“生产成本”、“销售费用”、“工程施工”等科目，贷记本科目。

周转材料报废时，应按报废周转材料的残料价值，借记“原材料”等科目，贷记“管理费用”、“生产成本”、“销售费用”、“工程施工”等科目。

（3）采用其他摊销法的，领用时应按其账面价值，借记本科目（在用），贷记本科目（在库）；摊销时应按摊销额，借记“管理费用”、“生产成本”、“销售费用”、“工程施工”等科目，贷记本科目（摊销）。

周转材料报废时应补提摊销额，借记“管理费用”、“生产成本”、“销售费用”、“工程施工”等科目，贷记本科目（摊销）；同时，按报废周转材料的残料价值，借记“原材料”等科目，贷记“管理费用”、“生产成本”、“销售费用”、“工程施工”等科目；并转销全部已提摊销额，借记本科目（摊销），贷记本科目（在用）。

（4）周转材料采用计划成本进行日常核算的，领用等发出周转材料时，还应同时结转应分摊的成本差异。

3.6.8 存货跌价准备

1．会计科目核算内容

本科目核算企业存货的跌价准备。本科目期末贷方余额反映企业已计提但尚未转销的存货跌价准备。

2．明细核算

本科目可按存货项目或类别进行明细核算。

3．主要账务处理

（1）资产负债表日，存货发生减值的，按存货可变现净值低于成本的差额，借记“资产减值损失”科目，贷记本科目。

已计提跌价准备的存货价值以后又得以恢复，应在原已计提的存货跌价准备金额内，按恢复增加的金额，借记本科目，贷记“资产减值损失”科目。

发出存货结转存货跌价准备的，借记本科目，贷记“主营业务成本”、“生产成本”等科目。

（2）企业（建造承包商）建造合同执行中预计总成本超过合同总收入的，应按其差额，借记“资产减值损失”科目，贷记本科目。合同完工时，借记本科目，贷记“主营业务成本”科目。

3.6.9 固定资产

1．会计科目核算内容

本科目核算企业持有的固定资产原价。建造承包商的临时设施，以及企业购置计算机硬件所附带的、未单独计价的软件，也通过本科目核算。

2．明细核算

本科目可按固定资产类别和项目进行明细核算。融资租入的固定资产，可在本科目设置“融资租入固定资产”明细科目。

3．主要账务处理

（1）企业购入不需要安装的固定资产，按应计入固定资产成本的金额，借记本科目，贷记“银行存款”等科目。购入需要安装的固定资产，先记入“在建工程”科目，达到预定可使用状态时再转入本科目。

购入固定资产超过正常信用条件延期支付价款、实质上具有融资性质的，按应付购买价款的现值，借记本科目或“在建工程”科目，按应支付的金额，贷记“长期应付款”科目，按其差额，借记“未确认融资费用”科目。

（2）自行建造达到预定可使用状态的固定资产，借记本科目，贷记“在建工程”科目。已达到预定可使用状态，但尚未办理竣工决算手续的固定资产，应按估计价值入账，待确定实际成本后再进行调整。

（3）融资租入的固定资产，在租赁期开始日，按应计入固定资产成本的金额（租赁开始日租赁资产公允价值与最低租赁付款额现值两者中较低者，加上初始直接费用），借记本科目或“在建工程”科目，按最低租赁付款额，贷记“长期应付款”科目，按发生的初始直接费用，贷记“银行存款”等科目，按其差额，借记“未确认融资费用”科目。

租赁期届满，企业取得该项固定资产所有权的，应将该项固定资产从“融资租入固定资产”明细科目转入有关明细科目。

（4）固定资产存在弃置义务的，应在取得固定资产时，按预计弃置费用的现值，借记本科目，贷记“预计负债”科目。在该项固定资产的使用寿命内，计算确定各期应负担的利息费用，借记“财务费用”科目，贷记“预计负债”科目。

（5）处置固定资产时，按该项固定资产账面价值，借记“固定资产清理”科目，按已提的累计折旧，借记“累计折旧”科目，按其账面原价，贷记本科目。已计提减值准备的，还应同时结转已计提的减值准备。

本科目期末借方余额反映企业固定资产的原价。

3.6.10 劳务成本

1. 会计科目核算内容

本科目核算企业对外提供劳务发生的成本。企业（证券）在为上市公司进行承销业务发生的各项相关支出，可将本科目改为“5201　待转承销费用”科目，并按照客户进行明细核算。

本科目期末借方余额反映企业尚未完成或尚未结转的劳务成本。

2. 明细核算

本科目可按提供劳务种类进行明细核算。

3. 主要账务处理

企业发生的各项劳务成本，借记本科目，贷记“银行存款”、“应付职工薪酬”、“原材料”等科目。建造承包商对外单位、专项工程等提供机械作业（包括运输设备）的成本，借记本科目，贷记“机械作业”科目。结转劳务的成本，借记“主营业务成本”、“其他业务成本”等科目，贷记本科目。

3.6.11 工程施工

1. 会计科目核算内容

本科目核算企业（建造承包商）实际发生的合同成本和合同毛利。

2. 明细核算

本科目可按建造合同，分别“合同成本”、“间接费用”、“合同毛利”进行明细核算。

3. 主要账务处理

（1）企业进行合同建造时发生的人工费、材料费、机械使用费以及施工现场材料的二次搬运费、生产工具和用具使用费、检验试验费、临时设施折旧费等其他直接费用，借记本科目（合同成本），贷记“应付职工薪酬”、“原材料”等科目。发生的施工、生产单位管理人员职工薪酬、固定资产折旧费、财产保险费、工程保修费、排污费等间接费用，借记本科目（间接费用），贷记“累计折旧”、“银行存款”等科目。

期（月）末，将间接费用分配计入有关合同成本，借记本科目（合同成本），贷记本科目（间接费用）。

（2）确认合同收入、合同费用时，借记“主营业务成本”科目，贷记“主营业务收入”科目，按其差额，借记或贷记本科目（合同毛利）。

（3）合同完工时，应将本科目余额与相关工程施工合同的“工程结算”科目对冲，借记“工程结算”科目，贷记本科目。

本科目期末借方余额，反映企业尚未完工的建造合同成本和合同毛利。

3.6.12 工程结算

1．会计科目核算内容

本科目核算企业（建造承包商）根据建造合同约定向业主办理结算的累计金额。

本科目期末贷方余额，反映企业尚未完工建造合同已办理结算的累计金额。

2．明细核算

本科目可按建造合同进行明细核算。

3．主要账务处理

企业向业主办理工程价款结算，按应结算的金额，借记“应收账款”等科目，贷记本科目。

合同完工时，应将本科目余额与相关工程施工合同的“工程施工”科目对冲，借记本科目，贷记“工程施工”科目。

3.6.13 机械作业

1．会计科目核算内容

本科目核算企业（建造承包商）及其内部独立核算的施工单位、机械站和运输队使用自有施工机械和运输设备进行机械作业（包括机械化施工和运输作业等）所发生的各项费用。

企业及其内部独立核算的施工单位，从外单位或本企业其他内部独立核算的机械站租入施工机械发生的机械租赁费，在“工程施工”科目核算。

本科目期末应无余额。

2．明细核算

本科目可按施工机械或运输设备的种类等进行明细核算。

施工企业内部独立核算的机械施工、运输单位使用自有施工机械或运输设备进行机械作业所发生的各项费用，可按成本核算对象和成本项目进行归集。

成本项目一般分为人工费、燃料及动力费、折旧及修理费、其他直接费用、间接费用（为组织和管理机械作业生产所发生的费用）。

3．主要账务处理

（1）企业发生的机械作业支出，借记本科目，贷记“原材料”、“应付职工薪酬”、“累计折旧”等科目。

（2）期（月）末，企业及其内部独立核算的施工单位、机械站和运输队为本单位承包的工程进行机械化施工和运输作业的成本，应转入承包工程的成本，借记“工程施工”科目，贷记本科目。对外单位、专项工程等提供机械作业（包括运输设备）的成本，借记“劳务成本”科目，贷记本科目。

3.7 附注披露

《企业会计准则第 15 号——建造合同》第二十八条规定了披露建造合同的有关事项：

（1）各项合同总金额，以及确定合同完工进度的方法。

（2）各项合同累计已发生成本、累计已确认毛利（或亏损）。

（3）各项合同已办理结算的价款金额。

（4）当期预计损失的原因和金额。

需要说明的是，“在建合同工程累计已发生的成本和累计已确认的毛利（或亏损）”与“在建合同工程已办理结算的价款金额”应在资产负债表中以相抵后的差额反映。如果在建合同工程累计已发生的成本和已确认的毛利大于在建合同工程已办理结算的价款金额，其差额反映在建合同工程已完工但尚未办理结算的款项，这部分款项是企业应向客户收取的款项，因此，应在资产负债表中作为一项流动资产列示；如果在建合同工程已办理结算的价款金额大于在建合同工程累计已发生的成本和已确认的毛利，其差额反映在建合同工程尚未完工部分但已办理了结算的款项，这部分款项是企业超过完工进度多结算的款项，因此，应在资产负债表中作为一项流动负债列示。

【例 3-23】 假定智董建筑公司签订了一项总金额为 9 000 000 元的建造合同，承建一座桥梁。工程已于 20×7 年 7 月开工，预计 20×9 年 10 月完工。最初，预计工程总成本为 8 000 000 元，到 20×8 年年底，预计工程总成本已为 8 100 000 元。建造该项工程的其他有关资料如表 3-3 所示。

表 3-3 建造该项工程的其他有关资料　　单位：元

年份 / 项目	20×7 年	20×8 年	20×9 年
至目前为止已发生的成本	2 000 000	5 832 000	8 100 000
完成合同尚需发生成本	6 000 000	2 268 000	—
已结算工程价款	1 800 000	4 800 000	2 400 000
实际收到价款	1 500 000	3 500 000	4 000 000

该建筑公司在进行会计核算时，应根据所发生的经济业务，及时登记合同发生的实际成本、已办理结算的工程价款和实际已收取的工程价款，并根据工程施工进展情况，准确地确定工程完工进度，计量和确认当年的合同收入和费用，并在财务报表中披露与合同有关的会计信息。

需要强调的是，公司确认当期合同收入时，不能根据当期与客户办理了价款结算的款项来确认为当期的收入金额，公司与客户办理工程价款结算的款项并不是当期的合同收入，当期的合同收入应根据完工百分比法进行确认。具体会计处理如下。

（1）确定各年的合同完工进度。各年的完工进度如表 3-4 所示。

表 3-4　各年的完工进度　　单位：元

项　目	20×7 年	20×8 年	20×9 年
合同金额	9 000 000	9 000 000	9 000 000
减合同预计总成本：			
到目前为止已发生的成本	2 000 000	5 832 000	8 100 000
完成合同尚需发生的成本	6 000 000	2 268 000	-
合同预计总成本	8 000 000	8 100 000	8 100 000
预计总毛利	1 000 000	900 000	900 000
完工进度	25%	72%	100%

注：20×7 年的完工进度=2 000 000÷8 000 000×100%=25%。

20×8 年的完工进度=5 832 000÷8 100 000×100%=72%。

（2）计量确认各年的收入、费用和毛利。各年计量和确认的收入和费用如表 3-5 所示。

表 3-5　各年计量和确认的收入和费用　　单位：元

项　目	年末累计	以前年度确认	本年度确认
20×7 年			
收入（9 000 000×25%）	2 250 000		2 250 000
毛利（1 000 000×25%）	250 000		250 000
费用（收入–毛利）	2 000 000		2 000 000
20×8 年			
收入（9 000 000×72%）	6 480 000	2 250 000	4 230 000
毛利（900 000×72%）	648 000	250 000	398 000
费用（收入–毛利）	5 832 000	2 000 000	3 832 000
20×9 年			
收入 9 000 000	9 000 000	6 480 000	2 520 000
毛利 900 000	900 000	648 000	252 000
费用（收入–毛利）	8 100 000	5 832 000	2 268 000

（3）编制有关会计分录，并在财务报表中披露有关信息（为简化起见，以下会计分录以汇总数反映，有关纳税业务的会计分录略）。

1）20×7 年的会计分录如下：

① 登记实际发生的合同成本。

借：工程施工　　2 000 000
　贷：应付职工薪酬——工资、库存材料等　　2 000 000

② 登记已结算的工程价款。

借：应收账款　　1 800 000
　贷：工程结算　　1 800 000

③ 登记已收的工程价款。

借：银行存款　　1 500 000
　贷：应收账款　　1 500 000

④ 登记确认的收入、费用和毛利。

借：工程施工——毛利　　250 000

　　主营业务成本　　2 000 000

　贷：主营业务收入　　2 250 000

2）20×7 年建造合同在财务报表中的披露：

① 在资产负债表中披露下列信息。

- 应收账款。根据“应收账款”科目的余额填列，金额为 300 000 元（1 800 000–1 500 000）。
- 已完工尚未结算款。本项目应在流动资产类项目中列示，反映在建合同已完工部分但尚未办理结算的价款，根据“工程施工”科目余额减“工程结算”科目余额后的差额填列，金额为 450 000 元（2 250 000–1 800 000）。

② 在利润表中披露下列信息。

- 主营业务收入。根据“主营业务收入”科目本年贷方发生额填列，金额为 2 250 000 元。
- 主营业务成本。根据“主营业务成本”科目本年借方发生额填列，金额为 2 000 000 元。

③ 在财务报表附注中披露下列信息。

- 确定合同完工进度的方法。本例合同完工进度根据累计实际发生的合同成本占合同预计总成本的比例确定。
- 在建工程累计已发生的成本。根据“工程施工”科目的余额扣除毛利后的余额填列，金额为 2 000 000 元。
- 在建工程已结算价款。反映在建合同累计已办理结算的工程价款，根据“工程结算”科目的余额填列，金额为 1 800 000 元。
- 合同总金额：9 000 000 元。

3）20×8 年的会计分录如下：

① 登记实际发生的合同成本。

借：工程施工　　3 832 000

　贷：应付职工薪酬——工资、库存材料等　　3 832 000

② 登记已结算的工程价款。

借：应收账款　　4 800 000

　贷：工程结算　　4 800 000

③ 登记已收的工程价款。

借：银行存款　　3 500 000

　贷：应收账款　　3 500 000

④ 登记确认的收入、费用和毛利。

借：工程施工——毛利　　398 000

　　主营业务成本　　3 832 000

　贷：主营业务收入　　4 230 000

4）20×8 年建造合同在财务报表中的披露：

在资产负债表中披露下列信息。

① 应收账款：金额为 1 600 000 元。

② 已结算尚未完工款：本项目应在流动负债类项目中列示，反映在建合同未完工部分已经办理了结算的价款，根据“工程结算”科目余额减“工程施工”科目余额后的差额填列，金额为 120 000 元（1 800 000+4 800 000–2 250 000–4 230 000）。

在利润表和附注中披露的信息与 20×7 年基本相同。

5）20×9 年的会计分录如下：

① 登记实际发生的合同成本。

借：工程施工　　2 268 000

　贷：应付职工薪酬——工资、库存材料等　　2 268 000

② 登记已结算的工程价款。

借：应收账款　　2 400 000

　贷：工程结算　　2 400 000

③ 登记已收的工程价款。

借：银行存款　　4 000 000

　贷：应收账款　　4 000 000

④ 登记确认的收入、费用和毛利。

借：工程施工——毛利　　252 000

　　主营业务成本　　2 268 000

　贷：主营业务收入　　2 520 000

⑤ 工程完工时，将“工程施工”科目的余额与“工程结算”科目的余额对冲。

借：工程结算　　9 000 000

　贷：工程施工——毛利　　900 000

　　　工程施工　　8 100 000

6）20×9 年建造合同在财务报表中的披露。由于该项工程在 20×9 年已经全部完工，工程价款已全部办理了结算并已收讫，因此只需在利润表中披露当年确认的收入和费用即可。

【例 3-24】 假定智董造船厂签订了一项总金额为 5 800 000 元的固定造价合同，承建一艘船舶。工程已于 20×7 年 2 月开工，预计 20×9 年 8 月完工。最初，预计工程总成本为 5 500 000 元，到 20×8 年年底，由于材料价格涨价等因素调整了预计总成本，预计工程总成本已为 6 000 000 元。该造船企业于 20×9 年 6 月提前两个月完成了造船合同，工程质量优良，客户同意支付奖励款 200 000 元。建造该艘船舶的其他有关资料如表 3-6 所示。

表 3-6　建造该搜船舶的其他有关资料　　单位：元

项　目	20×7 年	20×8 年	20×9 年
至目前为止已发生的成本	1 540 000	4 800 000	5 950 000
完成合同尚需发生成本	3 960 000	1 200 000	—
已结算合同价款	1 740 000	2 960 000	1 300 000
实际收到价款	1 700 000	2 900 000	1 400 000

该造船企业对本项建造合同的有关会计处理如下（为简化起见，会计分录以汇总数反映，有关纳税业务的会计分录略）。

（1）20×7 年的账务处理及信息披露。

1）20×7 年的账务处理如下：

① 登记发生的合同成本。

借：生产成本　　1 540 000

　贷：原材料、应付职工薪酬——工资、累计折旧等　　1 540 000

② 登记已结算的合同价款。

借：应收账款　　1 740 000

　贷：工程结算　　1 740 000

③ 登记实际收到的合同价款。

借：银行存款　　1 700 000

　贷：应收账款　　1 700 000

④ 计量确认当年的收入和费用，并登记入账。

20×7 年的完工进度=1 540 000/（1 540 000+3 960 000）×100%=28%

20×7 年确认的合同收入=5 800 000×28%=1 624 000（元）

20×7 年确认的毛利=（5 800 000–1 540 000–3 960 000）×28%=84 000（元）

20×7 年确认的合同费用=1 624 000–84 000=1 540 000（元）

借：生产成本——毛利　　84 000

　　主营业务成本　　1 540 000

　贷：主营业务收入　　1 624 000

2）20×7 年该项合同的有关信息披露如下：

① 在资产负债表中披露下列信息。

- 应收账款。根据“应收账款”科目的余额填列，金额为 40 000 元（1 740 000–1 700 000）。
- 已结算尚未完工款。本项目应在流动负债类项目中列示，反映在建合同已办理结算但尚未完工部分的价款，根据“工程结算”科目余额减“生产成本”科目余额后的差额填列，金额为 116 000 元（1 740 000–1 540 000–84 000）。

② 在利润表中披露下列信息。

- 主营业务收入。根据“主营业务收入”科目本年贷方发生额填列，金额为 1 624 000 元。
- 主营业务成本。根据“主营业务成本”科目本年借方发生额填列，金额为 1 540 000 元。

③ 在财务报表附注中披露下列信息。

- 确定合同完工进度的方法。本例合同完工进度根据累计实际发生的合同成本占合同预计总成本的比例确定。
- 在建工程累计已发生的成本。根据“生产成本”科目的余额扣除毛利后的余额填列，金额为 1 540 000 元。
- 在建工程已结算价款。反映在建合同累计已办理结算的工程价款，根据“工程结算”科目的余额填列，金额为 1 740 000 元。
- 合同总金额为 5 800 000 元。

（2）20×8 年的账务处理及信息披露。

1）20×8 年的账务处理如下：

① 登记发生的合同成本。

借：生产成本　　3 260 000

　贷：原材料、应付职工薪酬——工资、累计折旧等　　3 260 000

② 登记已结算的合同价款。

借：应收账款　　2 960 000

　贷：工程结算　　2 960 000

③ 登记实际收到的合同价款。

借：银行存款 2 900 000

贷：应收账款 2 900 000

④ 计量确认当年的合同收入和费用，并登记入账。

20×8 年的完工进度=4 800 000÷（4 800 000+1 200 000）×100%=80%

20×8 年确认的合同收入=5 800 000×80%–1 624 000=3 016 000（元）

20×8 年确认的毛利=（5 800 000–4 800 000–1 200 000）×80%–84 000=–160 000–84 000=–244 000（元）

20×8 年确认的合同费用=收入–毛利=3 016 000–（–244 000）=3 260 000（元）

20×8 年确认的合同预计损失=（4 800 000+1 200 000–5 800 000）×（1–80%）=40 000（元）

［注：在 20×8 年年底，由于该合同预计总成本（6 000 000 元）大于合同总收入（5 800 000 元），预计发生损失总额为 200 000 元，由于已在“生产成本——毛利”中反映了–160 000 元（84 000–244 000）的亏损，因此，应将剩余的、为完成工程将发生的预计损失 40 000 元确认为当期损失。］

其会计分录如下：

借：主营业务成本 3 260 000

贷：主营业务收入 3 016 000

生产成本——毛利 244 000

同时：

借：管理费用——合同预计损失 40 000

贷：存货跌价准备——预计损失准备 40 000

2）20×8 年该项合同的有关信息披露如下：

① 在资产负债表中披露下列信息。

- 应收账款。根据“应收账款”科目的余额填列，金额为 100 000 元。
- 已结算未完工款。反映在建合同未完工部分已办理了结算的价款，根据“工程结算”科目的余额减去“生产成本”科目余额后的差额填列，金额为 60 000 元（4 700 000–4 640 000）。
- 预计损失准备。根据“存货跌价准备——预计损失准备”科目的余额填列，金额为 40 000 元。

② 在利润表中披露下列信息。

- 主营业务收入。根据“主营业务收入”科目本年贷方发生额填列，金额为 3 016 000 元。
- 主营业务成本。根据“主营业务成本”科目本年借方发生额填列，金额为 3 260 000 元。
- 合同预计损失。根据“管理费用——合同预计损失”科目本年借方发生额填列，金额为 40 000 元。

在财务报表附注中披露的信息与 20×7 年基本相同。

（3）20×9 年的账务处理及信息披露。

1）20×9 年的账务处理如下：

① 登记发生的合同成本。

借：生产成本 1 150 000

贷：原材料、应付职工薪酬——工资、累计折旧等 1 150 000

② 登记已结算的合同价款。

借：应收账款　　1 300 000

　贷：工程结算　　1 300 000

③ 登记实际收到的合同价款。

借：银行存款　　1 400 000

　贷：应收账款　　1 400 000

④ 计量确认当年的合同收入和费用，并登记入账。

20×9 年确认的合同收入=合同总金额–至目前止累计已确认的收入

=（5 800 000+200 000）–（1 624 000+3 016 000）=1 360 000（元）

20×9 年确认的毛利=50 000+160 000=210 000（元）

20×9 年确认的合同费用=当年确认的合同收入–当年确认的毛利–以前年度预计损失准备

=1 360 000–210 000–40 000=1 110 000（元）

借：主营业务成本　　1 110 000

　　存货跌价准备——预计损失准备　　40 000

　　生产成本——毛利　　210 000

　贷：主营业务收入　　1 360 000

⑤ 20×9 年工程年全部完工，应将“生产成本”科目的余额与“工程结算”科目的余额对冲。

借：工程结算　　6 000 000

　贷：生产成本　　5 950 000

　　　生产成本——毛利　　50 000

2）20×9 年该合同在财务报表中的披露。由于该项工程在 20×9 年已经全部完工，工程价款已全部办理了结算并已收讫，因此只需在利润表中披露当年确认的收入、费用和利润即可。

第 4 章

政府补助

4.1 政府补助概述

《企业会计准则第 16 号——政府补助》第二条规定，政府补助是指企业从政府无偿取得货币性资产或非货币性资产，但不包括政府作为企业所有者投入的资本。政府包括各级政府及其所属机构，国际类似组织也在此范围之内。

1. 政府补助的特征

（1）政府补助是无偿的、有条件的。政府向企业提供补助具有无偿性的特点。政府并不因此而享有企业的所有权，企业未来也不需要以提供服务、转让资产等方式偿还。

政府补助通常附有一定的条件，主要如下：

① 政策条件。企业只有符合政府补助政策的规定，才有资格申请政府补助。符合政策规定不一定都能够取得政府补助；不符合政策规定、不具备申请政府补助资格的，不能取得政府补助。

② 使用条件。企业已获批准取得政府补助的，应当按照政府规定的用途使用。

（2）政府资本性投入不属于政府补助。政府以投资者身份向企业投入资本，享有企业相应的所有权，企业有义务向投资者分配利润，政府与企业之间是投资者与被投资者的关系。政府拨入的投资补助等专项拨款中，国家相关文件规定作为“资本公积”处理的，也属于资本性投入的性质。政府的资本性投入无论采用何种形式，均不属于政府补助。

2. 政府补助的主要形式

政府补助表现为政府向企业转移资产，通常为货币性资产，也可能为非货币性资产。政府补助主要有以下形式。

（1）财政拨款。财政拨款是政府无偿拨付给企业的资金，通常在拨款时明确规定了资金用途。

比如，财政部门拨付给企业用于购建固定资产或进行技术改造的专项资金，鼓励企业安置职工就业而给予的奖励款项，拨付企业的粮食定额补贴，拨付企业开展研发活动的研发经费等，均属于财政拨款。

（2）财政贴息。财政贴息是政府为支持特定领域或区域发展，根据国家宏观经济形势和政策目标，对承贷企业的银行贷款利息给予的补贴。财政贴息主要有如下两种方式：

① 财政将贴息资金直接拨付给受益企业。

② 财政将贴息资金拨付给贷款银行，由贷款银行以政策性优惠利率向企业提供贷款，受益企业按照实际发生的利率计算和确认利息费用。

（3）税收返还。税收返还是政府按照国家有关规定采取先征后返（退）、即征即退等办法向企业返还的税款，属于以税收优惠形式给予的一种政府补助。增值税出口退税不属于政府补助。

除税收返还外，税收优惠还包括直接减征、免征、增加计税抵扣额、抵免部分税额等形式。这类税收优惠并未直接向企业无偿提供资产，不作为《企业会计准则第 16 号——政府补助》规范的政府补助。

（4）无偿划拨非货币性资产。比如，行政划拨土地使用权、天然起源的天然林等。

3. 政府补助的分类

政府补助分为与资产相关的政府补助和与收益相关的政府补助。与资产相关的政府补助是指企业取得的、用于购建或以其他方式形成长期资产的政府补助。与收益相关的政府补助是指除与资产相关的政府补助之外的政府补助。

4. 披露

企业应当在附注中披露与政府补助有关的下列信息：

（1）政府补助的种类及金额。

（2）计入当期损益的政府补助金额。

（3）本期返还的政府补助金额及原因。

4.2 政府补助的确认和计量

《企业会计准则第 16 号——政府补助》第六条、第七条规定，政府补助应当划分与资产相关和与收益相关、货币性资产补助和非货币性资产补助，并采用收益法和总额法分别不同情况进行处理。收益法是指企业将政府补助计入收益（递延收益或当期收益），而不是计入所有者权益。总额法是指在确认政府补助时，将其全额确认为收益，而不是作为相关资产账面金额或者费用的扣减。

1. 政府补助的确认条件

政府补助同时满足下列条件的，才能予以确认：

（1）企业能够满足政府补助所附条件。

（2）企业能够收到政府补助。

一般地，如果政府对提供补助的承诺已经通过法律、法规或其他形式加以明确，而且企业实质上符合获得补助的各项条件，此时应认为取得了收取政府补助的权利；如果企业获取政府补助的条件具有很大的不确定性，应视为尚未取得收取政府补助的权利；有时尽管企业取得了收取政府补助的权利，但预计由于政府资金受限或其他原因，企业实际上已不可能得到政府补助，应视为尚未取得收取政府补助的权利。

2．政府补助的计量

（1）政府补助为货币性资产的。政府补助为货币性资产的，应当按照收到或应收的金额计量。

《企业会计准则第 16 号——政府补助》第六条规定，企业取得的各种政府补助为货币性资产的，如通过银行转账等方式拨付的补助，通常按照实际收到的金额计量；存在确凿证据表明该项补助是按照固定的定额标准拨付的，如按照实际销量或储备量与单位补贴定额计算的补助等，可以按照应收的金额计量。

（2）政府补助为非货币性资产的。政府补助为非货币性资产的，应当按照公允价值计量；公允价值不能可靠取得的，按照名义金额计量。

《企业会计准则第 16 号——政府补助》第六条规定，政府补助为非货币性资产的，应当按照公允价值计量；公允价值不能可靠取得的，按照名义金额计量。政府补助为非货币性资产的，如该资产附带有关文件、协议、发票、报关单等凭证注明的价值与公允价值差异不大的，应当以有关凭证中注明的价值作为公允价值；如没有注明价值，或注明价值与公允价值差异较大，但有活跃市场的，应当根据有确凿证据表明的同类或类似资产市场价格作为公允价值；如没有注明价值且没有活跃市场、不能可靠取得公允价值的，应当按照名义金额计量，名义金额为 1 元。

（3）与资产相关的政府补助。与资产相关的政府补助，应当确认为递延收益，并在相关资产使用寿命内平均分配，计入当期损益。但是，按照名义金额计量的政府补助，直接计入当期损益。

与资产相关的政府补助是指企业取得的、用于购建或以其他方式形成长期资产的政府补助。企业取得与资产相关的政府补助，不能直接确认为当期损益，应当确认为递延收益，自相关资产达到预定可使用状态时起，在该资产使用寿命内平均分配，分次计入以后各期的损益（营业外收入）。

相关资产在使用寿命结束前被出售、转让、报废或发生毁损的，应将尚未分配的递延收益余额一次性转入资产处置当期的损益（营业外收入）。

【例 4-1】 智董公司 20×7 年接受一项政府补贴 300 万元，要求用于治理当地污染，企业购建了专门设施并于 20×7 年年末达到可使用状态。该专门设施入账金额为 360 万元，预计使用 4 年，预计净残值为 0。

这是一项与资产相关的政府补助，应当确认为递延收益，并在相关资产使用寿命内平均分配，计入当期损益。

（1）在 20×7 年接受补助和设施完工时：

借：银行存款	3 000 000	
贷：递延收益		3 000 000
借：固定资产	3 600 000	
贷：在建工程		3 600 000

（2）在 20×8 年转销收益时和计提折旧时：

借：递延收益	750 000	
贷：补贴收入		750 000
借：管理费用	900 000	
贷：累计折旧		900 000

（4）与收益相关的政府补助。与收益相关的政府补助，应当分别下列情况处理。

① 用于补偿企业以后期间的相关费用或损失的，确认为递延收益，并在确认相关费用期间，计入当期损益。

② 用于补偿企业已发生的相关费用或损失的，直接计入当期损益。

【例 4-2】 智董公司因产品特点其零售价受到政府限制，在本期末政府给予智董公司 300 万元财政补助，其中，180 万元用于企业本期补贴亏损，120 万元用于下一年度补贴。企业已将款项存入银行。

这是一项与收益相关的政府补助，用于补偿企业以后期间的相关费用或损失的，确认为递延收益，并在确认相关费用的期间，计入当期损益。用于补偿企业已发生的相关费用或损失的，计入当期损益。

企业的会计处理如下：

借：银行存款	3 000 000	
贷：补贴收入		1 800 000
递延收益		1 200 000

【例 4-3】 山东省政府为鼓励智董公司研究开发一项环境治理新技术，改善空气污染状况，与智董公司签订新技术开发与财政扶持协议。协议规定由政府提供研发资金 300 万元，用于弥补技术研发资金的不足。智董公司估计该项技术研发的时间为 10 个月。20×8 年 5 月 20 日，智董公司收到上述款项。

（1）智董公司 20×8 年 5 月 20 日收到款项时，应做如下会计分录：

借：银行存款	3 000 000	
贷：递延收益		3 000 000

（2）每月末，智董公司应摊销上述补助，相应冲减研究费用支出，做如下会计分录：

借：递延收益	300 000	
贷：管理费用		300 000

（5）返还。已确认的政府补助需要返还的，应当分别下列情况处理：

① 存在相关递延收益的，冲减相关递延收益账面余额，超出部分计入当期损益。

② 不存在相关递延收益的，直接计入当期损益。

【例 4-4】 20×8 年 9 月 1 日，智董公司返还政府补助 24 000 元，与此有关的递延收益金额为 21 000 元。假定智董公司此前的政府补助计入管理费用。

智董公司的会计处理如下：

借：递延收益	21 000	
管理费用	3 000	
贷：银行存款		24 000

4.3 会计科目及主要账务处理

4.3.1 递延收益

1. 会计科目核算内容

本科目核算企业确认的应在以后期间计入当期损益的政府补助。

2. 明细核算

本科目可按政府补助的项目进行明细核算。

3. 主要账务处理

（1）企业收到或应收的与资产相关的政府补助，借记“银行存款”、“其他应收款”等科目，贷记本科目。在相关资产使用寿命内分配递延收益，借记本科目，贷记“营业外收入”科目。

（2）与收益相关的政府补助，用于补偿企业以后期间相关费用或损失的，按收到或应收的金额，借记“银行存款”、“其他应收款”等科目，贷记本科目。在发生相关费用或损失的未来期间，按应补偿的金额，借记本科目，贷记“营业外收入”科目。用于补偿企业已发生的相关费用或损失的，按收到或应收的金额，借记“银行存款”、“其他应收款”等科目，贷记“营业外收入”科目。

本科目期末贷方余额反映企业应在以后期间计入当期损益的政府补助。

4.3.2 营业外收入

1. 会计科目核算内容

本科目核算企业发生的各项营业外收入，主要包括非流动资产处置利得、非货币性资产交换利得、债务重组利得、政府补助、盘盈利得、捐赠利得等。

2. 明细核算

本科目可按营业外收入项目进行明细核算。

3. 主要账务处理

企业确认处置非流动资产利得、非货币性资产交换利得、债务重组利得，比照“固定资产清理”、“无形资产”、“原材料”、“库存商品”、“应付账款”等科目的相关规定进行处理。

确认的政府补助利得，借记“银行存款”、“递延收益”等科目，贷记本科目。

期末，应将本科目余额转入“本年利润”科目，结转后本科目无余额。

第 5 章

借款费用

借款费用是指企业因借款而发生的利息及其他相关成本。借款费用包括借款利息、折价或者溢价的摊销、辅助费用以及因外币借款而发生的汇兑差额等（见图 5-1）。

- 借款费用
  - 借款利息
  - 折价或者溢价的摊销
  - 辅助费用
  - 因外币借款而发生的汇兑差额

图 5-1　借款费用的组成

与融资租赁有关的融资费用，适用《企业会计准则第 21 号——租赁》。

5.1　借款费用的确认和计量

5.1.1　借款费用会计处理的方法（费用化或资本化）

企业发生的借款费用，可直接归属于符合资本化条件的资产的购建或者生产的，应当予以资本化，计入相关资产成本；其他借款费用，应当在发生时根据其发生额确认为费用，计入当期损益。

符合资本化条件的资产，是指需要经过相当长时间的购建或者生产活动才能达到预定可使用或者可销售状态的固定资产、投资性房地产和存货等资产。

5.1.2　借款费用资本化的条件

企业发生的借款费用，可直接归属于符合资本化条件的资产（需要经过相当长时间的购建或者生产活动才能达到预定可使用或者可销售状态的固定资产、投资性房地产和存货等资产）的购建或者生产的，应当予以资本化，计入相关资产成本。

1．资本化条件

借款费用同时满足下列条件的，才能开始资本化。

（1）资产支出已经发生，资产支出包括为购建或者生产符合资本化条件的资产而以支付现金、转移非现金资产或者承担带息债务形式发生的支出。

【例5-1】 20×8年4月1日，智董公司购买了贵琛公司的一批工程用材料，价款为2 100 000元，智董公司开出一张期限为3个月、月利率为0.6%的商业承兑汇票。20×8年4月30日、5月31日、6月30日，智董公司应分别将利息支出12 600元（2 100 000×0.6%）计入所购建固定资产的成本。如果智董公司开出的商业承兑汇票不带息，则20×8年4月30日、5月31日、6月30日，智董公司不应计算应付票据的利息并将其计入所购建固定资产的成本。

（2）借款费用已经发生。

（3）为使资产达到预定可使用或者可销售状态所必要的购建或者生产活动已经开始。

这一规定与国际会计准则和其他大多数国家或地区会计准则的规定大体相同。需要说明的是，这里所指的资产支出是指为购建或生产资产而以支付现金、转移非现金资产或者承担带息债务形式发生的支出。具体而言，则是：

（1）对于购建或生产资产过程中所支付的现金（这里的现金是指广义的现金，包括库存现金、银行存款和其他货币资金），显然直接占用了相关资金，应该将其包括在支出中。

（2）对于购建或生产资产过程中所转移的非现金资产，尽管从表面上看，没有直接占用现金，但是，这些非现金资产的转移实质上导致了资源的流出，占用了相应的资金，只不过是以实物的形式表现出来而已。

【例5-2】 智董公司为生产产品购买材料50万元，支付增值税8.5万元，款项均已支付。生产过程中又耗费20万元，计入产品的成本是70万元（50万元+20万元）。如果对外销售，售价100万元，税率17%，即税金17万元。如果产品归工程领用，那么转移非现金资产数额应是70+8.5=78.5（万元）。假设领用产品时缴纳销项税17–8.5=8.5（万元），则转移非现金资产是78.5+8.5=87（万元）。

【例5-3】 智董电瓷公司20×8年3月1日借入一笔长期借款2 000万元，用于建造厂房，厂房于当日开工。3月10日，公司用生产的电瓷换入工程物资一批，价款500万元。尽管公司购入工程物资并没有直接支出现金，但如果公司将生产的电瓷出售，则可形成现金流入500万元，从而可以用来偿还银行借款，避免500万元借款的产生，并节约相应的利息费用。目前公司转出500万元的电瓷，换入工程物资，用于建造厂房，则500万元的借款无法减少或者偿还，相应的利息也就无法避免。其实质是公司资源流出增加500万元，导致借款资金占用增加500万元，所以转移电瓷的金额应该计入建造厂房的"资产支出"中，承担相应的利息费用。

（3）购建或生产资产过程中承担的带息债务，相当于企业借入资金支付购建或生产资产的相关款项，需要承担利息，导致资源流出，因此，带息负债应包括在购建或生产资产的支出中。

【例5-4】 智董公司于20×8年12月1日开出一张带息票据10万元，购买工程用材料，期限为6个月，票面年利率为6%，这样公司在12月31日编制报表时就需要承担500元（100 000×6%/12）的利息费用，这与公司向银行借入款项购置工程物资并支付利息，在性质上是一样的，所以，公司承担10万元的带息债务应作为资产支出的组成部分。

（4）为使资产达到预定可使用状态所必要的购建或生产活动的含义。准则所指的"为使资产达到预定可使用状态所必要的购建或生产活动"，主要是指资产的实体建造生产工作，那些会改变所购建或生产资产的实体状况的活动均属于此，因为它们是使资产达到预定可使用状态所必需的。相应地，企业发生的与这些活动有关的借款费用就无法避免，所以，“为使资产达到预定可使用状态所必要的购建或生产活动已经开始”构成借款费用开始资本化的一个必要条件。

【例 5-5】 20×8 年 1 月 1 日，智董公司为建造一条电视机生产线，经与中国建设银行协商后，决定向中国建设银行借入期限为 4 年的长期借款。款项已经划入公司。电视机生产线已经开始建造。智董公司为建造生产线尚未动用中国建设银行的借款。

款项已经划入智董公司，所以，借款费用已经发生。电视机生产线已经开始建造，所以，为使资产达到预定可使用状态所必要的购建活动已经开始。智董公司为建造生产线尚未动用中国建设银行的借款，所以，资产支出尚未发生。

基于上述分析，智董公司虽然因建造生产线而向中国建设银行借入长期借款，而且该笔借款已经发生借款费用，但是，智董公司不能将此借款费用计入电视机生产线的成本，而只能在发生当期确认为费用，因为它不符合借款费用开始资本化的第一个条件。

【例 5-6】 20×8 年 10 月 1 日，智董公司为建造一幢厂房，经与中国工商银行协商后，决定向中国工商银行借入期限为 3 年的长期借款。智董公司已经开始用银行存款为建造厂房购买工程用物资，厂房的实体建造工作已经开始。中国工商银行的借款尚未划入公司。

智董公司已经开始为建造厂房购买工程用物资，厂房的实体建造工作已经开始，所以，资产支出已经发生，为使资产达到预定可使用状态所必要的购建活动已经开始。中国工商银行的借款尚未划入公司，所以，借款费用尚未发生。

基于上述分析，智董公司虽然因建造厂房而向中国工商银行借入长期借款，并且已经开始用银行存款为建造厂房购买工程用物资，厂房的实体建造工作已经开始，但是，由于智董公司为建造厂房而向中国工商银行借入的长期借款尚未划入公司，相关的借款费用尚未发生，因此，智董公司的借款费用此时不能开始资本化，因为它不符合借款费用开始资本化的第二个条件。

【例 5-7】 20×8 年 8 月 1 日，智董公司为了建造一项固定资产，经与中国农业银行协商，决定向中国农业银行借入期限为 3 年的长期借款。智董公司已经开始使用银行存款购买建造固定资产所需工程用物资；中国农业银行的借款已经划入公司；由于智董公司尚未就设计方案最后达成协议，固定资产的实体建造还没有开始。

智董公司已经开始使用银行存款购买建造固定资产所需工程用物资，所以，资产支出已经发生。中国农业银行的借款已经划入公司，所以，借款费用已经发生。公司尚未就设计方案最后达成协议，固定资产的实体建造还没有开始，所以，为使资产达到预定可使用状态所必要的购建活动还没有开始。

基于上述分析，智董公司由于不符合借款费用开始资本化的第三个条件，所以，不能将向中国农业银行借入长期借款发生的借款费用予以资本化，计入建造固定资产的成本。

（5）符合借款费用资本化条件的存货。根据《企业会计准则第 17 号——借款费用》规定，符合借款费用资本化条件的存货包括房地产开发企业开发的用于出售的房地产开发产品、机械制造企业制造的用于对外出售的大型机械设备等。这些存货需要经过相当长时间的建造或者生产活动，才能达到预定可使用或者可销售状态。

其中，“相当长时间”是指为资产的购建或者生产所必要的时间，通常为 1 年以上。如果由于人为或者故意等非正常因素导致资产的购建或者生产时间较长的，不属于符合资本化条件的存货。

2. 利息（包括折价或溢价的摊销）资本化金额的确定

（1）专门借款利息费用的资本化金额。《企业会计准则第 17 号——借款费用》第六条（一）规定，为购建或者生产符合资本化条件的资产而借入专门借款的，应当以专门借款当期实际发生的利息费用，减去将尚未动用的借款资金存入银行取得的利息收入或者进行暂时性投资取得的投资收益后的金额，确定为专门借款利息费用的资本化金额，并应当在资本化期间内，将其计入符合资本化条件的资产成本。专门借款应当有明确的专门用途，即为购建或者生产某项符合资本化条件的资产而专门借入的款项，通常应有标明专门用途的借款合同。

（2）一般借款利息费用的资本化金额。一般借款是指除专门借款以外的其他借款。《企业会计准则第 17 号——借款费用》第六条（二）规定，在借款费用资本化期间内，为购建或者生产符合资本化条件的资产占用了一般借款的，一般借款应予资本化的利息金额应当按照下列公式计算：

一般借款利息费用资本化金额=累计资产支出超过专门借款部分的资产支出加权平均数×所占用一般借款的资本化率

所占用一般借款的资本化率=所占用一般借款加权平均利率=所占用一般借款当期实际发生的利息之和÷所占用一般借款本金加权平均数

所占用一般借款本金加权平均数=∑（所占用每笔一般借款本金×每笔一般借款在当期所占用的天数÷当期天数）

【例 5-8】 智董公司为增值税一般纳税人企业，从 20×8 年 1 月 1 日开始建造一项固定资产，并为建造该项资产从银行借入了 500 万元的 3 年期的一般借款，年利率为 6%。资产于 20×8 年 4 月 1 日建造完工。为简化计算，假设每月均为 30 天。

智董公司在 20×8 年 1 至 3 月间发生的资产支出如下：1 月 1 日，支付购买工程用物资款项 140.40 万元，其中增值税进项税额为 20.40 万元；2 月 10 日，支付建造资产的职工工资 9 万元；3 月 15 日，将企业的产品用于建造固定资产，该产品的成本为 60 万元，其中，材料成本为 50 万元，增值税进项税额为 8.50 万元，该产品计税价格为 100 万元，增值税销项税额为 17 万元，为生产这些产品所耗用的材料价款及增值税进项税额已支付；3 月 31 日，为 3 月 15 日用于固定资产建造的本企业产品缴纳增值税 8.50 万元。

如果智董公司按月计算应予资本化的借款费用，应根据每月每笔资产支出金额和每笔支出所需要承担借款费用的天数与当月天数之比，计算每月累计支出加权平均数。

1 月累计支出加权平均数=140.40×30÷30=140.40（万元）

2 月累计支出加权平均数=140.40×30÷30+9×20÷30=146.40（万元）

3 月累计支出加权平均数=140.40×30÷30+9×30÷30+68.50×15÷30+8.50×0÷30=183.65（万元）

【例 5-9】 沿用例 5-8 的资料，假设其他条件不变，智董公司按季计算应予资本化的借款费用。智董公司应根据 20×8 年第一季度每笔资产支出金额和每笔支出所需要承担借款费用的天数与当季天数之比，计算第一季度累计支出加权平均数。

公司第一季度累计支出加权平均数=140.40×90÷90+9×50÷90+68.50×15÷90=156.82（万元）

【例 5-10】 沿用例 5-8 的资料，假设其他条件不变，智董公司为建造固定资产而在 20×8 年 1 至 3 月间发生的资产支出如下：1 月 1 日，支付购买工程用物资款项 35.10 万元，其中增值税进项税额为 5.10 万元；1 月 6 日，支付项目设计方案费 20 万元；1 月 15 日，支付工程用物资款 46.80 万元，其中增值税进项税额为 6.80 万元；1 月 20 日，支付建造该项资产的职工工资 2 万元；1 月 28 日，支付工程用料款 32.76 万元，其中增值税进项税额为 4.76 万元；2 月 6 日，将本公司生产的产品用于工程建设，产品成本为 4 万元，其中材料成本为 3 万元，增值税进项税额为 0.51 万元，为生产这些产品所耗用的材料价款及增值税进项税额已支付；2 月 8 日，支付项目顾问费 2 万元；2 月 12 日，用银行存款购买工程用低值易耗品 1.17 万元，其中增值税进项税额为 0.17 万元；2 月 20 日，支付建造该项资产的职工工资 2 万元；2 月 28 日，缴纳 2 月 6 日用于工程建设的本公司产品的增值税应纳税额 0.51 万元；3 月 10 日，支付工程用物资款 29.25 万元，其中增值税进项税额为 4.25 万元；3 月 20 日，支付建造该项资产的职工工资 5 万元；3 月 28 日，用本企业的产品向外单位换进一批工程用物资，产品成本为 30 万元，其中材料成本为 20 万元，增值税进项税额为 3.40 万元，为生产这些产品所耗用的材料价款及增值税进项税额已支付；3 月 31 日，缴纳 3 月 28 日用本企业产品交换工程用物资的增值税应纳税额 5.10 万元。

智董公司按月计算应予资本化的借款费用。公司可以根据每月每笔资产支出金额和每笔支出所需要承担借款费用的天数与当月天数之比，计算每月累计支出加权平均数。但考虑到每月资产支出的笔数较多，支出发生比较均匀，也可以简化计算，即用每月月初资产支出余额和每月资产支出算术平均数之和作为当月的累计支出加权平均数。具体计算如下：

1 月累计支出加权平均数=月初资产支出余额+当月资产支出总额÷2

=0+（35.10+20+46.80+2+32.76）÷2

=0+136.66÷2=68.33（万元）

2 月累计支出加权平均数=136.66+（4.51+2+1.17+2+0.51）÷2

=136.66+10.19÷2=141.76（万元）

3 月累计支出加权平均数=136.66+10.19+（29.25+5+33.40+5.10）÷2

=146.85+72.75÷2=183.23（万元）

【例 5-11】 智董公司 20×8 年 1 月 1 日开始建造一项固定资产，一般借款有两项：20×8 年 1 月 1 日借入的 3 年期借款 100 万元，年利率为 6%；20×8 年 4 月 1 日发行的 3 年期债券 200 万元，票面年利率为 5%，债券发行价格为 170 万元，折价 30 万元（不考虑发行债券发生的辅助费用）。

假定资产建造从 1 月 1 日开始，截至 3 月 31 日，计算得出的累计支出加权平均数为 90 万元，截至 6 月 30 日，计算得出的累计支出加权平均数为 150 万元，债券折价采用直线法摊销。20×8 年第一季度和第二季度适用的资本化率计算如下：

由于第一季度只有一笔一般借款，资本化率即为该借款的利率，即 1.5%（6%×3÷12）。

由于第二季度有两笔一般借款，适用的资本化率为两项一般借款的加权平均利率。加权平均利率计算如下：

$$\text{加权平均利率}=\frac{\text{一般借款当期实际发生的利息之和}\pm\text{当期应摊销的折价或溢价}}{\text{借款本金加权平均数}}\times 100\%$$

$$=\frac{100\times 6\%\times 3\div 12+200\times 5\%\times 3\div 12+(200-170)\div 3\times 3\div 12}{100+170}\times 100\%$$

$$=2.41\%$$

（3）每一会计期间应摊销的折价或者溢价金额（采用实际利率法）。借款存在折价或者溢价的，应当按照实际利率法确定每一会计期间应摊销的折价或者溢价金额，调整每期利息金额。

在资本化期间内，每一会计期间的利息资本化金额不应当超过当期相关借款实际发生的利息金额。

在实际利率法下，企业应当按照期初借款余额乘以实际利率计算确定每期借款利息费用。实际利率是企业在借款期限内未来应支付的利息和本金折现为借款当前账面价值的利率。

【例 5-12】 智董公司于 20×0 年 1 月 1 日折价发行了面值为 1 250 万元公司债券，发行价格为 1 000 万元，票面利率为 4.72%，每年年末支付利息（1 250 万元×4.72%=59 万元），当期一次还本。据此，计算该公司债券实际利率 r。

由于 $1\,000=59\times(1+r)^{-1}+59\times(1+r)^{-2}+59\times(1+r)^{-3}+59\times(1+r)^{-4}+(59+1\,250)\times(1+r)^{-5}$，由此计算得出 $r=10\%$。

假定智董公司发行公司债券募集的资金专门用于建造一条生产线，生产线从 20×0 年 1 月 1 日开始建设，于 20×2 年年底完工，达到预定可使用状态。公司在 20×0 年至 20×2 年间每年应予资本化的利息费用为 100 万元、104 万元和 109 万元，20×3 年和 20×4 年发生的 113 万元和 119 万元利息费用应当计入当期损益，不应再予资本化（见表 5-1）。

表 5-1 债券资料 单位：元

年 份	期初公司债券余额（a）	实际利息费用（b）（按 10%计算）	每年支付现金（c）	期末公司债券摊余成本（d=a+b+c）
20×0	1 000	100	59	1 041
20×1	1 041	104	59	1 086
20×2	1 086	109	59	1 136
20×3	1 136	113	59	1 190
20×4	1 190	119	1 250+59	0

除公司债券外，其他借款也应当按照上述实际利率法确定每期利息费用。如果按照名义（合同）利率和实际利率计算的每期利息费用相差不大的，可以按照名义利率计算确定每期借款利息。

3．外币专门借款的资本化

在资本化期间内，外币专门借款本金及利息的汇兑差额应当予以资本化，计入符合资本化条件的资产的成本。

【例 5-13】 智董公司为增值税一般纳税人，从 20×8 年 1 月 1 日开始建造一项固定资产，并为建造该项资产专门从银行借入了 500 万元的 3 年期借款，年利率为 6%。资产于 20×8 年 4 月 1 日建造完工，并于当日满足借款费用资本化条件。假定智董公司 4 月 1 日动用专门借款 300 万元，其他月份未动用专门借款，未动用的专门借款存入银行，每月利率为 0.05%。

智董公司在 20×8 年度专门借款利息资本化金额计算如下：

500×6%×9÷12–（500–300）×0.05%×9=21.6（万元）

智董公司在 20×8 年专门借款利息计入当期损益的金额计算如下：

500×60%×3÷12=7.5（万元）

【例 5-14】 智董公司（中外合资）以人民币为记账本位币，20×8 年 1 月 1 日为安装一条生产线，向银行借入 3 年期美元借款 180 万美元，年利率为 8%。假定企业采用业务发生日汇率折算外币业务，借款当日的汇率为 1 美元=8.20 元人民币。企业按月计算应予资本化的借款费用金额，当期无其他外币借款。该生产线于当年 1 月 1 日开始安装，3 月 31 日安装完毕，投入使用。安装期间，发生的支出情况如下：1 月 1 日发生支出 90 万美元，当日汇率为 1 美元=8.20 元人民币；2 月 1 日发生支出 60 万美元，当日汇率为 1 美元=8.25 元人民币；3 月 1 日发生支出 20 万美元，当日汇率为 1 美元=8.29 元人民币。1 月、2 月和 3 月各月月末汇率分别为：1 月 31 日为 1 美元=8.22 元人民币，2 月 28 日为 1 美元=8.27 元人民币，3 月 31 日为 1 美元=8.30 元人民币。假定智董公司（中外合资）按月计算借款费用资本化金额，并对外提供半年报。

（1）1 月 1 日借入美元借款时：

借：银行存款——美元户（1 800 000×8.20）　　14 760 000

　贷：长期借款——美元户　　14 760 000

（2）1 月 1 日发生美元支出时：

借：在建工程　　7 380 000

　贷：银行存款——美元户（900 000×8.20）　　7 380 000

（3）1 月 31 日，计算该月外币借款利息和外币借款本金及利息的汇兑差额时：

① 利息资本化金额。

外币借款利息=1 800 000×8%×1÷12=12 000（美元）

折合为人民币的借款利息=12 000×8.22=98 640（元）

外币累计支出加权平均数=900 000×30÷30=900 000（美元）

外币借款利息资本化金额=900 000×8%×1÷12=6 000（美元）

折合为人民币的利息资本化金额=6 000×8.22=49 320（元）

1 月应予资本化的利息金额小于实际发生的利息金额，因此，本月应予资本化的利息金额为 49 320 元。

② 汇兑差额资本化金额。

外币借款本金及利息的汇兑差额=1 800 000×（8.22−8.20）+0=36 000（元）

应予资本化的汇兑差额等于当月该外币借款本金及利息实际发生的汇兑差额，即 36 000 元。

1 月应予资本化的借款费用金额=49 320+36 000=85 320（元）

借：在建工程——借款费用　　85 320

　　财务费用　　49 320

　贷：长期借款——美元户　　134 640

（4）2 月 1 日发生美元支出时：

借：在建工程　　4 950 000

　贷：银行存款——美元户（600 000×8.25）　　4 950 000

（5）2 月 28 日，计算该月外币借款利息、外币借款本金及利息的汇兑差额时：

① 利息资本化金额。

外币借款利息=1 800 000×8%×1÷12=12 000（美元）

折合为人民币的借款利息=12 000×8.27=99 240（元）

外币累计支出加权平均数=1 500 000×28÷28=1 500 000（美元）

外币借款利息资本化金额=1 500 000×8%×1÷12=10 000（美元）

折合为人民币的利息资本化金额=10 000×8.27=82 700（元）

2 月应予资本化的利息金额小于实际发生的利息金额，因此，本月应予资本化的利息金额为 82 700 元。

② 汇兑差额资本化金额。

外币借款本金及利息的汇兑差额=1 800 000×（8.27–8.22）+12 000×（8.27–8.22）=90 600（元）

应予资本化的汇兑差额等于当月该外币借款本金及利息实际发生的汇兑差额，即 90 600 元。

2 月应予资本化的借款费用金额=82 700+90 600=173 300（元）

借：在建工程——借款费用　　173 300
　　财务费用　　16 540
　贷：长期借款——美元户　　189 840

（6）3 月 1 日发生美元支出时：

借：在建工程——借款费用　　1 658 000
　贷：银行存款——美元户（200 000×8.29）　　1 658 000

（7）3 月 31 日，计算该月外币借款利息、外币借款本金及利息的汇兑差额时：

① 利息资本化金额。

外币借款利息=1 800 000×8%×1÷12=12 000（美元）

折合为人民币的借款利息=12 000×8.30=99 600（元）

外币累计支出加权平均数=1 700 000×31÷31=1 700 000（美元）

外币借款利息资本化金额=1 700 000×8%×1÷12=11 333（美元）

折合为人民币的利息资本化金额=11 333×8.30=94 063.90（元）

② 汇兑差额资本化金额。

外币借款本金及利息的汇兑差额=1 800 000×（8.30–8.27）+24 000×（8.30–8.27）=54 720（元）

应予资本化的汇兑差额等于当月该外币借款本金及利息实际发生的汇兑差额，即 54 720 元。

3 月应予资本化的借款费用金额=94 063.90+54 720=148 783.90（元）

借：在建工程——借款费用　　148 783.90
　　财务费用　　5 536.10
　贷：长期借款——美元户　　154 320

当日，企业还应将已完工的在建工程转入固定资产账户。

4. 辅助费用

（1）专门借款发生的辅助费用。专门借款发生的辅助费用，在所购建或者生产的符合资本化条件的资产达到预定可使用或者可销售状态之前发生的，应当在发生时根据其发生额予以资本化，计入符合资本化条件的资产的成本；在所购建或者生产的符合资本化条件的资产达到预定可使用或者可销售状态之后发生的，应当在发生时根据其发生额确认为费用，计入当期损益。

（2）一般借款发生的辅助费用。《企业会计准则第 17 号——借款费用》第十条规定，专门借款发生的辅助费用，在所购建或者生产的符合资本化条件的资产达到预定可使用或者可销售状态之前，应当在发生时根据其发生额予以资本化，计入符合资本化条件的资产的成本；在所购建或者生产的符合资本化条件的资产达到预定可使用或者可销售状态之后，应当在发生时根据其发生额确认为费用，计入当期损益。上述资本化或计入当期损益的辅助费用的发生额，是指根据《企业会计准则第 22 号——金融工具确认和计量》，按照实际利率法所确定的金融负债交易费用对每期利息费用的调整额。借款实际利率与合同利率差异较小的，也可以采用合同利率计算确定利息费用。一般借款发生的辅助费用，也应当按照上述原则确定其发生额并进行处理。

【例 5-15】 智董公司为建造一幢厂房于 20×8 年 1 月 1 日按面值发行了 1 亿元的 5 年期

债券，年利率为8%，按债券面值的2%支付中介机构手续费200万元，已用银行存款支付完毕。厂房的建造工作从20×8年1月1日开始，建造期为3年。

智董公司的会计处理如下：

应予资本化的辅助费用金额=200（万元）

借：在建工程——借款费用　　2 000 000

　贷：银行存款　　2 000 000

5. 非正常中断——借款费用资本化暂停

《企业会计准则第17号——借款费用》第十一条规定，符合资本化条件的资产在购建或者生产过程中发生非正常中断，且中断时间连续超过3个月的，应当暂停借款费用的资本化。正常中断期间的借款费用应当继续资本化。

非正常中断，通常是由于企业管理决策上的原因或者其他不可预见的原因等所导致的中断。比如，企业因与施工方发生了质量纠纷，或者工程、生产用料没有及时供应，或者资金周转发生了困难，或者施工、生产发生了安全事故，或者发生了与资产购建、生产有关的劳动纠纷等原因，导致资产购建或者生产活动发生中断，均属于非正常中断。

非正常中断与正常中断显著不同。正常中断通常仅限于因购建或者生产符合资本化条件的资产达到预定可使用或者可销售状态所必要的程序，或者事先可预见的不可抗力因素导致的中断。比如，某些工程建造到一定阶段必须暂停下来进行质量或者安全检查，检查通过后才可继续下一阶段的建造工作，这类中断是在施工前可以预见的，而且是工程建造必须经过的程序，属于正常中断。

某些地区的工程在建造过程中，由于可预见的不可抗力因素（如雨季或冰冻季节等原因）导致施工出现停顿，也属于正常中断。比如，智董公司在北方某地建造某工程期间，正遇冰冻季节，工程施工因此中断，待冰冻季节过后方能继续施工。由于该地区在施工期间出现较长时间的冰冻为正常情况，由此导致的施工中断是可预见的不可抗力因素导致的中断，属于正常中断。

【例5-16】 智董公司为建造某固定资产于20×7年12月1日按面值发行3年期一次还本付息公司债券，债券面值为12 000万元（不考虑债券发行费用），票面年利率为3%。该固定资产建造采用出包方式。20×8年智董公司发生的与该固定资产建造有关的事项如下：1月1日，工程动工并支付工程进度款1 117万元；4月1日，支付工程进度款1 000万元；4月19日～8月7日，因进行工程质量和安全检查停工；8月8日重新开工；9月1日支付工程进度款1 599万元。假定借款费用资本化金额按年计算，每月按30天计算，未发生与建造该固定资产有关的其他借款，则20×8年度智董公司应计入该固定资产建造成本的利息费用金额是多少？

本例中，因进行工程质量和安全检查停工发生的中断属于正常中断，应继续资本化。

应计入该资产建造成本的利息费用金额=（1 117×12÷12+1 000×9÷12+1 599×4÷12）×3%=72（万元）

【例5-17】 智董公司为建造厂房于20×7年4月1日从银行借入2 000万元专门借款，借款期限为2年，年利率为6%。20×7年7月1日，智董公司采取出包方式委托贵琛公司为其建造该厂房，并预付了1 000万元工程款，厂房实体建造工作于当日开始。该工程因发生施工安全事故在20×7年8月1日至11月30日中断施工，12月1日恢复正常施工，至年末工程尚未完工。该项厂房建造工程在20×7年度应予资本化的利息金额是多少？

本例中，工程因发生施工安全事故而中断施工，是非正常中断，且中断时间有 4 个月（长于 3 个月），满足暂停资本化的条件，故 20×7 年度应予资本化的利息金额=1 000×6%×（6–4）÷12=10（万元）。

5.1.3 借款费用资本化停止

购建或者生产符合资本化条件的资产达到预定可使用或者可销售状态时，借款费用应当停止资本化。在符合资本化条件的资产达到预定可使用或者可销售状态之后所发生的借款费用，应当在发生时根据其发生额确认为费用，计入当期损益。

购建或者生产符合资本化条件的资产达到预定可使用或者可销售状态，可从下列几个方面进行判断。

（1）符合资本化条件的资产的实体建造（包括安装）或者生产工作已经全部完成或者实质上已经完成。

（2）所购建或者生产的符合资本化条件的资产与设计要求、合同规定或者生产要求相符或者基本相符，即使有极个别与设计、合同或者生产要求不相符的地方，也不影响其正常使用或者销售。

（3）继续发生在所购建或生产的符合资本化条件的资产上的支出金额很少或者几乎不再发生。

购建或者生产符合资本化条件的资产需要试生产或者试运行的，在试生产结果表明资产能够正常生产出合格产品，或者试运行结果表明资产能够正常运转或者营业时，应当认为该资产已经达到预定可使用或者可销售状态。

购建或者生产的符合资本化条件的资产的各部分分别完工，且每部分在其他部分继续建造过程中可供使用或者可对外销售，且为使该部分资产达到预定可使用或可销售状态所必要的购建或者生产活动实质上已经完成的，应当停止与该部分资产相关的借款费用的资本化。

购建或者生产的资产的各部分分别完工，但必须等到整体完工后才可使用或者可对外销售的，应当在该资产整体完工时停止借款费用的资本化。

【例 5-18】 20×8 年 3 月 6 日，智董公司正在开发一片商业园区，该商业园区由若干幢建筑物组成，各个建筑物的功能之间联系不是十分紧密，每幢建筑物在其他建筑物继续建造期间都可以单独投入使用。此时，如果其中的一幢建筑物完工并达到预定可使用状态，那么，智董公司就应停止为建造该幢建筑物发生的借款费用的资本化。

根据企业会计准则的规定，购建或者生产的资产的各部分分别完工，但必须等到整体工后才可使用或者可对外销售的，应当在该资产整体完工时停止借款费用的资本化。

5.2 会计科目及主要账务处理

5.2.1 短期借款

1. 会计科目核算内容

本科目核算企业向银行或其他金融机构等借入的期限在 1 年以下（含 1 年）的各种借款。

2. 明细核算

本科目可按借款种类、贷款人和币种进行明细核算。

3．主要账务处理

企业借入的各种短期借款，借记“银行存款”科目，贷记本科目；归还借款做相反的会计分录。资产负债表日，应按计算确定的短期借款利息费用，借记“财务费用”、“利息支出”等科目，贷记“银行存款”、“应付利息”等科目。

本科目期末贷方余额反映企业尚未偿还的短期借款。

5.2.2 应付利息

1．会计科目核算内容

本科目核算企业按照合同约定应支付的利息，包括吸收存款、分期付息到期还本的长期借款、企业债券等应支付的利息。

2．明细核算

本科目可按存款人或债权人进行明细核算。

3．主要账务处理

资产负债表日，应按摊余成本和实际利率计算确定的利息费用，借记“利息支出”、“在建工程”、“财务费用”、“研发支出”等科目，按合同利率计算确定的应付未付利息，贷记本科目，按其差额，借记或贷记“长期借款——利息调整”、“吸收存款——利息调整”等科目。

合同利率与实际利率差异较小的，也可以采用合同利率计算确定利息费用。实际支付利息时，借记本科目，贷记“银行存款”等科目。

本科目期末贷方余额，反映企业应付未付的利息。

5.2.3 长期借款

1．会计科目核算内容

本科目核算企业向银行或其他金融机构借入的期限在1年以上（不含1年）的各项借款。

2．明细核算

本科目可按贷款单位和贷款种类，分别“本金”、“利息调整”等进行明细核算。

3．主要账务处理

（1）企业借入长期借款，应按实际收到的金额，借记“银行存款”科目，贷记本科目（本金）。如存在差额，还应借记本科目（利息调整）。

（2）资产负债表日，应按摊余成本和实际利率计算确定的长期借款的利息费用，借记“在建工程”、“制造费用”、“财务费用”、“研发支出”等科目，按合同利率计算确定的应付未付利息，贷记“应付利息”科目，按其差额，贷记本科目（利息调整）。

实际利率与合同利率差异较小的，也可以采用合同利率计算确定利息费用。

（3）归还的长期借款本金，借记本科目（本金），贷记“银行存款”科目。同时，存在利息调整余额的，借记或贷记“在建工程”、“制造费用”、“财务费用”、“研发支出”等科目，贷记或借记本科目（利息调整）。

本科目期末贷方余额，反映企业尚未偿还的长期借款。

5.2.4 固定资产

1. 会计科目核算内容

本科目核算企业持有的固定资产原价。建造承包商的临时设施，以及企业购置计算机硬件所附带的、未单独计价的软件，也通过本科目核算。

本科目期末借方余额，反映企业固定资产的原价。

2. 明细核算

本科目可按固定资产类别和项目进行明细核算。融资租入的固定资产，可在本科目设置"融资租入固定资产"明细科目。

3. 主要账务处理

固定资产存在弃置义务的，应在取得固定资产时，按预计弃置费用的现值，借记本科目，贷记"预计负债"科目。在该项固定资产的使用寿命内，计算确定各期应负担的利息费用，借记"财务费用"科目，贷记"预计负债"科目。

5.2.5 在建工程

1. 会计科目核算内容

本科目核算企业基建、更新改造等在建工程发生的支出。在建工程发生减值的，可以单独设置"在建工程减值准备"科目，比照"固定资产减值准备"科目进行处理。企业（石油天然气开采）发生的油气勘探支出和油气开发支出，可以单独设置"油气勘探支出"、"油气开发支出"科目。

2. 明细核算

本科目可按"建筑工程"、"安装工程"、"在安装设备"、"待摊支出"以及单项工程等进行明细核算。

3. 主要账务处理

自营的在建工程领用工程物资、原材料或库存商品的，借记本科目，贷记"工程物资"、"原材料"、"库存商品"等科目。采用计划成本核算的，应同时结转应分摊的成本差异。涉及增值税的，还应进行相应的处理。

在建工程应负担的职工薪酬，借记本科目，贷记"应付职工薪酬"科目。

辅助生产部门为工程提供的水、电、设备安装、修理、运输等劳务，借记本科目，贷记"生产成本——辅助生产成本"等科目。

在建工程发生的借款费用满足借款费用资本化条件的，借记本科目，贷记"长期借款"、"应付利息"等科目。

5.2.6 油气资产

1. 会计科目核算内容

本科目核算企业（石油天然气开采）持有的矿区权益和油气井及相关设施的原价。企业（石油天然气开采）可以单独设置"油气资产清理"科目，比照"固定资产清理"科目进行处理。企业（石油天然气开采）与油气开采活动相关的辅助设备及设施在"固定资产"科目核算。

2．明细核算

本科目可按油气资产的类别、不同矿区或油田等进行明细核算。

3．主要账务处理

油气资产存在弃置义务的，应在取得油气资产时，按预计弃置费用的现值，借记本科目，贷记“预计负债”科目。在油气资产的使用寿命内，计算确定各期应负担的利息费用，借记“财务费用”科目，贷记“预计负债”科目。

5.2.7 其他应付款

1．会计科目核算内容

本科目核算企业除应付票据、应付账款、预收账款、应付职工薪酬、应付利息、应付股利、应交税费、长期应付款等以外的其他各项应付、暂收的款项。

企业（保险）应缴纳的保险保障基金，也通过本科目核算。

本科目期末贷方余额反映企业应付未付的其他应付款项。

2．明细核算

本科目可按其他应付款的项目和对方单位（或个人）进行明细核算。

3．主要账务处理

（1）企业采用售后回购方式融入资金的，应按实际收到的金额，借记“银行存款”科目，贷记本科目。回购价格与原销售价格之间的差额，应在售后回购期间内按期计提利息费用，借记“财务费用”科目，贷记本科目。按照合同约定购回该项商品等时，应按实际支付的金额，借记本科目，贷记“银行存款”科目。

（2）企业发生的其他各种应付、暂收款项，借记“管理费用”等科目，贷记本科目；支付的其他各种应付、暂收款项，借记本科目，贷记“银行存款”等科目。

5.2.8 未确认融资费用

1．会计科目核算内容

本科目核算企业应当分期计入利息费用的未确认融资费用。本科目期末借方余额反映企业未确认融资费用的摊余价值。

2．明细核算

本科目可按债权人和长期应付款项目进行明细核算。

3．主要账务处理

（1）企业融资租入的固定资产，在租赁期开始日，按应计入固定资产成本的金额（租赁开始日租赁资产公允价值与最低租赁付款额现值两者中较低者，加上初始直接费用），借记“在建工程”或“固定资产”科目，按最低租赁付款额，贷记“长期应付款”科目，按发生的初始直接费用，贷记“银行存款”等科目，按其差额，借记本科目。

采用实际利率法分期摊销未确认融资费用，借记“财务费用”、“在建工程”等科目，贷记本科目。

（2）购入有关资产超过正常信用条件延期支付价款、实质上具有融资性质的，应按购买价款的现值，借记“固定资产”、“在建工程”等科目，按应支付的金额，贷记“长期应付款”科目，按其差额，借记本科目。

采用实际利率法分期摊销未确认融资费用，借记“在建工程”、“财务费用”等科目，贷记本科目。

5.2.9 预计负债

1. 会计科目核算内容

本科目核算企业确认的对外提供担保、未决诉讼、产品质量保证、重组义务、亏损性合同等预计负债。本科目期末贷方余额反映企业已确认尚未支付的预计负债。

2. 明细核算

本科目可按形成预计负债的交易或事项进行明细核算。

3. 主要账务处理

（1）企业由对外提供担保、未决诉讼、重组义务产生的预计负债，应按确定的金额，借记“营业外支出”等科目，贷记本科目。由产品质量保证产生的预计负债，应按确定的金额，借记“销售费用”科目，贷记本科目。

由资产弃置义务产生的预计负债，应按确定的金额，借记“固定资产”或“油气资产”科目，贷记本科目。在固定资产或油气资产的使用寿命内，按计算确定各期应负担的利息费用，借记“财务费用”科目，贷记本科目。

（2）实际清偿或冲减的预计负债，借记本科目，贷记“银行存款”等科目。

（3）根据确凿证据需要对已确认的预计负债进行调整的，调整增加的预计负债，借记有关科目，贷记本科目；调整减少的预计负债做相反的会计分录。

5.2.10 管理费用

1. 会计科目核算内容

本科目核算企业为组织和管理企业生产经营所发生的管理费用，包括企业在筹建期间内发生的开办费、董事会和行政管理部门在企业的经营管理中发生的或者应由企业统一负担的公司经费（包括行政管理部门职工工资及福利费、物料消耗、低值易耗品摊销、办公费和差旅费等）、工会经费、董事会费（包括董事会成员津贴、会议费和差旅费等）、聘请中介机构费、咨询费（含顾问费）、诉讼费、业务招待费、房产税、车船税、土地使用税、印花税、技术转让费、矿产资源补偿费、研究费用、排污费等。

企业（商品流通）管理费用不多的，可不设置本科目，本科目的核算内容可并入“销售费用”科目核算。企业生产车间（部门）和行政管理部门等发生的固定资产修理费用等后续支出，也在本科目核算。

2. 明细核算

本科目可按费用项目进行明细核算。

3. 主要账务处理

企业在筹建期间内发生的开办费，包括人员工资、办公费、培训费、差旅费、印刷费、注册登记费以及不计入固定资产成本的借款费用等在实际发生时，借记本科目（开办费），贷记“银行存款”等科目。

5.2.11 财务费用

1. 会计科目核算内容

本科目核算企业为筹集生产经营所需资金等而发生的筹资费用，包括利息支出（减利息收入）、汇兑损益以及相关的手续费、企业发生的现金折扣或收到的现金折扣等。

为购建或生产满足资本化条件的资产发生的应予资本化的借款费用，在“在建工程”、“制造费用”等科目核算。

2. 明细核算

本科目可按费用项目进行明细核算。

3. 主要账务处理

企业发生的财务费用，借记本科目，贷记“银行存款”、“未确认融资费用”等科目。发生的应冲减财务费用的利息收入、汇兑损益、现金折扣，借记“银行存款”、“应付账款”等科目，贷记本科目。

期末，应将本科目余额转入“本年利润”科目，结转后本科目无余额。

5.3 附注披露

1.《企业会计准则第17号——借款费用》的规定

企业应当在附注中披露与借款费用有关的下列信息：

（1）当期资本化的借款费用金额。

（2）当期用于计算确定借款费用资本化金额的资本化率。

2. 《企业会计准则第30号——财务报表列报应用指南》的规定

该规定应用于一般企业报表附注——短期借款和长期借款。

（1）借款的披露格式如表5-2所示。

表5-2 借款的披露格式

项　目	短期借款		长期借款	
	期末账面余额	年初账面余额	期末账面余额	年初账面余额
信用借款				
抵押借款				
质押借款				
保证借款				
合　计				

（2）对于期末逾期借款，应分别贷款单位、借款金额、逾期时间、年利率、逾期未偿还原因和预期还款期等进行披露。

第 6 章

所得税

6.1 所得税会计概述

6.1.1 会计理念的转变——从收入费用观到资产负债观

1. 三种不同的会计报表概念基础

1976 年，美国财务会计准则委员会（Financial Accounting Standard Board，FASB）在其公布的一份讨论备忘录《会计报表的概念框架》中指出，由于存在三种不同的企业收益计量理论，因而导致了三种不同的会计报表概念基础——非环接观、收入费用观和资产负债观。

（1）非环接观。如今，人们对建立资产负债表与利润表之间的钩稽关系并注重它们的相互衔接已取得一致的共识，而认为资产负债表与利润表分别是各自独立的报表。其数据不需要环接的非环接观已经被摒弃。

因此，当前人们争论较多的是，在会计准则的制定中应当以资产负债观为指导，还是应当以收入费用观为指导。

（2）收入费用观。收入费用观要求准则制定者在准则制定中，首先考虑与某类交易相关的收入和费用的直接确认和计量。

（3）资产负债观。资产负债观是指准则制定者在制定规范某类交易或事项的会计准则时，首先试图定义并规范由此类交易产生的有关资产和负债的计量；然后再根据所定义的资产和负债的变化来确认收益。

在资产负债观下，对交易和事项的会计处理包括确定资产和负债以及与这些交易或事项相关的资产和负债的变动。

2. 收入费用观与资产负债观差异的典型例证——未实现损益的会计处理

资产负债观与收入费用观之间差异的一个具体表现就是对于未实现损益（也称未实现利得）的会计处理问题。

（1）收入费用观。

1）确定收益的计算公式。收入费用观坚持，必须首先按照实现原则确认收入和费用，然后再根据配比原则，将收入和费用按其经济性质上的一致性联系起来，确定收益。

因此，确定收益的计算公式如下：

利润=收入–费用（+直接计入当期利润的利得和损失）

2）优点。在收入费用观下，必须首先确认收入和费用，然后才能据以确定收益，因此可以得到各种性质的收益明细数据，这些明细数据比一个收益总额无疑更为有用，这是收入费用观最大的优点。

3）缺点。

① 由于收入和费用都要追溯到原始的交易或事项所确定的数据，因此，历史成本计量成为确认收入和费用的较为现实的计量属性选择。而收入费用观也就几乎具有了历史成本计量的一切弊端，这些弊端随着经济环境变动性和交易活动复杂性的增强，日益显现出来。

② 此外，收入费用观强调收入和费用必须配比，配比原则是收益确定的核心，而那些不符合配比原则要求但又会对企业的收入或费用产生影响的项目，将作为跨期项目暂计到资产负债表中去，等到下一个会计期间再将其逐步转入利润表。

例如，资产负债表中的各种待摊销费用、递延支出、预计收益等，这使得资产负债表成为前后两期利润表的过渡或中介，大大降低了资产负债表的有用性。

（2）资产负债观。

1）确定收益的计算公式。资产负债观认为，企业的收益是企业期末净资产比期初净资产的净增长额，而净资产又是由资产减去负债计算得到的，所以，有：

收益=（期末资产–期末负债）–（期初资产–期初负债）

当然，所有者的投资或向所有者分配利润而造成净资产的减少，不应包括在收益之中。因此，存在如下计算等式：

收益=期末净资产–期初净资产–本期所有者新增投资+本期向所有者分配
=（期末资产–期末负债）–（期初资产–期初负债）–本期所有者新增投资+本期向所有者分配

按照上述等式，在资产负债观下，收益的确定不需要考虑实现问题，只要企业的净资产增加了，就应当作为收益确认。

2）优点。

① 按资产负债观确认的收益属于经济收益，是企业的实际收益，它既考虑交易的影响，也考虑非交易因素的影响，比按照收入费用观确认的会计收益更加全面，对使用者更为有用。

② 资产负债观收益的确定，不需要考虑实现。只要企业的净资产确实增加了，就应该作为收益的内容予以确认。这样，传统的历史成本模式下受实现原则所限制而不能确认的很多内容，如物价变动、自它创商誉等而导致的企业资产或盈利能力的实质上的变化，在资产负债观下可以“名正言顺”地成为收益的一个组成部分。

3）缺点。

① 资产负债观要求采用现行价值对企业资产进行计价，但现实中现行价值可靠性极差。

② 在资产负债观下，只能求得企业的收益总额，无法得到企业收益各组成部分的明细信息，大大减弱了收益数据对使用者的有用性。

③ 一些暂时性差异在旧差异转回时又产生新的差异，两者抵消的结果是使得差异的转回遥遥无期。因此，对于一些暂时性差异的纳税影响被确认为资产和负债的合理性，有的专家、学者对此存在诸多疑虑。

（3）资产负债观与收入费用观最大的区别。综上可见，资产负债观与收入费用观最大的区别在于：在资产负债观下，收益总额相关性强；而在收入费用观下，可以得到更为有用的收益明细数据。资产负债观与收入费用观计算的收益总额的差异就是未实现损益。

（4）在此方面我国税法与会计的差异——以资产减值准备为例。

1）会计。传统上我们较为侧重收入费用观，随着经济环境的发展变化，鉴于各国会计准则多要求计提资产减值准备，基于谨慎性原则，我国《企业会计制度》也要求全面计提八项减值准备，确认未实现损失，向资产负债观转变，注重资产的真实可靠性，真实、公允地反映企业财务状况。

2）税法。迄今我国税法仍不承认八项减值准备的计提，不允许在当期税前抵扣，造成了税前会计利润与应纳税所得额之间有较大的差异。

原因主要在于税法政策的制定旨在确定企业当期应纳税所得额，为此要逐项计算哪类收入应当征税、哪类支出可以税前抵扣，这就要求提供收益的明细数据。也就是从税法的角度出发，为征税便利起见，要求会计对应地采用收入费用观以提供税法所需的反映收益明细数据的会计信息。

时间性差异和永久性差异的划分正是体现了这一思路，要求逐项分析每一收入、费用项目造成税前会计利润与应纳税所得额之间差异的性质及其对企业的纳税影响。但这样做的一个显而易见的弊端是，递延所得税资产（原“递延税款”借方余额）是由会计收益与应税收益比较后倒挤出的差额，因此并不完全符合资产的定义，有时甚至完全不符合资产的定义。

3. 资产负债观的全面确立

（1）国际。安然等一系列美国会计丑闻之后，美国证券交易委员会（SEC）在其针对会计准则改革的报告中呼吁 FASB 在制定会计准则时，应以资产负债观全面取代收入费用观。

从国际会计准则的发展看，我们不难发现资产负债观正日益得到人们的广泛认同，这表明人们对“真实公允”更为强烈的追求。相比而言，资产负债观更为注重交易和事项的实质，并采用一种财务报告使用者易于理解的方式在财务报告中反映这些交易或事项的结果。

（2）我国。

1）我国会计准则制定也正逐步向资产负债观转变。

2）与之相对照，原列报在资产负债表中资产中的“递延税款借项”能否给企业带来未来的经济利益流入及其计量的方式是否合理，值得我们深思。

一方面，我们在大张旗鼓地计提八项减值准备，力求保证资产负债表会计信息的真实公允，积极向资产负债观靠拢；另一方面，规定采用应付税款法与递延法或利润表债务法进行所得税会计处理，忽视甚至无视产生纳税影响后果的交易或事项对企业当期及后期纳税影响对应的资产（负债）的合理确认与计量，这似乎有点逻辑上的混乱。

因此，我们认为，在会计理念由收入费用观转向资产负债观的同时，由于税法倾向于收入费用观，二者目的及所处发展阶段不同不可强求，但所得税会计作为会计的一个组成部分应当以整个会计体系的指导理念为根本，秉持资产负债观，力求所得税会计核算体现“真实公允”的原则。

考虑到我国当前及今后相当长一段时期内将致力于国有企业改造，企业重组、合并现象将大量发生，资产重估越来越频繁，从而必将对所得税产生重大的影响，而递延法或利润表债务法均无法反映和处理这方面的暂时性差异，原有的时间性差异概念的内涵和外延均已满足不了实际工作的要求，为此，借鉴采纳暂时性差异的概念，并在所得税会计处理中采用资产负债表债务法，可以说是将差异的影响追本溯源，从源头上保证了会计信息的真实性和完整性。

6.1.2 对税前会计利润（利润总额）与应纳税所得额之间差异的会计处理方法

对税前会计利润与应纳税所得额之间差异的会计处理方法，目前共有四种方法可供选择，分别是应付税款法、递延法、利润表债务法和资产负债表债务法。

1. 应付税款法

应付税款法是指企业不确认时间差异对所得税的影响金额，按照当期计算的应交所得税确认为所得税费用的方法。在这种方法下，一定期间的所得税费用等于本期应交所得税。存在下列计算等式：

本期所得税费用=本期应交所得税

2. 纳税影响会计法

纳税影响会计法是指企业确认时间性差异对所得税的影响金额，按照当期应交所得税和时间性差异对所得税影响金额的合计，确认为当期所得税费用的方法。

在这种方法下，时间性差异对所得税的影响金额，递延和分配到以后各期。

纳税影响会计法又分为递延法和债务法。按照我国原企业会计制度规定，无论采用递延法还是债务法（我国会计制度中规定的债务法实质上是一种利润表债务法），所得税费用的会计核算都是依照收入费用观，从时间性差异出发，将时间性差异对未来所得税的影响视为对本期所得税费用的调整。

（1）递延法。递延法是纳税影响会计法的一种。在递延法下，在税率变动或开征新税时，不需要对原已确认的时间性差异的所得税影响金额进行调整，但是，在转回时间性差异的所得税影响金额时，应当按照原所得税率计算转回。

采用递延法，一定时期的所得税费用包括本期应交所得税、本期发生或转回的时间性差异所产生的递延税款贷项或借项。存在下列计算等式：

本期所得税费用=本期应交所得税+本期发生的时间性差异所产生的递延税款贷项金额−本期发生的时间性差异所产生的递延税款借项金额+本期转回的前期确认的递延税款借项金额−本期转回的前期确认的递延税款贷项金额

其中：

本期发生的时间性差异所产生的递延税款贷项金额=本期发生的应纳税时间性差异×现行所得税率

本期发生的时间性差异所产生的递延税款借项金额=本期发生的可抵减时间性差异×现行所得税率

（2）利润表债务法。利润表债务法即现在通常所称的“债务法”，我国原企业会计制度中所规定的“债务法”也指的是这种方法，是纳税影响会计法的一种。

在采用利润表债务法核算时，在税率变动或开征新税时，应当对原已确认的时间性差异的所得税影响金额进行调整，在转回时间性差异的所得税影响金额时，应当按照现行所得税率计算转回。

采用利润表债务法，一定时期的所得税费用包括：本期应交所得税；本期发生或转回的时间性差异所产生的递延所得税负债或递延所得税资产；由于税率变更或开征新税，对以前各期确认的递延所得税负债或递延所得税资产账面余额的调整数。存在下列计算等式：

本期所得税费用=本期应交所得税+本期发生的时间性差异所产生的递延所得税负债–本期发生的时间性差异所产生的递延所得税资产+本期转回的前期确认的递延所得税资产–本期转回的前期确认的递延所得税负债+本期由于税率变动或开征新税调减的递延所得税资产或调增的递延所得税负债–本期由于税率变动或开征新税调增的递延所得税资产或调减的递延所得税负债

式中

本期由于税率变动或开征新税调增或调减的递延所得税资产或递延所得税负债=累计应纳税时间性差异或累计可抵减时间性差异×（现行所得税率–前期确认应纳税时间性差异或可抵减时间性差异时适用的所得税率）

或者

=递延税款账面余额–已确认递延税款金额的累计时间性差异×现行所得税率

（3）与资产负债表法的比较。以前我国理论界和实务界存在一种误识，认为利润表债务法是最先进的一种所得税会计处理方法。其实，从利润表债务法与递延法的区别我们可以看出，利润表债务法试图通过调整因税率变动以及开征新税对企业递延税款期末余额造成的影响，如实反映企业未来应交所得税负债或拥有的递延所得税资产。但是，由于利润表债务法是基于时间性差异的调整分析进行会计处理，秉承的是收入费用观，从一开始资产（负债）的确认即是采用倒挤的方式，而不是严格按照资产 （负债）的定义出发去进行相应的确认和计量。因此，可以讲，利润表债务法是采用收入费用观的会计处理方法，想要体现资产负债观的原则，其结果是既没有满足收入费用观的配比原则，也不符合资产负债观严格的资产负债定义。

从会计科目设置看，我国原企业会计制度未单独设置“递延所得税资产”和“递延所得税负债”科目，原企业会计制度中设置了“递延税款”科目，倾向于将递延所得税项目作为一种纯粹的递延项目，而非资产或负债；“递延税款”科目更多地体现了余额项目的性质，而非传统意义上的会计要素。

递延法和利润表债务法所核算的对象主要是时间性差异，而资产负债表债务法核算的对象主要是暂时性差异，比较这两种差异我们可以发现不同核算方法之间的一些差别。

1）时间性差异强调的是差异的形成与转回，而暂时性差异强调的是差异的内容。

2）时间性差异揭示的是某个时期内存在的此类差异，而暂时性差异揭示的是某个时点上存在的此类差异。

3．资产负债表债务法

所得税费用的计算从递延所得税资产和递延所得税负债的确认出发，通过倒轧计算得出，在不发生在权益中确认的交易或事项产生的纳税影响的情况下，简化了所得税费用的会计核算。

采用资产负债表债务法，在不发生在权益中确认的交易或事项产生的纳税影响的情况下，简单讲，一定时期的所得税费用与本期应交所得税之间存在如下计算等式：

本期所得税费用=本期应交所得税+（期末递延所得税负债–期初递延所得税负债）–（期末递延所得税资产–期初递延所得税资产）

从资产负债表角度考虑，资产的账面价值代表的是企业在持续持有及最终处置某项资产的一定期间内，该项资产为企业带来的未来经济利益，而其计税基础代表的是在这一期间内，就该项资产按照税法规定可以税前扣除的金额。一项资产的账面价值小于其计税基础的，表明该项资产于未来期间产生的经济利益流入低于按照税法规定允许税前扣除的金额，产生可抵减未来期间应纳税所得额的因素，减少未来期间以应交所得税的方式流出企业的经济利益，从其产生时点来看，应确认为资产。反之，一项资产的账面价值大于其计税基础的，两者之间的差额将会于未来期间产生应税金额，增加未来期间的应纳税所得额及应交所得税，对企业形成经济利益流出的义务，应确认为负债。

6.1.3 《企业会计准则第 18 号——所得税》概述

2006 年 2 月，财政部发布的《企业会计准则第 18 号——所得税》（以下简称新准则或本准则）与原规定比较不论是理念还是方法都有重大变化。它充分借鉴了《国际会计准则第 12 号——所得税》的做法，体现了与国际惯例趋同的原则。《企业会计准则第 18 号——所得税》是从资产负债表出发，通过比较资产负债表上列示的资产、负债按照会计准则规定确定的账面价值与按照税法规定确定的计税基础，对于两者之间的差异分别应纳税暂时性差异与可抵扣暂时性差异，确认相关的递延所得税负债与递延所得税资产，并在此基础上确定每一会计期间利润表中的所得税费用。

《企业会计准则第 18 号——所得税》所称所得税包括企业以应纳税所得额为基础的各种境内和境外税额。

《企业会计准则第 18 号——所得税》不涉及政府补助的确认和计量，但因政府补助产生暂时性差异的所得税影响，应当按照《企业会计准则第 18 号——所得税》进行确认和计量。

采用资产负债表债务法核算所得税的情况下，企业一般应于每一资产负债表日进行所得税的核算。发生特殊交易或事项时，如企业合并，在确认因交易或事项取得的资产、负债时即应确认相关的所得税影响。企业进行所得税核算一般应遵循以下程序：

（1）按照相关会计准则规定确定资产负债表中除递延所得税资产和递延所得税负债以外的其他资产和负债项目的账面价值。其中资产、负债的账面价值，是指企业按照相关会计准则的规定进行核算后在资产负债表中列示的金额。例如，企业持有的应收账款账面余额为 2 000 万元，企业对该应收账款计提了 100 万元的坏账准备，其账面价值为 1 900 万元，为该应收账款在资产负债表中的列示金额。

（2）按照准则中对于资产和负债计税基础的确定方法，以适用的税收法规为基础，确定资产负债表中有关资产、负债项目的计税基础。

（3）比较资产、负债的账面价值与其计税基础，对于两者之间存在差异的，分析其性质，除准则中规定的特殊情况外，分别应纳税暂时性差异与可抵扣暂时性差异并乘以所得税税率，确定资产负债表日递延所得税负债和递延所得税资产的应有金额，并与期初递延所得税负债和递延所得税资产的余额相比，确定当期应予进一步确认的递延所得税资产和递延所得税负债金额或应予转销的金额，作为构成利润表中所得税费用的其中一个组成部分——递延所得税。

（4）按照适用的税法规定计算确定当期应纳税所得额，将应纳税所得额与适用的所得税税率计算的结果确认为当期应交所得税，作为利润表中应予确认的所得税费用的另外一个组成部分——当期所得税。

（5）确定利润表中的所得税费用。利润表中的所得税费用包括当期所得税和递延所得税两个组成部分，企业在计算确定了当期所得税和递延所得税后，两者之和（或之差），是利润表中的所得税费用。

6.2 资产、负债的计税基础及暂时性差异

6.2.1 计税基础

企业在取得资产、负债时，应当确定其计税基础。

6.2.1.1 资产的计税基础

资产的计税基础是指企业收回资产账面价值过程中，计算应纳税所得额时按照税法规定可以自应税经济利益中抵扣的金额。

一项资产的计税基础是当企业收回该项资产的账面金额时，就计税而言可以从流入企业的任何应税经济利益中予以抵扣的金额。如果这些经济利益是不纳税的，那么该项资产的计税基础即为其账面金额。

简单讲，一项资产的计税基础就是按照税法的规定，该项资产在销售或使用时，允许作为成本或费用于税前列支的金额。但是如果该资产在减少时产生的经济利益流入不需纳税，那么该资产的计税基础即为其账面金额，如其他应收款，即

一项资产的计税基础=未来可税前列支的金额

《企业会计准则第 18 号——所得税》第五条规定，资产的计税基础是指企业收回资产账面价值过程中，计算应纳税所得额时按照税法规定可以自应税经济利益中抵扣的金额。

通常情况下，资产在取得时其入账价值与计税基础是相同的，后续计量过程中因企业会计准则规定与税法规定不同，可能产生资产的账面价值与其计税基础的差异。

比如，交易性金融资产的公允价值变动。按照企业会计准则规定，交易性金融资产期末应以公允价值计量，公允价值的变动计入当期损益。如果按照税法规定，交易性金融资产在持有期间公允价值变动不计入应纳税所得额，即其计税基础保持不变，则产生了交易性金融资产的账面价值与计税基础之间的差异。假定智董公司持有一项交易性金融资产，成本为 1 000 万元，期末公允价值为 1 500 万元，如计税基础仍维持 1 000 万元不变，该计税基础与其账面价值之间的差额 500 万元即为应纳税暂时性差异。

现对资产负债表中部分资产项目计税基础的确定介绍如下。

1. 固定资产

以各种方式取得的固定资产，初始确认时按照会计准则规定确定的入账价值基本上是被税法认可的，即取得时其账面价值一般等于计税基础。

固定资产在持有期间进行后续计量时，会计准则规定按照“成本–累计折旧–固定资产减值准备”进行计量，税收是按照“成本–按照税法规定已在以前期间税前扣除的折旧额”进行计量。由于会计与税收处理规定的不同，固定资产的账面价值与计税基础的差异主要产生于折旧方法、折旧年限的不同以及固定资产减值准备的提取。

（1）折旧方法、折旧年限的差异。企业应当根据与固定资产有关的经济利益的预期实现方式合理选择折旧方法，如可以按直线法计提折旧，也可以按照双倍余额递减法、年数总和法等计提折旧，前提是有关的方法能够反映固定资产为企业带来经济利益的消耗情况。税法一般会

规定固定资产的折旧方法，除某些按照规定可以加速折旧的情况外，基本上可以税前扣除的是按照直线法计提的折旧。

另外税法还就每一类固定资产的折旧年限做出了规定，而会计处理时按照准则规定折旧年限是由企业根据固定资产的性质和使用情况合理确定的。会计处理时确定的折旧年限与税法规定不同，也会产生固定资产持有期间账面价值与计税基础的差异。

（2）因计提固定资产减值准备产生的差异。持有固定资产的期间内，在对固定资产计提了减值准备以后，因税法规定按照会计准则规定计提的资产减值准备在资产发生实质性损失前不允许税前扣除，也会造成固定资产的账面价值与计税基础的差异。

【例 6-1】 智董公司于 20×5 年年末以 600 万元购入一项生产用固定资产，按照该项固定资产的预计使用情况，智董公司估计其使用寿命为 20 年，按照直线法计提折旧，预计净残值为 0。假定税法规定的折旧年限、折旧方法及净残值与会计规定相同。20×7 年 12 月 31 日，智董公司估计该项固定资产的可收回金额为 500 万元。

该项固定资产在 20×7 年 12 月 31 日的账面价值=600−600÷20×2−40=500（万元）

该项固定资产在 20×7 年 12 月 31 日的计税基础=600−600÷20×2=540（万元）

该项固定资产的账面价值 500 万元与其计税基础 540 万元之间产生的 40 万元差额，在未来期间会减少企业的应纳税所得额和应交所得税。

2．无形资产

除内部研究开发形成的无形资产以外，以其他方式取得的无形资产，初始确认时按照会计准则规定确定的入账价值与按照税法规定确定的成本之间一般不存在差异。无形资产的账面价值与计税基础之间的差异主要产生于内部研究开发形成的无形资产以及使用寿命不确定的无形资产。

（1）对于内部研究开发形成的无形资产，会计准则规定有关内部研究开发活动区分两个阶段，研究阶段的支出应当费用化计入当期损益，开发阶段符合资本化条件以后至达到预定用途前发生的支出应当资本化作为无形资产的成本；税法规定，企业发生的研究开发支出可税前扣除。

内部研究开发形成的无形资产初始确认时，按照会计准则规定，其成本为符合资本化条件以后至达到预定用途前发生的支出总额，因该部分研究开发支出按照税法规定在发生当期已税前扣除，所形成的无形资产在以后期间可税前扣除的金额为 0，其计税基础一般为 0。

（2）无形资产在后续计量时，会计与税收的差异主要产生于对无形资产是否需要摊销及无形资产减值准备的提取。

无形资产在取得以后，应根据其使用寿命情况，区分为使用寿命有限的无形资产与使用寿命不确定的无形资产。对于使用寿命不确定的无形资产，不要求摊销，但持有期间每年应进行减值测试。税法规定，企业取得的无形资产成本，应在一定期限内摊销。即税法中没有界定使用寿命不确定的无形资产，所有的无形资产成本均应在一定期间内摊销。

对于使用寿命不确定的无形资产，会计处理时不予摊销，但计税时其按照税法规定确定的摊销额允许税前扣除，造成该类无形资产的账面价值与计税基础的差异。

在对无形资产计提减值准备的情况下，因税法对按照会计准则规定计提的无形资产减值准备在形成实质性损失前不允许税前扣除，即无形资产的计税基础不会随减值准备的提取发生变化，但其账面价值会因资产减值准备的提取而下降，从而造成无形资产的账面价值与计税基础的差异。

【例 6-2】 智董公司当期发生研究开发支出计 2 000 万元，其中研究阶段支出 400 万元，开发阶段符合资本化条件前发生的支出为 400 万元，符合资本化条件后至达到预定用途前发生的支出为 1 200 万元。税法规定企业的研究开发支出可按 150%加计扣除。假定开发形成的无形资产在当期期末已达到预定用途（尚未开始摊销）。

智董公司当期发生的研究开发支出中，按照会计规定应予费用化的金额为 800 万元，形成无形资产的成本为 1 200 万元，即期末所形成无形资产的账面价值为 1 200 万元。

智董公司当期发生的 2 000 万元研究开发支出，按照税法规定可在税前扣除的金额为 3 000 万元。按照税法规定有关支出全部在发生当期税前扣除后，于未来期间就所形成的无形资产可税前扣除的金额为 0，即该项无形资产的计税基础为 0。

该项无形资产的账面价值 1 200 万元与其计税基础 0 之间的差额 1 200 万元将于未来期间计入企业的应纳税所得额，产生未来期间应交所得税的义务。

3．以公允价值计量且其变动计入当期损益的金融资产

按照《企业会计准则第 22 号——金融工具确认和计量》的规定，对于以公允价值计量且其变动计入当期损益的金融资产，其于某一会计期末的账面价值为该时点的公允价值，如果税法规定资产在持有期间市价变动损益在计税时不予考虑，即有关金融资产在某一会计期末的计税基础为其取得成本，会造成在公允价值变动的情况下，该类金融资产的账面价值与计税基础之间的差异。

企业持有的可供出售金融资产计税基础的确定，与以公允价值计量且其变动计入当期损益的金融资产类似，可比照处理。

【例 6-3】 20×6 年 10 月 20 日，智董公司自公开市场取得一项权益性投资，支付价款 1 600 万元，作为交易性金融资产核算。20×6 年 12 月 31 日，该项权益性投资的市价为 1 760 万元。

假定税法规定对于交易性金融资产，持有期间公允价值的变动不计入应纳税所得额，待出售时一并计算应计入应纳税所得额的金额。

该项交易性金融资产的期末市价为 1 760 万元，其按照会计准则规定进行核算在 20×6 年资产负债表日的账面价值为 1 760 万元。

因税法规定交易性金融资产在持有期间的公允价值变动不计入应纳税所得额，其在 20×6 年资产负债表日的计税基础应维持原取得成本不变，即为 1 600 万元。

该交易性金融资产的账面价值 1 760 万元与其计税基础 1 600 万元之间产生了 160 万元的暂时性差异，该暂时性差异在未来期间转回时会增加未来期间的应纳税所得额，导致企业应交所得税的增加。

4．其他资产

因会计准则规定与税收法规规定不同，企业持有的其他资产，可能造成其账面价值与计税基础之间存在差异的，如采用公允价值模式计量的投资性房地产以及其他计提了资产减值准备的各项资产，如应收账款、存货等。

【例 6-4】 智董公司 20×6 年购入原材料成本为 4 000 万元，因部分生产线停工，当年未领用任何该原材料，20×6 年资产负债表日考虑到该原材料的市价及用其生产产成品的市价情况，估计其可变现净值为 3 200 万元。假定该原材料在 20×6 年的期初余额为 0。

该项原材料因期末可变现净值低于其成本，应计提存货跌价准备，其金额=4 000−3 200=800（万元），计提该存货跌价准备后，该项原材料的账面价值为 3 200 万元。

因计算缴纳所得税时，按照会计准则规定计提的资产减值准备不允许税前扣除，该项原材料的计税基础不会因存货跌价准备的提取而发生变化，其计税基础应维持原取得成本 4 000 万元不变。

该存货的账面价值 3 200 万元与其计税基础 4 000 万元之间产生了 800 万元的暂时性差异，该差异会减少企业在未来期间的应纳税所得额和应交所得税。

【例 6-5】 智董公司 20×6 年 12 月 31 日应收账款余额为 6 000 万元，该公司期末对应收账款计提了 600 万元的坏账准备。适用税法规定，按照应收账款期末余额的 5‰计提的坏账准备允许税前扣除。假定该公司期初应收账款及坏账准备的余额均为 0。

该项应收账款在 20×6 年资产负债表日的账面价值为 5 400 万元（6 000–600）。其计税基础为账面余额 6 000 万元减去按照税法规定可予税前扣除的坏账准备 30 万元，即为 5 970 万元，计税基础 5 970 万元与其账面价值 5 400 万元之间产生的 570 万元暂时性差异，在应收账款发生实质性损失时，会减少未来期间的应纳税所得额和应交所得税。

6.2.1.2 负债的计税基础

负债的计税基础，是指负债的账面价值减去未来期间计算应纳税所得额时按照税法规定可予抵扣的金额。

对于预收收入，所产生负债的计税基础是其账面金额减去未来期间非应税收入的金额。

简单地讲，一项负债的计税基础就是其账面价值减去该负债在未来期间可税前列支的金额，即

一项负债的计税基础=该项负债的账面价值–未来可税前列支的金额

《企业会计准则第 18 号——所得税》第六条规定，负债的计税基础是指负债的账面价值减去未来期间计算应纳税所得额时按照税法规定可予抵扣的金额。

短期借款、应付票据、应付账款等负债的确认和偿还，通常不会对当期损益和应纳税所得额产生影响，其计税基础即为账面价值。但在某些情况下，负债的确认可能会影响损益，并影响不同期间的应纳税所得额，使其计税基础与账面价值之间产生差额。比如，上述企业因某事项在当期确认了 100 万元负债，计入当期损益。假定按照税法规定，与确认该负债相关的费用，在实际发生时准予税前扣除，该负债的计税基础为零，其账面价值与计税基础之间形成可抵扣暂时性差异。

企业应于资产负债表日，分析比较资产、负债的账面价值与其计税基础，两者之间存在差异的，确认递延所得税资产、递延所得税负债及相应的递延所得税费用（或收益）。企业合并等特殊交易或事项中取得的资产和负债，应于购买日比较其入账价值与计税基础，按照《企业会计准则第 18 号——所得税》规定计算确认相关的递延所得税资产或递延所得税负债。

1．企业因销售商品提供售后服务等原因确认的预计负债

按照《企业会计准则第 13 号——或有事项》的规定，企业对于预计提供售后服务将发生的支出在满足有关确认条件时，销售当期即应确认为费用，同时确认预计负债。税法规定，与销售产品相关的支出应于发生时税前扣除。因该类事项产生的预计负债在期末的计税基础为其账面价值与未来期间可税前扣除的金额之间的差额，因有关的支出实际发生时可全部税前扣除，其计税基础为 0。

因其他事项确认的预计负债，应按照税法规定的计税原则确定其计税基础。某些情况下，因有些事项确认的预计负债，税法规定其支出无论是否实际发生均不允许税前扣除，即未来期间按照税法规定可予抵扣的金额为 0，账面价值等于计税基础。

【例 6-6】 智董公司 20×6 年因销售产品承诺提供 3 年的保修服务，在当年度利润表中确认了 400 万元的销售费用，同时确认为预计负债，当年度未发生任何保修支出。假定按照税法规定，与产品售后服务相关的费用在实际发生时允许税前扣除。

该项预计负债在智董公司 20×6 年 12 月 31 日资产负债表中的账面价值为 400 万元。

因税法规定与产品保修相关的支出在未来期间实际发生时允许税前扣除，则该项负债的计税基础=账面价值−未来期间计算应纳税所得额时按照税法规定可予抵扣的金额，未来期间计算应纳税所得额时按照税法规定可予抵扣的金额为 400 万元，该项负债的计税基础为 0（400−400）。

2．预收账款

企业在收到客户预付的款项时，因不符合收入确认条件，会计上将其确认为负债。税法中对于收入的确认原则一般与会计规定相同，即会计上未确认收入时，计税时一般亦不计入应纳税所得额，该部分经济利益在未来期间计税时可予税前扣除的金额为 0，计税基础等于账面价值。

某些情况下，因不符合会计准则规定的收入确认条件，未确认为收入的预收款项，按照税法规定应计入当期应纳税所得额时，有关预收账款的计税基础为 0，即因其产生时已经计算缴纳所得税，未来期间可全额税前扣除。

【例 6-7】 智董公司于 20×6 年 12 月 20 日自客户收到一笔合同预付款，金额为 2 000 万元，因不符合收入确认条件，将其作为预收账款核算。假定按照适用税法规定，该款项应计入取得当期应纳税所得额计算缴纳所得税。

该预收账款在智董公司 20×6 年 12 月 31 日资产负债表中的账面价值为 2 000 万元。

因假定按照税法规定，该项预收款应计入取得当期的应纳税所得额计算缴纳所得税，与该项负债相关的经济利益已在取得当期计算缴纳所得税，未来期间按照会计准则规定应确认收入时，不再计入应纳税所得额，即其于未来期间计算应纳税所得额时可予税前扣除的金额为 2 000 万元，计税基础=账面价值 2 000 万元−未来期间计算应纳税所得额时按照税法规定可予抵扣的金额 2 000 万元=0。

该项负债的账面价值 2 000 万元与其计税基础 0 之间产生的 2 000 万元暂时性差异，会减少企业于未来期间的应纳税所得额，使企业未来期间以应交所得税的方式流出经济利益减少。

3．应付职工薪酬

企业为获得职工提供的服务给予的各种形式的报酬以及其他相关支出均应作为企业的成本费用，在未支付之前确认为负债。税法中对于职工薪酬基本允许税前扣除，但税法中明确规定了税前扣除标准的，按照会计准则规定计入成本费用的金额超过规定标准部分，应进行纳税调整。例如，企业按照一定的标准计算的工资薪金支出准予税前扣除。如果企业当期发生的工资薪金性质的支出超过了税法规定允许税前扣除的标准，超过部分在发生当期不允许税前扣除，在以后期间也不允许税前扣除，即该部分差额对未来期间计税不产生影响，所产生应付职工薪酬负债的账面价值等于计税基础。

【例 6-8】 智董公司 20×6 年 12 月计入成本费用的职工工资总额为 3 200 万元，至 20×6 年 12 月 31 日尚未支付，体现为资产负债表中的应付职工薪酬负债。假定按照适用税法规定，当期计入成本费用的 3 200 万元工资支出中，按照计税工资标准的规定，可予税前扣除的金额为 2 400 万元。

企业为获得职工提供的服务给予的各种形式的报酬以及其他相关支出均应作为成本费用，在未支付之前确认为负债。该项应付职工薪酬负债的账面价值为 3 200 万元。

税法规定，企业实际发生的工资支出 3 200 万元与按照税法规定允许税前扣除的金额 2 400 万元之间所产生的 800 万元差额在发生当期即应进行纳税调整，并且在以后期间不能够再税前扣除，该项应付职工薪酬负债的计税基础=账面价值 3 200 万元–未来期间计算应纳税所得额时按照税法规定可予抵扣的金额 0=3 200 万元。

该项负债的账面价值 3 200 万元与其计税基础 3 200 万元相同，不形成暂时性差异。

4. 其他负债

企业的其他负债项目，如应交的罚款和滞纳金等，在尚未支付之前按照会计规定确认为费用，同时作为负债反映。税法规定，罚款和滞纳金不能税前扣除，即该部分费用无论是在发生当期还是在以后期间均不允许税前扣除，其计税基础为账面价值减去未来期间计税时可予税前扣除的金额 0 之间的差额，即计税基础等于账面价值。

其他交易或事项产生的负债，其计税基础应当按照适用税法的相关规定确定。

【例 6-9】 智董公司 20×6 年 12 月因违反当地有关环保法规的规定，接到环保部门的处罚通知，要求其支付罚款 400 万元。税法规定，企业因违反国家有关法律法规规定支付的罚款和滞纳金，计算应纳税所得额时不允许税前扣除。至 20×6 年 12 月 31 日，该项罚款尚未支付。

对于该项罚款，智董公司应计入 20×6 年利润表，同时确认为资产负债表中的负债。

因按照税法规定，企业违反国家有关法律法规规定支付的罚款和滞纳金不允许税前扣除，与该项负债相关的支出在未来期间计税时按照税法规定准予税前扣除的金额为 0，其计税基础=账面价值 400 万元–未来期间计算应纳税所得额时按照税法规定可予抵扣的金额 0=400 万元。

该项负债的账面价值 400 万元与其计税基础 400 万元相同，不形成暂时性差异。

6.2.1.3 特殊交易或事项中产生资产、负债计税基础的确定

除企业在正常生产经营活动过程中取得的资产和负债以外，对于某些特殊交易中产生的资产、负债，其计税基础的确定应遵从税法规定，如企业合并过程中取得资产、负债计税基础的确定。

《企业会计准则第 20 号——企业合并》中，视参与合并各方在合并前及合并后是否为同一方或相同的多方最终控制，分为同一控制下的企业合并与非同一控制下的企业合并两种类型。对于同一控制下的企业合并，合并中取得的有关资产、负债基本上维持其原账面价值不变，合并中不产生新的资产和负债；对于非同一控制下的企业合并，合并中取得的有关资产、负债应按其在购买日的公允价值计量，企业合并成本大于合并中取得可辨认净资产公允价值的份额部分确认为商誉，企业合并成本小于合并中取得可辨认净资产公允价值的份额部分计入合并当期损益。

对于企业合并的税收处理，通常情况下，被合并企业应视为按公允价值转让、处置全部资产，计算资产的转让所得，依法缴纳所得税。合并企业接受被合并企业的有关资产，计税时可以按经评估确认的价值确定计税成本。但合并企业支付给被合并企业或其股东的收购价款中，除合并企业股权以外的现金、有价证券和其他资产（非股权支付额），不高于所支付的股权票面价值 20%的，经税务机关审核确认，当事各方可选择进行免税处理，即被合并企业不确认全部资产的转让所得或损失，不计算缴纳所得税；被合并企业的股东以其持有的原被合并企业的

股权交换合并企业的股权，不视为出售旧股，购买新股处理；免税合并中合并企业接受被合并企业全部资产的计税成本，须以被合并企业原账面价值为基础确定。

由于会计准则与税收法规对企业合并的划分标准不同，处理原则不同，某些情况下，会造成企业合并中取得的有关资产、负债的入账价值与其计税基础的差异。

6.2.2 暂时性差异

暂时性差异是指资产或负债的账面价值与其计税基础之间的差额；未作为资产和负债确认（注：但有账面价值）的项目，按照税法规定可以确定其计税基础的，该计税基础与其账面价值之间的差额也属于暂时性差异。

应予说明的是，资产负债表债务法下，仅确认暂时性差异的所得税影响，原按照利润表下纳税影响会计法核算的永久性差异，因从资产负债表角度考虑，不会产生资产、负债的账面价值与其计税基础的差异，即不形成暂时性差异，对企业在未来期间计税没有影响，不产生递延所得税。

按照暂时性差异对未来期间应税金额的影响，分为应纳税暂时性差异和可抵扣暂时性差异（见图 6-1）。

暂时性差异
- 应纳税暂时性差异：在确定未来收回资产或清偿负债期间的应纳税所得额时，将导致产生应税金额的暂时性差异
- 可抵扣暂时性差异：在确定未来收回资产或清偿负债期间的应纳税所得额时，将导致产生可抵扣金额的暂时性差异

图 6-1 暂时性差异的分类

资产的账面价值大于其计税基础或者负债的账面价值小于其计税基础的，产生应纳税暂时性差异；资产的账面价值小于其计税基础或者负债的账面价值大于其计税基础的，产生可抵扣暂时性差异。

1. 应纳税暂时性差异

应纳税暂时性差异，是指在确定未来收回资产或清偿负债期间的应纳税所得额时，将导致产生应税金额的暂时性差异。

应纳税暂时性差异通常产生于以下情况：

（1）资产的账面价值大于其计税基础。一项资产的账面价值代表的是企业在持续使用或最终出售该项资产时将取得的经济利益的总额，而计税基础代表的是一项资产在未来期间可予税前扣除的金额。资产的账面价值大于其计税基础，该项资产未来期间产生的经济利益不能全部税前抵扣，两者之间的差额需要交税，产生应纳税暂时性差异。例如，一项无形资产账面价值为 200 万元，计税基础如果为 150 万元，两者之间的差额会造成未来期间应纳税所得额和应交所得税的增加。在其产生当期，符合确认条件的情况下，应确认相关的递延所得税负债。

（2）负债的账面价值小于其计税基础。一项负债的账面价值为企业预计在未来期间清偿该项负债时的经济利益流出，而其计税基础代表的是账面价值在扣除税法规定未来期间允许税前扣除的金额之后的差额。因负债的账面价值与其计税基础不同产生的暂时性差异，本质上是税法规定就该项负债在未来期间可以税前扣除的金额（与该项负债相关的费用支出在未来期间可予税前扣除的金额）。负债的账面价值小于其计税基础，则意味着就该项负债在未来期间可以税前抵扣的金额为负数，即应在未来期间应纳税所得额的基础上调增，增加应纳税所得额和应

交所得税金额，产生应纳税暂时性差异，应确认相关的递延所得税负债。

2. 可抵扣暂时性差异

可抵扣暂时性差异，是指在确定未来收回资产或清偿负债期间的应纳税所得额时，将导致产生可抵扣金额的暂时性差异。

按照税法规定允许用以后年度所得弥补的可抵扣亏损以及可结转以后年度的税款抵减，比照可抵扣暂时性差异的原则处理。

可抵扣暂时性差异一般产生于以下情况。

（1）资产的账面价值小于其计税基础。从经济含义来看，资产在未来期间产生的经济利益少，按照税法规定允许税前扣除的金额多，则就账面价值与计税基础之间的差额，企业在未来期间可以减少应纳税所得额并减少应交所得税，符合有关条件时，应当确认相关的递延所得税资产。例如，一项资产的账面价值为 200 万元，计税基础为 260 万元，则企业在未来期间就该项资产可以在其自身取得经济利益的基础上多扣除 60 万元。从整体上来看，未来期间应纳税所得额会减少。应交所得税也会减少，形成可抵扣暂时性差异，符合确认条件时，应确认相关的递延所得税资产。

（2）负债的账面价值大于其计税基础。负债产生的暂时性差异实质上是税法规定就该项负债可以在未来期间税前扣除的金额。即：

负债产生的暂时性差异=账面价值–计税基础=账面价值–（账面价值–未来期间计税时按照税法规定可予税前扣除的金额）=未来期间计税时按照税法规定可予税前扣除的金额

一项负债的账面价值大于其计税基础，意味着未来期间按照税法规定与该项负债相关的全部或部分支出可以自未来应税经济利益中扣除，减少未来期间的应纳税所得额和应交所得税。例如，企业对将发生的产品保修费用在销售当期确认预计负债 200 万元，但税法规定有关费用支出只有在实际发生时才能够税前扣除，其计税基础为 0；企业确认预计负债的当期相关费用不允许税前扣除，但在以后期间有关费用实际发生时允许税前扣除，使得未来期间的应纳税所得额和应交所得税减少，产生可抵扣暂时性差异，符合有关确认条件时，应确认相关的递延所得税资产。

3. 特殊项目产生的暂时性差异

（1）未作为资产、负债确认的项目产生的暂时性差异。某些交易或事项发生以后，因为不符合资产、负债的确认条件而未体现为资产负债表中的资产或负债，但按照税法规定能够确定其计税基础的，其账面价值与计税基础之间的差异也构成暂时性差异。如企业在开始正常的生产经营活动以前发生的筹建等费用，会计准则规定应于发生时计入当期损益，不体现为资产负债表中的资产。按照税法规定，企业发生的该类费用可以在开始正常生产经营活动后的 5 年内分期摊销，自税前扣除。该类事项不形成资产负债表中的资产，但按照税法规定可以确定其计税基础，两者之间的差异也形成暂时性差异。

【例 6-10】 智董公司在开始正常生产经营活动之前发生了 1 000 万元的筹建费用，在发生时已计入当期损益，按照税法规定，企业在筹建期间发生的费用，允许在开始正常生产经营活动之后 5 年内分期税前扣除。

该项费用支出因按照会计准则规定在发生时已计入当期损益，不体现为资产负债表中的资产，即如果将其视为资产，其账面价值为 0。

按照税法规定，该费用可以在开始正常的生产经营活动后 5 年内分期税前扣除，假定企业在 20×6 年开始正常生产经营活动，当期税前扣除了 200 万元，其于未来期间可税前扣除的金额为 800 万元，即其在 20×6 年 12 月 31 日的计税基础为 800 万元。

该项资产的账面价值 0 与其计税基础 800 万元之间产生了 800 万元的暂时性差异，该暂时性差异在未来期间可减少企业的应纳税所得额，为可抵扣暂时性差异，符合确认条件时，应确认相关的递延所得税资产。

（2）可抵扣亏损及税款抵减产生的暂时性差异。对于按照税法规定可以结转以后年度的未弥补亏损及税款抵减，虽不是因资产、负债的账面价值与计税基础不同产生的，但本质上可抵扣亏损和税款抵减与可抵扣暂时性差异具有同样的作用，均能够减少未来期间的应纳税所得额和应交所得税，视同可抵扣暂时性差异，在符合确认条件的情况下，应确认与其相关的递延所得税资产。

【例 6-11】 智董公司于 20×6 年因政策性原因发生经营亏损 4 000 万元，按照税法规定，该亏损可用于抵减以后 5 个年度的应纳税所得额。该公司预计其于未来 5 年期间能够产生足够的应纳税所得额利用该经营亏损。

该经营亏损虽不是因比较资产、负债的账面价值与其计税基础产生的，但从其性质上来看可以减少未来期间的应纳税所得额和应交所得税，视同可抵扣暂时性差异。在企业预计未来期间能够产生足够的应纳税所得额利用该可抵扣亏损时，应确认相关的递延所得税资产。

6.3 递延所得税资产（负债）的确认和计量

资产、负债的账面价值与其计税基础存在差异的，应当按照《企业会计准则第 18 号——所得税》规定确认所产生的递延所得税资产或递延所得税负债。

6.3.1 所得税资产（负债）

企业应当将当期和以前期间应交未交的所得税确认为负债，将已支付的所得税超过应支付的部分确认为资产。

存在应纳税暂时性差异或可抵扣暂时性差异的，应当按照《企业会计准则第 18 号——所得税》规定确认递延所得税负债或递延所得税资产。

资产和负债的确认，意味着报告企业预期将收回或清偿该项资产或负债的账面金额。如果账面金额的收回或清偿很可能使未来税款支付额大于（小于）没有纳税后果的收回或清偿数额，IAS 12 要求，除了少数例外，企业应确认一项递延所得税负债（递延所得税资产）。可见，IAS 12 规定采用资产负债表债务法的一个主要出发点就是要真实、公允地反映企业资产和负债未来将为企业带来的实际的现金流。

所得税资产和所得税负债分别如图 6-2 和图 6-3 所示。

所得税资产
- 当期所得税资产：已支付的所得税——应支付的所得税
- 递延所得税资产

图 6-2 所得税资产

- 所得税负债
  - 当期所得税负债
    - 当期应交未交的所得税
    - 以前期间应交未交的所得税
  - 递延所得税负债

图 6-3 所得税负债

6.3.2 递延所得税负债

递延所得税负债是指根据应税暂时性差异计算的未来期间应付所得税金额。

1. 递延所得税负债的形成

递延所得税资产/负债的形成如表 6-1 所示。

表 6-1 递延所得税资产/负债的形成

账面价值/计税基础	暂时性差异	递延所得税资产/负债
资产的账面价值>其计税基础 负债的账面价值<其计税基础	应纳税暂时性差异	递延所得税负债是指根据应税暂时性差异计算的未来期间应付所得税金额
资产的账面价值<其计税基础 负债的账面价值>其计税基础	可抵扣暂时性差异	递延所得税资产，指根据以下各项计算的未来期间可收回的所得税金额：可抵扣暂时性差异；未利用的可抵扣亏损结转后期；未利用的税款抵减结转后期

确认应纳税暂时性差异产生的递延所得税负债时，交易或事项发生时影响到会计利润或应纳税所得额的，相关的所得税影响应作为利润表中所得税费用的组成部分；与直接计入所有者权益的交易或事项相关的，其所得税影响应减少所有者权益；与企业合并中取得资产、负债相关的，递延所得税影响应调整购买日应确认的商誉或是计入合并当期损益的金额。

2. 递延所得税负债的确认

除下列交易中产生的递延所得税负债以外，企业应当确认所有应纳税暂时性差异产生的递延所得税负债。

（1）商誉的初始确认。

（2）同时具有下列特征的交易中产生的资产或负债的初始确认：

① 该项交易不是企业合并。

② 交易发生时既不影响会计利润也不影响应纳税所得额（或可抵扣亏损）。

企业对与子公司、联营企业及合营企业投资相关的应纳税暂时性差异，应当确认相应的递延所得税负债。但是，同时满足下列条件的除外。

① 投资企业能够控制暂时性差异转回的时间。

② 该暂时性差异在可预见的未来很可能不会转回。

递延所得税负债如图 6-4 所示。

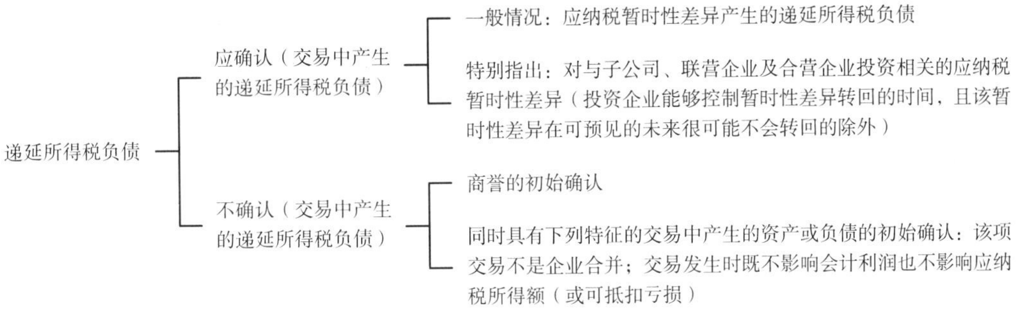

图 6-4　递延所得税负债

企业在确认因应纳税暂时性差异产生的递延所得税负债时，应遵循以下原则。

（1）除《企业会计准则第 18 号——所得税》中明确规定可不确认递延所得税负债的情况以外，企业对于所有的应纳税暂时性差异均应确认相关的递延所得税负债。

基于谨慎性原则，为了充分反映交易或事项发生后，对未来期间的计税影响，除特殊情况可不确认相关的递延所得税负债外，企业应尽可能地确认与应纳税暂时性差异相关的递延所得税负债。

【例 6-12】　沿用例 6-3。假定智董公司 20×6 年除该交易性金融资产外，当期发生的交易和事项不存在其他会计与税收的差异。

20×6 年资产负债表日，该项交易性金融资产的账面价值 1 760 万元与其计税基础 1 600 万元之间产生 160 万元应纳税暂时性差异，智董公司应确认相关的递延所得税负债。

（2）不确认递延所得税负债的特殊情况。有些情况下，虽然资产、负债的账面价值与其计税基础不同，产生了应纳税暂时性差异，但出于各方面考虑，《企业会计准则第 18 号——所得税》中规定不确认相应的递延所得税负债。

① 商誉的初始确认。非同一控制下的企业合并中，企业合并成本大于合并中取得的被购买方可辨认净资产公允价值份额的差额，按照会计准则规定应确认为商誉。因会计与税收的划分标准不同，按照税收法规规定作为免税合并的情况下，计税时不认可商誉的价值，即从税法角度，商誉的计税基础为 0，两者之间的差额形成应纳税暂时性差异。对于商誉的账面价值与其计税基础不同产生的该应纳税暂时性差异，准则中规定不确认与其相关的递延所得税负债，原因在于：一是确认该部分暂时性差异产生的递延所得税负债，则意味着购买方在企业合并中获得的可辨认净资产的价值量下降，企业应增加商誉的价值，商誉的账面价值增加以后，可能很快就要计提减值准备，同时其账面价值的增加还会进一步产生应纳税暂时性差异，使得递延所得税负债和商誉价值量的变化不断循环。二是商誉本身即是企业合并成本在取得的被购买方可辨认资产、负债之间进行分配后的剩余价值，确认递延所得税负债进一步增加其账面价值会影响到会计信息的可靠性。

【例 6-13】　智董公司以增发市场价值为 6 000 万元的自身普通股为对价购入贵琛公司 100%的净资产，对贵琛公司进行非同一控制下的吸收合并。假定该项合并符合税法规定的免税合并条件，购买日贵琛公司各项可辨认资产、负债的公允价值及其计税基础如表 6-2 所示。

表 6-2　贵琛公司各项可辨认资产、负债的公允价值及其计税基础　单位：万元

项　目	公允价值	计税基础	暂时性差异
固定资产	2 700	1 550	1 150
应收账款	2 100	2 100	—
存货	1 740	1 240	500
其他应付款	（300）	0	（300）
应付账款	（1 200）	（1 200）	0
合　计	5 040	3 690	1 350

假设本例中企业适用的所得税税率为 33%，该项交易中应确认递延所得税负债及商誉的金额计算如下：

可辨认净资产公允价值	5 040
递延所得税资产（300×33%）	99
递延所得税负债（1 650×33%）	544.50
考虑递延所得税后可辨认资产、负债的公允价值	4 594.50
商誉	1 405.50
企业合并成本	6 000

因该项合并符合税法规定的免税合并条件，如果当事各方选择进行免税处理，则作为购买方其在免税合并中取得的被购买方有关资产、负债应维持其原计税基础不变。被购买方原账面上未确认商誉，即商誉的计税基础为 0。

该项合并中所确认的商誉金额 1 405.50 万元与其计税基础 0 之间产生的应纳税暂时性差异，按照准则中规定，不再进一步确认相关的所得税影响。

② 除企业合并以外的其他交易或事项中，如果该项交易或事项发生时既不影响会计利润，也不影响应纳税所得额，则所产生的资产、负债的初始确认金额与其计税基础不同，形成应纳税暂时性差异的，交易或事项发生时不确认相应的递延所得税负债。

该规定主要是考虑到由于交易发生时既不影响会计利润，也不影响应纳税所得额，确认递延所得税负债的直接结果是增加有关资产的账面价值或是降低所确认负债的账面价值，使得资产、负债在初始确认时违背历史成本原则，影响会计信息的可靠性。

该类交易或事项在我国企业实务中并不多见，一般情况下有关资产、负债的初始确认金额均会为税法所认可，不会产生两者之间的差异。

③ 与子公司、联营企业、合营企业投资等相关的应纳税暂时性差异，一般应确认相关的递延所得税负债，但同时满足以下两个条件的除外：一是投资企业能够控制暂时性差异转回的时间；二是该暂时性差异在可预见的未来很可能不会转回。

满足上述条件时，投资企业可以运用自身的影响力决定暂时性差异的转回，如果不希望其转回，则在可预见的未来该项暂时性差异即不会转回，从而对未来期间不会产生所得税影响，无须确认相应的递延所得税负债。

企业在运用上述条件不确认与联营企业、合营企业等投资相关的递延所得税负债时，应有明确的证据表明其能够控制有关暂时性差异转回的时间。一般情况下，企业对联营企业的生产经营决策仅能够实施重大影响，并不能够主导被投资单位包括利润分配政策在内的主要生产经营决策的制定，满足《企业会计准则第 18 号——所得税》规定的能够控制暂时性差异转回时

间的条件一般是通过与其他投资者签订协议等，达到能够控制被投资单位利润分配政策等情况下。

【例 6-14】 智董公司持有贵琛公司 30%的股权，因能够参与贵琛公司的生产经营决策，对该项投资采用权益法核算。购入投资时，实际支付价款 2 000 万元，取得投资当年年末，贵琛公司实现净利润 600 万元，假定不考虑相关的调整因素，智董公司按其持股比例计算应享有 180 万元。假设智董公司适用的所得税税率为 33%，贵琛公司适用的所得税税率为 15%。贵琛公司在会计期末未制定任何利润分配方案，除该事项外，不存在其他会计与税收的差异。递延所得税资产及负债均不存在期初余额。

① 按照权益法的核算原则，取得投资当年年末，智董公司长期股权投资账面价值增加 180 万元，确认投资收益 180 万元。税法规定长期股权投资的计税基础在持有期间不变，产生应纳税暂时性差异 180 万元。智董公司应按适用税率的差额确认相应的递延所得税负债 38.1176 万元（600÷85%×30%×18%）。

借：所得税费用　　381 176

　贷：递延所得税负债　　381 176

② 如果智董公司取得贵琛公司股权的目的并非为从贵琛公司分得利润，而是希望从贵琛公司持续得到原材料供应，同时与其他投资者签订协议，在被投资单位制定利润分配方案时作相同的意思表示，控制被投资单位利润分配的时间，从各方的协议情况看，不希望被投资单位在可预见的未来进行利润分配。因符合不确认递延所得税负债的条件，对该部分 180 万元的应纳税暂时性差异不确认相关的递延所得税负债。

3．递延所得税负债的计量

递延所得税资产和递延所得税负债的计量，应当反映资产负债表日企业预期收回资产或清偿负债方式的所得税影响，即在计量递延所得税资产和递延所得税负债时，应当采用与收回资产或清偿债务的预期方式相一致的税率和计税基础。

企业不应当对递延所得税资产和递延所得税负债进行折现。

（1）《企业会计准则第 18 号——所得税》规定，资产负债表日，对于递延所得税负债，应当根据适用税法规定，按照预期清偿该负债期间的适用税率计量。即递延所得税负债应以相关应纳税暂时性差异转回期间按照税法规定适用的所得税税率计量。

在我国，除享受优惠政策的情况以外，企业适用的所得税税率在不同年度之间一般不会发生变化，企业在确认递延所得税负债时，可以现行适用税率为基础计算确定。对于享受优惠政策的企业，如经国家批准的经济技术开发区内的企业，享受一定期间的税率优惠，则所产生的暂时性差异应以预计其转回期间的适用所得税税率为基础计量。

（2）无论应纳税暂时性差异的转回期间如何，准则中规定递延所得税负债不要求折现。对递延所得税负债进行折现，企业需要对相关的应纳税暂时性差异进行详细的分析，确定其具体的转回时间表，并在此基础上，按照一定的利率折现后确定递延所得税负债的金额。实务中，要求企业进行类似的分析工作量较大、包含的主观判断因素较多，且很多情况下无法合理确定暂时性差异的具体转回时间，准则中规定递延所得税负债不予折现。

4．转回

递延所得税负债和递延所得税资产确认后，相关的应纳税暂时性差异或可抵扣暂时性差异于以后期间转回的，应当调整原已确认的递延所得税资产、递延所得税负债以及相应的递延所得税费用。

6.3.3 递延所得税资产

1. 递延所得税资产的形成

递延所得税资产是指根据以下各项计算的未来期间可收回的所得税金额：

（1）可抵扣暂时性差异。

（2）未利用的可抵扣亏损结转后期。

（3）未利用的税款抵减结转后期。

2. 递延所得税资产的确认

企业应当以很可能取得用来抵扣可抵扣暂时性差异的应纳税所得额为限，确认由可抵扣暂时性差异产生的递延所得税资产。但是，同时具有下列特征的交易中因资产或负债的初始确认所产生的递延所得税资产不予确认：

- 该项交易不是企业合并。
- 交易发生时既不影响会计利润也不影响应纳税所得额（或可抵扣亏损）。

资产负债表日，有确凿证据表明未来期间很可能获得足够的应纳税所得额用来抵扣可抵扣暂时性差异的，应当确认以前期间未确认的递延所得税资产。

企业对与子公司、联营企业及合营企业投资相关的可抵扣暂时性差异，同时满足下列条件的，应当确认相应的递延所得税资产：

- 暂时性差异在可预见的未来很可能转回。
- 未来很可能获得用来抵扣可抵扣暂时性差异的应纳税所得额。

企业对于能够结转以后年度的可抵扣亏损和税款抵减，应当以很可能获得用来抵扣可抵扣亏损和税款抵减的未来应纳税所得额为限，确认相应的递延所得税资产。

递延所得税资产如图 6-5 所示。

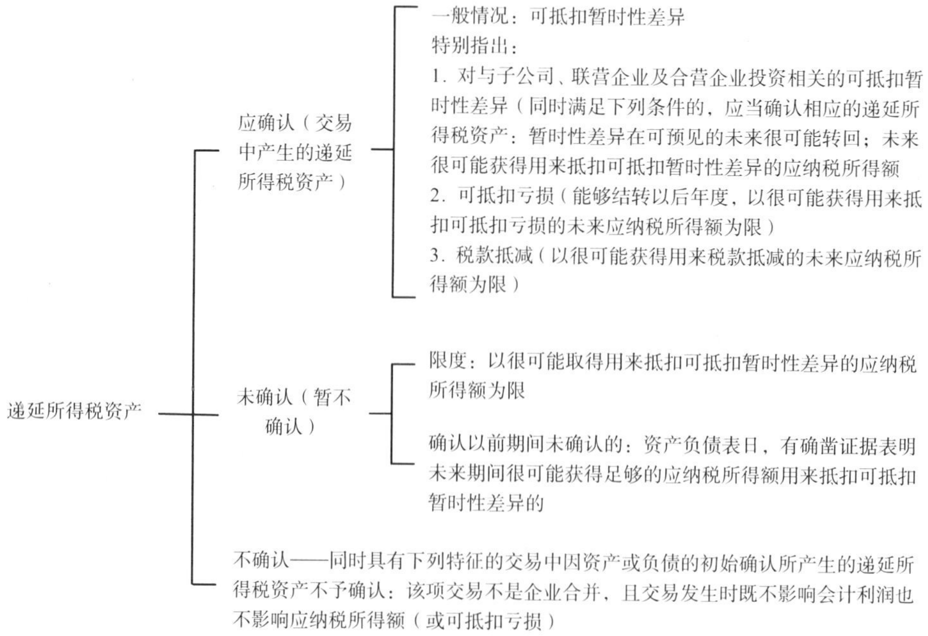

图 6-5 递延所得税资产

准则应用指南指出：确认由可抵扣暂时性差异产生的递延所得税资产，应当以未来期间很可能取得用以抵扣可抵扣暂时性差异的应纳税所得额为限。企业在确定未来期间很可能取得的应纳税所得额时，应当包括未来期间正常生产经营活动实现的应纳税所得额，以及在可抵扣暂时性差异转回期间因应纳税暂时性差异的转回而增加的应纳税所得额，并应提供相关的证据。

（1）确认的一般原则。递延所得税资产产生于可抵扣暂时性差异。资产、负债的账面价值与其计税基础不同产生可抵扣暂时性差异的，在估计未来期间能够取得足够的应纳税所得额用以利用该可抵扣暂时性差异时，应当以很可能取得用来抵扣可抵扣暂时性差异的应纳税所得额为限，确认相关的递延所得税资产。

同递延所得税负债的确认相同，有关交易或事项发生时，对税前会计利润或是应纳税所得额产生影响的，所确认的递延所得税资产应作为利润表中所得税费用的调整；有关的可抵扣暂时性差异产生于直接计入所有者权益的交易或事项的，确认的递延所得税资产也应计入所有者权益；企业合并中取得的有关资产、负债产生的可抵扣暂时性差异，其所得税影响应相应调整合并中确认的商誉或是应计入合并当期损益的金额。

确认递延所得税资产时，应关注以下问题。

1）递延所得税资产的确认应以未来期间很可能取得的用来抵扣可抵扣暂时性差异的应纳税所得额为限。

在可抵扣暂时性差异转回的未来期间内，企业无法产生足够的应纳税所得额用以利用可抵扣暂时性差异的影响，使得与可抵扣暂时性差异相关的经济利益无法实现的，则不应确认递延所得税资产；企业有明确的证据表明其于可抵扣暂时性差异转回的未来期间能够产生足够的应纳税所得额，进而利用可抵扣暂时性差异的，则应以很可能取得的应纳税所得额为限，确认相关的递延所得税资产。

在判断企业于可抵扣暂时性差异转回的未来期间是否能够产生足够的应纳税所得额时，应考虑两个方面的影响。

① 通过正常的生产经营活动能够实现的应纳税所得额，如企业通过销售商品、提供劳务等所实现的收入，扣除有关的成本费用等支出后的金额。该部分情况的预测应当以经企业管理层批准的最近财务预算或预测数据以及该预算或者预测期之后年份稳定的或者递减的增长率为基础。

② 以前期间产生的应纳税暂时性差异在未来期间转回时将增加的应纳税所得额。

考虑到可抵扣暂时性差异转回的期间内可能取得应纳税所得额的限制，因无法取得足够的应纳税所得额而未确认相关的递延所得税资产的，应在会计报表附注中进行披露。

2）对与子公司、联营企业、合营企业的投资相关的可抵扣暂时性差异，同时满足下列条件的，应当确认相关的递延所得税资产。

① 暂时性差异在可预见的未来很可能转回。

② 未来很可能获得用来抵扣可抵扣暂时性差异的应纳税所得额。

对联营企业和合营企业等的投资产生的可抵扣暂时性差异，主要产生于权益法下被投资单位发生亏损时，投资企业按照持股比例确认应予承担的部分相应减少长期股权投资的账面价值，但税法规定长期股权投资的成本在持有期间不发生变化，造成长期股权投资的账面价值小于其计税基础，产生可抵扣暂时性差异。可抵扣暂时性差异还产生于对长期股权投资计提减值准备的情况下。

3）对于按照税法规定可以结转以后年度的未弥补亏损（可抵扣亏损）和税款抵减，应视同可抵扣暂时性差异处理。

在预计可利用可弥补亏损或税款抵减的未来期间内很可能取得足够的应纳税所得额时，应当以很可能取得的应纳税所得额为限，确认相应的递延所得税资产，同时减少确认当期的所得税费用。

应予说明的是，可抵扣亏损是指企业按照税法规定计算确定准予用以后年度的应纳税所得弥补的亏损。在确定可抵扣亏损时，一般应以适当方式与税务部门沟通，取得税务部门的认可。与可抵扣亏损和税款抵减相关的递延所得税资产，其确认条件与其他可抵扣暂时性差异产生的递延所得税资产相同，在估计未来期间是否能够产生足够的应纳税所得额用以利用该部分可抵扣亏损或税款抵减时，应考虑以下相关因素的影响。

① 在可抵扣亏损到期前，企业是否会因以前期间产生的应纳税暂时性差异转回而产生足够的应纳税所得额。

② 在可抵扣亏损到期前，企业是否可能通过正常的生产经营活动产生足够的应纳税所得额。

③ 可抵扣亏损是否产生于一些在未来期间不可能重复发生的特殊原因。

④ 是否存在其他的证据表明在可抵扣亏损到期前能够取得足够的应纳税所得额。

企业在确认与可抵扣亏损和税款抵减相关的递延所得税资产时，应当在会计报表附注中说明在可抵扣亏损和税款抵减到期前，企业能够产生足够的应纳税所得额的估计基础。

（2）不确认递延所得税资产的特殊情况。某些情况下，如果企业发生的某项交易或事项不属于企业合并，并且交易发生时既不影响会计利润也不影响应纳税所得额，且该项交易中产生的资产、负债的初始确认金额与其计税基础不同，产生可抵扣暂时性差异的，《企业会计准则第 18 号——所得税》中规定在交易或事项发生时不确认相关的递延所得税资产。其原因同该种情况下不确认递延所得税负债相同，如果确认递延所得税资产，则需调整资产、负债的入账价值，对实际成本进行调整将有违会计核算中的历史成本原则，影响会计信息的可靠性。

【例 6-15】 智董公司当期以融资租赁方式租入一项固定资产，该项固定资产在租赁日的公允价值为 4 000 万元，最低租赁付款额的现值为 3 920 万元。租赁合同中约定，租赁期内总的付款额为 4 400 万元。假定不考虑在租入资产过程中发生的相关费用。

《企业会计准则第 21 号——租赁》中规定，承租人应当将租赁开始日租赁资产的公允价值与最低租赁付款额现值两者中较低者作为租入资产的入账价值，即智董公司该融资租入固定资产的入账价值应为 3 920 万元。税法规定融资租入资产应当按照租赁合同或协议约定的付款额以及在取得租赁资产过程中支付的有关费用作为其计税成本，即其计税成本应为 4 400 万元。

租入资产的入账价值 3 920 万元与其计税基础 4 400 万元之间的差额，在取得资产时既不影响会计利润，也不影响应纳税所得额，如果确认相应的所得税影响，直接结果是减记资产的初始计量金额，《企业会计准则第 18 号——所得税》中规定该种情况下不确认相应的递延所得税资产。

3. 递延所得税资产的计量

递延所得税资产和递延所得税负债的计量，应当反映资产负债表日企业预期收回资产或清偿负债方式的所得税影响，即在计量递延所得税资产和递延所得税负债时，应当采用与收回资产或清偿债务的预期方式相一致的税率和计税基础。

企业不应当对递延所得税资产和递延所得税负债进行折现。

（1）适用税率的确定。同递延所得税负债的计量原则相一致，确认递延所得税资产时，应当以预期收回该资产期间的适用所得税税率为基础计算确定。

另外，无论相关的可抵扣暂时性差异转回期间如何，递延所得税资产均不要求折现。

（2）递延所得税资产的减值。《企业会计准则第 18 号——所得税》规定，资产负债表日，企业应当对递延所得税资产的账面价值进行复核。如果未来期间很可能无法取得足够的应纳税所得额用以利用可抵扣暂时性差异带来的经济利益，应当减记递延所得税资产的账面价值。

同其他资产的确认和计量原则相一致，递延所得税资产的账面价值应当代表其为企业带来未来经济利益的能力。企业在确认了递延所得税资产以后，因各方面情况变化，导致按照新的情况估计，在有关可抵扣暂时性差异转回的期间内，无法产生足够的应纳税所得额用以利用可抵扣暂时性差异，使得与递延所得税资产相关的经济利益无法全部实现的，对于预期无法实现的部分，应当减记递延所得税资产的账面价值。除原确认时记入所有者权益的递延所得税资产，其减记金额亦应记入所有者权益外，其他的情况应增加减记当期的所得税费用。

因无法取得足够的应纳税所得额利用可抵扣暂时性差异而减记递延所得税资产账面价值的，继后期间根据新的环境和情况判断能够产生足够的应纳税所得额利用可抵扣暂时性差异，使得递延所得税资产包含的经济利益能够实现的，应相应恢复递延所得税资产的账面价值。

另外，应当说明的是，无论是递延所得税资产还是递延所得税负债的计量，均应考虑资产负债表日企业预期收回资产或清偿负债方式的所得税影响，在计量递延所得税资产和递延所得税负债时，应当采用与收回资产或清偿债务的预期方式相一致的税率和计税基础。

4．转回

递延所得税负债和递延所得税资产确认后，相关的应纳税暂时性差异或可抵扣暂时性差异于以后期间转回的，应当调整原已确认的递延所得税资产、递延所得税负债以及相应的递延所得税费用。

5．复核、减值

资产负债表日，企业应当对递延所得税资产的账面价值进行复核。如果未来期间很可能无法获得足够的应纳税所得额用以抵扣递延所得税资产的利益，应当减记递延所得税资产的账面价值。

在很可能获得足够的应纳税所得额时，减记的金额应当转回。

递延所得税资产减值如图 6-6 所示。

递延所得税资产减值
- 减记（账面价值）：如果未来期间很可能无法获得足够的应纳税所得额用以抵扣递延所得税资产的利益，应进行减记
- 转回：在很可能获得足够的应纳税所得额时，减记的金额应当转回

图 6-6　递延所得税资产减值

6.3.4　适用税率变化对已确认递延所得税资产和递延所得税负债的影响

资产负债表日，对于当期和以前期间形成的当期所得税负债（或资产），应当按照税法规定计算的预期应缴纳（或返还）的所得税金额计量。

资产负债表日，对于递延所得税资产和递延所得税负债，应当根据税法规定，按照预期收回该资产或清偿该负债期间的适用税率计量。

适用税率发生变化的，应对已确认的递延所得税资产和递延所得税负债进行重新计量，除直接在所有者权益中确认的交易或者事项产生的递延所得税资产和递延所得税负债以外，应当将其影响数计入变化当期的所得税费用。

因适用税收法规的变化，导致企业在某一会计期间适用的所得税税率发生变化的，企业应对已确认的递延所得税资产和递延所得税负债按照新的税率进行重新计量。

递延所得税资产和递延所得税负债的金额代表的是有关可抵扣暂时性差异或应纳税暂时性差异于未来期间转回时，导致应交所得税金额的减少或增加的情况。因国家税收法律法规等的变化导致适用税率变化的，必然导致应纳税暂时性差异或可抵扣暂时性差异在未来期间转回时产生应交所得税金额的变化，在适用税率变动的情况下，应对原已确认的递延所得税资产及递延所得税负债的金额进行调整，反映税率变化带来的影响。

除直接计入所有者权益的交易或事项产生的递延所得税资产及递延所得税负债，相关的调整金额应计入所有者权益以外，其他情况下产生的递延所得税资产及递延所得税负债的调整金额应确认为变化当期的所得税费用（或收益）。

适用税率发生变化（影响数）如图 6-7 所示。

适用税率发生变化（影响数）
- 计入变化当期的所得税费用
- 直接在所有者权益中确认

图 6-7　适用税率发生变化（影响数）

【例 6-16】　可抵扣暂时性差异引起的递延所得税资产。智董公司 20×0 年 12 月 31 日取得设备一项，账面价值包括买价、运杂费、保险费等为 90 万元。智董公司该台设备的账面价值和计税基础均为 90 万元，为简化分析，忽略期末残值。假设智董公司会计制度规定，按直线法折旧：会计折旧年限为 5 年，税法折旧年限为 6 年。20×1—20×6 年，各年均实现会计利润 100 万元（考虑会计折旧后），20×1—20×4 年，企业适用所得税税率为 33%，20×5 年改为 25%。假设除折旧外税法与会计不存在其他差异，且折旧会影响当期损益。

有关会计处理如下：

（1）20×1 年。

会计年折旧额=90÷5=18（万元）

税法年折旧额=90÷6=15（万元）

20×1 年年末固定资产（净值）账面价值与计税基础之差产生的递延所得税资产=（75–72）×33%=0.99（万元）

20×1 年期间所得税费用=100×33%=33（万元）

20×1 年期间应交所得税=（100+3）×33%=33.99（万元）

借：所得税费用　　33

　　递延所得税资产　　0.99

　贷：应交税费——应交所得税　　33.99

（2）20×2—20×4 年的会计处理同上。

（3）20×5 年。

1）按新所得税税率进行账务处理。

借：所得税费用　　25

　　递延所得税资产　　0.75

　贷：应交税费——应交所得税　　25.75

2）适用税率变化。适用税率发生变化的，应对已确认的递延所得税资产和递延所得税负债进行重新计量，除直接在所有者权益中确认的交易或者事项产生的递延所得税资产和递延所得税负债以外，应当将其影响数计入变化当期的所得税费用。

递延所得税资产和递延所得税负债的计量，应当反映资产负债表日企业预期收回资产或清偿负债方式的所得税影响，即在计量递延所得税资产和递延所得税负债时，应当采用与收回资产或清偿债务的预期方式相一致的税率和计税基础。

所得税税率改为 25%的会计处理，调整 20×1—20×4 年递延所得税资产：

递延所得税资产调整额=0.99×4÷33%×（25%–33%）=–0.96（万元）

借：所得税费用 0.96

　贷：递延所得税资产 0.96

（4）20×6 年税法规定不再计提折旧，递延所得税资产转回。

借：所得税费用 25

　贷：递延所得税资产（15×25%） 3.75

　　应交税费——应交所得税［（100–15）×25%］ 21.25

计算过程如表 6-3 和表 6-4 所示。

表 6-3 收入费用观 单位：万元

项目 \ 年度	20×1	20×2	20×3	20×4	20×5	20×6
（会计）可提折旧①	18	18	18	18	18	0
（税务）允提折旧②	15	15	15	15	15	15
折旧后（会计）利润总额③	100	100	100	100	100	100
折旧后（税务）应纳税所得额④	（100+3）103	（100+3）103	（100+3）103	（100+3）103	（100+3）103	（100–15）85
税率⑤	33%	33%	33%	33%	25%	25%
差额（时间性差异）⑥=①–②或④–③	3	3	3	3	3	–15
（会计）所得税费用⑦=③×⑤	33	33	33	33	25.96	25
（税务）应交所得税⑧=④×⑤	33.99	33.99	33.99	33.99	25.75	21.25
递延税款（发生额）⑨=⑧–⑦	0.99	0.99	0.99	0.99	–0.21	–3.75

表 6-4 资产负债表债务法 单位：万元

项目	20×0 年12月31日	20×1 年12月31日	20×2 年12月31日	20×3 年12月31日	20×4 年12月31日	20×5 年12月31日	20×6 年12月31日
账面价值①	90	72	54	36	18	0	0
计税基础②	90	75	60	45	30	15	0
差额（可抵扣暂时性差异）③=②–①	0	3	6	9	12	15	0
税率④	33%	33%	33%	33%	33%	25%	25%
递延所得税资产时点值（余额数）⑤=③×④	0	0.99	1.98	2.97	3.96	3.75	0
年度	—	20×1	20×2	20×3	20×4	20×5	20×6
各年度递延所得税资产发生额	0	0.99	0.99	0.99	0.99	–0.21	–3.75

续表

项　目		20×0年12月31日	20×1年12月31日	20×2年12月31日	20×3年12月31日	20×4年12月31日	20×5年12月31日	20×6年12月31日
差异分录	借：递延所得税资产 贷：所得税费用	—	0.99 0.99	0.99 0.99	0.99 0.99	0.99 0.99	0.75 0.75 –0.96 –0.96	–3.75 –3.75
无差异分录	借：所得税费用 贷：应交税费	—	33.99 33.99	33.99 33.99	33.99 33.99	33.99 33.99	25.75 25.75	21.25 21.25
综合分录	借：所得税费用 递延所得税资产 贷：应交税费	—	33 0.99 33.99	33 0.99 33.99	33 0.99 33.99	33 0.99 33.99	25.96 –0.21 25.75	25 –3.75 21.25

本例中会计科目涉及金额用T形图表示，如图6-8所示。

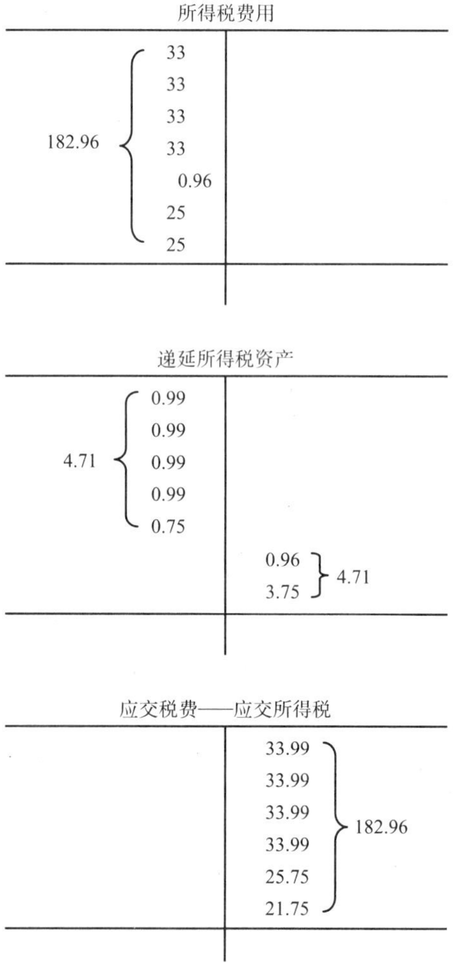

图6-8　会计科目涉及金额（单位：万元）

【例 6-17】 应纳税暂时性差异引起的递延所得税负债智董公司 20×0 年 12 月 31 日以 10 000 万元买入一台机器，若会计规定按 5 年用直线法折旧，而税法要求按 4 年用直线法折旧。为分析方便，不考虑残值。假设各年折旧的全额均影响当年损益；除了折旧外，其他方面会计与税法不存在差异。设 20×1—20×2 年企业所得税税率为 40%，20×3 年起改为 30%。请用资产负债表法进行所得税会计处理。

计算过程如表 6-5 和表 6-6 所示。

表 6-5 收入费用观 单位：万元

项目 \ 年度	20×1	20×2	20×3	20×4	20×5	合 计
① 折旧前（会计）利润	8 000	8 000	8 000	8 000	8 000	40 000
② 折旧前（税务）应纳税所得额	8 000	8 000	8 000	8 000	8 000	40 000
③（会计）可提折旧	2 000	2 000	2 000	2 000	2 000	10 000
④（税务）允提折旧	2 500	2 500	2 500	2 500	0	10 000
⑤（会计）利润总额（⑤=①–③）	6 000	6 000	6 000	6 000	6 000	30 000
⑥（税务）应纳税所得额（⑥=②–④）	5 500	5 500	5 500	5 500	8 000	30 000
⑦ 差额（时间性差异 ⑦=⑤–⑥）	500	500	500	500	–2 000	0
⑧ 税率	40%	40%	30%	30%	30%	—
⑨（会计）所得税费用（⑨=⑤×⑧）	2 400	2 400	1 700	1 800	1 800	10 100
⑩ （税务）应交所得税（⑩=⑥×⑧）	2 200	2 200	1 650	1 650	2 400	10 100
⑪递延税款（⑪=⑨–⑩）	200	200	50	150	–600	0

表 6-6 资产负债表债务法

项 目	20×0 年 12 月 31 日	20×1 年 12 月 31 日	20×2 年 12 月 31 日	20×3 年 12 月 31 日	20×4 年 12 月 31 日	20×5年12 月 31 日
账面价值	10 000	8 000	6 000	4 000	2 000	0
计税基础	10 000	7 500	5 000	2 500	0	0
差额（应纳税暂时性差异）	0	500	1 000	1 500	2 000	0
原始计量						
年度	—	20×1	20×2	20×3	20×4	20×5
税率	40%	40%	40%	30%	30%	30%
递延所得税负债时点值（余额数）	0	200	400**	450 –100	600	0
各年度递延所得税负债发生额	0	200	200	150	150	–600
重新计量						
年度	—	20×1	20×2			
税率	30%	30%	30%			
递延所得税负债时点值（余额数）	0	150	300*			
递延所得税负债（各年度递延所得税负债发生额）	0	150	150			
会计分录						

续表

项目		20×0年12月31日	20×1年12月31日	20×2年12月31日	20×3年12月31日	20×4年12月31日	20×5年12月31日
差异分录	借：所得税费用 贷：递延所得税负债	—	200 200	200 200	150 150 -100 -100	150 150	-600 -600
无差异分录	借：所得税费用 贷：应交税费	—	2 200 2 200	2 200 2 200	1 650 1 650	1 650 1 650	2 400 2 400
综合分录	借：所得税费用 贷：应交税费 递延所得税负债 借：所得税费用 贷：递延所得税负债	—	2 400 2 200 200	2 400 2 200 200	1 800 1 650 150 -100 -100	1 800 1 650 150	1 800 2 400 -600

本例中会计科目涉及金额用T形图表示，如图6-9所示。

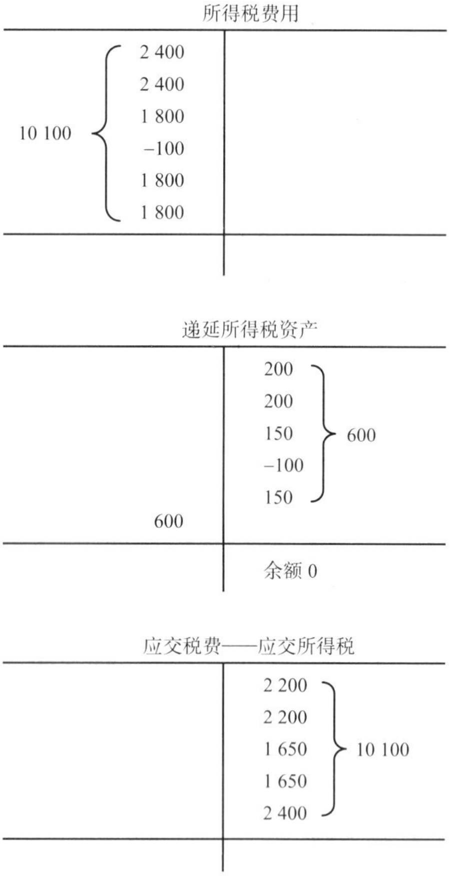

图6-9　会计科目涉及金额（单位：万元）

注：适用税率发生变化的，应对已确认的递延所得税资产和递延所得税负债进行重新计量，除直接在所有者权益中确认的交易或者事项产生的递延所得税资产和递延所得税负债以外，应当将其影响数计入变化当期的所得税费用。

20×3 年期初递延所得税负债，本来就是 20×2 年期末递延所得税负债，但是，20×3 年适用税率发生变化，应对已确认的递延所得税负债（共 400 万元，其中 20×1 年 200 万元，20×2 年 200 万元）进行重新计量，除直接在所有者权益中确认的交易或者事项产生的递延所得税负债外，应当将其影响数 100 万元［（6 000−5 500）×2×（30%−40%）］计入变化当期（20×3 年）的所得税费用。

会计分录：

借：所得税费用　　−100

　贷：递延所得税负债　　−100

但从资产负债观来理解，实际上以上应这样算：

A：递延所得税负债的重新计量：金额为 300 万元（见表 6-6 中*）

B：递延所得税负债的原始计量：金额为 400 万元（见表 6-6 中**）

A−B=300−400=−100（万元）

［可以这样理解（站在会计角度）：现在少交 400 万元，今后转回时只要多交 300 万元了，因此递延（所得税）负债减少了 100 万元。］

所以，20×3 年期初递延所得税负债应为 400−100=300（万元）

20×3 年除因适用税率发生变化而重新计量外，递延所得税负债的发生额。

借：所得税费用　　150

　贷：递延所得税负债［（1 500−1 000）×30%］　　150

6.4　所得税费用的确认和计量

企业核算所得税，主要是为确定当期应交所得税以及利润表中应确认的所得税费用。按照资产负债表债务法核算所得税的情况下，利润表中的所得税费用由两个部分组成：当期所得税和递延所得税。

企业在计算确定当期所得税费用（当期应交所得税）以及递延所得税费用（或收益）的基础上，应将两者之和确认为利润表中的所得税费用（或收益）。即：

所得税费用（或收益）=当期所得税费用+递延所得税费用（−递延所得税收益）

所得税的计入如图 6-10 所示。

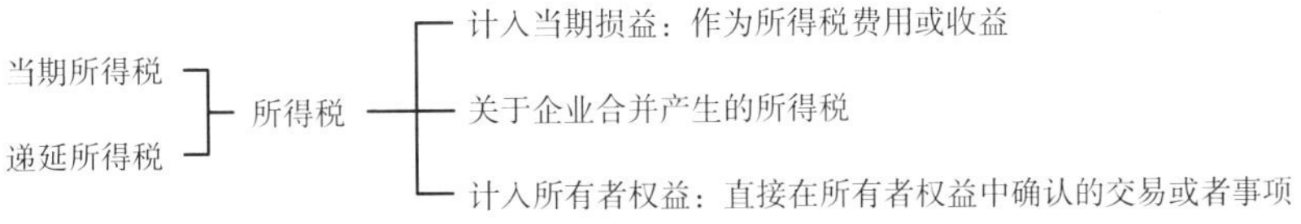

图 6-10　所得税的计入

《企业会计准则第 18 号——所得税》规定，企业当期所得税和递延所得税应当作为所得税费用或收益计入当期损益，但不包括下列情况产生的所得税：企业合并，直接在所有者权益中确认的交易或者事项。与直接计入所有者权益的交易或者事项相关的当期所得税和递延所得税，应当计入所有者权益。

6.4.1　当期所得税

当期所得税是指企业按照税法规定计算确定的针对当期发生的交易和事项，应缴纳给税务部门的所得税金额，即应交所得税，当期所得税应以适用的税收法规为基础计算确定。

企业在确定当期所得税时，对于当期发生的交易或事项，会计处理与税收处理不同的，应在会计利润的基础上，按照适用税收法规的规定进行调整，计算出当期应纳税所得额，按照应纳税所得额与适用所得税税率计算确定当期应交所得税。一般情况下，应纳税所得额可在会计利润的基础上，考虑会计与税收之间的差异，按照以下公式计算确定：

应纳税所得额=会计利润+按照会计准则规定计入利润表但计税时不允许税前扣除的费用+（/–）计入利润表的费用与按照税法规定可予税前抵扣的费用金额之间的差额+（/–）计入利润表的收入与按照税法规定应计入应纳税所得额的收入之间的差额–税法规定的不征税收入+（/–）其他需要调整的因素

当期所得税=当期应交所得税=应纳税所得额×适用的所得税税率

6.4.2 递延所得税

递延所得税是指按照《企业会计准则第 18 号——所得税》规定，应予确认的递延所得税资产和递延所得税负债在期末应有的金额相对于原已确认金额之间的差额，即递延所得税资产及递延所得税负债当期发生额的综合结果。用公式表示为：

递延所得税=（期末递延所得税负债–期初递延所得税负债）–（期末递延所得税资产–期初递延所得税资产）

《企业会计准则第 18 号——所得税》应用指南规定：某些情况下，递延所得税产生于直接计入所有者权益的交易或事项，或者产生于企业合并中因资产、负债的账面价值与其计税基础之间的差异。这类交易或事项中产生的递延所得税，不影响利润表中确认的所得税费用，其所得税影响应视情况分别确认。

1. 直接计入所有者权益的交易或事项产生的递延所得税

直接计入所有者权益的交易或事项的所得税影响，无论是对当期所得税的影响还是递延所得税的影响，均应计入所有者权益。

2. 企业合并中产生的递延所得税

因会计准则规定与税法规定对企业合并类型的划分标准不同，某些情况下会造成合并中取得资产、负债的入账价值与其计税基础的差异。因企业合并产生的应纳税暂时性差异或可抵扣暂时性差异的影响，应在确认递延所得税负债或递延所得税资产的同时，相应调整合并中应予确认的商誉。

企业因确认递延所得税资产和递延所得税负债产生的递延所得税，一般应当记入所得税费用，但以下两种情况除外。

（1）某项交易或事项按照会计准则规定应计入所有者权益的，由该交易或事项产生的递延所得税资产或递延所得税负债及其变化亦应计入所有者权益，不构成利润表中的递延所得税费用（或收益）。

【例 6-18】 智董公司持有的某项可供出售金融资产，成本为 400 万元，会计期末，其公允价值为 480 万元，假设该企业适用的所得税税率为 33%。除该事项外，该企业不存在其他会计与税收之间的差异，且递延所得税资产和递延所得税负债不存在期初余额。

会计期末在确认 80 万元的公允价值变动时：

借：可供出售金融资产　　800 000
　贷：资本公积——其他资本公积　　800 000
确认应纳税暂时性差异的所得税影响时：
借：资本公积——其他资本公积　　264 000
　贷：递延所得税负债　　264 000

（2）企业合并中取得的资产、负债，其账面价值与计税基础不同，应确认相关递延所得税的，该递延所得税的确认影响合并中产生的商誉或是记入合并当期损益的金额，不影响所得税费用。

【例 6-19】 智董公司 20×7 年度利润表中利润总额为 2 400 万元，假设该公司适用的所得税税率为 33%。递延所得税资产及递延所得税负债不存在期初余额。与所得税核算有关的情况如下。

20×7 年发生的有关交易和事项中，会计处理与税收处理存在差别的有：

① 20×7 年 1 月开始计提折旧的一项固定资产，成本为 1 200 万元，使用年限为 10 年，净残值为 0，会计处理按双倍余额递减法计提折旧，税收处理按直线法计提折旧。假定税法规定的使用年限及净残值与会计规定相同。

② 向关联企业捐赠现金 400 万元。假定按照税法规定，企业向关联方的捐赠不允许税前扣除。

③ 当年度发生研究开发支出 1 000 万元，其中 600 万元资本化计入无形资产成本。税法规定企业发生的研究开发支出可按实际发生额的 150%加计扣除。假定所开发无形资产于期末达到预定使用状态。

④ 违反环保规定应支付罚款 200 万元。

⑤ 期末对持有的存货计提了 60 万元的存货跌价准备。

20×7 年度应交所得税如下：

应纳税所得额=24 000 000+1 200 000+4 000 000−11 000 000+2 000 000+600 000=20 800 000（元）

应交所得税=20 800 000×33%=6 864 000（元）

20×7 年度递延所得税如下：

该公司 20×7 年资产负债表相关项目金额及其计税基础如表 6-7 所示。

表 6-7　智董公司 20×7 年资产负债表相关项目金额及其计税基础　　单位：元

项　目	账面价值	计税基础	差　异	
			应纳税暂时性差异	可抵扣暂时性差异
存货	16 000 000	16 600 000		600 000
固定资产：				
固定资产原价	12 000 000	12 000 000		
减：累计折旧	2 400 000	1 200 000		
减：固定资产减值准备	0	0		
固定资产账面价值	9 600 000	10 800 000		1 200 000
无形资产	6 000 000	0	6 000 000	
其他应付款	2 000 000	2 000 000		
总　计			6 000 000	1 800 000

递延所得税资产=1 800 000×33%=594 000（元）

递延所得税负债=6 000 000×33%=1 980 000（元）

递延所得税=1 980 000–594 000=1 386 000（元）

利润表中应确认的所得税费用如下：

所得税费用=6 864 000+1 386 000=8 250 000（元）

借：所得税费用　　8 250 000

　　递延所得税资产　　594 000

　贷：应交税费——应交所得税　　6 864 000

　　　递延所得税负债　　1 980 000

【例 6-20】 沿用例 6-19 中有关资料，假定智董公司 20×8 年当期应交所得税为 924 万元。资产负债表中有关资产、负债的账面价值与其计税基础如表 6-8 所示，除所列项目外，其他资产、负债项目不存在会计和税收的差异。

表 6-8　资产负债表中有关资产、负债的账面价值与其计税基础　　单位：元

项　　目	账面价值	计税基础	差　　异	
			应纳税暂时性差异	可抵扣暂时性差异
存货	32 000 000	33 600 000		1 600 000
固定资产：				
固定资产原价	12 000 000	12 000 000		
减：累计折旧	4 320 000	2 400 000		
减：固定资产减值准备	400 000	0		
固定资产账面价值	7 280 000	9 600 000		2 320 000
无形资产	5 400 000	0	5 400 000	
预计负债	2 000 000	0		2 000 000
总　　计			5 400 000	5 920 000

分析：

当期所得税–当期应交所得税=9 240 000（元）

递延所得税：

（1）期末递延所得税负债（5 400 000×33%）　　1 782 000

　　期初递延所得税负债　　1 980 000

　　递延所得税负债减少　　198 000

（2）期末递延所得税资产（5 920 000×33%）　　1 953 600

　　期初递延所得税资产　　594 000

　　递延所得税资产增加　　1 359 600

递延所得税=–198 000–1 359 600=–1 557 600（元）（收益）

所得税费用：

所得税费用=9 240 000–1 557 600=7 682 400（元）

借：所得税费用　　7 682 400

　　递延所得税资产　　1 359 600

　　递延所得税负债　　198 000

贷：应交税费——应交所得税 9 240 000

【例 6-21】 假定智董公司持有一项交易性金融资产，成本为 1 000 万元，期末公允价值为 1 500 万元，而计税基础仍维持 1 000 万元不变，该计税基础与其账面价值 1 500 万元之间的差额 500 万元即应纳税暂时性差异。（按照《企业会计准则》规定，交易性金融资产期末应以公允价值计量，公允价值的变动计入当期损益；而税法规定交易性金融资产在持有期间公允价值变动不计入应纳税所得额，即其计税基础保持不变，这样便产生了交易性金融资产的账面价值与计税基础之间的差异。）

在某些情况下，负债的确认可能会影响损益，并影响不同期间的应纳税所得额，使其计税基础与账面价值之间产生差额。比如，企业因或有事项确认的预计负债。《企业会计准则》规定，对于预计负债，在满足确认条件时，按照履行现时义务所需支出的最佳估计数确认。假定该企业因产品售后服务确认了 100 万元预计负债，计入相关资产成本或者当期损益。按照税法规定，与预计负债相关的费用，视相关交易事项的具体情况，一般在实际发生时准予税前扣除，该类负债的计税基础为零，其账面价值与计税基础之间形成可抵扣暂时性差异。[企业应于资产负债表日，分析比较资产、负债的账面价值与其计税基础，两者之间存在差异的，按照重要性原则，确认递延所得税资产、递延所得税负债及相应的递延所得税费用（或收益）。企业合并等特殊交易或事项中取得的资产和负债，应于购买日比较其入账价值与计税基础，按照《企业会计准则第 18 号——所得税》规定计算确认相关的递延所得税资产或递延所得税负债。]

假定该企业适用的所得税税率为 33%，递延所得税资产和负债不存在期初余额，对于交易性金融资产产生的 500 万元的应纳税暂时性差异，应确认 165 万元的递延所得税负债；对于预计负债产生的可抵扣暂时性差异 100 万元，应确认 33 万元的递延所得税资产，当期应确认的递延所得税费用为 132 万元。

确认由可抵扣暂时性差异产生的递延所得税资产，应当以未来期间很可能取得用来抵扣可抵扣暂时性差异的应纳税所得额为限。企业在确定未来期间很可能取得的应纳税所得额时，包括未来期间企业正常生产经营活动实现的应纳税所得额，以及在可抵扣暂时性差异转回期间因应纳税暂时性差异的转回增加的应纳税所得额，并应提供相关的证据。

假设智董公司 20×7 年 12 月 31 日资产负债表中有关项目账面价值及其计税基础如表 6-9 所示。

表 6-9 资产负债表中有关项目账面价值及其计税基础

智董公司 单位：万元

	项目	账面价值	计税基础	暂时性差异	
				应纳税暂时性差异	可抵扣暂时性差异
1	交易性金融资产	1 500	1 000	500	
2	负债	100	0		100
	合计			500	100

除上述项目外，该企业其他资产、负债的账面价值与其计税基础不存在差异，且递延所得税资产和递延所得税负债不存在期初余额，适用的所得税税率为 33%。假定当期按照税法规定计算确定的应交所得税为 600 万元。该企业预计在未来期间能够产生足够的应纳税所得额用来抵扣可抵扣暂时性差异。

该企业计算确认的递延所得税负债、递延所得税资产、递延所得税费用以及所得税费用如下：

递延所得税负债=5 000 000×33%=1 650 000（元）

递延所得税资产=1 000 000×33%=330 000（元）

递延所得税费用=1 650 000–330 000=1 320 000（元）

所得税费用=6 000 000+1 320 000=7 320 000（元）

6.5　记录与列报

6.5.1　会计科目及主要账务处理

1. 递延所得税资产

（1）会计科目核算内容。本科目核算企业确认的可抵扣暂时性差异产生的递延所得税资产。本科目期末借方余额反映企业确认的递延所得税资产。

（2）明细核算。本科目应按可抵扣暂时性差异等项目进行明细核算。根据税法规定可用以后年度税前利润弥补的亏损及税款抵减产生的所得税资产，也在本科目核算。

（3）主要账务处理。

1）资产负债表日，企业确认的递延所得税资产，借记本科目，贷记“所得税费用——递延所得税费用”科目。资产负债表日递延所得税资产的应有余额大于其账面余额的，应按其差额确认，借记本科目，贷记“所得税费用——递延所得税费用”等科目；资产负债表日递延所得税资产的应有余额小于其账面余额的差额做相反的会计分录。

企业合并中取得资产、负债的入账价值与其计税基础不同形成可抵扣暂时性差异的，应于购买日确认递延所得税资产，借记本科目，贷记“商誉”等科目。

与直接计入所有者权益的交易或事项相关的递延所得税资产，借记本科目，贷记“资本公积——其他资本公积”科目。

2）资产负债表日，预计未来期间很可能无法获得足够的应纳税所得额用以抵扣可抵扣暂时性差异的，按原已确认的递延所得税资产中应减记的金额，借记“所得税费用——递延所得税费用”、“资本公积——其他资本公积”等科目，贷记本科目。

2. 应交税费

（1）会计科目核算内容。本科目核算企业按照税法等规定计算应缴纳的各种税费，包括增值税、消费税、营业税、所得税、资源税、土地增值税、城市维护建设税、房产税、土地使用税、车船税、教育费附加、矿产资源补偿费等。企业代扣代缴的个人所得税等，也通过本科目核算。本科目期末贷方余额反映企业尚未缴纳的税费；期末如为借方余额，反映企业多交或尚未抵扣的税费。

（2）明细核算。本科目可按应交的税费项目进行明细核算。应交增值税还应分别“进项税额”、“销项税额”、“出口退税”、“进项税额转出”、“已交税金”等设置专栏。

（3）主要账务处理。企业按照税法规定计算应交的所得税，借记“所得税费用”等科目，贷记本科目（应交所得税）。缴纳的所得税，借记本科目，贷记“银行存款”等科目。

3. 递延所得税负债

（1）会计科目核算内容。本科目核算企业确认的应纳税暂时性差异产生的所得税负债。本科目期末贷方余额反映企业已确认的递延所得税负债。

（2）明细核算。本科目可按应纳税暂时性差异的项目进行明细核算。

（3）主要账务处理。

1）资产负债表日，企业确认的递延所得税负债，借记“所得税费用——递延所得税费用”科目，贷记本科目。资产负债表日递延所得税负债的应有余额大于其账面余额的，应按其差额确认，借记“所得税费用——递延所得税费用”科目，贷记本科目；资产负债表日递延所得税负债的应有余额小于其账面余额的做相反的会计分录。

与直接计入所有者权益的交易或事项相关的递延所得税负债，借记“资本公积——其他资本公积”科目，贷记本科目。

2）企业合并中取得资产、负债的入账价值与其计税基础不同形成应纳税暂时性差异的，应于购买日确认递延所得税负债，同时调整商誉，借记“商誉”等科目，贷记本科目。

4. 所得税费用

（1）会计科目核算内容。本科目核算企业确认的应从当期利润总额中扣除的所得税费用。期末，应将本科目的余额转入“本年利润”科目，结转后本科目无余额。

（2）明细核算。本科目可按“当期所得税费用”、“递延所得税费用”进行明细核算。

（3）主要账务处理。

1）资产负债表日，企业按照税法规定计算确定的当期应交所得税，借记本科目（当期所得税费用），贷记“应交税费——应交所得税”科目。

2）资产负债表日，根据递延所得税资产的应有余额大于“递延所得税资产”科目余额的差额，借记“递延所得税资产”科目，贷记本科目（递延所得税费用）、“资本公积——其他资本公积”等科目；递延所得税资产的应有余额小于“递延所得税资产”科目余额的差额做相反的会计分录。

企业应予确认的递延所得税负债，应当比照上述原则调整本科目、“递延所得税负债”科目及有关科目。

5. 以前年度损益调整

（1）会计科目核算内容。本科目核算企业本年度发生的调整以前年度损益的事项以及本年度发现的重要前期差错更正涉及调整以前年度损益的事项。企业在资产负债表日至财务报告批准报出日之间发生的需要调整报告年度损益的事项，也可以通过本科目核算。

本科目结转后应无余额。

（2）主要账务处理。

1）企业调整增加以前年度利润或减少以前年度亏损，借记有关科目，贷记本科目；调整减少以前年度利润或增加以前年度亏损做相反的会计分录。

2）由于以前年度损益调整增加的所得税费用，借记本科目，贷记“应交税费——应交所得税”等科目；由于以前年度损益调整减少的所得税费用做相反的会计分录。

3）经上述调整后，应将本科目的余额转入“利润分配——未分配利润”科目。本科目如为贷方余额，借记本科目，贷记“利润分配——未分配利润”科目；如为借方余额做相反的会计分录。

6.5.2 列报

1. 《企业会计准则第 18 号——所得税》的规定

递延所得税资产和递延所得税负债应当分别作为非流动资产和非流动负债在资产负债表中列示。

所得税费用应当在利润表中单独列示。

企业应当在附注中披露与所得税有关的下列信息：

（1）所得税费用（收益）的主要组成部分。

（2）所得税费用（收益）与会计利润关系的说明。

（3）未确认递延所得税资产的可抵扣暂时性差异、可抵扣亏损的金额（如果存在到期日，还应披露到期日）。

（4）对每一类暂时性差异和可抵扣亏损，在列报期间确认的递延所得税资产或递延所得税负债的金额，确认递延所得税资产的依据。

（5）未确认递延所得税负债的，与对子公司、联营企业及合营企业投资相关的暂时性差异金额。

2. 《企业会计准则第 18 号——所得税》应用指南的规定

（1）递延所得税资产和递延所得税负债。

1）已确认递延所得税资产和递延所得税负债的披露格式如表 6-10 所示。

表 6-10　已确认递延所得税资产和递延所得税负债的披露格式

项　　目	期末账面余额	年初账面余额
一、递延所得税资产		
1.		
……		
合　　计		
二、递延所得税负债		
1.		
……		
合　　计		

2）未确认递延所得税资产的可抵扣暂时性差异、可抵扣亏损等的金额（存在到期日的，还应披露到期日）。

（2）所得税费用。

1）所得税费用（收益）的组成，包括当期所得税、递延所得税。

2）所得税费用（收益）与会计利润的关系。

第 7 章 利润表

7.1 个别利润表

《企业会计准则——基本准则》第四十六条规定，利润表是指反映企业在一定会计期间的经营成果的会计报表。

《关于印发修订〈企业会计准则第 30 号——财务报表列报〉的通知》，在利润表中增加了“其他综合收益”和“综合收益总额”项目并进行了定义，同时将其他综合收益项目进一步划分为“以后会计期间不能重分类进损益的其他综合收益项目”和“以后会计期间在满足规定条件时将重分类进损益的其他综合收益项目”两类区别列报。

法律依据

《企业会计准则第 30 号——财务报表列报》关于利润表的规定

1. 对费用按照功能分类

第三十条　企业在利润表中应当对费用按照功能分类，分为从事经营业务发生的成本、管理费用、销售费用和财务费用等。

2. 至少应当单独列示反映信息的项目

第三十一条　利润表至少应当单独列示反映下列信息的项目，但其他会计准则另有规定的除外：

（1）营业收入。

（2）营业成本。

（3）营业税金及附加。

（4）管理费用。

（5）销售费用。

（6）财务费用。

（7）投资收益。

（8）公允价值变动损益。

（9）资产减值损失。

（10）非流动资产处置损益。

（11）所得税费用。

（12）净利润。

（13）其他综合收益各项目分别扣除所得税影响后的净额。

（14）综合收益总额。

金融企业可以根据其特殊性列示利润表项目。

3. 在合并利润表中，归属于少数股东的损益、综合收益总额的单独列示

第三十四条　在合并利润表中，企业应当在净利润项目之下单独列示归属于母公司所有者的损益和归属于少数股东的损益，在综合收益总额项目之下单独列示归属于母公司所有者的综合收益总额和归属于少数股东的综合收益总额。

7.1.1　一般企业利润表格式及列示说明

1. 一般企业利润表格式（见表 7-1）

表 7-1　利润表（一般企业）

会企 02 表

编制单位：　　　　　____年____月　　　　　单位：元

项　　目	本期金额	上期金额
一、营业收入		
减：营业成本		
营业税金及附加		
销售费用		
管理费用		
财务费用		
资产减值损失		
加：公允价值变动收益（损失以“–”号填列）		
投资收益（损失以“–”号填列）		
其中：对联营企业和合营企业的投资收益		
二、营业利润（亏损以“–”号填列）		
加：营业外收入		
减：营业外支出		
其中：非流动资产处置损失		
三、利润总额（亏损总额以“–”号填列）		
减：所得税费用		
四、净利润（净亏损以“–”号填列）		
五、每股收益：		
（一）基本每股收益		
（二）稀释每股收益		
六、其他综合收益		
七、综合收益总额		

2. 利润表列示说明

（1）本表反映企业在一定期间内利润（亏损）的实现情况。

（2）本表“上期金额”栏内各项数字，应根据上期利润表“本期金额”栏内所列数字填列。

如果上期利润表规定的各个项目的名称和内容同本期不相一致，应对上期利润表各项目的名称和数字按本期的规定进行调整，填入本表“上期金额”栏内。

（3）本表“本期金额”栏内各项数字一般应当反映以下内容。

①“营业收入”项目，反映企业经营主要业务和其他业务所确认的收入总额。

6001 主营业务收入

一、本科目核算企业确认的销售商品、提供劳务等主营业务的收入。

二、本科目可按主营业务的种类进行明细核算。

三、主营业务收入的主要账务处理

（一）企业销售商品或提供劳务实现的收入，应按实际收到或应收的金额，借记“银行存款”、“应收账款”、“应收票据”等科目，按确认的营业收入，贷记本科目。

采用递延方式分期收款、具有融资性质的销售商品或提供劳务满足收入确认条件的，按应收合同或协议价款，借记“长期应收款”科目，按应收合同或协议价款的公允价值（折现值），贷记本科目，按其差额，贷记“未实现融资收益”科目。

以库存商品进行非货币性资产交换（非货币性资产交换具有商业实质且公允价值能够可靠计量）、债务重组的，应按该产成品、商品的公允价值，借记有关科目，贷记本科目。

本期（月）发生的销售退回或销售折让，按应冲减的营业收入，借记本科目，按实际支付或应退还的金额，贷记“银行存款”、“应收账款”等科目。

上述销售业务涉及增值税销项税额的，还应进行相应的处理。

（二）确认建造合同收入，按应确认的合同费用，借记“主营业务成本”科目，按应确认的合同收入，贷记本科目，按其差额，借记或贷记“工程施工——合同毛利”科目。

四、期末，应将本科目的余额转入“本年利润”科目，结转后本科目应无余额。

6051 其他业务收入

一、本科目核算企业确认的除主营业务活动以外的其他经营活动实现的收入，包括出租固定资产、出租无形资产、出租包装物和商品、销售材料、用材料进行非货币性交换（非货币性资产交换具有商业实质且公允价值能够可靠计量）或债务重组等实现的收入。

企业（保险）经营受托管理业务收取的管理费收入，也通过本科目核算。

二、本科目可按其他业务收入种类进行明细核算。

三、企业确认的其他业务收入，借记“银行存款”、“其他应收款”等科目，贷记本科目等。

四、期末，应将本科目余额转入“本年利润”科目，结转后本科目应无余额。

②“营业成本”项目，反映企业经营主要业务和其他业务发生的实际成本总额。

6401 主营业务成本

一、本科目核算企业确认销售商品、提供劳务等主营业务收入时应结转的成本。

二、本科目可按主营业务的种类进行明细核算。

三、主营业务成本的主要账务处理

（一）期（月）末，企业应根据本期（月）销售各种商品、提供各种劳务等实际成本，计算应结转的主营业务成本，借记本科目，贷记“库存商品”、“劳务成本”等科目。

采用计划成本或售价核算库存商品的，平时的营业成本按计划成本或售价结转，月末，还应结转本月销售商品应分摊的产品成本差异或商品进销差价。

本期（月）发生的销售退回，如已结转销售成本的，借记“库存商品”等科目，贷记本科目。

（二）确认建造合同收入，按应确认的合同费用，借记本科目，按应确认的合同收入，贷记“主营业务收入”科目，按其差额，借记或贷记“工程施工——合同毛利”科目。合同完工时，已计提存货跌价准备的，还应结转跌价准备。

四、期末，应将本科目的余额转入“本年利润”科目，结转后本科目无余额。

6402　其他业务成本

一、本科目核算企业确认的除主营业务活动以外的其他经营活动所发生的支出，包括销售材料的成本、出租固定资产的折旧额、出租无形资产的摊销额、出租包装物的成本或摊销额等。

除主营业务活动以外的其他经营活动发生的相关税费，在“营业税金及附加”科目核算。

采用成本模式计量投资性房地产的，其投资性房地产计提的折旧额或摊销额，也通过本科目核算。

二、本科目可按其他业务成本的种类进行明细核算。

三、企业发生的其他业务成本，借记本科目，贷记“原材料”、“周转材料”、“累计折旧”、“累计摊销”、“应付职工薪酬”、“银行存款”等科目。

四、期末，应将本科目余额转入“本年利润”科目，结转后本科目无余额。

③“营业税金及附加”项目，反映企业经营业务应负担的营业税、消费税、城市维护建设税、资源税、土地增值税和教育费附加等。

6403　营业税金及附加

一、本科目核算企业经营活动发生的营业税、消费税、城市维护建设税、资源税和教育费附加等相关税费。房产税、车船税、土地使用税、印花税在“管理费用”科目核算，但与投资性房地产相关的房产税、土地使用税在本科目核算。

二、企业按规定计算确定的与经营活动相关的税费，借记本科目，贷记“应交税费”科目。

三、期末，应将本科目余额转入“本年利润”科目，结转后本科目无余额。

④“销售费用”项目，反映企业在销售商品过程中发生的包装费、广告费等费用和为销售本企业商品而专设的销售机构的职工薪酬、业务费等经营费用。

6601　销售费用

一、本科目核算企业销售商品和材料、提供劳务的过程中发生的各种费用，包括保险费、包装费、展览费和广告费、商品维修费、预计产品质量保证损失、运输费、装卸费等以及为销售本企业商品而专设的销售机构（含销售网点、售后服务网点等）的职工薪酬、业务费、折旧费等经营费用。

企业发生的与专设销售机构相关的固定资产修理费用等后续支出，也在本科目核算。

企业（金融）应将本科目改为“6601　业务及管理费”科目，核算企业（金融）在业务经营和管理过程中所发生的各项费用，包括折旧费、业务宣传费、业务招待费、电子设备运转费、钞币运送费、安全防范费、邮电费、劳动保护费、外事费、印刷费、低值易耗品摊销、职工工资及福利费、差旅费、水电费、职工教育经费、工会经费、会议费、诉讼费、公证费、咨询费、无形资产摊销、长期待摊费用摊销、取暖降温费、聘请中介机构费、技术转让费、绿化费、董事会费、财产保险费、劳动保险费、待业保险费、住房公积金、物业管理费、研究费用、提取保险保障基金等。

企业（金融）不应设置“管理费用”科目。

二、本科目可按费用项目进行明细核算。

三、销售费用的主要账务处理

（一）企业在销售商品过程中发生的包装费、保险费、展览费和广告费、运输费、装卸费等费用，借记本科目，贷记“库存现金”、“银行存款”等科目。

（二）发生的为销售本企业商品而专设的销售机构的职工薪酬、业务费等经营费用，借记本科目，贷记“应付职工薪酬”、“银行存款”、“累计折旧”等科目。

四、期末，应将本科目余额转入“本年利润”科目，结转后本科目无余额。

⑤“管理费用”项目，反映企业为组织和管理生产经营发生的管理费用。

6602 管理费用

一、本科目核算企业为组织和管理企业生产经营所发生的管理费用，包括企业在筹建期间内发生的开办费、董事会和行政管理部门在企业的经营管理中发生的或者应由企业统一负担的公司经费（包括行政管理部门职工工资及福利费、物料消耗、低值易耗品摊销、办公费和差旅费等）、工会经费、董事会费（包括董事会成员津贴、会议费和差旅费等）、聘请中介机构费、咨询费（含顾问费）、诉讼费、业务招待费、房产税、车船税、土地使用税、印花税、技术转让费、矿产资源补偿费、研究费用、排污费等。

企业（商品流通）管理费用不多的，可不设置本科目，本科目的核算内容可并入“销售费用”科目核算。企业生产车间（部门）和行政管理部门等发生的固定资产修理费用等后续支出，也在本科目核算。

二、本科目可按费用项目进行明细核算。

三、管理费用的主要账务处理

（一）企业在筹建期间内发生的开办费，包括人员工资、办公费、培训费、差旅费、印刷费、注册登记费以及不计入固定资产成本的借款费用等在实际发生时，借记本科目（开办费），贷记“银行存款”等科目。

（二）行政管理部门人员的职工薪酬，借记本科目，贷记“应付职工薪酬”科目。

（三）行政管理部门计提的固定资产折旧，借记本科目，贷记“累计折旧”科目。

发生的办公费、水电费、业务招待费、聘请中介机构费、咨询费、诉讼费、技术转让费、研究费用，借记本科目，贷记“银行存款”、“研发支出”等科目。

按规定计算确定的应交矿产资源补偿费、房产税、车船税、土地使用税、印花税，借记本科目，贷记“应交税费”科目。

四、期末，应将本科目的余额转入“本年利润”科目，结转后本科目无余额。

⑥“财务费用”项目，反映企业筹集生产经营所需资金等而发生的筹资费用。

6603 财务费用

一、本科目核算企业为筹集生产经营所需资金等而发生的筹资费用，包括利息支出（减利息收入）、汇兑损益以及相关的手续费、企业发生的现金折扣或收到的现金折扣等。

为购建或生产满足资本化条件的资产发生的应予资本化的借款费用，在“在建工程”、“制造费用”等科目核算。

二、本科目可按费用项目进行明细核算。

三、企业发生的财务费用，借记本科目，贷记“银行存款”、“未确认融资费用”等科目。发生的应冲减财务费用的利息收入、汇兑损益、现金折扣，借记“银行存款”、“应付账款”等科目，贷记本科目。

四、期末，应将本科目余额转入“本年利润”科目，结转后本科目无余额。

⑦“资产减值损失”项目，反映企业各项资产发生的减值损失。

6701 资产减值损失

一、本科目核算企业计提各项资产减值准备所形成的损失。

二、本科目可按资产减值损失的项目进行明细核算。

三、企业的应收款项、存货、长期股权投资、持有至到期投资、固定资产、无形资产、贷款等资产发生减值的，按应减记的金额，借记本科目，贷记“坏账准备”、“存货跌价准备”、“长期股权投资减值准备”、“持有至到期投资减值准备”、“固定资产减值准备”、“无形资产减值准备”、“贷款损失准备”等科目。

在建工程、工程物资、生产性生物资产、商誉、抵债资产、损余物资、采用成本模式计量的投资性房地产等资产发生减值的，应当设置相应的减值准备科目，比照上述规定进行处理。

四、企业计提坏账准备、存货跌价准备、持有至到期投资减值准备、贷款损失准备等，相关资产的价值又得以恢复的，应在原已计提的减值准备金额内，按恢复增加的金额，借记“坏账准备”、“存货跌价准备”、“持有至到期投资减值准备”、“贷款损失准备”等科目，贷记本科目。

五、期末，应将本科目余额转入“本年利润”科目，结转后本科目无余额。

⑧ 发生勘探费用的企业，应在“管理费用”和“财务费用”项目之间增设“勘探费用”项目。

6604　勘探费用

一、本科目核算企业（石油天然气开采）在油气勘探过程中发生的地质调查、物理化学勘探各项支出和非成功探井等支出。

二、本科目可按勘探项目进行明细核算。

三、企业油气勘探过程中发生的各项非钻井勘探支出，借记本科目，贷记“银行存款”、“累计折旧”、“应付职工薪酬”等科目。油气勘探过程中发生的各项钻井勘探支出中属于未发现探明经济可采储量的钻井勘探支出，借记本科目，贷记“油气勘探支出”科目。

四、期末，应将本科目余额转入“本年利润”科目，结转后本科目无余额。

⑨“公允价值变动收益”项目，反映企业交易性金融资产、交易性金融负债、以及采用公允价值模式计量的投资性房地产等公允价值变动形成的应计入当期损益的利得或损失。

6101　公允价值变动损益

一、本科目核算企业交易性金融资产、交易性金融负债，以及采用公允价值模式计量的投资性房地产、衍生工具、套期保值业务等公允价值变动形成的应计入当期损益的利得或损失。

指定为以公允价值计量且其变动计入当期损益的金融资产或金融负债公允价值变动形成的应计入当期损益的利得或损失，也在本科目核算。

企业开展套期保值业务的，有效套期关系中套期工具或被套期项目的公允价值变动，也可以单独设置“6102 套期损益”科目核算。

二、本科目可按交易性金融资产、交易性金融负债、投资性房地产等进行明细核算。

三、公允价值变动损益的主要账务处理

（一）资产负债表日，企业应按交易性金融资产的公允价值高于其账面余额的差额，借记“交易性金融资产——公允价值变动”科目，贷记本科目；公允价值低于其账面余额的差额做相反的会计分录。

出售交易性金融资产时，应按实际收到的金额，借记“银行存款”、“存放中央银行款项”等科目，按该金融资产的账面余额，贷记“交易性金融资产”科目，按其差额，借记或贷记“投资收益”科目。同时，将原计入该金融资产的公允价值变动转出，借记或贷记本科目，贷记或借记“投资收益”科目。

（二）资产负债表日，交易性金融负债的公允价值高于其账面余额的差额，借记本科目，贷记“交易性金融负债”等科目；公允价值低于其账面余额的差额做相反的会计分录。

处置交易性金融负债，应按该金融负债的账面余额，借记“交易性金融负债”科目，按实际支付的金额，贷记“银行存款”、“存放中央银行款项”、“结算备付金”等科目，按其差额，贷记或借记“投资收益”科目。同时，按该金融负债的公允价值变动，贷记或借记本科目，借记或贷记“投资收益”科目。

（三）采用公允价值模式计量的投资性房地产、衍生工具、套期工具、被套期项目等形成的公允价值变动，按照“投资性房地产”、“衍生工具”、“套期工具”、“被套期项目”等科目的相关规定进行处理。

四、期末，应将本科目余额转入“本年利润”科目，结转后本科目无余额。

⑩“投资收益”项目，反映企业以各种方式对外投资所取得的收益。其中，“对联营企业和合营企业的投资收益”项目，反映采用权益法核算的对联营企业和合营企业投资在被投资单位实现的净损益中应享有的份额（不包括处置投资形成的收益）。

6111 投资收益

一、本科目核算企业确认的投资收益或投资损失。

企业（金融）债券投资持有期间取得的利息收入，也可在“利息收入”科目核算。

二、本科目可按投资项目进行明细核算。

三、投资收益的主要账务处理

（一）长期股权投资采用成本法核算的，企业应按被投资单位宣告发放的现金股利或利润中属于本企业的部分，借记“应收股利”科目，贷记本科目；属于被投资单位在取得本企业投资前实现净利润的分配额，应作为投资成本的收回，借记“应收股利”等科目，贷记“长期股权投资”科目。

长期股权投资采用权益法核算的，应按根据被投资单位实现的净利润或经调整的净利润计算应享有的份额，借记“长期股权投资——损益调整”科目，贷记本科目。被投资单位发生净亏损的，比照“长期股权投资”科目的相关规定进行处理。

处置长期股权投资时，应按实际收到的金额，借记“银行存款”等科目，按其账面余额，贷记“长期股权投资”科目，按尚未领取的现金股利或利润，贷记“应收股利”科目，按其差额，贷记或借记本科目。已计提减值准备的，还应同时结转减值准备。

处置采用权益法核算的长期股权投资，除上述规定外，还应结转原记入资本公积的相关金额，借记或贷记“资本公积——其他资本公积”科目，贷记或借记本科目。

（二）企业持有交易性金融资产、持有至到期投资、可供出售金融资产期间取得的投资收益以及处置交易性金融资产、交易性金融负债、指定为以公允价值计量且其变动计入当期损益的金融资产或金融负债、持有至到期投资、可供出售金融资产实现的损益，比照“交易性金融资产”、“持有至到期投资”、“可供出售金融资产”、“交易性金融负债”等科目的相关规定进行处理。

四、期末，应将本科目余额转入“本年利润”科目，本科目结转后应无余额。

⑪“营业外收入”、“营业外支出”项目，反映企业发生的与其经营活动无直接关系的各项收入和支出。其中，处置非流动资产损失，应当单独列示。

6301 营业外收入

一、本科目核算企业发生的各项营业外收入，主要包括非流动资产处置利得、非货币性资产交换利得、债务重组利得、政府补助、盘盈利得、捐赠利得等。

二、本科目可按营业外收入项目进行明细核算。

三、企业确认处置非流动资产利得、非货币性资产交换利得、债务重组利得，比照“固定资产清理”、“无形资产”、“原材料”、“库存商品”、“应付账款”等科目的相关规定进行处理。

确认的政府补助利得，借记“银行存款”、“递延收益”等科目，贷记本科目。

四、期末，应将本科目余额转入“本年利润”科目，结转后本科目无余额。

6711 营业外支出

一、本科目核算企业发生的各项营业外支出，包括非流动资产处置损失、非货币性资产交换损失、债务重组损失、公益性捐赠支出、非常损失、盘亏损失等。

二、本科目可按支出项目进行明细核算。

三、企业确认处置非流动资产损失、非货币性资产交换损失、债务重组损失，比照“固定资产清理”、“无形资产”、“原材料”、“库存商品”、“应付账款”等科目的相关规定进行处理。

盘亏、毁损的资产发生的净损失，按管理权限报经批准后，借记本科目，贷记“待处理财产损溢”科目。

四、期末，应将本科目余额转入“本年利润”科目，结转后本科目无余额。

⑫“所得税费用”项目，反映企业根据《企业会计准则第 18 号——所得税》确认的应从

当期利润总额中扣除的所得税费用。

6801　所得税费用

一、本科目核算企业确认的应从当期利润总额中扣除的所得税费用。

二、本科目可按“当期所得税费用”、“递延所得税费用”进行明细核算。

三、所得税费用的主要账务处理

（一）资产负债表日，企业按照税法规定计算确定的当期应交所得税，借记本科目（当期所得税费用），贷记“应交税费——应交所得税”科目。

（二）资产负债表日，根据递延所得税资产的应有余额大于“递延所得税资产”科目余额的差额，借记“递延所得税资产”科目，贷记本科目（递延所得税费用）、“资本公积——其他资本公积”等科目；递延所得税资产的应有余额小于“递延所得税资产”科目余额的差额做相反的会计分录。

企业应予确认的递延所得税负债，应当比照上述原则调整本科目、“递延所得税负债”科目及有关科目。

四、期末，应将本科目的余额转入“本年利润”科目，结转后本科目无余额。

⑬“基本每股收益”和“稀释每股收益”项目应当反映根据《企业会计准则第 34 号——每股收益》的规定计算的金额。

【例 7-1】　智董公司 20×7 年度有关损益类科目本年累计发生净额如表 7-2 所示。

表 7-2　智董公司 20×7 年度有关损益类科目本年累计发生净额　　单位：元

科目名称	借方发生额	贷方发生额
主营业务收入		1 250 000
主营业务成本	750 000	
营业税金及附加	2 000	
销售费用	20 000	
管理费用	157 100	
财务费用	41 500	
资产减值损失	30 900	
投资收益		31 500
营业外收入		50 000
营业外支出	19 700	
所得税费用	112 596	

根据上述资料，编制智董公司 20×7 年度利润表，如表 7-3 所示。

表 7-3　利润表

会企 02 表

编制单位：智董公司　　20×7 年　　单位：元

项　　目	本期金额	上期金额（略）
一、营业收入	1 250 000	
减：营业成本	750 000	
营业税金及附加	2 000	
销售费用	20 000	
管理费用	157 100	
财务费用	41 500	

续表

项　　目	本期金额	上期金额（略）
资产减值损失	30 900	
加：公允价值变动收益（损失以“–”号填列）	0	
投资收益（损失以“–”号填列）	31 500	
其中：对联营企业和合营企业的投资收益	0	
二、营业利润（亏损以“–”号填列）	280 000	
加：营业外收入	50 000	
减：营业外支出	19 700	
其中：非流动资产处置损失	（略）	
三、利润总额（亏损总额以“–”号填列）	310 300	
减：所得税费用	112 596	
四、净利润（净亏损以“–”号填列）	197 704	
五、每股收益：	（略）	
（一）基本每股收益		
（二）稀释每股收益		
六、其他综合收益		
七、综合收益总额		

7.1.2　商业银行利润表格式及列示说明

1．商业银行利润表格式（见表 7-4）

表 7-4　利润表（商业银行）

会商银 02 表

编制单位：　　　　____年____月　　　　单位：元

项　　目	本期金额	上期金额
一、营业收入		
利息净收入		
利息收入		
利息支出		
手续费及佣金净收入		
手续费及佣金收入		
手续费及佣金支出		
投资收益（损失以“–”号填列）		
其中：对联营企业和合营企业的投资收益		
公允价值变动收益（损失以“–”号填列）		
汇兑收益（损失以“–”号填列）		
其他业务收入		

续表

项　　目	本期金额	上期金额
二、营业支出		
营业税金及附加		
业务及管理费		
资产减值损失		
其他业务成本		
三、营业利润（亏损以“-”号填列）		
加：营业外收入		
减：营业外支出		
四、利润总额（亏损总额以“-”号填列）		
减：所得税费用		
五、净利润（净亏损以“-”号填列）		
六、每股收益：		
（一）基本每股收益		
（二）稀释每股收益		
七、其他综合收益		
八、综合收益总额		

2．商业银行利润表列示说明

（1）本表反映商业银行在一定会计期间内利润（亏损）的实现情况。

（2）本表“上期金额”栏内各项数字，应根据上期利润表“本期金额”栏内所列数字填列。如上期利润表规定的各个项目的名称和内容同本期不相一致，应对上期利润表各项目的名称和数字按照本期的规定进行调整，填入本表“上期金额”栏内。

（3）本表“本期金额”栏内各项数字，一般应当反映以下内容。

①“营业收入”项目，反映“利息净收入”、“手续费及佣金净收入”、“投资收益”、“公允价值变动收益”、“汇兑收益”、“其他业务收入”等项目的金额合计。

②“利息净收入”项目，反映“利息收入”项目金额减去“利息支出”项目金额后的余额。“利息收入”、“利息支出”项目，反映企业经营存贷款业务等确认的利息收入和发生的利息支出。

6011　利息收入

一、本科目核算企业（金融）确认的利息收入，包括发放的各类贷款（银团贷款、贸易融资、贴现和转贴现融出资金、协议透支、信用卡透支、转贷款、垫款等）、与其他金融机构（中央银行、同业等）之间发生资金往来业务、买入返售金融资产等实现的利息收入等。

二、本科目可按业务类别进行明细核算。

三、资产负债表日，企业应按合同利率计算确定的应收未收利息，借记“应收利息”等科目，按摊余成本和实际利率计算确定的利息收入，贷记本科目，按其差额，借记或贷记“贷款——利息调整”等科目。

实际利率与合同利率差异较小的，也可以采用合同利率计算确定利息收入。

四、期末，应将本科目余额转入“本年利润”科目，结转后本科目无余额。

6411　利息支出

一、本科目核算企业（金融）发生的利息支出，包括吸收的各种存款（单位存款、个人存款、信用卡存款、特种存款、转贷款资金等)、与其他金融机构(中央银行、同业等)之间发生资金往来业务、卖出回购金融资产等产生的利息支出。

二、本科目可按利息支出项目进行明细核算。

三、资产负债表日，企业应按摊余成本和实际利率计算确定的利息费用金额，借记本科目，按合同利率计算确定的应付未付利息，贷记“应付利息”科目，按其差额，借记或贷记“吸收存款——利息调整”等科目。

实际利率与合同利率差异较小的，也可以采用合同利率计算确定利息费用。

四、期末，应将本科目余额转入“本年利润”科目，结转后本科目无余额。

③“手续费及佣金净收入”项目，反映“手续费及佣金收入”项目金额减去“手续费及佣金支出”项目金额后的余额。“手续费及佣金收入”、“手续费及佣金支出”项目，反映企业确认的包括办理结算业务等在内的手续费、佣金收入和发生的手续费、佣金支出。

6021 手续费及佣金收入

一、本科目核算企业(金融)确认的手续费及佣金收入，包括办理结算业务、咨询业务、担保业务、代保管等代理业务以及办理受托贷款及投资业务等取得的手续费及佣金，如结算手续费收入、佣金收入、业务代办手续费收入、基金托管收入、咨询服务收入、担保收入、受托贷款手续费收入、代保管收入，代理买卖证券、代理承销证券、代理兑付证券、代理保管证券、代理保险业务等代理业务以及其他相关服务实现的手续费及佣金收入等。

二、本科目可按手续费及佣金收入类别进行明细核算。

三、企业确认的手续费及佣金收入，按应收的金额，借记“应收手续费及佣金”、“代理承销证券款”等科目，贷记本科目。实际收到手续费及佣金，借记“存放中央银行款项”、“银行存款”、“结算备付金”、“吸收存款”等科目，贷记“应收手续费及佣金”等科目。

四、期末，应将本科目余额转入“本年利润”科目，结转后本科目无余额。

6421 手续费及佣金支出

一、本科目核算企业(金融)发生的与其经营活动相关的各项手续费、佣金等支出。

二、本科目可按支出类别进行明细核算。

三、企业发生的与其经营活动相关的手续费、佣金等支出，借记本科目，贷记“银行存款”、“存放中央银行款项”、“存放同业”、“库存现金”、“应付手续费及佣金”等科目。

四、期末，应将本科目余额转入“本年利润”科目，结转后本科目无余额。

④“汇兑收益”项目，反映企业外币货币性项目因汇率变动形成的净收益。

6061 汇兑损益

一、本科目核算企业(金融)发生的外币交易因汇率变动而产生的汇兑损益。

二、采用统账制核算的，各外币货币性项目的外币期(月)末余额，应当按照期(月)末汇率折算为记账本位币金额。按照期(月)末汇率折算的记账本位币金额与原账面记账本位币金额之间的差额，如为汇兑收益，借记有关科目，贷记本科目；如为汇兑损失做相反的会计分录。

采用分账制核算的，期(月)末将所有以外币表示的“货币兑换”科目余额按期(月)末汇率折算为记账本位币金额，折算后的记账本位币金额与“货币兑换——记账本位币”科目余额进行比较，为贷方差额的，借记“货币兑换——记账本位币”科目，贷记“汇兑损益”科目；为借方差额的做相反的会计分录。

三、期末，应将本科目的余额转入“本年利润”科目，结转后本科目应无余额。

⑤“营业支出”项目，反映“营业税金及附加”、“业务及管理费”、“资产减值损失”、“其他业务成本”等项目的金额合计。

“业务及管理费”项目，反映企业在业务经营和管理过程中发生的电子设备运转费、安全防范费、物业管理费等费用。

除以上项目以外的项目，比照一般企业。

7.1.3 保险公司利润表格式及列示说明

1．保险公司利润表格式（见表7-5）

表7-5 利润表（保险公司）

会保02表

编制单位：　　　　____年____月　　　　单位：元

项　目	本期金额	上期金额
一、营业收入		
已赚保费		
保险业务收入		
其中：分保费收入		
减：分出保费		
提取未到期责任准备金		
投资收益（损失以“–”号填列）		
其中：对联营企业和合营企业的投资收益		
公允价值变动收益（损失以“–”号填列）		
汇兑收益（损失以“–”号填列）		
其他业务收入		
二、营业支出		
退保金		
赔付支出		
减：摊回赔付支出		
提取保险责任准备金		
减：摊回保险责任准备金		
保单红利支出		
分保费用		
营业税金及附加		
手续费及佣金支出		
业务及管理费		
减：摊回分保费用		
其他业务成本		
资产减值损失		
三、营业利润（亏损以“–”号填列）		
加：营业外收入		
减：营业外支出		

续表

项　　目	本期金额	上期金额
四、利润总额（亏损总额以“–”号填列）		
减：所得税费用		
五、净利润（净亏损以“–”号填列）		
六、每股收益：		
（一）基本每股收益		
（二）稀释每股收益		
七、其他综合收益		
八、综合收益总额		

2. 利润表列示说明

（1）本表反映保险公司在一定会计期间内利润（亏损）的实现情况。

（2）本表“上期金额”栏内各项数字，应根据上期利润表“本期金额”栏内所列数字填列。如上期利润表规定的各个项目的名称和内容同本期不相一致，应对上期利润表各项目的名称和数字按照本期的规定进行调整，填入本表“上期金额”栏内。

（3）本表“本期金额”栏内各项数字，一般应当反映以下内容。

1）“营业收入”项目，反映“已赚保费”、“投资收益”、“公允价值变动收益”、“汇兑收益”、“其他业务收入”等项目的金额合计。

①“已赚保费”项目，反映“保险业务收入”项目金额减去“分出保费”、“提取未到期责任准备金”项目金额后的余额。

“保险业务收入”项目，反映企业从事保险业务确认的原保费收入和分保费收入。“分出保费”项目，反映企业从事再保险业务分出的保费。“提取未到期责任准备金”项目，反映企业提取的未到期责任准备金。

6031　保费收入

一、本科目核算企业（保险）确认的保费收入。

二、本科目可按保险合同和险种进行明细核算。

三、保费收入的主要账务处理

（一）企业确认的原保险合同保费收入，借记“应收保费”、“预收保费”、“银行存款”、“库存现金”等科目，贷记本科目。

非寿险原保险合同提前解除的，按原保险合同约定计算确定的应退还投保人的金额，借记本科目，贷记“库存现金”、“银行存款”等科目。

（二）确认的再保险合同分保费收入，借记“应收分保账款”科目，贷记本科目。

收到分保业务账单，按账单标明的金额对分保费收入进行调整，按调整增加额，借记“应收分保账款”科目，贷记本科目；调整减少额做相反的会计分录。

四、期末，应将本科目余额转入“本年利润”科目，结转后本科目无余额。

6541　分出保费

一、本科目核算企业（再保险分出人）向再保险接受人分出的保费。

二、本科目可按险种进行明细核算。

三、分出保费的主要账务处理

（一）企业在确认原保险合同保费收入的当期，应按再保险合同约定计算确定的分出保费金额，借记本科目，贷记“应付分保账款”科目。

在原保险合同提前解除的当期，应按再保险合同约定计算确定的分出保费的调整金额，借记“应付分保账款”科目，贷记本科目。

（二）对于超额赔款再保险等非比例再保险合同，应按再保险合同约定计算确定的分出保费金额，借记本科目，贷记“应付分保账款”科目。调整分出保费时，借记或贷记本科目，贷记或借记“应付分保账款”科目。

四、期末，应将本科目余额转入“本年利润”科目，结转后本科目无余额。

6501 提取未到期责任准备金

一、本科目核算企业（保险）提取的非寿险原保险合同未到期责任准备金和再保险合同分保未到期责任准备金。

二、本科目可按保险合同和险种进行明细核算。

三、提取未到期责任准备金的主要账务处理

（一）企业在确认原保费收入、分保费收入的当期，应按保险精算确定的未到期责任准备金，借记本科目，贷记“未到期责任准备金”科目。

（二）资产负债表日，应按保险精算重新计算确定的未到期责任准备金与已确认的未到期责任准备金的差额，借记“未到期责任准备金”科目，贷记本科目。

（三）原保险合同提前解除的，应按相关未到期责任准备金余额，借记“未到期责任准备金”科目，贷记本科目。

（四）在确认非寿险原保险合同保费收入的当期，按相关再保险合同约定计算确定的相关应收分保未到期责任准备金金额，借记“应收分保合同准备金”科目，贷记本科目。

资产负债表日，调整原保险合同未到期责任准备金余额的，按相关再保险合同约定计算确定的应收分保未到期责任准备金的调整金额，借记本科目，贷记“应收分保合同准备金”科目。

四、期末，应将本科目余额转入“本年利润”科目，结转后本科目无余额。

②“其他业务收入”项目，反映企业确认的与经常性活动相关的其他活动收入和利息收入。

2）“营业支出”项目，反映“退保金”、“赔付支出”、“提取保险责任准备金”、“保单红利支出”、“分保费用”、“营业税金及附加”、“手续费及佣金支出”、“业务及管理费”、“其他业务成本”、“资产减值损失”等项目金额合计，减去“摊回赔付支出”、“摊回保险责任准备金”、“摊回分保费用”等项目金额后的余额。

①“赔付支出”项目，反映企业因保险业务发生的赔付总支出，包括原保险合同赔付支出和再保险合同赔付支出。

“提取保险责任准备金”项目，反映企业提取的保险责任准备金，包括未决赔款准备金、寿险责任准备金、长期健康险责任准备金。

“分保费用”项目，反映企业从事再保险业务支付的分保费用。

“退保金”项目，反映企业寿险原保险合同提前解除时按照约定应当退还投保人的保险费。

“保单红利支出”项目，反映企业按原保险合同约定支付给投保人的红利。

“其他业务成本”项目，反映企业确认的与经常性活动相关的其他活动支出和利息支出。

6511 赔付支出

一、本科目核算企业（保险）支付的原保险合同赔付款项和再保险合同赔付款项。企业（保险）可以单独设置“赔款支出”、“满期给付”、“年金给付”、“死伤医疗给付”、“分保赔付支出”等科目。

二、本科目可按保险合同和险种进行明细核算。

三、赔付支出的主要账务处理

（一）企业在确定支付赔付款项金额或实际发生理赔费用的当期，借记本科目，贷记“银行存款”、“库存现金”等科目。

（二）承担赔付保险金责任后应当确认的代位追偿款，借记“应收代位追偿款”科目，贷记本科目。

收到应收代位追偿款时，应按实际收到的金额，借记“库存现金”、“银行存款”等科目，按应收代位追偿款的账面余额，贷记“应收代位追偿款”科目，按其差额，借记或贷记本科目。已计提坏账准备的，还应同时结转坏账准备。

（三）承担赔偿保险金责任后取得的损余物资，应按同类或类似资产的市场价格计算确定的金额，借记“损余物资”科目，贷记本科目。

处置损余物资，应按实际收到的金额，借记“库存现金”、“银行存款”等科目，按损余物资的账面余额，贷记“损余物资”科目，按其差额，借记或贷记本科目。已计提跌价准备的，还应同时结转跌价准备。

（四）再保险接受人收到分保业务账单的当期，应按账单标明的分保赔付款项金额，借记本科目，贷记“应付分保账款”科目。

四、期末，应将本科目余额转入“本年利润”科目，结转后本科目无余额。

6502　提取保险责任准备金

一、本科目核算企业（保险）提取的原保险合同保险责任准备金，包括提取的未决赔款准备金、提取的寿险责任准备金、提取的长期健康险责任准备金。

再保险接受人提取的再保险合同保险责任准备金，也在本科目核算。

企业（保险）也可以单独设置“提取未决赔款准备金”、“提取寿险责任准备金”、“提取长期健康险责任准备金”等科目。

二、本科目可按保险责任准备金类别、险种和保险合同进行明细核算。

三、提取保险责任准备金的主要账务处理

（一）企业确认寿险保费收入，应按保险精算确定的寿险责任准备金、长期健康险责任准备金，借记本科目，贷记“保险责任准备金”科目。

投保人发生非寿险保险合同约定的保险事故当期，企业应按保险精算确定的未决赔款准备金，借记本科目，贷记“保险责任准备金”科目。对保险责任准备金进行充足性测试，应按补提的保险责任准备金，借记本科目，贷记“保险责任准备金”科目。

（二）原保险合同保险人确定支付赔付款项金额或实际发生理赔费用的当期，应按冲减的相应保险责任准备金余额，借记“保险责任准备金”科目，贷记本科目。

再保险接受人收到分保业务账单的当期，应按分保保险责任准备金的相应冲减金额，借记“保险责任准备金”科目，贷记本科目。

（三）寿险原保险合同提前解除的，应按相关寿险责任准备金、长期健康险责任准备金余额，借记“保险责任准备金”科目，贷记本科目。

四、期末，应将本科目余额转入“本年利润”科目，结转后本科目无余额。

6542　分保费用

一、本科目核算企业（再保险接受人）向再保险分出人支付的分保费用。

二、本科目可按险种进行明细核算。

三、分保费用的主要账务处理

（一）企业在确认分保费收入的当期，应按再保险合同约定计算确定的分保费用金额，借记本科目，贷记“应付分保账款”科目。

收到分保业务账单，按账单标明的金额对分保费用进行调整，借记或贷记本科目，贷记或借记“应付分保账款”科目。

（二）计算确定应向再保险分出人支付的纯益手续费的，应按再保险合同约定计算确定的纯益手续费，借记本科目，贷记“应付分保账款”科目。

四、期末，应将本科目余额转入“本年利润”科目，结转后本科目无余额。

6531　退保金

一、本科目核算企业（保险）寿险原保险合同提前解除时按照约定应当退还投保人的保单现金价值。

企业（保险）寿险原保险合同提前解除时应当退还投保人的不属于保单现金价值的款项，以及非寿险原保险合同提前解除时应当退还投保人的款项，在“保费收入”科目核算。

二、本科目可按险种进行明细核算。

三、企业寿险原保险合同提前解除的，应按原保险合同约定计算确定的应退还投保人的保单现金价值，借记本科目，贷记“库存现金”、“银行存款”等科目。

四、期末，应将本科目余额转入“本年利润”科目，结转后本科目无余额。

6521　保单红利支出

一、本科目核算企业（保险）按原保险合同约定支付给投保人的红利。

二、本科目可按保单红利来源进行明细核算。

三、企业按原保险合同约定计提应支付的保单红利，借记本科目，贷记“应付保单红利”科目。

四、期末，应将本科目余额转入“本年利润”科目，结转后本科目无余额。

②“摊回赔付支出”、“摊回保险责任准备金”、“摊回分保费用”等项目，反映企业从事再保险分出业务向再保险接受人摊回的赔付支出、保险责任准备金、分保费用。

6202　摊回赔付支出

一、本科目核算企业（再保险分出人）向再保险接受人摊回的赔付成本。企业（再保险分出人）也可以单独设置“摊回赔款支出”、“摊回年金给付”、“摊回满期给付”、“摊回死伤医疗给付”等科目。

二、本科目可按险种进行明细核算。

三、摊回赔付支出的主要账务处理

（一）企业在确定支付赔付款项金额或实际发生理赔费用而确认原保险合同赔付成本的当期，应按相关再保险合同约定计算确定的应向再保险接受人摊回的赔付成本金额，借记“应收分保账款”科目，贷记本科目。

（二）在因取得和处置损余物资、确认和收到应收代位追偿款等而调整原保险合同赔付成本的当期，应按相关再保险合同约定计算确定的摊回赔付成本的调整金额，借记或贷记本科目，贷记或借记“应收分保账款”科目。

（三）对于超额赔款再保险等非比例再保险合同，计算确定应向再保险接受人摊回的赔付成本的，应按摊回的赔付成本金额，借记“应收分保账款”科目，贷记本科目。

四、期末，应将本科目余额转入“本年利润”科目，结转后本科目无余额。

6201　摊回保险责任准备金

一、本科目核算企业（再保险分出人）从事再保险业务应向再保险接受人摊回的保险责任准备金，包括未决赔款准备金、寿险责任准备金、长期健康险责任准备金。

企业（再保险分出人）也可以单独设置“摊回未决赔款准备金”、“摊回寿险责任准备金”、“摊回长期健康险责任准备金”等科目。

二、本科目可按保险责任准备金类别和险种进行明细核算。

三、摊回保险责任准备金的主要账务处理

（一）企业在提取原保险合同保险责任准备金的当期，应按相关再保险合同约定计算确定的应向再保险接受人摊回的保险责任准备金，借记“应收分保合同准备金”科目，贷记本科目。

对原保险合同保险责任准备金进行充足性测试补提保险责任准备金，应按相关再保险合同约定计算确定的应收分保保险责任准备金的相应增加额，借记“应收分保合同准备金”科目，贷记本科目。

（二）在确定支付赔付款项金额或实际发生理赔费用而冲减原保险合同相应保险责任准备金余额的当期，应按相关应收分保保险责任准备金的相应冲减金额，借记本科目，贷记“应收分保合同准备金”科目。

（三）在寿险原保险合同提前解除而转销相关寿险责任准备金、长期健康险责任准备金余额的当期，应按相关应收分保保险责任准备金余额，借记本科目，贷记“应收分保合同准备金”科目。

四、期末，应将本科目余额转入“本年利润”科目，结转后本科目无余额。

6203　摊回分保费用

一、本科目核算企业（再保险分出人）向再保险接受人摊回的分保费用。

二、本科目可按险种进行明细核算。

三、摊回分保费用的主要账务处理

（一）企业在确认原保险合同保费收入的当期，应按相关再保险合同约定计算确定的应向再保险接受人摊回的分保费用，借记“应收分保账款”科目，贷记本科目。

（二）计算确定应向再保险接受人收取的纯益手续费的，应按相关再保险合同约定计算确定的纯益手续费，借记“应收分保账款”科目，贷记本科目。

（三）在原保险合同提前解除的当期，应按相关再保险合同约定计算确定的摊回分保费用的调整金额，借记本科目，贷记“应收分保账款”科目。

四、期末，应将本科目余额转入“本年利润”科目，结转后本科目无余额。

3）除以上项目以外的其他项目，比照商业银行。

7.1.4　证券公司利润表格式及列示说明

1. 证券公司利润表格式（见表7-6）

表7-6　利润表（证券公司）

会证02表

编制单位：　　　　____年____月　　　　单位：元

项　　目	本期金额	上期金额
一、营业收入		
手续费及佣金净收入		
其中：代理买卖证券业务净收入		
证券承销业务净收入		
受托客户资产管理业务净收入		
利息净收入		
投资收益（损失以“–”号填列）		
其中：对联营企业和合营企业的投资收益		
公允价值变动收益（损失以“–”号填列）		
汇兑收益（损失以“–”号填列）		
其他业务收入		
二、营业支出		
营业税金及附加		
业务及管理费		
资产减值损失		
其他业务成本		

续表

项　　目	本期金额	上期金额
三、营业利润（亏损以“–”号填列）		
加：营业外收入		
减：营业外支出		
四、利润总额（亏损总额以“–”号填列）		
减：所得税费用		
五、净利润（净亏损以“–”号填列）		
六、每股收益：		
（一）基本每股收益		
（二）稀释每股收益		
七、其他综合收益		
八、综合收益总额		

2．证券公司利润表列示说明

（1）本表反映证券公司在一定会计期间内利润（亏损）的实现情况。

（2）本表“上期金额”栏内各项数字，应根据上期利润表“本期金额”栏内所列数字填列。如上期利润表规定的各个项目的名称和内容同本期不相一致，应对上期利润表各项目的名称和数字按照本期的规定进行调整，填入本表“上期金额”栏内。

（3）本表“本期金额”栏内各项数字，一般应当反映以下内容。

“营业收入”项目，反映“手续费及佣金净收入”、“利息净收入”、“投资收益”、“公允价值变动收益”、“汇兑收益”、“其他业务收入”等项目的金额合计。

“手续费及佣金净收入”项目，反映企业确认的代理承销、兑付和买卖证券等业务实现的手续费及佣金收入减去发生的各项手续费、佣金支出后的净额。“代理买卖证券业务净收入”、“证券承销业务净收入”、“受托客户资产管理业务净收入”等应在本项目下单独反映。

除以上项目以外的其他项目，比照商业银行。

6021　手续费及佣金收入

一、本科目核算企业（金融）确认的手续费及佣金收入，包括办理结算业务、咨询业务、担保业务、代保管等代理业务以及办理受托贷款及投资业务等取得的手续费及佣金，如结算手续费收入、佣金收入、业务代办手续费收入、基金托管收入、咨询服务收入、担保收入、受托贷款手续费收入、代保管收入，代理买卖证券、代理承销证券、代理兑付证券、代理保管证券、代理保险业务等代理业务以及其他相关服务实现的手续费及佣金收入等。

二、本科目可按手续费及佣金收入类别进行明细核算。

三、企业确认的手续费及佣金收入，按应收的金额，借记“应收手续费及佣金”、“代理承销证券款”等科目，贷记本科目。实际收到手续费及佣金，借记“存放中央银行款项”、“银行存款”、“结算备付金”、“吸收存款”等科目，贷记“应收手续费及佣金”等科目。

四、期末，应将本科目余额转入“本年利润”科目，结转后本科目无余额。

7.2　合并利润表

合并利润表应当以母公司和子公司的利润表为基础，在抵消母公司与子公司、子公司相互之间发生的内部交易对合并利润表的影响后，由母公司合并编制。

7.2.1 合并利润表的抵消项目

合并利润表是以母公司和纳入合并范围的子公司的个别利润表为基础编制的。利润表作为以单个企业为会计主体进行会计核算的结果，它从母公司本身或从子公司本身反映一定会计期间经营成果的形成情况。在以其个别利润表为基础计算的收益和费用等项目的加总数额中，也必然包含有重复计算的因素。在编制合并利润表时，也需要将这些重复的因素予以扣除。

编制合并利润表时需要进行抵消处理的项目主要如下。

1．母公司与子公司、子公司相互之间销售商品所产生的营业收入和营业成本应当抵消

《企业会计准则第 33 号——合并财务报表》第三十四条规定，“母公司与子公司、子公司相互之间销售商品，期末全部实现对外销售的，应当将购买方的营业成本与销售方的营业收入相互抵消。

母公司与子公司、子公司相互之间销售商品，期末未实现对外销售而形成存货、固定资产、工程物资、在建工程、无形资产等资产的，在抵消销售商品的营业成本和营业收入的同时，应当将各项资产所包含的未实现内部销售损益予以抵消。

内部销售收入是指企业集团内部母公司与子公司、子公司相互之间（以下称成员企业）发生的购销活动所产生的销售收入。内部销售成本是指企业集团内部母公司与子公司、子公司相互之间发生的内部销售商品的销售成本。

在企业集团成员企业之间发生内部购销业务的情况下，各成员企业都从自身的角度，以自身独立的会计主体进行核算反映其损益情况。从销售企业来说，以其内部销售确认当期收入并结转相应的成本，计算当期内部销售收入和内部销售成本损益。从购买企业来说，其购进的商品可能用于对外销售，也可能是作为固定资产使用。在购买企业将内部购进的商品用于对外销售时，可能出现以下三种情况：第一种情况是内部购进商品全部实现对外销售；第二种情况是内部购进的商品全部未实现对外销售形成期末存货；第三种情况是内部购进的商品部分实现对外销售、部分形成期末存货。在购买企业将内部购进的商品作为固定资产使用时，则形成其固定资产。因此，对内部销售收入和内部销售成本进行抵消时，应分别不同的情况进行处理。

（1）购买企业内部购进的商品当期全部实现销售时的抵消处理。在这种情况下，从销售企业来说，销售给其他成员企业的商品与销售给集团外部企业的情况下的会计处理相同，即在本期确认销售收入、结转销售成本、计算损益，并在其个别利润表中反映；对于购买企业来说，一方面要确认销售收入，另一方面要结转销售内部购进商品的成本，在其个别利润表中分别作为销售收入和销售成本反映，并确认损益。这也就是说，对于同一购销业务，在销售企业和购买企业的个别利润表都做了反映。但从企业集团整体来看，这一购销业务只是实现了一次销售，其销售收入只是购买企业销售该产品的销售收入，其销售成本只是销售企业销售该商品的成本。销售企业销售该商品的收入属于内部销售收入，相应的购买企业销售该商品的销售成本则属于内部销售成本。因此在编制合并财务报表时，就必须将重复反映的内部销售收入与内部销售成本予以抵消。进行抵消处理时，应借记“主营业务收入”等项目，贷记“主营业务成本”等项目。

【例 7-2】 假设母公司本期个别利润表的主营业务收入中有 35 000 元系向子公司销售产品取得的销售收入，该产品销售成本为 30 000 元。该子公司在本期将该产品全部售出，其销售收入为 50 000 元，销售成本为 35 000 元，并分别在其个别利润表中列示。对此，编制合并财务报表时，将内部销售收入和内部销售成本予以抵消，应编制如下抵消分录：

借：主营业务收入　　35 000

　贷：主营业务成本　　35 000

（2）购买企业内部购进的商品未实现对外销售时的抵消处理。在内部购进的商品未实现对外销售的情况下，从销售企业来说，同样是按照一般的销售业务确认销售收入，结转销售成本，计算销售利润，并在其利润表中列示。这一业务从整个企业集团来看，实际上只是商品存放地点发生变动，并没有真正实现对企业集团外销售，不应确认销售收入、结转销售成本以及计算损益。因此，对于该内部购销业务，在编制合并财务报表时，应当将销售企业由此确认的内部销售收入和内部销售成本予以抵消。对于这一经济业务，从购买企业来说，则以支付的购货价款作为存货成本入账，并在其个别资产负债表中作为资产列示。这样，购买企业的个别资产负债表中存货的价值中就包含有销售企业实现的销售毛利。销售企业由于内部购销业务实现的销售毛利，属于未实现内部销售利润。编制合并财务报表时，还应将存货价值中包含的未实现内部销售利润予以抵消。

【例 7-3】 母公司本期个别利润表的主营业务收入中有 20 000 元系向其子公司销售商品实现的收入，母公司销售该商品成本为 14 000 元，销售毛利率为 30%。子公司本期期末存货中包含有 20 000 元从母公司购进的存货，该存货中包含的未实现内部销售利润为 6 000 元。编制合并利润表时，将内部销售收入、内部销售成本及存货价值中包含的未实现内部销售利润抵消时，其抵消分录如下：

借：主营业务收入　　20 000

　贷：主营业务成本　　14 000

　　存货　　6 000

（在合并工作底稿资产负债表部分抵消）

（3）内部购进的商品部分实现对外销售，部分形成期末存货的抵消处理。对于这种情况，可以将内部购买的商品分解为两部分来理解：一部分为当期购进并全部实现对外销售；另一部分为当期购进但未实现对外销售而形成期末存货。例 7-2 介绍的就是前一部分的抵消处理；例 7-3 介绍的则是后一部分的抵消处理。将例 7-2 和例 7-3 的抵消处理合并在一起，则就是第三种情况下的抵消处理。其抵消分录如下：

借：主营业务收入　　55 000（35 000+20 000）

　贷：主营业务成本　　49 000（35 000+14 000）

　　存货　　6 000（20 000×30%）

（在合并工作底稿中资产负债表部分抵消）

对于内部销售收入的抵消，也可按照如下方法进行抵消处理：

1）按照内部销售收入的数额，借记“主营业务收入”项目，贷记“主营业务成本”项目。

2）按照期末存货价值中包含的未实现内部销售利润的数额，借记“主营业务成本”项目，贷记“存货”项目。

如根据例 7-3 提供的资料，可以进行如下抵消处理，其抵消结果与例 7-3 的抵消处理结果相同。

借：主营业务收入　　20 000

　贷：主营业务成本　　20 000

借：主营业务成本　　　　6 000
　贷：存货　　　　6 000（20 000×30%）

（在合并工作底稿资产负债表部分抵消）

（4）购买企业内部购进的商品作为固定资产使用时的抵消处理。在集团内成员企业将自身的产品销售给其他成员企业作为固定资产使用的情况下，对于销售企业来说是作为普通商品销售并进行会计处理的，即在销售时确认收入、结转成本和计算损益，并以此在其个别财务报表中列示；对于购买企业来说，则以购买价格（在此不考虑安装及运输费用）作为固定资产原值记账，该固定资产入账价值中既包括销售企业生产该产品的成本，也包括销售企业由于该产品销售所实现的销售利润。购买企业虽然以支付给销售企业的购买价格作为固定资产原价入账，但从整个企业集团来说只能以销售企业生产该产品的成本作为固定资产原价在合并财务报表中反映。因此，编制合并利润表时应将销售企业由于该固定资产交易所实现的销售收入、结转的销售成本予以抵消；并将内部交易形成的固定资产原价中包含的未实现内部销售利润予以抵消。

【例 7-4】 母公司个别利润表的主营业务收入中有 5 000 元系向子公司销售其生产的设备所取得的收入，该设备生产成本为 4 000 元。子公司个别资产负债表固定资产原价中包含有该设备的原价。该设备系 12 月购入并投入使用的，本期未计提折旧，该固定资产原价中包含有 1 000 元未实现内部销售利润。对此，在编制合并财务报表时，需要将母公司相应的销售收入和销售成本予以抵消，并将该固定资产原价中包含的未实现内部销售利润予以抵消。其抵消分录如下：

借：主营业务收入　　　　5 000
　贷：主营业务成本　　　　4 000
　　　固定资产原价　　　　1 000

（在合并工作底稿资产负债表部分抵消）

《企业会计准则第 33 号——合并财务报表》第三十四条规定，在对母公司与子公司、子公司相互之间销售商品形成的固定资产或无形资产所包含的未实现内部销售损益进行抵消的同时，也应当对固定资产的折旧额或无形资产的摊销额与未实现内部销售损益相关的部分进行抵消。

2. 内部应收账款计提坏账准备的抵消

编制合并资产负债表时需要将内部应收账款与应付账款相互抵消，与此相适应需要将内部应收账款计提的坏账准备予以抵消。企业计提坏账准备进行账务处理时，一方面增加当期管理费用，即借记“管理费用”科目，并在当期利润表中的管理费用项目中列示；另一方面形成坏账准备，即贷记“坏账准备”科目，并作为应收账款的备抵项目在个别资产负债表列示。因此，编制合并财务报表将管理费用中包含的本期内部应收账款计提的坏账准备抵消时，则应减少当期管理费用，减少坏账准备余额，即借记“坏账准备”项目，贷记“管理费用”项目。

【例 7-5】 母公司本期个别资产负债表的应收账款中对于公司应收账款为 3 000 元，母公司按期末应收账款余额的 5‰的比例计提坏账准备。本期期末对子公司应收账款计提坏账款的数额为 15 元（假设本期开始计提坏账准备），子公司个别资产负债表应付账款中对母公司应付账款为 3 000 元。

在本例中，首先应将内部应收账款 3 000 元与应付账款 3 000 元相抵消；其次随着应收账款与应付账款的抵消，合并财务报表中应收账款的全额相应减少 3 000 元，即计提坏账准备的基数减少 3 000 元，其计提的坏账准备也应相应进行抵消，即应当将本期相对于内部应收账款计提的坏账准备的数额予以抵消。其抵消分录如下：

借：坏账准备　　15

　贷：管理费用　　15

（在合并工作底稿资产负债表部分抵消）

3. 内部利息收入和利息支出的抵消

企业集团内部成员企业之间可能发生相互提供信贷，以及成员企业之间相互持有对方债券的内部业务。在内部提供信贷的情况下，提供贷款的企业确认利息收入，并在其利润表反映为收入；而接受贷款的企业则支付利息，在其财务报表中反映为财务费用（在此为了简化合并处理，假设所发生的利息费用全部计入当期损益）。在持有内部成员企业发行债券的情况下，发行债券的成员企业计付利息支出时，将其作为财务费用处理并在其个别利润表中反映；而持有债券的成员企业，购买债券则作为持有至到期投资列示，当期获得的利息收入则作为投资收益处理，并在其个别利润表中反映。在编制合并财务报表时，应当在抵消内部发行的应付债券和长期债权投资等内部债权债务的同时，将内部利息费用与利息收入相互抵消，即将内部债券投资收益与内部发行债券的利息支出相抵消。进行抵消处理时，借记“投资收益”项目，贷记“财务费用”项目。

4. 母公司与子公司、子公司相互之间持有对方债券所产生的投资收益，应当与其相对应的发行方利息费用相互抵消；母公司对子公司、子公司相互之间持有对方长期股权投资的投资收益应当抵消

在这里，内部投资收益是指母公司对子公司权益性资本投资的收益，它实际上就是子公司销售收入减去销售成本费用和所得税后的余额，与其持股比例相乘的结果。在纳入合并范围的为全资子公司的情况下，母公司对某一子公司投资收益实际上就是该子公司当期实现的净利润。编制合并利润表，实际上是将子公司的销售收入、成本和费用视为母公司本身的销售收入、成本和费用同等看待，与母公司相应的项目进行合并，是将子公司的本期净利润还原为收入、成本和费用，也就是将投资收益还原为收入、成本和费用处理。因此，编制合并利润表时，必须将对子公司投资收益予以抵消。

在纳入合并范围的为全资子公司的情况下，子公司本期净利润就是母公司本期对子公司股权投资收益。假定子公司期初未分配利润为零，子公司本期净利润就是企业本期可供分配的利润，是本期子公司利润分配的来源，而子公司本期利润分配（包括提取盈余公积、应付利润等）的金额与期末未分配利润的金额则是本期利润分配的结果。母公司的投资收益正好与子公司的利润分配项目相抵消。在纳入合并范围的为非全资子公司的情况下，母公司本期对子公司股权投资收益与少数股东本期收益之和就是子公司本期净利润，同样假定子公司期初未分配利润为零，母公司本期对子公司股权投资收益与少数股东本期收益之和，正好与子公司本期利润分配项目相抵消。

至于子公司个别利润分配表中的期初未分配利润项目，作为子公司以前会计期间净利润的一部分，在全资子公司的情况下已全额包括在母公司以前会计期间投资收益之中，从而包括在母公司本期期初未分配利润之中。为此，也应将其予以抵消。从子公司个别利润分配表来看，其期初未分配利润加上本期净利润就是其本期利润分配的来源；而本期利润分配和期末未分配

利润则是利润分配的结果。母公司本期对子公司股权投资收益和子公司期初未分配利润正好与子公司本期利润分配项目相抵消。在纳入合并范围的为非全资子公司的情况下，母公司本期对子公司股权投资收益、少数股东本期收益和期初未分配利润与子公司利润分配项目也正好相抵消。

将上述项目抵消时，在纳入合并范围的为全资子公司的情况下，应当借记“投资收益”、“期初未分配利润”项目，贷记“提取盈余公积”、“应付利润”（包括应付优先股股利、应付普通股股利、转作股本的普通股股利，下同）、“未分配利润”等项目；在纳入合并范围的为非全资子公司的情况下，则应借记“投资收益”、“少数股东收益”、“期初未分配利润”项目，贷记“提取盈余公积”、“应付利润”、“未分配利润”等项目。

【例 7-6】 假设母公司和子公司利润分配情况见例 7-8。该子公司为非全资子公司，母公司拥有其 80%的股份：子公司本期净利润为 8 000 元，母公司对子公司本期投资收益为 6 400 元，子公司少数股东本期收益为 1 600 元，子公司期初未分配利润 3 000 元，子公司本期提取盈余公积 1 000 元、分出利润 4 000 元、未分配利润 6 000 元。为此，进行抵消处理时，应编制如下抵消分录。

借：投资收益	6 400	
少数股东收益	1 600	
期初未分配利润	3 000	
贷：提取盈余公积		1 000
应付利润		4 000
未分配利润		6 000

《企业会计准则第 33 号——合并财务报表》第三十四条规定，母公司与子公司、子公司相互之间持有对方债券所产生的投资收益、利息收入及其他综合收益等，应当与其相对应的发行方利息费用相互抵消。母公司对子公司、子公司相互之间持有对方长期股权投资的投资收益应当抵消。

5. 内部提取盈余公积的抵消

在将母公司投资收益等项目与子公司利润分配项目抵消时，已经将子公司个别利润分配表中提取盈余公积的数额全额抵消，即通过贷记“提取盈余公积”、“应付利润”和“未分配利润”项目，已将其全部抵消。根据公司法的规定，盈余公积（包括法定公积金）由单个企业按照当期实现的税后利润（净利润）计提。子公司当期计提盈余公积作为整个企业集团利润分配的一部分，应当在合并利润分配表中予以反映和揭示。因此，在合并财务报表中必须再通过抵消分录将已经抵消的提取盈余公积的数额调整回来，调整合并利润分配表中提取盈余公积的数额。编制抵消分录时，应当按照子公司当期提取盈余公积中母公司所拥有的数额，借记“提取盈余公积”项目，贷记“盈余公积”项目。这一抵消分录可以这样理解，即将子公司当期提取的盈余公积视为母公司在合并财务报表中提取盈余公积看待。

【例 7-7】 某母公司拥有某一子公司 80%的表决权资本，该子公司本期利润分配表中提取盈余公积项目的金额为 1 000 元。对此，编制合并财务报表时，应当编制如下抵消分录。

借：提取盈余公积	800（1 000×80%）	
贷：盈余公积		800

（在合并工作底稿资产负债表部分抵消）

6. 母公司与子公司、子公司相互之间发生的其他内部交易对合并利润表的影响应当抵消

7.2.2 少数股东损益

1. "少数股东损益"项目在合并利润表中的列示

《企业会计准则第 33 号——合并财务报表》第三十五条规定，子公司当期净损益中属于少数股东权益的份额，应当在合并利润表中净利润项目下以"少数股东损益"项目列示。子公司当期综合收益中属于少数股东权益的份额，应当在合并利润表中综合收益总额项目下以"归属于少数股东的综合收益总额"项目列示。

《企业会计准则第 33 号——合并财务报表》第三十六条规定，母公司向子公司出售资产所发生的未实现内部交易损益，应当全额抵消"归属于母公司所有者的净利润"。子公司向母公司出售资产所发生的未实现内部交易损益，应当按照母公司对该子公司的分配比例在"归属于母公司所有者的净利润"和"少数股东损益"之间分配抵消。子公司之间出售资产所发生的未实现内部交易损益，应当按照母公司对出售方子公司的分配比例在"归属于母公司所有者的净利润"和"少数股东损益"之间分配抵消。

2. 子公司少数股东分担超额亏损的会计处理

《企业会计准则第 33 号——合并财务报表》第三十七条规定，子公司少数股东分担的当期亏损超过了少数股东在该子公司期初所有者权益中所享有的份额的，其余额仍应当冲减少数股东权益。

7.2.3 增加、处置子公司

《企业会计准则第 33 号——合并财务报表》第三十八条规定，母公司在报告期内因同一控制下企业合并增加的子公司以及业务，应当将该子公司以及业务合并当期期初至报告期末的收入、费用、利润纳入合并利润表，同时应当对比较报表的相关项目进行调整，视同合并后的报告主体自最终控制方开始控制时点起一直存在。因非同一控制下企业合并或其他方式增加的子公司以及业务，应当将该子公司以及业务购买日至报告期末的收入、费用、利润纳入合并利润表。

《企业会计准则第 33 号——合并财务报表》第三十九条规定，母公司在报告期内处置子公司以及业务，应当将该子公司以及业务期初至处置日的收入、费用、利润纳入合并利润表。

7.2.4 合并利润表的编制

为了便于理解合并利润表编制的全过程，现举例说明如下。

【例 7-8】 母公司与子公司关于利润的相关资料如表 7-7 所示。母公司年初未分配利润 8 000 元，子公司年初未分配利润 3 000 元。母公司提取盈余公积 2 000 元，子公司提取盈余公积 1 000 元。母公司应付利润 10 000 元，子公司应付利润 4 000 元。

该母公司编制合并财务报表时，首先应当编制合并工作底稿；其次则根据母公司与子公司之间发生的内部经济业务，编制相应的抵消分录进行抵消处理。其抵消分录如下：

表 7-7 利润表

会企 02 表

编制单位： ____年 单位：元

项 目	母公司	子公司
一、营业收入	111 600	80 900
减：营业成本	85 000	62 000
营业税费	1 600	1 100
销售费用	5 000	3 000
管理费用	6 000	4 200
财务费用（收益以“–”号填列）	1 000	600
资产减值损失		
加：公允价值变动净收益（净损失以“–”号填列）		
投资净收益（净损失以“–”号填列）	8 000	200
二、营业利润（亏损以“–”号填列）		
加：营业外收入	1 000	2 500
减：营业外支出	2 000	1 500
其中：非流动资产处置净损失（挣收益以“–”号填列）		
三、利润总额（亏损总额以“–”号填列）		
减：所得税	6 000	4 000
四、净利润（净亏损以“–”号填列）		
五、每股收益：		
（一）基本每股收益	—	
（二）稀释每股收益	—	

① 借：主营业务收入　　35 000
　　贷：主营业务成本　　35 000
② 借：主营业务收入　　20 000
　　贷：主营业务成本　　14 000
　　　　存货　　6 000
③ 借：主营业务收入　　5 000
　　贷：主营业务成本　　4 000
　　　　固定资产原价　　1 000
④ 借：坏账准备　　15
　　贷：管理费用　　15
⑤ 借：投资收益　　6 400
　　　少数股东收益　　1 600
　　　年初未分配利润　　3 000
　　贷：提取盈余公积　　1 000
　　　　应付利润　　4 000
　　　　未分配利润　　6 000

⑥ 借：提取盈余公积　　　　800
　贷：盈余公积　　　　800

根据上述资料及抵消分录，可编制合并工作底稿，如表7-8、表7-9所示。

表7-8　合并工作底稿（利润表部分）　　　　单位：元

项　目	母公司	子公司	合计数	抵消分录		少数股东权益	合并数
				借方	贷方		
营业收入	111 600	80 900	192 500	①35 000 ②20 000 ③5 000			132 500
营业成本	85 000	62 000	147 000		①35 000 ②14 000 ③4 000		94 000
营业税金及附加	1 600	1 100	2 700				2 700
销售费用	5 000	3 000	8 000				8 000
管理费用	6 000	4 200	10 200		④15		10 185
财务费用	1 000	600	1 600				1 600
投资收益	8 000	200	8 200	⑤6 400			1 800
营业外收入	1 000	2 500	3 500				3 500
营业外支出	2 000	1 500	3 500				3 500
利润总额	22 000	12 000	34 000	66 400	53 015		20 615
所得税	6 000	4 000	10 000				10 000
少数股东收益						⑤1 600	1 600
净利润	16 000	8 000	24 000	66 400	53 015	1 600	9 015
年初未分配利润	8 000	3 000	11 000	⑤3 000			8 000
可供分配的利润	24 000	11 000	35 000	69 400	53 015	1 600	17 015
提取盈余公积	2 000	1 000	3 000	⑥800	⑤1 000		2 800
应付利润	10 000	4 000	14 000		⑤4 000		10 000
未分配利润	12 000	6 000	18 000	6 000* 76 200	⑤6 000 64 015	1 600	4 215

注：*"未分配利润"项目抵消分录借方发生额6 000元，系编制合并资产负债表时"未分配利润"项目抵消分录的抵消数额。编制合并财务报表时，所有的合并工作底稿是连在一起的。合并资产负债表中的"未分配利润"项目的数额来自合并利润分配表中的"未分配利润"的数额，所有应从"未分配利润"项目中抵消的数额均在合并工作底稿中利润分配表部分抵消。在第二节"合并资产负债表"中主要是为了便于大家理解，直接在合并资产负债表中抵消"未分配利润"项目的数额。

合并工作底稿中数额之下有横线者，均为加总数。其中，"未分配利润"项目行下的抵消分录借方栏中的76 200元，系"未分配利润"项目行以上各项目借方发生额合计数，加上"未分配利润"项目行发生额6 000元的合计数；"未分配利润"项目行下的抵消分录贷方栏中的64 015元，系"未分配利润"项目行以上各项目贷方发生额合计数，加上"未分配利润"项目行发生额6 000元的合计数。

表 7-9 合并工作底稿（资产负债表部分） 单位：元

项目	母公司	子公司	合计数	抵消分录		少数股东权益	合并数
				借方	贷方		
……							
坏账准备	25	20	45	④15			30
……							
存货		20 000	51 000		②6 000		45 000
……							
固定资产	30 000	20 000	50 000		③1 000		49 000
……							
盈余公积	10 000	10 000	11 000	1 000	⑥800		10 800
……							

根据上述合并工作底稿的合并数，可编制该企业集团的合并利润表，如表 7-10 所示。

表 7-10 合并利润表

会企 02 表

编制单位：　　　　____年____月　　　　单位：元

项目	本期金额	上期金额
一、营业总收入		
其中：营业收入		
利息收入		
已赚保费		
手续费及佣金收入		
二、营业总成本		
其中：营业成本		
利息支出		
手续费及佣金支出		
退保金		
赔付支出净额		
提取保险合同准备金净额		
保单红利支出		
分保费用		
营业税金及附加		
销售费用		
管理费用		
财务费用		
资产减值损失		
加：公允价值变动收益（损失以"–"号填列）		
投资收益（损失以"–"号填列）		

续表

项　　目	本期金额	上期金额
其中：对联营企业和合营企业的投资收益		
汇兑收益（损失以"–"号填列）		
三、营业利润（亏损以"–"号填列）		
加：营业外收入		
减：营业外支出		
其中：非流动资产处置损失		
四、利润总额（亏损总额以"–"号填列）		
减：所得税费用		
五、净利润（净亏损以"–"号填列）*		
归属于母公司所有者的净利润		
少数股东损益		
六、每股收益：		
（一）基本每股收益		
（二）稀释每股收益		

注：*合并利润表收入、费用项目按照各类企业利润表的相同口径填列；同一控制下企业合并的当期，还应单独列示被合并方在合并前实现的净利润。

7.2.5　合并利润表的基本格式

合并利润表的格式与个别利润表的格式基本相同。所不同的只是合并利润表增加了一个项目，即在"所得税"项目之后，在"净利润"项目之前增加"少数股东本期收益"项目，用于反映纳入合并范围的非全资子公司当期实现的净利润中少数股东所拥有的数额，即不属于母公司所拥有的数额。

第 3 篇　企业财务状况信息的反映

第 8 章 存货

存货是指企业在日常活动中持有以备出售的产成品或商品、处在生产过程中的在产品、在生产过程或提供劳务过程中耗用的材料和物料等。

8.1 存货的确认

1．存货的特征

存货区别于固定资产等非流动资产的最基本的特征是，企业持有存货的最终的目的是为了出售，包括可供直接销售的产成品、商品，以及需经过进一步加工后出售的原材料等。

2．存货的构成

（1）原材料。它是指企业在生产过程中经加工改变其形态或性质并构成产品主要实体的各种原料及主要材料、辅助材料、外购半成品（外购件）、修理用备件（备品备件）、包装材料、燃料等。为建造固定资产等各项工程而储备的各种材料，虽然同属于材料，但是由于用于建造固定资产等各项工程，不符合存货的定义，因此不能作为企业存货。

（2）在产品。它是指企业正在制造尚未完工的产品，包括正在各个生产工序加工的产品，以及已加工完毕但尚未检验或已检验但尚未办理入库手续的产品。

（3）半成品。它是指经过一定生产过程并已检验合格交付半成品仓库保管，但尚未制造完工成为产成品，仍需进一步加工的中间产品。

（4）产成品。它是指工业企业已经完成全部生产过程并验收入库，可以按照合同规定的条件送交订货单位，或者可以作为商品对外销售的产品。企业接受外来原材料加工制造的代制品和为外单位加工修理的代修品，制造和修理完成验收入库后应视同企业的产成品。

（5）商品。它是指商品流通企业外购或委托加工完成验收入库用于销售的各种商品。

（6）周转材料。它是指企业能够多次使用，但不符合固定资产定义的材料，如为了包装本企业商品而储备的各种包装物，各种工具、管理用具、玻璃器皿、劳动保护用品以及在经营过程中周转使用的容器等低值易耗品和建造承包商的钢模板、木模板、脚手架等其他周转材料。但是，周转材料符合固定资产定义的，应当作为固定资产处理。

3．存货的确认条件

存货同时满足下列条件的，才能予以确认。

（1）与该存货有关的经济利益很可能流入企业。存货是企业一项重要的流动资产，对存货的确认，关键是判断该项存货是否很可能给企业带来经济利益或所包含的经济利益是否很可能流入企业。

通常，存货的所有权是存货包含的经济利益很可能流入企业的一个重要标志。一般情况下，根据销售合同已经售出（取得现金或收取现金的权利）、所有权已经转移的存货，因其所含经济利益已不能流入本企业，因而不能再作为企业的存货进行核算，即使该存货尚未运离企业。再如，委托代销商品的所有权并未转移至受托方，因而只是委托企业存货的一部分。

总之，企业在判断存货所含经济利益能否流入企业时，通常应考虑该项存货所有权的归属。

（2）该存货的成本能够可靠地计量。成本能够可靠地计量是资产确认的一项基本条件。存货作为企业资产的组成部分，要予以确认的条件也必须是能够对其成本进行可靠的计量。存货的成本能够可靠地计量必须以取得的确凿、可靠的证据为依据，并且具有可验证性。如果存货成本不能可靠地计量，则不能确认为一项存货。

例如，企业承诺的订货合同，由于并未实际发生，不能可靠确定其成本，因此就不能确认为购买企业的存货。

8.2 存货的计量

《企业会计准则第 1 号——存货》规定，企业取得存货应按成本计量；发出存货应采用先进先出法、加权平均法或者个别计价法确定其成本；期末，存货应按成本与可变现净值孰低计量，存货成本低于其可变现净值的，应按成本计量；存货成本高于其可变现净值的，应按可变现净值计量，成本高于可变现净值的差额应确认为存货跌价损失。企业在日常核算中采用计划成本法或售价金额核算法核算的存货成本，实质上也是存货的实际成本。比如，采用计划成本法，通过“材料成本差异”或“产品成本差异”科目将材料或产成品的计划成本调整为实际成本；采用售价金额核算法，通过“商品进销差价”科目将商品的售价调整为实际成本（进价）。企业应当披露存货的确认、计量结果及相关信息。

8.2.1 存货的初始计量

企业取得存货应当按照成本进行计量。存货成本包括采购成本、加工成本和其他成本三个组成部分。存货成本的构成如图 8-1 所示。

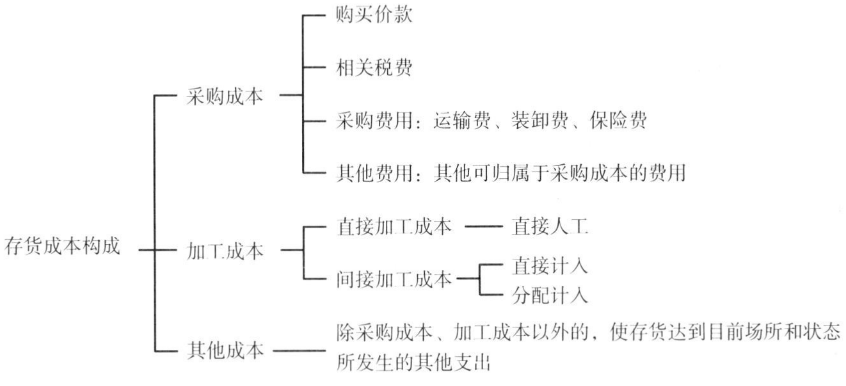

图 8-1　存货成本的构成

存货应当按照成本进行初始计量，存货的初始计量如图 8-2 所示。

存货的初始计量
- 计量基础：存货应当按照成本进行初始计量
- 不计入存货成本的费用
  - 非正常消耗的直接材料、直接人工和制造费用
  - 仓储费用（不包括在生产过程中为达到下一个生产阶段所必需的费用）
  - 不能归属于使存货达到目前场所和状态的其他支出
- 应计入存货成本的借款费用：按照《企业会计准则第 17 号——借款费用》处理
- 投资者投入存货的成本：应当按照投资合同或协议约定的价值确定，但合同或协议约定价值不公允的除外
- 收获时农产品的成本：按照《企业会计准则第 5 号——生物资产》确定
- 非货币性资产交换取得的存货的成本：按照《企业会计准则第 7 号——非货币性资产交换》确定
- 债务重组取得的存货的成本：按照《企业会计准则第 12 号——债务重组》确定
- 企业合并取得的存货的成本：按照《企业会计准则第 20 号——企业合并》确定

图 8-2　存货的初始计量

1．外购存货的成本

企业外购存货主要包括原材料和商品。外购存货的成本即存货的采购成本，指企业物资从采购到入库前所发生的全部支出，包括购买价款、相关税费、运输费、装卸费、保险费以及其他可归属于存货采购成本的费用。

（1）存货的购买价款是指企业购入的材料或商品的发票账单上列明的价款，但不包括按规定可以抵扣的增值税额。

（2）存货的相关税费是指企业购买、自制或委托加工存货发生的进口关税、消费税、资源税和不能抵扣的增值税进项税额等应计入存货采购成本的税费。

（3）其他可归属于存货采购成本的费用即采购成本中除上述各项以外的可归属于存货采购成本的费用，如在存货采购过程中发生的仓储费、包装费、运输途中的合理损耗、入库前的挑选整理费用等。这些费用能分清负担对象的，应直接计入存货的采购成本；不能分清负担对象的，应选择合理的分配方法，分配计入有关存货的采购成本，可按所购存货的数量或采购价格比例进行分配。

对于采购过程中发生的物资毁损、短缺等，除合理的途耗应当作为存货的其他可归属于存货采购成本的费用计入采购成本外，应区别不同情况进行会计处理。

① 从供货单位、外部运输机构等收回的物资短缺或其他赔款，应冲减所购物资的采购成本。

② 因遭受意外灾害发生的损失和尚待查明原因的途中损耗，暂作为待处理财产损溢进行核算，查明原因按照管理权限报经批准后计入管理费用或营业外支出。

商品流通企业在采购商品过程中发生的运输费、装卸费、保险费以及其他可归属于存货采购成本的费用等进货费用，应计入所购商品成本。在实务中，企业也可以将发生的运输费、装卸费、保险费以及其他可归属于存货采购成本的费用等进货费用先进行归集，期末，按照所购商品的存销情况进行分摊。对于已销售商品的进货费用，计入主营业务成本；对于未售商品的进货费用，计入期末存货成本。商品流通企业采购商品的进货费用金额较小的，可以在发生时直接计入当期销售费用。

【例 8-1】 20×7 年 5 月 17 日，智董公司购入原材料一批，原材料已经运到，并验收入库，但发票等结算凭证尚未收到，货款尚未支付。月末，按照暂估价 58 500 元入账。

其账务处理如下：

借：原材料 58 500

贷：应付账款——暂估应付账款 58 500

下月初，用红字将上述会计分录原账冲回。其账务处理如下：

借：原材料 [58 500]

贷：应付账款——暂估应付账款 [58 500]

6 月 13 日，发票等结算凭证已到，取得的增值税专用发票上注明的原材料价款为 45 000 元，增值税进项税额为 7 650 元，货款已通过银行转账支付。其账务处理如下：

借：原材料 45 000

应交税费——应交增值税（进项税额） 7 650

贷：银行存款 52 650

【例 8-2】 智董公司为增值税一般纳税人，20×7 年 5 月共发生以下业务。

① 5 月 14 日购入原材料一批，取得的增值税专用发票上注明的原材料价款为 300 000 元，增值税进项税额为 51 000 元，发票等结算凭证已经收到，货款已通过银行转账支付，原材料已经验收入库。该批原材料的计划成本为 330 000 元。其账务处理如下：

借：材料采购 300 000

应交税费——应交增值税（进项税额） 51 000

贷：银行存款 351 000

② 5 月 17 日购入原材料一批，取得的增值税专用发票上注明的原材料价款为 600 000 元，增值税进项税额为 102 000 元，发票等结算凭证已经收到，货款已通过银行转账支付，但原材料尚未运到。该批原材料的计划成本为 540 000 元。其账务处理如下：

借：材料采购 600 000

应交税费——应交增值税（进项税额） 102 000

贷：银行存款 702 000

③ 5 月 24 日购入原材料一批，取得的增值税专用发票上注明的原材料价款为 30 000 元，增值税进项税额为 5 100 元，原材料已经运到，并验收入库。双方商定采用商业承兑汇票结算方式支付货款，付款期限为 4 个月。该批原材料的计划成本为 36 000 元。其账务处理如下：

借：材料采购 30 000

应交税费——应交增值税（进项税额） 5 100

贷：应付票据 35 100

④ 5 月 31 日，智董公司汇总本月所采购已入库原材料的计划成本为 330 000+36 000=366 000（元），实际成本为 300 000+30 000=330 000（元），月末结转材料成本差异为 330 000−366 000=−36 000（元）（节约额）。其账务处理如下：

借：原材料 366 000

贷：材料采购 366 000

借：材料采购 36 000

贷：材料成本差异 36 000

⑤ 5 月 31 日，智董公司 B 种原材料“发料凭证汇总表”记载，基本生产车间领用 234 000

元，辅助生产车间领用 90 000 元，车间管理部门领用 14 400 元，厂部管理部门领用 28 800 元，销售部门领用 3 600 元。本月 B 种原材料成本差异率为+3%。其账务处理如下：

发出 B 种原材料时：

借：生产成本	324 000	
制造费用	14 400	
管理费用	28 800	
销售费用	3 600	
贷：原材料——B 种		370 800

结转 B 种原材料成本差异时：

借：生产成本	9 720	
制造费用	432	
管理费用	864	
销售费用	108	
贷：材料成本差异		11 124

2．加工取得的存货的成本

企业通过进一步加工取得的存货主要包括产成品、在产品、半成品、委托加工物资等，其成本由采购成本、加工成本构成。某些存货还包括使存货达到目前场所和状态所发生的其他成本，如可直接认定的产品设计费用等。通过进一步加工取得的存货的成本中采购成本是由所使用或消耗的原材料采购成本转移而来的，因此，计量加工取得的存货的成本，重点是要确定存货的加工成本。

存货加工成本由直接人工和制造费用构成，其实质是企业在进一步加工存货的过程中追加发生的生产成本，不包括直接由材料存货转移来的价值。其中，直接人工是指企业在生产产品过程中直接从事产品生产的工人的职工薪酬。直接人工和间接人工的划分依据通常是生产工人是否与所生产的产品直接相关（可否直接确定其服务的产品对象）。制造费用是指企业为生产产品和提供劳务而发生的各项间接费用。制造费用是一种间接生产成本，包括企业生产部门（如生产车间）管理人员的职工薪酬、折旧费、办公费、水电费、机物料消耗、劳动保护费、季节性和修理期间的停工损失等。

企业在加工存货过程中发生的直接人工和制造费用，如果能够直接计入有关的成本核算对象，则应直接计入该成本核算对象。否则，应按照合理方法分配计入有关成本核算对象。分配方法一经确定，不得随意变更。

（1）直接人工的分配。如果企业生产车间同时生产几种产品，则其发生的直接人工应采用合理方法分配计入各产品成本中。由于工资形成的方式不同，直接人工的分配方法也不同。比如，按计时工资或者按计件工资分配直接人工。

（2）制造费用的分配。由于企业各个生产车间或部门的生产任务、技术装备程度、管理水平和费用水准各不相同，因此，制造费用的分配一般应按生产车间或部门先进行归集，然后根据制造费用的性质，合理选择分配方法。也就是说，企业所选择的制造费用分配方法，必须与制造费用的发生具有较密切的相关性，并且使分配到每种产品上的制造费用金额科学、合理，同时还应当适当考虑计算手续的简便。在各种产品之间分配制造费用的方法，通常有按生产工人工资、按生产工人工时、按机器工时、按耗用原材料的数量或成本、按直接成本（原材料、燃料、动力、生产工人工资等职工薪酬之和）及按产成品产量等。

月末，企业应当根据在产品数量的多少、各月在产品数量变化的大小、各项成本比重大小，以及定额管理基础的好坏等具体条件，采用适当的分配方法将直接人工、制造费用以及直接材料等生产成本在完工产品与在产品之间进行分配。常用的分配方法有：不计算在产品成本法、在产品按固定成本计价法、在产品按所消耗直接材料成本计价法、约当产量比例法、在产品按定额成本计价法、定额比例法等。

小知识

联产品加工成本的分配

联产品是指使用同种原料，经过同一生产过程同时生产出来的两种或两种以上的主要产品。在分离点以前发生的成本，称为联合成本。分离点是指在联产品生产中，投入相同原料，经过同一生产过程，分离为各种联产品的时点。分离后的联产品，有的可以直接销售，有的还需进一步加工才可供销售。

联产品成本的计算，通常分为两个阶段进行。

（1）联产品分离前发生的生产费用即联合成本，可按一个成本核算对象设置一个成本明细账进行归集，然后将其总额按一定分配方法，如售价法、实物数量法等，在各联产品之间进行分配。

（2）分离后按各种产品分别设置明细账，归集其分离后所发生的加工成本。

此外，需要说明的是，在分配主产品和副产品的加工成本时，通常先确定副产品的加工成本，将其差额确定为主产品的加工成本。副产品是指在同一生产过程中，使用同种原料，在生产主要产品的同时附带生产出来的非主要产品。它的产量取决于主产品的产量，随主产品产量的变动而变动，由于副产品价值相对较低，而且在全部产品生产中所占的比重较小，因而可以采用简化的方法确定其成本；然后从总成本中扣除，其余额就是主产品的成本。

企业在进行成本计算时，应当根据其生产经营特点、生产经营组织类型和成本管理要求，确定成本计算方法。成本计算的基本方法有品种法、分批法和分步法三种。

企业具体选用哪种分配方法分配制造费用，由企业自行决定。分配方法一经确定，不得随意变更。如需变更，应当在财务报表附注中予以说明。

3. 其他方式取得的存货的成本

企业取得存货的其他方式主要包括接受投资者投资、非货币性资产交换、债务重组、企业合并以及存货盘盈等。

（1）投资者投入存货的成本。投资者投入存货的成本应当按照投资合同或协议约定的价值确定，但合同或协议约定价值不公允的除外。在投资合同或协议约定价值不公允的情况下，按照该项存货的公允价值作为其入账价值。

【例 8-3】 20×7 年 1 月 1 日，智董公司收到贵琛公司投入的原材料一批，收到的专用发票上注明的增值税进项税额为 72 000 元，双方确认的价值为 450 000 元；智董公司实收资本总额为 3 000 000 元，贵琛公司占 10%。

智董公司的账务处理如下：

借：原材料	450 000	
应交税费——应交增值税（进项税额）	72 000	
贷：实收资本——贵琛公司		300 000
资本公积		222 000

（2）通过非货币性资产交换、债务重组、企业合并等方式取得的存货的成本。企业通过非

货币性资产交换、债务重组、企业合并等方式取得的存货，其成本应当分别按照《企业会计准则第 7 号——非货币性资产交换》、《企业会计准则第 12 号——债务重组》、《企业会计准则第 20 号——企业合并》等的规定确定。但是，该项存货的后续计量和披露应当执行《企业会计准则第 1 号——存货》的规定。

（3）盘盈存货的成本。盘盈的存货应按其重置成本作为入账价值，并通过“待处理财产损溢”科目进行会计处理，按管理权限报经批准后冲减当期管理费用。

4．不计入存货成本的相关费用

下列费用不应当计入存货成本，而应当在其发生时计入当期损益。

（1）非正常消耗的直接材料、直接人工及制造费用应计入当期损益，不得计入存货成本。例如，企业超定额的废品损失以及由自然灾害而发生的直接材料、直接人工及制造费用，由于这些费用的发生无助于使该存货达到目前场所和状态，不应计入存货成本，而应计入当期损益。

（2）仓储费用指企业在采购入库后发生的储存费用，应计入当期损益。但是，在生产过程中为达到下一个生产阶段所必需的仓储费用则应计入存货成本。例如，某种酒类产品生产企业为使生产的酒达到规定的产品质量标准所必须发生的仓储费用，应计入酒的成本而不是计入当期损益。

（3）不能归属于使存货达到目前场所和状态的其他支出，不符合存货的定义和确认条件，应在发生时计入当期损益，不得计入存货成本。

（4）企业采购用于广告营销活动的特定产品，向客户预付货款未取得商品时，应作为预付账款进行会计处理，待取得相关商品时计入当期损益（销售费用）。企业取得广告营销性质的服务比照该原则进行处理。

【例 8-4】 深圳智董船业有限责任公司（简称智董公司）按照与远洋运输有限责任公司签订的合同，于 20×7 年 7 月 1 日开工，为远洋运输有限责任公司建造大型车辆滚装船，预计建造工期为 22 个月。为建造该型车辆滚装船，智董公司于 20×7 年 6 月 30 日由银行借入 3 年期、到期还本付息、不计复利的专门借款 6 000 万元。20×7 年度，智董公司借入该项专门借款应计提借款利息 200.85 万元，其中按《企业会计准则第 17 号——借款费用》规定计算的符合资本化条件的借款利息为 75.075 万元。

例中，智董公司 20×7 年度计提的银行借款利息 66.95 万元，按照新《企业会计准则第 1 号——存货》要求，则应将 20×7 年计提的银行借款利息中的 75.075 万元计入存货成本（产品成本），其余 125.775 万元银行借款利息仍应计入发生当期的财务费用。

8.2.2 存货的后续计量

存货的后续计量如图 8-3 所示。

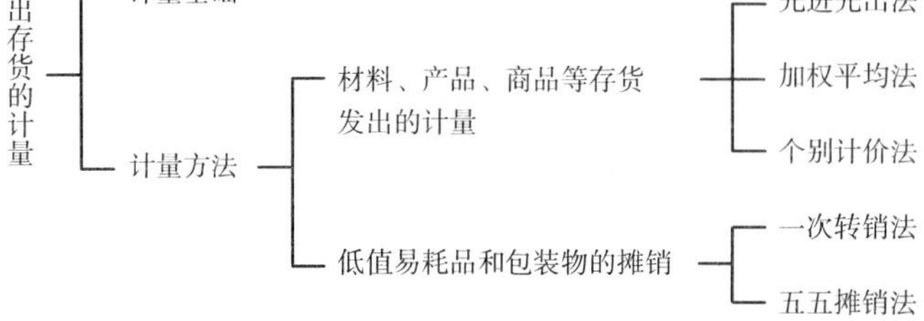

图 8-3 存货的后续计量

1．发出存货成本的计量方法

企业应当根据各类存货的实物流转方式、企业管理的要求、存货的性质等实际情况，合理地选择发出存货成本的计量方法，以合理确定当期发出存货的实际成本。

对于性质和用途相似的存货，应当采用相同的成本计算方法确定发出存货的成本。企业在确定发出存货的成本时，可以采用先进先出法、移动加权平均法、月末一次加权平均法和个别计价法等方法。企业不得采用后进先出法确定发出存货的成本。

（1）先进先出法。先进先出法是以先购入的存货应先发出（销售或耗用）这样一种存货实物流动假设为前提，对发出存货进行计价。采用这种方法，先购入的存货成本在后购入存货成本之前转出，据此确定发出存货和期末存货的成本。

（2）加权平均法。

1）移动加权平均法。移动加权平均法是指以每次进货的成本加上原有库存存货的成本，除以每次进货数量与原有库存存货的数量之和，据以计算加权平均单位成本，作为在下次进货前计算各次发出存货成本的依据。

2）月末一次加权平均法。月末一次加权平均法是指以当月全部进货数量加上月初存货数量作为权数，去除当月全部进货成本加上月初存货成本，计算出存货的加权平均单位成本，以此为基础计算当月发出存货的成本和期末存货的成本。

（3）个别计价法。个别计价法亦称个别认定法、具体辨认法、分批实际法。其特征是注重所发出存货具体项目的实物流转与成本流转之间的联系，逐一辨认各批发出存货和期末存货所属的购进批别或生产批别，分别按其购入或生产时所确定的单位成本计算各批发出存货和期末存货的成本。即把每一种存货的实际成本作为计算发出存货成本和期末存货成本的基础。对于不能替代使用的存货、为特定项目专门购入或制造的存货以及提供的劳务，通常采用个别计价法确定发出存货的成本。在实际工作中，越来越多的企业采用计算机信息系统进行会计处理，个别计价法可以广泛应用于发出存货的计价，并且个别计价法确定的存货成本最为准确。

【例8-5】 20×7年5月1日，智董公司结存A种原材料1 200千克，每千克单价3.00元；5月7日、5月21日、5月31日分别购进A种原材料800千克、1 200千克、800千克，每千克单价分别是3.20元、3.30元、3.50元；5月15日、5月27日分别发出A种原材料1 600千克、800千克。

（1）先进先出法。按先进先出法计价时，发出和结存A种原材料的成本如表8-1所示。

表8-1 A种原材料的成本

日期		收入			发出			结存		
月	日	数量（千克）	单价（元）	金额（元）	数量（千克）	单价（元）	金额（元）	数量（千克）	单价（元）	金额（元）
5	1							1 200	3.00	3 600
5	7	800	3.20	2 560				1 200 800	3.00 3.20	3 600 2 560
5	15				1 200 400	3.00 3.20	3 600 1 280	400	3.20	1 280
5	21	1 200	3.30	3 960				400 1 200	3.20 3.30	1 280 3 960

续表

日期		收入			发出			结存		
月	日	数量（千克）	单价（元）	金额（元）	数量（千克）	单价（元）	金额（元）	数量（千克）	单价（元）	金额（元）
5	27				400 400	3.20 3.30	1 280 1 320	800	3.30	2 640
5	31	800	3.50	2 800				800 800	3.30 3.50	2 640 2 800

根据表 8-1 的结果可知：

本月发出 A 种原材料的成本=3 600+1 280+1 280+1 320=7 480（元）

月末结存 A 种原材料的成本=2 640+2 800=5 440（元）

（2）加权平均法。沿用例 8-5 的资料。

$$加权平均单价=\frac{期初结存货实际成本+本期收入存货实际成本}{期初结存存货数量+本期收入存货数量}$$

$$=\frac{1\,200\times3.00+800\times3.20+1\,200\times3.30+800\times3.50}{1\,200+800+1\,200+800}$$

$$=3.23\text{（元）}$$

本月发出 A 种原材料的成本=2 400×3.23=7 752（元）

月末结存 A 种原材料的成本=1 600×3.23=5 168（元）

2．存货成本的结转

《企业会计准则第 1 号——存货》规定企业应当将已售存货的成本结转为当期损益，计入营业成本。这就是说，企业在确认存货销售收入的当期，应当将已经销售存货的成本结转为当期营业成本。

存货为商品、产成品的，企业应采用先进先出法、移动加权平均法、月末一次加权平均法或个别计价法确定已销售商品的实际成本。存货为非商品存货的，如材料等，应将已出售材料的实际成本予以结转，计入当期其他业务成本。这里所讲的材料销售不构成企业的主营业务。如果材料销售构成了企业的主营业务，则该材料为企业的商品存货，而不是非商品存货。

对已售存货计提了存货跌价准备的，还应结转已计提的存货跌价准备，冲减当期主营业务成本或其他业务成本，实际上是按已售产成品或商品的账面价值结转主营业务成本或其他业务成本。企业按存货类别计提存货跌价准备的，也应按比例结转相应的存货跌价准备。

企业的周转材料符合存货的定义和确认条件的，按照使用次数分次计入成本费用。余额较小的，可在领用时一次计入成本费用，以简化核算，但为加强实物管理，应当在备查簿上进行登记。

企业因非货币性资产交换、债务重组等转出的存货，应当分别按照《企业会计准则第 7 号——非货币性资产交换》和《企业会计准则第 12 号——债务重组》规定进行会计处理。

3．周转材料（低值易耗品和包装物）的摊销

企业应当采用一次转销法或者五五摊销法对低值易耗品和包装物进行摊销，计入相关资产的成本或者当期损益。

五五摊销法，指在领用低值易耗品时先摊销其价值的一半，在报废时再摊销其价值的另一半的方法。该法适用于对在用低值易耗品按使用车间、部门进行数量和金额明细核算的企业。采用五五摊销法，企业应在低值易耗品总账科目下设“在库低值易耗品”、“在用低值易耗品”、“低值易耗品摊销”三个明细科目。本科目的期末余额，为期末库存未用低值易耗品的实际成本或计划成本，以及库存已用低值易耗品的摊余价值。

在五五摊销法下，应在领用低值易耗品时，借记“周转材料——低值易耗品（在用低值易耗品）”科目，贷记“周转材料——低值易耗品（在库低值易耗品）”科目。月份终了，根据领用的低值易耗品原价的50%进行摊销，借记“制造费用”、“管理费用”、“其他业务成本”等科目，贷记“周转材料——低值易耗品（低值易耗品摊销）”科目。报废时，根据报废低值易耗品的已提摊销额，借记“周转材料——低值易耗品（低值易耗品摊销）”科目；根据入库残料价值，借记“原材料”科目；根据应收赔偿款，借记“其他应收款”科目；根据补提的摊销额，即报废低值易耗品的原价减已提摊销额和入库残料价值及应收赔偿款后的差额，借记“管理费用”、“制造费用”、“其他业务成本”等科目；根据报废低值易耗品的原价，贷记“周转材料——低值易耗品（在用低值易耗品）”科目。

【例8-6】 20×7年6月3日，智董公司第一生产车间领用工具一批，成本23 560元，采用一次摊销法。20×7年9月11日，第一生产车间领用的工具不能继续使用，决定报废。残料已入库，价值670元。

其会计处理如下：

（1）领用工具时。

借：制造费用	23 560	
贷：周转材料		23 560

（2）工具报废时。

借：原材料	670	
贷：制造费用		670

【例8-7】 20×7年3月1日，智董公司厂部管理部门领用一批新的低值易耗品，成本为800元，拟采用五五摊销法进行摊销。20×7年4月23日，智董公司厂部管理部门领用的低值易耗品不能继续使用，决定报废。残料已入库，价值15元。

其会计处理如下：

（1）领用低值易耗品时。

借：周转材料——在用低值易耗品	800	
贷：周转材料——在库低值易耗品		800

（2）摊销低值易耗品时。

借：管理费用	400	
贷：周转材料——低值易耗品摊销		400

（3）低值易耗品报废时。

借：周转材料——低值易耗品摊销	400	
原材料	15	
管理费用	385	
贷：周转材料——在用低值易耗品		800

8.2.3 存货的期末计量

《企业会计准则第 1 号——存货》规定，资产负债表日，当存货成本低于可变现净值时，存货按成本计量；当存货成本高于可变现净值时，存货按可变现净值计量，同时按照成本高于可变现净值的差额计提存货跌价准备，计入当期损益。

存货的期末计量如图 8-4 所示。

- 存货的期末计量
  - 计量方法
    - 存货应当按照成本与可变现净值孰低计量
  - 可变现净值的确定
    - 可变现净值的定义：可变现净值是指在日常活动中，存货的估计售价减去至完工时估计将要发生的成本、估计的销售费用以及相关税费后的金额
    - 可变现净值的确定依据：企业确定存货的可变现净值，应当以取得的确凿证据为基础，并且考虑持有存货的目的、资产负债表日后事项的影响等因素
    - 可变现净值的确定方法
      - 为生产而持有的材料等：为生产而持有的材料等，用其生产的产成品的可变现净值高于成本的，该材料仍然应当按照成本计量；材料价格的下降表明产成品的可变现净值低于成本的，该材料应当按照可变现净值计量
      - 为执行销售合同或者劳务合同而持有的存货：为执行销售合同或者劳务合同而持有的存货，其可变现净值应当以合同价格为基础计算。企业持有存货的数量多于销售合同订购数量的，超出部分的存货的可变现净值应当以一般销售价格为基础计算。资产负债表日，企业应当确定存货的可变现净值
  - 存货跌价准备的计提与转回
    - 计提：存货成本高于其可变现净值的，应当计提存货跌价准备，计入当期损益。企业通常应当按照单个存货项目计提存货跌价准备。对于数量繁多、单价较低的存货，可以按照存货类别计提存货跌价准备。与在同一地区生产和销售的产品系列相关、具有相同或类似最终用途或目的，且难以与其他项目分开计量的存货，可以合并计提存货跌价准备
    - 转回：以前减记存货价值的影响因素已经消失的，减记的金额应当予以恢复，并在原已计提的存货跌价准备金额内转回，转回的金额计入当期损益
  - 存货的毁损、盘亏
    - 企业发生的存货毁损，应当将处置收入扣除账面价值和相关税费后的金额计入当期损益。存货的账面价值是存货成本扣减累计跌价准备后的金额
    - 存货盘亏造成的损失，应当计入当期损益

图 8-4 存货的期末计量

1. 资产负债表日存货的计量

资产负债表日，存货应当按照成本与可变现净值孰低计量。

资产负债表日，企业应当确定存货的可变现净值。可变现净值是指在日常活动中，存货的估计售价减去至完工时估计将要发生的成本、估计的销售费用以及相关税费后的金额。公式如下：

存货的可变现净值=存货的估计售价−至完工时估计将要发生的成本−估计的销售费用−相关税费

可变现净值是指未来净现金流入，而不是指存货的售价或合同价。企业销售存货预计取得的现金流入并不完全构成存货的可变现净值。由于存货在销售过程中可能发生相关税费和销售

费用，以及为达到预定可销售状态还可能发生进一步的加工成本，这些相关税费、销售费用和成本支出，均构成存货销售产生现金流入的抵减项目，只有在扣除这些现金流出后，才能确定存货的可变现净值。

（1）存货可变现净值的确定依据。企业确定存货的可变现净值应当以取得的确凿证据为基础，并且考虑持有存货的目的、资产负债表日后事项的影响等因素。

1）确定存货的可变现净值应当以取得确凿证据为基础。确定存货的可变现净值必须建立在取得的确凿证据的基础上。这里所讲的“确凿证据”是指对确定存货的可变现净值和成本有直接影响的客观证明。

① 存货成本的确凿证据。存货的采购成本、加工成本和其他成本及以其他方式取得存货的成本，应当以取得外来原始凭证、生产成本账簿记录等作为确凿证据。

② 存货可变现净值的确凿证据。存货可变现净值的确凿证据，是指对确定存货的可变现净值有直接影响的确凿证明，如产成品或商品的市场销售价格、与产成品或商品相同或类似商品的市场销售价格、销货方提供的有关资料和生产成本资料等。

2）确定存货的可变现净值应当考虑持有存货的目的。由于企业持有存货的目的不同，确定存货可变现净值的计算方法也不同。如用于出售的存货和用于继续加工的存货，其可变现净值的计算就不相同，因此，企业在确定存货的可变现净值时，应考虑持有存货的目的。企业持有存货的目的通常可以分为两种：持有以备出售的存货，如商品、产成品，其中又分为有合同约定的存货和没有合同约定的存货；将在生产过程或提供劳务过程中耗用的存货，如材料等。

3）确定存货的可变现净值应当考虑资产负债表日后事项等的影响。确定存货可变现净值时，应当以资产负债表日取得最可靠的证据估计的售价为基础并考虑持有存货的目的，资产负债表日至财务报告批准报出日之间存货售价发生波动的，如有确凿证据表明其对资产负债表日存货已经存在的情况提供了新的或进一步的证据，则在确定存货可变现净值时应当予以考虑，否则，不应予以考虑。

（2）存货可变现净值的确定方法。

① 为生产而持有的材料等。为生产而持有的材料等，用其生产的产成品的可变现净值高于成本的，该材料仍然应当按照成本计量；材料价格的下降表明产成品的可变现净值低于成本的，该材料应当按照可变现净值计量。用于生产的材料、在产品或自制半成品等需要经过加工的材料存货，在正常生产经营过程中，应当以所生产的产成品的估计售价减去至完工时估计将要发生的成本、估计的销售费用以及相关税费后的金额确定其可变现净值。

② 为执行销售合同或者劳务合同而持有的存货。产成品、商品和用于出售的材料等直接用于出售的商品存货，在正常生产经营过程中，应当以该存货的估计售价减去估计的销售费用和相关税费后的金额确定其可变现净值。

【例 8-8】 20×7 年 12 月 31 日，智董公司库存原材料——A 材料的账面价值（成本）为 3 600 000 元，市场购买价格总额为 300 000 元，假设不发生其他购买费用。由于 A 材料市场销售价格下降，市场上用 A 材料生产的 X 产品的市场销售价格也发生了相应下降，下降了 10%。由此造成智董公司 X 产品的市场销售价格总额由 9 000 000 元降为 8 100 000 元，但生产成本仍为 8 400 000 元，将 A 材料加工成 X 产品尚需投入 4 800 000 元，估计销售费用及税金为 300 000 元。

要求：确定 20×7 年 12 月 31 日 A 材料的价值。

根据上述资料，可按照以下步骤进行确定。

① 计算用该原材料所生产的产成品的可变现净值。

X 产品的可变现净值=X 产品估计售价–估计的销售费用及相关税金
=8 100 000–300 000=7 800 000（元）

② 将用该原材料所生产的产成品的可变现净值与其成本进行比较。

X 产品的可变现净值 7 800 000 元小于其生产成本 8 400 000 元，即 A 材料价格的下降表明 X 产品的可变现净值低于成本，因此 A 材料应当按可变现净值计量。

③ 计算该原材料的可变现净值，并确定其期末价值。

A 材料的可变现净值=X 产品的售价总额–将 A 材料加工成 X 产品尚需投入的成本–估计销售费用及相关税金=8 100 000–4 800 000–300 000=3 000 000（元）

A 材料的可变现净值 3 000 000 元小于其成本 3 600 000 元，因此 A 材料的期末价值应为其可变现净值 3 000 000 元，即 A 材料应按 3 000 000 元列示在 20×7 年 12 月 31 日资产负债表的存货项目之中。

2．存货跌价准备的计提与转回

（1）存货跌价准备的计提。存货成本高于其可变现净值的，应当计提存货跌价准备，计入当期损益。

企业通常应当按照单个存货项目计提存货跌价准备。对于数量繁多、单价较低的存货，可以按照存货类别计提存货跌价准备。与在同一地区生产和销售的产品系列相关、具有相同或类似最终用途或目的，且难以与其他项目分开计量的存货，可以合并计提存货跌价准备。

【例 8-9】 智董公司的有关资料及存货期末计量（见表 8-2），假设智董公司在此之前没有对存货计提跌价准备。假定不考虑相关税费和销售费用。

表 8-2 智董公司的有关资料及存货期末计量

20×7 年 12 月 31 日　　单位：元

商　品	数　量	成　本		可变现净值		按存货类别确定的账面价值	由此计提的存货跌价准备
		单价	金额	单价	金额		
第一组							
A 商品	400	10	4 000	9	3 600		
B 商品	500	7	3 500	8	4 000		
合　计			7 500		7 600	7 500	
第二组							
C 商品	200	50	10 000	48	9 600		
D 商品	100	45	4 500	44	4 400		
合　计			14 500		14 000	14 000	500
第三组							
E 商品	700	100	70 000	80	56 000		
合　计			70 000		56 000	56 000	14 000
总　计			92 000		77 600	77 500	14 500

（2）通常表明存货的可变现净值低于成本的情形。

1）存货存在下列情形之一的，表明存货的可变现净值低于成本：

① 该存货的市场价格持续下跌，并且在可预见的未来无回升的希望。

② 企业使用该项原材料生产的产品的成本大于产品的销售价格。

③ 企业因产品更新换代，原有库存原材料已不适应新产品的需要，而该原材料的市场价格又低于其账面成本。

④ 因企业所提供的商品或劳务过时或消费者偏好改变而使市场的需求发生变化，导致市场价格逐渐下跌。

⑤ 其他足以证明该项存货实质上已经发生减值的情形。

2）存货存在下列情形之一的，表明存货的可变现净值为零：

① 已霉烂变质的存货。

② 已过期且无转让价值的存货。

③ 生产中已不再需要，并且已无使用价值和转让价值的存货。

④ 其他足以证明已无使用价值和转让价值的存货。

（3）存货跌价准备的转回。以前减记存货价值的影响因素已经消失的，减记的金额应当予以恢复，并在原已计提的存货跌价准备金额内转回，转回的金额计入当期损益。

【例8-10】 20×7年5月31日，智董公司的一批存货A账面余额为300 000元，预计可变现净值为270 000元，智董公司应计提的存货跌价准备为30 000元。其会计处理如下：

借：资产减值损失——计提的存货跌价准备　　30 000

　贷：存货跌价准备　　30 000

20×7年6月30日，智董公司的上述存货A账面余额为300 000元，预计可变现净值为255 000元，智董公司应补提的存货跌价准备为15 000元。其会计处理如下：

借：资产减值损失——计提的存货跌价准备　　15 000

　贷：存货跌价准备　　15 000

20×7年7月31日，智董公司上述存货A的可变现净值又有恢复，账面余额为300 000元，预计可变现净值为291 000元，智董公司应冲减计提的存货跌价准备为36 000元。其会计处理如下：

借：存货跌价准备　　36 000

　贷：资产减值损失——计提的存货跌价准备　　36 000

【例8-11】 假定智董公司20×5年12月31日库存W型机器12台，成本（不含增值税）为360万元，单位成本为30万元。该批W型机器全部销售给贵琛公司。与贵琛公司签订的销售合同约定，20×6年1月20日，智董公司应按每台30万元的价格（不含增值税）向贵琛公司提供W型机器12台。

智董公司销售部门提供的资料表明，向长期客户——贵琛公司销售的W型机器的平均运杂费等销售费用为0.12万元/台；向其他客户销售W型机器的平均运杂费等销售费用为0.1万元/台。

20×5年12月31日，W型机器的市场销售价格为32万元/台。在本例中，能够证明W型机器的可变现净值的确凿证据是智董公司与贵琛公司签订的有关W型机器的销售合同、市场销售价格资料、账簿记录和智董公司销售部门提供的有关销售费用的资料等。根据该销售合同规定，库存的12台W型机器的销售价格全部由销售合同约定。

在这种情况下，W型机器的可变现净值应以销售合同约定的价格30万元/台为基础确定。据此，W型机器的可变现净值=30×12−0.12×12=360−1.44=358.56（万元），低于W型机器的成本（360万元），应按其差额1.44万元计提存货跌价准备（假定以前未对W型计提存货跌价准备）。如果W型机器的成本为350万元，则不需计提存货跌价准备。

小知识

材料存货期末价值的确定

材料存货的期末价值应当以所生产的产成品的可变现净值与成本的比较为基础加以确定。

（1）对于为生产而持有的材料等，如果用其生产的产成品的可变现净值预计高于成本，则该材料仍然应当按照成本计量。这里的“材料”指原材料、在产品、委托加工材料等。“可变现净值高于成本”中的成本是指产成品的生产成本。

【例 8-12】 20×7 年 12 月 31 日，智董公司库存原材料——A 材料的账面成本为 300 万元，市场销售价格总额为 280 万元（假定本章中所称销售价格和成本均不含增值税），假定不发生其他销售费用。用 A 材料生产的产成品——甲型机器的可变现净值高于成本。

根据上述资料可知，20×7 年 12 月 31 日，A 材料的账面成本高于其市场价格，但是由于用其生产的产成品——甲型机器的可变现净值高于成本，也就是用该原材料生产的最终产品此时并没有发生价值减损，因而，A 材料即使其账面成本已高于市场价格，也不应计提存货跌价准备，仍应按 300 万元列示在 20×7 年 12 月 31 日的资产负债表的存货项目之中。

（2）如果材料价格的下降表明产成品的可变现净值低于成本，则该材料应当按可变现净值计量，按其差额计提存货跌价准备。

【例 8-13】 20×7 年 12 月 31 日，智董公司库存原材料——B 材料的账面成本为 120 万元，单位成本为 1.2 万元/件，数量为 100 件，可用于生产 100 台乙型机器。B 材料的市场销售价格为 1.1 万元/件。假定不发生其他销售费用。

B 材料市场销售价格下跌，导致用 B 材料生产的乙型机器的市场销售价格也下跌，由此造成乙型机器的市场销售价格由 3 万元/台降为 2.7 万元/台，但生产成本仍为 2.8 万元/台。将每件 B 材料加工成乙型机器尚需投入 1.6 万元，估计发生运杂费等销售费用 0.1 万元/台。

根据上述资料，可按照以下步骤确定 B 材料的可变现净值。

（1）计算用该原材料所生产的产成品的可变现净值。

乙型机器的可变现净值=乙型机器估计售价–估计销售费用–估计相关税费=2.7×100–0.1×100=260（万元）

（2）将用该原材料所生产的产成品的可变现净值与其成本进行比较。

乙型机器的可变现净值 260 万元小于其成本 280 万元，即 B 材料价格的下降表明乙型机器的可变现净值低于成本，因此 B 材料应当按可变现净值计量。

（3）计算该原材料的可变现净值。

B 材料的可变现净值=乙型机器的售价总额–将 B 材料加工成乙型机器尚需投入的成本–估计销售费用–估计相关税费=2.7×100–1.6×100–0.1×100=100（万元）

B 材料的可变现净值 100 万元小于其成本 120 万元，因此，B 材料的期末价值应为其可变现净值 100 万元，即 B 材料应按 100 万元列示在 20×7 年 12 月 31 日资产负债表的存货项目之中。

3. 存货的毁损、盘亏

（1）存货的毁损。企业发生的存货毁损，应当将处置收入扣除账面价值和相关税费后的金额计入当期损益。存货的账面价值是存货成本扣减累计跌价准备后的金额。

存货毁损计入当期损益的金额=存货处置收入–存货账面价值–相关税费=存货处置收入–（存货成本–累计跌价准备）–相关税费

（2）存货的盘亏。存货盘亏造成的损失，应当计入当期损益。

【例 8-14】 20×7 年 12 月 31 日，智董公司对甲原材料进行盘点，发现盘亏原材料 1 500 千克，实际单位成本 2.00 元，转出增值税进项税额为 510 元。经查，属于当年夏天雷击造成的毁损。其中，应由保管员刘伟赔偿 800 元；属于保险公司责任范围，应由保险公司赔偿 1 750 元；余额 960 元计入营业外支出。其会计处理如下：

（1）批准处理前。

借：待处理财产损溢——待处理流动资产损溢	3 510	
贷：原材料		3 000
应交税费——应交增值税（进项税额转出）		510

（2）批准处理后。

借：其他应收款——刘伟	800	
——保险公司	1 750	
营业外支出	960	
贷：待处理财产损溢——待处理流动资产损溢		3 510

8.3 会计科目及主要账务处理

8.3.1 材料采购

1. 会计科目核算内容

本科目核算企业采用计划成本进行材料日常核算而购入材料的采购成本。采用实际成本进行材料日常核算的，购入材料的采购成本，在“在途物资”科目核算。委托外单位加工材料、商品的加工成本，在“委托加工物资”科目核算。购入的工程用材料，在“工程物资”科目核算。

本科目期末借方余额，反映企业在途材料的采购成本。

2. 明细核算

本科目可按供应单位和材料品种进行明细核算。

3. 主要账务处理

（1）企业支付材料价款和运杂费等，按应计入材料采购成本的金额，借记本科目，按实际支付或应支付的金额，贷记“银行存款”、“库存现金”、“其他货币资金”、“应付账款”、“应付票据”、“预付账款”等科目。涉及增值税进项税额的，还应进行相应的处理。

（2）期末，企业应将仓库转来的外购收料凭证，分别下列不同情况进行处理：

① 对于已经付款或已开出、承兑商业汇票的收料凭证，应按实际成本和计划成本分别汇总，按计划成本，借记“原材料”、“周转材料”等科目，贷记本科目；将实际成本大于计划成本的差异，借记“材料成本差异”科目，贷记本科目；实际成本小于计划成本的差异做相反的会计分录。

② 对于尚未收到发票账单的收料凭证，应按计划成本暂估入账，借记“原材料”、“周转材料”等科目，贷记“应付账款——暂估应付账款”科目，下期初做相反分录予以冲回。下期收到发票账单的收料凭证，借记本科目，贷记“银行存款”、“应付账款”、“应付票据”等科目。涉及增值税进项税额的，还应进行相应的处理。

8.3.2 在途物资

1. 会计科目核算内容

本科目核算企业采用实际成本（或进价）进行材料、商品等物资的日常核算、货款已付尚未验收入库的在途物资的采购成本。

本科目期末借方余额，反映企业在途材料、商品等物资的采购成本。

2. 明细核算

本科目可按供应单位和物资品种进行明细核算。

3. 主要账务处理

（1）企业购入材料、商品，按应计入材料、商品采购成本的金额，借记本科目，按实际支付或应支付的金额，贷记“银行存款”、“应付账款”、“应付票据”等科目。涉及增值税进项税额的，还应进行相应的处理。

（2）所购材料、商品到达验收入库，借记“原材料”、“库存商品”等科目，贷记本科目。

库存商品采用售价核算的，按售价，借记“库存商品”科目，按进价，贷记本科目，进价与售价之间的差额，借记或贷记“商品进销差价”科目。

8.3.3 原材料

1. 会计科目核算内容

本科目核算企业库存的各种材料，包括原料及主要材料、辅助材料、外购半成品（外购件）、修理用备件（备品备件）、包装材料、燃料等的计划成本或实际成本。

收到来料加工装配业务的原料、零件等，应当设置备查簿进行登记。

本科目期末借方余额，反映企业库存材料的计划成本或实际成本。

2. 明细核算

本科目可按材料的保管地点（仓库）、材料的类别、品种和规格等进行明细核算。

3. 主要账务处理

（1）企业购入并已验收入库的材料，按计划成本或实际成本，借记本科目，按实际成本，贷记“材料采购”或“在途物资”科目；按计划成本与实际成本的差异，借记或贷记“材料成本差异”科目。

（2）自制并已验收入库的材料，按计划成本或实际成本，借记本科目，按实际成本，贷记“生产成本”科目，按计划成本与实际成本的差异，借记或贷记“材料成本差异”科目。

委托外单位加工完成并已验收入库的材料，按计划成本或实际成本，借记本科目，按实际成本，贷记“委托加工物资”科目，按计划成本与实际成本的差异，借记或贷记“材料成本差异”科目。

（3）生产经营领用材料，借记“生产成本”、“制造费用”、“销售费用”、“管理费用”等科目，贷记本科目。出售材料结转成本，借记“其他业务成本”科目，贷记本科目。发出委托外单位加工的材料，借记“委托加工物资”科目，贷记本科目。采用计划成本进行材料日常核算的，发出材料还应结转材料成本差异，将发出材料的计划成本调整为实际成本。

采用实际成本进行材料日常核算的，发出材料的实际成本，可以采用先进先出法、加权平均法或个别认定法计算确定。

8.3.4 材料成本差异

1. 会计科目核算内容

本科目核算企业采用计划成本进行日常核算的材料计划成本与实际成本的差额。企业也可以在“原材料”、“周转材料”等科目设置“成本差异”明细科目。

本科目期末借方余额，反映企业库存材料等的实际成本大于计划成本的差异；贷方余额反映企业库存材料等的实际成本小于计划成本的差异。

2. 明细核算

本科目可以分别“原材料”、“周转材料”等，按照类别或品种进行明细核算。

3. 主要账务处理

（1）入库材料发生的材料成本差异，实际成本大于计划成本的差异，借记本科目，贷记“材料采购”科目；实际成本小于计划成本的差异做相反的会计分录。

入库材料的计划成本应当尽可能接近实际成本。除特殊情况外，计划成本在年度内不得随意变更。

（2）结转发出材料应负担的材料成本差异，按实际成本大于计划成本的差异，借记“生产成本”、“管理费用”、“销售费用”、“委托加工物资”、“其他业务成本”等科目，贷记本科目；实际成本小于计划成本的差异做相反的会计分录。

发出材料应负担的成本差异应当按期（月）分摊，不得在季末或年末一次计算。发出材料应负担的成本差异，除委托外部加工发出材料可按期初成本差异率计算外，应使用当期的实际差异率；期初成本差异率与本期成本差异率相差不大的，也可按期初成本差异率计算。计算方法一经确定，不得随意变更。材料成本差异率的计算公式如下：

本期材料成本差异率=（期初结存材料的成本差异+本期验收入库材料的成本差异）÷（期初结存材料的计划成本+本期验收入库材料的计划成本）×100%

期初材料成本差异率=期初结存材料的成本差异÷期初结存材料的计划成本×100%

发出材料应负担的成本差异=发出材料的计划成本×材料成本差异率

8.3.5 库存商品

1. 会计科目核算内容

本科目核算企业库存的各种商品的实际成本（或进价）或计划成本（或售价），包括库存产成品、外购商品、存放在门市部准备出售的商品、发出展览的商品以及寄存在外的商品等。

接受来料加工制造的代制品和为外单位加工修理的代修品，在制造和修理完成验收入库后，视同企业的产成品，也通过本科目核算。

企业（房地产开发）的开发产品，可将本科目改为“1405 开发产品”科目。

企业（农业）收获的农产品，可将本科目改为“1405 农产品”科目。

本科目期末借方余额，反映企业库存商品的实际成本（或进价）或计划成本（或售价）。

2. 明细核算

本科目可按库存商品的种类、品种和规格等进行明细核算。

3. 主要账务处理

（1）企业生产的产成品一般应按实际成本核算，产成品的入库和出库，平时只记数量不记金额，期（月）末计算入库产成品的实际成本。生产完成验收入库的产成品，按其实际成本，借记本科目、“农产品”等科目，贷记“生产成本”、“消耗性生物资产”、“农业生产成本”等科目。

产成品种类较多的，也可按计划成本进行日常核算，其实际成本与计划成本的差异，可以单独设置“产品成本差异”科目，比照“材料成本差异”科目核算。

采用实际成本进行产成品日常核算的，发出产成品的实际成本，可以采用先进先出法、加权平均法或个别认定法计算确定。

对外销售产成品（包括采用分期收款方式销售产成品），结转销售成本时，借记“主营业务成本”科目，贷记本科目。采用计划成本核算的，发出产成品还应结转产品成本差异，将发出产成品的计划成本调整为实际成本。

（2）购入商品采用进价核算的，在商品到达验收入库后，按商品进价，借记本科目，贷记“银行存款”、“在途物资”等科目。委托外单位加工收回的商品，按商品进价，借记本科目，贷记“委托加工物资”科目。

购入商品采用售价核算的，在商品到达验收入库后，按商品售价，借记本科目，按商品进价，贷记“银行存款”、“在途物资”等科目，按商品售价与进价的差额，贷记“商品进销差价”科目。委托外单位加工收回的商品，按商品售价，借记本科目，按委托加工商品的账面余额，贷记“委托加工物资”科目，按商品售价与进价的差额，贷记“商品进销差价”科目。

对外销售商品（包括采用分期收款方式销售商品），结转销售成本时，借记“主营业务成本”科目，贷记本科目。采用进价进行商品日常核算的，发出商品的实际成本，可以采用先进先出法、加权平均法或个别认定法计算确定。采用售价核算的，还应结转应分摊的商品进销差价。

（3）企业（房地产开发）开发的产品，达到预定可销售状态时，按实际成本，借记“开发产品”科目，贷记“开发成本”科目。期末，企业结转对外转让、销售和结算开发产品的实际成本，借记“主营业务成本”科目，贷记“开发产品”科目。

企业将开发的营业性配套设施用于本企业从事第三产业经营用房，应视同自用固定资产进行处理，并按营业性配套设施的实际成本，借记“固定资产”科目，贷记“开发产品”科目。

8.3.6 发出商品

1. 会计科目核算内容

本科目核算企业未满足收入确认条件但已发出商品的实际成本（或进价）或计划成本（或售价）。采用支付手续费方式委托其他单位代销的商品，也可以单独设置“委托代销商品”科目。

本科目期末借方余额反映企业发出商品的实际成本（或进价）或计划成本（或售价）。

2. 明细核算

本科目可按购货单位、商品类别和品种进行明细核算。

3．主要账务处理

（1）对于未满足收入确认条件的发出商品，应按发出商品的实际成本（或进价）或计划成本（或售价），借记本科目，贷记“库存商品”科目。

发出商品发生退回的，应按退回商品的实际成本（或进价）或计划成本（或售价），借记“库存商品”科目，贷记本科目。

（2）发出商品满足收入确认条件时，应结转销售成本，借记“主营业务成本”科目，贷记本科目。采用计划成本或售价核算的，还应结转应分摊的产品成本差异或商品进销差价。

8.3.7 商品进销差价

1．会计科目核算内容

本科目核算企业采用售价进行日常核算的商品售价与进价之间的差额。

本科目的期末贷方余额反映企业库存商品的商品进销差价。

2．明细核算

本科目可按商品类别或实物管理负责人进行明细核算。

3．主要账务处理

（1）企业购入、加工收回以及销售退回等增加的库存商品，按商品售价，借记“库存商品”科目，按商品进价，贷记“银行存款”、“委托加工物资”等科目，按售价与进价之间的差额，贷记本科目。

（2）期（月）末分摊已销商品的进销差价，借记本科目，贷记“主营业务成本”科目。销售商品应分摊的商品进销差价，按以下公式计算：

商品进销差价率=期末分摊前本科目余额÷（“库存商品”科目期末余额+“委托代销商品”科目期末余额+“发出商品”科目期末余额+本期“主营业务收入”科目贷方发生额）×100%

本期销售商品应分摊的商品进销差价=本期“主营业务收入”科目贷方发生额×商品进销差价率

企业的商品进销差价率各期之间比较均衡的，也可以采用上期商品进销差价率计算分摊本期的商品进销差价。年度终了，应对商品进销差价进行核实调整。

8.3.8 委托加工物资

1．会计科目核算内容

本科目核算企业委托外单位加工的各种材料、商品等物资的实际成本。

本科目期末借方余额，反映企业委托外单位加工尚未完成物资的实际成本。

2．明细核算

本科目可按加工合同、受托加工单位以及加工物资的品种等进行明细核算。

3．主要账务处理

（1）企业发给外单位加工的物资，按实际成本，借记本科目，贷记“原材料”、“库存商品”等科目；按计划成本或售价核算的，还应同时结转材料成本差异或商品进销差价。

（2）支付加工费、运杂费等，借记本科目，贷记“银行存款”等科目；需要缴纳消费税的委托加工物资，由受托方代收代交的消费税，借记本科目（收回后用于直接销售的）或“应交税费——应交消费税”科目（收回后用于继续加工的），贷记“应付账款”、“银行存款”等科目。

（3）加工完成验收入库的物资和剩余的物资，按加工收回物资的实际成本和剩余物资的实际成本，借记“原材料”、“库存商品”等科目，贷记本科目。

采用计划成本或售价核算的，按计划成本或售价，借记“原材料”或“库存商品”科目，按实际成本，贷记本科目，按实际成本与计划成本或售价之间的差额，借记或贷记“材料成本差异”或贷记“商品进销差价”科目。

采用计划成本或售价核算的，也可以采用上期材料成本差异率或商品进销差价率计算分摊本期应分摊的材料成本差异或商品进销差价。

8.3.9 周转材料

1. 会计科目核算内容

本科目核算企业周转材料的计划成本或实际成本，包括包装物、低值易耗品，以及企业（建造承包商）的钢模板、木模板、脚手架等。

企业的包装物、低值易耗品，也可以单独设置“包装物”、“低值易耗品”科目。

本科目期末借方余额，反映企业在库周转材料的计划成本或实际成本以及在用周转材料的摊余价值。

2. 明细核算

本科目可按周转材料的种类，分别“在库”、“在用”和“摊销”进行明细核算。

3. 主要账务处理

（1）企业购入、自制、委托外单位加工完成并已验收入库的周转材料等，比照“原材料”科目的相关规定进行处理。

（2）采用一次转销法的，领用时应按其账面价值，借记“管理费用”、“生产成本”、“销售费用”、“工程施工”等科目，贷记本科目。

周转材料报废时，应按报废周转材料的残料价值，借记“原材料”等科目，贷记“管理费用”、“生产成本”、“销售费用”、“工程施工”等科目。

（3）采用其他摊销法的，领用时应按其账面价值，借记本科目（在用），贷记本科目（在库）；摊销时应按摊销额，借记“管理费用”、“生产成本”、“销售费用”、“工程施工”等科目，贷记本科目（摊销）。

周转材料报废时应补提摊销额，借记“管理费用”、“生产成本”、“销售费用”、“工程施工”等科目，贷记本科目（摊销）；同时，按报废周转材料的残料价值，借记“原材料”等科目，贷记“管理费用”、“生产成本”、“销售费用”、“工程施工”等科目；并转销全部已提摊销额，借记本科目（摊销），贷记本科目（在用）。

（4）周转材料采用计划成本进行日常核算的，领用等发出周转材料时，还应同时结转应分摊的成本差异。

8.3.10 消耗性生物资产

1. 会计科目核算内容

本科目核算企业（农业）持有的消耗性生物资产的实际成本。消耗性生物资产发生减值的，可以单独设置“消耗性生物资产跌价准备”科目，比照“存货跌价准备”科目进行处理。

本科目期末借方余额，反映企业消耗性生物资产的实际成本。

2. 明细核算

本科目可按消耗性生物资产的种类、群别等进行明细核算。

3. 主要账务处理

（1）外购的消耗性生物资产，按应计入消耗性生物资产成本的金额，借记本科目，贷记“银行存款”、“应付账款”、“应付票据”等科目。

（2）自行栽培的大田作物和蔬菜，应按收获前发生的必要支出，借记本科目，贷记“银行存款”等科目。自行营造的林木类消耗性生物资产，应按郁闭前发生的必要支出，借记本科目，贷记“银行存款”等科目。自行繁殖的育肥畜、水产养殖的动植物，应按出售前发生的必要支出，借记本科目，贷记“银行存款”等科目。

（3）取得天然起源的消耗性生物资产，应按名义金额，借记本科目，贷记“营业外收入”科目。

（4）产畜或役畜淘汰转为育肥畜的，按转群时的账面价值，借记本科目，按已计提的累计折旧，借记“生产性生物资产累计折旧”科目，按其账面余额，贷记“生产性生物资产”科目。已计提减值准备的，还应同时结转减值准备。

育肥畜转为产畜或役畜的，应按其账面余额，借记“生产性生物资产”科目，贷记本科目。已计提跌价准备的，还应同时结转跌价准备。

（5）择伐、间伐或抚育更新性质采伐而补植林木类消耗性生物资产发生的后续支出，借记本科目，贷记“银行存款”等科目。林木类消耗性生物资产达到郁闭后发生的管护费用等后续支出，借记“管理费用”科目，贷记“银行存款”等科目。

（6）农业生产过程中发生的应归属于消耗性生物资产的费用，按应分配的金额，借记本科目，贷记“农业生产成本”科目。

（7）消耗性生物资产收获为农产品时，应按其账面余额，借记“农产品”科目，贷记本科目。已计提跌价准备的，还应同时结转跌价准备。

（8）出售消耗性生物资产，应按实际收到的金额，借记“银行存款”等科目，贷记“主营业务收入”等科目。按其账面余额，借记“主营业务成本”等科目，贷记本科目。已计提跌价准备的，还应同时结转跌价准备。

8.3.11 贵金属

1. 会计科目核算内容

本科目核算企业（金融）持有的黄金、白银等贵金属存货的成本。企业（金融）为上市交易而持有的贵金属，比照“交易性金融资产”科目进行处理。

本科目期末借方余额，反映企业持有贵金属存货的成本。

2. 明细核算

本科目可按贵金属的类别进行明细核算。

3. 主要账务处理

（1）企业购买的贵金属，借记本科目，贷记“存放中央银行款项”等科目。

（2）出售的贵金属，应按实际收到的金额，借记“存放中央银行款项”等科目，贷记“其他业务收入”科目。按其账面余额，借记“其他业务成本”科目，贷记本科目。

8.3.12 抵债资产

1. 会计科目核算内容

本科目核算企业（金融）依法取得并准备按有关规定进行处置的实物抵债资产的成本。企业（金融）依法取得并准备按有关规定进行处置的非实物抵债资产（不含股权投资），也通过本科目核算。

本科目期末借方余额，反映企业取得的尚未处置的实物抵债资产的成本。

2. 明细核算

本科目可按抵债资产类别及借款人进行明细核算。抵债资产发生减值的，可以单独设置“抵债资产跌价准备”科目，比照“存货跌价准备”科目进行处理。

3. 主要账务处理

（1）企业取得的抵债资产，按抵债资产的公允价值，借记本科目，按相关资产已计提的减值准备，借记“贷款损失准备”、“坏账准备”等科目，按相关资产的账面余额，贷记“贷款”、“应收手续费及佣金”等科目，按应支付的相关税费，贷记“应交税费”科目，按其差额，借记“营业外支出”科目。如为贷方差额，应贷记“资产减值损失”科目。

（2）抵债资产保管期间取得的收入，借记“库存现金”、“银行存款”、“存放中央银行款项”等科目，贷记“其他业务收入”等科目。保管期间发生的直接费用，借记“其他业务成本”等科目，贷记“库存现金”、“银行存款”、“存放中央银行款项”等科目。

（3）处置抵债资产时，应按实际收到的金额，借记“库存现金”、“银行存款”、“存放中央银行款项”等科目，按应支付的相关税费，贷记“应交税费”科目，按其账面余额，贷记本科目，按其差额，贷记“营业外收入”科目或借记“营业外支出”科目。已计提抵债资产跌价准备的，还应同时结转跌价准备。

（4）取得抵债资产后转为自用的，应在相关手续办妥时，按转换日抵债资产的账面余额，借记“固定资产”等科目，贷记本科目。已计提抵债资产跌价准备的，还应同时结转跌价准备。

8.3.13 存货跌价准备

1. 会计科目核算内容

本科目核算企业存货的跌价准备。

本科目期末贷方余额，反映企业已计提但尚未转销的存货跌价准备。

2. 明细核算

本科目可按存货项目或类别进行明细核算。

3. 主要账务处理

（1）资产负债表日，存货发生减值的，按存货可变现净值低于成本的差额，借记“资产减值损失”科目，贷记本科目。

已计提跌价准备的存货价值以后又得以恢复，应在原已计提的存货跌价准备金额内，按恢复增加的金额，借记本科目，贷记“资产减值损失”科目。

发出存货结转存货跌价准备的，借记本科目，贷记“主营业务成本”、“生产成本”等科目。

（2）企业（建造承包商）建造合同执行中预计总成本超过合同总收入的，应按其差额，借记“资产减值损失”科目，贷记本科目。合同完工时，借记本科目，贷记“主营业务成本”科目。

8.4 附注披露

1.《企业会计准则第 1 号——存货》的规定

企业应当在附注中披露与存货有关的下列信息：

（1）各类存货的期初和期末账面价值。

（2）确定发出存货成本所采用的方法。

（3）存货可变现净值的确定依据，存货跌价准备的计提方法，当期计提的存货跌价准备的金额，当期转回的存货跌价准备的金额，以及计提和转回的有关情况。

（4）用于担保的存货账面价值。

2. 《企业会计准则第 30 号——财务报表列报》应用指南的规定

存货的披露格式如表 8-3 所示。

表 8-3 存货的披露格式

存货种类	年初账面余额	本期增加额	本期减少额	期末账面余额
1. 原材料				
2. 在产品				
3. 库存商品				
4. 周转材料				
5. 消耗性生物资产				
……				
合　计				

说明消耗性生物资产的期末实物数量，并按相应格式披露金额信息（见表 8-4）。

表 8-4 消耗性生物资产的金额信息披露格式

项　目	年初账面余额	本期增加额	本期减少额	期末账面余额
一、种植业				
1.				
……				
二、畜牧养殖业				
1.				
……				
三、林业				
1.				
……				
四、水产业				
1.				
……				
合　计				

存货跌价准备的披露格式如表 8-5 所示。

表 8-5　存货跌价准备的披露格式

存货种类	年初账面余额	本期计提额	本期减少额		期末账面余额
			转回	转销	
1. 原材料					
2. 在产品					
3. 库存商品					
4. 周转材料					
5. 消耗性生物资产					
6. 建造合同形成的资产					
……					
合　计					

第 9 章 长期股权投资

9.1 长期股权投资概述

长期股权投资是指投资方对被投资单位实施控制、重大影响的权益性投资，以及对其合营企业的权益性投资。

1. 长期股权投资会计准则

为了适应社会主义市场经济发展需要，提高企业财务报表质量和会计信息透明度，根据《企业会计准则——基本准则》，财政部对《企业会计准则第 2 号——长期股权投资》进行了修订，2014 年 3 月 13 日印发了《关于印发修订〈企业会计准则第 2 号——长期股权投资〉的通知》，自 2014 年 7 月 1 日起在所有执行企业会计准则的企业范围内施行，鼓励在境外上市的企业提前执行。财政部于 2006 年 2 月 15 日发布的《〈企业会计准则第 1 号——存货〉等 38 项具体准则》(财会［2006］3 号)中的《企业会计准则第 2 号——长期股权投资》同时废止。2014 年 3 月 13 日，财政部对《企业会计准则第 2 号——长期股权投资》进行了修订，自 2014 年 7 月 1 日起在所有执行会计准则的企业范围内施行(财会［2014］14 号)。

在确定能否对被投资单位实施控制时，投资方应当按照《企业会计准则第 33 号——合并财务报表》的有关规定进行判断。投资方能够对被投资单位实施控制的，被投资单位为其子公司。投资方属于《企业会计准则第 33 号——合并财务报表》规定的投资性主体且子公司不纳入合并财务报表的情况除外。

重大影响是指投资方对被投资单位的财务和经营政策有参与决策的权力，但并不能够控制或者与其他方一起共同控制这些政策的制定。在确定能否对被投资单位施加重大影响时，应当考虑投资方和其他方持有的被投资单位当期可转换公司债券、当期可执行认股权证等潜在表决权因素。投资方能够对被投资单位施加重大影响的，被投资单位为其联营企业。

在确定被投资单位是否为合营企业时，应当按照《企业会计准则第 40 号——合营安排》的有关规定进行判断。

下列各项适用其他相关会计准则。

(1)外币长期股权投资的折算，适用《企业会计准则第 19 号——外币折算》。

(2)风险投资机构、共同基金以及类似主体持有的、在初始确认时按照《企业会计准则第 22 号——金融工具确认和计量》的规定以公允价值计量且其变动计入当期损益的金融资产，投资性主体对不纳入合并财务报表的子公司的权益性投资，以及本准则未予规范的其他权益性投资，适用《企业会计准则第 22 号——金融工具确认和计量》。

长期股权投资的披露适用《企业会计准则第 41 号——在其他主体中权益的披露》。

2．长期股权投资的核算方法

长期股权投资的核算方法有两种：一是成本法；二是权益法。

（1）成本法核算的长期股权投资的范围。

① 企业能够对被投资单位实施控制的长期股权投资，即企业对子公司的长期股权投资。企业对子公司的长期股权投资应当采用成本法核算，编制合并财务报表时按照权益法进行调整。

② 企业对被投资单位不具有控制、共同控制或重大影响，且在活跃市场中没有报价、公允价值不能可靠计量的长期股权投资。

（2）权益法核算的长期股权投资的范围。企业对被投资单位具有共同控制或者重大影响时，长期股权投资应当采用权益法核算。

① 企业对被投资单位具有共同控制的长期股权投资，即企业对其合营企业的长期股权投资。

② 企业对被投资单位具有重大影响的长期股权投资，即企业对其联营企业的长期股权投资。

为了核算企业的长期股权投资，企业应当设置“长期股权投资”、“投资收益”等科目。

“长期股权投资”科目核算企业持有的采用成本法和权益法核算的长期股权投资，借方登记长期股权投资取得时的成本以及采用权益法核算时按被投资企业实现的净利润计算的应分享的份额，贷方登记收回长期股权投资的价值或采用权益法核算时被投资单位宣告分派现金股利或利润时企业按持股比例计算应享有的份额，及按被投资单位发生的净亏损计算的应分担的份额，期末借方余额反映企业持有的长期股权投资的价值。

9.2 长期股权投资的初始计量

长期股权投资的初始计量如图 9-1 所示。

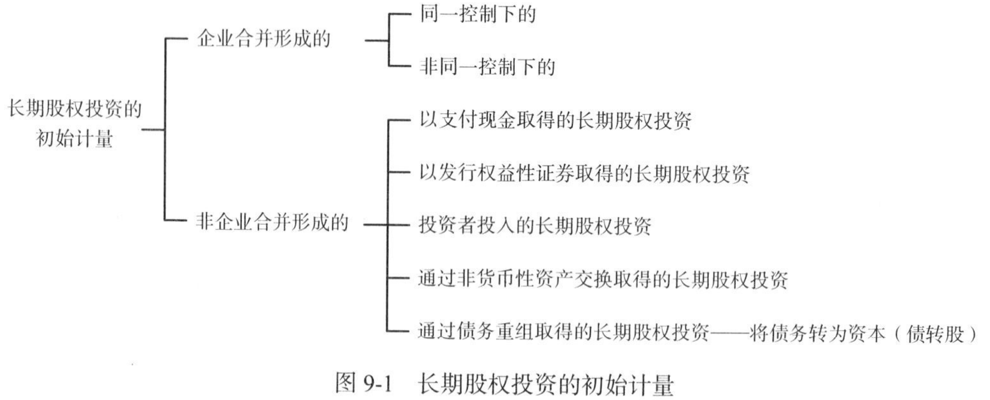

图 9-1 长期股权投资的初始计量

9.2.1 企业合并形成的长期股权投资

1. 同一控制下的企业合并形成的长期股权投资

同一控制下的企业合并，合并方以支付现金、转让非现金资产或承担债务方式作为合并对价的，应当在合并日按照取得被合并方所有者权益账面价值的份额作为长期股权投资的初始投资成本。长期股权投资初始投资成本与支付的现金、转让的非现金资产以及所承担债务账面价值之间的差额，应当调整资本公积；资本公积不足冲减的，调整留存收益。

【例 9-1】 智董公司和贵琛公司同为欣郁公司的子公司。20×7 年 8 月 1 日，智董公司与贵琛公司达成合并协议，约定智董公司以固定资产、无形资产和银行存款向贵琛公司投资，占贵琛公司股份总额的 60%。20×7 年 8 月 1 日，贵琛公司所有者权益总额为 12 000 万元；智董公司参与企业合并的固定资产原价为 4 200 万元，已计提折旧 1 200 万元，未计提固定资产减值准备；无形资产账面原价为 3 000 万元，已摊销 1 500 万元，未计提无形资产减值准备；银行存款 3 600 万元。假定智董公司所有者权益中资本公积余额为 1 200 万元。

智董公司的会计处理如下（单位：万元）：

借：固定资产清理	3 000	
累计折旧	1 200	
贷：固定资产		4 200
借：长期股权投资——投资成本	7 200	
累计摊销	1 500	
资本公积	900	
贷：固定资产清理		3 000
无形资产		3 000
银行存款		3 600

合并方以发行权益性证券作为合并对价的，应当在合并日按照取得被合并方所有者权益账面价值的份额作为长期股权投资的初始投资成本。按照发行股份的面值总额作为股本，长期股权投资初始投资成本与所发行股份面值总额之间的差额，应当调整资本公积；资本公积不足冲减的，调整留存收益。

【例 9-2】 智董公司和欣郁公司同为怡平公司的子公司。20×7 年 8 月 1 日，智董公司与欣郁公司达成合并协议，约定智董公司以增发的权益性证券作为对价向欣郁公司投资，占欣郁公司股份总额的 55%。20×7 年 8 月 1 日，智董公司增发的权益性证券成功，共增发普通股股票 100 万股，每股面值 1 元，实际发行价格为 1.5 元；欣郁公司所有者权益总额为 4 000 万元。在发行普通股过程中，智董公司共发生相关税费 105 万元，与发行普通股股票直接相关的手续费、佣金 123 万元，均以银行存款支付。假定智董公司所有者权益中资本公积余额为 1 995 万元。

智董公司的会计处理如下（单位：万元）：

借：长期股权投资——投资成本	2 200	
贷：股本		100
银行存款		105
资本公积		1 995
借：资本公积	123	

贷：银行存款　　123

有关公式如下：

合并对价=支付现金+转让非现金资产+承担债务+发行权益性证券

初始投资成本（A）=（合并日）取得被合并方所有者权益账面价值的份额

合并对价账面价值（B）=支付现金+转让非现金资产账面价值+承担债务+发行权益性证券（股份）面值总额

初始投资成本（A）–合并对价账面价值（B）：调整资本公积；资本公积不足冲减的，调整留存收益。

合并对价账面价值（B）–初始投资成本（A）：调整资本公积；资本公积不足冲减的，调整留存收益。

2．非同一控制下的企业合并形成的长期股权投资

购买方应当区别下列情况确定合并成本。

（1）一次交换交易实现的企业合并，合并成本为购买方在购买日为取得对被购买方的控制权而付出的资产、发生或承担的负债以及发行的权益性证券的公允价值。

（2）通过多次交换交易分步实现的企业合并，合并成本为每一单项交易成本之和。

（3）购买方为进行企业合并发生的各项直接相关费用也应当计入企业合并成本。

（4）在合并合同或协议中对可能影响合并成本的未来事项做出约定的，购买日如果估计未来事项很可能发生并且对合并成本的影响金额能够可靠计量的，购买方应当将其计入合并成本。

购买方在购买日对作为企业合并对价付出的资产、发生或承担的负债应当按照公允价值计量，公允价值与其账面价值的差额，计入当期损益。

非同一控制下的企业合并，购买方在购买日应当按照《企业会计准则第 20 号——企业合并》确定的合并成本作为长期股权投资的初始投资成本。

一次交换交易实现的企业合并的公式如下：

合并成本=购买方在购买日为取得对被购买方的控制权而付出的资产+发生或承担的负债+发行的权益性证券的公允价值+购买方为进行企业合并发生的各项直接相关费用+可能影响合并成本的未来事项的金额

通过多次交换交易分步实现的企业合并的公式如下：

$$合并成本=\sum 单项交易成本$$

【例 9-3】 20×7 年 4 月 1 日，智董公司与欣郁公司达成合并协议，约定智董公司以一台固定资产和银行存款 350 万元向欣郁公司投资，占欣郁公司股份总额的 60%。该固定资产的账面原价为 8 430 万元，已计提累计折旧 430 万元，已计提固定资产减值准备 100 万元，公允价值为 8 400 万元。假定智董公司与欣郁公司在此之前不存在任何投资关系，不考虑其他相关税费。

智董公司的会计处理如下（单位：万元）：

借：固定资产清理　　7 900

　　累计折旧　　430

固定资产减值准备　　　　　　　　　　　　100
　贷：固定资产　　　　　　　　　　　　　　　8 430
借：长期股权投资——投资成本　　　　　　8 750
　贷：固定资产清理　　　　　　　　　　　　　7 900
　　银行存款　　　　　　　　　　　　　　　　350
　　营业外收入　　　　　　　　　　　　　　　500

【例 9-4】 20×7 年 3 月 11 日，贵琛公司与怡平公司达成合并协议，约定贵琛公司以一项专利技术和银行存款 250 万元向怡平公司投资，占怡平公司股份总额的 60%。该专利技术的账面原价为 9 880 万元，已累计摊销 440 万元，已计提无形资产减值准备 320 万元，公允价值为 9 000 万元。假定贵琛公司与怡平公司在此之前不存在任何投资关系，不考虑其他相关税费。

贵琛公司的会计处理如下（单位：万元）：

借：长期股权投资——投资成本　　　　　　9 250
　累计摊销　　　　　　　　　　　　　　　440
　无形资产减值准备　　　　　　　　　　　320
　营业外支出　　　　　　　　　　　　　　120
　贷：无形资产　　　　　　　　　　　　　　　9 880
　　银行存款　　　　　　　　　　　　　　　　250

9.2.2 非企业合并形成的长期股权投资

1. 以支付现金取得的长期股权投资

以支付现金取得的长期股权投资，应当按照实际支付的购买价款作为初始投资成本。初始投资成本包括与取得长期股权投资直接相关的费用、税金及其他必要支出。有关公式如下：

初始投资成本=实际支付的购买价款+与取得长期股权投资直接相关的费用、税金及其他必要支出

【例 9-5】 为建立永久的原材料产地，保证原材料的持续供应，20×7 年 1 月 2 日，智董股份有限公司在公开交易的股票市场上购买了贵辰股份有限公司的 1 500 000 股股票，价值为 4 500 000 元，占其股本总额的 80%。

智董股份有限公司的会计处理如下：

借：长期股权投资——投资成本　　　　　　4 500 000
　贷：银行存款　　　　　　　　　　　　　　　4 500 000

2. 以发行权益性证券取得的长期股权投资

以发行权益性证券取得的长期股权投资，应当按照发行权益性证券的公允价值作为初始投资成本。有关公式如下：

初始投资成本=发行权益性证券的公允价值

3. 投资者投入的长期股权投资

投资者投入的长期股权投资，应当按照投资合同或协议约定的价值作为初始投资成本，但合同或协议约定价值不公允的除外。有关公式如下：

初始投资成本=投资合同或协议约定的价值（合同或协议约定价值不公允的除外）

投资者投入的长期股权投资是指投资者将其持有的对第三方的投资投入企业形成的长期股权投资。企业应当确认对第三方的长期股权投资，同时确认该项出资形成的实收资本及资本公积（资本溢价）。

投资者在合同或协议中约定的价值明显不公允的，应当按照取得长期股权投资的公允价值作为其初始投资成本，所确认的长期股权投资初始投资成本与计入企业实收资本金额之间的差额，应调整资本公积（资本溢价）。长期股权投资存在活跃市场的，应当参照活跃市场中的价格确定其公允价值；不存在活跃市场、无法参照市场价格取得其公允价值的，应当按照一定的估价技术等合理的方法确定其公允价值。

企业无论以何种方式取得长期股权投资，实际支付的价款或对价中包含的已宣告但尚未领取的现金股利或利润，应作为应收项目单独核算，不作为取得的长期股权投资的成本。

4．通过非货币性资产交换取得的长期股权投资

通过非货币性资产交换取得的长期股权投资，其初始投资成本应当按照《企业会计准则第7号——非货币性资产交换》确定。

（1）具有商业实质的单项非货币性资产交换。

换入资产的成本=换出（入）资产的公允价值+（本方换出资产，下同）应支付的相关税费

（注意：还应考虑是否发生补价，下同。）

（2）不具有商业实质的单项非货币性资产交换。

换入资产的成本=换出资产的账面价值+（本方换出资产，下同）应支付的相关税费

5．通过债务重组取得的长期股权投资——将债务转为资本（债转股）

通过债务重组取得的长期股权投资，其初始投资成本应当按照《企业会计准则第12号——债务重组》确定。

将债务转为资本的，债权人应当将享有股份的公允价值确认为对债务人的投资，重组债权的账面余额与股份的公允价值之间的差额，比照《企业会计准则第2号——长期股权投资》第九条的规定处理：以现金清偿债务的，债权人应当将重组债权的账面余额与收到的现金之间的差额，计入当期损益。债权人已对债权计提减值准备的，应当先将该差额冲减减值准备，减值准备不足以冲减的部分，计入当期损益。

有关公式如下：

对债务人的投资=将享有股份的公允价值

【例9-6】 20×6年9月28日，智董公司从贵琛公司购买两辆桑塔纳轿车自用，收到的增值税专用发票上注明的轿车价款为300 000元，增值税进项税额为51 000元；两辆桑塔纳轿车已收到并验收完毕，款项尚未支付。20×7年1月13日，智董公司因遭受自然灾害，资金周转发生困难，无法按期偿还债务，双方协议后，贵琛公司同意智董公司以其拥有的一项长期股权投资用于抵偿债务。该项长期股权投资的账面余额为360 000元，未计提长期股权投资减值准备，公允价值为340 000元；假定不考虑相关税费。

贵琛公司与债务重组有关的交易账务处理如下：

借：长期股权投资——投资成本	340 000	
营业外支出	11 000	
贷：应收账款		351 000

9.2.3 应收项目

企业取得长期股权投资，实际支付的价款或对价中包含的已宣告但尚未发放的现金股利或利润，作为应收项目处理，不构成取得长期股权投资的成本。

初始取得长期股权投资时：

（1）同一控制下企业合并形成的长期股权投资，应在合并日按取得被合并方所有者权益账面价值的份额，借记“长期股权投资”科目，按享有被投资单位已宣告但尚未发放的现金股利或利润，借记“应收股利”科目，按支付的合并对价的账面价值，贷记有关资产或借记有关负债科目，按其差额，贷记“资本公积——资本溢价或股本溢价”科目；为借方差额的，借记“资本公积——资本溢价或股本溢价”科目，资本公积（资本溢价或股本溢价）不足冲减的，借记“盈余公积”、“利润分配——未分配利润”科目。

（2）非同一控制下企业合并形成的长期股权投资，应在购买日按企业合并成本（不含应自被投资单位收取的现金股利或利润），借记“长期股权投资”科目，按享有被投资单位已宣告但尚未发放的现金股利或利润，借记“应收股利”科目，按支付合并对价的账面价值，贷记有关资产或借记有关负债科目，按发生的直接相关费用，贷记“银行存款”等科目，按其差额，贷记“营业外收入”或借记“营业外支出”等科目。非同一控制下企业合并涉及以库存商品等作为合并对价的，应按库存商品的公允价值，贷记“主营业务收入”科目，并同时结转相关的成本。涉及增值税的，还应进行相应的处理。

法律依据

《企业会计准则第2号——长期股权投资》部分内容

财会［2014］14号（2014年7月1日起在所有执行企业会计准则的企业范围内施行）

第二章　初始计量

第五条　企业合并形成的长期股权投资，应当按照下列规定确定其初始投资成本：

（一）同一控制下的企业合并，合并方以支付现金、转让非现金资产或承担债务方式作为合并对价的，应当在合并日按照被合并方所有者权益在最终控制方合并财务报表中的账面价值的份额作为长期股权投资的初始投资成本。长期股权投资初始投资成本与支付的现金、转让的非现金资产以及所承担债务账面价值之间的差额，应当调整资本公积；资本公积不足冲减的，调整留存收益。

合并方以发行权益性证券作为合并对价的，应当在合并日按照被合并方所有者权益在最终控制方合并财务报表中的账面价值的份额作为长期股权投资的初始投资成本。按照发行股份的面值总额作为股本，长期股权投资初始投资成本与所发行股份面值总额之间的差额，应当调整资本公积；资本公积不足冲减的，调整留存收益。

（二）非同一控制下的企业合并，购买方在购买日应当按照《企业会计准则第20号——企业合并》的有关规定确定的合并成本作为长期股权投资的初始投资成本。

合并方或购买方为企业合并发生的审计、法律服务、评估咨询等中介费用以及其他相关管理费用，应当于发生时计入当期损益。

第六条　除企业合并形成的长期股权投资以外，其他方式取得的长期股权投资，应当按照下列规定确定其初始投资成本：

（一）以支付现金取得的长期股权投资，应当按照实际支付的购买价款作为初始投资成本。初始投资成本包括与取得长期股权投资直接相关的费用、税金及其他必要支出。

（二）以发行权益性证券取得的长期股权投资，应当按照发行权益性证券的公允价值作为初始投资成本。与发行权益行证券直接相关的费用，应当按照《企业会计准则第37号——金融工具列报》的有关规定确定。

（三）通过非货币性资产交换取得的长期股权投资，其初始投资成本应当按照《企业会计准则第7号——非货币性资产交换》的有关规定确定。

（四）通过债务重组取得的长期股权投资，其初始投资成本应当按照《企业会计准则第12号——债务重组》的有关规定确定。

9.3 长期股权投资的后续计量

9.3.1 成本法

1. 采用成本法核算的情形

下列长期股权投资应当按照《企业会计准则第2号——长期股权投资》第七条规定，采用成本法核算。

（1）投资企业能够对被投资单位实施控制的长期股权投资。

控制是指有权决定一个企业的财务和经营政策，并能据以从该企业的经营活动中获取利益。投资企业能够对被投资单位实施控制的，被投资单位为其子公司，投资企业应当将子公司纳入合并财务报表的合并范围。

投资企业对子公司的长期股权投资，应当采用《企业会计准则第2号——长期股权投资》规定的成本法核算，编制合并财务报表时按照权益法进行调整。

（2）投资企业对被投资单位不具有共同控制或重大影响，并且在活跃市场中没有报价、公允价值不能可靠计量的长期股权投资。

共同控制是指按照合同约定对某项经济活动所共有的控制，仅在与该项经济活动相关的重要财务和经营决策需要分享控制权的投资方一致同意时存在。投资企业与其他方对被投资单位实施共同控制的，被投资单位为其合营企业。

重大影响是指对一个企业的财务和经营政策有参与决策的权力，但并不能够控制或者与其他方一起共同控制这些政策的制定。投资企业能够对被投资单位施加重大影响的，被投资单位为其联营企业。

成本法适用范围如图9-2所示。

成本法适用范围
- 子公司（控制）
- 非合营企业（非共同控制），且在活跃市场中没有报价、公允价值不能可靠计量
- 非联营企业（非重大影响），且在活跃市场中没有报价、公允价值不能可靠计量

图9-2 成本法适用范围

2. 在确定能否对被投资单位实施控制或施加重大影响时，对潜在表决权因素的考虑

在确定能否对被投资单位实施控制或施加重大影响时，应当考虑投资企业和其他方持有的被投资单位当期可转换公司债券、当期可执行认股权证等潜在表决权因素。

3. 计价、调整、投资收益的确认

采用成本法核算的长期股权投资应当按照初始投资成本计价。追加或收回投资应当调整长期股权投资的成本。被投资单位宣告分派的现金股利或利润，确认为当期投资收益。投资企业确认投资收益，仅限于被投资单位接受投资后产生的累积净利润的分配额，所获得的利润或现金股利超过上述数额的部分作为初始投资成本的收回。

【例 9-7】 20×7 年 1 月 1 日，智董公司以银行存款购入贵琛公司 10%的股份，并准备长期持有，实际投资成本为 220 000 元。贵琛公司于 20×7 年 5 月 2 日宣告分派 20×6 年度的现金股利 200 000 元。如果贵琛公司 20×7 年 1 月 1 日股东权益合计为 2 400 000 元，其中，股本为 2 000 000 元，未分配利润为 400 000 元；20×7 年实现净利润 800 000 元；20×8 年 5 月 1 日宣告分派现金股利 600 000 元。

智董公司的账务处理如下。

（1）购入贵琛公司的股票时：

借：长期股权投资——股票投资（贵琛公司） 220 000
　贷：银行存款 220 000

（2）20×7 年 5 月 2 日，宣告分派现金股利时：

借：应收股利 20 000
　贷：长期股权投资——股票投资（贵琛公司） 20 000

（3）20×8 年 5 月 1 日，宣告分派现金股利时：

借：应收股利 60 000
　长期股权投资——股票投资（贵琛公司） 20 000
　贷：投资收益——股利收入 80 000

本例中，由于智董公司于 20×7 年 1 月 1 日投资，贵琛公司 20×7 年度实现的净利润为 800 000 元，20×8 年度分派的现金股利为 600 000 元，小于 20×7 年度实现的净利润 800 000 元，因此，应将分派的 20×7 年度的现金股利中应由智董公司享有的部分全部确认为投资收益；同时，20×7 年度分派 20×6 年度的现金股利时，由于智董公司 20×6 年度尚未投资，20×7 年度贵琛公司宣告分派 20×6 年度的现金股利时，作为投资成本的收回，冲减了长期股权投资的账面价值，而没有确认为投资收益，但 20×8 年度分派 20×7 年度现金股利时，分派的 20×7 年度现金股利小于 20×7 年度实现的净利润 800 000 元，表明 20×6 年度分派的属于投资前被投资单位累积未分配利润 200 000 元，已被以后实现的净利润弥补，因而应将 20×6 年度冲减投资成本的股利金额予以转回，确认投资收益。因此，20×7 年度确认投资收益的金额为应享有 20×7 年度净利润的分配额 60 000 元，与由 20×7 年度实现净利润弥补了 20×7 年度已作为投资成本收回处理的现金股利 20 000 元的合计，即 80 000 元。

9.3.2 权益法

1．采用权益法核算的情形

投资企业对被投资单位具有共同控制或重大影响的长期股权投资，应当按照《企业会计准则第 2 号——长期股权投资》第九条至第十三条的规定，采用权益法核算。

2．初始投资成本的确定、调整

长期股权投资的初始投资成本大于投资时应享有被投资单位可辨认净资产公允价值份额的，不调整长期股权投资的初始投资成本；长期股权投资的初始投资成本小于投资时应享有被投资单位可辨认净资产公允价值份额的，其差额应当计入当期损益，同时调整长期股权投资的成本。

被投资单位可辨认净资产的公允价值，应当比照《企业会计准则第 20 号——企业合并》的有关规定确定。

3．投资损益的确认、长期股权投资账面价值的调整

投资企业取得长期股权投资后，应当按照应享有或应分担的被投资单位实现的净损益的份额，确认投资损益并调整长期股权投资的账面价值。投资企业按照被投资单位宣告分派的利润或现金股利计算应分得的部分，相应减少长期股权投资的账面价值。

【例 9-8】 智董公司（投资企业）于 20×7 年 1 月 1 日取得对联营企业 30%的股权，取得投资时被投资单位的固定资产公允价值为 1 200 万元，账面价值为 600 万元，固定资产的预计使用年限为 10 年，净残值为零，按照直线法计提折旧。被投资单位 20×7 年度利润表中净利润为 500 万元，其中被投资单位当期利润表中已按其账面价值计算扣除的固定资产折旧费用为 60 万元，按照取得投资时固定资产的公允价值计算确定的折旧费用为 120 万元，不考虑所得税影响，按照被投资单位的账面净利润计算确定的投资收益应为 150 万元（500×30%）。按该固定资产的公允价值计算的净利润为 440 万元（500–60），投资企业按照持股比例计算确认的当期投资收益应为 132 万元（440×30%）。

4．被投资单位发生净亏损的确认

投资企业确认被投资单位发生的净亏损，应当以长期股权投资的账面价值以及其他实质上构成对被投资单位净投资的长期权益减记至零为限，投资企业负有承担额外损失义务的除外。

被投资单位以后实现净利润的，投资企业在其收益分享额弥补未确认的亏损分担额后，恢复确认收益分享额。

其他实质上构成对被投资单位净投资的长期权益，通常是指长期应收项目。比如，企业对被投资单位的长期债权，该债权没有明确的清收计划，且在可预见的未来期间不准备收回的，实质上构成对被投资单位的净投资。

在确认应分担被投资单位发生的亏损时，应当按照以下顺序进行处理。

首先，冲减长期股权投资的账面价值。

其次，长期股权投资的账面价值不足以冲减的，应当以其他实质上构成对被投资单位净投资的长期权益账面价值为限继续确认投资损失，冲减长期应收项目等的账面价值。

最后，经过上述处理，按照投资合同或协议约定企业仍承担额外义务的，应按预计承担的义务确认预计负债，计入当期投资损失。

被投资单位以后期间实现盈利的，企业扣除未确认的亏损分担额后，应按与上述相反的顺序处理，减记已确认预计负债的账面余额、恢复其他实质上构成对被投资单位净投资的长期权益及长期股权投资的账面价值，同时确认投资收益。

5．投资损益的处理——应享有被投资单位净损益的份额的确认

确认投资损益时，应当以取得投资时被投资单位各项可辨认资产等的公允价值为基础，对被投资单位的净利润进行调整后加以确定。比如，以取得投资时被投资单位固定资产、无形资产的公允价值为基础计提的折旧额或摊销额，相对于被投资单位已计提的折旧额、摊销额之间存在差额的，应按其差额对被投资单位净损益进行调整，并按调整后的净损益和持股比例计算确认投资损益。在进行有关调整时，应当考虑具有重要性的项目。

存在下列情况之一的，可以按照被投资单位的账面净损益与持股比例计算确认投资损益，但应当在附注中说明这一事实及其原因：

（1）无法可靠确定投资时被投资单位各项可辨认资产等的公允价值。

（2）投资时被投资单位可辨认资产等的公允价值与其账面价值之间的差额较小。

（3）其他原因导致无法对被投资单位净损益进行调整。

被投资单位采用的会计政策及会计期间与投资企业不一致的，应当按照投资企业的会计政策及会计期间对被投资单位的财务报表进行调整，并据以确认投资损益。

6．对于被投资单位除净损益以外所有者权益的其他变动

对于被投资单位除净损益以外所有者权益的其他变动，在持股比例不变的情况下，企业按照持股比例计算应享有或承担的部分，调整长期股权投资的账面价值，同时增加或减少资本公积（其他资本公积）。

【例 9-9】 智董公司对贵琛公司的投资占其有表决权资本的比例为 40%。20×7 年 3 月 2 日，贵琛公司接受外商投资企业投资，发生外币资本折算差额 100 万元。

智董公司的会计处理如下：

借：长期股权投资——股权投资准备　　400 000

　贷：资本公积——股权投资准备　　400 000

9.3.3 成本法与权益法比较

成本法与权益法的比较如表 9-1 所示。

成本法将投资企业与被投资企业视为两个独立的法人和两个独立的会计主体，投资企业只有收到对方分配的股利时，或者从法律形式上实现了对被投资单位已分配股利的要求权时，方可确认为投资收益，这种方法近似于收付实现制，且符合谨慎性原则。

权益法与之相反，虽然投资企业与被投资企业从法律形式上看是两个法人主体，但该方法却将双方视为一个经济主体，其理论依据是投资企业已能在实质上控制被投资企业，或能左右、影响被投资企业的经营决策、财务政策、利润分配政策等。因而，这种方法要求投资企业按权责发生制原则，在被投资企业实现利润时而不是实际做利润分配时，按占股比例确认在对方利润中所占有的份额，并记录为投资收益；如果对方发生亏损，也按占股比例确认相应的投资损失。

表 9-1　成本法与权益法的比较

项　　目	成本法	权益法
核算范围	控制、无共同控制或重大影响	共同控制、重大影响
初始投资	初始投资成本计价	按应享有被投资单位可辨认净资产公允价值份额确认为初始投资成本 小于份额的，差额计入当期损益，同时调整长期股权投资成本；大于份额的，做商誉处理
被投资单位实现净利益	不处理	按投资比例分享，一方面增加本企业的投资收益，另一方面增加长期股权投资账面价值
被投资单位分配现金股利	将其确认为投资收益	减少所增加的长期股权投资账面价值
被投资单位除净损益之外的所有者权益变动	不处理	按比例确认，一方面增加长期股权投资的账面价值，另一方面增加其资本公积

续表

项　　目	成本法	权益法
减值准备的提取	按《企业会计准则第 22 号——金融工具确认和计量》处理 借：投资收益 　贷：长期股权投资减值准备	按《企业会计准则第 8 号——资产减值》处理 借：投资收益 　贷：商誉 　　长期股权投资减值准备

9.3.4　方法转换

1．权益法改按成本法

投资企业因减少投资等原因对被投资单位不再具有共同控制或重大影响的，并且在活跃市场中没有报价、公允价值不能可靠计量的长期股权投资，应当改按成本法核算，并以权益法下长期股权投资的账面价值作为按照成本法核算的初始投资成本。

2．成本法改按权益法

因追加投资等原因能够对被投资单位实施共同控制或重大影响但不构成控制的，应当改按权益法核算，并以成本法下长期股权投资的账面价值或按照《企业会计准则第 22 号——金融工具确认和计量》确定的投资账面价值作为按照权益法核算的初始投资成本。

成本法改按权益法核算如图 9-3 所示。

初始投资成本 ——
- 成本法下的账面价值
- 按照《金融工具确认和计量》确定的投资账面价值

图 9-3　成本法改按权益法核算

【例 9-10】　智董公司于 20×7 年 1 月 1 日以 520 000 元的价格购入贵琛公司股票，占贵琛公司实际发行在外股数的 10%，另支付 2 000 元相关税费等，智董公司采用成本法核算。20×7 年 5 月 2 日，贵琛公司宣告分派 20×6 年度的股利，每股分派 0.1 元的现金股利，智董公司可以获得 40 000 元的现金股利。20×8 年 1 月 5 日，智董公司再以现金 1 800 000 元购入贵琛公司实际发行在外股数的 25%，另支付 9 000 元相关税费。至此持股比例达 35%，改用权益法核算此项投资。如果 20×7 年 1 月 1 日贵琛公司所有者权益合计为 4 500 000 元，20×7 年度实现的净利润为 400 000 元，20×8 年度实际的净利润为 400 000 元。假设智董公司和贵琛公司适用的所得税税率为 33%。

智董公司的会计处理如下：

（1）20×7 年 1 月 1 日投资时。

借：长期股权投资——贵琛公司　　　　522 000

　贷：银行存款　　　　　　　　　　　　　522 000

（2）20×7 年宣告分派股利。

借：应收股利　　　　　　　　　　　　40 000

　贷：长期股权投资——贵琛公司　　　　　40 000

（3）20×8 年 1 月 5 日再次投资时。

借：长期股权投资——投资成本　　　　2 291 000

贷：长期股权投资 482 000
银行存款 1 809 000

（4）20×8 年贵琛公司实现净利润时。

借：长期股权投资——损益调整 140 000
贷：投资收益 140 000

法律依据

《企业会计准则第 2 号——长期股权投资》部分内容

（2014 年 3 月 13 日 财会［2014］14 号）

第三章 后续计量

第七条 投资方能够对被投资单位实施控制的长期股权投资应当采用成本法核算。

第八条 采用成本法核算的长期股权投资应当按照初始投资成本计价。追加或收回投资应当调整长期股权投资的成本。被投资单位宣告分派的现金股利或利润，应当确认为当期投资收益。

第九条 投资方对联营企业和合营企业的长期股权投资，应当按照本准则第十条至第十三条规定，采用权益法核算。

投资方对联营企业的权益性投资，其中一部分通过风险投资机构、共同基金、信托公司或包括投连险基金在内的类似主体间接持有的，无论以上主体是否对这部分投资具有重大影响，投资方都可以按照《企业会计准则第 22 号——金融工具确认和计量》的有关规定，对间接持有的该部分投资选择以公允价值计量且其变动计入损益，并对其余部分采用权益法核算。

第十条 长期股权投资的初始投资成本大于投资时应享有被投资单位可辨认净资产公允价值份额的，不调整长期股权投资的初始投资成本；长期股权投资的初始投资成本小于投资时应享有被投资单位可辨认净资产公允价值份额的，其差额应当计入当期损益，同时调整长期股权投资的成本。

被投资单位可辨认净资产的公允价值，应当比照《企业会计准则第 20 号——企业合并》的有关规定确定。

第十一条 投资方取得长期股权投资后，应当按照应享有或应分担的被投资单位实现的净损益和其他综合收益的份额，分别确认投资收益和其他综合收益，同时调整长期股权投资的账面价值；投资方按照被投资单位宣告分派的利润或现金股利计算应享有的部分，相应减少长期股权投资的账面价值；投资方对于被投资单位除净损益、其他综合收益和利润分配以外所有者权益的其他变动，应当调整长期股权投资的账面价值并计入所有者权益。

投资方在确认应享有被投资单位净损益的份额时，应当以取得投资时被投资单位可辨认净资产的公允价值为基础，对被投资单位的净利润进行调整后确认。

被投资单位采用的会计政策及会计期间与投资方不一致的，应当按照投资方的会计政策及会计期间对被投资单位的财务报表进行调整，并据以确认投资收益和其他综合收益等。

第十二条 投资方确认被投资单位发生的净亏损，应当以长期股权投资的账面价值以及其他实质上构成对被投资单位净投资的长期权益减记至零为限，投资方负有承担额外损失义务的除外。

被投资单位以后实现净利润的，投资方在其收益分享额弥补未确认的亏损分担额后，恢复确认收益分享额。

第十三条 投资方计算确认应享有或应分担被投资单位的净损益时，与联营企业、合营企业之间发生的未实现内部交易损益按照应享有的比例计算归属于投资方的部分，应当予以抵消，在此基础上确认投资收益。

投资方与被投资单位发生的未实现内部交易损失，按照《企业会计准则第 8 号——资产减值》等的有关规定属于资产减值损失的，应当全额确认。

第十四条 投资方因追加投资等原因能够对被投资单位施加重大影响或实施共同控制但不构成控制的，应当按照《企业会计准则第 22 号——金融工具确认和计量》确定的原持有的股权投资的公允价值加上新增投资成本之和，作为改按权益法核算的初始投资成本。原持有的股权投资分类为可供出售金融资产的，其公允价值与账面价值之间的差额，以及原计入其他综合收益的累计公允价值变动应当转入改按权益法核算的当期损益。

投资方因追加投资等原因能够对非同一控制下的被投资单位实施控制的，在编制个别财务报表时，应当按照原持有的股权投资账面价值加上新增投资成本之和，作为改按成本法核算的初始投资成本。购买日之前持有的股权投资因采用权益法核算而确认的其他综合收益，应当在处置该项投资时采用与被投资单位直接处置相关资产或负债相同的基础进行会计处理。购买日之前持有的股权投资按照《企业会计准则第22号——金融工具确认和计量》的有关规定进行会计处理的，原计入其他综合收益的累计公允价值变动应当在改按成本法核算时转入当期损益。在编制合并财务报表时，应当按照《企业会计准则第33号——合并财务报表》的有关规定进行会计处理。

第十五条　投资方因处置部分股权投资等原因丧失了对被投资单位的共同控制或重大影响的，处置后的剩余股权应当改按《企业会计准则第22号——金融工具确认和计量》核算，其在丧失共同控制或重大影响之日的公允价值与账面价值之间的差额计入当期损益。原股权投资因采用权益法核算而确认的其他综合收益，应当在终止采用权益法核算时采用与被投资单位直接处置相关资产或负债相同的基础进行会计处理。

投资方因处置部分权益性投资等原因丧失了对被投资单位的控制的，在编制个别财务报表时，处置后的剩余股权能够对被投资单位实施共同控制或施加重大影响的，应当改按权益法核算，并对该剩余股权视同自取得时即采用权益法核算进行调整；处置后的剩余股权不能对被投资单位实施共同控制或施加重大影响的，应当改按《企业会计准则第22号——金融工具确认和计量》的有关规定进行会计处理，其在丧失控制之日的公允价值与账面价值间的差额计入当期损益。在编制合并财务报表时，应当按照《企业会计准则第33号——合并财务报表》的有关规定进行会计处理。

第十六条　对联营企业或合营企业的权益性投资全部或部分分类为持有待售资产的，投资方应当按照《企业会计准则第4号——固定资产》的有关规定处理，对于未划分为持有待售资产的剩余权益性投资，应当采用权益法进行会计处理。

已划分为持有待售的对联营企业或合营企业的权益性投资，不再符合持有待售资产分类条件的，应当从被分类为持有待售资产之日起采用权益法进行追溯调整。分类为持有待售期间的财务报表应当作相应调整。

第十七条　处置长期股权投资，其账面价值与实际取得价款之间的差额，应当计入当期损益。采用权益法核算的长期股权投资，在处置该项投资时，采用与被投资单位直接处置相关资产或负债相同的基础，按相应比例对原计入其他综合收益的部分进行会计处理。

第十八条　投资方应当关注长期股权投资的账面价值是否大于享有被投资单位所有者权益账面价值的份额等类似情况。出现类似情况时，投资方应当按照《企业会计准则第8号——资产减值》对长期股权投资进行减值测试，可收回金额低于长期股权投资账面价值的，应当计提减值准备。

9.4　长期股权投资的期末计量

1. 长期股权投资的减值

按照《企业会计准则第2号——长期股权投资》规定的成本法核算的、在活跃市场中没有报价、公允价值不能可靠计量的长期股权投资，其减值应当按照《企业会计准则第 22 号——金融工具确认和计量》处理；其他按照《企业会计准则第2号——长期股权投资》核算的长期股权投资，其减值应当按照《企业会计准则第8号——资产减值》处理。

【例9-11】 20×7年12月31日，智董公司持有贵琛公司的普通股股票账面价值为380 000元，作为长期股权投资并采用权益法进行核算；由于贵琛公司当年度经营不善，资金周转发生困难，使得其股票市价下跌至310 000元，短期内难以恢复；假设智董公司本年度首次对其计提长期股权投资减值准备。

智董公司计提长期股权投资减值准备的会计处理如下：

借：资产减值损失——计提的长期股权投资减值准备　　　　70 000
　贷：长期股权投资减值准备——贵琛公司　　　　70 000
其中，计提的长期股权投资减值准备金额为：380 000–310 000=70 000（元）。

2．长期股权投资的处置

处置长期股权投资，其账面价值与实际取得价款的差额，应当计入当期损益。采用权益法核算的长期股权投资，因被投资单位除净损益以外所有者权益的其他变动而计入所有者权益的，处置该项投资时应当将原计入所有者权益的部分按相应比例转入当期损益。

9.5　共同控制资产及共同控制经营的核算

某些情况下，企业可能与其他方约定，各自投入一定的资产进行某项经营活动，而不是通过出资设立一个被投资单位的方式来实现，即为共同控制经营；或者是不同的企业按照合同或协议约定对若干项资产实施共同控制，构成共同控制资产。

共同控制经营及共同控制资产与合营企业的共同点在于是两个或多个合营方通过合同或协议的方式建立起的共同控制关系，区别在于合营企业是通过设立一个企业，有一个独立的会计主体存在，而共同控制经营及共同控制资产并不是一个独立的会计主体。

1．共同控制经营

共同控制经营，是指企业使用本企业的资产或其他经济资源与其他合营方共同进行某项经济活动（该经济活动不构成独立的会计主体），并且按照合同或协议约定对该经济活动实施共同控制。

共同控制经营的情况下，并不单独成立一个区别于各合营方的企业、合伙组织等（即不构成一个独立的会计主体），为了共同生产一项产品，各合营方分别运用自己的资产并且相应发生自身的费用。例如，在飞机的生产过程中，一个合营方可能负责生产机体，另外一个合营方负责安装发动机，其他的合营方可能分别负责组装飞机的某一组成部分，作为参与飞机生产的每一个合营方，其责任仅限于完成整个经济活动中的某一个组成部分，之后各合营方按照合同或协议的规定分享飞机销售所产生的收入。

在共同控制经营的情况下，合营方应进行如下操作。

（1）确认其所控制的用于共同控制经营的资产及发生的负债。共同控制经营的情况下，一般合营方是通过运用本企业的资产及其他经济资源为共同控制经营提供必要的生产条件。如果合营方将本企业资产用于共同经营，同时按照合营合同或协议约定，合营期结束后合营方将收回该资产，则合营方应将该资产作为本企业的资产确认。

（2）确认与共同控制经营有关的成本费用及共同控制经营产生的收入中本企业享有的份额。共同控制经营的情况下，每个企业运用本企业的资产及其他经济资源进行合营活动，视共同控制经营的情况，应当对发生的与共同控制经营的有关支出进行归集。例如，在各合营方一起进行飞机制造的情况下，合营方应在生产成本中归集合营中发生的费用支出，借记“生产成本——共同控制经营”科目，贷记“库存现金”或“银行存款”等，对于合营中发生的某些支出需要各合营方共同负担的，合营方应将本企业应承担的份额计入生产成本。共同控制经营生产的产品对外出售时，所产生的收入中应由本企业享有的部分，应借记“库存现金”或“银行存款”等，贷记“主营业务收入”、“其他业务收入”等，同时应结转售出产品的成本，借记“主营业务成本”、“其他业务成本”等科目，贷记“库存商品”等科目。

共同控制经营本身由于不构成一个独立的会计主体，一般不设置账簿、编制报表，但为便于向各合营方提供核算资料，有关合营方可能在合同或协议中约定，共同控制经营可设置备查簿或设置管理账户，登记共同控制经营发生的收入、费用等。

2. 共同控制资产

共同控制资产是指企业与其他合营方共同投入或出资购买一项或多项资产，按照合同或协议约定对有关的资产实施共同控制的情况。

各合营方一起共同使用一项或若干项资产、分享资产为企业带来的经济利益，如各合营方共同使用一条输油管线、一个通信网络或是在一个特定的时期内或特定的时间段内共同使用有关的资产。与共同控制经营相同，共同控制资产不需要单独设立区别于各合营方的企业或其他组织（不构成一个独立的会计主体），仅仅是有关各方共同分享一项或多项资产的情况。

共同控制资产的情况下，作为合营方，企业应在自身的账簿及报表中确认共同控制的资产中本企业享有的份额，同时确认发生的负债、费用或与有关合营方共同承担的负债、费用中应由本企业负担的份额。基本核算原则如下：

（1）根据共同控制资产的性质，如固定资产、无形资产等，按合同或协议中约定的份额将本企业享有的部分确认为固定资产或无形资产等。该部分资产由实施共同控制的各方共同使用的情况下，并不改变相关资产的使用状态，不构成投资，合营方不应作为投资进行核算。

（2）确认与其他合营方共同承担的负债中应由本企业负担的部分以及本企业直接承担的与共同控制资产相关的负债。本企业为共同控制资产发生的负债或共同控制资产在经营、使用过程中发生的负债，按照合同或协议约定应由本企业承担的部分，应作为本企业负债确认。

（3）确认共同控制资产产生的收入中应由本企业享有的部分。因各合营方共同拥有有关的资产，按照合营合同或协议的规定应分享有关资产产生的收益。如两个企业共同控制一栋出租的房屋，每一合营方均享有该房屋出租收入的一定份额，则各合营方在利润表中应确认本企业享有的收入份额。

（4）确认与其他合营方共同发生的费用中应由本企业负担的部分以及本企业直接发生的与共同控制资产相关的费用。对于共同控制资产在经营、使用过程中发生的费用，合营各方应当按照合同或协议的约定确定应由本企业承担的部分，作为本企业的费用确认。同时应作为费用等考虑的还包括应由本企业承担的共同控制资产发生的折旧费用、借款利息费用等。

【例 9-12】 智董公司、贵琛公司共同出资兴建一段输油管线，各自付出成本 5 000 万元。按照合营合同规定，该输油管线建成后，智董公司、贵琛公司各享有 50%。

作为共同控制资产的合营方，应确认该共同控制资产中本企业享有的份额。

借：固定资产——共同控制输油管线	50 000 000	
贷：银行存款等		50 000 000

法律依据

《企业会计准则第 40 号——合营安排》

财会［2014］11 号（自 2014 年 7 月 1 日起在所有执行企业会计准则的企业范围内施行）

第一章　总则

第一条　为了规范合营安排的认定、分类以及各参与方在合营安排中权益等的会计处理，根据《企业会计准则——基本准则》，制定本准则。

第二条　合营安排，是指一项由两个或两个以上的参与方共同控制的安排。合营安排具有下列特征：

（一）各参与方均受到该安排的约束；

（二）两个或两个以上的参与方对该安排实施共同控制。任何一个参与方都不能够单独控制该安排，对该安排具有共同控制的任何一个参与方均能够阻止其他参与方或参与方组合单独控制该安排。

第三条　合营安排不要求所有参与方都对该安排实施共同控制。合营安排参与方既包括对合营安排享有共同控制的参与方（合营方），也包括对合营安排不享有共同控制的参与方。

第四条　合营方在合营安排中权益的披露，适用《企业会计准则第41号——在其他主体中权益的披露》。

第二章　合营安排的认定和分类

第五条　共同控制，是指按照相关约定对某项安排所共有的控制，并且该安排的相关活动必须经过分享控制权的参与方一致同意后才能决策。

本准则所称相关活动，是指对某项安排的回报产生重大影响的活动。某项安排的相关活动应当根据具体情况进行判断，通常包括商品或劳务的销售和购买、金融资产的管理、资产的购买和处置、研究与开发活动以及融资活动等。

第六条　如果所有参与方或一组参与方必须一致行动才能决定某项安排的相关活动，则称所有参与方或一组参与方集体控制该安排。

在判断是否存在共同控制时，应当首先判断所有参与方或参与方组合是否集体控制该安排，其次再判断该安排相关活动的决策是否必须经过这些集体控制该安排的参与方一致同意。

第七条　如果存在两个或两个以上的参与方组合能够集体控制某项安排的，不构成共同控制。

第八条　仅享有保护性权利的参与方不享有共同控制。

第九条　合营安排分为共同经营和合营企业。共同经营，是指合营方享有该安排相关资产且承担该安排相关负债的合营安排。合营企业，是指合营方仅对该安排的净资产享有权利的合营安排。

第十条　合营方应当根据其在合营安排中享有的权利和承担的义务确定合营安排的分类。对权利和义务进行评价时应当考虑该安排的结构、法律形式以及合同条款等因素。

第十一条　未通过单独主体达成的合营安排，应当划分为共同经营。

单独主体，是指具有单独可辨认的财务架构的主体，包括单独的法人主体和不具备法人主体资格但法律认可的主体。

第十二条　通过单独主体达成的合营安排，通常应当划分为合营企业。但有确凿证据表明满足下列任一条件并且符合相关法律法规规定的合营安排应当划分为共同经营：

（一）合营安排的法律形式表明，合营方对该安排中的相关资产和负债分别享有权利和承担义务。

（二）合营安排的合同条款约定，合营方对该安排中的相关资产和负债分别享有权利和承担义务。

（三）其他相关事实和情况表明，合营方对该安排中的相关资产和负债分别享有权利和承担义务，如合营方享有与合营安排相关的几乎所有产出，并且该安排中负债的清偿持续依赖于合营方的支持。

不能仅凭合营方对合营安排提供债务担保即将其视为合营方承担该安排相关负债。合营方承担向合营安排支付认缴出资义务的，不视为合营方承担该安排相关负债。

第十三条　相关事实和情况变化导致合营方在合营安排中享有的权利和承担的义务发生变化的，合营方应当对合营安排的分类进行重新评估。

第十四条　对于为完成不同活动而设立多项合营安排的一个框架性协议，企业应当分别确定各项合营安排的分类。

第三章　共同经营参与方的会计处理

第十五条　合营方应当确认其与共同经营中利益份额相关的下列项目，并按照相关企业会计准则的规定进行会计处理：

（一）确认单独所持有的资产，以及按其份额确认共同持有的资产；

（二）确认单独所承担的负债，以及按其份额确认共同承担的负债；

（三）确认出售其享有的共同经营产出份额所产生的收入；

（四）按其份额确认共同经营因出售产出所产生的收入；

（五）确认单独所发生的费用，以及按其份额确认共同经营发生的费用。

第十六条　合营方向共同经营投出或出售资产等（该资产构成业务的除外），在该资产等由共同经营出售给第三方之前，应当仅确认因该交易产生的损益中归属于共同经营其他参与方的部分。投出或出售的资产发生符合《企业会计准则第 8 号——资产减值》等规定的资产减值损失的，合营方应当全额确认该损失。

第十七条　合营方自共同经营购买资产等（该资产构成业务的除外），在将该资产等出售给第三方之前，应当仅确认因该交易产生的损益中归属于共同经营其他参与方的部分。购入的资产发生符合《企业会计准则第 8 号——资产减值》等规定的资产减值损失的，合营方应当按其承担的份额确认该部分损失。

第十八条　对共同经营不享有共同控制的参与方，如果享有该共同经营相关资产且承担该共同经营相关负债的，应当按照本准则第十五条至第十七条的规定进行会计处理；否则，应当按照相关企业会计准则的规定进行会计处理。

第四章　合营企业参与方的会计处理

第十九条　合营方应当按照《企业会计准则第 2 号——长期股权投资》的规定对合营企业的投资进行会计处理。

第二十条　对合营企业不享有共同控制的参与方应当根据其对该合营企业的影响程度进行会计处理：

（一）对该合营企业具有重大影响的，应当按照《企业会计准则第 2 号——长期股权投资》的规定进行会计处理。

（二）对该合营企业不具有重大影响的，应当按照《企业会计准则第 22 号——金融工具确认和计量》的规定进行会计处理。

第五章　衔接规定

第二十一条　首次采用本准则的企业应当根据本准则的规定对其合营安排进行重新评估，确定其分类。

第二十二条　合营企业重新分类为共同经营的，合营方应当在比较财务报表最早期间期初终止确认以前采用权益法核算的长期股权投资，以及其他实质上构成对合营企业净投资的长期权益；同时根据比较财务报表最早期间期初采用权益法核算时使用的相关信息，确认本企业在共同经营中的利益份额所产生的各项资产（包括商誉）和负债，所确认资产和负债的账面价值与其计税基础之间存在暂时性差异的，应当按照《企业会计准则第 18 号——所得税》的规定进行会计处理。

确认的各项资产和负债的净额与终止确认的长期股权投资以及其他实质上构成对合营企业净投资的长期权益的账面金额存在差额的，应当按照下列规定处理：

（一）前者大于后者的，其差额应当首先抵减与该投资相关的商誉，仍有余额的，再调增比较财务报表最早期间的期初留存收益；

（二）前者小于后者的，其差额应当冲减比较财务报表最早期间的期初留存收益。

第六章　附则

第二十三条　本准则自 2014 年 7 月 1 日起施行。

《企业会计准则第 41 号——在其他主体中权益的披露》

财会［2014］16 号（自 2014 年 7 月 1 日起在所有执行企业会计准则的企业范围内施行）

第一章　总则

第一条　为了规范在其他主体中权益的披露，根据《企业会计准则——基本准则》，制定本准则。

第二条　企业披露的在其他主体中权益的信息，应当有助于财务报表使用者评估企业在其他主体中权益的性质和相关风险，以及该权益对企业财务状况、经营成果和现金流量的影响。

第三条　本准则所指的在其他主体中的权益，是指通过合同或其他形式能够使企业参与其他主体的相关活动并因此享有可变回报的权益。参与方式包括持有其他主体的股权、债权，或向其他主体提供资金、流动性支持、信用增级和担保等。企业通过这些参与方式实现对其他主体的控制、共同控制或重大影响。其他主体包括企业的子公司、合营安排（包括共同经营和合营企业）、联营企业以及未纳入合并财务报表范围的结构化主体等。

结构化主体，是指在确定其控制方时没有将表决权或类似权利作为决定因素而设计的主体。

第四条　本准则适用于企业在子公司、合营安排、联营企业和未纳入合并财务报表范围的结构化主体中权益的披露。

企业同时提供合并财务报表和母公司个别财务报表的，应当在合并财务报表附注中披露本准则要求的信息，不需要在母公司个别财务报表附注中重复披露相关信息。

第五条　下列各项的披露适用其他相关会计准则：

（一）离职后福利计划或其他长期职工福利计划，适用《企业会计准则第9号——职工薪酬》。

（二）企业在其参与的但不享有共同控制的合营安排中的权益，适用《企业会计准则第37号——金融工具列报》。但是，企业对该合营安排具有重大影响或该合营安排是结构化主体的，适用本准则。

（三）企业持有的由《企业会计准则第22号——金融工具确认和计量》规范的在其他主体中的权益，适用《企业会计准则第37号——金融工具列报》。但是，企业在未纳入合并财务报表范围的结构化主体中的权益，以及根据其他相关会计准则以公允价值计量且其变动计入当期损益的在联营企业或合营企业中的权益，适用本准则。

第二章　重大判断和假设的披露

第六条　企业应当披露对其他主体实施控制、共同控制或重大影响的重大判断和假设，以及这些判断和假设变更的情况，包括但不限于下列各项：

（一）企业持有其他主体半数或以下的表决权但仍控制该主体的判断和假设，或者持有其他主体半数以上的表决权但并不控制该主体的判断和假设。

（二）企业持有其他主体20%以下的表决权但对该主体具有重大影响的判断和假设，或者持有其他主体20%或以上的表决权但对该主体不具有重大影响的判断和假设。

（三）企业通过单独主体达成合营安排的，确定该合营安排是共同经营还是合营企业的判断和假设。

（四）确定企业是代理人还是委托人的判断和假设。

第七条　企业应当披露按照《企业会计准则第33号——合并财务报表》被确定为投资性主体的重大判断和假设，以及虽然不符合《企业会计准则第33号——合并财务报表》有关投资性主体的一项或多项特征但仍被确定为投资性主体的原因。企业（母公司）由非投资性主体转变为投资性主体的，应当披露该变化及其原因，并披露该变化对财务报表的影响，包括对变化当日不再纳入合并财务报表范围子公司的投资的公允价值、按照公允价值重新计量产生的利得或损失以及相应的列报项目。企业（母公司）由投资性主体转变为非投资性主体的，应当披露该变化及其原因。

第三章　在子公司中权益的披露

第八条　企业应当在合并财务报表附注中披露企业集团的构成，包括子公司的名称、主要经营地及注册地、业务性质、企业的持股比例（或类似权益比例，下同）等。

子公司少数股东持有的权益对企业集团重要的，企业还应当在合并财务报表附注中披露下列信息：

（一）子公司少数股东的持股比例。子公司少数股东的持股比例不同于其持有的表决权比例的，企业还应当披露该表决权比例。

（二）当期归属于子公司少数股东的损益以及向少数股东支付的股利。

（三）子公司在当期期末累计的少数股东权益余额。

（四）子公司的主要财务信息。

第九条　使用企业集团资产和清偿企业集团债务存在重大限制的，企业应当在合并财务报表附注中披露下列信息：

（一）该限制的内容，包括对母公司或其子公司与企业集团内其他主体相互转移现金或其他资产的限制，以及对企业集团内主体之间发放股利或进行利润分配、发放或收回贷款或垫款等的限制。

（二）子公司少数股东享有保护性权利，并且该保护性权利对企业使用企业集团资产或清偿企业集团负债的能力存在重大限制的，该限制的性质和程度。

（三）该限制涉及的资产和负债在合并财务报表中的金额。

第十条 企业存在纳入合并财务报表范围的结构化主体的，应当在合并财务报表附注中披露下列信息：

（一）合同约定企业或其子公司向该结构化主体提供财务支持的，应当披露提供财务支持的合同条款，包括可能导致企业承担损失的事项或情况。

（二）在没有合同约定的情况下，企业或其子公司当期向该结构化主体提供了财务支持或其他支持，应当披露所提供支持的类型、金额及原因，包括帮助该结构化主体获得财务支持的情况。其中，企业或其子公司当期对以前未纳入合并财务报表范围的结构化主体提供了财务支持或其他支持并且该支持导致企业控制了该结构化主体的，还应当披露决定提供支持的相关因素。

（三）企业存在向该结构化主体提供财务支持或其他支持的意图的，应当披露该意图，包括帮助该结构化主体获得财务支持的意图。

第十一条 企业在其子公司所有者权益份额发生变化且该变化未导致企业丧失对子公司控制权的，应当在合并财务报表附注中披露该变化对本企业所有者权益的影响。

企业丧失对子公司控制权的，应当在合并财务报表附注中披露按照《企业会计准则第33号——合并财务报表》计算的下列信息：

（一）由于丧失控制权而产生的利得或损失以及相应的列报项目。

（二）剩余股权在丧失控制权日按照公允价值重新计量而产生的利得或损失。

第十二条 企业是投资性主体且存在未纳入合并财务报表范围的子公司、并对该子公司权益按照公允价值计量且其变动计入当期损益的，应当在财务报表附注中对该情况予以说明。同时，对于未纳入合并财务报表范围的子公司，企业应当披露下列信息：

（一）子公司的名称、主要经营地及注册地。

（二）企业对子公司的持股比例。持股比例不同于企业持有的表决权比例的，企业还应当披露该表决权比例。企业的子公司也是投资性主体且该子公司存在未纳入合并财务报表范围的下属子公司的，企业应当按照上述要求披露该下属子公司的相关信息。

第十三条 企业是投资性主体的，对其在未纳入合并财务报表范围的子公司中的权益，应当披露与该权益相关的风险信息：

（一）该未纳入合并财务报表范围的子公司以发放现金股利、归还贷款或垫款等形式向企业转移资金的能力存在重大限制的，企业应当披露该限制的性质和程度。

（二）企业存在向未纳入合并财务报表范围的子公司提供财务支持或其他支持的承诺或意图的，企业应当披露该承诺或意图，包括帮助该子公司获得财务支持的承诺或意图。

在没有合同约定的情况下，企业或其子公司当期向未纳入合并财务报表范围的子公司提供财务支持或其他支持的，企业应当披露提供支持的类型、金额及原因。

（三）合同约定企业或其未纳入合并财务报表范围的子公司向未纳入合并财务报表范围、但受企业控制的结构化主体提供财务支持的，企业应当披露相关合同条款，以及可能导致企业承担损失的事项或情况。在没有合同约定的情况下，企业或其未纳入合并财务报表范围的子公司当期向原先不受企业控制且未纳入合并财务报表范围的结构化主体提供财务支持或其他支持，并且所提供的支持导致企业控制该结构化主体的，企业应当披露决定提供上述支持的相关因素。

第四章 在合营安排或联营企业中权益的披露

第十四条 存在重要的合营安排或联营企业的，企业应当披露下列信息：

（一）合营安排或联营企业的名称、主要经营地及注册地。

（二）企业与合营安排或联营企业的关系的性质，包括合营安排或联营企业活动的性质，以及合营安排或联营企业对企业活动是否具有战略性等。

（三）企业的持股比例。持股比例不同于企业持有的表决权比例的，企业还应当披露该表决权比例。

第十五条 对于重要的合营企业或联营企业，企业除了应当按照本准则第十四条披露相关信息外，还应当披露对合营企业或联营企业投资的会计处理方法，从合营企业或联营企业收到的股利，以及合营企业或联营企业在其自身财务报表中的主要财务信息。

企业对上述合营企业或联营企业投资采用权益法进行会计处理的，上述主要财务信息应当是按照权益法对合营企业或联营企业相关财务信息调整后的金额；同时，企业应当披露将上述主要财务信息按照权益法调整至企业对合营企业或联营企业投资账面价值的调节过程。企业对上述合营企业或联营企业投资采用权益法进行会计处理但该投资存在公开报价的，还应当披露其公允价值。

第十六条　企业在单个合营企业或联营企业中的权益不重要的，应当分别就合营企业和联营企业两类披露下列信息：

（一）按照权益法进行会计处理的对合营企业或联营企业投资的账面价值合计数。

（二）对合营企业或联营企业的净利润、终止经营的净利润、其他综合收益、综合收益等项目，企业按照其持股比例计算的金额的合计数。

第十七条　合营企业或联营企业以发放现金股利、归还贷款或垫款等形式向企业转移资金的能力存在重大限制的，企业应当披露该限制的性质和程度。

第十八条　企业对合营企业或联营企业投资采用权益法进行会计处理，被投资方发生超额亏损且投资方不再确认其应分担合营企业或联营企业损失份额的，应当披露未确认的合营企业或联营企业损失份额，包括当期份额和累积份额。

第十九条　企业应当单独披露与其对合营企业投资相关的未确认承诺，以及与其对合营企业或联营企业投资相关的或有负债。

第二十条　企业是投资性主体的，不需要披露本准则第十五条和第十六条规定的信息。

第五章　在未纳入合并财务报表范围的结构化主体中权益的披露

第二十一条　对于未纳入合并财务报表范围的结构化主体，企业应当披露下列信息：

（一）未纳入合并财务报表范围的结构化主体的性质、目的、规模、活动及融资方式。

（二）在财务报表中确认的与企业在未纳入合并财务报表范围的结构化主体中权益相关的资产和负债的账面价值及其在资产负债表中的列报项目。

（三）在未纳入合并财务报表范围的结构化主体中权益的最大损失敞口及其确定方法。企业不能量化最大损失敞口的，应当披露这一事实及其原因。

（四）在财务报表中确认的与企业在未纳入合并财务报表范围的结构化主体中权益相关的资产和负债的账面价值与其最大损失敞口的比较。企业发起设立未纳入合并财务报表范围的结构化主体，但资产负债表日在该结构化主体中没有权益的，企业不需要披露上述（二）至（四）项要求的信息，但应当披露企业作为该结构化主体发起人的认定依据，并分类披露企业当期从该结构化主体获得的收益、收益类型，以及转移至该结构化主体的所有资产在转移时的账面价值。

第二十二条　企业应当披露其向未纳入合并财务报表范围的结构化主体提供财务支持或其他支持的意图，包括帮助该结构化主体获得财务支持的意图。在没有合同约定的情况下，企业当期向结构化主体（包括企业前期或当期持有权益的结构化主体）提供财务支持或其他支持的，还应当披露提供支持的类型、金额及原因，包括帮助该结构化主体获得财务支持的情况。

第二十三条　企业是投资性主体的，对受其控制但未纳入合并财务报表范围的结构化主体，应当按照本准则第十二条和第十三条的规定进行披露，不需要按照本章规定进行披露。

第六章　衔接规定

第二十四条　企业比较财务报表中披露的本准则施行日之前的信息与本准则要求不一致的，应当按照本准则的规定进行调整，但有关未纳入合并财务报表范围的结构化主体的披露要求除外。

第七章　附　则

第二十五条　本准则自2014年7月1日起施行。

9.6 会计科目及主要账务处理

9.6.1 应收账款

1. 会计科目核算内容

本科目核算企业因销售商品、提供劳务等经营活动应收取的款项。

企业（保险）按照原保险合同约定应向投保人收取的保费，可将本科目改为“1122 应收保费”科目，并按照投保人进行明细核算。

企业（金融）应收取的手续费和佣金，可将本科目改为“1124 应收手续费及佣金”科目，并按照债务人进行明细核算。

因销售商品、提供劳务等，采用递延方式收取合同或协议价款，实质上具有融资性质的，在“长期应收款”科目核算。

本科目期末借方余额反映企业尚未收回的应收账款；期末如为贷方余额，反映企业预收的账款。

2. 明细核算

本科目可按债务人进行明细核算。

3. 主要账务处理

企业与债务人进行债务重组，应当分别债务重组的不同方式进行处理。

将债权转为投资，应按享有股份的公允价值，借记“长期股权投资”科目，按重组债权的账面余额，贷记本科目，按应支付的相关税费和其他费用，贷记“银行存款”、“应交税费”等科目，按其差额，借记“营业外支出”科目，等等。

9.6.2 应收股利

1. 会计科目核算内容

本科目核算企业应收取的现金股利和应收取其他单位分配的利润。

本科目期末借方余额，反映企业尚未收回的现金股利或利润。

2. 明细核算

本科目可按被投资单位进行明细核算。

3. 主要账务处理

取得长期股权投资，按支付的价款中所包含的、已宣告但尚未发放的现金股利，借记本科目，按确定的长期股权投资成本，借记“长期股权投资——成本”科目，按实际支付的金额，贷记“银行存款”等科目。

持有期间被投资单位宣告发放现金股利或利润的，按应享有的份额，借记本科目，贷记“投资收益”（成本法）或“长期股权投资——损益调整”科目（权益法）。

被投资单位宣告发放的现金股利或利润属于其在取得本企业投资前实现净利润的分配额，借记本科目，贷记“长期股权投资——成本”等科目，等等。

9.6.3 长期股权投资

1. 会计科目核算内容

本科目核算企业持有的采用成本法和权益法核算的长期股权投资。

本科目期末借方余额反映企业长期股权投资的价值。

2. 明细核算

本科目可按被投资单位进行明细核算。

长期股权投资采用权益法核算的，还应当分别“成本”、“损益调整”、“其他权益变动”进行明细核算。

3. 主要账务处理

（1）初始取得长期股权投资。同一控制下企业合并形成的长期股权投资，应在合并日按取得被合并方所有者权益账面价值的份额，借记本科目，按享有被投资单位已宣告但尚未发放的现金股利或利润，借记“应收股利”科目，按支付的合并对价的账面价值，贷记有关资产或借记有关负债科目，按其差额，贷记“资本公积——资本溢价或股本溢价”科目；为借方差额的，借记“资本公积——资本溢价或股本溢价”科目，资本公积（资本溢价或股本溢价）不足冲减的，借记“盈余公积”、“利润分配——未分配利润”科目。

非同一控制下企业合并形成的长期股权投资，应在购买日按企业合并成本（不含应自被投资单位收取的现金股利或利润），借记本科目，按享有被投资单位已宣告但尚未发放的现金股利或利润，借记“应收股利”科目，按支付合并对价的账面价值，贷记有关资产或借记有关负债科目，按发生的直接相关费用，贷记“银行存款”等科目，按其差额，贷记“营业外收入”或借记“营业外支出”等科目。非同一控制下企业合并涉及以库存商品等作为合并对价的，应按库存商品的公允价值，贷记“主营业务收入”科目，并同时结转相关的成本。涉及增值税的，还应进行相应的处理。

以支付现金、非现金资产等其他方式（非企业合并）形成的长期股权投资，比照非同一控制下企业合并形成的长期股权投资的相关规定进行处理。

投资者投入的长期股权投资，应按确定的长期股权投资成本，借记本科目，贷记“实收资本”或“股本”科目。

（2）采用成本法核算的长期股权投资。长期股权投资采用成本法核算的，应按被投资单位宣告发放的现金股利或利润中属于本企业的部分，借记“应收股利”科目，贷记“投资收益”科目；属于被投资单位在取得本企业投资前实现净利润的分配额，应作为投资成本的收回，借记“应收股利”科目，贷记本科目。

（3）采用权益法核算的长期股权投资。

① 长期股权投资的初始投资成本大于投资时应享有被投资单位可辨认净资产公允价值份额的，不调整已确认的初始投资成本。长期股权投资的初始投资成本小于投资时应享有被投资单位可辨认净资产公允价值份额的，应按其差额，借记本科目（成本），贷记“营业外收入”科目。

② 根据被投资单位实现的净利润或经调整的净利润计算应享有的份额，借记本科目（损益调整），贷记“投资收益”科目。被投资单位发生净亏损做相反的会计分录，但以本科目的账面价值减记至零为限；还需承担的投资损失，应将其他实质上构成对被投资单位净投资的“长期应收款”等的账面价值减记至零为限；除按照以上步骤已确认的损失外，按照投资合同或协

议约定将承担的损失，确认为预计负债。发生亏损的被投资单位以后实现净利润的，应按与上述相反的顺序进行处理。

被投资单位以后宣告发放现金股利或利润时，企业计算应分得的部分，借记“应收股利”科目，贷记本科目（损益调整）。收到被投资单位宣告发放的股票股利，不进行账务处理，但应在备查簿中登记。

③ 在持股比例不变的情况下，被投资单位除净损益以外所有者权益的其他变动，企业按持股比例计算应享有的份额，借记或贷记本科目（其他权益变动），贷记或借记“资本公积——其他资本公积”科目。

（4）长期股权投资核算方法的转换。将长期股权投资自成本法转按权益法核算的，应按转换时该项长期股权投资的账面价值作为权益法核算的初始投资成本，初始投资成本小于转换时占被投资单位可辨认净资产公允价值份额的差额，借记本科目（成本），贷记“营业外收入”科目。

长期股权投资自权益法转按成本法核算的，除构成企业合并的以外，应按中止采用权益法时长期股权投资的账面价值作为成本法核算的初始投资成本。

（5）处置长期股权投资。处置长期股权投资时，应按实际收到的金额，借记“银行存款”等科目，按其账面余额，贷记本科目，按尚未领取的现金股利或利润，贷记“应收股利”科目，按其差额，贷记或借记“投资收益”科目。已计提减值准备的，还应同时结转减值准备。

采用权益法核算长期股权投资的处置，除上述规定外，还应结转原记入资本公积的相关金额，借记或贷记“资本公积——其他资本公积”科目，贷记或借记“投资收益”科目。

9.6.4 长期股权投资减值准备

1. 会计科目核算内容

本科目核算企业长期股权投资的减值准备。本科目期末贷方余额反映企业已计提但尚未转销的长期股权投资减值准备。

2. 明细核算

本科目可按被投资单位进行明细核算。

3. 主要账务处理

资产负债表日，长期股权投资发生减值的，按应减记的金额，借记“资产减值损失”科目，贷记本科目。

处置长期股权投资时，应同时结转已计提的长期股权投资减值准备。

9.6.5 长期应收款

1. 会计科目核算内容

本科目核算企业的长期应收款项，包括融资租赁产生的应收款项、采用递延方式具有融资性质的销售商品和提供劳务等产生的应收款项等。

实质上构成对被投资单位净投资的长期权益，也通过本科目核算。本科目的期末借方余额反映企业尚未收回的长期应收款。

2. 明细核算

本科目可按债务人进行明细核算。

3. 主要账务处理

如有实质上构成对被投资单位净投资的长期权益，被投资单位发生的净亏损应由本企业承担的部分，在“长期股权投资”的账面价值减记至零以后，还需承担的投资损失，应以本科目中实质上构成了对被投资单位净投资的长期权益部分账面价值减记至零为限，继续确认投资损失，借记“投资收益”科目，贷记本科目。除上述已确认投资损失外，投资合同或协议中约定仍应承担的损失，确认为预计负债，等等。

9.6.6 应付账款

1. 会计科目核算内容

本科目核算企业因购买材料、商品和接受劳务等经营活动应支付的款项。

企业（金融）应支付但尚未支付的手续费和佣金，可将本科目改为“2202 应付手续费及佣金”科目，并按照对方单位（或个人）进行明细核算。

企业（保险）应支付但尚未支付的赔付款项，可以单独设置“应付赔付款”科目。

本科目期末贷方余额，反映企业尚未支付的应付账款余额。

2. 明细核算

本科目可按债权人进行明细核算，等等。

3. 主要账务处理

企业与债权人进行债务重组，应当分别债务重组的不同方式进行处理。

（1）以低于重组债务账面价值的款项清偿债务的，应按应付账款的账面余额，借记本科目，按实际支付的金额，贷记“银行存款”科目，按其差额，贷记“营业外收入——债务重组利得”科目。

（2）以非现金资产清偿债务的，应按应付账款的账面余额，借记本科目，按用于清偿债务的非现金资产的公允价值，贷记“主营业务收入”、“其他业务收入”、“固定资产清理”、“无形资产”、“长期股权投资”等科目，按应支付的相关税费和其他费用，贷记“应交税费”、“银行存款”等科目，按其差额，贷记“营业外收入——债务重组利得”科目。

抵债资产为存货的，还应同时结转成本，记入“主营业务成本”、“其他业务成本”等科目；抵债资产为固定资产、无形资产的，其公允价值和账面价值的差额，记入“营业外收入——处置非流动资产利得”或“营业外支出——处置非流动资产损失”科目；抵债资产为可供出售金融资产、持有至到期投资、长期股权投资等的，其公允价值和账面价值的差额，记入“投资收益”科目，等等。

9.6.7 实收资本

1. 会计科目核算内容

本科目核算企业接受投资者投入的实收资本。股份有限公司应将本科目改为“4001 股本”科目。企业收到投资者出资超过其在注册资本或股本中所占份额的部分，作为资本溢价或股本溢价，在“资本公积”科目核算。

本科目期末贷方余额，反映企业实收资本或股本总额。

2．明细核算

本科目可按投资者进行明细核算。企业（中外合作经营）在合作期间归还投资者的投资，应在本科目设置“已归还投资”明细科目进行核算。

3．主要账务处理

企业接受投资者投入的资本，借记“银行存款”、“其他应收款”、“固定资产”、“无形资产”、“长期股权投资”等科目，按其在注册资本或股本中所占份额，贷记本科目，按其差额，贷记“资本公积——资本溢价或股本溢价”科目。

9.6.8 资本公积

1．会计科目核算内容

本科目核算企业收到投资者出资额超出其在注册资本或股本中所占份额的部分。直接计入所有者权益的利得和损失，也通过本科目核算。本科目期末贷方余额反映企业的资本公积。

2．明细核算

本科目应当分别“资本溢价（股本溢价）”、“其他资本公积”进行明细核算。

3．主要账务处理

（1）同一控制下控股合并形成的长期股权投资，应在合并日按取得被合并方所有者权益账面价值的份额，借记“长期股权投资”科目，按享有被投资单位已宣告但尚未发放的现金股利或利润，借记“应收股利”科目，按支付的合并对价的账面价值，贷记有关资产科目或借记有关负债科目，按其差额，贷记本科目（资本溢价或股本溢价）；为借方差额的，借记本科目（资本溢价或股本溢价），资本公积（资本溢价或股本溢价）不足冲减的，借记“盈余公积”、“利润分配——未分配利润”科目。

同一控制下吸收合并涉及的资本公积，比照上述原则进行处理。

（2）长期股权投资采用权益法核算的，在持股比例不变的情况下，被投资单位除净损益以外所有者权益的其他变动，企业按持股比例计算应享有的份额，借记或贷记“长期股权投资——其他权益变动”科目，贷记或借记本科目（其他资本公积）。

处置采用权益法核算的长期股权投资，还应结转原记入资本公积的相关金额，借记或贷记本科目（其他资本公积），贷记或借记“投资收益”科目。

9.6.9 投资收益

1．会计科目核算内容

本科目核算企业确认的投资收益或投资损失。

企业（金融）债券投资持有期间取得的利息收入，也可在“利息收入”科目核算。

2．明细核算

本科目可按投资项目进行明细核算。

3．主要账务处理

长期股权投资采用成本法核算的，企业应按被投资单位宣告发放的现金股利或利润中属于本企业的部分，借记“应收股利”科目，贷记本科目；属于被投资单位在取得本企业投资前实现净利润的分配额，应作为投资成本的收回，借记“应收股利”等科目，贷记“长期股权投资”科目。

长期股权投资采用权益法核算的，应按根据被投资单位实现的净利润或经调整的净利润计算应享有的份额，借记“长期股权投资——损益调整”科目，贷记本科目。被投资单位发生净亏损的，比照“长期股权投资”科目的相关规定进行处理。

处置长期股权投资时，应按实际收到的金额，借记“银行存款”等科目，按其账面余额，贷记“长期股权投资”科目，按尚未领取的现金股利或利润，贷记“应收股利”科目，按其差额，贷记或借记本科目。已计提减值准备的，还应同时结转减值准备。

处置采用权益法核算的长期股权投资，除上述规定外，还应结转原记入资本公积的相关金额，借记或贷记“资本公积——其他资本公积”科目，贷记或借记本科目，等等。

期末，应将本科目余额转入“本年利润”科目，本科目结转后应无余额。

9.6.10 资产减值损失

1．会计科目核算内容

本科目核算企业计提各项资产减值准备所形成的损失。期末，应将本科目余额转入“本年利润”科目，结转后本科目无余额。

2．明细核算

本科目可按资产减值损失的项目进行明细核算。

3．主要账务处理

企业的应收款项、存货、长期股权投资、持有至到期投资、固定资产、无形资产、贷款等资产发生减值的，按应减记的金额，借记本科目，贷记“坏账准备”、“存货跌价准备”、“长期股权投资减值准备”、“持有至到期投资减值准备”、“固定资产减值准备”、“无形资产减值准备”、“贷款损失准备”等科目。

在建工程、工程物资、生产性生物资产、商誉、抵债资产、损余物资、采用成本模式计量的投资性房地产等资产发生减值的，应当设置相应的减值准备科目，比照上述规定进行处理，等等。

9.7 附注披露

1.《企业会计准则第 2 号——长期股权投资》的规定

投资企业应当在附注中披露与长期股权投资有关的下列信息：

（1）子公司、合营企业和联营企业清单，包括企业名称、注册地、业务性质、投资企业的持股比例和表决权比例。

（2）合营企业和联营企业当期的主要财务信息，包括资产、负债、收入、费用等合计金额。

（3）被投资单位向投资企业转移资金的能力受到严格限制的情况。

（4）当期及累计未确认的投资损失金额。

（5）与对子公司、合营企业及联营企业投资相关的或有负债。

2．《企业会计准则第 30 号——财务报表列报》的规定

（1）长期股权投资。

1）长期股权投资的披露格式如表 9-2 所示。

表 9-2　长期股权投资的披露格式

被投资单位	期末账面余额	年初账面余额
1.		
……		
合　计		

2）被投资单位由于所在国家或地区及其他方面的影响，其向投资企业转移资金的能力受到限制的，应当披露受限制的具体情况。

3）应披露当期及累计未确认的投资损失金额，等等。

（2）投资收益。投资收益的披露格式如表 9-3 所示。

表 9-3　投资收益的披露格式

产生投资收益的来源	本期发生额	上期发生额
1.		
……		
合　计		

按照权益法核算的长期股权投资，直接以被投资单位的账面净损益计算确认投资损益的事实及原因。

第 10 章 投资性房地产

投资性房地产是指为赚取租金或资本增值，或两者兼有而持有的房地产。投资性房地产应当能够单独计量和出售。

10.1 投资性房地产的确认

1. 投资性房地产的范围

投资性房地产包括已出租的土地使用权、持有并准备增值后转让的土地使用权、已出租的建筑物。

（1）已出租的土地使用权和已出租的建筑物，是指以经营租赁方式出租的土地使用权和建筑物。其中，用于出租的土地使用权是指企业通过出让或转让方式取得的土地使用权；用于出租的建筑物是指企业拥有产权的建筑物。

（2）持有并准备增值后转让的土地使用权，是指企业取得的、准备增值后转让的土地使用权。

按照国家有关规定认定的闲置土地，不属于持有并准备增值后转让的土地使用权。

（3）某项房地产，部分用于赚取租金或资本增值，部分用于生产商品、提供劳务或经营管理，能够单独计量和出售的、用于赚取租金或资本增值的部分，应当确认为投资性房地产；不能够单独计量和出售的、用于赚取租金或资本增值的部分，不确认为投资性房地产。

（4）企业将建筑物出租，按租赁协议向承租人提供的相关辅助服务在整个协议中不重大的，如企业将办公楼出租并向承租人提供保安、维修等辅助服务，应当将该建筑物确认为投资性房地产。

企业拥有并自行经营的旅馆饭店，其经营目的主要是通过提供客房服务赚取服务收入，该旅馆饭店不确认为投资性房地产。

2. 投资性房地产的确认条件

投资性房地产同时满足下列条件的，才能予以确认：

（1）与该投资性房地产有关的经济利益很可能流入企业；

（2）该投资性房地产的成本能够可靠地计量。

该确认条件与企业的一般资产的确认条件相同，并无特别之处。

10.2 投资性房地产的初始计量

1. 一般性原则

历史成本原则。即企业取得投资性房地产时，应当按照取得时的实际成本进行初始计量，这与普通资产的核算标准相同。

《企业会计准则第 3 号——投资性房地产》第七条规定，投资性房地产应当按照成本进行初始计量。

2. 不同取得渠道下，投资性房地产的初始计量

不同取得渠道下，投资性房地产的入账成本的构成有所不同。

（1）外购投资性房地产的成本。外购投资性房地产的成本包括购买价款、相关税费和可直接归属于该资产的其他支出。

【例 10-1】 为了拓展经营规模，智董商贸公司 20×7 年 4 月 1 日以银行存款方式购得位于繁华商业区的一层商务用楼，并当即进行招租。该层商务楼的买价为 1 250 万元，相关税费 60 万元。

智董公司所购商务用楼符合投资性房地产的界定条件，应单独列于"投资性房地产"科目核算，其会计处理如下：

该商务楼的入账成本=买价+相关税费=1 250+60=1 310（万元）

借：投资性房地产　　13 100 000

　贷：银行存款　　13 100 000

（2）自行建造投资性房地产的成本。自行建造投资性房地产的成本，由建造该项资产达到预定可使用状态前所发生的必要支出构成。

【例 10-2】 贵琛公司 20×7 年 1 月 1 日开始在企业拥有的一块土地上自行建造一幢商务办公楼，拟用于招租。工程期为 1 年，于 20×8 年 1 月 1 日完工，于 20×8 年 2 月达到预定可使用状态。工程期间发生人工费 740 万元，投入工程物资 2 560 万元，假定无相关税费。工程开工时，所占土地的账面价值为 3 950 万元，在"无形资产"科目核算。

贵琛公司所建商务用楼符合投资性房地产的界定条件，应单独列于"投资性房地产"科目核算，其会计处理如下：

该商务楼的入账成本=2 560+740+3 950=7 250（万元）

（1）工程领用物资时。

借：在建工程　　25 600 000

　贷：工程物资　　25 600 000

（2）分配工程人员工资时。

借：在建工程　　7 400 000

　贷：应付职工薪酬——工资　　7 400 000

（3）将土地使用权的账面价值在开工时列入工程成本时。

借：在建工程　　39 500 000

　贷：无形资产　　39 500 000

（4）工程完工时。

借：投资性房地产　　72 500 000

　贷：在建工程　　72 500 000

【例 10-3】 20×8 年 2 月，智董公司准备自行建造一幢厂房用于出租，为此购入工程物资一批，价款为 1 500 000 元，支付的增值税进项税额为 255 000 元，款项以银行存款支付。2 月至 7 月，工程先后领用工程物资 1 635 000 元（含增值税税额）；剩余工程物资转为该公司的存货，其所含的增值税进项税额可以抵扣；领用生产用原材料一批，价值为 192 000 元，购进该批原材料时支付的增值税进项税额为 32 640 元；辅助生产车间为工程提供有关劳务支出为 210 000 元；计提工程人员工资为 394 800 元、计提工程人员福利费为 55 272 元；7 月底，工程达到预定可使用状态并交付使用。假定不考虑其他相关税费。

智董公司的会计处理如下：

（1）购入为工程准备的物资时。

借：工程物资　　1 755 000

　贷：银行存款　　1 755 000

（2）工程领用物资时。

借：在建工程——厂房　　1 635 000

　贷：工程物资　　1 635 000

（3）工程领用原材料时。

借：在建工程——厂房　　224 640

　贷：原材料　　192 000

　　　应交税费——应交增值税（进项税额转出）　　32 640

（4）辅助生产车间为工程提供劳务支出时。

借：在建工程——厂房　　210 000

　贷：生产成本——辅助生产成本　　210 000

（5）计提工程人员工资、福利费时。

借：在建工程——厂房　　450 072

　贷：应付职工薪酬　　450 072

（6）6 月底，工程达到预定可使用状态并交付使用时。

借：投资性房地产——厂房　　2 519 712

　贷：在建工程——厂房　　2 519 712

（7）剩余工程物资转作存货时。

借：原材料　　102 564.1

　　应交税费——应交增值税（进项税额）　　17 435.9

　贷：工程物资　　120 000

（3）以其他方式取得的投资性房地产的成本。以其他方式取得的投资性房地产的成本，按照相关会计准则的规定确定。

【例 10-4】 智董公司是一家商贸企业，20×7 年 11 月 1 日接受贵琛公司投入的土地使用权，该资产在贵琛公司的账面价值为 1 268 万元，双方协议以评估价为投资价值确认标准，经评估，其公允价值为 1 568 万元。智董公司取得该土地后，拟于适当时机转让。

智董公司所接受的土地使用权符合投资性房地产的界定条件，应单独列于“投资性房地产”科目核算，其会计处理如下：

该商务楼的入账成本双方协议价为 1 568 万元。

借：投资性房地产　　15 680 000
　贷：实收资本　　15 680 000

3. 与投资性房地产有关的后续支出

与投资性房地产有关的后续支出，满足《企业会计准则第 3 号——投资性房地产》第六条规定的确认条件的，应当计入投资性房地产成本；不满足《企业会计准则第 3 号——投资性房地产》第六条规定的确认条件的，应当在发生时计入当期损益。

【例 10-5】 智董公司 20×7 年 1 月 1 日开始对其出租用厂房进行改扩建，该投资性房地产采用成本计量模式，原价为 3 000 万元，已提折旧 1 800 万元。工程期为半年，于 5 月 1 日达到预定可使用状态。智董公司共支付了 6 300 万元的工程款，残值回收 6 万元，款项均以银行存款方式结算。

会计分录如下：

（1）将厂房投入改扩建时。

借：在建工程　　12 000 000
　　累计折旧　　18 000 000
　贷：投资性房地产　　30 000 000

（2）支付改扩建工程款时。

借：在建工程　　63 000 000
　贷：银行存款　　63 000 000

（3）回收残值时。

借：银行存款　　60 000
　贷：在建工程　　60 000

（4）工程完工时。

借：投资性房地产　　74 940 000
　贷：在建工程　　74 940 000

10.3 投资性房地产的后续计量

1. 计量模式的选择

企业通常应当采用成本模式对投资性房地产进行后续计量，也可采用公允价值模式对投资性房地产进行后续计量。但同一企业只能采用一种模式对所有投资性房地产进行后续计量，不得同时采用两种计量模式。

2. 成本模式

企业应当在资产负债表日采用成本模式对投资性房地产进行后续计量，但《企业会计准则第 3 号——投资性房地产》第十条规定的除外。采用成本模式计量的建筑物的后续计量，适用《企业会计准则第 4 号——固定资产》。采用成本模式计量的土地使用权的后续计量，适用《企业会计准则第 6 号——无形资产》。

在成本模式下，应当按照《企业会计准则第 4 号——固定资产》和《企业会计准则第 6 号——无形资产》的规定，对投资性房地产进行计量，计提折旧或摊销；存在减值迹象的，应当按照《企业会计准则第 8 号——资产减值》的规定进行处理。

【例 10-6】 智董公司 20×7 年 6 月 1 日购入一幢办公楼，用于对外出租。该资产的买价为 9 000 万元，相关税费 60 万元，预计使用寿命为 40 年，预计残值为 63 万元，预计清理费用 3 万元，智董公司采用直线法提取折旧。该办公楼的年租金为 1 200 万元，于年末一次结清，自 20×7 年 7 月 1 日开始出租。

智董公司所购办公楼符合投资性房地产的界定条件，应单独列于“投资性房地产”科目核算，其后续会计处理应参照《企业会计准则——固定资产》的相关规定处理。具体如下：

该投资性房地产的入账成本=9 000+60=9 060（万元）

20×7 年的摊销额=［9 060–（63–3）］÷40×6/12=112.5（万元）

（1）收取租金时。

借：银行存款	6 000 000	
贷：投资收益		6 000 000

（2）提取当年折旧时。

借：投资收益	1 125 000	
贷：累计折旧		1 125 000

【例 10-7】 智董公司 20×7 年 7 月 1 日接受贵琛公司投入的一项土地使用权，双方协议价为 3 400 万元。智董公司取得该土地后，拟于适当时机转让。该土地使用权的法定有效期为 50 年。

智董公司所接受的土地使用权符合投资性房地产的界定条件，应单独列于“投资性房地产”科目核算，其价值摊销应参照《企业会计准则第 6 号——无形资产》的相关规定进行处理。具体如下：

该投资性房地产的入账成本双方协议价为 3 400 万元。

20×7 年的摊销额=3 400÷50×6/12=34（万元）

借：投资收益	340 000	
贷：投资性房地产		340 000

3. 公允价值模式

只有存在确凿证据表明投资性房地产的公允价值能够持续可靠取得的，才可以采用公允价值模式计量。采用公允价值模式计量的投资性房地产，应当同时满足下列条件：

（1）投资性房地产所在地有活跃的房地产交易市场。所在地通常是指投资性房地产所在的城市。对于大中型城市，应当为投资性房地产所在的城区。

（2）企业能够从活跃的房地产交易市场上取得同类或类似房地产的市场价格及其他相关信息，从而对投资性房地产的公允价值做出合理的估计。

同类或类似的房地产，对建筑物而言，是指所处地理位置和地理环境相同、性质相同、结构类型相同或相近、新旧程度相同或相近、可使用状况相同或相近的建筑物；对土地使用权而言，是指同一城区、同一位置区域、所处地理环境相同或相近、可使用状况相同或相近的土地。

采用公允价值模式计量的，不对投资性房地产计提折旧或进行摊销，应当以资产负债表日投资性房地产的公允价值为基础调整其账面价值，公允价值与原账面价值之间的差额计入当期损益。

【例 10-8】 20×7 年 12 月 31 日，智董公司的某投资性房地产的公允价值为 1 368 万元，此前，该投资性房地产的账面价值为 1 268 万元。智董公司的会计处理如下：

借：投资性房地产　　1 000 000
　贷：公允价值变动损益　　1 000 000

4．计量模式的变更（转换）

企业对投资性房地产的计量模式一经确定，不得随意变更。成本模式转为公允价值模式的，应当作为会计政策变更，按照《企业会计准则第 28 号——会计政策、会计估计变更和差错更正》处理。

已采用公允价值模式计量的投资性房地产，不得从公允价值模式转为成本模式。

10.4 投资性房地产的转换

1．转换的条件

企业有确凿证据表明房地产用途发生改变，满足下列条件之一的，应当将投资性房地产转换为其他资产或者将其他资产转换为投资性房地产：

（1）投资性房地产开始自用。

（2）作为存货的房地产改为出租。

（3）自用土地使用权停止自用，用于赚取租金或资本增值。

（4）自用建筑物停止自用，改为出租。

2．转换日的确定

（1）投资性房地产开始自用，是指投资性房地产转为自用房地产。其转换日为房地产达到自用状态，企业开始将房地产用于生产商品、提供劳务或者经营管理的日期。

（2）作为存货的房地产改为出租，或者自用建筑物、自用土地使用权停止自用改为出租，其转换日为租赁期开始日。

3．在成本模式下的入账价值

在成本模式下，应当将房地产转换前的账面价值作为转换后的入账价值。

【例 10-9】 20×7 年 6 月 30 日，智董公司因投资性房地产用途发生变化，决定将某投资性房地产转换为自用房地产。当日，该投资性房地产已计提累计折旧 36 万元，已计提减值准备 15 万元。假定该投资性房地产账面原价为 105 万元，不考虑其他因素。

智董公司的会计处理如下：

借：固定资产　　1 050 000
　贷：投资性房地产　　1 050 000
借：累计折旧　　360 000
　贷：累计折旧　　360 000
借：固定资产减值准备　　150 000
　贷：投资性房地产减值准备　　150 000

4. 在公允价值模式下的入账价值

（1）采用公允价值模式计量的投资性房地产转换为自用房地产。采用公允价值模式计量的投资性房地产转换为自用房地产时，应当以其转换当日的公允价值作为自用房地产的账面价值，公允价值与原账面价值的差额计入当期损益。

【例 10-10】 20×8 年 9 月 30 日，欣郁公司决定将某投资性房地产转换为自用的建筑物。该投资性房地产的账面余额为 690 万元，当日，该投资性房地产的公允价值为 720 万元。假定不考虑其他因素。

欣郁公司的会计处理如下：

借：固定资产	7 200 000	
贷：投资性房地产		6 900 000
公允价值变动损益		300 000

（2）自用房地产或存货转换为采用公允价值模式计量的投资性房地产。自用房地产或存货转换为采用公允价值模式计量的投资性房地产时，投资性房地产按照转换当日的公允价值计价，转换当日的公允价值小于原账面价值的，其差额计入当期损益；转换当日的公允价值大于原账面价值的，其差额计入所有者权益。

自用房地产或存货转换为采用公允价值模式计量的投资性房地产。

自用房地产或存货转换为采用公允价值模式计量的投资性房地产，该项投资性房地产应当按照转换日的公允价值计量。转换日的公允价值小于原账面价值的，其差额计入当期损益。转换日的公允价值大于原账面价值的，其差额作为资本公积（其他资本公积），计入所有者权益。处置该项投资性房地产时，原计入所有者权益的部分应当转入处置当期损益。

【例 10-11】 20×7 年 8 月 31 日，贵琛公司决定将其持有作为库存商品核算的房地产作为投资性房地产，采用公允价值模式核算。当日，该库存商品的账面余额为 30 万元，已计提存货跌价准备 6 万元，公允价值为 33 万元。假定不考虑其他因素。

贵琛公司的会计处理如下：

借：投资性房地产	330 000	
存货跌价准备	60 000	
贷：库存商品		300 000
资本公积		90 000

【例 10-12】 20×7 年 5 月 31 日，智董公司决定将某自用建筑物作为投资性房地产，采用公允价值模式核算。当日，该自用建筑物的账面原价为 300 万元，已计提累计折旧 60 万元，已计提减值准备 33 万元，公允价值为 180 万元。假定不考虑其他因素。

智董公司的会计处理如下：

借：投资性房地产	1 800 000	
累计折旧	600 000	
固定资产减值准备	330 000	
公允价值变动损益	270 000	
贷：固定资产		3 000 000

5. 自用房地产或存货转换为采用公允价值模式计量的投资性房地产

自用房地产或存货转换为采用公允价值模式计量的投资性房地产，投资性房地产应当按照转换当日的公允价值计量。

转换当日的公允价值小于原账面价值的，其差额作为投资损失，计入当期损益。

转换当日的公允价值大于原账面价值的，其差额作为资本公积（其他资本公积），计入所有者权益。处置该项投资性房地产时，原计入所有者权益的部分应当转入处置当期的投资收益。

10.5 投资性房地产的处置

1. 投资性房地产的终止确认

当投资性房地产被处置，或者永久退出使用且预计不能从其处置中取得经济利益时，应当终止确认该项投资性房地产。

2. 投资性房地产的处置收益

企业出售、转让、报废投资性房地产或者发生投资性房地产毁损，应当将处置收入扣除其账面价值和相关税费后的金额计入当期损益。

企业在出售采用公允价值模式计量的投资性房地产时，应当按照收到的款项，借记“银行存款”等科目，按照投资性房地产的账面原价，贷记“投资性房地产”科目，按照出售过程中发生的相关税费，贷记“应交税费”、“其他应付款”等科目，按照借贷双方之间的差额，借记“营业外支出”科目或贷记“营业外收入”科目。

【例 10-13】 20×8 年 12 月 31 日，智董公司决定将采用成本模式计量的某投资性房地产出售，收到出售价款 36 万元。当日，该投资性房地产账面原价 132 万元，已计提累计折旧 60 万元，已计提减值准备 15 万元，应交的相关税金 9 万元。假定不考虑其他因素。

贵琛公司的会计处理如下：

借：银行存款	360 000	
累计折旧	600 000	
固定资产减值准备	150 000	
营业外支出	300 000	
贷：投资性房地产		1 320 000
应交税费		90 000

【例 10-14】 20×8 年 1 月 1 日，智董公司决定将采用公允价值模式计量的某投资性房地产出售，收到出售价款 87 万元。当日，该投资性房地产账面余额为 81 万元，发生应交税费 9 万元。假定不考虑其他因素。

智董公司的会计处理如下：

借：银行存款	870 000	
营业外支出	30 000	
贷：投资性房地产		810 000
应交税费		90 000

【例 10-15】 20×8 年 5 月 31 日 ，智董公司某采用成本模式的投资性房地产经批准报废。该投资性房地产账面原价为 560 100 元，已计提折旧 531 240 元，已计提减值准备为 7 500 元。在清理过程中，以银行存款支付清理费用 15 000 元，残料变卖收入为 19 500 元。假定不考虑其他税费。

智董公司的会计处理如下：

借：累计折旧	531 240	
投资性房地产减值准备	7 500	
银行存款	19 500	
营业外支出	16 860	
贷：投资性房地产		560 100
银行存款		15 000

10.6 会计科目及主要账务处理

10.6.1 投资性房地产

1．会计科目核算内容

本科目核算企业采用成本模式计量的投资性房地产的成本。企业采用公允价值模式计量投资性房地产的，也通过本科目核算。

采用成本模式计量的投资性房地产的累计折旧或累计摊销，可以单独设置“投资性房地产累计折旧（摊销）”科目，比照“累计折旧”等科目进行处理。

采用成本模式计量的投资性房地产发生减值的，可以单独设置“投资性房地产减值准备”科目，比照“固定资产减值准备”等科目进行处理。

2．明细核算

本科目可按投资性房地产类别和项目进行明细核算。

采用公允价值模式计量的投资性房地产，还应当分别“成本”和“公允价值变动”进行明细核算。

3．采用成本模式计量投资性房地产的主要账务处理

（1）企业外购、自行建造等取得的投资性房地产，按应计入投资性房地产成本的金额，借记本科目，贷记“银行存款”、“在建工程”等科目。

（2）将作为存货的房地产转换为投资性房地产的，应按其在转换日的账面余额，借记本科目，贷记“开发产品”等科目。已计提跌价准备的，还应同时结转跌价准备。

将自用的建筑物等转换为投资性房地产的，应按其在转换日的原价、累计折旧、减值准备等，分别转入本科目、“投资性房地产累计折旧（摊销）”、“投资性房地产减值准备”科目。

（3）按期（月）对投资性房地产计提折旧或进行摊销，借记“其他业务成本”科目，贷记“投资性房地产累计折旧（摊销）”科目。取得的租金收入，借记“银行存款”等科目，贷记“其他业务收入”科目。

（4）将投资性房地产转为自用时，应按其在转换日的账面余额、累计折旧、减值准备等，分别转入“固定资产”、“累计折旧”、“固定资产减值准备”等科目。

（5）处置投资性房地产时，应按实际收到的金额，借记“银行存款”等科目，贷记“其他业务收入”科目。按该项投资性房地产的累计折旧或累计摊销，借记“投资性房地产累计折旧（摊销）”科目，按该项投资性房地产的账面余额，贷记本科目，按其差额，借记“其他业务成本”科目。已计提减值准备的，还应同时结转减值准备。

4．采用公允价值模式计量投资性房地产的主要账务处理

（1）企业外购、自行建造等取得的投资性房地产，按应计入投资性房地产成本的金额，借记本科目（成本），贷记“银行存款”、“在建工程”等科目。

（2）将作为存货的房地产转换为投资性房地产的，应按其在转换日的公允价值，借记本科目（成本），按其账面余额，贷记“开发产品”等科目，按其差额，贷记“资本公积——其他资本公积”科目或借记“公允价值变动损益”科目。已计提跌价准备的，还应同时结转跌价准备。

将自用的建筑物等转换为投资性房地产的，按其在转换日的公允价值，借记本科目（成本），按已计提的累计折旧等，借记“累计折旧”等科目，按其账面余额，贷记“固定资产”等科目，按其差额，贷记“资本公积——其他资本公积”科目或借记“公允价值变动损益”科目。已计提减值准备的，还应同时结转减值准备。

（3）资产负债表日，投资性房地产的公允价值高于其账面余额的差额，借记本科目（公允价值变动），贷记“公允价值变动损益”科目；公允价值低于其账面余额的差额做相反的会计分录。

取得的租金收入，借记“银行存款”等科目，贷记“其他业务收入”科目。

（4）将投资性房地产转为自用时，应按其在转换日的公允价值，借记“固定资产”等科目，按其账面余额，贷记本科目（成本、公允价值变动），按其差额，贷记或借记“公允价值变动损益”科目。

（5）处置投资性房地产时，应按实际收到的金额，借记“银行存款”等科目，贷记“其他业务收入”科目。按该项投资性房地产的账面余额，借记“其他业务成本”科目，贷记本科目（成本）、贷记或借记本科目（公允价值变动）；同时，按该项投资性房地产的公允价值变动，借记或贷记“公允价值变动损益”科目，贷记或借记“其他业务收入”科目。按该项投资性房地产在转换日记入资本公积的金额，借记“资本公积——其他资本公积”科目，贷记“其他业务收入”科目。

（6）投资性房地产作为企业主营业务的，应通过“主营业务收入”和“主营业务成本”科目核算相关的损益。

（7）本科目期末借方余额，反映企业采用成本模式计量的投资性房地产成本。企业采用公允价值模式计量的投资性房地产，反映投资性房地产的公允价值。

10.6.2 资本公积

1．会计科目核算内容

本科目核算企业收到投资者出资额超出其在注册资本或股本中所占份额的部分。直接计入所有者权益的利得和损失，也通过本科目核算。

2．明细核算

本科目应当分别“资本溢价（股本溢价）”、“其他资本公积”进行明细核算。

3．主要账务处理

自用房地产或存货转换为采用公允价值模式计量的投资性房地产，按照“投资性房地产”科目的相关规定进行处理，相应调整资本公积，等等。

10.6.3 公允价值变动损益

1. 会计科目核算内容

本科目核算企业交易性金融资产、交易性金融负债，以及采用公允价值模式计量的投资性房地产、衍生工具、套期保值业务等公允价值变动形成的应计入当期损益的利得或损失。

指定为以公允价值计量且其变动计入当期损益的金融资产或金融负债公允价值变动形成的应计入当期损益的利得或损失，也在本科目核算。

企业开展套期保值业务的，有效套期关系中套期工具或被套期项目的公允价值变动，也可以单独设置“6102 套期损益”科目核算。

2. 明细核算

本科目可按交易性金融资产、交易性金融负债、投资性房地产等进行明细核算。

3. 主要账务处理

（1）资产负债表日，企业应按交易性金融资产的公允价值高于其账面余额的差额，借记“交易性金融资产——公允价值变动”科目，贷记本科目；公允价值低于其账面余额的差额做相反的会计分录。

出售交易性金融资产时，应按实际收到的金额，借记“银行存款”、“存放中央银行款项”等科目，按该金融资产的账面余额，贷记“交易性金融资产”科目，按其差额，借记或贷记“投资收益”科目。同时，将原计入该金融资产的公允价值变动转出，借记或贷记本科目，贷记或借记“投资收益”科目。

（2）资产负债表日，交易性金融负债的公允价值高于其账面余额的差额，借记本科目，贷记“交易性金融负债”等科目；公允价值低于其账面余额的差额做相反的会计分录。

处置交易性金融负债，应按该金融负债的账面余额，借记“交易性金融负债”科目，按实际支付的金额，贷记“银行存款”、“存放中央银行款项”、“结算备付金”等科目，按其差额，贷记或借记“投资收益”科目。同时，按该金融负债的公允价值变动，贷记或借记本科目，借记或贷记“投资收益”科目。

（3）采用公允价值模式计量的投资性房地产、衍生工具、套期工具、被套期项目等形成的公允价值变动，按照“投资性房地产”、“衍生工具”、“套期工具”、“被套期项目”等科目的相关规定进行处理。

期末，应将本科目余额转入“本年利润”科目，结转后本科目无余额。

10.6.4 其他业务成本

本科目核算企业确认的除主营业务活动以外的其他经营活动所发生的支出，包括销售材料的成本、出租固定资产的折旧额、出租无形资产的摊销额、出租包装物的成本或摊销额等。

除主营业务活动以外的其他经营活动发生的相关税费，在“营业税金及附加”科目核算。

采用成本模式计量投资性房地产的，其投资性房地产计提的折旧额或摊销额，也通过本科目核算，等等。

10.6.5　营业税金及附加

本科目核算企业经营活动发生的营业税、消费税、城市维护建设税、资源税和教育费附加等相关税费。房产税、车船税、土地使用税、印花税在“管理费用”科目核算，但与投资性房地产相关的房产税、土地使用税在本科目核算，等等。

10.6.6　资产减值损失

1．会计科目核算内容

本科目核算企业计提各项资产减值准备所形成的损失。

2．明细核算

本科目可按资产减值损失的项目进行明细核算。

3．主要账务处理

企业的应收款项、存货、长期股权投资、持有至到期投资、固定资产、无形资产、贷款等资产发生减值的，按应减记的金额，借记本科目，贷记“坏账准备”、“存货跌价准备”、“长期股权投资减值准备”、“持有至到期投资减值准备”、“固定资产减值准备”、“无形资产减值准备”、“贷款损失准备”等科目。

在建工程、工程物资、生产性生物资产、商誉、抵债资产、损余物资、采用成本模式计量的投资性房地产等资产发生减值的，应当设置相应的减值准备科目，比照上述规定进行处理。

企业计提坏账准备、存货跌价准备、持有至到期投资减值准备、贷款损失准备等，相关资产的价值又得以恢复的，应在原已计提的减值准备金额内，按恢复增加的金额，借记“坏账准备”、“存货跌价准备”、“持有至到期投资减值准备”、“贷款损失准备”等科目，贷记本科目。

期末，应将本科目余额转入“本年利润”科目，结转后本科目无余额。

10.7　附注披露

1.《企业会计准则第 3 号——投资性房地产》的规定

企业应当在附注中披露与投资性房地产有关的下列信息：

（1）投资性房地产的种类、金额和计量模式。

（2）采用成本模式的，投资性房地产的折旧或摊销，以及减值准备的计提情况。

（3）采用公允价值模式的，公允价值的确定依据和方法，以及公允价值变动对损益的影响。

（4）房地产转换情况、理由，以及对损益或所有者权益的影响。

（5）当期处置的投资性房地产及其对损益的影响。

2．《企业会计准则第 30 号——财务报表列报》应用指南的规定

一般企业报表投资性房地产附注如下：

企业采用成本模式进行后续计量应披露的信息如表 10-1 所示。

表 10-1 企业采用成本模式进行后续计量应披露的信息

项　　目	年初账面余额	本期增加额	本期减少额	期末账面余额
一、原价合计				
1. 房屋、建筑物				
2. 土地使用权				
二、累计折旧和累计摊销合计				
1. 房屋、建筑物				
2. 土地使用权				
三、投资性房地产减值准备累计金额合计				
1. 房屋、建筑物				
2. 土地使用权				
四、投资性房地产账面价值合计				
1. 房屋、建筑物				
2. 土地使用权				

企业采用公允价值模式进行后续计量的，应当披露投资性房地产公允价值的确定依据及公允价值金额的增减变动情况。

如有房地产转换的，应当说明房地产转换的原因及其影响。

第 11 章 固定资产

固定资产是指为生产商品、提供劳务、出租或经营管理而持有的，使用寿命超过一个会计年度的有形资产。使用寿命是指企业使用固定资产的预计期间，或者该固定资产所能生产产品或提供劳务的数量。

11.1 固定资产的确认

1. 固定资产的确认条件

固定资产同时满足下列条件的，才能予以确认：

（1）与该固定资产有关的经济利益很可能流入企业。

（2）该固定资产的成本能够可靠地计量。

备品备件和维修设备通常确认为存货，但符合固定资产定义和确认条件的，如企业（民用航空运输）的高价周转件等，应当确认为固定资产。

2. 关于固定资产的各组成部分确认为单项固定资产

固定资产的各组成部分具有不同使用寿命或者以不同方式为企业提供经济利益，适用不同折旧率或折旧方法的，应当分别将各组成部分确认为单项固定资产。

3. 与固定资产有关的后续支出的处理

与固定资产有关的后续支出，符合《企业会计准则第 4 号——固定资产》第四条规定的确认条件的，应当计入固定资产成本；不符合《企业会计准则第 4 号——固定资产》第四条规定的确认条件的，应当在发生时计入当期损益。

固定资产的后续支出是指固定资产在使用过程中发生的更新改造支出、修理费用等。

固定资产的更新改造等后续支出，满足《企业会计准则第 4 号——固定资产》第四条规定确认条件的，应当计入固定资产成本，如有被替换的部分，应扣除其账面价值；不满足《企业会计准则第 4 号——固定资产》第四条规定确认条件的固定资产修理费用等，应当在发生时计入当期损益。

（1）资本化的固定资产后续支出。

【例 11-1】 20×6 年 12 月，智董公司自行建成了一条生产线，建造成本为 400 000 元；采用年限平均法计提折旧；预计净残值率为固定资产原价的 5%，预计使用年限为 6 年。

20×9 年 1 月 1 日，公司决定对现有生产线进行改扩建，以提高其生产能力。20×9 年 1 月 1 日至 3 月 31 日，经过三个月的改扩建，完成了对这条生产线的改扩建工程，共发生支出 250 000 元，全部以银行存款支付。

该生产线改扩建工程达到预定可使用状态后，大大提高了生产能力，预计将其使用年限延长了 4 年，即为 10 年。假定改扩建后的生产线的预计净残值率为改扩建后固定资产账面价值的 5%；折旧方法仍为年限平均法；改扩建工程达到预定可使用状态后，该生产线预计能给企业带来的可收回金额为 650 000 元。

为简化计算过程，整个过程不考虑其他相关税费；公司按年度计提固定资产折旧。

由于对生产线的改扩建支出，提高了生产线的生产能力并延长了其使用寿命，所以，此项后续支出应增加固定资产的账面价值。

有关的账务处理如下。

（1）20×7 年 1 月 1 日至 20×8 年 12 月 31 日两年间，即固定资产后续支出发生前，该条生产线的应计提折旧额为 380 000 元[400 000×(1–5%)]，年折旧额为 63 333.33 元(380 000÷6)，各年计提固定资产折旧的会计分录如下：

借：制造费用　　63 333.33

　贷：累计折旧　　63 333.33

（2）20×9 年 1 月 1 日，固定资产的账面价值为 273 333.34 元（400 000–63 333.33×2），固定资产转入改扩建时的会计分录如下：

借：在建工程　　273 333.34

　　累计折旧　　126 666.66

　贷：固定资产　　400 000

（3）20×9 年 1 月 1 日至 3 月 31 日，固定资产后续支出发生时的会计分录如下：

借：在建工程　　250 000

　贷：银行存款　　250 000

（4）20×9 年 3 月 31 日，生产线改扩建工程达到预定可使用状态，如将后续支出全部资本化后的固定资产账面价值为 523 333.34 元（273 333.34+250 000），不超过改扩建工程达到预定可使用状态后固定资产预计能给企业带来的可收回金额 650 000 元，那么，可将后续支出全部予以资本化，会计分录如下：

借：固定资产　　523 333.34

　贷：在建工程　　523 333.34

（5）20×9 年 3 月 31 日，生产线改扩建工程达到预定可使用状态后，固定资产的账面价值为 523 333.34 元；固定资产应计提折旧额为 497 166.67 元［523 333.34×（1–5%）］；在 20×9 年 4 月 1 日至 12 月 31 日 9 个月期间，每月应计提固定资产折旧额为 5345.89 元［497 166.67÷（7×12+9）］。

在 2010 年 1 月 1 日至 2016 年 12 月 31 日 7 年间，每年应计提固定资产折旧额为 64 150.68 元（5345.89×12）。每年应计提固定资产折旧的会计分录如下：

借：制造费用　　64 150.68

　贷：累计折旧　　64 150.68

（2）费用化的固定资产后续支出。

【例 11-2】 20×8 年 5 月 19 日，智董公司对现有的一台管理用设备进行修理，修理过程中发生应支付维修人员的工资为 27 600 元，应计提的福利费为 3 864 元；不考虑其他相关税费。

由于对设备的维修，仅仅是为了维护固定资产的正常使用而发生的，没有满足固定资产的确认条件，因此，应将该项固定资产后续支出在其发生时确认为费用。

智董公司的账务处理如下：

借：管理费用 31 464

贷：应付职工薪酬 31 464

4．经营租入固定资产改良

企业以经营租赁方式租入的固定资产发生的改良支出，应予资本化，作为长期待摊费用，合理进行摊销。

11.2 固定资产的初始计量

固定资产应当按照成本进行初始计量。

1．外购固定资产的成本

外购固定资产的成本，包括购买价款、相关税费、使固定资产达到预定可使用状态前所发生的可归属于该项资产的运输费、装卸费、安装费和专业人员服务费等。

以一笔款项购入多项没有单独标价的固定资产，应当按照各项固定资产公允价值比例对总成本进行分配，分别确定各项固定资产的成本。

购买固定资产的价款超过正常信用条件延期支付，实质上具有融资性质的，固定资产的成本以购买价款的现值为基础确定。实际支付的价款与购买价款的现值之间的差额，除按照《企业会计准则第 17 号——借款费用》应予资本化的以外，应当在信用期间内计入当期损益。

【例 11-3】 深圳市某制造企业智董公司，20×7 年 4 月 1 日，向贵琛公司一次购进了三套不同型号且具有不同生产能力的设备甲、乙和丙。智董公司为该批设备共支付货款 1 0800 000 元，增值税税额 17 000 元，包装费 538 元，全部以银行存款转账支付。假定设备甲、乙和丙均满足固定资产的定义及其确认条件，公允价值分别为 2 000 000 元、2 500 000 元、500 000 元；不考虑其他相关税费。

智董公司的账务处理如下：

（1）确定应计入固定资产成本的金额，包括买价、包装费及增值税额等。

应计入固定资产成本的金额=1 000 000+17 000+538=1 017 538（元）

（2）确定甲、乙和丙设备各自的入账价值。

甲设备入账价值=1 017 538×2 000 000÷（2 000 000+2 500 000+500 000）=407 015.2（元）

乙设备入账价值=1 017 538×2 500 000÷（2 000 000+2 500 000+500 000）=508 769（元）

丙设备入账价值=1 017 538×500 000÷（2 000 000+2 500 000+500 000）=101 753.8（元）

（3）做会计分录。

借：固定资产——甲 407 015.2

——乙 508 769

——丙 101 753.8

贷：银行存款 1 017 538

2．自行建造固定资产的成本

自行建造固定资产的成本，由建造该项资产达到预定可使用状态前所发生的必要支出构成。

3．应计入固定资产成本的借款费用

应计入固定资产成本的借款费用，按照《企业会计准则第 17 号——借款费用》处理。

4．投资者投入固定资产的成本

投资者投入固定资产的成本，应当按照投资合同或协议约定的价值确定，但合同或协议约定价值不公允的除外。

【例 11-4】 20×7 年 9 月 23 日，智董公司接受贵琛公司以一台设备进行投资。该台设备的原价为 168 000 元，已计提折旧 49 860 元，双方经协商确认的价值为 133 140 元，占智董公司注册资本的 30%。智董公司注册资本为 100 000 元。假定不考虑其他相关税费。

智董公司的账务处理如下：

借：固定资产　　133 140

　贷：实收资本——贵琛公司　　90 000

　　　资本公积——资本溢价　　43 140

5．非货币性资产交换、债务重组、企业合并和融资租赁取得的固定资产的成本

非货币性资产交换、债务重组、企业合并和融资租赁取得的固定资产的成本，应当分别按照《企业会计准则第 7 号——非货币性资产交换》、《企业会计准则第 12 号——债务重组》、《企业会计准则第 20 号——企业合并》和《企业会计准则第 21 号——租赁》确定。

【例 11-5】 智董公司 20×7 年 12 月 2 日与 B 租赁公司签订了一份水泥生产线融资租赁合同。租赁合同规定：租赁日为 20×7 年 12 月 31 日；租赁期为 2 年；每年年末支付租金 2 000 万元；租赁期满，水泥生产线的估计残余价值为 400 万元，其中智董公司担保余值为 200 万元，未担保余值为 200 万元。该水泥生产线于 20×7 年 12 月 31 日运抵智董公司，当日投入使用；智董公司当日的资产总额为 8 000 万元；智董公司固定资产均采用直线法计提折旧；与租赁有关的未确认融资费用均采用实际利率法在相关资产的折旧期限内摊销；智董公司年末一次确认融资费用并计提折旧。假定水泥生产线为全新生产线，起租日的原账面价值为 3 844.8 万元，预计使用年限为 3 年；租赁内含利率为 6%。20×9 年 12 月 31 日，智董公司将水泥生产线归还给 B 租赁公司。

智董公司的账务处理如下：

最低租赁付款额=2 000+2 000+200=4 200（万元）

$$最低租赁付款额的现值=\frac{2\,000}{1+6\%}+\frac{2\,000}{(1+6\%)\times(1+6\%)}+\frac{200}{(1+6\%)\times(1+6\%)}=3884.8（万元）$$

未确认融资费用=4 200−3 844.8=355.2（万元）

（1）20×7 年 12 月 31 日租入固定资产时。

借：固定资产——融资租入固定资产　　3 844.8

　　未确认融资费用　　355.2

　贷：长期应付款——应付融资租赁款　　4 200

（2）20×8 年 12 月 31 日支付租金、分摊融资费用并计提折旧时。

分摊的融资费用=（4 200−355.2）×6%=230.69（万元）

计提折旧=（3 844.8–200）÷2=1 822.4（万元）

借：长期应付款——应付融资租赁款　　2 000

　贷：银行存款　　2 000

借：财务费用　　230.69

　贷：未确认融资费用　　230.69

借：制造费用　　1 822.4

　贷：累计折旧　　1 822.4

（3）20×9 年 12 月 31 日支付租金、分摊融资费用并计提折旧时。

分摊的融资费用（注：做了尾数调整）=（4200–2 000–355.2+230.69）×6%=124.51（万元）

计提折旧=（3 844.8–200）÷2=1 822.4（万元）

借：长期应付款——应付融资租赁款　　2 000

　贷：银行存款　　2 000

借：财务费用　　124.51

　贷：未确认融资费用　　124.51

借：制造费用　　1 822.4

　贷：累计折旧　　1 822.4

借：长期应付款——应付融资租赁款　　200

　　累计折旧　　3 644.8

　贷：固定资产——融资租入固定资产　　3 844.8

6．固定资产弃置费用预计

确定固定资产成本时，应当考虑预计弃置费用因素。

弃置费用通常是指根据国家法律和行政法规、国际公约等规定，企业承担的环境保护和生态恢复等义务所确定的支出，如核电站核设施等的弃置和恢复环境义务等。企业应当根据《企业会计准则第 13 号——或有事项》的规定，按照现值计算确定应计入固定资产成本的金额和相应的预计负债。油气资产的弃置费用，应当按照《企业会计准则第 27 号——石油天然气开采》及其应用指南的规定处理。

不属于弃置义务的固定资产报废清理费，应当在发生时作为固定资产处置费用处理。

11.3　固定资产的后续计量

1．固定资产的折旧

折旧是指在固定资产使用寿命内，按照确定的方法对应计折旧额进行系统分摊。

应计折旧额是指应当计提折旧的固定资产的原价扣除其预计净残值后的金额。已计提减值准备的固定资产，还应当扣除已计提的固定资产减值准备累计金额。

预计净残值是指假定固定资产预计使用寿命已满并处于使用寿命终了时的预期状态，企业目前从该项资产处置中获得的扣除预计处置费用后的金额。

（1）应计提折旧的固定资产范围。企业应当对所有固定资产计提折旧。但是，已提足折旧仍继续使用的固定资产和单独计价入账的土地除外。

固定资产提足折旧后，不论能否继续使用，均不再计提折旧；提前报废的固定资产，也不再补提折旧。提足折旧是指已经提足该项固定资产的应计折旧额。

已达到预定可使用状态但尚未办理竣工决算的固定资产，应当按照估计价值确定其成本，并计提折旧；待办理竣工决算后，再按实际成本调整原来的暂估价值，但不需要调整原已计提的折旧额。

（2）固定资产使用寿命和预计净残值的确定。企业应当根据固定资产的性质和使用情况，合理确定固定资产的使用寿命和预计净残值。

固定资产的使用寿命、预计净残值一经确定，不得随意变更。但是，符合《企业会计准则第 4 号——固定资产》第十九条规定的除外。

企业确定固定资产使用寿命，应当考虑下列因素：

- 预计生产能力或实物产量。
- 预计有形损耗和无形损耗。
- 法律或者类似规定对资产使用的限制。

（3）固定资产折旧方法的选择。企业应当根据与固定资产有关的经济利益的预期实现方式，合理选择固定资产折旧方法。

可选用的折旧方法包括年限平均法、工作量法、双倍余额递减法和年数总和法等。

固定资产的折旧方法一经确定，不得随意变更。但是，符合《企业会计准则第 4 号——固定资产》第十九条规定的除外。

1）年限平均法。年限平均法，又称直线法，是将固定资产的折旧均衡地分摊到各期的一种方法。采用这种方法计算的每期折旧额均是相等的。计算公式如下：

$$年折旧率=\frac{1-预计净残值率}{预计使用年限}\times 100\%$$

$$月折旧率=年折旧率\div 12$$

$$月折旧额=固定资产原价\times 月折旧率$$

【例 11-6】 智董公司有一厂房，原价为 500 000 元，预计可使用 20 年，按照有关规定，该厂房报废时的净残值率为 2%。

该厂房的折旧率和折旧额的计算如下：

$年折旧率=\frac{1-2\%}{20}\times 100\%=4.9\%$

$月折旧率=4.9\%\div 12=0.41\%$

$月折旧额=500\ 000\times 0.41\%=2\ 050$（元）

上述计算的折旧率是按个别固定资产单独计算的，称为个别折旧率，即某项固定资产在一定期间的折旧额与该项固定资产原价的比率。此外，还有分类折旧率和综合折旧率。

分类折旧率是指固定资产分类折旧额与该类固定资产原价的比率，采用这种方法，应先把性质、结构和使用年限接近的固定资产归为一类，再按类计算平均折旧率，用该类折旧率对该类固定资产计提折旧。如将房屋建筑物划分为一类，将机械设备划分为一类等。分类折旧率的计算公式如下：

$$某类固定资产年分类折旧率=\frac{该类固定资产年折旧额之和}{该类固定资产原价之和}\times 100\%$$

采用分类折旧率计算固定资产折旧，其优点是计算方法简单，但准确性不如个别折旧率。

综合折旧率是指某一期间企业全部固定资产折旧额与全部固定资产原价的比率。计算公式如下：

$$固定资产年综合折旧率=\frac{各项固定资产年折旧额之和}{各项固定资产原价之和}\times100\%$$

与采用个别折旧率和分类折旧率计算固定资产折旧相比，采用综合折旧率计算固定资产折旧，其计算结果的准确性较差。

采用年限平均法计算固定资产折旧虽然比较简便，但也存在一些明显的局限性。首先，固定资产在不同使用年限提供的经济效益是不同的。一般来讲，固定资产在其使用前期工作效率相对较高，所带来的经济利益也就多；而在其使用后期，工作效率一般呈下降趋势，因而，所带来的经济利益也就逐渐减少。年限平均法不考虑这一事实，明显是不合理的。其次，固定资产在不同的使用年限发生的维修费用也不一样。固定资产的维修费用将随着其使用时间的延长而不断增大，而年限平均法也没有考虑这一因素。

当固定资产各期的负荷程度相同时，各期应分摊相同的折旧费，这时采用年限平均法计算折旧是合理的。但是，若固定资产各期负荷程度不同，采用年限平均法计算折旧时，则不能反映固定资产的实际使用情况，提取的折旧数与固定资产的损耗程度也不相符。

2）工作量法。工作量法是根据实际工作量计提折旧额的一种方法。这种方法弥补年限平均法只重使用时间，不考虑使用强度的缺点，其计算公式为：

$$每一工作量折旧额=固定资产原价\times（1-净残值率）\div预计总工作量$$

$$某项固定资产月折旧额=该项固定资产当月工作量\times每一工作量折旧额$$

【例 11-7】 智董公司的一辆运货卡车的原价为 60 000 元，预计总行驶里程为 50 万公里，其报废时的净残值率为 5%。本月行驶 4 000 公里。

该辆汽车的月折旧额计算如下：

单位里程折旧额=60 000×（1–5%）÷500 000=0.114（元/公里）

本月折旧额=4 000×0.114=456（元）

3）加速折旧法。加速折旧法也称为快速折旧法或递减折旧法。其特点是在固定资产有效使用年限的前期多提折旧，后期则少提折旧，从而相对加快折旧的速度，以使固定资产成本在有效使用年限中加快得到补偿。

加速折旧的计提方法有多种，常用的有以下两种。

① 双倍余额递减法。双倍余额递减法是在不考虑固定资产残值的情况下，根据每期期初固定资产账面余额和双倍的直线法折旧率计算固定资产折旧的一种方法。计算公式为：

$$年折旧率=2\div预计的折旧年限\times100\%$$

$$月折旧率=年折旧率\div12$$

$$月折旧额=固定资产账面净值\times月折旧率$$

由于双倍余额递减法不考虑固定资产的预计净残值，因此，在应用这种方法时必须注意不能使固定资产的账面折余价值降低到它的预计净残值以下，即实行双倍余额递减法计提折旧的固定资产，应当在其固定资产折旧年限到期以前两年内，将固定资产净值扣除预计净残值后的余额平均摊销。

【例 11-8】 智董公司一项固定资产的原价为 10 000 元，预计使用年限为 5 年，预计净残值 200 元。按双倍余额递减法计算折旧。

每年的折旧额计算如下：

双倍直线折旧率=（2/5）×100%=40%

第一年应提的折旧额=10 000×40%=4 000（元）

第二年应提的折旧额=（10 000–4 000）×40%=2 400（元）

第三年应提的折旧额=（6 000–2 400）×40%=1 440（元）

从第四年起改按平均年限法（直线法）计提折旧。

第四、第五年的年折旧额=（2 160–200）÷2=980（元）

② 年数总和法。年数总和法，又称合计年限法，是将固定资产的原值减去净残值后的净额乘以一个逐年递减的分数计算每年的折旧额，这个分数的分子代表固定资产尚可使用的年数，分母代表使用年数的逐年数字总和。计算公式如下：

年折旧率=尚可使用年数÷预计使用年限的年数总和

或者

年折旧率=（预计使用年限–已使用年限）÷［预计使用年限×（预计使用年限+1）÷2］×100%

月折旧率=年折旧率÷12

月折旧额=（固定资产原值–预计净残值）×月折旧率

【例 11-9】 某项固定资产的原值为 50 000 元，预计使用年限为 5 年，预计净残值为 2 000 元。采用年数总和法计算的各年折旧额如表 11-1 所示。

表 11-1 采用年数总和法计算的各年折旧额

年份	尚可使用年限（年）	原值–净残值（元）	变动折旧率	每年折旧额（元）	累计折旧（元）
1	5	48 000	5/15	16 000	16 000
2	4	48 000	4/15	12 800	28 800
3	3	48 000	3/15	9 600	38 400
4	2	48 000	2/15	6 400	44 800
5	1	48 000	1/15	3 200	48 000

采用加速折旧法后，在固定资产使用的早期多提折旧，后期少提折旧，其递减的速度逐年加快。加快折旧速度，目的是使固定资产成本在估计耐用年限内加快得到补偿。

（4）折旧时间。固定资产应当按月计提折旧，并根据用途计入相关资产的成本或者当期损益。

固定资产应当按月计提折旧，当月增加的固定资产，当月不计提折旧，从下月起计提折旧；当月减少的固定资产，当月仍计提折旧，从下月起不计提折旧。

（5）复核。企业至少应当于每年年度终了，对固定资产的使用寿命、预计净残值和折旧方法进行复核。

使用寿命预计数与原先估计数有差异的，应当调整固定资产使用寿命。预计净残值预计数与原先估计数有差异的，应当调整预计净残值。与固定资产有关的经济利益预期实现方式有重大改变的，应当改变固定资产折旧方法。

固定资产使用寿命、预计净残值和折旧方法的改变应当作为会计估计变更。

2. 固定资产的减值

固定资产的减值，应当按照《企业会计准则第 8 号——资产减值》处理。

11.4 固定资产的处置

1. 固定资产的终止确认

固定资产满足下列条件之一的，应当予以终止确认：

（1）该固定资产处于处置状态。

（2）该固定资产预期通过使用或处置不能产生经济利益。

企业持有待售的固定资产，应当对其预计净残值进行调整。《企业会计准则第 4 号——固定资产》第六条规定，将发生的固定资产后续支出计入固定资产成本的，应当终止确认被替换部分的账面价值。

2. 固定资产的处置收益（损失）

“处置”包括固定资产的出售、转让、报废和毁损、对外投资、非货币性资产交换、债务重组等。

持有待售的固定资产是指在当前状况下仅根据出售同类固定资产的惯例就可以直接出售且极可能出售的固定资产，如已经与买主签订了不可撤销的销售协议等。企业对于持有待售的固定资产，应当调整该项固定资产的预计净残值，使该项固定资产的预计净残值能够反映其公允价值减去处置费用后的金额，但不得超过符合持有待售条件时该项固定资产的原账面价值，原账面价值高于预计净残值的差额，应作为资产减值损失计入当期损益。

持有待售的固定资产从划归为持有待售之日起停止计提折旧和减值测试。

（1）出售、转让、报废、毁损。企业出售、转让、报废固定资产或发生固定资产毁损，应当将处置收入扣除账面价值和相关税费后的金额计入当期损益。固定资产的账面价值是固定资产成本扣减累计折旧和累计减值准备后的金额。

【例 11-10】 智董公司有一台设备，因使用期满经批准报废。该设备原价为 559 200 元，累计已计提折旧 531 240 元，已计提减值准备为 6 900 元。在清理过程中，以银行存款支付清理费用 12 000 元，残料变卖收入为 16 200 元，支付的相关税金为 810 元。

智董公司账务处理如下：

（1）固定资产转入清理时。

借：固定资产清理	21 060	
累计折旧	531 240	
固定资产减值准备	6 900	
贷：固定资产		559 200

（2）发生清理费用和相关税费时。

借：固定资产清理	12 810	
贷：银行存款		12 000
应交税费		810

（3）收到残料变价收入时。

借：银行存款　　16 200

　贷：固定资产清理　　16 200

（4）结转固定资产净损益时。

借：营业外支出——处置固定资产净损失　　17 670

　贷：固定资产清理　　17 670

（2）盘亏。固定资产盘亏造成的损失，应当计入当期损益。

【例 11-11】　20×7 年 7 月 4 日，智董公司在固定资产清查过程中，发现盘亏车床一台，其账面原价为 540 000 元，已提折旧为 400 000 元。经批准，该盘亏固定资产作为营业外支出入账。

智董公司的账务处理如下：

（1）盘亏固定资产时。

借：待处理财产损溢——待处理固定资产损溢　　140 000

　　累计折旧　　400 000

　贷：固定资产　　540 000

（2）报经批准处理时。

借：营业外支出　　140 000

　贷：待处理财产损溢——待处理固定资产损溢　　140 000

11.5　会计科目及主要账务处理

11.5.1　应收账款

1. 会计科目核算内容

本科目核算企业因销售商品、提供劳务等经营活动应收取的款项。

企业（保险）按照原保险合同约定应向投保人收取的保费，可将本科目改为“1122　应收保费”科目，并按照投保人进行明细核算。

企业（金融）应收取的手续费和佣金，可将本科目改为“1124　应收手续费及佣金”科目，并按照债务人进行明细核算。

因销售商品、提供劳务等，采用递延方式收取合同或协议价款、实质上具有融资性质的，在“长期应收款”科目核算。

2. 明细核算

本科目可按债务人进行明细核算。

3. 主要账务处理

企业与债务人进行债务重组，应当分别债务重组的不同方式进行处理。

接受债务人用于清偿债务的非现金资产，应按该项非现金资产的公允价值，借记“原材料”、“库存商品”、“固定资产”、“无形资产”等科目，按重组债权的账面余额，贷记本科目，按应支付的相关税费和其他费用，贷记“银行存款”、“应交税费”等科目，按其差额，借记“营业外支出”科目。涉及增值税进项税额的，还应进行相应的处理，等等。

11.5.2　其他应收款

1. 会计科目核算内容

本科目核算企业除存出保证金、买入返售金融资产、应收票据、应收账款、预付账款、应收股利、应收利息、应收代位追偿款、应收分保账款、应收分保合同准备金、长期应收款等以外的其他各种应收及暂付款项。

本科目期末借方余额，反映企业尚未收回的其他应收款项。

2. 明细核算

本科目可按对方单位（或个人）进行明细核算。

3. 主要账务处理

企业发生其他各种应收、暂付款项时，借记本科目，贷记“银行存款”、“固定资产清理”等科目；收回或转销各种款项时，借记“库存现金”、“银行存款”等科目，贷记本科目。

11.5.3　库存商品

1. 会计科目核算内容

本科目核算企业库存的各种商品的实际成本（或进价）或计划成本（或售价），包括库存产成品、外购商品、存放在门市部准备出售的商品、发出展览的商品以及寄存在外的商品等。

接受来料加工制造的代制品和为外单位加工修理的代修品，在制造和修理完成验收入库后，视同企业的产成品，也通过本科目核算。

企业（房地产开发）的开发产品，可将本科目改为“1405 开发产品”科目。

企业（农业）收获的农产品，可将本科目改为“1405 农产品”科目。

本科目期末借方余额，反映企业库存商品的实际成本（或进价）或计划成本（或售价）。

2. 明细核算

本科目可按库存商品的种类、品种和规格等进行明细核算。

3. 主要账务处理

企业（房地产开发）开发的产品，达到预定可销售状态时，按实际成本，借记“开发产品”科目，贷记“开发成本”科目。期末，企业结转对外转让、销售和结算开发产品的实际成本，借记“主营业务成本”科目，贷记“开发产品”科目。

企业将开发的营业性配套设施用于本企业从事第三产业经营用房，应视同自用固定资产进行处理，并按营业性配套设施的实际成本，借记“固定资产”科目，贷记“开发产品”科目，等等。

11.5.4　抵债资产

1. 会计科目核算内容

本科目核算企业（金融）依法取得并准备按有关规定进行处置的实物抵债资产的成本。企业（金融）依法取得并准备按有关规定进行处置的非实物抵债资产（不含股权投资），也通过本科目核算。

本科目期末借方余额，反映企业取得的尚未处置的实物抵债资产的成本。

2．明细核算

本科目可按抵债资产类别及借款人进行明细核算。抵债资产发生减值的，可以单独设置“抵债资产跌价准备”科目，比照“存货跌价准备”科目进行处理。

3．主要账务处理

取得抵债资产后转为自用的，应在相关手续办妥时，按转换日抵债资产的账面余额，借记“固定资产”等科目，贷记本科目。已计提抵债资产跌价准备的，还应同时结转跌价准备，等等。

11.5.5 投资性房地产

1．会计科目核算内容

本科目核算企业采用成本模式计量的投资性房地产的成本。

企业采用公允价值模式计量投资性房地产的，也通过本科目核算。

采用成本模式计量的投资性房地产的累计折旧或累计摊销，可以单独设置“投资性房地产累计折旧（摊销）”科目，比照“累计折旧”等科目进行处理。

采用成本模式计量的投资性房地产发生减值的，可以单独设置“投资性房地产减值准备”科目，比照“固定资产减值准备”等科目进行处理。

本科目期末借方余额，反映企业采用成本模式计量的投资性房地产成本。企业采用公允价值模式计量的投资性房地产，反映投资性房地产的公允价值。

2．明细核算

本科目可按投资性房地产类别和项目进行明细核算。

采用公允价值模式计量的投资性房地产，还应当分别“成本”和“公允价值变动”进行明细核算。

3．主要账务处理

（1）采用成本模式计量投资性房地产的主要账务处理。将投资性房地产转为自用时，应按其在转换日的账面余额、累计折旧、减值准备等，分别转入“固定资产”、“累计折旧”、“固定资产减值准备”等科目，等等。

（2）采用公允价值模式计量投资性房地产的主要账务处理。将作为存货的房地产转换为投资性房地产的，应按其在转换日的公允价值，借记本科目（成本），按其账面余额，贷记“开发产品”等科目，按其差额，贷记“资本公积——其他资本公积”科目或借记“公允价值变动损益”科目。已计提跌价准备的，还应同时结转跌价准备。

将自用的建筑物等转换为投资性房地产的，按其在转换日的公允价值，借记本科目（成本），按已计提的累计折旧等，借记“累计折旧”等科目，按其账面余额，贷记“固定资产”等科目，按其差额，贷记“资本公积——其他资本公积”科目或借记“公允价值变动损益”科目。已计提减值准备的，还应同时结转减值准备。

取得的租金收入，借记“银行存款”等科目，贷记“其他业务收入”科目。

将投资性房地产转为自用时，应按其在转换日的公允价值，借记“固定资产”等科目，按其账面余额，贷记本科目（成本、公允价值变动），按其差额，贷记或借记“公允价值变动损益”科目。

投资性房地产作为企业主营业务的，应通过“主营业务收入”和“主营业务成本”科目核算相关的损益，等等。

11.5.6 固定资产

1. 会计科目核算内容

本科目核算企业持有的固定资产原价。建造承包商的临时设施，以及企业购置计算机硬件所附带的、未单独计价的软件，也通过本科目核算。

2. 明细核算

本科目可按固定资产类别和项目进行明细核算。融资租入的固定资产，可在本科目设置“融资租入固定资产”明细科目。

3. 主要账务处理

（1）企业购入不需要安装的固定资产，按应计入固定资产成本的金额，借记本科目，贷记“银行存款”等科目。购入需要安装的固定资产，先记入“在建工程”科目，达到预定可使用状态时再转入本科目。

购入固定资产超过正常信用条件延期支付价款、实质上具有融资性质的，按应付购买价款的现值，借记本科目或“在建工程”科目，按应支付的金额，贷记“长期应付款”科目，按其差额，借记“未确认融资费用”科目。

（2）自行建造达到预定可使用状态的固定资产，借记本科目，贷记“在建工程”科目。已达到预定可使用状态、但尚未办理竣工决算手续的固定资产，应按估计价值入账，待确定实际成本后再进行调整。

（3）融资租入的固定资产，在租赁期开始日，按应计入固定资产成本的金额（租赁开始日租赁资产公允价值与最低租赁付款额现值两者中较低者，加上初始直接费用），借记本科目或“在建工程”科目，按最低租赁付款额，贷记“长期应付款”科目，按发生的初始直接费用，贷记“银行存款”等科目，按其差额，借记“未确认融资费用”科目。

租赁期届满，企业取得该项固定资产所有权的，应将该项固定资产从“融资租入固定资产”明细科目转入有关明细科目。

（4）固定资产存在弃置义务的，应在取得固定资产时，按预计弃置费用的现值，借记本科目，贷记“预计负债”科目。在该项固定资产的使用寿命内，计算确定各期应负担的利息费用，借记“财务费用”科目，贷记“预计负债”科目。

（5）处置固定资产时，按该项固定资产账面价值，借记“固定资产清理”科目，按已提的累计折旧，借记“累计折旧”科目，按其账面原价，贷记本科目。已计提减值准备的，还应同时结转已计提的减值准备。

本科目期末借方余额，反映企业固定资产的原价。

11.5.7 累计折旧

1. 会计科目核算内容

本科目核算企业固定资产的累计折旧。本科目期末贷方余额反映企业固定资产的累计折旧额。

2．明细核算

本科目可按固定资产的类别或项目进行明细核算。

3．主要账务处理

按期（月）计提固定资产的折旧，借记“制造费用”、“销售费用”、“管理费用”、“研发支出”、“其他业务成本”等科目，贷记本科目。处置固定资产还应同时结转累计折旧。

11.5.8 固定资产减值准备

1．会计科目核算内容

本科目核算企业固定资产的减值准备。本科目期末贷方余额反映企业已计提但尚未转销的固定资产减值准备。

2．主要账务处理

资产负债表日，固定资产发生减值的，按应减记的金额，借记“资产减值损失”科目，贷记本科目。处置固定资产还应同时结转减值准备。

11.5.9 在建工程

1．会计科目核算内容

本科目核算企业基建、更新改造等在建工程发生的支出。在建工程发生减值的，可以单独设置“在建工程减值准备”科目，比照“固定资产减值准备”科目进行处理。企业（石油天然气开采）发生的油气勘探支出和油气开发支出，可以单独设置“油气勘探支出”、“油气开发支出”科目。

本科目的期末借方余额，反映企业尚未达到预定可使用状态的在建工程的成本。

2．明细核算

本科目可按“建筑工程”、“安装工程”、“在安装设备”、“待摊支出”以及单项工程等进行明细核算。

3．主要账务处理

（1）企业在建工程发生的管理费、征地费、可行性研究费、临时设施费、公证费、监理费及应负担的税费等，借记本科目（待摊支出），贷记“银行存款”等科目。

（2）企业发包的在建工程，应按合理估计的发包工程进度和合同规定结算的进度款，借记本科目，贷记“银行存款”、“预付账款”等科目。将设备交付建造承包商建造安装时，借记本科目（在安装设备），贷记“工程物资”科目。

工程完成时，按合同规定补付的工程款，借记本科目，贷记“银行存款”科目。

（3）企业自营在建工程的主要账务处理。

① 自营的在建工程领用工程物资、原材料或库存商品的，借记本科目，贷记“工程物资”、“原材料”、“库存商品”等科目。采用计划成本核算的，应同时结转应分摊的成本差异。涉及增值税的，还应进行相应的处理。

在建工程应负担的职工薪酬，借记本科目，贷记“应付职工薪酬”科目。

辅助生产部门为工程提供的水、电、设备安装、修理、运输等劳务，借记本科目，贷记“生产成本——辅助生产成本”等科目。

在建工程发生的借款费用满足借款费用资本化条件的，借记本科目，贷记“长期借款”、“应付利息”等科目。

② 在建工程进行负荷联合试车发生的费用，借记本科目（待摊支出），贷记“银行存款”、“原材料”等科目；试车形成的产品或副产品对外销售或转为库存商品的，借记“银行存款”、“库存商品”等科目，贷记本科目（待摊支出）。

③ 在建工程达到预定可使用状态时，应计算分配待摊支出，借记本科目（××工程），贷记本科目（待摊支出）；结转在建工程成本，借记“固定资产”等科目，贷记本科目（××工程）。

在建工程完工已领出的剩余物资应办理退库手续，借记“工程物资”科目，贷记本科目。

④ 建设期间发生的工程物资盘亏、报废及毁损净损失，借记本科目，贷记“工程物资”科目；盘盈的工程物资或处置净收益做相反的会计分录。

由于自然灾害等原因造成的在建工程报废或毁损，减去残料价值和过失人或保险公司等赔款后的净损失，借记“营业外支出——非常损失”科目，贷记本科目（建筑工程、安装工程等）。

（4）企业（石油天然气开采）在油气勘探过程中发生的各项钻井勘探支出，借记“油气勘探支出”科目，贷记“银行存款”、“应付职工薪酬”等科目。属于发现探明经济可采储量的钻井勘探支出，借记“油气资产”科目，贷记“油气勘探支出”科目；属于未发现探明经济可采储量的钻井勘探支出，借记“勘探费用”科目，贷记“油气勘探支出”科目。

企业（石油天然气开采）在油气开发过程中发生的各项相关支出，借记“油气开发支出”科目，贷记“银行存款”、“应付职工薪酬”等科目。开发工程项目达到预定可使用状态时，借记“油气资产”科目，贷记“油气开发支出”科目。

11.5.10 工程物资

1. 会计科目核算内容

本科目核算企业为在建工程准备的各种物资的成本，包括工程用材料、尚未安装的设备以及为生产准备的工器具等。

本科目期末借方余额，反映企业为在建工程准备的各种物资的成本。

2. 明细核算

本科目可按“专用材料”、“专用设备”、“工器具”等进行明细核算。工程物资发生减值的，可以单独设置“工程物资减值准备”科目，比照“固定资产减值准备”科目进行处理。

3. 主要账务处理

（1）购入为工程准备的物资，借记本科目，贷记“银行存款”、“其他应付款”等科目。

（2）领用工程物资，借记“在建工程”科目，贷记本科目。工程完工后将领出的剩余物资退库时做相反的会计分录。已计提减值准备的，还应同时结转减值准备。

（3）工程完工后剩余的工程物资转作本企业存货的，借记“原材料”等科目，贷记本科目。

11.5.11 固定资产清理

1. 会计科目核算内容

本科目核算企业因出售、报废、毁损、对外投资、非货币性资产交换、债务重组等原因转出的固定资产价值以及在清理过程中发生的费用等。

本科目期末借方余额，反映企业尚未清理完毕的固定资产清理净损失。

2. 明细核算

本科目可按被清理的固定资产项目进行明细核算。

3. 主要账务处理

（1）企业因出售、报废、毁损、对外投资、非货币性资产交换、债务重组等转出的固定资产，按该项固定资产的账面价值，借记本科目，按已计提的累计折旧，借记“累计折旧”科目，按其账面原价，贷记“固定资产”科目。已计提减值准备的，还应同时结转减值准备。

（2）清理过程中应支付的相关税费及其他费用，借记本科目，贷记“银行存款”、“应交税费——应交营业税”等科目。收回出售固定资产的价款、残料价值和变价收入等，借记“银行存款”、“原材料”等科目，贷记本科目。应由保险公司或过失人赔偿的损失，借记“其他应收款”等科目，贷记本科目。

（3）固定资产清理完成后，属于生产经营期间正常的处理损失，借记“营业外支出——处置非流动资产损失”科目，贷记本科目；属于自然灾害等非正常原因造成的损失，借记“营业外支出——非常损失”科目，贷记本科目。如为贷方余额，借记本科目，贷记“营业外收入”科目。

11.5.12 生产性生物资产

1. 会计科目核算内容

本科目核算企业（农业）持有的生产性生物资产原价。

2. 明细核算

本科目可按“未成熟生产性生物资产”和“成熟生产性生物资产”，分别生物资产的种类、群别、所属部门等进行明细核算。

生产性生物资产发生减值的，可以单独设置“生产性生物资产减值准备”科目，比照“固定资产减值准备”科目进行处理，等等。

11.5.13 油气资产

1. 会计科目核算内容

本科目核算企业（石油天然气开采）持有的矿区权益和油气井及相关设施的原价。企业（石油天然气开采）可以单独设置“油气资产清理”科目，比照“固定资产清理”科目进行处理。企业（石油天然气开采）与油气开采活动相关的辅助设备及设施在“固定资产”科目核算。

2. 明细核算

本科目可按油气资产的类别、不同矿区或油田等进行明细核算，等等。

11.5.14 长期待摊费用

1. 会计科目核算内容

本科目核算企业已经发生但应由本期和以后各期负担的分摊期限在 1 年以上的各项费用，如以经营租赁方式租入的固定资产发生的改良支出等。

本科目期末借方余额，反映企业尚未摊销完毕的长期待摊费用。

2. 明细核算

本科目可按费用项目进行明细核算。

3. 主要账务处理

企业发生的长期待摊费用，借记本科目，贷记“银行存款”、“原材料”等科目。摊销长期待摊费用，借记“管理费用”、“销售费用”等科目，贷记本科目。

11.5.15 待处理财产损溢

1. 会计科目核算内容

本科目核算企业在清查财产过程中查明的各种财产盘盈、盘亏和毁损的价值。物资在运输途中发生的非正常短缺与损耗，也通过本科目核算。企业如有盘盈固定资产的，应作为前期差错记入“以前年度损益调整”科目。

2. 明细核算

本科目可按盘盈、盘亏的资产种类和项目进行明细核算。

3. 主要账务处理

（1）盘盈的各种材料、产成品、商品、生物资产等，借记“原材料”、“库存商品”、“消耗性生物资产”等科目，贷记本科目。

盘亏、毁损的各种材料、产成品、商品、生物资产等，盘亏的固定资产，借记本科目，贷记“原材料”、“库存商品”、“消耗性生物资产”、“固定资产”等科目。材料、产成品、商品采用计划成本（或售价）核算的，还应同时结转成本差异（或商品进销差价）。涉及增值税的，还应进行相应处理。

（2）盘亏、毁损的各项资产，按管理权限报经批准后处理时，按残料价值，借记“原材料”等科目，按可收回的保险赔偿或过失人赔偿，借记“其他应收款”科目，按本科目余额，贷记本科目，按其借方差额，借记“管理费用”、“营业外支出”等科目。

盘盈的除固定资产以外的其他财产，借记本科目，贷记“管理费用”、“营业外收入”等科目。

企业的财产损溢，应查明原因，在期末结账前处理完毕，处理后本科目应无余额。

11.5.16 应付账款

1. 会计科目核算内容

本科目核算企业因购买材料、商品和接受劳务等经营活动应支付的款项。

企业（金融）应支付但尚未支付的手续费和佣金，可将本科目改为“2202　应付手续费及佣金”科目，并按照对方单位（或个人）进行明细核算。

企业（保险）应支付但尚未支付的赔付款项，可以单独设置“应付赔付款”科目。

本科目期末贷方余额，反映企业尚未支付的应付账款余额。

2. 明细核算

本科目可按债权人进行明细核算。

3．主要账务处理

（1）企业购入材料、商品等验收入库，但货款尚未支付，根据有关凭证（发票账单、随货同行发票上记载的实际价款或暂估价值），借记“材料采购”、“在途物资”等科目，按应付的款项，贷记本科目。

接受供应单位提供劳务而发生的应付未付款项，根据供应单位的发票账单，借记“生产成本”、“管理费用”等科目，贷记本科目。支付时，借记本科目，贷记“银行存款”等科目。

上述交易涉及增值税进项税额的，还应进行相应的处理。

（2）企业与债权人进行债务重组，应当分别债务重组的不同方式进行处理。

以非现金资产清偿债务的，应按应付账款的账面余额，借记本科目，按用于清偿债务的非现金资产的公允价值，贷记“主营业务收入”、“其他业务收入”、“固定资产清理”、“无形资产”、“长期股权投资”等科目，按应支付的相关税费和其他费用，贷记“应交税费”、“银行存款”等科目，按其差额，贷记“营业外收入——债务重组利得”科目。

抵债资产为存货的，还应同时结转成本，记入“主营业务成本”、“其他业务成本”等科目；抵债资产为固定资产、无形资产的，其公允价值和账面价值的差额，记入“营业外收入——处置非流动资产利得”或“营业外支出——处置非流动资产损失”科目；抵债资产为可供出售金融资产、持有至到期投资、长期股权投资等的，其公允价值和账面价值的差额，记入“投资收益”科目，等等。

11.5.17 应付职工薪酬

1．会计科目核算内容

本科目核算企业根据有关规定应付给职工的各种薪酬。企业（外商）按规定从净利润中提取的职工奖励及福利基金，也在本科目核算。

2．明细核算

本科目可按“工资”、“职工福利”、“社会保险费”、“住房公积金”、“工会经费”、“职工教育经费”、“非货币性福利”、“辞退福利”、“股份支付”等进行明细核算。

3．主要账务处理

企业以其自产产品发放给职工作为职工薪酬的，借记“管理费用”、“生产成本”、“制造费用”等科目，贷记本科目。

无偿向职工提供住房等固定资产使用的，按应计提的折旧额，借记“管理费用”、“生产成本”、“制造费用”等科目，贷记本科目；同时，借记本科目，贷记“累计折旧”科目。

租赁住房等资产供职工无偿使用的，按每期应支付的租金，借记“管理费用”、“生产成本”、“制造费用”等科目，贷记本科目，等等。

11.5.18 应交税费

1．会计科目核算内容

本科目核算企业按照税法等规定计算应缴纳的各种税费，包括增值税、消费税、营业税、所得税、资源税、土地增值税、城市维护建设税、房产税、土地使用税、车船税、教育费附加、矿产资源补偿费等。

企业代扣代交的个人所得税等，也通过本科目核算。

2．明细核算

本科目可按应交的税费项目进行明细核算。应交增值税还应分别“进项税额”、“销项税额”、“出口退税”、“进项税额转出”、“已交税金”等设置专栏，等等。

3．主要账务处理

（1）企业按规定计算应交的消费税、营业税、资源税、城市维护建设税、教育费附加等，借记“营业税金及附加”科目，贷记本科目。实际缴纳时，借记本科目，贷记“银行存款”等科目。

出售不动产计算应交的营业税，借记“固定资产清理”等科目，贷记本科目（应交营业税）。

（2）企业转让土地使用权应交的土地增值税，土地使用权与地上建筑物及其附着物一并在“固定资产”等科目核算的，借记“固定资产清理”等科目，贷记本科目（应交土地增值税）。土地使用权在“无形资产”科目核算的，按实际收到的金额，借记“银行存款”科目，按应交的土地增值税，贷记本科目（应交土地增值税），同时冲销土地使用权的账面价值，贷记“无形资产”科目，按其差额，借记“营业外支出”科目或贷记“营业外收入”科目。实际缴纳土地增值税时，借记本科目，贷记“银行存款”等科目。

企业按规定计算应交的房产税、土地使用税、车船税、矿产资源补偿费，借记“管理费用”科目，贷记本科目。实际缴纳时，借记本科目，贷记“银行存款”等科目，等等。

11.5.19 长期应付款

1．会计科目核算内容

本科目核算企业除长期借款和应付债券以外的其他各种长期应付款项，包括应付融资租入固定资产的租赁费、以分期付款方式购入固定资产等发生的应付款项等。

2．明细核算

本科目可按长期应付款的种类和债权人进行明细核算。

3．主要账务处理

（1）企业融资租入的固定资产，在租赁期开始日，按应计入固定资产成本的金额（租赁开始日租赁资产公允价值与最低租赁付款额现值两者中较低者，加上初始直接费用），借记“在建工程”或“固定资产”科目，按最低租赁付款额，贷记本科目，按发生的初始直接费用，贷记“银行存款”等科目，按其差额，借记“未确认融资费用”科目。

按期支付的租金，借记本科目，贷记“银行存款”等科目。

（2）购入有关资产超过正常信用条件延期支付价款、实质上具有融资性质的，应按购买价款的现值，借记“固定资产”、“在建工程”等科目，按应支付的金额，贷记本科目，按其差额，借记“未确认融资费用”科目。

按期支付的价款，借记本科目，贷记“银行存款”科目。

本科目期末贷方余额，反映企业应付未付的长期应付款项。

11.5.20 未确认融资费用

1. 会计科目核算内容

本科目核算企业应当分期计入利息费用的未确认融资费用。

本科目期末借方余额，反映企业未确认融资费用的摊余价值。

2. 明细核算

本科目可按债权人和长期应付款项目进行明细核算。

3. 主要账务处理

（1）企业融资租入的固定资产，在租赁期开始日，按应计入固定资产成本的金额（租赁开始日租赁资产公允价值与最低租赁付款额现值两者中较低者，加上初始直接费用），借记“在建工程”或“固定资产”科目，按最低租赁付款额，贷记“长期应付款”科目，按发生的初始直接费用，贷记“银行存款”等科目，按其差额，借记本科目。

采用实际利率法分期摊销未确认融资费用，借记“财务费用”、“在建工程”等科目，贷记本科目。

（2）购入有关资产超过正常信用条件延期支付价款、实质上具有融资性质的，应按购买价款的现值，借记“固定资产”、“在建工程”等科目，按应支付的金额，贷记“长期应付款”科目，按其差额，借记本科目。

采用实际利率法分期摊销未确认融资费用，借记“在建工程”、“财务费用”等科目，贷记本科目。

11.5.21 预计负债

1. 会计科目核算内容

本科目核算企业确认的对外提供担保、未决诉讼、产品质量保证、重组义务、亏损性合同等预计负债。

2. 明细核算

本科目可按形成预计负债的交易或事项进行明细核算。

3. 主要账务处理

（1）企业由对外提供担保、未决诉讼、重组义务产生的预计负债，应按确定的金额，借记“营业外支出”等科目，贷记本科目。由产品质量保证产生的预计负债，应按确定的金额，借记“销售费用”科目，贷记本科目。

由资产弃置义务产生的预计负债，应按确定的金额，借记“固定资产”或“油气资产”科目，贷记本科目。在固定资产或油气资产的使用寿命内，按计算确定各期应负担的利息费用，借记“财务费用”科目，贷记本科目。

（2）实际清偿或冲减的预计负债，借记本科目，贷记“银行存款”等科目。

（3）根据确凿证据需要对已确认的预计负债进行调整的，调整增加的预计负债，借记有关科目，贷记本科目；调整减少的预计负债做相反的会计分录。

本科目期末贷方余额，反映企业已确认尚未支付的预计负债。

11.5.22 实收资本

1. 会计科目核算内容

本科目核算企业接受投资者投入的实收资本。股份有限公司应将本科目改为“股本”科目。企业收到投资者出资超过其在注册资本或股本中所占份额的部分，作为资本溢价或股本溢价，在“资本公积”科目核算。

2. 明细核算

本科目可按投资者进行明细核算。企业（中外合作经营）在合作期间归还投资者的投资，应在本科目设置“已归还投资”明细科目进行核算。

3. 主要账务处理

企业接受投资者投入的资本，借记“银行存款”、“其他应收款”、“固定资产”、“无形资产”、“长期股权投资”等科目，按其在注册资本或股本中所占份额，贷记本科目，按其差额，贷记“资本公积——资本溢价或股本溢价”科目，等等。

本科目期末贷方余额，反映企业实收资本或股本总额。

11.5.23 制造费用

1. 会计科目核算内容

本科目核算企业生产车间（部门）为生产产品和提供劳务而发生的各项间接费用。企业行政管理部门为组织和管理生产经营活动而发生的管理费用，在“管理费用”科目核算。

除季节性的生产性企业外，本科目期末应无余额。

2. 明细核算

本科目可按不同的生产车间、部门和费用项目进行明细核算。

3. 主要账务处理

（1）生产车间发生的机物料消耗，借记本科目，贷记“原材料”等科目。

（2）发生的生产车间管理人员的工资等职工薪酬，借记本科目，贷记“应付职工薪酬”科目。

（3）生产车间计提的固定资产折旧，借记本科目，贷记“累计折旧”科目，等等。

11.5.24 工程施工

1. 会计科目核算内容

本科目核算企业（建造承包商）实际发生的合同成本和合同毛利。

2. 明细核算

本科目可按建造合同，分别“合同成本”、“间接费用”、“合同毛利”进行明细核算。

3. 主要账务处理

企业进行合同建造时发生的人工费、材料费、机械使用费以及施工现场材料的二次搬运费、生产工具和用具使用费、检验试验费、临时设施折旧费等其他直接费用，借记本科目（合同成本），贷记“应付职工薪酬”、“原材料”等科目。发生的施工、生产单位管理人员职工薪酬、固定资产折旧费、财产保险费、工程保修费、排污费等间接费用，借记本科目（间接费用），贷记“累计折旧”、“银行存款”等科目。

期（月）末，将间接费用分配计入有关合同成本，借记本科目（合同成本），贷记本科目（间接费用），等等。

本科目期末借方余额，反映企业尚未完工的建造合同成本和合同毛利。

11.5.25 其他业务收入

1. 会计科目核算内容

本科目核算企业确认的除主营业务活动以外的其他经营活动实现的收入，包括出租固定资产、出租无形资产、出租包装物和商品、销售材料、用材料进行非货币性交换（非货币性资产交换具有商业实质且公允价值能够可靠计量）或债务重组等实现的收入。

企业（保险）经营受托管理业务收取的管理费收入，也通过本科目核算。

2. 明细核算

本科目可按其他业务收入种类进行明细核算。

3. 主要账务处理

企业确认的其他业务收入，借记“银行存款”、“其他应收款”等科目，贷记本科目等。

期末，应将本科目余额转入“本年利润”科目，结转后本科目应无余额。

11.5.26 营业外收入

1. 会计科目核算内容

本科目核算企业发生的各项营业外收入，主要包括非流动资产处置利得、非货币性资产交换利得、债务重组利得、政府补助、盘盈利得、捐赠利得等。

期末，应将本科目余额转入“本年利润”科目，结转后本科目无余额。

2. 明细核算

本科目可按营业外收入项目进行明细核算。

3. 主要账务处理

企业确认处置非流动资产利得、非货币性资产交换利得、债务重组利得，比照“固定资产清理”、“无形资产”、“原材料”、“库存商品”、“应付账款”等科目的相关规定进行处理。

确认的政府补助利得，借记“银行存款”、“递延收益”等科目，贷记本科目。

11.5.27 其他业务成本

1. 会计科目核算内容

本科目核算企业确认的除主营业务活动以外的其他经营活动所发生的支出，包括销售材料的成本、出租固定资产的折旧额、出租无形资产的摊销额、出租包装物的成本或摊销额等。

除主营业务活动以外的其他经营活动发生的相关税费，在“营业税金及附加”科目核算。

采用成本模式计量投资性房地产的，其投资性房地产计提的折旧额或摊销额，也通过本科目核算。

2．明细核算

本科目可按其他业务成本的种类进行明细核算。

3．主要账务处理

企业发生的其他业务成本，借记本科目，贷记“原材料”、“周转材料”、“累计折旧”、“累计摊销”、“应付职工薪酬”、“银行存款”等科目。

期末，应将本科目余额转入“本年利润”科目，结转后本科目无余额。

11.5.28 销售费用

本科目核算企业销售商品和材料、提供劳务的过程中发生的各种费用，包括保险费、包装费、展览费和广告费、商品维修费、预计产品质量保证损失、运输费、装卸费等以及为销售本企业商品而专设的销售机构（含销售网点、售后服务网点等）的职工薪酬、业务费、折旧费等经营费用。

企业发生的与专设销售机构相关的固定资产修理费用等后续支出，也在本科目核算，等等。

11.5.29 管理费用

1．会计科目核算内容

本科目核算企业为组织和管理企业生产经营所发生的管理费用，包括企业在筹建期间内发生的开办费、董事会和行政管理部门在企业的经营管理中发生的或者应由企业统一负担的公司经费（包括行政管理部门职工工资及福利费、物料消耗、低值易耗品摊销、办公费和差旅费等）、工会经费、董事会费（包括董事会成员津贴、会议费和差旅费等）、聘请中介机构费、咨询费（含顾问费）、诉讼费、业务招待费、房产税、车船税、土地使用税、印花税、技术转让费、矿产资源补偿费、研究费用、排污费等。

企业（商品流通）管理费用不多的，可不设置本科目，本科目的核算内容可并入“销售费用”科目核算。企业生产车间（部门）和行政管理部门等发生的固定资产修理费用等后续支出，也在本科目核算。

2．明细核算

本科目可按费用项目进行明细核算。

3．主要账务处理

（1）企业在筹建期间内发生的开办费，包括人员工资、办公费、培训费、差旅费、印刷费、注册登记费以及不计入固定资产成本的借款费用等在实际发生时，借记本科目（开办费），贷记“银行存款”等科目。

（2）行政管理部门人员的职工薪酬，借记本科目，贷记“应付职工薪酬”科目。

（3）行政管理部门计提的固定资产折旧，借记本科目，贷记“累计折旧”科目。

发生的办公费、水电费、业务招待费、聘请中介机构费、咨询费、诉讼费、技术转让费、研究费用，借记本科目，贷记“银行存款”、“研发支出”等科目。

按规定计算确定的应交矿产资源补偿费、房产税、车船税、土地使用税、印花税，借记本科目，贷记“应交税费”科目。

期末，应将本科目的余额转入“本年利润”科目，结转后本科目无余额。

11.5.30　资产减值损失

1．会计科目核算内容

本科目核算企业计提各项资产减值准备所形成的损失。

2．明细核算

本科目可按资产减值损失的项目进行明细核算。

3．主要账务处理

企业的应收款项、存货、长期股权投资、持有至到期投资、固定资产、无形资产、贷款等资产发生减值的，按应减记的金额，借记本科目，贷记“坏账准备”、“存货跌价准备”、“长期股权投资减值准备”、“持有至到期投资减值准备”、“固定资产减值准备”、“无形资产减值准备”、“贷款损失准备”等科目。

在建工程、工程物资、生产性生物资产、商誉、抵债资产、损余物资、采用成本模式计量的投资性房地产等资产发生减值的，应当设置相应的减值准备科目，比照上述规定进行处理，等等。

期末，应将本科目余额转入“本年利润”科目，结转后本科目无余额。

11.5.31　营业外支出

1．会计科目核算内容

本科目核算企业发生的各项营业外支出，包括非流动资产处置损失、非货币性资产交换损失、债务重组损失、公益性捐赠支出、非常损失、盘亏损失等。

2．明细核算

本科目可按支出项目进行明细核算。

3．主要账务处理

企业确认处置非流动资产损失、非货币性资产交换损失、债务重组损失，比照“固定资产清理”、“无形资产”、“原材料”、“库存商品”、“应付账款”等科目的相关规定进行处理。

盘亏、毁损的资产发生的净损失，按管理权限报经批准后，借记本科目，贷记“待处理财产损溢”科目。

期末，应将本科目余额转入“本年利润”科目，结转后本科目无余额。

11.6　附注披露

1．《企业会计准则第 4 号——固定资产》的规定

企业应当在附注中披露与固定资产有关的下列信息：

（1）固定资产的确认条件、分类、计量基础和折旧方法。

（2）各类固定资产的使用寿命、预计净残值和折旧率。

（3）各类固定资产的期初和期末原价、累计折旧额及固定资产减值准备累计金额。

（4）当期确认的折旧费用。

（5）对固定资产所有权的限制及其金额和用于担保的固定资产账面价值。

（6）准备处置的固定资产名称、账面价值、公允价值、预计处置费用和预计处置时间等。

2．《企业会计准则第 30 号——财务报表列报》应用指南的规定

固定资产的披露格式如表 11-2 所示。

表 11-2　固定资产的披露格式

项　　目	年初账面余额	本期增加额	本期减少额	期末账面余额
一、原价合计				
其中：房屋、建筑物				
机器设备				
运输工具				
……				
二、累计折旧合计				
其中：房屋、建筑物				
机器设备				
运输工具				
……				
三、固定资产减值准备累计金额合计				
其中：房屋、建筑物				
机器设备				
运输工具				
……				
四、固定资产账面价值合计				
其中：房屋、建筑物				
机器设备				
运输工具				
……				

企业确有准备处置固定资产的，应当说明准备处置的固定资产名称、账面价值、公允价值、预计处置费用和预计处置时间等。

第 12 章 无形资产

无形资产是指企业拥有或者控制的没有实物形态的可辨认非货币性资产。

无形资产主要包括专利权、非专利技术、商标权、著作权、土地使用权、特许权等。商誉的存在无法与企业自身分离，不具有可辨认性，不在《企业会计准则第 6 号——无形资产》规范。

12.1 无形资产的确认

1. 无形资产的确认条件

无形资产同时满足下列条件的，才能予以确认。

（1）与该无形资产有关的经济利益很可能流入企业。

（2）该无形资产的成本能够可靠地计量。

企业在判断无形资产产生的经济利益是否很可能流入时，应当对无形资产在预计使用寿命内可能存在的各种经济因素做出合理估计，并且应当有明确证据支持。

无形资产的定义和确认如图 12-1 所示。

无形资产的定义和确认

- 定义 — 企业拥有或者控制的没有实物形态的可辨认非货币性资产
- 可辨认性标准 —
  - （1）能够从企业中分离或者划分出来，并能单独或者与相关合同、资产或负债一起，用于出售、转移、授予许可、租赁或者交换
  - （2）源自合同性权利或其他法定权利，无论这些权利是否可以从企业或其他权利和义务中转移或者分离
- 确认条件 —
  - （1）与该无形资产有关的经济利益很可能流入企业
  - （2）该无形资产的成本能够可靠地计量

图 12-1 无形资产的定义和确认

2. 关于无形项目的支出计入当期损益

企业无形项目的支出，除下列情形外，均应于发生时计入当期损益：

（1）符合《企业会计准则第 6 号——无形资产》规定的确认条件、构成无形资产成本的部分；

（2）非同一控制下企业合并中取得的、不能单独确认为无形资产、构成购买日确认的商誉的部分。

3. 内部研究开发项目的支出

企业内部研究开发项目的支出，应当区分研究阶段支出与开发阶段支出。研究是指为获取并理解新的科学或技术知识而进行的独创性的有计划调查。开发是指在进行商业性生产或使用前，将研究成果或其他知识应用于某项计划或设计，以生产出新的或具有实质性改进的材料、装置、产品等。

企业内部研究开发项目研究阶段的支出，应当于发生时计入当期损益。

企业内部研究开发项目开发阶段的支出，同时满足下列条件的，才能确认为无形资产：

- 完成该无形资产以使其能够使用或出售在技术上具有可行性。
- 具有完成该无形资产并使用或出售的意图。
- 无形资产产生经济利益的方式，包括能够证明运用该无形资产生产的产品存在市场或无形资产自身存在市场，无形资产将在内部使用的，应当证明其有用性。
- 有足够的技术、财务资源和其他资源支持，以完成该无形资产的开发，并有能力使用或出售该无形资产。
- 归属于该无形资产开发阶段的支出能够可靠地计量。

企业取得的已作为无形资产确认的正在进行中的研究开发项目，在取得后发生的支出应当按照《企业会计准则第 6 号——无形资产》第七条至第九条的规定处理。

（1）研究阶段与开发阶段。《企业会计准则第 6 号——无形资产》将研究开发项目区分为研究阶段与开发阶段。企业应当根据研究与开发的实际情况加以判断。

1）研究阶段研究阶段是探索性的，为进一步开发活动进行资料及相关方面的准备，已进行的研究活动将来是否会转入开发、开发后是否会形成无形资产等均具有较大的不确定性。

比如，意在获取知识而进行的活动，研究成果或其他知识的应用研究、评价和最终选择，材料、设备、产品、工序、系统或服务替代品的研究，新的或经改进的材料、设备、产品、工序、系统或服务的可能替代品的配制、设计、评价和最终选择等，均属于研究活动。

2）开发阶段相对于研究阶段而言，开发阶段应当是已完成研究阶段的工作， 在很大程度上具备了形成一项新产品或新技术的基本条件。比如，生产前或使用前的原型和模型的设计、建造和测试，不具有商业性生产经济规模的试生产设施的设计、建造和运营等，均属于开发活动。

（2）开发支出的资本化。根据《企业会计准则第 6 号——无形资产》第八条和第九条规定，企业内部研究开发项目研究阶段的支出，应当于发生时计入当期损益；开发阶段的支出，同时满足下列条件的，才能确认为无形资产。

1）完成该无形资产以使其能够使用或出售在技术上具有可行性。判断无形资产的开发在技术上是否具有可行性，应当以目前阶段的成果为基础，并提供相关证据和材料，证明企业进行开发所需的技术条件等已经具备，不存在技术上的障碍或其他不确定性。比如，企业已经完成了全部计划、设计和测试活动，这些活动是使资产能够达到设计规划书中的功能、特征和技术所必需的活动，或经过专家鉴定等。

2）具有完成该无形资产并使用或出售的意图。企业能够说明其开发无形资产的目的。

3）无形资产产生经济利益的方式。无形资产是否能够为企业带来经济利益，应当对运用该无形资产生产产品的市场情况进行可靠预计，以证明所生产的产品存在市场并能够带来经济利益，或能够证明市场上存在对该无形资产的需求。

4）有足够的技术、财务资源和其他资源支持，以完成该无形资产的开发，并有能力使用或出售该无形资产。企业能够证明可以取得无形资产开发所需的技术、财务和其他资源，以及获得这些资源的相关计划。企业自有资金不足以提供支持的，应能够证明存在外部其他方面的资金支持，如银行等金融机构声明愿意为该无形资产的开发提供所需资金等。

5）归属于该无形资产开发阶段的支出能够可靠地计量。企业对研究开发的支出应当单独核算，比如，直接发生的研发人员工资、材料费，以及相关设备折旧费等。同时从事多项研究开发活动的，所发生的支出应当按照合理的标准在各项研究开发活动之间进行分配；无法合理分配的，应当计入当期损益。

【例 12-1】 深圳智董公司正在研究和开发一项新工艺，20×7 年 9 月以前发生各项研究、调查、试验等费用 168 万元，20×7 年 9 月至 12 月发生材料人工等各项支出 320 万元，在 20×7 年 8 月末，该公司已经可以证实该项新工艺必然开发成功，并满足无形资产确认标准。20×8 年 1～6 月又发生材料费用、直接参与开发人员的工资、场地设备等租金和注册费等支出 680 万元。20×8 年 6 月末该项新工艺完成，预计该项新工艺所含专有技术的可收回金额为 1 100 万元。该公司可以确定，20×7 年 9 月 1 日是该项无形资产的确认标准满足日，20×7 年 9 月 1 日以后的支出 1 000 万元可以资本化，确认为无形资产价值，20×7 年 12 月 31 日在资产负债表列示该项无形资产 320 万元，20×8 年 6 月 30 日资产负债表列示该项无形资产 1 000 万元。而 20×7 年 9 月以前发生各项研究调查试验等费用 168 万元要作为 20×7 年管理费用列示。

4. 准则明确指出不应确认为无形资产的情形

企业自创商誉以及内部产生的品牌、报刊名等，不应确认为无形资产。

5. 土地使用权的处理

企业取得的土地使用权通常应确认为无形资产，但改变土地使用权用途，用于赚取租金或资本增值的，应当将其转为投资性房地产。

自行开发建造厂房等建筑物，相关的土地使用权与建筑物应当分别进行处理。外购土地及建筑物支付的价款应当在建筑物与土地使用权之间进行分配；难以合理分配的，应当全部作为固定资产。

企业（房地产开发）取得土地用于建造对外出售的房屋建筑物，相关的土地使用权账面价值应当计入所建造的房屋建筑物成本。

12.2 无形资产的初始计量

无形资产应当按照成本进行初始计量。无形资产的初始计量如图 12-2 所示。

无形资产的初始计量
- 无形资产应当按照成本进行初始计量
- 外购无形资产的成本，包括购买价款、相关税费以及直接归属于使该项资产达到预定用途所发生的其他支出
- 自行开发无形资产的成本，包括自满足本准则第四条和第九条规定后至达到预定用途前所发生的支出总额，但是对于以前期间已经费用化的支出不再调整
- 投资者投入无形资产的成本，应当按照投资合同或协议约定的价值确定，但合同或协议约定价值不公允的除外
- 非货币性资产交换、债务重组、政府补助和企业合并取得的无形资产的成本，应当分别按照《企业会计准则第 7 号——非货币性资产交换》、《企业会计准则第 12 号——债务重组》、《企业会计准则第 16 号——政府补助》和《企业会计准则第 20 号——企业合并》确定

图 12-2 无形资产的初始计量

1．外购无形资产的成本

外购无形资产的成本，包括购买价款、相关税费以及直接归属于使该项资产达到预定用途所发生的其他支出。

购买无形资产的价款超过正常信用条件延期支付，实质上具有融资性质的，无形资产的成本以购买价款的现值为基础确定。实际支付的价款与购买价款的现值之间的差额，除按照《企业会计准则第 17 号——借款费用》应予资本化的以外，应当在信用期间内计入当期损益。

【例 12-2】 20×8 年 6 月 19 日，智董公司购入一项专利技术，发票价值为 236 888 元，款项已通过银行转账支付。

智董公司的会计处理如下：

借：无形资产　　236 888

　贷：银行存款　　236 888

2．自行开发无形资产的成本

自行开发的无形资产，其成本包括自满足《企业会计准则第 6 号——无形资产》第四条和第九条规定后至达到预定用途前所发生的支出总额，但是对于以前期间已经费用化的支出不再调整。

【例 12-3】 20×8 年 1 月 12 日，智董公司试制成功并依法申请取得了专利权，在申请专利权过程中发生专利登记费 12 600 元，律师费 54 000 元。

智董公司的会计处理如下：

借：无形资产　　18 000

　贷：银行存款　　18 000

3．投资者投入无形资产的成本

投资者投入无形资产的成本，应当按照投资合同或协议约定的价值确定，但合同或协议约定价值不公允的除外。

【例 12-4】 智董公司的注册资本为 3 000 000 元。20×8 年 3 月 10 日，智董公司接受贵琛公司以专利权进行投资。该专利权的账面价值为 1 260 000 元，双方经协商确认的价值为 1 320 000 元，占智董公司注册资本的 15%。假定不考虑其他相关税费。

智董公司的会计处理如下：

借：无形资产　　1 320 000

　贷：实收资本——贵琛公司　　450 000

　　　资本公积——资本溢价　　870 000

4．非货币性资产交换、债务重组、政府补助和企业合并取得的无形资产的成本

非货币性资产交换、债务重组、政府补助和企业合并取得的无形资产的成本，应当分别按照《企业会计准则第 7 号——非货币性资产交换》、《企业会计准则第 12 号——债务重组》、《企业会计准则第 16 号——政府补助》和《企业会计准则第 20 号——企业合并》确定。

12.3 无形资产的后续计量

无形资产的后续计量如图 12-3 所示。

无形资产的后续计量

- 摊销 — 企业应当于取得无形资产时分析判断其使用寿命。无形资产的使用寿命为有限的，应当估计该使用寿命的年限或者构成使用寿命的产量等类似计量单位数量；无法预见无形资产为企业带来经济利益期限的，应当视为使用寿命不确定的无形资产
- 减值 — 无形资产的减值，应当按照《企业会计准则第 8 号——资产减值》处理
- 复核 — 企业至少应当于每年年度终了，对使用寿命有限的无形资产的使用寿命及摊销方法进行复核。无形资产的使用寿命及摊销方法与以前估计不同的，应当改变摊销期限和摊销方法
- 处置和报废 — 企业出售无形资产，应当将取得的价款与该无形资产账面价值的差额计入当期损益。无形资产预期不能为企业带来经济利益的，应当将该无形资产的账面价值予以转销

图 12-3　无形资产的后续计量

1. 无形资产的摊销

（1）使用寿命的分析判断。企业应当于取得无形资产时分析判断其使用寿命。无形资产的使用寿命为有限的，应当估计该使用寿命的年限或者构成使用寿命的产量等类似计量单位数量；无法预见无形资产为企业带来经济利益期限的，应当视为使用寿命不确定的无形资产。

1）企业持有的无形资产，通常来源于合同性权利或其他法定权利，且合同规定或法律规定有明确的使用年限。

来源于合同性权利或其他法定权利的无形资产，其使用寿命不应超过合同性权利或其他法定权利的期限；合同性权利或其他法定权利在到期时因续约等延续，且有证据表明企业续约不需要付出大额成本的，续约期应当计入使用寿命。合同或法律没有规定使用寿命的，企业应当综合各方面因素判断，以确定无形资产能为企业带来经济利益的期限。比如，与同行业的情况进行比较、参考历史经验，或聘请相关专家进行论证等。

按照上述方法仍无法合理确定无形资产为企业带来经济利益期限的，该项无形资产应作为使用寿命不确定的无形资产。

2）企业确定无形资产使用寿命通常应当考虑的因素。

① 运用该资产生产的产品通常的寿命周期、可获得的类似资产使用寿命的信息。

② 技术、工艺等方面的现阶段情况及对未来发展趋势的估计。

③ 以该资产生产的产品或提供服务的市场需求情况。

④ 现在或潜在的竞争者预期采取的行动。

⑤ 为维持该资产带来经济利益能力的预期维护支出，以及企业预计支付有关支出的能力。

⑥ 对该资产控制期限的相关法律规定或类似限制，如特许使用期、租赁期等。

⑦ 与企业持有其他资产使用寿命的关联性等。

（2）使用寿命有限的无形资产的摊销。使用寿命有限的无形资产，其应摊销金额应当在使用寿命内系统合理摊销。

企业摊销无形资产，应当自无形资产可供使用时起，至不再作为无形资产确认时止。

企业选择的无形资产摊销方法，应当反映与该项无形资产有关的经济利益的预期实现方式。无法可靠确定预期实现方式的，应当采用直线法摊销。

根据《企业会计准则第 6 号——无形资产》第十七条规定，无形资产的摊销金额一般应当计入当期损益。某项无形资产包含的经济利益通过所生产的产品或其他资产实现的，其摊销金

额应当计入相关资产的成本。

无形资产的应摊销金额为其成本扣除预计残值后的金额。已计提减值准备的无形资产，还应扣除已计提的无形资产减值准备累计金额。使用寿命有限的无形资产，其残值应当视为零，但下列情况除外。

① 有第三方承诺在无形资产使用寿命结束时购买该无形资产。

② 可以根据活跃市场得到预计残值信息，并且该市场在无形资产使用寿命结束时很可能存在。

（3）使用寿命不确定的无形资产不应摊销。使用寿命不确定的无形资产不应摊销。根据《企业会计准则第 6 号——无形资产》第十七条和第十九条规定，使用寿命有限的无形资产应当摊销，使用寿命不确定的无形资产不予摊销。

2. 无形资产的减值

无形资产的减值，应当按照《企业会计准则第 8 号——资产减值》处理。

3. 无形资产的复核

企业至少应当于每年年度终了，对使用寿命有限的无形资产的使用寿命及摊销方法进行复核。无形资产的使用寿命及摊销方法与以前估计不同的，应当改变摊销期限和摊销方法。

企业应当在每个会计期间对使用寿命不确定的无形资产的使用寿命进行复核。如果有证据表明无形资产的使用寿命是有限的，应当估计其使用寿命，并按《企业会计准则第 6 号——无形资产》规定处理。

【例 12-5】 20×7 年 11 月 21 日，智董公司将拥有的一项专利权出售，取得收入 500 000 元，应交的营业税假设为 10 000 元。该专利权的入账价值为 400 000 元，累计摊销 2 000 元，已计提的减值准备为 6 500 元。为简化分析，忽略除营业税以外费用。

智董公司的会计处理如下：

借：银行存款	500 000	
无形资产减值准备	6 500	
累计摊销	2 000	
贷：无形资产——专利权		400 000
应交税费——应交营业税		10 000
营业外收入——出售无形资产收益		98 500

12.4 无形资产的处置和报废

企业出售无形资产，应当将取得的价款与该无形资产账面价值的差额计入当期损益。无形资产预期不能为企业带来经济利益的，应当将该无形资产的账面价值予以转销。

12.5 会计科目及主要账务处理

12.5.1 应收账款

1. 会计科目核算内容

本科目核算企业因销售商品、提供劳务等经营活动应收取的款项。

企业（保险）按照原保险合同约定应向投保人收取的保费，可将本科目改为“1122 应收保费”科目，并按照投保人进行明细核算。

企业（金融）应收取的手续费和佣金，可将本科目改为“1124 应收手续费及佣金”科目，并按照债务人进行明细核算。

因销售商品、提供劳务等，采用递延方式收取合同或协议价款、实质上具有融资性质的，在“长期应收款”科目核算。

2．明细核算

本科目可按债务人进行明细核算，等等。

3．主要账务处理

企业与债务人进行债务重组，应当分别债务重组的不同方式进行处理。

接受债务人用于清偿债务的非现金资产，应按该项非现金资产的公允价值，借记“原材料”、“库存商品”、“固定资产”、“无形资产”等科目，按重组债权的账面余额，贷记本科目，按应支付的相关税费和其他费用，贷记“银行存款”、“应交税费”等科目，按其差额，借记“营业外支出”科目。涉及增值税进项税额的，还应进行相应的处理，等等。

12.5.2 无形资产

1．会计科目核算内容

本科目核算企业持有的无形资产成本，包括专利权、非专利技术、商标权、著作权、土地使用权等。

2．明细核算

本科目可按无形资产项目进行明细核算。

3．主要账务处理

（1）企业外购的无形资产，按应计入无形资产成本的金额，借记本科目，贷记“银行存款”等科目。

自行开发的无形资产，按应予资本化的支出，借记本科目，贷记“研发支出”科目。

（2）无形资产预期不能为企业带来经济利益的，应按已计提的累计摊销，借记“累计摊销”科目，按其账面余额，贷记本科目，按其差额，借记“营业外支出”科目。已计提减值准备的，还应同时结转减值准备。

（3）处置无形资产，应按实际收到的金额等，借记“银行存款”等科目，按已计提的累计摊销，借记“累计摊销”科目，按应支付的相关税费及其他费用，贷记“应交税费”、“银行存款”等科目，按其账面余额，贷记本科目，按其差额，贷记“营业外收入——处置非流动资产利得”科目或借记“营业外支出——处置非流动资产损失”科目。已计提减值准备的，还应同时结转减值准备。

本科目期末借方余额，反映企业无形资产的成本。

12.5.3 累计摊销

1．会计科目核算内容

本科目核算企业对使用寿命有限的无形资产计提的累计摊销。

本科目期末贷方余额，反映企业无形资产的累计摊销额。

2．明细核算

本科目可按无形资产项目进行明细核算。

3．主要账务处理

企业按期（月）计提无形资产的摊销，借记“管理费用”、“其他业务成本”等科目，贷记本科目。处置无形资产还应同时结转累计摊销。

12.5.4 无形资产减值准备

1．会计科目核算内容

本科目核算企业无形资产的减值准备。

本科目期末贷方余额，反映企业已计提但尚未转销的无形资产减值准备。

2．明细核算

本科目可按无形资产项目进行明细核算。

3．主要账务处理

资产负债表日，无形资产发生减值的，按应减记的金额，借记“资产减值损失”科目，贷记本科目。处置无形资产还应同时结转减值准备。

12.5.5 应付账款

1．会计科目核算内容

本科目核算企业因购买材料、商品和接受劳务等经营活动应支付的款项。

企业（金融）应支付但尚未支付的手续费和佣金，可将本科目改为“2202　应付手续费及佣金”科目，并按照对方单位（或个人）进行明细核算。

企业（保险）应支付但尚未支付的赔付款项，可以单独设置“应付赔付款”科目。

2．明细核算

本科目可按债权人进行明细核算，等等。

3．主要账务处理

企业与债权人进行债务重组，应当分别债务重组的不同方式进行处理。

以非现金资产清偿债务的，应按应付账款的账面余额，借记本科目，按用于清偿债务的非现金资产的公允价值，贷记“主营业务收入”、“其他业务收入”、“固定资产清理”、“无形资产”、“长期股权投资”等科目，按应支付的相关税费和其他费用，贷记“应交税费”、“银行存款”等科目，按其差额，贷记“营业外收入——债务重组利得”科目。

抵债资产为存货的，还应同时结转成本，记入“主营业务成本”、“其他业务成本”等科目；抵债资产为固定资产、无形资产的，其公允价值和账面价值的差额，记入“营业外收入——处置非流动资产利得”或“营业外支出——处置非流动资产损失”科目；抵债资产为可供出售金融资产、持有至到期投资、长期股权投资等的，其公允价值和账面价值的差额，记入“投资收益”科目，等等。

12.5.6 应交税费

1．会计科目核算内容

本科目核算企业按照税法等规定计算应缴纳的各种税费，包括增值税、消费税、营业税、所得税、资源税、土地增值税、城市维护建设税、房产税、土地使用税、车船税、教育费附加、矿产资源补偿费等。

企业代扣代交的个人所得税等，也通过本科目核算。

2．明细核算

本科目可按应交的税费项目进行明细核算。应交增值税还应分别“进项税额”、“销项税额”、“出口退税”、“进项税额转出”、“已交税金”等设置专栏，等等。

3．主要账务处理

企业转让土地使用权应交的土地增值税，土地使用权与地上建筑物及其附着物一并在“固定资产”等科目核算的，借记“固定资产清理”等科目，贷记本科目（应交土地增值税）。土地使用权在“无形资产”科目核算的，按实际收到的金额，借记“银行存款”科目，按应交的土地增值税，贷记本科目（应交土地增值税），同时冲销土地使用权的账面价值，贷记“无形资产”科目，按其差额，借记“营业外支出”科目或贷记“营业外收入”科目。实际缴纳土地增值税时，借记本科目，贷记“银行存款”等科目。

企业按规定计算应交的房产税、土地使用税、车船税、矿产资源补偿费，借记“管理费用”科目，贷记本科目。实际缴纳时，借记本科目，贷记“银行存款”等科目，等等。

12.5.7 实收资本

1．会计科目核算内容

本科目核算企业接受投资者投入的实收资本。股份有限公司应将本科目改为“股本”科目。企业收到投资者出资超过其在注册资本或股本中所占份额的部分，作为资本溢价或股本溢价，在“资本公积”科目核算。

2．明细核算

本科目可按投资者进行明细核算。企业（中外合作经营）在合作期间归还投资者的投资，应在本科目设置“已归还投资”明细科目进行核算。

3．主要账务处理

企业接受投资者投入的资本，借记“银行存款”、“其他应收款”、“固定资产”、“无形资产”、“长期股权投资”等科目，按其在注册资本或股本中所占份额，贷记本科目，按其差额，贷记“资本公积——资本溢价或股本溢价”科目，等等。

12.5.8 研发支出

1．会计科目核算内容

本科目核算企业进行研究与开发无形资产过程中发生的各项支出。

2．明细核算

本科目可按研究开发项目，分别“费用化支出”、“资本化支出”进行明细核算。

本科目期末借方余额，反映企业正在进行无形资产研究开发项目满足资本化条件的支出。

3．主要账务处理

（1）企业自行开发无形资产发生的研发支出，不满足资本化条件的，借记本科目（费用化支出），满足资本化条件的，借记本科目（资本化支出），贷记“原材料”、“银行存款”、“应付职工薪酬”等科目。

（2）研究开发项目达到预定用途形成无形资产的，应按本科目（资本化支出）的余额，借记“无形资产”科目，贷记本科目（资本化支出）。

期（月）末，应将本科目归集的费用化支出金额转入“管理费用”科目，借记“管理费用”科目，贷记本科目（费用化支出）。

12.5.9 其他业务收入

1．会计科目核算内容

本科目核算企业确认的除主营业务活动以外的其他经营活动实现的收入，包括出租固定资产、出租无形资产、出租包装物和商品、销售材料、用材料进行非货币性交换（非货币性资产交换具有商业实质且公允价值能够可靠计量）或债务重组等实现的收入。

企业（保险）经营受托管理业务收取的管理费收入，也通过本科目核算。

期末，应将本科目余额转入“本年利润”科目，结转后本科目应无余额。

2．明细核算

本科目可按其他业务收入种类进行明细核算。

3．主要账务处理

企业确认的其他业务收入，借记“银行存款”、“其他应收款”等科目，贷记本科目等。

12.5.10 营业外收入

1．会计科目核算内容

本科目核算企业发生的各项营业外收入，主要包括非流动资产处置利得、非货币性资产交换利得、债务重组利得、政府补助、盘盈利得、捐赠利得等。

期末，应将本科目余额转入“本年利润”科目，结转后本科目无余额。

2．明细核算

本科目可按营业外收入项目进行明细核算。

3．主要账务处理

企业确认处置非流动资产利得、非货币性资产交换利得、债务重组利得，比照“固定资产清理”、“无形资产”、“原材料”、“库存商品”、“应付账款”等科目的相关规定进行处理。

确认的政府补助利得，借记“银行存款”、“递延收益”等科目，贷记本科目。

12.5.11 其他业务成本

1. 会计科目核算内容

本科目核算企业确认的除主营业务活动以外的其他经营活动所发生的支出，包括销售材料的成本、出租固定资产的折旧额、出租无形资产的摊销额、出租包装物的成本或摊销额等。

除主营业务活动以外的其他经营活动发生的相关税费，在“营业税金及附加”科目核算。

采用成本模式计量投资性房地产的，其投资性房地产计提的折旧额或摊销额，也通过本科目核算。

期末，应将本科目余额转入“本年利润”科目，结转后本科目无余额。

2. 明细核算

本科目可按其他业务成本的种类进行明细核算。

3. 主要账务处理

企业发生的其他业务成本，借记本科目，贷记“原材料”、“周转材料”、“累计折旧”、“累计摊销”、“应付职工薪酬”、“银行存款”等科目。

12.5.12 销售费用

1. 会计科目核算内容

本科目核算企业销售商品和材料、提供劳务的过程中发生的各种费用，包括保险费、包装费、展览费和广告费、商品维修费、预计产品质量保证损失、运输费、装卸费等以及为销售本企业商品而专设的销售机构（含销售网点、售后服务网点等）的职工薪酬、业务费、折旧费等经营费用。

企业发生的与专设销售机构相关的固定资产修理费用等后续支出，也在本科目核算。

企业（金融）应将本科目改为“6601　业务及管理费”科目，核算企业（金融）在业务经营和管理过程中所发生的各项费用，包括折旧费、业务宣传费、业务招待费、电子设备运转费、钞币运送费、安全防范费、邮电费、劳动保护费、外事费、印刷费、低值易耗品摊销、职工工资及福利费、差旅费、水电费、职工教育经费、工会经费、会议费、诉讼费、公证费、咨询费、无形资产摊销、长期待摊费用摊销、取暖降温费、聘请中介机构费、技术转让费、绿化费、董事会费、财产保险费、劳动保险费、待业保险费、住房公积金、物业管理费、研究费用、提取保险保障基金等。

企业（金融）不应设置“管理费用”科目。

2. 明细核算

本科目可按费用项目进行明细核算。

3. 主要账务处理

（1）企业在销售商品过程中发生的包装费、保险费、展览费和广告费、运输费、装卸费等费用，借记本科目，贷记“库存现金”、“银行存款”等科目。

（2）发生的为销售本企业商品而专设的销售机构的职工薪酬、业务费等经营费用，借记本科目，贷记“应付职工薪酬”、“银行存款”、“累计折旧”等科目。

期末，应将本科目余额转入“本年利润”科目，结转后本科目无余额。

12.5.13 资产减值损失

1．会计科目核算内容

本科目核算企业计提各项资产减值准备所形成的损失。

期末，应将本科目余额转入“本年利润”科目，结转后本科目无余额。

2．明细核算

本科目可按资产减值损失的项目进行明细核算。

3．主要账务处理

（1）企业的应收款项、存货、长期股权投资、持有至到期投资、固定资产、无形资产、贷款等资产发生减值的，按应减记的金额，借记本科目，贷记“坏账准备”、“存货跌价准备”、“长期股权投资减值准备”、“持有至到期投资减值准备”、“固定资产减值准备”、“无形资产减值准备”、“贷款损失准备”等科目。

在建工程、工程物资、生产性生物资产、商誉、抵债资产、损余物资、采用成本模式计量的投资性房地产等资产发生减值的，应当设置相应的减值准备科目，比照上述规定进行处理。

（2）企业计提坏账准备、存货跌价准备、持有至到期投资减值准备、贷款损失准备等，相关资产的价值又得以恢复的，应在原已计提的减值准备金额内，按恢复增加的金额，借记“坏账准备”、“存货跌价准备”、“持有至到期投资减值准备”、“贷款损失准备”等科目，贷记本科目。

12.5.14 营业外支出

1．会计科目核算内容

本科目核算企业发生的各项营业外支出，包括非流动资产处置损失、非货币性资产交换损失、债务重组损失、公益性捐赠支出、非常损失、盘亏损失等。

期末，应将本科目余额转入“本年利润”科目，结转后本科目无余额。

2．明细核算

本科目可按支出项目进行明细核算。

3．主要账务处理

企业确认处置非流动资产损失、非货币性资产交换损失、债务重组损失，比照“固定资产清理”、“无形资产”、“原材料”、“库存商品”、“应付账款”等科目的相关规定进行处理。

盘亏、毁损的资产发生的净损失，按管理权限报经批准后，借记本科目，贷记“待处理财产损溢”科目。

12.6 附注披露

1．《企业会计准则第6号——无形资产》的规定

企业应当按照无形资产的类别在附注中披露与无形资产有关的下列信息：

（1）无形资产的期初和期末账面余额、累计摊销额及减值准备累计金额。

（2）使用寿命有限的无形资产，其使用寿命的估计情况；使用寿命不确定的无形资产，其使用寿命不确定的判断依据。

（3）无形资产的摊销方法。

（4）用于担保的无形资产账面价值、当期摊销额等情况。

（5）计入当期损益和确认为无形资产的研究开发支出金额。

2.《企业会计准则第 30 号——财务报表列报》应用指南的规定

各类无形资产的披露格式如表 12-1 所示。

表 12-1 各类无形资产的披露格式

项　　目	年初账面余额	本期增加额	本期减少额	期末账面余额
一、原价合计				
1.				
……				
二、累计摊销额合计				
1.				
……				
三、无形资产减值准备累计金额合计				
1.				
……				
四、无形资产账面价值合计				
1.				
……				

应披露计入当期损益和确认为无形资产的研究开发支出金额。

第 13 章

资产减值

资产减值是指资产的可收回金额低于其账面价值。

资产减值=资产的可收回金额–其账面价值

《企业会计准则第 8 号——资产减值》中的资产（见图 13-1），除了特别规定外，包括单项资产和资产组。

资产
- 单项资产
- 资产组：企业可以认定的最小资产组合，其产生的现金流入应当基本上独立于其他资产或者资产组产生的现金流入

图 13-1 《企业会计准则第 8 号——资产减值》中的资产

【例 13-1】 智董公司某类设备原值 2 168 万元，已提折旧 300 万元，已提减值准备 268 万元，20×7 年 12 月 31 日，智董公司该类设备明显存在减值迹象，减值测试表明，如果该公司出售设备，买方愿意以 1 250 万元的销售净价收购；如果继续使用，尚可使用 5 年，未来四年现金流量净值及第五年使用和期满处置现金流量净值分别为 400 万元、300 万元、250 万元、200 万元、190 万元，采用折现率 5%。

（1）计算固定资产账面价值。

账面价值=原值–累计折旧–资产减值=2 168–300–268=1 600（万元）

（2）计算资产可收回金额。

公允价值减去处置费用后的净额=1 250（万元）

预计未来现金流量的现值=$400/1.05+300/1.05^2+250/1.05^3+200/1.05^4+190/1.05^5$=1 190（万元）

按照公允价值减去处置费用后的净额和未来现金流量的现值孰高原则确定可收回金额 1 250 万元。

（3）确认减值准备。

计提减值准备=1 600–1 250=350（万元）

资产组是指企业可以认定的最小资产组合，其产生的现金流入应当基本上独立于其他资产或者资产组产生的现金流入。

【例 13-2】 智董公司拥有一条专用铁路以支持其采矿生产。该铁路只能以报废价值出售，铁路的持续使用不可能产生基本上独立于智董公司其他资产所产生现金流入的现金流入。

智董公司不可能估计该专用铁路的可收回金额，因为不能确定专用铁路的预计未来现金流量的现值，而且预计未来现金流量的现值很可能不同于其报废价值。因此，智董公司应将该专用铁路认定为资产组。

【例 13-3】 智董公司按照与当地政府签订的合同提供交通服务，合同要求智董公司在 4 条单独的线路上提供最低限度的交通服务。智董公司投入每条线路的资产和每条线路产生的现金流量能够分别认定，其中一条线路在重大亏损状况下运营。

智董公司由于无权缩减任何一条公交线路，因此，从持续使用中产生的、基本上独立于其他资产或资产组产生的现金流入的可认定的最小现金流入是 4 条线路合并产生的现金流入。因此，智董公司应将 4 条公交线路认定为资产组。

在特别情况下，如果几项资产的组合生产的产品（或者其他产出）存在活跃市场，即使部分或者所有这些产品（或者其他产出）均供内部使用，也应当在满足资产组定义的情况下，将这几项资产的组合认定为资产组。这是因为该资产组能够通过持续使用产生现金流入，且其持续使用基本上独立于其他资产或者资产组。如果该资产组的现金流入受内部转移价格的影响，则应当按照企业管理层在公平交易中对未来价格的最佳估计数来确定资产组的未来现金流量。

13.1 可能发生减值资产的认定

1. 基本要求及必经减值测试的情形

企业应当在资产负债表日判断资产是否存在可能发生减值的迹象。

因企业合并所形成的商誉和使用寿命不确定的无形资产，无论是否存在减值迹象，每年都应当进行减值测试。

2. 减值迹象

存在下列迹象的，表明资产可能发生了减值：

（1）资产的市价当期大幅度下跌，其跌幅明显高于因时间的推移或者正常使用而预计的下跌。

（2）企业经营所处的经济、技术或者法律等环境以及资产所处的市场在当期或者将在近期发生重大变化，从而对企业产生不利影响。

（3）市场利率或者其他市场投资报酬率在当期已经提高，从而影响企业计算资产预计未来现金流量现值的折现率，导致资产可收回金额大幅度降低。

（4）有证据表明资产已经陈旧过时或者其实体已经损坏。

（5）资产已经或者将被闲置、终止使用或者计划提前处置。

（6）企业内部报告的证据表明资产的经济绩效已经低于或者将低于预期，如资产所创造的净现金流量或者实现的营业利润（或者亏损）远远低于（或者高于）预计金额等。

（7）其他表明资产可能已经发生减值的迹象。

13.2 资产可收回金额的计量

1. 应当估计可收回金额的资产

资产存在减值迹象的，应当估计其可收回金额。

可收回金额应当根据资产的公允价值减去处置费用后的净额与资产预计未来现金流量的现值两者之间较高者确定。

处置费用包括与资产处置有关的法律费用、相关税费、搬运费以及为使资产达到可销售状态所发生的直接费用等。

2. 表明资产没有发生减值的情形

资产的公允价值减去处置费用后的净额与资产预计未来现金流量的现值，只要有一项超过了资产的账面价值，就表明资产没有发生减值，不需再估计另一项金额。

资产的可收回金额计算如图 13-2 所示。

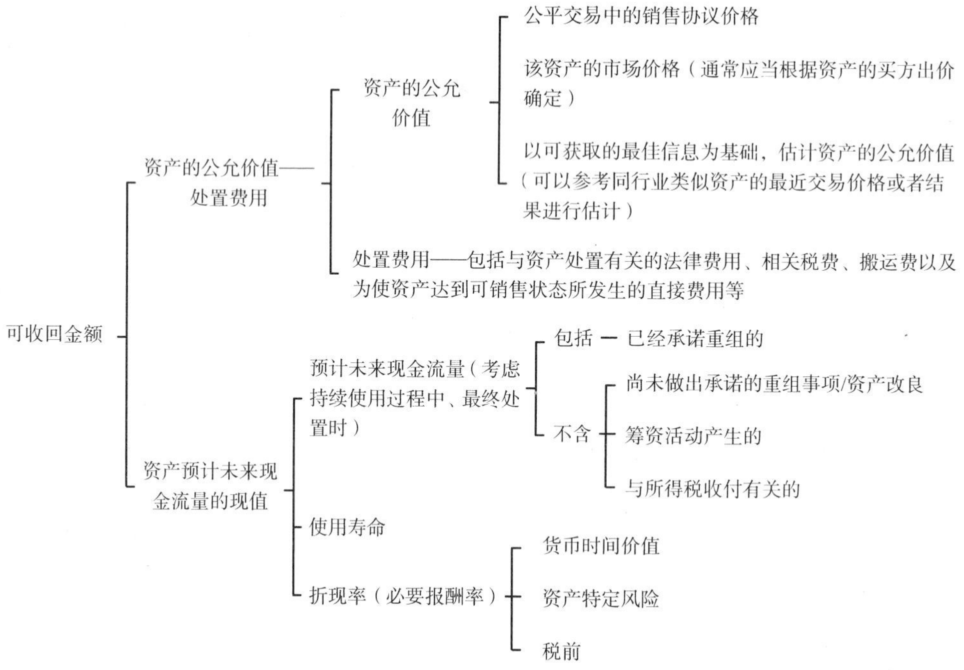

图 13-2　资产的可收回金额计算

3. 估计资产可收回金额应当遵循重要性要求

企业应当在资产负债表日判断资产是否存在可能发生减值的迹象。资产存在减值迹象的，应当进行减值测试，估计资产的可收回金额。在估计资产可收回金额时，应当遵循重要性要求。

（1）以前报告期间的计算结果表明，资产可收回金额显著高于其账面价值，之后又没有发生消除这一差异的交易或者事项的，资产负债表日可以不重新估计该资产的可收回金额。

（2）以前报告期间的计算与分析表明，资产可收回金额相对于某种减值迹象反应不敏感，在本报告期间又发生了该减值迹象的，可以不因该减值迹象的出现而重新估计该资产的可收回金额。比如，当期市场利率或市场投资报酬率上升，对计算资产未来现金流量现值采用的折现率影响不大的，可以不重新估计资产的可收回金额。

4. 资产的公允价值减去处置费用后净额的确定

资产的公允价值减去处置费用后的净额，应当根据公平交易中销售协议价格减去可直接归属于该资产处置费用的金额确定。

不存在销售协议但存在资产活跃市场的，应当按照该资产的市场价格减去处置费用后的金额确定。资产的市场价格通常应当根据资产的买方出价确定。

在不存在销售协议和资产活跃市场的情况下，应当以可获取的最佳信息为基础，估计资产的公允价值减去处置费用后的净额，该净额可以参考同行业类似资产的最近交易价格或者结果进行估计。

企业按照上述规定仍然无法可靠估计资产的公允价值减去处置费用后的净额的，应当以该资产预计未来现金流量的现值作为其可收回金额。

【例 13-4】 智董公司的某项资产在公平交易中的销售协议价格为268万元，可直接归属于该资产的处置费用为28万元。

智董公司应确定该资产的公允价值减去处置费用后的净额为240万元。

【例 13-5】 智董公司的某项资产不存在销售协议但存在活跃市场，市场价格为210万元，估计的处置费用为18万元。

智董公司应确定该项资产的公允价值减去处置费用后的净额为192万元。

【例 13-6】 智董公司的某项资产不存在销售协议，也不存在活跃市场。智董公司参考同行业类似资产的最近交易价格估计该资产的公允价值为349万元，可直接归属于该资产的处置费用为9万元。

智董公司应确定该项资产的公允价值减去处置费用后的净额为340万元。

有时，企业在确定资产的公允价值减去处置费用后的净额时，会涉及相关的负债。在这种情况下，企业在确定资产的公允价值减去处置费用后的净额时，除已经确认为负债的部分外，其他处置费用应当在确定资产的公允价值减去处置费用后的净额时扣除，如印花税、资产的清理费用、使资产达到销售状态而发生的直接增量费用等。但是，与处置资产后发生的业务规模缩减或重组有关的费用，不是资产处置的直接增量费用，在确定资产的公允价值减去处置费用后的净额时不应当包括在内。

5．资产预计未来现金流量现值的确定

资产预计未来现金流量的现值，应当按照资产在持续使用过程中和最终处置时所产生的预计未来现金流量，选择恰当的折现率对其进行折现后的金额加以确定。

预计资产未来现金流量的现值，应当综合考虑资产的预计未来现金流量、使用寿命和折现率等因素。

（1）预计资产未来现金流量。

1）预计资产未来现金流量的方法。预计资产未来现金流量，通常应当根据资产未来每期最有可能产生的现金流量进行预测。采用期望现金流量法更为合理的，应当采用期望现金流量法预计资产未来现金流量。

【例 13-7】 智董公司拥有甲固定资产，该固定资产剩余使用年限为3年，企业预计未来3年内，该资产每年可为企业产生的净现金流量分别为：第1年100万元，第2年50万元，第3年10万元。该现金流量通常即为最有可能产生的现金流量，企业应以该现金流量的预计数为基础计算资产的现值。

采用期望现金流量法，资产未来现金流量应当根据每期现金流量期望值进行预计，每期现金流量期望值，按照各种可能情况下的现金流量乘以相应的发生概率加总计算。

2）预计资产未来现金流量应当考虑的主要因素。

① 预计资产未来现金流量和折现率，应当在一致的基础上考虑因一般通货膨胀而导致物价上涨等因素的影响。如果折现率考虑了这一影响因素，资产预计未来现金流量也应当考虑；折现率没有考虑这一影响因素的，预计未来现金流量则不予考虑。

② 预计资产未来现金流量，应当分析以前期间现金流量预计数与实际数的差异情况，以评判预计当期现金流量所依据的假设的合理性。通常应当确保当期预计现金流量所依据假设与前期实际结果相一致。

③ 预计资产未来现金流量应当以资产的当前状况为基础，不应包括与将来可能会发生的、尚未做出承诺的重组事项有关或者与资产改良有关的预计未来现金流量。未来发生的现金流出是为了维持资产正常运转或者原定正常产出水平所必需的，预计资产未来现金流量时应当将其考虑在内。

④ 预计在建工程、开发过程中的无形资产等的未来现金流量，应当包括预期为使该资产达到预定可使用或可销售状态而发生的全部现金流出。

⑤ 资产的未来现金流量受内部转移价格影响的，应当采用在公平交易前提下企业管理层能够达成的最佳价格估计数进行预计。

3）预计资产未来现金流量的组成。预计的资产未来现金流量应当包括下列各项。

① 资产持续使用过程中预计产生的现金流入。

② 为实现资产持续使用过程中产生的现金流入所必需的预计现金流出（包括为使资产达到预定可使用状态所发生的现金流出）。该现金流出应当是可直接归属于或者可通过合理和一致的基础分配到资产中的现金流出。

③ 资产使用寿命结束时，处置资产所收到或者支付的净现金流量。该现金流量应当是在公平交易中，熟悉情况的交易双方自愿进行交易时，企业预期可从资产的处置中获取或者支付的、减去预计处置费用后的金额。

4）预计资产未来现金流量的基础。

① 预计资产未来现金流量时，企业管理层应当在合理和有依据的基础上对资产剩余使用寿命内整个经济状况进行最佳估计。

预计资产的未来现金流量，应当以经企业管理层批准的最近财务预算或者预测数据，以及该预算或者预测期之后年份稳定的或者递减的增长率为基础。企业管理层如能证明递增的增长率是合理的，可以以递增的增长率为基础。

建立在预算或者预测基础上的预计现金流量最多涵盖 5 年，企业管理层如能证明更长的期间是合理的，可以涵盖更长的期间。

在对预算或者预测期之后年份的现金流量进行预计时，所使用的增长率除了企业能够证明更高的增长率是合理的之外，不应当超过企业经营的产品、市场、所处的行业或者所在国家或者地区的长期平均增长率，或者该资产所处市场的长期平均增长率。

② 预计资产的未来现金流量，应当以资产的当前状况为基础，不应当包括与将来可能会发生的、尚未做出承诺的重组事项或者与资产改良有关的预计未来现金流量。

预计资产的未来现金流量也不应当包括筹资活动产生的现金流入或者流出以及与所得税收付有关的现金流量。

企业已经承诺重组的，在确定资产的未来现金流量的现值时，预计的未来现金流入和流出数，应当反映重组所能节约的费用和由重组所带来的其他利益，以及因重组所导致的估计未来现金流出数。其中重组所能节约的费用和由重组所带来的其他利益，通常应当根据企业管理层批准的最近财务预算或者预测数据进行估计；因重组所导致的估计未来现金流出数应当根据

《企业会计准则第 13 号——或有事项》所确认的因重组所发生的预计负债金额进行估计。

【例 13-8】 沿用例 13-7，假定利用甲固定资产生产的产品受市场行情波动影响大，企业预计未来 3 年每年的现金流量情况如表 13-1 所示。

表 13-1 企业预计未来 3 年每年的现金流量情况 单位：万元

项 目	产品行情好（30%的可能性）	产品行情一般（60%的可能性）	产品行情差（10%的可能性）
第 1 年	150	100	50
第 2 年	80	50	20
第 3 年	20	10	0

在本例中下，采用期望现金流量法比传统法就更为合理。在期望现金流量法下，资产未来现金流量应当根据每期现金流量期望值进行预计，每期现金流量期望值按照各种可能情况下的现金流量与其发生概率加权计算。按照表 13-1 提供的情况，企业应当计算资产每年的预计未来现金流量如下：

第 1 年的预计现金流量（期望现金流量）=150×30%+100×60%+50×10%=110（万元）

第 2 年的预计现金流量（期望现金流量）=80×30%+50×60%+20×10%=56（万元）

第 3 年的预计现金流量（期望现金流量）=20×30%+10×60%+0×10%=12（万元）

（2）折现率。折现率是反映当前市场货币时间价值和资产特定风险的税前利率。该折现率是企业在购置或者投资资产时所要求的必要报酬率。

预计资产的未来现金流量涉及外币的，应当以该资产所产生的未来现金流量的结算货币为基础，按照该货币适用的折现率计算资产的现值；然后将该外币现值按照计算资产未来现金流量现值当日的即期汇率进行折算。

折现率的确定通常应当以该资产的市场利率为依据。无法从市场获得的，可以使用替代利率估计折现率。

替代利率可以根据加权平均资金成本、增量借款利率或者其他相关市场借款利率作适当调整后确定。调整时，应当考虑与资产预计未来现金流量有关的特定风险以及其他有关货币风险和价格风险等。

估计资产未来现金流量现值时，通常应当使用单一的折现率；资产未来现金流量的现值对未来不同期间的风险差异或者利率的期限结构反应敏感的，应当使用不同的折现率。

【例 13-9】 20×1 年 12 月 31 日，智董公司对在生产经营过程中使用的某生产线进行检查时发现该类生产线可能发生减值。该生产线的公允价值总额为 1 210 000 元，可归属于该生产线的处置费用为 10 000 元；预计尚可使用 5 年，预计其在未来 4 年内每年年末产生的现金流量分别为：400 000 元、360 000 元、320 000 元、250 000 元；第 5 年产生的现金流量以及使用寿命结束时处置形成的现金流量合计为 200 000 元。假定在考虑相关因素的基础上，智董公司决定采用 5%的折现率。固定资产未来现金流量现值的计算过程如表 13-2 所示。

表 13-2 固定资产未来现金流量现值的计算过程

年 份	预计未来现金流量（元）	折现率	现值系数	预计未来现金流量现值（元）
20×2	400 000	5%	0.9524	380 960
20×3	360 000	5%	0.9070	326 520
20×4	320 000	5%	0.8638	276 416

续表

年　　份	预计未来现金流量（元）	折现率	现值系数	预计未来现金流量现值（元）
20×5	250 000	5%	0.8227	205 675
20×6	200 000	5%	0.7835	156 700
合　　计				1 346 271

由表 13-2 可知，智董公司预计固定资产未来现金流量的现值为 1 346 271 元，大于其公允价值减去处置费用后的净额 1 200 000 元（1 210 000–10 000），所以，该生产线的可收回金额为 1 346 271 元。

假设 2007 年 12 月 31 日该生产线的账面价值为 1 500 000 元，以前年度没有计提资产减值准备。智董公司的会计处理如下：

借：资产减值损失　　　　153 729

　贷：固定资产减值准备　　　　153 729

【例 13-10】 20×7 年 12 月 31 日，智董公司在对外购专利权的账面价值进行检查时，发现市场上已存在类似专利技术所生产的产品，从而对智董公司产品的销售造成重大不利影响。当时，该专利权的摊余价值为 18 000 元，剩余摊销年限为 5 年。按 20×7 年 12 月 31 日技术市场的行情，如果智董公司将该专利权予以出售，则在扣除发生的律师费和其他相关税费后，可以获得 5 000 元。但是，如果智董公司计划继续使用该专利权进行产品生产，则在未来 5 年内预计可以获得的未来现金流量的现值为 13 500 元（假定使用年限结束时处置收益为零）。

本例中，智董公司该专利权的公允价值减去处置费用后的净额为 15 000 元，预计未来现金流量现值为 13 500 元，因此，智董公司该专利权的可收回金额为 15 000 元。

智董公司的会计处理如下：

借：资产减值损失　　　　3 000

　贷：无形资产减值准备　　　　3 000

6．资产预计未来现金流量现值的计算

资产未来现金流量的现值应当根据该资产预计的未来现金流量和折现率在资产剩余使用寿命内予以折现后的金额确定。计算公式如下：

$$资产预计未来现金流量的现值=\sum[第\ t\ 年预计资产未来现金流量\div(1+折现率)^t]$$

【例 13-11】 智董运输公司 20×0 年年末对一艘远洋运输船只进行减值测试。

该船舶原值为 30 000 万元，累计折旧 14 000 万元，20×0 年年末账面价值为 16 000 万元，预计尚可使用 8 年。假定该船舶的公允价值减去处置费用后的净额难以确定，该公司通过计算其未来现金流量的现值确定可收回金额。

公司在考虑了与该船舶资产有关的货币时间价值和特定风险因素后，确定 10%为该资产的最低必要报酬率，并将其作为计算未来现金流量现值时使用的折现率。

公司根据有关部门提供的该船舶历史营运记录、船舶性能状况和未来每年运量发展趋势，预计未来每年营运收入和相关人工费用、燃料费用、安全费用、港口码头费用以及日常维护费用等支出，在此基础上估计该船舶在 20×1—20×8 年每年预计未来现金流量分别为 2 500 万元、2 460 万元、2 380 万元、2 360 万元、2 390 万元、2 470 万元、2 500 万元和 2 510 万元。

根据上述预计未来现金流量和折现率，公司计算船舶预计未来现金流量的现值为 13 038

万元。未来现金流量现值的计算过程如表 13-3 所示。

表 13-3 未来现金流量现值的计算过程

年　份	预计未来现金流量（万元）	现值系数（折现率为 10%，可根据公式计算或者查复利现值系数表取得）	预计未来现金流量的现值（万元）
20×1	2 500	0.909 1	2 273
20×2	2 460	0.826 4	2 033
20×3	2 380	0.751 3	1 788
20×4	2 360	0.683 0	1 612
20×5	2 390	0.620 9	1 484
20×6	2 470	0.564 5	1 394
20×7	2 500	0.513 2	1 283
20×8	2 510	0.466 5	1 171
合　计			13 038

由于船舶的账面价值为 16 000 万元，可收回金额为 13 038 万元，其账面价值高于可收回金额 2 962 万元（16 000–13 038）。公司 20×0 年年末应将账面价值高于可收回金额的差额确认为当期资产减值损失，并计提相应的减值准备。

13.3 资产减值损失的确定

1．资产的账面价值减记

可收回金额的计量结果表明，资产的可收回金额低于其账面价值的，应当将资产的账面价值减记至可收回金额，减记的金额确认为资产减值损失，计入当期损益，同时计提相应的资产减值准备。

2．折旧或者摊销费用在未来期间作相应调整

资产减值损失确认后，减值资产的折旧或者摊销费用应当在未来期间作相应调整，以使该资产在剩余使用寿命内，系统地分摊调整后的资产账面价值（扣除预计净残值）。

3．资产减值损失不得转回

资产减值损失一经确认，在以后会计期间不得转回。

【例 13-12】 20×7 年 12 月 31 日，智董公司持有贵琛公司的普通股股票账面价值为 800 000 元，作为长期股权投资并采用权益法进行核算。由于贵琛公司当年度经营不善，资金周转发生困难，使得其股票市价下跌至 700 000 元，短期内难以恢复。假设智董公司本年度首次对其计提长期投资减值准备。

智董公司计提长期投资减值准备的会计处理如下：

借：资产减值损失——计提的长期投资减值准备　　100 000

　贷：长期投资减值准备——股票投资（贵琛公司）　　100 000

【例 13-13】 20×1 年 12 月 23 日，智董公司（生产性企业）购置了一台不需安装的设备，价值为 13 000 000 元（含增值税税额），款项以银行存款支付。在考虑相关因素的基础上，预计该设备的使用寿命为 8 年，预计净残值为 650 000 元，采用年限平均法计提折旧。

20×5 年 12 月 31 日，在进行检查时发现，该设备有可能发生减值，现时的公允价值减去处置费用后的净额为 2 040 000 元，未来 4 年内持续使用以及使用寿命结束时的处置中形成的现金流量现值为 2 808 000 元。

20×7 年 12 月 31 日，在进行检查时发现，以前期间据以计提固定资产减值的各种因素发生变化，产生有利影响，目前市场上该类设备的公允价值减去处置费用后的净额为 4 800 000 元，未来 2 年内持续使用以及使用寿命结束时的处置中形成的现金流量现值为 5 600 000 元。

假设整个过程不考虑其他相关税费。该设备在 20×5 年 12 月 31 日以前没有计提固定资产减值准备；该设备一直采用年限平均法计提折旧；预计净残值始终为 650 000 元；预计使用寿命没有发生变更。为简化计算过程，假定按年度计提固定资产折旧。

（1）20×2 年 1 月 1 日至 20×7 年 12 月 31 日，每年计提的折旧金额分别为 1 543 750 元［（13 000 000−650 000）÷8］，累计折旧金额为 6 175 000 元（1 543 750×4）。

（2）20×5 年 12 月 31 日，在不考虑计减值准备因素情况下计算确定的固定资产净值为 6 825 000 元（13 000 000−6 175 000）；公允价值减去处置费用后的净额为 2 040 000 元，预计未来现金流量为 2 808 000 元，所以可收回金额为 2 808 000 元。因此，应计提固定资产减值准备金额为 4 017 000 元（6 825 000−2 808 000）。

（3）20×6 年、20×7 年两年间，每年计提的折旧金额分别为 539 500 元［（2 808 000−650 000）÷4］。

（4）20×7 年 12 月 31 日，该设备公允价值减去处置费用后的净额为 4 800 000 元，预计未来现金流量现值为 5 600 000 元，所以可收回金额为 5 600 000 元，高于固定资产账面价值 1 729 000 元（2 808 000−539 500×2），不需计提固定资产减值准备，也不应将以前期间计提的固定资产减值准备予以转回。

（5）20×8 年、20×9 年两年间，每年应计提的折旧金额均为 539 500 元［（2 808 000−539 500×2−650 000）÷2］。

（6）20×9 年 12 月 31 日，该固定资产的账面价值为预计净残值 650 000 元。

该设备的账面价值变化如表 13-4 所示。

表 13-4 设备的账面价值变化

日　期	内　容	金额（元）
20×2 年 1 月 1 日	固定资产原价	13 000 000
20×2 年	计提折旧	1 543 750［（13 000 000−650 000）］÷8
20×2 年 12 月 31 日	账面价值	11 456 250
20×3 年	计提折旧	1 543 750
20×3 年 12 月 31 日	账面价值	9 912 500
20×4 年	计提折旧	1 543 750
20×5 年	计提折旧	1 543 750
20×5 年 12 月 31 日	确认减值前的账面价值	6 825 000
20×5 年	确认减值	4 017 000（6 825 000−2 808 000）
20×5 年 12 月 31 日	确认减值后的账面价值	2 808 000
20×6 年	计提折旧	539 500［（2 808 000−650 000）÷4］
20×7 年	计提折旧	539 500

续表

日　期	内　容	金额（元）
20×8 年	计提折旧	539 500
20×9 年	计提折旧	539 500
20×9 年 12 月 31 日	账面价值	650 000

智董公司的会计处理如下。

（1）20×1 年 12 月 23 日，取得固定资产时：

借：固定资产　　13 000 000

　贷：银行存款　　13 000 000

（2）20×2 年 12 月 31 日、20×3 年 12 月 31 日、20×4 年 12 月 31 日，分别计提固定资产折旧时：

借：制造费用　　1 543 750

　贷：累计折旧　　1 543 750

（3）20×5 年 12 月 31 日，计提固定资产折旧和固定资产减值准备时：

借：制造费用　　1 543 750

　贷：累计折旧　　1 543 750

借：资产减值损失　　4 017 000

　贷：固定资产减值准备　　4 017 000

（4）20×6 年 12 月 31 日，计提固定资产折旧时：

借：制造费用　　539 500

　贷：累计折旧　　539 500

（5）20×7 年 12 月 31 日、20×8 年 12 月 31 日、20×9 年 12 月 31 日，计提固定资产折旧时：

借：制造费用　　539 500

　贷：累计折旧　　539 500

（6）20×9 年 12 月 31 日，转销固定资产减值准备时：

借：固定资产减值准备　　4 017 000

　贷：固定资产　　4 017 000

13.4　资产组的认定及减值处理

1. 估计可收回金额的基础

有迹象表明一项资产可能发生减值的，企业应当以单项资产为基础估计其可收回金额。企业难以对单项资产的可收回金额进行估计的，应当以该资产所属的资产组为基础确定资产组的可收回金额。

2. 资产组的认定

资产组是企业可以认定的最小资产组合，其产生的现金流入应当基本上独立于其他资产或者资产组。资产组应当由创造现金流入相关的资产组成。

（1）可收回金额的确定基础。有迹象表明一项资产可能发生减值的，企业应当以单项资产为基础估计其可收回金额。企业难以对单项资产的可收回金额进行估计的，应当以该资产所属的资产组为基础确定资产组的可收回金额。

（2）认定依据、考虑因素。资产组的认定，应当以资产组产生的主要现金流入是否独立于其他资产或者资产组的现金流入为依据。同时，在认定资产组时，应当考虑企业管理层管理生产经营活动的方式（如是按照生产线、业务种类还是按照地区或者区域等）和对资产的持续使用或者处置的决策方式等。

几项资产的组合生产的产品（或者其他产出）存在活跃市场的，即使部分或者所有这些产品（或者其他产出）均供内部使用，也应当在符合前款规定的情况下，将这几项资产的组合认定为一个资产组。

（3）资产组未来现金流量的确定。如果该资产组的现金流入受内部转移价格的影响，应当按照企业管理层在公平交易中对未来价格的最佳估计数来确定资产组的未来现金流量。

（4）资产组认定的变更。资产组一经确定，各个会计期间应当保持一致，不得随意变更。

如需变更，企业管理层应当证明该变更是合理的，并根据《企业会计准则第 8 号——资产减值》第二十七条的规定在附注中做相应说明。

（5）资产组账面价值的确定。资产组账面价值的确定基础应当与其可收回金额的确定方式相一致。

资产组的账面价值包括可直接归属于资产组与可以合理和一致地分摊至资产组的资产账面价值，通常不应当包括已确认负债的账面价值，但如不考虑该负债金额就无法确定资产组可收回金额的除外。

（6）资产组可收回金额的确定。资产组的可收回金额应当按照该资产组的公允价值减去处置费用后的净额与其预计未来现金流量的现值两者之间较高者确定。

资产组在处置时如要求购买者承担一项负债（如环境恢复负债等）、该负债金额已经确认并计入相关资产账面价值，而且企业只能取得包括上述资产和负债在内的单一公允价值减去处置费用后的净额的，为了比较资产组的账面价值和可收回金额，在确定资产组的账面价值及其预计未来现金流量的现值时，应当将已确认的负债金额从中扣除。

（7）总部资产。企业总部资产包括企业集团或其事业部的办公楼、电子数据处理设备等资产。总部资产的显著特征是难以脱离其他资产或者资产组产生独立的现金流入，而且其账面价值难以完全归属于某一资产组。

有迹象表明某项总部资产可能发生减值的，企业应当计算确定该总部资产所归属的资产组或者资产组组合的可收回金额，然后将其与相应的账面价值相比较，据以判断是否需要确认减值损失。

（8）资产组组合。资产组组合，是指由若干个资产组组成的最小资产组组合，包括资产组或者资产组组合，以及按合理方法分摊的总部资产部分。资产组是企业可以认定的最小资产组合，其产生的现金流入应当基本上独立于其他资产或者资产组。资产组应当由创造现金流入相关的资产组成。

① 认定资产组最关键的因素是该资产组能否独立产生现金流入。企业的某一生产线、营业网点、业务部门等，如果能够独立于其他部门或者单位等形成收入、产生现金流入，或者其形成的收入和现金流入绝大部分独立于其他部门或者单位，且属于可认定的最小资产组合的，通常应将该生产线、营业网点、业务部门等认定为一个资产组。

几项资产的组合生产的产品（或者其他产出）存在活跃市场的，无论这些产品（或者其他产出）是用于对外出售还是仅供企业内部使用，均表明这几项资产的组合能够独立产生现金流入，应当将这些资产的组合认定为资产组。

② 企业对生产经营活动的管理或者监控方式、以及对资产使用或者处置的决策方式等，也是认定资产组应考虑的重要因素。

比如，智董服装厂有童装、西装、衬衫三个工厂，每个工厂在核算、考核和管理等方面都相对独立，在这种情况下，每个工厂通常为一个资产组。

再如，智董家具制造厂有 A 车间和 B 车间，A 车间专门生产家具部件（该家具部件不存在活跃市场），生产完后由 B 车间负责组装，该企业对 A 车间和 B 车间资产的使用和处置等决策是一体的，在这种情况下，A 车间和 B 车间通常应当认定为一个资产组。

3. 资产组的减值处理

（1）减值测试。企业对某一资产组进行减值测试，应当先认定所有与该资产组相关的总部资产，再根据相关总部资产能否按照合理和一致的基础分摊至该资产组分别下列情况处理。

1）对于相关总部资产能够按照合理和一致的基础分摊至该资产组的部分，应当将该部分总部资产的账面价值分摊至该资产组，再据以比较该资产组的账面价值（包括已分摊的总部资产的账面价值部分）和可收回金额，并按照《企业会计准则第 8 号——资产减值》第二十二条的规定处理。

2）对于相关总部资产中有部分资产难以按照合理和一致的基础分摊至该资产组的，应当按照下列步骤处理。

① 在不考虑相关总部资产的情况下，估计和比较资产组的账面价值和可收回金额，并按照《企业会计准则第 8 号——资产减值》第二十二条的规定处理。

② 认定由若干个资产组组成的最小的资产组组合，该资产组组合应当包括所测试的资产组与可以按照合理和一致的基础将该部分总部资产的账面价值分摊其上的部分。

③ 比较所认定的资产组组合的账面价值（包括已分摊的总部资产的账面价值部分）和可收回金额，并按照《企业会计准则第 8 号——资产减值》第二十二条的规定处理。

【例 13-14】 智董公司在 A、B、C 三地拥有三家分公司，其中，C 分公司是上年吸收合并的公司。这三家分公司的经营活动由一个总部负责运作。由于 A、B、C 三家分公司均能产生独立于其他分公司的现金流入，所以该公司将这三家分公司确定为三个资产组。20×7 年 12 月 1 日，企业经营所处的技术环境发生了重大不利变化，出现减值迹象，需要进行减值测试。假设总部资产的账面价值为 150 万元，能够按照各资产组账面价值的比例进行合理分摊，A 分公司资产的使用寿命为 10 年，B、C 分公司和总部资产的使用寿命为 20 年。减值测试时，A、B、C 三个资产组的账面价值分别为 100 万元、150 万元和 200 万元（其中合并商誉为 15 万元）。该公司计算得出 A 分公司资产的可收回金额为 219 万元，B 分公司资产的可收回金额为 156 万元，C 分公司资产的可收回金额为 200 万元。试进行该公司的减值测试。

进行减值测试，首先要将总部资产采用合理的方法分配至各资产组，然后比较各资产组的可收回金额与账面价值，最后将各资产组的资产减值额在总部资产和各资产组之间分配。

（1）将总部资产分配至各资产组。由于各资产组的使用寿命不同，不能直接按其账面价值分配总部资产，而应根据各资产组使用寿命对各资产组的账面价值进行调整，按各资产组调整后的账面价值来分配总部资产。B、C 资产组的使用寿命是 A 资产组使用寿命的两倍，换言之，B、C 分公司一元资产的账面价值相当于二元 A 分公司资产的账面价值。所以分配总部资产时的账面价值应为 100+2×150+2×200=800（万元）。

总部资产应分配给 A 资产组的数额=150×100÷800=19（万元）

总部资产应分配给 B 资产组的数额=150×300÷800=56（万元）

总部资产应分配给 C 资产组的数额=150×400÷800=75（万元）

分配后各资产组的账面价值为：

A 资产组的账面价值=100+19=119（万元）

B 资产组的账面价值=150+56=206（万元）

C 资产组的账面价值=200+75=275（万元）

（2）进行减值测试。

A 资产组的账面价值=119（万元），可收回金额=219（万元），没有发生减值。

B 资产组的账面价值=206（万元），可收回金额=156（万元），发生减值 50（万元）。

C 资产组的账面价值=275（万元），可收回金额=200（万元），发生减值 75（万元）。

（3）将各资产组的减值额在总部资产和各资产组之间分配。

B 资产组减值额分配给总部资产的数额=50×56÷206≈3.60（万元），分配给 B 资产组本身的数额=50×150÷206≈36.4（万元）。

C 资产组中的减值额先冲减商誉 15 万元，余下的分配给总部和 C 资产组。分配给总部的资产减值=60×75÷275≈16.36（万元），分配给 C 资产组本身的数额=60×200÷275≈43.64（万元）。

（2）减值损失的确认与抵减。资产组或者资产组组合的可收回金额低于其账面价值的（总部资产和商誉分摊至某资产组或者资产组组合的，该资产组或者资产组组合的账面价值应当包括相关总部资产和商誉的分摊额），应当确认相应的减值损失。

减值损失金额应当先抵减分摊至资产组或者资产组组合中商誉的账面价值，再根据资产组或者资产组组合中除商誉之外的其他各项资产的账面价值所占比重，按比例抵减其他各项资产的账面价值。

以上资产账面价值的抵减，应当作为各单项资产（包括商誉）的减值损失处理，计入当期损益。抵减后的各资产的账面价值不得低于以下三者之中最高者：该资产的公允价值减去处置费用后的净额（如可确定的）、该资产预计未来现金流量的现值（如可确定的）和零。

因此而导致的未能分摊的减值损失金额，应当按照相关资产组或者资产组组合中其他各项资产的账面价值所占比重进行分摊。

【例 13-15】 智董公司属于矿业生产企业。根据我国有关法律的规定，开采矿产的企业必须在完成开采后将该地区恢复原貌，恢复费用包括表土覆盖层的复原，因为表土覆盖层在矿山开发前必须搬走。表土覆盖层一旦移走，企业就应为其确认一笔预计负债，其有关费用计入矿山成本，并在矿山使用寿命内计提折旧。假定智董公司为恢复费用确认的预计负债的账面金额为 1 000 万元。20×7 年 12 月 31 日，智董公司正在对矿山进行减值测试。矿山的资产组是整座矿山。智董公司已收到愿以 1 600 万元的价格购买该矿山的合同，这一价格已经考虑了复原表土覆盖层的成本。矿山预计未来现金流量的现值为 2 400 万元，不包括恢复费用；矿山的账面价值为 2 000 万元。假定不考虑矿山的处置费用。

资产组的公允价值减去处置费用后的净额为 1 600 万元，其预计未来现金流量的现值在考虑恢复费用后估计为 1 400 万元（2 400–1 000）。资产组的账面价值为 1 000 万元，即矿山的账面价值 2 000 万元与恢复费用 1 000 万元之间的差额。因此，智董公司可以确定该矿山的可收回金额 1 600 万元大于其账面价值 1 000 万元，没有发生减值。

【例 13-16】 智董公司于 20×7 年 12 月 31 日对某资产组进行减值测试，其账面价值为 2 750 000 元；该资产组合除包括固定资产生产线、办公楼、宿舍、浴室、理发室外，还包括一批负债，账面价值分别为 590 000 元、780 000 元、950 000 元、180 000 元、400 000 元、150 000 元。经咨询有关专家，智董公司确定该资产组的公允价值减去处置费用后的净额为 2 150 000 元，未来现金流量现值为 2 050 000 元。

因此，该资产组发生减值，确认的减值损失为 600 000 元（2 750 000–2 150 000），同时根据该资产组内固定资产的账面价值，按比例分摊减值损失至资产组内的固定资产。资产组减值损失分摊表如表 13-5 所示。

表 13-5 资产组减值损失分摊表

资产组合	分摊减值损失前账面价值（元）	分摊比例	分摊的减值损失（元）	分摊减值损失后账面价值（元）
负债	（150 000）		0	（150 000）
固定资产：				
生产线	590 000	20.34%	（122 040）	467 960
办公楼	780 000	26.90%	（161 400）	618 600
宿舍	950 000	32.76%	（196 560）	753 440
浴室	180 000	6.21%	（37 260）	142 740
理发室	400 000	13.79%	（82 740）	317 260
小计	2 900 000	100%	（600 000）	2 300 000
合　计	2 750 000		（600 000）	2 150 000

根据表 13-5 的分摊结果，智董公司的会计处理如下：

借：资产减值损失　　600 000

　贷：固定资产减值准备——生产线　　122 040

　　——办公楼　　161 400

　　——宿舍　　196 560

　　——浴室　　37 260

　　——理发室　　82 740

如果智董公司确定的固定资产宿舍的公允价值减去处置费用后的净额为 822 000 元。即宿舍分摊减值损失后的账面价值（753 440 元）低于其公允价值减去处置费用后的净额（822 000 元），多分摊的减值损失 68 560 元（822 000–753 440）应根据该资产组内其他固定资产初次分摊减值损失后的账面价值，按比例分摊至资产组内的其他固定资产。资产减值损失分摊表如表 13-6 所示。

表 13-6 资产减值损失分摊表

资产组其他固定资产	分摊减值损失后账面价值（元）	重新分摊比例	减值损失重新分摊（元）	重新分摊减值损失后账面价值（元）
生产线	467 960	30.26%	（20 746.3）	447 213.7
办公楼	618 600	40 %	（27 424）	591 176
浴室	142 740	9.23%	（6 328.1）	136 411.9
理发室	317 260	20.51%	（14 061.6）	303 198.4
小计	1 546 560	100%	（68 560）	1 478 000

续表

资产组其他固定资产	分摊减值损失后账面价值（元）	重新分摊比例	减值损失重新分摊（元）	重新分摊减值损失后账面价值（元）
宿舍	753 440		68 560	822 000
长期资产合计	2 300 000		0	2 300 000

13.5 商誉减值的处理

1. 测试

企业合并所形成的商誉，至少应当在每年年度终了进行减值测试。商誉应当结合与其相关的资产组或者资产组组合进行减值测试。

相关的资产组或者资产组组合应当是能够从企业合并的协同效应中受益的资产组或者资产组组合，不应当大于按照《企业会计准则第 35 号——分部报告》所确定的报告分部。

2. 分摊

企业进行资产减值测试，对于因企业合并形成的商誉的账面价值，应当自购买日起按照合理的方法分摊至相关的资产组；难以分摊至相关的资产组的，应当将其分摊至相关的资产组组合。

在将商誉的账面价值分摊至相关的资产组或者资产组组合时，应当按照各资产组或者资产组组合的公允价值占相关资产组或者资产组组合公允价值总额的比例进行分摊。公允价值难以可靠计量的，按照各资产组或者资产组组合的账面价值占相关资产组或者资产组组合账面价值总额的比例进行分摊。

企业因重组等原因改变了其报告结构，从而影响到已分摊商誉的一个或者若干个资产组或者资产组组合构成的，应当按照与本条前款规定相似的分摊方法，将商誉重新分摊至受影响的资产组或者资产组组合。

3. 减值测试顺序及处理

（1）在对包含商誉的相关资产组或者资产组组合进行减值测试时，如与商誉相关的资产组或者资产组组合存在减值迹象的，应当先对不包含商誉的资产组或者资产组组合进行减值测试，计算可收回金额，并与相关账面价值相比较，确认相应的减值损失。

（2）再对包含商誉的资产组或者资产组组合进行减值测试，比较这些相关资产组或者资产组组合的账面价值（包括所分摊的商誉的账面价值部分）与其可收回金额，如相关资产组或者资产组组合的可收回金额低于其账面价值的，应当确认商誉的减值损失，按照《企业会计准则第 8 号——资产减值》第二十二条的规定处理。

【例 13-17】 智董公司在 20×7 年 1 月 1 日用 1 900 万元收购了贵琛公司 100%的权益，贵琛公司可辨认资产的公允价值为 1 500 万元。智董公司在其合并财务报表中确认：

（1）商誉 400 万元。

（2）贵琛公司资产的公允价值为 1 500 万元，全部为可辨认净资产。假定贵琛公司的全部资产是产生现金流量的最小组合。20×7 年年末，贵琛公司可收回金额为 1 000 万元，全部可辨认资产净值为 1 350 万元，智董公司 20×7 年年末对 B 资产减值测试表明发生 750 万元（1 350+400–1 000）减值，会计处理时应首先冲减商誉的账面价值，然后对可辨认资产计提减值准备。

借：管理费用　　400
　贷：商誉　　400
借：营业外支出　　350
　贷：相关资产减值准备科目　　350

“相关资产减值准备”可以按照各项资产账面价值在可辨认资产账面价值中所占的比例进行分配。

【例 13-18】 智董公司在 20×7 年 1 月 1 日以 2 500 万元的价格收购了贵琛公司 100%的股份，购买日贵琛公司可辨认净资产的公允价值为 2 000 万元。20×7 年 12 月 31 日有关资料为：企业合并财务报表确认商誉 500 万元；年末贵琛公司可辨认净资产的账面价值为 3 900 万元。假定贵琛公司的全部资产是产生现金流量的最小组合。20×7 年年末，智董公司确定贵琛公司的可收回金额为 2 000 万元。试对商誉进行减值测试。如果发生减值损失，对减值损失进行分配。

首先应确定贵琛公司这一资产组的账面价值。由于合并商誉是在购买贵琛公司时发生的，可以将其全部分配给贵琛公司这一资产组。故贵琛公司这一资产组的账面价值为 3 500 万元（500+3 000）。

然后进行减值测试。由于贵琛公司可收回金额为 2 000 万元，账面价值为 3 500 万元，故发生了资产减值。资产减值的数额为 1 500 万元。

最后，将减值损失冲减商誉 500 万元，余下的 1 000 万元分配给贵琛公司可辨认净资产。

4. 存在少数股东权益情况下的商誉减值测试

根据《企业会计准则第 20 号——企业合并》的规定，在合并财务报表中反映的商誉，不包括子公司归属于少数股东权益的商誉。但对相关的资产组（或者资产组组合，下同）进行减值测试时，应当将归属于少数股东权益的商誉包括在内，调整资产组的账面价值，然后根据调整后的资产组账面价值与其可收回金额进行比较，以确定资产组（包括商誉）是否发生了减值。

上述资产组发生减值的，应当按照《企业会计准则第 8 号　资产减值》第二丨二条规定进行处理，但由于根据上述步骤计算的商誉减值损失包括了应由少数股东权益承担的部分，应当将该损失在可归属于母公司和少数股东权益之间按比例进行分摊，以确认归属于母公司的商誉减值损失。

13.6 会计科目及主要账务处理

13.6.1 应收账款

1. 会计科目核算内容

本科目核算企业因销售商品、提供劳务等经营活动应收取的款项。

企业（保险）按照原保险合同约定应向投保人收取的保费，可将本科目改为“1122 应收保费”科目，并按照投保人进行明细核算。

企业（金融）应收取的手续费和佣金，可将本科目改为“1124 应收手续费及佣金”科目，并按照债务人进行明细核算。

因销售商品、提供劳务等，采用递延方式收取合同或协议价款、实质上具有融资性质的，在“长期应收款”科目核算。

2. 明细核算

本科目可按债务人进行明细核算，等等。

3. 主要账务处理

企业与债务人进行债务重组，应当分别债务重组的不同方式进行处理。

（1）收到债务人清偿债务的款项小于该项应收账款账面价值的，应按实际收到的金额，借记“银行存款”等科目，按重组债权已计提的坏账准备，借记“坏账准备”科目，按重组债权的账面余额，贷记本科目，按其差额，借记“营业外支出”科目。

收到债务人清偿债务的款项大于该项应收账款账面价值的，应按实际收到的金额，借记“银行存款”等科目，按重组债权已计提的坏账准备，借记“坏账准备”科目，按重组债权的账面余额，贷记本科目，按其差额，贷记“资产减值损失”科目。

以下债务重组涉及重组债权减值准备的，应当比照此规定进行处理。

（2）接受债务人用于清偿债务的非现金资产，应按该项非现金资产的公允价值，借记“原材料”、“库存商品”、“固定资产”、“无形资产”等科目，按重组债权的账面余额，贷记本科目，按应支付的相关税费和其他费用，贷记“银行存款”、“应交税费”等科目，按其差额，借记“营业外支出”科目。涉及增值税进项税额的，还应进行相应的处理。

（3）将债权转为投资，应按享有股份的公允价值，借记“长期股权投资”科目，按重组债权的账面余额，贷记本科目，按应支付的相关税费和其他费用，贷记“银行存款”、“应交税费”等科目，按其差额，借记“营业外支出”科目。

（4）以修改其他债务条件进行清偿的，应按修改其他债务条件后债权的公允价值，借记本科目，按重组债权的账面余额，贷记本科目，按其差额，借记“营业外支出”科目。

本科目期末借方余额，反映企业尚未收回的应收账款；期末如为贷方余额，反映企业预收的账款。

13.6.2 应收利息

1. 会计科目核算内容

本科目核算企业交易性金融资产、持有至到期投资、可供出售金融资产、发放贷款、存放中央银行款项、拆出资金、买入返售金融资产等应收取的利息。

企业购入的一次还本付息的持有至到期投资持有期间取得的利息，在“持有至到期投资”科目核算。

2. 明细核算

本科目可按借款人或被投资单位进行明细核算。

3. 主要账务处理

发生减值的持有至到期投资、可供出售债券投资的利息收入，应当比照“贷款”科目相关规定进行处理，等等。

本科目期末借方余额，反映企业尚未收回的利息。

13.6.3 坏账准备

1．会计科目核算内容

本科目核算企业应收款项的坏账准备。

2．明细核算

本科目可按应收款项的类别进行明细核算。

3．主要账务处理

资产负债表日，应收款项发生减值的，按应减记的金额，借记“资产减值损失”科目，贷记本科目。本期应计提的坏账准备大于其账面余额的，应按其差额计提；应计提的坏账准备小于其账面余额的差额做相反的会计分录，等等。

本科目期末贷方余额，反映企业已计提但尚未转销的坏账准备。

13.6.4 贷款

1．会计科目核算内容

本科目核算企业（银行）按规定发放的各种客户贷款，包括质押贷款、抵押贷款、保证贷款、信用贷款等。

企业（银行）按规定发放的具有贷款性质的银团贷款、贸易融资、协议透支、信用卡透支、转贷款以及垫款等，在本科目核算；也可以单独设置“银团贷款”、“贸易融资”、“协议透支”、“信用卡透支”、“转贷款”、“垫款”等科目。

企业（保险）的保户质押贷款，可将本科目改为“1303　保户质押贷款”科目。企业（典当）的质押贷款、抵押贷款，可将本科目改为“1303　质押贷款”、“1305　抵押贷款”科目。企业委托银行或其他金融机构向其他单位贷出的款项，可将本科目改为“1303　委托贷款”科目。

2．明细核算

本科目可按贷款类别、客户，分别“本金”、“利息调整”、“已减值”等进行明细核算。

3．主要账务处理

资产负债表日，确定贷款发生减值的，按应减记的金额，借记“资产减值损失”科目，贷记“贷款损失准备”科目。同时，应将本科目（本金、利息调整）余额转入本科目（已减值），借记本科目（已减值），贷记本科目（本金、利息调整）。

资产负债表日，应按贷款的摊余成本和实际利率计算确定的利息收入，借记“贷款损失准备”科目，贷记“利息收入”科目。同时，将按合同本金和合同利率计算确定的应收利息金额进行表外登记。

收回减值贷款时，应按实际收到的金额，借记“吸收存款”、“存放中央银行款项”等科目，按相关贷款损失准备余额，借记“贷款损失准备”科目，按相关贷款余额，贷记本科目（已减值），按其差额，贷记“资产减值损失”科目。

对于确实无法收回的贷款，按管理权限报经批准后作为呆账予以转销，借记“贷款损失准备”科目，贷记本科目（已减值）。按管理权限报经批准后转销表外应收未收利息，减少表外“应收未收利息”科目金额。

已确认并转销的贷款以后又收回的，按原转销的已减值贷款余额，借记本科目（已减值），贷记“贷款损失准备”科目。按实际收到的金额，借记“吸收存款”、“存放中央银行款项”等科目，按原转销的已减值贷款余额，贷记本科目（已减值），按其差额，贷记“资产减值损失”科目。

本科目期末借方余额反映企业按规定发放尚未收回贷款的摊余成本。

13.6.5 贷款损失准备

1．会计科目核算内容

本科目核算企业（银行）贷款的减值准备。计提贷款损失准备的资产包括贴现资产、拆出资金、客户贷款、银团贷款、贸易融资、协议透支、信用卡透支、转贷款和垫款等。企业（保险）的保户质押贷款计提的减值准备，也在本科目核算。企业（典当）的质押贷款、抵押贷款计提的减值准备，也在本科

目核算。企业委托银行或其他金融机构向其他单位贷出的款项计提的减值准备，可将本科目改为“1304 委托贷款损失准备”科目。

2．明细核算

本科目可按计提贷款损失准备的资产类别进行明细核算。

3．主要账务处理

（1）资产负债表日，贷款发生减值的，按应减记的金额，借记“资产减值损失”科目，贷记本科目。

（2）对于确实无法收回的各项贷款，按管理权限报经批准后转销各项贷款，借记本科目，贷记“贷款”、“贴现资产”、“拆出资金”等科目。

（3）已计提贷款损失准备的贷款价值以后又得以恢复，应在原已计提的贷款损失准备金额内，按恢复增加的金额，借记本科目，贷记“资产减值损失”科目。

本科目期末贷方余额，反映企业已计提但尚未转销的贷款损失准备。

13.6.6 消耗性生物资产

1．会计科目核算内容

本科目核算企业（农业）持有的消耗性生物资产的实际成本。消耗性生物资产发生减值的，可以单独设置“消耗性生物资产跌价准备”科目，比照“存货跌价准备”科目进行处理。

2．明细核算

本科目可按消耗性生物资产的种类、群别等进行明细核算。

3．主要账务处理

（1）产畜或役畜淘汰转为育肥畜的，按转群时的账面价值，借记本科目，按已计提的累计折旧，借记“生产性生物资产累计折旧”科目，按其账面余额，贷记“生产性生物资产”科目。已计提减值准备的，还应同时结转减值准备。

育肥畜转为产畜或役畜的，应按其账面余额，借记“生产性生物资产”科目，贷记本科目。已计提跌价准备的，还应同时结转跌价准备。

（2）消耗性生物资产收获为农产品时，应按其账面余额，借记“农产品”科目，贷记本科

目。已计提跌价准备的，还应同时结转跌价准备。

（3）出售消耗性生物资产，应按实际收到的金额，借记“银行存款”等科目，贷记“主营业务收入”等科目。按其账面余额，借记“主营业务成本”等科目，贷记本科目。已计提跌价准备的，还应同时结转跌价准备。

本科目期末借方余额，反映企业消耗性生物资产的实际成本。

13.6.7 抵债资产

1. 会计科目核算内容

本科目核算企业（金融）依法取得并准备按有关规定进行处置的实物抵债资产的成本。企业（金融）依法取得并准备按有关规定进行处置的非实物抵债资产（不含股权投资），也通过本科目核算。

2. 明细核算

本科目可按抵债资产类别及借款人进行明细核算。抵债资产发生减值的，可以单独设置“抵债资产跌价准备”科目，比照“存货跌价准备”科目进行处理。

3. 主要账务处理

（1）企业取得的抵债资产，按抵债资产的公允价值，借记本科目，按相关资产已计提的减值准备，借记“贷款损失准备”、“坏账准备”等科目，按相关资产的账面余额，贷记“贷款”、“应收手续费及佣金”等科目，按应支付的相关税费，贷记“应交税费”科目，按其差额，借记“营业外支出”科目。如为贷方差额，应贷记“资产减值损失”科目。

（2）处置抵债资产时，应按实际收到的金额，借记“库存现金”、“银行存款”、“存放中央银行款项”等科目，按应支付的相关税费，贷记“应交税费”科目，按其账面余额，贷记本科目，按其差额，贷记“营业外收入”科目或借记“营业外支出”科目。已计提抵债资产跌价准备的，还应同时结转跌价准备。

（3）取得抵债资产后转为自用的，应在相关手续办妥时，按转换日抵债资产的账面余额，借记“固定资产”等科目，贷记本科目。已计提抵债资产跌价准备的，还应同时结转跌价准备。

本科目期末借方余额，反映企业取得的尚未处置的实物抵债资产的成本。

13.6.8 损余物资

1. 会计科目核算内容

本科目核算企业（保险）按照原保险合同约定承担赔偿保险金责任后取得的损余物资成本。

2. 明细核算

本科目可按损余物资种类进行明细核算。

损余物资发生减值的，可以单独设置“损余物资跌价准备”科目，比照“存货跌价准备”科目进行处理。

3. 主要账务处理

处置损余物资时，按实际收到的金额，借记“库存现金”、“银行存款”等科目，按其账面余额，贷记本科目，按其差额，借记或贷记“赔付支出”科目。已计提跌价准备的，还应同时结转跌价准备。

本科目期末借方余额，反映企业承担赔偿保险金责任后取得的损余物资成本。

13.6.9 存货跌价准备

1．会计科目核算内容

本科目核算企业存货的跌价准备。

2．明细核算

本科目可按存货项目或类别进行明细核算。

3．主要账务处理

（1）资产负债表日，存货发生减值的，按存货可变现净值低于成本的差额，借记“资产减值损失”科目，贷记本科目。

已计提跌价准备的存货价值以后又得以恢复，应在原已计提的存货跌价准备金额内，按恢复增加的金额，借记本科目，贷记“资产减值损失”科目。

发出存货结转存货跌价准备的，借记本科目，贷记“主营业务成本”、“生产成本”等科目。

（2）企业（建造承包商）建造合同执行中预计总成本超过合同总收入的，应按其差额，借记“资产减值损失”科目，贷记本科目。合同完工时，借记本科目，贷记“主营业务成本”科目。

本科目期末贷方余额，反映企业已计提但尚未转销的存货跌价准备。

13.6.10 持有至到期投资

1．会计科目核算内容

本科目核算企业持有至到期投资的摊余成本。

2．明细核算

本科目可按持有至到期投资的类别和品种，分别“成本”、“利息调整”、“应计利息”等进行明细核算。

3．主要账务处理

持有至到期投资发生减值后利息的处理，比照“贷款”科目相关规定。

（1）将持有至到期投资重分类为可供出售金融资产的，应在重分类日按其公允价值，借记“可供出售金融资产”科目，按其账面余额，贷记本科目（成本、利息调整、应计利息），按其差额，贷记或借记“资本公积——其他资本公积”科目。已计提减值准备的，还应同时结转减值准备。

（2）出售持有至到期投资，应按实际收到的金额，借记“银行存款”、“存放中央银行款项”、“结算备付金”等科目，按其账面余额，贷记本科目（成本、利息调整、应计利息），按其差额，贷记或借记“投资收益”科目。已计提减值准备的，还应同时结转减值准备。

本科目期末借方余额，反映企业持有至到期投资的摊余成本。

13.6.11 持有至到期投资减值准备

1．会计科目核算内容

本科目核算企业持有至到期投资的减值准备。

2. 明细核算

本科目可按持有至到期投资类别和品种进行明细核算。

3. 主要账务处理

资产负债表日，持有至到期投资发生减值的，按应减记的金额，借记"资产减值损失"科目，贷记本科目。

已计提减值准备的持有至到期投资价值以后又得以恢复，应在原已计提的减值准备金额内，按恢复增加的金额，借记本科目，贷记"资产减值损失"科目。

本科目期末贷方余额，反映企业已计提但尚未转销的持有至到期投资减值准备。

13.6.12 可供出售金融资产

1. 会计科目核算内容

本科目核算企业持有的可供出售金融资产的公允价值，包括划分为可供出售的股票投资、债券投资等金融资产。

2. 明细核算

本科目按可供出售金融资产的类别和品种，分别"成本"、"利息调整"、"应计利息"、"公允价值变动"等进行明细核算。

可供出售金融资产发生减值的，可以单独设置"可供出售金融资产减值准备"科目。

3. 主要账务处理

（1）资产负债表日，可供出售债券投资发生减值后利息的处理，比照"贷款"科目相关规定。

（2）资产负债表日，可供出售金融资产的公允价值高于其账面余额的差额，借记本科目（公允价值变动），贷记"资本公积——其他资本公积"科目；公允价值低于其账面余额的差额做相反的会计分录。

确定可供出售金融资产发生减值的，按应减记的金额，借记"资产减值损失"科目，按应从所有者权益中转出原计入资本公积的累计损失金额，贷记"资本公积——其他资本公积"科目，按其差额，贷记本科目（公允价值变动）。

对于已确认减值损失的可供出售金融资产，在随后会计期间内公允价值已上升且客观上与确认原减值损失事项有关的，应按原确认的减值损失，借记本科目（公允价值变动），贷记"资产减值损失"科目；但可供出售金融资产为股票等权益工具投资的（不含在活跃市场上没有报价、公允价值不能可靠计量的权益工具投资），借记本科目（公允价值变动），贷记"资本公积——其他资本公积"科目。

（3）将持有至到期投资重分类为可供出售金融资产的，应在重分类日按其公允价值，借记本科目，按其账面余额，贷记"持有至到期投资"科目，按其差额，贷记或借记"资本公积——其他资本公积"科目。已计提减值准备的，还应同时结转减值准备，等等。

本科目期末借方余额反映企业可供出售金融资产的公允价值。

13.6.13 长期股权投资

1. 会计科目核算内容

本科目核算企业持有的采用成本法和权益法核算的长期股权投资。

2. 明细核算

本科目可按被投资单位进行明细核算。

长期股权投资采用权益法核算的，还应当分别“成本”、“损益调整”、“其他权益变动”进行明细核算。

3. 主要账务处理

处置长期股权投资时，应按实际收到的金额，借记“银行存款”等科目，按其账面余额，贷记本科目，按尚未领取的现金股利或利润，贷记“应收股利”科目，按其差额，贷记或借记“投资收益”科目。已计提减值准备的，还应同时结转减值准备。

采用权益法核算长期股权投资的处置，除上述规定外，还应结转原记入资本公积的相关金额，借记或贷记“资本公积——其他资本公积”科目，贷记或借记“投资收益”科目。

本科目期末借方余额反映企业长期股权投资的价值。

13.6.14 长期股权投资减值准备

1. 会计科目核算内容

本科目核算企业长期股权投资的减值准备。

2. 明细核算

本科目可按被投资单位进行明细核算。

3. 主要账务处理

资产负债表日，长期股权投资发生减值的，按应减记的金额，借记“资产减值损失”科目，贷记本科目。

处置长期股权投资时，应同时结转已计提的长期股权投资减值准备。

本科目期末贷方余额，反映企业已计提但尚未转销的长期股权投资减值准备。

13.6.15 投资性房地产

1. 会计科目核算内容

本科目核算企业采用成本模式计量的投资性房地产的成本。

企业采用公允价值模式计量投资性房地产的，也通过本科目核算。

采用成本模式计量的投资性房地产的累计折旧或累计摊销，可以单独设置“投资性房地产累计折旧（摊销）”科目，比照“累计折旧”等科目进行处理。

采用成本模式计量的投资性房地产发生减值的，可以单独设置“投资性房地产减值准备”科目，比照“固定资产减值准备”等科目进行处理。

2. 明细核算

本科目可按投资性房地产类别和项目进行明细核算。

采用公允价值模式计量的投资性房地产，还应当分别“成本”和“公允价值变动”进行明细核算。

3．采用成本模式计量投资性房地产的主要账务处理

（1）企业外购、自行建造等取得的投资性房地产，按应计入投资性房地产成本的金额，借记本科目，贷记“银行存款”、“在建工程”等科目。

（2）将作为存货的房地产转换为投资性房地产的，应按其在转换日的账面余额，借记本科目，贷记“开发产品”等科目。已计提跌价准备的，还应同时结转跌价准备。

（3）将自用的建筑物等转换为投资性房地产的，应按其在转换日的原价、累计折旧、减值准备等，分别转入本科目、“投资性房地产累计折旧（摊销）”、“投资性房地产减值准备”科目。

（4）将投资性房地产转为自用时，应按其在转换日的账面余额、累计折旧、减值准备等，分别转入“固定资产”、“累计折旧”、“固定资产减值准备”等科目。

（5）处置投资性房地产时，应按实际收到的金额，借记“银行存款”等科目，贷记“其他业务收入”科目。按该项投资性房地产的累计折旧或累计摊销，借记“投资性房地产累计折旧（摊销）”科目，按该项投资性房地产的账面余额，贷记本科目，按其差额，借记“其他业务成本”科目。已计提减值准备的，还应同时结转减值准备。

4．采用公允价值模式计量投资性房地产的主要账务处理

（1）将作为存货的房地产转换为投资性房地产的，应按其在转换日的公允价值，借记本科目（成本），按其账面余额，贷记“开发产品”等科目，按其差额，贷记“资本公积——其他资本公积”科目或借记“公允价值变动损益”科目。已计提跌价准备的，还应同时结转跌价准备。

（2）将自用的建筑物等转换为投资性房地产的，按其在转换日的公允价值，借记本科目（成本），按已计提的累计折旧等，借记“累计折旧”等科目，按其账面余额，贷记“固定资产”等科目，按其差额，贷记“资本公积——其他资本公积”科目或借记“公允价值变动损益”科目。已计提减值准备的，还应同时结转减值准备。

（3）投资性房地产作为企业主营业务的，应通过“主营业务收入”和“主营业务成本”科目核算相关的损益。

本科目期末借方余额反映企业采用成本模式计量的投资性房地产成本。企业采用公允价值模式计量的投资性房地产，反映投资性房地产的公允价值。

13.6.16 固定资产

1．会计科目核算内容

本科目核算企业持有的固定资产原价。建造承包商的临时设施，以及企业购置计算机硬件所附带的、未单独计价的软件，也通过本科目核算。

2．明细核算

本科目可按固定资产类别和项目进行明细核算。融资租入的固定资产，可在本科目设置“融资租入固定资产”明细科目。

3．主要账务处理

处置固定资产时，按该项固定资产账面价值，借记“固定资产清理”科目，按已提的累计折旧，借记“累计折旧”科目，按其账面原价，贷记本科目。已计提减值准备的，还应同时结转已计提的减值准备。

本科目期末借方余额反映企业固定资产的原价。

13.6.17 固定资产减值准备

1. 会计科目核算内容

本科目核算企业固定资产的减值准备。

2. 明细核算

资产负债表日，固定资产发生减值的，按应减记的金额，借记“资产减值损失”科目，贷记本科目。处置固定资产还应同时结转减值准备。

本科目的期末贷方余额反映企业已计提但尚未转销的固定资产减值准备。

13.6.18 在建工程

1. 会计科目核算内容

本科目核算企业基建、更新改造等在建工程发生的支出。在建工程发生减值的，可以单独设置“在建工程减值准备”科目，比照“固定资产减值准备”科目进行处理。企业（石油天然气开采）发生的油气勘探支出和油气开发支出，可以单独设置“油气勘探支出”、“油气开发支出”科目。

2. 明细核算

本科目可按“建筑工程”、“安装工程”、“在安装设备”、“待摊支出”以及单项工程等进行明细核算。

本科目的期末借方余额反映企业尚未达到预定可使用状态的在建工程的成本。

13.6.19 工程物资

1. 会计科目核算内容

本科目核算企业为在建工程准备的各种物资的成本，包括工程用材料、尚未安装的设备以及为生产准备的工器具等。

2. 明细核算

本科目可按“专用材料”、“专用设备”、“工器具”等进行明细核算。工程物资发生减值的，可以单独设置“工程物资减值准备”科目，比照“固定资产减值准备”科目进行处理。

3. 主要账务处理

（1）购入为工程准备的物资，借记本科目，贷记“银行存款”、“其他应付款”等科目。

（2）领用工程物资，借记“在建工程”科目，贷记本科目。工程完工后将领出的剩余物资退库时做相反的会计分录。已计提减值准备的，还应同时结转减值准备。

（3）工程完工后剩余的工程物资转作本企业存货的，借记“原材料”等科目，贷记本科目。

本科目的期末借方余额反映企业为在建工程准备的各种物资的成本。

13.6.20 固定资产清理

1. 会计科目核算内容

本科目核算企业因出售、报废、毁损、对外投资、非货币性资产交换、债务重组等原因转出的固定资产价值以及在清理过程中发生的费用等。

2．明细核算

本科目可按被清理的固定资产项目进行明细核算。

3．主要账务处理

企业因出售、报废、毁损、对外投资、非货币性资产交换、债务重组等转出的固定资产，按该项固定资产的账面价值，借记本科目，按已计提的累计折旧，借记“累计折旧”科目，按其账面原价，贷记“固定资产”科目。已计提减值准备的，还应同时结转减值准备。

本科目的期末借方余额反映企业尚未清理完毕的固定资产清理净损失。

13.6.21 未担保余值

1．会计科目核算内容

本科目核算企业（租赁）采用融资租赁方式租出资产的未担保余值。

2．明细核算

本科目可按承租人、租赁资产类别和项目进行明细核算。

未担保余值发生减值的，可以单独设置“未担保余值减值准备”科目。

3．主要账务处理

资产负债表日，确定未担保余值发生减值的，按应减记的金额，借记“资产减值损失”科目，贷记“未担保余值减值准备”科目。未担保余值价值以后又得以恢复的，应在原已计提的未担保余值减值准备金额内，按恢复增加的金额，借记“未担保余值减值准备”科目，贷记“资产减值损失”科目。

本科目的期末借方余额反映企业融资租出资产的未担保余值。

13.6.22 生产性生物资产

1．会计科目核算内容

本科目核算企业（农业）持有的生产性生物资产原价。

2．明细核算

本科目可按“未成熟生产性生物资产”和“成熟生产性生物资产”，分别生物资产的种类、群别、所属部门等进行明细核算。

生产性生物资产发生减值的，可以单独设置“生产性生物资产减值准备”科目，比照“固定资产减值准备”科目进行处理。

3．主要账务处理

（1）育肥畜转为产畜或役畜，应按其账面余额，借记本科目，贷记“消耗性生物资产”科目。已计提跌价准备的，还应同时结转跌价准备。

产畜或役畜淘汰转为育肥畜，按转群时的账面价值，借记“消耗性生物资产”科目，按已计提的累计折旧，借记“生产性生物资产累计折旧”科目，按其账面余额，贷记本科目。已计提减值准备的，还应同时结转减值准备。

（2）未成熟生产性生物资产达到预定生产经营目的时，按其账面余额，借记本科目（成熟生产性生物资产），贷记本科目（未成熟生产性生物资产）。已计提减值准备的，还应同时结转减值准备。

（3）处置生产性生物资产，应按实际收到的金额，借记“银行存款”等科目，按已计提的累计折旧，借记“生产性生物资产累计折旧”科目，按其账面余额，贷记本科目，按其差额，借记“营业外支出——处置非流动资产损失”科目或贷记“营业外收入——处置非流动资产利得”科目。已计提减值准备的，还应同时结转减值准备。

本科目的期末借方余额反映企业生产性生物资产的原价。

13.6.23 公益性生物资产

1．会计科目核算内容

本科目核算企业（农业）持有的公益性生物资产的实际成本。

2．明细核算

本科目可按公益性生物资产的种类或项目进行明细核算。

3．主要账务处理

消耗性生物资产、生产性生物资产转为公益性生物资产的，应按其账面余额或账面价值，借记本科目，按已计提的生产性生物资产累计折旧，借记“生产性生物资产累计折旧”科目，按其账面余额，贷记“消耗性生物资产”、“生产性生物资产”等科目。已计提跌价准备或减值准备的，还应同时结转跌价准备或减值准备，等等。

本科目的期末借方余额反映企业公益性生物资产的原价。

13.6.24 油气资产

1．会计科目核算内容

本科目核算企业（石油天然气开采）持有的矿区权益和油气井及相关设施的原价。企业（石油天然气开采）可以单独设置“油气资产清理”科目，比照“固定资产清理”科目进行处理。企业（石油天然气开采）与油气开采活动相关的辅助设备及设施在“固定资产”科目核算。

2．明细核算

本科目可按油气资产的类别、不同矿区或油田等进行明细核算。

3．主要账务处理

处置油气资产，应按该项油气资产的账面价值，借记“油气资产清理”科目，按已计提的累计折耗，借记“累计折耗”科目，按其账面原价，贷记本科目。已计提减值准备的，还应同时结转减值准备。

本科目的期末借方余额反映企业油气资产的原价。

13.6.25 无形资产

1．会计科目核算内容

本科目核算企业持有的无形资产成本，包括专利权、非专利技术、商标权、著作权、土地使用权等。

2. 明细核算

本科目可按无形资产项目进行明细核算。

3. 主要账务处理

（1）无形资产预期不能为企业带来经济利益的，应按已计提的累计摊销，借记“累计摊销”科目，按其账面余额，贷记本科目，按其差额，借记“营业外支出”科目。已计提减值准备的，还应同时结转减值准备。

（2）处置无形资产，应按实际收到的金额等，借记“银行存款”等科目，按已计提的累计摊销，借记“累计摊销”科目，按应支付的相关税费及其他费用，贷记“应交税费”、“银行存款”等科目，按其账面余额，贷记本科目，按其差额，贷记“营业外收入——处置非流动资产利得”科目或借记“营业外支出——处置非流动资产损失”科目。已计提减值准备的，还应同时结转减值准备。

本科目期末借方余额，反映企业无形资产的成本。

13.6.26 无形资产减值准备

1. 会计科目核算内容

本科目核算企业无形资产的减值准备。

2. 明细核算

本科目可按无形资产项目进行明细核算。

3. 主要账务处理

资产负债表日，无形资产发生减值的，按应减记的金额，借记“资产减值损失”科目，贷记本科目。处置无形资产还应同时结转减值准备。

本科目的期末贷方余额反映企业已计提但尚未转销的无形资产减值准备。

13.6.27 商誉

1. 会计科目核算内容

本科目核算企业合并中形成的商誉价值。商誉发生减值的，可以单独设置“商誉减值准备”科目，比照“无形资产减值准备”科目进行处理。

2. 明细核算

非同一控制下企业合并中确定的商誉价值，借记本科目，贷记有关科目。

本科目的期末借方余额反映企业商誉的价值。

13.6.28 独立账户资产

1. 会计科目核算内容

本科目核算企业（保险）对分拆核算的投资连接产品不属于风险保障部分确认的独立账户资产价值。

2. 明细核算

本科目可按资产类别进行明细核算。

3．主要账务处理

独立账户进行投资，借记本科目（债券、股票等），贷记本科目（银行存款及现金）。对独立账户投资进行估值，按估值增值，借记本科目（估值），贷记“独立账户负债”科目；估值减值的做相反的会计分录。

本科目的期末借方余额反映企业确认的独立账户资产价值。

13.6.29 独立账户负债

1．会计科目核算内容

本科目核算企业（保险）对分拆核算的投资连接产品不属于风险保障部分确认的独立账户负债。

2．明细核算

本科目可按负债类别进行明细核算。

3．主要账务处理

对独立账户投资进行估值，按估值增值，借记“独立账户资产”科目，贷记本科目；估值减值的做相反的会计分录。

本科目的期末贷方余额反映企业确认的独立账户负债。

13.6.30 被套期项目

1．会计科目核算内容

本科目核算企业开展套期保值业务被套期项目公允价值变动形成的资产或负债。

2．明细核算

本科目可按被套期项目类别进行明细核算。

3．主要账务处理

企业将已确认的资产或负债指定为被套期项目，应按其账面价值，借记或贷记本科目，贷记或借记“库存商品”、“长期借款”、“持有至到期投资”等科目。已计提跌价准备或减值准备的，还应同时结转跌价准备或减值准备。

本科目的期末借方余额反映企业被套期项目形成资产的公允价值；本科目期末贷方余额，反映企业被套期项目形成负债的公允价值。

13.6.31 投资收益

1．会计科目核算内容

本科目核算企业确认的投资收益或投资损失。

企业（金融）债券投资持有期间取得的利息收入，也可在“利息收入”科目核算。

2．明细核算

本科目可按投资项目进行明细核算。

3. 主要账务处理

（1）长期股权投资采用成本法核算的，企业应按被投资单位宣告发放的现金股利或利润中属于本企业的部分，借记“应收股利”科目，贷记本科目；属于被投资单位在取得本企业投资前实现净利润的分配额，应作为投资成本的收回，借记“应收股利”等科目，贷记“长期股权投资”科目。

（2）长期股权投资采用权益法核算的，应按根据被投资单位实现的净利润或经调整的净利润计算应享有的份额，借记“长期股权投资——损益调整”科目，贷记本科目。被投资单位发生净亏损的，比照“长期股权投资”科目的相关规定进行处理。

（3）处置长期股权投资时，应按实际收到的金额，借记“银行存款”等科目，按其账面余额，贷记“长期股权投资”科目，按尚未领取的现金股利或利润，贷记“应收股利”科目，按其差额，贷记或借记本科目。已计提减值准备的，还应同时结转减值准备。

（4）处置采用权益法核算的长期股权投资，除上述规定外，还应结转原记入资本公积的相关金额，借记或贷记“资本公积——其他资本公积”科目，贷记或借记本科目。

期末，应将本科目余额转入“本年利润”科目，本科目结转后应无余额。

13.6.32 主营业务成本

1. 会计科目核算内容

本科目核算企业确认销售商品、提供劳务等主营业务收入时应结转的成本。

2. 明细核算

本科目可按主营业务的种类进行明细核算。

3. 主要账务处理

确认建造合同收入，按应确认的合同费用，借记本科目，按应确认的合同收入，贷记“主营业务收入”科目，按其差额，借记或贷记“工程施工——合同毛利”科目。合同完工时，已计提存货跌价准备的，还应结转跌价准备。

期末，应将本科目的余额转入“本年利润”科目，结转后本科目无余额。

13.6.33 赔付支出

1. 会计科目核算内容

本科目核算企业（保险）支付的原保险合同赔付款项和再保险合同赔付款项。企业（保险）可以单独设置“赔款支出”、“满期给付”、“年金给付”、“死伤医疗给付”、“分保赔付支出”等科目。

2. 明细核算

本科目可按保险合同和险种进行明细核算。

3. 主要账务处理

承担赔偿保险金责任后取得的损余物资，应按同类或类似资产的市场价格计算确定的金额，借记“损余物资”科目，贷记本科目。

处置损余物资，应按实际收到的金额，借记“库存现金”、“银行存款”等科目，按损余物资的账面余额，贷记“损余物资”科目，按其差额，借记或贷记本科目。已计提跌价准备的，还应同时结转跌价准备。

期末，应将本科目余额转入“本年利润”科目，结转后本科目无余额。

13.6.34 资产减值损失

1. 会计科目核算内容

本科目核算企业计提各项资产减值准备所形成的损失。

2. 明细核算

本科目可按资产减值损失的项目进行明细核算。

3. 主要账务处理

（1）企业的应收款项、存货、长期股权投资、持有至到期投资、固定资产、无形资产、贷款等资产发生减值的，按应减记的金额，借记本科目，贷记“坏账准备”、“存货跌价准备”、“长期股权投资减值准备”、“持有至到期投资减值准备”、“固定资产减值准备”、“无形资产减值准备”、“贷款损失准备”等科目。

（2）在建工程、工程物资、生产性生物资产、商誉、抵债资产、损余物资、采用成本模式计量的投资性房地产等资产发生减值的，应当设置相应的减值准备科目，比照上述规定进行处理。

（3）企业计提坏账准备、存货跌价准备、持有至到期投资减值准备、贷款损失准备等，相关资产的价值又得以恢复的，应在原已计提的减值准备金额内，按恢复增加的金额，借记“坏账准备”、“存货跌价准备”、“持有至到期投资减值准备”、“贷款损失准备”等科目，贷记本科目。

期末，应将本科目余额转入“本年利润”科目，结转后本科目无余额。

法律依据

不适用《企业会计准则第 8 号——资产减值》的资产减值的会计处理

一、存货的减值（适用《企业会计准则第 1 号——存货》）

第十四条 ……对于已售存货，应当将其成本结转为当期损益，相应的存货跌价准备也应当予以结转。

第十五条 资产负债表日，存货应当按照成本与可变现净值孰低计量。存货成本高于其可变现净值的，应当计提存货跌价准备，计入当期损益。可变现净值，是指在日常活动中，存货的估计售价减去至完工时估计将要发生的成本、估计的销售费用以及相关税费后的金额。

第十八条 企业通常应当按照单个存货项目计提存货跌价准备。对于数量繁多、单价较低的存货，可以按照存货类别计提存货跌价准备。与在同一地区生产和销售的产品系列相关、具有相同或类似最终用途或目的，且难以与其他项目分开计量的存货，可以合并计提存货跌价准备。

第十九条 资产负债表日，企业应当确定存货的可变现净值。以前减记存货价值的影响因素已经消失的，减记的金额应当予以恢复，并在原已计提的存货跌价准备金额内转回，转回的金额计入当期损益。

第二十一条 企业发生的存货毁损，应当将处置收入扣除账面价值和相关税费后的金额计入当期损益。存货的账面价值是存货成本扣减累计跌价准备后的金额。存货盘亏造成的损失，应当计入当期损益。

第二十二条 企业应当在附注中披露与存货有关的下列信息：

……

（三）存货可变现净值的确定依据，存货跌价准备的计提方法，当期计提的存货跌价准备的金额，当期转回的存货跌价准备的金额，以及计提和转回的有关情况。

二、采用公允价值模式计量的投资性房地产的减值（适用《企业会计准则第 3 号——投资性房地产》）

第十一条　采用公允价值模式计量的，不对投资性房地产计提折旧或进行摊销，应当以资产负债表日投资性房地产的公允价值为基础调整其账面价值，公允价值与原账面价值之间的差额计入当期损益。

第十五条　采用公允价值模式计量的投资性房地产转换为自用房地产时，应当以其转换当日的公允价值作为自用房地产的账面价值，公允价值与原账面价值的差额计入当期损益。

第十六条　自用房地产或存货转换为采用公允价值模式计量的投资性房地产时，投资性房地产按照转换当日的公允价值计价，转换当日的公允价值小于原账面价值的，其差额计入当期损益；转换当日的公允价值大于原账面价值的，其差额计入所有者权益。

第十八条　企业出售、转让、报废投资性房地产或者发生投资性房地产毁损，应当将处置收入扣除其账面价值和相关税费后的金额计入当期损益。

第十九条 企业应当在附注中披露与投资性房地产有关的下列信息：

（一）投资性房地产的种类、金额和计量模式。

（二）采用成本模式的，投资性房地产的折旧或摊销，以及减值准备的计提情况。

（三）采用公允价值模式的，公允价值的确定依据和方法，以及公允价值变动对损益的影响。

（四）房地产转换情况、理由，以及对损益或所有者权益的影响。

（五）当期处置的投资性房地产及其对损益的影响。

三、消耗性生物资产的减值（适用《企业会计准则第 5 号——生物资产》）

第二十一条　企业至少应当于每年年度终了对消耗性生物资产和生产性生物资产进行检查，有确凿证据表明由于遭受自然灾害、病虫害、动物疫病侵袭或市场需求变化等原因，使消耗性生物资产的可变现净值或生产性生物资产的可收回金额低于其账面价值的，应当按照可变现净值或可收回金额低于账面价值的差额，计提生物资产跌价准备或减值准备，并计入当期损益。上述可变现净值和可收回金额，应当分别按照《企业会计准则第 1 号——存货》和《企业会计准则第 8 号——资产减值》确定。

消耗性生物资产减值的影响因素已经消失的，减记金额应当予以恢复，并在原已计提的跌价准备金额内转回，转回的金额计入当期损益。

生产性生物资产减值准备一经计提，不得转回。

公益性生物资产不计提减值准备。

第二十七条　企业应当在附注中披露与生物资产有关的下列信息：

（一）生物资产的类别以及各类生物资产的实物数量和账面价值。

（二）各类消耗性生物资产的跌价准备累计金额，以及各类生产性生物资产的使用寿命、预计净残值、折旧方法、累计折旧和减值准备累计金额。

（三）天然起源生物资产的类别、取得方式和实物数量。

（四）用于担保的生物资产的账面价值。

（五）与生物资产相关的风险情况与管理措施。

第二十八条　企业应当在附注中披露与生物资产增减变动有关的下列信息：

（一）因购买而增加的生物资产；

（二）因自行培育而增加的生物资产；

（三）因出售而减少的生物资产；

（四）因盘亏或死亡、毁损而减少的生物资产；

（五）计提的折旧及计提的跌价准备或减值准备；

（六）其他变动。

四、建造合同形成的资产的减值（适用《企业会计准则第15号——建造合同》）

第二十五条　建造合同的结果不能可靠估计的，应当分别下列情况处理：

（一）合同成本能够收回的，合同收入根据能够收回的实际合同成本予以确认，合同成本在其发生的当期确认为合同费用。

（二）合同成本不可能收回的，在发生时立即确认为合同费用，不确认合同收入。

第二十六条　使建造合同的结果不能可靠估计的不确定因素不复存在的，应当按照本准则第十八条的规定确认与建造合同有关的收入和费用。

第二十七条　合同预计总成本超过合同总收入的，应当将预计损失确认为当期费用。

第二十八条　企业应当在附注中披露与建造合同有关的下列信息：

……

（四）当期预计损失的原因和金额。

五、递延所得税资产的减值（适用《企业会计准则第18号——所得税》）

第二十条　资产负债表日，企业应当对递延所得税资产的账面价值进行复核。如果未来期间很可能无法获得足够的应纳税所得额用以抵扣递延所得税资产的利益，应当减记递延所得税资产的账面价值。

在很可能获得足够的应纳税所得额时，减记的金额应当转回。

六、融资租赁中出租人未担保余值的减值（适用《企业会计准则第21号——租赁》）

第三条　下列各项适用其他相关会计准则：

……

（三）出租人因融资租赁形成的长期债权的减值，适用《企业会计准则第22号——金融工具确认和计量》。

第二十条　出租人至少应当于每年年度终了，对未担保余值进行复核。

未担保余值增加的，不作调整。

有证据表明未担保余值已经减少的，应当重新计算租赁内含利率，将由此引起的租赁投资净额的减少，计入当期损益；以后各期根据修正后的租赁投资净额和重新计算的租赁内含利率确认融资收入。

租赁投资净额是融资租赁中最低租赁收款额及未担保余值之和与未实现融资收益之间的差额。

已确认损失的未担保余值得以恢复的，应当在原已确认的损失金额内转回，并重新计算

租赁内含利率，以后各期根据修正后的租赁投资净额和重新计算的租赁内含利率确认融资收入。

七、《企业会计准则第22号——金融工具确认和计量》规范的金融资产的减值（适用《企业会计准则第22号——金融工具确认和计量》）及《企业会计准则第23号——金融资产转移》

《企业会计准则第22号——金融工具确认和计量》

第十三条　金融资产或金融负债的摊余成本，是指该金融资产或金融负债的初始确认金额经下列调整后的结果：

（一）扣除已偿还的本金；

（二）加上或减去采用实际利率法将该初始确认金额与到期日金额之间的差额进行摊销形成的累计摊销额；

（三）扣除已发生的减值损失（仅适用于金融资产）。

第三十四条　企业因持有意图或能力发生改变，使某项投资不再适合划分为持有至到期投资的，应当将其重分类为可供出售金融资产，并以公允价值进行后续计量。重分类日，该投资的账面价值与公允价值之间的差额计入所有者权益，在该可供出售金融资产发生减值或终止确认时转出，计入当期损益。

第三十五条　持有至到期投资部分出售或重分类的金额较大，且不属于第十六条所指的例外情况，使该投资的剩余部分不再适合划分为持有至到期投资的，企业应当将该投资的剩余部分重分类为可供出售金融资产，并以公允价值进行后续计量。重分类日，该投资剩余部分的账面价值与其公允价值之间的差额计入所有者权益，在该可供出售金融资产发生减值或终止确认时转出，计入当期损益。

第三十七条　因持有意图或能力发生改变，或公允价值不再能够可靠计量，或持有期限已超过本准则第十六条所指“两个完整的会计年度”，使金融资产或金融负债不再适合按照公允价值计量时，企业可以将该金融资

产或金融负债改按成本或摊余成本计量，该成本或摊余成本为重分类日该金融资产或金融负债的公允价值或账面价值。与该金融资产相关、原直接计入所有者权益的利得或损失，应当按照下列规定处理：

（一）该金融资产有固定到期日的，应当在该金融资产的剩余期限内，采用实际利率法摊销，计入当期损益。该金融资产的摊余成本与到期日金额之间的差额，也应当在该金融资产的剩余期限内，采用实际利率法摊销，计入当期损益。该金融资产在随后的会计期间发生减值的，原直接计入所有者权益的相关利得或损失，应当转出计入当期损益。

（二）该金融资产没有固定到期日的，仍应保留在所有者权益中，在该金融资产被处置时转出，计入当期损益。该金融资产在随后的会计期间发生减值的，原直接计入所有者权益的相关利得或损失，应当转出计入当期损益。

第三十八条　金融资产或金融负债公允价值变动形成的利得或损失，除与套期保值有关外，应当按照下列规定处理：

（一）以公允价值计量且其变动计入当期损益的金融资产或金融负债公允价值变动形成的利得或损失，应当计入当期损益。

（二）可供出售金融资产公允价值变动形成的利得或损失，除减值损失和外币货币性金融资产形成的汇兑差额外，应当直接计入所有者权益，在该金融资产终止确认时转出，计入当期损益。

可供出售外币货币性金融资产形成的汇兑差额，应当计入当期损益。采用实际利率法计算的可供出售金融资产的利息，应当计入当期损益；可供出售权益工具投资的现金股利，应当在被投资单位宣告发放股利时计入当期损益。

与套期保值有关的金融资产或金融负债公允价值变动形成的利得或损失的处理，适用《企业会计准则第 24 号——套期保值》。

第三十九条　以摊余成本计量的金融资产或金融负债，在终止确认、发生减值或摊销时产生的利得或损失，应当计入当期损益。但是，该金融资产或金融负债被指定为被套期项目的，相关的利得或损失的处理，适用《企业会计准则第 24 号——套期保值》。

第四十条　企业应当在资产负债表日对以公允价值计量且其变动计入当期损益的金融资产以外的金融资产的账面价值进行检查，有客观证据表明该金融资产发生减值的，应当计提减值准备。

第四十一条　表明金融资产发生减值的客观证据，是指金融资产初始确认后实际发生的、对该金融资产的预计未来现金流量有影响，且企业能够对该影响进行可靠计量的事项。金融资产发生减值的客观证据，包括下列各项：

（一）发行方或债务人发生严重财务困难；

（二）债务人违反了合同条款，如偿付利息或本金发生违约或逾期等；

（三）债权人出于经济或法律等方面因素的考虑，对发生财务困难的债务人做出让步；

（四）债务人很可能倒闭或进行其他财务重组；

（五）因发行方发生重大财务困难，该金融资产无法在活跃市场继续交易；

（六）无法辨认一组金融资产中的某项资产的现金流量是否已经减少，但根据公开的数据对其进行总体评价后发现，该组金融资产自初始确认以来的预计未来现金流量确已减少且可计量，如该组金融资产的债务人支付能力逐步恶化，或债务人所在国家或地区失业率提高、担保物在其所在地区的价格明显下降、所处行业不景气等；

（七）债务人经营所处的技术、市场、经济或法律环境等发生重大不利变化，使权益工具投资人可能无法收回投资成本；

（八）权益工具投资的公允价值发生严重或非暂时性下跌；

（九）其他表明金融资产发生减值的客观证据。

第四十二条　以摊余成本计量的金融资产发生减值时，应当将该金融资产的账面价值减记至预计未来现金流量（不包括尚未发生的未来信用损失）现值，减记的金额确认为资产减值损失，计入当期损益。

预计未来现金流量现值，应当按照该金融资产的原实际利率折现确定，并考虑相关担保物的价值（取得和出售该担保物发生的费用应当予以扣除)。原实际利率是初始确认该金融资产时计算确定的实际利率。对于浮动利率贷款、应收款项或持有至到期投资，在计算未来现金流量现值时可采用合同规定的现行实际利率作为折现率。

短期应收款项的预计未来现金流量与其现值相差很小的，在确定相关减值损失时，可不对其预计未来现金流量进行折现。

第四十三条 对单项金额重大的金融资产应当单独进行减值测试，如有客观证据表明其已发生减值，应当确认减值损失，计入当期损益。对单项金额不重大的金融资产，可以单独进行减值测试，或包括在具有类似信用风险特征的金融资产组合中进行减值测试。

单独测试未发生减值的金融资产(包括单项金额重大和不重大的金融资产)，应当包括在具有类似信用风险特征的金融资产组合中再进行减值测试。已单项确认减值损失的金融资产，不应包括在具有类似信用风险特征的金融资产组合中进行减值测试。

第四十四条 对以摊余成本计量的金融资产确认减值损失后，如有客观证据表明该金融资产价值已恢复，且客观上与确认该损失后发生的事项有关(如债务人的信用评级已提高等)，原确认的减值损失应当予以转回，计入当期损益。但是，该转回后的账面价值不应当超过假定不计提减值准备情况下该金融资产在转回日的摊余成本。

第四十五条 在活跃市场中没有报价且其公允价值不能可靠计量的权益工具投资，或与该权益工具挂钩并须通过交付该权益工具结算的衍生金融资产发生减值时，应当将该权益工具投资或衍生金融资产的账面价值，与按照类似金融资产当时市场收益率对未来现金流量折现确定的现值之间的差额，确认为减值损失，计入当期损益。

第四十六条 可供出售金融资产发生减值时，即使该金融资产没有终止确认，原直接计入所有者权益的因公允价值下降形成的累计损失，应当予以转出，计入当期损益。该转出的累计损失，为可供出售金融资产的初始取得成本扣除已收回本金和已摊销金额、当前公允价值和原已计入损益的减值损失后的余额。

第四十七条 对于已确认减值损失的可供出售债务工具，在随后的会计期间公允价值已上升且客观上与确认原减值损失确认后发生的事项有关的，原确认的减值损失应当予以转回，计入当期损益。

第四十八条 可供出售权益工具投资发生的减值损失，不得通过损益转回。但是，在活跃市场中没有报价且其公允价值不能可靠计量的权益工具投资，或与该权益工具挂钩并须通过交付该权益工具结算的衍生金融资产发生的减值损失，不得转回。

第四十九条 金融资产发生减值后，利息收入应当按照确定减值损失时对未来现金流量进行折现采用的折现率作为利率计算确认。

《企业会计准则第23号——金融资产转移》

第十七条 通过对所转移金融资产提供财务担保方式继续涉入的，应当在转移日按照金融资产的账面价值和财务担保金额两者之中的较低者，确认继续涉入形成的资产，同时按照财务担保金额和财务担保合同的公允价值(提供担保的取费)之和确认继续涉入形成的负债。财务担保金额，是指企业所收到的对价中，将被要求偿还的最高金额。

在随后的会计期间，财务担保合同的初始确认金额应当在该财务担保合同期间内按照时间比例摊销，确认为各期收入。因担保形成的资产的账面价值，应当在资产负债表日进行减值测试。

八、未探明石油天然气矿区权益的减值(适用《企业会计准则第27号——石油天然气开采》)

第七条 企业对于矿区权益的减值，应当分别不同情况确认减值损失：

(一)探明矿区权益的减值，按照《企业会计准则第8号——资产减值》处理。

(二)对于未探明矿区权益，应当至少每年进行一次减值测试。

单个矿区取得成本较大的，应当以单个矿区为基础进行减值测试，并确定未探明矿区权益减值金额。单个矿区取得成本较小且与其他相邻矿区具有相同或类似地质构造特征或储层条件的，可按照若干具有相同或类似地质构造特征或储层条件的相邻矿区所组成的矿区组进行减值测试。

未探明矿区权益公允价值低于账面价值的差额，应当确认为减值损失，计入当期损益。未探明矿区权益减值损失一经确认，不得转回。

第八条　企业转让矿区权益的，应当按照下列规定进行处理：

（一）转让全部探明矿区权益的，将转让所得与矿区权益账面价值的差额计入当期损益。

转让部分探明矿区权益的，按照转让权益和保留权益的公允价值比例，计算确定已转让部分矿区权益账面价值，转让所得与已转让矿区权益账面价值的差额计入当期损益。

（二）转让单独计提减值准备的全部未探明矿区权益的，转让所得与未探明矿区权益账面价值的差额，计入当期损益。

转让单独计提减值准备的部分未探明矿区权益的，如果转让所得大于矿区权益账面价值，将其差额计入当期损益；如果转让所得小于矿区权益账面价值，以转让所得冲减矿区权益账面价值，不确认损益。

（三）转让以矿区组为基础计提减值准备的未探明矿区权益的，如果转让所得大于矿区权益账面原值，将其差额计入当期损益；如果转让所得小于矿区权益账面原值，以转让所得冲减矿区权益账面原值，不确认损益。

转让该矿区组最后一个未探明矿区的剩余矿区权益时，转让所得与未探明矿区权益账面价值的差额，计入当期损益。

第二十四条　井及相关设施、辅助设备及设施的减值，应当按照《企业会计准则第8号——资产减值》处理。

第二十五条　企业应当在附注中披露与石油天然气开采活动有关的下列信息：

（一）拥有国内和国外的油气储量年初、年末数据。

（二）当期在国内和国外发生的矿区权益的取得、油气勘探和油气开发各项支出的总额。

（三）探明矿区权益、井及相关设施的账面原值，累计折耗和减值准备累计金额及其计提方法；与油气开采活动相关的辅助设备及设施的账面原价，累计折旧和减值准备累计金额及其计提方法。

九、涉及资产减值的其他准则中的相关条款

《企业会计准则第2号——长期股权投资》

第十五条　按照本准则规定的成本法核算的、在活跃市场中没有报价、公允价值不能可靠计量的长期股权投资，其减值应当按照《企业会计准则第22号——金融工具确认和计量》处理；其他按照本准则核算的长期股权投资，其减值应当按照《企业会计准则第8号——资产减值》处理。

《企业会计准则第4号——固定资产》

第十四条　应计折旧额，是指应当计提折旧的固定资产的原价扣除其预计净残值后的金额。已计提减值准备的固定资产，还应当扣除已计提的固定资产减值准备累计金额。

第二十条　固定资产的减值，应当按照《企业会计准则第8号——资产减值》处理。

第二十三条　企业出售、转让、报废固定资产或发生固定资产毁损，应当将处置收入扣除账面价值和相关税费后的金额计入当期损益。固定资产的账面价值是固定资产成本扣减累计折旧和累计减值准备后的金额。

固定资产盘亏造成的损失，应当计入当期损益。

第二十五条　企业应当在附注中披露与固定资产有关的下列信息：

……

（三）各类固定资产的期初和期末原价、累计折旧额及固定资产减值准备累计金额。

《企业会计准则第6号——无形资产》

第二条　下列各项适用其他相关会计准则：

……

（二）企业合并中形成的商誉，适用《企业会计准则第8号——资产减值》和《企业会计准则第20号——企业合并》。

……

第十八条　无形资产的应摊销金额为其成本扣除预计残值后的金额。已计提减值准备的无形资产，还应扣除已计提的无形资产减值准备累计金额。使用寿命有限的无形资产，其残值应当视为零，但下列情况除外：

（一）有第三方承诺在无形资产使用寿命结束时购买该无形资产。

（二）可以根据活跃市场得到预计残值信息，并且该市场在无形资产使用寿命结束时很可能存在。

第二十条　无形资产的减值，应当按照《企业会计准则第 8 号——资产减值》处理。

第二十四条　企业应当按照无形资产的类别在附注中披露与无形资产有关的下列信息：

（一）无形资产的期初和期末账面余额、累计摊销额及减值准备累计金额。

……

《企业会计准则第 10 号——企业年金基金》

第九条　收入应当按照下列规定确认和计量：

……

（五）风险准备金补亏等其他收入，按照实际发生的金额确定。

《企业会计准则第 12 号——债务重组》

第九条　以现金清偿债务的，债权人应当将重组债权的账面余额与收到的现金之间的差额，计入当期损益。债权人已对债权计提减值准备的，应当先将该差额冲减减值准备，减值准备不足以冲减的部分，计入当期损益。

《企业会计准则第 20 号——企业合并》

第十三条　购买方在购买日应当对合并成本进行分配，按照本准则第十四条的规定确认所取得的被购买方各项可辨认资产、负债及或有负债。

（一）购买方对合并成本大于合并中取得的被购买方可辨认净资产公允价值份额的差额，应当确认为商誉。

初始确认后的商誉，应当以其成本扣除累计减值准备后的金额计量。商誉的减值应当按照《企业会计准则第 8 号——资产减值》处理。

《企业会计准则第 25 号——原保险合同》

第三条　下列各项适用其他相关会计准则：

（一）保险人签发的原保险合同产生的损余物资等资产的减值，适用《企业会计准则第 1 号——存货》。

……

第十条　原保险合同准备金包括未到期责任准备金、未决赔款准备金、寿险责任准备金和长期健康险责任准备金。

未到期责任准备金，是指保险人为尚未终止的非寿险保险责任提取的准备金。

未决赔款准备金，是指保险人为非寿险保险事故已发生尚未结案的赔案提取的准备金。

寿险责任准备金，是指保险人为尚未终止的人寿保险责任提取的准备金。

长期健康险责任准备金，是指保险人为尚未终止的长期健康保险责任提取的准备金。

第十一条　保险人应当在确认非寿险保费收入的当期，按照保险精算确定的金额，提取未到期责任准备金，作为当期保费收入的调整，并确认未到期责任准备金负债。

保险人应当在资产负债表日，按照保险精算重新计算确定的未到期责任准备金金额与已提取的未到期责任准备金余额的差额，调整未到期责任准备金余额。

第十二条　保险人应当在非寿险保险事故发生的当期，按照保险精算确定的金额，提取未决赔款准备金，并确认未决赔款准备金负债。

未决赔款准备金包括已发生已报案未决赔款准备金、已发生未报案未决赔款准备金和理赔费用准备金。

已发生已报案未决赔款准备金，是指保险人为非寿险保险事故已发生并已向保险人提出索赔、尚未结案的赔案提取的准备金。

已发生未报案未决赔款准备金，是指保险人为非寿险保险事故已发生、尚未向保险人提出索赔的赔案提取的准备金。

理赔费用准备金，是指保险人为非寿险保险事故已发生尚未结案的赔案可能发生的律师费、诉讼费、损失检验费、相关理赔人员薪酬等费用提取的准备金。

第十三条　保险人应当在确认寿险保费收入的当期，按照保险精算确定的金额，提取寿险责任准备金、长期健康险责任准备金，并确认寿险责任准备金、长期健康险责任准备金负债。

第十四条　保险人至少应当于每年年度终了，对未决赔款准备金、寿险责任准备金、长期健康险责任准备金进行充足性测试。

保险人按照保险精算重新计算确定的相关准备金金额超过充足性测试日已提取的相关准备金余额的，应当按照其差额补提相关准备金；保险人按照保险精算重新计算确定的相关准备金金额小于充足性测试日已提取的相关准备金余额的，不调整相关准备金。

第十五条　原保险合同提前解除的，保险人应当转销相关未到期责任准备金、寿险责任准备金、长期健康险责任准备金余额，计入当期损益。

第十六条　原保险合同成本，是指原保险合同发生的、会导致所有者权益减少的、与向所有者分配利润无关的经济利益的总流出。

原保险合同成本主要包括发生的手续费或佣金支出、赔付成本，以及提取的未决赔款准备金、寿险责任准备金、长期健康险责任准备金等。

赔付成本包括保险人支付的赔款、给付，以及在理赔过程中发生的律师费、诉讼费、损失检验费、相关理赔人员薪酬等理赔费用。

第十七条　保险人在取得原保险合同过程中发生的手续费、佣金，应当在发生时计入当期损益。

第十八条　保险人按照保险精算确定提取的未决赔款准备金、寿险责任准备金、长期健康险责任准备金，计入当期损益。

保险人应当在确定支付赔付款项金额的当期，按照确定支付的赔付款项金额，计入当期损益；同时，冲减相应的未决赔款准备金、寿险责任准备金、长期健康险责任准备金余额。

保险人应当在实际发生理赔费用的当期，按照实际发生的理赔费用金额，计入当期损益；同时，冲减相应的未决赔款准备金、寿险责任准备金、长期健康险责任准备金余额。

第十九条　保险人按照充足性测试补提的未决赔款准备金、寿险责任准备金、长期健康险责任准备金，计入当期损益。

第二十二条　保险人应当在资产负债表中单独列示与原保险合同有关的下列项目：

（　）未到期责任准备金；

（二）未决赔款准备金；

（三）寿险责任准备金；

（四）长期健康险责任准备金。

第二十三条　保险人应当在利润表中单独列示与原保险合同有关的下列项目：

（一）保费收入；

（二）退保费；

（三）提取未到期责任准备金；

（四）已赚保费；

（五）手续费支出；

（六）赔付成本；

（七）提取未决赔款准备金；

（八）提取寿险责任准备金；

（九）提取长期健康险责任准备金。

第二十四条　保险人应当在附注中披露与原保险合同有关的下列信息：

（一）代位追偿款的有关情况。

（二）损余物资的有关情况。

（三）各项准备金的增减变动情况。

（四）提取各项准备金及进行准备金充足性测试的主要精算假设和方法。

《企业会计准则第 26 号——再保险合同》

第六条　再保险分出人应当在确认原保险合同保费收入的当期，按照相关再保险合同的约定，计算确定分出保费，计入当期损益；同时，原保险合同为非寿险原保险合同的，再保险分出人还应当按照相关再保险合同的约定，计算确认相关的应收分保未到期责任准备金资产，并冲减提取未到期责任准备金。

再保险分出人应当在资产负债表日调整原保险合同未到期责任准备金余额时，相应调整应收分保未到期责任准备金余额。

第七条、再保险分出人应当在确认原保险合同保费收入的当期，按照相关再保险合同的约定，计算确定应向再保险接受人摊回的分保费用，计入当期损益。

第八条　再保险分出人应当在提取原保险合同未决赔款准备金、寿险责任准备金、长期健康险责任准备金的当期，按照相关再保险合同的约定，计算确定应向再保险接受人摊回的相应准备金，确认为相应的应收分保准备金资产。

第九条　再保险分出人应当在确定支付赔付款项金额或实际发生理赔费用而冲减原保险合同相应准备金余额的当期，冲减相应的应收分保准备金余额；同时，按照相关再保险合同的约定，计算确定应向再保险接受人摊回的赔付成本，计入当期损益。

第十条　再保险分出人应当在原保险合同提前解除的当期，按照相关再保险合同的约定，计算确定分出保费、摊回分保费用的调整金额，计入当期损益；同时，转销相关应收分保准备金余额。

第十九条　再保险接受人提取分保未到期责任准备金、分保未决赔款准备金、分保寿险责任准备金、分保长期健康险责任准备金，以及进行相关分保准备金充足性测试，比照《企业会计准则第 25 号——原保险合同》的相关规定处理。

第二十条　再保险接受人应当在收到分保业务账单的当期，按照账单标明的分保赔付款项金额，作为分保赔付成本，计入当期损益；同时，冲减相应的分保准备金余额。

第二十二条　保险人应当在资产负债表中单独列示与再保险合同有关的下列项目：

（一）应收分保账款；

（二）应收分保未到期责任准备金；

（三）应收分保未决赔款准备金；

（四）应收分保寿险责任准备金；

（五）应收分保长期健康险责任准备金；

（六）应付分保账款。

第二十三条　保险人应当在利润表中单独列示与再保险合同有关的下列项目：

（一）分保费收入；

（二）分出保费；

（三）摊回分保费用；

（四）分保费用；

（五）摊回赔付成本；

（六）分保赔付成本；

（七）摊回未决赔款准备金；

（八）摊回寿险责任准备金；

（九）摊回长期健康险责任准备金。

第二十四条　保险人应当在附注中披露与再保险合同有关的下列信息：

（一）分入业务各项分保准备金的增减变动情况。

（二）分入业务提取各项分保准备金及进行分保准备金充足性测试的主要精算假设和方法。

《企业会计准则第 29 号——资产负债表日后事项》

第五条　企业发生的资产负债表日后调整事项，通常包括下列各项：

……

（二）资产负债表日后取得确凿证据，表明某项资产在资产负债表日发生了减值或者需要调整该项资产原先确认的减值金额。

……

《企业会计准则第 30 号——财务报表列报》

第七条　财务报表中的资产项目和负债项目的金额、收入项目和费用项目的金额不得相互抵消，但其他会计准则另有规定的除外。

资产项目按扣除减值准备后的净额列示，不属于抵消。

非日常活动产生的损益，以收入扣减费用后的净额列示，不属于抵消。

第二十七条　利润表至少应当单独列示反映下列信息的项目：

……

（九）资产减值损失；

……

金融企业可以根据其特殊性列示利润表项目。

《企业会计准则第 31 号——现金流量表》

第九条　有关经营活动现金流量的信息，可以通过下列途径之一取得：

（一）企业的会计记录。

（二）根据下列项目对利润表中的营业收入、营业成本以及其他项目进行调整：

1. 当期存货及经营性应收和应付项目的变动；

2. 固定资产折旧、无形资产摊销、计提资产减值准备等其他非现金项目；

3. 属于投资活动或筹资活动现金流量的其他非现金项目。

第十六条　企业应当在附注中披露将净利润调节为经营活动现金流量的信息。至少应当单独披露对净利润进行调节的下列项目：

（一）资产减值准备；

……

《企业会计准则第 32 号——中期财务报告》

第八条　中期财务报告中的附注至少应当包括下列信息：

……

（十四）其他重大交易或者事项，包括重大的长期资产转让及其出售情况、重大的固定资产和无形资产取得情况、重大的研究和开发支出、重大的资产减值损失情况等。

企业在提供上述（五）和（十）有关关联方交易、分部收入与分部利润（亏损）信息时，应当同时提供本中期（或者本中期末）和本年度年初至本中期末的数据，以及上年度可比本中期（或者可比期末）和可比年初至本中期末的比较数据。

《企业会计准则第 33 号——合并财务报表》

第十五条　合并资产负债表应当以母公司和子公司的资产负债表为基础，在抵消母公司与子公司、子公司相互之间发生的内部交易对合并资产负债表的影响后，由母公司合并编制。

（一）母公司对子公司的长期股权投资与母公司在子公司所有者权益中所享有的份额应当相互抵消，同时抵消相应的长期股权投资减值准备。

在购买日，母公司对子公司的长期股权投资与母公司在子公司所有者权益中所享有的份额的差额，应当在商誉项目列示。商誉发生减值的，应当按照经减值测试后的金额列示。

各子公司之间的长期股权投资以及子公司对母公司的长期股权投资，应当比照上述规定，将长期股权投资与其对应的子公司或母公司所有者权益中所享有的份额相互抵消。

（二）母公司与子公司、子公司相互之间的债权与债务项目应当相互抵消，同时抵消应收款项的坏账准备和债券投资的减值准备。

母公司与子公司、子公司相互之间的债券投资与应付债券相互抵消后，产生的差额应当计入投资收益项目。

（三）母公司与子公司、子公司相互之间销售商品（或提供劳务，下同）或其他方式形成的存货、固定资产、工程物资、在建工程、无形资产等所包含的未实现内部销售损益应当抵消。

对存货、固定资产、工程物资、在建工程和无形资产等计提的跌价准备或减值准备与未实现内部销售损益相关的部分应当抵消。

（四）母公司与子公司、子公司相互之间发生的其他内部交易对合并资产负债表的影响应当抵消。

《企业会计准则第 35 号——分部报告》

第十四条　对于主要报告形式，企业应当在附注中披露分部收入、分部费用、分部利润（亏损）、分部资产总额和分部负债总额等。

……

（四）分部资产，是指分部经营活动使用的可归属于该分部的资产，不包括递延所得税资产。

分部资产的披露金额应当按照扣除相关累计折旧或摊销额以及累计减值准备后的金额确定。

披露分部资产总额时，当期发生的在建工程成本总额、购置的固定资产和无形资产的成本总额，应当单独披露。

《企业会计准则第 36 号——关联方披露》

第十条　企业与关联方发生关联方交易的，应当在附注中披露该关联方关系的性质、交易类型及交易要素。交易要素至少应当包括：

（一）交易的金额。

（二）未结算项目的金额、条款和条件，以及有关提供或取得担保的信息。

（三）未结算应收项目的坏账准备金额。

（四）定价政策。

《企业会计准则第 37 号——金融工具列报》

第十五条　企业应当披露编制财务报表时对金融工具所采用的重要会计政策、计量基础等信息，主要包括：

（一）对于指定为以公允价值计量且其变动计入当期损益的金融资产或金融负债，应当披露下列信息：

1. 指定的依据；

2. 指定的金融资产或金融负债的性质；

3. 指定后如何消除或明显减少原来由于该金融资产或金融负债的计量基础不同所导致的相关利得或损失在确认或计量方面不一致的情况，以及是否符合企业正式书面文件载明的风险管理或投资策略的说明。

（二）指定金融资产为可供出售金融资产的条件。

（三）确定金融资产已发生减值的客观依据以及计算确定金融资产减值损失所使用的具体方法。

（四）金融资产和金融负债的利得和损失的计量基础。

（五）金融资产和金融负债终止确认条件。

（六）其他与金融工具相关的会计政策。

第二十三条　企业应当披露每类金融资产减值损失的详细信息，包括前后两期可比的金融资产减值准备期初余额、本期计提数、本期转回数、期末余额之间的调节信息等。

第三十三条　企业应当披露与金融工具有关的下列收入、费用、利得或损失：

（一）本期以公允价值计量且其变动计入当期损益的金融资产或金融负债、持有至到期投资、贷款和应收款项、可供出售金融资产、按摊余成本计量的金融负债的净利得或净损失。

（二）本期按实际利率法计算确认的金融资产或金融负债利息收入总额或利息费用总额。

（三）下列项目形成的、在确定实际利率时未包括的手续费收入或支出：

1. 以公允价值计量且其变动计入当期损益的金融资产或金融负债以外的金融资产或金融负债；

2. 企业为他人管理信托财产和其他托管行为。

(四) 已发生减值的金融资产产生的利息收入。

(五) 持有至到期投资、贷款和应收款项、可供出售金融资产本期发生的减值损失。

第三十五条 企业应当披露与每类金融工具信用风险有关的下列信息:

(一) 在不考虑可利用的担保物或其他信用增级(如不符合相互抵消条件的净额结算协议等)的情况下,最能代表企业资产负债表日最大信用风险敞口的金额,以及可利用担保物或其他信用增级的信息。

(二) 尚未逾期和发生减值的金融资产的信用质量信息。

(三) 原已逾期或发生减值但相关合同条款已重新商定过的金融资产的账面价值。

第三十六条 最能代表企业资产负债表日最大信用风险敞口的金融资产金额,应当是金融资产的账面余额扣除下列两项金额后的余额:

(一) 按照本准则第十三条规定已抵消的金额;

(二) 已对该金融资产确认的减值损失。

第三十七条 企业应当按照类别披露已逾期或发生减值的金融资产的下列信息:

(一) 资产负债表日已逾期但未减值的金融资产的期限分析。

(二) 资产负债表日单项确定为已发生减值的金融资产信息,以及判断该金融资产发生减值所考虑的因素。

(三) 企业持有的、与各类金融资产对应的担保物和其他信用增级对应的资产及其公允价值。相关公允价值确实难以估计的,应当予以说明。

《企业会计准则第38号——首次执行企业会计准则》

第十三条 除下列项目外,对于首次执行日之前发生的企业合并不应追溯调整:

(一) 按照《企业会计准则第20号——企业合并》属于同一控制下企业合并,原已确认商誉的摊余价值应当全额冲销,并调整留存收益。

按照该准则的规定属于非同一控制下企业合并的,应当将商誉在首次执行日的摊余价值作为认定成本,不再进行摊销。

(二)首次执行日之前发生的企业合并,合并合同或协议中约定根据未来事项的发生对合并成本进行调整的,如果首次执行日预计未来事项很可能发生并对合并成本的影响金额能够可靠计量的,应当按照该影响金额调整已确认商誉的账面价值。

(三) 企业应当按照《企业会计准则第8号——资产减值》的规定,在首次执行日对商誉进行减值测试,发生减值的,应当以计提减值准备后的金额确认,并调整留存收益。

第十九条 发生再保险分出业务的企业,应当在首次执行日按照《企业会计准则第26号——再保险合同》的规定,将应向再保险接受人摊回的相应准备金确认为资产,并调整各项准备金的账面价值。

13.7 附注披露

1.《企业会计准则第8号——资产减值》的规定

(1) 企业应当在附注中披露与资产减值有关的下列信息:

① 当期确认的各项资产减值损失金额。

② 计提的各项资产减值准备累计金额。

③ 提供分部报告信息的,应当披露每个报告分部当期确认的减值损失金额。

(2) 发生重大资产减值损失的,应当在附注中披露导致每项重大资产减值损失的原因和当期确认的重大资产减值损失的金额。

1) 发生重大减值损失的资产是单项资产的,应当披露该单项资产的性质。提供分部报告信息的,还应披露该项资产所属的主要报告分部。

2) 发生重大减值损失的资产是资产组(或者资产组组合,下同)的,应当披露:

① 资产组的基本情况。

② 资产组中所包括的各项资产于当期确认的减值损失金额。

③ 资产组的组成与前期相比发生变化的，应当披露变化的原因以及前期和当期资产组组成情况。

（3）对于重大资产减值，应当在附注中披露资产（或者资产组，下同）可收回金额的确定方法。

① 可收回金额按资产的公允价值减去处置费用后的净额确定的，还应当披露公允价值减去处置费用后的净额的估计基础。

② 可收回金额按资产预计未来现金流量的现值确定的，还应当披露估计其现值时所采用的折现率，以及该资产前期可收回金额也按照其预计未来现金流量的现值确定的情况下，前期所采用的折现率。

（4）当期确认的各项资产减值损失金额、计提的各项资产减值准备累计金额、资产组中所包括的各项资产于当期确认的减值损失金额信息应当按照资产类别予以披露。资产类别应当以资产在企业生产经营活动中的性质或者功能是否相同或者相似为基础确定。

（5）分摊到某资产组的商誉（或者使用寿命不确定的无形资产，下同）的账面价值占商誉账面价值总额的比例重大的，应当在附注中披露下列信息：

1）分摊到该资产组的商誉的账面价值。

2）该资产组可收回金额的确定方法。

① 可收回金额按照资产组公允价值减去处置费用后的净额确定的，还应当披露确定公允价值减去处置费用后的净额的方法。资产组的公允价值减去处置费用后的净额不是按照市场价格确定的，应当披露：

- 企业管理层在确定公允价值减去处置费用后的净额时所采用的各关键假设及其依据。
- 企业管理层在确定各关键假设相关的价值时，是否与企业历史经验或者外部信息来源相一致；如不一致，应当说明理由。

② 可收回金额按照资产组预计未来现金流量的现值确定的，应当披露：

- 企业管理层预计未来现金流量的各关键假设及其依据。
- 企业管理层在确定各关键假设相关的价值时，是否与企业历史经验或者外部信息来源相一致；如不一致，应当说明理由。
- 估计现值时所采用的折现率。

（6）商誉的全部或者部分账面价值分摊到多个资产组，且分摊到每个资产组的商誉的账面价值占商誉账面价值总额的比例不重大的，企业应当在附注中说明这一情况以及分摊到上述资产组的商誉合计金额。

商誉账面价值按照相同的关键假设分摊到上述多个资产组，且分摊的商誉合计金额占商誉账面价值总额的比例重大的，企业应当在附注中说明这一情况，并披露下列信息：

① 分摊到上述资产组的商誉的账面价值合计。

② 采用的关键假设及其依据。

③ 企业管理层在确定各关键假设相关的价值时，是否与企业历史经验或者外部信息来源相一致；如不一致，应当说明理由。

2. 《企业会计准则第30号——财务报表列报》应用指南的规定

资产减值准备的披露格式如表13-7所示。

表 13-7　资产减值准备的披露格式

项　目	年初账面余额	本期计提额	本期减少额		期末账面余额
			转回	转销	
一、坏账准备					
二、存货跌价准备					
三、可供出售金融资产减值准备					
四、持有至到期投资减值准备					
五、长期股权投资减值准备					
六、投资性房地产减值准备					
七、固定资产减值准备					
八、工程物资减值准备					
九、在建工程减值准备					
十、生产性生物资产减值准备					
其中：成熟生产性生物资产减值准备					
十一、油气资产减值准备					
十二、无形资产减值准备					
十三、商誉减值准备					
十四、其他					
合　计					

资产减值损失的披露格式如表 13-8 所示。

表 13-8　资产减值损失的披露格式

项　目	本期发生额	上期发生额
一、坏账损失		
二、存货跌价损失		
三、可供出售金融资产减值损失		
四、持有至到期投资减值损失		
五、长期股权投资减值损失		
六、投资性房地产减值损失		
七、固定资产减值损失		
八、工程物资减值损失		
九、在建工程减值损失		
十、生产性生物资产减值损失		
十一、油气资产减值损失		
十二、无形资产减值损失		
十三、商誉减值损失		
十四、其他		
合　计		

第 14 章

债务重组

债务重组是指在债务人发生财务困难的情况下，债权人按照其与债务人达成的协议或者法院的裁定做出让步的事项。

债务人发生财务困难是指因债务人出现资金周转困难、经营陷入困境或者其他原因，导致其无法或者没有能力按原定条件偿还债务。

债权人做出让步是指债权人同意发生财务困难的债务人现在或者将来以低于重组债务账面价值的金额或者价值偿还债务。债权人做出让步的情形主要包括债权人减免债务人部分债务本金或者利息、降低债务人应付债务的利率等。

债务重组的方式主要包括以资产清偿债务；将债务转为资本；修改其他债务条件，如减少债务本金、减少债务利息等，不包括上述两种方式；以上三种方式的组合等。

债务重组采用非现金资产清偿债务的，非现金资产的公允价值应当按照下列规定进行计量：① 非现金资产属于企业持有的股票、债券、基金等金融资产的，应当按照《企业会计准则第 22 号——金融工具确认和计量》的规定确定其公允价值。② 非现金资产属于存货、固定资产、无形资产等其他资产且存在活跃市场的，应当以其市场价格为基础确定其公允价值；不存在活跃市场但与其类似资产存在活跃市场的，应当以类似资产的市场价格为基础确定其公允价值；采用上述两种方法仍不能确定非现金资产公允价值的，应当采用估值技术等合理的方法确定其公允价值。

14.1　债务重组的会计处理

债权人应当将重组债权的账面余额与受让资产的公允价值、所转股份的公允价值，或者重组后债权的账面价值之间的差额，在满足《企业会计准则第 22 号——金融工具确认和计量》所规定的金融资产终止确认条件时，将其终止确认，计入营业外支出（债务重组损失）等。重组债权已计提减值准备的，应当先将上述差额冲减已计提的减值准备，冲减后仍有损失的，计入营业外支出（债务重组损失）；冲减后减值准备仍有余额的，应予转回并抵减当期资产减值损失。债权人收到存货、固定资产、无形资产、长期股权投资等非现金资产的，应当以其公允价值入账。

1. 以低于债务账面价值的现金清偿债务

（1）债务人的会计处理。以现金清偿债务的，债务人应当将重组债务的账面价值与实际支付现金之间的差额，计入当期损益。

（2）债权人的会计处理。以现金清偿债务的，债权人应当将重组债权的账面余额与收到的现金之间的差额，计入当期损益。债权人已对债权计提减值准备的，应当先将该差额冲减减值准备，减值准备不足以冲减的部分，计入当期损益。

【例 14-1】 20×7 年 2 月 10 日，智董公司销售一批材料给贵琛公司，不含税价格为 100 000 元，增值税税率为 17%。当年 3 月 20 日，贵琛公司财务发生困难，无法按合同规定偿还债务，经双方协议，智董公司同意减免贵琛公司 20 000 元债务，余额用现金立即偿清。假如智董公司对该项债权计提了 5 850 元的坏账准备。

贵琛公司的财务处理如下：

债务重组日，重组债务的账面价值与应支付的现金之间的差额=117 000–97 000=20 000（元）。

借：应付账款	117 000	
贷：银行存款		97 000
营业外收入——债务重组收益		20 000

智董公司的财务处理如下：

借：银行存款	97 000	
营业外支出——债务重组损失	14 150	
坏账准备	5 850	
贷：应收账款		117 000

2．以非现金资产清偿债务

（1）债务人的会计处理。以非现金资产清偿债务的，债务人应当将重组债务的账面价值与转让的非现金资产公允价值之间的差额，计入当期损益。

转让的非现金资产公允价值与其账面价值之间的差额，计入当期损益。

【例 14-2】 20×7 年 1 月 1 日，智董公司销售一批材料给贵琛公司，含税价为 105 000 元。20×7 年 7 月 1 日，贵琛公司发生财务困难，无法按合同规定偿还债务，经双方协议，智董公司同意贵琛公司用产品抵偿该应收账款。该产品公允价值为 80 000 元，增值税税率为 17%，产品成本为 70 000 元。贵琛公司为转让的材料计提了存货跌价准备 500 元，智董公司为债权计提了坏账准备 5 250 元。假定不考虑其他税费。

债务人贵琛公司在债务重组日，重组债务的账面价值 105 000 元，扣除所转让产品的公允价值 80 000 元、增值税销项税额 13 600 元（80 000×17%），其差额 11 400 元作为债务重组收益。

产品的公允价值 80 000 元与其账面价值 69 500 元（账面余额 70 000 元与跌价准备 500 元的差额）作为转让资产收益。会计处理如下（单位：元）：

借：应付账款	105 000	
贷：主营业务收入		80 000
应交税费——应交增值税（销项税额）		13 600
营业外收入——债务重组收益		11 400
借：主营业务成本	69 500	
存货跌价准备	500	
贷：库存商品		70 000

债权人智董公司的会计处理如下（单位：元）：

借：应交税费——应交增值税（进项税额）　　13 600

　　坏账准备　　5 250

　　存货　　80 000

　　营业外支出——债务重组损失　　6 150

　贷：应收账款　　105 000

【例 14-3】 20×7 年 2 月 10 日，智董公司销售一批材料给贵琛公司，同时收到贵琛公司签发并承兑的一张面值 100 000 元、年利率 7%、6 个月期、到期还本付息的票据。当年 8 月 10 日，贵琛公司发生财务困难，无法兑现票据，经双方协议，智董公司同意贵琛公司用一台设备抵偿该应收票据。这台设备的历史成本为 120 000 元，累计折旧为 30 000 元，评估确认的原价 120 000 元，评估确认的净价 95 000 元，贵琛公司发生的评估费 1 000 元，对此固定资产提取减值准备 9 000 元。智董公司未对债权计提坏账准备。假定不考虑其他相关税费。

贵琛公司会计处理如下（单位：元）：

借：固定资产清理　　81 000

　　累计折旧　　30 000

　　固定资产减值准备　　9 000

　贷：固定资产　　120 000

借：固定资产清理　　1 000

　贷：银行存款　　1 000

“固定资产清理”科目余额=90 000+1 000–9 000=82 000（元）

债务重组收益=应付票据账面价值（面值+利息）–转让设备公允价值=103 500–95 000=8 500（元）

转让设备收益=设备公允价值–评估费–设备账面价值=95 000–1 000–（120 000–30 000–9 000）=13 000（元）

借：应付票据　　103 500

　贷：固定资产清理　　82 000

　　　营业外收入——债务重组收益　　8 500

　　　营业外收入——处置固定资产净收益　　13 000

智董公司会计处理如下：

借：固定资产　　95 000

　　营业外支出——债务重组损失　　8 500

　贷：应收票据　　103 500

【例 14-4】 贵琛公司于 20×7 年 7 月 10 日从智董公司购得一批产品，价值 200 000 元（含应付的增值税），20×2 年 1 月尚未支付货款。经与智董公司协商，智董公司同意贵琛公司以一项专利技术偿还债务。该项专利技术的账面价值为 195 000 元，评估确认价值 130 000 元，应交的营业税为 6 500 元。贵琛公司未对转让的专利技术计提减值准备，智董公司未对债权计提坏账准备。假定不考虑其他相关税费。

债务人智董公司转让无形资产收益=无形资产公允价值–营业税费–无形资产账面价值=130 000–6 500–195 000=–71 500（元）

债务重组收益=债务账面价值（面值+利息）−无形资产公允价值=200 000−130 000=70 000（元）

贵琛公司会计处理如下（单位：元）：

借：应付账款	200 000	
营业外支出——无形资产转让损失	71 500	
贷：无形资产		195 000
应交税费——应交营业税		6 500
营业外收入——债务重组收益		70 000

智董公司会计处理如下：

借：无形资产	130 000	
营业外支出——债务重组损失	70 000	
贷：应收账款		200 000

【例 14-5】 20×7 年 12 月 31 日，智董公司销售一批材料给贵琛公司，含税价为 468 000 元。20×2 年 5 月 1 日，贵琛公司资金周转暂时发生困难，经双方协议，智董公司同意贵琛公司将其拥有的一项长期股权投资用于抵偿债务。该项长期股权投资的账面余额为 470 000 元，计提的相关减值准备为 51 700 元。贵琛公司转让该项长期股权投资时发生相关费用 2 000 元，股票的公允价值 450 000 元。智董公司对相关债权提取了 70 200 元坏账准备。假定不考虑其他相关税费。

贵琛公司债务重组日，重组债务的账面价值 468 000 元，扣除所转让投资的公允价值 450 000 元，其差额 18 000 元作为债务重组的收益；转让投资的公允价值 450 000 元，扣除转让投资的账面价值 418 300 元（470 000−51 700），扣除发生的相关费用 2 000 元，得到资产转让损益 29 700 元（收益）。贵琛公司会计处理如下（单位：元）：

借：应付账款	468 000	
长期投资减值准备	51 700	
贷：长期股权投资		470 000
银行存款		2 000
营业外收入——债务重组收益		18 000
投资收益——资产转让收益		29 700

【例 14-6】 20×7 年 5 月 31 日，智董公司因遭受自然灾害，短期内无法偿还所欠贵琛公司货款 280 000 元。经与贵琛公司协商，智董公司决定以采用公允价值计量的某投资性房地产偿还所欠贵琛公司货款。当日，该投资性房地产的账面余额为 260 000 元，公允价值为 280 000 元。假定不考虑相关税费。

智董公司的会计处理如下：

借：应付账款	280 000	
贷：投资性房地产		280 000
借：投资性房地产	20 000	
贷：公允价值变动损益		20 000

【例 14-7】 20×7 年 5 月 31 日，智董公司因遭受自然灾害，短期内无法偿还所欠贵琛公司货款 280 000 元。经与贵琛公司协商，智董公司决定以某生产性生物资产偿还所欠贵琛公司

货款。当日，该生产性生物资产的账面原价为 260 000 元，已计提累计折旧 54 000 元，已计提减值准备 16 000 元，公允价值 200 000 元。假定不考虑相关税费。

智董公司的会计处理如下：

借：应付账款	280 000	
生产性生物资产累计折旧	54 000	
生产性生物资产减值准备	16 000	
贷：生产性生物资产		260 000
营业外收入——债务重组收益		80 000
——生物资产处置收益		10 000

【例 14-8】 20×7 年 9 月 28 日，智董公司因遭受自然灾害，资金周转发生困难，无法按期偿还所欠贵琛公司债务 351 000 元。经协商，贵琛公司同意智董公司以某消耗性生物资产用于抵偿债务。该项消耗性生物资产的公允价值为 330 000 元。假定不考虑相关税费。

贵琛公司与债务重组有关的交易的账务处理如下：

借：消耗性生物资产	330 000	
营业外支出	21 000	
贷：应收账款		351 000

（2）债权人的会计处理。以非现金资产清偿债务的，债权人应当对受让的非现金资产按其公允价值入账，重组债权的账面余额与受让的非现金资产的公允价值之间的差额，比照《企业会计准则第 12 号——债务重组》第九条的规定处理。

（3）用以清偿债务的非现金资产的公允价值计量。债务重组采用非现金资产清偿债务的，非现金资产的公允价值应当按照下列规定进行计量。

① 非现金资产属于企业持有的股票、债券、基金等金融资产，且该金融资产存在活跃市场的，应当以金融资产的市价作为非现金资产的公允价值；

② 非现金资产属于金融资产但该金融资产不存在活跃市场的，应当采用《企业会计准则第 22 号——金融工具确认和计量》规定的估值技术等合理的方法确定其公允价值。

③ 非现金资产属于存货、固定资产、无形资产等其他资产，且存在活跃市场的，应当以其市场价格为基础确定其公允价值；该资产不存在活跃市场、但与其类似资产存在活跃市场的，应当以类似资产的市场价格为基础作适当调整后，确定其公允价值；在上述两种情况下仍不能确定非现金资产公允价值的，应当根据交易双方自愿进行的、公允的资产交易金额为依据确定其公允价值，交易双方协议的价格不公允的除外。

3. 以债务转为资本

（1）债务人的会计处理。将债务转为资本的，债务人应当将债权人放弃债权而享有股份的面值总额确认为股本（或者实收资本），股份的公允价值总额与股本（或者实收资本）之间的差额确认为资本公积。

重组债务的账面价值与股份的公允价值总额之间的差额，计入当期损益。

（2）债权人的会计处理。将债务转为资本的，债权人应当将享有股份的公允价值确认为对债务人的投资，重组债权的账面余额与股份的公允价值之间的差额，比照《企业会计准则第 12 号——债务重组》第九条的规定处理。

【例 14-9】 20×7 年 2 月 10 日，智董公司销售一批材料给贵琛公司（非股份有限公司），同时收到贵琛公司签发并承兑的一张面值 100 000 元、年利率 7%、6 个月期、到期还本付息的票据。8 月 10 日，贵琛公司与智董公司协商，以其债务转为资本进行债务重组，智董公司因此获得贵琛公司 0.1%的股权，对应的金额为 100 000 元。假定不考虑相关税费。

贵琛公司在债务重组日，重组债务的账面价值 103 500 元（100 000+3 500），扣除债权人享有的股权份额 100 000 元，差额 3 500 元记入损益项目（单位：元）。

借：应付票据	103 500	
贷：实收资本		100 000
营业外收入——债务重组收益		3 500

智董公司：

借：长期股权投资	100 000	
营业外支出——债务重组损失	3 500	
贷：应收票据		103 500

4．修改其他债务条件的债务重组

（1）债务人的会计处理。修改其他债务条件的，债务人应当将修改其他债务条件后债务的公允价值作为重组后债务的入账价值。重组债务的账面价值与重组后债务的入账价值之间的差额，计入当期损益。

修改后的债务条款如涉及或有应付金额，且该或有应付金额符合《企业会计准则第 13 号——或有事项》中有关预计负债确认条件的，债务人应当将该或有应付金额确认为预计负债。重组债务的账面价值与重组后债务的入账价值和预计负债金额之和的差额，计入当期损益。

或有应付金额是指需要根据未来某种事项出现而发生的应付金额，而且该未来事项的出现具有不确定性。

（2）债权人的会计处理。修改其他债务条件的，债权人应当将修改其他债务条件后的债权的公允价值作为重组后债权的账面价值，重组债权的账面余额与重组后债权的账面价值之间的差额，比照《企业会计准则第 12 号——债务重组》第九条的规定处理。

修改后的债务条款中涉及或有应收金额的，债权人不应当确认或有应收金额，不得将其计入重组后债权的账面价值。

或有应收金额是指需要根据未来某种事项出现而发生的应收金额，而且该未来事项的出现具有不确定性。

（3）修改其他债务条件涉及的或有应付（或者应收）金额。根据《企业会计准则第 12 号——债务重组》第七条规定，以修改其他债务条件进行债务重组涉及或有应付金额，且该或有应付金额符合《企业会计准则第 13 号——或有事项》中有关预计负债确认条件的，债务人应将该或有应付金额确认为预计负债。比如，债务重组协议规定，债务人在债务重组后一定期间内，其业绩改善到一定程度或者符合一定要求（如扭亏为盈、摆脱财务困境等），应向债权人额外支付一定款项，当债务人承担的或有应付金额符合预计负债确认条件时，应当将该或有应付金额确认为预计负债。

上述或有应付金额在随后会计期间没有发生的，企业应当冲销已确认的预计负债，同时确认营业外收入。

【例 14-10】 债权人将来可收回的总金额小于重整前债权的账面价值。

智董公司持有贵琛公司的应收票据为20 000元，票据到期时，累计利息为1 000元，贵琛公司支付了利息。由于贵琛公司财务陷入困境，智董公司同意将贵琛公司的票据期限延长两年，并减少本金5 000元。假定贴现率10%，票据延长期间不计算利息。

本例中，贵琛公司应付票据的账面价值20 000元，其中，面值20 000元，应计利息（已支付）0元，将来应付金额15 000元（20 000−5 000），故：

将来应付金额现值=15 000÷（1+10%）=15 000×0.826 4=12 396（元）

应付票据的账面价值与将来应付金额现值的差额7 604元确认为债务重组损益，会计处理如下（单位：元）：

借：应付票据——应计利息　　1 000
　贷：银行存款　　1 000
借：应付票据——面值　　20 000
　贷：应付账款——债务重组　　12 396
　　　营业外收入——债务重组收益　　7 604

由于没有对应收票据计提坏账准备，差额7 604元作为当期损失。

借：银行存款　　1 000
　贷：应收票据——应计利息　　1 000
借：应收账款　　12 396
　　营业外支出——债务重组损失　　7 604
　贷：应收票据——面值　　20 000

【例14-11】 智董公司销售一批商品给贵琛公司，价款5 200 000元（含增值税）。按双方协议规定，款项应于20×1年3月20日之前付清。由于连年亏损，资金周转发生困难，贵琛公司不能在规定的时间内偿付智董公司。经协商，20×1年3月20日进行债务重组。重组协议如下：智董公司同意豁免贵琛公司债务200 000元，其余款项于重组日起一年后付清；债务延长期间，智董公司加收余款2%的利息，利息与债务本金一同支付。假定智董公司为债权计提的坏账准备为260 000元，假定贴现率为10%。

贵琛公司在债务重组日：

重组债务的账面价值=5 200 000（元）

将来应付金额=（5 200 000−200 000）×（1+2%）=5 100 000（元）

将来应付金额的现值=5 100 000÷（1+10%）=4 636 364（元）

差额为563 636元，作为债务重组收益，会计处理如下（单位：元）：

① 债务重组日。

借：应付账款　　5 200 000
　贷：应付账款——债务重组　　4 636 364
　　　营业外收入——债务重组收益　　563 636

② 重组日后一年末贵琛公司偿付余款及应付利息时。

借：应付账款——债务重组　　4 636 364
　　财务费用　　463 636
　贷：银行存款　　5 100 000

智董公司在债务重组日：

重组债权的账面价值=账面余额−坏账准备=5 200 000−260 000=4 940 000（元）

将来应收金额=5 000 000×（1+2%）=5 100 000（元）

将来应收金额的现值=5 100 000÷（1+10%）=4 636 364（元）

差额为 303 636 元（4 940 000–4 636 364）作为债务重组损失。会计处理如下：

① 债务重组日。

借：应收账款——债务重组	4 636 364	
坏账准备	260 000	
营业外支出——债务重组损失	303 636	
贷：应收账款		5 200 000

② 重组日后一年末贵琛公司偿付余款及加收的利息。

借：银行存款	5 100 000	
贷：财务费用		463 636
应收账款——债务重组		4 636 364

5．混合重组方式

（1）债务人。债务重组以现金清偿债务、非现金资产清偿债务、债务转为资本、修改其他债务条件等方式的组合进行的，债务人应当依次以支付的现金、转让的非现金资产公允价值、债权人享有股份的公允价值冲减重组债务的账面价值，再按照《企业会计准则第 12 号——债务重组》第七条的规定处理。

债务人应当将重组债务的账面价值超过清偿债务的现金、非现金资产的公允价值、所转股份的公允价值，或者重组后债务账面价值之间的差额，在满足《企业会计准则第 22 号——金融工具确认和计量》所规定的金融负债终止确认条件时，将其终止确认，计入营业外收入（债务重组利得）。非现金资产公允价值与账面价值的差额，应当分别不同情况进行处理：

非现金资产为存货的，应当作为销售处理，按照《企业会计准则第 14 号——收入》的规定，以其公允价值确认收入，同时结转相应的成本。

非现金资产为固定资产、无形资产的，其公允价值和账面价值的差额，计入营业外收入或营业外支出。

非现金资产为长期股权投资的，其公允价值和账面价值的差额，计入投资损益。

（2）债权人。债务重组采用以现金清偿债务、非现金资产清偿债务、债务转为资本、修改其他债务条件等方式的组合进行的，债权人应当依次以收到的现金、接受的非现金资产公允价值、债权人享有股份的公允价值冲减重组债权的账面余额，再按照《企业会计准则第 12 号——债务重组》第十二条的规定处理。

14.2 会计科目及主要账务处理

14.2.1 应收账款

1．会计科目核算内容

本科目核算企业因销售商品、提供劳务等经营活动应收取的款项。

企业（保险）按照原保险合同约定应向投保人收取的保费，可将本科目改为“1122 应收保费”科目，并按照投保人进行明细核算。

企业（金融）应收取的手续费和佣金，可将本科目改为“1124　应收手续费及佣金”科目，并按照债务人进行明细核算。

因销售商品、提供劳务等，采用递延方式收取合同或协议价款、实质上具有融资性质的，在“长期应收款”科目核算。

本科目期末借方余额，反映企业尚未收回的应收账款；期末如为贷方余额，反映企业预收的账款。

2. 明细核算

本科目可按债务人进行明细核算。

3. 主要账务处理

企业与债务人进行债务重组，应当分别债务重组的不同方式进行处理。

（1）收到债务人清偿债务的款项小于该项应收账款账面价值的，应按实际收到的金额，借记“银行存款”等科目，按重组债权已计提的坏账准备，借记“坏账准备”科目，按重组债权的账面余额，贷记本科目，按其差额，借记“营业外支出”科目。

收到债务人清偿债务的款项大于该项应收账款账面价值的，应按实际收到的金额，借记“银行存款”等科目，按重组债权已计提的坏账准备，借记“坏账准备”科目，按重组债权的账面余额，贷记本科目，按其差额，贷记“资产减值损失”科目。

以下债务重组涉及重组债权减值准备的，应当比照此规定进行处理。

（2）接受债务人用于清偿债务的非现金资产，应按该项非现金资产的公允价值，借记“原材料”、“库存商品”、“固定资产”、“无形资产”等科目，按重组债权的账面余额，贷记本科目，按应支付的相关税费和其他费用，贷记“银行存款”、“应交税费”等科目，按其差额，借记“营业外支出”科目。涉及增值税进项税额的，还应进行相应的处理。

（3）将债权转为投资，应按享有股份的公允价值，借记“长期股权投资”科目，按重组债权的账面余额，贷记本科目，按应支付的相关税费和其他费用，贷记“银行存款”、“应交税费”等科目，按其差额，借记“营业外支出”科目。

（4）以修改其他债务条件进行清偿的，应按修改其他债务条件后债权的公允价值，借记本科目，按重组债权的账面余额，贷记本科目，按其差额，借记“营业外支出”科目。

14.2.2　固定资产清理

1. 会计科目核算内容

本科目核算企业因出售、报废、毁损、对外投资、非货币性资产交换、债务重组等原因转出的固定资产价值以及在清理过程中发生的费用等。

本科目期末借方余额，反映企业尚未清理完毕的固定资产清理净损失。

2. 明细核算

本科目可按被清理的固定资产项目进行明细核算。

3. 主要账务处理

企业因出售、报废、毁损、对外投资、非货币性资产交换、债务重组等转出的固定资产，按该项固定资产的账面价值，借记本科目，按已计提的累计折旧，借记“累计折旧”科目，按其账面原价，贷记“固定资产”科目。已计提减值准备的，还应同时结转减值准备，等等。

14.2.3 应付账款

1. 会计科目核算内容

本科目核算企业因购买材料、商品和接受劳务等经营活动应支付的款项。

企业（金融）应支付但尚未支付的手续费和佣金，可将本科目改为“2202 应付手续费及佣金”科目，并按照对方单位（或个人）进行明细核算。

企业（保险）应支付但尚未支付的赔付款项，可以单独设置“应付赔付款”科目。

2. 明细核算

本科目可按债权人进行明细核算。

3. 主要账务处理

企业与债权人进行债务重组，应当分别债务重组的不同方式进行处理。

（1）以低于重组债务账面价值的款项清偿债务的，应按应付账款的账面余额，借记本科目，按实际支付的金额，贷记“银行存款”科目，按其差额，贷记“营业外收入——债务重组利得”科目。

（2）以非现金资产清偿债务的，应按应付账款的账面余额，借记本科目，按用于清偿债务的非现金资产的公允价值，贷记“主营业务收入”、“其他业务收入”、“固定资产清理”、“无形资产”、“长期股权投资”等科目，按应支付的相关税费和其他费用，贷记“应交税费”、“银行存款”等科目，按其差额，贷记“营业外收入——债务重组利得”科目。

抵债资产为存货的，还应同时结转成本，记入“主营业务成本”、“其他业务成本”等科目；抵债资产为固定资产、无形资产的，其公允价值和账面价值的差额，记入“营业外收入——处置非流动资产利得”或“营业外支出——处置非流动资产损失”科目；抵债资产为可供出售金融资产、持有至到期投资、长期股权投资等的，其公允价值和账面价值的差额，记入“投资收益”科目。

（3）以债务转为资本，应按应付账款的账面余额，借记本科目，按债权人因放弃债权而享有股权的公允价值，贷记“实收资本”或“股本”、“资本公积——资本溢价或股本溢价”科目，按其差额，贷记“营业外收入——债务重组利得”科目。

（4）以修改其他债务条件进行清偿的，应将重组债务的账面余额与重组后债务的公允价值的差额，借记本科目，贷记“营业外收入——债务重组利得”科目。

本科目期末贷方余额，反映企业尚未支付的应付账款余额。

14.2.4 实收资本

1. 会计科目核算内容

本科目核算企业接受投资者投入的实收资本。股份有限公司应将本科目改为“4001 股本”科目。企业收到投资者出资超过其在注册资本或股本中所占份额的部分，作为资本溢价或股本溢价，在“资本公积”科目核算。

本科目期末贷方余额，反映企业实收资本或股本总额。

2. 明细核算

本科目可按投资者进行明细核算。企业（中外合作经营）在合作期间归还投资者的投资，应在本科目设置“已归还投资”明细科目进行核算。

3．主要账务处理

可转换公司债券持有人行使转换权利，将其持有的债券转换为股票，按可转换公司债券的余额，借记“应付债券——可转换公司债券（面值、利息调整）”科目，按其权益成分的金额，借记“资本公积——其他资本公积”科目，按股票面值和转换的股数计算的股票面值总额，贷记本科目，按其差额，贷记“资本公积——股本溢价”科目。如有现金支付不可转换股票，还应贷记“银行存款”等科目。

企业将重组债务转为资本的，应按重组债务的账面余额，借记“应付账款”等科目，按债权人因放弃债权而享有本企业股份的面值总额，贷记本科目，按股份的公允价值总额与相应的实收资本或股本之间的差额，贷记或借记“资本公积——资本溢价或股本溢价”科目，按其差额，贷记“营业外收入——债务重组利得”科目，等等。

14.2.5 主营业务收入

1．会计科目核算内容

本科目核算企业确认的销售商品、提供劳务等主营业务的收入。

期末，应将本科目的余额转入“本年利润”科目，结转后本科目应无余额。

2．明细核算

本科目可按主营业务的种类进行明细核算。

3．主要账务处理

以库存商品进行非货币性资产交换（非货币性资产交换具有商业实质且公允价值能够可靠计量）、债务重组的，应按该产成品、商品的公允价值，借记有关科目，贷记本科目。

本期（月）发生的销售退回或销售折让，按应冲减的营业收入，借记本科目，按实际支付或应退还的金额，贷记“银行存款”、“应收账款”等科目，等等。

上述销售业务涉及增值税销项税额的，还应进行相应的处理。

14.2.6 其他业务收入

1．会计科目核算内容

本科目核算企业确认的除主营业务活动以外的其他经营活动实现的收入，包括出租固定资产、出租无形资产、出租包装物和商品、销售材料、用材料进行非货币性交换（非货币性资产交换具有商业实质且公允价值能够可靠计量）或债务重组等实现的收入。

企业（保险）经营受托管理业务收取的管理费收入，也通过本科目核算。

期末，应将本科目余额转入“本年利润”科目，结转后本科目应无余额。

2．明细核算

本科目可按其他业务收入种类进行明细核算。

3．主要账务处理

企业确认的其他业务收入，借记“银行存款”、“其他应收款”等科目，贷记本科目等。

14.2.7 营业外收入

1．会计科目核算内容

本科目核算企业发生的各项营业外收入，主要包括非流动资产处置利得、非货币性资产交换利得、债务重组利得、政府补助、盘盈利得、捐赠利得等。

期末，应将本科目余额转入“本年利润”科目，结转后本科目无余额。

2．明细核算

本科目可按营业外收入项目进行明细核算。

3．主要账务处理

企业确认处置非流动资产利得、非货币性资产交换利得、债务重组利得，比照“固定资产清理”、“无形资产”、“原材料”、“库存商品”、“应付账款”等科目的相关规定进行处理。

确认的政府补助利得，借记“银行存款”、“递延收益”等科目，贷记本科目。

14.2.8 营业外支出

1．会计科目核算内容

本科目核算企业发生的各项营业外支出，包括非流动资产处置损失、非货币性资产交换损失、债务重组损失、公益性捐赠支出、非常损失、盘亏损失等。

期末，应将本科目余额转入“本年利润”科目，结转后本科目无余额。

2．明细核算

本科目可按支出项目进行明细核算。

3．主要账务处理

企业确认处置非流动资产损失、非货币性资产交换损失、债务重组损失，比照“固定资产清理”、“无形资产”、“原材料”、“库存商品”、“应付账款”等科目的相关规定进行处理。

盘亏、毁损的资产发生的净损失，按管理权限报经批准后，借记本科目，贷记“待处理财产损溢”科目。

14.3 附注披露

债务人应当在附注中披露与债务重组有关的下列信息：

（1）债务重组方式。

（2）确认的债务重组利得总额。

（3）将债务转为资本所导致的股本（或者实收资本）增加额。

（4）或有应付金额。

（5）债务重组中转让的非现金资产的公允价值、由债务转成的股份的公允价值和修改其他债务条件后债务的公允价值的确定方法及依据。

债权人应当在附注中披露与债务重组有关的下列信息：

（1）债务重组方式。

（2）确认的债务重组损失总额。

（3）债权转为股份所导致的投资增加额及该投资占债务人股份总额的比例。

（4）或有应收金额。

（5）债务重组中受让的非现金资产的公允价值、由债权转成的股份的公允价值和修改其他债务条件后债权的公允价值的确定方法及依据。

第 15 章

或有事项

或有事项是指过去的交易或者事项形成的，其结果须由某些未来事项的发生或不发生才能决定的不确定事项。

（1）由过去交易或事项形成是指或有事项的现存状况是过去交易或事项引起的客观存在。比如，未决诉讼虽然是正在进行中的诉讼，但该诉讼是企业因过去的经济行为导致起诉其他单位或被其他单位起诉。这是现存的一种状况而不是未来将要发生的事项。未来可能发生的自然灾害、交通事故、经营亏损等，不属于或有事项。

（2）结果具有不确定性是指或有事项的结果是否发生具有不确定性，或者或有事项的结果预计将会发生，但发生的具体时间或金额具有不确定性。比如，债务担保事项的担保方到期是否承担和履行连带责任，需要根据债务到期时被担保方能否按时还款加以确定。这一事项的结果在担保协议达成时具有不确定性。

（3）由未来事项决定是指或有事项的结果只能由未来不确定事项的发生或不发生才能决定。比如，债务担保事项只有在被担保方到期无力还款时企业（担保方）才履行连带责任。

常见的或有事项主要包括未决诉讼或仲裁、债务担保、产品质量保证（含产品安全保证）、承诺、亏损合同、重组义务、环境污染整治等。

15.1 或有事项的确认和计量

1. 预计负债

或有事项的发生，可能使企业承担某种义务。从时间上来讲，这种义务可能是潜在义务，也可能是现时义务。现时义务包括法定义务和推定义务，它们使得企业除了履行该义务外别无选择。法定义务是指因合同（通过其明确的或隐含的条款）、法规规定和法律的实施而产生的义务。推定义务是指因企业的行为而产生的某种义务，其中包括由于以往实务中成型的做法、公开的政策或相当明确的当前声明，企业已向其他方面表明它将承担特定的责任，使得其他方面建立了企业将解除那些责任的有效预期。

（1）确认条件。《企业会计准则第 13 号——或有事项》第四条规定了或有事项相关义务确认为预计负债应当同时满足的条件。

1）该义务是企业承担的现时义务。企业没有其他现实的选择，只能履行该义务，如法律要求企业必须履行、有关各方合理预期企业应当履行等。

【例 15-1】 智董公司是一家化工企业，因扩大经营规模，到A国创办了一家分公司。假定A国尚未针对智董公司这类企业的生产经营可能产生的环境污染制定相关法律，因而智董公司的分公司对在A国生产经营可能产生的环境污染不承担法定义务。但是，智董公司为在A国树立良好的形象，自行向社会公告，宣称将对生产经营可能产生的环境污染进行治理。智董公司的分公司为此承担的义务就属于推定义务。

2）履行该义务很可能导致经济利益流出企业，通常是指履行与或有事项相关的现时义务时，导致经济利益流出企业的可能性超过50%。履行或有事项相关义务导致经济利益流出的可能性，通常按照下列情况加以判断。

结果的可能性	对应的概率区间
基本确定	大于95%但小于100%
很可能	大于50%但小于或等于95%
可能	大于5%但小于或等于50%
极小可能	大于0但小于或等于5%

【例 15-2】 20×1年5月1日，惠勤公司与怡昌祥公司签订协议，承诺为怡昌祥公司的2年期银行借款提供全额担保。对于惠勤公司而言，由于担保事项而承担了一项现时义务，但这项义务的履行是否很可能导致经济利益流出企业，需依据怡昌祥公司的经营情况和财务状况等因素加以确定。假定20×1年年末，怡昌祥公司的财务状况恶化，且没有迹象表明可能发生好转。此种情况出现，表明怡昌祥公司很可能违约，从而惠勤公司履行承担的现时义务将很可能导致经济利益流出企业。

3）该义务的金额能够可靠地计量。该义务的金额能够可靠地计量是指与或有事项相关的现时义务的金额能够合理地估计。由于或有事项具有不确定性，因或有事项产生的现时义务的金额也具有不确定性，需要估计。要对或有事项确认一项预计负债，相关现时义务的金额应当能够可靠估计。

【例 15-3】 惠勤公司（被告）涉及一桩诉讼案。根据以往的审判案例推断，惠勤公司很可能要败诉，相关的赔偿金额也可以估算出一个范围。这种情况下，可以认为惠勤公司因未决诉讼承担的现时义务的金额能够可靠地估计，从而应对未决诉讼确认一项预计负债。

企业计量预计负债金额时，通常应当考虑下列情况：

① 充分考虑与或有事项有关的风险和不确定性，在此基础上按照最佳估计数确定预计负债的金额。

② 预计负债的金额通常等于未来应支付的金额，但未来应支付金额与其现值相差较大的，如油气井及相关设施或核电站的弃置费用等，应当按照未来应支付金额的现值确定。

③ 有确凿证据表明相关未来事项将会发生的，如未来技术进步、相关法规出台等，确定预计负债金额时应考虑相关未来事项的影响。

④ 确定预计负债的金额不应考虑预期处置相关资产形成的利得。

预计负债与诸如应付账款和应计项目等其他负债是有区别的，因为预计负债结算所要求的未来支出的时间或金额是不确定的。而应付账款指为已收或已提供的、并已开出发票或已与供应商达成正式协议的货物或劳务进行支付的负债；应计项目指为已收或已提供的、但还未支付、开出发票或与供应商达成正式协议的货物或劳务进行支付的负债，包括应付给雇员的金额（例如，与应计的假期支付有关的金额）。虽然有时需要对应计项目的金额或时间进行估计，但其不确定性要比对准备估计时面临的不确定性小得多。在资产负债表中，应计项目经常作为应付账款和其他应付款的组成部分进行报告，而预计负债则应单独地进行报告。

（2）初始计量。预计负债应当按照履行相关现时义务所需支出的最佳估计数进行初始计量。

1）所需支出存在一个连续范围，且该范围内各种结果发生的可能性相同的，最佳估计数应当按照该范围内的中间值确定。

【例 15-4】 20×1 年 11 月 20 日，智董银行批准贵琛公司的信用贷款（无担保、无抵押）申请，同意向其贷款 2 000 万元，期限 1 年，年利率 7.2%。20×2 年 11 月 20 日，贵琛公司的借款（本金和利息）到期。贵琛公司具有还款能力，但因与智董银行之间存在其他经济纠纷，而未按时归还智董银行的贷款。智董银行遂与贵琛公司协商，但没有达成协议。20×2 年 12 月 25 日，智董银行向法院提起诉讼。截至 20×2 年 12 月 31 日，法院尚未对智董银行提起的诉讼进行审理。

本例中，智董银行如无特殊情况很可能在诉讼中获胜。因此，从 20×2 年 12 月 31 日看，智董银行可以作“很可能胜诉”的判断，并预计除可以收回本金和利息外，还可能获得罚息等。假定智董银行根据规定的标准估计，将来最可能获得罚息等的收入 24 万元（这项金额在提起诉讼时已作估计）。根据《企业会计准则第 13 号——或有事项》的规定，智董银行不应当确认这项或有资产，而应当在 20×2 年 12 月 31 日于资产负债表附注中披露或有资产 24 万元，同时说明很可能收回贵琛公司所欠的贷款本金和利息 2 144 万元。

贵琛公司如无特殊情况很可能败诉。为此，贵琛公司不仅须偿还贷款本金和利息，还需要支付罚息、诉讼费等费用。假定贵琛公司预计将要支付的罚息、诉讼费等费用估计为 20 万元至 24 万元之间，而且这个区间内每个金额的可能性都大致相同。根据《企业会计准则第 13 号——或有事项》的规定，贵琛公司应在 20×2 年 12 月 31 日确认一项预计负债 22 万元[（20+24）÷2=22，其中支付的诉讼费为 3 万元]，同时在资产负债表附注中进行披露。有关账务处理如下：

借：管理费用——诉讼费　　30 000
　　营业外支出——罚息支出　　190 000
　贷：预计负债——未决诉讼　　220 000

2）在其他情况下，最佳估计数应当分别下列情况处理。

① 或有事项涉及单个项目的，按照最可能发生金额确定。

“涉及单个项目”指或有事项涉及的项目只有一个，如一项未决诉讼、一项未决仲裁或一项债务担保等。

【例 15-5】 20×3 年 11 月 2 日，智董公司因与贵琛公司签订了互相担保协议，成为相关诉讼的第二被告。截至 20×3 年 12 月 31 日，诉讼尚未判决。但由于贵琛公司经营困难，智董公司很可能要承担还款连带责任。据预计，智董公司承担还款金额 200 万元责任的可能性为 60%，而承担还款金额 100 万元责任的可能性为 40%（假定不考虑诉讼费）。

本例中，智董公司因连带责任而承担了现时义务，该义务的履行很可能导致经济利益流出企业，且该义务的金额能够可靠地计量。根据《企业会计准则第 13 号——或有事项》的规定，智董公司应在 20×3 年 12 月 31 日确认一项预计负债 200 万元（最可能发生金额），并在附注中作相关披露。有关账务处理如下：

借：营业外支出——赔偿支出　　2 000 000
　贷：预计负债——未决诉讼　　2 000 000

② 或有事项涉及多个项目的，按照各种可能结果及相关概率计算确定。

“涉及多个项目”指或有事项涉及的项目不止一个，如产品质量保证。在产品质量保证中，提出产品保修要求的可能有许多客户。相应地，企业对这些客户负有保修义务。

【例 15-6】 20×2 年，怡昌祥公司销售产品 3 万件，销售额 1.2 亿元。怡昌祥公司的产品质量保证条款规定：产品售出后一年内，如发生正常质量问题，怡昌祥公司将免费负责修理。根据以往的经验，如果出现较小的质量问题，则须发生的修理费为销售额的 1%；而如果出现较大的质量问题，则须发生的修理费为销售额的 2%。据预测，本年度已售产品中，有 80%不会发生质量问题，有 15%将发生较小质量问题，有 5%将发生较大质量问题。

本例中，20×2 年年末怡昌祥公司应确认的预计负债金额（最佳估计数）为 0.003 亿元［（1.2×1%）×15%+（1.2×2%）×5%］。

企业在确定最佳估计数时，应当综合考虑与或有事项有关的风险、不确定性和货币时间价值等因素。

货币时间价值影响重大的，应当通过对相关未来现金流出进行折现后确定最佳估计数。

【例 15-7】 20×8 年度，智董公司共销售某产品 600 000 件，销售收入为 3 600 000 000 元。根据公司的产品质量保证条款，该产品售出后 1 年内，如发生正常质量问题，公司将负责免费维修。根据以前年度的维修记录，如果发生较小的质量问题，发生的维修费用为销售收入的 1%；如果发生较大的质量问题，发生的维修费用为销售收入的 2%。根据公司技术部门的预测，本年度销售的产品中，80%不会发生质量问题；15%可能发生较小质量问题；5%可能发生较大质量问题。据此，20×8 年 12 月 31 日，智董公司应在资产负债表中确认的预计负债金额为 9 000 000 元［3 600 000 000×（0×80%+1%×15%+2%×5%）］。

（3）预计负债的补偿金额。企业清偿预计负债所需支出全部或部分预期由第三方补偿的，补偿金额只有在基本确定能够收到时才能作为资产单独确认。确认的补偿金额不应当超过预计负债的账面价值。

【例 15-8】 20×7 年 12 月 31 日，智董公司因或有事项而确认了一笔金额为 1 000 000 元的预计负债；同时，公司因该或有事项基本确定可从贵琛公司获得 400 000 元的赔偿。

本例中，智董公司应分别确认一项金额为 1 000 000 元的预计负债和一项金额为 400 000 元的资产，而不能只确认一项金额为 600 000 元（1 000 000–400 000）的预计负债。同时，公司所确认的补偿金额 400 000 元不能超过所确认的预计负债的账面价值 1 000 000 元。

（4）准则明确指出应确认为预计负债的两种情形。

1）待执行合同变成亏损合同的。根据《企业会计准则第 13 号——或有事项》第八条规定，待执行合同变成亏损合同的，该亏损合同产生的义务满足预计负债确认条件的，应当确认为预计负债。在履行合同义务过程中，发生的成本预期将超过与合同相关的未来流入经济利益的，待执行合同即变成了亏损合同。

企业与其他方签订的尚未履行或部分履行了同等义务的合同，如商品买卖合同、劳务合同、租赁合同等，均属于待执行合同。待执行合同不属于《企业会计准则第 13 号——或有事项》规范的内容，但待执行合同变成亏损合同的，应当作为《企业会计准则第 13 号——或有事项》规范的或有事项。

待执行合同变成亏损合同时，有合同标的资产的，应当先对标的资产进行减值测试并按规定确认减值损失，如预计亏损超过该减值损失，应将超过部分确认为预计负债；无合同标的资产的，亏损合同相关义务满足预计负债确认条件时，应当确认为预计负债。

【例 15-9】 智董公司 20×7 年 1 月采用经营租赁方式租入生产线生产产品，租赁期 3 年，生产的产品预计每年均可获利。20×8 年 12 月，市政规划要求公司迁址，加之宏观政策调整该公司决定停产上述产品，原经营租赁合同为不可撤销合同，还要持续 1 年，生产线无法转租给其他单位。此时，该公司执行原经营租赁合同发生的费用很可能超过预期获得的经济利益，该租赁合同变为亏损合同，应当在 20×8 年 12 月 31 日根据未来期间（20×9 年）应支付的租金确认预计负债。

【例 15-10】 怡昌祥公司 20×1 年 1 月 1 日与某外贸公司签订了一项产品销售合同，约定在 20×1 年 2 月 15 日以每件产品 150 元的价格向外贸公司提供 1 万件 A 产品，若不能按期交货，将对怡昌祥公司处以总价款 30%的违约金。由于这批产品为定制产品，签订合同时产品尚未开始生产。但企业开始筹备原材料以生产这批产品时，原材料价格突然上升，预计生产每件产品需要花费成本 175 元。

假设怡昌祥公司产品成本为每件 175 元，而销售为每件 150 元，每销售 1 件亏 25 元，共计损失 25 万元。如果撤销合同，则需要缴纳 45 万元的违约金。因此，这项销售合同变成一项亏损合同。有关账务处理如下：

（1）怡昌祥公司应当按照履行合同所需成本与违约金中的较低者（25 万元）确认一项预计负债。

借：营业外支出　　250 000
　贷：预计负债　　250 000

（2）待相关产品生产完成后，将已确认的预计负债（25 万元）冲减产品成本。

借：预计负债　　250 000
　贷：库存商品　　250 000

2）承担重组义务。企业承担的重组义务满足《企业会计准则第 13 号——或有事项》第四条规定的，应当确认预计负债。

同时存在下列情况时，表明企业承担了重组义务：有详细、正式的重组计划，包括重组涉及的业务、主要地点、需要补偿的职工人数及其岗位性质、预计重组支出、计划实施时间等；该重组计划已对外公告。

企业应当按照与重组有关的直接支出确定预计负债金额。直接支出不包括留用职工岗前培训、市场推广、新系统和营销网络投入等支出。

① 重组事项。《企业会计准则第 13 号——或有事项》第十条规定，重组是指企业制定和控制的，将显著改变企业组织形式、经营范围或经营方式的计划实施行为。属于重组的事项主要包括：

- 出售或终止企业的部分经营业务。
- 对企业的组织结构进行较大调整。
- 关闭企业的部分营业场所，或将营业活动由一个国家或地区迁移到其他国家或地区。

② 重组与企业合并和债务重组的区别。重组通常是企业内部资源的调整和组合，谋求现有资产效能的最大化；企业合并是在不同企业之间的资本重组和规模扩张；债务重组是债权人对债务人做出让步，债务人减轻债务负担，债权人尽可能减少损失。

例如，智董公司董事会决定关闭一个事业部。如果有关决定尚未传达到受影响的各方，也未采取任何措施实施该项决定，表明该公司没有承担重组义务，不应确认预计负债；如果有关决定已经传达到受影响的各方，各方预期公司将关闭该事业部，通常表明公司开始承担重组义务，同时满足预计负债确认条件的，应当确认预计负债。

（5）准则明确指出不应确认为预计负债的一种情形。企业不应当就未来经营亏损确认预计负债。

（6）预计负债账面价值的复核。企业应当在资产负债表日对预计负债的账面价值进行复核。有确凿证据表明该账面价值不能真实反映当前最佳估计数的，应当按照当前最佳估计数对该账面价值进行调整。

2．或有负债

企业不应当确认或有负债。或有负债是指过去的交易或者事项形成的潜在义务，其存在须通过未来不确定事项的发生或不发生予以证实；或过去的交易或者事项形成的现时义务，履行该义务不是很可能导致经济利益流出企业或该义务的金额不能可靠计量。

3．或有资产

企业不应当确认或有资产。或有资产是指过去的交易或者事项形成的潜在资产，其存在须通过未来不确定事项的发生或不发生予以证实。

【例 15-11】 假定某年 3 月智董公司因拖欠银行贷款本息被诉，银行除要求本公司偿还本金和利息外，还要求支付罚息等费用，法院对此诉讼正在审理中。由于事实清楚，智董公司很可能败诉，故于被诉当期确认了一项（预计）负债 110 万元，其中银行罚息 100 万元，诉讼费 10 万元，并将此项预计负债计入了当月的利润表和资产负债表。

此项会计处理如下：

借：管理费用	100 000	
营业外支出	1 000 000	
贷：预计负债		1 100 000

及至年末，该项诉讼仍未果，而估计银行罚息已升至 110 万元，企业应在年末对此项预计负债的账面价值进行调整，即调增 10 万元，使得当年利润表中的“营业外支出”项目增加 10 万元，当年 12 月 31 日的资产负债表中“预计负债”项目也增加 10 万元。

企业追记会计记录：

借：营业外支出	100 000	
贷：预计负债		100 000

与或有事项相关的义务同时满足下列条件的，应当确认为预计负债：

（1）该义务是企业承担的现时义务。

（2）履行该义务很可能导致经济利益流出企业。

（3）该义务的金额能够可靠地计量。

预计负债应当按照履行相关现时义务所需支出的最佳估计数进行初始计量。或有事项涉及单个项目的，按照最可能发生金额确定。

企业在确定最佳估计数时，应当综合考虑与或有事项有关的风险、不确定性和货币时间价值等因素。货币时间价值影响重大的，应当通过对相关未来现金流出进行折现后确定最佳估计数。

企业应当在资产负债表日对预计负债的账面价值进行复核。有确凿证据表明该账面价值不能真实反映当前最佳估计数的，应当按照当前最佳估计数对该账面价值进行调整。

这个结果表明，此项未决诉讼所引发的预计负债经过初始计量确认和后续计量确认导致惠勤公司当年亏损增加 120 万元，负债也增加了 120 万元。

4．对预计负债账面价值的复核

企业应当在资产负债表日对预计负债的账面价值进行复核。有确凿证据表明该账面价值不能真实反映当前最佳估计数的，应当按照当前最佳估计数对该账面价值进行调整。例如，某化工企业对环境造成了污染，按照当时的法律规定，只需要对污染进行清理。随着国家对环境保护越来越重视，按照现在的法律规定，该企业不但需要对污染进行清理，还很可能要对居民进行赔偿。这种法律要求的变化，会对企业预计负债的计量产生影响。企业应当在资产负债表日对为此确认的预计负债金额进行复核，如有确凿证据表明预计负债金额不再能反映真实情况时，需要按照当前情况下企业清理和赔偿支出的最佳估计数对预计负债的账面价值进行相应的调整。

【例 15-12】　智董公司为机床生产和销售企业。20×2 年第一季度、第二季度、第三季度、第四季度分别销售机床 200 台、300 台、400 台和 350 台，每台售价为 5 万元。对购买其产品的消费者，智董公司做出如下承诺：机床售出后 3 年内如出现非意外事件造成的机床故障和质量问题，智董公司免费负责保修（含零部件更换）。根据以往的经验，发生的保修费一般为销售额的 1%～1.5%。假定智董公司 20×2 年四个季度实际发生的维修费分别为 2 万元、20 万元、18 万元和 35 万元；同时，假定 20×1 年“预计负债——产品质量保证”科目年末余额为 12 万元。

本例中，智董公司因销售机床而承担了现时义务，该义务的履行很可能导致经济利益流出智董公司，且该义务的金额能够可靠地计量。智董公司根据《企业会计准则第 13 号——或有事项》的规定在每季度末确认一项负债。有关账务处理如下：

（1）第一季度发生产品质量保证费用（维修费）时。

借：预计负债——产品质量保证　　20 000

　贷：银行存款或原材料等　　20 000

第一季度末应确认的产品质量保证负债金额=200×50 000×（0.01+0.015）÷2=12.5（万元）

借：销售费用——产品质量保证　　125 000

　贷：预计负债——产品质量保证　　125 000

第一季度末，“预计负债——产品质量保证”科目余额为 225 000 元。

（2）第二季度发生产品质量保证费用（维修费）时。

借：预计负债——产品质量保证　　200 000

　贷：银行存款或原材料等　　200 000

第二季度末应确认的产品质量保证负债金额=300×50 000×（0.01+0.015）÷2=18.75（万元）

借：销售费用——产品质量保证　　187 500

　贷：预计负债——产品质量保证　　187 500

第二季度末，“预计负债——产品质量保证”科目余额为 212 500 元。

（3）第三季度发生产品质量保证费用（维修费）时。

借：预计负债——产品质量保证　　180 000

　贷：银行存款或原材料等　　180 000

第三季度末应确认的产品质量保证负债金额=400×50 000×（0.01+0.015）÷2=25（万元）

借：销售费用——产品质量保证　　250 000

　贷：预计负债——产品质量保证　　250 000

第三季度末，“预计负债——产品质量保证”科目余额为 282 500 元。

（4）第四季度发生产品质量保证费用（维修费）时。

借：预计负债——产品质量保证　　350 000

　贷：银行存款或原材料等　　350 000

第四季度末应确认的产品质量保证负债金额=350×50 000×（0.01+0.015）÷2=21.875（万元）

借：销售费用——产品质量保证　　218 750

　贷：预计负债——产品质量保证　　218 750

第四季度末，“预计负债——产品质量保证”科目余额为 151 250 元。

在对产品质量保证确认预计负债时，需要注意的是：

（1）如果发现保证费用的实际发生额与预计数相差较大，应及时对预计比例进行调整。

（2）如果企业针对特定批次产品确认预计负债，则在保修期结束时，应将“预计负债——产品质量保证”余额冲销，不留余额。

（3）已对其确认预计负债的产品，如企业不再生产了，那么应在相应的产品质量保证期满后，将“预计负债——产品质量保证”余额冲销，不留余额。

再以未决诉讼为例。企业当期实际发生的担保诉讼损失金额与已计提的相关预计负债之间的差额，应分别情况处理。

（1）企业在前期资产负债表日，依据当时实际情况和所掌握的证据合理预计预计负债，应当将当期实际发生的诉讼损失金额与已计提的相关预计负债之间的差额，直接计入或冲减当期营业外支出。

（2）企业在前期资产负债表日，依据当时实际情况和所掌握的证据原本应当能够合理估计诉讼损失，但企业所作的估计却与当时的事实严重不符（如未合理预计损失或不恰当地多计或少计损失），应当按照重大前期差错更正的方法进行处理。

（3）企业在前期资产负债表日，依据当时实际情况和所掌握的证据，确实无法合理预计诉讼损失，因而未确认预计负债，则在该项损失实际发生的当期，直接计入当期营业外支出。

（4）资产负债表日后至财务报告批准报出日之间发生的需要调整或说明的未决诉讼，按照《企业会计准则第 29 号——资产负债表日后事项》的有关规定进行处理。

15.2　会计科目及主要账务处理

15.2.1　存货跌价准备

1. 会计科目核算内容

本科目核算企业存货的跌价准备。

本科目期末贷方余额，反映企业已计提但尚未转销的存货跌价准备。

2. 明细核算

本科目可按存货项目或类别进行明细核算。

3. 主要账务处理

企业（建造承包商）建造合同执行中预计总成本超过合同总收入的，应按其差额，借记“资产减值损失”科目，贷记本科目。合同完工时，借记本科目，贷记“主营业务成本”科目。

15.2.2 长期股权投资

1. 会计科目核算内容

本科目核算企业持有的采用成本法和权益法核算的长期股权投资。

2. 明细核算

本科目可按被投资单位进行明细核算。

长期股权投资采用权益法核算的，还应当分别“成本”、“损益调整”、“其他权益变动”进行明细核算。

本科目期末借方余额反映企业长期股权投资的价值。

3. 主要账务处理

采用权益法核算的长期股权投资：

根据被投资单位实现的净利润或经调整的净利润计算应享有的份额，借记本科目（损益调整），贷记“投资收益”科目。被投资单位发生净亏损做相反的会计分录，但以本科目的账面价值减记至零为限；还需承担的投资损失，应将其他实质上构成对被投资单位净投资的“长期应收款”等的账面价值减记至零为限；除按照以上步骤已确认的损失外，按照投资合同或协议约定将承担的损失，确认为预计负债。发生亏损的被投资单位以后实现净利润的，应按与上述相反的顺序进行处理。

被投资单位以后宣告发放现金股利或利润时，企业计算应分得的部分，借记“应收股利”科目，贷记本科目（损益调整）。收到被投资单位宣告发放的股票股利，不进行账务处理，但应在备查簿中登记。

15.2.3 长期应收款

1. 会计科目核算内容

本科目核算企业的长期应收款项，包括融资租赁产生的应收款项、采用递延方式具有融资性质的销售商品和提供劳务等产生的应收款项等。

实质上构成对被投资单位净投资的长期权益，也通过本科目核算。

本科目的期末借方余额，反映企业尚未收回的长期应收款。

2. 明细核算

本科目可按债务人进行明细核算。

3. 主要账务处理

如有实质上构成对被投资单位净投资的长期权益，被投资单位发生的净亏损应由本企业承担的部分，在“长期股权投资”的账面价值减记至零以后，还需承担的投资损失，应以本科目中实质上构成了对被投资单位净投资的长期权益部分账面价值减记至零为限，继续确认投资损失，借记“投资收益”科目，贷记本科目。除上述已确认投资损失外，投资合同或协议中约定仍应承担的损失，确认为预计负债。

15.2.4 固定资产

1. 会计科目核算内容

本科目核算企业持有的固定资产原价。建造承包商的临时设施，以及企业购置计算机硬件所附带的、未单独计价的软件，也通过本科目核算。

本科目期末借方余额，反映企业固定资产的原价。

2. 明细核算

本科目可按固定资产类别和项目进行明细核算。融资租入的固定资产，可在本科目设置"融资租入固定资产"明细科目。

3. 主要账务处理

固定资产存在弃置义务的，应在取得固定资产时，按预计弃置费用的现值，借记本科目，贷记"预计负债"科目。在该项固定资产的使用寿命内，计算确定各期应负担的利息费用，借记"财务费用"科目，贷记"预计负债"科目。

15.2.5 油气资产

1. 会计科目核算内容

本科目核算企业（石油天然气开采）持有的矿区权益和油气井及相关设施的原价。企业（石油天然气开采）可以单独设置"油气资产清理"科目，比照"固定资产清理"科目进行处理。企业（石油天然气开采）与油气开采活动相关的辅助设备及设施在"固定资产"科目核算。

本科目期末借方余额，反映企业油气资产的原价。

2. 明细核算

本科目可按油气资产的类别、不同矿区或油田等进行明细核算。

3. 主要账务处理

油气资产存在弃置义务的，应在取得油气资产时，按预计弃置费用的现值，借记本科目，贷记"预计负债"科目。在油气资产的使用寿命内，计算确定各期应负担的利息费用，借记"财务费用"科目，贷记"预计负债"科目。

15.2.6 预计负债

1. 会计科目核算内容

本科目核算企业确认的对外提供担保、未决诉讼、产品质量保证、重组义务、亏损性合同等预计负债。

本科目期末贷方余额反映企业已确认尚未支付的预计负债。

2. 明细核算

本科目可按形成预计负债的交易或事项进行明细核算。

3．主要账务处理

（1）企业由对外提供担保、未决诉讼、重组义务产生的预计负债，应按确定的金额，借记“营业外支出”等科目，贷记本科目。由产品质量保证产生的预计负债，应按确定的金额，借记“销售费用”科目，贷记本科目。

由资产弃置义务产生的预计负债，应按确定的金额，借记“固定资产”或“油气资产”科目，贷记本科目。在固定资产或油气资产的使用寿命内，按计算确定各期应负担的利息费用，借记“财务费用”科目，贷记本科目。

（2）实际清偿或冲减的预计负债，借记本科目，贷记“银行存款”等科目。

（3）根据确凿证据需要对已确认的预计负债进行调整的，调整增加的预计负债，借记有关科目，贷记本科目；调整减少的预计负债做相反的会计分录。

15.2.7 租赁收入

1．会计科目核算内容

本科目核算企业（租赁）确认的租赁收入。

期末，应将本科目余额转入“本年利润”科目，结转后本科目无余额。

2．明细核算

本科目可按租赁资产类别进行明细核算。

3．主要账务处理

企业确认的租赁收入，借记“未实现融资收益”、“应收账款”等科目，贷记本科目。取得或有租金，借记“银行存款”等科目，贷记本科目。

15.2.8 销售费用

本科目核算企业销售商品和材料、提供劳务的过程中发生的各种费用，包括保险费、包装费、展览费和广告费、商品维修费、预计产品质量保证损失、运输费、装卸费等以及为销售本企业商品而专设的销售机构（含销售网点、售后服务网点等）的职工薪酬、业务费、折旧费等经营费用。

期末，应将本科目余额转入“本年利润”科目，结转后本科目无余额。

15.3 附注披露

企业应当在附注中披露与或有事项有关的下列信息：

（1）预计负债。

① 预计负债的种类、形成原因以及经济利益流出不确定性的说明。

② 各类预计负债的期初、期末余额和本期变动情况。

③ 与预计负债有关的预期补偿金额和本期已确认的预期补偿金额。

（2）或有负债（不包括极小可能导致经济利益流出企业的或有负债）。

① 或有负债的种类及其形成原因，包括已贴现商业承兑汇票、未决诉讼、未决仲裁、对外提供担保等形成的或有负债。

② 经济利益流出不确定性的说明。

③ 或有负债预计产生的财务影响，以及获得补偿的可能性；无法预计的，应当说明原因。

（3）企业通常不应当披露或有资产。但或有资产很可能会给企业带来经济利益的，应当披露其形成的原因、预计产生的财务影响等。

在涉及未决诉讼、未决仲裁的情况下，按照《企业会计准则第 13 号——或有事项》第十四条披露全部或部分信息预期对企业造成重大不利影响的，企业无须披露这些信息，但应当披露该未决诉讼、未决仲裁的性质，以及没有披露这些信息的事实和原因。

第16章 资产负债表

16.1 个别资产负债表

《企业会计准则——基本准则》第四十五条规定，资产负债表是指反映企业在某一特定日期的财务状况的会计报表。

法律依据

《企业会计准则第30号——财务报表列报》关于资产负债表的规定

（2014年1月26日 财会［2014］7号）

第十六条　资产和负债应当分别流动资产和非流动资产、流动负债和非流动负债列示。

金融企业等销售产品或提供服务不具有明显可识别营业周期的企业，其各项资产或负债按照流动性列示能够提供可靠且更相关信息的，可以按照其流动性顺序列示。从事多种经营的企业，其部分资产或负债按照流动和非流动列报、其他部分资产或负债按照流动性列示能够提供可靠且更相关信息的，可以采用混合的列报方式。

对于同时包含资产负债表日后一年内（含一年，下同）和一年之后预期将收回或清偿金额的资产和负债单列项目，企业应当披露超过一年后预期收回或清偿的金额。

第二十四条　资产负债表中的资产类至少应当包括流动资产和非流动资产的合计项目，按照企业的经营性质不切实可行的除外。

第二十六条　资产负债表中的负债类至少应当包括流动负债、非流动负债和负债的合计项目，按照企业的经营性质不切实可行的除外。

第二十七条　资产负债表中的所有者权益类至少应当单独列示反映下列信息的项目：

（一）实收资本（或股本，下同）；

（二）资本公积；

（三）盈余公积；

（四）未分配利润。

在合并资产负债表中，应当在所有者权益类单独列示少数股东权益。

第二十八条　资产负债表中的所有者权益类应当包括所有者权益的合计项目。

第二十九条　资产负债表应当列示资产总计项目，负债和所有者权益总计项目。

16.1.1 一般企业资产负债表

1. 一般企业资产负债表的格式

（1）资产负债表列报采用账户式的格式。资产负债表正表的列报格式一般有两种：报告式资产负债表和账户式资产负债表。

① 报告式资产负债表。报告式资产负债表是上下结构，上半部列示资产，下半部列示负债和所有者权益。具体排列形式又有两种：一是按“资产=负债+所有者权益”的原理排列；二是按“资产−负债=所有者权益”的原理排列。

② 账户式资产负债表。账户式资产负债表是左右结构，左边列示资产，右边列示负债和所有者权益。

根据《企业会计准则第 30 号——财务报表列报》的规定，资产负债表采用账户式的格式，即左侧列报资产方，一般按资产的流动性大小排列；右侧列报负债方和所有者权益方，一般按要求清偿时间的先后顺序排列。账户式资产负债表中的资产各项目的合计等于负债和所有者权益各项目的合计，即资产负债表左方和右方平衡。因此，通过账户式资产负债表，可以反映资产、负债、所有者权益之间的内在关系，即“资产=负债+所有者权益”。

（2）资产负债表比较信息的列示。根据《企业会计准则第 30 号——财务报表列报》的规定，企业需要提供比较资产负债表，以便报表使用者通过比较不同时点资产负债表的数据，掌握企业财务状况的变动情况及发展趋势。所以，资产负债表还就各项目再分为“年初余额”和“期末余额”两栏分别填列。

一般企业资产负债表的格式如表 16-1 所示。

表 16-1 资产负债表

会企 01 表

编制单位： ____年____月____日 单位：元

资　　产	期末余额	年初余额	负债和所有者权益（或股东权益）	期末余额	年初余额
流动资产：			流动负债：		
货币资金			短期借款		
交易性金融资产			交易性金融负债		
应收票据			应付票据		
应收账款			应付账款		
预付款项			预收款项		
应收利息			应付职工薪酬		
应收股利			应交税费		
其他应收款			应付利息		
存货			应付股利		
一年内到期的非流动资产			其他应付款		
其他流动资产			一年内到期的非流动负债		
流动资产合计			其他流动负债		
非流动资产：			流动负债合计		
可供出售金融资产			非流动负债：		

续表

资　　产	期末余额	年初余额	负债和所有者权益（或股东权益）	期末余额	年初余额
持有至到期投资			长期借款		
长期应收款			应付债券		
长期股权投资			长期应付款		
投资性房地产			专项应付款		
固定资产			预计负债		
在建工程			递延所得税负债		
工程物资			其他非流动负债		
固定资产清理			非流动负债合计		
生产性生物资产			负债合计		
油气资产			所有者权益（或股东权益）:		
无形资产			实收资本（或股本）		
开发支出			资本公积		
商誉			减：库存股		
长期待摊费用			盈余公积		
递延所得税资产			未分配利润		
其他非流动资产			所有者权益（或股东权益）合计		
非流动资产合计					
资产总计			负债和所有者权益（或股东权益）总计		

2．一般企业资产负债表列示说明

本表反映企业一定日期全部资产、负债和所有者权益的情况。本表“年初余额”栏内各项数字，应根据上年末资产负债表“期末余额”栏内所列数字填列。如果上年度资产负债表规定的各个项目的名称和内容同本年度不相一致，应对上年年末资产负债表各项目的名称和数字按照本年度的规定进行调整，填入本表“年初余额”栏内。本表“期末余额”栏内各项数字，应当根据资产、负债和所有者权益期末情况填列。

（1）“货币资金”项目。反映企业库存现金、银行结算户存款、外埠存款、银行汇票存款、银行本票存款、信用卡存款、信用证保证金存款等的合计数。本项目应根据“库存现金”、“银行存款”、“其他货币资金”科目期末余额的合计数填列。

1001　库存现金

一、本科目核算企业的库存现金。

企业有内部周转使用备用金的，可以单独设置“备用金”科目。

二、企业增加库存现金，借记本科目，贷记“银行存款”等科目；减少库存现金做相反的会计分录。

三、企业应当设置“现金日记账”，根据收付款凭证，按照业务发生顺序逐笔登记。每日终了，应当计算当日的现金收入合计额、现金支出合计额和结余额，将结余额与实际库存额核对，做到账款相符。

四、本科目期末借方余额，反映企业持有的库存现金。

1002　银行存款

一、本科目核算企业存入银行或其他金融机构的各种款项。银行汇票存款、银行本票存款、信用卡存款、信用证保证金存款、存出投资款、外埠存款等，在“其他货币资金”科目核算。

二、企业增加银行存款，借记本科目，贷记“库存现金”、“应收账款”等科目；减少银行存款做相反的会计分录。

三、企业可按开户银行和其他金融机构、存款种类等设置“银行存款日记账”，根据收付款凭证，按照业务的发生顺序逐笔登记。每日终了，应结出余额。“银行存款日记账”应定期与“银行对账单”核对，至少每月核对一次。企业银行存款账面余额与银行对账单余额之间如有差额，应编制“银行存款余额调节表”调节相符。

四、本科目期末借方余额，反映企业存在银行或其他金融机构的各种款项。

1012　其他货币资金

一、本科目核算企业的银行汇票存款、银行本票存款、信用卡存款、信用证保证金存款、存出投资款、外埠存款等其他货币资金。

二、企业增加其他货币资金，借记本科目，贷记“银行存款”科目；减少其他货币资金，借记有关科目，贷记本科目。

三、本科目可按银行汇票或本票、信用证的收款单位，外埠存款的开户银行，分别“银行汇票”、“银行本票”、“信用卡”、“信用证保证金”、“存出投资款”、“外埠存款”等进行明细核算。

四、本科目期末借方余额，反映企业持有的其他货币资金。

（2）“交易性金融资产”、“应收票据”、“应收账款”、“预付款项”、“应收利息”、“应收股利”、“其他应收款”、“存货”、“可供出售金融资产”、“持有至到期投资”、“长期应收款”、“长期股权投资”、“投资性房地产”、“固定资产”、“在建工程”、“工程物资”、“固定资产清理”、“生产性生物资产”、“油气资产”、“无形资产”、“开发支出”、“商誉”、“长期待摊费用”、“递延所得税资产”、“其他非流动资产”等项目，反映企业期末持有的相应资产的账面余额扣减累计折旧（折耗）、累计摊销、累计减值准备后的账面价值。

1101　交易性金融资产

一、本科目核算企业为交易目的所持有的债券投资、股票投资、基金投资等交易性金融资产的公允价值。企业持有的直接指定为以公允价值计量且其变动计入当期损益的金融资产，也在本科目核算。

企业（金融）接受委托采用全额承购包销、余额承购包销方式承销的证券，应在收到证券时将其进行分类。划分为以公允价值计量且其变动计入当期损益的金融资产的，应在本科目核算；划分为可供出售金融资产的，应在“可供出售金融资产”科目核算。

衍生金融资产在“衍生工具”科目核算。

二、本科目可按交易性金融资产的类别和品种，分别“成本”、“公允价值变动”等进行明细核算。

三、交易性金融资产的主要账务处理。

（一）企业取得交易性金融资产，按其公允价值，借记本科目（成本），按发生的交易费用，借记“投资收益”科目，按已到付息期但尚未领取的利息或已宣告但尚未发放的现金股利，借记“应收利息”或“应收股利”科目，按实际支付的金额，贷记“银行存款”、“存放中央银行款项”、“结算备付金”等科目。

（二）交易性金融资产持有期间被投资单位宣告发放的现金股利，或在资产负债表日按分期付息、一次还本债券投资的票面利率计算的利息，借记“应收股利”或“应收利息”科目，贷记“投资收益”科目。

（三）资产负债表日，交易性金融资产的公允价值高于其账面余额的差额，借记本科目（公允价值变动），贷记“公允价值变动损益”科目；公允价值低于其账面余额的差额做相反的会计分录。

（四）出售交易性金融资产，应按实际收到的金额，借记“银行存款”、“存放中央银行款项”、“结算备付金”等科目，按该金融资产的账面余额，贷记本科目，按其差额，贷记或借记“投资收益”科目。同时，将原计入该金融资产的公允价值变动转出，借记或贷记“公允价值变动损益”科目，贷记或借记“投资收益”科目。

四、本科目期末借方余额，反映企业持有的交易性金融资产的公允价值。

1121 应收票据

一、本科目核算企业因销售商品、提供劳务等而收到的商业汇票，包括银行承兑汇票和商业承兑汇票。

二、本科目可按开出、承兑商业汇票的单位进行明细核算。

三、应收票据的主要账务处理。

（一）企业因销售商品、提供劳务等而收到开出、承兑的商业汇票，按商业汇票的票面金额，借记本科目，按确认的营业收入，贷记"主营业务收入"等科目。涉及增值税销项税额的，还应进行相应的处理。

（二）持未到期的商业汇票向银行贴现，应按实际收到的金额（即减去贴现息后的净额），借记"银行存款"等科目，按贴现息部分，借记"财务费用"等科目，按商业汇票的票面金额，贷记本科目或"短期借款"科目。

（三）将持有的商业汇票背书转让以取得所需物资，按应计入取得物资成本的金额，借记"材料采购"或"原材料"、"库存商品"等科目，按商业汇票的票面金额，贷记本科目，如有差额，借记或贷记"银行存款"等科目。涉及增值税进项税额的，还应进行相应的处理。

（四）商业汇票到期，应按实际收到的金额，借记"银行存款"科目，按商业汇票的票面金额，贷记本科目。

四、企业应当设置"应收票据备查簿"，逐笔登记商业汇票的种类、号数和出票日、票面金额、交易合同号和付款人、承兑人、背书人的姓名或单位名称、到期日、背书转让日、贴现日、贴现率和贴现净额以及收款日和收回金额、退票情况等资料。商业汇票到期结清票款或退票后，在备查簿中应予注销。

五、本科目期末借方余额，反映企业持有的商业汇票的票面金额。

1122 应收账款

一、本科目核算企业因销售商品、提供劳务等经营活动应收取的款项。

企业（保险）按照原保险合同约定应向投保人收取的保费，可将本科目改为"1122 应收保费"科目，并按照投保人进行明细核算。

企业（金融）应收取的手续费和佣金，可将本科目改为"1124 应收手续费及佣金"科目，并按照债务人进行明细核算。

因销售商品、提供劳务等，采用递延方式收取合同或协议价款、实质上具有融资性质的，在"长期应收款"科目核算。

二、本科目可按债务人进行明细核算。

三、企业发生应收账款，按应收金额，借记本科目，按确认的营业收入，贷记"主营业务收入"、"手续费及佣金收入"、"保费收入"等科目。收回应收账款时，借记"银行存款"等科目，贷记本科目。涉及增值税销项税额的，还应进行相应的处理。

代购货单位垫付的包装费、运杂费，借记本科目，贷记"银行存款"等科目。收回代垫费用时，借记"银行存款"科目，贷记本科目。

四、企业与债务人进行债务重组，应当分别债务重组的不同方式进行处理。

（一）收到债务人清偿债务的款项小于该项应收账款账面价值的，应按实际收到的金额，借记"银行存款"等科目，按重组债权已计提的坏账准备，借记"坏账准备"科目，按重组债权的账面余额，贷记本科目，按其差额，借记"营业外支出"科目。

收到债务人清偿债务的款项大于该项应收账款账面价值的，应按实际收到的金额，借记"银行存款"等科目，按重组债权已计提的坏账准备，借记"坏账准备"科目，按重组债权的账面余额，贷记本科目，按其差额，贷记"资产减值损失"科目。

以下债务重组涉及重组债权减值准备的，应当比照此规定进行处理。

（二）接受债务人用于清偿债务的非现金资产，应按该项非现金资产的公允价值，借记"原材料"、"库存商品"、"固定资产"、"无形资产"等科目，按重组债权的账面余额，贷记本科目，按应支付的相关税费和其他费用，贷记"银行存款"、"应交税费"等科目，按其差额，借记"营业外支出"科目。涉及增值税进项税额的，还应进行相应的处理。

（三）将债权转为投资，应按享有股份的公允价值，借记“长期股权投资”科目，按重组债权的账面余额，贷记本科目，按应支付的相关税费和其他费用，贷记“银行存款”、“应交税费”等科目，按其差额，借记“营业外支出”科目。

（四）以修改其他债务条件进行清偿的，应按修改其他债务条件后债权的公允价值，借记本科目，按重组债权的账面余额，贷记本科目，按其差额，借记“营业外支出”科目。

五、本科目期末借方余额，反映企业尚未收回的应收账款；期末如为贷方余额，反映企业预收的账款。

1123　预付账款

一、本科目核算企业按照合同规定预付的款项。预付款项情况不多的，也可以不设置本科目，将预付的款项直接记入“应付账款”科目。企业进行在建工程预付的工程价款，也在本科目核算。企业（保险）从事保险业务预先支付的赔付款，可将本科目改为“1123 预付赔付款”科目，并按照保险人或受益人进行明细核算。

二、本科目可按供货单位进行明细核算。

三、预付账款的主要账务处理。

（一）企业因购货而预付的款项，借记本科目，贷记“银行存款”等科目。

收到所购物资，按应计入购入物资成本的金额，借记“材料采购”或“原材料”、“库存商品”等科目，按应支付的金额，贷记本科目。补付的款项，借记本科目，贷记“银行存款”等科目；退回多付的款项做相反的会计分录。涉及增值税进项税额的，还应进行相应的处理。

（二）企业进行在建工程预付的工程价款，借记本科目，贷记“银行存款”等科目。按工程进度结算工程价款，借记“在建工程”科目，贷记本科目、“银行存款”等科目。

（三）企业（保险）预付的赔付款，借记本科目，贷记“银行存款”等科目。转销预付的赔付款，借记“赔付支出”、“应付分保账款”等科目，贷记本科目。

四、本科目期末借方余额，反映企业预付的款项；期末如为贷方余额，反映企业尚未补付的款项。

1132　应收利息

一、本科目核算企业交易性金融资产、持有至到期投资、可供出售金融资产、发放贷款、存放中央银行款项、拆出资金、买入返售金融资产等应收取的利息。

企业购入的一次还本付息的持有至到期投资持有期间取得的利息，在“持有至到期投资”科目核算。

二、本科目可按借款人或被投资单位进行明细核算。

三、应收利息的主要账务处理。

（一）企业取得的交易性金融资产，按支付的价款中所包含的、已到付息期但尚未领取的利息，借记本科目，按交易性金融资产的公允价值，借记“交易性金融资产——成本”科目，按发生的交易费用，借记“投资收益”科目，按实际支付的金额，贷记“银行存款”、“存放中央银行款项”、“结算备付金”等科目。

（二）取得的持有至到期投资，应按该投资的面值，借记“持有至到期投资——成本”科目，按支付的价款中包含的、已到付息期但尚未领取的利息，借记本科目，按实际支付的金额，贷记“银行存款”、“存放中央银行款项”、“结算备付金”等科目，按其差额，借记或贷记“持有至到期投资——利息调整”科目。

资产负债表日，持有至到期投资为分期付息、一次还本债券投资的，应按票面利率计算确定的应收未收利息，借记本科目，按持有至到期投资摊余成本和实际利率计算确定的利息收入，贷记“投资收益”科目，按其差额，借记或贷记“持有至到期投资——利息调整”科目。

持有至到期投资为一次还本付息债券投资的，应于资产负债表日按票面利率计算确定的应收未收利息，借记“持有至到期投资——应计利息”科目，按持有至到期投资摊余成本和实际利率计算确定的利息收入，贷记“投资收益”科目，按其差额，借记或贷记“持有至到期投资——利息调整”科目。

（三）取得的可供出售债券投资，比照（二）的相关规定进行处理。

（四）发生减值的持有至到期投资、可供出售债券投资的利息收入，应当比照“贷款”科目相关规定进行处理。

（五）企业发放的贷款，应于资产负债表日按贷款的合同本金和合同利率计算确定的应收未收利息，借记本科目，按贷款的摊余成本和实际利率计算确定的利息收入，贷记“利息收入”科目，按其差额，借记或贷记“贷款——利息调整”科目。

（六）应收利息实际收到时，借记“银行存款”、“存放中央银行款项”等科目，贷记本科目。

四、本科目期末借方余额，反映企业尚未收回的利息。

1131　应收股利

一、本科目核算企业应收取的现金股利和应收取其他单位分配的利润。

二、本科目可按被投资单位进行明细核算。

三、应收股利的主要账务处理。

（一）企业取得交易性金融资产，按支付的价款中所包含的、已宣告但尚未发放的现金股利，借记本科目，按交易性金融资产的公允价值，借记“交易性金融资产——成本”科目，按发生的交易费用，借记“投资收益”科目，按实际支付的金额，贷记“银行存款”、“存放中央银行款项”、“结算备付金”等科目。

交易性金融资产持有期间被投资单位宣告发放的现金股利，按应享有的份额，借记本科目，贷记“投资收益”科目。

（二）取得长期股权投资，按支付的价款中所包含的、已宣告但尚未发放的现金股利，借记本科目，按确定的长期股权投资成本，借记“长期股权投资——成本”科目，按实际支付的金额，贷记“银行存款”等科目。

持有期间被投资单位宣告发放现金股利或利润的，按应享有的份额，借记本科目，贷记“投资收益”（成本法）或“长期股权投资——损益调整”科目（权益法）。

被投资单位宣告发放的现金股利或利润属于其在取得本企业投资前实现净利润的分配额，借记本科目，贷记“长期股权投资——成本”等科目。

（三）取得可供出售的金融资产，按支付的价款中所包含的、已宣告但尚未发放的现金股利，借记本科目，按可供出售金融资产的公允价值与交易费用之和，借记“可供出售金融资产——成本”科目，按实际支付的金额，贷记“银行存款”、“存放中央银行款项”、“结算备付金”等科目。

可供出售权益工具持有期间被投资单位宣告发放的现金股利，按应享有的份额，借记本科目，贷记“投资收益”科目。

（四）实际收到现金股利或利润，借记“银行存款”等科目，贷记本科目等。

四、本科目期末借方余额，反映企业尚未收回的现金股利或利润。

1221　其他应收款

一、本科目核算企业除存出保证金、买入返售金融资产、应收票据、应收账款、预付账款、应收股利、应收利息、应收代位追偿款、应收分保账款、应收分保合同准备金、长期应收款等以外的其他各种应收及暂付款项。

二、本科目可按对方单位（或个人）进行明细核算。

三、采用售后回购方式融出资金的，应按实际支付的金额，借记本科目，贷记“银行存款”科目。销售价格与原购买价格之间的差额，应在售后回购期间内按期计提利息费用，借记本科目，贷记“财务费用”科目。按合同约定返售商品时，应按实际收到的金额，借记“银行存款”科目，贷记本科目。

四、企业发生其他各种应收、暂付款项时，借记本科目，贷记“银行存款”、“固定资产清理”等科目；收回或转销各种款项时，借记“库存现金”、“银行存款”等科目，贷记本科目。

五、本科目期末借方余额，反映企业尚未收回的其他应收款项。

1231　坏账准备

一、本科目核算企业应收款项的坏账准备。

二、本科目可按应收款项的类别进行明细核算。

三、坏账准备的主要账务处理。

（一）资产负债表日，应收款项发生减值的，按应减记的金额，借记“资产减值损失”科目，贷记本科目。本期应计提的坏账准备大于其账面余额的，应按其差额计提；应计提的坏账准备小于其账面余额的差额做相反的会计分录。

（二）对于确实无法收回的应收款项，按管理权限报经批准后作为坏账，转销应收款项，借记本科目，贷记“应收票据”、“应收账款”、“预付账款”、“应收分保账款”、“其他应收款”、“长期应收款”等科目。

（三）已确认并转销的应收款项以后又收回的，应按实际收回的金额，借记“应收票据”、“应收账款”、“预付账款”、“应收分保账款”、“其他应收款”、“长期应收款”等科目，贷记本科目；同时，借记“银行存款”科目，贷记“应收票据”、“应收账款”、“预付账款”、“应收分保账款”、“其他应收款”、“长期应收款”等科目。

对于已确认并转销的应收款项以后又收回的，也可以按照实际收回的金额，借记“银行存款”科目，贷记本科目。

四、本科目期末贷方余额，反映企业已计提但尚未转销的坏账准备。

1401 材料采购

一、本科目核算企业采用计划成本进行材料日常核算而购入材料的采购成本。采用实际成本进行材料日常核算的，购入材料的采购成本，在“在途物资”科目核算。委托外单位加工材料、商品的加工成本，在“委托加工物资”科目核算。

购入的工程用材料，在“工程物资”科目核算。

二、本科目可按供应单位和材料品种进行明细核算。

三、材料采购的主要账务处理。

（一）企业支付材料价款和运杂费等，按应计入材料采购成本的金额，借记本科目，按实际支付或应支付的金额，贷记“银行存款”、“库存现金”、“其他货币资金”、“应付账款”、“应付票据”、“预付账款”等科目。涉及增值税进项税额的，还应进行相应的处理。

（二）期末，企业应将仓库转来的外购收料凭证，分别下列不同情况进行处理：

1. 对于已经付款或已开出、承兑商业汇票的收料凭证，应按实际成本和计划成本分别汇总，按计划成本，借记“原材料”、“周转材料”等科目，贷记本科目；将实际成本大于计划成本的差异，借记“材料成本差异”科目，贷记本科目；实际成本小于计划成本的差异做相反的会计分录。

2. 对于尚未收到发票账单的收料凭证，应按计划成本暂估入账，借记“原材料”、“周转材料”等科目，贷记“应付账款——暂估应付账款”科目，下期初做相反分录予以冲回。下期收到发票账单的收料凭证，借记本科目，贷记“银行存款”、“应付账款”、“应付票据”等科目。涉及增值税进项税额的，还应进行相应的处理。

四、本科目期末借方余额，反映企业在途材料的采购成本。

1402 在途物资

一、本科目核算企业采用实际成本（或进价）进行材料、商品等物资的日常核算、货款已付尚未验收入库的在途物资的采购成本。

二、本科目可按供应单位和物资品种进行明细核算。

三、在途物资的主要账务处理。

（一）企业购入材料、商品，按应计入材料、商品采购成本的金额，借记本科目，按实际支付或应支付的金额，贷记“银行存款”、“应付账款”、“应付票据”等科目。涉及增值税进项税额的，还应进行相应的处理。

（二）所购材料、商品到达验收入库，借记“原材料”、“库存商品”等科目，贷记本科目。

库存商品采用售价核算的，按售价，借记“库存商品”科目，按进价，贷记本科目，进价与售价之间的差额，借记或贷记“商品进销差价”科目。

四、本科目期末借方余额，反映企业在途材料、商品等物资的采购成本。

1403 原材料

一、本科目核算企业库存的各种材料，包括原料及主要材料、辅助材料、外购半成品（外购件）、修理用备件（备品备件）、包装材料、燃料等的计划成本或实际成本。

收到来料加工装配业务的原料、零件等，应当设置备查簿进行登记。

二、本科目可按材料的保管地点（仓库）、材料的类别、品种和规格等进行明细核算。

三、原材料的主要账务处理。

（一）企业购入并已验收入库的材料，按计划成本或实际成本，借记本科目，按实际成本，贷记“材料采购”或“在途物资”科目，按计划成本与实际成本的差异，借记或贷记“材料成本差异”科目。

（二）自制并已验收入库的材料，按计划成本或实际成本，借记本科目，按实际成本，贷记“生产成本”科目，按计划成本与实际成本的差异，借记或贷记“材料成本差异”科目。

委托外单位加工完成并已验收入库的材料，按计划成本或实际成本，借记本科目，按实际成本，贷记“委托加工物资”科目，按计划成本与实际成本的差异，借记或贷记“材料成本差异”科目。

（三）生产经营领用材料，借记“生产成本”、“制造费用”、“销售费用”、“管理费用”等科目，贷记本科目。出售材料结转成本，借记“其他业务成本”科目，贷记本科目。发出委托外单位加工的材料，借记“委托加工物资”科目，贷记本科目。采用计划成本进行材料日常核算的，发出材料还应结转材料成本差异，将发出材料的计划成本调整为实际成本。

采用实际成本进行材料日常核算的，发出材料的实际成本，可以采用先进先出法、加权平均法或个别认定法计算确定。

四、本科目期末借方余额，反映企业库存材料的计划成本或实际成本。

1404　材料成本差异

一、本科目核算企业采用计划成本进行日常核算的材料计划成本与实际成本的差额。企业也可以在“原材料”、“周转材料”等科目设置“成本差异”明细科目。

二、本科目可以分别“原材料”、“周转材料”等，按照类别或品种进行明细核算。

三、材料成本差异的主要账务处理。

（一）入库材料发生的材料成本差异，实际成本大于计划成本的差异，借记本科目，贷记“材料采购”科目；实际成本小于计划成本的差异做相反的会计分录。

入库材料的计划成本应当尽可能接近实际成本。除特殊情况外，计划成本在年度内不得随意变更。

（二）结转发出材料应负担的材料成本差异，按实际成本大于计划成本的差异，借记“生产成本”、“管理费用”、“销售费用”、“委托加工物资”、“其他业务成本”等科目，贷记本科目；实际成本小于计划成本的差异做相反的会计分录。

发出材料应负担的成本差异应当按期（月）分摊，不得在季末或年末一次计算。发出材料应负担的成本差异，除委托外部加工发出材料可按期初成本差异率计算外，应使用当期的实际差异率；期初成本差异率与本期成本差异率相差不大的，也可按期初成本差异率计算。计算方法一经确定，不得随意变更。材料成本差异率的计算公式如下：

本期材料成本差异率=（期初结存材料的成本差异+本期验收入库材料的成本差异）÷（期初结存材料的计划成本+本期验收入库材料的计划成本）×100%

期初材料成本差异率=期初结存材料的成本差异÷期初结存材料的计划成本×100%

发出材料应负担的成本差异=发出材料的计划成本×材料成本差异率

四、本科目期末借方余额，反映企业库存材料等的实际成本大于计划成本的差异；贷方余额反映企业库存材料等的实际成本小于计划成本的差异。

1405　库存商品

一、本科目核算企业库存的各种商品的实际成本（或进价）或计划成本（或售价），包括库存产成品、外购商品、存放在门市部准备出售的商品、发出展览的商品以及寄存在外的商品等。

接受来料加工制造的代制品和为外单位加工修理的代修品，在制造和修理完成验收入库后，视同企业的产成品，也通过本科目核算。

企业（房地产开发）的开发产品，可将本科目改为“1405 开发产品”科目。

企业（农业）收获的农产品，可将本科目改为“1405 农产品”科目。

二、本科目可按库存商品的种类、品种和规格等进行明细核算。

三、库存商品的主要账务处理。

（一）企业生产的产成品一般应按实际成本核算，产成品的入库和出库，平时只记数量不记金额，期（月）末计算入库产成品的实际成本。生产完成验收入库的产成品，按其实际成本，借记本科目、“农产品”等科目，贷记“生产成本”、“消耗性生物资产”、“农业生产成本”等科目。

产成品种类较多的，也可按计划成本进行日常核算，其实际成本与计划成本的差异，可以单独设置“产品成本差异”科目，比照“材料成本差异”科目核算。

采用实际成本进行产成品日常核算的，发出产成品的实际成本，可以采用先进先出法、加权平均法或个别认定法计算确定。

对外销售产成品（包括采用分期收款方式销售产成品），结转销售成本时，借记“主营业务成本”科目，贷记本科目。采用计划成本核算的，发出产成品还应结转产品成本差异，将发出产成品的计划成本调整为实际成本。

（二）购入商品采用进价核算的，在商品到达验收入库后，按商品进价，借记本科目，贷记“银行存款”、“在途物资”等科目。委托外单位加工收回的商品，按商品进价，借记本科目，贷记“委托加工物资”科目。

购入商品采用售价核算的，在商品到达验收入库后，按商品售价，借记本科目，按商品进价，贷记“银行存款”、“在途物资”等科目，按商品售价与进价的差额，贷记“商品进销差价”科目。委托外单位加工收回的商品，按商品售价，借记本科目，按委托加工商品的账面余额，贷记“委托加工物资”科目，按商品售价与进价的差额，贷记“商品进销差价”科目。

对外销售商品（包括采用分期收款方式销售商品），结转销售成本时，借记“主营业务成本”科目，贷记本科目。采用进价进行商品日常核算的，发出商品的实际成本，可以采用先进先出法、加权平均法或个别认定法计算确定。采用售价核算的，还应结转应分摊的商品进销差价。

（三）企业（房地产开发）开发的产品，达到预定可销售状态时，按实际成本，借记“开发产品”科目，贷记“开发成本”科目。期末，企业结转对外转让、销售和结算开发产品的实际成本，借记“主营业务成本”科目，贷记“开发产品”科目。

企业将开发的营业性配套设施用于本企业从事第三产业经营用房，应视同自用固定资产进行处理，并按营业性配套设施的实际成本，借记“固定资产”科目，贷记“开发产品”科目。

四、本科目期末借方余额，反映企业库存商品的实际成本（或进价）或计划成本（或售价）。

1406 发出商品

一、本科目核算企业未满足收入确认条件但已发出商品的实际成本（或进价）或计划成本（或售价）。采用支付手续费方式委托其他单位代销的商品，也可以单独设置“委托代销商品”科目。

二、本科目可按购货单位、商品类别和品种进行明细核算。

三、发出商品的主要账务处理。

（一）对于未满足收入确认条件的发出商品，应按发出商品的实际成本（或进价）或计划成本（或售价），借记本科目，贷记“库存商品”科目。

发出商品发生退回的，应按退回商品的实际成本（或进价）或计划成本（或售价），借记“库存商品”科目，贷记本科目。

（二）发出商品满足收入确认条件时，应结转销售成本，借记“主营业务成本”科目，贷记本科目。采用计划成本或售价核算的，还应结转应分摊的产品成本差异或商品进销差价。

四、本科目期末借方余额，反映企业发出商品的实际成本（或进价）或计划成本（或售价）。

1407 商品进销差价

一、本科目核算企业采用售价进行日常核算的商品售价与进价之间的差额。

二、本科目可按商品类别或实物管理负责人进行明细核算。

三、商品进销差价的主要账务处理。

（一）企业购入、加工收回以及销售退回等增加的库存商品，按商品售价，借记“库存商品”科目，按商品进价，贷记“银行存款”、“委托加工物资”等科目，按售价与进价之间的差额，贷记本科目。

（二）期（月）末分摊已销商品的进销差价，借记本科目，贷记“主营业务成本”科目。销售商品应分摊的商品进销差价，按以下公式计算：

商品进销差价率=期末分摊前本科目余额÷（“库存商品”科目期末余额+“委托代销商品”科目期末余额+“发出商品”科目期末余额+本期“主营业务收入”科目贷方发生额）×100%

本期销售商品应分摊的商品进销差价=本期“主营业务收入”科目贷方发生额×商品进销差价率

企业的商品进销差价率各期之间比较均衡的，也可以采用上期商品进销差价率计算分摊本期的商品进销差价。年度终了，应对商品进销差价进行核实调整。

四、本科目的期末贷方余额，反映企业库存商品的商品进销差价。

1408 委托加工物资

一、本科目核算企业委托外单位加工的各种材料、商品等物资的实际成本。

二、本科目可按加工合同、受托加工单位以及加工物资的品种等进行明细核算。

三、委托加工物资的主要账务处理。

（一）企业发给外单位加工的物资，按实际成本，借记本科目，贷记“原材料”、“库存商品”等科目；按计划成本或售价核算的，还应同时结转材料成本差异或商品进销差价。

（二）支付加工费、运杂费等，借记本科目，贷记“银行存款”等科目；需要缴纳消费税的委托加工物资，由受托方代收代交的消费税，借记本科目（收回后用于直接销售的）或“应交税费——应交消费税”科目（收回后用于继续加工的），贷记“应付账款”、“银行存款”等科目。

（三）加工完成验收入库的物资和剩余的物资，按加工收回物资的实际成本和剩余物资的实际成本，借记“原材料”、“库存商品”等科目，贷记本科目。

采用计划成本或售价核算的，按计划成本或售价，借记“原材料”或“库存商品”科目，按实际成本，贷记本科目，按实际成本与计划成本或售价之间的差额，借记或贷记“材料成本差异”或贷记“商品进销差价”科目。

采用计划成本或售价核算的，也可以采用上期材料成本差异率或商品进销差价率计算分摊本期应分摊的材料成本差异或商品进销差价。

四、本科目期末借方余额，反映企业委托外单位加工尚未完成物资的实际成本。

1411 周转材料

一、本科目核算企业周转材料的计划成本或实际成本，包括包装物、低值易耗品，以及企业（建造承包商）的钢模板、木模板、脚手架等。

企业的包装物、低值易耗品，也可以单独设置“包装物”、“低值易耗品”科目。

二、本科目可按周转材料的种类，分别“在库”、“在用”和“摊销”进行明细核算。

三、周转材料的主要账务处理。

（一）企业购入、自制、委托外单位加工完成并已验收入库的周转材料等，比照“原材料”科目的相关规定进行处理。

（二）采用一次转销法的，领用时应按其账面价值，借记“管理费用”、“生产成本”、“销售费用”、“工程施工”等科目，贷记本科目。

周转材料报废时，应按报废周转材料的残料价值，借记“原材料”等科目，贷记“管理费用”、“生产成本”、“销售费用”、“工程施工”等科目。

（三）采用其他摊销法的，领用时应按其账面价值，借记本科目（在用），贷记本科目（在库）；摊销时应按摊销额，借记“管理费用”、“生产成本”、“销售费用”、“工程施工”等科目，贷记本科目（摊销）。

周转材料报废时应补提摊销额，借记“管理费用”、“生产成本”、“销售费用”、“工程施工”等科目，贷记本科目（摊销）；同时，按报废周转材料的残料价值，借记“原材料”等科目，贷记“管理费用”、“生产成本”、“销售费用”、“工程施工”等科目；并转销全部已提摊销额，借记本科目（摊销），贷记本科目（在用）。

（四）周转材料采用计划成本进行日常核算的，领用等发出周转材料时，还应同时结转应分摊的成本差异。

四、本科目期末借方余额，反映企业在库周转材料的计划成本或实际成本以及在用周转材料的摊余价值。

1471　存货跌价准备

一、本科目核算企业存货的跌价准备。

二、本科目可按存货项目或类别进行明细核算。

三、存货跌价准备的主要账务处理。

（一）资产负债表日，存货发生减值的，按存货可变现净值低于成本的差额，借记“资产减值损失”科目，贷记本科目。

已计提跌价准备的存货价值以后又得以恢复，应在原已计提的存货跌价准备金额内，按恢复增加的金额，借记本科目，贷记“资产减值损失”科目。

发出存货结转存货跌价准备的，借记本科目，贷记“主营业务成本”、“生产成本”等科目。

（二）企业（建造承包商）建造合同执行中预计总成本超过合同总收入的，应按其差额，借记“资产减值损失”科目，贷记本科目。合同完工时，借记本科目，贷记“主营业务成本”科目。

四、本科目期末贷方余额，反映企业已计提但尚未转销的存货跌价准备。

5001　生产成本

一、本科目核算企业进行工业性生产发生的各项生产成本，包括生产各种产品（产成品、自制半成品等）、自制材料、自制工具、自制设备等。

企业（农业）进行农业生产发生的各项生产成本，可将本科目改为“5001 农业生产成本”科目，并分别种植业、畜牧养殖业、林业和水产业确定成本核算对象（消耗性生物资产、生产性生物资产、公益性生物资产和农产品）和成本项目，进行费用的归集和分配。

企业（房地产开发）可将本科目改为“5001 开发成本”科目。

二、本科目可按基本生产成本和辅助生产成本进行明细核算。

基本生产成本应当分别按照基本生产车间和成本核算对象（产品的品种、类别、定单、批别、生产阶段等）设置明细账（或成本计算单，下同），并按照规定的成本项目设置专栏。

三、生产成本的主要账务处理。

（一）企业发生的各项直接生产成本，借记本科目（基本生产成本、辅助生产成本），贷记“原材料”、“库存现金”、“银行存款”、“应付职工薪酬”等科目。

各生产车间应负担的制造费用，借记本科目（基本生产成本、辅助生产成本），贷记“制造费用”科目。

辅助生产车间为基本生产车间、企业管理部门和其他部门提供的劳务和产品，期（月）末按照一定的分配标准分配给各受益对象，借记本科目（基本生产成本）、“管理费用”、“销售费用”、“其他业务成本”、“在建工程”等科目，贷记本科目（辅助生产成本）。

企业已经生产完成并已验收入库的产成品以及入库的自制半成品，应于期（月）末，借记“库存商品”等科目，贷记本科目（基本生产成本）。

（二）生产性生物资产在产出农产品过程中发生的各项费用，借记“农业生产成本”科目，贷记“库存现金”、“银行存款”、“原材料”、“应付职工薪酬”、“生产性生物资产累计折旧”等科目。

农业生产过程中发生的应由农产品、消耗性生物资产、生产性生物资产和公益性生物资产共同负担的费用，借记“农业生产成本——共同费用”科目，贷记“库存现金”、“银行存款”、“原材料”、“应付职工薪酬”、“农业生产成本”等科目。

期（月）末，可按一定的分配标准对上述共同负担的费用进行分配，借记“农业生产成本——农产品”、“消耗性生物资产”、“生产性生物资产”、“公益性生物资产”等科目，贷记“农业生产成本——共同费用”科目。

应由生产性生物资产收获的农产品负担的费用，应当采用合理的方法在农产品各品种之间进行分配；如有尚未收获的农产品，还应当在已收获和尚未收获的农产品之间进行分配。

生产性生物资产收获的农产品验收入库时，按其实际成本，借记“农产品”科目，贷记本科目（农产品）。

四、本科目期末借方余额，反映企业尚未加工完成的在产品成本或尚未收获的农产品成本。

5201 劳务成本

一、本科目核算企业对外提供劳务发生的成本。企业（证券）在为上市公司进行承销业务发生的各项相关支出，可将本科目改为“5201 待转承销费用”科目，并按照客户进行明细核算。

二、本科目可按提供劳务种类进行明细核算。

三、企业发生的各项劳务成本，借记本科目，贷记“银行存款”、“应付职工薪酬”、“原材料”等科目。建造承包商对外单位、专项工程等提供机械作业（包括运输设备）的成本，借记本科目，贷记“机械作业”科目。结转劳务的成本，借记“主营业务成本”、“其他业务成本”等科目，贷记本科目。

四、本科目期末借方余额，反映企业尚未完成或尚未结转的劳务成本。

1503 可供出售金融资产

一、本科目核算企业持有的可供出售金融资产的公允价值，包括划分为可供出售的股票投资、债券投资等金融资产。

二、本科目按可供出售金融资产的类别和品种，分别“成本”、“利息调整”、“应计利息”、“公允价值变动”等进行明细核算。

可供出售金融资产发生减值的，可以单独设置“可供出售金融资产减值准备”科目。

三、可供出售金融资产的主要账务处理。

（一）企业取得可供出售的金融资产，应按其公允价值与交易费用之和，借记本科目（成本），按支付的价款中包含的已宣告但尚未发放的现金股利，借记“应收股利”科目，按实际支付的金额，贷记“银行存款”、“存放中央银行款项”、“结算备付金”等科目。

企业取得的可供出售金融资产为债券投资的，应按债券的面值，借记本科目（成本），按支付的价款中包含的已到付息期但尚未领取的利息，借记“应收利息”科目，按实际支付的金额，贷记“银行存款”、“存放中央银行款项”、“结算备付金”等科目，按差额，借记或贷记本科目（利息调整）。

（二）资产负债表日，可供出售债券为分期付息、一次还本债券投资的，应按票面利率计算确定的应收未收利息，借记“应收利息”科目，按可供出售债券的摊余成本和实际利率计算确定的利息收入，贷记“投资收益”科目，按其差额，借记或贷记本科目（利息调整）。

可供出售债券为一次还本付息债券投资的，应于资产负债表日按票面利率计算确定的应收未收利息，借记本科目（应计利息），按可供出售债券的摊余成本和实际利率计算确定的利息收入，贷记“投资收益”科目，按其差额，借记或贷记本科目（利息调整）。

可供出售债券投资发生减值后利息的处理，比照“贷款”科目相关规定。

（三）资产负债表日，可供出售金融资产的公允价值高于其账面余额的差额，借记本科目（公允价值变动），贷记“资本公积——其他资本公积”科目；公允价值低于其账面余额的差额做相反的会计分录。

确定可供出售金融资产发生减值的，按应减记的金额，借记“资产减值损失”科目，按应从所有者权益中转出原计入资本公积的累计损失金额，贷记“资本公积——其他资本公积”科目，按其差额，贷记本科目（公允价值变动）。

对于已确认减值损失的可供出售金融资产，在随后会计期间内公允价值已上升且客观上与确认原减值损失事项有关的，应按原确认的减值损失，借记本科目（公允价值变动），贷记“资产减值损失”科目；但可供出售金融资产为股票等权益工具投资的（不含在活跃市场上没有报价、公允价值不能可靠计量的权益工具投资），借记本科目（公允价值变动），贷记“资本公积——其他资本公积”科目。

（四）将持有至到期投资重分类为可供出售金融资产的，应在重分类日按其公允价值，借记本科目，按其账面余额，贷记“持有至到期投资”科目，按其差额，贷记或借记“资本公积——其他资本公积”科目。已计提减值准备的，还应同时结转减值准备。

（五）出售可供出售的金融资产，应按实际收到的金额，借记“银行存款”、“存放中央银行款项”等科目，按其账面余额，贷记本科目（成本、公允价值变动、利息调整、应计利息），按应从所有者权益中转出的公允价值累计变动额，借记或贷记“资本公积——其他资本公积”科目，按其差额，贷记或借记“投资收益”科目。

四、本科目期末借方余额，反映企业可供出售金融资产的公允价值。

1501　持有至到期投资

一、本科目核算企业持有至到期投资的摊余成本。

二、本科目可按持有至到期投资的类别和品种，分别“成本”、“利息调整”、“应计利息”等进行明细核算。

三、持有至到期投资的主要账务处理。

（一）企业取得的持有至到期投资，应按该投资的面值，借记本科目（成本），按支付的价款中包含的已到付息期但尚未领取的利息，借记“应收利息”科目，按实际支付的金额，贷记“银行存款”、“存放中央银行款项”、“结算备付金”等科目，按其差额，借记或贷记本科目（利息调整）。

（二）资产负债表日，持有至到期投资为分期付息、一次还本债券投资的，应按票面利率计算确定的应收未收利息，借记“应收利息”科目，按持有至到期投资摊余成本和实际利率计算确定的利息收入，贷记“投资收益”科目，按其差额，借记或贷记本科目（利息调整）。

持有至到期投资为一次还本付息债券投资的，应于资产负债表日按票面利率计算确定的应收未收利息，借记本科目（应计利息），按持有至到期投资摊余成本和实际利率计算确定的利息收入，贷记“投资收益”科目，按其差额，借记或贷记本科目（利息调整）。

持有至到期投资发生减值后利息的处理，比照“贷款”科目相关规定。

（三）将持有至到期投资重分类为可供出售金融资产的，应在重分类日按其公允价值，借记“可供出售金融资产”科目，按其账面余额，贷记本科目（成本、利息调整、应计利息），按其差额，贷记或借记“资本公积——其他资本公积”科目。已计提减值准备的，还应同时结转减值准备。

（四）出售持有至到期投资，应按实际收到的金额，借记“银行存款”、“存放中央银行款项”、“结算备付金”等科目，按其账面余额，贷记本科目（成本、利息调整、应计利息），按其差额，贷记或借记“投资收益”科目。已计提减值准备的，还应同时结转减值准备。

四、本科目期末借方余额，反映企业持有至到期投资的摊余成本。

1502　持有至到期投资减值准备

一、本科目核算企业持有至到期投资的减值准备。

二、本科目可按持有至到期投资类别和品种进行明细核算。

三、资产负债表日，持有至到期投资发生减值的，按应减记的金额，借记“资产减值损失”科目，贷记本科目。

已计提减值准备的持有至到期投资价值以后又得以恢复，应在原已计提的减值准备金额内，按恢复增加的金额，借记本科目，贷记“资产减值损失”科目。

四、本科目期末贷方余额，反映企业已计提但尚未转销的持有至到期投资减值准备。

1511　长期股权投资

一、本科目核算企业持有的采用成本法和权益法核算的长期股权投资。

二、本科目可按被投资单位进行明细核算。

长期股权投资采用权益法核算的，还应当分别“成本”、“损益调整”、“其他权益变动”进行明细核算。

三、长期股权投资的主要账务处理。

（一）初始取得长期股权投资。同一控制下企业合并形成的长期股权投资，应在合并日按取得被合并方所有者权益账面价值的份额，借记本科目，按享有被投资单位已宣告但尚未发放的现金股利或利润，借记“应收股利”科目，按支付的合并对价的账面价值，贷记有关资产或借记有关负债科目，按其差额，贷记“资本公积——资本溢价或股本溢价”科目；为借方差额的，借记“资本公积——资本溢价或股本溢价”科目，资本公积（资本溢价或股本溢价）不足冲减的，借记“盈余公积”、“利润分配——未分配利润”科目。

非同一控制下企业合并形成的长期股权投资，应在购买日按企业合并成本（不含应自被投资单位收取的现金股利或利润），借记本科目，按享有被投资单位已宣告但尚未发放的现金股利或利润，借记“应收股利”科目，按支付合并对价的账面价值，贷记有关资产或借记有关负债科目，按发生的直接相关费用，贷记“银行存款”等科目，按其差额，贷记“营业外收入”或借记“营业外支出”等科目。非同一控制下企业合并涉及以库存商品等作为合并对价的，应按库存商品的公允价值，贷记“主营业务收入”科目，并同时结转相关的成本。涉及增值税的，还应进行相应的处理。

以支付现金、非现金资产等其他方式（非企业合并）形成的长期股权投资，比照非同一控制下企业合并形成的长期股权投资的相关规定进行处理。

投资者投入的长期股权投资，应按确定的长期股权投资成本，借记本科目，贷记“实收资本”或“股本”科目。

（二）采用成本法核算的长期股权投资。长期股权投资采用成本法核算的，应按被投资单位宣告发放的现金股利或利润中属于本企业的部分，借记“应收股利”科目，贷记“投资收益”科目；属于被投资单位在取得本企业投资前实现净利润的分配额，应作为投资成本的收回，借记“应收股利”科目，贷记本科目。

（三）采用权益法核算的长期股权投资。

1. 长期股权投资的初始投资成本大于投资时应享有被投资单位可辨认净资产公允价值份额的，不调整已确认的初始投资成本。长期股权投资的初始投资成本小于投资时应享有被投资单位可辨认净资产公允价值份额的，应按其差额，借记本科目（成本），贷记“营业外收入”科目。

2. 根据被投资单位实现的净利润或经调整的净利润计算应享有的份额，借记本科目（损益调整），贷记“投资收益”科目。被投资单位发生净亏损做相反的会计分录，但以本科目的账面价值减记至零为限；还需承担的投资损失，应将其他实质上构成对被投资单位净投资的“长期应收款”等的账面价值减记至零为限；除按照以上步骤已确认的损失外，按照投资合同或协议约定将承担的损失，确认为预计负债。发生亏损的被投资单位以后实现净利润的，应按与上述相反的顺序进行处理。

被投资单位以后宣告发放现金股利或利润时，企业计算应分得的部分，借记“应收股利”科目，贷记本科目（损益调整）。收到被投资单位宣告发放的股票股利，不进行账务处理，但应在备查簿中登记。

3. 在持股比例不变的情况下，被投资单位除净损益以外所有者权益的其他变动，企业按持股比例计算应享有的份额，借记或贷记本科目（其他权益变动），贷记或借记“资本公积——其他资本公积”科目。

（四）长期股权投资核算方法的转换。将长期股权投资自成本法转按权益法核算的，应按转换时该项长期股权投资的账面价值作为权益法核算的初始投资成本，初始投资成本小于转换时占被投资单位可辨认净资产公允价值份额的差额，借记本科目（成本），贷记“营业外收入”科目。

长期股权投资自权益法转按成本法核算的，除构成企业合并的以外，应按中止采用权益法时长期股权投资的账面价值作为成本法核算的初始投资成本。

（五）处置长期股权投资。处置长期股权投资时，应按实际收到的金额，借记“银行存款”等科目，按其账面余额，贷记本科目，按尚未领取的现金股利或利润，贷记“应收股利”科目，按其差额，贷记或借记“投资收益”科目。已计提减值准备的，还应同时结转减值准备。

采用权益法核算长期股权投资的处置，除上述规定外，还应结转原记入资本公积的相关金额，借记或贷记

“资本公积——其他资本公积”科目，贷记或借记“投资收益”科目。

四、本科目期末借方余额，反映企业长期股权投资的价值。

1512　长期股权投资减值准备

一、本科目核算企业长期股权投资的减值准备。

二、本科目可按被投资单位进行明细核算。

三、资产负债表日，长期股权投资发生减值的，按应减记的金额，借记“资产减值损失”科目，贷记本科目。

处置长期股权投资时，应同时结转已计提的长期股权投资减值准备。

四、本科目期末贷方余额，反映企业已计提但尚未转销的长期股权投资减值准备。

1521　投资性房地产

一、本科目核算企业采用成本模式计量的投资性房地产的成本。

企业采用公允价值模式计量投资性房地产的，也通过本科目核算。

采用成本模式计量的投资性房地产的累计折旧或累计摊销，可以单独设置“投资性房地产累计折旧（摊销）”科目，比照“累计折旧”等科目进行处理。

采用成本模式计量的投资性房地产发生减值的，可以单独设置“投资性房地产减值准备”科目，比照“固定资产减值准备”等科目进行处理。

二、本科目可按投资性房地产类别和项目进行明细核算。

采用公允价值模式计量的投资性房地产，还应当分别“成本”和“公允价值变动”进行明细核算。

三、采用成本模式计量投资性房地产的主要账务处理。

（一）企业外购、自行建造等取得的投资性房地产，按应计入投资性房地产成本的金额，借记本科目，贷记“银行存款”、“在建工程”等科目。

（二）将作为存货的房地产转换为投资性房地产的，应按其在转换日的账面余额，借记本科目，贷记“开发产品”等科目。已计提跌价准备的，还应同时结转跌价准备。

将自用的建筑物等转换为投资性房地产的，应按其在转换日的原价、累计折旧、减值准备等，分别转入本科目、“投资性房地产累计折旧（摊销）”、“投资性房地产减值准备”科目。

（三）按期（月）对投资性房地产计提折旧或进行摊销，借记“其他业务成本”科目，贷记“投资性房地产累计折旧（摊销）”科目。取得的租金收入，借记“银行存款”等科目，贷记“其他业务收入”科目。

（四）将投资性房地产转为自用时，应按其在转换日的账面余额、累计折旧、减值准备等，分别转入“固定资产”、“累计折旧”、“固定资产减值准备”等科目。

（五）处置投资性房地产时，应按实际收到的金额，借记“银行存款”等科目，贷记“其他业务收入”科目。按该项投资性房地产的累计折旧或累计摊销，借记“投资性房地产累计折旧（摊销）”科目，按该项投资性房地产的账面余额，贷记本科目，按其差额，借记“其他业务成本”科目。已计提减值准备的，还应同时结转减值准备。

四、采用公允价值模式计量投资性房地产的主要账务处理。

（一）企业外购、自行建造等取得的投资性房地产，按应计入投资性房地产成本的金额，借记本科目（成本），贷记“银行存款”、“在建工程”等科目。

（二）将作为存货的房地产转换为投资性房地产的，应按其在转换日的公允价值，借记本科目（成本），按其账面余额，贷记“开发产品”等科目，按其差额，贷记“资本公积——其他资本公积”科目或借记“公允价值变动损益”科目。已计提跌价准备的，还应同时结转跌价准备。

将自用的建筑物等转换为投资性房地产的，按其在转换日的公允价值，借记本科目（成本），按已计提的累计折旧等，借记“累计折旧”等科目，按其账面余额，贷记“固定资产”等科目，按其差额，贷记“资本公积——其他资本公积”科目或借记“公允价值变动损益”科目。已计提减值准备的，还应同时结转减值准备。

（三）资产负债表日，投资性房地产的公允价值高于其账面余额的差额，借记本科目（公允价值变动），贷记“公允价值变动损益”科目；公允价值低于其账面余额的差额做相反的会计分录。

取得的租金收入，借记“银行存款”等科目，贷记“其他业务收入”科目。

（四）将投资性房地产转为自用时，应按其在转换日的公允价值，借记“固定资产”等科目，按其账面余额，贷记本科目（成本、公允价值变动），按其差额，贷记或借记“公允价值变动损益”科目。

（五）处置投资性房地产时，应按实际收到的金额，借记“银行存款”等科目，贷记“其他业务收入”科目。按该项投资性房地产的账面余额，借记“其他业务成本”科目，贷记本科目（成本）、贷记或借记本科目（公允价值变动）；同时，按该项投资性房地产的公允价值变动，借记或贷记“公允价值变动损益”科目，贷记或借记“其他业务收入”科目。按该项投资性房地产在转换日记入资本公积的金额，借记“资本公积——其他资本公积”科目，贷记“其他业务收入”科目。

五、投资性房地产作为企业主营业务的，应通过“主营业务收入”和“主营业务成本”科目核算相关的损益。

六、本科目期末借方余额，反映企业采用成本模式计量的投资性房地产成本。企业采用公允价值模式计量的投资性房地产，反映投资性房地产的公允价值。

1601 固定资产

一、本科目核算企业持有的固定资产原价。建造承包商的临时设施，以及企业购置计算机硬件所附带的、未单独计价的软件，也通过本科目核算。

二、本科目可按固定资产类别和项目进行明细核算。融资租入的固定资产，可在本科目设置“融资租入固定资产”明细科目。

三、固定资产的主要账务处理。

（一）企业购入不需要安装的固定资产，按应计入固定资产成本的金额，借记本科目，贷记“银行存款”等科目。购入需要安装的固定资产，先记入“在建工程”科目，达到预定可使用状态时再转入本科目。

购入固定资产超过正常信用条件延期支付价款、实质上具有融资性质的，按应付购买价款的现值，借记本科目或“在建工程”科目，按应支付的金额，贷记“长期应付款”科目，按其差额，借记“未确认融资费用”科目。

（二）自行建造达到预定可使用状态的固定资产，借记本科目，贷记“在建工程”科目。已达到预定可使用状态、但尚未办理竣工决算手续的固定资产，应按估计价值入账，待确定实际成本后再进行调整。

（三）融资租入的固定资产，在租赁期开始日，按应计入固定资产成本的金额（租赁开始日租赁资产公允价值与最低租赁付款额现值两者中较低者，加上初始直接费用），借记本科目或“在建工程”科目，按最低租赁付款额，贷记“长期应付款”科目，按发生的初始直接费用，贷记“银行存款”等科目，按其差额，借记“未确认融资费用”科目。

租赁期届满，企业取得该项固定资产所有权的，应将该项固定资产从“融资租入固定资产”明细科目转入有关明细科目。

（四）固定资产存在弃置义务的，应在取得固定资产时，按预计弃置费用的现值，借记本科目，贷记“预计负债”科目。在该项固定资产的使用寿命内，计算确定各期应负担的利息费用，借记“财务费用”科目，贷记“预计负债”科目。

（五）处置固定资产时，按该项固定资产账面价值，借记“固定资产清理”科目，按已提的累计折旧，借记“累计折旧”科目，按其账面原价，贷记本科目。已计提减值准备的，还应同时结转已计提的减值准备。

四、本科目期末借方余额，反映企业固定资产的原价。

1602 累计折旧

一、本科目核算企业固定资产的累计折旧。

二、本科目可按固定资产的类别或项目进行明细核算。

三、按期（月）计提固定资产的折旧，借记“制造费用”、“销售费用”、“管理费用”、“研发支出”、“其他业务成本”等科目，贷记本科目。处置固定资产还应同时结转累计折旧。

四、本科目期末贷方余额，反映企业固定资产的累计折旧额。

1603 固定资产减值准备

一、本科目核算企业固定资产的减值准备。

二、资产负债表日，固定资产发生减值的，按应减记的金额，借记“资产减值损失”科目，贷记本科目。处置固定资产还应同时结转减值准备。

三、本科目期末贷方余额，反映企业已计提但尚未转销的固定资产减值准备。

1604 在建工程

一、本科目核算企业基建、更新改造等在建工程发生的支出。在建工程发生减值的，可以单独设置“在建工程减值准备”科目，比照“固定资产减值准备”科目进行处理。企业（石油天然气开采）发生的油气勘探支出和油气开发支出，可以单独设置“油气勘探支出”、“油气开发支出”科目。

二、本科目可按“建筑工程”、“安装工程”、“在安装设备”、“待摊支出”以及单项工程等进行明细核算。

三、企业在建工程发生的管理费、征地费、可行性研究费、临时设施费、公证费、监理费及应负担的税费等，借记本科目（待摊支出），贷记“银行存款”等科目。

四、企业发包的在建工程，应按合理估计的发包工程进度和合同规定结算的进度款，借记本科目，贷记“银行存款”、“预付账款”等科目。将设备交付建造承包商建造安装时，借记本科目（在安装设备），贷记“工程物资”科目。

工程完成时，按合同规定补付的工程款，借记本科目，贷记“银行存款”科目。

五、企业自营在建工程的主要账务处理。

（一）自营的在建工程领用工程物资、原材料或库存商品的，借记本科目，贷记“工程物资”、“原材料”、“库存商品”等科目。采用计划成本核算的，应同时结转应分摊的成本差异。涉及增值税的，还应进行相应的处理。

在建工程应负担的职工薪酬，借记本科目，贷记“应付职工薪酬”科目。

辅助生产部门为工程提供的水、电、设备安装、修理、运输等劳务，借记本科目，贷记“生产成本——辅助生产成本”等科目。

在建工程发生的借款费用满足借款费用资本化条件的，借记本科目，贷记“长期借款”、“应付利息”等科目。

（二）在建工程进行负荷联合试车发生的费用，借记本科目（待摊支出），贷记“银行存款”、“原材料”等科目；试车形成的产品或副产品对外销售或转为库存商品的，借记“银行存款”、“库存商品”等科目，贷记本科目（待摊支出）。

（三）在建工程达到预定可使用状态时，应计算分配待摊支出，借记本科目（××工程），贷记本科目（待摊支出）；结转在建工程成本，借记“固定资产”等科目，贷记本科目（××工程）。

在建工程完工已领出的剩余物资应办理退库手续，借记“工程物资”科目，贷记本科目。

（四）建设期间发生的工程物资盘亏、报废及毁损净损失，借记本科目，贷记“工程物资”科目；盘盈的工程物资或处置净收益做相反的会计分录。

由于自然灾害等原因造成的在建工程报废或毁损，减去残料价值和过失人或保险公司等赔款后的净损失，借记“营业外支出——非常损失”科目，贷记本科目（建筑工程、安装工程等）。

六、企业（石油天然气开采）在油气勘探过程中发生的各项钻井勘探支出，借记“油气勘探支出”科目，贷记“银行存款”、“应付职工薪酬”等科目。属于发现探明经济可采储量的钻井勘探支出，借记“油气资产”科目，贷记“油气勘探支出”科目；属于未发现探明经济可采储量的钻井勘探支出，借记“勘探费用”科目，贷记“油气勘探支出”科目。

企业（石油天然气开采）在油气开发过程中发生的各项相关支出，借记“油气开发支出”科目，贷记“银行存款”、“应付职工薪酬”等科目。开发工程项目达到预定可使用状态时，借记“油气资产”科目，贷记“油气开发支出”科目。

七、本科目的期末借方余额，反映企业尚未达到预定可使用状态的在建工程的成本。

1605 工程物资

一、本科目核算企业为在建工程准备的各种物资的成本，包括工程用材料、尚未安装的设备以及为生产准备的工器具等。

二、本科目可按“专用材料”、“专用设备”、“工器具”等进行明细核算。工程物资发生减值的，可以单独设置“工程物资减值准备”科目，比照“固定资产减值准备”科目进行处理。

三、工程物资的主要账务处理。

（一）购入为工程准备的物资，借记本科目，贷记“银行存款”、“其他应付款”等科目。

（二）领用工程物资，借记“在建工程”科目，贷记本科目。工程完工后将领出的剩余物资退库时做相反的会计分录。已计提减值准备的，还应同时结转减值准备。

（三）工程完工后剩余的工程物资转作本企业存货的，借记“原材料”等科目，贷记本科目。

四、本科目期末借方余额，反映企业为在建工程准备的各种物资的成本。

1606 固定资产清理

一、本科目核算企业因出售、报废、毁损、对外投资、非货币性资产交换、债务重组等原因转出的固定资产价值以及在清理过程中发生的费用等。

二、本科目可按被清理的固定资产项目进行明细核算。

三、固定资产清理的主要账务处理。

（一）企业因出售、报废、毁损、对外投资、非货币性资产交换、债务重组等转出的固定资产，按该项固定资产的账面价值，借记本科目，按已计提的累计折旧，借记“累计折旧”科目，按其账面原价，贷记“固定资产”科目。已计提减值准备的，还应同时结转减值准备。

（二）清理过程中应支付的相关税费及其他费用，借记本科目，贷记“银行存款”、“应交税费——应交营业税”等科目。收回出售固定资产的价款、残料价值和变价收入等，借记“银行存款”、“原材料”等科目，贷记本科目。应由保险公司或过失人赔偿的损失，借记“其他应收款”等科目，贷记本科目。

（三）固定资产清理完成后，属于生产经营期间正常的处理损失，借记“营业外支出——处置非流动资产损失”科目，贷记本科目；属于自然灾害等非正常原因造成的损失，借记“营业外支出——非常损失”科目，贷记本科目。如为贷方余额，借记本科目，贷记“营业外收入”科目。

四、本科目期末借方余额，反映企业尚未清理完毕的固定资产清理净损失。

1621 生产性生物资产

一、本科目核算企业（农业）持有的生产性生物资产原价。

二、本科目可按“未成熟生产性生物资产”和“成熟生产性生物资产”，分别生物资产的种类、群别、所属部门等进行明细核算。

生产性生物资产发生减值的，可以单独设置“生产性生物资产减值准备”科目，比照“固定资产减值准备”科目进行处理。

三、生产性生物资产的主要账务处理。

（一）企业外购的生产性生物资产，按应计入生产性生物资产成本的金额，借记本科目，贷记“银行存款”等科目。

（二）自行营造的林木类生产性生物资产、自行繁殖的产畜和役畜，应按达到预定生产经营目的前发生的必要支出，借记本科目（未成熟生产性生物资产），贷记“银行存款”等科目。

（三）天然起源的生产性生物资产，应按名义金额，借记本科目，贷记“营业外收入”科目。

（四）育肥畜转为产畜或役畜，应按其账面余额，借记本科目，贷记“消耗性生物资产”科目。已计提跌价准备的，还应同时结转跌价准备。

产畜或役畜淘汰转为育肥畜，按转群时的账面价值，借记“消耗性生物资产”科目，按已计提的累计折旧，借记“生产性生物资产累计折旧”科目，按其账面余额，贷记本科目。已计提减值准备的，还应同时结转减值准备。

（五）未成熟生产性生物资产达到预定生产经营目的时，按其账面余额，借记本科目（成熟生产性生物资产），贷记本科目（未成熟生产性生物资产）。已计提减值准备的，还应同时结转减值准备。

（六）择伐、间伐或抚育更新等生产性采伐而补植林木类生产性生物资产发生的后续支出，借记本科目，贷记“银行存款”等科目。生产性生物资产达到预定生产经营目的后发生的管护、饲养费用等后续支出，借记“管理费用”科目，贷记“银行存款”等科目。

（七）处置生产性生物资产，应按实际收到的金额，借记“银行存款”等科目，按已计提的累计折旧，借记“生产性生物资产累计折旧”科目，按其账面余额，贷记本科目，按其差额，借记“营业外支出——处置非流动资产损失”科目或贷记“营业外收入——处置非流动资产利得”科目。已计提减值准备的，还应同时结转减值准备。

四、本科目期末借方余额，反映企业生产性生物资产的原价。

1622　生产性生物资产累计折旧

一、本科目核算企业（农业）成熟生产性生物资产的累计折旧。

二、本科目可按生产性生物资产的种类、群别、所属部门等进行明细核算。

三、企业按期（月）计提成熟生产性生物资产的折旧，借记“农业生产成本”、“管理费用”等科目，贷记本科目。处置生产性生物资产还应同时结转生产性生物资产累计折旧。

四、本科目期末贷方余额，反映企业成熟生产性生物资产的累计折旧额。

1631　油气资产

一、本科目核算企业（石油天然气开采）持有的矿区权益和油气井及相关设施的原价。企业（石油天然气开采）可以单独设置“油气资产清理”科目，比照“固定资产清理”科目进行处理。企业（石油天然气开采）与油气开采活动相关的辅助设备及设施在“固定资产”科目核算。

二、本科目可按油气资产的类别、不同矿区或油田等进行明细核算。

三、油气资产的主要账务处理。

（一）企业购入油气资产（含申请取得矿区权益）的成本，借记本科目，贷记“银行存款”、“应付票据”、“其他应付款”等科目。

（二）自行建造的油气资产，在油气勘探、开发工程达到预定可使用状态时，借记本科目，贷记“油气勘探支出”、“油气开发支出”等科目。

（三）油气资产存在弃置义务的，应在取得油气资产时，按预计弃置费用的现值，借记本科目，贷记“预计负债”科目。在油气资产的使用寿命内，计算确定各期应负担的利息费用，借记“财务费用”科目，贷记“预计负债”科目。

（四）处置油气资产，应按该项油气资产的账面价值，借记“油气资产清理”科目，按已计提的累计折耗，借记“累计折耗”科目，按其账面原价，贷记本科目。已计提减值准备的，还应同时结转减值准备。

四、本科目期末借方余额，反映企业油气资产的原价。

1632　累计折耗

一、本科目核算企业（石油天然气开采）油气资产的累计折耗。

二、本科目可按油气资产的类别、不同矿区或油田进行明细核算。

三、企业按期（月）计提油气资产的折耗，借记“生产成本”等科目，贷记本科目。处置油气资产时，还应同时结转油气资产累计折耗。

四、本科目期末贷方余额，反映企业油气资产的累计折耗额。

1701 无形资产

一、本科目核算企业持有的无形资产成本，包括专利权、非专利技术、商标权、著作权、土地使用权等。

二、本科目可按无形资产项目进行明细核算。

三、无形资产的主要账务处理。

（一）企业外购的无形资产，按应计入无形资产成本的金额，借记本科目，贷记“银行存款”等科目。

自行开发的无形资产，按应予资本化的支出，借记本科目，贷记“研发支出”科目。

（二）无形资产预期不能为企业带来经济利益的，应按已计提的累计摊销，借记“累计摊销”科目，按其账面余额，贷记本科目，按其差额，借记“营业外支出”科目。已计提减值准备的，还应同时结转减值准备。

（三）处置无形资产，应按实际收到的金额等，借记“银行存款”等科目，按已计提的累计摊销，借记“累计摊销”科目，按应支付的相关税费及其他费用，贷记“应交税费”、“银行存款”等科目，按其账面余额，贷记本科目，按其差额，贷记“营业外收入——处置非流动资产利得”科目或借记“营业外支出——处置非流动资产损失”科目。已计提减值准备的，还应同时结转减值准备。

四、本科目期末借方余额，反映企业无形资产的成本。

1702 累计摊销

一、本科目核算企业对使用寿命有限的无形资产计提的累计摊销。

二、本科目可按无形资产项目进行明细核算。

三、企业按期（月）计提无形资产的摊销，借记“管理费用”、“其他业务成本”等科目，贷记本科目。处置无形资产还应同时结转累计摊销。

四、本科目期末贷方余额，反映企业无形资产的累计摊销额。

1703 无形资产减值准备

一、本科目核算企业无形资产的减值准备。

二、本科目可按无形资产项目进行明细核算。

三、资产负债表日，无形资产发生减值的，按应减记的金额，借记“资产减值损失”科目，贷记本科目。处置无形资产还应同时结转减值准备。

四、本科目期末贷方余额，反映企业已计提但尚未转销的无形资产减值准备。

5301 研发支出

一、本科目核算企业进行研究与开发无形资产过程中发生的各项支出。

二、本科目可按研究开发项目，分别“费用化支出”、“资本化支出”进行明细核算。

三、研发支出的主要账务处理。

（一）企业自行开发无形资产发生的研发支出，不满足资本化条件的，借记本科目（费用化支出），满足资本化条件的，借记本科目（资本化支出），贷记“原材料”、“银行存款”、“应付职工薪酬”等科目。

（二）研究开发项目达到预定用途形成无形资产的，应按本科目（资本化支出）的余额，借记“无形资产”科目，贷记本科目（资本化支出）。

期（月）末，应将本科目归集的费用化支出金额转入“管理费用”科目，借记“管理费用”科目，贷记本科目（费用化支出）。

四、本科目期末借方余额，反映企业正在进行无形资产研究开发项目满足资本化条件的支出。

1711 商誉

一、本科目核算企业合并中形成的商誉价值。商誉发生减值的，可以单独设置“商誉减值准备”科目，比照“无形资产减值准备”科目进行处理。

二、非同一控制下企业合并中确定的商誉价值，借记本科目，贷记有关科目。

三、本科目期末借方余额，反映企业商誉的价值。

1801 长期待摊费用

一、本科目核算企业已经发生但应由本期和以后各期负担的分摊期限在1年以上的各项费用，如以经营租赁方式租入的固定资产发生的改良支出等。

二、本科目可按费用项目进行明细核算。

三、企业发生的长期待摊费用，借记本科目，贷记“银行存款”、“原材料”等科目。摊销长期待摊费用，借记“管理费用”、“销售费用”等科目，贷记本科目。

四、本科目期末借方余额，反映企业尚未摊销完毕的长期待摊费用。

1811 递延所得税资产

一、本科目核算企业确认的可抵扣暂时性差异产生的递延所得税资产。

二、本科目应按可抵扣暂时性差异等项目进行明细核算。根据税法规定可用以后年度税前利润弥补的亏损及税款抵减产生的所得税资产，也在本科目核算。

三、递延所得税资产的主要账务处理。

（一）资产负债表日，企业确认的递延所得税资产，借记本科目，贷记“所得税费用——递延所得税费用”科目。资产负债表日递延所得税资产的应有余额大于其账面余额的，应按其差额确认，借记本科目，贷记“所得税费用——递延所得税费用”等科目；资产负债表日递延所得税资产的应有余额小于其账面余额的差额做相反的会计分录。

企业合并中取得资产、负债的入账价值与其计税基础不同形成可抵扣暂时性差异的，应于购买日确认递延所得税资产，借记本科目，贷记“商誉”等科目。

与直接计入所有者权益的交易或事项相关的递延所得税资产，借记本科目，贷记“资本公积——其他资本公积”科目。

（二）资产负债表日，预计未来期间很可能无法获得足够的应纳税所得额用以抵扣可抵扣暂时性差异的，按原已确认的递延所得税资产中应减记的金额，借记“所得税费用——递延所得税费用”、“资本公积——其他资本公积”等科目，贷记本科目。

四、本科目期末借方余额，反映企业确认的递延所得税资产。

1421 消耗性生物资产

一、本科目核算企业（农业）持有的消耗性生物资产的实际成本。消耗性生物资产发生减值的，可以单独设置“消耗性生物资产跌价准备”科目，比照“存货跌价准备”科目进行处理。

二、本科目可按消耗性生物资产的种类、群别等进行明细核算。

三、消耗性生物资产的主要账务处理。

（一）外购的消耗性生物资产，按应计入消耗性生物资产成本的金额，借记本科目，贷记“银行存款”、“应付账款”、“应付票据”等科目。

（二）自行栽培的大田作物和蔬菜，应按收获前发生的必要支出，借记本科目，贷记“银行存款”等科目。自行营造的林木类消耗性生物资产，应按郁闭前发生的必要支出，借记本科目，贷记“银行存款”等科目。自行繁殖的育肥畜、水产养殖的动植物，应按出售前发生的必要支出，借记本科目，贷记“银行存款”等科目。

（三）取得天然起源的消耗性生物资产，应按名义金额，借记本科目，贷记“营业外收入”科目。

（四）产畜或役畜淘汰转为育肥畜的，按转群时的账面价值，借记本科目，按已计提的累计折旧，借记“生产性生物资产累计折旧”科目，按其账面余额，贷记“生产性生物资产”科目。已计提减值准备的，还应同时结转减值准备。

育肥畜转为产畜或役畜的，应按其账面余额，借记“生产性生物资产”科目，贷记本科目。已计提跌价准备的，还应同时结转跌价准备。

（五）择伐、间伐或抚育更新性质采伐而补植林木类消耗性生物资产发生的后续支出，借记本科目，贷记“银行存款”等科目。林木类消耗性生物资产达到郁闭后发生的管护费用等后续支出，借记“管理费用”科目，贷记“银行存款”等科目。

（六）农业生产过程中发生的应归属于消耗性生物资产的费用，按应分配的金额，借记本科目，贷记“农业生产成本”科目。

（七）消耗性生物资产收获为农产品时，应按其账面余额，借记“农产品”科目，贷记本科目。已计提跌价准备的，还应同时结转跌价准备。

（八）出售消耗性生物资产，应按实际收到的金额，借记“银行存款”等科目，贷记“主营业务收入”等科目。按其账面余额，借记“主营业务成本”等科目，贷记本科目。已计提跌价准备的，还应同时结转跌价准备。

四、本科目期末借方余额，反映企业消耗性生物资产的实际成本。

（3）“存货”项目还反映建造承包商的“工程施工”期末余额大于“工程结算”期末余额的差额。

5401 工程施工

一、本科目核算企业（建造承包商）实际发生的合同成本和合同毛利。

二、本科目可按建造合同，分别“合同成本”、“间接费用”、“合同毛利”进行明细核算。

三、工程施工的主要账务处理。

（一）企业进行合同建造时发生的人工费、材料费、机械使用费以及施工现场材料的二次搬运费、生产工具和用具使用费、检验试验费、临时设施折旧费等其他直接费用，借记本科目（合同成本），贷记“应付职工薪酬”、“原材料”等科目。发生的施工、生产单位管理人员职工薪酬、固定资产折旧费、财产保险费、工程保修费、排污费等间接费用，借记本科目（间接费用），贷记“累计折旧”、“银行存款”等科目。

期（月）末，将间接费用分配计入有关合同成本，借记本科目（合同成本），贷记本科目（间接费用）。

（二）确认合同收入、合同费用时，借记“主营业务成本”科目，贷记“主营业务收入”科目，按其差额，借记或贷记本科目（合同毛利）。

（三）合同完工时，应将本科目余额与相关工程施工合同的“工程结算”科目对冲，借记“工程结算”科目，贷记本科目。

四、本科目期末借方余额，反映企业尚未完工的建造合同成本和合同毛利。

5402 工程结算

一、本科目核算企业（建造承包商）根据建造合同约定向业主办理结算的累计金额。

二、本科目可按建造合同进行明细核算。

三、企业向业主办理工程价款结算，按应结算的金额，借记“应收账款”等科目，贷记本科目。

合同完工时，应将本科目余额与相关工程施工合同的“工程施工”科目对冲，借记本科目，贷记“工程施工”科目。

四、本科目期末贷方余额，反映企业尚未完工建造合同已办理结算的累计金额。

（4）“代理业务资产”减去“代理业务负债”后的余额也在“存货”项目反映。

1321 代理业务资产

一、本科目核算企业不承担风险的代理业务形成的资产，包括受托理财业务进行的证券投资和受托贷款等。企业采用收取手续费方式受托代销的商品，可将本科目改为“1321受托代销商品”科目。

二、本科目可按委托单位、资产管理类别（如定向、集合和专项资产管理业务）、贷款对象，分别“成本”、“已实现未结算损益”等进行明细核算。

三、代理业务资产的主要账务处理。

（一）企业收到委托人的资金，应按实际收到的金额，借记“存放中央银行款项”、“吸收存款”等科目，贷记“代理业务负债”科目。

（二）以代理业务资金购买证券等，借记本科目（成本），贷记“存放中央银行款项”、“结算备付金——客户”、“吸收存款”等科目。

将购买的证券售出，应按实际收到的金额，借记“存放中央银行款项”、“结算备付金——客户”、“吸收存款”等科目，按卖出证券应结转的成本，贷记本科目（成本），按其差额，借记或贷记本科目（已实现未结算损益）。

定期或在合同到期与委托客户进行结算，按合同约定比例计算代理业务资产收益，结转已实现未结算损益，借记本科目（已实现未结算损益），贷记“代理业务负债”（委托客户的收益）、“手续费及佣金收入”（本企业的收益）等科目。

（三）发放受托的贷款，应按实际发放的金额，借记本科目（本金），贷记“吸收存款”、“银行存款”等科目。

收回受托贷款，应按实际收到的金额，借记“吸收存款”、“银行存款”等科目，贷记本科目（本金），按其差额，贷记本科目（已实现未结算损益）等。

定期或在合同到期与委托单位结算，按合同规定比例计算受托贷款收益，结算已实现未结算的收益，借记本科目（已实现未结算损益），贷记“代理业务负债”（委托客户的收益）、“手续费及佣金收入”（本企业的收益）等科目

（四）收到受托代销的商品，按约定的价格，借记“受托代销商品”科目，贷记“受托代销商品款”科目。

售出受托代销商品后，按实际收到或应收的金额，借记“银行存款”、“应收账款”等科目，贷记“受托代销商品”科目。计算代销手续费等收入，借记“受托代销商品款”科目，贷记“其他业务收入”科目。结清代销商品款时，借记“受托代销商品款”科目，贷记“银行存款”科目。

四、本科目期末借方余额，反映企业代理业务资产的价值。

2314　代理业务负债

一、本科目核算企业不承担风险的代理业务收到的款项，包括受托投资资金、受托贷款资金等。企业采用收取手续费方式收到的代销商品款，可将本科目改为“2314　受托代销商品款”科目。

二、本科目可按委托单位、资产管理类别（如定向、集合和专项资产管理业务）等进行明细核算。

三、代理业务负债的主要账务处理。

（一）企业收到的代理业务款项，借记“银行存款”、“存放中央银行款项”、“吸收存款”等科目，贷记本科目。

定期或在合同到期与委托客户进行结算，按合同约定比例计算代理业务资产收益，结转已实现未结算损益，借记“代理业务资产——已实现未结算损益”科目，按属于委托客户的收益，贷记本科目，按属于企业的收益，贷记“手续费及佣金收入”科目。

按规定划转、核销或退还代理业务资金，借记本科目，贷记“银行存款”、“存放中央银行款项”、“吸收存款”等科目。

（二）收到受托代销的商品，按约定的价格，借记“受托代销商品”科目，贷记“受托代销商品款”科目。

售出受托代销商品后，按实际收到或应收的金额，借记“银行存款”、“应收账款”等科目，贷记“受托代销商品”科目。计算代销手续费等收入，借记“受托代销商品款”科目，贷记“其他业务收入”科目。结清代销商品款时，借记“受托代销商品款”科目，贷记“银行存款”科目。

四、本科目期末贷方余额，反映企业收到的代理业务资金。

（5）“一年内到期的非流动资产”项目，反映长期应收款、持有至到期投资、长期待摊费用等资产中将于一年内到期或摊销完毕的部分。

（6）“其他非流动资产”项目，反映企业期末持有的“衍生工具”、“套期工具”、“被套期项目”等。

3101 衍生工具

一、本科目核算企业衍生工具的公允价值及其变动形成的衍生资产或衍生负债。衍生工具作为套期工具的，在“套期工具”科目核算。

二、本科目可按衍生工具类别进行明细核算。

三、衍生工具的主要账务处理。

（一）企业取得衍生工具，按其公允价值，借记本科目，按发生的交易费用，借记“投资收益”科目，按实际支付的金额，贷记“银行存款”、“存放中央银行款项”等科目。

（二）资产负债表日，衍生工具的公允价值高于其账面余额的差额，借记本科目，贷记“公允价值变动损益”科目；公允价值低于其账面余额的差额做相反的会计分录。

（三）终止确认的衍生工具，应当比照“交易性金融资产”、“交易性金融负债”等科目的相关规定进行处理。

四、本科目期末借方余额，反映企业衍生工具形成资产的公允价值；本科目期末贷方余额，反映企业衍生工具形成负债的公允价值。

3201 套期工具

一、本科目核算企业开展套期保值业务（包括公允价值套期、现金流量套期和境外经营净投资套期）套期工具公允价值变动形成的资产或负债。

二、本科目可按套期工具类别进行明细核算。

三、套期工具的主要账务处理。

（一）企业将已确认的衍生工具等金融资产或金融负债指定为套期工具的，应按其账面价值，借记或贷记本科目，贷记或借记“衍生工具”等科目。

（二）资产负债表日，对于有效套期，应按套期工具产生的利得，借记本科目，贷记“公允价值变动损益”、“资本公积——其他资本公积”等科目；套期工具产生损失做相反的会计分录。

（三）金融资产或金融负债不再作为套期工具核算的，应按套期工具形成的资产或负债，借记或贷记有关科目，贷记或借记本科目。

四、本科目期末借方余额，反映企业套期工具形成资产的公允价值；本科目期末贷方余额，反映企业套期工具形成负债的公允价值。

3202 被套期项目

一、本科目核算企业开展套期保值业务被套期项目公允价值变动形成的资产或负债。

二、本科目可按被套期项目类别进行明细核算。

三、被套期项目的主要账务处理。

（一）企业将已确认的资产或负债指定为被套期项目，应按其账面价值，借记或贷记本科目，贷记或借记“库存商品”、“长期借款”、“持有至到期投资”等科目。已计提跌价准备或减值准备的，还应同时结转跌价准备或减值准备。

（二）资产负债表日，对于有效套期，应按被套期项目产生的利得，借记本科目，贷记“公允价值变动损益”、“资本公积——其他资本公积”等科目；被套期项目产生损失做相反的会计分录。

（三）资产或负债不再作为被套期项目核算的，应按被套期项目形成的资产或负债，借记或贷记有关科目，贷记或借记本科目。

四、本科目期末借方余额，反映企业被套期项目形成资产的公允价值；本科目期末贷方余额，反映企业被套期项目形成负债的公允价值。

（7）融资租赁出租方以及分期收款销售且实质上具有融资性质的“长期应收款”项目，反映扣减相应的“未实现融资收益”后的净额（折现值）。

1531 长期应收款

一、本科目核算企业的长期应收款项，包括融资租赁产生的应收款项、采用递延方式具有融资性质的销售商品和提供劳务等产生的应收款项等。

实质上构成对被投资单位净投资的长期权益，也通过本科目核算。

二、本科目可按债务人进行明细核算。

三、长期应收款的主要账务处理。

（一）出租人融资租赁产生的应收租赁款，在租赁期开始日，应按租赁开始日最低租赁收款额与初始直接费用之和，借记本科目，按未担保余值，借记“未担保余值”科目，按融资租赁资产的公允价值（最低租赁收款额和未担保余值的现值之和），贷记“融资租赁资产”科目，按融资租赁资产的公允价值与账面价值的差额，借记“营业外支出”科目或贷记“营业外收入”科目，按发生的初始直接费用，贷记“银行存款”等科目，按其差额，贷记“未实现融资收益”科目。

（二）采用递延方式分期收款销售商品或提供劳务等经营活动产生的长期应收款，满足收入确认条件的，按应收的合同或协议价款，借记本科目，按应收合同或协议价款的公允价值（折现值），贷记“主营业务收入”等科目，按其差额，贷记“未实现融资收益”科目。涉及增值税的，还应进行相应的处理。

（三）如有实质上构成对被投资单位净投资的长期权益，被投资单位发生的净亏损应由本企业承担的部分，在“长期股权投资”的账面价值减记至零以后，还需承担的投资损失，应以本科目中实质上构成了对被投资单位净投资的长期权益部分账面价值减记至零为限，继续确认投资损失，借记“投资收益”科目，贷记本科目。除上述已确认投资损失外，投资合同或协议中约定仍应承担的损失，确认为预计负债。

四、本科目的期末借方余额，反映企业尚未收回的长期应收款。

1532 未实现融资收益

一、本科目核算企业分期计入租赁收入或利息收入的未实现融资收益。

二、本科目可按未实现融资收益项目进行明细核算。

三、未实现融资收益的主要账务处理。

（一）出租人融资租赁产生的应收租赁款，在租赁期开始日，应按租赁开始日最低租赁收款额与初始直接费用之和，借记“长期应收款”科目，按未担保余值，借记“未担保余值”科目，按融资租赁资产的公允价值（最低租赁收款额的现值和未担保余值的现值之和），贷记“融资租赁资产”科目，按融资租赁资产的公允价值与账面价值的差额，借记“营业外支出”科目或贷记“营业外收入”科目，按发生的初始直接费用，贷记“银行存款”等科目，按其差额，贷记本科目。

采用实际利率法按期计算确定的融资收入，借记本科目，贷记“租赁收入”科目。

（二）采用递延方式分期收款、实质上具有融资性质的销售商品或提供劳务等经营活动产生的长期应收款，满足收入确认条件的，按应收的合同或协议价款，借记“长期应收款”科目，按应收的合同或协议价款的公允价值，贷记“主营业务收入”等科目，按其差额，贷记本科目。涉及增值税的，还应进行相应的处理。

采用实际利率法按期计算确定的利息收入，借记本科目，贷记“财务费用”科目。

四、本科目期末贷方余额，反映企业尚未转入当期收益的未实现融资收益。

（8）有公益性生物资产的企业，应增设“公益性生物资产”项目，列在“生产性生物资产”项目之后。

1623 公益性生物资产

一、本科目核算企业（农业）持有的公益性生物资产的实际成本。

二、本科目可按公益性生物资产的种类或项目进行明细核算。

三、公益性生物资产的主要账务处理。

（一）企业外购的公益性生物资产，按应计入公益性生物资产成本的金额，借记本科目，贷记“银行存款”等科目。

（二）自行营造的公益性生物资产，应按郁闭前发生的必要支出，借记本科目，贷记“银行存款”等科目。

（三）天然起源的公益性生物资产，应按名义金额，借记本科目，贷记“营业外收入”科目。

（四）消耗性生物资产、生产性生物资产转为公益性生物资产的，应按其账面余额或账面价值，借记本科目，按已计提的生产性生物资产累计折旧，借记“生产性生物资产累计折旧”科目，按其账面余额，贷记“消耗性生物资产”、“生产性生物资产”等科目。已计提跌价准备或减值准备的，还应同时结转跌价准备或减值准备。

（五）择伐、间伐或抚育更新等生产性采伐而补植林木类公益性生物资产发生的后续支出，借记本科目，贷记“银行存款”等科目。林木类公益性生物资产郁闭后发生的管护费用等其他后续支出，借记“管理费用”科目，贷记“银行存款”等科目。

四、本科目期末借方余额，反映企业公益性生物资产的原价。

（9）“短期借款”、“交易性金融负债”、“应付票据”、“应付账款”、“预收款项”、“应付职工薪酬”、“应交税费”、“应付利息”、“应付股利”、“其他应付款”、“其他流动负债”、“长期借款”、“应付债券”、“长期应付款”、“专项应付款”、“递延所得税负债”、“预计负债”等项目，通常反映企业期末尚未偿还的各项负债的账面余额。

2001　短期借款

一、本科目核算企业向银行或其他金融机构等借入的期限在 1 年以下（含 1 年）的各种借款。

二、本科目可按借款种类、贷款人和币种进行明细核算。

三、企业借入的各种短期借款，借记“银行存款”科目，贷记本科目；归还借款做相反的会计分录。资产负债表日，应按计算确定的短期借款利息费用，借记“财务费用”、“利息支出”等科目，贷记“银行存款”、“应付利息”等科目。

四、本科目期末贷方余额，反映企业尚未偿还的短期借款。

2101　交易性金融负债

一、本科目核算企业承担的交易性金融负债的公允价值。企业持有的直接指定为以公允价值计量且其变动计入当期损益的金融负债，也在本科目核算。衍生金融负债在“衍生工具”科目核算。

二、本科目可按交易性金融负债类别，分别“本金”、“公允价值变动”等进行明细核算。

三、交易性金融负债的主要账务处理。

（一）企业承担的交易性金融负债，应按实际收到的金额，借记“银行存款”、“存放中央银行款项”、“结算备付金”等科目，按发生的交易费用，借记“投资收益”科目，按交易性金融负债的公允价值，贷记本科目（本金）。

（二）资产负债表日，按交易性金融负债票面利率计算的利息，借记“投资收益”科目，贷记“应付利息”科目。

资产负债表日，交易性金融负债的公允价值高于其账面余额的差额，借记“公允价值变动损益”科目，贷记本科目（公允价值变动）；公允价值低于其账面余额的差额做相反的会计分录。

（三）处置交易性金融负债，应按该金融负债的账面余额，借记本科目，按实际支付的金额，贷记“银行存款”、“存放中央银行款项”、“结算备付金”等科目，按其差额，贷记或借记“投资收益”科目。同时，按该金融负债的公允价值变动，借记或贷记“公允价值变动损益”科目，贷记或借记“投资收益”科目。

四、本科目期末贷方余额，反映企业承担的交易性金融负债的公允价值。

2201　应付票据

一、本科目核算企业购买材料、商品和接受劳务供应等开出、承兑的商业汇票，包括银行承兑汇票和商业承兑汇票。

二、本科目可按债权人进行明细核算。

三、应付票据的主要账务处理。

（一）企业开出、承兑商业汇票或以承兑商业汇票抵付货款、应付账款等，借记“材料采购”、“库存商品”等科目，贷记本科目。涉及增值税进项税额的，还应进行相应的处理。

（二）支付银行承兑汇票的手续费，借记“财务费用”科目，贷记“银行存款”科目。支付票款，借记本科目，贷记“银行存款”科目。

（三）银行承兑汇票到期，企业无力支付票款的，按应付票据的票面金额，借记本科目，贷记“短期借款”科目。

四、企业应当设置“应付票据备查簿”，详细登记商业汇票的种类、号数和出票日期、到期日、票面金额、交易合同号和收款人姓名或单位名称以及付款日期和金额等资料。应付票据到期结清时，在备查簿中应予注销。

五、本科目期末贷方余额，反映企业尚未到期的商业汇票的票面金额。

2202　应付账款

一、本科目核算企业因购买材料、商品和接受劳务等经营活动应支付的款项。

企业（金融）应支付但尚未支付的手续费和佣金，可将本科目改为“2202　应付手续费及佣金”科目，并按照对方单位（或个人）进行明细核算。

企业（保险）应支付但尚未支付的赔付款项，可以单独设置“应付赔付款”科目。

二、本科目可按债权人进行明细核算。

三、企业购入材料、商品等验收入库，但货款尚未支付，根据有关凭证（发票账单、随货同行发票上记载的实际价款或暂估价值），借记“材料采购”、“在途物资”等科目，按应付的款项，贷记本科目。

接受供应单位提供劳务而发生的应付未付款项，根据供应单位的发票账单，借记“生产成本”、“管理费用”等科目，贷记本科目。支付时，借记本科目，贷记“银行存款”等科目。

上述交易涉及增值税进项税额的，还应进行相应的处理。

四、企业与债权人进行债务重组，应当分别债务重组的不同方式进行处理。

（一）以低于重组债务账面价值的款项清偿债务的，应按应付账款的账面余额，借记本科目，按实际支付的金额，贷记“银行存款”科目，按其差额，贷记“营业外收入——债务重组利得”科目。

（二）以非现金资产清偿债务的，应按应付账款的账面余额，借记本科目，按用于清偿债务的非现金资产的公允价值，贷记“主营业务收入”、“其他业务收入”、“固定资产清理”、“无形资产”、“长期股权投资”等科目，按应支付的相关税费和其他费用，贷记“应交税费”、“银行存款”等科目，按其差额，贷记“营业外收入——债务重组利得”科目。

抵债资产为存货的，还应同时结转成本，记入“主营业务成本”、“其他业务成本”等科目；抵债资产为固定资产、无形资产的，其公允价值和账面价值的差额，记入“营业外收入——处置非流动资产利得”或“营业外支出——处置非流动资产损失”科目；抵债资产为可供出售金融资产、持有至到期投资、长期股权投资等的，其公允价值和账面价值的差额，记入“投资收益”科目。

（三）以债务转为资本，应按应付账款的账面余额，借记本科目，按债权人因放弃债权而享有股权的公允价值，贷记“实收资本”或“股本”、“资本公积——资本溢价或股本溢价”科目，按其差额，贷记“营业外收入——债务重组利得”科目。

（四）以修改其他债务条件进行清偿的，应将重组债务的账面余额与重组后债务的公允价值的差额，借记本科目，贷记“营业外收入——债务重组利得”科目。

五、本科目期末贷方余额，反映企业尚未支付的应付账款余额。

2203　预收账款

一、本科目核算企业按照合同规定预收的款项。预收账款情况不多的，也可以不设置本科目，将预收的款项直接记入“应收账款”科目。

企业（保险）收到未满足保费收入确认条件的保险费，可将本科目改为“2203预收保费”科目，并按投保人进行明细核算；从事再保险分出业务预收的赔款，可以单独设置“预收赔付款”科目。

二、本科目可按购货单位进行明细核算。

三、预收账款的主要账务处理。

（一）企业向购货单位预收的款项，借记“银行存款”等科目，贷记本科目；销售实现时，按实现的收入，借记本科目，贷记“主营业务收入”科目。涉及增值税销项税额的，还应进行相应的处理。

（二）企业（保险）收到预收的保费，借记“银行存款”、“库存现金”等科目，贷记本科目。确认保费收入，借记本科目，贷记“保费收入”科目。

从事再保险业务转销预收的赔款，借记本科目，贷记“应收分保账款”科目。

四、本科目期末贷方余额，反映企业预收的款项；期末如为借方余额，反映企业尚未转销的款项。

2211　应付职工薪酬

一、本科目核算企业根据有关规定应付给职工的各种薪酬。企业（外商）按规定从净利润中提取的职工奖励及福利基金，也在本科目核算。

二、本科目可按“工资”、“职工福利”、“社会保险费”、“住房公积金”、“工会经费”、“职工教育经费”、“非货币性福利”、“辞退福利”、“股份支付”等进行明细核算。

三、企业发生应付职工薪酬的主要账务处理。

（一）生产部门人员的职工薪酬，借记“生产成本”、“制造费用”、“劳务成本”等科目，贷记本科目。应由在建工程、研发支出负担的职工薪酬，借记“在建工程”、“研发支出”等科目，贷记本科目。管理部门人员、销售人员的职工薪酬，借记“管理费用”或“销售费用”科目，贷记本科目。

（二）企业以其自产产品发放给职工作为职工薪酬的，借记“管理费用”、“生产成本”、“制造费用”等科目，贷记本科目。

无偿向职工提供住房等固定资产使用的，按应计提的折旧额，借记“管理费用”、“生产成本”、“制造费用”等科目，贷记本科目；同时，借记本科目，贷记“累计折旧”科目。

租赁住房等资产供职工无偿使用的，按每期应支付的租金，借记“管理费用”、“生产成本”、“制造费用”等科目，贷记本科目。

（三）因解除与职工的劳动关系给予的补偿，借记“管理费用”科目，贷记本科目。

（四）企业以现金与职工结算的股份支付，在等待期内每个资产负债表日，按当期应确认的成本费用金额，借记“管理费用”、“生产成本”、“制造费用”等科目，贷记本科目。在可行权日之后，以现金结算的股份支付当期公允价值的变动金额，借记或贷记“公允价值变动损益”科目，贷记或借记本科目。企业（外商）按规定从净利润中提取的职工奖励及福利基金，借记“利润分配——提取的职工奖励及福利基金”科目，贷记本科目。

四、企业发放职工薪酬的主要账务处理。

（一）向职工支付工资、奖金、津贴、福利费等，从应付职工薪酬中扣还的各种款项（代垫的家属药费、个人所得税等）等，借记本科目，贷记“银行存款”、“库存现金”、“其他应收款”、“应交税费——应交个人所得税”等科目。

（二）支付工会经费和职工教育经费用于工会活动和职工培训，借记本科目，贷记“银行存款”等科目。

（三）按照国家有关规定缴纳社会保险费和住房公积金，借记本科目，贷记“银行存款”科目。

（四）企业以其自产产品发放给职工的，借记本科目，贷记“主营业务收入”科目；同时，还应结转产成品的成本。涉及增值税销项税额的，还应进行相应的处理。

支付租赁住房等资产供职工无偿使用所发生的租金，借记本科目，贷记“银行存款”等科目。

（五）企业以现金与职工结算的股份支付，在行权日，借记本科目，贷记“银行存款”、“库存现金”等科目。

（六）企业因解除与职工的劳动关系给予职工的补偿，借记本科目，贷记“银行存款”、“库存现金”等科目。

五、本科目期末贷方余额，反映企业应付未付的职工薪酬。

2221　应交税费

一、本科目核算企业按照税法等规定计算应缴纳的各种税费，包括增值税、消费税、营业税、所得税、资源税、土地增值税、城市维护建设税、房产税、土地使用税、车船税、教育费附加、矿产资源补偿费等。

企业代扣代交的个人所得税等，也通过本科目核算。

二、本科目可按应交的税费项目进行明细核算。应交增值税还应分别“进项税额”、“销项税额”、“出口退税”、“进项税额转出”、“已交税金”等设置专栏。

三、应交增值税的主要账务处理。

（一）企业采购物资等，按应计入采购成本的金额，借记“材料采购”、“在途物资”或“原材料”、“库存商品”等科目，按可抵扣的增值税额，借记本科目（应交增值税——进项税额），按应付或实际支付的金额，贷记“应付账款”、“应付票据”、“银行存款”等科目。购入物资发生退货做相反的会计分录。

（二）销售物资或提供应税劳务，按营业收入和应收取的增值税额，借记“应收账款”、“应收票据”、“银行存款”等科目，按专用发票上注明的增值税额，贷记本科目（应交增值税——销项税额），按确认的营业收入，贷记“主营业务收入”、“其他业务收入”等科目。发生销售退回做相反的会计分录。

（三）出口产品按规定退税的，借记“其他应收款”科目，贷记本科目（应交增值税——出口退税）。

（四）缴纳的增值税，借记本科目（应交增值税——已交税金），贷记“银行存款”科目。

企业（小规模纳税人）以及购入材料不能抵扣增值税的，发生的增值税计入材料成本，借记“材料采购”、“在途物资”等科目，贷记本科目。

四、企业按规定计算应交的消费税、营业税、资源税、城市维护建设税、教育费附加等，借记“营业税金及附加”科目，贷记本科目。实际缴纳时，借记本科目，贷记“银行存款”等科目。

出售不动产计算应交的营业税，借记“固定资产清理”等科目，贷记本科目（应交营业税）。

五、企业转让土地使用权应交的土地增值税，土地使用权与地上建筑物及其附着物一并在“固定资产”等科目核算的，借记“固定资产清理”等科目，贷记本科目（应交土地增值税）。土地使用权在“无形资产”科目核算的，按实际收到的金额，借记“银行存款”科目，按应交的土地增值税，贷记本科目（应交土地增值税），同时冲销土地使用权的账面价值，贷记“无形资产”科目，按其差额，借记“营业外支出”科目或贷记“营业外收入”科目。实际缴纳土地增值税时，借记本科目，贷记“银行存款”等科目。

企业按规定计算应交的房产税、土地使用税、车船税、矿产资源补偿费，借记“管理费用”科目，贷记本科目。实际缴纳时，借记本科目，贷记“银行存款”等科目。

六、企业按照税法规定计算应交的所得税，借记“所得税费用”等科目，贷记本科目（应交所得税）。缴纳的所得税，借记本科目，贷记“银行存款”等科目。

七、本科目期末贷方余额，反映企业尚未缴纳的税费；期末如为借方余额，反映企业多交或尚未抵扣的税费。

2231　应付利息

一、本科目核算企业按照合同约定应支付的利息，包括吸收存款、分期付息到期还本的长期借款、企业债券等应支付的利息。

二、本科目可按存款人或债权人进行明细核算。

三、资产负债表日，应按摊余成本和实际利率计算确定的利息费用，借记“利息支出”、“在建工程”、“财务费用”、“研发支出”等科目，按合同利率计算确定的应付未付利息，贷记本科目，按其差额，借记或贷记“长期借款——利息调整”、“吸收存款——利息调整”等科目。

合同利率与实际利率差异较小的，也可以采用合同利率计算确定利息费用。实际支付利息时，借记本科目，贷记“银行存款”等科目。

四、本科目期末贷方余额，反映企业应付未付的利息。

2232 应付股利

一、本科目核算企业分配的现金股利或利润。

二、本科目可按投资者进行明细核算。

三、企业根据股东大会或类似机构审议批准的利润分配方案，按应支付的现金股利或利润，借记“利润分配”科目，贷记本科目。实际支付现金股利或利润，借记本科目，贷记“银行存款”等科目。董事会或类似机构通过的利润分配方案中拟分配的现金股利或利润，不做账务处理，但应在附注中披露。

四、本科目期末贷方余额，反映企业应付未付的现金股利或利润。

2241 其他应付款

一、本科目核算企业除应付票据、应付账款、预收账款、应付职工薪酬、应付利息、应付股利、应交税费、长期应付款等以外的其他各项应付、暂收的款项。

企业（保险）应缴纳的保险保障基金，也通过本科目核算。

二、本科目可按其他应付款的项目和对方单位（或个人）进行明细核算。

三、企业采用售后回购方式融入资金的，应按实际收到的金额，借记“银行存款”科目，贷记本科目。回购价格与原销售价格之间的差额，应在售后回购期间内按期计提利息费用，借记“财务费用”科目，贷记本科目。按照合同约定购回该项商品等时，应按实际支付的金额，借记本科目，贷记“银行存款”科目。

四、企业发生的其他各种应付、暂收款项，借记“管理费用”等科目，贷记本科目；支付的其他各种应付、暂收款项，借记本科目，贷记“银行存款”等科目。

五、本科目期末贷方余额，反映企业应付未付的其他应付款项。

2501 长期借款

一、本科目核算企业向银行或其他金融机构借入的期限在 1 年以上（不含 1 年）的各项借款。

二、本科目可按贷款单位和贷款种类，分别“本金”、“利息调整”等进行明细核算。

三、长期借款的主要账务处理。

（一）企业借入长期借款，应按实际收到的金额，借记“银行存款”科目，贷记本科目（本金）。如存在差额，还应借记本科目（利息调整）。

（二）资产负债表日，应按摊余成本和实际利率计算确定的长期借款的利息费用，借记“在建工程”、“制造费用”、“财务费用”、“研发支出”等科目，按合同利率计算确定的应付未付利息，贷记“应付利息”科目，按其差额，贷记本科目（利息调整）。

实际利率与合同利率差异较小的，也可以采用合同利率计算确定利息费用。

（三）归还的长期借款本金，借记本科目（本金），贷记“银行存款”科目。同时，存在利息调整余额的，借记或贷记“在建工程”、“制造费用”、“财务费用”、“研发支出”等科目，贷记或借记本科目（利息调整）。

四、本科目期末贷方余额，反映企业尚未偿还的长期借款。

2502 应付债券

一、本科目核算企业为筹集（长期）资金而发行债券的本金和利息。企业发行的可转换公司债券，应将负债和权益成分进行分拆，分拆后形成的负债成分在本科目核算。

二、本科目可按“面值”、“利息调整”、“应计利息”等进行明细核算。

三、应付债券的主要账务处理。

（一）企业发行债券，应按实际收到的金额，借记“银行存款”等科目，按债券票面金额，贷记本科目（面值）。存在差额的，还应借记或贷记本科目（利息调整）。

发行的可转换公司债券，应按实际收到的金额，借记“银行存款”等科目，按该项可转换公司债券包含的负债成分的面值，贷记本科目（可转换公司债券——面值），按权益成分的公允价值，贷记“资本公积——其他资本公积”科目，按其差额，借记或贷记本科目（利息调整）。

（二）资产负债表日，对于分期付息、一次还本的债券，应按摊余成本和实际利率计算确定的债券利息费用，借记“在建工程”、“制造费用”、“财务费用”、“研发支出”等科目，按票面利率计算确定的应付未付利息，贷记“应付利息”科目，按其差额，借记或贷记本科目（利息调整）。对于一次还本付息的债券，应于资产负债表日按摊余成本和实际利率计算确定的债券利息费用，借记“在建工程”、“制造费用”、“财务费用”、“研发支出”等科目，按票面利率计算确定的应付未付利息，贷记本科目（应计利息），按其差额，借记或贷记本科目（利息调整）。实际利率与票面利率差异较小的，也可以采用票面利率计算确定利息费用。

（三）长期债券到期，支付债券本息，借记本科目（面值、应计利息）、“应付利息”等科目，贷记“银行存款”等科目。同时，存在利息调整余额的，借记或贷记本科目（利息调整），贷记或借记“在建工程”、“制造费用”、“财务费用”、“研发支出”等科目。

（四）可转换公司债券持有人行使转换权利，将其持有的债券转换为股票，按可转换公司债券的余额，借记本科目（可转换公司债券——面值、利息调整），按其权益成分的金额，借记“资本公积——其他资本公积”科目，按股票面值和转换的股数计算的股票面值总额，贷记“股本”科目，按其差额，贷记“资本公积——股本溢价”科目。如用现金支付不可转换股票的部分，还应贷记“银行存款”等科目。

四、企业应当设置“企业债券备查簿”，详细登记企业债券的票面金额、债券票面利率、还本付息期限与方式、发行总额、发行日期和编号、委托代售单位、转换股份等资料。企业债券到期兑付，在备查簿中应予注销。

五、本科目期末贷方余额，反映企业尚未偿还的长期债券摊余成本。

2711　专项应付款

一、本科目核算企业取得政府作为企业所有者投入的具有专项或特定用途的款项。

二、本科目可按资本性投资项目进行明细核算。

三、企业收到或应收的资本性拨款，借记“银行存款”等科目，贷记本科目。将专项或特定用途的拨款用于工程项目，借记“在建工程”等科目，贷记“银行存款”、“应付职工薪酬”等科目。

工程项目完工形成长期资产的部分，借记本科目，贷记“资本公积——资本溢价”科目；对未形成长期资产需要核销的部分，借记本科目，贷记“在建工程”等科目；拨款结余需要返还的，借记本科目，贷记“银行存款”科目。

上述资本溢价转增实收资本或股本，借记“资本公积——资本溢价或股本溢价”科目，贷记“实收资本”或“股本”科目。

四、本科目期末贷方余额，反映企业尚未转销的专项应付款。

2901　递延所得税负债

一、本科目核算企业确认的应纳税暂时性差异产生的所得税负债。

二、本科目可按应纳税暂时性差异的项目进行明细核算。

三、递延所得税负债的主要账务处理。

（一）资产负债表日，企业确认的递延所得税负债，借记“所得税费用——递延所得税费用”科目，贷记本科目。资产负债表日递延所得税负债的应有余额大于其账面余额的，应按其差额确认，借记“所得税费用——递延所得税费用”科目，贷记本科目；资产负债表日递延所得税负债的应有余额小于其账面余额的做相反的会计分录。

与直接计入所有者权益的交易或事项相关的递延所得税负债，借记“资本公积——其他资本公积”科目，贷记本科目。

（二）企业合并中取得资产、负债的入账价值与其计税基础不同形成应纳税暂时性差异的，应于购买日确认递延所得税负债，同时调整商誉，借记“商誉”等科目，贷记本科目。

四、本科目期末贷方余额，反映企业已确认的递延所得税负债。

2801　预计负债

一、本科目核算企业确认的对外提供担保、未决诉讼、产品质量保证、重组义务、亏损性合同等预计负债。

二、本科目可按形成预计负债的交易或事项进行明细核算。

三、预计负债的主要账务处理。

（一）企业由对外提供担保、未决诉讼、重组义务产生的预计负债，应按确定的金额，借记“营业外支出”等科目，贷记本科目。由产品质量保证产生的预计负债，应按确定的金额，借记“销售费用”科目，贷记本科目。

由资产弃置义务产生的预计负债，应按确定的金额，借记“固定资产”或“油气资产”科目，贷记本科目。在固定资产或油气资产的使用寿命内，按计算确定各期应负担的利息费用，借记“财务费用”科目，贷记本科目。

（二）实际清偿或冲减的预计负债，借记本科目，贷记“银行存款”等科目。

（三）根据确凿证据需要对已确认的预计负债进行调整的，调整增加的预计负债，借记有关科目，贷记本科目；调整减少的预计负债做相反的会计分录。

四、本科目期末贷方余额，反映企业已确认尚未支付的预计负债。

（10）“应付账款”项目还反映建造承包商的“工程施工”期末余额小于“工程结算”期末余额的差额。

（11）“一年内到期的非流动负债”项目，反映长期应付款、长期借款、应付债券、预计负债等负债中将于一年内到期的部分。

（12）“其他流动负债”项目，反映企业期末持有的“衍生工具”、“套期工具”、“被套期项目”以及“递延收益”中将于一年内到期的部分等。

2401　递延收益

一、本科目核算企业确认的应在以后期间计入当期损益的政府补助。

二、本科目可按政府补助的项目进行明细核算。

三、递延收益的主要账务处理。

（一）企业收到或应收的与资产相关的政府补助，借记“银行存款”、“其他应收款”等科目，贷记本科目。在相关资产使用寿命内分配递延收益，借记本科目，贷记“营业外收入”科目。

（二）与收益相关的政府补助，用于补偿企业以后期间相关费用或损失的，按收到或应收的金额，借记“银行存款”、“其他应收款”等科目，贷记本科目。在发生相关费用或损失的未来期间，按应补偿的金额，借记本科目，贷记“营业外收入”科目。用于补偿企业已发生的相关费用或损失的，按收到或应收的金额，借记“银行存款”、“其他应收款”等科目，贷记“营业外收入”科目。

四、本科目期末贷方余额，反映企业应在以后期间计入当期损益的政府补助。

（13）“长期应付款”项目，反映企业除长期借款、应付债券外的其他各种长期应付款项。其中，融资租赁承租方，以及分期付款购买固定资产且实质上具有融资性质的，反映扣减相应的“未实现融资费用”后的净额（折现值）。

2701　长期应付款

一、本科目核算企业除长期借款和应付债券以外的其他各种长期应付款项，包括应付融资租入固定资产的租赁费、以分期付款方式购入固定资产等发生的应付款项等。

二、本科目可按长期应付款的种类和债权人进行明细核算。

三、长期应付款的主要账务处理。

（一）企业融资租入的固定资产，在租赁期开始日，按应计入固定资产成本的金额（租赁开始日租赁资产公允价值与最低租赁付款额现值两者中较低者，加上初始直接费用），借记“在建工程”或“固定资产”科目，按最低租赁付款额，贷记本科目，按发生的初始直接费用，贷记“银行存款”等科目，按其差额，借记“未确认融资费用”科目。

按期支付的租金，借记本科目，贷记“银行存款”等科目。

（二）购入有关资产超过正常信用条件延期支付价款、实质上具有融资性质的，应按购买价款的现值，借记“固定资产”、“在建工程”等科目，按应支付的金额，贷记本科目，按其差额，借记“未确认融资费用”科目。

按期支付的价款，借记本科目，贷记“银行存款”科目。

四、本科目期末贷方余额，反映企业应付未付的长期应付款项。

2702　未确认融资费用

一、本科目核算企业应当分期计入利息费用的未确认融资费用。

二、本科目可按债权人和长期应付款项目进行明细核算。

三、未确认融资费用的主要账务处理。

（一）企业融资租入的固定资产，在租赁期开始日，按应计入固定资产成本的金额（租赁开始日租赁资产公允价值与最低租赁付款额现值两者中较低者，加上初始直接费用），借记“在建工程”或“固定资产”科目，按最低租赁付款额，贷记“长期应付款”科目，按发生的初始直接费用，贷记“银行存款”等科目，按其差额，借记本科目。

采用实际利率法分期摊销未确认融资费用，借记“财务费用”、“在建工程”等科目，贷记本科目。

（二）购入有关资产超过正常信用条件延期支付价款、实质上具有融资性质的，应按购买价款的现值，借记“固定资产”、“在建工程”等科目，按应支付的金额，贷记“长期应付款”科目，按其差额，借记本科目。

采用实际利率法分期摊销未确认融资费用，借记“在建工程”、“财务费用”等科目，贷记本科目。

四、本科目期末借方余额，反映企业未确认融资费用的摊余价值。

（14）“实收资本（或股本）”、“资本公积”、“库存股”、“盈余公积”、“未分配利润”等项目，通常应反映企业期末持有的接受投资者投入企业的实收资本、企业收购的尚未转让或注销的本公司股份金额、从净利润中提取的盈余公积余额等。

4001　实收资本

一、本科目核算企业接受投资者投入的实收资本。股份有限公司应将本科目改为“4001 股本”科目。企业收到投资者出资超过其在注册资本或股本中所占份额的部分，作为资本溢价或股本溢价，在“资本公积”科目核算。

二、本科目可按投资者进行明细核算。企业（中外合作经营）在合作期间归还投资者的投资，应在本科目设置“已归还投资”明细科目进行核算。

三、实收资本的主要账务处理。

（一）企业接受投资者投入的资本，借记“银行存款”、“其他应收款”、“固定资产”、“无形资产”、“长期股权投资”等科目，按其在注册资本或股本中所占份额，贷记本科目，按其差额，贷记“资本公积——资本溢价或股本溢价”科目。

（二）股东大会批准的利润分配方案中分配的股票股利，应在办理增资手续后，借记“利润分配”科目，贷记本科目。

经股东大会或类似机构决议，用资本公积转增资本，借记“资本公积——资本溢价或股本溢价”科目，贷记本科目。

（三）可转换公司债券持有人行使转换权利，将其持有的债券转换为股票，按可转换公司债券的余额，借记“应付债券——可转换公司债券（面值、利息调整）”科目，按其权益成分的金额，借记“资本公积——其他资本公积”科目，按股票面值和转换的股数计算的股票面值总额，贷记本科目，按其差额，贷记“资本公积——股本溢价”科目。如有现金支付不可转换股票，还应贷记“银行存款”等科目。

企业将重组债务转为资本的，应按重组债务的账面余额，借记“应付账款”等科目，按债权人因放弃债权而享有本企业股份的面值总额，贷记本科目，按股份的公允价值总额与相应的实收资本或股本之间的差额，贷记或借记“资本公积——资本溢价或股本溢价”科目，按其差额，贷记“营业外收入——债务重组利得”科目。

（四）以权益结算的股份支付换取职工或其他方提供服务的，应在行权日，按根据实际行权情况确定的金额，借记“资本公积——其他资本公积”科目，按应计入实收资本或股本的金额，贷记本科目。

四、企业按法定程序报经批准减少注册资本的，借记本科目，贷记“库存现金”、“银行存款”等科目。

股份有限公司采用收购本公司股票方式减资的，按股票面值和注销股数计算的股票面值总额，借记本科目，按所注销库存股的账面余额，贷记“库存股”科目，按其差额，借记“资本公积——股本溢价”科目，股本溢价不足冲减的，应借记“盈余公积”、“利润分配——未分配利润”科目；购回股票支付的价款低于面值总额的，应按股票面值总额，借记本科目，按所注销库存股的账面余额，贷记“库存股”科目，按其差额，贷记“资本公积——股本溢价”科目。

五、企业（中外合作经营）根据合同规定在合作期间归还投资者的投资，借记本科目（已归还投资），贷记“银行存款”等科目；同时，借记“利润分配——利润归还投资”科目，贷记“盈余公积——利润归还投资”科目。

中外合作经营清算，借记本科目、“资本公积”、“盈余公积”、“利润分配——未分配利润”等科目，贷记本科目（已归还投资）、“银行存款”等科目。

六、本科目期末贷方余额，反映企业实收资本或股本总额。

4002　资本公积

一、本科目核算企业收到投资者出资额超出其在注册资本或股本中所占份额的部分。直接计入所有者权益的利得和损失，也通过本科目核算。

二、本科目应当分别“资本溢价（股本溢价）”、“其他资本公积”进行明细核算。

三、资本公积的主要账务处理。

（一）企业接受投资者投入的资本、可转换公司债券持有人行使转换权利、将债务转为资本等形成的资本公积，借记有关科目，贷记“实收资本”或“股本”科目、本科目（资本溢价或股本溢价）等。

与发行权益性证券直接相关的手续费、佣金等交易费用，借记本科目（股本溢价）等，贷记“银行存款”等科目。经股东大会或类似机构决议，用资本公积转增资本，借记本科目（资本溢价或股本溢价），贷记“实收资本”或“股本”科目。

（二）同一控制下控股合并形成的长期股权投资，应在合并日按取得被合并方所有者权益账面价值的份额，借记“长期股权投资”科目，按享有被投资单位已宣告但尚未发放的现金股利或利润，借记“应收股利”科目，按支付的合并对价的账面价值，贷记有关资产科目或借记有关负债科目，按其差额，贷记本科目（资本溢价或股本溢价）；为借方差额的，借记本科目（资本溢价或股本溢价），资本公积（资本溢价或股本溢价）不足冲减的，借记“盈余公积”、“利润分配——未分配利润”科目。

同一控制下吸收合并涉及的资本公积，比照上述原则进行处理。

（三）长期股权投资采用权益法核算的，在持股比例不变的情况下，被投资单位除净损益以外所有者权益的其他变动，企业按持股比例计算应享有的份额，借记或贷记“长期股权投资——其他权益变动”科目，贷记或借记本科目（其他资本公积）。

处置采用权益法核算的长期股权投资，还应结转原记入资本公积的相关金额，借记或贷记本科目（其他资本公积），贷记或借记“投资收益”科目。

（四）以权益结算的股份支付换取职工或其他方提供服务的，应按照确定的金额，借记“管理费用”等科目，贷记本科目（其他资本公积）。

在行权日，应按实际行权的权益工具数量计算确定的金额，借记本科目（其他资本公积），按计入实收资本或股本的金额，贷记“实收资本”或“股本”科目，按其差额，贷记本科目（资本溢价或股本溢价）。

（五）自用房地产或存货转换为采用公允价值模式计量的投资性房地产，按照“投资性房地产”科目的相关规定进行处理，相应调整资本公积。

（六）将持有至到期投资重分类为可供出售金融资产，或将可供出售金融资产重分类为持有至到期投资的，按照“持有至到期投资”、“可供出售金融资产”等科目的相关规定进行处理，相应调整资本公积。

将可供出售金融资产重分类为采用成本或摊余成本计量的金融资产的，对于原记入资本公积的相关金额，还应分别不同情况进行处理：有固定到期日的，应在该项金融资产的剩余期限内，在资产负债表日，按采用实际利率法计算确定的摊销金额，借记或贷记本科目（其他资本公积），贷记或借记“投资收益”科目；没有固定到期日的，应在处置该项金融资产时，借记或贷记本科目（其他资本公积），贷记或借记“投资收益”科目。

可供出售金融资产的后续计量，按照“可供出售金融资产”科目的相关规定进行处理，相应调整资本公积。

（七）股份有限公司采用收购本公司股票方式减资的，按股票面值和注销股数计算的股票面值总额，借记“股本”科目，按所注销的库存股的账面余额，贷记“库存股”科目，按其差额，借记本科目（股本溢价），股本溢价不足冲减的，应借记“盈余公积”、“利润分配——未分配利润”科目；购回股票支付的价款低于面值总额的，应按股票面值总额，借记“股本”科目，按所注销的库存股的账面余额，贷记“库存股”科目，按其差额，贷记本科目（股本溢价）。

（八）资产负债表日，满足运用套期会计方法条件的现金流量套期和境外经营净投资套期产生的利得或损失，属于有效套期的，借记或贷记有关科目，贷记或借记本科目（其他资本公积）；属于无效套期的，借记或贷记有关科目，贷记或借记“公允价值变动损益”科目。

四、本科目期末贷方余额，反映企业的资本公积。

4201 库存股

一、本科目核算企业收购、转让或注销的本公司股份金额。

二、库存股的主要账务处理。

（一）企业为减少注册资本而收购本公司股份的，应按实际支付的金额，借记本科目，贷记“银行存款”等科目。

（二）为奖励本公司职工而收购本公司股份的，应按实际支付的金额，借记本科目，贷记“银行存款”等科目，同时做备查登记。

将收购的股份奖励给本公司职工属于以权益结算的股份支付，如有实际收到的金额，借记“银行存款”科目，按根据职工获取奖励股份的实际情况确定的金额，借记“资本公积——其他资本公积”科目，按奖励库存股的账面余额，贷记本科目，按其差额，贷记或借记“资本公积——股本溢价”科目。

（三）股东因对股东大会做出的公司合并、分立决议持有异议而要求企业收购本公司股份的，企业应按实际支付的金额，借记本科目，贷记“银行存款”等科目。

（四）转让库存股，应按实际收到的金额，借记“银行存款”等科目，按转让库存股的账面余额，贷记本科目，按其差额，贷记“资本公积——股本溢价”科目；为借方差额的，借记“资本公积——股本溢价”科目，股本溢价不足冲减的，应借记“盈余公积”、“利润分配——未分配利润”科目。

（五）注销库存股，应按股票面值和注销股数计算的股票面值总额，借记“股本”科目，按注销库存股的账面余额，贷记本科目，按其差额，借记“资本公积——股本溢价”科目，股本溢价不足冲减的，应借记“盈余公积”、“利润分配——未分配利润”科目。

三、本科目期末借方余额，反映企业持有尚未转让或注销的本公司股份金额。

4101 盈余公积

一、本科目核算企业从净利润中提取的盈余公积。

二、本科目应当分别“法定盈余公积”、“任意盈余公积”进行明细核算。

外商投资企业还应分别“储备基金”、“企业发展基金”进行明细核算。

中外合作经营在合作期间归还投资者的投资，应在本科目设置“利润归还投资”明细科目进行核算。

三、盈余公积的主要账务处理。

（一）企业按规定提取的盈余公积，借记“利润分配——提取法定盈余公积、提取任意盈余公积”科目，贷记本科目（法定盈余公积、任意盈余公积）。

外商投资企业按规定提取的储备基金、企业发展基金、职工奖励及福利基金，借记“利润分配——提取储备基金、提取企业发展基金、提取职工奖励及福利基金”科目，贷记本科目（储备基金、企业发展基金）、“应付职工薪酬”科目。

（二）经股东大会或类似机构决议，用盈余公积弥补亏损或转增资本，借记本科目，贷记“利润分配——盈余公积补亏”、“实收资本”或“股本”科目。

经股东大会决议，用盈余公积派送新股，按派送新股计算的金额，借记本科目，按股票面值和派送新股总数计算的股票面值总额，贷记“股本”科目。

中外合作经营根据合同规定在合作期间归还投资者的投资，应按实际归还投资的金额，借记“实收资本——已归还投资”科目，贷记“银行存款”等科目；同时，借记“利润分配——利润归还投资”科目，贷记本科目（利润归还投资）。

四、本科目期末贷方余额，反映企业的盈余公积。

4103　本年利润

一、本科目核算企业当期实现的净利润（或发生的净亏损）。

二、企业期（月）末结转利润时，应将各损益类科目的金额转入本科目，结平各损益类科目。结转后本科目的贷方余额为当期实现的净利润；借方余额为当期发生的净亏损。

三、年度终了，应将本年收入和支出相抵后结出的本年实现的净利润，转入“利润分配”科目，借记本科目，贷记“利润分配——未分配利润”科目；如为净亏损做相反的会计分录。结转后本科目应无余额。

4104　利润分配

一、本科目核算企业利润的分配（或亏损的弥补）和历年分配（或弥补）后的余额。

二、本科目应当分别“提取法定盈余公积”、“提取任意盈余公积”、“应付现金股利或利润”、“转作股本的股利”、“盈余公积补亏”和“未分配利润”等进行明细核算。

三、利润分配的主要账务处理。

（一）企业按规定提取的盈余公积，借记本科目（提取法定盈余公积、提取任意盈余公积），贷记“盈余公积——法定盈余公积、任意盈余公积”科目。

外商投资企业按规定提取的储备基金、企业发展基金、职工奖励及福利基金，借记本科目（提取储备基金、提取企业发展基金、提取职工奖励及福利基金），贷记“盈余公积——储备基金、企业发展基金”、“应付职工薪酬”等科目。

企业（金融）按规定提取的一般风险准备，借记本科目（提取一般风险准备），贷记“一般风险准备”科目。

（二）经股东大会或类似机构决议，分配给股东或投资者的现金股利或利润，借记本科目（应付现金股利或利润），贷记“应付股利”科目。

经股东大会或类似机构决议，分配给股东的股票股利，应在办理增资手续后，借记本科目（转作股本的股利），贷记“股本”科目。

用盈余公积弥补亏损，借记“盈余公积——法定盈余公积或任意盈余公积”科目，贷记本科目（盈余公积补亏）。

企业（金融）用一般风险准备弥补亏损，借记“一般风险准备”科目，贷记本科目（一般风险准备补亏）科目。

四、年度终了，企业应将本年实现的净利润，自“本年利润”科目转入本科目，借记“本年利润”科目，贷记本科目（未分配利润），为净亏损的做相反的会计分录；同时，将“利润分配”科目所属其他明细科目的余额转入本科目“未分配利润”明细科目。结转后，本科目除“未分配利润”明细科目外，其他明细科目应无余额。

五、本科目年末余额，反映企业的未分配利润（或未弥补亏损）。

（15）以人民币以外的货币作为记账本位币的企业，可以增设“外币报表折算差额”项目，列在“未分配利润”项目之后。

【例 16-1】 智董公司 20×6 年 12 月 31 日的资产负债表（年初余额略）及 20×7 年 12 月 31 日的科目余额表分别如表 16-2 和表 16-3 所示。假设智董公司 20×7 年度除计提固定资产减值准备导致固定资产账面价值与其计税基础存在可抵扣暂时性差异外，其他资产和负债项目的账面价值均等于其计税基础。假定智董公司未来很可能获得足够的应纳税所得额用来抵扣可抵扣暂时性差异，适用的所得税税率为 33%。

表 16-2 资产负债表

会企 01 表

编制单位：智董公司　　20×6 年 12 月 31 日　　单位：元

资　　产	期末余额	年初余额	负债和所有者权益（或股东权益）	期末余额	年初余额
流动资产：			流动负债：		
货币资金	1 406 300		短期借款	300 000	
交易性金融资产	15 000		交易性金融负债	0	
应收票据	246 000		应付票据	200 000	
应收账款	299 100		应付账款	953 800	
预付款项	100 000		预收款项	0	
应收利息	0		应付职工薪酬	110 000	
应收股利	0		应交税费	36 600	
其他应收款	5 000		应付利息	1 000	
存货	2 580 000		应付股利	0	
一年内到期的非流动资产	0		其他应付款	50 000	
其他流动资产	100 000		一年内到期的非流动负债	1 000 000	
流动资产合计	4 751 400		其他流动负债	0	
非流动资产：			流动负债合计	2 651 400	
可供出售金融资产	0		非流动负债：		
持有至到期投资	0		长期借款	600 000	
长期应收款	0		应付债券	0	
长期股权投资	250 000		长期应付款	0	
投资性房地产	0		专项应付款	0	
固定资产	1 100 000		预计负债	0	
在建工程	1 500 000		递延所得税负债	0	
工程物资	0		其他非流动负债	0	
固定资产清理	0		非流动负债合计	600 000	
生产性生物资产	0		负债合计	3 251 400	
油气资产	0		所有者权益（或股东权益）：		
无形资产	600 000		实收资本（或股本）	5 000 000	
开发支出	0		资本公积	0	
商誉	0		减：库存股	0	
长期待摊费用	0		盈余公积	100 000	

续表

资　　产	期末余额	年初余额	负债和所有者权益（或股东权益）	期末余额	年初余额
递延所得税资产	0		未分配利润	50 000	
其他非流动资产	200 000		所有者权益（或股东权益）合计	5 150 000	
非流动资产合计	3 650 000				
资产总计	8 401 400		负债和所有者权益（或股东权益）总计	8 401 400	

表 16-3　科目余额

20×7 年 12 月 31 日　　单位：元

科目名称	借方余额	科目名称	贷方余额
库存现金	2 000	短期借款	50 000
银行存款	786 135	应付票据	100 000
其他货币资金	7 300	应付账款	953 800
交易性金融资产	0	其他应付款	50 000
应收票据	66 000	应付职工薪酬	180 000
应收账款	600 000	应交税费	226 731
坏账准备	–1 800	应付利息	0
预付账款	100 000	应付股利	32 215.85
其他应收款	5 000	一年内到期的非流动负债	0
材料采购	275 000	长期借款	116 000
原材料	45 000	股本	5 000 000
周转材料	38 050	盈余公积	124 770.40
库存商品	2 122 400	利润分配（未分配利润）	190 717.75
材料成本差异	4 250		
其他流动资产	90 000		
长期股权投资	250 000		
固定资产	2 401 000		
累计折旧	–170 000		
固定资产减值准备	–30 000		
工程物资	150 000		
在建工程	578 000		
无形资产	600 000		
累计摊销	–6 000		
递延所得税资产	9 900		
其他非流动资产	200 000		
合　　计	8 068 235	合　　计	8 068 235

根据上述资料，编制智董公司 20×7 年 12 月 31 日的资产负债表，如表 16-4 所示。

表 16-4　资产负债表

会企 01 表

编制单位：智董公司　　　　20×7 年 12 月 31 日　　　　单位：元

资　　产	期末余额	年初余额	负债和所有者权益（或股东权益）	期末余额	年初余额
流动资产：			流动负债：		
货币资金	795 435	1 406 300	短期借款	50 000	300 000
交易性金融资产	0	15 000	交易性金融负债	0	0
应收票据	66 000	246 000	应付票据	100 000	200 000
应收账款	598 200	299 100	应付账款	953 800	953 800
预付款项	100 000	100 000	预收款项	0	0
应收利息	0	0	应付职工薪酬	180 000	110 000
应收股利	0	0	应交税费	226 731	36 600
其他应收款	5 000	5 000	应付利息	0	1 000
存货	2 484 700	2 580 000	应付股利	32 215.85	0
一年内到期的非流动资产	0	0	其他应付款	50 000	50 000
其他流动资产	90 000	100 000	一年内到期的非流动负债	0	1 000 000
流动资产合计	4 139 335	4 751 400	其他流动负债	0	0
非流动资产：			流动负债合计	1 592 746.85	2 651 400
可供出售金融资产	0	0	非流动负债：		
持有至到期投资	0	0	长期借款	1 160 000	600 000
长期应收款	0	0	应付债券	0	0
长期股权投资	250 000	250 000	长期应付款	0	0
投资性房地产	0	0	专项应付款	0	0
固定资产	2 201 000	1 100 000	预计负债	0	0
在建工程	578 000	1 500 000	递延所得税负债	0	0
工程物资	150 000	0	其他非流动负债	0	0
固定资产清理	0	0	非流动负债合计	1 160 000	600 000
生产性生物资产	0	0	负债合计	2 752 746.85	3 251 400
油气资产	0	0	所有者权益（或股东权益）：		
无形资产	540 000	600 000	实收资本（或股本）	5 000 000	5 000 000
开发支出	0	0	资本公积	0	0
商誉	0	0	减：库存股	0	0
长期待摊费用	0	0	盈余公积	124 770.40	100 000
递延所得税资产	9 900	0	未分配利润	190 717.75	50 000
其他非流动资产	200 000	200 000	所有者权益（或股东权益）合计	5 315 488.15	5 150 000

续表

资　　产	期末余额	年初余额	负债和所有者权益（或股东权益）	期末余额	年初余额
非流动资产合计	3 928 900	3 650 000			
资产总计	8 068 235	8 401 400	负债和所有者权益（或股东权益）总计	8 068 235	8 401 400

16.1.2　商业银行资产负债表

1．商业银行资产负债表的格式（见表 16-5）

表 16-5　资产负债表

会商银 01 表

编制单位：　　　　____年____月____日　　　　单位：元

资　　产	期末余额	年初余额	负债和所有者权益（或股东权益）	期末余额	年初余额
资产：			负债：		
现金及存放中央银行款项			向中央银行借款		
存放同业款项			同业及其他金融机构存放款项		
贵金属			拆入资金		
拆出资金			交易性金融负债		
交易性金融资产			衍生金融负债		
衍生金融资产			卖出回购金融资产款		
买入返售金融资产			吸收存款		
应收利息			应付职工薪酬		
发放贷款和垫款			应交税费		
可供出售金融资产			应付利息		
持有至到期投资			预计负债		
长期股权投资			应付债券		
投资性房地产			递延所得税负债		
固定资产			其他负债		
无形资产			负债合计		
递延所得税资产			所有者权益（或股东权益）：		
其他资产			实收资本（或股本）		
			资本公积		
			减：库存股		
			盈余公积		
			一般风险准备		
			未分配利润		
			所有者权益（或股东权益）合计		
资产总计			负债和所有者权益（或股东权益）总计		

2．商业银行资产负债表列示说明

本表反映商业银行一定日期全部资产、负债和所有者权益的情况。本表“年初余额”栏内各项数字，应根据上年年末资产负债表“期末余额”栏内所列数字填列。如上年度资产负债表规定的各个项目的名称和内容同本年度不相一致，应对上年年末资产负债表各项目的名称和数字按照本年度的规定进行调整，填入本表“年初余额”栏内。本表“期末余额”栏内各项数字，一般应根据资产、负债和所有者权益期末情况分析填列。

（1）“现金及存放中央银行款项”项目，反映企业期末持有的库存现金、存放中央银行款项等总额。

1001　库存现金

一、本科目核算企业的库存现金。

企业有内部周转使用备用金的，可以单独设置“备用金”科目。

二、企业增加库存现金，借记本科目，贷记“银行存款”等科目；减少库存现金做相反的会计分录。

三、企业应当设置“现金日记账”，根据收付款凭证，按照业务发生顺序逐笔登记。每日终了，应当计算当日的现金收入合计额、现金支出合计额和结余额，将结余额与实际库存额核对，做到账款相符。

四、本科目期末借方余额，反映企业持有的库存现金。

1003　存放中央银行款项

一、本科目核算企业（银行）存放于中国人民银行（以下简称“中央银行”）的各种款项，包括业务资金的调拨、办理同城票据交换和异地跨系统资金汇划、提取或缴存现金等。

企业（银行）按规定缴存的法定准备金和超额准备金存款，也通过本科目核算。

二、本科目可按存放款项的性质进行明细核算。

三、企业增加在中央银行的存款，借记本科目，贷记“吸收存款”、“清算资金往来”等科目；减少在中央银行的存款做相反的会计分录。

四、本科目期末借方余额，反映企业（银行）存放在中央银行的各种款项。

（2）“存放同业款项”、“交易性金融资产”、“买入返售金融资产”、“可供出售金融资产”、“递延所得税资产”等资产项目，一般直接反映企业持有的相应资产的期末价值。

买入返售金融资产计提坏账准备的，还应以扣减计提的坏账准备后的金额列示。

1011　存放同业

一、本科目核算企业（银行）存放于境内、境外银行和非银行金融机构的款项。企业（银行）存放中央银行的款项，在“存放中央银行款项”科目核算。

二、本科目可按存放款项的性质和存放的金融机构进行明细核算。

三、企业增加在同业的存款，借记本科目，贷记“存放中央银行款项”等科目；减少在同业的存款做相反的会计分录。

四、本科目期末借方余额，反映企业（银行）存放在同业的各种款项。

1111　买入返售金融资产

一、本科目核算企业（金融）按照返售协议约定先买入再按固定价格返售的票据、证券、贷款等金融资产所融出的资金。

二、本科目可按买入返售金融资产的类别和融资方进行明细核算。

三、买入返售金融资产的主要账务处理。

（一）企业根据返售协议买入金融资产，应按实际支付的金额，借记本科目，贷记“存放中央银行款项”、“结算备付金”、“银行存款”等科目。

（二）资产负债表日，按照计算确定的买入返售金融资产的利息收入，借记“应收利息”科目，贷记“利息收入”科目。

（三）返售日，应按实际收到的金额，借记“存放中央银行款项”、“结算备付金”、“银行存款”等科目，按其账面余额，贷记本科目、“应收利息”科目，按其差额，贷记“利息收入”科目。

四、本科目期末借方余额，反映企业买入的尚未到期返售金融资产摊余成本。

（3）“贵金属”项目，反映企业期末持有的按成本与可变现净值孰低计量的黄金、白银等贵金属价值。

1431 贵金属

一、本科目核算企业（金融）持有的黄金、白银等贵金属存货的成本。企业（金融）为上市交易而持有的贵金属，比照“交易性金融资产”科目进行处理。

二、本科目可按贵金属的类别进行明细核算。

三、贵金属的主要账务处理。

（一）企业购买的贵金属，借记本科目，贷记“存放中央银行款项”等科目。

（二）出售的贵金属，应按实际收到的金额，借记“存放中央银行款项”等科目，贷记“其他业务收入”科目。按其账面余额，借记“其他业务成本”科目，贷记本科目。

四、本科目期末借方余额，反映企业持有贵金属存货的成本。

（4）“拆出资金”、“应收利息”、“持有至到期投资”、“长期股权投资”等资产项目，反映企业持有的相应资产的实际价值，以扣减对应的资产减值准备后的金额列示。

1302 拆出资金

一、本科目核算企业（金融）拆借给境内、境外其他金融机构的款项。

二、本科目可按拆放的金融机构进行明细核算。

三、企业拆出的资金，借记本科目，贷记“存放中央银行款项”、“银行存款”等科目；收回资金时做相反的会计分录。

四、本科目期末借方余额，反映企业按规定拆放给其他金融机构的款项。

（5）“衍生金融资产”、“衍生金融负债”项目，分别反映企业持有的衍生工具中公允价值累计变动额大于零、小于零的衍生工具的价值。

（6）“发放贷款和垫款”项目，反映企业发放的贷款和贴现资产扣减贷款损失准备期末余额后的金额。

1303 贷款

一、本科目核算企业（银行）按规定发放的各种客户贷款，包括质押贷款、抵押贷款、保证贷款、信用贷款等。

企业（银行）按规定发放的具有贷款性质的银团贷款、贸易融资、协议透支、信用卡透支、转贷款以及垫款等，在本科目核算；也可以单独设置“银团贷款”、“贸易融资”、“协议透支”、“信用卡透支”、“转贷款”、“垫款”等科目。

企业（保险）的保户质押贷款，可将本科目改为“1303 保户质押贷款”科目。企业（典当）的质押贷款、抵押贷款，可将本科目改为“1303 质押贷款”、“1305 抵押贷款”科目。企业委托银行或其他金融机构向其他单位贷出的款项，可将本科目改为“1303 委托贷款”科目。

二、本科目可按贷款类别、客户，分别“本金”、“利息调整”、“已减值”等进行明细核算。

三、贷款的主要账务处理。

（一）企业发放的贷款，应按贷款的合同本金，借记本科目（本金），按实际支付的金额，贷记“吸收存款”、

“存放中央银行款项”等科目，有差额的，借记或贷记本科目（利息调整）。

资产负债表日，应按贷款的合同本金和合同利率计算确定的应收未收利息，借记“应收利息”科目，按贷款的摊余成本和实际利率计算确定的利息收入，贷记“利息收入”科目，按其差额，借记或贷记本科目（利息调整）。合同利率与实际利率差异较小的，也可以采用合同利率计算确定利息收入。

收回贷款时，应按客户归还的金额，借记“吸收存款”、“存放中央银行款项”等科目，按收回的应收利息金额，贷记“应收利息”科目，按归还的贷款本金，贷记本科目（本金），按其差额，贷记“利息收入”科目。存在利息调整余额的，还应同时结转。

（二）资产负债表日，确定贷款发生减值的，按应减记的金额，借记“资产减值损失”科目，贷记“贷款损失准备”科目。同时，应将本科目（本金、利息调整）余额转入本科目（已减值），借记本科目（已减值），贷记本科目（本金、利息调整）。

资产负债表日，应按贷款的摊余成本和实际利率计算确定的利息收入，借记“贷款损失准备”科目，贷记“利息收入”科目。同时，将按合同本金和合同利率计算确定的应收利息金额进行表外登记。

收回减值贷款时，应按实际收到的金额，借记“吸收存款”、“存放中央银行款项”等科目，按相关贷款损失准备余额，借记“贷款损失准备”科目，按相关贷款余额，贷记本科目（已减值），按其差额，贷记“资产减值损失”科目。

对于确实无法收回的贷款，按管理权限报经批准后作为呆账予以转销，借记“贷款损失准备”科目，贷记本科目（已减值）。按管理权限报经批准后转销表外应收未收利息，减少表外“应收未收利息”科目金额。

已确认并转销的贷款以后又收回的，按原转销的已减值贷款余额，借记本科目（已减值），贷记“贷款损失准备”科目。按实际收到的金额，借记“吸收存款”、“存放中央银行款项”等科目，按原转销的已减值贷款余额，贷记本科目（已减值），按其差额，贷记“资产减值损失”科目。

四、本科目期末借方余额，反映企业按规定发放尚未收回贷款的摊余成本。

1301 贴现资产

一、本科目核算企业（银行）办理商业票据的贴现、转贴现等业务所融出的资金。企业（银行）买入的即期外币票据，也通过本科目核算。

二、本科目可按贴现类别和贴现申请人进行明细核算。

三、贴现资产的主要账务处理。

（一）企业办理贴现时，按贴现票面金额，借记本科目（面值），按实际支付的金额，贷记“存放中央银行款项”、“吸收存款”等科目，按其差额，贷记本科目（利息调整）。

（二）资产负债表日，按计算确定的贴现利息收入，借记本科目（利息调整），贷记“利息收入”科目。

（三）贴现票据到期，应按实际收到的金额，借记“存放中央银行款项”、“吸收存款”等科目，按贴现的票面金额，贷记本科目（面值），按其差额，贷记“利息收入”科目。存在利息调整金额的，也应同时结转。

四、本科目期末借方余额，反映企业办理的贴现、转贴现等业务融出的资金。

1304 贷款损失准备

一、本科目核算企业（银行）贷款的减值准备。计提贷款损失准备的资产包括贴现资产、拆出资金、客户贷款、银团贷款、贸易融资、协议透支、信用卡透支、转贷款和垫款等。企业（保险）的保户质押贷款计提的减值准备，也在本科目核算。企业（典当）的质押贷款、抵押贷款计提的减值准备，也在本科目核算。企业委托银行或其他金融机构向其他单位贷出的款项计提的减值准备，可将本科目改为“1304 委托贷款损失准备”科目。

二、本科目可按计提贷款损失准备的资产类别进行明细核算。

三、贷款损失准备的主要账务处理。

（一）资产负债表日，贷款发生减值的，按应减记的金额，借记“资产减值损失”科目，贷记本科目。

（二）对于确实无法收回的各项贷款，按管理权限报经批准后转销各项贷款，借记本科目，贷记“贷款”、

"贴现资产"、"拆出资金"等科目。

（三）已计提贷款损失准备的贷款价值以后又得以恢复，应在原已计提的贷款损失准备金额内，按恢复增加的金额，借记本科目，贷记"资产减值损失"科目。

四、本科目期末贷方余额，反映企业已计提但尚未转销的贷款损失准备。

（7）"固定资产"、"无形资产"等资产项目，反映相应资产在期末的实际价值，以扣减"累计折旧"、"累计摊销"和对应的资产减值准备后的金额列示。

（8）"其他资产"项目，反映企业持有的存出保证金、应收股利、其他应收款、长期待摊费用中将于一年内摊销完毕的部分。已计提减值准备的，还应扣减相应的减值准备。

融资租赁出租方的"长期应收款"项目，账面余额扣减累计减值准备、未实现融资收益后的净额，应当在"其他资产"项目反映。

抵债资产减去跌价准备后，应当在"其他资产"项目反映。

"代理兑付证券"减去"代理兑付证券款"后的借方余额，应当在"其他资产"项目反映。

1031　存出保证金

一、本科目核算企业（金融）因办理业务需要存出或缴纳的各种保证金款项。

二、本科目可按保证金的类别以及存放单位或交易场所进行明细核算。

三、企业存出保证金，借记本科目，贷记"银行存款"、"存放中央银行款项"、"结算备付金"、"应收分保账款"等科目；减少或收回保证金时做相反的会计分录。

四、本科目期末借方余额，反映企业存出或缴纳的各种保证金余额。

1441　抵债资产

一、本科目核算企业（金融）依法取得并准备按有关规定进行处置的实物抵债资产的成本。企业（金融）依法取得并准备按有关规定进行处置的非实物抵债资产（不含股权投资），也通过本科目核算。

二、本科目可按抵债资产类别及借款人进行明细核算。抵债资产发生减值的，可以单独设置"抵债资产跌价准备"科目，比照"存货跌价准备"科目进行处理。

三、抵债资产的主要账务处理。

（一）企业取得的抵债资产，按抵债资产的公允价值，借记本科目，按相关资产已计提的减值准备，借记"贷款损失准备"、"坏账准备"等科目，按相关资产的账面余额，贷记"贷款"、"应收手续费及佣金"等科目，按应支付的相关税费，贷记"应交税费"科目，按其差额，借记"营业外支出"科目。如为贷方差额，应贷记"资产减值损失"科目。

（二）抵债资产保管期间取得的收入，借记"库存现金"、"银行存款"、"存放中央银行款项"等科目，贷记"其他业务收入"等科目。保管期间发生的直接费用，借记"其他业务成本"等科目，贷记"库存现金"、"银行存款"、"存放中央银行款项"等科目。

（三）处置抵债资产时，应按实际收到的金额，借记"库存现金"、"银行存款"、"存放中央银行款项"等科目，按应支付的相关税费，贷记"应交税费"科目，按其账面余额，贷记本科目，按其差额，贷记"营业外收入"科目或借记"营业外支出"科目。已计提抵债资产跌价准备的，还应同时结转跌价准备。

（四）取得抵债资产后转为自用的，应在相关手续办妥时，按转换日抵债资产的账面余额，借记"固定资产"等科目，贷记本科目。已计提抵债资产跌价准备的，还应同时结转跌价准备。

四、本科目期末借方余额，反映企业取得的尚未处置的实物抵债资产的成本。

1311　代理兑付证券

一、本科目核算企业（证券、银行等）接受委托代理兑付到期的证券。

二、本科目可按委托单位和证券种类进行明细核算。

三、代理兑付证券的主要账务处理。

（一）委托单位尚未拨付兑付资金而由企业垫付的，在收到客户交来的证券时，应按兑付金额，借记本科目，贷记“银行存款”等科目。向委托单位交回已兑付的证券并收回垫付的资金时，借记“银行存款”等科目，贷记本科目。

（二）收到客户交来的无记名证券时，应按兑付金额，借记本科目，贷记“库存现金”、“银行存款”等科目。向委托单位交回已兑付证券时，借记“代理兑付证券款”科目，贷记本科目。

四、本科目期末借方余额，反映企业已兑付但尚未收到委托单位兑付资金的证券金额。

2313 代理兑付证券款

一、本科目核算企业（证券、银行等）接受委托代理兑付证券收到的兑付资金。

二、本科目可按委托单位和证券种类进行明细核算。

三、代理兑付证券款的主要账务处理。

（一）企业兑付记名证券，收到委托单位的兑付资金，借记“银行存款”等科目，贷记本科目。收到客户交来的证券，按兑付金额，借记本科目，贷记“库存现金”、“银行存款”等科目。兑付无记名证券的，还应通过“代理兑付证券”科目核算。

（二）收取代理兑付证券手续费收入，向委托单位单独收取的，按应收或已收取的手续费，借记“应收手续费及佣金”等科目，贷记“手续费及佣金收入”科目。

手续费与兑付款一并汇入的，在收到款项时，应按实际收到的金额，借记“结算备付金”等科目，按应兑付的金额，贷记本科目，按事先取得的手续费，贷记“其他应付款——预收代理兑付证券手续费”科目。兑付证券业务完成后确认手续费收入，借记“其他应付款——预收代理兑付证券手续费”科目，贷记“手续费及佣金收入”科目。

四、本科目期末贷方余额，反映企业已收到但尚未兑付的代理兑付证券款项。

（9）“向中央银行借款”、“同业及其他金融机构存放款项”、“拆入资金”、“交易性金融负债”、“卖出回购金融资产款”、“吸收存款”、“应付职工薪酬”、“应交税费”、“应付利息”、“应付债券”、“递延所得税负债”等项目，应当反映企业从中央银行借入在期末尚未偿还的借款、尚未偿付的债券金额等。

2003 拆入资金

一、本科目核算企业（金融）从境内、境外金融机构拆入的款项。

二、本科目可按拆入资金的金融机构进行明细核算。

三、企业应按实际收到的金额，借记“存放中央银行款项”、“银行存款”等科目，贷记本科目；归还拆入资金做相反的会计分录。资产负债表日，应按计算确定的拆入资金的利息费用，借记“利息支出”科目，贷记“应付利息”科目。

四、本科目期末贷方余额，反映企业尚未归还的拆入资金余额。

2004 向中央银行借款

一、本科目核算企业（银行）向中央银行借入的款项。

二、本科目可按借款性质进行明细核算。

三、企业应按实际收到的金额，借记“存放中央银行款项”科目，贷记本科目；归还借款做相反的会计分录。资产负债表日，应按计算确定的向中央银行借款的利息费用，借记“利息支出”科目，贷记“应付利息”科目。

四、本科目期末贷方余额，反映企业尚未归还中央银行借款的余额。

2011 吸收存款

一、本科目核算企业（银行）吸收的除同业存放款项以外的其他各种存款，包括单位存款（企业、事业单位、机关、社会团体等）、个人存款、信用卡存款、特种存款、转贷款资金和财政性存款等。

二、本科目可按存款类别及存款单位，分别“本金”、“利息调整”等进行明细核算。

三、吸收存款的主要账务处理。

（一）企业收到客户存入的款项，应按实际收到的金额，借记“存放中央银行款项”等科目，贷记本科目（本金），如存在差额，借记或贷记本科目（利息调整）。

（二）资产负债表日，应按摊余成本和实际利率计算确定的存入资金的利息费用，借记“利息支出”科目，按合同利率计算确定的应付未付利息，贷记“应付利息”科目，按其差额，借记或贷记本科目（利息调整）。实际利率与合同利率差异较小的，也可以采用合同利率计算确定利息费用。

（三）支付的存入资金利息，借记“应付利息”科目，贷记本科目。支付的存款本金，借记本科目（本金），贷记“存放中央银行款项”、“库存现金”等科目，按应转销的利息调整金额，贷记本科目（利息调整），按其差额，借记“利息支出”科目。

四、本科目期末贷方余额，反映企业吸收的除同业存放款项以外的其他各项存款。

2012　同业存放

一、本科目核算企业（银行）吸收的境内、境外金融机构的存款。

二、本科目可按存放金融机构进行明细核算。

三、企业增加存款，应按实际收到的金额，借记“存放中央银行款项”等科目，贷记本科目。减少存款做相反的会计分录。

四、本科目期末贷方余额，反映企业吸收的同业存放款项。

2111　卖出回购金融资产款

一、本科目核算企业（金融）按照回购协议先卖出再按固定价格买入的票据、证券、贷款等金融资产所融入的资金。

二、本科目可按卖出回购金融资产的类别和融资方进行明细核算。

三、卖出回购金融资产款的主要账务处理。

（一）企业根据回购协议卖出票据、证券、贷款等金融资产，应按实际收到的金额，借记“存放中央银行款项”、“结算备付金”、“银行存款”等科目，贷记本科目。

（二）资产负债表日，按照计算确定的卖出回购金融资产的利息费用，借记“利息支出”科目，贷记“应付利息”科目。

（三）回购日，按其账面余额，借记本科目、“应付利息”科目，按实际支付的金额，贷记“存放中央银行款项”、“结算备付金”、“银行存款”等科目，按其差额，借记“利息支出”科目。

四、本科目期末贷方余额，反映企业尚未到期的卖出回购金融资产款。

（10）“预计负债”项目，反映企业确认的预计负债的账面余额。

（11）“其他负债”项目，反映企业存入保证金、应付股利、其他应付款、递延收益等负债的账面余额。长期应付款账面余额减去未确认融资费用后的净额，应当在“其他负债”项目反映。“代理兑付证券”减去“代理兑付证券款”后的贷方余额，应当在“其他负债”项目反映。除以上项目以外的项目，比照一般企业。

2002　存入保证金

一、本科目核算企业（金融）收到客户存入的各种保证金，如信用证保证金、承兑汇票保证金、保函保证金、担保保证金等。

二、本科目可按客户进行明细核算。

三、企业收到客户存入的保证金，借记“银行存款”、“存放中央银行款项”、“应付分保账款”等科目，贷记本科目；向客户归还保证金做相反的会计分录。

资产负债表日，应按计算确定的存入保证金利息费用，借记“财务费用”、“利息支出”等科目，贷记“银行存款”、“存放中央银行款项” 等科目。

四、本科目期末贷方余额，反映企业接受存入但尚未返还的保证金。

（12）“实收资本（或股本）”、“资本公积”、“盈余公积”、“一般风险准备”、“未分配利润”、“库存股” 等项目，应当反映企业期末持有的接受投资者投入企业的实收资本、从净利润中提取的盈余公积、一般风险准备等金额。

16.1.3 保险公司资产负债表

1. 保险公司资产负债表的格式（见表 16-6）

表 16-6 资产负债表

会保 01 表

编制单位： ____年____月____日 单位：元

资　　产	期末余额	年初余额	负债和所有者权益（或股东权益）	期末余额	年初余额
资产：			负债：		
货币资金			短期借款		
拆出资金			拆入资金		
交易性金融资产			交易性金融负债		
衍生金融资产			衍生金融负债		
买入返售金融资产			卖出回购金融资产款		
应收利息			预收保费		
应收保费			应付手续费及佣金		
应收代位追偿款			应付分保账款		
应收分保账款			应付职工薪酬		
应收分保未到期责任准备金			应交税费		
应收分保未决赔款准备金			应付赔付款		
应收分保寿险责任准备金			应付保单红利		
应收分保长期健康险责任准备金			保户储金及投资款		
保户质押贷款			未到期责任准备金		
定期存款			未决赔款准备金		
可供出售金融资产			寿险责任准备金		
持有至到期投资			长期健康险责任准备金		
长期股权投资			长期借款		
存出资本保证金			应付债券		
投资性房地产			独立账户负债		
固定资产			递延所得税负债		
无形资产			其他负债		
独立账户资产			负债合计		

续表

资　产	期末余额	年初余额	负债和所有者权益（或股东权益）	期末余额	年初余额
递延所得税资产			所有者权益（或股东权益）:		
其他资产			实收资本（或股本）		
			资本公积		
			减：库存股		
			盈余公积		
			一般风险准备		
			未分配利润		
			所有者权益（或股东权益）合计		
资产总计			负债和所有者权益（或股东权益）总计		

2. 保险公司资产负债表格式及列示说明

本表反映保险公司一定日期全部资产、负债和所有者权益的情况。本表“年初余额”栏内各项数字，应根据上年年末资产负债表“期末余额”栏内所列数字填列。如上年度资产负债表规定的各个项目的名称和内容同本年度不相一致，应对上年年末资产负债表各项目的名称和数字按照本年度的规定进行调整，填入本表“年初余额”栏内。本表“期末余额”栏内各项数字，一般应根据资产、负债和所有者权益期末情况列示。

（1）“货币资金”项目反映企业期末持有的库存现金、银行存款和其他货币资金等总额。企业持有的原始存款期限在 3 个月以内的定期存款，也在本项目反映。

1001　库存现金

一、本科目核算企业的库存现金。

企业有内部周转使用备用金的，可以单独设置“备用金”科目。

二、企业增加库存现金，借记本科目，贷记“银行存款”等科目；减少库存现金做相反的会计分录。

三、企业应当设置“现金日记账”，根据收付款凭证，按照业务发生顺序逐笔登记。每日终了，应当计算当日的现金收入合计额、现金支出合计额和结余额，将结余额与实际库存额核对，做到账款相符。

四、本科目期末借方余额，反映企业持有的库存现金。

1002　银行存款

一、本科目核算企业存入银行或其他金融机构的各种款项。银行汇票存款、银行本票存款、信用卡存款、信用证保证金存款、存出投资款、外埠存款等，在“其他货币资金”科目核算。

二、企业增加银行存款，借记本科目，贷记“库存现金”、“应收账款”等科目；减少银行存款做相反的会计分录。

三、企业可按开户银行和其他金融机构、存款种类等设置“银行存款日记账”，根据收付款凭证，按照业务的发生顺序逐笔登记。每日终了，应结出余额。“银行存款日记账”应定期与“银行对账单”核对，至少每月核对一次。企业银行存款账面余额与银行对账单余额之间如有差额，应编制“银行存款余额调节表”调节相符。

四、本科目期末借方余额，反映企业存在银行或其他金融机构的各种款项。

1012　其他货币资金

一、本科目核算企业的银行汇票存款、银行本票存款、信用卡存款、信用证保证金存款、存出投资款、外埠存款等其他货币资金。

二、企业增加其他货币资金，借记本科目，贷记“银行存款”科目；减少其他货币资金，借记有关科目，贷记本科目。

三、本科目可按银行汇票或本票、信用证的收款单位，外埠存款的开户银行，分别“银行汇票”、“银行本票”、“信用卡”、“信用证保证金”、“存出投资款”、“外埠存款”等进行明细核算。

四、本科目期末借方余额，反映企业持有的其他货币资金。

（2）“应收分保账款”、“应付分保账款”项目，反映企业从事再保险业务应收取或应支付的款项，满足相互抵消条件的，应当以抵消后的净额列示。

1211 应收分保账款

一、本科目核算企业（保险）从事再保险业务应收取的款项。

二、本科目可按再保险分出人或再保险接受人和再保险合同进行明细核算。

三、再保险分出人应收分保账款的主要账务处理。

（一）企业在确认原保险合同保费收入的当期，按相关再保险合同约定计算确定的应向再保险接受人摊回的分保费用，借记本科目，贷记“摊回分保费用”科目。

（二）在确定支付赔付款项金额或实际发生理赔费用而冲减原保险合同相应未决赔款准备金、寿险责任准备金、长期健康险责任准备金余额的当期，按相关再保险合同约定计算确定的应向再保险接受人摊回的赔付成本金额，借记本科目，贷记“摊回赔付支出”科目。

（三）在因取得和处置损余物资、确认和收到应收代位追偿款等而调整原保险合同赔付成本的当期，按相关再保险合同约定计算确定的摊回赔付支出的调整金额，借记或贷记“摊回赔付支出”科目，贷记或借记本科目。

（四）计算确定应向再保险接受人收取纯益手续费的，按相关再保险合同约定计算确定的纯益手续费，借记本科目，贷记“摊回分保费用”科目。

（五）在原保险合同提前解除的当期，按相关再保险合同约定计算确定的摊回分保费用的调整金额，借记“摊回分保费用”科目，贷记本科目。

（六）对于超额赔款再保险等非比例再保险合同，在能够计算确定应向再保险接受人摊回的赔付成本时，按摊回的赔付成本金额，借记本科目，贷记“摊回赔付支出”科目。

四、再保险接受人应收分保账款的主要账务处理。

（一）企业确认再保险合同保费收入时，借记本科目，贷记“保费收入”科目。

（二）收到分保业务账单时，按账单标明的金额对分保费收入进行调整，按调整增加额，借记本科目，贷记“保费收入”科目；按调整减少额做相反的会计分录。

按照账单标明的再保险分出人扣存本期分保保证金，借记“存出保证金”科目，贷记本科目。按账单标明的再保险分出人返还上期扣存分保保证金，借记本科目，贷记“存出保证金”科目。

（三）计算存出分保保证金利息，借记本科目，贷记“利息收入”科目。

五、再保险分出人、再保险接受人结算分保账款时，按应付分保账款金额，借记“应付分保账款”科目，按应收分保账款金额，贷记本科目，按其差额，借记或贷记“银行存款”科目。

六、本科目期末借方余额，反映企业从事再保险业务应收取的款项。

2261 应付分保账款

一、本科目核算企业（保险）从事再保险业务应付未付的款项。

二、本科目可按再保险分出人或再保险接受人和再保险合同进行明细核算。

三、再保险分出人应付分保账款的主要账务处理。

（一）企业在确认原保险合同保费收入的当期，按相关再保险合同约定计算确定的分出保费金额，借记“分出保费”科目，贷记本科目。

在原保险合同提前解除的当期，按相关再保险合同约定计算确定的分出保费的调整金额，借记本科目，贷记“分出保费”科目。对于超额赔款再保险等非比例再保险合同，按相关再保险合同约定计算确定的分出保费金额，借记“分出保费”科目，贷记本科目。

（二）发出分保业务账单时，按账单标明的扣存本期分保保证金，借记本科目，贷记“存入保证金”科目。按账单标明的返还上期扣存分保保证金，借记“存入保证金”科目，贷记本科目。

按期计算的存入分保保证金利息，借记“利息支出”科目，贷记本科目。

四、再保险接受人应付分保账款的主要账务处理

（一）企业在确认分保费收入的当期，按相关再保险合同约定计算确定的分保费用金额，借记“分保费用”科目，贷记本科目。

收到分保业务账单时，按账单标明的金额对分保费用进行调整，按调整增加额，借记“分保费用”科目，贷记本科目；按调整减少额做相反的会计分录。

（二）计算确定应向再保险分出人支付纯益手续费的，按相关再保险合同约定计算确定的纯益手续费金额，借记“分保费用”科目，贷记本科目。

（三）收到分保业务账单的当期，按账单标明的分保赔付款项金额，借记“赔付支出”科目，贷记本科目。

五、再保险分出人、再保险接受人结算分保账款时，按应付分保账款金额，借记本科目，按应收分保账款金额，贷记“应收分保账款”科目，按其差额，借记或贷记“银行存款”科目。

六、本科目期末贷方余额，反映企业从事再保险业务应付未付的款项。

（3）“应收分保未到期责任准备金”项目，反映企业从事再保险业务确认的相应资产价值。“应收分保未决赔款准备金”、“应收分保寿险责任准备金”、“应收分保长期健康险责任准备金”项目，反映企业从事再保险业务应向再保险接受人摊回的相应准备金结余扣减累计减值准备后的账面价值。

1212 应收分保合同准备金

一、本科目核算企业（再保险分出人）从事再保险业务确认的应收分保未到期责任准备金，以及应向再保险接受人摊回的保险责任准备金。

企业（再保险分出人）可以单独设置“应收分保未到期责任准备金”、“应收分保未决赔款准备金”、“应收分保寿险责任准备金”、“应收分保长期健康险责任准备金”等科目。

二、本科目可按再保险接受人和再保险合同进行明细核算。

三、应收分保合同准备金的主要账务处理。

（一）企业在确认非寿险原保险合同保费收入的当期，按相关再保险合同约定计算确定的相关应收分保未到期责任准备金金额，借记本科目，贷记“提取未到期责任准备金”科目。

资产负债表日，调整原保险合同未到期责任准备金余额，按相关再保险合同约定计算确定的应收分保未到期责任准备金的调整金额，借记“提取未到期责任准备金”科目，贷记本科目。

（二）在提取原保险合同未决赔款准备金、寿险责任准备金、长期健康险责任准备金的当期，按相关再保险合同约定计算确定的应向再保险接受人摊回的保险责任准备金金额，借记本科目，贷记“摊回保险责任准备金”科目。

（三）在确定支付赔付款项金额或实际发生理赔费用而冲减原保险合同相应未决赔款准备金、寿险责任准备金、长期健康险责任准备金余额的当期，按相关应收分保保险责任准备金的相应冲减金额，借记“摊回保险责任准备金”科目，贷记本科目。

（四）在对原保险合同未决赔款准备金、寿险责任准备金、长期健康险责任准备金进行充足性测试补提保险责任准备金时，按相关再保险合同约定计算确定的应收分保保险责任准备金的相应增加额，借记本科目，贷记“摊回保险责任准备金”科目。

（五）在原保险合同提前解除而转销相关未到期责任准备金余额的当期，借记“提取未到期责任准备金”科目，贷记本科目。

在原保险合同提前解除而转销相关寿险责任准备金、长期健康险责任准备金余额的当期，按相关应收分保保险责任准备金余额，借记“摊回保险责任准备金”科目，贷记本科目。

四、本科目期末借方余额，反映企业从事再保险业务确认的应收分保合同准备金余额。

（4）“定期存款”项目，反映企业持有的、原始存款期限超过3个月的定期存款总额。

（5）“独立账户资产”、“独立账户负债”项目，反映企业对分拆核算的投资连接产品中不属于风险保障部分确认的独立账户资产、独立账户负债价值。

1821 独立账户资产

一、本科目核算企业（保险）对分拆核算的投资连接产品不属于风险保障部分确认的独立账户资产价值。

二、本科目可按资产类别进行明细核算。

三、独立账户资产的主要账务处理。

（一）向独立账户划入资金，借记本科目（银行存款及现金），贷记“独立账户负债”科目。

（二）独立账户进行投资，借记本科目（债券、股票等），贷记本科目（银行存款及现金）。对独立账户投资进行估值，按估值增值，借记本科目（估值），贷记“独立账户负债”科目；估值减值的做相反的会计分录。

（三）按照独立账户计提的保险费，借记“银行存款”科目，贷记“保费收入”科目。同时，借记“独立账户负债”科目，贷记本科目（银行存款及现金）。

对独立账户计提账户管理费，借记“银行存款”科目，贷记“手续费及佣金收入”科目。同时，借记“独立账户负债”科目，贷记本科目（银行存款及现金）。

（四）支付独立账户资产，借记“独立账户负债”科目，贷记本科目（银行存款及现金）。

四、本科目期末借方余额，反映企业确认的独立账户资产价值。

2621 独立账户负债

一、本科目核算企业（保险）对分拆核算的投资连接产品不属于风险保障部分确认的独立账户负债。

二、本科目可按负债类别进行明细核算。

三、独立账户负债的主要账务处理。

（一）向独立账户划入资金，借记“独立账户资产——银行存款及现金”科目，贷记本科目。

（二）对独立账户投资进行估值，按估值增值，借记“独立账户资产”科目，贷记本科目；估值减值的做相反的会计分录。

（三）按照独立账户计提的保险费，借记“银行存款”科目，贷记“保费收入”科目；同时，借记本科目，贷记“独立账户资产”科目。对独立账户计提账户管理费，借记“银行存款”科目，贷记“手续费及佣金收入”科目；同时，借记本科目，贷记“独立账户资产”科目。

（四）支付独立账户资产，借记本科目，贷记“独立账户资产”科目。

四、本科目期末贷方余额，反映企业确认的独立账户负债。

（6）“应收保费”、“应收代位追偿款”、“保户质押贷款”、“应收分保账款”、“应收分保未到期责任准备金”等资产项目，反映企业期末持有的相应资产的实际价值，应当以扣减“坏账准备”、“贷款损失准备”期末余额后的金额列示。

1122 应收账款

一、本科目核算企业因销售商品、提供劳务等经营活动应收取的款项。

企业（保险）按照原保险合同约定应向投保人收取的保费，可将本科目改为“1122 应收保费”科目，并按照投保人进行明细核算。

企业（金融）应收取的手续费和佣金，可将本科目改为“1124 应收手续费及佣金”科目，并按照债务人进行明细核算。

因销售商品、提供劳务等，采用递延方式收取合同或协议价款、实质上具有融资性质的，在“长期应收款”科目核算。

二、本科目可按债务人进行明细核算。

三、企业发生应收账款，按应收金额，借记本科目，按确认的营业收入，贷记“主营业务收入”、“手续费及佣金收入”、“保费收入”等科目。收回应收账款时，借记“银行存款”等科目，贷记本科目。涉及增值税销项税额的，还应进行相应的处理。

代购货单位垫付的包装费、运杂费，借记本科目，贷记“银行存款”等科目。收回代垫费用时，借记“银行存款”科目，贷记本科目。

四、企业与债务人进行债务重组，应当分别债务重组的不同方式进行处理。

（一）收到债务人清偿债务的款项小于该项应收账款账面价值的，应按实际收到的金额，借记“银行存款”等科目，按重组债权已计提的坏账准备，借记“坏账准备”科目，按重组债权的账面余额，贷记本科目，按其差额，借记“营业外支出”科目。

收到债务人清偿债务的款项大于该项应收账款账面价值的，应按实际收到的金额，借记“银行存款”等科目，按重组债权已计提的坏账准备，借记“坏账准备”科目，按重组债权的账面余额，贷记本科目，按其差额，贷记“资产减值损失”科目。

以下债务重组涉及重组债权减值准备的，应当比照此规定进行处理。

（二）接受债务人用于清偿债务的非现金资产，应按该项非现金资产的公允价值，借记“原材料”、“库存商品”、“固定资产”、“无形资产”等科目，按重组债权的账面余额，贷记本科目，按应支付的相关税费和其他费用，贷记“银行存款”、“应交税费”等科目，按其差额，借记“营业外支出”科目。涉及增值税进项税额的，还应进行相应的处理。

（三）将债权转为投资，应按享有股份的公允价值，借记“长期股权投资”科目，按重组债权的账面余额，贷记本科目，按应支付的相关税费和其他费用，贷记“银行存款”、“应交税费”等科目，按其差额，借记“营业外支出”科目。

（四）以修改其他债务条件进行清偿的，应按修改其他债务条件后债权的公允价值，借记本科目，按重组债权的账面余额，贷记本科目，按其差额，借记“营业外支出”科目。

五、本科目期末借方余额，反映企业尚未收回的应收账款；期末如为贷方余额，反映企业预收的账款。

1201　应收代位追偿款

一、本科目核算企业（保险）按照原保险合同约定承担赔付保险金责任后确认的代位追偿款。

二、本科目可按被追偿单位（或个人）进行明细核算。

三、应收代位追偿款的主要账务处理。

（一）企业承担赔付保险金责任后确认的代位追偿款，借记本科目，贷记“赔付支出”科目。

（二）收回应收代位追偿款时，按实际收到的金额，借记“库存现金”、“银行存款”等科目，按其账面余额，贷记本科目，按其差额，借记或贷记“赔付支出”科目。已计提坏账准备的，还应同时结转坏账准备。

四、本科目期末借方余额，反映企业已确认尚未收回的代位追偿款。

1303　贷款

一、本科目核算企业（银行）按规定发放的各种客户贷款，包括质押贷款、抵押贷款、保证贷款、信用贷款等。

企业（银行）按规定发放的具有贷款性质的银团贷款、贸易融资、协议透支、信用卡透支、转贷款以及垫款等，在本科目核算；也可以单独设置“银团贷款”、“贸易融资”、“协议透支”、“信用卡透支”、“转贷款”、“垫款”等科目。

企业（保险）的保户质押贷款，可将本科目改为“1303　保户质押贷款”科目。企业（典当）的质押贷款、抵押贷款，可将本科目改为“1303　质押贷款”、“1305　抵押贷款”科目。企业委托银行或其他金融机构向其他单位贷出的款项，可将本科目改为“1303　委托贷款”科目。

二、本科目可按贷款类别、客户，分别“本金”、“利息调整”、“已减值”等进行明细核算。

三、贷款的主要账务处理。

（一）企业发放的贷款，应按贷款的合同本金，借记本科目（本金），按实际支付的金额，贷记“吸收存款”、“存放中央银行款项”等科目，有差额的，借记或贷记本科目（利息调整）。

资产负债表日，应按贷款的合同本金和合同利率计算确定的应收未收利息，借记“应收利息”科目，按贷款的摊余成本和实际利率计算确定的利息收入，贷记“利息收入”科目，按其差额，借记或贷记本科目（利息调整）。合同利率与实际利率差异较小的，也可以采用合同利率计算确定利息收入。

收回贷款时，应按客户归还的金额，借记“吸收存款”、“存放中央银行款项”等科目，按收回的应收利息金额，贷记“应收利息”科目，按归还的贷款本金，贷记本科目（本金），按其差额，贷记“利息收入”科目。存在利息调整余额的，还应同时结转。

（二）资产负债表日，确定贷款发生减值的，按应减记的金额，借记“资产减值损失”科目，贷记“贷款损失准备”科目。同时，应将本科目（本金、利息调整）余额转入本科目（已减值），借记本科目（已减值），贷记本科目（本金、利息调整）。

资产负债表日，应按贷款的摊余成本和实际利率计算确定的利息收入，借记“贷款损失准备”科目，贷记“利息收入”科目。同时，将按合同本金和合同利率计算确定的应收利息金额进行表外登记。

收回减值贷款时，应按实际收到的金额，借记“吸收存款”、“存放中央银行款项”等科目，按相关贷款损失准备余额，借记“贷款损失准备”科目，按相关贷款余额，贷记本科目（已减值），按其差额，贷记“资产减值损失”科目。

对于确实无法收回的贷款，按管理权限报经批准后作为呆账予以转销，借记“贷款损失准备”科目，贷记本科目（已减值）。按管理权限报经批准后转销表外应收未收利息，减少表外“应收未收利息”科目金额。

已确认并转销的贷款以后又收回的，按原转销的已减值贷款余额，借记本科目（已减值），贷记“贷款损失准备”科目。按实际收到的金额，借记“吸收存款”、“存放中央银行款项”等科目，按原转销的已减值贷款余额，贷记本科目（已减值），按其差额，贷记“资产减值损失”科目。

四、本科目期末借方余额，反映企业按规定发放尚未收回贷款的摊余成本。

1304 贷款损失准备

一、本科目核算企业（银行）贷款的减值准备。计提贷款损失准备的资产包括贴现资产、拆出资金、客户贷款、银团贷款、贸易融资、协议透支、信用卡透支、转贷款和垫款等。企业（保险）的保户质押贷款计提的减值准备，也在本科目核算。企业（典当）的质押贷款、抵押贷款计提的减值准备，也在本科目核算。企业委托银行或其他金融机构向其他单位贷出的款项计提的减值准备，可将本科目改为“1304 委托贷款损失准备”科目。

二、本科目可按计提贷款损失准备的资产类别进行明细核算。

三、贷款损失准备的主要账务处理。

（一）资产负债表日，贷款发生减值的，按应减记的金额，借记“资产减值损失”科目，贷记本科目。

（二）对于确实无法收回的各项贷款，按管理权限报经批准后转销各项贷款，借记本科目，贷记“贷款”、“贴现资产”、“拆出资金”等科目。

（三）已计提贷款损失准备的贷款价值以后又得以恢复，应在原已计提的贷款损失准备金额内，按恢复增加的金额，借记本科目，贷记“资产减值损失”科目。

四、本科目期末贷方余额，反映企业已计提但尚未转销的贷款损失准备。

（7）“存出资本保证金”等资产项目，反映企业期末持有的相应资产的价值。

1541 存出资本保证金

一、本科目核算企业（保险）按规定比例缴存的资本保证金。

二、企业存出的资本保证金，借记本科目，贷记“银行存款”等科目。

三、本科目期末借方余额，反映企业缴存的资本保证金。

（8）“其他资产”项目，反映企业应收股利、应收利息、应收代位追偿款、预付账款、应收保户储金、应收保户投资款、存出保证金、其他应收款、长期待摊费用中将于1年内摊销完毕的部分。已计提减值准备的，还应扣减相应的减值准备。

融资租赁出租方的“长期应收款”项目，账面余额扣减累计减值准备、未实现融资收益后的净额，应当在“其他资产”项目反映。抵债资产减去跌价准备后，应当在其他资产”项目反映。

抵债资产、损余物资、商誉等应当在“其他资产”项目反映。

1451 损余物资

一、本科目核算企业（保险）按照原保险合同约定承担赔偿保险金责任后取得的损余物资成本。

二、本科目可按损余物资种类进行明细核算。

损余物资发生减值的，可以单独设置“损余物资跌价准备”科目，比照“存货跌价准备”科目进行处理。

三、损余物资的主要账务处理。

（一）企业承担赔偿保险金责任后取得的损余物资，按同类或类似资产的市场价格计算确定的金额，借记本科目，贷记“赔付支出”科目。

（二）处置损余物资时，按实际收到的金额，借记“库存现金”、“银行存款”等科目，按其账面余额，贷记本科目，按其差额，借记或贷记“赔付支出”科目。已计提跌价准备的，还应同时结转跌价准备。

四、本科目期末借方余额，反映企业承担赔偿保险金责任后取得的损余物资成本。

（9）“预收保费”、“应付手续费及佣金”、“应付分保账款”、“保户储金及投资款”、“未到期责任准备金”、“独立账户负债”等负债项目。

2203 预收账款

一、本科目核算企业按照合同规定预收的款项。预收账款情况不多的，也可以不设置本科目，将预收的款项直接记入“应收账款”科目。

企业（保险）收到未满足保费收入确认条件的保险费，可将本科目改为“2203 预收保费”科目，并按投保人进行明细核算；从事再保险分出业务预收的赔款，可以单独设置“预收赔付款”科目。

二、本科目可按购货单位进行明细核算。

三、预收账款的主要账务处理。

（一）企业向购货单位预收的款项，借记“银行存款”等科目，贷记本科目；销售实现时，按实现的收入，借记本科目，贷记“主营业务收入”科目。涉及增值税销项税额的，还应进行相应的处理。

（二）企业（保险）收到预收的保费，借记“银行存款”、“库存现金”等科目，贷记本科目。确认保费收入，借记本科目，贷记“保费收入”科目。

从事再保险业务转销预收的赔款，借记本科目，贷记“应收分保账款”科目。

四、本科目期末贷方余额，反映企业预收的款项；期末如为借方余额，反映企业尚未转销的款项。

2202 应付账款

一、本科目核算企业因购买材料、商品和接受劳务等经营活动应支付的款项。

企业（金融）应支付但尚未支付的手续费和佣金，可将本科目改为“2202 应付手续费及佣金”科目，并按照对方单位（或个人）进行明细核算。

企业（保险）应支付但尚未支付的赔付款项，可以单独设置“应付赔付款”科目。

二、本科目可按债权人进行明细核算。

三、企业购入材料、商品等验收入库，但货款尚未支付，根据有关凭证（发票账单、随货同行发票上记载的实际价款或暂估价值），借记“材料采购”、“在途物资”等科目，按应付的款项，贷记本科目。

接受供应单位提供劳务而发生的应付未付款项，根据供应单位的发票账单，借记“生产成本”、“管理费用”等科目，贷记本科目。支付时，借记本科目，贷记“银行存款”等科目。

上述交易涉及增值税进项税额的，还应进行相应的处理。

四、企业与债权人进行债务重组，应当分别债务重组的不同方式进行处理。

（一）以低于重组债务账面价值的款项清偿债务的，应按应付账款的账面余额，借记本科目，按实际支付的金额，贷记“银行存款”科目，按其差额，贷记“营业外收入——债务重组利得”科目。

（二）以非现金资产清偿债务的，应按应付账款的账面余额，借记本科目，按用于清偿债务的非现金资产的公允价值，贷记“主营业务收入”、“其他业务收入”、“固定资产清理”、“无形资产”、“长期股权投资”等科目，按应支付的相关税费和其他费用，贷记“应交税费”、“银行存款”等科目，按其差额，贷记“营业外收入——债务重组利得”科目。

抵债资产为存货的，还应同时结转成本，记入“主营业务成本”、“其他业务成本”等科目；抵债资产为固定资产、无形资产的，其公允价值和账面价值的差额，记入“营业外收入——处置非流动资产利得”或“营业外支出——处置非流动资产损失”科目；抵债资产为可供出售金融资产、持有至到期投资、长期股权投资等的，其公允价值和账面价值的差额，记入“投资收益”科目。

（三）以债务转为资本，应按应付账款的账面余额，借记本科目，按债权人因放弃债权而享有股权的公允价值，贷记“实收资本”或“股本”、“资本公积——资本溢价或股本溢价”科目，按其差额，贷记“营业外收入——债务重组利得”科目。

（四）以修改其他债务条件进行清偿的，应将重组债务的账面余额与重组后债务的公允价值的差额，借记本科目，贷记“营业外收入——债务重组利得”科目。

五、本科目期末贷方余额，反映企业尚未支付的应付账款余额。

2251 应付保单红利

一、本科目核算企业（保险）按原保险合同约定应付未付投保人的红利。

二、本科目可按投保人进行明细核算。

三、企业按原保险合同约定计提应支付的保单红利，借记“保单红利支出”科目，贷记本科目。向投保人支付的保单红利，借记本科目，贷记“库存现金”、“银行存款”等科目。

四、本科目期末贷方余额，反映企业应付未付投保人的红利。

（10）“保户储金及投资款”项目，反映企业收到尚未返还的保户储金或投资款。

2611 保户储金

一、本科目核算企业（保险）收到投保人以储金本金增值作为保费收入的储金。企业（保险）收到投保人投资型保险业务的投资款，可将本科目改为“2611 保户投资款”科目。企业（保险）应向投保人支付的储金或投资款增值，也在本科目核算。

二、本科目可按投保人进行明细核算。

三、企业收到投保人缴纳的储金，借记“银行存款”、“库存现金”等科目，贷记本科目。向投保人支付储金做相反的会计分录。

四、本科目期末贷方余额，反映企业应付未付投保人储金。

（11）“未到期责任准备金”项目，反映企业为非寿险保险合同提取的未到期责任准备金期末余额。

“未决赔款准备金”、“寿险责任准备金”、“长期健康险责任准备金”项目反映企业提取的未决赔款准备金、寿险责任准备金、长期健康险责任准备金期末余额。

2601 未到期责任准备金

一、本科目核算企业（保险）提取的非寿险原保险合同未到期责任准备金。再保险接受人提取的再保险合同分保未到期责任准备金，也在本科目核算。

二、本科目可按保险合同进行明细核算。

三、未到期责任准备金的主要账务处理。

（一）企业确认原保费收入、分保费收入的当期，应按保险精算确定的未到期责任准备金，借记“提取未到期责任准备金”科目，贷记本科目。

（二）资产负债表日，按保险精算重新计算确定的未到期责任准备金与已确认的未到期责任准备金的差额，借记本科目，贷记“提取未到期责任准备金”科目。

（三）原保险合同提前解除的，按相关未到期责任准备金余额，借记本科目，贷记“提取未到期责任准备金”科目。

四、本科目期末贷方余额，反映企业的未到期责任准备金。

2602 保险责任准备金

一、本科目核算企业（保险）提取的原保险合同保险责任准备金，包括未决赔款准备金、寿险责任准备金、长期健康险责任准备金。

再保险接受人提取的再保险合同保险责任准备金，也在本科目核算。

企业（保险）也可以单独设置“未决赔款准备金”、“寿险责任准备金”、“长期健康险责任准备金”等科目。

二、本科目可按保险责任准备金类别、保险合同进行明细核算。

三、保险责任准备金的主要账务处理。

（一）企业确认寿险保费收入，应按保险精算确定的寿险责任准备金、长期健康险责任准备金，借记“提取保险责任准备金”科目，贷记本科目。

投保人发生非寿险保险合同约定的保险事故当期，企业应按保险精算确定的未决赔款准备金，借记“提取保险责任准备金”科目，贷记本科目。

对保险责任准备金进行充足性测试，应按补提的保险责任准备金，借记“提取保险责任准备金”科目，贷记本科目。

（二）原保险合同保险人确定支付赔付款项金额或实际发生理赔费用的当期，应按冲减的相应保险责任准备金余额，借记本科目，贷记“提取保险责任准备金”科目。

再保险接受人收到分保业务账单的当期，应按分保保险责任准备金的相应冲减金额，借记本科目，贷记“提取保险责任准备金”科目。

（三）寿险原保险合同提前解除的，应按相关寿险责任准备金、长期健康险责任准备金余额，借记本科目，贷记“提取保险责任准备金”科目。

四、本科目期末贷方余额，反映企业的保险责任准备金。

（12）“其他负债”项目，反映企业应付股利、应付利息、存入保证金、预计负债等项目的总额。

长期应付款账面余额减去未确认融资费用后的金额，应当在“其他负债”项目反映。

除以上项目以外的其他项目，比照商业银行。

16.1.4 证券公司资产负债表

1. 证券公司资产负债表的格式（见表 16-7）

表 16-7　资产负债表

会证 01 表

编制单位：　　　　　　　　　　　　____年____月____日　　　　　　　　　　　　单位：元

资　　产	期末余额	年初余额	负债和所有者权益（或股东权益）	期末余额	年初余额
资产：			负债：		
货币资金			短期借款		
其中：客户资金存款			其中：质押借款		
结算备付金			拆入资金		
其中：客户备付金			交易性金融负债		
拆出资金			衍生金融负债		
交易性金融资产			卖出回购金融资产款		
衍生金融资产			代理买卖证券款		
买入返售金融资产			代理承销证券款		
应收利息			应付职工薪酬		
存出保证金			应交税费		
可供出售金融资产			应付利息		
持有至到期投资			预计负债		
长期股权投资			长期借款		
投资性房地产			应付债券		
固定资产			递延所得税负债		
无形资产			其他负债		
其中：交易席位费			负债合计		
递延所得税资产			所有者权益（或股东权益）：		
其他资产			实收资本（或股本）		
			资本公积		
			减：库存股		
			盈余公积		
			一般风险准备		
			未分配利润		
			所有者权益（或股东权益）合计		
资产总计			负债和所有者权益（或股东权益）总计		

2. 证券公司资产负债表列示说明

本表反映证券公司一定日期全部资产、负债和所有者权益的情况。本表“年初余额”栏内各项数字，应根据上年年末资产负债表“期末余额”栏内所列数字填列。如上年度资产负债表规定的各个项目的名称和内容同本年度不相一致，应对上年年末资产负债表各项目的名称和数字按照本年度的规定进行调整，填入本表“年初余额”栏内。本表“期末余额”栏内各项数字，一般应根据资产、负债和所有者权益期末情况列示。

（1）“货币资金”项目，反映企业持有的库存现金、银行存款和其他货币资金等总额。证券经纪业务取得的客户资金存款，应在本项目下单独反映。

（2）“结算备付金”项目，反映企业持有的为证券交易的资金清算与交收而存入指定清算代理机构的款项金额。证券经纪业务取得的客户备付金，应在本项目下单独反映。

1021 结算备付金

一、本科目核算企业（证券）为证券交易的资金清算与交收而存入指定清算代理机构的款项。企业（证券）向客户收取的结算手续费、向证券交易所支付的结算手续费，也通过本科目核算。企业（证券）因证券交易与清算代理机构办理资金清算的款项等，可以单独设置“证券清算款”科目。

二、本科目可按清算代理机构，分别“自有”、“客户”等进行明细核算。

三、结算备付金的主要账务处理。

（一）企业将款项存入清算代理机构，借记本科目，贷记“银行存款”等科目；从清算代理机构划回资金做相反的会计分录。

（二）接受客户委托，买入证券成交总额大于卖出证券成交总额的，应按买卖证券成交价的差额加上代扣代交的相关税费和应向客户收取的佣金等之和，借记“代理买卖证券款”等科目，贷记本科目（客户）、“银行存款”等科目。按企业应负担的交易费用，借记“手续费及佣金支出”科目，按应向客户收取的手续费及佣金，贷记“手续费及佣金收入”科目，按其差额，借记本科目（自有）、“银行存款”等科目。

接受客户委托，卖出证券成交总额大于买入证券成交总额的，应按买卖证券成交价的差额减去代扣代交的相关税费和应向客户收取的佣金等后的余额，借记本科目（客户）、“银行存款”等科目，贷记“代理买卖证券款”等科目。按企业应负担的交易费用，借记“手续费及佣金支出”科目，按应向客户收取的手续费及佣金，贷记“手续费及佣金收入”科目，按其差额，借记本科目（自有）、“银行存款”等科目。

（三）在证券交易所进行自营证券交易的，应在取得时根据持有证券的意图等对其进行分类，比照“交易性金融资产”、“持有至到期投资”、“可供出售金融资产”等科目的相关规定进行处理。

四、本科目期末借方余额，反映企业存在指定清算代理机构的款项。

（3）“存出保证金”项目，反映企业因办理业务需要存出或缴纳的各种保证金款项期末余额。

1031 存出保证金

一、本科目核算企业（金融）因办理业务需要存出或缴纳的各种保证金款项。

二、本科目可按保证金的类别以及存放单位或交易场所进行明细核算。

三、企业存出保证金，借记本科目，贷记“银行存款”、“存放中央银行款项”、“结算备付金”、“应收分保账款”等科目；减少或收回保证金时做相反的会计分录。

四、本科目期末借方余额，反映企业存出或缴纳的各种保证金余额。

（4）“无形资产”项目，反映企业无形资产在期末的实际价值，应当以扣减累计摊销和无形资产减值准备余额后的金额列示。证券公司缴纳的交易席位费的可收回金额应在本项目下单独反映。

（5）“其他资产”项目，反映企业应收股利、其他应收款、长期待摊费用中将于 1 年内摊销完毕的部分。已计提减值准备的，还应扣减相应的减值准备。

融资租赁出租方的“长期应收款”项目，账面余额扣减累计减值准备、未实现融资收益后的净额，应当在“其他资产”项目反映。

抵债资产减去跌价准备后，在“其他资产”项目反映。

“代理兑付证券”减去“代理兑付证券款”后的借方余额，应当在“其他资产”项目反映。

1311 代理兑付证券

一、本科目核算企业（证券、银行等）接受委托代理兑付到期的证券。

二、本科目可按委托单位和证券种类进行明细核算。

三、代理兑付证券的主要账务处理。

（一）委托单位尚未拨付兑付资金而由企业垫付的，在收到客户交来的证券时，应按兑付金额，借记本科目，贷记“银行存款”等科目。向委托单位交回已兑付的证券并收回垫付的资金时，借记“银行存款”等科目，贷记本科目。

（二）收到客户交来的无记名证券时，应按兑付金额，借记本科目，贷记“库存现金”、“银行存款”等科目。向委托单位交回已兑付证券时，借记“代理兑付证券款”科目，贷记本科目。

四、本科目期末借方余额，反映企业已兑付但尚未收到委托单位兑付资金的证券金额。

2313 代理兑付证券款

一、本科目核算企业（证券、银行等）接受委托代理兑付证券收到的兑付资金。

二、本科目可按委托单位和证券种类进行明细核算。

三、代理兑付证券款的主要账务处理。

（一）企业兑付记名证券，收到委托单位的兑付资金，借记“银行存款”等科目，贷记本科目。收到客户交来的证券，按兑付金额，借记本科目，贷记“库存现金”、“银行存款”等科目。兑付无记名证券的，还应通过“代理兑付证券”科目核算。

（二）收取代理兑付证券手续费收入，向委托单位单独收取的，按应收或已收取的手续费，借记“应收手续费及佣金”等科目，贷记“手续费及佣金收入”科目。

手续费与兑付款一并汇入的，在收到款项时，应按实际收到的金额，借记“结算备付金”等科目，按应兑付的金额，贷记本科目，按事先取得的手续费，贷记“其他应付款——预收代理兑付证券手续费”科目。兑付证券业务完成后确认手续费收入，借记“其他应付款——预收代理兑付证券手续费”科目，贷记“手续费及佣金收入”科目。

四、本科目期末贷方余额，反映企业已收到但尚未兑付的代理兑付证券款项。

（6）“短期借款”、“代理买卖证券款”、“代理承销证券款”、“长期借款”等项目，反映企业期末尚未偿还的短期借款、长期借款等。

2311 代理买卖证券款

一、本科目核算企业（证券）接受客户委托，代理客户买卖股票、债券和基金等有价证券而收到的款项。

企业（证券）代理客户认购新股的款项、代理客户领取的现金股利和债券利息、代理客户向证券交易所支付的配股款等，也在本科目核算。

二、本科目可按客户类别等进行明细核算。

三、代理买卖证券款的主要账务处理。

（一）企业收到客户交来的款项，借记“银行存款——客户”等科目，贷记本科目；客户提取存款做相反的会计分录。

（二）接受客户委托，买入证券成交总额大于卖出证券成交总额的，应按买卖证券成交价的差额加上代扣代交的相关税费和应向客户收取的佣金等之和，借记本科目等，贷记“结算备付金——客户”、“银行存款”等科目。

接受客户委托，卖出证券成交总额大于买入证券成交总额的，应按买卖证券成交价的差额减去代扣代交的相关税费和应向客户收取的佣金等后的余额，借记“结算备付金——客户”、“银行存款”等科目，贷记本科目等。

（三）代理客户认购新股，收到客户交来的认购款项，借记“银行存款——客户”等科目，贷记本科目。将款项划付证券交易所，借记“结算备付金——客户”科目，贷记“银行存款——客户”科目。客户办理申购手续，按实际支付的金额，借记本科目，贷记“结算备付金——客户”科目。证券交易所完成中签认定工作，将未中签资金退给客户时，借记“结算备付金——客户”科目，贷记本科目。企业将未中签的款项划回，借记“银行存款——客户”科目，贷记“结算备付金——客户”科目。企业将未中签的款项退给客户，借记本科目，贷记“银行存款——客户”科目。

（四）代理客户办理配股业务，采用当日向证券交易所缴纳配股款的，当客户提出配股要求时，借记本科目，贷记“结算备付金——客户”科目。采用定期向证券交易所缴纳配股款的，在客户提出配股要求时，借记本科目，贷记“其他应付款——应付客户配股款”科目。与证券交易所清算配股款，按配股金额，借记“其他应付款——应付客户配股款”科目，贷记“结算备付金——客户”科目。

四、本科目期末贷方余额，反映企业接受客户存放的代理买卖证券资金。

2312 代理承销证券款

一、本科目核算企业（金融）接受委托，采用承购包销方式或代销方式承销证券所形成的、应付证券发行人的承销资金。

二、本科目可按委托单位和证券种类进行明细核算。

三、企业承销记名证券的主要账务处理。

（一）通过证券交易所上网发行的，在证券上网发行日根据承销合同确认的证券发行总额，按承销价款，在备查簿中记录承销证券的情况。

（二）与证券交易所交割清算，按实际收到的金额，借记“结算备付金”等科目，贷记本科目。

（三）承销期结束，将承销证券款项交付委托单位并收取承销手续费，按承销价款，借记本科目，按应收取的承销手续费，贷记“手续费及佣金收入”科目，按实际支付给委托单位的金额，贷记“银行存款”等科目。

（四）承销期结束有未售出证券、采用余额承购包销方式承销证券的，按合同规定由企业认购，应按承销价款，借记“交易性金融资产”、“可供出售金融资产”等科目，贷记本科目。承销期结束，应将未售出证券退还委托单位。

四、企业承销无记名证券，比照承销记名证券的相关规定进行处理。

五、本科目期末贷方余额，反映企业承销证券应付未付给委托单位的款项。

（7）“其他负债”项目，反映企业应付股利、其他应付款、递延收益等项目的账面余额。长期应付款账面余额减去未确认融资费用后的净额，应当在“其他负债”项目反映。“代理兑付证券”减去“代理兑付证券款”后的贷方余额，应当在“其他资产”项目反映。

除上述项目以外的其他项目，比照商业银行。

16.2 合并资产负债表

合并资产负债表应当以母公司和子公司的资产负债表为基础，在抵消母公司与子公司、子公司相互之间发生的内部交易对合并资产负债表的影响后，由母公司合并编制。

1. 合并资产负债表的抵消处理项目

合并资产负债表是以母公司和纳入合并范围的子公司的个别资产负债表为基础编制的。个别资产负债表则是以单个企业为会计主体进行会计核算的结果，它从母公司本身或从子公司本身的角度对自身的财务状况进行反映。这样，对于企业集团内部发生的经济业务，从发生内部经济业务的企业来看，发生经济业务的各方都在其个别资产负债表中进行了反映。例如，集团内部母公司与子公司之间发生的赊购赊销业务，对于赊销企业来说，一方面确认营业收入、结转营业成本、计算营业利润，并在其个别资产负债表中反映为应收账款；而对于赊购企业来说，在内部购入的存货未实现对外销售的情况下，则在其个别资产负债表中反映为存货和应付账款。在这种情况下，资产、负债和所有者权益类各项目的加总数额中，必然包含有重复计算的因素。作为反映企业集团整体财务状况的合并资产负债表，必须将这些重复计算的因素予以扣除，对这些重复的因素进行抵消处理。这些需要扣除的重复因素，就是合并财务报表编制时需要进行抵消处理的项目。

（1）母公司对子公司的长期股权投资与母公司在子公司所有者权益中所享有的份额应当相互抵消，同时抵消相应的长期股权投资减值准备。

《企业会计准则第 33 号——合并财务报表》第三十条规定，母公司对子公司的长期股权投资与母公司在子公司所有者权益中所享有的份额应当相互抵消，同时抵消相应的长期股权投资减值准备。子公司持有母公司的长期股权投资，应当视为企业集团的库存股，作为所有者权益的减项，在合并资产负债表中所有者权益项目下以"减：库存股"项目列示。子公司相互之间持有的长期股权投资，应当比照母公司对子公司的股权投资的抵消方法，将长期股权投资与其对应的子公司所有者权益中所享有的份额相互抵消。

母公司对子公司进行的股权投资，一方面反映为长期股权投资以外的其他资产的减少，另一方面反映为长期股权投资的增加，在母公司个别资产负债表中作为资产类项目中的长期股权投资列示。子公司接受这一投资时，一方面增加资产的数额，另一方面作为实收资本处理，在其个别资产负债表中一方面反映为实收资本的增加，另一方面反映为相对应的资产的增加。从企业集团整体来看，母公司对子公司的股权投资实际上相当于母公司将资本拨付下属核算单位，并不引起整个企业集团的资产、负债和所有者权益的增减变动。因此，编制合并财务报表时应当在母公司与子公司财务报表数据简单相加的基础上，将母公司对子公司长期股权投资项目与子公司所有者权益项目予以抵消。

① 在全资子公司的情况下，母公司对子公司长期股权投资的数额和子公司所有者权益各项目的数额应当全额抵消。在合并工作底稿中编制抵消分录时，借记"实收资本"、"资本公积"、"盈余公积"和"未分配利润"项目，贷记"长期股权投资"项目。

在购买日，母公司对子公司的长期股权投资与母公司在子公司所有者权益中所享有的份额的差额，应当在商誉项目列示。商誉发生减值的，应当按照经减值测试后的金额列示。各子公司之间的长期股权投资以及子公司对母公司的长期股权投资，应当比照上述规定，将长期股权投资与其对应的子公司或母公司所有者权益中所享有的份额相互抵消。

② 在纳入合并范围的子公司为非全资子公司的情况下，应当将母公司对子公司长期股权投资的数额和子公司所有者权益中母公司所拥有的数额相抵消。子公司所有者权益中不属于母公司的份额，即子公司所有者权益中抵消母公司所拥有的数额后的余额，在合并财务报表中则作为"少数股东权益"处理。在合并工作底稿中编制抵消分录时，借记"实收资本"、"资本公积"、"盈余公积"和"未分配利润"项目，贷记"长期股权投资"和"少数股东权益"项目。

"少数股东权益"项目反映除母公司以外的其他投资者在子公司中的权益，表示其他投资者在子公司所有者权益中所拥有的份额，在合并资产负债表中应当单独列示。《企业会计准则第 33 号——合并财务报表》第三十一条规定：子公司所有者权益中不属于母公司的份额，应当作为少数股东权益，在合并资产负债表中所有者权益项目下以"少数股东权益"项目列示。

【例 16-2】 假设某母公司对其子公司长期股权投资的数额为 30 000 元，拥有该子公司 80% 的股份。该子公司所有者权益总额为 35 000 元，其中实收资本为 20 000 元；资本公积为 8 000 元，盈余公积为 1 000 元，未分配利润为 6 000 元。有关母公司与该子公司个别资产负债表数据如表 16-8 所示。

表 16-8 资产负债表 单位：元

资 产	母公司	子公司	负债和所有者权益	母公司	子公司
流动资产	61 700	38 600	流动负债	60 000	17 600
长期股权投资	47 000		长期负债	26 000	7 000
对子公司投资	30 000		实收资本	40 000	20 000
其他长期股权投资	17 000		资本公积	8 000	8 000
固定资产	41 000	21 000	盈余公积	10 000	1 000
无形资产及其他资产	6 300		未分配利润	12 000	6 000
资产总计	156 000	59 600	负债和所有者权益总计	156 000	59 600

在本例，母公司对子公司长期股权投资额 30 000 元与其在子公司所有者权益总额中所拥有的数额 28 000 元（35 000×80%）之间的差额，应当作为商誉处理。至于子公司所有者权益中 20%的部分，则属于少数股东权益，在抵消处理时应作为少数股东权益处理。其抵消分录如下：

借：实收资本 20 000
　　资本公积 8 000
　　盈余公积 1 000
　　未分配利润 6 000
　　商誉 2 000
　贷：长期股权投资 30 000
　　　少数股东权益 7 000

其合并工作底稿如表 16-9 所示。

表 16-9 合并工作底稿

项 目	母公司	子公司	合计数	抵消分录		少数股东权益	合并数
				借方	贷方		
流动资产	61 700	38 600	100 300				100 300
长期股权投资：							
对子公司投资	30 000		30 000		30 000		0
商誉				2 000			2 000
其他长期股权投资	17 000		17 000				17 000
固定资产	41 000	21 000	62 000				62 000
无形资产及其他资产	6 300		6 300				6 300
资产总计	156 000	59 600	215 600	2 000	30 000		187 600
流动负债	60 000	17 600	77 600				77 600
长期负债	26 000	7 000	33 000				33 000
实收资本	40 000	20 000	60 000	20 000			40 000
资本公积	8 000	8 000	16 000	8 000			8 000
盈余公积	10 000	1 000	11 000	1 000			10 000
未分配利润	12 000	6 000	18 000	6 000			12 000
少数股东权益						7 000	7 000
负债和所有者权益总计	156 000	59 600	215 600	35 000		7 000	187 600

至于子公司相互之间持有的长期股权投资，也应当比照母公司对子公司的股权投资的抵消方法进行抵消处理。

法律依据

《企业会计准则第 2 号——长期股权投资》

第三条　企业合并形成的长期股权投资，应当按照下列规定确定其初始投资成本：

……

（二）非同一控制下的企业合并，购买方在购买日应当按照《企业会计准则第 20 号——企业合并》确定的合并成本作为长期股权投资的初始投资成本。

……

第五条　下列长期股权投资应当按照本准则第七条规定，采用成本法核算：

（一）投资企业能够对被投资单位实施控制的长期股权投资。

控制，是指有权决定一个企业的财务和经营政策，并能据以从该企业的经营活动中获取利益。投资企业能够对被投资单位实施控制的，被投资单位为其子公司，投资企业应当将子公司纳入合并财务报表的合并范围。

投资企业对子公司的长期股权投资，应当采用本准则规定的成本法核算，编制合并财务报表时按照权益法进行调整。

……

第七条　采用成本法核算的长期股权投资应当按照初始投资成本计价。追加或收回投资应当调整长期股权投资的成本。被投资单位宣告分派的现金股利或利润，确认为当期投资收益。投资企业确认投资收益，仅限于被投资单位接受投资后产生的累积净利润的分配额，所获得的利润或现金股利超过上述数额的部分作为初始投资成本的收回。

第九条　长期股权投资的初始投资成本大于投资时应享有被投资单位可辨认净资产公允价值份额的，不调整长期股权投资的初始投资成本；长期股权投资的初始投资成本小于投资时应享有被投资单位可辨认净资产公允价值份额的，其差额应当计入当期损益，同时调整长期股权投资的成本。

被投资单位可辨认净资产的公允价值，应当比照《企业会计准则第 20 号——企业合并》的有关规定确定。

《企业会计准则第 20 号——企业合并》

第十条　参与合并的各方在合并前后不受同一方或相同的多方最终控制的，为非同一控制下的企业合并。

非同一控制下的企业合并，在购买日取得对其他参与合并企业控制权的一方为购买方，参与合并的其他企业为被购买方。

购买日，是指购买方实际取得对被购买方控制权的日期。

第十一条　购买方应当区别下列情况确定合并成本：

（一）一次交换交易实现的企业合并，合并成本为购买方在购买日为取得对被购买方的控制权而付出的资产、发生或承担的负债以及发行的权益性证券的公允价值。

（二）通过多次交换交易分步实现的企业合并，合并成本为每一单项交易成本之和。

（三）购买方为进行企业合并发生的各项直接相关费用也应当计入企业合并成本。

（四）在合并合同或协议中对可能影响合并成本的未来事项做出约定的，购买日如果估计未来事项很可能发生并且对合并成本的影响金额能够可靠计量的，购买方应当将其计入合并成本。

第十二条　购买方在购买日对作为企业合并对价付出的资产、发生或承担的负债应当按照公允价值计量，公允价值与其账面价值的差额，计入当期损益。

第十三条　购买方在购买日应当对合并成本进行分配，按照本准则第十四条的规定确认所取得的被购买方各项可辨认资产、负债及或有负债。

（一）购买方对合并成本大于合并中取得的被购买方可辨认净资产公允价值份额的差额，应当确认为商誉。

初始确认后的商誉，应当以其成本扣除累计减值准备后的金额计量。商誉的减值应当按照《企业会计准则第 8 号——资产减值》处理。

（二）购买方对合并成本小于合并中取得的被购买方可辨认净资产公允价值份额的差额，应当按照下列规定处理：

1. 对取得的被购买方各项可辨认资产、负债及或有负债的公允价值以及合并成本的计量进行复核；

2. 经复核后合并成本仍小于合并中取得的被购买方可辨认净资产公允价值份额的，其差额应当计入当期损益。

第十四条　被购买方可辨认净资产公允价值，是指合并中取得的被购买方可辨认资产的公允价值减去负债及或有负债公允价值后的余额。被购买方各项可辨认资产、负债及或有负债，符合下列条件的，应当单独予以确认：

（一）合并中取得的被购买方除无形资产以外的其他各项资产（不仅限于被购买方原已确认的资产），其所带来的经济利益很可能流入企业且公允价值能够可靠地计量的，应当单独予以确认并按照公允价值计量。

合并中取得的无形资产，其公允价值能够可靠地计量的，应当单独确认为无形资产并按照公允价值计量。

（二）合并中取得的被购买方除或有负债以外的其他各项负债，履行有关的义务很可能导致经济利益流出企业且公允价值能够可靠地计量的，应当单独予以确认并按照公允价值计量。

（三）合并中取得的被购买方或有负债，其公允价值能够可靠地计量的，应当单独确认为负债并按照公允价值计量。或有负债在初始确认后，应当按照下列两者孰高进行后续计量：

1. 按照《企业会计准则第 13 号——或有事项》应予确认的金额；

2. 初始确认金额减去按照《企业会计准则第 14 号——收入》的原则确认的累计摊销额后的余额。

第十五条　企业合并形成母子公司关系的，母公司应当设置备查簿，记录企业合并中取得的子公司各项可辨认资产、负债及或有负债等在购买日的公允价值。编制合并财务报表时，应当以购买日确定的各项可辨认资产、负债及或有负债的公允价值为基础对子公司的财务报表进行调整。

第十六条　企业合并发生当期的期末，因合并中取得的各项可辨认资产、负债及或有负债的公允价值或企业合并成本只能暂时确定的，购买方应当以所确定的暂时价值为基础对企业合并进行确认和计量。

购买日后 12 个月内对确认的暂时价值进行调整的，视为在购买日确认和计量。

第十七条　企业合并形成母子公司关系的，母公司应当编制购买日的合并资产负债表，因企业合并取得的被购买方各项可辨认资产、负债及或有负债应当以公允价值列示。母公司的合并成本与取得的子公司可辨认净资产公允价值份额的差额，以按照本准则规定处理的结果列示。

（2）母公司与子公司、子公司相互之间的债权与债务项目应当相互抵消，同时抵消相应的减值准备。母公司与子公司、子公司相互之间的债权和债务项目，是指母公司与子公司、子公司相互之间的应收账款与应付账款、预付账款和预收账款、应付债券与债券投资等项目。

发生在母公司与子公司、子公司相互之间的这些项目，集团内部企业的一方在其个别资产负债表中反映为资产，而另一方则在其个别资产负债表中反映为负债。但从企业集团整体角度考察，它只是内部资金运动，既不能增加企业集团的资产，也不能增加负债。为此，在编制合并财务报表时也应当将内部债权债务项目予以抵消。

在编制合并资产负债表时需要进行抵消处理的内部债权债务项目主要如下：

① 应收账款与应付账款。

② 应收票据与应付票据。

③ 预付账款与预收账款。

④ 持有至到期投资（长期债券投资）与应付债券。

⑤ 应收股利与应付股利。

⑥ 其他应收款与其他应付款。

【例16-3】 某母公司个别资产负债表中应收账款5 000元中有3 000元为子公司应付账款；预收账款2 000元中有1 000元为子公司预付账款；应收票据8 000元中有4 000元为子公司应付票据；子公司应付债券4 000元中有2 000元为母公司所持有。对此，在编制合并资产负债表时，应编制如下抵消分录。

① 将内部应收账款与应付账款抵消时，应编制如下抵消分录：

借：应付账款 3 000

　贷：应收账款 3 000

在应收账款采用备抵法计提坏账准备的情况下，母公司和子公司对其所有的应收账款都必须计提坏账准备，并在其个别财务报表中列示。在编制合并财务报表时，随着内部应收账款的抵消，也必须相应地将内部应收账款计提的坏账准备予以抵消。

假设母公司按5%的坏账准备计提比例，相对于子公司应收账款计提的坏账准备为15元。在本例中，随着内部应收账款的抵消，坏账准备的数额也应相应抵消15元。在合并工作底稿中，将企业集团内部应收账款计提的坏账准备抵消时，应编制如下抵消分录：

借：坏账准备 15

　贷：管理费用 15

（在合并工作底稿中利润表部分抵消）

② 将内部预付账款与内部预收账款抵消时，应编制如下抵消分录。

借：预收账款 1 000

　贷：预付账款 1 000

③ 将内部应收票据与内部应付票据抵消时，应编制如下抵消分录。

借：应付票据 4 000

　贷：应收票据 4 000

④ 将应付债券与长期债权投资中债券投资抵消时，应编制如下抵消分录。

借：应付债券 2 000

　贷：持有至到期资 2 000

在某些情况下，因债券投资而持有的企业集团内部债券并不是直接从发行债券的企业直接购进，而是在证券市场上从第三者手中购进的。在这种情况下，长期债权投资与发行债券企业的应付债券抵消时，可能会出现差额。对于这种差额，在编制合并财务报表时也应当比照母公司对子公司投资与子公司所有者权益抵消时的差额处理，即“母公司与子公司、子公司相互之间的债券投资与应付债券相互抵消后，产生的差额应当计入投资收益项目”。

（3）未实现内部销售损益及跌价准备或减值准备中与未实现内部销售损益相关部分的抵消。母公司与子公司、子公司相互之间销售商品（或提供劳务，下同）或其他方式形成的存货、固定资产、工程物资、在建工程、无形资产等所包含的未实现内部销售损益应当抵消。

对存货、固定资产、工程物资、在建工程和无形资产等计提的跌价准备或减值准备与未实现内部销售损益相关的部分应当抵消。

① 存货中包含的未实现内部销售利润的抵消。存货价值中包含的未实现内部销售利润是由于企业集团内部商品购销活动所引起的。在内部购销活动中，销售企业将集团内部销售作为收入确认并计算销售利润。而购买企业则是以支付购货的价款作为其成本入账；在本期内未实现对外销售而形成期末存货时，其存货价值中也相应地包括两部分内容：一部分为真正的存货成本（销售企业销售该商品的成本）；另一部分为销售企业的销售毛利（其销售收入减去销售

成本的差额)。对于期末存货价值中包括的这部分销售毛利，从企业集团整体来看，并不是真正实现的利润。因为从整个企业整体来看，集团内部企业之间的商品购销活动实际上相当于一个企业内部物资调拨活动，既不会实现利润，也不会增加商品的价值；正是从这一意义上来说，将期末存货价值中包括的这部分销售企业作为利润确认的部分，称为未实现内部销售利润。如果合并财务报表将母公司与子公司财务报表中的存货简单相加，则虚增存货成本。因此，在编制合并资产负债表时，应当将存货价值中包含的未实现内部销售利润予以抵消。编制抵消分录时，按照集团内部销售企业销售该商品的销售收入，借记“主营业务收入”等项目，按照其销售成本。贷记“主营业务成本”等项目，按照当期期末存货价值中包含的未实现内部销售利润的数额，贷记“存货”项目。

【例 16-4】 某子公司个别资产负债表存货项目中有 20 000 元为本期从母公司购进的存货。母公司本期销售该商品的销售收入为 20 000 元(为简化核算，本章讲解合并财务报表时，均不考虑与销售有关的增值税问题)，销售成本为 14 000 元，销售毛利率为 30%。期末子公司该存货价值中包含的未实现内部销售利润额为 6 000 元。对此，在编制合并资产负债表时，必须将存货中包含的 6 000 元未实现内部销售利润予以抵消，其抵消分录如下：

借：主营业务收入　　20 000
(在合并工作底稿中利润表部分抵消)
　贷：主营业务成本　　14 000
　(在合并工作底稿中利润表部分抵消)
　　存货　　6 000

如果已对内部交易形成的存货计提了跌价准备的，还应在编制合并财务报表时将其抵消。

② 固定资产和无形资产中包含的未实现内部销售利润的抵消。固定资产价值所包含的未实现内部销售利润是由于企业集团内部固定资产购销活动所引起的。在集团内部固定资产购销活动中，销售企业以高于成本或净额的价格将产品或固定资产销售给集团内其他企业作为固定资产使用，并由此确认当期损益；而购买企业以支付的价款作为固定资产原价入账，其入账的固定资产原价中就包括销售企业因该内部销售而实现的利润。这种内部固定资产交易，从企业集团整体来看，只是固定资产内部转移，或者相当于企业内部自行建造固定资产。这种转移或自行建造固定资产，既不能增加固定资产价值，也不能由此而实现利润。销售企业计入利润表中的因该内部销售确认的收益，对于企业集团整体来说，并不是实现的利润；购买企业计入资产负债表中的固定资产价值也不应包括销售企业作为利润确认的那一部分数额。因此，编制合并资产负债表时必须将固定资产原价中包含的未实现内部销售利润予以抵消。

从集团内部购入的无形资产，与集团内部购入的固定资产相同，也存在着其价值中包含的未实现内部销售利润的抵消问题。当集团内部企业以高于其取得成本(或账面价值)的价格向集团内部其他企业销售转让无形资产时，销售企业因该无形资产销售而确认收入(其他业务收入)并计算利润；而对于购买企业来说，则以其支付的购买价款作为无形资产的取得成本入账，并在其个别资产负债表中列示。在编制合并资产负债表中，同样需要将该无形资产价值中包含的未实现内部销售利润予以抵消，其抵消处理方法与固定资产原价中包含的未实现内部销售利润的抵消基本相似，可比照进行抵消处理。

【例 16-5】 某子公司本期资产负债表中，固定资产原价项目中有一项原价为 5 000 元的设备系本期从母公司购入的，该设备系本年 12 月购入并投入使用，本期未计提折旧。母公司销售该设备的销售价格为 5 000 元，该设备的生产成本为 4 000 元。子公司该固定资产原价中包含有 1 000 元未实现内部销售利润。在编制合并财务报表时，需要将该固定资产原价中包含的未实现内部销售利润予以抵消，其抵消分录如下：

借：主营业务收入　　5 000

（在合并工作底稿利润表部分抵消）

　贷：主营业务成本　　4 000

（在合并工作底稿利润表部分抵消）

　　固定资产原价　　1 000

如果已对固定资产、无形资产计提了相关减值准备的，还应在编制合并财务报表时进行相应的抵消。

小知识

盈余公积的抵消

母公司对子公司股权投资与子公司所有者权益抵消时，已经将子公司提取的所有盈余公积全部予以抵消，即通过借记“实收资本”、“资本公积”、“盈余公积”和“未分配利润”项目，已将子公司以前年度提取的盈余公积的数额和本年提取的盈余公积的数额全部抵消：但根据我国公司法的规定，盈余公积（包括法定公积金）由单个企业按照当期实现的税后利润（净利润）计提。对于母公司与子公司所构成的企业集团来说，则是母公司和子公司分别计提盈余公积。子公司作为一个独立的法人实体，以其当期净利润作为提取盈余公积的基数。在全资子公司的情况下，由于子公司的净利润对应的就是母公司对子公司的投资收益，母公司当期提取盈余公积的计提基数中已经包括对子公司投资收益的数额，即包括了子公司当期净利润的数额。这样从整个企业集团来说，子公司当期净利润在母公司和子公司都分别作为其计提盈余公积的基数计提两次盈余公积。子公司当期提取的盈余公积，作为其利润分配一部分，意味着子公司本期可供分配的利润减少，在编制合并财务报表的情况下则意味着企业集团本期可供分配利润的减少。因此，子公司提取的盈余公积应当在合并财务报表中予以反映，调整合并盈余公积的数额：

（1）在纳入合并范围的为全资子公司情况下，应当按照子公司当期提取的全部盈余公积的数额，调整合并资产负债表中的盈余公积的数额。编制抵消分录时，借记“提取盈余公积”项目，贷记“盈余公积”项目。这一抵消分录可以这样理解，即将子公司当期提取的盈余公积视为母公司提取盈余公积看待。

（2）在纳入合并范围的为非全资子公司的情况下，子公司当期提取的盈余公积同样包含有少数股东的份额，因此只能以子公司本期计提的盈余公积中属于母公司的数额，调整合并资产负债表中盈余公积的数额。编制抵消分录时，与全资子公司的情况相同，即借记“提取盈余公积”项目，贷记“盈余公积”项目。

【例 16-6】 母公司拥有某子公司 80%的表决权资本。该子公司本期个别资产负债表中盈余公积项目的金额为 1 000 元，该盈余公积（包括提取法定盈余公积、提取任意盈余公积，下同）全部系本期提取的。对此，编制合并财务报表时，应当编制如下抵消分录：

借：提取盈余公积　　800

（在合并工作底稿利润分配表部分抵消）

　贷：盈余公积（1 000×80%）　　800

（4）母公司与子公司、子公司相互之间发生的其他内部交易对合并资产负债表的影响应当抵消。

（5）因抵消未实现内部销售损益导致合并资产负债表中资产、负债的账面价值与其在所属纳税主体的计税基础之间产生暂时性差异的，在合并资产负债表中应当确认递延所得税资产或递延所得税负债，同时调整合并利润表中的所得税费用，但与直接计入所有者权益的交易或事项及企业合并相关的递延所得税除外。

法律依据

增加、处置子公司的会计处理

《企业会计准则第 33 号——合并财务报表》第三十二条规定，母公司在报告期内因同一控制下企业合并增加的子公司以及业务，编制合并资产负债表时，应当调整合并资产负债表的期初数，同时应当对比较报表的相关项目进行调整，视同合并后的报告主体自最终控制方开始控制时点起一直存在。因非同一控制下企业合并或其他方式增加的子公司以及业务，编制合并资产负债表时，不应当调整合并资产负债表的期初数。

第三十三条规定，母公司在报告期内处置子公司以及业务，编制合并资产负债表时，不应当调整合并资产负债表的期初数。

2. 合并资产负债表的编制

为了便于理解合并资产负债表的编制方法，了解合并资产负债表编制的过程，现举例说明如下。

【例 16-7】 假设某母公司拥有某一子公司 80%的股份，母公司和子公司个别资产负债表数据如表 16-10 所示。

表 16-10 母公司和子公司个别资产负债表数据 单位：元

资 产	母公司	子公司	负债和所有者权益（或股东权益）	母公司	子公司
流动资产：			流动负债：		
货币资金	10 725	7 820	短期借款	10 000	5 000
交易性金融资产	5 000	2 000	交易性金融负债	0	0
应收票据	8 000	3 000	应付票据	10 000	3 000
应收账款	5 000	4 000	应付账款	20 000	5 000
减：坏账准备	25	20	预收账款	7 000	2 000
应收账款净额	4 975	3 980	应付职工薪酬	13 000	2 600
预付账款	2 000	1 800	应交税费	0	0
应收股利	0	0	应付利息	0	0
应收利息	0	0	应付股利	0	0
其他应收款	0	0	其他应付款	0	0
存货	31 000	20 000	预提费用	0	0
其中：消耗性生物资产	0	0	预计负债	0	0
待摊费用	0	0	一年内到期的非流动负债	0	0
一年内到期的非流动资产	0		其他流动负债	0	0
其他流动资产	0		流动负债合计	60 000	17 600
流动资产合计	61 700	38 600	非流动负债：		
非流动资产：			长期借款	4 000	3 000
可供出售金融资产	0	0	应付债券	20 000	4 000
持有至到期投资	17 000	0	长期应付款	2 000	0
投资性房地产	0	0	专项应付款	0	0

续表

资　　产	母公司	子公司	负债和所有者权益（或股东权益）	母公司	子公司
长期股权投资	30 000	0	递延所得税负债	0	0
长期应收款			其他非流动负债	0	0
固定资产	30 000	20 000	非流动负债合计	26 000	7 000
减：累计折旧	9 000	4 000	负债合计	86 000	24 600
固定资产净值	21 000	16 000	所有者权益（或股东权益）：		
在建工程	20 000	5 000	实收资本（或股东）	40 000	20 000
工程物资	0	0	资本公积	8 000	8 000
固定资产清理	0	0	盈余公积	10 000	1 000
生产性生物资产	0	0	未分配利润	12 000	6 000
油气资产	0	0	减：库存股	0	0
无形资产	6 300	0	所有者权益（或股东权益）合计	70 000	35 000
开发支出	0	0			
商誉	0	0			
长摊待摊费用	0	0			
递延所得税资产	0	0			
其他非流动资产	0	0			
非流动资产合计	94 300	21 000			
资产总计	156 000	59 600	负债和所有者（或股东权益）总计	156 000	59 600

根据上述资料，母公司首先应当设计合并工作底稿，将母子公司个别资产负债表的数据过入合并工作底稿，并计算资产负债表各项目的加总数（见合并工作底稿）。其次编制抵消分录，将母公司与子公司之间的内部经济业务对个别资产负债表的影响予以抵消。

本例有关内部经济业务资料见本节第一部分。该母公司在编制合并财务报表时，应进行如下抵消处理。

（1）母公司对子公司长期股权投资项目与子公司所有者权益各项目相互抵消。有关母公司对子公司权益性资本投资以及子公司所有者权益的资料见例 16-2。其抵消分录如下：

借：实收资本　　20 000①
　　资本公积　　8 000
　　盈余公积　　1 000
　　未分配利润　　6 000
　　商誉　　2 000
　贷：长期股权投资　　30 000
　　　少数股东权益　　7 000

（2）内部债权债务相互抵消。有关母公司与子公司内部债权债务的资料见例 16-3。其抵消分录如下：

借：应付账款　　3 000②
　贷：应收账款　　3 000
借：坏账准备　　15③
　贷：管理费用　　15
（在合并工作底稿中利润表部分抵消）
借：预收账款　　1 000④
　贷：预付账款　　1 000
借：应付票据　　4 000⑤
　贷：应收票据　　4 000
借：应付债券　　2 000⑥
　贷：持有至到期投资　　2 000

（3）存货价值中包含的未实现内部销售利润的抵消。有关存货及其包含的未实现内部销售利润的资料见例 16-4。其抵消分录如下：

借：主营业务收入　　20 000⑦
　贷：主营业务成本　　14 000
　　存货　　6 000

（4）固定资产原价中包含的未实现内部销售利润的抵消。有关固定资产及其包含的未实现内部销售利润的资料见例 16-5。其抵消分录如下：

借：主营业务收入　　5 000⑧
（在合并工作底稿利润表部分抵消）
　贷：主营业务成本　　4 000
（在合并工作底稿利润表部分抵消）
　　固定资产原价　　1 000

（5）调整盈余公积的数额。有关子公司本期提取的盈余公积的资料见例 16-6。其抵消分录如下：

借：提取盈余公积　　800⑨
　贷：盈余公积　　800

根据上述资料和抵消分录，可编制合并工作底稿（编制合并财务报表时，一般做法是将个别资产负债表、利润表都过入同一合并工作底稿中，在同一合并工作底稿中进行抵消处理。本节为了便于理解，将合并工作底稿中的合并资产负债表部分单独列出），如表 16-11 所示。

表 16-11　合并工作底稿中的合并资产负债表部分

项　目	母公司	子公司	合计数	抵消分录		少数股东权益	合并数
				借方	贷方		
资产							
流动资产：							
货币资金	10 725	7 820	18 545				18 545
交易性金融资产	5 000	2 000	7 000				7 000
应收票据	8 000	3 000	11 000		⑤4 000		7 000
应收账款	5 000	4 000	9 000		②3 000		6 000

续表

项　　目	母公司	子公司	合计数	抵消分录		少数股东权益	合并数
				借方	贷方		
坏账准备	25	20	45	③15			30
预付账款	2 000	1 800	3 800		④1 000		2 800
存货	31 000	20 000	51 000		⑦6 000		45 000
长期投资：							
长期股权投资	30 000	0	30 000		①30 000		0
持有至到期投资	17 000	0	17 000		⑥2 000		15 000
商誉				①2 000			2 000
固定资产：							
固定资产原价	30 000	20 000	50 000		⑧1 000		49 000
减：累计折旧	9 000	4 000	13 000				13 000
在建工程	20 000	5 000	25 000				25 000
无形资产及其他资产：							
无形资产	6 300	0	6 300				6 300
其他资产	0	0	0				0
资产总计	156 000	59 600	215 600	2 015	47 000		170 615
负债和所有者权益							
流动负债：							
短期借款	10 000	5 000	15 000				15 000
应付票据	10 000	3 000	13 000				9 000
应付账款	20 000	5 000	25 000	⑤4 000			22 000
预收账款	7 000	2 000	9 000	②3 000			8 000
其他应付款	0	0	0	④1 000			0
应付职工薪酬	13 000	2 600	15 600				15 600
其他流动负债	0	0	0				0
长期负债：							
长期借款	4 000	3 000	7 000				7 000
应付债券	20 000	4 000	24 000	⑥2 000			22 000
长期应付款	2 000	0	2 000				2 000
其他长期负债	0	0	0				0
负债合计	86 000	24 600	110 600	10 000			100 600
所有者权益：							
实收资本	40 000	20 000	60 000	①20 000			40 000
资本公积	8 000	8 000	16 000	①8 000			8 000
盈余公积	10 000	1 000	11 000	①1 000	⑨800		10 800

续表

项　　目	母公司	子公司	合计数	抵消分录		少数股东权益	合并数
				借方	贷方		
未分配利润	12 000	6 000	18 000	①6 000 ⑦6 000 ⑧1 000 ⑨800	③15		4 215
所有者权益合计	70 000	35 000	105 000	42 800	815		63 015
少数股东权益						①7 000	7 000
负债和所有者权益总计	156 000	59 600	215 600	52 800	815	7 000	170 615

注："未分配利润"项目抵消分录中的借方发生额合计 13 800 元，是由下列因素构成的：

（1）子公司"未分配利润"项目 6 000 元。

（2）存货中包含的未实现内部销售利润 6 000 元（主营业务收入 20 000–主营业务成本 14 000）。

（3）固定资产原价中包含的未实现内部销售利润 1 000 元（主营业务收入 5 000–主营业务成本 4 000）。

（4）本期该子公司提取的盈余公积中母公司所享有的数额 800 元（1 000×80%）。

因为抵消存货中包含的未实现内部销售利润时冲减销售收入，抵消固定资产包含的未实现内部销售利润时冲减营业外收入，两者都将影响到当期利润总额。在对外分配利润既定的情况下，最终都影响到未分配利润的数额。子公司本期提取盈余公积属于子公司本期利润分配，最终也将减少未分配利润。在这里主要是为了便于理解而直接冲减未分配利润的数额。在实际编制合并资产负债表时，未分配利润的数额是来自利润分配表。有关未分配利润的抵消均在合并工作底稿中合并利润分配表部分进行抵消处理，在该部分合并得出未分配利润的合并数后，直接转入合并工作底稿中资产负债表部分"未分配利润"项目。

"未分配利润"项目抵消分录中的贷方发生额 15 元，是因内部应收账款的抵消而抵消的当期内部应收账款计提的坏账准备。冲减当期计提的坏账准备，则减少当期管理费用。在其他条件不变的情况下，影响到当期利润总额的增加，进而引起期末未分配利润的增加。

3. 合并资产负债表的基本格式

合并资产负债表的格式与个别资产负债表的格式基本相同。所不同的只是：

（1）母公司对子公司长期股权投资与其在子公司所有者权益中所拥有份额之间抵消的差额应当在商誉项目列示，以及母公司和子公司组成的企业集团内部债券投资与应付债券之间抵消的差额应当计入投资收益项目。

（2）在所有者权益类项目中增加了"少数股东权益"项目，用于反映纳入合并范围的非全资子公司的所有者权益中不属于母公司所拥有的数额；还增加了"归属于母公司所有者权益"项目。

（3）在"未分配利润"项目之后，"所有者权益"项目中增加了"外币报表折算差额"项目，用于反映纳入合并范围的外币资产负债表折算为母公司记账本位币表示的资产负债表时所发生的折算差额。合并资产负债表的一般格式如表 16-12 所示。

表 16-12　合并资产负债表

会合 01 表

编制单位：××××　　200×年×月×日　　单位：元

资　　产	期末余额	年初余额	负债和所有者权益（或股东权益）	期末余额	年初余额
流动资产：			流动负债：		
货币资金	18 545		短期借款	15 000	
结算备付金			向中央银行借款		
拆出资金			吸收存款及同业存放		
交易性金融资产	7 000		拆入资金		
应收票据	7 000		交易性金融负债		
应收账款	5 970		应付票据	9 000	
预付款项	2 800		应付账款	22 000	
应收保费			预收款项	8 000	
应收分保账款			卖出回购金融资产款		
应收分保合同准备金			应付手续费及佣金		
应收利息			应付职工薪酬	15 600	
其他应收款			应交税费		
买入返售金融资产			应付利息		
存货	45 000		其他应付款		
一年内到期的非流动资产			应付分保账款		
其他流动资产			保险合同准备金		
流动资产合计	86 315		代理买卖证券款		
非流动资产：			代理承销证券款		
发放贷款及垫款			一年内到期的非流动负债		
可供出售金融资产			其他流动负债		
持有至到期投资	15 000		流动负债合计	69 600	
长期应收款			非流动负债：		
长期股权投资	2 000		长期借款	7 000	
投资性房地产			应付债券	22 000	
固定资产	36 000		长期应付款	2 000	
在建工程	25 000		专项应付款		
工程物资			预计负债		
固定资产清理			递延所得税负债		
生产性生物资产			其他非流动负债		
油气资产			非流动负债合计	31 000	
无形资产	6 300		负债合计	100 600	

续表

资　产	期末余额	年初余额	负债和所有者权益（或股东权益）	期末余额	年初余额
开发支出			所有者权益（或股东权益）:		
商誉	2 000		实收资本（或股本）	40 000	
长期待摊费用			资本公积	8 000	
递延所得税资产			减：库存股		
其他非流动资产			盈余公积	10 800	
非流动资产合计	84 300		一般风险准备		
			未分配利润	4 215	
			外币报表折算差额		
			归属于母公司所有者权益合计		
			少数股东权益	7 000	
			所有者权益合计	63 015	
资产总计	170 615		负债和所有者权益总计	170 615	

第 17 章 所有者权益变动表

17.1 个别所有者权益变动表

17.1.1 所有者权益变动表基础知识

1. 所有者权益变动表应反映的内容

《企业会计准则第 30 号——财务报表列报》（2014 年 1 月 26 日，财会［2014］7 号）第三十五条规定，所有者权益变动表应当反映构成所有者权益的各组成部分当期的增减变动情况。综合收益和与所有者（或股东，下同）的资本交易导致的所有者权益的变动，应当分别列示。

与所有者的资本交易是指企业与所有者以其所有者身份进行的、导致企业所有者权益变动的交易。

2. 所有者权益变动表至少应当单独列示的项目

《企业会计准则第 30 号——财务报表列报》第三十六条规定，所有者权益变动表至少应当单独列示反映下列信息的项目：

（1）综合收益总额，在合并所有者权益变动表中还应单独列示归属于母公司所有者的综合收益总额和归属于少数股东的综合收益总额。

（2）会计政策变更和前期差错更正的累积影响金额。

（3）所有者投入资本和向所有者分配利润等。

（4）按照规定提取的盈余公积。

（5）所有者权益各组成部分的期初和期末余额及其调节情况。

17.1.2 一般企业所有者权益变动表

1. 一般企业所有者权益变动表的格式（见表 17-1）

表 17-1 所有者权益变动表

会企 04 表

编制单位： ____年度 单位：元

项目	本年金额						上年金额					
	实收资本（或股本）	资本公积	减：库存股	盈余公积	未分配利润	所有者权益合计	实收资本（或股本）	资本公积	减：库存股	盈余公积	未分配利润	所有者权益合计
一、上年年末余额												
加：会计政策变更												
前期差错更正												
二、本年年初余额												
三、本年增减变动金额（减少以“–”号填列）												
（一）净利润												
（二）直接计入所有者权益的利得和损失												
1. 可供出售金融资产公允价值变动净额												
2. 权益法下被投资单位其他所有者权益变动的影响												
3. 与计入所有者权益项目相关的所得税影响												
4. 其他												
上述（一）和（二）小计												
（三）所有者投入和减少资本												
1. 所有者投入资本												
2. 股份支付计入所有者权益的金额												
3. 其他												

续表

项目	本年金额						上年金额					
	实收资本（或股本）	资本公积	减：库存股	盈余公积	未分配利润	所有者权益合计	实收资本（或股本）	资本公积	减：库存股	盈余公积	未分配利润	所有者权益合计
（四）利润分配												
1．提取盈余公积												
2．对所有者（或股东）的分配												
3．其他												
（五）所有者权益内部结转												
1．资本公积转增资本（或股本）												
2．盈余公积转增资本（或股本）												
3．盈余公积弥补亏损												
4．其他												
四、本年年末余额												

2. 一般企业所有者权益变动表列示说明

（1）本表反映企业年末所有者权益（或股东权益）变动的情况。本表应在一定程度上体现企业综合收益的特点，除列示直接计入所有者权益的利得和损失外，同时包含最终属于所有者权益变动的净利润。

（2）本表各项目应当根据当期净利润、直接计入所有者权益的利得和损失项目、所有者投入资本和提取盈余公积、向所有者分配利润等情况分析填列。

4103 本年利润

一、本科目核算企业当期实现的净利润（或发生的净亏损）。

二、企业期（月）末结转利润时，应将各损益类科目的金额转入本科目，结平各损益类科目。结转后本科目的贷方余额为当期实现的净利润；借方余额为当期发生的净亏损。

三、年度终了，应将本年收入和支出相抵后结出的本年实现的净利润，转入“利润分配”科目，借记本科目，贷记“利润分配——未分配利润”科目；如为净亏损做相反的会计分录。结转后本科目应无余额。

4104 利润分配

一、本科目核算企业利润的分配（或亏损的弥补）和历年分配（或弥补）后的余额。

二、本科目应当分别“提取法定盈余公积”、“提取任意盈余公积”、“应付现金股利或利润”、“转作股本的股利”、“盈余公积补亏”和“未分配利润”等进行明细核算。

三、利润分配的主要账务处理。

（一）企业按规定提取的盈余公积，借记本科目（提取法定盈余公积、提取任意盈余公积），贷记“盈余公积——法定盈余公积、任意盈余公积”科目。

外商投资企业按规定提取的储备基金、企业发展基金、职工奖励及福利基金，借记本科目（提取储备基金、提取企业发展基金、提取职工奖励及福利基金），贷记“盈余公积——储备基金、企业发展基金”、“应付职工薪酬”等科目。

企业（金融）按规定提取的一般风险准备，借记本科目（提取一般风险准备），贷记“一般风险准备”科目。

（二）经股东大会或类似机构决议，分配给股东或投资者的现金股利或利润，借记本科目（应付现金股利或利润），贷记“应付股利”科目。

经股东大会或类似机构决议，分配给股东的股票股利，应在办理增资手续后，借记本科目（转作股本的股利），贷记“股本”科目。

用盈余公积弥补亏损，借记“盈余公积——法定盈余公积或任意盈余公积”科目，贷记本科目（盈余公积补亏）。

企业（金融）用一般风险准备弥补亏损，借记“一般风险准备”科目，贷记本科目（一般风险准备补亏）科目。

四、年度终了，企业应将本年实现的净利润，自“本年利润”科目转入本科目，借记“本年利润”科目，贷记本科目（未分配利润），为净亏损的做相反的会计分录。同时，将“利润分配”科目所属其他明细科目的余额转入本科目“未分配利润”明细科目。结转后，本科目除“未分配利润”明细科目外，其他明细科目应无余额。

五、本科目年末余额反映企业的未分配利润（或未弥补亏损）。

6901 以前年度损益调整

一、本科目核算企业本年度发生的调整以前年度损益的事项以及本年度发现的重要前期差错更正涉及调整以前年度损益的事项。企业在资产负债表日至财务报告批准报出日之间发生的需要调整报告年度损益的事项，也可以通过本科目核算。

二、以前年度损益调整的主要账务处理。

（一）企业调整增加以前年度利润或减少以前年度亏损，借记有关科目，贷记本科目；调整减少以前年度利润或增加以前年度亏损做相反的会计分录。

（二）由于以前年度损益调整增加的所得税费用，借记本科目，贷记“应交税费——应交所得税”等科目；由于以前年度损益调整减少的所得税费用做相反的会计分录。

（三）经上述调整后，应将本科目的余额转入“利润分配——未分配利润”科目。本科目如为贷方余额，借记本科目，贷记“利润分配——未分配利润”科目；如为借方余额做相反的会计分录。

三、本科目结转后应无余额。

【例 17-1】 智董公司相关资料如下。

（1）20×7 年度利润表有关项目的明细资料。

① 管理费用的组成：职工薪酬 17 100 元，无形资产摊销 60 000 元，摊销印花税 10 000 元，折旧费 20 000 元，支付其他费用 50 000 元。

② 财务费用的组成：计提借款利息 21 500 元，支付应收票据贴现利息 20 000 元。

③ 资产减值损失的组成：计提坏账准备 900 元，计提固定资产减值准备 30 000 元。上年年末坏账准备余额为 1 800 元。

④ 投资收益的组成：收到股息收入 30 000 元，与本金一起收回的交易性股票投资收益 500 元，自公允价值变动的损益结转投资收益 1 000 元。

⑤ 营业外收入的组成：处置固定资产净收益 50 000 元（其所处置固定资产原价为 400 000 元，累计折旧为 150 000 元，收到处置收入 300 000 元）。假定不考虑与固定资产处置有关的税费。

⑥ 营业外支出的组成：报废固定资产净损失 19 700 元（其所报废固定资产原价为 200 000 元，累计折旧 180 000 元，支付清理费用 500 元，收到残值收入 800 元）。

⑦ 所得税费用的组成：当期所得税费用为 122 496 元，递延所得税收益 9 900 元。

除上述项目外，利润表中的销售费用至期末尚未支付。

（2）资产负债表有关项目的明细资料。

① 本期收回交易性股票投资本金 15 000 元、公允价值变动 1 000 元，同时实现投资收益 500 元。

② 存货中生产成本、制造费用的组成：职工薪酬 324 900 元，折旧费 80 000 元。

③ 应交税费的组成：本期增值税进项税额 42 466 元，增值税销项税额 212 500 元，已交增值税 100 000 元；应交所得税期末余额为 20 097 元，应交所得税期初余额为 0。应交税费期末数中应由在建工程负担的部分为 100 000 元。

④ 应付职工薪酬的期初数无应付在建工程人员的部分，本期支付在建工程人员职工薪酬 200 000 元。应付职工薪酬的期末数中应付在建工程人员的部分为 28 000 元。

⑤ 应付利息均为短期借款利息，其中本期计提利息 11 500 元，支付利息 12 500 元。

⑥ 本期用现金购买固定资产 101 000 元，购买工程物资 150 000 元。

⑦ 本期用现金偿还短期借款 250 000 元，偿还一年内到期的长期借款 1 000 000 元，借入长期借款 400 000 元。

（3）智董公司提取盈余公积 24 770.4 元，向投资者分配现金股利 32 215.85 元。

根据上述资料，智董公司编制 20×8 年的所有者权益变动表如表 17-2 所示。

17.1.3 商业银行、保险公司、证券公司所有者权益变动表

1. 商业银行所有者权益变动表格式及列示说明（见表 17-3）

表 17-2　所有者权益变动表

会企 04 表

编制单位：　　　　20×7 年度　　　　单位：元

项　　目	本年金额						上年金额					
	实收资本（或股本）	资本公积	减：库存股	盈余公积	未分配利润	所有者权益合计	实收资本（或股本）	资本公积	减：库存股	盈余公积	未分配利润	所有者权益合计
一、上年年末余额	5 000 000	0	0	100 000	50 000	5 150 000						
加：会计政策变更												
前期差错更正												
二、本年年初余额	5 000 000	0	0	100 000	50 000	5 150 000						
三、本年增减变动金额（减少以“–”号填列）												
（一）净利润					197 704	197 704						
（二）直接计入所有者权益的利得和损失												
1．可供出售金融资产公允价值变动净额												
2．权益法下被投资单位其他所有者权益变动的影响												
3．与计入所有者权益项目相关的所得税影响												
4．其他												
上述（一）和（二）小计												

续表

项　目	本年金额						上年金额					
	实收资本（或股本）	资本公积	减：库存股	盈余公积	未分配利润	所有者权益合计	实收资本（或股本）	资本公积	减：库存股	盈余公积	未分配利润	所有者权益合计
（三）所有者投入和减少资本												
1．所有者投入资本												
2．股份支付计入所有者权益的金额												
3．其他												
（四）利润分配												
1．提取盈余公积				24 770.4	–24 770.4	0						
2．对所有者（或股东）的分配					–32 215.85	–32 215.85						
3．其他												
（五）所有者权益内部结转												
1．资本公积转增资本（或股本）												
2．盈余公积转增资本（或股本）												
3．盈余公积弥补亏损												
4．其他												
四、本年年末余额	5 000 000	0	0	124 770.4	190 717.75	5 315 488.15						

表 17-3　所有者权益变动表

会商银：04 表

编制单位：　　　　＿＿年度　　　　单位：元

项目	本年金额							上年金额						
	实收资本（或股本）	资本公积	减：库存股	盈余公积	一般风险准备	未分配利润	所有者权益合计	实收资本（或股本）	资本公积	减：库存股	盈余公积	一般风险准备	未分配利润	所有者权益合计
一、上年年末余额														
加：会计政策变更														
前期差错更正														
二、本年年初余额														
三、本年增减变动金额（减少以“–”号填列）														
（一）净利润														
（二）直接计入所有者权益的利得和损失														
1．可供出售金融资产公允价值变动净额														
（1）计入所有者权益的金额														
（2）转入当期损益的金额														
2．现金流量套期工具公允价值变动净额														
（1）计入所有者权益的金额														
（2）转入当期损益的金额														
（3）计入被套期项目初始确认金额中的金额														
3．权益法下被投资单位其他所有者权益变动的影响														
4．与计入所有者权益项目相关的所得税影响														
5．其他														
上述（一）和（二）小计														

续表

项　目	本年金额							上年金额						
	实收资本（或股本）	资本公积	减：库存股	盈余公积	一般风险准备	未分配利润	所有者权益合计	实收资本（或股本）	资本公积	减：库存股	盈余公积	一般风险准备	未分配利润	所有者权益合计
（三）所有者投入和减少资本														
1．所有者投入资本														
2．股份支付计入所有者权益的金额														
3．其他														
（四）利润分配														
1．提取盈余公积														
2．提取一般风险准备														
3．对所有者（或股东）的分配														
4．其他														
（五）所有者权益内部结转														
1．资本公积转增资本（或股本）														
2．盈余公积转增资本（或股本）														
3．盈余公积弥补亏损														
4．一般风险准备弥补亏损														
5．其他														
四、本年年末余额														

商业银行所有者权益变动表列示说明如下：

（1）本表反映商业银行年末所有者权益（或股东权益）增减变动的情况。

（2）本表各项目应当根据企业当期净利润、直接计入所有者权益的利得和损失、所有者投入资本和向所有者分配利润、从利润中提取盈余公积、一般风险准备金等情况列示。

直接计入所有者权益的利得和损失，主要包括可供出售金融资产公允价值变动净额、现金流量套期工具公允价值变动净额等。

4102　一般风险准备

一、本科目核算企业（金融）按规定从净利润中提取的一般风险准备。

二、企业提取的一般风险准备，借记“利润分配——提取一般风险准备”科目，贷记本科目。用一般风险准备弥补亏损，借记本科目，贷记“利润分配——一般风险准备补亏”科目。

三、本科目期末贷方余额，反映企业的一般风险准备。

2．保险公司所有者权益变动格式

保险公司所有者权益变动表，比照商业银行格式。

3．证券公司所有者权益变动表格式

证券公司所有者权益变动表，比照商业银行格式。

17.2　合并所有者权益变动表

合并所有者权益变动表应当以母公司和子公司的所有者权益变动表为基础，在抵消母公司与子公司、子公司相互之间发生的内部交易对合并所有者权益变动表的影响后，由母公司合并编制。

合并所有者权益变动表也可以根据合并资产负债表和合并利润表进行编制。

1．抵消项目

（1）母公司对子公司的长期股权投资应当与母公司在子公司所有者权益中所享有的份额相互抵消。

子公司持有母公司的长期股权投资以及子公司相互之间持有的长期股权投资，应当按照《企业会计准则第 33 号——合并财务报表》第三十条的规定处理。

（2）母公司对子公司、子公司相互之间持有对方长期股权投资的投资收益应当抵消。

（3）母公司与子公司、子公司相互之间发生的其他内部交易对所有者权益变动的影响应当抵消。

2．少数股东权益

有少数股东的，应当在合并所有者权益变动表中增加“少数股东权益”栏目，反映少数股东权益变动的情况。

3．合并所有者权益变动表格式

合并所有者权益变动表格式如表 17-4 所示。

表 17-4 合并所有者权益变动表

会合：04 表

编制单位： ____年度 单位：元

项目	本年金额									上年金额								
	归属于母公司所有者权益							少数股东权益	所有者权益合计	归属于母公司所有者权益							少数股东权益	所有者权益合计
	实收资本（或股本）	资本公积	减：库存股	盈余公积	一般风险准备	未分配利润	其他			实收资本（或股本）	资本公积	减：库存股	盈余公积	一般风险准备	未分配利润	其他		
一、上年年末余额																		
加：会计政策变更																		
前期差错更正																		
二、本年年初余额																		
三、本年增减变动金额（减少以“–”号填列）																		
（一）净利润																		
（二）直接计入所有者权益的利得和损失																		
1．可供出售金融资产公允价值变动净额																		
2．权益法下被投资单位其他所有者权益变动的影响																		
3．与计入所有者权益项目相关的所得税影响																		
4．其他																		
上述（一）和（二）小计																		

续表

项目	本年金额									上年金额								
	归属于母公司所有者权益							少数股东权益	所有者权益合计	归属于母公司所有者权益							少数股东权益	所有者权益合计
	实收资本（或股本）	资本公积	减：库存股	盈余公积	一般风险准备	未分配利润	其他			实收资本（或股本）	资本公积	减：库存股	盈余公积	一般风险准备	未分配利润	其他		
（三）所有者投入和减少资本																		
1．所有者投入资本																		
2．股份支付计入所有者权益的金额																		
3．其他																		
（四）利润分配																		
1．提取盈余公积																		
2．提取一般风险准备																		
3．对所有者（或股东）的分配																		
4．其他																		
（五）所有者权益内部结转																		
1．资本公积转增资本（或股本）																		
2．盈余公积转增资本（或股本）																		
3．盈余公积弥补亏损																		
4．其他																		
四、本年年末余额																		

第 4 篇　企业现金流量信息的反映

第 18 章

现金流量

18.1 企业现金流量的综合知识

1. 现金流量的分类

《企业会计准则第 31 号——现金流量表》第四条规定，现金流量表应当分别经营活动、投资活动和筹资活动列报现金流量，即将现金流量分为三类，即经营活动产生的现金流量、投资活动产生的现金流量、筹资活动产生的现金流量。

（1）经营活动。经营活动是指企业投资活动和筹资活动以外的所有交易和事项。

从经营活动的定义可以看出，经营活动的范围很广，它包括了除投资活动和筹资活动以外的所有交易和事项。对于工商企业而言，经营活动主要包括：销售商品、提供劳务、购买商品、接受劳务、支付税费等。

一般来说，经营活动产生的现金流入项目主要有：销售商品、提供劳务收到的现金，收到的税费返还，收到的其他与经营活动有关的现金。经营活动产生的现金流出项目主要有：购买商品、接受劳务支付的现金，支付给职工以及为职工支付的现金，支付的各项税费，支付的其他与经营活动有关的现金。

各类企业由于行业特点不同，对经营活动的认定存在一定差异，在编制现金流量表时，应根据企业的实际情况，对现金流量进行合理的归类。由于金融保险企业比较特殊，《企业会计准则第 31 号——现金流量表》对金融保险企业经营活动的认定做了提示。

（2）投资活动。投资活动是指企业长期资产的购建和不包括在现金等价物范围内的投资及其处置活动。

其中，长期资产是指固定资产、无形资产、在建工程、其他资产等持有期限在一年或一个营业周期以上的资产。

需要注意的是，这里所讲的投资活动，既包括实物资产投资，也包括金融资产投资，它与其他有关准则所讲的“投资”是两个不同的概念。“投资”是指企业为通过分配来增加财富，或为谋求其他利益，而将资产让渡给其他单位所获得的另一项资产。购建固定资产不是“投资”，但属于投资活动。

这里之所以将“包括在现金等价物范围内的投资”排除在外，是因为已经将包括在现金等价物范围内的投资视同现金。

一般来说，投资活动产生的现金流入项目主要有：收回投资所收到的现金，取得投资收益所收到的现金，处置固定资产、无形资产和其他长期资产所收回的现金净额，收到的其他与投资活动有关的现金。投资活动产生的现金流出项目主要有：购建固定资产、无形资产和其他长期资产所支付的现金，投资所支付的现金，支付的其他与投资活动有关的现金。

（3）筹资活动。筹资活动是指导致企业资本及债务规模和构成发生变化的活动。

这里所说的资本，既包括实收资本（股本），也包括资本溢价（股本溢价）；这里所说的债务，是指对外举债，包括向银行借款、发行债券以及偿还债务等。应付账款、应付票据等商业应付款等属于经营活动，不属于筹资活动。

一般来说，筹资活动产生的现金流入项目主要有：吸收投资所收到的现金，取得借款所收到的现金，收到的其他与筹资活动有关的现金。筹资活动产生的现金流出项目主要有：偿还债务所支付的现金，分配股利、利润或偿付利息所支付的现金，支付的其他与筹资活动有关的现金。

小知识

各国会计准则及国际会计准则对现金流量的分类（见表 18-1）

表 18-1　各国会计准则及国际会计准则的规定

事　项	现金流量分类			
	美国	英国	国际会计准则	中国
收到的股利	经营活动	投资报酬和融资成本	经营活动或投资活动	投资活动
支付的股利	经营活动	支付的权益性股利	经营活动或筹资活动	筹资活动
收到的利息	经营活动	投资报酬和融资成本	经营活动或投资活动	投资活动
支付的利息	经营活动	投资报酬和融资成本	经营活动或筹资活动	筹资活动

2．现金流量的列报方法

《企业会计准则第 31 号——现金流量表》第五条规定，现金流量应当分别按照现金流入和现金流出总额列报。但是，下列各项可以按照净额列报：

（1）代客户收取或支付的现金。

（2）周转快、金额大、期限短项目的现金流入和现金流出。

（3）金融企业的有关项目，包括短期贷款发放与收回的贷款本金、活期存款的吸收与支付、同业存款和存放同业款项的存取、向其他金融企业拆借资金以及证券的买入与卖出等。

3．关于现金流量以总额或净额反映

现金流量一般应当以总额反映，从而全面揭示企业现金流量的方向、规模和结构。但是，对于那些代客户收取或支付的现金以及周转快、金额大、期限短的项目的现金收入和现金支出应当以净额列示。因为这些现金流量项目周转快，在企业停留的时间短，企业加以利用的余地比较小，净额更能说明其对企业支付能力、偿债能力的影响；反之，如果以总额反映，反而会对评价企业的支付能力和偿债能力、分析企业的未来现金流量产生误导。这些项目包括：银行发放的短期贷款和吸收的活期储蓄存款等；代客户收取或支付的款项等，如证券公司代收的客户证券买卖交割费、印花税等；旅游公司代游客支付的房费、餐费、交通费、文娱费、行李托运费、门票费、票务费、签证费等费用。

金融企业由于其存贷款业务的数额巨大，比较频繁，因而其下列项目应以净额列示：

（1）短期贷款发放与收回的贷款本金。

（2）活期存款的吸收与支付。

（3）同业存款和存放同业款项的存取。

（4）向其他金融企业拆借资金。

（5）经营证券业务的企业，证券的买入与卖出。

小知识

总额反映还是净额反映

各项目现金流量是以总额反映为好，还是以净额反映为好，应视具体情况而定。一般情况下，现金流量的总额信息可以反映经济活动的本来面貌，能全面地反映现金流量的规模和结构。但对一些周转快、金额大、期限短的项目，按总额反映意义并不大，按净额反映更为有用。比如代客户收取或支付的款项、证券公司代收的客户证券买卖交割费和印花税、银行发放的短期贷款和吸收的活期存款等。

从国际范围看，针对以总额反映还是以净额反映现金流量这一问题，各国家（地区）采取的原则基本上相同。英国和中国香港稍微有些特殊。在英国，经营活动的现金流量在现金流量表中一般只列示一个经营活动现金流量净额，而不像其他国家（地区）一样按经营活动的主要类别列示各项现金流入和流出。中国香港是介于英国和其他国家（地区）之间，既可以以净额列示经营活动产生的现金流量，也可以分项列示经营活动产生的现金流量。

《企业会计准则第 31 号——现金流量表》规定，现金流量一般应分别按现金流入和现金流出总额反映。但代客户收取或支付的现金以及周转快、金额大、期限短的项目的现金收入和现金支出，应以净额列示。

我国《企业会计准则第 31 号——现金流量表》第五条规定，现金流量应当分别按照现金流入和现金流出总额列报。但是，下列各项可以按照净额列报：

（1）代客户收取或支付的现金。

（2）周转快、金额大、期限短项目的现金流入和现金流出。

（3）金融企业的有关项目，包括短期贷款发放与收回的贷款本金、活期存款的吸收与支付、同业存款和存放同业款项的存取、向其他金融企业拆借资金以及证券的买入与卖出等。

4．特殊项目的列报

《企业会计准则第 31 号——现金流量表》第六条规定，自然灾害损失、保险索赔等特殊项目，应当根据其性质，分别归并到经营活动、投资活动和筹资活动现金流量类别中单独列报。

特殊项目是指企业日常活动之外特殊的、不经常发生的项目，如自然灾害损失、保险赔款、捐赠等。现金流量表通过揭示企业现金流量的来源和用途，为分析现金流量前景提供信息，对于那些日常活动之外特殊的、不经常发生的项目，应当归并到相关类别中，并单独反映，也就是在现金流量相应类别下单设一项。比如，对于自然灾害损失和保险赔款，如果能够确指，属于流动资产损失，应当列入经营活动产生的现金流量；属于固定资产损失，应当列入投资活动产生的现金流量。如果不能确指，则可以列入经营活动产生的现金流量。捐赠收入和支出，可以列入经营活动。当然，如果特殊项目的现金流量金额不大，则可以列入现金流量类别下的“其他”项目，而不单列项目。

小知识

特殊项目

在所考察的国家（地区）中，国际会计准则、英国和中国香港的会计准则都对特殊项目的处理做了专门表述，处理原则基本一致。另外，中国香港的规定相对比较详细，它分别就特殊项目和非常项目指明了各自的处理方法。

中国香港会计准则中指出，若现金流量与利润表内的特殊项目有关，则这类特殊现金流量应列入现金流量表的适当项目中。有关特殊项目的现金流量的性质，应在现金流量表内以附注方式披露，以便会计报表使用者能够了解有关交易对报告主体的现金流量的影响。若现金流量与利润表内的非常项目有关，则此类非常项目的现金流量应按每个项目的性质列入适当项目。如果无法将有关非常项目的现金流量列入现金流量表的某一项目，则应在现金流量表中单独列示。此外，有关非常项目现金流量的性质，应在现金流量表内以附注方式充分披露，以便会计报表使用者能够了解有关交易对报告主体现金流量的影响。

在起草我国的现金流量表会计准则时，曾有人提出，将特殊项目单列为现金流量的一个大类，与经营活动、投资活动和筹资活动并列。考虑到绝大多数特殊项目和非常项目均可以归属到经营活动、投资活动和筹资活动中去，国际上较为普遍的做法也是将特殊项目和非常项目分别归属到经营活动、投资活动和筹资活动中去，单列一类的做法很少见，因此，没有必要将特殊项目单独作为一个大类。

《企业会计准则第 31 号——现金流量表》规定，有些特殊项目，如自然灾害损失、保险索赔等，应根据其性质，分别归并到前述现金流量类别中，并分别列示。

5. 外币现金流量以及境外子公司的现金流量的列报

《企业会计准则第 31 号——现金流量表》第七条规定，外币现金流量以及境外子公司的现金流量，应当采用现金流量发生日的即期汇率或按照系统合理的方法确定的、与现金流量发生日即期汇率近似的汇率折算。汇率变动对现金的影响额应当作为调节项目，在现金流量表中单独列报。

编制现金流量表时，应当将企业外币现金流量以及境外子公司的现金流量折算成记账本位币。企业外币现金流量以及境外了公司的现金流量，应以现金流量发生日的即期汇率或按照系统合理的方法确定的、与现金流量发生日即期汇率近似的汇率折算。汇率变动对现金的影响，应作为调节项目，在现金流量表中单独列示。

汇率变动对现金的影响是指企业外币现金流量及境外子公司的现金流量折算成记账本位币时，所采用的是现金流量发生日的即期汇率或按照系统合理的方法确定的、与现金流量发生日即期汇率近似的汇率，而现金流量表“现金及现金等价物净增加额”中外币现金净增加额是按期末汇率折算的，这两者的差额即为汇率变动对现金的影响。

【例 18-1】 惠勤公司当期出口商品一批，售价 1 000 000 美元，销售实现时的汇率为 1∶8.28，收汇当日汇率为 1∶8.25。当期进口货物一批，价值 500 000 美元，结汇当日汇率为 1∶8.30，资产负债表日汇率为 1∶8.31。假设当期没有其他业务发生。

汇率变动对现金的影响额计算如下：

经营活动流入的现金	1 000 000（美元）
汇率变动×0.06（8.31−8.25）	
汇率变动对现金流入的影响额	60 000（人民币）
经营活动流出的现金	500 000（美元）
汇率变动×0.01（8.31−8.30）	

汇率变动对现金流出的影响额	5 000（人民币）
汇率变动对现金的影响额	55 000（人民币）

现金流量表中：

经营活动流入的现金	8 250 000
经营活动流出的现金	4 150 000
经营活动产生的现金流量净额	4 100 000
汇率变动对现金的影响	55 000
现金及现金等价物净增加额	4 155 000

现金流量表补充资料中，现金及现金等价物净增加情况：

银行存款的期末余额（500 000×8.31）	4 155 000
银行存款的期初余额	0
现金及现金等价物净增加额	4 155 000

从本例可以看出，现金流量表中的最后一项“现金及现金等价物净增加额”数额与现金流量表补充资料中“现金及现金等价物净增加额”数额相等，应当核对相符。在编制现金流量表时，对当期发生的外币业务，也可不必逐笔计算汇率变动对现金的影响，可以通过现金流量表补充资料中“现金及现金等价物净增加额”数额与现金流量表中“经营活动产生的现金流量净额”、“投资活动产生的现金流量净额”、“筹资活动产生的现金流量净额”三项之和比较，其差额即“汇率变动对现金的影响”。

小知识

外币交易与折算

外币交易与折算在企业日常经营活动过程中是经常发生的。与外币交易和折算有关的主要问题之一是采用何种汇率折算，这同样影响到编制现金流量表。

关于外币现金流量的折算，《企业会计准则第 31 号——现金流量表》的规定与目前大多数国家基本一致。《国际会计准则第 7 号——现金流量表》规定，“来自外币交易的现金流量应折算成企业的报告货币加以记录，所采用的折算汇率（这里指报告货币和外币之间的兑换率）是发生现金流动当日的汇率。国外子公司的现金流量应折算成母公司的报告货币表示的现金流量，所使用的折算汇率（这里指报告货币和外币之间的兑换率）是发生现金流动当日的汇率”。美国财务会计准则委员会的《现金流量表》会计准则也规定，“从事外币业务或跨国经营的企业，应在其现金流量表中，将现金流量折算为以报告货币表示的现金流量，所采用的折算汇率是外币现金流量实际发生时的现行汇率。如果采用当期的加权平均汇率折算的结果与采用现金流量发生日汇率的折算结果大致相同，也可以采用当期的加权平均汇率”。

我国《企业会计准则第 31 号——现金流量表》第七条规定，外币现金流量以及境外子公司的现金流量，应当采用现金流量发生日的即期汇率或按照系统合理的方法确定的、与现金流量发生日即期汇率近似的汇率折算。汇率变动对现金的影响额应当作为调节项目，在现金流量表中单独列报。

18.2 经营活动产生的现金流量

编制现金流量表时，经营活动现金流量的列报方法有两种：直接法和间接法。它们通常也被称为现金流量表的报告方法。

直接法是指按现金收入和支出的主要类别直接反映企业经营活动产生的现金流量，如销售商品、提供劳务收到的现金；购买商品、接受劳务支付的现金等就是按现金收入和支出的来源直接反映的。在直接法下，一般是以利润表中的营业收入为起算点，调整与经营活动有关的项目的增减变动，然后计算出经营活动产生的现金流量。

采用直接法时，有关经营活动现金流量的信息，一般通过以下途径之一取得：

（1）企业的会计记录。

（2）根据以下项目对利润表中的营业收入、营业成本以及其他项目进行调整。

① 当期存货及经营性应收和应付项目的变动。

② 固定资产折旧、无形资产摊销等其他非现金项目。

③ 其现金影响属于投资或筹资活动现金流量的其他项目。

间接法是指以净利润为起算点，调整不涉及现金的收入、费用、营业外收支等有关项目，据此计算出经营活动产生的现金流量。

《企业会计准则第 31 号——现金流量表》规定采用直接法，同时要求在现金流量表附注中披露将净利润调节为经营活动现金流量的信息，也就是用间接法来计算经营活动的现金流量。

1. 销售商品、提供劳务收到的现金

本项目反映企业销售商品、提供劳务实际收到的现金，包括销售收入和应向购买者收取的增值税销项税额，具体包括：本期销售商品、提供劳务收到的现金，以及前期销售商品、提供劳务本期收到的现金和本期预收的款项，减去本期销售本期退回的商品和前期销售本期退回的商品支付的现金。

需要注意的是，企业销售材料和代购代销业务收到的现金，也在本项目反映。

企业本期销售商品、提供劳务收到的现金可用如下公式计算得出：

销售商品、提供劳务收到的现金=本期销售商品、提供劳务收到的现金+本期收到前期的应收账款+本期收到前期的应收票据+本期的预收账款−本期因销售退回而支付的现金+本期收回前期核销的坏账损失

【例 18-2】 惠勤公司本期销售一批商品，开出的增值税专用发票上注明的销售价款为 2 800 000 元，增值税销项税额为 476 000 元，以银行存款收讫；应收票据期初余额为 270 000 元，期末余额为 60 000 元；应收账款期初余额为 1 000 000 元，期末余额为 400 000 元；年度内核销的坏账损失为 20 000 元。另外，本期因商品质量问题发生退货，支付银行存款 30000 元，货款已通过银行转账支付。

本期销售商品、提供劳务收到的现金计算如下：

本期销售商品收到的现金	3 276 000
加：本期收到前期的应收票据（270 000−60 000）	210 000
本期收到前期的应收账款（1 000 000−400 000−20 000）	580 000
减：本期因销售退回支付的现金	30 000
本期销售商品、提供劳务收到的现金	4 036 000

2. 收到的税费返还

本项目反映企业收到返还的各种税费，如收到的增值税、营业税、所得税、消费税、关税和教育费附加返还款等。

【例 18-3】 惠勤公司前期出口商品一批，已缴纳增值税，按规定应退增值税 8 500 元，前期未退，本期以转账方式收讫；本期收到退回的营业税款 18 000 元、收到的教育费附加返还款 33 000 元，款项已存入银行。

本期收到的税费返还计算如下：

本期收到的出口退增值税额	8 500
加：收到的退营业税额	18 000
收到的退教育费附加返还额	33 000
本期收到的税费返还	59 500

3. 收到其他与经营活动有关的现金

本项目反映企业除上述各项目外，收到的其他与经营活动有关的现金，如经营租赁收到的租金、罚款收入、流动资产损失中由个人赔偿的现金收入等。其他与经营活动有关的现金，如果价值较大的，应单列项目反映。

4. 购买商品、接受劳务支付的现金

本项目反映企业购买材料、商品、接受劳务实际支付的现金，包括支付的货款以及与货款一并支付的增值税进项税额，具体包括：本期购买商品、接受劳务支付的现金，以及本期支付前期购买商品、接受劳务的未付款项和本期预付款项，减去本期发生的购货退回收到的现金。

企业购买材料和代购代销业务支付的现金，也在本项目反映。

企业本期购买商品、接受劳务支付的现金可用如下公式计算得出：

购买商品、接受劳务支付的现金=本期购买商品、接受劳务支付的现金+本期支付前期的应付账款+本期支付前期的应付票据+本期预付的账款−本期因购货退回收到的现金

【例 18-4】 智董公司本期购买原材料，收到的增值税专用发票上注明的材料价款为150 000元，增值税进项税额为25 500元，款项已通过银行转账支付；本期支付应付票据100 000元；用银行汇票支付材料价款、收到银行转来银行汇票多余款收账通知，余款2 340元，材料及运费99 800元，其相应的增值税为16 966元；购买工程用物资150 000元，货款已通过银行转账支付。

本期购买商品、接受劳务支付的现金计算如下：

本期购买原材料支付的价款	150 000
本期购买原材料支付的增值税进项税额	25 500
本期购买材料支付的价款	99 800
本期购买材料支付的增值税进项税额	16 966
加：本期支付的应付票据	100 000
购买商品、接受劳务支付的现金	392 266

5. 支付给职工以及为职工支付的现金

本项目反映企业实际支付给职工的现金以及为职工支付的现金，包括本期实际支付给职工的工资、奖金、各种津贴和补贴等职工薪酬（包括代扣代缴的职工个人所得税）。不包括支付的离退休人员的各项费用和支付给在建工程人员的工资等。支付的离退休人员的各项费用，包括支付的统筹退休金以及未参加统筹的退休人员的费用，在“支付的其他与经营活动有关的现金”项目中反映；支付的在建工程人员的工资，在“购建固定资产、无形资产和其他长期资产所支付的现金”项目中反映。

需要注意的是，企业为职工支付的养老、失业等社会保险基金、企业年金（补充养老保险），支付给职工的住房困难补助，企业为职工缴纳的商业保险金，企业支付给职工或为职工支付的其他福利费用等，应根据职工的工作性质和服务对象，分别在“购建固定资产、无形资产和其

他长期资产所支付的现金”和“支付给职工以及为职工支付的现金”项目中反映。

【例 18-5】 惠勤公司本期实际支付工资 500 000 元，其中经营人员工资 300 000 元，在建工程人员工资 200 000 元。

惠勤公司本期支付给职工以及为职工支付的现金为 300 000 元。

6. 支付的各项税费

本项目反映企业按规定支付的各项税费，包括本期发生并支付的税费，以及本期支付以前各期发生的税费和预交的税金，如支付的增值税款、支付的所得税款、支付的除增值税、所得税以外的其他税费”（支付的教育费附加、矿产资源补偿费、印花税、房产税、土地增值税、车船税、预交的营业税）等。不包括计入固定资产价值、实际支付的耕地占用税等，也不包括本期退回的增值税、所得税。本期退回的增值税、所得税，在“收到的税费返还”项目中反映。

【例 18-6】 惠勤公司本期向税务机关缴纳增值税 34 000 元；本期发生的所得税 3 100 000 元已全部缴纳；企业期初未交所得税 280 000 元；期末未交所得税 120 000 元。

本期支付的各项税费计算如下：

本期支付的增值税额	34 000
加：本期发生并缴纳的所得税额	3 100 000
前期发生本期缴纳的所得税额（280 000–120 000）	160 000
支付的各项税费	3 294 000

7. 支付其他与经营活动有关的现金

本项目反映企业除上述各项目外，支付的其他与经营活动有关的现金，如经营租赁所支付的现金、罚款支出、支付的差旅费、业务招待费、保险费等。其他与经营活动有关的现金，如果价值较大的，应单列项目反映。

18.3 投资活动产生的现金流量

1. 收回投资所收到的现金

反映企业出售、转让或到期收回除现金等价物以外的对其他企业的权益工具、债务工具和合营中的权益，不包括长期债权投资收回的利息，以及收回的非现金资产。长期债权投资收回的利息，不在本项目中反映，而在“取得投资收益所收到的现金”项目中反映。

【例 18-7】 惠勤公司某项权益性投资本金为 5 000 000 元，企业出售该投资，收回的全部投资金额为 4 800 000 元；某项债权性投资本金 3 500 000 元，企业出售该投资，收回的全部投资金额为 4 100 000 元，其中，600 000 元是债券利息。

本期收回投资所收到的现金计算如下：

收回权益性投资金额	4 800 000
加：收回债权性投资本金	3 500 000
收回投资所收到的现金	8 300 000

2. 取得投资收益收到的现金

“取得投资收益收到的现金”项目，反映企业除现金等价物以外的对其他企业的权益工具、债务工具和合营中的权益投资分回的现金股利和利息等。

股票股利不在本项目中反映；包括在现金等价物范围内的债券性投资，其利息收入在本项目中反映。

3．处置固定资产、无形资产和其他长期资产收回的现金净额

本项目反映企业出售固定资产、无形资产和其他长期资产所取得的现金，减去为处置这些资产而支付的有关费用后的净额。处置固定资产、无形资产和其他长期资产所收到的现金，与处置活动支付的现金，两者在时间上比较接近，以净额反映更能反映处置活动对现金流量的影响，且由于金额不大，故以净额反映。由于自然灾害等原因所造成的固定资产等长期资产的报废、毁损而收到的保险赔偿收入，也在本项目中反映。

需要注意的是，固定资产报废、毁损的变卖收益以及遭受灾害而收到的保险赔偿收入等，也包括在本项目中反映；如处置固定资产、无形资产和其他长期资产所收回的现金净额为负数，则应作为投资活动产生的现金流量，在“支付的其他与投资活动有关的现金”项目中反映。

4．处置子公司及其他营业单位收到的现金净额

“处置子公司及其他营业单位收到的现金净额”项目反映企业处置子公司及其他营业单位所取得的现金减去相关处置费用以及子公司及其他营业单位持有的现金和现金等价物后的净额。

5．收到其他与投资活动有关的现金

本项目反映企业除上述各项目外，收到的其他与投资活动有关的现金。其他与投资活动有关的现金，如果价值较大的，应单列项目反映。

6．购建固定资产、无形资产和其他长期资产支付的现金

本项目反映企业购买、建造固定资产，取得无形资产和其他长期资产所支付的现金，包括购买机器设备所支付的现金及增值税款、建造工程支付的现金、支付在建工程人员的薪酬等现金支出，不包括为购建固定资产而发生的借款利息资本化部分，以及融资租入固定资产所支付的租赁费。为购建固定资产而发生的借款利息资本化部分，以及融资租入固定资产所支付的租赁费，应在“筹资活动产生的现金流量——支付其他与筹资活动有关的现金”项目中反映，不在本项目中反映。企业以分期付款方式购建的固定资产，其首次付款支付的现金在本项目中反映，以后各期支付的现金在“筹资活动产生的现金流量——支付的其他与筹资活动有关的现金”项目中反映。

【例 18-8】 贵琛公司购入房屋一幢，价款 18 500 000 元，通过银行转账 18 000 000 元，其他价款用公司产品抵偿。为在建厂房购进建筑材料一批，价值为 1 600 000 元，价款已通过银行转账支付。

本期购建固定资产、无形资产和其他长期资产所支付的现金计算如下：

购买房屋支付的现金	18 000 000
加：为在建工程购买材料支付的现金	1 600 000
购建固定资产、无形资产和其他长期资产所支付的现金	19 600 000

7．投资支付的现金

“投资支付的现金”项目，反映企业取得除现金等价物以外的对其他企业的权益工具、债务工具和合营中的权益所支付的现金以及支付的佣金、手续费等附加费用。

企业购买债券的价款中含有债券利息的，以及溢价或折价购入的，均按实际支付的金额反映。

需要注意的是，企业购买股票和债券时，实际支付的价款中包含的已宣告但尚未领取的现金股利或已到付息期但尚未领取的债券利息，应在“支付的其他与投资活动有关的现金”项目中反映；收回购买股票和债券时支付的已宣告但尚未领取的现金股利或已到付息期但尚未领取的债券利息，应在“收到的其他与投资活动有关的现金”项目中反映。

【例 18-9】 惠勤公司以银行存款 20 000 000 元分别投资于智董公司、贵琛公司和欣郁公司，其中，15 000 000 元投资于智董公司，占其股本总额的 75%，采用权益法核算；2 000 000 元投资于贵琛公司，占其股本总额的 5%，采用成本法核算；3 000 000 元投资于欣郁公司，占其股本总额的 10%，采用成本法核算。此外，购买中国光大银行发行的金融债券，面值总额 2 000 000 元，票面利率 8%，实际支付金额为 2 040 000 元。

本期投资所支付的现金计算如下：

投资于智董公司的现金总额	15 000 000
加：投资于贵琛公司的现金总额	2 000 000
投资于欣郁公司的现金总额	3 000 000
投资于光大银行金融债券的现金总额	2 040 000
投资所支付的现金	22 040 000

8. 取得子公司及其他营业单位支付的现金净额

“取得子公司及其他营业单位支付的现金净额”项目，反映企业购买子公司及其他营业单位购买出价中以现金支付的部分，减去子公司及其他营业单位持有的现金和现金等价物后的净额。

整体购买一个单位，其结算方式是多种多样的，如购买方全部以现金支付或一部分以现金支付而另一部分以实物清偿。同时，企业购买子公司及其他营业单位是整体交易，子公司和其他营业单位除有固定资产和存货外，还可能持有现金和现金等价物。这样，整体购买子公司或其他营业单位的现金流量，就应以购买出价中以现金支付的部分减去子公司或其他营业单位持有的现金和现金等价物后的净额反映。

【例 18-10】 经过协商，惠勤公司决定购买继来公司的一子公司，出价 1 500 000 元，全部以银行存款转账支付。该子公司的有关资料如下。

该子公司有 150 000 元的现金及银行存款，没有现金等价物，企业的实际现金流出为：

购买子公司出价	1 500 000
减：子公司持有的现金和现金等价物	150 000
购买子公司支付的现金净额	1 350 000

《企业会计准则第 31 号——现金流量表》要求企业在现金流量表附注中以总额披露当期购买和处置子公司及其他营业单位的下列信息：

（1）购买或处置价格。

（2）购买或处置价格中以现金支付的部分。

（3）购买或处置子公司及其他营业单位所取得的现金。

（4）购买或处置子公司及其他营业单位按主要类别分类的非现金资产和负债。

本例中，惠勤公司应在现金流量表附注中做如下披露。

购买子公司的基本情况：

购买价格	1 500 000
购买价格中以现金支付的部分	1 500 000

购买子公司所取得的现金	150 000
非现金资产：	
存货	300 000
固定资产原价	3 000 000
减：累计折旧	1 500 000
长期股权投资	600 000
其他资产	50 000
负债：短期借款	400 000
应付账款	500 000
长期应付款	200 000

企业处置子公司及其他营业单位时，可适当参照上述做法进行处理。

9. 支付其他与投资活动有关的现金

本项目反映企业除上述各项目外，支付的其他与投资活动有关的现金。其他与投资活动有关的现金，如果价值较大的，应单列项目反映。

18.4 筹资活动产生的现金流量

1. 吸收投资收到的现金

本项目反映企业以发行股票、债券等方式筹集资金实际收到的款项净额（发行收入减去支付的佣金等发行费用后的净额）。

需要注意的是，以发行股票、债券等方式筹集资金而由企业直接支付的审计、咨询等费用，不在本项目中反映，而在“支付的其他与筹资活动有关的现金”项目中反映；由金融企业直接支付的手续费、宣传费、咨询费、印刷费等费用，从发行股票、债券取得的现金收入中扣除，以净额列示。

【例 18-11】 惠勤公司对外公开募集股份 10 000 000 股，每股 1 元，发行价每股 1.1 元，代理发行的证券公司为其支付的各种费用，共计 150 000 元。此外，惠勤公司为建设一新项目，批准发行 20 000 000 元的长期债券。与证券公司签署的协议规定：该批长期债券委托证券公司代理发行，发行手续费为发行总额的 3.5%，宣传及印刷费由证券公司代为支付，并从发行总额中扣除。该企业至委托协议签署为止，已支付咨询费、公证费等 5 800 元。证券公司按面值发行，价款全部收到，支付宣传及印刷费等各种费用 114 200 元。按协议将发行款划至企业在银行的存款账户上。

本期吸收投资所收到的现金计算如下：

发行股票取得的现金	10 850 000
其中：发行总额（10 000 000×1.1）	11 000 000
减：发行费用	150 000
发行债券取得的现金	19 185 800
其中：发行总额	20 000 000
减：发行手续费（20 000 000×3.5%）	700 000
证券公司代付的各种费用	114 200
吸收投资所收到的现金	30 035 800

本例中，已支付的咨询费、公证费等 5 800 元，应在“支付的其他与筹资活动有关的现金”项目中反映。

2．取得借款收到的现金

本项目反映企业举借各种短期、长期借款而收到的现金。

3．收到其他与筹资活动有关的现金

本项目反映企业除上述各项目外，收到的其他与筹资活动有关的现金。其他与筹资活动有关的现金，如果价值较大的，应单列项目反映。本项目可根据有关科目的记录分析填列。

4．偿还债务支付的现金

反映企业以现金偿还债务的本金，包括归还金融企业的借款本金、偿付企业到期的债券本金等。

需要注意的是，企业偿还的借款利息、债券利息，在“分配股利、利润或偿付利息所支付的现金”项目中反映，不在本项目中反映。

5．分配股利、利润或偿付利息支付的现金

本项目反映企业实际支付的现金股利、支付给其他投资单位的利润或用现金支付的借款利息、债券利息所支付的现金。

需要说明的是，“分配股利或利润所支付的现金”、“偿付利息所支付的现金”项目，应在“分配股利、利润或偿付利息所支付的现金”项目中反映。此外，不同用途的借款，其利息的开支渠道不一样，如在建工程、财务费用等，但均在本项目中反映。

【例 18-12】 惠勤公司期初应付现金股利为 210 000 元，本期宣布并发放现金股利 500 000 元，期末应付现金股利 120 000 元。

本期分配股利、利润或偿付利息所支付的现金计算如下：

本期宣布并发放的现金股利	500 000
加：本期支付的前期应付股利（210 000–120 000）	90 000
分配股利、利润或偿付利息所支付的现金	590 000

6．支付其他与筹资活动有关的现金

本项目反映企业除上述各项目外，支付的其他与筹资活动有关的现金（如“发生筹资费用所支付的现金”、“融资租赁所支付的现金”、“减少注册资本所支付的现金”）。其他与筹资活动有关的现金，如果价值较大的，应单列项目反映。

第 19 章 现金流量表

19.1 个别现金流量表

1. 编制现金流量表的目的

现金流量表是反映企业一定会计期间现金和现金等价物流入和流出的报表。编制现金流量表的主要目的，是为会计报表使用者提供企业一定会计期间内现金和现金等价物流入和流出的信息，以便于会计报表使用者了解和评价企业获取现金和现金等价物的能力，并据以预测企业未来现金流量。

2. 现金流量表的作用

现金流量表主要提供有关企业现金流量方面的信息。在市场经济条件下，企业的现金流转情况在很大程度上影响着企业的生存和发展。企业现金充裕，就可以及时购入必要的材料物资和固定资产、及时支付工资、偿还债务、支付股利和利息；反之，轻则影响企业的正常生产经营，重则危及企业的生存。按照《公司法》的规定，公司因不能清偿到期债务，被依法宣告破产的，由人民法院依照有关法律的规定，组织股东、有关机关及有关专业人员成立清算组，对公司进行破产清算。现金管理已经成为企业财务管理的一个重要方面，受到企业管理人员、投资者、债权人以及政府监管部门的关注。现金流量表的作用，具体有以下三个方面。

（1）现金流量表有助于评价企业支付能力、偿债能力和周转能力。通过现金流量表，并配合资产负债表和利润表，将现金与流动负债进行比较，计算出现金比率；将现金流量净额与发行在外的普通股加权平均股数进行比较，计算出每股现金流量；将经营活动现金流量净额与净利润进行比较，计算出盈利现金比率，可以了解企业的现金能否偿还到期债务、支付股利和进行必要的固定资产投资，了解企业现金流转效率和效果，等等，从而便于投资者做出投资决策、债权人做出信贷决策。

（2）现金流量表有助于预测企业未来现金流量。评价过去是为了预测未来。通过现金流量表所反映的企业过去一定期间的现金流量以及其他生产经营指标，可以了解企业现金的来源和用途是否合理，了解经营活动产生的现金流量有多少，企业在多大程度上依赖外部资金，就可以据以预测企业未来现金流量，从而为企业编制现金流量计划、组织现金调度、合理节约地使用现金创造条件，为投资者和债权人评价企业的未来现金流量、做出投资和信贷决策提供必要信息。

（3）现金流量表有助于分析企业收益质量及影响现金净流量的因素。利润表中列示的净利润指标，反映了一个企业的经营成果，这是体现企业经营业绩的最重要的一个指标。但是，利润表是按照权责发生制原则编制的，它不能反映企业经营活动产生了多少现金，并且没有反映投资活动和筹资活动对企业财务状况的影响。通过编制现金流量表，可以掌握企业经营活动、投资活动和筹资活动的现金流量，将经营活动产生的现金流量与净利润相比较，就可以从现金流量的角度了解净利润的质量。并进一步判断，是哪些因素影响现金流入，从而为分析和判断企业的财务前景提供信息。

3．现金流量表的编制基础

从所考察的国家看，绝大多数国家以现金和现金等价物作为现金流量表的编制基础。只有英国是例外，它的编制基础是现金和流动资源。《企业会计准则第31号——现金流量表》采用现金和现金等价物作为现金流量表的编制基础，并将现金定义为企业的库存现金以及可以随时用于支付的存款。这一定义与世界上大多数国家对现金的定义基本相似。会计上所说的现金通常指企业的库存现金，而现金流量表中的“现金”不仅包括“现金”账户核算的库存现金，还包括企业“银行存款”账户核算的存入金融企业、随时可以用于支付的存款，也包括“其他货币资金”账户核算的银行汇票存款、银行本票存款、信用卡存款、信用证保证金存款和存出投资款等其他货币资金。需要注意的是，银行存款和其他货币资金中有些不能随时用于支取的存款，例如，不能随时支取的定期存款等，不应作为现金，而应列作投资；提前通知金融企业便可支取的定期存款，则应包括在现金范围内。

在英国，不采用现金等价物的概念，而是以流动资源和现金一起作为编制基础。流动资源是指持有的、容易处置的流动资产投资。所谓容易处置，应满足下列条件：该项处置不会影响企业的经营活动；满足下述两项中的一项——容易转换为等于或接近其账面价值的现金；能在活跃的市场中交易。

《企业会计准则第31号——现金流量表》将现金等价物定义为企业持有的期限短、流动性强、易于转换为已知金额现金、价值变动风险很小的投资。这一定义与美国、国际会计准则基本一致。

在编制现金流量表时，现金流量表会计准则（《企业会计准则第31号——现金流量表》）之所以将符合以上四个条件的投资规定为现金等价物，视同现金加以报告，主要是考虑到，当企业做以上投资时，主要目的不是取得投资收益，而是将本来用于日常支付的现金暂时用于投资，待需要支付时，随时变现，其安全性和变现能力与普通的存款差不多，但比普通的存款更合算。其中所称的期限较短，一般是指从购买之日起，三个月内到期。这里将期限定为三个月内，一是借鉴了其他国家的有关规定，再就是考虑到企业商业信用、资金调度通常以三个月为期，三个月内到期，则意味着能够满足短期支付需要。具体到一个企业来说，哪些投资可以确认为现金等价物，需要根据具体情形加以判断。典型的现金等价物是自购买之日起三个月内到期的短期债券。企业作为交易性金融资产而购买的、市场上可以流通的股票，虽然期限短、变现能力强，但是其变现的金额并不确定，变现价值并不稳定，所以不属于现金等价物。

4．编制现金流量表的基本要求

（1）企业应在年末编制年报时编报现金流量表。小企业编制的会计报表可以不包括现金流量表。企业编报现金流量表以后，不再编报财务状况变动表。

（2）现金流量表应标明企业名称、会计期间、货币单位和报表编号。

（3）现金流量表应由制表人、单位负责人和主管会计工作的负责人、会计机构负责人（会计主管人员）签名并盖章；设置总会计师的单位，还须由总会计师签名并盖章。

（4）企业应当根据编制现金流量表的需要，做好有关现金账簿、有关辅助账簿的设置等会计基础工作。

（5）企业应当就现金等价物的确认标准，做出明确规定，并加以披露。现金等价物的确认标准如有变更，应对其加以说明，并应披露确认标准变更对现金流量的影响程度。

5. 现金流量表的编制方法

编制现金流量表时，列报经营活动现金流量的方法有两种：一是直接法；一是间接法。这两种方法通常也称为编制现金流量表的方法。

（1）直接法。直接法是指按现金收入和现金支出的主要类别直接反映企业经营活动产生的现金流量，如销售商品、提供劳务收到的现金，购买商品、接受劳务支付的现金等就是按现金收入和支出的来源直接反映的。

在直接法下，一般是以利润表中的营业收入为起算点，调节与经营活动有关的项目的增减变动，然后计算出经营活动产生的现金流量。

在我国，采用直接法编制现金流量表时经营活动产生的现金流入项目主要包括：销售商品、提供劳务收到的现金；收到的税费返还；收到的其他与经营活动有关的现金。经营活动产生的现金流出项目主要包括：购买商品、接受劳务支付的现金；支付给职工以及为职工支付的现金；支付的各项税费；支付的其他与经营活动有关的现金。

采用直接法编报的现金流量表，便于分析企业经营活动产生的现金流量的来源和用途，预测企业现金流量的未来前景；采用间接法编报现金流量表，便于将净利润与经营活动产生的现金流量净额进行比较，了解净利润与经营活动产生的现金流量差异的原因，从现金流量的角度分析净利润的质量。所以，《企业会计准则第31号——现金流量表》规定企业应当采用直接法编报现金流量表，同时要求提供在净利润基础上调节为经营活动产生的现金流量的信息。也就是说，同时采用直接法和间接法两种方法编报现金流量表。

（2）间接法。间接法是指以净利润为起算点，调整不涉及现金的收入、费用、营业外收支等有关项目，据此计算出经营活动产生的现金流量。

由于净利润是按照权责发生制原则确定的，且包括了投资活动和筹资活动收益和费用，将净利润调节为经营活动现金流量，实际上就是将按权责发生制原则确定的净利润调整为现金净流入，并剔除投资活动和筹资活动对现金流量的影响。

具体来说，需要在净利润基础上进行调节的项目主要包括几个。

1）资产减值准备。这里所指的资产减值准备包括坏账准备、存货跌价准备、长期股权投资减值准备、持有至到期投资减值准备、投资性房地产减值准备、固定资产减值准备、在建工程减值准备、无形资产减值准备、商誉减值准备、生产性生物资产减值准备、油气资产减值准备等。企业计提的资产减值准备包括在利润表中，属于利润的减除项目，但没有发生现金流出。所以，在将净利润调节为经营活动现金流量时，需要加回。本项目可根据减值准备账户等科目记录分析填列，也可根据“管理费用”、“投资收益”、“营业外支出”等科目的记录分析填列。

【例 19-1】 20×7 年 1 月 1 日，智董股份有限公司应收账款余额为 900 000 元，坏账准备贷方余额为 4 500 元；20×7 年度内，核销应收账款 2 000 元；20×7 年 12 月 31 日，智董股份有限公司应收账款余额为 1 048 000 元，坏账准备已有贷方余额 2 500 元（4 500–2 000）；20×7 年 12 月 31 日，坏账准备贷方余额应为 5 240 元（1 048 000×5/1 000），需要补提坏账准备金额为 2 740 元（5 240–2 500）。补提的坏账准备金额 2 740 元，在将净利润调节为经营活动现金流量时应当加回。

2）固定资产折旧、油气资产折耗、生产性生物资产折旧。“固定资产折旧”、“油气资产折耗”、“生产性生物资产折旧”项目分别反映企业本期计提的固定资产折旧、油气资产折耗、生产性生物资产折旧。

企业计提的固定资产折旧，有的包括在管理费用中，有的包括在制造费用中。计入管理费用中的部分，作为期间费用在计算净利润时从中扣除，但没有发生现金流出，所以，在将净利润调节为经营活动现金流量时，需要予以加回。计入制造费用中的已经变现的部分，在计算净利润时通过销售成本予以扣除，但没有发生现金流出；计入制造费用中的没有变现的部分，由于在调节存货时，已经从中扣除，但是，也不涉及现金收支，所以，在此处将净利润调节为经营活动现金流量时，需要予以加回。本项目可根据“累计折旧”科目的贷方发生额分析填列。

【例 19-2】 20×7 年 1 月 1 日，智董股份有限公司累计折旧余额为 100 000 元；20×7 年度内，曾处置设备一台，原价 180 000 元，累计已提折旧 110 000 元；20×7 年 12 月 31 日，智董股份有限公司需要计提固定资产折旧 200 000 元，累计折旧余额为 190 000 元。计提的固定资产折旧金额 200 000 元，在将净利润调节为经营活动现金流量时应当加回。

3）无形资产摊销、长期待摊费用摊销。企业摊销无形资产时，计入管理费用；长期待摊费用摊销时，有的计入管理费用，有的计入销售费用，有的计入制造费用。计入管理费用、销售费用中的部分，作为期间费用在计算净利润时已从中扣除，但没有发生现金流出，所以，在将净利润调节经营活动现金流量时，需要予以加回。计入制造费用中的已经变现的部分，在计算净利润时通过销售成本已经扣除，但没有发生现金流出；计入制造费用中的没有变规部分，由于在调节存货时，已经从中扣除，但不涉及现金收支，所以，在此处将净利润调节为经营活动现金流量时，需要予以加回。这两个项目可根据“无形资产”、“长期待摊费用”科目的贷方发生额分析填列。

【例 19-3】 20×7 年 1 月 1 日，智董股份有限公司无形资产余额为 90 000 元；20×7 年度内，曾购入无形资产 30 000 元、转让无形资产 35 000 元，摊销无形资产 5 000 元；20×7 年 12 月 31 日，无形资产余额为 80 000 元。摊销的无形资产金额 5 000 元，在将净利润调节为经营活动现金流量时应当加回。

4）处置固定资产、无形资产和其他长期资产的损失。“处置固定资产、无形资产和其他长期资产的损失”项目，反映企业本期处置固定资产、无形资产和其他长期资产发生的损失。

企业处置固定资产、无形资产和其他长期资产发生的损益，属于投资活动产生的损益，不属于经营活动产生的损益，所以，在将净利润调节为经营活动现金流量时，需要予以剔除。如为损失，在将净利润调节为经营活动现金流量时，应当加回；如为收益，在将净利润调节为经营活动现金流量时，应当扣除。本项目可根据“营业外收入”、“营业外支出”、“其他业务收入”、“其他业务支出”等科目所属有关明细科目的记录分析填列；如为净收益，以“–”号填列。

【例 19-4】 20×7 年度内，智董股份有限公司曾处置设备一台，原价 180 000 元，累计已提折旧 110 000 元，收到现金 80 000 元，产生处置收益 10 000 元［80 000–（180 000–110 000）］。处置固定资产的收益 10 000 元，在将净利润调节为经营活动现金流量时应当扣除。

5）固定资产报废损失。“固定资产报废损失”项目，反映企业本期固定资产盘亏发生的损失。

企业发生的固定资产报废损益，属于投资活动产生的损益，不属于经营活动产生的损益，所以，在将净利润调节为经营活动现金流量时，需要予以剔除。如为净损失，在将净利润调节为经营活动现金流量时，应当加回；如为净收益，在将净利润调节为经营活动现金流量时，应当扣除。本项目可根据“营业外支出”、“营业外收入”等科目所属有关明细科目中固定资产盘亏损失减去固定资产盘盈收益后的差额填列。

【例 19-5】 20×7 年度内，智董股份有限公司盘亏机器一台，原价 130 000 元，已提折旧 120 000 元；报废汽车一辆，原价 180 000 元，已提折旧 110 000 元；共发生固定资产盘亏、报废损失为 80 000 元 [（130 000–120 000）+（180 000–110 000）]。固定资产报废损失 80 000 元，在将净利润调节为经营活动现金流量时应当加回。

6）公允价值变动损失。“公允价值变动损失”项目，反映企业持有的采用公允价值计量，且其变动计入当期损益的金融资产、金融负债等的公允价值变动损益。

7）财务费用。企业发生的财务费用中，有些项目属于筹资活动或投资活动。例如，购买固定资产所产生的汇兑损益属于投资活动；支付的利息属于筹资活动。为此，应当将其从净利润中剔除。本项目可根据”财务费用“科目的本期借方发生额分析填列；如为收益，以“–”号填列。

【例 19-6】 20×7 年度内，智董股份有限公司共发生财务费用 350 000 元，其中属于经营活动的为 150 000 元，属于筹资活动的为 130 000 元，属于投资活动的为 70 000 元。属于筹资活动和投资活动的财务费用总额为 200 000 元（130 000+70 000），在将净利润调节为经营活动现金流量时应当加回。

在实务中，企业的“财务费用”明细账一般是按费用项目设置的，为了编制现金流量表，企业可在此基础上，再按“经营活动”、“筹资活动”、“投资活动”分设明细分类账。每一笔财务费用发生时，即将其归入“经营活动”、“筹资活动”或“投资活动”中。

8）投资损失。企业发生的投资损益，属于投资活动产生的损益，不属于经营活动产生的损益，所以，在将净利润调节为经营活动现金流量时，需要予以剔除。如为净损失，在将净利润调节为经营活动现金流量时，应当加回；如为净收益，在将净利润调节为经营活动现金流量时，应当扣除。本项目可根据利润表中“投资收益”项目的数字填列；如为投资收益，以“–”号填列。

【例 19-7】 20×7 年度内，智董股份有限公司发生投资收益 230 000 元，在将净利润调节为经营活动现金流量时，应将这部分减去。

9）递延所得税资产减少、递延所得税负债增加。“递延所得税资产减少”项目反映企业资产负债表“递延所得税资产”项目的期初余额与期末余额的差额。“递延所得税负债增加”项目反映企业资产负债表“递延所得税负债”项目的期初余额与期末余额的差额。

【例 19-8】 20×7 年 1 月 1 日，智董股份有限公司递延所得税资产借方余额为 5 000 元、递延所得税负债贷方余额为 0 元；20×7 年 12 月 31 日，递延所得税资产借方余额为 0 元、递延所得税负债贷方余额为 25 000 元。

20×7 年度内，在将净利润调节为经营活动现金流量时应当加回 30 000 元。

10）存货的减少。期末存货比期初存货减少，说明本期生产经营过程耗用的存货有一部分是期初的存货，耗用这部分存货并没有发生现金流出，但在计算净利润时已经扣除，所以，在将净利润调节为经营活动现金流量时，应当加回。期末存货比期初存货增加，说明当期购入的存货除耗用外，还余留了一部分，这部分存货也发生了现金流出，但在计算净利润时没有包括在内，所以，在将净利润调节为经营活动现金流量时，需要扣除。当然，存货的增减变化过程还涉及应付项目，这一因素在“经营性应付项目的增加（减：减少）”中考虑。本项目可根据资产负债表中“存货”项目的期初数、期末数之间的差额填列；期末数大于期初数的差额，以“–”号填列。

需要注意的是，如果存货的增减变化过程属于投资活动，应当将这一因素剔除。

【例 19-9】 20×7 年 1 月 1 日，智董股份有限公司存货余额为 200 000 元；20×7 年 12 月 31 日，存货余额为 360 000 元；20×7 年度，存货增加了 160 000 元（360 000–200 000）。存货的增加金额 160 000 元，在将净利润调节为经营活动现金流量时应当扣除。

11）经营性应收项目的减少。“经营性应收项目的减少”项目反映企业本期经营性应收项目（包括应收票据、应收账款、预付款项、长期应收款和其他应收款中与经营活动有关的部分及应收的增值税销项税额等）的期初余额与期末余额的差额。

经营性应收项目期末余额小于经营性应收项目期初余额，说明本期收回的现金大于利润表中所确认的销售收入，所以，在将净利润调节为经营活动现金流量时，需要加回。经营性应收项目期末余额大于经营性应收项目期初余额，说明本期销售收入中有一部分没有收回现金，但是，在计算净利润时这部分销售收入已包括在内，所以，在将净利润调节为经营活动现金流量时，需要扣除。

【例 19-10】 20×7 年 1 月 1 日，智董股份有限公司资料为：应收账款为 750 000 元，应收票据为 230 000 元；20×7 年 12 月 31 日，智董股份有限公司资料为：应收账款 950 000 元，应收票据为 200 000 元；20×7 年度内，经营性应收项目年末比年初增加了 170 000 元［（950 000–750 000）+（200 000–230 000）］。经营性应收项目增加金额 170 000 元，在将净利润调节为经营活动现金流量时应当扣除。

12）经营性应付项目的增加。“经营性应付项目的增加”项目反映企业本期经营性应付项目（包括应付票据、应付账款、预收款项、应付职工薪酬、应交税费、应付利息、应付股利、长期应付款、其他应付款中与经营活动有关的部分及应付的增值税进项税额等）的期初余额与期末余额的差额。

经营性应付项目期末余额大于经营性应付项目期初余额，说明本期购入的存货中有一部分没有支付现金，但是，在计算净利润时却通过销售成本包括在内，所以，在将净利润调节为经营活动现金流量时，需要加回；经营性应付项目期末余额小于经营性应付项目期初余额，说明本期支付的现金大于利润表中所确认的销售成本，所以，在将净利润调节为经营活动产生的现金流量时，需要扣除。

6. 现金流量表的编制程序

（1）工作底稿法。采用工作底稿法编制现金流量表，就是以工作底稿为手段，以利润表和资产负债表数据为基础，对每一项目进行分析并编制调整分录，从而编制出现金流量表。

在直接法下，整个工作底稿纵向分成三段，第一段是资产负债表项目，其中又分为借方项目和贷方项目两部分；第二段是利润表项目；第三段是现金流量表项目。工作底稿横向分为五栏，在资产负债表部分，第一栏是项目栏，填列资产负债表各项目名称；第二栏是期初数，用来填列资产负债表项目的期初数；第三栏是调整分录的借方；第四栏是调整分录的贷方；第五栏是期末数，用来填列资产负债表各项目的期末数。在利润表和现金流量表部分；第一栏也是项目栏，用来填列利润表和现金流量表项目名称；第二栏空置不填；第三、第四栏分别是调整分录的借方和贷方；第五栏是本期数，利润表部分这一栏数字应和本期利润表数字核对相符，现金流量表部分这一栏的数字可直接用来编制正式的现金流量表。

采用工作底稿法编制现金流量表的程序如下：

① 将资产负债表的期初数和期末数过入工作底稿的期初数栏和期末数栏。

② 对当期业务进行分析并编制调整分录。调整分录大体有这样几类：第一类涉及利润表中的收入、成本和费用项目以及资产负债表中的资产、负债及所有者权益项目，通过调整，将权责发生制下的收入、费用转换为现金基础；第二类是涉及资产负债表和现金流量表中的投资、筹资项目，反映投资和筹资活动的现金流量；第三类是涉及利润表和现金流量表中的投资和筹资项目，目的是将利润表中有关投资和筹资方面的收入和费用列入到现金流量表投资、筹资现金流量中去。此外，还有一些调整分录并不涉及现金收支，只是为了核对资产负债表项目的期末、期初变动。

在调整分录中，有关现金和现金等价物的事项，并不直接借记或贷记现金，而是分别记入“经营活动产生的现金流量”、“投资活动产生的现金流量”、“筹资活动产生的现金流量”有关项目，借记表明现金流入，贷记表明现金流出。

③ 将调整分录过入工作底稿中的相应部分。

④ 核对调整分录，借贷合计应当相等，资产负债表项目期初数加减调整分录中的借贷金额以后，应当等于期末数。

⑤ 根据工作底稿中的现金流量表项目部分编制正式的现金流量表。

（2）T形账户法。采用T形账户法，就是以T形账户为手段，以利润表和资产负债表数据为基础，对每一项目进行分析并编制调整分录，从而编制出现金流量表。

采用T形账户法编制现金流量表的程序如下：

① 为所有的非现金项目（包括资产负债表项目和利润表项目）分别开设T形账户，并将各自的期末期初变动数过入各该账户。

② 开设一个大的“现金及现金等价物”T形账户，每边分为经营活动、投资活动和筹资活动三个部分，左边记现金流入，右边记现金流出。与其他账户一样，过入期末期初变动数。

③ 以利润表项目为基础，结合资产负债表分析每一个非现金项目的增减变动，并据此编制调整分录。

④ 将调整分录过入各T形账户，并进行核对，该账户借贷相抵后的余额与原先过入的期末期初变动数应当一致。

⑤ 根据大的“现金及现金等价物”T形账户编制正式的现金流量表。

7. 现金流量表格式及列示说明

现金流量表格式分别一般企业、商业银行、保险公司、证券公司等企业类型予以规定。企业应当根据其经营活动的性质，确定本企业适用的现金流量表格式。

政策性银行、信托投资公司、租赁公司、财务公司、典当公司应当执行商业银行现金流量表格式规定，如有特别需要，可以结合本企业的实际情况，进行必要的调整和补充。

担保公司应当执行保险公司现金流量表格式规定，如有特别需要，可以结合本企业的实际情况，进行必要调整和补充。

资产管理公司、基金公司、期货公司应当执行证券公司现金流量表格式规定，如有特别需要，可以结合本企业的实际情况，进行必要的调整和补充。

（1）一般企业现金流量表格式，如表 19-1 所示。

表 19-1　现金流量表（一般企业）

会企 03 表

编制单位：　　　　　　　　____年____月　　　　　　　　单位：元

项　　目	本期金额	上期金额
一、经营活动产生的现金流量：		
销售商品、提供劳务收到的现金		
收到的税费返还		
收到其他与经营活动有关的现金		
经营活动现金流入小计		
购买商品、接受劳务支付的现金		
支付给职工以及为职工支付的现金		
支付的各项税费		
支付其他与经营活动有关的现金		
经营活动现金流出小计		
经营活动产生的现金流量净额		
二、投资活动产生的现金流量：		
收回投资收到的现金		
取得投资收益收到的现金		
处置固定资产、无形资产和其他长期资产收回的现金净额		
处置子公司及其他营业单位收到的现金净额		
收到其他与投资活动有关的现金		
投资活动现金流入小计		
购建固定资产、无形资产和其他长期资产支付的现金		
投资支付的现金		
取得子公司及其他营业单位支付的现金净额		
支付其他与投资活动有关的现金		
投资活动现金流出小计		
投资活动产生的现金流量净额		
三、筹资活动产生的现金流量：		
吸收投资收到的现金		
取得借款收到的现金		
收到其他与筹资活动有关的现金		
筹资活动现金流入小计		
偿还债务支付的现金		
分配股利、利润或偿付利息支付的现金		
支付其他与筹资活动有关的现金		
筹资活动现金流出小计		

续表

项　　目	本期金额	上期金额
筹资活动产生的现金流量净额		
四、汇率变动对现金及现金等价物的影响		
五、现金及现金等价物净增加额		
加：期初现金及现金等价物余额		
六、期末现金及现金等价物余额		

（2）金融保险企业现金流量表格式。

1）金融保险企业的现金流量。金融保险企业经营活动的性质和内容与工商企业不同，从而直接影响其现金流量的分类。例如，利息支出在工商企业应作为筹资活动，而在金融企业，利息支出是其经营活动的主要支出，应列入经营活动产生的现金流量。再如，银行等金融企业吸收的存款是其主要经营业务，应作为经营活动产生的现金流量反映。因此，为了满足金融保险企业的特殊要求，《企业会计准则第31号——现金流量表》对金融保险企业特殊项目的现金流量以及归类单独做了规定。金融企业可根据本行业的特点及现金流量项目的实际情况，进行适当的归类。

为此，《企业会计准则第31号——现金流量表》列举了金融企业中属于经营活动现金流量的项目。

① 对外发放的贷款和收回的贷款。

② 吸收的存款和支付的存款本金。

③ 同业存款及存放同业款项。

④ 向其他金融企业拆借的资金。

⑤ 利息收入和利息支出。

⑥ 收回的已于前期核销的贷款。

⑦ 经营证券业务的企业，买卖证券所收到或支出的现金。

⑧ 融资租赁所收到的现金。

保险企业的与保险金、保险索赔、年金退款和其他保险利益条款有关的现金收入和现金支出项目，应作为经营活动产生的现金流量进行反映。

小知识

金融保险企业的现金流量

金融保险企业在经营内容上，与一般工商企业存在明显的差别。一般工商企业以生产、销售商品或提供劳务为主，而金融企业以存贷款业务为主，保险企业则以收取保费和支付赔款为主。金融企业吸收存款、发放贷款是其主要的经营活动，因此，将存贷款业务所引起的现金流入和流出作为经营活动产生的现金流量。同样，保险企业的与保险金、保险索赔、年金退款和其他保险利益条款有关的现金收入和现金支出项目作为保险企业的经营活动产生的现金流量。

但是，国际上对这类业务的处理并非完全一致。比如，美国将金融企业的存、贷款利息列入经营活动，而将贷出去的本金列为投资活动，收到储户存款本金列为筹资活动。其中又按期限长短分别以总额和净额列示。

2）商业银行现金流量表格式，如表19-2所示。

表 19-2　现金流量表（商业银行）

会商银 03 表

编制单位：　　　　　　　　　　____年____月　　　　　　　　　　单位：元

项　　目	本期金额	上期金额
一、经营活动产生的现金流量：		
客户存款和同业存放款项净增加额		
向中央银行借款净增加额		
向其他金融机构拆入资金净增加额		
收取利息、手续费及佣金的现金		
收到其他与经营活动有关的现金		
经营活动现金流入小计		
客户贷款及垫款净增加额		
存放中央银行和同业款项净增加额		
支付手续费及佣金的现金		
支付给职工以及为职工支付的现金		
支付的各项税费		
支付其他与经营活动有关的现金		
经营活动现金流出小计		
经营活动产生的现金流量净额		
二、投资活动产生的现金流量：		
收回投资收到的现金		
取得投资收益收到的现金		
收到其他与投资活动有关的现金		
投资活动现金流入小计		
投资支付的现金		
购建固定资产、无形资产和其他长期资产支付的现金		
支付其他与投资活动有关的现金		
投资活动现金流出小计		
投资活动产生的现金流量净额		
三、筹资活动产生的现金流量：		
吸收投资收到的现金		
发行债券收到的现金		
收到其他与筹资活动有关的现金		
筹资活动现金流入小计		
偿还债务支付的现金		
分配股利、利润或偿付利息支付的现金		
支付其他与筹资活动有关的现金		
筹资活动现金流出小计		
筹资活动产生的现金流量净额		

续表

项　　目	本期金额	上期金额
四、汇率变动对现金及现金等价物的影响		
五、现金及现金等价物净增加额		
加：期初现金及现金等价物余额		
六、期末现金及现金等价物余额		

3）保险公司现金流量表格式，如表 19-3 所示。

表 19-3　现金流量表（保险公司）

会保 03 表

编制单位：　　　　____年____月　　　　单位：元

项　　目	本期金额	上期金额
一、经营活动产生的现金流量：		
收到原保险合同保费取得的现金		
收到再保业务现金净额		
保户储金及投资款净增加额		
收到其他与经营活动有关的现金		
经营活动现金流入小计		
支付原保险合同赔付款项的现金		
支付手续费及佣金的现金		
支付保单红利的现金		
支付给职工以及为职工支付的现金		
支付的各项税费		
支付其他与经营活动有关的现金		
经营活动现金流出小计		
经营活动产生的现金流量净额		
二、投资活动产生的现金流量：		
收回投资收到的现金		
取得投资收益收到的现金		
收到其他与投资活动有关的现金		
投资活动现金流入小计		
投资支付的现金		
质押贷款净增加额		
购建固定资产、无形资产和其他长期资产支付的现金		
支付其他与投资活动有关的现金		
投资活动现金流出小计		
投资活动产生的现金流量净额		
三、筹资活动产生的现金流量：		
吸收投资收到的现金		

续表

项　　目	本期金额	上期金额
发行债券收到的现金		
收到其他与筹资活动有关的现金		
筹资活动现金流入小计		
偿还债务支付的现金		
分配股利、利润或偿付利息支付的现金		
支付其他与筹资活动有关的现金		
筹资活动现金流出小计		
筹资活动产生的现金流量净额		
四、汇率变动对现金及现金等价物的影响		
五、现金及现金等价物净增加额		
加：期初现金及现金等价物余额		
六、期末现金及现金等价物余额		

4）证券公司现金流量表格式，如表 19-4 所示。

表 19-4　现金流量表（证券公司）

会证 03 表

编制单位：　　　　____年____月　　　　单位：元

项　　目	本期金额	上期金额
一、经营活动产生的现金流量：		
处置交易性金融资产净增加额		
收取利息、手续费及佣金的现金		
拆入资金净增加额		
回购业务资金净增加额		
收到其他与经营活动有关的现金		
经营活动现金流入小计		
支付利息、手续费及佣金的现金		
支付给职工以及为职工支付的现金		
支付的各项税费		
支付其他与经营活动有关的现金		
经营活动现金流出小计		
经营活动产生的现金流量净额		
二、投资活动产生的现金流量：		
收回投资收到的现金		
取得投资收益收到的现金		
收到其他与投资活动有关的现金		
投资活动现金流入小计		
投资支付的现金		

续表

项　　目	本期金额	上期金额
购建固定资产、无形资产和其他长期资产支付的现金		
支付其他与投资活动有关的现金		
投资活动现金流出小计		
投资活动产生的现金流量净额		
三、筹资活动产生的现金流量：		
吸收投资收到的现金		
发行债券收到的现金		
收到其他与筹资活动有关的现金		
筹资活动现金流入小计		
偿还债务支付的现金		
分配股利、利润或偿付利息支付的现金		
支付其他与筹资活动有关的现金		
筹资活动现金流出小计		
筹资活动产生的现金流量净额		
四、汇率变动对现金及现金等价物的影响		
五、现金及现金等价物净增加额		
加：期初现金及现金等价物余额		
六、期末现金及现金等价物余额		

小知识

现金流量表附注披露

1．将净利润调节为经营活动现金流量信息的披露

根据《企业会计准则第31号——现金流量表》第十六条的规定，企业应当在附注中披露将净利润调节为经营活动现金流量的信息。至少应当单独披露对净利润进行调节的下列项目：

（1）资产减值准备。

（2）固定资产折旧。

（3）无形资产摊销。

（4）长期待摊费用摊销。

（5）处置固定资产、无形资产和其他长期资产的损益。

（6）固定资产报废损失。

（7）公允价值变动损益。

（8）财务费用。

（9）投资损益。

（10）递延所得税资产和递延所得税负债。

（11）存货。

（12）经营性应收项目。

（13）经营性应付项目。

企业应在现金流量表补充资料中，通过债权债务变动、存货变动、应计及递延项目、投资和筹资现金流量相关的收益或费用项目，将净利润调节为经营活动现金流量。调节公式如下：

经营活动产生的现金流量净额=净利润+计提的资产减值准备+当期计提的固定资产折旧、油气资产折耗、生产性生物资产折旧+无形资产摊销+长期待摊费用摊销+处置固定资产、无形资产和其他长期资产的损失（减：收益）+固定资产报废损失−公允价值变动收益（加：损失）+财务费用+投资损失（减：收益）+递延所得税负债增加+递延所得税资产减少+存货的减少（减：增加）+经营性应收项目的减少（减：增加）+经营性应付项目的增加（减：减少）+其他

现金流量表附注适用于一般企业、商业银行、保险公司、证券公司等各类企业。

现金流量表补充资料披露格式如表 19-5 所示。企业应当采用间接法在现金流量表附注中披露将净利润调节为经营活动现金流量的信息。

表 19-5　现金流量表补充资料披露格式　　单位：元

补充资料	本期金额	上期金额
1. 将净利润调节为经营活动现金流量：		
净利润		
加：资产减值准备		
固定资产折旧、油气资产折耗、生产性生物资产折旧		
无形资产摊销		
长期待摊费用摊销		
处置固定资产、无形资产和其他长期资产的损失（收益以“−”号填列）		
固定资产报废损失（收益以“−”号填列）		
公允价值变动损失（收益以“−”号填列）		
财务费用（收益以“−”号填列）		
投资损失（收益以“−”号填列）		
递延所得税资产减少（增加以“−”号填列）		
递延所得税负债增加（减少以“−”号填列）		
存货的减少（增加以“−”号填列）		
经营性应收项目的减少（增加以“−”号填列）		
经营性应付项目的增加（减少以“−”号填列）		
其他		
经营活动产生的现金流量净额		
2. 不涉及现金收支的重大投资和筹资活动：		
债务转为资本		
一年内到期的可转换公司债券		
融资租入固定资产		
3. 现金及现金等价物净变动情况：		
现金的期末余额		
减：现金的期初余额		
加：现金等价物的期末余额		
减：现金等价物的期初余额		
现金及现金等价物净增加额		

2. 以总额披露当期取得或处置子公司及其他营业单位的信息

《企业会计准则第 31 号——现金流量表》第十七条规定，企业应当在附注中以总额披露当期取得或处置子公司及其他营业单位的下列信息：

（1）取得或处置价格。

（2）取得或处置价格中以现金支付的部分。

（3）取得或处置子公司及其他营业单位收到的现金。

（4）取得或处置子公司及其他营业单位按照主要类别分类的非现金资产和负债。

企业应当按表 19-6 所示的格式披露当期取得或处置子公司及其他营业单位的有关信息。

表 19-6　当期取得或处置子公司及其他营业单位的有关信息披露格式　　单位：元

项　　目	金　　额
一、取得子公司及其他营业单位的有关信息：	
1. 取得子公司及其他营业单位的价格	
2. 取得子公司及其他营业单位支付的现金和现金等价物	
减：子公司及其他营业单位持有的现金和现金等价物	
3. 取得子公司及其他营业单位支付的现金净额	
4. 取得子公司的净资产	
流动资产	
非流动资产	
流动负债	
非流动负债	
二、处置子公司及其他营业单位的有关信息：	
1. 处置子公司及其他营业单位的价格	
2. 处置子公司及其他营业单位收到的现金和现金等价物	
减：子公司及其他营业单位持有的现金和现金等价物	
3. 处置子公司及其他营业单位收到的现金净额	
4. 处置子公司的净资产	
流动资产	
非流动资产	
流动负债	
非流动负债	

3. 不涉及当期现金收支、但影响企业财务状况或在未来可能影响企业现金流量的重大投资和筹资活动的披露

《企业会计准则第 31 号——现金流量表》第十八条规定，企业应当在附注中披露不涉及当期现金收支，但影响企业财务状况或在未来可能影响企业现金流量的重大投资和筹资活动。

“不涉及现金收支的重大投资和筹资活动”项目，反映企业一定期间内影响资产或负债但不形成该期现金收支的所有投资和筹资活动的信息。这些投资和筹资活动虽然不涉及现金收支，但对以后各期的现金流量有重大影响。如融资租赁设备，记入“长期应付款”账户，当期并不支付设备款及租金，但以后各期必须为此支付现金，从而在一定期间内形成了一项固定的现金支出。

不涉及现金收支的投资和筹资活动主要有：债务转为资本、一年内到期的可转换公司债券、融资租入固定资产。

（1）“债务转为资本”项目反映企业本期转为资本的债务金额。

（2）“一年内到期的可转换公司债券”项目反映企业一年内到期的可转换公司债券的本息。

（3）“融资租入固定资产”项目反映企业本期融资租入固定资产的最低租赁付款额扣除应分期计入利息费用的未确认融资费用的净额。

4. 与现金和现金等价物有关的信息

我国《企业会计准则第 31 号——现金流量表》第十九条规定，企业应当在附注中披露与现金和现金等价物有关的下列信息。

（1）现金和现金等价物的构成及其在资产负债表中的相应金额。

（2）企业持有但不能由母公司或集团内其他子公司使用的大额现金和现金等价物金额。

企业应当在附注中披露现金和现金等价物的构成、现金和现金等价物在资产负债表中列报项目的相应金额，以及企业持有但不能由其母公司或集团内其他子公司使用的大额现金和现金等价物的金额，比如，国外经营的子公司受当地外汇管制等限制而不能由集团内母公司或其他子公司正常使用的现金和现金等价物等。

现金和现金等价物的披露格式如表 19-7 所示。

表 19-7 现金和现金等价物的披露格式　　单位：元

项　　目	本期金额	上期金额
一、现金		
其中：库存现金		
可随时用于支付的银行存款		
可随时用于支付的其他货币资金		
可用于支付的存放中央银行款项		
存放同业款项		
拆放同业款项		
二、现金等价物		
其中：三个月内到期的债券投资		
三、期末现金及现金等价物余额		
其中：母公司或集团内子公司使用受限制的现金和现金等价物		

【例 19-11】 智董公司 20×6 年 12 月 31 日的资产负债表（年初余额略）及 20×7 年 12 月 31 日的科目余额表分别如表 19-8 和表 19-9 所示。假设智董公司 20×7 年度除计提固定资产减值准备导致固定资产账面价值与其计税基础存在可抵扣暂时性差异外，其他资产和负债项目的账面价值均等于其计税基础。假定智董公司未来很可能获得足够的应纳税所得额用来抵扣可抵扣暂时性差异，适用的所得税税率为 33%。

表 19-8 资产负债表

会企 01 表

编制单位：智董公司　　20×6 年 12 月 31 日　　单位：元

资　　产	期末余额	年初余额	负债和股东权益	期末余额	年初余额
流动资产：			流动负债：		
货币资金	1 406 300		短期借款	300 000	
交易性金融资产	15 000		交易性金融负债	0	

续表

资　　产	期末余额	年初余额	负债和股东权益	期末余额	年初余额
应收票据	246 000		应付票据	200 000	
应收账款	299 100		应付账款	953 800	
预付款项	100 000		预收款项	0	
应收利息	0		应付职工薪酬	110 000	
应收股利	0		应交税费	36 600	
其他应收款	5 000		应付利息	1 000	
存货	2 580 000		应付股利	0	
一年内到期的非流动资产	0		其他应付款	50 000	
其他流动资产	100 000		一年内到期的非流动负债	1 000 000	
流动资产合计	4 751 400		其他流动负债	0	
非流动资产：			流动负债合计	2 651 400	
可供出售金融资产	0		非流动负债：		
持有至到期投资	0		长期借款	600 000	
长期应收款	0		应付债券	0	
长期股权投资	250 000		长期应付款	0	
投资性房地产	0		专项应付款	0	
固定资产	1 100 000		预计负债	0	
在建工程	1 500 000		递延所得税负债	0	
工程物资	0		其他非流动负债	0	
固定资产清理	0		非流动负债合计	600 000	
生产性生物资产	0		负债合计	3 251 400	
汽油资产	0		股东权益：		
无形资产	600 000		股本	5 000 000	
开发支出	0		资本公积	0	
商誉	0		减：库存股	0	
长期待摊费用	0		盈余公积	100 000	
递延所得税	0		未分配利润	50 000	
其他非流动资产	200 000		股东权益合计	5 150 000	
非流动资产合计	3 650 000				
资产总计	8 401 400		负债和股东权益总计	8 401 400	

表 19-9　科目余额

20×7 年 12 月 31 日　　单位：元

科目名称	借方余额	科目名称	贷方余额
库存现金	2 000	短期借款	50 000
银行存款	786 135	应付票据	100 000
其他货币资金	7 300	应付账款	953 800

续表

科目名称	借方余额	科目名称	贷方余额
交易性金融资产	0	其他应付款	50 000
应收票据	66 000	应付职工薪酬	180 000
应收账款	600 000	应交税费	226 731
坏账准备	–1 800	应付利息	0
预付账款	100 000	应付股利	32 215.85
其他应收款	5 000	一年内到期的非流动负债	0
材料采购	275 000	长期借款	116 000
原材料	45 000	股本	5 000 000
周转材料	38 050	盈余公积	124 770.40
库存商品	2 122 400	利润分配（未分配利润）	190 717.75
材料成本差异	4 250		
其他流动资产	90 000		
长期股权投资	250 000		
固定资产	2 401 000		
累计折旧	–170 000		
固定资产减值准备	–30 000		
工程物资	150 000		
在建工程	578 000		
无形资产	600 000		
累计摊销	–6 000		
递延所得税资产	9 900		
其他非流动资产	200 000		
合　计	8 068 235	合　计	8 068 235

智董公司 20×7 年度有关损益类科目本年累计发生净额如表 19-10 所示。

表 19-10　损益类科目 20×7 年度累计发生净额　　单位：元

科目名称	借方发生额	贷方发生额
主营业务收入		1 250 000
主营业务成本	750 000	
营业税金及附加	2 000	
销售费用	20 000	
管理费用	157 100	
财务费用	41 500	
资产减值损失	30 900	
投资收益		31 500
营业外收入		50 000
营业外支出	19 700	
所得税费用	112 596	

智董公司其他相关资料如下：

（1）20×7年度利润表有关项目的明细资料。

① 管理费用的组成：职工薪酬17 100元，无形资产摊销60 000元，摊销印花税10 000元，折旧费20 000元，支付其他费用50 000元。

② 财务费用的组成：计提借款利息21 500元，支付应收票据贴现利息20 000元。

③ 资产减值损失的组成：计提坏账准备900元，计提固定资产减值准备30 000元。上年年末坏账准备余额为1 800元。

④ 投资收益的组成：收到股息收入30 000元，与本金一起收回的交易性股票投资收益500元，自公允价值变动的损益结转投资收益1 000元。

⑤ 营业外收入的组成：处置固定资产净收益50 000元（其所处置固定资产原价为400 000元，累计折旧为150 000元，收到处置收入300 000元）。假定不考虑与固定资产处置有关的税费。

⑥ 营业外支出的组成：报废固定资产净损失19 700元（其所报废固定资产原价为200 000元，累计折旧180 000元，支付清理费用500元，收到残值收入800元）。

⑦ 所得税费用的组成：当期所得税费用为122 496元，递延所得税收益9 900元。

除上述项目外，利润表中的销售费用至期末尚未支付。

（2）资产负债表有关项目的明细资料。

① 本期收回交易性股票投资本金15 000元、公允价值变动1 000元，同时实现投资收益500元。

② 存货中生产成本、制造费用的组成：职工薪酬324 900元，折旧费80 000元。

③ 应交税费的组成：本期增值税进项税额42 466元，增值税销项税额212 500元，已交增值税100 000元；应交所得税期末余额为20 097元，应交所得税期初余额为0。应交税费期末数中应由在建工程负担的部分为100 000元。

④ 应付职工薪酬的期初数无应付在建工程人员的部分，本期支付在建工程人员职工薪酬200 000元。应付职工薪酬的期末数中应付在建工程人员的部分为28 000元。

⑤ 应付利息均为短期借款利息，其中本期计提利息11 500元，支付利息12 500元。

⑥ 本期用现金购买固定资产101 000元，购买工程物资150 000元。

⑦ 本期用现金偿还短期借款250 000元，偿还一年内到期的长期借款1 000 000元，借入长期借款400 000元。

根据以上资料，采用分析填列的方法，编制智董公司20×7年度的现金流量表。

（1）智董公司20×7年度现金流量表各项目金额，分析确定如下：

① 销售商品、提供劳务收到的现金=主营业务收入+应交税费（应交增值税——销项税额）+（应收账款年初余额−应收账款期末余额）+（应收票据年初余额−应收票据期末余额）−当期计提的坏账准备−票据贴现的利息=1 250 000+212 500+（299 100−598 200）+（246 000−66 000）−900−20 000=1 322 500（元）。

② 购买商品、接受劳务支付的现金=主营业务成本+应交税费（应交增值税——进项税额）−（存货年初余额−存货期末余额）+（应收账款年初余额−应付账款期末余额）+（应付票据年初余额−应付票据期末余额）+（预付账款期末余额−预付账款年初余额）−当期列入生产成本、制造费用的职工薪酬−当期列入生产成本、制造费用的折旧费和固定资产修理费=750 000+42 466−（2 580 000−2 484 700）+（953 800−953 800）+（200 000−100 000）+（100 000−100 000）−324 900−80 000=392 266（元）。

③ 支付给职工以及为职工支付的现金=生产成本、制造费用、管理费用中职工薪酬+（应付职工薪酬年初余额−应付职工薪酬期末余额）−［应付职工薪酬（在建工程）年初余额−应付职工薪酬（在建工程）期末余额］=324 900+17 100+（110 000−180 000）−（0−28 000）=300 000（元）。

④ 支付的各项税费=当期所得税费用+营业税金及附加+应交税费（增值税——已交税金）−（应交所得税期末余额−应交所得税期初余额）=122 496+2 000+100 000−（20 097−0）=204 399（元）。

⑤ 支付其他与经营活动有关的现金=其他管理费用=50 000（元）。

⑥ 收回投资收到的现金=交易性金融资产贷方发生额+与交易性金融资产−当期收回的投资收益=16 000+500=16 500（元）。

⑦ 取得投资收益所收到的现金=收到的股息收入=30 000（元）。

⑧ 处置固定资产收回的现金净额=300 000+（800−500）=300 300（元）。

⑨ 购建固定资产支付的现金=用现金购买的固定资产、工程物资+支付给在建工程人员的薪酬=101 000+150 000+200 000=451 000（元）。

⑩ 取得借款所收到的现金=400 000（元）。

⑪ 偿还债务支付的现金=250 000+1 000 000=1 250 00（元）。

⑫ 偿还利息支付的现金=12 500（元）。

⑬ 支付其他与筹资活动有关的现金=20 000（元）。

（2）将净利润调节为经营活动现金流量各项目计算分析如下：

① 资产减值准备=900+30 000=30 900（元）。

② 固定资产折旧=20 000+80 000=100 000（元）。

③ 无形资产摊销=60 000（元）。

④ 处置固定资产、无形资产和其他长期资产的损失（减：收益）=−50 000（元）。

⑤ 固定资产报废损失=19 700（元）。

⑥ 财务费用–41 500（元）。

⑦ 投资损失（减：收益）=−31 500（元）。

⑧ 递延所得税资产减少=0−9 900=−9 900（元）。

⑨ 存货的减少=2 580 000−2 484 700=95 300（元）。

⑩ 经营性应收项目的减少=（246 000−66 000）+（299 100+900−598 200−1 800）=−120 000（元）。

⑪ 经营性应付项目的增加=（100 000−200 000）+（100 000−100 000）+［（180 000−28 000）−110 000］+［（226 731−100 000）−36 600］=32 131（元）。

（3）根据上述数据，编制现金流量表（见表 19-11）及其补充资料（见表 19-12）。

表 19-11　现金流量表

会企 03 表

编制单位：智董公司　　20×7 年　　单位：元

项　目	本期金额	上期金额
一、经营活动产生的现金流量：		略
销售商品、提供劳务收到的现金	1 322 500	
收到的税费返还	0	

续表

项　　目	本期金额	上期金额
收到其他与经营活动有关的现金	0	
经营活动现金流入小计	1 322 500	
购买商品、接受劳务支付的现金	392 266	
支付给职工以及为职工支付的现金	300 000	
支付的各项税收	204 399	
支付其他与经营活动有关的现金	50 000	
经营活动现金流出小计	946 665	
经营活动产生的现金流量净额	375 835	
二、投资活动产生的现金流量：		
收回投资收到的现金	16 500	
取得投资收益收到的现金	30 000	
处置固定资产、无形资产和其他长期资产收回的现金净额	300 300	
处置子公司及其他营业单位收到的现金净额	0	
其他与投资活动有关的现金	0	
投资活动现金流入小计	346 800	
购建固定资产、形资产和其他长期资产支付的现金	451 000	
投资支付的现金	0	
取得子公司及其他营业单位支付的现金净额	0	
支付其他与投资活动有关的现金	0	
投资活动现金流出小计	451 000	
投资活动产生的现金流量净额	−104 200	
三、筹资活动产生的现金流量：		
吸收投资收到的现金	0	
取得借款收到的现金	400 000	
收到其他与筹资活动有关的现金	0	
筹资活动现金流入小计	400 000	
偿还债务支付的现金	1 250 000	
分配股利、利润或偿付利息支付的现金	12 500	
支付其他与筹资活动有关的现金	20 000	
筹资活动现金流出小计	1 282 500	
筹资活动产生的现金流量净额	−882 500	
四、汇率变动对现金及现金等价物的影响	0	
五、现金及现金等价物净增加额	−610 865	
加：期初现金及现金等价物余额	1 406 300	
六、期末现金及现金等价物余额	795 435	

表 19-12 现金流量表补充资料 单位：元

补充资料	本期金额	上期金额
1．将净利润调节为经营活动现金流量：		略
净利润	197 704	
加：资产减值准备	30 900	
固定资产折旧、油气资产折耗、生产性生物资产折旧	100 000	
无形资产摊销	60 000	
长期待摊费用摊销	0	
处置固定资产、无形资产和其他长期资产的损失（收益以“–”号填列）	–50 000	
固定资产报废损失（收益以“–”号填列）	19 700	
公允价值变动损失（收益以“–”号填列）	0	
财务费用（收益以“–”号填列）	41 500	
投资损失（收益以“–”号填列）	–31 500	
递延所得税资产减少（增加以“–”号填列）	–9 900	
递延所得税负债增加（减少以“–”号填列）	0	
存货的减少（增加以“–”号填列）	95 300	
经营性应收项目的减少（增加以“–”号填列）	–120 000	
经营性应付项目的增加（减少以“–”号填列）	32 131	
其他	10 000	
经营活动产生的现金流量净额	375 835	
2．不涉及现金收支的重大投资和筹资活动：		
债务转为资本	0	
一年内到期的可转换公司债券	0	
融资租入固定资产	0	
3．现金及现金等价物净变动情况：		
现金的期末余额	795 435	
减：现金的期初余额	1 406 300	
加：现金等价物的期末余额	0	
减：现金等价物的期初余额	0	
现金及现金等价物净增加额	–610 865	

19.2 合并现金流量表

合并现金流量表应当以母公司和子公司的现金流量表为基础，在抵消母公司与子公司、子公司相互之间发生的内部交易对合并现金流量表的影响后，由母公司合并编制。

本节提及现金时，除非同时提及现金等价物，均包括现金和现金等价物。

1．合并现金流量表概述

合并现金流量表是综合反映母公司及其子公司组成的企业集团，在一定会计期间现金流入、现金流出数量以及其增减变动情况的财务报表。现金流量表作为第三张主要报表已经为世界上一些主要国家的会计实务所采用，合并现金流量表的编制也成为各国会计实务的重要内容。

现金流量表要求按照收付实现制反映企业经济业务所引起的现金流入和流出，其编制方法有直接法和间接法两种。我国已经明确规定企业对外报送的现金流量表采用直接法编制。在采用直接法的情况下，以合并利润表有关项目的数据为基础，调整得出本期的现金流入和现金流出数量；分别经营活动产生的现金流量；投资活动产生的现金流量、筹资活动产生的现金流量等三大类，反映企业一定会计期间的现金流量情况。

合并现金流量表的编制方法从理论上讲，有两种方法：第一种方法是以合并资产负债表和合并利润表为基础，采用与个别现金流量表相同的方法编制出合并现金流量表。第二种方法则是以母公司和纳入合并范围的子公司的个别现金流量表为基础，通过编制抵消分录，将母公司与纳入合并范围的子公司以及子公司相互之间发生的经济业务对个别现金流量表中的现金流量的影响予以抵消，从而编制出合并现金流量表。在采用这一方法编制合并现金流量表的情况下，其编制原理、编制方法和编制程序与合并资产负债表、合并利润表的编制原理、编制方法和编制程序相同。即首先编制合并工作底稿，将母公司和子公司个别现金流量表各项目的数据全部过入合并工作底稿；然后根据当期母公司与子公司以及子公司相互之间发生的影响其现金流量增减变动的经济业务，编制相应的抵消分录，通过抵消分录将个别现金流量表中重复反映的现金流入数量和现金流出数量予以抵消；最后，在此基础上计算出合并现金流量表各项目的合并数，并填制合并现金流量表。

2. 合并现金流量表的编制要求

编制合并现金流量表应当符合下列要求：

（1）母公司与子公司、子公司相互之间当期以现金投资或收购股权增加的投资所产生的现金流量应当抵消。

（2）母公司与子公司、子公司相互之间当期取得投资收益、利息收入收到的现金，应当与分配股利、利润或偿付利息支付的现金相互抵消。

（3）母公司与子公司、子公司相互之间以现金结算债权与债务所产生的现金流量应当抵消。

（4）母公司与子公司、子公司相互之间当期销售商品所产生的现金流量应当抵消。

（5）母公司与子公司、子公司相互之间处置固定资产、无形资产和其他长期资产收回的现金净额，应当与购建固定资产、无形资产和其他长期资产支付的现金相互抵消。

（6）母公司与子公司、子公司相互之间当期发生的其他内部交易所产生的现金流量应当抵消。（《企业会计准则第33号——合并财务报表》第四十一条）

3. 合并现金流量表中少数股东权益项目的揭示

合并现金流量表编制与个别现金流量表相比，一个特殊的问题就是在纳入合并范围的子公司为非全资子公司的情况下，涉及子公司与其少数股东之间的现金流入和流出的处理问题。对于子公司与少数股东之间发生的现金流入和现金流出，从整个企业集团来看，也影响到其整体的现金流入和流出数量的增减变动，必须在合并现金流量表中予以反映。子公司与少数股东之间发生的影响现金流入和现金流出的经济业务包括：少数股东对子公司增加权益性投资、少数股东依法从子公司中抽回权益性投资、子公司向其少数股东支付现金股利等。为了便于母公司的股东、债权人等投资者了解掌握其现金流量的情况，有必要将与子公司少数股东之间的现金流入和现金流出的情况单独予以反映。

对于子公司的少数股东增加在子公司中的权益性资本投资，在合并现金流量表中应当在“筹资活动产生的现金流量”之下的“吸收投资收到的现金”项目之后单列“其中：子公司吸收少数股东投资收到的现金”项目反映。

对于子公司向少数股东支付现金股利，在合并现金流量表中应当在“筹资活动产生的现金流量”之下的“分配股利、利润或偿付利息支付的现金”项目之后单列“其中：子公司支付给少数股东的股利、利润”项目反映。

对于子公司的少数股东依法抽回在子公司中的权益性投资，在合并现金流量表中，应当在“筹资活动产生的现金流量”之下的“支付的其他与筹资活动有关的现金”项目反映。

4. 合并现金流量表补充资料的编制

合并现金流量表补充资料可以根据合并资产负债表和合并利润表进行编制。

5. 增加、处置子公司

母公司在报告期内因同一控制下企业合并增加的子公司以及业务，应当将该子公司以及业务合并当期期初至报告期末的现金流量纳入合并现金流量表，同时应当对比较报表的相关项目进行调整，视同合并后的报告主体自最终控制方开始控制时点起一直存在。

因非同一控制下企业合并增加的子公司以及业务，应当将该子公司购买日至报告期末的现金流量纳入合并现金流量表。(《企业会计准则第 33 号——合并财务报表》第四十三条)

母公司在报告期内处置子公司以及业务，应当将该子公司以及业务期初至处置日的现金流量纳入合并现金流量表。(《企业会计准则第 33 号——合并财务报表》第四十四条)

6. 合并现金流量表的基本格式

合并现金流量表的格式与个别现金流量表的格式基本相同，其基本格式如表 19-13 所示。

表 19-13　合并现金流量表

会合 03 表

编制单位：　　　　　　　　　　____年____月　　　　　　　　　　单位：元

项　　目	木期金额	上期金额
一、经营活动产生的现金流量：		
销售商品、提供劳务收到的现金		
客户存款和同业存放款项净增加额		
向中央银行借款净增加额		
向其他金融机构拆入资金净增加额		
收到原保险合同保费取得的现金		
收到再保险业务现金净额		
保户储金及投资款净增加额		
处置交易性金融资产净增加额		
收取利息、手续费及佣金的现金		
拆入资金净增加额		
回购业务资金净增加额		
收到的税费返还		
收到其他与经营活动有关的现金		

续表

项　　目	本期金额	上期金额
经营活动现金流入小计		
购买商品、接受劳务支付的现金		
客户贷款及垫款净增加额		
存放中央银行和同业款项净增加额		
支付原保险合同赔付款项的现金		
支付利息、手续费及佣金的现金		
支付保单红利的现金		
支付给职工以及为职工支付的现金		
支付的各项税费		
支付其他与经营活动有关的现金		
经营活动现金流出小计		
经营活动产生的现金流量净额		
二、投资活动产生的现金流量：		
收回投资收到的现金		
取得投资收益收到的现金		
处置固定资产、无形资产和其他长期资产收回的现金净额		
处置子公司及其他营业单位收到的现金净额		
收到其他与投资活动有关的现金		
投资活动现金流入小计		
购建固定资产、无形资产和其他长期资产支付的现金		
投资支付的现金		
质押贷款净增加额		
取得子公司及其他营业单位支付的现金净额		
支付其他与投资活动有关的现金		
投资活动现金流出小计		
投资活动产生的现金流量净额		
三、筹资活动产生的现金流量：		
吸收投资收到的现金		
其中：子公司吸收少数股东投资收到的现金		
取得借款收到的现金		
发行债券收到的现金		
收到其他与筹资活动有关的现金		
筹资活动现金流入小计		
偿还债务支付的现金		
分配股利、利润或偿付利息支付的现金		
其中：子公司支付给少数股东的股利、利润		
支付其他与筹资活动有关的现金		

续表

项　　目	本期金额	上期金额
筹资活动现金流出小计		
筹资活动产生的现金流量净额		
四、汇率变动对现金及现金等价物的影响		
五、现金及现金等价物净增加额		
加：期初现金及现金等价物余额		
六、期末现金及现金等价物余额		

第 5 篇　会计专题

第 20 章

非货币性资产交换

非货币性资产交换是指交易双方通过存货、固定资产、无形资产和长期股权投资等非货币性资产进行的交换，有时也涉及少量货币性资产（补价）。认定涉及少量货币性资产的交换为非货币性资产交换，通常以补价占整个资产交换金额的比例低于 25%作为参考。

货币性资产是指企业持有的货币资金和将以固定或可确定的金额收取的资产，包括现金、银行存款、应收账款和应收票据以及准备持有至到期的债券投资等。

非货币性资产是指货币性资产以外的资产。

支付的货币性资产占换入资产公允价值（或占换出资产公允价值与支付的货币性资产之和）的比例，或者收到的货币性资产占换出资产公允价值（或占换入资产公允价值和收到的货币性资产之和）的比例低于 25%的，视为非货币性资产交换，适用《企业会计准则第 7 号——非货币性资产交换》；高于 25%（含 25%）的，视为以货币性资产取得非货币性资产，适用其他相关准则。

20.1　非货币性资产交换的确认和计量

1. 具有商业实质的非货币性资产交换

非货币性资产交换同时满足下列条件的，应当以公允价值和应支付的相关税费作为换入资产的成本，公允价值与换出资产账面价值的差额计入当期损益：

（1）该项交换具有商业实质。

（2）换入资产或换出资产的公允价值能够可靠地计量。

换入资产和换出资产公允价值均能够可靠计量的，应当以换出资产的公允价值作为确定换入资产成本的基础，但有确凿证据表明换入资产的公允价值更加可靠的除外。

小知识

换入资产或换出资产公允价值的可靠计量

符合下列情形之一的，表明换入资产或换出资产的公允价值能够可靠地计量。

（1）换入资产或换出资产存在活跃市场。对于存在活跃市场的存货、长期股权投资、固定资产、无形资产等非货币性资产，应当以该资产的市场价格为基础确定其公允价值。

（2）换入资产或换出资产不存在活跃市场，但同类或类似资产存在活跃市场。对于同类或类似资产存在活跃市场的存货、长期股权投资、固定资产、无形资产等非货币性资产，应当以同类或类似资产市场价格为基础确定其公允价值。

（3）换入资产或换出资产不存在同类或类似资产的可比市场交易，应当采用估值技术确定其公允价值。该公允价值估计数的变动区间很小，或者在公允价值估计数变动区间内，各种用于确定公允价值估计数的概率能够合理确定的，视为公允价值能够可靠计量。

满足下列条件之一的非货币性资产交换具有商业实质：

（1）换入资产的未来现金流量在风险、时间和金额方面与换出资产显著不同。

（2）换入资产与换出资产的预计未来现金流量现值不同，且其差额与换入资产和换出资产的公允价值相比是重大的。

在确定非货币性资产交换是否具有商业实质时，企业应当关注交易各方之间是否存在关联方关系。关联方关系的存在可能导致发生的非货币性资产交换不具有商业实质。

小知识

商业实质的判断

企业应当遵循实质重于形式的要求判断非货币性资产交换是否具有商业实质。根据换入资产的性质和换入企业经营活动的特征等，换入资产与换入企业其他现有资产相结合能够产生更大的效用，从而导致换入企业受该换入资产影响产生的现金流量与换出资产明显不同，表明该项资产交换具有商业实质。

根据《企业会计准则第 7 号——非货币性资产交换》第四条规定，满足下列条件之一的非货币性资产交换具有商业实质。

（1）换入资产的未来现金流量在风险、时间和金额方面与换出资产显著不同。这种情况通常包括下列情形。

① 未来现金流量的风险、金额相同，时间不同。此种情形是指换入资产和换出资产产生的未来现金流量总额相同，获得这些现金流量的风险相同，但现金流量流入企业的时间明显不同。

② 未来现金流量的时间、金额相同，风险不同。此种情形是指换入资产和换出资产产生的未来现金流量时间和金额相同，但企业获得现金流量的不确定性程度存在明显差异。

③ 未来现金流量的风险、时间相同，金额不同。此种情形是指换入资产和换出资产产生的未来现金流量总额相同，预计为企业带来现金流量的时间跨度相同，风险也相同，但各年产生的现金流量金额存在明显差异。

（2）换入资产与换出资产的预计未来现金流量现值不同，且其差额与换入资产和换出资产的公允价值相比是重大的。

这种情况是指换入资产对换入企业的特定价值（预计未来现金流量现值）与换出资产存在明显差异。《企业会计准则第 7 号——非货币性资产交换》所指资产的预计未来现金流量现值，应当按照资产在持续使用过程中和最终处置时所产生的预计税后未来现金流量，根据企业自身而不是市场参与者对资产特定风险的评价，选择恰当的折现率对其进行折现后的金额加以确定。

2．不具有商业实质的非货币性资产交换

未同时满足《企业会计准则第 7 号——非货币性资产交换》第三条规定条件的非货币性资产交换，应当以换出资产的账面价值和应支付的相关税费作为换入资产的成本，不确认损益。

3．发生补价的处理

（1）在按照公允价值和应支付的相关税费作为换入资产成本的情况下。企业在按照公允价值和应支付的相关税费作为换入资产成本的情况下，发生补价的，应当分别下列情况处理。

① 支付补价的，换入资产成本与换出资产账面价值加上支付的补价、应支付的相关税费之和的差额，应当计入当期损益。

② 收到补价的，换入资产成本加收到的补价之和与换出资产账面价值加应支付的相关税费之和的差额，应当计入当期损益。

（2）在按照换出资产的账面价值和应支付的相关税费作为换入资产成本的情况下。企业在按照换出资产的账面价值和应支付的相关税费作为换入资产成本的情况下，发生补价的，应当分别下列情况处理。

① 支付补价的，应当以换出资产的账面价值加上支付的补价和应支付的相关税费，作为换入资产的成本，不确认损益。

② 收到补价的，应当以换出资产的账面价值减去收到的补价并加上应支付的相关税费，作为换入资产的成本，不确认损益。

4. 非货币性资产交换的会计处理

非货币性资产交换具有商业实质且公允价值能够可靠计量的，在发生补价的情况下，支付补价方，应当以换出资产的公允价值加上支付的补价（或换入资产的公允价值）和应支付的相关税费，作为换入资产的成本；收到补价方，应当以换出资产的公允价值减去补价（ 或换入资产的公允价值）加上应支付的相关税费，作为换入资产的成本。

换出资产公允价值与其账面价值的差额，应当分别不同情况处理：

（1）换出资产为存货的，应当作为销售处理，按照《企业会计准则第 14 号——收入》以其公允价值确认收入，同时结转相应的成本。

（2）换出资产为固定资产、无形资产的，换出资产公允价值与其账面价值的差额，计入营业外收入或营业外支出。换出资产为长期股权投资的，换出资产公允价值与其账面价值的差额，计入投资损益。

5. 同时换入多项资产时的处理

非货币性资产交换同时换入多项资产的，在确定各项换入资产的成本时，应当分别下列情况处理。

（1）非货币性资产交换具有商业实质，且换入资产的公允价值能够可靠计量的，应当按照换入各项资产的公允价值占换入资产公允价值总额的比例，对换入资产的成本总额进行分配，确定各项换入资产的成本。

（2）非货币性资产交换不具有商业实质，或者虽具有商业实质但换入资产的公允价值不能可靠计量的，应当按照换入各项资产的原账面价值占换入资产原账面价值总额的比例，对换入资产的成本总额进行分配，确定各项换入资产的成本。

20.2 以公允价值计量的处理

非货币性资产交换具有商业实质且公允价值能够可靠计量的，应当以换出资产的公允价值和应支付的相关税费作为换入资产的成本，除非有确凿证据表明换入资产的公允价值比换出资产公允价值更加可靠。

在以公允价值计量的情况下，不论是否涉及补价，只要换出资产的公允价值与其账面价值不相同，就一定会涉及损益的确认，因为非货币性资产交换损益通常是换出资产公允价值与换出资产账面价值的差额，通过非货币性资产交换予以实现。

非货币性资产交换的会计处理，视换出资产的类别不同而有所区别。

（1）换出资产为存货的，应当视同销售处理，根据《企业会计准则第 14 号——收入》按照公允价值确认销售收入，同时结转销售成本，相当于按照公允价值确认的收入和按账面价值结转的成本之间的差额，也即换出资产公允价值和换出资产账面价值的差额，在利润表中作为营业利润的构成部分予以列示。

（2）换出资产为固定资产、无形资产的，换出资产公允价值和换出资产账面价值的差额计入营业外收入或营业外支出。

（3）换出资产为长期股权投资、可供出售金融资产的，换出资产公允价值和换出资产账面价值的差额计入投资收益。

换入资产与换出资产涉及相关税费的，如换出存货视同销售计算的销项税额，换入资产作为存货应当确认的可抵扣增值税进项税额，以及换出固定资产、无形资产视同转让应缴纳的营业税等，按照相关税收规定计算确定。

1．不涉及补价的情况

【例 20-1】 20×7 年 8 月，智董公司以生产经营过程中使用的一台设备交换乙家具公司生产的一批办公家具，换入的办公家具作为固定资产管理。设备的账面原价为 100 000 元，在交换日的累计折旧为 35 000 元，公允价值为 75 000 元。办公家具的账面价值为 80 000 元，在交换日的公允价值为 75 000 元，计税价格等于公允价值。贵琛公司换入智董公司的设备是生产家具过程中需要使用的设备。

假设智董公司此前没有为该项设备计提资产减值准备，整个交易过程中，除支付运杂费 1 500 元外没有发生其他相关税费。假设贵琛公司此前也没有为库存商品计提存货跌价准备，销售办公家具的增值税税率为 17%，其在整个交易过程中没有发生除增值税以外的其他税费。

分析：整个资产交换过程没有涉及收付货币性资产，因此，该项交换属于非货币性资产交换。本例是以存货换入固定资产，对智董公司来讲，换入的办公家具是经营过程必需的资产，对贵琛公司来讲，换入的设备是生产家具过程中所必须使用的机器，两项资产交换后对换入企业的特定价值显著不同，两项资产的交换具有商业实质；同时，两项资产的公允价值都能够可靠地计量，符合非货币性资产交换准则规定以公允价值计量的两个条件，因此，智董公司和贵琛公司均应当以换出资产的公允价值为基础确定换入资产的成本，并确认产生的损益。

智董公司的账务处理如下：

借：固定资产清理	65 000	
累计折旧	35 000	
贷：固定资产——设备		100 000
借：固定资产清理	1 500	
贷：银行存款		1 500
借：固定资产——办公家具	75 000	
贷：固定资产清理		66 500
营业外收入		8 500

乙家具公司的账务处理如下：

根据增值税的有关规定，企业以库存商品换入其他资产，视同销售行为发生，应计算增值税销项税额，缴纳增值税。

换出办公家具的增值税销项税额为 75 000×17%=12 750（元）

借：固定资产——设备	87 750	
贷：主营业务收入		75 000

应交税费——应交增值税（销项税额）　　12 750

借：主营业务成本　　80 000

　贷：库存商品——办公家具　　80 000

【例 20-2】　20×9 年 6 月，为了提高产品质量，智董冰箱制造公司以其持有的对欣郁公司的长期股权投资交换贵琛冰箱制造公司拥有的一项冰箱无霜专利技术。在交换日，智董公司持有的长期股权投资账面余额为 670 万元，已计提长期股权投资减值准备余额为 40 万元，在交换日的公允价值为 650 万元；贵琛公司专利技术的账面原价为 800 万元，累计已摊销金额为 120 万元，在交换日的公允价值为 650 万元，贵琛公司没有为该项专利技术计提减值准备。贵琛公司原已持有对欣郁公司的长期股权投资，从智董公司换入对欣郁公司的长期股权投资后，使欣郁公司成为贵琛公司的联营企业。假设整个交易过程中没有发生其他相关税费。

分析：该项资产交换没有涉及收付货币性资产，因此属于非货币性资产交换。本例属于以长期股权投资换入无形资产。对智董公司来讲，换入无霜专利技术能够大幅度改善产品质量，相对于对欣郁公司的长期股权投资来讲，预计未来现金流量的时间、金额和风险均不相同；对贵琛公司来讲，换入对欣郁公司的长期股权投资，使其对欣郁公司的关系由既无控制、共同控制或重大影响，改变为具有重大影响，因而可通过参与欣郁公司的财务和经营政策等方式，对其施加重大影响，增加了借此从欣郁公司活动中获取经济利益的权力，与专利技术预计产生的未来现金流量在时间、风险和金额方面都有所不同。因此，该两项资产的交换具有商业实质；同时，两项资产的公允价值都能够可靠地计量，符合非货币性资产交换准则规定以公允价值计量的条件。智董公司和贵琛公司均应当以公允价值为基础确定换入资产的成本，并确认产生的损益。

智董公司的账务处理如下：

借：无形资产——专利权　　6 500 000

　　长期股权投资减值准备　　400 000

　贷：长期股权投资　　6 700 000

　　　投资收益　　200 000

贵琛公司的账务处理如下：

借：长期股权投资　　6 500 000

　　累计摊销　　1 200 000

　　营业外支出　　300 000

　贷：无形资产——专利权　　8 000 000

2. 涉及补价的情况

在以公允价值确定换入资产成本的情况下，发生补价的，支付补价方和收到补价方应当分别情况处理。

（1）支付补价方。应当以换出资产的公允价值加上支付的补价（换入资产的公允价值）和应支付的相关税费作为换入资产的成本；换入资产成本与换出资产账面价值加支付的补价、应支付的相关税费之和的差额应当计入当期损益。

（2）收到补价方。应当以换入资产的公允价值（或换出资产的公允价值减去补价）和应支付的相关税费作为换入资产的成本；换入资产成本加收到的补价之和与换出资产账面价值加应支付的相关税费之和的差额应当计入当期损益。

在涉及补价的情况下，对于支付补价方而言，作为补价的货币性资产构成换入资产所放弃补价的一部分，对于收到补价方而言，作为补价的货币性资产构成换入资产的一部分。

【例 20-3】 智董公司与贵琛公司经协商，智董公司以其拥有的全部用于经营出租目的的一幢公寓楼与贵琛公司持有的交易目的的股票投资交换。智董公司的公寓楼符合投资性房地产定义，公司未采用公允价值模式计量。在交换日，该幢公寓楼的账面原价为 400 万元，已提折旧 80 万元，未计提减值准备，在交换日的公允价值和计税价格均为 450 万元，营业税税率为 5%；贵琛公司持有的交易目的的股票投资账面价值为 300 万元，贵琛公司对该股票投资采用公允价值模式计量，在交换日的公允价值为 400 万元，由于智董公司急于处理该幢公寓楼，贵琛公司仅支付了 30 万元给智董公司。贵琛公司换入公寓楼后仍然继续用于经营出租目的，并拟采用公允价值计量模式，智董公司换入股票投资后仍然用于交易目的。转让公寓楼的营业税尚未支付，假定除营业税外，该项交易过程中不涉及其他相关税费。

分析：该项资产交换涉及收付货币性资产，即补价 30 万元。

对智董公司而言：收到的补价 30 万元÷换入资产的公允价值 430 万元（换入股票投资公允价值 400 万元+收到的补价 30 万元）×100%=7%<25%，属于非货币性资产交换。

对贵琛公司而言：支付的补价 30 万元÷换入资产的公允价值 450 万元×100%=6.7%<25%，属于非货币性资产交换。

本例属于以投资性房地产换入以公允价值计量且其变动计入当期损益的金融资产。对智董公司而言，换入交易目的的股票投资使得企业可以在希望变现的时候取得现金流量，但风险程度要比租金稍大，用于经营出租目的的公寓楼，可以获得稳定均衡的租金流，但是不能满足企业急需大量现金的需要，因此，交易性股票投资带来的未来现金流量在时间、风险方面与用于出租的公寓楼带来的租金流有显著区别，因而可判断两项资产的交换具有商业实质。同时，股票投资和公寓楼的公允价值均能够可靠地计量，因此，智董公司、贵琛公司均应当以公允价值为基础确定换入资产的成本，并确认产生的损益。

智董公司的账务处理如下：

借：其他业务成本	3 200 000	
投资性房地产累计折旧	800 000	
贷：投资性房地产		4 000 000
借：其他业务成本	225 000	
贷：应交税费——应交营业税		225 000
借：交易性金融资产	4 000 000	
银行存款	300 000	
贷：其他业务成本		3 425 000
其他业务收入		875 000

贵琛公司的账务处理如下：

借：投资性房地产	4 500 000	
贷：交易性金融资产		3 000 000
银行存款		300 000
投资收益		1 200 000

20.3 以换出资产账面价值计量的处理

非货币性资产交换不具有商业实质，或者虽然具有商业实质但换入资产和换出资产的公允价值均不能可靠计量的，应当以换出资产账面价值为基础确定换入资产成本，无论是否支付补价，均不确认损益。

一般来讲，如果换入资产和换出资产的公允价值都不能可靠计量时，该项非货币性资产交换通常不具有商业实质，因为在这种情况下，很难比较两项资产产生的未来现金流量在时间、风险和金额方面的差异，很难判断两项资产交换后对企业经济状况改变所起的不同效用，因而此类资产交换通常不具有商业实质。

【例 20-4】 智董公司拥有一台专有设备，该设备账面原价 300 万元，已计提折旧 220 万元。贵琛公司拥有一幢古建筑物，账面原价 200 万元，已计提折旧 140 万元，两项资产均未计提减值准备。智董公司决定以其专有设备交换贵琛公司该幢古建筑物拟改造为办公室使用，该专有设备是生产某种产品必需的设备。由于专有设备系当时专门制造、性质特殊，其公允价值不能可靠计量；贵琛公司拥有的建筑物因建筑年代久远，性质比较特殊，其公允价值也不能可靠计量。双方商定，贵琛公司以两项资产账面价值的差额为基础，支付智董公司 10 万元补价。假定交易中没有涉及相关税费。

分析：该项资产交换涉及收付货币性资产，即补价 10 万元。对智董公司而言，收到的补价 10 万元÷换出资产账面价值 80 万元×100%=12.5%<25%，因此，该项交换属于非货币性资产交换，贵琛公司的情况也类似。由于两项资产的公允价值不能可靠计量，因此，智董公司、贵琛公司换入资产的成本均应当按照换出资产的账面价值确定。

智董公司的账务处理如下：

借：固定资产清理	800 000	
累计折旧	2 200 000	
贷：固定资产——专有设备		3 000 000
借：固定资产——建筑物	700 000	
银行存款	100 000	
贷：固定资产清理		800 000

贵琛公司的账务处理如下：

借：固定资产清理	600 000	
累计折旧	1 400 000	
贷：固定资产——建筑物		2 000 000
借：固定资产——专有设备	700 000	
贷：固定资产清理		600 000
银行存款		100 000

从上例可以看出，尽管贵琛公司支付了 10 万元补价，但由于整个非货币性资产交换是以账面价值为基础计量的，支付补价方和收到补价方均不确认损益。对智董公司而言，换入资产是建筑物和银行存款 10 万元，换出资产专有设备的账面价值为 80 万元（300–220），因此，建筑物的成本就是换出设备的账面价值减去货币性补价的差额，即 70 万元（80–10）；对贵琛公司而言，换出资产是建筑物和银行存款 10 万元，换入资产专有设备的成本等于换出资产的账面价值，即 70 万元（60+10）。由此可见，在以账面价值计量的情况下，发生的补价是用来调

整换入资产的成本，不涉及确认损益问题。

20.4 涉及多项非货币性资产交换的处理

涉及多项非货币性资产交换的情况包括企业以一项非货币性资产同时换入另一企业的多项非货币性资产，或同时以多项非货币性资产换入另一企业的一项非货币性资产，或以多项非货币性资产同时换入多项非货币性资产，也可能涉及补价。在涉及多项非货币性资产的交换中，企业无法将换出的某一资产与换入的某一特定资产相对应。与单项非货币性资产之间的交换一样，涉及多项非货币性资产交换的计量，企业也应当首先判断是否符合非货币性资产交换准则以公允价值计量的两个条件，再分别情况确定各项换入资产的成本。

涉及多项非货币性资产的交换一般可以分为以下几种情况。

（1）资产交换具有商业实质。且各项换出资产和各项换入资产的公允价值均能够可靠计量。在这种情况下，换入资产的总成本应当按照换出资产的公允价值总额为基础确定，除非有确凿证据证明换入资产的公允价值总额更可靠。各项换入资产的成本，应当按照各项换入资产的公允价值占换入资产公允价值总额的比例，对换入资产总成本进行分配，确定各项换入资产的成本。

（2）资产交换具有商业实质，且换入资产的公允价值能够可靠计量、换出资产的公允价值不能可靠计量。在这种情况下，换入资产的总成本应当按照换入资产的公允价值总额为基础确定，各项换入资产的成本，应当按照各项换入资产的公允价值占换入资产公允价值总额的比例，对换入资产总成本进行分配，确定各项换入资产的成本。

（3）资产交换具有商业实质，换出资产的公允价值能够可靠计量，但换入资产的公允价值不能可靠计量。在这种情况下，换入资产的总成本应当按照换出资产的公允价值总额为基础确定，各项换入资产的成本，应当按照各项换入资产的原账面价值占换入资产原账面价值总额的比例，对按照换出资产公允价值总额确定的换入资产总成本进行分配，确定各项换入资产的成本。

（4）资产交换不具有商业实质，或换入资产和换出资产的公允价值均不能可靠计量。在这种情况下，换入资产的总成本应当按照换出资产原账面价值总额为基础确定，各项换入资产的成本，应当按照各项换入资产的原账面价值占换入资产原账面价值总额的比例，对按照换出资产账面价值总额为基础确定的换入资产总成本进行分配，确定各项换入资产的成本。

实际上，上述第（1）、（2）、（3）种情况，换入资产总成本都是按照公允价值计量，但各单项换入资产成本的确定，视各单项换入资产的公允价值能否可靠计量而分别情况处理；第（4）种情况属于不符合公允价值计量的条件，换入资产总成本按照换出资产账面价值总额确定，各单项换入资产成本的确定，按照各单项换入资产的原账面价值占换入资产原账面价值总额的比例确定。

1. 以公允价值计量的情况

【例 20-5】 20×8 年 5 月，智董公司和贵琛公司均为增值税一般纳税人，适用的增值税税率均为 17%。为适应业务发展的需要，经协商，智董公司决定以生产经营过程中使用的发电设备、车床以及库存商品换入贵琛公司生产经营过程中使用的货运车、轿车、客运汽车。智董公司发电设备的账面原价为 150 万元，在交换日的累计折旧为 30 万元，公允价值为 100 万元；车床的账面原价为 120 万元，在交换日的累计折旧为 60 万元，公允价值为 80 万元；库存商品的账面余额为 300 万元，公允价值为 350 万元，公允价值等于计税价格。贵琛公司货运车的账面原价为150万元，在交换日的累计折旧为50万元，公允价值为150万元；轿车的账面原价为200万元，在交换日的累计折旧为90万元，公允价值为100万元；客运汽车的账面原价为300万元，在交换日的累计折旧为80万元，公允价值为240万元。贵琛公司另外以银行存款向智董公司支付补价40万元。

假定智董公司和贵琛公司都没有为换出资产计提减值准备；整个交易过程中没有发生除增值税以外的其他相关税费；智董公司换入贵琛公司的货运车、轿车、客运汽车均作为固定资产使用和管理；贵琛公司换入智董公司的发电设备、车床作为固定资产使用和管理，换入的库存商品作为原材料使用和管理。智董公司开具了增值税专用发票。

分析：本例涉及收付货币性资产，应当计算收到的货币性资产占智董公司换出资产公允价值总额的比例（等于支付的货币性资产占贵琛公司换出资产公允价值与支付的补价之和的比例），即：40万元÷（100+80+350）万元×100%=7.55%<25%。

可以认定这一涉及多项资产的交换行为属于非货币性资产交换，适用非货币性资产交换准则进行会计处理。对于智董公司而言，为了拓展运输业务，需要客运汽车、轿车等，贵琛公司为了扩大产品生产，需要发电设备、车床等设备，换入资产对换入企业均能发挥更大的作用，因此，该项涉及多项资产的非货币性资产交换具有商业实质；同时，各单项换入资产和换出资产的公允价值均能可靠计量，因此，智董公司、贵琛公司均应当以公允价值为基础确定换入资产的总成本，确认产生的相关损益。同时，按照各单项换入资产的公允价值占换入资产公允价值总额的比例，确定各单项换入资产的成本。

智董公司的账务处理如下：

（1）根据增值税的有关规定，企业以库存商品换入其他资产，视同销售行为发生，应计算增值税销项税额，缴纳增值税。

换出库存商品的增值税销项税额=350×17%=59.5（万元）

（2）计算换入资产、换出资产公允价值总额。

换出资产公允价值总额=100+80+350=530（万元）

换入资产公允价值总额=150+100+240=490（万元）

（3）计算换入资产总成本。

换入资产总成本=换出资产公允价值－补价＋应支付的相关税费=（100+80+350）－40+350×17%=549.5（万元）

（4）计算确定换入各项资产的公允价值占换入资产公允价值总额的比例。

货运车公允价值占换入资产公允价值总额的比例=150÷（150+100+240）×100%=30.61%

轿车公允价值占换入资产公允价值总额的比例=100÷（150+100+240）×100%=20.41%

客运汽车公允价值占换入资产公允价值总额的比例=240÷（150+100+240）×100%=48.98%

（5）计算确定换入各项资产的成本

货运车的成本=549.5×30.61%=168.20（万元）

轿车的成本=549.5×20.41%=112.15（万元）

客运汽车的成本=549.5×48.98%=269.15（万元）

（6）会计分录如下：

借：固定资产清理	1 800 000	
累计折旧	900 000	
贷：固定资产——发电设备		1 500 000
——车床		1 200 000

借：固定资产——货运车　　1 682 000
　　　　　——轿车　　1 121 500
　　　　　——客运汽车　　2 691 500
　银行存款　　400 000
　贷：固定资产清理　　1 800 000
　　主营业务收入　　3 500 000
　　应交税费——应交增值税（销项税额）　　595 000
借：主营业务成本　　3 000 000
　贷：库存商品　　3 000 000

贵琛公司的账务处理如下：

（1）根据增值税的有关规定，企业以其他资产换入原材料，视同购买行为发生，应计算增值税进项税额，抵扣增值税。

换入原材料的增值税进项税额=350×17%=59.5（万元）

（2）计算换入资产、换出资产公允价值总额。

换入资产公允价值总额=100+80+350=530（万元）

换出资产公允价值总额=150+100+240=490（万元）

（3）确定换入资产总成本。

换入资产总成本=换出资产公允价值+支付的补价−可抵扣的增值税进项税额=490+40−59.5=470.5（万元）

（4）计算确定换入各项资产的公允价值占换入资产公允价值总额的比例。

发电设备公允价值占换入资产公允价值总额的比例=100÷（100+80+350）×100%=18.87%

车床公允价值占换入资产公允价值总额的比例=80÷（100+80+350）×100%=15.09%

原材料公允价值占换入资产公允价值总额的比例=350÷（100+80+350）×100%=66.04%

（5）计算确定换入各项资产的成本。

发电设备的成本=470.5×18.87%=88.78（万元）

车床的成本=470.5×15.09%=71.00（万元）

原材料的成本=470.5×66.04%=310.72（万元）

（6）会计分录如下：

借：固定资产清理　　4 300 000
　累计折旧　　2 200 000
　贷：固定资产——货运车　　1 500 000
　　　　　——轿车　　2 000 000
　　　　　——客运汽车　　3 000 000
借：固定资产——发电设备　　887 800
　　　　　——车床　　710 000
　原材料　　3 107 200
　应交税费——应交增值税（进项税额）　　595 000
　贷：固定资产清理　　4 300 000
　　银行存款　　400 000
　　营业外收入　　600 000

2．以账面价值计量的情况

【例 20-6】 20×7 年 6 月，智董公司因经营战略发生较大转变，产品结构发生较大调整，原生产其产品的专有设备、专利技术等已不符合生产新产品的需要，经与贵琛公司协商，将其专用设备连同专利技术与贵琛公司正在建造过程中的一幢建筑物、贵琛公司对欣郁公司的长期股权投资进行交换。智董公司换出专有设备的账面原价为 800 万元，已提折旧 500 万元；专利技术账面原价为 300 万元，已摊销金额为 180 万元。贵琛公司在建工程截至交换日的成本为 350 万元，对欣郁公司的长期股权投资账面价值为 100 万元。由于智董公司持有的专有设备和专利技术市场上已不多见，因此，公允价值不能可靠计量。贵琛公司的在建工程因完工程度难以合理确定，其公允价值不能可靠计量，由于欣郁公司不是上市公司，智董公司对欣郁公司长期股权投资的公允价值也不能可靠计量。假定智董公司、贵琛公司均未对上述资产计提减值准备。

分析：本例不涉及收付货币性资产，属于非货币性资产交换。由于换入资产、换出资产的公允价值均不能可靠计量，智董公司、贵琛公司均应当以换出资产账面价值总额作为换入资产的总成本，各项换入资产的成本，应当按各项换入资产的账面价值占换入资产账面价值总额的比例分配后确定。

智董公司的账务处理如下：

（1）计算换入资产、换出资产账面价值总额。

换入资产账面价值总额=350+100=450（万元）

换出资产账面价值总额=300+120=420（万元）

（2）确定换入资产总成本。

换入资产总成本=换出资产账面价值=420（万元）

（3）计算各项换入资产账面价值占换入资产账面价值总额的比例。

在建工程占换入资产账面价值总额的比例=350÷（350+100）×100%=77.8%

长期股权投资占换入资产账面价值总额的比例=100÷（350+100）×100%=22.2%

（4）确定各项换入资产成本。

在建工程成本=420×77.8%=326.76（万元）

长期股权投资成本=420×22.2%=93.24（万元）

（5）会计分录如下：

借：固定资产清理	3 000 000	
累计折旧	5 000 000	
贷：固定资产——专有设备		8 000 000
借：在建工程	3 267 600	
长期股权投资	932 400	
累计摊销	1 800 000	
贷：固定资产清理		3 000 000
无形资产——专利技术		3 000 000

贵琛公司的账务处理如下：

（1）计算换入资产、换出资产账面价值总额。

换入资产账面价值总额=300+120=420（万元）

换出资产账面价值总额=350+100=450（万元）

（2）确定换入资产总成本。

换入资产总成本一换出资产账面价值=450（万元）

（3）计算各项换入资产账面价值占换入资产账面价值总额的比例。

专有设备占换入资产账面价值总额的比例=300÷（300+120）×100%=71.4%

专有技术占换入资产账面价值总额的比例=120÷（300+120）×100%=28.6%

（4）确定各项换入资产成本。

专有设备成本=450×71.4%=321.3（万元）

专利技术成本=450×28.6%=128.7（万元）

（5）会计分录如下：

借：固定资产——专有设备	3 213 000	
无形资产——专利技术	1 287 000	
贷：在建工程		3 500 000
长期股权投资		1 000 000

20.5 会计科目及主要账务处理

20.5.1 固定资产清理

1．会计科目核算内容

本科目核算企业因出售、报废、毁损、对外投资、非货币性资产交换、债务重组等原因转出的固定资产价值以及在清理过程中发生的费用等。

本科目期末借方余额，反映企业尚未清理完毕的固定资产清理净损失。

2．明细核算

本科目可按被清理的固定资产项目进行明细核算。

3．主要账务处理

企业因出售、报废、毁损、对外投资、非货币性资产交换、债务重组等转出的固定资产，按该项固定资产的账面价值，借记本科目，按已计提的累计折旧，借记“累计折旧”科目，按其账面原价，贷记“固定资产”科目。已计提减值准备的，还应同时结转减值准备，等等。

20.5.2 主营业务收入

1．会计科目核算内容

本科目核算企业确认的销售商品、提供劳务等主营业务的收入。

期末，应将本科目的余额转入“本年利润”科目，结转后本科目应无余额。

2．明细核算

本科目可按主营业务的种类进行明细核算。

3．主要账务处理

以库存商品进行非货币性资产交换（非货币性资产交换具有商业实质且公允价值能够可靠计量）、债务重组的，应按该产成品、商品的公允价值，借记有关科目，贷记本科目，等等。

20.5.3 其他业务收入

1. 会计科目核算内容

本科目核算企业确认的除主营业务活动以外的其他经营活动实现的收入，包括出租固定资产、出租无形资产、出租包装物和商品、销售材料、用材料进行非货币性交换（非货币性资产交换具有商业实质且公允价值能够可靠计量）或债务重组等实现的收入。

企业（保险）经营受托管理业务收取的管理费收入，也通过本科目核算。

期末，应将本科目余额转入“本年利润”科目，结转后本科目应无余额。

2. 明细核算

本科目可按其他业务收入种类进行明细核算。

3. 主要账务处理

企业确认的其他业务收入，借记“银行存款”、“其他应收款”等科目，贷记本科目等。

20.5.4 营业外收入

1. 会计科目核算内容

本科目核算企业发生的各项营业外收入，主要包括非流动资产处置利得、非货币性资产交换利得、债务重组利得、政府补助、盘盈利得、捐赠利得等。

期末，应将本科目余额转入“本年利润”科目，结转后本科目无余额。

2. 明细核算

本科目可按营业外收入项目进行明细核算。

3. 主要账务处理

企业确认处置非流动资产利得、非货币性资产交换利得、债务重组利得，比照“固定资产清理”、“无形资产”、“原材料”、“库存商品”、“应付账款”等科目的相关规定进行处理。

确认的政府补助利得，借记“银行存款”、“递延收益”等科目，贷记本科目。

20.5.5 营业外支出

1. 会计科目核算内容

本科目核算企业发生的各项营业外支出，包括非流动资产处置损失、非货币性资产交换损失、债务重组损失、公益性捐赠支出、非常损失、盘亏损失等。

期末，应将本科目余额转入“本年利润”科目，结转后本科目无余额。

2. 明细核算

本科目可按支出项目进行明细核算。

3. 主要账务处理

企业确认处置非流动资产损失、非货币性资产交换损失、债务重组损失，比照“固定资产清理”、“无形资产”、“原材料”、“库存商品”、“应付账款”等科目的相关规定进行处理。

盘亏、毁损的资产发生的净损失，按管理权限报经批准后，借记本科目，贷记“待处理财产损溢”科目。

20.6 附注披露

企业应当在附注中披露与非货币性资产交换有关的下列信息：

（1）换入资产、换出资产的类别。

（2）换入资产成本的确定方式。

（3）换入资产、换出资产的公允价值以及换出资产的账面价值。

（4）非货币性资产交换确认的损益。

第 21 章 人力资源会计

21.1 职工薪酬

为了进一步规范我国企业会计准则中关于职工薪酬的相关会计处理规定，并保持我国企业会计准则与国际财务报告准则的持续趋同，根据《企业会计准则——基本准则》，财政部对《企业会计准则第 9 号——职工薪酬》进行了修订，2014 年 1 月 27 日印发了《关于印发修订〈企业会计准则第 9 号——职工薪酬〉的通知》，自 2014 年 7 月 1 日起在所有执行企业会计准则的企业范围内施行。2006 年 2 月 15 日发布的《财政部关于印发〈企业会计准则第 1 号——存货〉等 38 项具体准则的通知》（财会［2006］3 号）中的《企业会计准则第 9 号——职工薪酬》同时废止。

下列各项适用其他相关会计准则：企业年金基金适用《企业会计准则第 10 号——企业年金基金》，以股份为基础的薪酬适用《企业会计准则第 11 号——股份支付》。

1. 职工薪酬的概念

职工薪酬是指企业为获得职工提供的服务或解除劳动关系而给予的各种形式的报酬或补偿。

职工是指与企业订立劳动合同的所有人员，含全职、兼职和临时职工，也包括虽未与企业订立劳动合同但由企业正式任命的人员。

未与企业订立劳动合同或未由其正式任命，但向企业所提供服务与职工所提供服务类似的人员，也属于职工的范畴，包括通过企业与劳务中介公司签订用工合同而向企业提供服务的人员。

2. 职工薪酬的构成

职工薪酬包括短期薪酬、离职后福利、辞退福利和其他长期职工福利。企业提供给职工配偶、子女、受赡养人、已故员工遗属及其他受益人等的福利，也属于职工薪酬。

（1）短期薪酬。短期薪酬是指企业在职工提供相关服务的年度报告期间结束后 12 个月内需要全部予以支付的职工薪酬，因解除与职工的劳动关系给予的补偿除外。

短期薪酬具体包括：职工工资、奖金、津贴和补贴，职工福利费，医疗保险费、工伤保险费和生育保险费等社会保险费，住房公积金，工会经费和职工教育经费，短期带薪缺勤，短期利润分享计划，非货币性福利以及其他短期薪酬。

带薪缺勤是指企业支付工资或提供补偿的职工缺勤，包括年休假、病假、短期伤残、婚假、产假、丧假、探亲假等。

利润分享计划是指因职工提供服务而与职工达成的基于利润或其他经营成果提供薪酬的协议。

（2）离职后福利。离职后福利是指企业为获得职工提供的服务而在职工退休或与企业解除劳动关系后，提供的各种形式的报酬和福利，短期薪酬和辞退福利除外。

（3）辞退福利。辞退福利，是指企业在职工劳动合同到期之前解除与职工的劳动关系，或者为鼓励职工自愿接受裁减而给予职工的补偿。

（4）其他长期职工福利。其他长期职工福利，是指除短期薪酬、离职后福利、辞退福利之外所有的职工薪酬，包括长期带薪缺勤、长期残疾福利、长期利润分享计划等。

3. 短期薪酬

企业应当在职工为其提供服务的会计期间，将实际发生的短期薪酬确认为负债，并计入当期损益，其他会计准则要求或允许计入资产成本的除外。

企业发生的职工福利费，应当在实际发生时根据实际发生额计入当期损益或相关资产成本。职工福利费为非货币性福利的，应当按照公允价值计量。

企业为职工缴纳的医疗保险费、工伤保险费、生育保险费等社会保险费和住房公积金，以及按规定提取的工会经费和职工教育经费，应当在职工为其提供服务的会计期间，根据规定的计提基础和计提比例计算确定相应的职工薪酬金额，并确认相应负债，计入当期损益或相关资产成本。

带薪缺勤分为累积带薪缺勤和非累积带薪缺勤。企业应当在职工提供服务从而增加了其未来享有的带薪缺勤权利时，确认与累积带薪缺勤相关的职工薪酬，并以累积未行使权利而增加的预期支付金额计量。企业应当在职工实际发生缺勤的会计期间确认与非累积带薪缺勤相关的职工薪酬。

累积带薪缺勤是指带薪缺勤权利可以结转下期的带薪缺勤，本期尚未用完的带薪缺勤权利可以在未来期间使用。

非累积带薪缺勤是指带薪缺勤权利不能结转下期的带薪缺勤，本期尚未用完的带薪缺勤权利将予以取消，并且职工离开企业时也无权获得现金支付。

利润分享计划同时满足下列条件的，企业应当确认相关的应付职工薪酬。

（1）企业因过去事项导致现在具有支付职工薪酬的法定义务或推定义务。

（2）因利润分享计划所产生的应付职工薪酬义务金额能够可靠估计。属于下列三种情形之一的，视为义务金额能够可靠估计。

① 在财务报告批准报出之前企业已确定应支付的薪酬金额。

② 该短期利润分享计划的正式条款中包括确定薪酬金额的方式。

③ 过去的惯例为企业确定推定义务金额提供了明显证据。

职工只有在企业工作一段特定期间才能分享利润的，企业在计量利润分享计划产生的应付职工薪酬时，应当反映职工因离职而无法享受利润分享计划福利的可能性。

如果企业在职工为其提供相关服务的年度报告期间结束后 12 个月内，不需要全部支付利润分享计划产生的应付职工薪酬，该利润分享计划应当适用《企业会计准则第 9 号——职工薪酬》其他长期职工福利的有关规定。

【例 21-1】 20×8 年 5 月，智董公司财会部门编制的工资结算汇总情况如表 21-1 所示。

表 21-1 工资结算汇总表

20×8 年 5 月 单位：元

车间部门	应付工资	代扣款项				实发工资
		房 租	托儿费	家属药费	合 计	
第一车间	30 690	300	240	480	1 020	29 670
第二车间	40 680	450	315	600	1 365	39 315
厂部	47 040	120	255	450	825	46 215
合 计	118 410	870	810	1 530	3 210	115 200

试做智董公司的会计处理。

智董公司的会计处理如下：

（1）向银行提取现金准备发放工资。

借：库存现金 115 200

贷：银行存款 115 200

（2）用现金发放工资。

借：应付职工薪酬——工资 115 200

贷：库存现金 115 200

（3）结转本月代扣款项（代扣本厂房租 870 元，为市托儿所代扣托儿费 810 元）。

借：应付职工薪酬——工资 3 210

贷：管理费用 870

其他应收款 810

应付职工薪酬——职工福利 1 530

（4）开出转账支票，支付代扣的托儿费。

借：其他应收款 810

贷：银行存款 810

【例 21-2】 20×8 年 3 月，智董公司财会部门编制的应付社会保险费分配情况如表 21-2 所示。

表 21-2 应付社会保险费分配表

20×8 年 3 月 单位：元

应借项目	工资总额	应付社会保险费
基本生产成本	184 500	9 225
制造费用	54 900	2 745
辅助生产成本	118 500	5 932.5
管理费用	128 700	6 435
销售费用	45 600	2 280
在建工程	53 700	2 685
应付职工薪酬——职工福利	38 400	1 920
合 计	624 450	31 222.5

试作智董公司的会计处理。

智董公司的会计处理如下：

借：生产成本——基本生产成本	9 225	
——辅助生产成本	5 932.5	
制造费用	2 745	
管理费用	8 355	
销售费用	2 280	
在建工程	2 685	
贷：应付职工薪酬——社会保险费		31 222.5

【例 21-3】 20×8 年 4 月，智董公司财会部门编制的应付职工教育经费分配情况如表 21-3 所示。

表 21-3 应付职工教育经费分配表

20×8 年 4 月　　单位：元

应借项目	工资总额	应付职工教育经费
基本生产成本	184 500	2 767.5
制造费用	54 900	823.5
辅助生产成本	118 500	1 779.75
管理费用	128 700	1 930.5
销售费用	45 600	684
在建工程	53 700	805.5
应付职工薪酬——职工福利	38 400	576
合　计	624 450	9 366.75

试作智董公司的会计处理。

智董公司的会计处理如下：

借：生产成本——基本生产成本	2 767.5	
——辅助生产成本	1 779.75	
制造费用	823.5	
管理费用	2 506.5	
销售费用	684	
借：在建工程	805.5	
贷：应付职工薪酬——职工教育经费		9 366.75

【例 21-4】 怡平公司共有 1 000 名职工，该公司实行累积带薪缺勤制度。该制度规定，每个职工每年可享受 5 个工作日带薪病假，未使用的病假只能向后结转一个日历年度，超过 1 年未使用的权利作废，不能在职工离开公司时获得现金支付；职工休病假是以后进先出为基础，即首先从当年可享受的权利中扣除，再从上年结转的带薪病假余额中扣除；职工离开公司时，公司对职工未使用的累积带薪病假不支付现金。

20×7 年 12 月 31 日，每个职工当年平均未使用带薪病假为 2 天。根据过去的经验并预期该经验将继续适用，怡平公司预计 20×8 年有 950 名职工将享受不超过 5 天的带薪病假，剩余

50 名职工每人将平均享受 6 天半病假，假定这 50 名职工全部为总部各部门经理，该公司平均每名职工每个工作日工资为 300 元。

分析：怡平公司在 20×7 年 12 月 31 日应当预计由于职工累积未使用的带薪病假权利而导致的预期支付的追加金额，即相当于 75 天（50×1.5）的病假工资 22 500 元（75×300），并做如下账务处理。

借：管理费用　　22 500

　贷：应付职工薪酬——累积带薪缺勤　　22 500

假定至 20×8 年 12 月 31 日，上述 50 名部门经理中有 40 名享受了 6 天半病假，并随同正常工资以银行存款支付。另有 10 名只享受了 5 天病假，由于该公司的带薪缺勤制度规定，未使用的权利只能结转一年，超过 1 年未使用的权利将作废。20×8 年，怡平公司应做如下账务处理。

借：应付职工薪酬——累积带薪缺勤　　18 000

　贷：银行存款　　18 000

借：应付职工薪酬——累积带薪缺勤　　4 500

　贷：管理费用　　4 500

【例 21-5】 沿用例 21-4。所不同的是，该公司的带薪缺勤制度规定，职工累积未使用的带薪缺勤权利可以无限期结转，且可以于职工离开企业时以现金支付。怡平公司 1 000 名职工中，50 名为总部各部门经理，100 名为总部各部门职员，800 名为直接生产工人，50 名工人正在建造一幢自用办公楼。

分析：怡平公司在 20×7 年 12 月 31 日应当预计由于职工累积未使用的带薪病假权利而导致的全部金额，即相当于 2 000 天（1 000×2）的病假工资 600 000 元（2 000×300），并做如下账务处理。

借：管理费用　　90 000

　　生产成本　　480 000

　　在建工程　　30 000

　贷：应付职工薪酬——累积带薪缺勤　　600 000

【例 21-6】 智董公司从 20×7 年 1 月 1 日起实行累积带薪缺勤制度，制度规定，该公司每名职工每年有权享受 12 个工作日的带薪休假，休假权利可以向后结转 2 个日历年度。在 2 年末，公司将对职工未使用的带薪休假权利支付现金。假定该公司每名职工平均每月工资 2 000 元，每名职工每月工作日为 20 个，每个工作日平均工资为 100 元。以公司一名直接参与生产的职工为例。

①假定 20×7 年 1 月，该名职工没有休假。公司应当在职工为其提供服务的当月，累积相当于 1 个工作日工资的带薪休假义务，并做如下账务处理。

借：生产成本 2 100

　贷：应付职工薪酬——工资　　2 000

　　　　　　　　——累积带薪缺勤　　100

②假定 20×7 年 2 月，该名职工休了 1 天假。公司应当在职工为其提供服务的当月，累积相当于 1 个工作日工资的带薪休假义务，反映职工使用累积权利的情况，并做如下账务处理。

借：生产成本　　2 100

贷：应付职工薪酬——工资 2 000
——累积带薪缺勤 100

借：应付职工薪酬——累积带薪缺勤 100
贷：生产成本 100

上述第①笔会计分录反映的是公司因职工提供服务而应付的工资和累积的带薪休假权利，第②笔分录反映的是该名职工使用上期累积的带薪休假权利。

③假定第2年年末（20×8年12月31日），该名职工有5个工作日未使用的带薪休假，公司以现金支付了未使用的带薪休假。

借：应付职工薪酬——累积带薪缺勤 500
贷：现金 500

【例21-7】 贵琛公司实行按照净利润的一定比例向总部高级管理人员发放奖金制度，该制度规定，在实行利润分享型奖金制度的年度，管理人员只要在公司工作满一整年即可获得奖金。如果20×9年没有管理人员离开公司，企业应支付的奖金总额为当年净利润的5%，公司根据管理人员当年的流动率，预计奖金总额将减少到净利润的4%，公司当年净利润为1 500万元。

20×9年12月31日，公司应当将60万元（1 500×4%）奖金计入当年损益，并做如下账务处理：

借：管理费用 600 000
贷：应付职工薪酬 600 000

4．离职后福利

企业应当将离职后福利计划分类为设定提存计划和设定受益计划。

离职后福利计划是指企业与职工就离职后福利达成的协议，或者企业为向职工提供离职后福利制定的规章或办法等。其中，设定提存计划是指向独立的基金缴存固定费用后，企业不再承担进一步支付义务的离职后福利计划；设定受益计划是指除设定提存计划以外的离职后福利计划。

企业应当在职工为其提供服务的会计期间，将根据设定提存计划计算的应缴存金额确认为负债，并计入当期损益或相关资产成本。

根据设定提存计划，预期不会在职工提供相关服务的年度报告期结束后十二个月内支付全部应缴存金额的，企业应当参照《企业会计准则第9号——职工薪酬》第十五条规定的折现率，将全部应缴存金额以折现后的金额计量应付职工薪酬。

企业对设定受益计划的会计处理通常包括下列四个步骤。

（1）根据预期累计福利单位法，采用无偏且相互一致的精算假设对有关人口统计变量和财务变量等做出估计，计量设定受益计划所产生的义务，并确定相关义务的归属期间。企业应当按照《企业会计准则第9号——职工薪酬》第十五条规定的折现率将设定受益计划所产生的义务予以折现，以确定设定受益计划义务的现值和当期服务成本。

（2）设定受益计划存在资产的，企业应当将设定受益计划义务现值减去设定受益计划资产公允价值所形成的赤字或盈余确认为一项设定受益计划净负债或净资产。

设定受益计划存在盈余的，企业应当以设定受益计划的盈余和资产上限两项的孰低者计量设定受益计划净资产。其中，资产上限，是指企业可从设定受益计划退款或减少未来对设定受益计划缴存资金而获得的经济利益的现值。

（3）根据《企业会计准则第 9 号——职工薪酬》第十六条的有关规定，确定应当计入当期损益的金额。

（4）根据《企业会计准则第 9 号——职工薪酬》第十六条和第十七条的有关规定，确定应当计入其他综合收益的金额。

在预期累计福利单位法下，每一服务期间会增加一个单位的福利权利，并且需对每一个单位单独计量，以形成最终义务。企业应当将福利归属于提供设定受益计划的义务发生的期间。这一期间是指从职工提供服务以获取企业在未来报告期间预计支付的设定受益计划福利开始，至职工的继续服务不会导致这一福利金额显著增加之日为止。

企业应当根据预期累计福利单位法确定的公式将设定受益计划产生的福利义务归属于职工提供服务的期间，并计入当期损益或相关资产成本。

当职工后续年度的服务将导致其享有的设定受益计划福利水平显著高于以前年度时，企业应当按照直线法将累计设定受益计划义务分摊确认于职工提供服务而导致企业第一次产生设定受益计划福利义务至职工提供服务不再导致该福利义务显著增加的期间。在确定该归属期间时，不应考虑仅因未来工资水平提高而导致设定受益计划义务显著增加的情况。

企业应当对所有设定受益计划义务予以折现，包括预期在职工提供服务的年度报告期间结束后的 12 个月内支付的义务。折现时所采用的折现率应当根据资产负债表日与设定受益计划义务期限和币种相匹配的国债或活跃市场上的高质量公司债券的市场收益率确定。

报告期末，企业应当将设定受益计划产生的职工薪酬成本确认为下列组成部分：

（1）服务成本，包括当期服务成本、过去服务成本和结算利得或损失。其中，当期服务成本，是指职工当期提供服务所导致的设定受益计划义务现值的增加额；过去服务成本，是指设定受益计划修改所导致的与以前期间职工服务相关的设定受益计划义务现值的增加或减少。

（2）设定受益计划净负债或净资产的利息净额，包括计划资产的利息收益、设定受益计划义务的利息费用以及资产上限影响的利息。

（3）重新计量设定受益计划净负债或净资产所产生的变动。

除非其他会计准则要求或允许职工福利成本计入资产成本，上述第（1）项和第（2）项应计入当期损益；第（3）项应计入其他综合收益，并且在后续会计期间不允许转回至损益，但企业可以在权益范围内转移这些在其他综合收益中确认的金额。

重新计量设定受益计划净负债或净资产所产生的变动包括下列部分：

（1）精算利得或损失，即由于精算假设和经验调整导致之前所计量的设定受益计划义务现值的增加或减少。

（2）计划资产回报，扣除包括在设定受益计划净负债或净资产的利息净额中的金额。

（3）资产上限影响的变动，扣除包括在设定受益计划净负债或净资产的利息净额中的金额。

在设定受益计划下，企业应当在下列日期孰早日将过去服务成本确认为当期费用：

（1）修改设定受益计划时。

（2）企业确认相关重组费用或辞退福利时。

企业应当在设定受益计划结算时，确认一项结算利得或损失。

设定受益计划结算，是指企业为了消除设定受益计划所产生的部分或所有未来义务进行的交易，而不是根据计划条款和所包含的精算假设向职工支付福利。设定受益计划结算利得或损失是下列两项的差额。

（1）在结算日确定的设定受益计划义务现值。

（2）结算价格，包括转移的计划资产的公允价值和企业直接发生的与结算相关的支付。

5．辞退福利

企业向职工提供辞退福利的，应当在下列两者孰早日确认辞退福利产生的职工薪酬负债，并计入当期损益。

（1）企业不能单方面撤回因解除劳动关系计划或裁减建议所提供的辞退福利时。

（2）企业确认与涉及支付辞退福利的重组相关的成本或费用时。

企业应当按照辞退计划条款的规定，合理预计并确认辞退福利产生的应付职工薪酬。辞退福利预期在其确认的年度报告期结束后 12 个月内完全支付的，应当适用短期薪酬的相关规定；辞退福利预期在年度报告期结束后 12 个月内不能完全支付的，应当适用《企业会计准则第 9 号——职工薪酬》关于其他长期职工福利的有关规定。

【例 21-8】 怡平公司为一家家用电器制造企业，20×8 年 9 月，为了能够在下一年度顺利实施转产，怡平公司管理层制定了一项辞退计划，计划规定，从 20×9 年 1 月 1 日起，企业将以职工自愿方式，辞退其平面直角系列彩电生产车间的职工。辞退计划的详细内容，包括拟辞退的职工所在部门、数量、各级别职工能够获得的补偿以及计划大体实施的时间等均已与职工沟通，并达成一致意见，辞退计划已于当年 12 月 10 日经董事会正式批准，辞退计划将于下一个年度内实施完毕。该项辞退计划的详细内容如表 21-4 所示。

表 21-4　怡平公司 20×9 年辞退计划一览　　金额单位：万元

所属部门	职　　位	辞退数量（人）	工龄（年）	每人补偿
彩电车间	车间主任副主任	10	1～10	10
			10～20	20
			20～30	30
	高级技工	50	1～10	8
			10～20	18
			20～30	28
	一般技工	100	1～10	5
			10～20	15
			20～30	25
合　　计		160		

20×8 年 12 月 31 日，企业预计各级别职工拟接受辞退职工数量的最佳估计数（最可能发生数）及其应支付的补偿如表 21-5 所示。

表 21-5　拟接受辞退职工数量及应支付的补偿　　金额单位：万元

所属部门	职　　位	辞退数量（人）	工龄（年）	接受数量（人）	每人补偿额	补偿金额
彩电车间	车间主任副主任	10	1～10	5	10	50
			10～20	2	20	40
			20～30	1	30	30
	高级技工	50	1～10	20	8	160
			10～20	10	18	180
			20～30	5	28	140

续表

所属部门	职　　位	辞退数量（人）	工龄（年）	接受数量（人）	每人补偿额	补偿金额
	一般技工	100	1 ~ 10	50	5	250
			10 ~ 20	20	15	300
			20 ~ 30	10	25	250
合　　计		160		123		1 400

按照《企业会计准则第 13 号——或有事项》有关计算最佳估计数的方法，预计接受辞退的职工数量可以根据最可能发生的数量确定，也可以采用按照各种发生数量及其发生概率计算确定。根据表 21-5，愿意接受辞退职工的最可能数量为 123 名，预计补偿总额为 1 400 万元，则企业在 20×8 年（辞退计划是 20×8 年 12 月 10 日由董事会批准）应做如下账务处理：

借：管理费用　　　　　　　　　　　　　　　14 000 000

　贷：应付职工薪酬——辞退福利　　　　　　　　　　14 000 000

以本例中彩电车间主任和副主任级别、工龄在 1 ~ 10 年的职工为例，假定接受辞退的职工各种数量及发生概率如表 21-6 所示。

表 21-6　接受辞退的职工各种数量及发生概率

接受辞退的职工数量（人）	发生概率	最佳估计数
0	0	0
1	3%	0.03
2	5%	0.1
3	5%	0.15
4	20%	0.8
5	15%	0.75
6	25%	1.5
7	8%	0.56
9	12%	1.08
10	7%	0.7
合　　计		5.67

由上述计算结果可知，彩电车间主任和副主任级别、工龄在 1 ~ 10 年的职工接受辞退计划的最佳估计数为 5.67 名，则应确认该职级的辞退福利金额应为 56.7 万元（5.67×10），由于所有的辞退福利预计负债均应计入当期费用，因此，20×8 年企业应做如下账务处理：

借：管理费用　　　　　　　　　　　　　　　567 000

　贷：应付职工薪酬——辞退福利　　　　　　　　　　567 000

6. 其他长期职工福利

企业向职工提供的其他长期职工福利，符合设定提存计划条件的，应当适用《企业会计准则第 9 号——职工薪酬》第十二条关于设定提存计划的有关规定进行处理。

除《企业会计准则第 9 号——职工薪酬》第二十二条规定的情形外，企业应当适用《企业会计准则第 9 号——职工薪酬》关于设定受益计划的有关规定，确认和计量其他长期职工福利净负债或净资产。在报告期末，企业应当将其他长期职工福利产生的职工薪酬成本确认为下列组成部分。

（1）服务成本。

（2）其他长期职工福利净负债或净资产的利息净额。

（3）重新计量其他长期职工福利净负债或净资产所产生的变动。

为简化相关会计处理，上述项目的总净额应计入当期损益或相关资产成本。

长期残疾福利水平取决于职工提供服务期间长短的，企业应当在职工提供服务的期间确认应付长期残疾福利义务，计量时应当考虑长期残疾福利支付的可能性和预期支付的期限；长期残疾福利与职工提供服务期间长短无关的，企业应当在导致职工长期残疾的事件发生的当期确认应付长期残疾福利义务。

7. 会计科目及主要账务处理

（1）应付职工薪酬。

1）会计科目核算内容。本科目核算企业根据有关规定应付给职工的各种薪酬。企业（外商）按规定从净利润中提取的职工奖励及福利基金，也在本科目核算。

本科目期末贷方余额，反映企业应付未付的职工薪酬。

2）明细核算。本科目可按“工资”、“职工福利”、“社会保险费”、“住房公积金”、“工会经费”、“职工教育经费”、“非货币性福利”、“辞退福利”、“股份支付”等进行明细核算。

3）企业发生应付职工薪酬的主要账务处理。

① 生产部门人员的职工薪酬，借记“生产成本”、“制造费用”、“劳务成本”等科目，贷记本科目。应由在建工程、研发支出负担的职工薪酬，借记“在建工程”、“研发支出”等科目，贷记本科目。管理部门人员、销售人员的职工薪酬，借记“管理费用”或“销售费用”科目，贷记本科目。

② 企业以其自产产品发放给职工作为职工薪酬的，借记“管理费用”、“生产成本”、“制造费用”等科目，贷记本科目。

无偿向职工提供住房等固定资产使用的，按应计提的折旧额，借记“管理费用”、“生产成本”、“制造费用”等科目，贷记本科目；同时，借记本科目，贷记“累计折旧”科目。

租赁住房等资产供职工无偿使用的，按每期应支付的租金，借记“管理费用”、“生产成本”、“制造费用”等科目，贷记本科目。

③ 因解除与职工的劳动关系给予的补偿，借记“管理费用”科目，贷记本科目。

④ 企业以现金与职工结算的股份支付，在等待期内每个资产负债表日，按当期应确认的成本费用金额，借记“管理费用”、“生产成本”、“制造费用”等科目，贷记本科目。在可行权日之后，以现金结算的股份支付当期公允价值的变动金额，借记或贷记“公允价值变动损益”科目，贷记或借记本科目。企业（外商）按规定从净利润中提取的职工奖励及福利基金，借记“利润分配——提取的职工奖励及福利基金”科目，贷记本科目。

4）企业发放职工薪酬的主要账务处理。

① 向职工支付工资、奖金、津贴、福利费等，从应付职工薪酬中扣还的各种款项（代垫的家属药费、个人所得税等）等，借记本科目，贷记“银行存款”、“库存现金”、“其他应收款”、“应交税费——应交个人所得税”等科目。

② 支付工会经费和职工教育经费用于工会活动和职工培训，借记本科目，贷记“银行存款”等科目。

③ 按照国家有关规定缴纳社会保险费和住房公积金，借记本科目，贷记“银行存款”科目。

④ 企业以其自产产品发放给职工的，借记本科目，贷记“主营业务收入”科目；同时，还应结转产成品的成本。涉及增值税销项税额的，还应进行相应的处理。

支付租赁住房等资产供职工无偿使用所发生的租金，借记本科目，贷记“银行存款”等科目。

⑤ 企业以现金与职工结算的股份支付，在行权日，借记本科目，贷记“银行存款”、“库存现金”等科目。

⑥ 企业因解除与职工的劳动关系给予职工的补偿，借记本科目，贷记“银行存款”、“库存现金”等科目。

（2）在建工程。

1）会计科目核算内容。本科目核算企业基建、更新改造等在建工程发生的支出。在建工程发生减值的，可以单独设置“在建工程减值准备”科目，比照“固定资产减值准备”科目进行处理。企业（石油天然气开采）发生的油气勘探支出和油气开发支出，可以单独设置“油气勘探支出”、“油气开发支出”科目。

本科目的期末借方余额反映企业尚未达到预定可使用状态的在建工程的成本。

2）明细核算。本科目可按“建筑工程”、“安装工程”、“在安装设备”、“待摊支出”以及单项工程等进行明细核算。

3）主要账务处理。

① 自营的在建工程领用工程物资、原材料或库存商品的，借记本科目，贷记“工程物资”、“原材料”、“库存商品”等科目。采用计划成本核算的，应同时结转应分摊的成本差异。涉及增值税的，还应进行相应的处理。

在建工程应负担的职工薪酬，借记本科目，贷记“应付职工薪酬”科目。

辅助生产部门为工程提供的水、电、设备安装、修理、运输等劳务，借记本科目，贷记“生产成本——辅助生产成本”等科目。

在建工程发生的借款费用满足借款费用资本化条件的，借记本科目，贷记“长期借款”、“应付利息”等科目。

② 企业（石油天然气开采）在油气勘探过程中发生的各项钻井勘探支出，借记“油气勘探支出”科目，贷记“银行存款”、“应付职工薪酬”等科目。属于发现探明经济可采储量的钻井勘探支出，借记“油气资产”科目，贷记“油气勘探支出”科目；属于未发现探明经济可采储量的钻井勘探支出，借记“勘探费用”科目，贷记“油气勘探支出”科目。

企业（石油天然气开采）在油气开发过程中发生的各项相关支出，借记“油气开发支出”科目，贷记“银行存款”、“应付职工薪酬”等科目。开发工程项目达到预定可使用状态时，借记“油气资产”科目，贷记“油气开发支出”科目。

（3）专项应付款。

1）会计科目核算内容。本科目核算企业取得政府作为企业所有者投入的具有专项或特定用途的款项。

本科目期末贷方余额反映企业尚未转销的专项应付款。

2）明细核算。本科目可按资本性投资项目进行明细核算。

3）主要账务处理。企业收到或应收的资本性拨款，借记“银行存款”等科目，贷记本科目。将专项或特定用途的拨款用于工程项目，借记“在建工程”等科目，贷记“银行存款”、“应付职工薪酬”等科目。

工程项目完工形成长期资产的部分，借记本科目，贷记“资本公积——资本溢价”科目；对未形成长期资产需要核销的部分，借记本科目，贷记“在建工程”等科目；拨款结余需要返还的，借记本科目，贷记“银行存款”科目。

上述资本溢价转增实收资本或股本，借记“资本公积——资本溢价或股本溢价”科目，贷记“实收资本”或“股本”科目。

（4）盈余公积。

1）会计科目核算内容。本科目核算企业从净利润中提取的盈余公积。本科目期末贷方余额反映企业的盈余公积。

2）明细核算。

本科目应当分别“法定盈余公积”、“任意盈余公积”进行明细核算。

外商投资企业还应分别“储备基金”、“企业发展基金”进行明细核算。

中外合作经营在合作期间归还投资者的投资，应在本科目设置“利润归还投资”明细科目进行核算。

3）主要账务处理。企业按规定提取的盈余公积，借记“利润分配——提取法定盈余公积、提取任意盈余公积”科目，贷记本科目（法定盈余公积、任意盈余公积）。

外商投资企业按规定提取的储备基金、企业发展基金、职工奖励及福利基金，借记“利润分配——提取储备基金、提取企业发展基金、提取职工奖励及福利基金”科目，贷记本科目（储备基金、企业发展基金）、“应付职工薪酬”科目。

（5）利润分配。

1）会计科目核算内容。本科目核算企业利润的分配（或亏损的弥补）和历年分配（或弥补）后的余额。

2）明细核算。本科目应当分别“提取法定盈余公积”、“提取任意盈余公积”、“应付现金股利或利润”、“转作股本的股利”、“盈余公积补亏”和“未分配利润”等进行明细核算。

3）主要账务处理。企业按规定提取的盈余公积，借记本科目（提取法定盈余公积、提取任意盈余公积），贷记“盈余公积——法定盈余公积、任意盈余公积”科目。

外商投资企业按规定提取的储备基金、企业发展基金、职工奖励及福利基金，借记本科目（提取储备基金、提取企业发展基金、提取职工奖励及福利基金），贷记“盈余公积——储备基金、企业发展基金”、“应付职工薪酬”等科目。

企业（金融）按规定提取的一般风险准备，借记本科目（提取一般风险准备），贷记“一般风险准备”科目。

（6）生产成本。

1）会计科目核算内容。本科目核算企业进行工业性生产发生的各项生产成本，包括生产各种产品（产成品、自制半成品等）、自制材料、自制工具、自制设备等。

企业（农业）进行农业生产发生的各项生产成本，可将本科目改为“5001 农业生产成本”科目，并分别种植业、畜牧养殖业、林业和水产业确定成本核算对象（消耗性生物资产、生产性生物资产、公益性生物资产和农产品）和成本项目，进行费用的归集和分配。

企业（房地产开发）可将本科目改为“5001 开发成本”科目。

2）明细核算。本科目可按基本生产成本和辅助生产成本进行明细核算。

基本生产成本应当分别按照基本生产车间和成本核算对象（产品的品种、类别、定单、批别、生产阶段等）设置明细账（或成本计算单，下同），并按照规定的成本项目设置专栏。

本科目期末借方余额，反映企业尚未加工完成的在产品成本或尚未收获的农产品成本。

3）主要账务处理。

① 企业发生的各项直接生产成本，借记本科目（基本生产成本、辅助生产成本），贷记“原材料”、“库存现金”、“银行存款”、“应付职工薪酬”等科目。

各生产车间应负担的制造费用，借记本科目（基本生产成本、辅助生产成本），贷记“制造费用”科目。

辅助生产车间为基本生产车间、企业管理部门和其他部门提供的劳务和产品，期（月）末按照一定的分配标准分配给各受益对象，借记本科目（基本生产成本）、“管理费用”、“销售费用”、“其他业务成本”、“在建工程”等科目，贷记本科目（辅助生产成本）。

企业已经生产完成并已验收入库的产成品以及入库的自制半成品，应于期（月）末，借记“库存商品”等科目，贷记本科目（基本生产成本）。

② 生产性生物资产在产出农产品过程中发生的各项费用，借记“农业生产成本”科目，贷记“库存现金”、“银行存款”、“原材料”、“应付职工薪酬”、“生产性生物资产累计折旧”等科目。

农业生产过程中发生的应由农产品、消耗性生物资产、生产性生物资产和公益性生物资产共同负担的费用，借记“农业生产成本——共同费用”科目，贷记“库存现金”、“银行存款”、“原材料”、“应付职工薪酬”、“农业生产成本”等科目。

期（月）末，可按一定的分配标准对上述共同负担的费用进行分配，借记“农业生产成本——农产品”、“消耗性生物资产”、“生产性生物资产”、“公益性生物资产”等科目，贷记“农业生产成本——共同费用”科目。

应由生产性生物资产收获的农产品负担的费用，应当采用合理的方法在农产品各品种之间进行分配；如有尚未收获的农产品，还应当在已收获和尚未收获的农产品之间进行分配。

生产性生物资产收获的农产品验收入库时，按其实际成本，借记“农产品”科目，贷记本科目（农产品）。

（7）制造费用。

1）会计科目核算内容。本科目核算企业生产车间（部门）为生产产品和提供劳务而发生的各项间接费用。企业行政管理部门为组织和管理生产经营活动而发生的管理费用，在“管理费用”科目核算。

除季节性的生产性企业外，本科目期末应无余额。

2）明细核算。本科目可按不同的生产车间、部门和费用项目进行明细核算。

3）主要账务处理。发生的生产车间管理人员的工资等职工薪酬，借记本科目，贷记“应付职工薪酬”科目。

发生季节性的停工损失，借记本科目，贷记“原材料”、“应付职工薪酬”、“银行存款”等科目。

（8）劳务成本。

1）会计科目核算内容。本科目核算企业对外提供劳务发生的成本。企业（证券）在为上市公司进行承销业务发生的各项相关支出，可将本科目改为“5201　待转承销费用”科目，并按照客户进行明细核算。

本科目期末借方余额，反映企业尚未完成或尚未结转的劳务成本。

2）明细核算。本科目可按提供劳务种类进行明细核算。

3）主要账务处理。企业发生的各项劳务成本，借记本科目，贷记“银行存款”、“应付职工薪酬”、“原材料”等科目。建造承包商对外单位、专项工程等提供机械作业（包括运输设备）

的成本，借记本科目，贷记“机械作业”科目。结转劳务的成本，借记“主营业务成本”、“其他业务成本”等科目，贷记本科目。

（9）研发支出。

1）会计科目核算内容。本科目核算企业进行研究与开发无形资产过程中发生的各项支出。

本科目期末借方余额，反映企业正在进行无形资产研究开发项目满足资本化条件的支出。

2）明细核算。本科目可按研究开发项目，分别“费用化支出”、“资本化支出”进行明细核算。

3）主要账务处理。

① 企业自行开发无形资产发生的研发支出，不满足资本化条件的，借记本科目（费用化支出），满足资本化条件的，借记本科目（资本化支出），贷记“原材料”、“银行存款”、“应付职工薪酬”等科目。

② 研究开发项目达到预定用途形成无形资产的，应按本科目（资本化支出）的余额，借记“无形资产”科目，贷记本科目（资本化支出）。

期（月）末，应将本科目归集的费用化支出金额转入“管理费用”科目，借记“管理费用”科目，贷记本科目（费用化支出）。

（10）工程施工。

1）会计科目核算内容。本科目核算企业（建造承包商）实际发生的合同成本和合同毛利。

本科目期末借方余额反映企业尚未完工的建造合同成本和合同毛利。

2）明细核算。本科目可按建造合同，分别“合同成本”、“间接费用”、“合同毛利”进行明细核算。

3）主要账务处理。企业进行合同建造时发生的人工费、材料费、机械使用费以及施工现场材料的二次搬运费、生产工具和用具使用费、检验试验费、临时设施折旧费等其他直接费用，借记本科目（合同成本），贷记“应付职工薪酬”、“原材料”等科目。发生的施工、生产单位管理人员职工薪酬、固定资产折旧费、财产保险费、工程保修费、排污费等间接费用，借记本科目（间接费用），贷记“累计折旧”、“银行存款”等科目。

期（月）末，将间接费用分配计入有关合同成本，借记本科目（合同成本），贷记本科目（间接费用）。

（11）机械作业。

1）会计科目核算内容。本科目核算企业（建造承包商）及其内部独立核算的施工单位、机械站和运输队使用自有施工机械和运输设备进行机械作业（包括机械化施工和运输作业等）所发生的各项费用。

企业及其内部独立核算的施工单位，从外单位或本企业其他内部独立核算的机械站租入施工机械发生的机械租赁费，在“工程施工”科目核算。

本科目期末应无余额。

2）明细核算。本科目可按施工机械或运输设备的种类等进行明细核算。

施工企业内部独立核算的机械施工、运输单位使用自有施工机械或运输设备进行机械作业所发生的各项费用，可按成本核算对象和成本项目进行归集。

成本项目一般分为：人工费、燃料及动力费、折旧及修理费、其他直接费用、间接费用（为组织和管理机械作业生产所发生的费用）。

3）主要账务处理。

① 企业发生的机械作业支出，借记本科目，贷记“原材料”、“应付职工薪酬”、“累计折

旧”等科目。

② 期（月）末，企业及其内部独立核算的施工单位、机械站和运输队为本单位承包的工程进行机械化施工和运输作业的成本，应转入承包工程的成本，借记“工程施工”科目，贷记本科目。对外单位、专项工程等提供机械作业（包括运输设备）的成本，借记“劳务成本”科目，贷记本科目。

（12）其他业务成本。

1）会计科目核算内容。本科目核算企业确认的除主营业务活动以外的其他经营活动所发生的支出，包括销售材料的成本、出租固定资产的折旧额、出租无形资产的摊销额、出租包装物的成本或摊销额等。

除主营业务活动以外的其他经营活动发生的相关税费，在“营业税金及附加”科目核算。

采用成本模式计量投资性房地产的，其投资性房地产计提的折旧额或摊销额，也通过本科目核算。

期末，应将本科目余额转入“本年利润”科目，结转后本科目无余额。

2）明细核算。本科目可按其他业务成本的种类进行明细核算。

3）主要账务处理。企业发生的其他业务成本，借记本科目，贷记“原材料”、“周转材料”、“累计折旧”、“累计摊销”、“应付职工薪酬”、“银行存款”等科目。

（13）销售费用。

1）会计科目核算内容。本科目核算企业销售商品和材料、提供劳务的过程中发生的各种费用，包括保险费、包装费、展览费和广告费、商品维修费、预计产品质量保证损失、运输费、装卸费等以及为销售本企业商品而专设的销售机构（含销售网点、售后服务网点等）的职工薪酬、业务费、折旧费等经营费用。

企业发生的与专设销售机构相关的固定资产修理费用等后续支出，也在本科目核算。

企业（金融）应将本科目改为“6601　业务及管理费”科目，核算企业（金融）在业务经营和管理过程中所发生的各项费用，包括折旧费、业务宣传费、业务招待费、电子设备运转费、钞币运送费、安全防范费、邮电费、劳动保护费、外事费、印刷费、低值易耗品摊销、职工工资及福利费、差旅费、水电费、职工教育经费、工会经费、会议费、诉讼费、公证费、咨询费、无形资产摊销、长期待摊费用摊销、取暖降温费、聘请中介机构费、技术转让费、绿化费、董事会费、财产保险费、劳动保险费、待业保险费、住房公积金、物业管理费、研究费用、提取保险保障基金等。

企业（金融）不应设置“管理费用”科目。

期末，应将本科目余额转入“本年利润”科目，结转后本科目无余额。

2）明细核算。本科目可按费用项目进行明细核算。

3）主要账务处理。

① 企业在销售商品过程中发生的包装费、保险费、展览费和广告费、运输费、装卸费等费用，借记本科目，贷记“库存现金”、“银行存款”等科目。

② 发生的为销售本企业商品而专设的销售机构的职工薪酬、业务费等经营费用，借记本科目，贷记“应付职工薪酬”、“银行存款”、“累计折旧”等科目。

（14）管理费用。

1）会计科目核算内容。本科目核算企业为组织和管理企业生产经营所发生的管理费用，包括企业在筹建期间内发生的开办费、董事会和行政管理部门在企业的经营管理中发生的或者应由企业统一负担的公司经费（包括行政管理部门职工工资及福利费、物料消耗、低值易耗品摊销、办公费和差旅费等）、工会经费、董事会费（包括董事会成员津贴、会议费和差旅费等）、聘请中介机构费、咨询费（含顾问费）、诉讼费、业务招待费、房产税、车船税、土地使用税、印花税、技术转让费、矿产资源补偿费、研究费用、排污费等。

企业（商品流通）管理费用不多的，可不设置本科目，本科目的核算内容可并入“销售费用”科目核算。企业生产车间（部门）和行政管理部门等发生的固定资产修理费用等后续支出，也在本科目核算。

期末，应将本科目的余额转入“本年利润”科目，结转后本科目无余额。

2）明细核算。本科目可按费用项目进行明细核算。

3）主要账务处理。

① 企业在筹建期间内发生的开办费，包括人员工资、办公费、培训费、差旅费、印刷费、注册登记费以及不计入固定资产成本的借款费用等在实际发生时，借记本科目（开办费），贷记“银行存款”等科目。

② 行政管理部门人员的职工薪酬，借记本科目，贷记“应付职工薪酬”科目。

③ 行政管理部门计提的固定资产折旧，借记本科目，贷记“累计折旧”科目。

发生的办公费、水电费、业务招待费、聘请中介机构费、咨询费、诉讼费、技术转让费、研究费用，借记本科目，贷记“银行存款”、“研发支出”等科目。

按规定计算确定的应交矿产资源补偿费、房产税、车船税、土地使用税、印花税，借记本科目，贷记“应交税费”科目。

（15）勘探费用。

1）会计科目核算内容。本科目核算企业（石油天然气开采）在油气勘探过程中发生的地质调查、物理化学勘探各项支出和非成功探井等支出。

期末，应将本科目余额转入“本年利润”科目，结转后本科目无余额。

2）明细核算。本科目可按勘探项目进行明细核算。

3）主要账务处理。企业油气勘探过程中发生的各项非钻井勘探支出，借记本科目，贷记“银行存款”、“累计折旧”、“应付职工薪酬”等科目。油气勘探过程中发生的各项钻井勘探支出中属于未发现探明经济可采储量的钻井勘探支出，借记本科目，贷记“油气勘探支出”科目。

8．附注披露

企业应当在附注中披露与短期职工薪酬有关的下列信息：

（1）应当支付给职工的工资、奖金、津贴和补贴及其期末应付未付金额。

（2）应当为职工缴纳的医疗保险费、工伤保险费和生育保险费等社会保险费及其期末应付未付金额。

（3）应当为职工缴存的住房公积金及其期末应付未付金额。

（4）为职工提供的非货币性福利及其计算依据。

（5）依据短期利润分享计划提供的职工薪酬金额及其计算依据。

（6）其他短期薪酬。

企业应当披露所设立或参与的设定提存计划的性质、计算缴费金额的公式或依据，当期缴费金额以及期末应付未付金额。

企业应当披露与设定受益计划有关的下列信息：

（1）设定受益计划的特征及与之相关的风险。

（2）设定受益计划在财务报表中确认的金额及其变动。

（3）设定受益计划对企业未来现金流量金额、时间和不确定性的影响。

（4）设定受益计划义务现值所依赖的重大精算假设及有关敏感性分析的结果。

企业应当披露支付的因解除劳动关系所提供辞退福利及其期末应付未付金额。

企业应当披露提供的其他长期职工福利的性质、金额及其计算依据。

21.2 企业年金基金

21.2.1 企业年金基金概述

1．企业年金基金的定义和特征

企业年金对中国国内许多人来说还是个陌生的概念，但如果提到补充养老保险，则很多人都对此有一定的了解。我国在1991年《国务院关于企业职工养老保险制度改革的决定》（国发［1991］33号）中，第一次提出“国家提倡、鼓励企业实行补充养老保险”，就让许多人开始了解了补充养老保险。补充养老保险，是指在政府基本养老保险制度之外，雇主为了进一步提高其雇员退休后的收入水平而建立的一种补充性养老保险制度。2000年《国务院关于印发完善城镇社会保障体系试点方案的通知》（国发［2000］42号），将企业补充养老保险正式更名为“企业年金”。

《企业会计准则第10号——企业年金基金》规定：企业年金基金，是指根据依法制定的企业年金计划筹集的资金及其投资运营收益形成的企业补充养老保险基金。根据《企业年金试行办法》（劳动和社会保障部令第20号）以及《企业年金基金管理试行办法》（劳动和社会保障部令第23号）规定，企业年金是指企业及其职工在依法参加基本养老保险的基础上，自愿建立的补充养老保险制度。企业缴费属于职工薪酬的范围，其确认、计量及列报适用《企业会计准则第9号——职工薪酬》。

在欧美国家，企业年金一般称为补充养老保险计划（Supple-mentary Pension Schemes）（Complementary Schemes），通常又与其他术语混用，如职业年金（Occupational Pension）、第二层次养老保险（Second Pill Pension）、私人年金（Private Pension）、自愿养老保险（Voluntary Pension）等。而在欧盟国家养老保险文献中，以补充养老金计划和职业年金计划较为普遍，而美国则以私人养老金计划为主。

企业年金是对基本养老保险的补充，目的是提高退休人员的生活水平，使职工退休后，在领取国家法定养老金之外，还有另外一笔生活费来源，以减缓较低的法定养老金水平导致生活水平的大幅降低。

可见，企业年金的实质是一种应对和防范生存风险的方法之一。个人所面临的风险之一是人力资本（生存能力）的递减。生产率，尤其是劳动生产率，通常在某个年龄之后逐渐递减，这部分地解释了人们为什么在某时刻停止工作而退休。与退休相伴的是老年经济安全的问题。老年经济安全问题的产生在于老年人不但需要维持自己及家属生计的经济能力，也需要对意外事故发生时有预存经济储备才行。但老年经济能力普遍不足，中国如此，西方国家也是如此。主要问题在于，人到老年，就业与工作机会减少，但生活财务需求依然存在，需要有储蓄才行。据各项研究指出，大部分人在老年时房屋贷款虽已偿清，但相继而来的是，工商业发达的结果，诱人的消费品，刺激人们的购买欲，老人的消费，并不会因贷款的还清而降低；其次，老年人由于健康问题导致医疗保健费用增多，生活需要人照顾，也会导致生活费用的增加，储蓄不多，生活费用不足，就不足为奇了；再者，通货膨胀也会侵蚀储蓄，使老年人只能维持较低的生活水准，或逐渐用掉积蓄；此外，人类寿命的延长也是老年经济安全问题形成的重要原因。

而退休金制度的主要功能是为因年老财务来源枯竭而仍然活着的人提供保障。在现代社会，人们可选择三种途径为自己提供退休收入：

（1）基本养老保险。基本养老保险是指国家举办的、以法律为依据的、强制实施的保障国民老年生活的养老保险计划。其主要特点是：以政府信用作保证，通过国家行政强制实施并由政府直接举办，实现对退休老年人基本生活的保障；政府根据本国经济和社会发展的需要，划定一定的保障范围，强制要求覆盖在内的国民参加保险；养老待遇的确定向低收入者倾斜，具有较强的社会再分配功能；以满足人们基本生活需要为目的。

（2）企业年金。企业年金是企业建立的养老保险计划。在建立了基本养老保险制度的国家，企业年金是补充养老保险的主要运作形式；在没有建立基本养老保险制度的国家，企业年金是养老保障的主要形式。其实施主体是企业，其客体是养老金，其对象是企业员工。它强调与就业相关联和提供补充退休收入保障。

（3）个人年金或储蓄。由劳动者个人和家庭建立的以自愿储蓄或其他方式建立的补充性退休收入保障计划。通常可将老年生存风险转移给保险公司，称为保险型退休金计划（Insured Pension Plan），或委托银行、信托公司，称为非保险型退休计划（Noninsured Pension Plan）或称为信托型基金计划（Trust Fund Plan），或两类计划并用。

以上三种途径，是世界各国所普遍建立和完善养老保险体系的“三大支柱”或“三个层次”。

当然，除此之外，还有其他的一些方式来处理老年生存风险。在我国，自古以来有传统孝道的精神，依靠子女来解决老年经济安全问题也是可行之路，但毕竟由于社会环境、家庭结构等方面的变化，完全依赖子女已不现实，更多的还需采用上述三种途径来解决老年经济安全问题。

可见，企业年金是养老保障体系组成部分，处于多层次养老保障体系中的第二层次。

在多层次的养老保险模式中，第二层次的企业年金计划和第三层次的个人年金或储蓄计划有着诸多相同的特征和内在联系：都是相对于政府主办的基本养老保险而存在的，具有非公共产权属性，一般来说基本养老保险越发达、保障面越广、保障程度越宽，第二层次和第三层次的保险计划就会受到抑制；不是由国家举办，一般不具备强制性，只是在既定的规则中，按市场机制进行运作；通常由企业或个人和企业共同缴费；基金管理多样化，如企业或行业自我管理、委托专业养老金管理公司管理，当受益人达到退休年龄时，可以将个人账户资金继续投资或转换成年金产品，委托保险公司管理投资和待遇发放；基金投资运营商业化、市场化，允许个人利用自己账户内的资金直接投资或做出有关投资组合的投资决策。所以，在有些国家将第二层次和第三层次的养老金计划合称为私人养老金计划。

第二层次和第三层次的养老金计划的主要区别体现在主动实施的主体不同，前者是企业，而后者是个人。

与政府举办的基本养老保险相比，企业年金主要有以下基本特征。

第一，企业年金处于社会保险制度的第二层面，处于配套地位。从世界各国的情况看，基本养老保险承担的是维护社会稳定和保障国民基本生活的责任，因而它需要以国家或政府作为基本的责任主体；而企业补充养老保险并非以此为额定责任，也缺乏永久性的责任主体或担保人，如企业可能因财力所限而暂时终止为其职工补充养老保险，也可能因经营不善而破产，从而终结补充养老保险。因此，维护社会稳定、保障国民基本生活的社会性保障需求，主要是通过各种以国家或政府为责任主体或担保人的社会保障措施来获得满足的。

第二，企业年金具有立法的半强制性，但更主要的是体现出政策的导向性。世界各国基本养老保险在实施过程中均以法律或法规来强制实施，具有体现国家意志的强制性。而企业年金具有相当程度的自主性与灵活性，绝大多数情况下取决于企业的自愿，取决于企业与职工的谈判和协商。可见，企业年金并非属于强制行为。但由于企业补充养老保险对社会保障体系的完善具有积极的作用，因此，世界各国都对企业补充养老保险实行提倡和鼓励政策。

第三，公平性较差。由于法制的规范性和强制性，作为保障社会成员基本生活的基本养老保险，较多地体现“普惠性”，使基本养老保险制度具有公平性。在企业年金中，公平性却明显地要弱得多。因为，企业年金取决于企业所在地区经济发展水平和企业自身的经济效益，地区经济发展的不平衡和企业经济效益的巨大差异，必然决定着劳动者在企业补充养老保险中受益水平的较大差异性，进而表现出地区、行业或企业之间的补充养老保险水平较大的不公平性。

第四，政府承担的责任较小。基本养老保险是政府对国民应尽的责任，国家或政府对其财务负最后的担保责任；而对企业补充养老保险，政府不会对其财务提供担保，所以被保险人的保障程度取决于企业年金运作状况和补充养老保险经营主体经营状况，因而具有较大的风险性。

第五，基本养老保险既可以是普惠制，也可以是收入关联制，而企业年金则都是收入关联制。

2. 企业年金基金会计处理涉及的主要当事人

企业年金基金管理各方当事人包括委托人、受托人、账户管理人、托管人、投资管理人和中介服务机构等。受托人、托管人和投资管理人根据各自的职责，设置相应的会计科目和账户，对企业年金基金交易或事项进行会计处理。

（1）企业年金基金委托人。企业年金基金委托人是指设立企业年金基金的企业及其职工。企业和职工是企业年金计划参与者，作为缴纳企业年金计划供款的主体，按规定缴纳企业年金供款，并作为委托人与受托人签订书面合同，将企业年金基金财产委托给受托人管理运作。

（2）企业年金基金受托人。企业年金基金受托人是指受托管理企业年金基金的企业年金理事会或符合国家规定的养老金管理公司等法人受托机构，是编制企业年金基金财务报表的法定责任人。

受托人的主要职责：选择、监督、更换账户管理人、托管人、投资管理人以及中介服务机构；制定企业年金基金投资策略；编制企业年金基金管理和财务会计报告；根据合同对企业年金管理进行监督；根据合同收取企业和职工缴费，并向受益人支付企业年金待遇；接受委托人、受益人查询，定期向委托人、受益人和有关监管部门提供企业年金基金管理报告等。

（3）企业年金基金账户管理人。企业年金基金账户管理人是指受托管理企业年金基金账户的专业机构。

账户管理人的主要职责：建立企业年金基金企业账户和个人账户；记录企业、职工缴费以及企业年金基金投资收益；及时与托管人核对缴费数据以及企业年金基金账户财产变化状况；计算企业年金待遇；提供企业年金基金企业账户和个人账户信息查询服务；定期向受托人和有关监管部门提交企业年金基金账户管理报告等。

（4）企业年金基金托管人企业年金基金托管人是指受托提供保管企业年金基金财产等服务的商业银行或专业机构。

托管人的主要职责：安全保管企业年金基金财产；以企业年金基金名义开设的资金账户和证券账户；根据受托人指令，向投资管理人分配企业年金基金财产；根据投资管理人投资指令，及时办理清算、交割事宜；负责企业年金基金会计核算和估值，复核、审查投资管理人计算的基金财产净值；及时与账户管理人、投资管理人核对有关数据，按照规定监督投资管理人的投资运作；定期向受托人提交企业年金基金托管报告和财务会计报告；定期向有关监管部门提交企业年金基金托管报告；保存企业年金基金托管业务活动记录、账册、报表和其他资料等。

（5）企业年金基金投资管理人。企业年金基金投资管理人是指受托管理企业年金基金投资的专业机构。

投资管理人的主要职责：对企业年金基金财产进行投资；及时与托管人核对企业年金基金会计核算和估值结果；建立企业年金基金投资管理风险准备金；定期向受托人和有关监管部门提交投资管理报告；保存企业年金基金会计凭证、会计账簿、年度财务会计报告和投资记录等。

（6）中介服务机构。企业年金基金中介服务机构是指为企业年金基金管理提供服务的投资顾问公司、信用评估公司、精算咨询公司、会计师事务所、律师事务所等专业机构。

3. 企业年金基金管理运作流程

企业年金基金管理运作流程如图 21-1 所示。

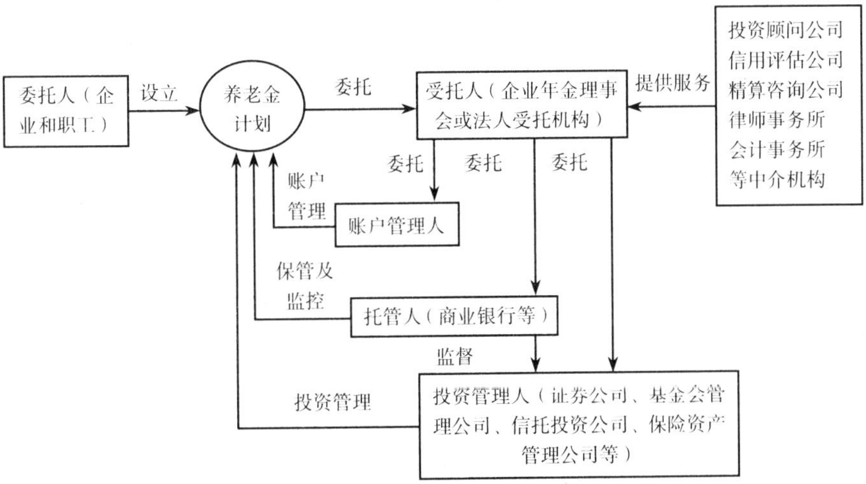

图 21-1　企业年金基金管理运作流程

4. 企业年金基金是一个独立的会计主体

企业年金基金应当作为独立的会计主体进行确认、计量和列报。

委托人、受托人、托管人、账户管理人、投资管理人和其他为企业年金基金管理提供服务的主体，应当将企业年金基金与其固有资产和其他资产严格区分，确保企业年金基金的安全。

《企业会计准则第 10 号——企业年金基金》第二条规定，企业年金基金是指根据依法制定的企业年金计划筹集的资金及其投资运营收益形成的企业补充养老保险基金。

企业年金是指企业及其职工在依法参加基本养老保险的基础上，自愿建立的补充养老保险制度。企业年金基金由企业缴费、职工个人缴费和企业年金基金投资运营收益组成，实行完全积累，采用个人账户方式进行管理。企业缴费属于职工薪酬的范围，适用《企业会计准则第 9 号——职工薪酬》。

企业年金基金作为一种信托财产，独立于委托人、受托人、账户管理人、托管人、投资管理人等的固有资产及其他资产，应当存入企业年金基金专户，作为独立的会计主体进行确认、计量和列报。

5. 企业年金基金会计的主要流程

企业年金基金的唯一用途就是进行投资，企业年金基金会计核算的所有内容均由投资活动引起，投资的核算是企业年金基金会计核算的核心。例如，委托人缴费形成银行存款，用银行存款购买股票形成股票投资，购买债券形成债券投资，购买基金形成基金投资，购买的股票、债券和基金会取得投资收益（如股利收入、利息收入、基金红利收入等），出售时会形成差价收入（如股票差价收入、债券差价收入、基金差价收入等），应支付的受托人、账户管理人、托管人及投资人的报酬会形成企业年金基金的负债，同时形成企业年金基金的费用，企业年金基金收入与费用的差额再减去应支付的企业年金基金待遇就形成一定时期企业年金基金净资产的变动额，与企业年金基金期初净资产相加，即可求得企业年金基金的期末净资产，这就是企业年金基金会计的主要流程。

6. 企业年金基金会计科目名称和编号

企业年金基金受托人、托管人、投资管理人应当根据各自的职责，按照企业年金基金准则及其应用指南的规定，设置相应会计科目和会计账簿，对企业年金基金发生的有关交易或者事项进行会计处理和报告。企业年金基金会计科目名称和编号如表 21-7 所示。

表 21-7 企业年金基金会计科目名称和编号

顺序号	编号	会计科目名称
一、资产类		
1	101	银行存款
2	102	结算备付金
3	104	交易保证金
4	113	应收利息
5	114	应收股利
6	115	应收红利
7	118	买入返售证券
8	125	其他应收款
9	128	交易性金融资产
10	131	其他资产
二、负债类		
11	201	应付受益人待遇
12	204	应付受托人管理费
13	205	应付托管人管理费
14	216	应付投资管理人管理费
15	216	应交税费
16	218	卖出回购证券款
17	221	应付利息
18	223	应付佣金
19	229	其他应付款
三、共同类		
20	301	证券清算款

续表

顺序号	编号	会计科目名称
		四、基金净值类
21	401	企业年金基金
		个人账户结余
		企业账户结余
		净收益
		个人账户转入
		个人账户转出
		支付受益人待遇
22	410	本期收益
		五、损益类
23	501	存款利息收入
24	503	买入返售证券收入
25	505	公允价值变动收益
26	531	投资收益
27	533	其他收入
28	534	交易费用
29	539	受托人管理费
30	540	托管人管理费
31	541	投资管理人管理费
32	552	卖出回购证券支出
33	566	其他费用
34	570	以前年度损益调整

21.2.2 企业年金政策

1. 关于完善城镇社会保障体系的试点方案

调整和完善城镇企业职工基本养老保险制度：有条件的企业可为职工建立企业年金，并实行市场化运营和管理。企业年金实行基金完全积累，采用个人账户方式进行管理，费用由企业和职工个人缴纳，企业缴费在工资总额4%以内的部分，可从成本中列支。同时，鼓励开展个人储蓄性养老保险。

2. 国务院关于完善企业职工基本养老保险制度的决定

近年来，各地区和有关部门按照党中央、国务院关于完善企业职工基本养老保险制度的部署和要求，以确保企业离退休人员基本养老金按时足额发放为中心，努力扩大基本养老保险覆盖范围，切实加强基本养老保险基金征缴，积极推进企业退休人员社会化管理服务，各项工作取得明显成效，为促进改革、发展和维护社会稳定发挥了重要作用。但是，随着人口老龄化、就业方式多样化和城市化的发展，现行企业职工基本养老保险制度还存在个人账户没有做实、计发办法不尽合理、覆盖范围不够广泛等不适应的问题，需要加以改革和完善。为此，在充分调查研究和总结东北三省完善城镇社会保障体系试点经验的基础上，国务院对完善企业职工基本养老保险制度做出如下决定：

一、完善企业职工基本养老保险制度的指导思想和主要任务。以邓小平理论和“三个代表”重要思想为指导，认真贯彻党的十六大和十六届三中、四中、五中全会精神，按照落实科学发展观和构建社会主义和谐社会的要求，统筹考虑当前和长远的关系，坚持覆盖广泛、水平适当、结构合理、基金平衡的原则，完善政策，健全机制，加强管理，建立起适合我国国情，实现可持续发展的基本养老保险制度。主要任务是：确保基本养老金按时足额发放，保障离退休人员基本生活；逐步做实个人账户，完善社会统筹与个人账户相结合的基本制度；统一城镇个体工商户和灵活就业人员参保缴费政策，扩大覆盖范围；改革基本养老金计发办法，建立参保缴费的激励约束机制；根据经济发展水平和各方面承受能力，合理确定基本养老金水平；建立多层次养老保险体系，划清中央与地方、政府与企业及个人的责任；加强基本养老保险基金征缴和监管，完善多渠道筹资机制；进一步做好退休人员社会化管理工作，提高服务水平。

二、确保基本养老金按时足额发放。要继续把确保企业离退休人员基本养老金按时足额发放作为首要任务，进一步完善各项政策和工作机制，确保离退休人员基本养老金按时足额发放，不得发生新的基本养老金拖欠，切实保障离退休人员的合法权益。对过去拖欠的基本养老金，各地要根据《中共中央办公厅 国务院办公厅关于进一步做好补发拖欠基本养老金和企业调整工资工作的通知》要求，认真加以解决。

三、扩大基本养老保险覆盖范围。城镇各类企业职工、个体工商户和灵活就业人员都要参加企业职工基本养老保险。当前及今后一个时期，要以非公有制企业、城镇个体工商户和灵活就业人员参保工作为重点，扩大基本养老保险覆盖范围。要进一步落实国家有关社会保险补贴政策，帮助就业困难人员参保缴费。城镇个体工商户和灵活就业人员参加基本养老保险的缴费基数为当地上年度在岗职工平均工资，缴费比例为20%，其中8%记入个人账户，退休后按企业职工基本养老金计发办法计发基本养老金。

四、逐步做实个人账户。做实个人账户，积累基本养老保险基金，是应对人口老龄化的重要举措，也是实现企业职工基本养老保险制度可持续发展的重要保证。要继续抓好东北三省做实个人账户试点工作，抓紧研究制订其他地区扩大做实个人账户试点的具体方案，报国务院批准后实施。国家制定个人账户基金管理和投资运营办法，实现保值增值。

五、加强基本养老保险基金征缴与监管。要全面落实《社会保险费征缴暂行条例》的各项规定，严格执行社会保险登记和缴费申报制度，强化社会保险稽核和劳动保障监察执法工作，努力提高征缴率。凡是参加企业职工基本养老保险的单位和个人，都必须按时足额缴纳基本养老保险费；对拒缴、瞒报少缴基本养老保险费的，要依法处理；对欠缴基本养老保险费的，要采取各种措施，加大追缴力度，确保基本养老保险基金应收尽收。各地要按照建立公共财政的要求，积极调整财政支出结构，加大对社会保障的资金投入。

基本养老保险基金要纳入财政专户，实行收支两条线管理，严禁挤占挪用。要制定和完善社会保险基金监督管理的法律法规，实现依法监督。各省、自治区、直辖市人民政府要完善工作机制，保证基金监管制度的顺利实施。要继续发挥审计监督、社会监督和舆论监督的作用，共同维护基金安全。

六、改革基本养老金计发办法。为与做实个人账户相衔接，从2006年1月1日起，个人账户的规模统一由本人缴费工资的11%调整为8%，全部由个人缴费形成，单位缴费不再划入个人账户。同时，进一步完善鼓励职工参保缴费的激励约束机制，相应调整基本养老金计发办法。

《国务院关于建立统一的企业职工基本养老保险制度的决定》（国发［1997］26号）实施后参加工作、缴费年限（含视同缴费年限，下同）累计满15年的人员，退休后按月发给基本养老金。基本养老金由基础养老金和个人账户养老金组成。退休时的基础养老金月标准以当地上年度在岗职工月平均工资和本人指数化月平均缴费工资的平均值为基数，缴费每满1年发给1%。个人账户养老金月标准为个人账户储存额除以计发月数，计发月数根据职工退休时城镇人口平均预期寿命、本人退休年龄、利息等因素确定。

国发［1997］26号文件实施前参加工作，本决定实施后退休且缴费年限累计满15年的人员，在发给基础养老金和个人账户养老金的基础上，再发给过渡性养老金。各省、自治区、直辖市人民政府要按照待遇水平合理衔接、新老政策平稳过渡的原则，在认真测算的基础上，制订具体的过渡办法，并报劳动保障部、财政部备案。

本决定实施后到达退休年龄但缴费年限累计不满15年的人员，不发给基础养老金；个人账户储存额一次性支付给本人，终止基本养老保险关系。

本决定实施前已经离退休的人员，仍按国家原来的规定发给基本养老金，同时执行基本养老金调整办法。

七、建立基本养老金正常调整机制。根据职工工资和物价变动等情况，国务院适时调整企业退休人员基本养老金水平，调整幅度为省、自治区、直辖市当地企业在岗职工平均工资年增长率的一定比例。各地根据本地实际情况提出具体调整方案，报劳动保障部、财政部审批后实施。

八、加快提高统筹层次。进一步加强省级基金预算管理，明确省、市、县各级人民政府的责任，建立健全省级基金调剂制度，加大基金调剂力度。在完善市级统筹的基础上，尽快提高统筹层次，实现省级统筹，为构建全国统一的劳动力市场和促进人员合理流动创造条件。

九、发展企业年金。为建立多层次的养老保险体系，增强企业的人才竞争能力，更好地保障企业职工退休后的生活，具备条件的企业可为职工建立企业年金。企业年金基金实行完全积累，采取市场化的方式进行管理和运营。要切实做好企业年金基金监管工作，实现规范运作，切实维护企业和职工的利益。

十、做好退休人员社会化管理服务工作。要按照建立独立于企业事业单位之外社会保障体系的要求，继续做好企业退休人员社会化管理工作。要加强街道、社区劳动保障工作平台建设，加快公共老年服务设施和服务网络建设，条件具备的地方，可开展老年护理服务，兴建退休人员公寓，为退休人员提供更多更好的服务，不断提高退休人员的生活质量。

十一、不断提高社会保险管理服务水平。要高度重视社会保险经办能力建设，加快社会保障信息服务网络建设步伐，建立高效运转的经办管理服务体系，把社会保险的政策落到实处。各级社会保险经办机构要完善管理制度，制定技术标准，规范业务流程，实现规范化、信息化和专业化管理。同时，要加强人员培训，提高政治和业务素质，不断提高工作效率和服务质量。

完善企业职工基本养老保险制度是构建社会主义和谐社会的重要内容，事关改革发展稳定的大局。各地区和有关部门要高度重视，加强领导，精心组织实施，研究制订具体的实施意见和办法，并报劳动保障部备案。劳动保障部要会同有关部门加强指导和监督检查，及时研究解决工作中遇到的问题，确保本决定的贯彻实施。

本决定自发布之日起实施，已有规定与本决定不一致的，按本决定执行。

3. 企业年金试行办法

第一条　为建立多层次的养老保险制度，更好地保障企业职工退休后的生活，完善社会保障体系，根据劳动法和国务院的有关规定，制定本办法。

第二条　本办法所称企业年金，是指企业及其职工在依法参加基本养老保险的基础上，自愿建立的补充养老保险制度。建立企业年金，应当按照本办法的规定执行。

第三条　符合下列条件的企业，可以建立企业年金：

（一）依法参加基本养老保险并履行缴费义务；

（二）具有相应的经济负担能力；

（三）已建立集体协商机制。

第四条　建立企业年金，应当由企业与工会或职工代表通过集体协商确定，并制定企业年金方案。国有及国有控股企业的企业年金方案草案应当提交职工大会或职工代表大会讨论通过。

第五条　企业年金方案应当包括以下内容：

（一）参加人员范围；

（二）资金筹集方式；

（三）职工企业年金个人账户管理方式；

（四）基金管理方式；

（五）计发办法和支付方式；

（六）支付企业年金待遇的条件；

（七）组织管理和监督方式；

（八）中止缴费的条件；

（九）双方约定的其他事项。

企业年金方案适用于企业试用期满的职工。

第六条　企业年金方案应当报送所在地区县以上地方人民政府劳动保障行政部门。中央所属大型企业企业年金方案，应当报送劳动保障部。劳动保障行政部门自收到企业年金方案文本之日起15日内未提出异议的，企业年金方案即行生效。

第七条　企业年金所需费用由企业和职工个人共同缴纳。企业缴费的列支渠道按国家有关规定执行；职工个人缴费可以由企业从职工个人工资中代扣。

第八条　企业缴费每年不超过本企业上年度职工工资总额的十二分之一。企业和职工个人缴费合计一般不超过本企业上年度职工工资总额的六分之一。

第九条　企业年金基金由下列各项组成：

（一）企业缴费；

（二）职工个人缴费；

（三）企业年金基金投资运营收益。

第十条　企业年金基金实行完全积累，采用个人账户方式进行管理。

企业年金基金可以按照国家规定投资运营。企业年金基金投资运营收益并入企业年金基金。

第十一条　企业缴费应当按照企业年金方案规定比例计算的数额计入职工企业年金个人账户；职工个人缴费额计入本人企业年金个人账户。

企业年金基金投资运营收益，按净收益率计入企业年金个人账户。

第十二条　职工在达到国家规定的退休年龄时，可以从本人企业年金个人账户中一次或定期领取企业年金。职工未达到国家规定的退休年龄的，不得从个人账户中提前提取资金。

出境定居人员的企业年金个人账户资金，可根据本人要求一次性支付给本人。

第十三条　职工变动工作单位时，企业年金个人账户资金可以随同转移。职工升学、参军、失业期间或新就业单位没有实行企业年金制度的，其企业年金个人账户可由原管理机构继续管理。

第十四条　职工或退休人员死亡后，其企业年金个人账户余额由其指定的受益人或法定继承人一次性领取。

第十五条　建立企业年金的企业，应当确定企业年金受托人（以下简称受托人），受托管理企业年金。受托人可以是企业成立的企业年金理事会，也可以是符合国家规定的法人受托机构。

第十六条　企业年金理事会由企业和职工代表组成，也可以聘请企业以外的专业人员参加，其中职工代表应不少于三分之一。

第十七条　企业年金理事会除管理本企业的企业年金事务之外，不得从事其他任何形式的营业性活动。

第十八条　确定受托人应当签订书面合同。合同一方为企业，另一方为受托人。

第十九条　受托人可以委托具有资格的企业年金账户管理机构作为账户管理人，负责管理企业年金账户；可以委托具有资格的投资运营机构作为投资管理人，负责企业年金基金的投资运营。

受托人应当选择具有资格的商业银行或专业托管机构作为托管人，负责托管企业年金基金。

受托人与账户管理人、投资管理人和托管人确定委托关系，应当签订书面合同。

第二十条　企业年金基金必须与受托人、账户管理人、投资管理人和托管人的自有资产或其他资产分开管理，不得挪作其他用途。

企业年金基金管理应当执行国家有关规定。

第二十一条　县级以上各级人民政府劳动保障行政部门负责对本办法的执行情况进行监督检查。对违反本办法规定的，由劳动保障行政部门予以警告，责令改正。

第二十二条　因履行企业年金合同发生争议的，当事人可以依法提请仲裁或者诉讼；因订立或者履行企业年金方案发生争议的，按国家有关集体合同争议处理规定执行。

第二十三条　参加企业基本养老保险社会统筹的其他单位，可参照本办法的规定执行。

第二十四条　本办法自2004年5月1日起实施。原劳动部1995年12月29日发布的《关于印发〈关于建立企业补充养老保险制度的意见〉的通知》同时废止。

4. 企业年金基金管理试行办法

第一章　总　则

第一条　为维护企业年金各方当事人的合法权益，规范企业年金基金管理，根据劳动法、信托法、合同法、证券投资基金法等法律和国务院有关规定，制定本办法。

第二条　企业年金基金的受托管理、账户管理、托管以及投资管理适用本办法。

本办法所称企业年金基金，是指根据依法制定的企业年金计划筹集的资金及其投资运营收益形成的企业补充养老保险基金。

第三条　设立企业年金的企业及其职工作为委托人与企业年金理事会或法人受托机构（以下简称受托人），受托人与企业年金基金账户管理机构（以下简称账户管理人）、企业年金基金托管机构（以下简称托管人）和企业年金基金投资管理机构（以下简称投资管理人），按照国家有关规定建立书面合同关系。

书面合同应当报劳动保障行政部门备案。

第四条　企业年金基金必须存入企业年金专户。企业年金基金财产独立于委托人、受托人、账户管理人、托管人、投资管理人和其他为企业年金基金管理提供服务的自然人、法人或其他组织的固有财产及其管理的其他财产。

企业年金基金财产的管理、运用或其他情形取得的财产和收益，应当归入基金财产。

第五条　委托人、受托人、账户管理人、托管人、投资管理人和其他为企业年金基金管理提供服务的自然人、法人或其他组织，因依法解散、被依法撤销或被依法宣告破产等原因进行终止清算的，企业年金基金财产不属于其清算财产。

第六条　企业年金基金财产的债权，不得与委托人、受托人、账户管理人、托管人、投资管理人和其他为企业年金基金管理提供服务的自然人、法人或其他组织固有财产的债务相抵消。不同企业的企业年金基金的债权债务，不得相互抵消。

第七条　非因企业年金基金财产本身承担的债务，不得对基金财产强制执行。

第八条　受托人、账户管理人、托管人、投资管理人和其他为企业年金基金管理提供服务的自然人、法人或其他组织必须恪尽职守，履行诚实、信用、谨慎、勤勉的义务。

第九条　劳动保障部负责制定企业年金基金管理的有关政策。劳动保障行政部门对企业年金基金管理进行监管。

第二章　受托人

第十条　本办法所称受托人，是指受托管理企业年金基金的企业年金理事会或符合国家规定的养老金管理公司等法人受托机构（以下简称法人受托机构）。

第十一条　企业年金理事会由企业代表和职工代表等人员组成，依法管理本企业的企业年金事务，不得从事任何形式的营业性活动。

企业年金理事会理事应当诚实守信、无重大违法记录，并不得以任何形式收取费用。

第十二条　法人受托机构应当具备下列条件：

（一）经国家金融监管部门批准，在中国境内注册；

（二）注册资本不少于1亿元人民币，且在任何时候都维持不少于1.5亿元人民币的净资产；

（三）具有完善的法人治理结构；

（四）取得企业年金基金从业资格的专职人员达到规定人数；

（五）具有符合要求的营业场所、安全防范设施和与企业年金基金受托管理业务有关的其他设施；

（六）具有完善的内部稽核监控制度和风险控制制度；

（七）近3年没有重大违法违规行为；

（八）国家规定的其他条件。

第十三条　受托人应当履行下列职责：

（一）选择、监督、更换账户管理人、托管人、投资管理人以及中介服务机构；

（二）制定企业年金基金投资策略；

（三）编制企业年金基金管理和财务会计报告；

（四）根据合同对企业年金基金管理进行监督；

（五）根据合同收取企业和职工缴费，并向受益人支付企业年金待遇；

（六）接受委托人、受益人查询，定期向委托人、受益人和有关监管部门提供企业年金基金管理报告。发生重大事件时，及时向委托人、受益人和有关监管部门报告；

（七）按照国家规定保存与企业年金基金管理有关的记录至少15年；

（八）国家规定和合同约定的其他职责。

第十四条　本办法所称受益人，是指参加企业年金计划并享有受益权的企业职工。

第十五条　法人受托机构具备账户管理或投资管理业务资格，可以兼任账户管理人或投资管理人，但应当保证各项管理之间的独立性。

第十六条　有下列情形之一的，法人受托机构职责终止：

（一）违反与委托人合同约定的；

（二）利用企业年金基金财产为其谋取利益，或为他人谋取不正当利益的；

（三）依法解散、被依法撤销、被依法宣告破产或被依法接管的；

（四）被依法取消企业年金基金受托管理业务资格的；

（五）委托人有证据认为更换受托人符合受益人利益的；

（六）有关监管部门有充分理由和依据认为更换受托人符合受益人利益的；

（七）国家规定和合同约定的其他情形。

企业年金理事会有前款规定情形之一的，应当按国家规定重新组成。

第十七条　受托人职责终止的，委托人应当在30日内委任新的受托人。

受托人职责终止的，应当妥善保管企业年金基金受托管理资料，及时办理受托管理业务移交手续，新受托人应当及时接收。

第十八条　受托人职责终止的，应当按照规定聘请会计师事务所对受托管理进行审计，将审计结果报委托人并报有关监管部门备案。

第三章　账户管理人

第十九条　本办法所称账户管理人，是指受托人委托管理企业年金基金账户的专业机构。

第二十条　账户管理人应当具备下列条件：

（一）经国家有关部门批准，在中国境内注册的独立法人；

（二）注册资本不少于5 000万元人民币；

（三）具有完善的法人治理结构；

（四）取得企业年金基金从业资格的专职人员达到规定人数；

（五）具有相应的企业年金基金账户信息管理系统；

（六）具有符合要求的营业场所、安全防范设施和与企业年金基金账户管理业务有关的其他设施；

（七）具有完善的内部稽核监控制度和风险控制制度；

（八）国家规定的其他条件。

第二十一条　账户管理人应当履行下列职责：

（一）建立企业年金基金企业账户和个人账户；

（二）记录企业、职工缴费以及企业年金基金投资收益；

（三）及时与托管人核对缴费数据以及企业年金基金账户财产变化状况；

（四）计算企业年金待遇；

（五）提供企业年金基金企业账户和个人账户信息查询服务；

（六）定期向受托人和有关监管部门提交企业年金基金账户管理报告；

（七）按照国家规定保存企业年金基金账户管理档案至少15年；

（八）国家规定和合同约定的其他职责。

第二十二条　有下列情形之一的，账户管理人职责终止：

（一）违反与受托人合同约定的；

（二）利用企业年金基金财产为其谋取利益，或为他人谋取不正当利益的；

（三）依法解散、被依法撤销、被依法宣告破产或被依法接管的；

（四）被依法取消企业年金基金账户管理业务资格的；

（五）受托人有证据认为更换账户管理人符合受益人利益的；

（六）有关监管部门有充分理由和依据认为更换账户管理人符合受益人利益的；

（七）国家规定和合同约定的其他情形。

第二十三条　账户管理人职责终止的，受托人应当在30日内确定新的账户管理人。

账户管理人职责终止的，应当妥善保管企业年金基金账户管理资料，及时办理账户管理业务移交手续，新账户管理人应当及时接收。

第二十四条　账户管理人职责终止的，应当按照规定聘请会计师事务所对账户管理进行审计，将审计结果报受托人并报有关监管部门备案。

第四章　托管人

第二十五条　本办法所称托管人，是指受托人委托保管企业年金基金财产的商业银行或专业机构。

单个企业年金计划托管人由一家商业银行或专业机构担任。

第二十六条　托管人应当具备下列条件：

（一）经国家金融监管部门批准，在中国境内注册的独立法人；

（二）净资产不少于50亿元人民币；

（三）取得企业年金基金从业资格的专职人员达到规定人数；

（四）具有保管企业年金基金财产的条件；

（五）具有安全高效的清算、交割系统；

（六）具有符合要求的营业场所、安全防范设施和与企业年金基金托管业务有关的其他设施；

（七）具有完善的内部稽核监控制度和风险控制制度；

（八）国家规定的其他条件。

商业银行担任托管人，应当设有专门的基金托管部门。

第二十七条　托管人应当履行下列职责：

（一）安全保管企业年金基金财产；

（二）以企业年金基金名义开设基金财产的资金账户和证券账户；

（三）对所托管的不同企业年金基金财产分别设置账户，确保基金财产的完整和独立；

（四）根据受托人指令，向投资管理人分配企业年金基金财产；

（五）根据投资管理人投资指令，及时办理清算、交割事宜；

（六）负责企业年金基金会计核算和估值，复核、审查投资管理人计算的基金财产净值；

（七）及时与账户管理人、投资管理人核对有关数据，按照规定监督投资管理人的投资运作；

（八）定期向受托人提交企业年金基金托管和财务会计报告；

（九）定期向有关监管部门提交企业年金基金托管报告；

（十）按照国家规定保存企业年金基金托管业务活动记录、账册、报表和其他相关资料至少15年；

（十一）国家规定和合同约定的其他职责。

第二十八条　托管人发现投资管理人的投资指令违反法律、行政法规、其他有关规定或合同约定的，应当拒绝执行，立即通知投资管理人，并及时向受托人和有关监管部门报告。

托管人发现投资管理人依据交易程序已经生效的投资指令违反法律、行政法规、其他有关规定或合同约定的，应当立即通知投资管理人，并及时向受托人和有关监管部门报告。

第二十九条　有下列情形之一的，托管人职责终止：

（一）违反与受托人合同约定的；

（二）利用企业年金基金财产为其谋取利益，或为他人谋取不正当利益的；

（三）依法解散、被依法撤销、被依法宣告破产或被依法接管的；

（四）被依法取消企业年金基金托管业务的；

（五）受托人有证据认为更换托管人符合受益人利益的；

（六）有关监管部门有充分理由和依据认为更换托管人符合受益人利益的；

（七）国家规定和合同约定的其他情形。

第三十条　托管人职责终止的，受托人应当在30日内确定新的托管人。

托管人职责终止的，应当妥善保管企业年金基金托管资料，及时办理托管业务移交手续，新托管人应当及时接收。

第三十一条　托管人职责终止的，应当按照规定聘请会计师事务所对托管进行审计，将审计结果报受托人并报有关监管部门备案。

第三十二条　禁止托管人有下列行为：

（一）托管的企业年金基金财产与其固有财产混合管理；

（二）托管的企业年金基金财产与托管的其他财产混合管理；

（三）托管的不同企业年金基金财产混合管理；

（四）挪用托管的企业年金基金财产；

（五）国家规定和合同约定禁止的其他行为。

第五章　投资管理人

第三十三条　本办法所称投资管理人，是指受托人委托投资管理企业年金基金财产的专业机构。

第三十四条　投资管理人应当具备下列条件：

（一）经国家金融监管部门批准，在中国境内注册，具有受托投资管理、基金管理或资产管理资格的独立法人；

（二）综合类证券公司注册资本不少于10亿元人民币，且在任何时候都维持不少于10亿元人民币的净资产；基金管理公司、信托投资公司、保险资产管理公司或其他专业投资机构注册资本不少于1亿元人民币，且在任何时候都维持不少于1亿元人民币的净资产；

（三）具有完善的法人治理结构；

（四）取得企业年金基金从业资格的专职人员达到规定人数；

（五）具有符合要求的营业场所、安全防范设施和与企业年金基金投资管理业务有关的其他设施；

（六）具有完善的内部稽核监控制度和风险控制制度；

（七）近3年没有重大违法违规行为；

（八）国家规定的其他条件。

第三十五条　投资管理人应当履行下列职责：

（一）对企业年金基金财产进行投资；

（二）及时与托管人核对企业年金基金会计核算和估值结果；

（三）建立企业年金基金投资管理风险准备金；

（四）定期向受托人和有关监管部门提交投资管理报告；

（五）根据国家规定保存企业年金基金财产会计凭证、会计账簿、年度财务会计报告和投资记录至少15年；

（六）国家规定和合同约定的其他职责。

第三十六条　有下列情形之一的，投资管理人应当及时向受托人和有关监管部门报告：

（一）企业年金基金财产市场价值大幅度波动的；

（二）减资、合并、分立、依法解散、被依法撤销、决定申请破产或被申请破产的；
（三）涉及重大诉讼或仲裁的；
（四）董事、监事、经理及其他高级管理人员发生重大变动的；
（五）可能使企业年金基金财产价值受到重大影响的其他事项；
（六）国家规定和合同约定的其他情形。

第三十七条　有下列情形之一的，投资管理人职责终止：
（一）违反与受托人合同约定的；
（二）利用企业年金基金财产为其谋取利益，或为他人谋取不正当利益的；
（三）依法解散、被依法撤销、被依法宣告破产或被依法接管的；
（四）被依法取消企业年金基金投资管理资格的；
（五）受托人有证据认为更换投资管理人符合受益人利益的；
（六）有关监管部门有充分理由和依据认为更换投资管理人符合受益人利益的；
（七）国家规定和合同约定的其他情形。

第三十八条　投资管理人职责终止的，受托人应当在30日内确定新的投资管理人。

投资管理人职责终止的，应当妥善保管企业年金基金投资管理资料，及时办理投资管理业务移交手续，新投资管理人应当及时接收。

第三十九条　投资管理人职责终止的，应当按照规定聘请会计师事务所对投资管理进行审计，将审计结果报受托人并报有关监管部门备案。

第四十条 禁止投资管理人有下列行为：
（一）将其固有财产或他人财产混同于企业年金基金财产；
（二）不公平对待其管理的不同企业年金基金财产；
（三）挪用企业年金基金财产；
（四）国家规定和合同约定禁止的其他行为。

第六章　中介服务机构

第四十一条　本办法所称中介服务机构，是指为企业年金管理提供服务的投资顾问公司、信用评估公司、精算咨询公司、律师事务所、会计师事务所等专业机构。

第四十二条　中介服务机构经委托可以从事下列业务：
（-）为企业设计企业年金计划；
（二）为企业年金管理提供咨询；
（三）为受托人选择账户管理人、托管人、投资管理人提供咨询；
（四）对企业年金管理绩效进行评估；
（五）对企业年金基金财务报告进行审计；
（六）国家规定和合同约定的其他业务。

第四十三条　中介服务机构提供企业年金中介服务应当严格遵守相关职业准则。

第七章　企业年金基金投资

第四十四条　企业年金基金投资管理应当遵循谨慎、分散风险的原则，充分考虑企业年金基金财产的安全性和流动性，实行专业化管理。

第四十五条 投资管理人的董事、监事、经理和其他从业人员，不得担任托管人或其他投资管理人的任何职务。

投资管理人与托管人不得为同一人，不得相互出资或相互持有股份。

第四十六条　企业年金基金财产的投资范围，限于银行存款、国债和其他具有良好流动性的金融产品，包括短期债券回购、信用等级在投资级以上的金融债和企业债、可转换债、投资性保险产品、证券投资基金、股票等。

第四十七条　企业年金基金财产的投资，按市场价计算应当符合下列规定：

（一）投资银行活期存款、中央银行票据、短期债券回购等流动性产品及货币市场基金的比例，不低于基金净资产的20%；

（二）投资银行定期存款、协议存款、国债、金融债、企业债等固定收益类产品及可转换债、债券基金的比例，不高于基金净资产的50%。其中，投资国债的比例不低于基金净资产的20%；

（三）投资股票等权益类产品及投资性保险产品、股票基金的比例，不高于基金净资产的30%。其中，投资股票的比例不高于基金净资产的20%。

第四十八条　根据金融市场变化和投资运作情况，劳动保障部会同中国银监会、中国证监会和中国保监会，适时对企业年金基金投资管理机构、投资产品和比例进行调整。

第四十九条　单个投资管理人管理的企业年金基金财产，投资于一家企业所发行的证券或单只证券投资基金，按市场价计算，不得超过该企业所发行证券或该基金份额的5%；也不得超过其管理的企业年金基金财产总值的10%。

第五十条　投资管理人管理的企业年金基金财产投资于自己管理的金融产品须经受托人同意。

第五十一条　企业年金基金不得用于信用交易，不得用于向他人贷款和提供担保。

投资管理人不得从事使企业年金基金财产承担无限责任的投资。

第八章　收益分配及费用

第五十二条　账户管理人根据企业年金基金财产净值和净值增长率，按周或按日足额记入企业年金基金企业账户和个人账户。

第五十三条　受托人提取的管理费不高于受托管理企业年金基金财产净值的0.2%。

第五十四条　账户管理人的管理费按每户每月不超过5元人民币的限额，由设立企业年金计划的企业另行缴纳。

第五十五条　托管人提取的托管费不高于托管企业年金基金财产净值的0.2%。

第五十六条　投资管理人提取的管理费不高于投资管理企业年金基金财产净值的1.2%。

第五十七条　根据企业年金基金管理情况，劳动保障部会同中国银监会、中国证监会和中国保监会，适时对有关管理费或托管费进行调整。

第五十八条　投资管理人从当期收取的管理费中，提取20%作为企业年金基金投资管理风险准备金，专项用于弥补企业年金基金投资亏损。企业年金基金投资管理风险准备金在托管银行专户存储，余额达到投资管理企业年金基金财产净值的10%时可不再提取。

第九章　信息披露

第五十九条　受托人、账户管理人、托管人和投资管理人应当按照规定向有关监管部门报告企业年金基金管理情况，并对所报告内容的真实性、完整性负责。

第六十条　受托人应当在每季度结束后15日内向委托人提交季度企业年金基金管理报告；并应当在年度结束后45日内向委托人提交年度企业年金基金管理报告，其中年度企业年金基金财务会计报告须经会计师事务所审计。

第六十一条　账户管理人应当在每季度结束后10日内向受托人提交季度企业年金基金账户管理报告；并应当在年度结束后30日内向受托人提交年度企业年金基金账户管理报告。

第六十二条　托管人应当在每季度结束后10日内向受托人提交季度企业年金基金托管和财务会计报告；并应当在年度结束后30日内向受托人提交年度企业年金基金托管和财务会计报告，其中年度财务会计报告须经会计师事务所审计。

第六十三条　投资管理人应当在每季度结束后10日内向受托人提交经托管人确认的季度企业年金基金投资组合报告；并应当在年度结束后30日内向受托人提交经托管人确认的年度企业年金基金投资管理报告。

第十章　监督检查

第六十四条　法人受托机构、账户管理人、托管人、投资管理人开展企业年金基金管理相关业务应当向劳动保障部提出申请。法人受托机构、投资管理人向劳动保障部提出申请前应当先经其业务监管部门同意，托管人向劳动保障部提出申请前应当先向其业务监管部门备案。

第六十五条　劳动保障部收到法人受托机构、账户管理人、托管人、投资管理人的申请后，应当组织专家评审委员会，按照规定进行审慎评审。经评审符合条件的，由劳动保障部会同有关部门确认公告；经评审不符合条件的，应当书面通知申请人。

专家评审委员会由有关部门代表和社会专业人士组成。

第六十六条　受托人、账户管理人、托管人、投资管理人开展企业年金基金管理相关业务，应当接受劳动保障行政部门的监管。

受托人、托管人和投资管理人的业务监管部门按照各自职责对其经营活动进行监督。

第六十七条　凡违反本办法规定的，由劳动保障部予以警告，责令限期改正；逾期不改的，可责令其停止企业年金基金管理相关业务。

第十一章　附则

第六十八条　企业年金基金管理，国务院另有规定的，从其规定。

第六十九条　本办法自2004年5月1日起施行。

5. 企业年金基金管理运作流程

一、为加强企业年金基金管理，规范企业年金基金运作程序，根据《企业年金试行办法》、《企业年金基金管理试行办法》和有关法律法规，制定本流程。

二、本流程适用于企业年金计划的委托人及从事企业年金基金管理的受托人、账户管理人、托管人和投资管理人。

本流程所称受托管理合同是指委托人与受托人签订的合同，账户管理合同是指受托人与账户管理人签订的合同，托管合同是指受托人与托管人签订的合同，投资管理合同是指受托人与投资管理人签订的合同。

三、委托人应按受托管理合同规定，将企业年金计划信息、企业账户信息和个人账户信息提交受托人，受托人确认后提交账户管理人。

委托人也可按受托管理合同规定，将企业账户信息和个人账户信息提交受托人委托的账户管理人，账户管理人对提交信息的真实性、合法性和完整性进行审核，审核无误后通知受托人。

四、账户管理人应为企业年金基金建立独立的企业账户和个人账户，并及时记录企业年金计划信息、企业账户信息和个人账户信息。

五、企业年金计划信息、企业账户信息或个人账户信息变更时，委托人应按受托管理合同规定，将变更信息提交受托人，受托人确认后提交账户管理人。

企业账户信息或个人账户信息变更时，委托人也可按受托管理合同规定，将变更信息提交受托人委托的账户管理人，账户管理人对变更信息的真实性、合法性和完整性进行审核，审核无误后通知受托人。

账户管理人应按变更信息调整账户记录。

六、账户管理人应按账户管理合同规定，在企业年金计划规定缴费日前，根据企业年金计划及委托人提供的缴费信息，生成缴费账单，提交委托人和受托人确认。

受托人应向托管人发送缴费收账通知。

七、托管人应为托管的每个企业年金计划分别开设受托财产托管账户，用于企业年金基金的归集和支付。

委托人应在计划规定缴费日，将企业缴费和个人缴费划入托管人开设的受托财产托管账户，并通知受托人和账户管理人。

八、托管人应按缴费收账通知核对实收缴费金额。核对一致时，托管人将缴费资金到账情况通知受托人和账户管理人，账户管理人将缴费信息记入企业账户和个人账户。核对不一致，实收缴费金额多于缴费收账通知的应收缴费时，托管人应通知受托人，根据受托人指令进行超额缴费处理，并将处理结果通知受托人和账户管理人；实收缴费金额少于缴费收账通知的应收缴费时，托管人应通知受托人，受托人通知委托人补缴。

九、托管人应为托管的企业年金基金分别开设资金账户和证券账户，并负责所托管企业年金基金的资金清算与交收。

托管人应为所托管企业年金基金的投资管理人分别开设投资管理风险准备金账户，专项用于弥补企业年金基金的投资亏损。

十、受托人、托管人和投资管理人应就指令下达、确认和执行等程序达成一致。受托人和投资管理人应将发送指令的人员和权限通知托管人。

十一、受托人应将企业年金基金的投资分配指令通知托管人和投资管理人。

托管人应对受托人投资分配指令的真实性、合法性和完整性进行审核，及时将受托财产托管账户资金划入相应投资组合的资金账户，并将资金到账情况通知受托人和投资管理人。

十二、受托人调整投资管理人的投资额度时，应提前将调整方案通知托管人和投资管理人。

托管人接到受托人划款指令后，应对指令的真实性、合法性和完整性进行审核，审核无误后及时划拨资金，并将资金划拨情况通知受托人和投资管理人。

十三、托管人和投资管理人应分别及时从证券交易所和中国证券登记结算公司等机构获得企业年金基金证券交易结算数据。托管人和投资管理人核对无误后，托管人及时与中国证券登记结算公司办理企业年金基金的资金清算与交收。

托管人和投资管理人按照全国银行间债券市场有关规定，办理企业年金基金投资银行间债券市场的债券买卖、回购业务和资金清算等事宜。

十四、托管人和投资管理人应分别为企业年金基金投资组合独立建账、独立核算，并参照《证券投资基金会计核算办法》等规定，分别完成企业年金基金投资组合的会计核算与估值。托管人应复核、审查投资管理人计算的投资组合净值。

托管人负责企业年金基金的会计核算，每个工作日对企业年金基金进行估值，并按托管合同规定，及时将企业年金基金财产净值、净值增长率或份额净值等会计核算结果发送受托人和账户管理人。

十五、托管人和投资管理人应分别及时编制和核对企业年金基金投资组合的资产负债表、损益表、净值变动表及附注等会计报表，并由托管人报送受托人。

托管人应及时编制企业年金基金财产的资产负债表、损益表、净值变动表及附注等会计报表，并报送受托人。

投资管理人应定期出具企业年金基金投资组合的投资业绩和风险评估等投资管理报告，并报送受托人。

十六、托管人应按照《企业年金基金管理试行办法》、托管合同及有关法律法规，对企业年金基金投资范围、投资比例、会计核算与估值、费用计提与支付以及收益分配等事项进行监督。

因证券市场波动、上市公司合并等客观因素造成的投资管理不符合《企业年金基金管理试行办法》规定比例或投资管理合同约定比例的，托管人应及时通知投资管理人并报告受托人，投资管理人应在合理期限内进行调整。

十七、账户管理人应按《企业年金基金管理试行办法》及账户管理合同的规定，分配企业年金基金的投资收益。

采取金额计量方式时，账户管理人应按托管人提供的收益分配日的企业年金基金财产净值和净值增长率及企业账户与个人账户期初余额，计算本期投资收益，并足额记入企业账户和个人账户。

采取份额计量方式时，账户管理人应记录托管人提供的收益分配日的企业年金基金份额净值。

十八、托管人接到受托人下达的费用支付指令、投资管理人下达的交易指令后，应对指令的真实性、合法性和完整性进行审核，审核无误后予以执行。

十九、职工退休、死亡、出境定居需要支付企业年金待遇时，委托人应向受托人提交申请，受托人通知账户管理人。账户管理人计算个人账户权益，生成个人账户权益支付表，发送委托人和受托人确认。

受托人确认后向托管人下达待遇支付指令，并通知账户管理人。托管人按待遇支付指令办理资金划转手续，并将资金划转结果通知受托人和账户管理人。账户管理人应扣减个人账户权益，当个人账户权益余额为零时，办理个人账户销户手续并通知受托人。

受托人将资金划转结果通知委托人。

二十、职工离开本企业转入新的企业年金计划时，委托人根据有关合同规定应向受托人提交个人账户转移申请，受托人确认后通知账户管理人。账户管理人计算个人账户权益，生成个人账户转移报告，发送委托人和受托人确认。

受托人确认后向托管人下达资金转移指令，并通知账户管理人。托管人按资金转移指令办理资金划转手续，并将资金划转结果通知受托人和账户管理人。账户管理人应办理个人账户转移手续，并通知受托人。

受托人将资金划转结果通知委托人。

二十一、职工离开本企业，不能转入新企业年金计划的，账户管理人可将其转入保留账户并进行单独管理。

6. 企业年金基金证券投资

为贯彻落实《国务院关于推进资本市场改革开放和稳定发展的若干意见》，保障企业年金基金财产安全，维护企业年金管理当事人合法权益，促进企业年金健康发展，现就企业年金基金证券投资有关问题通知如下：

一、受托人、托管人、投资管理人要依据《企业年金基金管理试行办法》及相关法律法规，管理企业年金基金财产，从事证券投资活动。

二、托管人要根据受托人委托，为企业年金基金申请代理开立证券账户。证券账户按企业年金基金投资管理人管理的每个组合开立，账户名称为企业年金计划和托管人的联名。

三、托管人负责所托管企业年金基金的资金清算和交收。投资管理人要确保企业年金基金证券交易的正常运作，并承担其投资过程中产生的超买、卖空行为的交收责任。

四、托管人以其名义在中国证券登记结算有限责任公司（以下简称“中国结算公司”）申请开立结算备付金账户，用于其所托管全部基金（含企业年金基金）的资金清算与交收。

五、投资管理人要按不同托管人，为企业年金基金证券交易租用或安排专用席位。

六、托管人和投资管理人要及时从证券交易所和中国结算公司获得企业年金基金证券交易结算数据，发现数据错误应及时与证券交易所和中国结算公司核对。

七、托管人作为证券交易所的信息披露联系人，要根据交易所业务规则要求，报告相应资料，及时提醒受托人履行信息披露义务。

八、受托人、托管人、投资管理人要按照中国结算公司制定的《企业年金基金证券投资登记结算业务指南》（见附件），开展企业年金基金投资涉及的证券账户管理及相关的证券登记、托管、结算等业务。

九、劳动保障部定期不定期对受托人、托管人和投资管理人执行上述规定的情况进行监督检查。

十、本通知发布之日起，其他按规定可以进行证券投资的社会保障基金参照本通知执行。

附件：《企业年金基金证券投资登记结算业务指南》

第一条 为方便企业年金基金参与证券市场投资活动，保障基金资产安全，保护职工合法权益，根据国家法律法规和《企业年金试行办法》、《企业年金基金管理试行办法》，按照中国证券监督管理委员会（以下简称“中国证监会”）有关规定和中国证券登记结算有限责任公司（以下简称“中国结算公司”）有关业务规则，制定本指南。

第二条 本指南适用企业年金基金投资涉及的证券账户管理及相关的证券登记、托管、结算等业务。

第三条 企业年金基金证券账户由企业年金计划托管人（以下简称“托管人”）直接到中国结算公司上海、深圳分公司（以下统称“中国结算公司”）办理。

第四条 托管人开立企业年金基金证券账户须提供以下材料：

（一）《机构证券账户注册申请表》；

（二）劳动保障部门企业年金基金监管机构出具的企业年金计划确认函（含登记号）原件及复印件；

（三）企业年金计划受托人（以下简称“受托人”）对托管人的委托授权书；

（四）托管人法定代表人证明书及法定代表人的有效身份证明文件复印件；

（五）法定代表人委托授权书或总行对分行开办企业年金基金托管业务资格的批准文件；

（六）加盖托管人授权印章的托管人营业执照复印件；

（七）受托人与托管人签订的托管协议原件；

（八）经办人有效身份证明文件原件及复印件；

（九）中国结算公司要求提供的其他材料。

第五条　托管人在填写《机构证券账户注册申请表》时，“持有人名称”一项应为“××企业年金计划+托管人”；“身份证明文件号码”一项应为“劳动保障部门企业年金基金监管机构出具的企业年金计划确认函中的登记号”。企业年金计划名称和登记号根据本指南第四条第（二）项填写。单个企业年金计划可在不同市场最多分别开立十个证券账户，中国证监会和劳动保障部批准的除外。

第六条　中国结算公司审核本指南第四条规定材料无误后予以开户，并留存规定的文件原件或复印件。

第七条　托管人申请证券账户注册资料查询与变更、账户卡挂失补办、账户注销等业务，参照《中国证券登记结算有限责任公司证券账户管理规则》的相关规定办理。企业年金计划变更托管人按照本指南第八条和第九条办理。

第八条　企业年金计划变更托管人后，应当委托新的托管人申请办理证券账户注册资料变更。申请人应提交以下资料：

（一）《证券账户注册资料变更申请表》；

（二）受托人对托管人的委托授权书；

（三）托管人法定代表人证明书及法定代表人的有效身份证明文件复印件；

（四）托管人法定代表人委托授权书或总行对分行开办企业年金基金托管业务资格的批准文件；

（五）加盖托管人授权印章的托管人营业执照复印件；

（六）受托人与新托管人签订的托管协议原件；

（七）证券账户卡；

（八）原托管人出具的解除托管关系确认书；

（九）经办人有效身份证明文件原件及复印件；

（十）中国结算公司要求提供的其他材料。

第九条　变更企业年金计划托管人的，中国结算公司在审核本指南第八条规定材料无误后，可予变更证券账户注册资料，并留存规定的文件原件或复印件。

第十条　托管人申请办理相关账户业务时，应按中国结算公司有关机构账户的收费标准缴纳相应费用。

第十一条　托管人作为中国结算公司的结算参与人（以下简称“结算参与人”），应以一个净额完成其所托管包括企业年金基金的全部基金等证券交易的资金清算与交收。对于企业年金基金投资运作过程中出现证券超买、卖空等行为，托管人应负责向相关责任人追究相应的交收责任，并报告相关监管部门。

第十二条　结算参与人办理结算业务前，应与中国结算公司签订结算协议，明确各方的权利和义务。

第十三条　结算参与人应以自身名义在中国结算公司开立唯一一个结算备付金账户，通过该账户并按一个净额完成其所托管全部基金等（不含QFII）的资金结算业务。企业年金基金作为托管基金的一部分，应纳入结算参与人结算备付金账户的单一净额结算。

第十四条　结算参与人应当在中国结算公司预留指定收款账户，通过该账户接收其从结算备付金账户汇划的资金。指定收款账户名称应与结算参与人名称一致。

第十五条　结算参与人名称、指定收款账户、托管企业年金基金等信息发生变更时，结算参与人应及时向中国结算公司提供相应资料，办理结算账户变更手续。

第十六条　已开立结算备付金账户的结算参与人，新增托管企业年金基金时，应向中国结算公司提交受托人的委托授权书。托管人新增的企业年金基金与其所托管的其他基金，共同参与该结算参与人结算备付金账户的单一净额结算。

第十七条　受托人变更托管人后，新任托管人应按本指南第十一条、第十二条、第十三条规定在中国结算公司开立结算备付金账户，或按本指南第十六条规定执行。

第十八条　对于结算参与人所托管的企业年金基金，中国结算公司按结算备付金管理的相关规定核定相应的最低结算备付金。结算参与人结算备付金账户的日末余额不得低于中国结算公司核定的最低结算备付金限额。

第十九条 企业年金基金应通过专用交易席位进行证券交易。每个交易日（T 日）闭市后，中国结算公司根据证券交易所企业年金基金专用交易席位证券账户T日的成交数额及其他数据，计算企业年金基金证券账户买卖相关证券的应收、应付数量，产生证券清算数据；根据结算参与人所托管全部基金等T日的成交数额及其他数据，计算结算参与人的资金应收或应付净额，确定相关交收责任。

第二十条 T日清算完成后，中国结算公司将当日证券、资金清算数据存放于结算系统，作为对结算参与人的证券、资金交收依据与交收指令，结算参与人应及时从中国结算公司系统获取。除因中国结算公司系统原因结算参与人无法获取相关数据外，其他情况下中国结算公司视同已将交收指令通知结算参与人。

第二十一条 结算参与人应按中国结算公司的证券、资金交收指令，按时履行交收义务。结算参与人对中国结算公司提供的清算数据存有异议，应及时向中国结算公司反馈。经中国结算公司核实，确属清算差错的，中国结算公司予以更正，但结算参与人不得因此拒绝履行或延迟履行当日交收义务。

第二十二条 中国结算公司按现行业务规定，依据T日清算数据，于T+1日与结算参与人完成最终不可撤销的证券与资金交收处理。

第二十三条 为防范结算风险，结算参与人应依据风险共担原则，按规定缴纳结算互保基金。结算互保基金的缴存、调整、管理和使用按照中国结算公司规定执行。

第二十四条 按中国证监会、财政部《证券结算风险基金管理暂行办法》的规定，中国结算公司向结算参与人代理收取证券结算风险基金。

第二十五条 如结算参与人结算备付金账户出现透支，视为发生资金交收违约。中国结算公司对其资金交收违约行为可采取以下措施：

（一）根据结算参与人透支金额，按中国结算公司有关规定计收透支资金利息及违约金。

（二）结算参与人可于交收日（T+1 日）15∶00之前，向中国结算公司提交透支扣券申请书，指定其托管的透支基金证券账户及透支金额。中国结算公司按其指定的透支基金证券账户买入证券的先后顺序，自后向前依次扣券，直至扣券市值达到透支金额的120%（证券市值按当日收盘价计算，下同）。如该基金证券账户所有证券价值不足透支金额的120%，即扣该基金证券账户的全部证券。

如结算参与人不予指定透支基金，中国结算公司有权自行确定暂不交付相当于透支金额120%市值的证券。

（三）因结算参与人原因造成的资金交收透支，中国结算公司将作为结算参与人业务不良记录登记。

（四）及时向中国证监会报告资金交收透支情况。

（五）提请证券交易所，限制或暂停结算参与人指定的透支基金证券账户的证券买入。

第二十六条 如结算参与人所托管基金证券账户发生证券卖空，视为该结算参与人发生证券交收违约。中国结算公司在T+1日暂不交付与卖空价款对应的资金，并按中国结算公司有关规定，以卖空价款为基数计收违约金，如两个交易日内卖空证券得以补足，中国结算公司可解除对卖空价款的暂扣。否则，中国结算公司将以暂扣的资金买入与卖空等量的证券，因此产生的损益由结算参与人负责向责任方追索或归还。

第二十七条 中国结算公司有权对结算风险较大的结算参与人进行特别监控，必要时可采取措施提高结算互保基金缴纳额，调整最低结算备付金缴存比例与时间，有效防范相关风险。

第二十八条 结算参与人申请注销其结算备付金账户时，在与中国结算公司结清证券登记结算相关的债权债务后，可向中国结算公司申请划付结算备付金余额和结算互保基金余额。

第二十九条 本指南由中国结算公司负责解释。

7. 国有金融企业试行企业年金制度

为指导和规范国有独资及国有控股金融企业（以下简称国有金融企业）试行企业年金制度，规范国有金融企业出资人、企业和职工之间的利益分配关系，建立有利于国有资本保值增值的激励约束机制，根据《企业年金试行办法》（劳动保障部令第20号）及有关政策，现就国有金融企业试行企业年金制度的有关问题通知如下：

一、试行企业年金制度的原则

企业年金是在国家政策指导下，企业及其职工在依法参加基本养老保险的基础上，自愿建立的补充养老保险制度。国有金融企业试行企业年金制度要遵循以下原则：

（一）保障性、激励性相结合。

试行企业年金制度应以有利于保障企业职工未来基本生活需要为原则，同时应根据企业长期发展战略、人力资源配置及内部分配制度改革的需要，完善激励机制和薪酬分配制度。

（二）效率优先、兼顾公平。

试行企业年金制度要与职工个人的贡献挂钩，促进企业经济效益增长，同时坚持公开、公平、公正原则，年金制度要覆盖企业为其缴纳基本养老保险的全体职工。

（三）兼顾出资人、企业和职工利益。

试行企业年金制度应充分考虑企业的承受能力，量力而行，不能互相攀比，不能加重企业负担，不能损害出资人利益、影响企业的长远发展。

二、试行企业年金制度的基本条件

（一）具备相应的经济能力。

1. 一般国有金融企业须具备以下条件：

（1）企业盈利并完成董事会或财政部核定的考核指标，亏损企业在实现扭亏之前不得试行企业年金制度；

（2）企业国有资本保值增值，且年度考核达到财政部核定的行业标准中等（含中等）以上；

（3）企业资本充足率、偿付能力充足率及净资本负债率等风险控制指标满足行业监管部门的要求。

2. 政策性金融机构要完成财政部核定的年度财务收支计划；因改制剥离不良资产而亏损的存续金融企业，要累计减亏 10%（含）以上，并完成财政部核定的年度考核指标。上述财务数据应经会计师事务所审计，其中，海外上市的国有金融企业以中国会计准则下经审计的财务数据为准。

（二）与人工成本承受能力相适应。

企业应有较强的人工成本承受能力，不得因实行企业年金制度造成人工成本大幅度增加，影响企业的竞争能力和国有资本经营收益。当企业人工成本高于行业平均水平，以及相关费用指标未达到财政部规定标准的，应暂缓实行或调整缴费比例。

（三）基础完善并实行民主管理。

企业应在依法参加基本养老保险并履行缴费义务的基础上实行企业年金制度。企业年金方案应按规定程序经集体协商确定，并通过职工代表大会等民主方式审议通过。

三、企业年金方案的设计和实施

国有金融企业设计企业年金方案要符合《企业年金试行办法》及相关政策的规定，重点设计和解决以下问题：

（一）关于年金形式和缴费水平。企业年金所需费用由企业和职工个人共同缴纳，企业与个人的缴费比例相匹配。企业上年度达到试行年金制度基本条件的，可按企业年金计划规定的缴费比例执行；上年度未达到基本条件或本通知要求的，应动态调整企业缴费水平或暂停缴费。

（二）关于年金的激励机制。

企业年金基金采用个人账户方式管理。企业缴费划入个人账户的比例应根据职工对企业经营业绩贡献的大小，结合职工的岗位责任、工作年限等因素综合确定，适当向关键岗位和优秀人才倾斜。企业应建立对员工的考核机制，员工的年度考核未达到相关要求的，企业应动态调整企业缴费水平或暂停缴费。

（三）关于资金的列支渠道。

按照《财政部关于企业为职工购买保险有关财务处理问题的通知》（财企［2003］61 号）执行。实行企业年金的相关税收政策按照国家有关规定执行。

（四）关于年金方案的实施。

国有金融企业应按照国家相关法律法规和本通知的要求，统筹规划设计年金方案。控股或集团公司应针对各子公司的实际情况分步实施，不能搞一刀切；集团内部各子公司之间的缴费水平应根据企业自身发展阶段与经济效益状况合理确定，避免互相攀比。

四、企业年金的管理和运营

（一）关于受托人和考评机制。

国有金融企业原则上应选择符合国家规定的法人受托机构作为年金基金的受托人，并通过受托人建立对管理运营机构的动态考核评价机制，根据评估情况调整管理运营机构。

（二）关于企业年金的管理运营机构。

国有金融企业应监督受托人按照”公开、公平、公正”的原则，择优选择经国家有关监管部门认定的机构管理运营企业年金，明确与企业年金基金各管理运营主体的职责及运作规则，并按照国有金融资产分级管理的原则将选择的管理运营机构报财政部门。

（三）关于信息报告和披露制度。

企业年金基金受托人应定期向职工大会或职工代表大会报告企业年金管理、运营情况。国有金融企业年金的委托人应按照国有金融资产分级管理的原则及时将企业年金的运作情况报财政部门。

五、企业年金的组织管理

（一）关于企业年金的指导管理机构。

建立年金制度的国有金融企业应成立由相关部门和职工代表组成的企业年金管理委员会，加强对企业试行企业年金制度的组织指导。

（二）关于审核、备案制度。

国有金融企业要按照国家有关规定和本通知的要求制订年金方案，经企业职工代表大会或职工大会审议通过后，按照《中华人民共和国公司法》及财政部关于金融类国有资产的有关规定，分别履行以下审核程序：

1. 国有独资中央金融企业的年金方案应报财政部核准；

2. 中央金融企业直接或间接控股公司的年金方案，其国有控股股东应在提交董事会审议前，将企业年金方案报财政部审核同意；

3. 地方国有金融企业的年金方案按照分级管理的原则由地方财政部门审核；

4. 国有金融企业试行企业年金制度后，如企业年金方案发生重大变动的，应按照分级管理的原则及时向财政部门报告。

企业年金方案经财政部门审核批准后，按有关规定报劳动保障部门备案。

本通知印发之前已经试行企业年金制度的国有金融企业，以及以企业年金名义购买的商业保险产品，应当按照国家有关政策和本通知的要求做好衔接工作，规范完善企业年金方案，并按本通知规定履行相关手续。

8. 其他

《关于贯彻落实中共中央国务院关于进一步加强人才工作决定做好高技能人才培养和人才保障工作的意见》

（劳社部发[2003]37号）

为贯彻落实《中共中央国务院关于进一步加强人才工作的决定》（中发［2003］16号，以下简称《决定》），切实做好高技能人才队伍建设和人才保障工作，现提出如下意见：

一、深入学习领会《决定》精神，抓紧研究制定贯彻落实的工作措施。全国人才工作会议和《决定》明确提出了新世纪新阶段大力实施人才强国战略的指导思想，全面部署了建设宏大的高素质人才队伍的目标任务。各级劳动保障部门要认真学习，深刻领会，充分认识实施人才强国战略，培养高素质劳动者的极端重要性，把做好新形势下的高技能人才队伍建设和人才保障工作作为劳动保障系统落实《决定》的重要任务，精心部署安排，抓好贯彻落实。省级和地市级劳动保障部门要建立由主管领导牵头、各有关机构参加的高技能人才工作办公室，结合实际，制定实施方案，明确任务目标，落实工作责任，形成推动工作的合力。要在各级党委和政府的领导下，将高技能人才队伍建设工作纳入当地人才队伍建设的总体规划，全力组织实施。积极协调有关部门，加大对这项工作的政策支持和经费投入。将加强高技能人才培养与建设终身教育培训体系相结合，与推动职业培训的整体工作相结合，带动职工岗位培训、再就业培训、创业培训、青年就业培训和农民工培训。

二、加快高技能人才培养，实施“三年五十万”新技师培养计划。结合实施技能振兴行动，全面推进国家高技能人才培训工程。从2004年到2006年，在制造业、服务业及有关行业技能含量较高的职业中，实施50

万新技师（包括技师、高级技师和其他高等级职业资格人才）培养计划，紧密结合市场需求，加快培养一批企业急需的技术技能型、复合技能型人才，以及高新技术产业发展需要的知识技能型人才，并以此推动技能人才队伍的整体建设，带动各类高、中、初级技能人员梯次发展。

各级劳动保障部门要通过加强政策支持和技术服务，调动社会各方面的积极性，共同做好高技能人才培养工作。推动企业大力开展技能提升培训和岗位培训，完善推广名师带徒措施，指导企业建立高技能人才业务进修和培训制度。依托高级技工学校、技师学院等高技能培训机构，发挥高职院校和社会各类培训基地的作用，实行校企结合，开展定单培训，并注重运用现代培训技术，提高培训水平。有条件的城市，可建立高技能人才实习训练基地，搭建强化实践技能培训的平台。

三、组织开展技能竞赛等多种形式活动，完善高技能人才选拔机制。通过技能竞赛、练兵比武和技术创新等活动，在各行业和职业领域不断发现和选拔具有高超技能的人才。各级劳动保障部门和行业部门要大力组织开展企业职工、职业院校师生和社会各方面人员参加的职业技能竞赛活动，并不断提高竞赛的技术含量和技能水平。2004 年至 2006 年，劳动保障部将会同有关部门，组织开展国家级职业技能大赛系列活动。要组织生产一线职工，广泛开展拜师学艺、岗位练兵、技能比武和技术攻关、创新创效、观摩研讨等活动。大力推广一些企业在关键岗位、工序设立首席职位的做法，培育技能领头人并发挥其作用。

四、改进技能人才评价方式，完善国家职业资格证书制度。抓紧修订完善现有国家职业标准，吸纳新知识、新技术、新工艺和新方法，对新兴职业和复合技能岗位，抓紧制定新的国家职业标准。加快建立起以职业能力为导向，以工作业绩为重点，注重职业道德和职业知识水平的技能人才评价新体系。突破比例、年龄、资历和身份界限，促进技能人才更快、更好地成长。进一步改革完善社会化的职业技能鉴定工作，大力推广企业生产现场、学校教学过程与国家职业标准相结合的考核方法，不断扩大职业资格证书的覆盖范围。2004 年至 2006 年，要实现职业技能鉴定质量规模的双提高，在进一步保证质量的基础上，实现鉴定数量递增 20%，其中新技师数量要有较大幅度增长，质量要有切实保证。全面推进技师考评制度改革，从 2004 年起，有条件的地市可在省级劳动保障部门指导下，直接组织开展技师社会化考核工作。

五、建立高技能人才开发交流机制，促进其发挥更大作用。依托大中城市的高级技工学校、技师学院，以及企业集团、公共职业介绍机构，建立高技能人才开发交流工作站，开发技能人才、技能成果信息库，为技能人才的交流提供平台，并为高新技术开发、技术成果转让，同业技术交流、绝招绝技展示以及创新创业等活动创造条件，充分发挥技师在技术攻关、传授技艺、传播技能等方面的重要作用。劳动保障部将在“中国劳动力市场网”（www.lm.gov.cn）建立高技能人才交流专栏。有条件的地方，也可开设专门网站，并建立相关的信息库，丰富高技能人才开发交流的服务内容和手段。

六、提高高技能人才的待遇水平，引导更多的技能劳动者岗位成才。总结、交流和大力推行企业中推行的“使用与培训考核相结合，待遇与业绩贡献相联系”的做法，加快建立职工凭技能职业资格得到使用提升，凭业绩贡献确定收入分配的使用待遇机制。在企业薪酬中充分考虑发挥技能做出贡献的因素，建立科学合理的高技能人才薪酬制度。大力推广高技能人才与其他相应专业技术人才在工资福利方面享受同等待遇的做法。积极争取地方政府建立津贴制度，提高高技能人才待遇水平。

七、加大对高技能人才的表彰奖励力度，提高他们的社会地位。大力表彰做出突出贡献的技能人才和有关企业、培训机构，并给予精神鼓励和物质奖励。总结技能人才成长规律和企业、培训机构培养技能人才的方式方法，及时组织推广，充分发挥先进典型的示范带头作用。2004 年至 2006 年，劳动保障部将组织第七届、第八届全国技能表彰活动，并将“中华技能大奖”和“全国技术能手”的表彰奖励规模扩大一倍，同时授予培养技能人才成绩突出的企业和培训机构“国家技能人才培育突出贡献奖”。各地区、各部门要大力组织开展相应的表彰奖励工作，扩大社会影响，提高技能人才的社会地位。

加强宣传工作，优化技能人才成长的社会环境。各地区每年要定期组织技能人才的专项宣传活动。充分利用广播、电视、报纸、网络等多种新闻媒体，大力宣传高技能人才的重要作用和突出贡献，宣传他们的成才和创业之路，宣传国家的培养和使用政策，在全社会营造崇尚技能、尊重技能人才的良好社会氛围，引导更多的劳动者走技能成才之路。

八、建立、健全人才保障机制，为各类人才创造良好的社会环境。进一步完善社会保障制度，将企业各类人才全部纳入社会保障覆盖范围。指导企业做好建立企业年金等补充保险工作，并注意向生产、服务一线的高技能人才倾斜。积极探索机关事业单位社会保障制度改革。重点解决各类人才在不同地区、不同行业、不同单位之间流动的社会保障关系转移和接续问题。要采取有效措施，关心技能人才，切实帮助他们解决生产生活及其他保障福利问题。

21.2.3 确认和计量

企业年金基金应当分别资产、负债、收入、费用和净资产进行确认和计量。

1. 资产

企业年金基金缴费及其运营形成的各项资产包括：货币资金、应收证券清算款、应收利息、买入返售证券、其他应收款、债券投资、基金投资、股票投资、其他投资等。

企业年金基金在运营中根据国家规定的投资范围取得的国债、信用等级在投资级以上的金融债和企业债、可转换债、投资性保险产品、证券投资基金、股票等具有良好流动性的金融产品，其初始取得和后续估值应当以公允价值计量。

（1）初始取得投资时，应当以交易日支付的成交价款作为其公允价值。发生的交易费用直接计入当期损益。

（2）估值日对投资进行估值时，应当以其公允价值调整原账面价值，公允价值与原账面价值的差额计入当期损益。

投资公允价值的确定，适用《企业会计准则第 22 号——金融工具确认和计量》。

2. 负债

企业年金基金运营形成的各项负债包括应付证券清算款、应付受益人待遇、应付受托人管理费、应付托管人管理费、应付投资管理人管理费、应交税金、卖出回购证券款、应付利息、应付佣金和其他应付款等。

3. 收入

企业年金基金运营形成的各项收入包括存款利息收入、买入返售证券收入、公允价值变动收益、投资处置收益和其他收入。

收入应当按照下列规定确认和计量。

（1）存款利息收入，按照本金和适用的利率确定。

（2）买入返售证券收入，在融券期限内按照买入返售证券价款和协议约定的利率确定。

（3）公允价值变动收益，在估值日按照当日投资公允价值与原账面价值（上一估值日投资公允价值）的差额确定。

（4）投资处置收益，在交易日按照卖出投资所取得的价款与其账面价值的差额确定。

（5）风险准备金补亏等其他收入，按照实际发生的金额确定。

4. 费用

企业年金基金运营发生的各项费用包括交易费用、受托人管理费、托管人管理费、投资管理人管理费、卖出回购证券支出和其他费用。

费用应当按照下列规定确认和计量。

（1）交易费用，包括支付给代理机构、咨询机构、券商的手续费和佣金及其他必要支出，按照实际发生的金额确定。

（2）受托人管理费、托管人管理费和投资管理人管理费，根据相关规定按实际计提的金额确定。

（3）卖出回购证券支出，在融资期限内按照卖出回购证券价款和协议约定的利率确定。

（4）其他费用，按照实际发生的金额确定。

5. 净资产

企业年金基金的净资产是指企业年金基金的资产减去负债后的余额。资产负债表日，应当将当期各项收入和费用结转至净资产。

净资产应当分别企业和职工个人设置账户，根据企业年金计划按期将运营收益分配计入各账户。

净资产应当按照下列规定确认和计量。

（1）向企业和职工个人收取的缴费，按照收到的金额增加净资产。

（2）向受益人支付的待遇，按照应付的金额减少净资产。

（3）因职工调入企业而发生的个人账户转入金额，增加净资产。

（4）因职工调离企业而发生的个人账户转出金额，减少净资产。

会计准则应用指南的相关规定如下：

企业年金基金投资运营应当遵循谨慎、分散风险的原则，充分考虑企业年金基金财产的安全性和流动性。企业年金基金应当严格按照国家相关规定进行投资。

根据《企业会计准则第 10 号——企业年金基金》第六条规定，企业年金基金投资公允价值的确定，适用《企业会计准则第 22 号——金融工具确认和计量》。

初始取得投资时，应当以交易日支付的价款（不含支付的价款中所包含的、已到付息期但尚未领取的利息或已宣告但尚未发放的现金股利）计入投资的成本。发生的交易费用及相关税费直接计入当期损益。支付的价款中所包含的、已到付息期但尚未领取的利息或已宣告但尚未发放的现金股利，分别计入应收利息或应收股利。

投资持有期间被投资单位宣告发放的现金股利，或资产负债表日按债券票面利率计算的利息收入，应确认为投资收益。

企业年金基金的投资应当按日估值，或至少按周进行估值。估值日对投资进行估值时，应当以估值日的公允价值计量，公允价值与上一估值日公允价值的差额，计入当期损益（公允价值变动损益）。

投资处置时，应在交易日按照卖出投资所取得的价款与其账面价值（买入价）的差额，确定为投资损益。

企业年金基金按规定向投资管理人支付的管理费，应当按照应付的金额计入当期损益（投资管理人管理费），同时确认为负债（应付投资管理人管理费）。企业年金基金取得投资管理人风险准备金补亏时，应当按照收到或应收的金额计入其他收入。

21.2.4 企业年金基金缴费

1. 企业年金基金缴费及其流程

企业年金基金由企业缴费、职工个人缴费和企业年金基金投资运营而形成的收益组成。现行法规制度规定，企业缴费每年不超过上年度工资总额的十二分之一，企业和职工个人缴费合计一般不超过上年度工资总额的六分之一。企业可以根据自身的经济效益情况和目标，在国家统一规定的范围内，自主决定企业缴费的具体比例，并按照企业年金计划约定的参保范围、企业年金种类和缴费方式，定期进行缴费。对企业来说，企业按照企业年金计划进行的缴费，属于企业职工薪酬范围，其确认、计量及报告适用《企业会计准则第 9 号——职工薪酬》。

企业年金基金缴费（供款）一般流程如下：

（1）企业年金计划开始时，委托人将相关职工缴费总额及明细情况通知受托人，受托人将相关信息提供给账户管理人。账户管理人据此进行系统设置和信息录入。

（2）缴费日前，账户管理人计算缴费总额及明细情况，生成企业缴费和职工个人缴费账单，报受托人确认。

（3）受托人收到账户管理人提供的缴费账单后，与委托人核对确认，核对无误后，将签字确认的缴费账单反馈给账户管理人。

（4）缴费日，受托人向委托人下达缴费指令，委托人向托管人划转缴费账单所列缴款总额，并通知受托人。

（5）受托人向托管人送达收账通知及企业缴费总额账单。托管人收到款项后，核对实收金额与受托人提供的缴费总额账单，并向受托人和账户管理人送达缴费到账通知单。

（6）受托人核对托管人转来数据后，通知账户管理人进行缴费的财务处理。账户管理人将缴费明细数据和托管人通知的缴费总额核对无误后，根据企业年金计划的约定在已建立的个人账户之间进行分配。

企业年金基金缴费流程如图 21-2 所示。

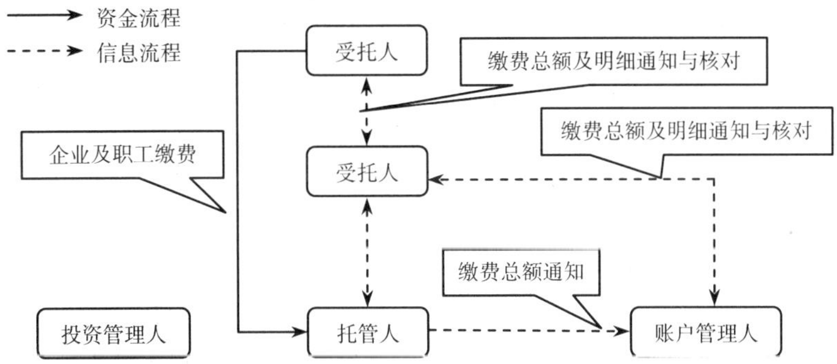

图 21-2　企业年金基金缴费流程

2. 企业年金基金收到缴费的账务处理

为了核算企业年金基金收到缴费等业务，企业年金基金应当设置“企业年金基金”、“银行存款”等科目。“企业年金基金”科目核算企业年金基金资产的来源和运用，应按个人账户结余、企业账户结余、净收益、个人账户转入、个人账户转出，以及支付受益人待遇等设置相应明细科目，本科目期末贷方余额，反映企业年金基金净值。企业年金基金银行账户主要有资金账户、证券账户等。资金账户包括银行存款账户、结算备付金账户等，其中银行存款账户又包括受托财产托管账户、委托投资资产托管账户；证券账户包括证券交易所证券账户和全国银行间市场债券托管账户等。

收到企业及职工个人缴费时，按实际收到的金额，借记“银行存款”科目，贷记“企业年金基金——个人账户结余”、“企业年金基金——企业账户结余”科目。

【例 21-9】　20×9 年 1 月 5 日，智董公司年金基金收到缴费 350 万元，其中企业缴费 200 万元、职工个人缴费 150 万元，存入企业年金账户，实收金额与提供的缴费总额账单核对无误。按智董公司年金计划约定，企业缴费 200 万元中，归属个人账户金额为 110 万元，另 90 万元的权益归属条件尚未实现。

智董公司年金基金账务处理如下：

借：银行存款　　3 500 000

　贷：企业年金基金——个人账户结余（个人缴费）　　1 500 000

　　　　　　　　——个人账户结余（企业缴费）　　1 100 000

　　　　　　　　——企业账户结余（企业缴费）　　900 000

企业年金基金收到缴费后，如需账户管理人核对后确认，可先通过“其他应付款——企业年金基金供款”科目核算，确认后再转入“企业年金基金”科目。

21.2.5 企业年金基金投资运营

1．企业年金基金投资运营原则和范围

企业年金基金来自于企业和职工的缴费等，是职工（受益人）退休后的补充养老保险，其安全性要求高，另外，企业年金基金个人账户转入、个人账户转出，以及支付受益人待遇等业务频繁，其流动性要求强。企业年金基金投资运营应当遵循谨慎、分散风险的原则，充分考虑企业年金基金财产的安全性和流动性，实行专业化管理，严格按照国家相关规定进行投资运营。

根据现行制度的规定，企业年金基金投资运营应当选择具有良好流动性的金融产品，其投资范围，限于银行存款、国债和其他具有良好流动性的金融产品，包括短期债券回购、信用等级在投资级以上的金融债和企业债、可转换债、投资性保险产品、证券投资基金、股票等。

为了确保企业年金基金投资运营的安全性和流动性，《企业年金基金管理试行办法》规定，企业年金基金的投资，按市场价计算应当符合下列规定。

（1）投资银行活期存款、中央银行票据、短期债券回购等流动性产品及货币市场基金的比例，不低于基金净资产的20%。

（2）投资银行定期存款、协议存款、国债、金融债、企业债等固定收益类产品及可转换债、债券基金的比例，不高于基金净资产的50%，其中投资国债的比例不低于基金净资产的20%。

（3）投资股票等权益类产品及投资性保险产品、股票基金的比例，不高于基金净资产的30%。其中，投资股票的比例不高于基金净资产的20%。

企业年金基金有关监管部门将根据金融市场变化和投资运营情况，适时对企业年金基金投资产品和比例等进行调整。如2007年1月31日，中国人民银行、劳动和社会保障部印发《关于企业年金基金进入全国银行间债券市场有关事项的通知》，就企业年金基金进入全国银行间债券市场从事债券投资等问题做出了规定。

2．企业年金基金投资运营流程

企业年金基金投资运营一般流程如下：

（1）受托人通知托管人和投资管理人企业年金基金投资额度。

（2）托管人根据受托人指令，向投资管理人分配基金资产，并将资金到账情况通知投资管理人。

（3）投资管理人进行投资运作，并将交易数据发送托管人。同时，对企业年金基金投资进行会计核算、估值。

（4）托管人将投资管理人发送的数据和交易所及中国证券登记结算公司发送的数据进行核对无误后，进行清算、会计核算、估值和投资运作监督，并将清算及估值结果反馈给投资管理

人，托管人将交易数据、账务数据和估值数据发送受托人。如果发现投资管理人的违规行为，应立即通知投资管理人，并及时向受托人和有关监管部门报告。

（5）托管人复核投资管理人的估值结果，以书面形式通知投资管理人。

（6）托管人将估值结果（企业年金基金净值和净值增长率）通知受托人和账户管理人。

（7）账户管理人根据企业年金基金净值和净值增长率，将基金投资运营收益按日或按周足额记入企业年金基金企业账户和个人账户。

企业年金基金投资运营一般流程如图 21-3 所示。

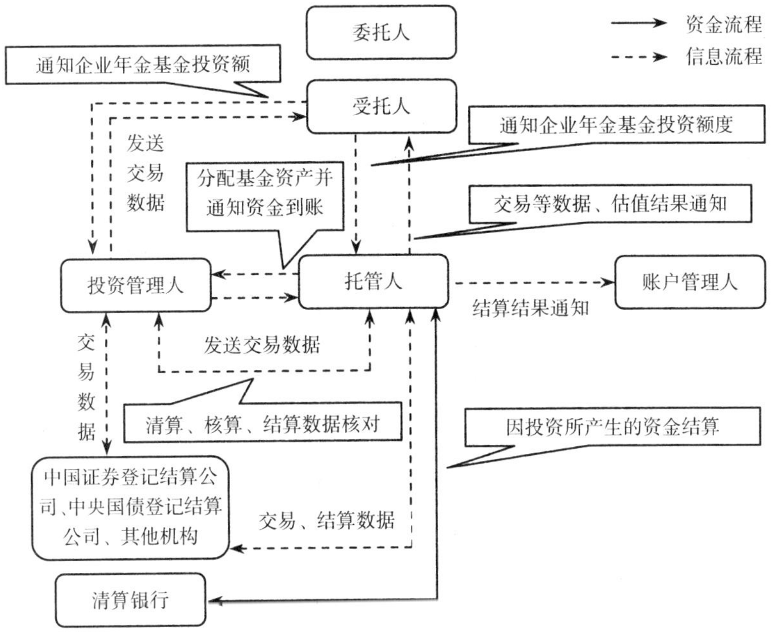

图 21-3 企业年金基金投资运营流程

3. 企业年金基金投资运营的账务处理

企业年金基金准则规定，企业年金基金在投资运营中，根据国家规定的投资范围取得的国债、信用等级在投资级以上的金融债等具有良好流动性的金融产品，其初始取得和后续估值应当以公允价值计量。企业年金基金投资公允价值的确定，适用《企业会计准则第 22 号——金融工具确认和计量》。

企业年金基金投资运营的会计核算一般需要设置“交易性金融资产”、“公允价值变动收益”、“证券清算款”、“结算备付金”、“交易保证金”、“投资收益”、“交易费用”、“应收利息”、“应收股利”、“应收红利”、“本期收益”等科目。

“证券清算款”科目核算企业年金基金在投资运营中因买卖债券、基金、股票等业务而发生的，应与证券登记结算机构办理资金清算的款项；该科目应按不同证券登记结算机构设置明细账，其所属明细科目期末借方余额反映尚未收回的证券清算款，贷方余额反映尚未支付的证券清算款。“投资收益”科目核算企业年金基金投资持有期间，收到被投资单位发放的现金股利、基金红利，或资产负债表日按债券票面利率计算的利息收入，以及投资处置收益等；该科目按投资项目进行明细核算；期末，将该科目余额转入“本期收益”科目。“交易费用”科目核算企业年金基金投资运营中发生的、支付给代理机构、券商的手续费、佣金以及相关税费等。

（1）初始取得投资时的账务处理。企业年金基金初始取得投资的交易日，以支付的价款（不含支付的价款中所包含的、已到付息期但尚未领取的利息或已宣告但尚未发放的现金股利、基金红利）计入投资的成本，借记“交易性金融资产——成本”，按发生的交易费用及相关税费直接计入当期损益，借记“交易费用”科目，按支付的价款中所包含的、已到付息期但尚未领取的利息或已宣告但尚未发放的现金股利、红利，借记“应收利息”、“应收股利”或“应收红利”科目，贷记“证券清算款”、“银行存款”等科目。

资金交收日，按实际清算的金额，借记“证券清算款”科目，贷记“结算备付金”、“银行存款”等科目。

【例 21-10】 20×9 年 9 月 1 日，智董公司年金基金通过证券交易所购入分期付息，一次还本国债 500 手，每手债券面值为 1 000 元，成交金额 600 000 元（含已到付息期但尚未领取的利息 40 000 元），另发生手续费、佣金等相关税费 2 000 元。票面年利率 3.56%。

该企业年金基金账务处理如下：

（1）交易日（T 日，即 9 月 1 日）与证券登记结算机构清算应付证券款时：

借：交易性金融资产——成本（债券）	560 000	
应收利息	40 000	
交易费用	2 000	
贷：证券清算款		602 000

（2）资金交收日（T+1 日，即 9 月 2 日）与证券登记结算机构交收资金时：

借：证券清算款	602 000	
贷：结算备付金		602 000

【例 21-11】 20×9 年 4 月 1 日，智董公司年金基金通过证券交易所以 10.3 元的价格购入智董公司 10 万股（其中每股含已经宣告但尚未发放的现金股利 0.3 元），成交金额 103 万元，另发生券商佣金、印花税等 2 万元。

智董公司年金基金账务处理如下：

（1）交易日（T 日，即 4 月 1 日）与证券登记结算机构清算应付证券款时：

借：交易性金融资产——成本（A 股票）	1 000 000	
应收股利——A 股票	30 000	
交易费用	20 000	
贷：证券清算款		1 050 000

（2）资金交收日（T+1 日，即 4 月 2 日）与证券登记结算机构交收资金时：

借：证券清算款	1 050 000	
贷：结算备付金		1 050 000

（2）投资持有期间及估值日的账务处理。

1）投资持有期间的账务处理。企业年金基金投资持有期间，被投资单位宣告发放的现金股利，或资产负债表日按债券票面利率计算的利息收入，应确认为投资收益，借记“应收股利”、“应收利息”或“应收红利”科目，贷记“投资收益”科目。期末，将“投资收益”科目余额转入“本期收益”科目。

【例 21-12】 沿用例 21-10。该企业年金基金持有国债期间，按债券票面价值和票面利率计提债券利息。假设一年按 365 天计算，每日计提利息，票面年利率 3.56%。

该企业年金基金账务处理如下：

每日应计利息=500 000×3.56%÷365=48.77（元）

每日计提利息时：

借：应收利息　　48.77

　贷：投资收益　　48.77

债券除息日（T 日），借记“证券清算款”、贷记“应收利息”。

资金交收日（T+1 日），借记“结算备付金”、贷记“证券清算款”。

【例 21-13】 沿用例 21-11，20×9 年 4 月 5 日，企业年金基金收到购买 A 股票时已宣告的现金股利，该上市公司发放 A 股票的现金股利每股 0.3 元，合计 3 万元。

该企业年金基金账务处理如下：

借：结算备付金　　30 000

　贷：应收股利　　30 000

2）估值日的账务处理。根据企业年金基金准则的规定，企业年金基金的投资应当按日估值，或至少按周进行估值。也就是说，每个工作日结束时，或者每周四或周五工作日结束时为估值日。

估值日对投资进行估值时，应当以估值日的公允价值计量。公允价值与上一估值日公允价值的差额，计入当期损益，并以此调整原账面价值。借记或贷记“交易性金融资产（公允价值变动）”，贷记或借记“公允价值变动损益”。

【例 21-14】 沿用例 21-13，20×9 年 4 月 12 日，企业年金基金持有的 A 股票证券交易所收盘价为每股 11 元。

在估值日和资产负债表日，企业年金基金持有的上市流通的债券、基金、股票等交易性金融资产，以其估值日在证券交易所挂牌的市价（平均价或收盘价）估值；估值日无交易的以最近交易日的市价估值。

估值日公允价值与上一估值日公允价值的差额=（11–10）×10 万=100 000（元）

该企业年金基金账务处理如下：

借：交易性金融资产——公允价值变动（A 股票）　　100 000

　贷：公允价值变动损益　　100 000

（3）投资处置的账务处理。企业年金基金的投资处置时，应在交易日按照卖出投资所取得的价款与其账面价值（买入价）的差额，确定为投资损益。

出售债券、基金、股票等证券时，应按出售成交日确认投资处置收益。卖出股票成交日，按应收金额，借记“证券清算款”科目，按买入时原账面价值（初始买价），贷记“交易性金融资产——成本”科目，按出售股票成交价总额与原账面价值（初始买价）的差额，作为投资处置收益金额，贷记或借记“投资收益”科目。同时，将原计入该投资的公允价值变动转出，借记或贷记“公允价值变动损益”科目，贷记或借记“投资收益”科目。

因债券、基金、股票的交易比较频繁，出售债券、基金、股票等证券时，其投资成本应一并结转。出售证券成本的计算方法可采用加权平均法、移动加权平均法、先进先出法等，成本计算方法一经确定，不得随意变更。

【例 21-15】 沿用例 21-14。20×9 年 5 月 30 日，智董公司年金基金出售 A 股 5 万股，每股市价 13 元，成交总额为 65 万元，另发生券商佣金、印花税等 1 800 元。

本例中，成交总额扣减佣金、印花税等为应收证券清算款，共计金额648 200元(650 000–1 800)。

智董公司年金基金账务处理如下：

（1）交易日（T日，即5月30日）与证券登记结算机构清算应收证券款时。

借：证券清算款	648 200	
交易费用	1 800	
贷：交易性金融资产——成本（A股票）		500 000
——公允价值变动（A股票）		50 000
投资收益		100 000
借：公允价值变动损益	50 000	
贷：投资收益		50 000

（2）资金交收日（T+1日，即5月31日）与证券登记结算机构交收资金时。

借：结算备付金	648 200	
贷：证券清算款		648 200

21.2.6 企业年金基金收入

1. 企业年金基金收入的构成

企业年金基金收入，是指企业年金基金在投资营运中所形成的经济利益的流入。企业年金基金收入能够带来企业年金基金资产的增加，也可能使企业年金基金负债减少，或二者兼而有之。企业年金基金应每日或每周计算、确认基金收入，并进行账务处理。

企业年金基金收入由以下项目构成：

（1）存款利息收入。

（2）买入返售证券收入。

（3）公允价值变动收益。

（4）投资收益。

（5）风险准备金补亏等其他收入。

2. 企业年金基金收入的账务处理

企业年金基金收入项目中，公允价值变动收益、投资收益有关内容及其账务处理已在第三节“企业年金基金投资运营”中进行了介绍。下面主要介绍存款利息收入、买入返售证券收入、其他收入账务处理有关内容。

（1）存款利息收入的账务处理。存款利息收入包括活期存款、定期存款、结算备付金、交易保证金等利息收入。根据企业年金基金会计准则(《企业会计准则第10号——企业年金基金》，本节下同）及其应用指南的规定，企业年金基金应按日或至少按周确认存款利息收入，并按存款本金和适用利率计提的金额入账。

按日或按周计提银行存款、结算备付金存款等利息时，借记“应收利息”科目，贷记“存款利息收入”科目。

【例21-16】 20×9年9月1日，智董公司年金基金在商业银行的存款本金为1 500 000元，假设一年按365天计算，银行存款年利率为1.98%，每季末结息，该企业年金基金逐日估值。

每日银行存款应计利息=存款本金×年利率÷365=1 500 000×1.98%÷365=81.37（元）

智董公司年金基金账务处理如下：

（1）每日计提存款利息时。

借：应收利息　　81.37
　贷：存款利息收入　　81.37

（2）每季收到存款利息时（假设每季收息7 425元）。

借：银行存款　　7 425
　贷：应收利息　　7 425

（2）买入返售证券收入的账务处理。买入返售证券业务，是指企业年金基金与其他企业以合同或协议的方式，按一定价格买入证券，到期日再按合同规定的价格将该批证券返售给其他企业，以获取利息收入的证券业务。根据企业年金基金准则及其应用指南的规定，企业年金基金应于买入证券时，按实际支付的价款确认为一项资产，在融券期限内按照买入返售证券价款和协议约定的利率逐日或每周计提的利息确认买入返售证券收入。

企业年金基金应设置“买入返售证券”、“买入返售证券收入”等科目，对买入返售证券业务进行账务处理。

买入证券付款时，按实际支付的款项，借记“买入返售证券——××证券”科目，贷记“结算备付金”科目。

计提利息时，借记“应收利息”科目，贷记“买入返售证券收入”科目。

买入返售证券到期时，按实际收到的金额，借记“结算备付金”科目；按买入时的价款，贷记“买入返售证券”科目；按已计未收利息，贷记“应收利息”科目；按本期应计利息，贷记“买入返售证券收入”科目。

期末将“买入返售证券收入”科目余额转入“本期收益”科目。

（3）其他收入的账务处理。其他收入是指除上述收入以外的收入，如风险准备金补亏。根据《企业年金基金管理试行办法》的规定，投资管理人应当按当期收取的投资管理人管理费的一定比例提取企业年金基金投资管理风险准备金，由托管人专户存储，作为专项用于弥补企业年金基金投资亏损。企业年金基金投资管理风险准备提取比例为20%，余额达到投资管理企业年金基金净资产的10%时可不再提取。

企业年金基金取得投资管理风险准备金用于补亏时，应当按照实际收到金额计入其他收入。

【例21-17】 20×9年1月10日，智董公司年金基金估值时确认当日亏损25万元。按规定，将企业年金基金投资管理风险准备金25万元用于补亏。已知：该企业年金基企业年金基金金按日估值；投资管理人提取的风险准备金结余60万元。

该企业年金基金账务处理如下：

借：银行存款　　25
　贷：其他收入——风险准备金补亏　　25

21.2.7 企业年金基金费用

1. 企业年金基金费用的构成

企业年金基金费用，是指企业年金基金在投资营运等日常活动中所发生的经济利益的流出。企业年金基金费用可能表现为企业年金基金资产的减少，或企业年金基金负债的增加，或二者兼而有之。企业年金基金每日或每周确认、计算基金费用，并进行相应的账务处理。

企业年金基金费用由以下项目构成：

（1）交易费用。

（2）受托人管理费。

（3）托管人管理费。

（4）投资管理人管理费。

（5）卖出回购证券支出。

（6）其他费用。

企业年金基金费用的开支范围受到法规制度的严格约束。如《企业年金基金管理试行办法》规定，受托人、托管人提取的管理费均不得高于企业年金基金净值的 0.2%，投资管理人提取的管理费不得高于企业年金基金净值的 1.2%。但账户管理费（每户每月不超过 5 元）不属于企业年金基金费用，由企业另行缴纳。

2. 企业年金基金费用的账务处理

（1）交易费用。交易费用是指企业年金基金在投资运营中发生的手续费、佣金以及相关税费，包括支付给代理机构、咨询机构、券商的手续费和佣金以及相关税费等其他必要支出。企业年金基金应设置“交易费用”科目，按照实际发生的金额，借记“交易费用”科目，贷记“证券清算款”、“银行存款”等科目。

（2）受托人管理费、托管人管理费和投资管理人管理费。受托人管理费、托管人管理费和投资管理人管理费，是指根据企业年金计划或合同文件规定的比例，提取的相应管理费。根据《企业年金基金管理试行办法》的规定，受托人、托管人提取的管理费均不得高于企业年金基金净值的 0.2%，投资管理人提取的管理费不得高于企业年金基金净值的 1.2%。企业年金基金应当设置“受托人管理费”、“托管人管理费”、“投资管理人管理费”、“应付受托人管理费”、“应付托管人管理费”、“应付投资管理人管理费”等科目，对发生的上述管理费，分别进行账务处理。

企业年金基金计提相关费用时，应当按照应付的实际金额，借记“受托人管理费”、“托管人管理费”、“投资管理人管理费”科目，同时确认为负债，贷记“应付受托人管理费”、“应付托管人管理费”、“应付投资管理人管理费”科目。支付相关管理费用时，借记“受托人管理费”、“托管人管理费”、“投资管理人管理费”科目，贷记“银行存款”等科目。期末，将“受托人管理费”、“托管人管理费”、“投资管理人管理费”科目的借方余额全部转入“本期收益”科目。

【例 21-18】 20×9 年 4 月 1 日，智董公司年金基金市值为 10 000 000 元。投资管理合同中约定：投资管理费年费率为基金净值（市值）的 1.2%；一年按 365 天计算，按日估值。

当日应计提的投资管理费=基金净值×年费率÷当年天数=10 000 000×1.2%÷365=328.77（元）

智董公司年金基金账务处理如下：

借：投资管理人管理费——××投资管理人　　328.77

　贷：应付投资管理人管理费　　328.77

【例 21-19】 20×9 年 4 月 1 日，智董公司年金基金市值为 10 000 000 元。受托管理合同和托管合同中均约定：受托人管理费和托管人管理费年费率均为基金净值（市值）的 0.2%；假设一年按 365 天计算，按日估值。

当日应计提的受托人管理费=基金净值×年费率÷当年天数=10 000 000×0.2%÷365=54.79（元）

当日应计提的托管人管理费=基金净值×年费率÷当年天数=10 000 000×0.2%÷365=54.79（元）

智董公司年金基金账务处理如下：

借：受托人管理费——××受托人　　54.79

　贷：应付受托人管理费　　54.79

借：托管人管理费——××托管人　54.79
　贷：应付托管人管理费　54.79

（3）卖出回购证券支出。卖出回购证券业务是指企业年金基金与其他企业以合同或协议的方式，按照一定价格卖出证券，到期日再按合同约定的价格买回该批证券，以获得一定时期内资金的使用权的证券业务。

根据企业年金基金准则及其应用指南的规定，企业年金基金应在融资期限内，按照卖出回购证券价款和协议约定的利率每日或每周确认、计算卖出回购证券支出。

企业年金基金应设置“卖出回购证券支出”、“卖出回购证券款”等科目，对卖出回购证券业务进行账务处理。

卖出证券收到款时，按实际收到价款，借记“结算备付金”科目，同时确认一笔负债，贷记“卖出回购证券款——××证券”科目。证券持有期内计提利息时，按计提的金额，借记“卖出回购证券支出”科目，贷记“应付利息”科目。到期回购时，按卖出证券时实际收款金额，借记“卖出回购证券款——××证券”科目，按应计提未到期的卖出回购证券利息，借记“应付利息”科目，按借贷方差额，借记“卖出回购证券支出”科目，按实际支付的款项，贷记“结算备付金”科目。期末将“卖出证券支出”科目余额转入“本年收益”科目。

（4）其他费用。其他费用是指除上述 1、2、3 费用以外的其他各项费用，包括注册登记费、上市年费、信息披露费、审计费用、律师费用等。

根据现行法律制度的规定，基金管理各方当事人因未履行义务导致的费用支出或资产的损失以及处理与基金运作无关的事项发生的费用不得列入企业年金基金费用。

企业年金基金应当设置“其他费用”等科目，按费用种类设置明细账，对发生的其他费用进行账务处理。

发生其他费用时，应按实际发生的金额，借记“其他费用”科目，贷记“银行存款”等科目。如发生的其他费用金额较大，比如大于基金净值十万分之一，也可以采用待摊或预提的方法，待摊或预提计入基金损益，但一经采用，不得随意变更，且年末一般无余额。

（1）采用待摊方法的，发生时，借记“待摊费用”科目，贷记“银行存款”科目；摊销时，借记“其他费用”科目，贷记“待摊费用”科目。

（2）采用预提方法的，预提时，借记“其他费用”科目，贷记“预提费用”科目；支付费用时，借记“预提费用”科目，贷记“银行存款”科目。

期末，应将“其他费用”科目的借方余额全部转入“本期收益”科目。

【例 21-20】 20×9 年 1 月 1 日，智董公司年金基金市值为 3.5 亿元，该日发生信息披露费 3 000 元。假设按日估值。

智董公司年金基金账务处理如下：

借：其他费用　3 000
　贷：银行存款　3 000

21.2.8 企业年金待遇给付及企业年金基金净资产

1. 企业年金待遇给付及其账务处理

企业年金待遇是指企业年金计划受益人符合退休年龄等法定条件时，应当享受的企业年金养老待遇。企业年金计划受益人，是指参加企业年金计划并享有受益权的职工及其继承人。企业年金养老待遇支付水平受到缴费金额、缴费时间、投资运营收益情况等因素影响。企业年金待遇给付方式，由企业年金计划约定，分次或一次支付。

企业年金待遇给付一般流程如下：

（1）委托人向受托人发送企业年金待遇支付或转移的通知。

（2）受托人通知账户管理人计算支付企业年金待遇。

（3）账户管理人将计算支付企业年金待遇结果反馈受托人，并与受托人核对。

（4）受托人核对后通知托管人和投资管理人进行份额赎回。

（5）受托人根据账户管理人提供的待遇支付表，通知托管人支付或转移金额，托管人将相应资金划入受托人指定专用账户，并向受托人和账户管理人报告。

（6）受托人指令账户管理人进行待遇支付的账户处理，账户管理人与托管人提供的支付结果核对，扣减个人账户资产，并向受益人提供年金基金的最终账户数据或向新年金计划移交账户资料。

企业年金待遇给付运作流程如图 21-4 所示。

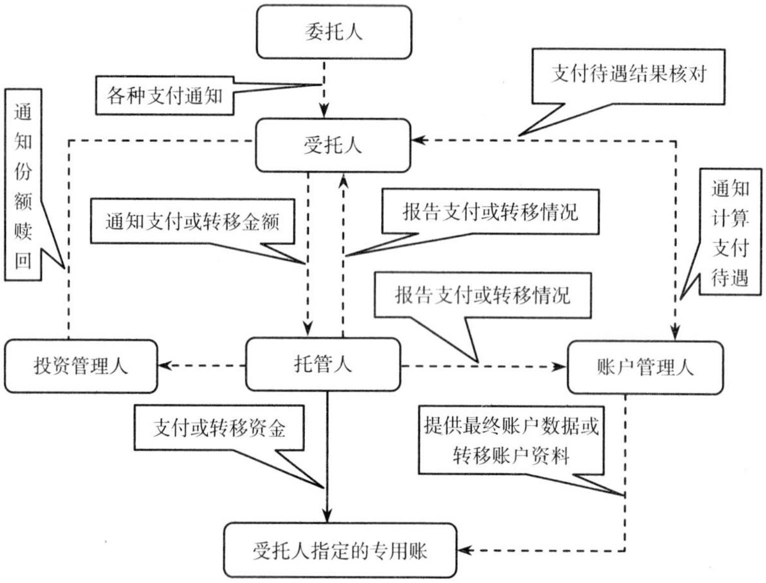

图 21-4 企业年金待遇给付流程

企业年金基金应设置“企业年金基金——支付受益人待遇”、“应付受益人待遇”等科目，按受益人设置明细账进行账务处理。给付企业年金待遇时，按应付金额，借记“企业年金基金——支付受益人待遇”科目，贷记“应付受益人待遇”科目；支付款项时，借记“应付受益人待遇”科目，贷记“银行存款”科目。

此外，根据企业年金基金准则的规定，因职工调离企业而发生的个人账户转出金额，相应减少基金净资产。因职工调入企业而发生的个人账户转入金额，相应增加基金净资产。企业年金基金应设置“企业年金基金——个人账户转入”、“企业年金基金——个人账户转出”等科目，按受益人设置明细账进行账务处理。

【例 21-21】 20×9 年 11 月 5 日，智董公司年金基金根据企业年金计划和委托人指令，支付退休人员企业年金待遇，金额共计 70 000 元。

智董公司年金基金账务处理如下：

（1）计算、确认给付企业年金待遇时：

借：企业年金基金——支付受益人待遇　　70 000

　贷：应付受益人待遇　　70 000

（2）支付受益人待遇时：

借：应付受益人待遇　　70 000

　贷：银行存款　　70 000

2. 企业年金基金净资产、净收益及其账务处理

企业年金基金净资产又称年金基金净值，是指企业年金基金受益人在企业年金基金财产中享有的经济利益，其金额等于企业年金基金资产减去基金负债后的余额。

企业年金基金净资产=期初净资产+本期净收益+收取企业缴费+收取职工个人缴费+个人账户转入−支付受益人待遇−个人账户转出

企业年金基金净收益是指企业年金基金在一定会计期间已实现的经营成果，其金额等于本期收入减本期费用的余额。其中，本期收入包括存款利息收入、买入返售证券收入、公允价值变动收益、投资收益、其他收入等。本期费用包括交易费用、受托人管理费、投资管理人管理费、卖出回购证券支出、其他费用等。企业年金基金净收益直接影响基金净值的变动。

需要说明的是，企业年金基金资产不仅包括委托给投资管理人管理的资产，还包括未委托给投资管理人管理的其他现金资产。

企业年金基金净值增长率，是当期基金净值与前期企业年金基金净值的差额除以前期基金财产净值的比例。计算公式如下：

$$\text{企业年金基金净值增长率}=\frac{\text{当期基金净资产}-\text{前期基金净资产}}{\text{当期基金净资产}}\times 100\%$$

企业年金基金账户管理人根据企业年金基金净值和净值增长率，按日或按周足额记入企业年金基金企业账户和个人账户。在收益记入日，账户管理人根据托管人提供的、经受托人复核的企业年金基金净值和净值增长率，并根据企业账户和职工个人账户前期余额，计算本期各账户应记入的投资运营收益。

其计算公式如下：

个人账户本期余额=个人账户前期余额×（1+企业年金基金净值增长率）

企业账户本期余额=企业账户前期余额×（1+企业年金基金净值增长率）

根据企业年金基金准则的规定，资产负债表日，应当将当期企业年金基金各项收入和费用结转至净资产，并根据企业年金计划按期将运营收益分配计入企业和职工个人账户。

企业年金基金应设置“本期收益”等科目。“本期收益”科目核算本期实现的基金净收益（或净亏损）。期末，结转企业年金基金净收益时，将“存款利息收入”、“买入返售证券收入”、“公允价值变动收益”、“投资收益”、“其他收入”等科目的余额转入“本期收益”科目贷方；将“交易费用”、“受托人管理费”、“托管人管理费”、“投资管理人管理费”、“卖出回购证券支出”、“其他费用”等科目的余额转入“本期收益”科目借方。“本期收益”科目余额，即为企业年金基金净收益（或净亏损）。净收益转入企业年金基金时，借记“本期收益”科目，贷记“企业年金基金——净收益”科目；如为净亏损，作相反分录。将净收益按企业年金计划约定的比例转入个人和企业账户时，借记“企业年金基金——净收益”，贷记“企业年金基金——个

人账户结余”、“企业年金基金——企业账户结余”科目。

21.2.9 列报

企业年金基金的财务报表包括资产负债表、净资产变动表和附注。

1. 企业年金基金财务报表编报主体

根据《企业年金基金管理试行办法》的规定，受托人负责编制企业年金基金管理和财务会计报告。这就是说，受托管理企业年金基金的企业年金理事会或符合国家规定的养老金管理公司等法人受托机构是编报企业年金基金财务报表的法定责任人，应当按照企业年金基金会计准则的规定，负责编制和对外报告企业年金基金财务报表。现行相关法规规定，受托人应当在年度结束后45日向委托人和监管机构提交经会计师事务所审计的企业年金基金年度财务报告。

此外，为了保证企业年金基金财务报表的真实和完整，托管人、投资管理人还要定期向受托人提供相关信息。现行相关法规规定，托管人在每季度结束10日内向受托人提交季度企业年金基金财务报告,并在年度结束后30日内向受托人提交经会计师事务所审计的年度企业年金基金财务报告。投资管理人在每季度结束后10日内向受托人提交经托管人确认的季度企业年金基金投资组合报告;并应当在年度结束后30日内向受托人提交经托管人确认的年度企业年金基金投资管理报告。账户管理人应当在每季度结束后10日内向受托人提交季度企业年金基金账户管理报告,并应当在年度结束后30日内向受托人提交年度企业年金基金账户管理报告。

2. 资产负债表

资产负债表反映企业年金基金在某一特定日期的财务状况，应当按照资产、负债和净资产分类列示。

资产类项目至少应当列示下列信息：货币资金；应收证券清算款；应收利息；买入返售证券；其他应收款；债券投资；基金投资；股票投资；其他投资；其他资产。

负债类项目至少应当列示下列信息：应付证券清算款；应付受益人待遇；应付受托人管理费；应付托管人管理费；应付投资管理人管理费；应交税金；卖出回购证券款；应付利息；应付佣金；其他应付款。净资产类项目列示企业年金基金净值。

资产负债表的格式如表21-8所示。

表21-8 资产负债表

会年金01表

编制单位： 年 月 日 单位：元

资 产	行次	年初数	期末数	负债和净资产	行次	年初数	期末数
资产：				负债：			
货币资金				应付证券清算款			
应收证券清算款				应付受益人待遇			
应收利息				应付受托人管理费			
买入返售证券				应付托管人管理费			
其他应收款				应付投资管理人管理费			
债券投资				应交税金			
基金投资				卖出回购证券款			

续表

资　　产	行次	年初数	期末数	负债和净资产	行次	年初数	期末数
股票投资				应付利息			
其他投资				应付佣金			
其他资产				其他应付款			
				负债合计			
				净资产：			
				企业年金基金净值			
资产总计				负债和净资产总计			

资产负债表的编制说明如下：

（1）“货币资金”项目，反映期末存放在金融机构的各种款项，应根据“银行存款”、“结算备付金”、“交易保证金”等科目的期末余额填列。

（2）“应收证券清算款”项目，反映期末尚未收回的证券清算款，应根据“证券清算款”科目所属明细科目期末借方余额填列。

（3）“应收利息”项目，反映期末尚未收回的各项利息，应根据“应收利息”科目期末余额填列。

（4）“买入返售证券”项目，反映期末已经买入但尚未到期返售证券的实际成本，应根据“买入返售证券”科目期末余额填列。

（5）“其他应收款”项目，反映除应收证券清算款、应收利息、应收红利、应收股利以外的，期末尚未收回的其他各种应收款、暂付款项等，应根据“其他应收款”等科目的期末余额分析计算填列。

（6）“债券投资”项目，反映期末持有债券投资的公允价值，应根据“交易性金融资产”及其明细科目的期末余额分析填列。

（7）“基金投资”项目，反映期末持有基金投资的公允价值，应根据“交易性金融资产”及其明细科目的期末余额分析填列。

（8）“股票投资”项目，反映期末持有股票投资的公允价值，应根据“交易性金融资产”及其明细科目的期末余额分析填列。

（9）“其他投资”项目，反映期末持有的除上述投资以外的资产的公允价值，应根据“交易性金融资产”等相关科目的期末余额分析填列。

（10）“其他资产”项目，反映除上述资产以外的其他资产，应根据“交易性金融资产”等相关科目的期末余额分析填列。“应收红利”、“应收股利”科目期末余额也填列在此项目。

（11）“应付证券清算款”项目，反映期末尚未支付的证券清算款，应根据“证券清算款”科目所属明细科目期末余额填列。

（12）“应付受益人待遇”项目，反映期末尚未支付受益人待遇的款项，应根据“应付受益人待遇”科目所属明细科目期末余额填列。

（13）“应付受托人管理费”项目，反映期末尚未支付受托人的管理费用，应根据“应付受托人费用”科目期末余额填列。

（14）“应付托管人管理费”项目，反映期末尚未支付托管人的管理费用，应根据“应付托管人管理费”科目期末余额计算填列。

（15）“应付投资管理人管理费”项目，反映期末尚未支付投资管理人的管理费用，应根据“应付投资管理人管理费”科目期末余额计算填列。

（16）“应交税金”项目，反映期末应交未交的相关税费，应根据“应交税金”科目的期末余额填列。

（17）“卖出回购证券款”项目，反映已经卖出但尚未到期回购的证券款，应根据“卖出回购证券款”科目的期末余额填列。

（18）“应付利息”项目，反映期末尚未支付的各项利息，应根据“应付利息”科目期末余额填列。

（19）“应付佣金”项目，反映期末尚未支付券商的佣金，应根据“应付佣金”科目的期末余额填列。

（20）“其他应付款”项目。反映除上述负债以外的其他负债，如暂收款、多收的款项等，应根据“其他应付款”等有关科目期末余额分析填列。

（21）“企业年金基金净值”项目，反映期末企业年金基金净值，应根据“企业年金基金”及其明细科目分析填列。

3. 净资产变动表

净资产变动表反映企业年金基金在一定会计期间的净资产增减变动情况，应当列示下列信息：

- 期初净资产。
- 本期净资产增加数，包括本期收入、收取企业缴费、收取职工个人缴费、个人账户转入。
- 本期净资产减少数，包括本期费用、支付受益人待遇、个人账户转出。
- 期末净资产。

净资产变动表格式如表 21-9 所示。

表 21-9 净资产变动表

会年金 02 表

编制单位： 年 月 单位：元

项 目	行 次	本 月 数	本月累计数
一、期初净资产			
二、本期净资产增加数			
（一）本期收入			
1. 存款利息收入			
2. 买入返售证券收入			
3. 公允价值变动收益			
4. 投资处置收益			
5. 其他收入			
（二）收取的企业缴费			
（三）收取的职工个人缴费			
（四）个人账户转入			

续表

项　目	行　次	本 月 数	本月累计数
三、本期净资产减少数			
（一）本期费用			
1. 交易费用			
2. 受托人管理费			
3. 托管人管理费			
4. 投资管理人管理费			
5. 卖出回购证券支出			
6. 其他费用			
（二）支付受益人待遇			
（三）个人账户转出			
四、期末净资产			

净资产变动表的编制说明如下：

（1）“期初净资产”项目，反映企业年金基金期初净值，应根据上期末“企业年金基金”及其明细科目贷方余额分析填列。

（2）“存款利息收入”项目，反映本期存放金融机构各种存款的利息收入，应根据“利息收入”科目期末结转“本期收益”科目的数额填列。

（3）“买入返售证券收入”项目，反映本期买入返售证券业务而实现的利息收入，应根据“买入返售证券收入”科目期末结转“本期收益”科目的数额填列。

（4）“公允价值变动收益”项目，反映本期持有债券、基金、股票等投资的公允价值变动情况，应根据“公允价值变动收益”科目期末结转“本期收益”科目的数额填列。

（5）“投资处置收益”项目，反映本期投资处置时实现的收益，以及投资持有期间收到被投资单位发放的现金股利、红利，或按债券票面利率计算的利息收入。应根据“投资收益”科目期末结转“本期收益”科目的数额分析填列。

（6）“其他收入”项目，反映本期除以上收入外的其他收入，应根据“其他收入”科目期末结转“本期收益”科目的数额填列。

（7）“收取的企业缴费”项目，反映本期收到的企业缴费，应根据“企业年金基金”及其明细科目的余额分析填列。

（8）“收取的职工个人缴费”项目，反映本期收到的职工个人缴费，应根据“企业年金基金”及其明细科目的余额分析填列。

（9）“个人账户转入”项目，反映本期从其他企业调入本企业职工个人账户转入的金额，应根据“企业年金基金——个人账户转入”科目的余额填列。

（10）“交易费用”项目，反映本期投资运营中发生的手续费、佣金及其他必要支出，应根据“交易费用”科目期末结转“本期收益”科目的数额填列。

（11）“受托人管理费”项目，反映本期按照合同约定计提的受托人管理费用，应根据“受托人管理费”科目期末结转“本期收益”科目的数额填列。

（12）“托管人管理费”项目，反映本期按照合同约定计提的托管人管理，应根据“托管人管理费”科目期末结转“本期收益”科目的数额填列。

（13）“投资管理人管理费”项目，反映本期按照合同约定计提的投资管理人管理费用，应根据“投资管理人管理费”科目期末结转“本期收益”科目的数额填列。

（14）“卖出回购证券支出”项目，反映本期发生的卖出回购证券业务的支出，应根据“卖出回购证券款”科目期末结转“本期收益”科目的数额填列。

（15）“其他费用”项目，反映本期除上述费用之外的其他各项费用，应根据“其他费用”科目期末结转“本期收益”科目的数额填列。

（16）“支付受益人待遇”项目，反映本期支付受益人待遇的金额，应根据“企业年金基金”及其明细科目的期末余额填列。

（17）“个人账户转出”项目，反映本期企业职工调出、离职等原因从个人账户转出的金额，应根据“企业年金基金——个人账户转出”科目的期末余额填列。

4．附注

附注应当披露下列信息：

（1）企业年金计划的主要内容及重大变化。

（2）投资种类、金额及公允价值的确定方法。

（3）各类投资占投资总额的比例。

（4）可能使投资价值受到重大影响的其他事项。

会计准则应用指南的相关规定如下：

（1）受托人、托管人、投资管理人应当参照《企业会计准则——应用指南》（会计科目和主要账务处理）设置相应会计科目和账簿，对企业年金基金发生的交易或者事项进行会计处理。

（2）企业年金基金财务报表包括资产负债表、净资产变动表和附注。

受托人应当按照本准则的规定，定期向委托人、受益人等提交企业年金基金财务报表。

托管人应当按照本准则的规定，定期向受托人提交企业年金基金财务报表。

（3）企业年金基金财务报表附注，除按本准则第二十条的规定进行披露外，还应当披露以下内容。

① 财务报表的编制基础。

② 重要会计政策和会计估计变更及差错更正的说明。

③ 报表重要项目的说明，包括货币资金、买入返售证券、债券投资、基金投资、股票投资、其他投资、卖出回购证券款、收取企业缴费、收取职工个人缴费、个人账户转入、支付受益人待遇、个人账户转出等。

④ 企业年金基金净收入，包括本期收入、本期费用的构成。

⑤ 资产负债表日后事项、关联方关系及其交易的说明等。

⑥ 企业年金基金投资组合情况、风险管理政策等。

21.3 股份支付

我国《证券法》、《公司法》和《上市公司股权激励管理办法》（试行）等规定，企业可以通过股票期权等权益工具对职工实行激励的办法，已完成股权分置改革的上市公司，允许建立股权激励机制。《企业会计准则第11号——股份支付》以上述法律规定为依据，规范了此类激励办法的确认、计量和列报。

企业授予职工股票期权、认股权证等衍生工具或其他权益工具以换取职工提供的服务，从而实现对职工的激励或补偿，实质上属于职工薪酬的组成部分。由于股份支付是以权益工具的公允价值为计量基础，《企业会计准则第 9 号——职工薪酬》规定，以股份为基础的薪酬适用《企业会计准则第 11 号——股份支付》。

1. 有关概念

（1）股份支付。《企业会计准则第 11 号——股份支付》第二条规定，股份支付是指企业为获取职工和其他方提供服务而授予权益工具或者承担以权益工具为基础确定的负债的交易。企业授予职工期权、认股权证等衍生工具或其他权益工具，对职工进行激励或补偿，以换取职工提供的服务，实质上属于职工薪酬的组成部分，但由于股份支付是以权益工具的公允价值为计量基础，因此由《企业会计准则第 11 号——股份支付》进行规范。

股份支付分为以权益结算的股份支付和以现金结算的股份支付。以权益结算的股份支付，是指企业为获取服务以股份或其他权益工具作为对价进行结算的交易。以现金结算的股份支付，是指企业为获取服务承担以股份或其他权益工具为基础计算确定的交付现金或其他资产义务的交易。

《企业会计准则第 11 号——股份支付》所指的权益工具是企业自身权益工具。

（2）等待期。等待期是指可行权条件得到满足的期间。

对于可行权条件为规定服务期间的股份支付，等待期为授予日至可行权日的期间；对于可行权条件为规定业绩的股份支付，应当在授予日根据最可能的业绩结果预计等待期的长度。

（3）可行权日。可行权日是指可行权条件得到满足、职工和其他方具有从企业取得权益工具或现金的权利的日期。

（4）行权日。行权日是指职工和其他方行使权利、获取现金或权益工具的日期。

（5）授予日。授予日是指股份支付协议获得批准的日期。

2. 以权益结算的股份支付

（1）以权益结算的股份支付换取职工提供服务的。以权益结算的股份支付换取职工提供服务的，应当以授予职工权益工具的公允价值计量。

权益工具的公允价值，应当按照《企业会计准则第 22 号——金融工具确认和计量》确定。

1）授予日（授予后立即可行权的）。授予后立即可行权的换取职工服务的以权益结算的股份支付，应当在授予日按照权益工具的公允价值计入相关成本或费用，相应增加资本公积。

2）在等待期内的每个资产负债表日（授予后不能立即行权的）。完成等待期内的服务或达到规定业绩条件才可行权的换取职工服务的以权益结算的股份支付，在等待期内的每个资产负债表日，应当以对可行权权益工具数量的最佳估计为基础，按照权益工具授予日的公允价值，将当期取得的服务计入相关成本或费用和资本公积。

在资产负债表日，后续信息表明可行权权益工具的数量与以前估计不同的，应当进行调整，并在可行权日调整至实际可行权的权益工具数量。

3）可行权日之后。企业在可行权日之后不再对已确认的相关成本或费用和所有者权益总额进行调整。

（2）以权益结算的股份支付换取其他方服务的。

1）取得日。

① 其他方服务的公允价值能够可靠计量的，应当按照其他方服务在取得日的公允价值，计入相关成本或费用，相应增加所有者权益。

② 其他方服务的公允价值不能可靠计量但权益工具公允价值能够可靠计量的，应当按照

权益工具在服务取得日的公允价值，计入相关成本或费用，相应增加所有者权益。

2）行权日。在行权日，企业根据实际行权的权益工具数量，计算确定应转入实收资本或股本的金额，将其转入实收资本或股本。

【例 21-22】 20×7 年 1 月 1 日，智董公司向 500 名管理人员授予股票期权 100 股/人，当日股票的市场价格为 3 元/股。授予的条件是要求职工必须自授予日起在公司工作 3 年。

由于在授予日该项股票期权不能立即行权，该项股份支付在授予日则不能予以确认，而应在年度末根据估计的在企业持续工作 3 年的职工数量确认可能支付的股票期权数量，按职工提供服务的时间，计算应计入本期生产的成本或费用。

20×7 年 12 月 31 日，与该企业签订该项股票期权协议的 500 名管理人员中有 20 人辞职，企业估计剩余的 480 名均会继续在本企业中工作至 20×9 年底，则股份支付的会计处理如下：

预计可能支付的股票期权=480×100=48 000（股）

应计入 20×7 年的股份支付成本=48 000×3/3=48 000（元）

借：管理费用	48 000	
贷：资本公积——股份支付		48 000

20×8 年年末，如果 480 名员工仍在该企业工作，则企业同样应按职工完成的服务的时间计算应分摊的成本。会计分录与 20×7 年相同。20×8 年和 20×9 年年底，企业股票的市场价格会发生变化，与权益授予日股票的市场价格有所不同，但确认各期应负担的股份支付成本或费用时，均以授予日股票的公允价值为基础，而不考虑之后其公允价值的变化。只有股份支付的数量发生的变化才会影响计入各期的股份支付的成本和资本公积中预计计提的股份支付的金额。

20×9 年 12 月 31 日，剩余的 480 名管理员工均可以按股票期权协议取得股票，则 20×9 年底的会计处理为分摊 20×9 年的股份支付成本。

借：管理费用	48 000	
贷：资本公积——其他资本公积		48 000

之后，编制行权日的会计分录如下：

借：资本公积——其他资本公积	144 000	
贷：股本		48 000
资本公积——股票溢价		96 000

【例 21-23】 智董公司由于 20×7 年企业效益大幅度上升，20×8 年 3 月 10 日股东大会通过，经相关主管部门批准，准备以增发的股票奖励企业生产员工，每名职工公司的普通股股票 1 000 股，共计 470 000 股，该公司股票目前市场价格为 5 元/股。20×8 年 5 月 10 日，办理相关过户手续，将股票支付给职工。此时该公司股票市场价格为 5.5 元/股。

（1）20×8 年 3 月 10 日，股份授予日的会计分录如下：

借：生产成本	2 350 000	
贷：资本公积——其他资本公积		2 350 000

（2）20×8 年 5 月 10 日，行权日的会计分录如下：

借：生产成本	235 000	
资本公积——其他资本公积	2 350 000	
贷：股本		47 000
资本公积		2 538 000

【例21-24】 20×8年1月1日，智董公司向其500名办公室人员每人授予100股，当日股票价格为3元/股。授予的条件是要求职工必须自授予日起在公司工作3年。

（1）授予日，智董公司在20×8年1月1日做如下会计分录：

借：长期待摊费用　　150 000

　贷：资本公积　　150 000

（2）等待期，智董公司在以后3个资产负债表日做如下分录：

借：管理费用　　50 000

　贷：长期待摊费用　　50 000

借：资本公积　　50 000

　贷：股本　　50 000

（3）可行权日及之后。假设2011年1月1日，500名员工均行使了权利，购买了股票，则智董公司不做任何会计处理。

（3）回购股份进行职工期权激励。企业以回购股份形式奖励本企业职工的，属于权益结算的股份支付，应当进行以下处理。

1）回购股份。企业回购股份时，应当按照回购股份的全部支出作为库存股处理，同时进行备查登记。

2）确认成本费用。按照《企业会计准则第11号——股份支付》对职工权益结算股份支付的规定，企业应当在等待期内每个资产负债表日按照权益工具在授予日的公允价值，将取得的职工服务计入成本费用，同时增加资本公积（其他资本公积）。

3）职工行权。企业应于职工行权购买本企业股份收到价款时，转销交付职工的库存股成本和等待期内资本公积（其他资本公积）累计金额，同时，按照其差额调整资本公积（股本溢价）。

3. 以现金结算的股份支付

以现金结算的股份支付，应当按照企业承担的以股份或其他权益工具为基础计算确定的负债的公允价值计量。

（1）授予后立即可行权的以现金结算的股份支付。应当在授予日以企业承担负债的公允价值计入相关成本或费用，相应增加负债。

（2）授予后不能立即行权的以现金结算的股份支付。完成等待期内的服务或达到规定业绩条件以后才可行权的以现金结算的股份支付，在等待期内的每个资产负债表日，应当以对可行权情况的最佳估计为基础，按照企业承担负债的公允价值金额，将当期取得的服务计入成本或费用和相应的负债。

（3）当期承担债务的公允价值的调整。在资产负债表日，后续信息表明企业当期承担债务的公允价值与以前估计不同的，应当进行调整，并在可行权日调整至实际可行权水平。

企业应当在相关负债结算前的每个资产负债表日以及结算日，对负债的公允价值重新计量，其变动计入当期损益。

【例21-25】 20×7年1月1日，智董公司确定公司高级管理人员的奖励机制为：如果公司达到了一定的业绩，公司将支付与公司股票价格5万股等值的现金奖励，公司现行股票价格为3元/股。预计公司会在20×8年实现规定的业绩。20×8年6月底，公司业绩就达到了规定，公司按承诺对高级管理人员进行奖励。20×7年年底，该公司股票的市场价格为3.5元/股，20×8年6月底，股票价格为4元/股。

由于存在行权条件，授予日不需进行会计处理。等待期为20×7年年初至20×8年年底的两年时间。

（1）等待期中，20×7年年底：

借：管理费用　　87 500（3.5×50 000÷2）

　贷：其他应付款　　87 500

（2）20×8年6月底，可行权日：

实际行权成本=4×5=20（万元）

借：管理费用　　112 500

　贷：其他应付款　　112 500

（3）在实际支付奖励时：

借：其他应付款　　200 000

　贷：银行存款　　200 000

4．股份支付的会计处理

股份支付的确认和计量，应当以真实、完整、有效的股份支付协议为基础。

（1）授予日通常不做会计处理。授予日除了立即可行权的股份支付外，无论权益结算的股份支付或者现金结算的股份支付，企业在授予日都不进行会计处理。授予日是指股份支付协议获得批准的日期。其中"获得批准"，是指企业与职工或其他方就股份支付的协议条款和条件已达成一致，该协议获得股东大会或类似机构的批准。

（2）等待期内每个资产负债表日的处理。等待期内的每个资产负债表日股份支付在授予后通常不可立即行权，一般需要在职工或其他方履行一定期限的服务或在企业达到一定业绩条件之后才可行权。

业绩条件分为市场条件和非市场条件。市场条件是指行权价格、可行权条件以及行权可能性与权益工具的市场价格相关的业绩条件，如股份支付协议中关于股价至少上升至何种水平才可行权的规定。非市场条件是指除市场条件之外的其他业绩条件，如股份支付协议中关于达到最低盈利目标或销售目标才可行权的规定。

等待期长度确定后，业绩条件为非市场条件的，如果后续信息表明需要调整等待期长度，应对前期确定的等待期长度进行修改；业绩条件为市场条件的，不应因此改变等待期长度。对于可行权条件为业绩条件的股份支付，在确定权益工具的公允价值时，应考虑市场条件的影响，只要职工满足了其他所有非市场条件，企业就应当确认已取得的服务。

1）等待期内每个资产负债表日，企业应将取得的职工提供的服务计入成本费用，计入成本费用的金额应当按照权益工具的公允价值计量。

对于权益结算的涉及职工的股份支付，应当按照授予日权益工具的公允价值计入成本费用和资本公积（其他资本公积），不确认其后续公允价值变动；对于现金结算的涉及职工的股份支付，应当按照每个资产负债表日权益工具的公允价值重新计量，确定成本费用和应付职工薪酬。

对于授予的存在活跃市场的期权等权益工具，应当按照活跃市场中的报价确定其公允价值。对于授予的不存在活跃市场的期权等权益工具，应当采用期权定价模型等确定其公允价值，选用的期权定价模型至少应当考虑以下因素：

- 期权的行权价格。
- 期权的有效期。
- 标的股份的现行价格。

- 股价预计波动率。
- 股份的预计股利。
- 期权有效期内的无风险利率。

2）等待期内每个资产负债表日，企业应当根据最新取得的可行权职工人数变动等后续信息做出最佳估计，修正预计可行权的权益工具数量。在可行权日，最终预计可行权权益工具的数量应当与实际可行权数量一致。

根据上述权益工具的公允价值和预计可行权的权益工具数量，计算截至当期累计应确认的成本费用金额，再减去前期累计已确认金额，作为当期应确认的成本费用金额。

【例 21-26】 20×1 年 12 月，智董公司董事会批准了一项股份支付协议。协议规定，20×2 年 1 月 1 日，公司向其 200 名管理人员每人授予 100 份股票期权，这些管理人员必须从 20×2 年 1 月 1 日起在公司连续服务 3 年，服务期满时才能够以每股 4 元购买 100 股智董公司股票。公司估计该期权在授予日（20×2 年 1 月 1 日）的公允价值为 15 元。

第一年有 20 名管理人员离开智董公司，智董公司估计三年中离开的管理人员比例将达到 20%；第二年又有 10 名管理人员离开公司，公司将估计的管理人员离开比例修正为 15%；第三年又有 15 名管理人员离开。

（1）费用和资本公积的计算过程，如表 21-10 所示。

表 21-10　费用和资本公积计算过程　　单位：元

年　份	计　算	当期费用	累计费用
20×2	200×100×（1–20%）×15×1/3	80 000	80 000
20×3	200×100×（1–15%）×15×2/3	90 000	170 000
20×4	155×100×15–170 000	62 500	232 500

（2）会计处理。

① 20×2 年 1 月 1 日：

授予日不做处理。

② 20×2 年 12 月 31 日：

借：管理费用　　80 000

　贷：资本公积——其他资本公积　　80 000

③ 20×3 年 12 月 31 日：

借：管理费用　　90 000

　贷：资本公积——其他资本公积　　90 000

④ 20×4 年 12 月 31 日：

借：管理费用　　62 500

　贷：资本公积——其他资本公积　　62 500

【例 21-27】 20×1 年 11 月，智董公司董事会批准了一项股份支付协议。协议规定，20×1 年 1 月 1 日，公司为其 200 名中层以上管理人员每人授予 100 份现金股票增值权，这些管理人员必须在该公司连续服务 3 年，即可自 20×3 年 12 月 31 日起根据股价的增长幅度可以行权获得现金。

该股票增值权应在 20×5 年 12 月 31 日之前行使完毕。智董公司估计，该股票增值权在负债结算之前每一个资产负债表日以及结算日的公允价值和可行权后的每份股票增值权现金支出额如表 21-11 所示。

表 21-11 公允价值和可行权后的每份股票增值权现金支出额 单位：元

年　份	公允价值	支付现金
20×1	14	
20×2	15	
20×3	18	16
20×4	21	20
20×5		25

第一年有 20 名管理人员离开智董公司，智董公司估计三年中还将有 15 名管理人员离开；第二年又有 10 名管理人员离开公司，公司估计还将有 10 名管理人员离开；第三年又有 15 名管理人员离开。第三年末，假定有 70 人行使股份增值权取得了现金。

（1）费用和应付职工薪酬的计算过程，如表 21-12 所示。

表 21-12 费用和应付职工薪酬计算过程 单位：元

年　份	负债计算（1）	支付现金（2）	当期费用（3）
20×1	（200−35）×100×14×1/3=77 000		77 000
20×2	（200−40）×100×15×2/3=160 000		83 000
20×3	（200−45−70）×100×18=153 000	70×100×16=112 000	105 000
20×4	（200−45−70−50）×100×21=73 500	50×100×20=100 000	20 500
20×5	73 500−73 500=0	35×100×25=87 500	14 000
总　额		299 500	299 500

其中，（3）=（2）−上期（1）+（2）。

（2）会计处理。

① 20×1 年 1 月 1 日：

授予日不做处理。

② 20×1 年 12 月 31 日：

借：管理费用　　77 000

　贷：应付职工薪酬——股份支付　　77 000

③ 20×2 年 12 月 31 日：

借：管理费用　　83 000

　贷：应付职工薪酬——股份支付　　83 000

④ 20×2 年 12 月 31 日：

借：管理费用　　105 000

　贷：应付职工薪酬——股份支付　　105 000

借：应付职工薪酬——股份支付　　112 000

　贷：银行存款　　112 000

（3）可行权日之后的处理。

1）对于权益结算的股份支付，在可行权日之后不再对已确认的成本费用和所有者权益总额进行调整。企业应在行权日根据行权情况，确认股本和股本溢价，同时结转等待期内确认的资本公积（其他资本公积）。

【例 21-28】 沿用例 21-26。20×5 年 12 月 31 日（第四年末），假设有 10 名管理人员放弃了股票期权，20×6 年 12 月 31 日（第五年末），剩余 145 名全部行权，智董公司股票面值为 1 元。

① 20×5 年 12 月 31 日：

不调整成本费用和资本公积。

② 20×6 年 12 月 31 日：

借：银行存款	58 000	
资本公积——其他资本公积	2 325 500	
贷：股本		14 500
资本公积——资本溢价		2 369 000

2）对于现金结算的股份支付，企业在可行权日之后不再确认成本费用，负债（应付职工薪酬）公允价值的变动应当计入当期损益（公允价值变动损益）。

【例 21-29】 沿用例 21-27。20×4 年 12 月 31 日（第四年末），有 50 人行使了股份增值权。20×5 年 12 月 31 日（第五年末），剩余 35 人全部行使了股份增值权。

① 20×4 年 12 月 31 日：

借：公允价值变动损益	20 500	
贷：应付职工薪酬——股份支付		20 500
借：应付职工薪酬——股份支付	100 000	
贷：银行存款		100 000

② 20×5 年 12 月 31 日：

借：公允价值变动损益	14 000	
贷：应付职工薪酬——股份支付		14 000
借：应付职工薪酬——股份支付	87 500	
贷：银行存款		87 500

（4）会计科目及主要账务处理。

1）应付职工薪酬。

① 会计科目核算内容。本科目核算企业根据有关规定应付给职工的各种薪酬。企业（外商）按规定从净利润中提取的职工奖励及福利基金，也在本科目核算。

本科目期末贷方余额，反映企业应付未付的职工薪酬。

② 明细核算。本科目可按“工资”、“职工福利”、“社会保险费”、“住房公积金”、“工会经费”、“职工教育经费”、“非货币性福利”、“辞退福利”、“股份支付”等进行明细核算。

③ 企业发生应付职工薪酬的主要账务处理。企业以现金与职工结算的股份支付，在等待期内每个资产负债表日，按当期应确认的成本费用金额，借记“管理费用”、“生产成本”、“制造费用”等科目，贷记本科目。在可行权日之后，以现金结算的股份支付当期公允价值的变动金额，借记或贷记“公允价值变动损益”科目，贷记或借记本科目。企业（外商）按规定从净利润中提取的职工奖励及福利基金，借记“利润分配——提取的职工奖励及福利基金”科目，贷记本科目。

④ 企业发放职工薪酬的主要账务处理。企业以现金与职工结算的股份支付，在行权日，借记本科目，贷记“银行存款”、“库存现金”等科目。

2）实收资本。

① 会计科目核算内容。本科目核算企业接受投资者投入的实收资本。股份有限公司应将本科目改为“4001 股本”科目。企业收到投资者出资超过其在注册资本或股本中所占份额的部分，作为资本溢价或股本溢价，在“资本公积”科目核算。

本科目期末贷方余额，反映企业实收资本或股本总额。

② 明细核算。本科目可按投资者进行明细核算。企业（中外合作经营）在合作期间归还投资者的投资，应在本科目设置“已归还投资”明细科目进行核算。

③ 主要账务处理。以权益结算的股份支付换取职工或其他方提供服务的，应在行权日，按根据实际行权情况确定的金额，借记“资本公积——其他资本公积”科目，按应计入实收资本或股本的金额，贷记本科目。

3）资本公积。

① 会计科目核算内容。本科目核算企业收到投资者出资额超出其在注册资本或股本中所占份额的部分。直接计入所有者权益的利得和损失，也通过本科目核算。

本科目期末贷方余额，反映企业的资本公积。

② 明细核算。本科目应当分别“资本溢价（股本溢价）”、“其他资本公积”进行明细核算。

③ 主要账务处理。以权益清算的股份支付换取职工或其他方提供服务的，应按照确定的金额，借记“管理费用”等科目，贷记本科目（其他资本公积）。

在行权日，应按实际行权的权益工具数量计算确定的金额，借记本科目（其他资本公积），按计入实收资本或股本的金额，贷记“实收资本”或“股本”科目，按其差额，贷记本科目（资本溢价或股本溢价）。

4）库存股。

① 会计科目核算内容。本科目核算企业收购、转让或注销的本公司股份金额。

本科目期末借方余额反映企业持有尚未转让或注销的本公司股份金额。

② 主要账务处理。为奖励本公司职工而收购本公司股份的，应按实际支付的金额，借记本科目，贷记“银行存款”等科目，同时做备查登记。

将收购的股份奖励给本公司职工属于以权益结算的股份支付，如有实际收到的金额，借记“银行存款”科目，按根据职工获取奖励股份的实际情况确定的金额，借记“资本公积——其他资本公积”科目，按奖励库存股的账面余额，贷记本科目，按其差额，贷记或借记“资本公积——股本溢价”科目。

5．披露

企业应当在附注中披露与股份支付有关的下列信息：

（1）当期授予、行权和失效的各项权益工具总额。

（2）期末发行在外的股份期权或其他权益工具行权价格的范围和合同剩余期限。

（3）当期行权的股份期权或其他权益工具以其行权日价格计算的加权平均价格。

（4）权益工具公允价值的确定方法。

企业对性质相似的股份支付信息可以合并披露。

企业应当在附注中披露股份支付交易对当期财务状况和经营成果的影响，至少包括下列信息：

（1）当期因以权益结算的股份支付而确认的费用总额。

（2）当期因以现金结算的股份支付而确认的费用总额。

（3）当期以股份支付换取的职工服务总额及其他方服务总额。

21.4 每股收益

1. 基本每股收益

基本每股收益的计算如图 21-5 所示。

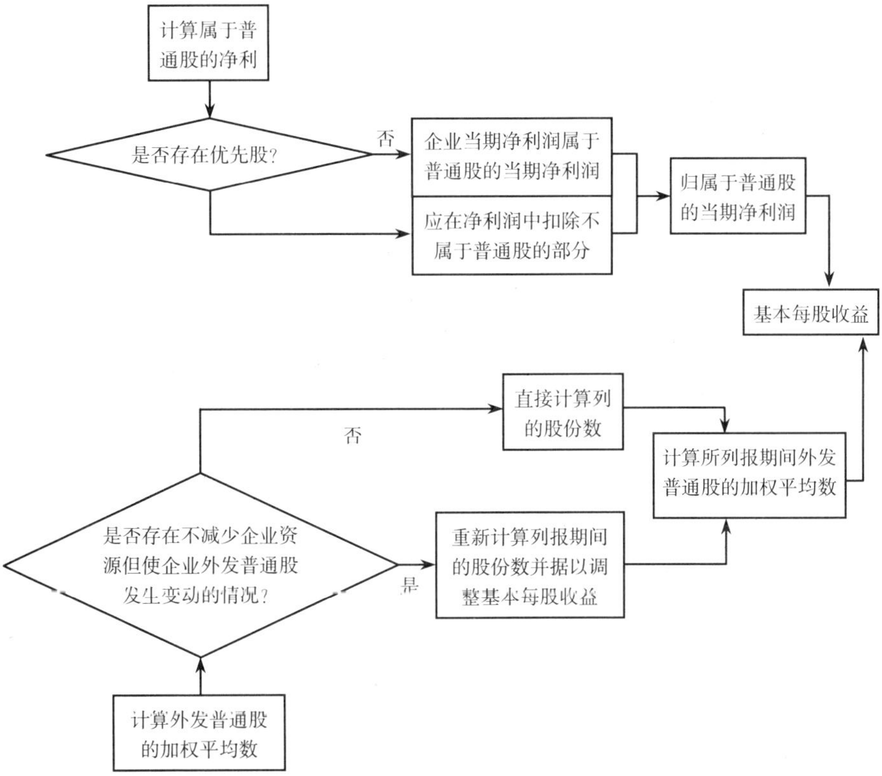

图 21-5　基本每股收益的计算

企业应当按照归属于普通股股东的当期净利润，除以发行在外普通股的加权平均数计算基本每股收益。

发行在外普通股加权平均数按下列公式计算：

发行在外普通股加权平均数=期初发行在外普通股股数+当期新发行普通股股数×已发行时间÷报告期时间−当期回购普通股股数×已回购时间÷报告期时间

已发行时间、报告期时间和已回购时间一般按照天数计算；在不影响计算结果合理性的前提下，也可以采用简化的计算方法。

新发行普通股股数，应当根据发行合同的具体条款，从应收对价之日（一般为股票发行日）起计算确定，通常包括下列情况：

（1）为收取现金而发行的普通股股数，从应收现金之日起计算。

（2）因债务转资本而发行的普通股股数，从停计债务利息之日或结算日起计算。

（3）非同一控制下的企业合并，作为对价发行的普通股股数，从购买日起计算；同一控制下的企业合并，作为对价发行的普通股股数，应当计入各列报期间普通股的加权平均数。

（4）为收购非现金资产而发行的普通股股数，从确认收购之日起计算。

【例 21-30】 智董公司 20×7 年期初发行在外的普通股为 20 000 万股；2 月 28 日新发行普通股 10 800 万股；12 月 1 日回购普通股 4 800 万股，以备将来奖励职工之用。该公司当年度实现净利润为 6 500 万元。20×7 年度基本每股收益计算如下：

发行在外普通股加权平均数=20 000×12/12+10 800×10/12–4 800×1/12=28 600（万股）

或者

20 000×2/12+30 800×9/12+26 000×1/12=28 600（万股）

基本每股收益=6 500/28 600=0.23（元）

2. 稀释每股收益

稀释每股收益的计算如图 21-6 所示。

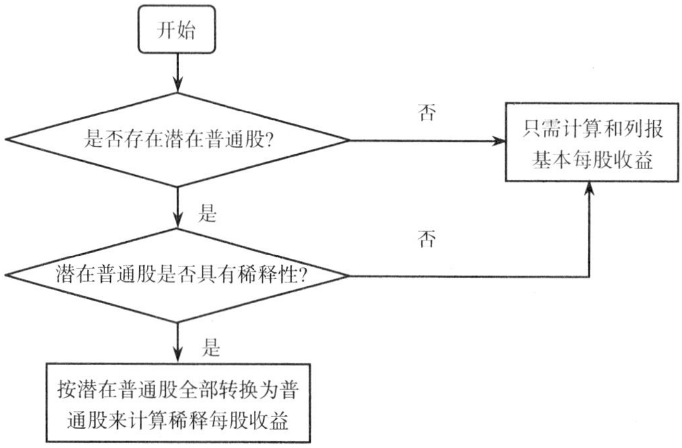

图 21-6 稀释每股收益的计算

存在稀释性潜在普通股的复杂股权结构的公司，不仅应当按照要求计算和列报基本每股收益，还应当根据稀释性潜在普通股的影响计算和列报稀释每股收益。

（1）基本计算原则。稀释每股收益是以基本每股收益为基础，假设企业所有发行在外的稀释性潜在普通股均已转换为普通股，从而分别调整归属于普通股股东的当期净利润以及发行在外普通股的加权平均数计算而得的每股收益。

1）稀释性潜在普通股。潜在普通股是指赋予其持有者在报告期或以后期间享有取得普通股权利的一种金融工具或其他合同。目前，我国企业发行的潜在普通股主要有可转换公司债券、认股权证、股份期权等。

稀释性潜在普通股是指假设当期转换为普通股会减少每股收益的潜在普通股。对于亏损企业而言，稀释性潜在普通股是指假设当期转换为普通股会增加每股亏损金额的潜在普通股。计算稀释每股收益时只考虑稀释性潜在普通股的影响，而不考虑不具有稀释性的潜在普通股。

2）分子的调整。计算稀释每股收益时，应当根据下列事项对归属于普通股股东的当期净利润进行调整：

① 当期已确认为费用的稀释性潜在普通股的利息。

② 稀释性潜在普通股转换时将产生的收益或费用。上述调整应当考虑相关的所得税影响。

对于包含负债和权益成分的金融工具，仅需调整属于金融负债部分的相关利息、利得或损失。

3）分母的调整。计算稀释每股收益时，当期发行在外普通股的加权平均数应当为计算基本每股收益时普通股的加权平均数与假定稀释性潜在普通股转换为已发行普通股而增加的普自股股数的加权平均数之和。

假定稀释性潜在普通股转换为已发行普通股而增加的普通股股数，应当根据潜在普通股的条件确定。当存在不止一种转换基础时，应当假定会采取从潜在普通股持有者角度看最有利的转换率或执行价格。

假定稀释性潜在普通股转换为已发行普通股而增加的普通股股数应当按照其发行在外时间进行加权平均。以前期间发行的稀释性潜在普通股，应当假设在当期期初转换为普通股；当期发行的稀释性潜在普通股，应当假设在发行日转换为普通股；当期被注销或终止的稀释性潜在普通股，应当按照当期发行在外的时间加权平均计入稀释每股收益；当期被转换或行权的稀释性潜在普通股，应当从当期期初至转换日（或行权日计入稀释每股收益中，从转换日（或行权日）起所转换的普通股则计入基本每股收益中。

（2）可转换公司债券。可转换公司债券是指发行公司依法发行、在一定期间内依据约定的条件可以转换成股份的公司债券。对于可转换公司债券，可以采用假设转换法判断其稀释性，并计算稀释每股收益。首先，假设这部分可转换公司债券在当期期初（或发行日）即已转换成普通股，从而一方面增加了发行在外的普通股股数，另一方面节约了公司债券的利息费用，增加了归属于普通股股东的当期净利润。然后，用增加的净利润除以增加的普通股股数，得出增量股的每股收益，与原来的每股收益比较。如果增量股的每股收益小于原每股收益，则说明该可转换公司债券具有稀释作用，应当计入稀释每股收益的计算中。

计算稀释每股收益时，以基本每股收益为基础，分子的调整项目为可转换公司债券当期已确认为费用的利息等的税后影响额；分母的调整项目为假定可转换公司债券当期期初（或发行日）转换为普通股的股数加权平均数。

【例 21-31】 智董上市公司 20×7 年归属于普通股股东的净利润为 25 500 万元，期；发行在外普通股股数 10 000 万股，年内普通股股数未发生变化。20×7 年 1 月 1 日，公司按面值发行 40 000 万元的二年期可转换公司债券，债券每张面值 100 元，票面固定年利率为 2%，利息自发行之日起每年支付一次，即每年 12 月 31 日为付息日。该批可转换公司债券自发行结束后 12 个月以后即可转换为公司股票，即转股期为发行 12 个月后至债券到期日止的期间。转股价格为每股 10 元，即每 100 元债券可转换为 10 股面值为 1 元的普通股。债券利息不符合资本化条件，直接计入当期损益，假设所得税税率为 33%。

假设不考虑可转换公司债券在负债和权益成分的分拆，且债券票面利率等于实际利率。20×7 年度每股收益计算如下：

基本每股收益=25 500÷10 000=2.55（元）

假设转换所增加的净利润=40 000×2%×（1−33%）≈536（万元）

假设转换所增加的普通股股数=40 000÷10=4 000（万股）

增量股的每股收益=536÷4 000=0.134（元）

增量股的每股收益小于基本每股收益，可转换公司债券具有稀释作用。

稀释每股收益=（25 500+536）÷（10 000+4 000）≈1.86（元）

【例 21-32】 沿用例 21-31。假设不具备转换选择权的类似债券的市场利率为 3%。公司在对该批可转换公司债券初始确认时，根据《企业会计准则第 37 号——金融工具列报》的有关规定将负债和权益成分进行了分拆。20×7 年度稀释每股收益计算如下：

每年支付利息=40 000×2%=800（万元）

负债成分公允价值=800÷（1+3%）+800÷（1+3%）^{2}+40 800÷（1+3%）^{3}=38 868.56（万元）

权益成分公允价值=40 000–38 868.56=1 131.44（万元）

假设转换所增加的净利润=38 868.56×3%×（1–33%）=781.26（万元）

假设转换所增加的普通股股数=40 000÷10=4 000（万股）

增量股的每股收益= 781.26÷4 000=0.20（元）

增量股的每股收益小于基本每股收益，可转换公司债券具有稀释作用。

稀释每股收益=（25 500+781.26）÷（10 000+4 000）≈1.88（元）

（3）认股权证、股份期权。认股权证是指公司发行的、约定持有人有权在履约期间内或特定到期日按约定价格向本公司购买新股的有价证券。股份期权是指公司授予持有人在未来一定期限内以预先确定的价格和条件购买本公司一定数量股份的权利，股份期权持有人对于其享有的股份期权，可以在规定的期间内以预先确定的价格和条件购买公司一定数量的股份，也可以放弃该种权利。

对于盈利企业，认股权证、股份期权等的行权价格低于当期普通股平均市场价格时，具有稀释性。对于亏损企业，认股权证、股份期权的假设行权一般不影响净亏损，但增加普通股股数，从而导致每股亏损金额的减少，实际上产生了反稀释的作用，因此，这种情况下，不应当计算稀释每股收益。

对于稀释性认股权证、股份期权，计算稀释每股收益时，一般无须调整分子净利润金额，只需要按照下列步骤对分母普通股加权平均数进行调整。

1）假设这些认股权证、股份期权在当期期初（或发行日）已经行权，计算按约定行权价格发行普通股将取得的股款金额。

2）假设按照当期普通股平均市场价格发行股票，计算需发行多少普通股能够带来上述相同的股款金额。

3）比较行使股份期权、认股权证将发行的普通股股数与按照平均市场价格发行的普通股股数，差额部分相当于无对价发行的普通股，作为发行在外普通股股数的净增加。

也就是说，认股权证、股份期权行权时发行的普通股可以视为两部分，一部分是按照平均市场价格发行的普通股，这部分普通股由于是按照市价发行，导致企业经济资源流入与普通股股数同比例增加，既没有稀释作用也没有反稀释作用，不影响每股收益金额；另一部分是无对价发行的普通股，这部分普通股由于是无对价发行，企业可利用的经济资源没有增加，但发行在外普通股股数增加，因此具有稀释性，应当计入稀释每股收益中。

4）将净增加的普通股股数乘以其假设发行在外的时间权数，据此调整稀释每股收益的计算分母。

普通股平均市场价格的计算，理论上应当包括该普通股每次交易的价格，但实务操作中通常对每周或每月具有代表性的股票交易价格进行简单算术平均即可。股票价格比较平稳的情况下，可以采用每周或每月股票的收盘价作为代表性价格；股票价格波动较大的情况下，可以采用每周或每月股票最高价与最低价的平均值作为代表性价格。无论采用何种方法计算平均市场价格，一经确定，不得随意变更，除非有确凿证据表明原计算方法不再适用。当期发行认股权证或股份期权的，普通股平均市场价格应当自认股权证或股份期权的发行日起计算。

【例 21-33】 智董公司 20×7 年度归属于普通股股东的净利润为 500 万元，发行在外普通股加权平均数为 1 250 万股，该普通股平均每股市场价格为 4 元。20×7 年 1 月 1 日，该公司对外发行 250 万份认股权证，行权日为 20×8 年 3 月 1 日，每份认股权证可以在行权日以 3.5 元的价格认购本公司 1 股新发的股份。该公司 20×7 年度每股收益计算如下：

基本每股收益=500÷1 250=0.4（元）

调整增加的普通股股数=250−250×3.5÷4=31.25（万股）

稀释每股收益=500÷（1 250+31.25）=0.39（元）

（4）企业承诺将回购其股份的合同。企业承诺将回购其股份的合同中规定的回购价格高于当期普通股平均市场价格时，应当考虑其稀释性。计算稀释每股收益时，与前面认股权证、股份期权的计算思路恰好相反，具体步骤如下：

1）假设企业于期初按照当期普通股平均市场价格发行普通股，以募集足够的资金来履行回购合同；合同日晚于期初的，则假设企业于合同日按照自合同日至期末的普通股平均市场价格发行足量的普通股。该假设前提下，由于是按照市价发行普通股，导致企业经济资源流入与普通股股数同比例增加，每股收益金额不变。

2）假设回购合同已于当期期初（或合同日）履行，按照约定的行权价格回购本企业股票。

3）比较假设发行的普通股股数与假设回购的普通股股数，差额部分作为净增加的发行在外普通股股数，再乘以相应的时间权数，据此调整稀释每股收益的计算分母。

【例 21-34】 智董公司 20×7 年度归属于普通股股东的净利润为 400 万元，发行在普通股加权平均数为 1 000 万股。20×7 年 3 月 2 日，该公司与股东签订一份远期回购合同，承诺一年后以每股 5.5 元的价格回购其发行在外的 240 万股普通股。假设，该普通股 20×7 年 3 月至 12 月平均每股市场价格为 5 元。20×7 年度每股收益计算如下：

基本每股收益=400÷1 000=0.4（元）

调整增加的普通股股数=240×5.5÷5−240=24（万股）

稀释每股收益=400÷（1 000+24×10÷12）≈0.39（元）

（5）多项潜在普通股。企业对外发行不同潜在普通股的，单独考察其中某潜在普通股可能具有稀释作用，但如果和其他潜在普通股一并考察时可能恰恰变为反稀释作用。例如，智董公司先后发行甲、乙两种可转换债券（票面利率和转换价格均不同），甲债券导致的增量股每股收益为 1.5 元，乙债券导致的增量股每股收益为 3.5 元，假设基本每股收益为 4 元。如果分别考察甲、乙两种可转换债券，增量股每股收益小于基本每股收益，两种债券都具有稀释作用。并且，由于增量股每股收益越小，其稀释作用越大，甲债券的稀释作用大于乙债券。然而，如果综合考察甲、乙两种可转换债券，先计入甲债券使得每股收益稀释为 3.1 元，若再计入乙债券则使得每股收益反弹为 3.4 元，因此，乙债券在这种情况下不再具有稀释作用，不应计入稀释每股收益中。

为了反映潜在普通股最大的稀释作用，应当按照各潜在普通股的稀释程度从大到小的顺序计入稀释每股收益，直至稀释每股收益达到最小值。稀释程度根据增量股的每股收益衡量，即假定稀释性潜在普通股转换为普通股的情况下，将增加的归属于普通股股东的当期净利润除以增加的普通股股数的金额。需要强调的是，企业每次发行的潜在普通股应当视为不同的潜在普通股，分别判断其稀释性，而不能将其作为一个总体考虑。通常情况下，股份期权和认股权证排在前面计算，因为其假设行权一般不影响净利润。

对外发行多项潜在普通股的企业应当按照下列步骤计算稀释每股收益：

1）列出企业在外发行的各潜在普通股。

2）假设各潜在普通股已于当期期初（或发行日）转换为普通股，确定其对归属于普通股股东当期净利润的影响金额。可转换公司债券的假设转换一般会增加当期净利润金额；股份期权和认股权证的假设行权一般不影响当期净利润。

3）确定各潜在普通股假设转换后将增加的普通股股数。值得注意的是，稀释性股份期权和认股权证假设行权后，计算增加的普通股股数不是发行的全部普通股股数，而应当是其中无对价发行部分的普通股股数。

4）计算各潜在普通股的增量股每股收益，判断其稀释性。增量股每股收益越小的潜在普通股稀释程度越大。

5）按照潜在普通股稀释程度从大到小的顺序，将各稀释性潜在普通股分别计入稀释每股收益中。分步计算过程中，如果下一步得出的每股收益小于上一步得出的每股收益，表明新计入的潜在普通股具有稀释作用，应当计入稀释每股收益中；反之，则表明具有反稀释作用，不计入稀释每股收益中。

6）最后得出的最小每股收益金额即为稀释每股收益。

【例 21-35】 智董公司 20×7 年度归属于普通股股东的净利润为 3 750 万元，发行在外普通股加权平均数为 12 500 万股。年初已发行在外的潜在普通股有：① 认股权证 4 800 万份，行权日为 20×8 年 6 月 1 日，每份认股权证可以在行权日以 8 元的价格认购 1 股本公司新发股票；② 按面值发行的五年期可转换公司债券 50 000 万元，债券每张面值 100 元，票面年利率为 2.6%，转股价格为每股 12.5 元，即每 100 元债券可转换为 8 股面值为 1 元的普通股；③ 按面值发行的三年期可转换公司债券 100 000 万元，债券每张面值 100 元，票面年利率为 1.4%，转股价格为每股 10 元，即每 100 元债券可转换为 10 股面值为 1 元的普通股。当期普通股平均市场价格为 12 元，年度内没有认股权证被行权，也没有可转换公司债券被转换或赎回，假设所得税税率为 33%。假设不考虑可转换公司债券在负债和权益成分的分析，且债券票面利率等于实际利率。20×7 年度每股收益计算如下：

基本每股收益=3 750÷12 500=0.3（元）

计算稀释每股收益：

（1）假设潜在普通股转换为普通股，计算增量股每股收益并排序。

增量股每股收益的计算与排序如表 21-13 所示。

表 21-13 增量股每股收益的计算与排序

	净利润增加（元）	股数增加（股）	增量股的每股收益（元）	顺　序
认股权证		1 600①	—	1
2.6%债券	871②	4 000③	0.22	3
1.4%债券	938④	10 000⑤	0.09	2

注：① 4 800−4 800×8÷12=1 600（万股）；

② 50 000×2.6%×（1−33%）=871（万元）；

③ 50 000÷12.5=4 000（万股）；

④ 100 000×1.4%×（1−33%）=938（万元）；

⑤ 100 000÷10=10 000（万股）。

由此可见，认股权证的稀释性最大，票面年利率为 2.6%可转换公司债券的稀释性最小。

（2）分步计入稀释每股收益，如表 21-14 所示。

表 21-14　分步计入稀释每股收益

	净利润（元）	股数（股）	每股收益（元）	稀释性
基本每股收益	3 750	12 500	0.3	
认股权证	0	1 600		
	3 750	14 100	0.27	稀释
1.4%债券	938	10 000		
	4 688	24 100	0.19	稀释
2.6%债券	871	4 000		
	5 559	28 100	0.2	反稀释

因此，稀释每股收益为 0.19 元。

（6）子公司、合营企业或联营企业发行的潜在普通股。子公司、合营企业、联营企业发行能够转换成其普通股的稀释性潜在普通股，不仅应当包括在其稀释每股收益的计算中，而且还应当包括在合并稀释每股收益以及投资者稀释每股收益的计算中。

【例 21-36】　智董公司 20×7 年度归属于普通股股东的净利润为 48 000 万元（不包括子公司贵琛公司利润或贵琛公司支付的股利），发行在外普通股加权平均数为 40 000 万股，持有贵琛公司 80%的普通股股权。贵琛公司 20×7 年度归属于普通股股东的净利润为 21 600 万元，发行在外普通股加权平均数为 9 000 万股，该普通股当年平均市场价格为 8 元。年初，贵琛公司对外发行 600 万份可用于购买其普通股的认股权证，行权价格为 4 元，智董公司持有其中 12 万份认股权证，当年无认股权证被行权。假设除股利外，母子公司之间没有其他需抵消的内部交易；智董公司取得对贵琛公司投资时，贵琛公司各项可辨认资产等的公允价值与其账面价值一致。20×7 年度每股收益计算如下：

（1）子公司每股收益。

① 基本每股收益=21 600/9 000=2.4（元）

② 调整增加的普通股股数=600−600×4÷8=300（万股）

稀释每股收益=21 600/（9 000+300）=2.32（元）

（2）合并每股收益。

① 归属于母公司普通股股东的母公司净利润=48 000（万元）

包括在合并基本每股收益计算中的子公司净利润部分=2.4×9 000×80%=17 280（万元）

基本每股收益=（48 000+17 280）÷40 000=1.63（元）

② 子公司净利润中归属于普通股且由母公司享有的部分=2.32×9 000×80%=16 704（万元）

子公司净利润中归属于认股权证且由母公司享有的部分=2.32×300×12÷600=13.92（万元）

稀释每股收益=（48 000+16 704+13.92）÷40 000≈1.62（元）

3. 计算每股收益时应考虑的其他调整因素

（1）派发股票股利、公积金转增资本、拆股或并股等。企业派发股票股利、公积金转增资本、拆股或并股等，会增加或减少其发行在外普通股或潜在普通股的数量，但不影响所有者权益总额，也不改变企业的盈利能力。企业应当在相关报批手续全部完成后，按调整后的股数重新计算各列报期间的每股收益。上述变化发生于资产负债表日至财务报告批准报出日之间的，应当以调整后的股数重新计算各列报期间的每股收益。

【例 21-37】 智董公司 20×6 年和 20×7 年归属于普通股股东的净利润分别为 665 万元和 770 万元，20×6 年 1 月 1 日发行在外的普通股 400 万股，20×6 年 4 月 1 日按市价新发行普通股 80 万股，20×7 年 7 月 1 日分派股票股利，以 20×6 年 12 月 31 日总股本 480 万股为基数每 10 股送 3 股，假设不存在其他股数变动因素。20×7 年度比较利润表中基本每股收益的计算如下：

20×7 年度发行在外普通股加权平均数=（400+80+144）×12/12=624（万股）

20×6 年度发行在外普通股加权平均数=400×1.3×12/12+80×1.3×9/12=598（万股）

20×7 年度基本每股收益=770/624≈1.23（元）

20×6 年度基本每股收益=665/598≈1.11（元）

（2）配股。企业当期发生配股的情况下，计算基本每股收益时，应当考虑配股中包含的送股因素，据以调整各列报期间发行在外普通股的加权平均数。计算公式如下：

每股理论除权价格=（行权前发行在外普通股的公允价值+配股收到的款项）÷行权后发行在外的普通股股数

调整系数=行权前每股公允价值÷每股理论除权价格

因配股重新计算的上年度基本每股收益=上年度基本每股收益÷调整系数

本年度基本每股收益=归属于普通股股东的当期净利润÷（行权前发行在外普通股股数×调整系数×行权前普通股发行在外的时间权数+行权后发行在外普通股加权平均数）

存在非流通股的企业可以采用简化的计算方法，不考虑配股中内含的送股因素，而将配股视为发行新股处理。

【例 21-38】 智董公司 20×7 年度归属于普通股股东的净利润为 9 600 万元，20×7 年 1 月 1 日发行在外普通股股数为 4 000 万股，20×7 年 6 月 10 日，该企业发布增资配股公告，向截止到 20×7 年 6 月 30 日（股权登记日）所有登记在册的老股东配股，配股比例为每 5 股配 1 股，配股价格为每股 5 元，除权交易基准日为 20×7 年 7 月 1 日。假设行权前一日的市价为每股 11 元，20×6 年度基本每股收益为 2.2 元。20×7 年度比较利润表中基本每股收益的计算如下：

每股理论除权价格=（11×4 000+5×800）÷（4 000+800）=10（元）

调整系数=11÷10=1.1

因配股重新计算的 20×6 年度基本每股收益=2.2÷1.1=2（元）

20×7 年度基本每股收益=9 600÷（4 000×1.1×6/12+4 800×6/12）=2.09（元）

4．列报

发行在外普通股或潜在普通股的数量因派发股票股利、公积金转增资本、拆股而增加或因并股而减少，但不影响所有者权益金额的，应当按调整后的股数重新计算各列报期间的每股收益。上述变化发生于资产负债表日至财务报告批准报出日之间的，应当以调整后的股数重新计算各列报期间的每股收益。按照《企业会计准则第 28 号——会计政策、会计估计变更和差错更正》的规定对以前年度损益进行追溯调整或追溯重述的，应当重新计算各列报期间的每股收益。

企业应当在利润表中单独列示基本每股收益和稀释每股收益。

企业应当在附注中披露与每股收益有关的下列信息：

（1）基本每股收益和稀释每股收益分子、分母的计算过程。

（2）列报期间不具有稀释性但以后期间很可能具有稀释性的潜在普通股。

（3）在资产负债表日至财务报告批准报出日之间，企业发行在外普通股或潜在普通股股数发生重大变化的情况。

第 22 章

外币折算

22.1 外汇管理法律制度

外汇是指可以用作国际清偿的支付手段和资产。根据我国《外汇管理条例》的规定，我国的外汇包括外国货币、外汇支付凭证、外币有价证券、特别提款权、欧洲货币单位以及其他外汇资产。

外国货币包括外国的纸币和铸币。外币支付凭证包括票据、银行存款凭证和邮政储蓄凭证等。外币有价证券包括政府债券、公司债券和股票等。特别提款权是国际货币基金组织创设的一种用于会员国之间结算国际收支逆差的储备资产和记账单位，亦称“纸黄金”。它是基金组织成员分配给会员国的一种使用资金的权利，其定植是和“一篮子”货币挂钩，市值不是固定的。特别提款权不能直接用于贸易或非贸易的支付，使用时必须先换成其他货币。欧洲货币单位是由欧洲货币体系成员国的货币构成的综合货币单位。欧洲货币单位的币值以每个成员国的货币在欧洲共同体内部贸易和国民生产总值所占的比重，分别确定其在欧洲货币单位中的权数，并用加权平均法计算得出。欧洲货币单位以各个成员国缴纳本国 20%的黄金储备和 20%的外汇组成的“欧洲货币合作基金”为储备，向各成员国发行，从 1999 年 1 月 1 日起，欧洲货币单位以 1 : 1 的兑换汇率全部自动转换为欧元（EUR）。其他外汇资产是指上述以外的可用作国际清偿的支付手段和资产，如黄金、旅行支票等。

根据各国货币在国际清偿中的不同特点，外汇又分为自由外汇与记账外汇。自由外汇是指不需批准就可以在国际货币市场上自由兑换、自由转让的外币和支付凭证。记账外汇是指不经发行国批准就不能自由兑换成其他国货币或对第三者支付的外汇。

22.1.1 外汇管理概述

外汇管理又称外汇管制，是指一个国家为保持本国的国际收支平衡，对外汇的买卖、借贷、转让、收支、国际清偿、外汇汇率和外汇市场实行一定的限制措施的管理制度。外汇管制的目的在于保持本国的国际收支平衡，限制资本外流，防止外汇投机，促进本国的经济发展。

我国从新中国成立以来一直实行外汇管制，从建国初起制定了一系列的外汇管理办法，1980 年 12 月 18 日国务院制定发布了《中华人民共和国外汇管理暂行条例》，标志着我国的外汇管理进入了一个新的阶段。当时制定《外汇管理暂行条例》的目的，在于加强外汇管理，增加国家外汇收入，节约外汇支出，有利于促进国民经济的发展，并维护国家权益。随后，国家外汇管理部门又制定发布了一系列的外汇管理实施细则，如《对外汇、贵金属和外汇票证等进出国境的管理施行细则》、《对外国驻华机构及其人员的外汇管理施行细则》、《对个人的外汇管理施行细则》，1985 年经国务院批准，国家外汇管理局发布了《违反外汇管理处罚施行细则》等规定，先后实行了高度集中的统收统支的外汇管理制度、外汇留成和外汇调剂制度。这些规定对加强我国的外汇管理，促进对外开放起了积极的作用。随着改革开放和我国经济的不断发展，我国的外汇管理也发生了变化。1993 年年底，经国务院决定，中国人民银行发布了《关于进一步改革外汇管理体制的公告》，决定从 1994 年 1 月 1 日开始，对经常性项目外汇实行银行结售汇制，取消外汇留成，实行银行售汇制，允许人民币在经常项目下有条件可兑换，建立银行间外汇市场，改进外汇形成机制，保持合理及相对稳定的人民币汇率等新的外汇管理制度。1996 年 1 月 29 日国务院制定发布了《中华人民共和国外汇管理条例》，并在 1997 年 1 月 14 日作了修正。新的《外汇管理条例》明确规定，国家对经常性国际支付和转移不予限制，在中华人民共和国境内，禁止外币流通，并不得以外币计价结算，《条例》共分七章五十五条，对我国的外汇管理作了全面的规定。新的《外汇管理条例》的发布，标志着我国的外汇管理又进入了一个新的时期。

22.1.2 我国《外汇管理条例》的适用范围

根据我国《外汇管理条例》的规定，境内机构、个人、驻华机构、来华人员的外汇收支或者经营活动，都属《外汇管理条例》的调整范围。但保税区、边境贸易和边民互市的外汇管理由国家外汇管理局根据《外汇管理条例》的原则另行制定。

境内机构是指在中华人民共和国境内的企业事业单位、国家机关、社会团体、部队等，包括外商投资企业。个人是指中国公民和在中华人民共和国境内居住满 1 年的外国人。驻华机构是指外国驻华外交机构、领事机构、国际组织驻华代表机构、外国驻华商务机构和国外民间组织驻华业务机构等。来华人员是指驻华机构的常驻人员、短期入境的外国人、应聘在中国境内机构工作的外国人以及外国留学生等。

保税区是指经国务院批准在我国境内设立的、海关实行封闭监管的特定区域，其基本功能是保税仓储、国际贸易转口和出口加工。对从境外进入保税区的货物，除国家禁止和限制进出口的货物外，都可以与国际市场自由流通，在区内企业间可以自由流通，对进入保税区的为生产出口产品而进口的原材料以及仓储货物不征税，这些货物加工复出口或转口复出口也不征税，但进入非保税区则须办理进口手续，照章纳税。保税区是国内同国际市场的连接点，有利于我国同世界各国的经济贸易交往。从 1990 年 6 月，国务院批准设立我国第一个保税区——上海外高桥保税区开始，到现在已批准有 15 个保税区。这 15 个保税区是：上海外高桥、天津、深圳福田、沙头角、大连、广州、张家港、海口、厦门、福州、宁波、青岛、汕头、珠海和深圳盐田港。海南洋浦经济技术开发区也实行保税区的管理政策。由于保税区是一个非常特殊的经济区域，在外汇管理上应有一些特殊的政策。在 2002 年 7 月 25 日，国家外汇管理局发布了新的《保税区外汇管理办法》，该办法共 38 条，对保税区的外汇管理作了特殊的规定：边境贸易和边民互市是指我国与相邻国家在边境地区间进行的地区贸易和边民互市贸易。由于边境贸易和边民互市贸易具有以易货贸易为主、以现钞结算为主等特点，在外汇管理上也应有一些特殊的政策。

22.1.3 经常项目外汇管理

1．对境内机构的外汇管理

（1）境内机构的经常项目外汇收入管理。

1）经常项目。根据国际货币基金组织《国际收支手册》的要求，结合我国实际情况，我国的外汇收支分为经常项目外汇和资本项目外汇。根据《外汇管理条例》以及国家外汇管理局《关于（结汇、售汇及付汇管理规定）中有关问题的解释和说明》的解释，经常项目是指国际收支中经常发生的交易项目。经常项目外汇收支包括贸易收支、劳务收支和单方面转移等。

贸易收支是一国出口商品所得收入和进口商品的外汇支出的总称。劳务收支是指对外提供劳务或接收劳务而引起的货币收支，包括：

① 海陆空运输的旅客、货物，对外提供或接受的通信，对外提供港口码头。

② 旅游收支，包括本国人到外国或外国人到本国旅游观光的交通费、食宿费、门票费、纪念品费等一切旅游收支。

③ 金融机构对外服务的手续费、利息、保险费。

④ 对国外直接投资与间接投资的股息、利润、利息。

⑤ 外交官的生活费支出、办公费、邮电费和广告费等。

单方面转移是指一国对外单方面的、无对等的、无偿的支付。分为私人单方面转移和政府单方面转移两类。私人单方面转移是指侨民汇款、年金、个人或团体赠与；政府单方面转移是指政府之间的相互援助及政府赠与收支。

经常性外汇收入包括下列各项。

① 出口或先支后收转口货物及其他交易行为收入的外汇。

② 境外贷款项下国际招标中标收入的外汇。

③ 海关监管下境内经营免税商品收入的外汇。

④ 交通运输（包括各种运输方式）及港口（包括海港、空港）、邮电（不包括国际汇兑款）、旅游、广告、咨询、展览、寄售、维修等行业及各类代理业务提供商品或服务收入的外汇。

⑤ 行政、司法机关收入的各项外汇规费、罚没款等。

⑥ 土地使用权、著作权、商标权、专利权、非专利技术、商誉等无形资产转让收入的外汇。

⑦ 出租房地产及其他资产收入的外汇。

⑧ 境外投资企业汇回的外汇利润、对外经援项下收回的外汇和境外资产的外汇收入。

⑨ 对外索赔收入的外汇、退回的外汇保证金等。

⑩ 保险机构受理外汇保险所得外汇收入。

⑪ 取得《经营外汇业务许可证》的金融机构经营外汇业务的收入。

⑫ 经营境外承包工程、向境外提供劳务、技术合作及其他服务业务的公司，在上述业务项目进行过程中收到的业务往来外汇。

⑬ 经批准经营代理进口业务的外（工）贸公司，从事外轮代理、船务代理、国际货运代理、船舶燃料代理、商标代理、专利代理、版权代理、广告代理、船检、商检代理业务的机构代收代付的外汇。

⑭ 境内机构暂收待付或暂收待付项下的外汇，包括境外汇入的投标保证金、履约保证金、先收后支的转口贸易收汇、邮电部门办理国际汇兑业务的外汇汇兑款、一类旅行社收取的国外旅游机构预付的外汇、铁路部门办理境外保价运输业务收取的外汇、海关收取的外汇保证金、抵押金等。

⑮ 经交通部批准，从事国际海洋运输业务的远洋运输公司，经外经贸部批准从事国际货运的外运公司和租船公司在境内外经营业务所收入的外汇。

⑯ 捐赠协议规定用于境外支付的捐赠外汇。

⑰ 外国驻华使领馆、国际组织及其他境外法人驻华机构的外汇。

⑱ 居民个人及来华人员个人的外汇。

经常项目外汇支出具体如下：

① 贸易进口支付。

② 进口项下的预付货款支付。

③ 出口项下的佣金（回扣）。

④ 进出口项下的运输费、保险费。

⑤ 进口项下的尾款。

⑥ 进出口项下的资料费、技术费、信息费等从属费用。

⑦ 从保税区购买商品以及购买国外入境展览展品的用汇。

⑧ 专利权：著作权、商标、计算机软件等无形资产的进口。

⑨ 出口项下对外退赔外汇。

⑩ 境外承包工程所需的投标保证金。

⑪ 民航、海运、铁道部门（机构）支付境外国际联运费、设备维修费、站场港口使用费、燃料供应费、保险费、非融资性租赁费及其他服务费用。

⑫ 民航、海运、铁道部门（机构）支付国际营运人员伙食、津贴补助。

⑬ 邮电部门支付国际邮政、电信业务费用。

⑭ 转口贸易项下先支后收发生的对外支付。

⑮ 偿还外债利息和外债转贷款利息。

⑯ 财政预算内的机关、事业单位和社会团体的非贸易非经营性用汇。

⑰ 在境外举办展览、招商、培训及拍摄影视片等用汇。

⑱ 对外宣传费、对外援助费、对外捐赠外汇、国际组织会费、参加国际会议的注册费、报名费。

⑲ 在境外设立代表处或办事机构的开办费和经费。

⑳ 国家教委国外考试协调中心支付境外的考试费。

㉑ 企业的出国费用。

㉒ 个人因私用汇，具体包括：出境探亲、会亲、定居、旅游和自费留学、朝觐的用汇，自费出境参加国际学术会议、作学术报告、被聘任教等，对方不提供旅途零用费的用汇；缴纳国际学术团体组织会员费的用汇；从境外邮购少量药品、医疗器具等特殊用汇；出境定居后，因生病或其他事故的用汇；出境定居后，需将离休金、离职金、退休金、抚恤金、人民币存款利息、房产出租收入的租金及其他资产收益汇出境外的用汇；出境定居后，无工资收入的境内居民需兑换外汇的用汇；未满 14 周岁儿童出国定居的用汇；个人因私用汇。

㉓ 境内机构支付境外的股息。

㉔ 外商投资企业利润、红利的汇出。

㉕ 外商投资企业外籍员工的工资及其他合法收入汇出。

㉖ 驻华机构及来华人员的合法人民币收入汇出境外。

㉗ 驻华机构及来华人员由外国或者港澳等地区携入或者在中国境内购买的自用物品、设备、用具等，出售后所得合法人民币款项的汇出。

2）银行结汇制。我国对经常项目下的外汇收入实行银行结汇制。境内机构的经常项目外汇收入必须汇回国内，并按照国家关于结汇、售汇及付汇管理的规定卖给外汇指定银行，或者经批准在外汇指定银行开立外汇账户。有些符合国家规定的经常项目外汇收入，经过批准后，可存放在国外。

根据国家《结汇、售汇及付汇管理规定》的规定，境内机构经常项目下的外汇收入应按规定卖给外汇指定银行或在外汇指定银行开立外汇账户。关于经常项目下的外汇收入，我们在前面已经谈到，其中应当结汇的包括前述第①项至第⑪项，以及国外捐赠、资助及援助的外汇和国家外汇管理局规定的其他应当结汇的外汇；其中可向国家外汇管理局及其分支局申请，在经营外汇业务的银行开立外汇账户，并按规定办理结汇的包括前述第⑫项至第⑮项；捐赠、资助及援助合同规定用于境外支付的外汇、外国驻华使领馆、国际组织及其他境外法人驻华机构的外汇、居民个人及来华人员的外汇可以保留。外商投资企业经常项目下外汇收入可在外汇管理局核定的最高金额以内保留外，其超出的部分应当卖给外汇指定银行，或者通过外汇调剂中心卖出。这里讲的外汇指定银行是指经人民银行批准经营结汇和售汇业务的金融机构，包括中资金融机构和外资金融机构。

2002 年 9 月 9 日国家外汇管理局发布了《关于进一步调整经常项目外汇账户管理政策有关问题的通知》和《境内机构经常项目外汇账户管理实施细则》，对经常项目外汇账户管理有关政策进行调整。一是进一步放宽了中资企业的开户标准，统一中外资企业经常项目外汇账户开户条件。凡经有权管理部门核准或备案具有涉外经营权或有经常项目外汇收入的境内机构（含外商投资企业），均可以向所在地国家外汇管理局及其分支局（以下简称外汇局）申请开立经常项目外汇账户。二是将现行的经常项目外汇结算账户和外汇专用账户合并为经常项目外汇账户。经常项目外汇账户的收入范围为经常项目外汇收入，支出范围为经常项目外汇支出和经外汇局核准的资本项目外汇支出。三是对经常项目外汇账户统一实行限额管理。

为方便境内机构使用外汇，促进贸易便利化，国家外汇管理局于 2005 年 8 月 2 日发出关于放宽境内机构保留经常项目外汇收入有关问题的通知，决定再次提高境内机构经常项目外汇账户保留现汇的比例。一是境内机构上年度经常项目外汇支出占经常项目外汇收入的比例在 80%以下的，其经常项目外汇账户保留现汇的比例，由其上年度经常项目外汇收入的 30%调整为 50%。二是境内机构上年度经常项目外汇支出占经常项目外汇收入的比例在 80%（含）以上的，其经常项目外汇账户保留现汇的比例，由其上年度经常项目外汇收入的 50%调整为 80%。三是新开立经常项目外汇账户的境内机构，如上年度没有经常项目外汇收入，其开立经常项目外汇账户的初始限额，由以前的不超过等值 10 万美元调整为不超过等值 20 万美元。四是境内机构开立的捐赠、援助、国际邮政汇兑及国际承包工程等暂收待付项下的经常项目外汇账户，限额可按外汇收入的 100%核定，具体办法按照《国家外汇管理局关于进一步调整经常项目外汇账户管理政策有关问题的通知》（汇发［2002］87 号）和《国家外汇管理局关于调整国际承包工程等项下经常项目外汇账户管理政策有关问题的通知》（汇发［2003］90 号）执行。五是对于有实际经营需要的进出口及生产型企业，经各分局核准，可按其外汇收入的 100%核定经常项目外汇账户限额，具体办法按照《国家外汇管理局关于调整经常项目外汇账户限额管理办法的通知》（汇发［2005］7 号）执行。

境内机构原则上只能开立一个经常项目外汇账户。在同一银行开立相同性质、不同币种的经常项目外汇账户无须另行由外汇局核准。在已使用账户系统的地区，符合开户条件的境内机构可根据其实际经营需要，向外汇局申请开立多个经常项目外汇账户，在开户个数、开户金融机构方面不受限制，开户金融机构必须按规定为境内机构办理开户手续，并通过账户系统向外汇局传送开户信息。境内机构开立多币种、两个或两个以上经常项目外汇账户的，外汇局必须为每一个币种经常项目外汇账户核定限额，具体限额分解可以由境内机构自行确定，但境内机构所有经常项目外汇账户限额总和不得超过规定的限额。境内机构经常项目外汇收入，在外汇局核定的经常项目外汇账户限额以内的，可以结汇，也可以存入其经常项目外汇账户；超出外汇局核定的经常项目外汇账户限额的外汇收入必须结汇。境内机构经常项目外汇账户余额超出经常项目外汇账户限额后，开户金融机构应当及时通知境内机构办理结汇手续。境内机构经常项目外汇账户余额超出核定限额后，超限额部分外汇资金仍可在外汇账户内存放 90 日。对于超过 90 日后仍未结汇或对外付汇的，开户金融机构须在 90 日期满之后 5 个工作日内，为境内机构办理超限额部分外汇资金结汇手续，并通知该境内机构。

境内机构原则上不得将经常项目外汇账户中的外汇资金转作定期存款，确需转作定期存款的境内机构须凭申请书、“外汇账户使用证”或“登记证”、原账户开立核准件、对账单向开户所在地外汇局申请。境内机构经常项目外汇账户的外汇资金转作定期存款，应当纳入其经常项目外汇账户限额的管理。在已使用账户系统的地区，境内机构可以将经常项目外汇账户中的外汇资金在开户金融机构中转作定期存款，但应当纳入其经常项目外汇账户限额的管理。开户金融机构应当按原转出户的账户开立核准件编号，填写定期存款账户开户信息后，报送开户所在地外汇局。同一境内机构在不同开户金融机构开立的相同性质经常项目外汇账户之间可以相互划转外汇资金。

（2）境内机构的经常项目用汇管理。境内机构的经常项目用汇，可按国家关于结汇、售汇及付汇管理的规定，持有效凭证和商业单据向外汇指定银行购汇支付。

1）经营性对外支付用汇管理。境内机构的经营性对外支付用汇分直接支付或兑付、先支付或兑付后核查和经审核后才予支付或兑付三种情况。

第一，境内机构下列贸易及非贸易经营性对外支付用汇，持与支付方式相应的有效商业单据和所列有效凭证从其外汇账户中支付或者到外汇指定银行兑付：① 用跟单信用证/保函方式结算的贸易进口，如需在开证时购汇，持进口合同、进口付汇核销单、开证申请书；如需在付汇时购汇，还应当提供信用证结算方式要求的有效商业单据。核销时必须凭正本进口货物报关单办理。② 用跟单托收方式结算的贸易进口，持进口合同、进口付汇核销单、进口付汇通知书及跟单托收结算方式要求的有效商业单据。核销时必须凭正本进口货物报关单办理。③ 用汇款方式结算的贸易进口，持进口合同、进口付汇核销单、发票、正本进口货物报关单、正本运输单据，若提单上的“提货人”和报关单上的“经营单位”与进口合同中列明的买方名称不‘致，还应当提供两者间的代理协议。④ 进口项下不超过合同总金额的 15%或者虽超过 15%但未超过等值 10 万美元的预付货款，持进口合同、进口付汇核销单。上述第①项至第④项下进口，实行进口配额管理或者特定产品进口管理的货物，还应当提供有关部门签发的许可证或者进口证明；进口实行自动登记制的货物，还应当提供填好的登记表格。⑤ 进口项下的运输费、保险费，持进口合同、正本运输费收据和保险费收据。⑥ 出口项下不超过合同总金额 2%的暗佣（暗扣）和 5%的明佣（明扣）或者虽超过上述比例但未超过等值 1 万美元的佣金，持出口合同或者佣金协议、结汇水单或者收账通知；出口项下的运输费、保险费，持出口合同、正本运输费收据和保险费收据。⑦ 进口项下的尾款，持进口合同、进口付汇核销单、验货合格证明。⑧ 进出口项下的资料费、技术费、信息费等从属费用，持进口合同或者出口合同、进口付汇核销单或者出口收汇核销单、发票或者收费单据及进口或者出口单位负责人签字的说明书。⑨ 从保税区购买商品以及购买国外入境展览展品的用汇，持上述第①项至第⑧项规定的有效凭证和有效商业单据。⑩ 专利权、著作权、商标、计算机软件等无形资产的进口，持进口合同或者协议。⑪ 出口项下对外退赔外汇，持结汇水单或者收账通知、索赔协议、理赔证明和已冲减出口收汇核销的证明。⑫ 境外承包工程所需的投标保证金持投标文件，履约保证金及垫付工程款项持合同。

第二，境内机构下列贸易及非贸易经营性对外支付，经营外汇业务的银行凭用户提供的支付清单先从其外汇账户中支付或者兑付，事后核查：① 经国务院批准的免税品公司按照规定范围经营免税商品的进口支付；② 民航、海运、铁道部门（机构）支付境外国际联运费、设备维修费、站场港口使用费、燃料供应费、保险费、非融资性租赁费及其他服务费用；③ 民航、海运、铁道部门（机构）支付国际营运人员伙食、津贴补助；④邮电部门支付国际邮政、电信业务费用。

第三，境内机构下列对外支付用汇，由国家外汇管理局审核其真实性后，从其外汇账户中支付或者到外汇指定银行兑付：① 进口项下超过合同总金额的15%且超过等值10万美元的预付货款；② 出口项下超过合同总金额2%的暗佣（暗扣）和5%的明佣（明扣）且超过等值1万美元佣金的；③ 转口贸易项下先支后收的对外支付；④偿还外债利息；⑤ 超过等值1万美元的现钞提取。

境内机构偿还境内中资金融机构外汇贷款利息，持“外汇（转）贷款登记证”、借贷合同及债权人的付息通知单，从其外汇账户中支付或者到外汇指定银行兑付。

2）非经营性对外支付用汇管理。境内机构非经营性对外支付用汇管理分两种情况。

第一，属于预算内的机关、事业单位和社会团体非贸易非经营性用汇实行人民币预算限额控制购汇。

购汇人民币限额由财政部门统一核定，由中国银行（含其分支机构）根据财政部门核定的购汇人民币限额为用汇单位建账立户并监督执行，年终账户余额由银行自动注销。预算内的非贸易非经营性用汇项目包括如下几种：① 出国留学、进修人员用汇；②向国际组织缴纳会费、股金与基金用汇；③对外援助、国际救济与捐款用汇；④机关、驻外使领馆、事业单位及社会团体在境外设立代表处或办事机构的开办费和经费用汇；⑤ 聘请外国专家用汇；⑥ 因公临时出国访问、考察、办展览、学习、培训、出席国际会议等用汇；⑦ 境外朝觐用汇；⑧ 对外宣传费等用汇；⑨ 经批准的其他人民币预算内用汇。

第二，预算外的境内机构非经营性用汇，须持有效凭证从其外汇账户中支付或者到外汇指定银行兑付。主要包括如下几种：① 在境外举办展览、招商、培训及拍摄影视片等用汇，持合同、境外机构的支付通知书及主管部门批准文件；② 对外宣传费、对外援助费、对外捐赠用汇，国际组织会费、参加国际会议的注册费、报名费，持主管部门的批准文件及有关函件；③ 在境外设立代表处或办事机构的开办费和年度预算经费，持主管部门批准设立该机构的批准文件和经费预算书；④国家教育部国外考试协调机构支付境外的考试费，持对外合同和国外考试机构的账单或者结算通知书；⑤ 在境外办理商标、版权注册、申请专利和法律、咨询服务等所需费用，持合同和发票；⑥ 因公出国费用，持国家授权部门出国任务批件；⑦ 其他非经营性用汇。

（3）境内机构外汇收支的核销管理。境内机构的出口收汇和进口付汇，应当按照国家关于出口收汇核销管理和进口付汇核销管理的规定办理核销手续。国家外汇管理局先后制定有《出口收汇核销管理办法》及实施细则，《进口付汇核销管理暂行办法》和《进口付汇核销操作规程》等规定，规定凡是出口货物的，在每笔货物出口申报时要进行登记，收汇后再逐笔按号核销；在进口货物，以外汇向境外支付货款等费用时，也要逐笔按号核销。2005年10月，国家外汇管理局发出关于进一步简化出口收汇核销手续有关问题的通知，对出口收汇核销手续作了进一步简化。

2. 个人的外汇管理

对个人的外汇管理分为对居民个人的外汇管理和对非居民个人的外汇管理。"境内居民个人"（以下简称"居民个人"）是指居住在我国境内的中国人、定居在我国境内的外国人（包括无国籍人）以及在中国境内居留满一年（按申请人护照上登记的本次入境日期计算）以上的外国人及港澳台同胞。"非居民个人"系指外国自然人（包括无国籍人）、港澳台同胞和持中华人民共和国护照但已取得境外永久居留权的中国自然人。

（1）对居民个人的外汇管理。

1）对居民个人外汇收入的管理。居民个人外汇收入是指居民个人从境外获得的、拥有完全所有权、可以自由支配的外汇收入，包括经常项目外汇收入和资本项目外汇收入。经常项目外汇收入包括：专利、版权、稿费、咨询费、保险金、利润、红利、利息、年金、退休金、雇员报酬、遗产、赡家款、捐赠、居民个人合法获得的其他经常项目外汇收入。居民个人从境外汇入或携入的经常项目外汇收入，如需解付外币现钞或兑换人民币，按照如下办法办理：一次性解付外币现钞或兑换人民币等值 1 万美元（含 1 万美元）以下的，凭真实身份证明直接到银行办理；一次性解付外币现钞或兑换人民币等值 1 万美元以上、20 万美元（含 20 万美元）以下的，银行须审核有关证明材料后予以办理，并登记备案；一次性解付外币现钞或兑换人民币等值 20 万美元以上的，应当持有关证明材料向所在地外汇局申请，经外汇局审核真实性后，凭外汇局的核准件到银行办理。

居民个人经常项目外汇收入如需解付外币现钞或者兑换成人民币，必须向银行或者外汇局提供相关证明；专利、版权收入，须提供真实身份证明、专利或版权证书、转让或者使用协议以及境外完税证明；稿费收入，须提供真实身份证明、已发表作品、境外完税证明；咨询费收入，须提供真实身份证明、咨询协议以及境外完税证明；保险金收入，须提供真实身份证明、保单、索赔书、理赔证明；利润、红利收入，须提供真实身份证明、投资协议或者股权证明、利润分配决议或者红利支付书、境外完税证明；利息收入，须提供真实身份证明、债券或者债券登记证或者存款利息清单、境外完税证明；年金、退休金，须提供真实身份证明、在境外工作证明、境外完税证明；雇员报酬，须提供真实身份证明、雇佣协议、境外完税证明；遗产继承外汇，须提供真实身份证明、公证书、境外完税证明；赡家款，须提供真实身份证明、亲属关系说明书；捐赠外汇，须提供真实身份证明、捐赠协议；居民个人遇有其他经常项目外汇收入，且金额在等值 1 万美元（含 1 万美元）以上的，应当持真实身份证明和相关的证明材料向所在地外汇局申请，经外汇局审核真实性后，凭所在地外汇局的核准件到银行办理有关手续；等值 20 万美元（含 20 万美元）以上的，由所在地外汇局报国家外汇管理局审核，银行凭所在地外汇局的核准件办理有关手续。

2）对居民个人经常项目外汇支出的管理。居民个人外汇支出包括：居民个人出境旅游、探亲、会亲、朝觐、留学、就医、参加国际学术活动、被聘任教等用汇；居民个人缴纳国际学术团体组织的会员费的用汇；居民个人从境外邮购少量药品、医疗器械等用汇；居民个人在境外的直系亲属发生生病、死亡、意外灾难等特殊情况的用汇；在中国境内居留满一年以上的外国人及港澳台同胞从境外携入或者在境内购买的自用物品等出售后所得人民币款项汇出的用汇；居民个人经常项目的其他外汇支出。

居民个人经常项目外汇支出，可以按规定向银行购汇汇出或者携带出境，也可以从其外汇账户中支付。居民个人资本项目的外汇支出，可以从其外汇账户中支出，但不得购汇支出。

为进一步满足境内居民个人合理的用汇需求，方便境内居民个人办理购汇手续，国家外汇管理局于 2005 年 8 月发出关于调整境内居民个人经常项目下因私购汇限额及简化相关手续的通知，决定提高境内居民个人经常项目下因私购汇指导性限额，简化相关购汇手续。

① 提高境内居民个人经常项目下因私购汇指导性限额。

- 对于持因私护照的境内居民个人出境旅游（含港澳游，不含边境游，下同）、探亲会亲、朝觐、境外就医、商务考察、被聘工作、出境定居、国际交流、境外培训、外派劳务等有实际出境行为的购汇指导性限额，出境时间在半年以下的，由等值 3 000 美元调整为等值 5 000 美元；出境时间在半年（含）以上的，由等值 5 000 美元调整为等值 8 000 美元。
- 对于境外直系亲属救助、缴纳国际组织会费、境外邮购等有实际用汇需求但没有出境行为的购汇指导性限额，由等值 3 000 美元调整为等值 5 000 美元。
- 自费留学购汇指导性限额仍按《国家外汇管理局关于调整境内居民个人自费出国（境）留学购汇指导性限额的通知》执行，学费为按照境外学校录取通知书或费用证明上所列明的学费金额全额供汇，生活费为每人每年不超过等值 2 万美元。

② 境内居民个人持境内银行发行的外币卡在境外用于经常项目消费或提现形成的透支，持卡人按照《国家外汇管理局关于规范银行外币卡管理的通知》的规定可以到银行购汇偿还。

③ 进一步简化境内居民个人经常项目下因私购汇凭证。

- 境内居民个人因出境旅游、朝觐、探亲会亲、境外就医、商务考察、被聘工作、出境定居、国际交流、境外培训、外派劳务等事由购汇的，持因私护照及有效签证办理。旅游项下持团体签证的，银行可凭经旅行社盖章确认的团体签证复印件办理。前往对我国实行落地签证、免签证的国家或地区而无法在出境前提供签证的，银行可凭境内居民个人的因私护照直接办理。
- 自费留学人员购买第一学年或学期的学费，持因私护照、有效签证、境外学校出具的录取通知书、费用证明（如无法提供录取通知书及费用证明原件的，可提供传真件或网上下载件，下同）办理；自费留学人员购买第二学年或学期以后的学费，持因私护照及有效签证复印件、相应年度或学期的费用证明办理；对于已在境外学习，继续转往其他学校就读的，在购买拟就读学校的学费时，可以参照购买第二学年或学期以后的学费的要求办理。自费留学人员购买第一学年或学期的生活费，持因私护照、有效签证、境外学校出具的录取通知书办理；自费出境学习人员购买第二学年或学期以后的生活费，持因私护照及有效签证复印件、学生证等在读证明或相应年度（学期）的学费费用证明办理。购汇人员护照上未标注身份证号码的，购汇时仍须同时提供身份证或户口簿。

④ 对于自费留学人员只有在汇出或在境内银行预交签证保证金后才能取得有效入境签证的特殊情况，允许其在银行缴纳 2 000 元人民币保证金后，持规定的证明材料办理购汇手续。

3）居民个人现汇汇出境外管理。

① 居民个人现汇账户存款汇出境外用于经常项目支出，按照如下办法办理：一次性汇出等值 1 万美元以下的，直接到银行办理；一次性汇出等值 1 万美元（含 1 万美元）以上，5 万美元以下的，须持本办法第十七条规定的证明材料向所在地外汇局申请，经外汇局审核真实性后，凭外汇局的核准件到银行办理；一次性汇出等值 5 万美元（含 5 万美元）以上的，由所在地外汇局报国家外汇管理局审核，银行凭所在地外汇局的核准件办理汇出手续。

② 居民个人现钞账户存款或者持有的外币现钞汇出境外用于经常项目支出，按照如下办法办理：一次性汇出等值 2 000 美元以下的，直接到银行办理；一次性汇出等值 2 000 美元（含

2 000 美元）以上，1 万美元以下的，须持有关证明材料和相应的外汇携入海关申报单或者银行单据或者银行证明向所在地外汇局申请，经外汇局审核真实性后，凭外汇局的核准件到银行办理；一次性汇出等值 1 万美元（含 1 万美元）以上的，由所在地外汇局报国家外汇管理局审核，银行凭所在地外汇局的核准件办理汇出手续。

③ 居民个人在境外进行直接投资或者间接投资的用汇，按照如下办法办理：一次性汇出等值 1 万美元以下的，应当持有关证明材料向所在地外汇局申请，经外汇局批准后，凭外汇局的批准文件到银行办理；一次性汇出等值 1 万美元（含 1 万美元）以上的，应当持有关证明材料向所在地外汇局申请；由所在地外汇局转报国家外汇管理局批准后，凭所在地外汇局的批准文件到银行办理。

4）居民个人外汇账户管理。居民个人由境外汇入的外汇或携入的外汇票据，均可以开立现汇账户存储；居民个人从境外携入或者持有的可自由兑换的外币现钞，均可以开立现钞账户存储。禁止境内居民个人将其外币现钞存储变为现汇存储。

居民个人将外汇收入存入外汇账户时，一次性存入等值 1 万美元以下的，直接到银行办理；一次性存入等值 1 万美元（含 1 万美元）以上的，须向银行提供真实的身份证明，银行登记备案后予以办理。

除境内居民个人本人境内同一性质外汇账户（含外币现钞账户）之间的资金可以划转外，境内居民个人外汇账户不得用于办理境内账户间的划转及结算。境内居民个人到银行办理本人同一性质外汇账户之间外汇划转时，须凭本人身份证办理。

5）居民个人从境外调回的资本项目外汇收入管理。

① 居民个人从境外调回的资本项目外汇收入，如需解付外币现钞或者兑换成人民币，按照如下办法办理：一次性解付外币现钞或兑换人民币等值 20 万美元以下的，应当持本办法第十二条规定的证明材料向所在地外汇局申请，经外汇局审批同意后，凭外汇局的核准件到银行办理；一次性解付外币现钞或兑换人民币等值 20 万美元（含 20 万美元）以上的，应当持本办法第十二条规定的证明材料向所在地外汇局申请，由所在地外汇局转报国家外汇管理局审批同意后，凭所在地外汇局的核准件到银行办理。

② 居民个人资本项目外汇收入如需解付外币现钞或者兑换成人民币，必须向银行或者外汇局提供下列相关证明：

- 境外直接投资调回的本金收入：须提供国内境外投资有关主管部门境外直接投资的批准文件、境外直接投资回收的有关证明材料、境外完税证明；
- 境外间接投资调回的本金收入：须提供国内境外投资有关主管部门境外间接投资批准文件、出售境外各种有价证券收据的有关证明材料、境外完税证明。

③ 居民个人在境外进行直接投资或者间接投资，必须向银行或者外汇局提供下列相关证明：国内境外投资主管部门境外直接投资的批准文件、居民个人真实身份证明、投资协议证明；国内境外投资主管部门境外间接投资的批准文件、居民个人真实身份证明、投资协议证明。

6）居民个人外汇结汇管理。2004 年，国家外汇管理局发出关于规范居民个人外汇结汇管理有关问题的通知，规定居民个人的合法外汇收入可以依规定到银行办理结汇。居民个人一次性结汇金额在等值 1 万美元（含 1 万美元）以下的，须凭本人真实身份证明办理；一次性结汇金额在 1 万美元以上、5 万美元（含 5 万美元）以下的，由银行按照《境内居民个人外汇管理暂行办法》的有关规定，对居民真实身份证明和合法来源进行审核后予以办理；一次性结汇金额在 5 万美元以上的，居民个人持有关材料向当地外汇管理部门申请，经其审核后，凭当地外汇管理部门的核准件到银行办理。

（2）对非居民个人外汇的管理。

1）非居民个人外汇流入管理。

① 非居民个人从境外汇入的外汇或携入的外币现钞，可以自己持有，也可以按照有关规定存入银行，提取外币现钞或办理结汇。

② 非居民个人在境内银行开立外汇账户时，应遵循存款实名制原则。非居民个人持从境外汇入的外汇资金票据或银行通知单开立外汇现汇账户时，应凭本人真实身份证明的原件（包括外国护照、境外永久居留权证明原件等，以下简称“本人真实身份证明”）办理。非居民个人持外币现钞开立外币现钞账户时，每人每天存储等值 5 000 美元以下（含等值 5 000 美元，下同）的，凭本人真实身份证明办理；每人每天存储等值 5 000 美元以上的，凭本人真实身份证明、本人携带外币现钞入境申报单原件（以下简称“本人入境申报单”）或原银行外币现钞提取单据的原件办理。银行应在本人入境申报单原件和银行外币现钞提取单据的原件上标注存款金额、存款日期和存款银行名称，并退给非居民个人保留。非居民个人从境外汇入的外汇资金应当开立外汇现汇账户存储。从境外携入的外币现钞应当开立外币现钞账户存储。

③ 非居民个人从境外汇入的外汇或境内外汇账户中提取外币现钞时，应凭本人真实身份证明到银行办理。每人每天提取外币现钞金额超过等值 1 万美元的，除提供本人真实身份证明外，还应如实填写《非居民个人外汇收支情况表》。银行应对非居民个人填写的内容与非居民个人提供的材料进行认真核对。

④ 非居民个人办理结汇时，应如实向银行说明外汇资金结汇用途，填写《非居民个外汇收支情况表》。银行应对非居民个人填写的内容与非居民个人提供的材料进行认真核对。居民个人从外汇账户中结汇时，每人每次结汇金额在等值 1 万美元以下的，直接在银行办理；每人每月累积结汇金额超过等值 5 万美元的，应向所在地外汇局提出申请，经外汇局审核确认合规用途（合规用途包括个人用于贸易结算、购买不动产及购买汽车等大宗耐用消费品等用途）后到银行办理。从境外汇入的外汇直接结汇时，除按照上述规定办理外，还须向银行或外汇局提供本人真实身份证明。非居民个人将持有的外币现钞结汇时，每人每次结汇等值 5 000 美元以下的，凭本人真实身份证明办理；每人每次结汇等值 5 000 美元以上的，凭本人真实身份证明、本人入境申报单原件或原银行外币现钞提取单据的原件办理。银行应在本人入境申报单原件和银行外币现钞提取单据的原件上标注结汇金额、结汇日期和结汇银行名称，并退给非居民个人、保留。

2）非居民个人外汇流出管理。

① 非居民个人需将现汇账户和现钞账户内的存款汇出境外时，直接到银行办理，并填写《非居民个人外汇收支情况表》。银行应对非居民个人填写的内容与非居民个人提供的材料进行认真核对。

② 非居民个人持有的外币现钞需汇出境外时，汇出金额在等值 5 000 美元以下的，凭本人真实身份证明到银行办理；汇出金额在等值 5 000 美元以上的。凭本人真实身份证明和本人入境申报单办理。银行应在非居民个人入境申报单原件上标注汇出金额、汇出日期和汇出银行名称，并退给非居民个人保留。

③ 非居民个人在境内合法的人民币收益购汇汇出及出境时未用完的人民币兑回外汇，可以按现行有关规定办理。

非居民个人在境内办理上述业务时，可以由他人代为办理。如由他人代办，应提供书面委托证明、代办人的真实身份证明原件及复印件和上述各条规定的证明材料。

非居民个人携带外币现钞出入境，应当严格执行《携带外币现钞出入境管理暂行办法》中的有关规定。非居民个人从事 B 股交易等资本项下的外汇收支应当按照现行国家外汇管理局的有关规定执行。通过境内银行办理涉外收支业务的。均应当按照《国际收支统计申报办法》、《国家外汇管理局关于加强 B 股等跨境资金流动进行统计监测有关事项的通知》等有关规定办理国际收支统计申报。银行办理非居民个人外汇业务时，应当按照《金融机构大额和可疑外汇资金交易报告管理办法》中的相关规定申报有关交易信息。

22.1.4 资本项目外汇管理

1. 资本项目外汇收支管理

（1）资本项目。资本项目是指国际收支中因资本输出和输入而产生的资产与负债的增减项目，包括直接投资、各类贷款、证券投资等。直接投资包括中国企业向境外的直接投资和境外企业在中国的直接投资；各类贷款包括国际组织贷款、外国政府贷款、银行借款等；证券投资包括债券、票据等。根据国家外汇管理局《关于（结汇、售汇及付汇管理规定）中有关问题的解释和说明》的解释，资本项目的外汇收入包括：境外法人或自然人作为投资汇入的收入；境内机构境外借款，包括外国政府贷款、国际金融组织贷款、国际商业贷款等；境内机构发行外币债券、股票取得的收入；境内机构向境外出售房地产及其他资产的收入；经国家外汇管理局批准的其他资本项目下外汇收入。

境内机构资本项目的外汇支出包括：偿还外债本金；对外担保履约用汇；境外投资；外商投资企业的外汇资本金的增加、转让或以其他方式处置；外商投资企业依法清算后的资金汇出；外商投资企业外方所得利润在境内增资或者再投资；投资性外商投资企业外汇资本金在境内增加投资；本国居民的资产向境外转移；向境外贷款。

（2）资本项目外汇收入管理。

1）境内机构的资本项目外汇收入，除国务院另有规定外，应当调回国内。不得擅自存放在境外。因特殊原因需要将其资本项目外汇收入暂时存放国外的，也须报国家外汇管理部门批准。

2）境内机构的资本项目外汇收入，应当按照国家有关规定在外汇指定银行开立外汇账户；卖给外汇指定银行的，须经外汇管理机关批准。根据国家《结汇、售汇及付汇管理规定》，境内机构资本项目下的外汇应当在经营外汇业务的银行开立外汇账户。

境内机构下列范围内的外汇，未经外汇管理局批准，不得结汇：境外法人或自然人作为投资汇入的外汇；境外借款及发行外币债券、股票取得的外汇；经国家外汇管理局批准的其他资本项目项下外汇收入。除出口押汇外的国内外汇贷款和中资企业借入的国际商业贷款不得结汇。

（3）境内机构向境外投资的外汇管理。

1）境内机构向境外投资的审批。境内机构向境外投资，在向审批主管部门申请前，须由外汇管理机关审查其外汇资金来源。境内机构向境外投资，须向国家发展与改革委员会、商务部和各省、自治区、直辖市、计划单列市人民政府报批。其中在境外设立金融机构的项目，报经中国人民银行审批。在此之前应将外汇资金的来源报经国家外汇管理局审批。根据《境外投资外汇管理办法》及补充通知的规定，境外投资项目用汇金额在 100 万美元以下的，由外汇管理局省级分局审批；100 万美元以上或累计超过 100 万美元的，由外汇管理局省级分局报国家外汇管理局审批。根据《国家外汇管理局关于下放部分资本项目外汇业务审批权限有关问题的通知》的规定，境外上市外资股公司回购本公司境外上市流通股份涉及购、付汇及境外开户审批的，若购、付汇金额低于 2 500 万美元，由所在地分局审批；若购、付汇金额高于 2 500 万美元（含 2 500 万美元），仍应通过所在分局报总局审批。

2）资金汇出。境内机构向境外的投资项目经有关部门批准后，就可到所在地外汇管理局办理投资资金的汇出手续。境内投资者以外汇资金向境外投资的，应向所在地外汇管理局缴存所投资金 5%的资金，作为汇回利润保证金。以设备作为投资的，应按资本设备投资额的 2.5%，以美元现汇或等值的人民币缴存作为汇回利润保证金。保证金应当存入国家外汇管理局在指定银行开立的保证金专用账户。境外企业在投资回收计划期限内汇回的利润累计达到中方实际投资额时，退还该保证金。境内机构在缴齐保证金后即可办理外汇资金汇出手续。

2．外债管理

（1）外债。外债是指境内机构对非居民承担的以外币表示的债务。这里所称“境内机构”，是指在中国境内依法设立的常设机构，包括但不限于政府机关、金融境内机构、企业、事业单位和社会团体。所称“非居民”，是指中国境外的机构、自然人及其在中国境内依法设立的非常设机构。

1）外债的分类。

① 按照债务类型，外债分为外国政府贷款、国际金融组织贷款和国际商业贷款。

第一，外国政府贷款。外国政府贷款是指中国政府向外国政府举借的官方信贷，具有一定的援助或部分赠与性质。其特点是期限长，一般为 20 ~ 30 年，最长可达 50 年；低息优惠（一般为 2% ~ 4%）或无息贷款；具有政府间的开发援助的性质。外国政府贷款又分为完全由政府财政性资金提供的纯政府贷款和由政府财政性资金与商业性贷款组成的混合贷款。纯政府贷款一般无息或利率很低，还款期限较长。

第二，国际金融组织贷款。国际金融组织贷款是指中国政府向世界银行、亚洲开发银行、联合国农业发展基金会和其他国际性、地区性金融机构举借的非商业性信贷。其他国际性、地区性金融机构主要有国际货币基金组织、国际结算银行和泛美开发银行等。目前向我国提供贷款的国际经济组织主要是世界银行、国际农业发展基金组织、亚洲开发银行和国际货币基金组织。世界银行成立于 1945 年，由国际开发协会、国际复兴银行、国际金融公司和多边投资担保机构组成。其中国际开发协会的贷款被称为“软贷款”，最为优惠，还款期为 35 年（宽限期为 10 年），无息，每年对未偿还部分征收 0.75%的手续费，另收 0 ~ 0.5%的承诺费。国际复兴银行的贷款被称为“硬贷款”，其偿还期为 20 年，宽限期 5 年，利率视筹资成本情况定期调整。国际农业发展基金组织是联合国的一个专门机构，成立于 1977 年，专门为发展中国家提供优惠贷款发展粮食生产。其还款期分 50 年、20 年或 15 ~ 18 年不等，利率分别为 1%、4%或 8%不等。亚洲开发银行成立于 1966 年，是一个区域性的政府间金融开发机构，其贷款是向会员国发放的进行投资和技术援助的贷款，有优惠贷款和普通贷款之分。优惠贷款只提供给人均国内生产总值在 670 美元以下的会员国，不收利息，手续费为 1%。普通贷款利率是浮动利率，期限为 10 ~ 30 年。国际货币基金组织成立于 1945 年 12 月，宗旨是促进国际间货币合作，稳定汇率，促进国际贸易和国际汇兑的自由化，消除外汇管制。国际货币基金组织的贷款只限于成员国财政和金融当局，不与任何企业进行业务往来，用途仅限于弥补国际收支逆差或用于经常项目的国际支付，期限为 1 ~ 5 年。

第三，国际商业贷款。国际商业贷款是指境内机构向非居民举借的商业性信贷。包括：向境外银行和其他金融机构借款；向境外企业、其他机构和自然人借款；境外发行中长期债券（含可转换债券）和短期债券（含商业票据、大额可转让存单等）；买方信贷、延期付款和其他形式的贸易融资；国际融资租赁；非居民外币存款；补偿贸易中用现汇偿还的债务；其他种类国际商业贷款。

② 按照偿还责任，外债分为主权外债和非主权外债。主权外债，是指由国务院授权机构代表国家举借的、以国家信用保证对外偿还的外债。非主权外债，是指除主权外债以外的其他外债。

此外，在外债中，还有因对外担保形成的潜在对外偿还义务的或有外债。这里所称“对外担保”，是指境内机构依据国家有关法律、法规，以保证、抵押或质押方式向非居民提供的担保。主要包括融资担保、融资租赁担保、补偿贸易项目下的担保、境外工程承包中的担保等。根据《境内机构对外担保管理办法》的，规定，可以对外出具担保的只能是经批准允许办理对外担保业的金融机构，或者是具有代为清偿能力的非金融企业法人。金融机构对外担保余额、境内外汇担保余额及外汇外债余额之和不得超过其自有资金的 20 倍；企业对外担保余额不得超过其净资产的 50%，并不得超过其上年外汇收入。对外担保必须报经外汇管理机关批准，并接受外汇管理部门的监管。

2）外债的管理部门。国家对各类外债和或有外债实行全口径管理。根据我国新颁布的《外债管理暂行办法》的规定，国家发展计划委员会、财政部和国家外汇管理局是外债管理部门。

（2）举借外债和对外担保管理。

1）国际金融组织贷款和外国政府贷款由国家统一对外举借。国家发展与改革委员会会同财政部等有关部门制定世界银行、亚洲开发银行、联合国农业发展基金会和外国政府贷款备选项目规划，财政部根据规划组织对外谈判、磋商、签订借款协议和对国内债务人直接或通过有关金融机构转贷。其中，世界银行、亚洲开发银行、联合国农业发展基金会和重点国别外国政府贷款备选项目规划须经国务院批准。

财政部代表国家在境外发行债券由财政部报国务院审批，并纳入国家借用外债计划。其他任何境内机构在境外发行中长期债券均由国家发展与改革委员会会同国家外汇管理局审核后报国务院审批；在境外发行短期债券由国家外汇管理局审批，其中设定滚动发行的，由国家外汇管理局会同国家发展与改革委员会审批。

2）对境内机构的外债管理。国家对国有商业银行举借中长期国际商业贷款实行余额管理，余额由国家发展与改革委员会会同有关部门审核后报国务院审批。

境内中资企业等机构举借中长期国际商业贷款，须经国家发展与改革委员会批准。国家对境内中资机构举借短期国际商业贷款实行余额管理，余额由国家外汇管理局核定。

外商投资企业举借的中长期外债累计发生额和短期外债余额之和应当控制在审批部门批准的项目总投资和注册资本之间的差额以内。在差额范围内，外商投资企业可自行举借外债。超出差额的，须经原审批部门重新核定项目总投资。

境内机构不得为非经营性质的境外机构提供担保。未经国务院批准，任何政府机关、社会团体、事业单位不得举借外债或对外担保。境内机构对外签订借款合同或担保合同后，应当依据有关规定到外汇管理部门办理登记手续。国际商业贷款借款合同或担保合同须经登记后方能生效。

（3）外债资金使用。外债资金应当主要用于经济发展和存量外债的结构调整。国际金融组织贷款和外国政府贷款等中长期国外优惠贷款重点用于基础性和公益性建设项目，并向中西部地区倾斜。

中长期国际商业贷款重点用于引进先进技术和设备以及产业结构和外债结构调整。境内企业所借中长期外债资金，应当严格按照批准的用途合理使用，不得挪作他用。确需变更用途的，应当按照原程序报批。

境内企业所借短期外债资金主要用作流动资金，不得用于固定资产投资等中长期用途。

使用外债资金的固定资产投资项目应当实行项目法人责任制，由项目法人对外债资金的使用效益负责。依据《中华人民共和国招标投标法》和国外贷款机构有关规定需要进行招标采购的，应当严格按照规定执行。

（4）外债偿还和风险管理。主权外债由国家统一对外偿还。主权外债资金由财政部直接或通过金融机构转贷给国内债务人的，国内债务人应当对财政部或转资金融机构承担偿还责任。非主权外债由债务人自担风险、自行偿还。

债务人可以用自有外汇资金偿还外债，也可经外汇管理部门核准用人民币购汇偿还外债。债务人无法偿还的外债，有担保人的，应当由担保人负责偿还。担保人按照担保合同规定需要履行对外代偿义务时，应当到外汇管理部门办理对外担保履约核准手续。

债务人应当加强外债风险管理，适时调整和优化债务结构。在不扩大原有外债规模的前提下，经国家发展计划委员会核准，债务人可以通过借入低成本外债、偿还高成本外债等方式，降低外债成本，优化债务结构，其中，涉及主权外债的，须经财政部核准。债务人可以保值避险为目的，委托具有相关资格的金融机构运用金融工具规避外债的汇率和利率风险。

（5）外债监管。外债管理部门应根据国家法律、法规以及有关规定，对外债和对外担保实施监管。外债管理部门履行监管职责时，有权要求债务人和相关单位提供有关资料，检查有关账目和资产。境内机构举借外债或对外担保时，未履行规定的审批手续或未按规定进行登记的，其对外签订的借款合同或担保合同不具有法律约束力。我国的外债登记制度建立于 1987 年，发布有《外债统计监测暂行规定》和《外债登记实施细则》等规定。凡是从国外筹借并需要以外汇偿还的债务都须按规定登记。登记方式分为定期登记和逐笔登记两种，由国家有关职能部门及中国银行归口负责筹借的国际金融组织贷款、外国政府贷款等需进行定期登记，其他的外债需逐笔登记。境内机构都应按照国务院关于外债统计监测的规定办理外债登记。外债登记由国务院外汇管理部门负责，并定期公布外债情况。

禁止违反利益共享、风险共担原则，以保证外商直接投资固定回报等方式变相举借外债。未经外债管理部门批准，境外中资企业不得将其自身承担的债务风险和偿债责任转移到境内。

境内机构违反有关规定举借外债或对外担保的，由其主管部门对直接负责的主管人员和其他直接责任人员依法给予相应的行政处分。构成犯罪的，依法追究刑事责任。外债管理部门的工作人员徇私舞弊、滥用职权或玩忽职守，由其所在部门依法给予行政处分。构成犯罪的，依法追究刑事责任。

（6）对依法终止的外商投资企业的外汇管理。外商投资企业经营期满或因其他原因无法继续经营而依法终止，依法终止的外商投资企业应当依法进行清理并照章纳税。清理纳税后的剩余财产属于外方投资者所有的人民币，可以向外汇指定银行购汇汇出或携带出境；属于中方投资者所有的外汇，应全部卖给外汇指定银行。

22.1.5 金融机构的外汇业务管理

1. 金融机构经营外汇业务管理

对金融机构经营外汇业务的管理，《外汇管理条例》主要做了四个方面的规定。

（1）金融机构经营外汇业务必须持有经营外汇业务许可证。金融机构分银行金融机构和非银行金融机构，两者的业务范围不一样，在外汇业务上范围也不尽相同。但金融机构要经营外汇业务必须报经国家外汇管理机构批准，并领取经营外汇业务许可证。

根据《银行外汇业务管理规定》和《非银行金融机构外汇业务管理规定》的规定，申请经营外汇业务的银行应符合四个条件。

1）具有法定外汇现汇实收资本金或营运资金，全国性银行须有 5 000 万美元或其他等值货币的实收外汇现汇资本金；区域性银行须有 2 000 万美元或者其他等值货币的实收外汇现汇资本金；具有独立法人资格的银行分支行须有 500 万美元或者其他等值货币的实收外汇现汇资本金；不具有独立法人资格的全国性银行的分支行须有 200 万美元或者其他等值货币的实收外汇现汇营运资金；不具有独立法人资格的区域性银行的分支行须有 100 万美元或者其他等值的实收外汇现汇营运资金。银行的外汇现汇实收资本金或者营运资金可以高于上述规定的法定数额。

2）具有与其申报的外汇业务相应数量和相当素质的外汇业务人员。其中机构和部门外汇业务主管人员应当有 3 年以上经营金融、外汇业务的资历，并在以往经营活动中有良好的经营业绩。

3）具有适合开展外汇业务的场所和设备。

4）国家外汇管理机关要求的其他条件。

根据中国人民银行《关于恢复国有独资商业银行分支机构外汇业务审批工作的通知》的规定，国有独资商业银行分支机构申请新开或增开外汇业务，应符合五个条件：遵守国家法律、法规和金融规章，最近 3 年内未受到中国人民银行、国家外汇管理局或其他有关管理机关的处罚；内部控制机制健全，具有有效的识别、监测、衡量和控制各种风险的管理制度；经营稳健，资产质量、流动性等主要资产负债指标控制在合理的范围内；具有经中国人民银行确认资格的外汇业务管理人员和业务人员；具有适合开展业务的场所和必要设备。

银行的外汇业务与非银行金融机构的外汇业务既有不同也有交叉。银行的外汇业务范围包括：外汇存款；外汇汇款；外汇贷款；外汇借款；发行或代理发行股票以外的外币有价证券；外汇票据的承兑和贴现；外汇投资；买卖或者代理买卖股票以外的外币有价证券；自行或代客外汇买卖；外币兑换；外汇担保；贸易、非贸易结算；资信调查、咨询、鉴证业务；国家外汇管理局批准的其他外汇业务。

非银行金融机构的外汇业务范围包括：外汇信托存款；外汇信托放款；外汇信托投资；外汇借款；外汇同业拆借；外汇存款；外汇放款；发行或代理发行外币有价证券；买卖或代理买卖外币有价证券；自营或代客外汇买卖；外汇投资；外汇租赁；外汇保险；外汇担保；资信调查、咨询、鉴证业务；国家外汇管理局批准的其他业务。

国家外汇管理机关根据各个申请人的不同特点和要求，批准申请人可经营上述范围的部分或全部业务。如果只有部分外汇业务经营权的银行和非银行金融机构想扩大外汇业务经营范围，还可依法向国家外汇管理机关提出扩大业务范围的申请。如已经批准要在法定时间内换取新的《经营外汇业务许可证》。

《经营外汇业务许可证》的有效期只有 5 年，5 年期满后，须到国家外汇管理局换领新的《经营外汇业务许可证》。申请换领《经营外汇业务许可证》必须提供下列文件和材料：换领《经营外汇业务许可证》的申请书；5 年来的外汇业务经营情况总结报告；由国家外汇管理局指定的会计师事务所出具的实收外汇资本金验资报告；3 年来的外汇资产负债表和损益表；国家外汇管理机关要求提供的其他文件和资料。

未经外汇管理机关批准，任何单位和个人不得经营外汇业务。经批准经营外汇业务的金融机构，经营外汇业务不得超出批准的范围。

金融机构终止经营外汇业务，也应向外汇管理机关提出申请。金融机构经批准终止经营外汇业务的，应当依法进行外汇债权、债务的结算，并缴销经营外汇业务许可证。

（2）经营外汇业务的金融机构应按规定为客户开立账户，办理有关外汇业务。外汇账户的开立、使用和管理，按照国家外汇管理机关发布的外汇账户管理规定执行。

（3）金融机构经营外汇业务，应按规定交存外汇存款准备金，遵守外汇资产负债比例管理的规定，并建立呆账准备金。存款准备金是为应付存户提取存款和调控货币供应量所设置的准备金。有任意和法定两种，任意的存款准备金为金融机构自存准备，法定的存款准备金是国家规定的金融机构必须按照所收存款一定比率转存到中央银行的存款。我们通常所说的存款准备金一般是指法定存款准备金。存款准备金制度既是金融企业的一种后备制度，也是国家实施宏观调控的重要手段。存款准备金率随客观经济环境和宏观调控的需要而不断调整。

为了提高外汇资产的安全性，防范外汇资金风险，国家对金融机构的外汇资产与负债的比例做出了规定。根据《银行外汇业务管理规定》第五十二条和《非银行金融机构外汇业务管理规定》第四十七条以及国家外汇管理机关的其他规定，金融机构的外汇资产与负债比例如下：

- 自有外汇资金（包括实收外汇资本金、外汇准备金、未分配外汇利润）占外汇风险资产总的比例，银行不得低于 8%，非银行金融机构不得低于 10%。
- 外汇负债总额加外汇担保余额不得超过自有外汇资金的 20 倍。
- 外汇流动资产不得低于外汇流动负债的 60%。
- 外汇流动资产占外汇总资产的比例，银行不得低于 30%，非银行金融机构不得低于 25%。
- 3 个月内可变现的存放、拆放国内同业外汇资金、购买可转让外币有价证券占款、存放中央银行外汇资金和外币现钞等之和占外汇总资产的比例，银行不得低于 15%，非银行金融机构不得低于 10%。
- 对一个法人单位的外汇放款、投资、担保（按担保余额的 50%折算）和其他外汇融资之和不得超过该金融机构自有外汇资金的 30%。
- 外汇股本投资不得超过该机构自有外汇资金与法定实收外汇资本金的差额。
- 向其任意一个股东单位提供的外汇放款、投资、担保（按担保余额的 50%折算）和其他外汇融资之和不得超过股东单位持有该金融机构的外汇股份金额。
- 净存放、拆放一家国内金融机构的外汇资产不得超过其自有外汇资金的 60%。
- 净存放、拆放一家境外金融机构或境内外资、中外合资金融机构的外汇资金占该金融机构自有外汇资金比率，银行不得超过 20%，非银行金融机构不得超过 30%。
- 外币有价证券占款占外汇总资产的比例，银行不得超过 10%，非银行金融机构不得超过 25%（证券公司除外）。
- 对房地产的外汇融资占外汇总资产的比例，银行不得超过 10%，非银行金融机构不得超过 25%。

外汇呆账准备金是指金融机构专项用于冲销外汇呆账的外汇基金。外汇呆账是指债务人逾期未履行偿债义务超过 3 年，确实不能收回的外汇资金。外汇呆账准备金逐年按年末外汇贷款余额的 0.3%～0.5%提取，计入管理费用。金融机构动用呆账准备金冲销呆账必须报国家外汇管理局备案。

（4）外汇指定银行办理结汇业务所需的人民币资金，应当使用自有资金。自有资金包括银行的资本金，银行吸收的客户存款，银行通过同业拆借拆人的资金和其他自有资金外汇指定银行的结算周转外汇，实行比例幅度管理，具体幅度由中国人民银行依实际情况核定。

2. 金融机构经营外汇业务的监督管理

（1）金融机构经营外汇业务，应接受外汇管理机关的检查、监督。国家外汇管理机关对银行和非银行金融机构每 3 年至少进行一次全面检查，对银行的分支行每两年至少进行一次全面检查。国家外汇管理机关还可根据需要随时对银行和非银行金融机构外汇业务进行重点检查。

（2）经营外汇业务的金融机构应当向外汇管理机关报送外汇资产负债表、损益表以及其他财务会计报表和资料。这些报表包括：

- 各种外币资产负债表及各种外币资产负债折成美元合并编制的外汇资产负债表（年报）。
- 外币资产负债折成本币与本币资产负债合并编制的资产负债表（年报）。
- 各种外币损益表及各种外币损益折成美元合并编制的外汇损益表（年报）。
- 外汇损益折成本币与本币损益合并编制的损益表（年报）。
- 其他外汇业务统计报表（半年报、季报和月报）。

22.1.6 人民币汇率管理

汇率是一国货币与另一国货币相互折算的比率，即以一国货币表示另一国货币的价格。汇率的高低由外汇市场供求关系和其他有关经济政治因素所决定，同时又对一国的国际收支和经济发展起着重要的反作用。各国的汇率制度主要有固定汇率制和浮动汇率制。固定汇率制是货币当局把本国货币对其他货币的汇率加以基本固定，波动幅度限制在一定的范围之内。浮动汇率是指两国的货币之间的汇率由外汇市场的供求状况自发决定。浮动汇率制又分为自由浮动汇率和管理浮动汇率两种。

我国过去一直实行单一的汇率制度。1979 年实行改革开放政策以后，实行了外汇留成制度，并建立起了外汇调剂市场，实行有管理的浮动汇率制度，形成官方汇率和调剂市场汇率并存的双重汇率局面。1993 年 12 月 28 日根据国务院决定，中国人民银行发布了《关于进一步改革外汇管理体制的公告》，决定从 1994 年 1 月 1 日起，取消外汇留成，将两种汇率并轨，实行以市场供求为基础、单一的、有管理的浮动汇率制度。2005 年 7 月 21 日，经国务院批准，中国人民银行发布了《关于完善人民币汇率形成机制改革的公告》，决定自 2005 年 7 月 21 日起，在我国开始实行以市场供求为基础，参考一篮子货币进行调节、有管理的浮动汇率制度。人民币汇率不再盯住单一美元，形成更高弹性的人民币汇率机制。新的汇率制度以市场供求为基础，中国人民银行于每个工作日闭市后公布当日银行间外汇市场美元等交易货币对人民币汇率的收盘价，作为下一个工作日该货币对人民币交易的中间价格。每日银行间外汇市场美元对人民币的交易价仍在人民银行公布的美元中间价上下 3‰的幅度内浮动，非美元对人民币的交易价在人民银行公布的该货币交易中间价上下一定幅度内浮动。这一套新的汇率制度既是我国社会主义市场经济发展的需要，同时也符合国际货币基金组织的要求。这对于扩大我国的对外交往，充分发挥汇率的经济杠杆作用具有重要意义，也为我国最终实现人民币自由兑换创造了条件。

22.1.7 外汇市场管理

1. 外汇市场交易的原则

外汇市场交易应当遵循公开、公平、公正和诚实信用的原则。外汇交易市场是指进行外汇买卖的场所。所谓公开原则，即外汇指定银行和其他经营外汇的金融机构在进行外汇交易时，应当公开进行。公开的内容应包括买卖外汇的金额和价格等，公开的形式可以是发布公告，或是将有关资料公布供查。所谓公平原则即交易各方的权利义务应对等。所谓公正即客观真实、公平对待。诚实信用即是要从真实的事实出发，善意地表达自己的意思，并认真地去履行义务，不得弄虚作假，恶意欺诈。

2．外汇市场交易的币种和形式

在我国，外汇市场交易的币种和形式由国务院外汇管理部门规定和调整。目前允许交易的币种有人民币对美元、港元、日元、欧元等。交易的形式包括即期交易和远期交易。对银行间的外汇市场只允许进行即期交易，即只能进行现汇买卖，实际上是银行间调节资金余缺的外汇交易。对银行与客户之间则允许进行远期外汇交易，即允许买卖双方签约约定一个汇率，于未来一定日期买入或卖出一定数额的外汇。

22.1.8 违反外汇管理的法律责任

1．逃汇行为及其法律责任

（1）逃汇及其行为种类。逃汇是指境内机构或者个人，将外汇擅自存放境外、擅自汇出或带出境外，逃避我国的外汇管制的行为。下列行为都属于逃汇行为：

- 违反国家规定，擅自将外汇存放在境外的。
- 不按照国家规定将外汇卖给外汇指定银行的。
- 违反国家规定，将外汇汇出或者携带出境的。
- 未经外汇管理机关批准，擅自将外币存款凭证、外币有价证券携带或者邮寄出境的。
- 其他逃汇行为。

（2）对逃汇行为的处罚。对逃汇行为的处罚视其行为方式和程度的不同而采取不同的处罚措施，具体有如下几种：

- 责令限期调回。
- 强制收兑。
- 罚款，罚款数额为逃汇金额的 30%以上 5 倍以下，罚款可与上述处罚措施并处。
- 刑事责任。

2．套汇行为及其法律责任

（1）套汇及其行为种类。套汇是指我国境内机构和个人采取一定方式私自向他人用人民币或者物资换取外汇或外汇收益的行为。下列行为属于套汇行为：

- 违反国家规定，以人民币支付或者以实物偿付应当以外汇支付的进口货款或者其他类似支出的。
- 以人民币为他人支付在境内的费用，由对方付给外汇的。
- 未经外汇管理机关批准，境外投资者以人民币或者境内所购物资在境内进行投资的。
- 以虚假或者无效的凭证、合同、单据等向外汇指定银行骗购外汇的。
- 非法套汇的其他行为。

（2）对套汇的处罚。对套汇行为的处罚视其行为方式和程度的不同而采取不同的处罚措施，具体有如下几种：

- 警告。
- 强制收兑。
- 罚款，罚款数额为非法套汇金额的 30%以上 3 倍以下，罚款可与上述处罚措施并处。

- 刑事责任。

3. 扰乱金融行为及法律责任

（1）扰乱金融及行为种类。扰乱金融是指违反国家规定，经营金融业务或者从事货币交易的行为。下列行为属于扰乱金融：

- 未经外汇管理机关批准，擅自经营外汇业务的。
- 外汇指定银行未按照国家规定办理结汇、售汇业务的。
- 经营外汇业务的金融机构违反人民币汇率管理、外汇存贷利率管理或外汇交易市场管理的。
- 以外币在境内计价结算的。
- 擅自以外汇作质押的。
- 私自改变外汇用途的。
- 非法使用外汇的其他行为。
- 私自买卖外汇、变相买卖外汇或者倒卖外汇的。

（2）对扰乱金融行为的处罚。

① 未经外汇管理机关批准，擅自经营外汇业务的，由外汇管理机关没收违法所得，并予以取缔；构成犯罪的，依法追究刑事责任。

经营外汇业务的金融机构擅自超出批准的范围经营外汇业务的，由外汇管理机关责令改正，有违法所得的，没收违法所得，并处违法所得 1 倍以上 5 倍以下的罚款；没有违法所得的，处 10 万元以上 50 万元以下的罚款；情节严重或者逾期不改正的，由外汇管理机关责令整顿或者吊销经营外汇业务许可证；构成犯罪的，依法追究刑事责任。

② 外汇指定银行未按照国家规定办理结汇、售汇业务的，由外汇管理机关责令改正，通报批评，没收违法所得，并处 10 万元以上 50 万元以下的罚款；情形严重的，停止其办理结汇、售汇业务。

③ 经营外汇业务的金融机构违反人民币汇率管理、外汇存贷款利率管理或者外汇交易市场管理的，由外汇管理机关责令改正，通报批评，有违法所得的。没收违法所得，并处违法所得 1 倍以上 5 倍以下的罚款；没有违法所得的，处 10 万元以上 50 万元以下的罚款；情节严重的，由外汇管理机关责令整顿或者吊销经营外汇业务许可证。

④ 境内机构犯有前述扰乱金融行为第 4 项至第 7 项行为之一的，由外汇管理机关责令改正，强制收兑，没收违法所得，并处违法外汇金额等值以下的罚款；构成犯罪的，依法追究刑事责任。

⑤ 私自买卖外汇、变相买卖外汇或者倒买倒卖外汇的，由外汇管理机关给予警告，强制收兑，没收违法所得，并处违法外汇金额 30%以上 3 倍以下的罚款；构成犯罪的，依法追究刑事责任。

4. 违反外债管理行为及法律责任

（1）违反外债管理的行为。

- 擅自办理对外借款的。
- 违反国家有关规定，擅自在境外发行外币债券的。
- 违反国家有关规定，擅自提供对外担保的。
- 有违反外债管理的其他行为的。

（2）对违反外债管理行为的处罚。

- 警告。
- 通报批评。
- 罚款，罚款数额在 10 万元以上 50 万元以下，罚款可与上述处罚措施并处；
- 刑事责任。

5．违反外汇账户管理的行为及法律责任

（1）违反外汇账户管理的行为。违反外汇账户管理的行为包括擅自在境内、境外开立外汇账户，出借、串用、转让外汇账户；改变外汇账户使用范围。

（2）对违反账户管理行为的处罚。

- 责令改正。
- 撤销外汇账户。
- 通报批评。
- 罚款，罚款数额为 5 万元以上 30 万元以下，罚款可与上述处罚措施并处。

6．违反外汇核销管理的行为及法律责任

（1）违反外汇核销管理的行为。

- 伪造、涂改、出借、转让或者重复使用出口核销单证的；
- 未按规定办理核销手续的。

（2）对违反外汇核销管理行为的处罚。

- 警告。
- 通报批评。
- 没收违法所得。
- 罚款，罚款数额为 5 万元以上 30 万元以下，罚款可与上述处罚措施并处。
- 刑事责任。

7．违反外汇经营管理的行为及法律责任

（1）违反外汇经营管理的行为。

- 不按规定交存外汇存款准备金的。
- 违反外汇资产负债比例管理规定的。
- 不接受外汇管理机关的检查、监督的。
- 不按规定向外汇管理机关报送外汇资产负债表、损益表以及其他财务会计报表和资料的。

（2）对违反外汇经营管理行为的处罚。

- 责令改正。
- 通报批评。
- 罚款，罚款数额为 5 万元以上 30 万元以下，罚款可与上述处罚措施并处。

境内机构违反外汇管理规定的，除要依上述措施接受处罚外，对直接负责的主管人员和其他直接责任人员应当给予纪律处分；构成犯罪的，依法追究刑事责任。

22.2 记账本位币的确定与变更

记账本位币是指企业经营所处的主要经济环境中的货币。通常这一货币是企业主要收、支现金的经济环境中的货币。例如，我国企业一般以人民币作为记账本位币。需要说明的是，我国会计上所称的记账本位币，与国际会计准则中的功能货币，虽然名称不同，但实质内容是一致的。

1．记账本位币的确定

（1）企业记账本位币的确定。我国《会计法》规定，业务收支以人民币以外的货币为主的单位，可以选定其中一种货币作为记账本位币，但是编报的财务会计报告应当折算为人民币。《会计法》允许企业选择非人民币作为记账本位币，但是，究竟如何选择，《会计法》没有给出详细的说明，外币折算准则对如何选择记账本位币进行了规范。并规定了确定记账本位币需要考虑的因素。企业选定记账本位币，应当考虑下列因素：

① 该货币主要影响商品和劳务销售价格，通常以该货币进行商品和劳务销售价格的计价和结算；

② 该货币主要影响商品和劳务所需人工、材料和其他费用，通常以该货币进行上述费用的计价和结算。

企业在选定记账本位币时，上述两项因素应综合考虑，不能仅考虑其中一项。

【例 22-1】 国内智董公司为外贸自营出口企业，超过 70%的营业收入来自向欧盟各国的出口，其商品销售价格主要受欧元的影响，以欧元计价，因此，从影响商品和劳务销售价格的角度看，智董公司应选择欧元作为记账本位币。

如果智董公司除厂房设施、30%的人工成本在国内以人民币采购外，生产所需原材料、机器设备及 70%以上的人工成本以欧元在欧盟市场采购，则可确定智董公司的记账本位币是欧元。但是，如果智董公司的人工成本、原材料及相应的厂房设施、机器设备等 95%以上在国内采购并以人民币计价，则难以判定智董公司的记账本位币应选择欧元还是人民币，还需要兼顾考虑以下因素，以确定智董公司的记账本位币：融资活动获得的资金以及保存从经营活动中收取款项时所使用的货币。

如果智董公司取得的欧元营业收入在汇回国内时直接换成了人民币存款，且智董公司对欧元波动产生的外币风险进行了套期保值，智董公司可以确定其记账本位币为人民币。

【例 22-2】 贵琛公司为国内一家婴儿配方奶粉加工企业，其原材料牛奶全部来自澳大利亚，主要加工技术、机器设备及主要技术人员均由澳大利亚方面提供，生产的婴儿配方奶粉面向国内出售。为满足采购原材料牛奶等所需澳元的需要，贵琛公司向澳大利亚某银行借款 10 亿澳元，期限为 20 年，该借款是贵琛公司当期流动资金净额的 4 倍。由于原材料采购以澳元结算，且企业经营所需要的营运资金，即融资获得的资金也使用澳元，因此，贵琛公司应当以澳元作为记账本位币。

需要说明的是，在确定企业的记账本位币时，上述因素的重要程度因企业具体情况不同而不同，需要企业管理当局根据实际情况进行判断，但是，这并不能说明企业管理当局可以根据需要随意选择记账本位币，企业管理当局根据实际情况确定的记账本位币只有一种货币。企业选择的记账本位币一经确定，不得改变，除非与确定记账本位币相关的企业经营所处的主要经济环境发生重大变化。

（2）境外经营记账本位币的确定。境外经营是指企业在境外的子公司、合营企业、联营企业、分支机构。当企业在境内的子公司、联营企业、合营企业或者分支机构，选定的记账本位币不同于企业的记账本位币时，也应当视同境外经营。会计准则中所说的境外经营是个广义的概念，子公司、合营企业、联营企业、分支机构是否属于境外经营，不是以位置是否在境外为判定标准，而是要看其选定的记账本位币是否与企业相同。

企业选定境外经营的记账本位币，除考虑前面所讲的因素外，还应考虑下列因素。

① 境外经营对其所从事的活动是否拥有很强的自主性。如果境外经营所从事的活动是视同企业经营活动的延伸，该境外经营应当选择与企业记账本位币相同的货币作为记账本位币，如果境外经营所从事的活动拥有极大的自主性，境外经营不能选择与企业记账本位币相同的货币作为记账本位币。

② 境外经营活动中与企业的交易是否在境外经营活动中占有较大比重。如果境外经营与企业的交易在境外经营活动中所占的比例较高，境外经营应当选择与企业记账本位币相同的货币作为记账本位币，反之，应选择其他货币。

③ 境外经营活动产生的现金流量是否直接影响企业的现金流量、是否可以随时汇回。如果境外经营活动产生的现金流量直接影响企业的现金流量，并可随时汇回，境外经营应当选择与企业记账本位币相同的货币作为记账本位币，反之，应选择其他货币。

④ 境外经营活动产生的现金流量是否足以偿还其现有债务和可预期的债务。如果境外经营活动产生的现金流量在企业不提供资金的情况下，难以偿还其现有债务和正常情况下可预期的债务，境外经营应当选择与企业记账本位币相同的货币作为记账本位币，反之，应选择其他货币。

2. 记账本位币的变更

企业选择的记账本位币一经确定，不得改变，除非与确定记账本位币相关的企业经营所处的主要经济环境发生了重大变化。主要经济环境发生重大变化，通常是指企业主要产生和支出现金的环境发生重大变化，使用该环境中的货币最能反映企业的主要交易业务的经济结果。

企业因经营所处的主要经济环境发生重大变化，确需变更记账本位币的，应当采用变更当日的即期汇率将所有项目折算为变更后的记账本位币，折算后的金额作为新的记账本位币的历史成本。由于采用同一即期汇率进行折算，因此，不会产生汇兑差额。企业需要提供确凿的证据证明企业经营所处的主要经济环境确实发生了重大变化，并应当在附注中披露变更的理由。

企业记账本位币发生变更的，其比较财务报表应当以可比当日的即期汇率折算所有资产负债表和利润表项目。

22.3 外币交易的会计处理

外币折算准则规范的外币交易包括：买入或者卖出以外币计价的商品或者劳务；借入或者借出外币资金；其他以外币计价或者结算的交易。

买入或者卖出以外币计价的商品或者劳务，通常情况下指以外币买卖商品，或者以外币结算劳务合同。这里所说的商品是一个泛指的概念，可以是有实物形态的存货、固定资产等，也可以是无实物形态的无形资产、债权或股权等。例如，以人民币为记账本位币的国内智董公司向国外贵琛公司出口商品，以美元结算货款；再如，惠勤公司购买境内某公司发行的 B 股股票，或者购买海外某公司发行的欧元债券等，上述交易均属于智董公司的外币交易。企业与银行发生货币兑换业务，包括与银行进行结汇或售汇，也属于外币交易。

借入或者借出外币资金指企业向银行或非银行金融机构借入以记账本位币以外的货币表示的资金，或者银行或非银行金融机构向中国人民银行、其他银行或非银行金融机构借贷以记账本位币以外的货币表示的资金，以及发行以外币计价或结算的债券等。

其他以外币计价或者结算的交易，指以记账本位币以外的货币计价或结算的其他交易。例如，接受外币现金捐赠等。

外币交易折算的会计处理主要涉及两个环节，一是在交易日对外币交易进行初始确认，将外币金额折算为记账本位币金额；二是在资产负债表日对相关项目进行折算，因汇率变动产生的差额记入当期损益。

1. 折算汇率

无论是在交易日对外币交易进行初始确认时，还是在资产负债表日对外币交易余额进行处理，抑或对外币财务报表进行折算时，均涉及折算汇率的选择，外币折算准则规定了两种折算汇率，即：即期汇率和即期汇率的近似汇率。

（1）即期汇率。汇率指两种货币相兑换的比率，是一种货币单位用另一种货币单位所表示的价格。根据表示方式的不同，汇率可以分为直接汇率和间接汇率，直接汇率是一定数量的其他货币单位折算为本国货币的金额，间接汇率是指一定数量的本国货币折算为其他货币的金额。我们通常见到的人民币汇率是以直接汇率表示，通常在银行见到的汇率有三种表示方式：买入价、卖出价和中间价。买入价指银行买入其他货币的价格，卖出价指银行出售其他货币的价格，中间价是银行买入价与卖出价的平均价，银行的卖出价一般高于买入价，以获取其中的差价。

无论买入价，还是卖出价均是立即交付的结算价格，都是即期汇率，即期汇率是相对于远期汇率而言的，远期汇率是在未来某一日交付时的结算价格。为方便核算，准则中企业用于记账的即期汇率一般指当日中国人民银行公布的人民币汇率的中间价。但是，在企业发生单纯的货币兑换交易或涉及货币兑换的交易时，仅用中间价不能反映货币买卖的损益，需要使用买入价或卖出价折算。

中国人民银行每日仅公布银行间外汇市场人民币兑美元、欧元、日元、港元的中间价。企业发生的外币交易只涉及人民币与这四种货币之间折算的，可直接采用公布的人民币汇率的中间价作为即期汇率进行折算；企业发生的外币交易涉及人民币与其他货币之间折算的，应以国家外汇管理局公布的各种货币对美元折算率采用套算的方法进行折算，发生的外币交易涉及人民币以外的货币之间折算的，可直接采用国家外汇管理局公布的各种货币对美元折算率进行折算。

（2）即期汇率的近似汇率。当汇率变动不大时，为简化核算，企业在外币交易日或对外币报表的某些项目进行折算时也可以选择即期汇率的近似汇率折算。即期汇率的近似汇率是“按照系统合理的方法确定的、与交易发生日即期汇率近似的汇率”，通常是指当期平均汇率或加权平均汇率等。以人民币兑美元的周平均汇率为例，假定人民币兑美元每天的即期汇率为：周一 7.8，周二 7.9，周三 8.1，周四 8.2，周五 8.15，周平均汇率为（7.8+7.9+8.1+8.2+8.15）÷5=8.03。月平均汇率的计算方法与周平均汇率的计算方法相同。月加权平均汇率需要采用当月外币交易的外币金额作为权重进行计算。

无论是采用平均汇率，还是加权平均汇率，抑或其他方法确定的即期汇率的近似汇率，该方法应在前后各期保持一致。如果汇率波动使得采用即期汇率的近似汇率折算不适当时，应当采用交易发生日的即期汇率折算。至于何时不适当，需要企业根据汇率变动情况及计算即期汇率的近似汇率的方法等进行判断。

2．交易日的会计处理

企业发生外币交易的，应当在初始确认时采用交易日的即期汇率或即期汇率的近似汇率将外币金额折算为记账本位币金额。

【例 22-3】 国内智董公司的记账本位币为人民币。20×7 年 12 月 4 日，向国外贵琛公司出口商品一批，货款共计 80 000 美元，尚未收到，当日汇率为 1 美元=7.8 元人民币。假定不考虑增值税等相关税费。

智董公司应进行以下账务处理：

借：应收账款　　624 000

　贷：主营业务收入　　624 000

【例 22-4】 国内智董公司的记账本位币为人民币，属于增值税一般纳税企业。20×7 年 5 月 12 日，从国外购入某原材料，共计 50 000 美元，当日的即期汇率为 1 美元=7.8 元人民币，按照规定计算应缴纳的进口关税为 39 000 元人民币，支付的进口增值税为 72 930 元人民币，货款尚未支付，进口关税及增值税已由银行存款支付。

相关会计分录如下：

借：原材料　　429 000

　　应交税费——应交增值税（进项税额）　　72 930

　贷：应付账款——美元　　390 000

　　　银行存款　　111 930

【例 22-5】 国内智董公司选定的记账本位币是人民币。20×7 年 7 月 18 日从中国工商银行借入欧元 12 000 元，期限为 6 个月，年利率为 6%，当日的即期汇率为 1 欧元=10 元人民币。假定借入的欧元暂存银行，相关会计分录如下：

借：银行存款——欧元户　　120 000

　贷：短期借款——欧元户　　120 000

企业收到投资者以外币投入的资本，无论是否有合同约定汇率，均不得采用合同约定汇率和即期汇率的近似汇率折算，而是采用交易日即期汇率折算，这样，外币投入资本与相应的货币性项目的记账本位币金额相等，不产生外币资本折算差额。

【例 22-6】 国内智董公司的记账本位币为人民币。20×7 年 12 月 12 日，与某外商签订投资合同，当日收到外商投入资本 20 000 美元，当日汇率为 1 美元=7.8 元人民币，假定投资合同约定汇率为 1 美元=8.2 元人民币。

智董公司应进行以下账务处理：

借：银行存款　　156 000

　贷：实收资本　　156 000

3．会计期末或结算日对外币交易余额的会计处理

资产负债表日，企业应当分别外币货币性项目和外币非货币性项目进行处理。

（1）货币性项目的处理。货币性项目是企业持有的货币和将以固定或可确定金额的货币收取的资产或者偿付的负债。货币性项目分为货币性资产和货币性负债，货币性资产包括现金、银行存款、应收账款和应收票据以及准备持有至到期的债券投资等；货币性负债包括应付账款、其他应付款、短期借款、应付债券、长期借款、长期应付款等。

对于外币货币性项目，资产负债表日或结算日，因汇率波动而产生的汇兑差额作为财务费用处理，同时调增或调减外币货币性项目的记账本位币金额。汇兑差额指的是对同样数量的外币金额采用不同的汇率折算为记账本位币金额所产生的差额。例如，资产负债表日或结算日，以不同于交易日即期汇率或前一资产负债表日即期汇率的汇率折算同一外币金额产生的差额即为汇兑差额。

【例 22-7】 国内智董公司的记账本位币为人民币。20×7 年 12 月 4 日，向国外贵琛公司出口商品一批，货款共计 80 000 美元，货款尚未收到，当日即期汇率为 1 美元=7.8 元人民币。假定 20×7 年 12 月 31 日的即期汇率为 1 美元=7.9 元人民币（假定不考虑增值税等相关税费），则对该笔交易产生的外币货币性项目"应收账款"采用 20×7 年 12 月 31 日的即期汇率 1 美元=7.9 元人民币折算为记账本位币为 632 000 元人民币（80 000×7.9），与其交易日折算为记账本位币的金额 624 000 元人民币的差额为 8 000 元人民币，应当计入当期损益，同时调整货币性项目的原记账本位币金额。

相应的会计分录如下：

借：应收账款　　　　8 000

　贷：财务费用——汇兑差额　　　　8 000

假定 20×8 年 1 月 31 日收到上述货款（即结算日），当日的即期汇率为 1 美元=7.85 元人民币，智董公司实际收到的货款 80 000 美元折算为人民币应当是 628 000 元（80 000×7.85）人民币，与当日应收账款中该笔货币资金的账面金额 632 000 元人民币的差额为–4 000 元人民币。当日智董公司的会计分录如下：

借：银行存款　　　　628 000

　　财务费用——汇兑差额　　　　4 000

　贷：应收账款　　　　632 000

【例 22-8】 国内智董公司的记账本位币为人民币。20×7 年 8 月 24 日，向国外供货商怡昌祥公司购入商品一批，商品已经验收入库。根据双方供货合同，货款共计 100 000 美元，货到后 10 日内智董公司付清所有货款。当日即期汇率为 1 美元=7.8 元人民币。假定 20×7 年 8 月 31 日的即期汇率为 1 美元=7.9 元人民币（假定不考虑增值税等相关税费），则对该笔交易产生的外币货币性项目"应付账款"采用 8 月 31 日即期汇率 1 美元=7.9 元人民币折算为记账本位币为 790 000 元人民币（100 000×7.9），与其交易日折算为记账本位币的金额 780 000 元人民币（100 000×7.8）的差额为 10 000 元人民币，应计入当期损益。

相应的会计分录如下：

借：财务费用——汇兑差额　　　　10 000

　贷：应付账款　　　　10 000

9 月 3 日，智董公司根据供货合同以自有美元存款付清所有货款（结算日）。当日的即期汇率为 1 美元=7.85 元人民币。智董公司的会计分录如下：

借：应付账款　　　　790 000

　贷：银行存款　　　　785 000

　　　财务费用——汇兑差额　　　　5 000

【例 22-9】 沿用例 22-5，假定 20×7 年 7 月 31 日的即期汇率为 1 欧元=10.5 元人民币，则"银行存款——欧元"产生的汇兑差额为 5 000 元人民币［10 000×（10.5–10）］，"短期借款——欧元”产生的汇兑差额为 5 000 元人民币［10 000×（10.5–10）］，由于借贷方均为货币性项目，产生的汇兑差额相互抵消。

相应的会计分录如下：

借：银行存款——欧元户　　5 000

　贷：短期借款——欧元户　　5 000

20×8 年 1 月 18 日以人民币归还所借欧元，当日银行的欧元卖出价为 1 欧元=11 元人民币，假定借款利息在到期归还本金时一并支付，则当日应归还银行借款利息 360 英镑（12 000×6%÷12×6），按当日欧元卖出价折算为人民币为 3 960 元（360×11）。相应的会计分录如下：

借：短期借款——欧元户　　125 000

　　财务费用　　7 000

　贷：银行存款——人民币户　　132 000

借：财务费用　　3 960

　贷：银行存款——人民币户　　3 960

（2）非货币性项目的处理。非货币性项目是货币性项目以外的项目，如存货、长期股权投资、交易性金融资产（股票、基金）、固定资产、无形资产等。

1）对于以历史成本计量的外币非货币性项目，已在交易发生日按当日即期汇率折算，资产负债表日不应改变其原记账本位币金额，不产生汇兑差额。

【例 22-10】　某外商投资企业怡昌祥公司的记账本位币是人民币。20×7 年 8 月 15 日，进口一台机器设备，设备价款 500 000 美元，尚未支付，当日的即期汇率为 1 美元=7.8 元人民币。20×7 年 8 月 31 日的即期汇率为 1 美元=7.9 元人民币。假定不考虑其他相关税费，该项设备属于企业的固定资产，在购入时已按当日即期汇率折算为人民币 3 900 000 元。由于“固定资产”属于非货币性项目，因此，20×7 年 8 月 31 日，不需要按当日即期汇率进行调整。

但是，由于存货在资产负债表日采用成本与可变现净值孰低计量，因此，在以外币购入存货并且该存货在资产负债表日的可变现净值以外币反映的情况下，在计提存货跌价准备时应当考虑汇率变动的影响。

【例 22-11】　智董公司以人民币为记账本位币。20×7 年 11 月 20 日以每台 2 000 美元的价格从美国某供货商手中购入国际最新型号甲商品 10 台，并于当日支付了相应货款（假定智董公司有美元存款）。20×7 年 12 月 31 日，已售出甲商品 2 台，国内市场仍无甲商品供应，但甲商品在国际市场的价格已降至每台 1 950 美元。

11 月 20 日的即期汇率是 1 美元=7.8 元人民币，12 月 31 日的汇率是 1 美元=7.9 元人民币。假定不考虑增值税等相关税费，智董公司的会计分录如下：

① 11 月 20 日，购入甲商品时。

借：库存商品——甲　　156 000

　贷：银行存款　　156 000

② 12 月 31 日，由于库存 8 台甲商品市场价格下跌，表明其可变现净值低于成本，应计提存货跌价准备。

借：资产减值损失　　1 560

　贷：存货跌价准备　　1 560

2 000×8×7.8–1 950×8×7.9=1 560 元（人民币）

本例中，期末，在计算库存商品——甲商品的可变现净值时，在国内没有相应产品的价格，因此，只能依据甲商品的国际市场价格为基础确定其可变现净值，但需要考虑汇率变动的影响，期末，以国际市场价格为基础确定的可变现净值应按照期末汇率折算，再与库存甲商品的记账本位币成本相比较，确定其应提的跌价准备。

2）对于以公允价值计量的股票、基金等非货币性项目，如果期末的公允价值以外币反映，则应当先将该外币按照公允价值确定当日的即期汇率折算为记账本位币金额，再与原记账本位币金额进行比较，其差额作为公允价值变动损益，记入当期损益。

【例 22-12】 国内智董公司的记账本位币为人民币。20×8 年 12 月 5 日以每股 1.5 美元的价格购入贵琛公司 B 股 10 000 股作为交易性金融资产，当日即期汇率为 1 美元=7.8 元人民币，款项已付。20×8 年 12 月 31 日，由于市价变动，当月购入的贵琛公司 B 股的市价变为每股 2 美元，当日即期汇率为 1 美元=7.6 元人民币。假定不考虑相关税费的影响。

20×8 年 12 月 5 日，该公司对上述交易的财务处理如下：

借：交易性金融资产　　117 000

　贷：银行存款　　117 000

根据《企业会计准则第 22 号——金融工具》规定，交易性金融资产以公允价值计量。由于该项交易性金融资产是以外币计价，在资产负债表日，不仅应考虑美元市价的变动，还应一并考虑美元与人民币之间汇率变动的影响，上述交易性金融资产在资产负债表日的人民币金额为 152 000 元（2×10 000×7.6），与原账面价值 117 000 元（1.5×10 000×7.8）的差额为 35 000 元人民币，应计入公允价值变动损益。相应的会计分录如下：

借：交易性金融资产　　35 000

　贷：公允价值变动损益　　35 000

35 000 元人民币既包含智董公司所购贵琛公司 B 股股票公允价值变动的影响，又包含人民币与美元之间汇率变动的影响。

20×9 年 2 月 27 日，智董公司将所购贵琛公司 B 股股票按当日市价每股 2.2 美元全部售出（结算日），所得价款为 22 000 美元，按当日汇率为 1 美元=7.4 元人民币折算为人民币金额为 162 800 元，与其原账面价值人民币金额 152 000 元的差额为 10 800 元人民币，对于汇率的变动和股票市价的变动不进行区分，均作为投资收益进行处理。因此，售出当日，智董公司的会计分录如下：

借：银行存款　　162 800

　贷：交易性金融资产　　152 000

　　　投资收益　　10 800

（3）货币兑换的折算。企业发生的外币兑换业务或涉及外币兑换的交易事项，应当以交易实际采用的汇率，即银行买入价或卖出价折算。由于汇率变动产生的折算差额计入当期损益。

【例 22-13】 智董公司的记账本位币为人民币，20×7 年 6 月 18 日以人民币向中国银行买入 5 000 美元，智董公司以中国人民银行公布的人民币汇率中间价作为即期汇率，当日的即期汇率为 1 美元=7.8 元人民币，中国人民银行当日美元卖出价为 1 美元=7.85 元人民币。

智董公司当日的会计分录如下：

借：银行存款（美元）　　39 000

　　财务费用——汇兑差额　　250

贷：银行存款（人民币） 39 250

4．分账制记账方法

分账制记账方法是一种外币交易的账务处理方法，我国的许多金融保险企业均采用分账制记账方法。外币折算准则没有提及分账制记账方法，但在外币折算准则应用指南中对此做出了相应规定。金融保险企业的外币交易频繁，涉及外币币种较多，可以采用分账制记账方法进行日常核算。资产负债表日，应当分别货币性项目和非货币性项目进行处理：货币性项目按资产负债表日即期汇率折算，非货币性项目按交易日即期汇率折算，产生的汇兑差额计入当期损益。

分账制记账方法下，为保持不同币种借贷方金额合计相等，需要设置"货币兑换"账户进行核算。实务中又可采取两种方法核算。

（1）所有外币交易均通过"货币兑换"科目处理。在这种方法下，会计处理包括以下内容：

1）企业发生的外币交易同时涉及货币性项目和非货币性项目的，按相同外币金额同时记入货币性项目和"货币兑换（外币）"科目，同时，按以交易发生日即期汇率折算为记账本位币的金额，记入非货币性项目和"货币兑换（记账本位币）"科目。

2）企业发生的交易仅涉及记账本位币外的一种货币反映的货币性项目的，按相同币种金额入账，不需要通过"货币兑换"科目核算；如果涉及两种以上货币，按相同币种金额记入相应货币性项目和"货币兑换（外币）"科目。

3）期末，应将所有以记账本位币以外的货币反映的"货币兑换"科目余额按期末汇率折算为记账本位币金额，并与"货币兑换（记账本位币）"科目余额相比较，其差额转入"汇兑损益"科目：如为借方差额，借记"汇兑损益"科目，贷记"货币兑换（记账本位币）"科目；如为贷方差额，借记"货币兑换（记账本位币）"科目，贷记"汇兑损益"科目。

4）结算外币货币性项目产生的汇兑差额计入"汇兑损益"。

【例 22-14】 假定智董银行采用分账制记账方法，选定的记账本位币为人民币并以人民币列报财务报表。20×7 年 9 月，智董银行发生以下交易。

（1）9 月 5 日，收到投资者投入的货币资本 100 000 美元，无合同约定汇率，当日汇率为 1 美元=7.8 元人民币。

（2）9 月 10 日，以 2 000 美元购入一台固定资产，当日汇率为 1 美元=7.75 元人民币。

（3）9 月 15 日，某客户以 39 000 元人民币购入 5 000 美元，当日美元卖出价为 1 美元=7.8 元人民币。

（4）9 月 20 日，发放短期贷款 5 000 美元，当日汇率为 1 美元=7.85 元人民币。

（5）9 月 25 日，向其他银行折借资金 10 000 欧元，期限为 1 个月，年利率为 3%，当日的汇率为 1 欧元=9.5 元人民币。

（6）9 月 30 日的汇率为 1 美元=8 元人民币，1 欧元=10 元人民币。

对于上述交易，企业的会计分录如下：

（1）9 月 5 日，收到美元资本投入时。

借：银行存款（美元） 100 000

　贷：货币兑换（美元） 100 000

借：货币兑换（人民币） 780 000

　贷：实收资本 780 000

（2）9 月 10 日，以美元购入固定资产时。

借：固定资产 15 500

贷：货币兑换（人民币）　　15 500

借：货币兑换（美元）　　2 000

贷：银行存款（美元）　　2 000

（3）9 月 15 日，售出美元时。

借：银行存款（人民币）　　39 000

贷：货币兑换（人民币）　　39 000

借：货币兑换（美元）　　5 000

贷：银行存款（美元）　　5 000

（4）9 月 20 日，发放美元短期贷款时。

借：贷款（美元）　　5 000

贷：银行存款（美元）　　5 000

（5）9 月 25 日，向其他银行拆借欧元资金时。

借：银行存款（欧元）　　10 000

贷：拆入资金（欧元）　　10 000

“货币兑换（美元）”账户的贷方余额为 93 000（100 000–2 000–5 000），按月末汇率折算为人民币金额余额为 744 000（93 000×8）。

“货币兑换（人民币）”账户有借方余额 725 500 元（780 000–15 500–39 000）。

“货币兑换”账户的借方余额合计为 725 500，贷方余额合计为 744 000，借贷方之间的差额为–18 500，即当期产生的汇兑差额，相应的会计分录如下：

借：货币兑换（人民币）　　18 500

贷：汇兑损益　　18 500

（2）外币交易的日常核算不通过“货币兑换”科目，仅在资产负债表日结转汇兑损益时通过“货币兑换”科目处理。在外币交易发生时直接以发生的币种进行账务处理，期末，由于所有账户均需要折算为记账本位币列报，因此，所有以外币反映的账户余额均需要折算为记账本位币余额，其中，货币性项目以资产负债表日即期汇率折算，非货币性项目以交易日即期汇率折算。折算后，所有账户借方余额之和与所有账户贷方余额之和的差额即为当期汇兑差额，应当计入当期损益。

【例 22-15】　仍以例 22-14 为例，日常核算中相应会计分录如下：

（1）9 月 5 日，收到美元资本投入时。

借：银行存款（美元）　　100 000

贷：实收资本　　100 000

（2）9 月 10 日，以美元购入固定资产时。

借：固定资产　　2 000

贷：银行存款（美元）　　2 000

（3）9 月 15 日，售出美元时。

借：银行存款（人民币）　　39 000

贷：银行存款（美元）　　5 000

（4）9 月 20 日，发放美元短期贷款时。

借：贷款（美元）　　5 000

贷：银行存款（美元）　　5 000

（5）9 月 25 日，向其他银行拆借欧元资金时。

借：银行存款（欧元）　　　　10 000

　贷：拆入资金（欧元）　　　　10 000

资产负债表日，编制账户科目余额（人民币）的调节表（见表 22-1），非人民币货币性项目以资产负债表日即期汇率折算，非人民币非货币性项目以交易日即期汇率折算。

表 22-1　账户科目余额（人民币）的调节表

借方余额账户	币种	外币余额	汇率	人民币余额	贷方余额账户	币种	外币余额	汇率	人民币余额
银行存款	美元	88 000	8	804 000	拆入资金	欧元	10 000	10	100 000
	欧元	10 000	10						
贷款	美元	5 000	8	40 000	实收资本	美元	100 000	7.8	780 000
固定资产	美元	2 000	7.75	15 500					
银行存款	人民币			39 000					
人民币余额合计				898 500	人民币余额合计				880 000
汇兑损益									18 500

相应会计分录如下：

借：货币兑换（人民币）　　　　18 500

　贷：汇兑损益　　　　18 500

需要说明的是，无论是采用分账制记账方法，还是采用统账制记账方法，只是账务处理程序不同，但产生的结果应当相同，计算出的汇兑差额相同，相应的会计处理也相同，均计入当期损益。

22.4　外币财务报表的折算

1．境外经营的财务报表的折算

企业对境外经营的财务报表进行折算时，应当遵循下列规定：

（1）资产负债表中的资产和负债项目，采用资产负债表日的即期汇率折算，所有者权益项目除“未分配利润”项目外，其他项目采用发生时的即期汇率折算。

（2）利润表中的收入和费用项目，采用交易发生日的即期汇率折算；也可以采用按照系统合理的方法确定的、与交易发生日即期汇率近似的汇率折算。

按照上述（1）、（2）折算产生的外币财务报表折算差额，在资产负债表中所有者权益项目下单独列示。

比较财务报表的折算比照上述规定处理。

【例 22-16】　国内智董公司的记账本位币为人民币，该公司仅有一全资子公司贵琛公司，除此之外，无其他境外经营。贵琛公司设在美国，自主经营，所有办公设备及绝大多数人工成本等均以美元支付。除极少量的商品购自智董公司外，其余的商品采购均来自当地。贵琛公司对所需资金自行在当地融资、自担风险。因此，根据记账本位币的选择确定原则，贵琛公司的记账本位币应为美元。20×7 年 12 月 31 日，智董公司准备编制合并财务报表（见表 22-2 至表 22-5），需要先将贵琛公司的美元财务报表折算为人民币表述（见表 22-6 至表 22-8）。

表 22-2　合并财务报表工作底稿　单位：万元

项　目	智董公司（人民币）	贵琛公司（美元）	折算汇率	贵琛公司（人民币）	合计数	抵消分录		合并利润表	合并资产负债表
						借方	贷方		
货币资金	15 280	1 000	7.8	7 800	23 080				23 080
应收账款	16 000	2 000	7.8	15 600	31 600				31 600
存货	12 000	1 400	7.8	10 920	22 920				22 920
长期应收款	3 900				3 900		③3 900		
对子公司投资	29 680				29 680		①6 720 ②22 960		
固定资产	30 000	1 400	7.8	10 920	40 920				40 920
资产总计	106 860	5 800		45 240	152 100		33 580		118 520
应付账款	9 960	750	7.8	5 850	15 810				15 810
长期借款	10 000				10 000				10 000
长期应付款	2 000	500	7.8	3 900	5 900	③3 900			2 000
股本	60 000	3 410	8.2	27 962	87 962	①27 962			60 000
盈余公积（年初数）	2 600	10		82	2 682	②82			2 600
未分配利润（年初累计数）	3 696	80		656	4 352	②656			3 696
外币报表折算差额				–1 610	–1 610	⑤–322 ④100			–1 388
营业收入	800 000	8 000	8	64 000	864 000			864 000	
减：营业成本	650 000	6 000	8	48 000	698 000			698 000	
管理费用	80 000	300	8	2 400	82 400			82 400	
财务费用	50 100	200	8	1 600	51 700		④100	51 600	
加：投资收益	6 720				6 720	①6 720			
营业利润	26 620	1 500		12 000	38 620	6 720	100	32 000	
利润总额	26 620	1 500		12 000	38 620	6 720	100	32 000	
减：所得税费用	8 016	450	8	3 600	11 616			11 616	
净利润	18 604	1 050		8 400	27 004	6 720	100	20 384	
盈余公积（本年提取数）	2 000	120	8	960	2 960			2 960	2 960
归属于母公司所有者的净利润								18 704	18 704
少数股东损益								1 680	
少数股东权益							②5 740 ⑤–322		7 098
负债和股东权益总计	106 860	5 800		45 240	152 100	39 098	39 098		118 520

表 22-3　合并资产负债表

编制单位：智董公司　　（20×7 年 12 月 31 日）　　单位：万元

资　　产	金　　额	负债和股东权益	金　　额
流动资产：		流动负债：	
货币资金	23 080	应付账款	15 810
应收账款	31 600	流动负债合计	15 810
存货	22 920	非流动负债：	
流动资产合计	77 600	长期借款	10 000
非流动资产：		长期应付款	2 000
长期应收款		非流动负债合计	12 000
固定资产	40 920	股东权益：	
非流动资产合计	40 920	股本	60 000
		盈余公积	5 560
		未分配利润	19 440
		外币报表折算差额	–1 388
		归属于母公司所有者权益合计	83 612
		少数股东权益	7 098
		股东权益合计	90 710
资产总计	118 520	负债和股东权益总计	118 520

表 22-4　合并利润表

编制单位：智董公司　　20×7 年　　单位：万元

项　　目	合并利润表
一、营业收入	864 000
减：营业成本	698 000
管理费用	82 400
财务费用	51 600
加：投资收益	
二、营业利润	32 000
三、利润总额	32 000
减：所得税费用	11 616
四、净利润	20 384
归属于母公司所有者的净利润	18 704
少数股东损益	1 680
五、每股收益	

表 22-5 合并所有者权益变动表

编制单位：智董公司　　20×7 年　　单位：万元

	归属于母公司所有者权益			外币报表折算差额	少数股东权益	所有者权益合计
	实收资本	盈余公积	未分配利润			
一、本年年初余额	60 000	2 600	3 696		5 740	72 036
二、本年增减变动金额						
（一）净利润			18 704		1 680	20 384
（二）直接计入所有者权益的利得和损失						
其中：外币报表折算差额				–1 388	–322	–1 710
（三）利润分配						
1. 提取盈余公积		2 960	–2 960			
三、本年年末余额	60 000	5 560	19 440	–1 388	7 098	90 710

20×7 年 12 月 31 日的即期汇率为 1 美元=8 元人民币，20×7 年的平均汇率为 1 美元=8.2 元人民币，实收资本为 125 000 美元，发生日的即期汇率为 1 美元=8.3 元人民币，20×6 年 12 月 31 日的即期汇率为 1 美元=8.25 元人民币，累计盈余公积为 11 000 美元，折算为人民币 90 300 元，累计未分配利润为 20 000 美元，折算为人民币 166 000 元，贵琛公司在年末提取盈余公积 6 000 美元。

表 22-6 利润表

贵琛公司　　（20×7 年）　　单位：元

项　目	本年累计数（美元）	汇　率	折算为人民币金额
一、营业收入	105 000	8.2	861 000
减：营业成本	40 000	8.2	328 000
营业税金及附加	6 000	8.2	49 200
销售费用	8 000	8.2	65 600
管理费用	12 000	8.2	98 400
财务费用	10 000	8.2	82 000
二、营业利润	29 090		237 800
加：营业外收入	5 000	8.2	41 000
减：营业外支出	4 000	8.2	32 800
三、利润总额	30 000		246 000
减：所得税费用	10 000	8.2	82 000
四、净利润	20 000		164 000
五、每股收益	—		—

表 22-7　资产负债表

编制单位：贵琛公司　　（20×7 年 12 月 31 日）　　单位：元

资　　产	期末数（美元）	汇率	折算为人民币金额	负债和股东权益	期末数（美元）	汇率	折算为人民币金额
流动资产：				流动负债：			
货币资金	20 000	8	160 000	短期借款	10 000	8	80 000
交易性金融资产	10 000	8	80 000	应付票据	2 000	8	16 000
应收票据	8 000	8	64 000	应付账款	15 000	8	120 000
应收账款	22 000	8	176 000	应付职工薪酬	12 000	8	96 000
存货	40 000	8	320 000	应交税费	3 000	8	24 000
流动资产合计	100 000		800 000	流动负债合计	42 000		336 000
非流动资产：				非流动负债：			
固定资产	120 000	8	960 000	长期借款	12 000	8	96 000
无形资产	30 000	8	240 000	长期应付款	20 000	8	160 000
非流动资产合计	150 000		1 200 000	非流动负债合计	32 000		256 000
				所有者权益：			
				实收资本	125 000	8.3	1 037 500
				盈余公积	17 000		139 500
				未分配利润	34 000		280 800
				报表折算差额	0		–49 800
				所有者权益合计	176 000		1 408 000
资产总计	250 000		2 000 000	负债和所有者权益总计	250 000		2 000 000

在企业境外经营为其子公司的情况下，企业在编制合并财务报表时，应按少数股东在境外经营所有者权益中所享有的份额计算少数股东应分担的外币报表折算差额，并入少数股东权益列示于合并资产负债表。

母公司含有实质上构成对子公司（境外经营）净投资的外币货币性项目的情况下，在编制合并财务报表时，应分别以下两种情况编制抵消分录。

（1）实质上构成对子公司净投资的外币货币性项目以母公司或子公司的记账本位币反映，则该外币货币性项目产生的汇兑差额应转入“外币报表折算差额”。

（2）实质上构成对子公司净投资的外币货币性项目以母、子公司的记账本位币以外的货币反映，则应将母、子公司此项外币货币性项目产生的汇兑差额相互抵消，差额计入“外币报表折算差额”。

如果合并财务报表中各子公司之间也存在实质上构成对另一子公司（境外经营）净投资的外币货币性项目，在编制合并财务报表时应比照上述原则编制相应的抵消分录。

表 22-8　所有者权益变动表

20×7 年度

编制单位：贵琛公司　　　　单位：元

	实收资本			盈余公积			未分配利润		外币报表折算差额	所有者权益合计
	美元	折算汇率	人民币	美元	折算汇率	人民币	美元	人民币		人民币
一、本年年初余额	125 000	8.3	1 037 500	11 000		90 300	20 000	166 000		1 293 800
二、本年增减变动金额										
（一）净利润							20 000	164 000		164 000
（二）直接计入所有者权的利得和损失										
其中：外币报表折算差额									–49 800	–49 800
（三）利润分配										
1. 提取盈余公积				6 000	8.2	49 200	–6 000	–49 200		
三、本年年末余额	125 000	8.3	1 037 500	17 000		139 50034 000	280 800	–49 800	1 408 000	

【例 22-17】 国内智董公司（系上市公司）以人民币为记账本位币，20×7 年 1 月 3 日，以 22 960 万元人民币从美国某投资商中购入该国贵琛公司 80%的股权，从而使贵琛公司成为其子公司，贵琛公司为投资商全部以美元投资设立，其净资产在 20×7 年 1 月 3 日的公允价值等于其账面价值 3 500 万美元，贵琛公司确定的记账本位币为美元。有关资料如下：

20×7 年 1 月 3 日，智董公司的累计未分配利润为 3 696 万元人民币，累计盈余公积为 2 600 万元人民币，贵琛公司的实收资本为 3 410 万美元，折算为人民币 27 962 万元人民币，累计未分配利润为 80 万美元，折算为人民币 656 万元人民币，累积盈余公积为 10 万美元，折算为人民币 82 万元。20×7 年 4 月 1 日，为补充贵琛公司经营所需资金的需要，智董公司以长期应收款形式借给贵琛公司 500 万美元，除此之外，智董公司、贵琛公司之间未发生任何交易。有关财务资料如表 22-9、表 22-10 所示。

假定 20×7 年 1 月 3 日的即期汇率为 1 美元=8.2 元人民币，4 月 1 日的即期汇率为 1 美元=8 元人民币，12 月 31 日的即期汇率为 1 美元=7.8 元人民币，年平均汇率为 1 美元=8 元人民币。由于汇率波动不大，智董公司以平均汇率折算贵琛公司利润表。20×7 年智董公司、贵琛公司采用相同的会计期间和会计政策，经分析，智董公司借给贵琛公司的 500 万美元资金实质上构成对贵琛公司的净投资的一部分。

表 22-9　资产负债表

（20×7 年 12 月 31 日）　　单位：万元

资　　产	智董公司（人民币）	贵琛公司（美元）	负债和股东权益	智董公司（人民币）	贵琛公司（美元）
流动资产：			流动负债：		
货币资金	15 280	1 000	应付账款	9 960	750
应收账款	16 000	2 000	流动负债合计	9 960	750
存货	12 000	1 400	非流动负债：		
流动资产合计	43 280	4 400	长期借款	10 000	
非流动资产：			长期应付款	2 000	500
长期应收款	3 900		非流动负债合计	12 000	500
对子公司投资	29 680	0	股东权益：		
固定资产	30 000	1 400	实收资本	60 000	3 410
非流动资产合计	63 580	1 400	盈余公积	4 600	130
			未分配利润	20 300	1 010
			股东权益合计	84 900	4 550
资产总计	106 860	5 800	负债和股东权益总计	106 860	5 800

智董公司当年提取盈余公积 2 000 万元人民币，贵琛公司当年提取盈余公积 120 万美元，除此之外，智董公司、贵琛公司的所有者权益均未发生其他变动。

表 22-10　利润表

（20×7 年）　　　　单位：万元

项　目	智董公司（人民币）	贵琛公司（美元）
一、营业收入	800 000	8 000
减：营业成本	650 000	6 000
管理费用	80 000	300
财务费用	50 100	200
加：投资收益	6 720	0
二、营业利润	26 620	1 500
三、利润总额	26 620	1 500
减：所得税费用	8 016	450
四、净利润	18 604	1 050
五、每股收益		

（1）20×7 年 1 月 3 日，智董公司取得贵琛公司 80%的股权时，账务处理如下：

借：长期股权投资　　22 960

　贷：银行存款　　22 960

（2）20×7 年 4 月 1 日，智董公司向贵琛公司借出 500 万美元时，账务处理如下：

借：长期应收款——贵琛公司（美元）　　4 000

　贷：银行存款——美元　　4 000

（3）20×7 年 12 月 31 日，智董公司借给贵琛公司的 500 万美元因汇率变动产生的汇兑差额的账务处理如下：

借：汇兑差额　　100

　贷：长期应收款——贵琛公司（美元）　　100

（4）20×7 年 12 月 31 日，贵琛公司实现净利润 1 050 万美元时，智董公司应作如下会计分录：

借：长期股权投资　　6 720

　贷：投资收益　　6 720

相关抵消分录如下：

① 借：投资收益　　6 720

　　贷：长期股权投资　　6 720

② 借：股本　　27 962

　　年初盈余公积　　82

　　年初未分配利润　　656

　　贷：长期股权投资　　22 960

　　　少数股东权益　　5 740

③ 借：长期应付款——智董公司　　3 900

　　贷：长期应收款——贵琛公司（美元）　　3 900

④ 借：外币报表折算差额　　100

　　贷：汇兑差额　　100

⑤ 借：外币报表折算差额　　　　　　–322

　　贷：少数股东权益　　　　　　　　–322

企业选定的记账本位币不是人民币的，在按照《会计法》要求折算为人民币财务报表时，也应当按照上述规定进行折算。

2．处于恶性通货膨胀经济中的境外经营的财务报表的折算

企业对处于恶性通货膨胀经济中的境外经营的财务报表，应当按照下列规定进行折算。

对资产负债表项目运用一般物价指数予以重述，对利润表项目运用一般物价指数变动予以重述，再按照最近资产负债表日的即期汇率进行折算。

在境外经营不再处于恶性通货膨胀经济中时，应当停止重述，按照停止之日的价格水平重述的财务报表进行折算。

《企业会计准则第 19 号——外币折算》第十三条规定了处于恶性通货膨胀经济中的境外经营的财务报表的折算。恶性通货膨胀经济通常按照以下特征进行判断：

（1）最近 3 年累计通货膨胀率接近或超过 100%。

（2）利率、工资和物价与物价指数挂钩。

（3）公众不是以当地货币、而是以相对稳定的外币为单位作为衡量货币金额的基础。

（4）公众倾向于以非货币性资产或相对稳定的外币来保存自己的财富，持有的当地货币立即用于投资以保持购买力。

（5）即使信用期限很短，赊销、赊购交易仍按补偿信用期预计购买力损失的价格成交。

3．处置境外经营时的折算

企业在处置境外经营时，应当将资产负债表中所有者权益项目下列示的、与该境外经营相关的外币财务报表折算差额，自所有者权益项目转入处置当期损益；部分处置境外经营的，应当按处置的比例计算处置部分的外币财务报表折算差额，转入处置当期损益。

4．记账本位币不是人民币的，财务报表的折算

企业选定的记账本位币不是人民币的，应当按照《企业会计准则第 19 号——外币折算》第十二条规定将其财务报表折算为人民币财务报表。

22.5　附注披露

企业应当在附注中披露与外币折算有关的下列信息：

（1）企业及其境外经营选定的记账本位币及选定的原因，记账本位币发生变更的，说明变更理由。

（2）采用近似汇率的，近似汇率的确定方法。

（3）计入当期损益的汇兑差额。

（4）处置境外经营对外币财务报表折算差额的影响。

第 23 章

企业合并

23.1 企业合并会计概述

企业合并是指将两个或者两个以上单独的企业合并形成一个报告主体的交易或事项。

1. 企业合并包括的范围

从其包括的范围上讲，企业合并不仅包括企业与企业之间的合并，而且包括一个企业对另一个企业业务的合并。企业与企业之间的合并是大家所熟知的，但一个企业合并另一个企业某项业务的企业合并还没为人所熟知。事实上，我国已经出现了一个企业对另一个企业业务的合并事项，如联想集团合并了 IBM 公司的个人电脑业务。

2. 企业合并的方式

（1）控股合并。合并方（或购买方）在企业合并中取得对被合并方（或被购买方）的控制权，被合并方（或被购买方）在合并后仍保持其独立的法人资格并继续经营，合并方（或购买方）确认企业合并形成的对被合并方（或被购买方）的投资。

（2）吸收合并。合并方（或购买方）通过企业合并取得被合并方（或被购买方）的全部净资产，合并后注销被合并方（或被购买方）的法人资格，被合并方（或被购买方）原持有的资产、负债，在合并后成为合并方（或购买方）的资产、负债。

（3）新设合并。参与合并的各方在合并后法人资格均被注销，重新注册成立一家新的企业。

3. 合并日或购买日的确定

企业应当在合并日或购买日确认因企业合并取得的资产、负债。

按照《企业会计准则第 20 号——企业合并》第五条和第十条规定，合并日或购买日是指合并方或购买方实际取得对被合并方或被购买方控制权的日期，即被合并方或被购买方的净资产或生产经营决策的控制权转移给合并方或购买方的日期。

同时满足下列条件的，通常可认为实现了控制权的转移。

（1）企业合并合同或协议已获股东大会等通过。

（2）企业合并事项需要经过国家有关主管部门审批的，已获得批准。

（3）参与合并各方已办理了必要的财产权转移手续。

（4）合并方或购买方已支付了合并价款的大部分（一般应超过 50%），并且有能力、有计划支付剩余款项。

（5）合并方或购买方实际上已经控制了被合并方或被购买方的财务和经营政策，并享有相应的利益、承担相应的风险。

4. 企业合并的分类

企业合并分为同一控制下的企业合并和非同一控制下的企业合并。

（1）同一控制下的企业合并。参与合并的企业在合并前后均受同一方或相同的多方最终控制且该控制并非暂时性的，为同一控制下的企业合并。

同一方是指对参与合并的企业在合并前后均实施最终控制的投资者。

相同的多方通常是指根据投资者之间的协议约定，在对被投资单位的生产经营决策行使表决权时发表一致意见的两个或两个以上的投资者。

控制并非暂时性是指参与合并的各方在合并前后较长的时间内受同一方或相同的多方最终控制。较长的时间通常指 1 年以上（含 1 年）。

同一控制下企业合并的判断，应当遵循实质重于形式要求。

（2）非同一控制下的企业合并。参与合并的各方在合并前后不受同一方或相同的多方最终控制的，为非同一控制下的企业合并。

非同一控制下的企业合并，在购买日取得对其他参与合并企业控制权的一方为购买方，参与合并的其他企业为被购买方。

购买日是指购买方实际取得对被购买方控制权的日期。

非同一控制下的企业合并有两个特点：第一，参与合并的各方不受同一方或相同的多方控制，企业合并大多是出自企业自愿的行为；第二，交易过程中各方出于自身的利益的考虑会进行激烈的讨价还价，交易以公允价值为基础，作价相对公平合理。

国际财务报告准则和美国财务会计准则，均不包括同一控制下的企业合并。由于我国目前产权交易市场不很成熟，公允价值难于取得，实际工作中出现的绝大部分合并实例为同一控制下的企业合并。比如，在一个企业集团内部的企业合并或在同一所有者控制下的企业合并等。《企业会计准则第 20 号——企业合并》如不规范同一控制下的企业合并，将无法解决我国现实中的企业合并问题。因此，在充分考虑我国实际情况的基础上，将同一控制下的企业合并纳入《企业会计准则第 20 号——企业合并》的范围，明确规定同一控制下的企业合并应当以账面价值为基础进行会计处理，但在合并财务报表中，要求对被合并企业的财务状况和经营成果予以充分披露。与此同时，《企业会计准则第 20 号——企业合并》也规定了非控制下的企业合并，即如果企业合并不受他方控制的情况下，买卖双方的公允价值能够取得，应当采用公允价值为基础进行会计处理。具体处理方法与《国际财务报告准则第 3 号——企业合并》是一致的。

（3）同一控制与非同一控制的判断。

1）同一控制下的企业合并。《企业会计准则第 20 号——企业合并》第五条规定，参与合并的企业在合并前后均受同一方或相同的多方最终控制且该控制并非暂时性的，为同一控制下的企业合并。

实施最终控制的一方，通常是指企业集团中的母公司或者有关主管单位。实施最终控制的一方为有关主管单位的，企业合并是指在某一主管单位主导下进行的合并，但如果有关主管单位并未参与企业合并过程中具体商业条款的制定，如并未参与合并定价、合并方式及其他涉及企业合并的具体安排等，不属于同一控制下的企业合并。

相同的多方，是指根据投资者之间的协议约定，为扩大其中某一投资者对被投资单位股份的控制比例，或者巩固某一投资者对被投资单位的控制地位，在对被投资单位的生产经营决策行使表决权时发表相同意见的两个或两个以上的法人或其他组织。

控制并非暂时性，是指参与合并各方在合并前后较长的时间内受同一方或多方控制，控制时间通常在 1 年以上（含 1 年）。

一方或相同的多方控制下的企业合并，合并双方的合并行为不完全是自愿进行和完成的，这种企业合并不属于交易行为，而是参与合并各方资产和负债的重新组合。

2）非同一控制下的企业合并。《企业会计准则第 20 号——企业合并》第十条规定，参与合并的各方在合并前后不受同一方或相同的多方最终控制的，为非同一控制下的企业合并。

相对于同一控制下的企业合并而言，非同一控制下的企业合并是合并各方自愿进行的交易行为，作为一种公平的交易，应当以公允价值为基础进行计量。

5. 不同合并方式下的会计处理

（1）在控股合并方式下，不论是同一控制下的企业合并或者非同一控制下的企业合并，在合并方（或购买方）的个别财务报表中，均体现为母公司（合并方或购买方）对子公司（被合并方或被购买方）的长期股权投资。

1）企业合并形成长期股权投资的初始投资成本。

① 同一控制下的控股合并，合并方在合并中形成的长期股权投资，应当以合并日取得被合并方账面所有者权益的份额作为其初始投资成本。合并方确认的初始投资成本与其付出合并对价账面价值的差额，应当调整资本公积；资本公积不足的，调整盈余公积和未分配利润。进行上述处理后，在合并日的合并财务报表中，对于被合并方在合并日以前实现的留存收益中归属于合并方的部分，应根据不同情况进行适当的调整，自资本公积转入留存收益。

② 非同一控制下的企业合并，购买方应以付出的资产、发生或承担的负债以及发行的权益性证券的公允价值加上为企业合并发生的各项直接相关费用之和，作为合并中形成的长期股权投资的初始投资成本。其中，作为合并对价付出净资产的公允价值与其账面价值的差额，应作为资产处置损益计入合并当期损益。

2）合并日或购买日的确定。按照《企业会计准则第 20 号——企业合并》第五条规定，合并日是指合并方实际取得对被合并方控制权的日期。即：被合并方净资产或生产经营决策的控制权转移给合并方的日期。

同时满足以下条件的，可认定为实现了控制权的转移。

① 企业合并协议已获股东大会通过。

② 企业合并事项需要经过国家有关部门实质性审批的，已取得有关主管部门的批准。

③ 参与合并各方已办理了必要的财产交接手续。

④ 合并方或购买方已支付了合并价款的大部分（一般应超过 50%），并且有能力支付剩余款项。

⑤ 合并方或购买方实际上已经控制了被合并方或被购买方的财务和经营政策，并享有相应的利益及承担风险。

非同一控制下企业合并中的购买日，也应按照上述规定的条件确定。

3）合并日或购买日编制合并财务报表。合并方或购买方可以编制合并日或购买日的合并财务报表，为合并当期期末及以后期间编制合并财务报表提供基础。

① 同一控制下的控股合并，本质上是两个独立的企业或业务的整合，合并后主体视同在以前期间一直存在，母公司一般应编制合并日的合并财务报表，包括合并资产负债表、合并利

润表及合并现金流量表。在合并利润表中，对于被合并方自合并当期期初至合并日实现的净利润，应当在“净利润”下单列“其中：被合并方在合并前实现的净利润”项目反映。合并当期资产负债表日，编制比较报表时，合并方应对比较报表有关项目的期初数进行调整，视同合并后主体在以前期间一直存在。

② 非同一控制下的控股合并，本质上属于一次或多次完成的交易。被购买方在合并前实现的净利润已经包含在企业合并成本中，母公司在购买日可以编制合并资产负债表，不编制合并利润表和合并现金流量表。购买日的合并资产负债表反映购买方自购买日起能够控制的经济资源，其中对于被购买方有关资产、负债应当按照合并中确定的公允价值列示，合并成本大于合并中取得的各项可辨认资产、负债公允价值份额的差额，确认为合并资产负债表中的商誉。企业合并成本小于合并中取得的各项可辨认资产、负债公允价值份额的差额，在合并资产负债表中调整盈余公积和未分配利润。

非同一控制下的控股合并，购买方应自购买日起设置备查簿，登记其在购买日取得的被购买方可辨认资产、负债的公允价值，为以后期间核算及合并财务报表的编制提供基础资料。

（2）在吸收合并和新设合并方式下，属于同一控制下的企业合并，合并方在合并日对合并中取得的被合并方资产、负债应按其原账面价值计量，支付的合并对价账面价值与取得净资产账面价值之间的差额，调整资本公积和留存收益。对于被合并方在合并前实现的留存收益中属于合并方的部分，应视情况进行调整，自资本公积转入留存收益；属于非同一控制下的企业合并，购买方在购买日对合并中取得的各项可辨认资产、负债应按其公允价值计量，合并成本与合并中取得的可辨认净资产公允价值的差额，按照上述关于非同一控制下控股合并的相关规定处理。

6. 业务合并的处理

除了一个企业对另外一个企业的合并外，《企业会计准则第 20 号——企业合并》第三条规定，涉及业务的合并比照《企业会计准则第 20 号——企业合并》规定处理，即：应当区分同一控制下的业务合并与非同一控制下的业务合并进行处理。

业务是指企业内部某些生产经营活动或资产的组合，该组合一般具有投入、加工处理过程和产出能力，能够独立计算其成本费用或所产生的收入，但不构成独立法人资格的部分，如企业的分公司、独立的生产车间、不具有独立法人资格的分部等。

一个企业对另一企业某分公司、分部或具有独立生产能力的生产车间的并购均属于业务合并。

23.2 同一控制下的企业合并

同一控制下的企业合并，是从合并方出发，确定合并方在合并日对于企业合并事项应进行的会计处理。主要包括确定合并方和合并日、确定企业合并成本、确定合并中取得有关资产、负债的入账价值及合并差额的处理。

同一控制下企业合并的合并方及合并日的确定，与关于非同一控制下企业合并中购买方及购买日的确定原则相同，具体参见本章关于非同一控制下企业合并部分的介绍。

1. 同一控制下企业合并的处理原则

对于同一控制下的企业合并，《企业会计准则第 20 号——企业合并》中规定的会计处理方法类似于权益结合法。该方法下，是将企业合并看作两个或多个参与合并企业权益的重新整合，由于最终控制方的存在，从最终控制方的角度，该类企业合并一定程度上并不会造成构成企业集团整体的经济利益流入和流出，最终控制方在合并前后实际控制的经济资源并没有发生变化，有关交易事项不作为出售或购买。

对于同一控制下的企业合并，在合并中不涉及自少数股东手中购买股权的情况下，合并方应遵循以下原则进行相关的处理。

（1）合并方在合并中确认取得的被合并方的资产、负债仅限于被合并方账面上原已确认的资产和负债，合并中不产生新的资产和负债。

同一控制下的企业合并，从最终控制方的角度，其在企业合并发生前后能够控制的净资产价值量并没有发生变化，因此即便是在合并过程中，取得的净资产入账价值与支付的合并对价账面价值之间存在差额，同一控制下的企业合并中一般也不产生新的商誉因素，即不确认新的资产，但被合并方在企业合并前账面上原已确认的商誉应作为合并中取得的资产确认。

（2）合并方在合并中取得的被合并方各项资产、负债应维持其在被合并方的原账面价值不变。

被合并方在企业合并前采用的会计政策与合并方不一致的，应基于重要性原则，首先统一会计政策，即合并方应当按照本企业会计政策对被合并方资产、负债的账面价值进行调整，并以调整后的账面价值作为有关资产、负债的入账价值。进行上述调整的一个基本原因是将该项合并中涉及的合并方及被合并方作为一个整体对待，对于一个完整的会计主体，其对相关交易、事项应当采用相对统一的会计政策，在此基础上反映其财务状况和经营成果。

（3）合并方在合并中取得的净资产的入账价值相对于为进行企业合并支付的对价账面价值之间的差额，不作为资产的处置损益，不影响企业合并当期的利润表，有关差额应调整所有者权益相关项目。

同一控制下的企业合并，本质上不作为购买，而是两个或多个会计主体权益的整合。合并方在企业合并中取得的价值量相对于所放弃价值量之间存在差额的，应当调整所有者权益。在根据合并差额调整合并方的所有者权益时，应首先调整资本公积（资本溢价或股本溢价），资本公积（资本溢价或股本溢价）的余额不足冲减的，应冲减留存收益。

（4）对于同一控制下的控股合并，应视同合并后形成的报告主体自最终控制方开始实施控制时一直是一体化存续下来的，体现在其合并财务报表上，即由合并后形成的母子公司构成的报告主体，无论是其资产规模还是其经营成果都应持续计算。

编制合并财务报表时，无论该项合并发生在报告期的哪一时点，合并利润表、合并现金流量表均反映的是由母子公司构成的报告主体自合并当期期初至合并日实现的损益及现金流量情况，相应地，合并资产负债表的留存收益项目，应当反映母子公司如果一直作为一个整体运行至合并日应实现的盈余公积和未分配利润的情况。

对于同一控制下的控股合并，在合并当期编制合并财务报表时，应当对合并资产负债表的期初数进行调整，同时应当对比较报表的相关项目进行调整，视同合并后的报告主体在以前期间一直存在。

2. 同一控制下企业合并的会计处理

同一控制下的企业合并，视合并方式不同，应当分别按照以下规定进行会计处理。

（1）同一控制下的控股合并。同一控制下的控股合并中，合并方在合并日涉及两个方面的问题：一是对于因该项企业合并形成的对被合并方的长期股权投资的确认和计量；二是合并日合并财务报表的编制。

1）长期股权投资的确认和计量。按照《企业会计准则第 2 号——长期股权投资》的规定，同一控制下企业合并形成的长期股权投资，合并方应以合并日应享有被合并方账面所有者权益的份额作为形成长期股权投资的初始投资成本。

2）合并日合并财务报表的编制。同一控制下的企业合并形成母子公司关系的，合并方一般应在合并日编制合并财务报表，反映于合并日形成的报告主体的财务状况、视同该主体一直存在产生的经营成果等。考虑有关因素的影响，编制合并日的合并财务报表存在困难的，下列有关原则同样适用于合并当期期末合并财务报表的编制。

编制合并日的合并财务报表时，一般包括合并资产负债表、合并利润表及合并现金流量表。

① 合并资产负债表。

- 会计政策的调整（统一）。被合并方的有关资产、负债应以其账面价值并入合并财务报表（合并方与被合并方采用的会计政策不同的，指按照合并方的会计政策，对被合并方有关资产、负债进行调整后的账面价值）。
- 在合并日及以前期间发生内部交易的抵消。合并方与被合并方在合并日及以前期间发生的交易，应作为内部交易，按照 合并财务报表的原则进行抵消。
- 对被合并方在合并前实现的留存收益中归属于合并方的部分的处理。在合并资产负债表中，对于被合并方在企业合并前实现的留存收益（盈余公积和未分配利润之和）中归属于合并方的部分，应按以下规定，自合并方的资本公积转入留存收益：

第一，合并方账面资本公积（资本溢价或股本溢价）贷方余额 > 被合并方在合并前实现的留存收益中归属于合并方的部分。

确认企业合并形成的长期股权投资后，合并方账面资本公积（资本溢价或股本溢价）贷方余额大于被合并方在合并前实现的留存收益中归属于合并方的部分，在合并资产负债表中，应将被合并方在合并前实现的留存收益中归属于合并方的部分自“资本公积”转入“盈余公积”和“未分配利润”。在合并工作底稿中，借记“资本公积”项目，贷记“盈余公积”和“未分配利润”项目。

第二，合并方账面资本公积（资本溢价或股本溢价）贷方余额 < 被合并方在合并前实现的留存收益中归属于合并方的部分。

确认企业合并形成的长期股权投资后，合并方账面资本公积（资本溢价或股本溢价）贷方余额小于被合并方在合并前实现的留存收益中归属于合并方的部分的，在合并资产负债表中，应以合并方资本公积（资本溢价或股本溢价）的贷方余额为限，将被合并方在企业合并前实现的留存收益中归属于合并方的部分自“资本公积”转入“盈余公积”和“未分配利润”。在合并工作底稿中，借记“资本公积”项目，贷记“盈余公积”和“未分配利润”项目。

因合并方的资本公积（资本溢价或股本溢价）余额不足，被合并方在合并前实现的留存收益中归属于合并方的部分在合并资产负债表中未予全额恢复的，合并方应当在会计报表附注中对这一情况进行说明，包括被合并方在合并前实现的留存收益金额、归属于本企业的金额及因资本公积余额不足在合并资产负债表中未转入留存收益的金额等。

【例 23-1】 智董公司、贵琛公司分别为更生公司控制下的两家子公司。智董公司于 20×6 年 3 月 10 日自母公司更生公司处取得贵琛公司 100%的股权，合并后贵琛公司仍维持其独立法人资格继续经营。为进行该项企业合并，智董公司发行了 600 万股本公司普通股（每股面值 1 元）作为对价。假定智董公司、贵琛公司采用的会计政策相同。合并日，智董公司及贵琛公司的所有者权益构成如表 23-1 所示。

表 23-1 智董公司及贵琛公司的所有者权益构成 单位：元

智董公司		贵琛公司	
项　目	金　额	项　目	金　额
股本	36 000 000	股本	6 000 000
资本公积	10 000 000	资本公积	2 000 000
盈余公积	8 000 000	盈余公积	4 000 000
未分配利润	20 000 000	未分配利润	8 000 000
合　计	74 000 000	合　计	20 000 000

智董公司在合并日应进行的账务处理如下：

借：长期股权投资　20 000 000
　贷：股本　6 000 000
　　资本公积——股本溢价　14 000 000

进行上述处理后，智董公司在合并日编制合并资产负债表时，对于企业合并前贵琛公司实现的留存收益中归属于合并方的部分（1 200 万元）应自资本公积（资本溢价或股本溢价）转入留存收益。本例中智董公司在确认对贵琛公司的长期股权投资以后。其资本公积的账面余额为 2 400 万元（1 000 万+1 400 万），假定其中资本溢价或股本溢价的金额为 1 800 万元。在合并工作底稿中，应编制以下调整分录：

借：资本公积　12 000 000
　贷：盈余公积　4 000 000
　　未分配利润　8 000 000

【例 23-2】 智董公司以一项账面价值为 280 万元的固定资产（原价 400 万元，累计折旧 120 万元）和一项账面价值为 320 万元的无形资产为对价取得同一集团内另一家全资企业贵琛公司 100%的股权。合并日，智董公司和贵琛公司所有者权益构成如表 23-2 所示。

表 23-2 智董公司和贵琛公司所有者权益构成 单位：元

智董公司		贵琛公司	
项　目	金　额	项　目	金　额
股本	36 000 000	股本	2 000 000
资本公积	1 000 000	资本公积	2 000 000
盈余公积	8 000 000	盈余公积	3 000 000
未分配利润	20 000 000	未分配利润	3 000 000
合　计	65 000 000	合　计	10 000 000

智董公司在合并日应确认对贵琛公司的长期股权投资，进行以下账务处理：

借：长期股权投资　10 000 000
　　累计折旧　1 200 000
　贷：固定资产　4 000 000
　　无形资产　3 200 000
　　资本公积　4 000 000

进行上述处理后，智董公司资本公积账面余额为 500 万元（100 万元+400 万元），假定全部属于资本溢价或股本溢价，小于贵琛公司在合并前实现的留存收益中归属于智董公司的部分，智董公司编制合并财务报表时，应以账面资本公积（资本溢价或股本溢价）的余额为限，将贵琛公司在合并前实现的留存收益中归属于智董公司的部分相应转入留存收益。合并工作底稿中的调整分录如下：

借：资本公积　　5 000 000

　贷：盈余公积（5 000 000÷6 000 000×3 000 000）　　2 500 000

　　　未分配利润（5 000 000÷6 000 000×3 000 000）　　2 500 000

② 合并利润表。

第一，合并方在编制合并日的合并利润表时，应包含合并方及被合并方自合并当期期初至合并日实现的净利润。例如，同一控制下的企业合并发生于 20×6 年 3 月 31 日，合并方当日编制合并利润表时，应包括合并方及被合并方自 20×6 年 1 月 1 日至 20×6 年 3 月 31 日实现的净利润。

为了帮助企业的会计信息使用者了解合并利润表中净利润的构成，发生同一控制下企业合并的当期，合并方在合并利润表中的“净利润”项下应单列“其中：被合并方在合并前实现的净利润”项目，反映因准则中的同一控制下企业合并规定的编表原则，导致由于该项企业合并在合并当期自被合并方带入的损益。

第二，双方在当期发生的交易，应当按照合并财务报表的有关原则进行抵消。

③ 合并现金流量表。

- 合并方在编制合并日的合并现金流量表时，应包含合并方及被合并方自合并当期期初至合并日产生的现金流量。
- 涉及双方当期发生内部交易产生的现金流量，应按照《企业会计准则第 33 号——合并财务报表》规定的有关原则进行抵消。

【例 23-3】 20×6 年 6 月 30 日，更生公司向怡平公司的股东定向增发 1 000 万股普通股（每股面值为 1 元）对怡平公司进行合并，并于当日取得对怡平公司 100%的股权。参与合并企业在 20×6 年 6 月 30 日企业合并前，有关资产、负债情况如表 23-3 所示。

表 23-3　资产负债表（简表）

20×6 年 6 月 30 日　　单位：元

项　目	更生公司		怡平公司	
	账面价值		账面价值	公允价值
资产：				
货币资金	17 250 000		1 800 000	1 800 000
应收账款	12 000 000		8 000 000	8 000 000
存货	24 800 000		1 020 000	1 800 000
长期股权投资	20 000 000		8 600 000	15 200 000
固定资产	28 000 000		12 000 000	22 000 000
无形资产	18 000 000		2 000 000	6 000 000
商誉	0		0	0
资产总计	120 050 000		33 420 000	54 800 000

续表

项目	更生公司		怡平公司	
	账面价值		账面价值	公允价值
负债和所有者权益：				
短期借款	10 000 000		9 000 000	9 000 000
应付账款	15 000 000		1 200 000	1 200 000
其他负债	1 500 000		1 200 000	1 200 000
负债合计	26 500 000		11 400 000	11 400 000
实收资本（股本）	30 000 000		10 000 000	
资本公积	20 000 000		6 000 000	
盈余公积	20 000 000		2 000 000	
未分配利润	23 550 000		4 020 000	
所有者权益合计	93 550 000		22 020 000	43 400 000
负债和所有者权益总计	12 005 000		33 420 000	

更生公司及怡平公司 20×6 年 1 月 1 日至 6 月 30 日的利润表如表 23-4 所示。

表 23-4 利润表（简表）

20×6 年 1 月 1 日至 6 月 30 日　　单位：元

项目	更生公司	怡平公司
一、营业收入	42 500 000	12 000 000
减：营业成本	33 800 000	9 550 000
营业税金及附加	200 000	50 000
销售费用	600 000	200 000
管理费用	1 500 000	500 000
财务费用	400 000	350 000
加：投资收益	300 000	100 000
二、营业利润	6 300 000	1 450 000
加：营业外收入	500 000	450 000
减：营业外支出	450 000	550 000
三、利润总额	6 350 000	1 350 000
减：所得税费用	2 100 000	400 000
四、净利润	4 250 000	950 000

本例中假定更生公司和怡平公司为同一集团内两个全资子公司，合并前其共同的母公司为智董公司。该项合并中参与合并的企业在合并前及合并后均为智董公司最终控制，为同一控制下的企业合并。自 20×6 年 6 月 30 日开始，更生公司能够对怡平公司的净资产实施控制，该日即为合并日。

（1）更生公司对该项合并进行账务处理时：

借：长期股权投资　　22 020 000

贷：股本　　10 000 000

资本公积　　12 020 000

（2）假定更生公司与怡平公司在合并前未发生任何交易，则更生公司在编制合并日的合并财务报表（见表 23-5）时：

抵消分录：

借：实收资本　　10 000 000

资本公积　　6 000 000

盈余公积　　2 000 000

未分配利润　　4 020 000

贷：长期股权投资　　22 020 000

将被合并方在企业合并前实现的留存收益中归属于合并方的部分，自资本公积（假定资本公积中“资本溢价或股本溢价”的金额为 3 000 万元）转入留存收益，合并调整分录如下：

借：资本公积　　6 020 000

贷：盈余公积　　2 000 000

未分配利润　　4 020 000

表 23-5　合并资产负债表（简表）

20×6 年 6 月 30 日

单位：元

	更生公司	怡平公司	抵消分录		合并金额
			借　方	贷　方	
资产：					
货币资金	17 250 000	1 800 000			19 050 000
应收账款	12 000 000	8 000 000			20 000 000
存货	24 800 000	1 020 000			25 820 000
长期股权投资	42 020 000	8 600 000		22 020 000	28 600 000
固定资产	28 000 000	12 000 000			40 000 000
无形资产	18 000 000	2 000 000			20 000 000
商誉	0	0			
资产总计	142 070 000	33 420 000		22 020 000	153 470 000
负债和所有者权益：					
短期借款	10 000 000	9 000 000			19 000 000
应付账款	15 000 000	1 200 000			16 200 000
其他负债	1 500 000	1 200 000			2 700 000
负债合计	26 500 000	11 400 000			37 900 000
实收资本（股本）	40 000 000	10 000 000	10 000 000		40 000 000
资本公积	32 020 000	6 000 000	12 020 000		26 000 000
盈余公积	20 000 000	2 000 000	0		22 000 000
未分配利润	23 550 000	4 020 000	0		27 570 000
所有者权益合计	115 570 000	22 020 000	22 020 000		115 570 000
负债和所有者权益总计	142 070 000	33 420 000			153 470 000

③ 合并利润表（简表）如表 23-6 所示。

表 23-6　合并利润表（简表）

20×6 年 1 月 1 日至 6 月 30 日　　单位：元

项　目	更生公司	怡平公司	抵消分录		合并金额
			借	贷	
一、营业收入	42 500 000	12 000 000			54 500 000
减：营业成本	33 800 000	9 550 000			43 350 000
营业税金及附加	200 000	50 000			250 000
销售费用	600 000	200 000			800 000
管理费用	1 500 000	500 000			2 000 000
财务费用	400 000	350 000			750 000
加：投资收益	300 000	100 000			400 000
二、营业利润	6 300 000	1 450 000			7750 000
加：营业外收入	500 000	450 000			950 000
减：营业外支出	450 000	550 000			1 000 000
三、利润总额	6 350 000	1 350 000			7 700 000
减：所得税费用	2 100 000	400 000			2 500 000
四、净利润	4 250 000	950 000			5 200 000
其中：被合并方在合并前实现利润					950 000

合并现金流量表略。

④ 比较报表的编制。同一控制下的企业合并，在编制合并当期期末的比较报表时，应视同参与合并各方在最终控制方开始实施控制时即以目前的状态存在。提供比较报表时，应对前期比较报表进行调整。

因企业合并实际发生在当期，以前期间合并方账面上并不存在对被合并方的长期股权投资，在编制比较报表时，应将被合并方的有关资产、负债并入后，因合并而增加的净资产在比较报表中调整所有者权益项下的资本公积（资本溢价或股本溢价）。

【例 23-4】 沿用例 23-3 中有关资料，更生公司和怡平公司在 20×5 年 12 月 31 日的个别资产负债表及个别利润表如表 23-7 和 23-8 所示。假定更生公司与怡平公司在 20×5 年未发生内部交易。

表 23-7　资产负债表（简表）

20×5 年 12 月 31 日　　单位：元

项　目	更生公司	怡平公司
	账面价值	账面价值
资产：		
货币资金	12 000 000	2 000 000
应收账款	5 700 000	860 000
存货	24 000 000	5 110 000
长期股权投资	20 000 000	8 400 000

续表

项　　目	更生公司	怡平公司
	账面价值	账面价值
固定资产	30 000 000	12 400 000
无形资产	21 600 000	2 400 000
商誉	0	0
资产总计	113 300 000	31 170 000
负债和所有者权益：		
短期借款	8 000 000	8 000 000
应付账款	14 000 000	1 000 000
其他负债	2 000 000	1 100 000
负债合计	24 000 000	10 100 000
实收资本	30 000 000	10 000 000
资本公积	20 000 000	6 000 000
盈余公积	19 200 000	1 920 000
未分配利润	20 100 000	3 150 000
所有者权益合计	89 300 000	21 070 000
负债和所有者权益总计	113 300 000	31 170 000

更生公司及怡平公司20×5年1月1日至12月31日的利润表如表23-8所示。

表23-8　利润表（简表）

20×5年1月1日至12月31日　　　　单位：元

项　　目	更生公司	怡平公司
一、营业收入	86 000 000	11 000 000
减：营业成本	71 900 000	9 860 000
营业税金及附加	300 000	20 000
销售费用	800 000	150 000
管理费用	1 200 000	300 000
财务费用	600 000	50 000
加：投资收益	400 000	200 000
二、营业利润	11 600 000	820 000
加：营业外收入	1 000 000	600 000
减：营业外支出	400 000	300 000
三、利润总额	12 200 000	1 120 000
减：所得税费用	4 200 000	320 000
四、净利润	8 000 000	800 000

本例中更生公司在编制20×6年比较报表时，视同该项合并在以前期间即已发生。将被合并方的有关资产、负债在抵消内部交易的影响后并入合并财务报表，同时增加合并资产负债表中所有者权益项下的资本公积。在合并工作底稿中应做以下调整：

（1）借：实收资本　　　　　　　　　　10 000 000
　　　　资本公积　　　　　　　　　　6 000 000
　　　　盈余公积　　　　　　　　　　1 920 000
　　　　未分配利润　　　　　　　　　3 150 000
　　贷：资本公积　　　　　　　　　　　　　　21 070 000

同时，对于怡平公司在20×5年以前实现的留存收益中归属于更生公司的部分，在合并工作底稿中应自资本公积转入留存收益。

（2）借：资本公积　　　　　　　　　　5 070 000
　　贷：盈余公积　　　　　　　　　　　　　　1 920 000
　　　　未分配利润　　　　　　　　　　　　　3 150 000

其20×6年合并财务报表中，合并资产负债表及合并利润表的编制如表23-9和表23-10所示。

表 23-9　合并资产负债表（简表）

20×5 年 12 月 31 日　　　　单位：元

项　目	更生公司	怡平公司	调整或抵消分录		合并金额
	账面价值	账面价值	借　方	贷　方	
资产：					
货币资金	12 000 000	2 000 000			14 000 000
应收账款	5 700 000	860 000			6 560 000
存货	24 000 000	5 110 000			29 110 000
长期股权投资	20 000 000	8 400 000			28 400 000
固定资产	30 000 000	12 400 000			42 400 000
无形资产	21 600 000	2 400 000			24 000 000
商誉	0	0			
资产总计	113 300 000	31 170 000			144 470 000
负债和所有者权益：					
短期借款	8 000 000	8 000 000			16 000 000
应付账款	14 000 000	1 000 000			15 000 000
其他负债	2 000 000	1 100 000			3 100 000
负债合计	24 000 000	10 100 000			34 100 000
实收资本	30 000 000	10 000 000	①10 000 000		30 000 000
资本公积	20 000 000	6 000 000	①6 000 000 ②5 070 000	①21 070 000	36 000 000
盈余公积	19 200 000	1 920 000	①1 920 000	②1 920 000	21 120 000
未分配利润	20 100 000	3 150 000	①3 150 000	②3 150 000	23 250 000
所有者权益合计	89 300 000	21 070 000			110 370 000
负债和所有者权益总计	113 300 000	31 170 000			144 470 000

表 23-10　合并利润表（简表）

20×5 年 1 月 1 日至 12 月 31 日　　单位：元

项　　目	更生公司	怡平公司	调整或抵消分录		合并金额
	账面价值	账面价值	借　方	贷　方	
一、营业收入	86 000 000	11 000 000			97 000 000
减：营业成本	71 900 000	9 860 000			81 760 000
营业税金及附加	300 000	20 000			320 000
销售费用	800 000	150 000			950 000
管理费用	1 200 000	300 000			1 500 000
财务费用	600 000	50 000			650 000
加：投资收益	400 000	200 000			600 000
二、营业利润	11 600 000	820 000			12 420 000
加：营业外收入	1 000 000	600 000			1 600 000
减：营业外支出	400 000	300 000			700 000
三、利润总额	12 200 000	1 120 000			13 320 000
减：所得税费用	4 200 000	320 000			4 520 000
四、净利润	8 000 000	800 000			8 800 000

【例 23-5】　沿用例 23-3 有关资料。更生公司和怡平公司在 20×5 年 12 月 31 日的个别资产负债表及个别利润表见例 23-4 中有关资料。假定更生公司在取得怡平公司股权时，所支付的合并对价为账面价值是 1 800 万元的无形资产，合并中除该项无形资产外，未支付其他对价。更生公司与怡平公司在合并前未发生任何交易。

本例中，更生公司在编制 20×6 年合并财务报表时，比较报表的编制与例 23-4 相同。

（2）同一控制下的吸收合并。同一控制下的吸收合并中，合并方主要涉及合并日取得被合并方资产、负债入账价值的确定，以及合并中取得有关净资产的入账价值与支付的合并对价账面价值之间差额的处理。

1）合并中取得资产、负债入账价值的确定。合并方对同一控制下吸收合并中取得的资产、负债应当按照相关资产、负债在被合并方的原账面价值入账。

应予注意的是，合并方与被合并方在企业合并前采用的会计政策不同的，首先应基于重要性原则，统一被合并方的会计政策，即应当按照合并方的会计政策对被合并方的有关资产、负债的账面价值进行调整，以调整后的账面价值确认。

2）合并差额的处理。合并方在确认了合并中取得的被合并方的资产和负债后，以发行权益性证券方式进行的该类合并，所确认的净资产入账价值与发行股份面值总额的差额，应记入资本公积（资本溢价或股本溢价），资本公积（资本溢价或股本溢价）的余额不足冲减的，相应冲减盈余公积和未分配利润；以支付现金、非现金资产方式进行的该类合并，所确认的净资产入账价值与支付的现金、非现金资产账面价值的差额，相应调整资本公积（资本溢价或股本溢价），资本公积（资本溢价或股本溢价）的余额不足冲减的，应冲减盈余公积和未分配利润。

【例 23-6】　沿用例 23-3 有关资料。20×6 年 6 月 30 日，更生公司向怡平公司的股东定向增发 1 000 万股普通股（每股面值为 1 元，市价为 4.34 元）对怡平公司进行吸收合并，并于当日取得怡平公司净资产。

本例中假定更生公司和怡平公司为同一集团内两家全资子公司，合并前其共同的母公司为智董公司。该项合并中参与合并的企业在合并前及合并后均为智董公司最终控制，为同一控制下的企业合并。自 20×6 年 6 月 30 日开始，更生公司能够对怡平公司的净资产实施控制，该日即为合并日。

因合并后怡平公司失去其法人资格，更生公司应确认合并中取得的怡平公司的各项资产和负债，假定更生公司与怡平公司在合并前采用的会计政策相同。更生公司对该项合并应进行的会计处理如下：

借：货币资金	1 800 000	
库存商品（存货）	1 020 000	
应收账款	8 000 000	
长期股权投资	8 600 000	
固定资产	12 000 000	
无形资产	2 000 000	
贷：短期借款		9 000 000
应付账款		1 200 000
其他应付款（其他负债）		1 200 000
股本		10 000 000
资本公积		12 020 000

3）合并当期期末比较报表的提供。因被合并方在合并后失去法人资格，其所有的资产、负债均并入合并方的账簿和报表进行核算，合并方在合并当期期末编制的是其个别财务报表。对于同一控制下的吸收合并，在编制比较报表时，无须对以前期间已经编制的比较报表进行调整。

（3）合并方为进行企业合并发生的有关费用的处理。

1）一般应于发生时费用化计入当期损益。合并方为进行企业合并发生的有关费用，指合并方为进行企业合并发生的各项直接相关费用，如为进行企业合并支付的审计费用、资产评估费用以及有关的法律咨询费用等增量费用。

同一控制下企业合并进行过程中发生的各项直接相关费用，应于发生时费用化计入当期损益。借记“管理费用”等科目，贷记“银行存款”等科目。

2）例外情况。

① 以发行债券方式进行的企业合并，与发行债券相关的佣金、手续费等。应按照《企业会计准则第 22 号——金融工具确认和计量》的规定进行核算。该部分费用，虽然与筹集用于企业合并的对价直接相关，但其核算应遵照金融工具准则的原则，有关的费用应计入负债的初始计量金额中。

② 发行权益性证券作为合并对价的，与所发行权益性证券相关的佣金、手续费等。应按照《企业会计准则第 37 号——金融工具列报》的规定处理。即与发行权益性证券相关的费用，不管其是否与企业合并直接相关，均应自所发行权益性证券的发行收入中扣减，在权益性工具发行有溢价的情况下，自溢价收入中扣除，在权益性证券发行无溢价或溢价金额不足以扣减的情况下，应当冲减盈余公积和未分配利润。

3）专设的购并部门发生的日常管理费用，应于发生时费用化计入当期损益。企业专设的购并部门发生的日常管理费用，如果该部门的设置并不是与某项企业合并直接相关，而是企业的一个常设部门，其设置目的是寻找相关的购并机会等，维持该部门日常运转的有关费用，不属于与企业合并直接相关的费用，应当于发生时费用化计入当期损益。

23.3 非同一控制下的企业合并

非同一控制下的企业合并，主要涉及购买方及购买日的确定、企业合并成本的确定、合并中取得各项可辨认资产、负债的确认和计量以及合并差额的处理等。

23.3.1 非同一控制下企业合并的处理原则

非同一控制下的企业合并，是参与合并的一方购买另一方或多方的交易，基本处理原则是购买法。

1. 确定购买方

采用购买法核算企业合并的首要前提是确定购买方。购买方是指在企业合并中取得对另一方或多方控制权的一方。

非同一控制下的企业合并中，一般应考虑企业合并合同、协议以及其他相关因素来确定购买方。合并中一方取得了另一方半数以上有表决权股份的，除非有明确的证据表明不能形成控制，一般认为取得另一方半数以上表决权股份的一方为购买方。某些情况下，即使一方没有取得另一方半数以上有表决权股份，但存在以下情况时，一般也可认为其获得了对另一方的控制权，例如：

（1）通过与其他投资者签订协议，实质上拥有被购买企业半数以上表决权。

例如，智董公司拥有贵琛公司40%的表决权资本，欣郁公司拥有贵琛公司30%的表决权资本，怡平公司拥有贵琛公司30%的表决权资本。智董公司与欣郁公司达成协议，欣郁公司在贵琛公司的权益由智董公司代表。在这种情况下，智董公司实质上拥有贵琛公司70%表决权资本的控制权，贵琛公司的章程等没有特别规定的情况下，表明智董公司实质上控制贵琛公司。

（2）按照法律或协议等的规定，具有主导被购买企业财务和经营决策的权力。

例如，智董公司拥有贵琛公司45%的表决权资本，同时，根据法律或协议规定，智董公司可以决定贵琛公司的生产经营等政策，达到对贵琛公司的财务和经营政策实施控制。

（3）有权任免被购买企业董事会或类似权力机构绝大多数成员。这种情况是指，虽然投资企业拥有被投资单位50%或以下表决权资本，但根据章程、协议等有权任免被投资单位董事会或类似机构的绝大多数成员，以达到实质上控制的目的。

（4）在被购买企业董事会或类似权力机构中具有绝大多数投票权。这种情况是指，虽然投资企业拥有被投资单位50%或以下表决权资本，但能够控制被投资单位董事会等类似权力机构的会议，从而能够控制其财务和经营政策，达到对被投资单位的控制。

某些情况下可能难以确定企业合并中的购买方，如参与合并的两家或多家企业规模相当，这种情况下，往往可以结合一些迹象表明购买方的存在。在具体判断时，可以考虑下列相关因素。

① 以支付现金、转让非现金资产或承担负债的方式进行的企业合并，一般支付现金、转让非现金资产或是承担负债的一方为购买方。

② 考虑参与合并各方的股东在合并后主体的相对投票权，其中股东在合并后主体具有相对较高投票比例的一方一般为购买方。

③ 参与合并各方的管理层对合并后主体生产经营决策的主导能力，如果合并导致参与合并一方的管理层能够主导合并后主体生产经营政策的制定，其管理层能够实施主导作用的一方一般为购买方。

④ 参与合并一方的公允价值远远大于另一方的，公允价值较大的一方很可能为购买方。

⑤ 企业合并是通过以有表决权的股份换取另一方的现金及其他资产的，则付出现金或其他资产的一方很可能为购买方。

⑥ 通过权益互换实现的企业合并，发行权益性证券的一方通常为购买方。但如果有证据表明发行权益性证券的一方，其生产经营决策在合并后被参与合并的另一方控制，则其应为被购买方，参与合并的另一方为购买方。

在判断企业合并中的购买方时，应考虑所有相关的事实和情况，特别是企业合并后参与合并各方的相对投票权、合并后主体管理机构及高层管理人员的构成、权益互换的条款等。

2. 确定购买日

购买日是购买方获得对被购买方控制权的日期，即企业合并交易进行过程中，发生控制权转移的日期。

根据企业合并方式的不同，在控股合并的情况下，购买方应在购买日确认因企业合并形成的对被购买方的长期股权投资，在吸收合并的情况下，购买方应在购买日确认合并中取得的被购买方各项可辨认资产、负债等。

（1）购买日的确定原则。确定购买日的基本原则是控制权转移的时点。企业在实务操作中，应当结合合并合同或协议的约定及其他有关的影响因素，按照实质重于形式的原则进行判断。同时满足了以下条件时，一般可认为实现了控制权的转移，形成购买日。有关的条件包括：

1）企业合并合同或协议已获股东大会等内部权力机构通过。企业合并一般涉及的交易规模较大，无论是合并当期还是合并以后期间，均会对企业的生产经营产生重大影响，在能够对企业合并进行确认，形成实质性的交易前，该交易或事项应经过企业的内部权力机构批准，如对于股份有限公司，其内部权力机构一般指股东大会。

2）按照规定，合并事项需要经过国家有关主管部门审批的，已获得相关部门的批准。按照国家有关规定，企业购并需要经过国家有关部门批准的，取得相关批准文件是对企业合并交易或事项进行会计处理的前提之一。

3）参与合并各方已办理了必要的财产权交接手续。作为购买方，其通过企业合并无论是取得对被购买方的股权还是取得被购买方的全部净资产，能够形成与取得股权或净资产相关的风险和报酬的转移，一般需办理相关的财产权交接手续，从而从法律上保障有关风险和报酬的转移。

4）购买方已支付了购买价款的大部分（一般应超过 50%），并且有能力支付剩余款项。购买方要取得与被购买方净资产相关的风险和报酬，其前提是必须支付一定的对价，一般在形成购买日之前，购买方应当已经支付了购买价款的大部分，并且从其目前财务状况判断，有能力支付剩余款项。

5）购买方实际上已经控制了被购买方的财务和经营政策，并享有相应的收益和风险。

（2）分次实现的企业合并购买日的确定。企业合并涉及一次以上交换交易的，例如，通过分阶段取得股份最终实现合并，企业应于每一交易日确认对被投资企业的各单项投资。“交易日”是指合并方或购买方在自身的账簿和报表中确认对被投资单位投资的日期。分步实现的企业合并中，购买日是指按照有关标准判断购买方最终取得对被购买企业控制权的日期。其具体判断原则和参考依据与通过单项交易实现的企业合并相同。

例如，智董公司于20×5年10月20日取得贵琛公司30%的股权（假定能够对被投资单位施加重大影响），在与取得股权相关的风险和报酬发生转移的情况下，智董公司应确认对贵琛公司的长期股权投资，与所取得股权相关的风险和报酬转移的日期即为交易日。在已经拥有贵琛公司30%股权的基础上，智董公司又于20×6年12月8日取得贵琛公司30%的股权，在其持股比例达到60%的情况下，假定于当日开始能够对贵琛公司实施控制，则20×6年12月8日为第二次购买股权的交易日，同时因在当日能够对贵琛公司实施控制，形成企业合并的购买日。

3．确定企业合并成本

企业合并成本包括购买方为进行企业合并支付的现金或非现金资产、发行或承担的债务、发行的权益性证券等在购买日的公允价值以及企业合并中发生的各项直接相关费用之和。具体来讲，企业合并成本包括购买方在购买日支付的下列项目的合计金额。

（1）作为合并对价的现金及非现金资产的公允价值。有关资产公允价值的确定参见《企业会计准则第20号——企业合并》应用指南中的相关规定。

以非货币性资产作为合并对价的，其合并成本为所支付对价的公允价值，该公允价值与作为合并对价的非货币性资产账面价值的差额，作为资产的处置损益，计入合并当期的利润表。

（2）发行的权益性证券的公允价值。所发行权益性证券存在公开市场，有明确市价可供遵循的，应以该证券的市价作为确定其公允价值的依据，同时应考虑该证券的交易量、是否存在限制性条款等因素的影响；发行的权益性证券不存在公开市场，没有明确市价可供遵循的，则应考虑以购买方或被购买方的公允价值为基础确定权益性证券的价值。在确定所发行权益性证券的公允价值时，应当考虑达成企业合并协议并且公开宣布前后一段合理时间内该权益性证券的市场价格。

（3）因企业合并发生或承担的债务的公允价值。因企业合并而承担的各项负债，应采用按照适用利率计算的未来现金流量的现值作为其公允价值。

（4）当企业合并合同或协议中提供了视未来或有事项的发生而对合并成本进行调整时，符合《企业会计准则第13号——或有事项》规定的确认条件的，应确认的支出也应作为企业合并成本的一部分。某些情况下，合并各方可能在合并合同或协议中约定对合并成本进行一定的调整，例如，企业合并合同中规定，如果被购买方连续两年净利润超过一定水平，购买方需支付额外的对价。如果在购买日预计被购买方的盈利水平很可能会达到合同规定的标准，应将按照合同或协议约定需支付的金额计入企业合并成本。

企业在购买日对于可能需要支付的企业合并成本调整金额进行预计并且计入企业合并成本后，未来期间有关涉及调整成本的事项未实际发生或发生后需要对原估计计入企业合并成本的金额进行调整的，或者在购买日因未来事项发生的可能性较小、金额无法可靠计量等原因导致有关调整金额未包括在企业合并成本中，未来期间因合并合同或协议中约定的事项很可能发生、金额能够可靠计量，符合有关确认条件的，应对企业合并成本进行相应调整。

（5）合并中发生的各项直接相关费用。非同一控制下企业合并中发生的与企业合并直接相关的费用，包括为进行合并而发生的会计审计费用、法律服务费用、咨询费用等，应当计入企业合并成本。与同一控制下企业合并进行过程中发生的有关费用相一致，这里所称合并中发生的各项直接相关费用，不包括与为进行企业合并发行的权益性证券或发行的债券相关的手续费、佣金等，该部分费用应比照本章关于同一控制下企业合并中类似费用的处理原则处理。

应予说明的是，对于通过多次交换交易分步实现的企业合并，其企业合并成本为每一单项交换交易的成本之和。

4．企业合并成本在取得的可辨认资产和负债之间的分配

非同一控制下的企业合并中，购买方取得了对被购买方净资产的控制权，视合并方式的不同，应分别在合并财务报表或个别财务报表中确认合并中取得的各项可辨认资产和负债。

（1）可辨认资产、负债的确认原则。

1）购买方在企业合并中取得的被购买方各项可辨认资产和负债，要作为本企业的资产、负债（或合并财务报表中的资产、负债）进行确认，在购买日，应当满足资产、负债的确认条件。

有关的确认条件包括：

① 合并中取得的被购买方的各项资产（无形资产除外），其所带来的未来经济利益预期能够流入企业且公允价值能够可靠计量的，应单独作为资产确认。

② 合并中取得的被购买方的各项负债（或有负债除外），履行有关的义务预期会导致经济利益流出企业且公允价值能够可靠计量的，应单独作为负债确认。

2）企业合并中取得无形资产的确认条件。企业合并中取得的无形资产在其公允价值能够可靠计量的情况下应单独予以确认。企业合并中取得的需要区别于商誉单独确认的无形资产一般是按照合同或法律产生的权利，某些并非产生于合同或法律规定的无形资产，需要区别于商誉单独确认的条件是能够对其进行区分，即能够区别于被购买企业的其他资产并且能够单独出售、转让、出租等。公允价值能够可靠计量的情况下，应区别于商誉单独确认的无形资产一般包括：商标、版权及与其相关的许可协议、特许权、分销权等类似权利、专利技术、专有技术等。

3）企业合并中产生或有负债的确认条件。为了尽可能反映购买方因为进行企业合并可能承担的潜在义务，对于购买方在企业合并时可能需要代被购买方承担的或有负债，在其公允价值能够可靠计量的情况下，应作为合并中取得的负债单独确认。企业合并中对于或有负债的确认条件，与企业在正常经营过程中因或有事项需要确认负债的条件不同。在购买日，可能相关的或有事项导致经济利益流出企业的可能性还比较小，但其公允价值能够合理确定的情况下，即需要作为合并中取得的负债确认。

企业合并中取得的或有负债在初始确认以后，企业持续持有该项负债的期间之内，应当按照以下两项金额孰高进行后续计量：一是按照《企业会计准则第 13 号——或有事项》应予确认的金额；二是其初始确认金额减去按照《企业会计准则第 14 号——收入》的原则确认的累计摊销额后的余额。

（2）可辨认资产、负债的计量。企业合并中取得的资产、负债在满足确认条件后，应以其公允价值计量。确定企业合并中取得的有关可辨认资产、负债公允价值时，应当遵循《企业会计准则第 20 号——企业合并》应用指南的规定。

应当说明的是，对于被购买方在企业合并之前已经确认的商誉和递延所得税项目，购买方在对企业合并成本进行分配、确认合并中取得可辨认资产和负债时不应予以考虑。

在按照规定确定了合并中应予确认的各项可辨认资产、负债的公允价值后，其计税基础与账面价值不同形成暂时性差异的，应当按照所得税会计准则（《企业会计准则第 18 号——所得税》）的规定确认相应的递延所得税资产或递延所得税负债。

5．企业合并成本与合并中取得的被购买方可辨认净资产公允价值份额之间差额的处理

购买方对于企业合并成本与确认的被购买方可辨认净资产公允价值份额的差额，应视情况分别处理。

（1）企业合并成本大于合并中取得的被购买方可辨认净资产公允价值份额的差额，应确认为商誉。

视企业合并方式不同，控股合并情况下，该差额是指合并财务报表中应列示的商誉；吸收合并情况下，该差额是购买方在其账簿及个别财务报表中应确认的商誉。

按照购买法核算的企业合并，存在合并差额的情况下，《企业会计准则第 20 号——企业合并》中要求首先要对企业合并成本及合并中取得的各项可辨认资产、负债的公允价值进行复核，在取得的各项可辨认资产和负债均以公允价值计量并且确认了符合条件的无形资产以后，剩余部分构成商誉。

商誉在确认以后，持有期间不要求摊销，每一会计年度年末，企业应当按照《企业会计准则第 8 号——资产减值》的规定对其进行减值测试，按照账面价值与可收回金额孰低的原则计量，对于可收回金额低于账面价值的部分，计提减值准备，有关减值准备在提取以后，不能够转回。

（2）企业合并成本小于合并中取得的被购买方可辨认净资产公允价值份额的部分，应计入合并当期损益。

《企业会计准则第 20 号——企业合并》中要求该种情况下，首先要对合并中取得的资产、负债的公允价值、作为合并对价的非现金资产或发行的权益性证券等的公允价值进行复核，复核结果表明所确定的各项可辨认资产和负债的公允价值确定是恰当的，应将企业合并成本低于取得的被购买方可辨认净资产公允价值份额之间的差额，计入合并当期的营业外收入，并在会计报表附注中予以说明。

与商誉的确认相同，在吸收合并的情况下，上述企业合并成本小于合并中取得的被购买方可辨认净资产公允价值的差额，应计入合并当期购买方的个别利润表；在控股合并的情况下，上述差额应体现在合并当期的合并利润表中。

6．企业合并成本或合并中取得的可辨认资产、负债公允价值暂时确定的情况

按照购买法核算的企业合并，基本原则是确定公允价值，无论是作为合并对价付出的各项资产的公允价值，还是合并中取得被购买方各项可辨认资产、负债的公允价值，如果在购买日或合并当期期末，因各种因素影响无法合理确定的，合并当期期末，购买方应以暂时确定的价值为基础进行核算。

（1）购买日后 12 个月内对有关价值量的调整。合并当期期末以暂时确定的价值对企业合并进行处理的情况下，自购买日算起 12 个月内取得进一步的信息表明需对原暂时确定的企业合并成本或所取得的可辨认资产、负债的暂时性价值进行调整的，应视同在购买日发生，即应进行追溯调整，同时对以暂时性价值为基础提供的比较报表信息，也应进行相关的调整。

例如，智董公司于 20×6 年 9 月 20 日对贵琛公司进行吸收合并，合并中取得的一项固定资产不存在活跃市场，为确定其公允价值，智董公司聘请了有关的资产评估机构对其进行评估。至智董公司 20×6 年财务报告对外报出时，尚未取得评估报告。智董公司在其 20×6 年财务报告中对该项固定资产暂估的价值为 300 000 元，预计使用年限为 5 年，净残值为 0，按照直线法计提折旧。该项企业合并中智董公司确认商誉 1 200 000 元。本例中假定智董公司不编制中期财务报告。

20×7 年 4 月，智董公司取得了资产评估报告，确认该项固定资产的价值为 450 000 元。则智董公司应视同在购买日确定的该项固定资产的公允价值为 450 000 元，相应调整 20×6 年财务报告中确认的商誉价值（调减 150 000 元）及利润表中的折旧费用（调增 7 500 元）。

进行有关调整后，智董公司在其 20×7 年会计报表附注中应对有关情况做出说明，即有关固定资产的价值在 20×6 年财务报告中为暂时确定，其后的调整金额以及对比较报表已进行调整的事实。

（2）超过规定期限后的价值调整。自购买日算起 12 个月以后对企业合并成本或合并中取得的可辨认资产、负债价值的调整，应当按照《企业会计准则第 28 号——会计政策、会计估计变更和会计差错更正》的原则进行处理，即对于企业合并成本、合并中取得可辨认资产、负债公允价值等进行的调整，应视为会计差错更正，在调整相关资产、负债账面价值的同时，应调整所确认的商誉或是计入合并当期利润表中的金额，以及相关资产的折旧、摊销等。

（3）购买日取得的被购买方在以前期间发生的经营亏损等可抵扣暂时性差异，按照税法规定可以用于抵减以后年度应纳税所得额的，如在购买日因不符合递延所得税资产的确认条件未确认所产生的递延所得税资产，以后期间有关的可抵扣暂时性差异所带来的经济利益预计能够实现时，企业应确认相关的递延所得税资产，减少利润表中的所得税费用，同时将商誉降低至假定在购买日即确认了该递延所得税资产的情况下应有的金额，减记的商誉金额作为利润表中的资产减值损失。按照上述过程确认递延所得税资产，原则上不应增加因企业合并成本小于合并中取得的被购买方可辨认净资产公允价值的份额而计入合并当期利润表的金额。

【例 23-7】 某非同一控制下的企业合并，因按照会计准则规定与按照适用税法规定处理方法不同在购买日产生可抵扣暂时性差异 300 万元。假定购买日适用的所得税税率为 33%。

购买日因预计未来期间无法取得足够的应纳税所得额，未确认与可抵扣暂时性差异相关的递延所得税资产 99 万元。购买日确认的商誉金额为 2 000 万元。

该项合并一年以后，因情况发生变化，企业预计能够产生足够的应纳税所得额用来抵扣原合并时产生的 300 万元可抵扣暂时性差异的影响，企业应进行以下账务处理。

借：递延所得税资产	990 000	
贷：所得税费用		990 000
借：资产减值损失	990 000	
贷：商誉		990 000

本例中如果在合并发生 1 年以后，企业预计能够产生足够的应纳税所得额以利用可抵扣暂时性差异的影响时，因适用税收法规的变化导致适用税率变为 25%，则企业应进行的账务处理如下：

借：递延所得税资产	750 000	
贷：所得税费用		750 000
借：资产减值损失	990 000	
贷：商誉		990 000

7．购买日合并财务报表的编制

非同一控制下的控股合并中，购买方一般应于购买日编制合并资产负债表，反映其于购买日开始能够控制的经济资源情况。在合并资产负债表中，合并中取得的被购买方各项可辨认资产、负债应以其在购买日的公允价值计量，长期股权投资的成本大于合并中取得的被购买方可辨认净资产公允价值份额的差额，体现为合并财务报表中的商誉；长期股权投资的成本小于合并中取得的被购买方可辨认净资产公允价值份额的差额，《企业会计准则第20号——企业合并》中规定应计入合并当期损益，因购买日不需要编制合并利润表，该差额体现在合并资产负债表上，应调整合并资产负债表的盈余公积和未分配利润。

另外，应予说明的是，非同一控制下的企业合并中，作为购买方的母公司在进行有关会计处理后，应单独设置备查簿，记录其在购买日取得的被购买方各项可辨认资产、负债的公允价值以及因企业合并成本大于合并中取得的被购买方可辨认净资产公允价值的份额应确认的商誉金额，或因企业合并成本小于合并中取得的被购买方可辨认净资产公允价值的份额计入当期损益的金额，作为企业合并当期以及以后期间编制合并财务报表的基础。企业合并当期期末以及合并以后期间，应当纳入到合并财务报表中的被购买方资产、负债等，是以购买日确定的公允价值为基础持续计算的结果。

23.3.2 非同一控制下企业合并的会计处理

1. 非同一控制下的控股合并

该合并方式下，购买方涉及的会计处理问题主要是两个方面：一是购买日因进行企业合并形成的对被购买方的长期股权投资初始投资成本的确定，该成本与作为合并对价支付的有关资产账面价值的差额处理；二是购买日合并财务报表的编制。

（1）长期股权投资初始投资成本的确定。非同一控制下的控股合并中，购买方在购买日应当按照确定的企业合并成本（不包括应自被投资单位收取的现金股利或利润），作为形成的对被购买方长期股权投资的初始投资成本。

购买方为取得对被购买方的控制权，以支付非货币性资产为对价的，有关非货币性资产在购买日的公允价值与其账面价值的差额，应作为资产的处置损益，计入合并当期的利润表。

（2）购买日合并财务报表的编制。

【例 23-8】 沿用例23-3。更生公司在该项合并中发行1 000万股普通股（每股面值1元），市场价格为每股3.5元，取得了怡平公司70%的股权。假定该项合并为非同一控制下的企业合并，编制购买方于购买日的合并资产负债表（见表23-11）。

表 23-11 合并资产负债表（简表）

20×6年6月30日

单位：元

项　目	更生公司	怡平公司	调整或抵消分录		合并金额
	账面价值	账面价值	借　方	贷　方	
资产：					
货币资金	17 250 000	1 800 000			19 050 000
应收账款	12 000 000	8 000 000			20 000 000
存货	24 800 000	1 020 000	780 000		26 600 000
长期股权投资	55 000 000	8 600 000	6 600 000	35 000 000	35 200 000
固定资产	28 000 000	12 000 000	10 000 000		50 000 000
无形资产	18 000 000	2 000 000	4 000 000		24 000 000
合并商誉	0	0	4 620 000		4 620 000
资产总计	155 050 000	33 420 000			179 470 000

续表

项　目	更生公司	怡平公司	调整或抵消分录		合并金额
	账面价值	账面价值	借　方	贷　方	
负债和所有者权益：					
短期借款	10 000 000	9 000 000			19 000 000
应付账款	15 000 000	1 200 000			16 200 000
其他负债	1 500 000	1 200 000			2 700 000
负债合计	26 500 000	11 400 000			37 900 000
实收资本（股本）	40 000 000	10 000 000	10 000 000		40 000 000
资本公积	45 000 000	6 000 000	6 000 000		45 000 000
盈余公积	20 000 000	2 000 000	2 000 000		20 000 000
未分配利润	23 550 000	4 020 000	4 020 000		23 550 000
少数股东权益				13 020 000	13 020 000
所有者权益合计	128 550 000	22 020 000			141 570 000
负债和所有者权益总计	155 050 000	33 420 000			179 470 000

（1）计算确定商誉。

假定怡平公司除已确认资产外，不存在其他需要确认的资产及负债，更生公司首先计算合并中应确认的合并商誉。

合并商誉=企业合并成本–合并中取得被购买方可辨认净资产公允价值份额=3 500–4 340×70%=462（万元）

（2）编制抵消分录。

借：存货	780 000	
长期股权投资	6 600 000	
固定资产	10 000 000	
无形资产	4 000 000	
实收资本	10 000 000	
资本公积	6 000 000	
盈余公积	2 000 000	
未分配利润	4 020 000	
商誉	4 620 000	
贷：长期股权投资		35 000 000
少数股东权益		13 020 000

2．非同一控制下的吸收合并

非同一控制下的吸收合并，购买方在购买日应当将合并中取得的符合确认条件的各项可辨认资产、负债，按其公允价值确认为本企业的资产和负债；作为合并对价的有关非货币性资产在购买日的公允价值与其账面价值的差额，应作为资产处置损益计入合并当期的利润表；确定的企业合并成本与所取得的被购买方可辨认净资产公允价值之间的差额，视情况分别确认为商誉或是计入企业合并当期的损益。其具体处理原则与非同一控制下的控股合并类似，不同点在于非同一控制下的吸收合并中，合并中取得的可辨认资产和负债是作为个别报表中的项目列示，合并中产生的商誉也是作为购买方账簿及个别财务报表中的资产列示。

23.3.3 通过多次交易分步实现的非同一控制下企业合并

通过多次交换交易分步实现的非同一控制下企业合并，企业在每一单项交换交易发生时，应确认对被购买方的投资。投资企业在持有被投资单位的部分股权后，通过增加持股比例等达到对被投资单位形成控制的，应分别每一单项交易的成本与该交易发生时应享有被投资单位可辨认净资产公允价值的份额进行比较，确定每一单项交易中产生的商誉。达到企业合并时应确认的商誉（或合并财务报表中应确认的商誉）为每一单项交易中应确认的商誉之和。

通过多次交易分步实现的非同一控制下企业合并，实务操作中，应按以下顺序处理。

（1）对长期股权投资的账面余额进行调整。达到企业合并前长期股权投资采用成本法核算的，其账面余额一般无须调整；达到企业合并前长期股权投资采用权益法核算的，应进行调整，将其账面价值调整至取得投资时的初始投资成本，相应调整留存收益等。

（2）比较每一单项交易的成本与交易时应享有被投资单位可辨认净资产公允价值的份额，确定每一单项交易应予确认的商誉或是应计入当期损益的金额。

（3）对于被购买方在购买日与交易日之间可辨认净资产公允价值的变动，相对于原持股比例的部分，在合并财务报表（吸收合并是指购买方个别财务报表）中应调整所有者权益相关项目，其中属于原取得投资后被投资单位实现净损益增加的资产价值量，应调整留存收益，差额调整资本公积。

【例 23-9】 智董公司于 20×5 年以 2 000 万元取得贵琛公司 10%的股份，取得投资时，贵琛公司净资产的公允价值为 18 000 万元。因未以任何方式参与贵琛公司的生产经营决策，智董公司对持有的该投资采用成本法核算。20×6 年，智董公司另支付 10 000 万元取得贵琛公司 50%的股份，从而能够对贵琛公司实施控制。购买日贵琛公司可辨认净资产公允价值为 19 000 万元。贵琛公司自 20×5 年智董公司取得投资后至 20×6 年购买进一步股份前实现的净利润为 600 万元（假定不存在需要对净利润进行调整的因素），未进行利润分配。

（1）购买日智董公司首先应确认取得的对贵琛公司的投资时：

借：长期股权投资　　　　100 000 000

　贷：银行存款等　　　　　　100 000 000

（2）计算达到企业合并时应确认的商誉时：

原持有 10%股份应确认的商誉=20 000 000−180 000 000×10%=2 000 000（元）

进一步取得 50%股份应确认的商誉=100 000 000−190 000 000×50%=5 000 000（元）

合并财务报表中应确认的商誉=2 000 000+5 000 000=7 000 000（元）

（3）资产增值的处理：

原持有 10%股份在购买日对应的可辨认净资产公允价值=190 000 000×10%=19 000 000（元）

原取得投资时应享有被投资单位净资产公允价值的份额=180 000 000×10%=18 000 000（元）

两者之间差额 1 000 000 元（19 000 000−18 000 000）在合并财务报表中属于被投资企业在投资以后实现净利润的部分 600 000 元（6 000 000×10%），调整合并财务报表中的盈余公积和未分配利润，剩余部分 400 000 元（1 000 000−600 000）调整资本公积。

23.3.4 购买子公司少数股权的处理

企业在取得对子公司的控制权，形成企业合并后，自子公司的少数股东处取得少数股东拥有的对该子公司全部或部分少数股权，应当遵循以下原则分别母公司个别财务报表以及合并财务报表两种情况进行处理。

（1）母公司个别财务报表中对于自子公司少数股东处新取得的长期股权投资，应当按照《企业会计准则第 2 号——长期股权投资》第四条的规定确定其入账价值。

（2）在合并财务报表中，子公司的资产、负债应以购买日（或合并日）开始持续计算的金额反映。新增加的长期股权投资与按照新增持股比例计算应享有交易日被投资单位可辨认净资产公允价值份额的差额，确认为商誉；因购买少数股权新增加的长期股权投资成本与按照新取得的股权比例计算确定应享有子公司自购买日（或合并日）开始持续计算的可辨认净资产份额之间的差额，除确认为商誉的部分以外，应当调整合并财务报表中的资本公积（资本溢价或股本溢价），资本公积（资本溢价或股本溢价）的余额不足冲减的，调整留存收益。

【例 23-10】 智董公司于 20×5 年 12 月 29 日以 8 000 万元取得对贵琛公司 70%的股权，能够对贵琛公司实施控制，形成非同一控制下的企业合并。20×6 年 12 月 25 日，智董公司又出资 3 000 万元自贵琛公司的少数股东处取得贵琛公司 20%的股权。本例中智董公司与贵琛公司的少数股东在交易前不存在任何关联方关系。

（1）20×5 年 12 月 29 日，智董公司在取得贵琛公司 70%股权时，贵琛公司可辨认净资产公允价值总额为 10 000 万元。

（2）20×6 年 12 月 25 日，贵琛公司有关资产、负债的账面价值、自购买日开始持续计算的金额（对母公司的价值）以及在该日的公允价值情况如表 23-12 所示。

表 23-12 贵琛公司有关资产、负债的账面价值，自购买日开始持续计算的金额、公允价值

单位：万元

项　目	贵琛公司的账面价值	贵琛公司资产、负债自购买日开始持续计算的金额（对母公司的价值）	贵琛公司资产、负债在交易日公允价值（20×6 年 12 月 25 日）
存货	500	500	600
应收款项	2 500	2 500	2 500
固定资产	4 000	4 600	5 000
无形资产	800	1 200	1 300
其他资产	2 200	3 200	3 400
应付款项	600	600	600
其他负债	400	400	400
净资产	9 000	11 000	11 800

（1）确定智董公司对贵琛公司长期股权投资的成本。

20×5 年 12 月 29 日为该非同一控制下企业合并的购买日，智董公司取得对贵琛公司长期股权投资的成本为 8 000 万元。

20×6 年 12 月 25 日，智董公司在进一步取得贵琛公司 20%的少数股权时，支付价款 3 000 万元。

该项长期股权投资在 20×6 年 12 月 25 日的账面余额为 11 000 万元。

（2）编制合并财务报表时的处理

① 商誉的计算。

智董公司取得对贵琛公司 70%股权时产生的商誉=8 000−10 000×70%=1 000（万元）

智董公司购买贵琛公司少数股权进一步产生的商誉=3 000–11 800×20%=640（万元）

在合并财务报表中应体现的商誉总额为 1 640 万元。

② 所有者权益的调整。

合并财务报表中，贵琛公司的有关资产、负债应以其对母公司智董公司的价值进行合并，即与新取得的 20%股权相对应的被投资单位可辨认资产、负债的金额=11 000×20%=2 200（万元）。

因购买少数股权新增加的长期股权投资成本 3 000 万元与按照新取得的股权比例（20%）计算确定应享有子公司自购买日开始持续计算的可辨认净资产份额 2 200 万元之间的差额 800 万元，除确认的商誉 640 万元以外，差额 160 万元，在合并资产负债表中调整所有者权益相关项目，首先调整资本公积（资本溢价或股本溢价），在资本公积（资本溢价或股本溢价）的金额不足冲减的情况下，调整留存收益（盈余公积和未分配利润）。

23.3.5 被购买方的会计处理

非同一控制下的企业合并中，购买方通过企业合并取得被购买方 100%股权的，被购买方可以按照合并中确定的可辨认资产、负债的公允价值调整其账面价值。

除此之外，其他情况下被购买方不应因企业合并改记有关资产、负债的账面价值。

23.4 会计科目及主要账务处理

23.4.1 长期股权投资

1．会计科目核算内容

本科目核算企业持有的采用成本法和权益法核算的长期股权投资。

2．明细核算

本科目可按被投资单位进行明细核算。

长期股权投资采用权益法核算的，还应当分别“成本”、“损益调整”、“其他权益变动”进行明细核算。

3．主要账务处理

（1）初始取得长期股权投资。同一控制下企业合并形成的长期股权投资，应在合并日按取得被合并方所有者权益账面价值的份额，借记本科目，按享有被投资单位已宣告但尚未发放的现金股利或利润，借记“应收股利”科目，按支付的合并对价的账面价值，贷记有关资产或借记有关负债科目，按其差额，贷记“资本公积——资本溢价或股本溢价”科目；为借方差额的，借记“资本公积——资本溢价或股本溢价”科目，资本公积（资本溢价或股本溢价）不足冲减的，借记“盈余公积”、“利润分配——未分配利润”科目。

非同一控制下企业合并形成的长期股权投资，应在购买日按企业合并成本（不含应自被投资单位收取的现金股利或利润），借记本科目，按享有被投资单位已宣告但尚未发放的现金股利或利润，借记“应收股利”科目，按支付合并对价的账面价值，贷记有关资产或借记有关负债科目，按发生的直接相关费用，贷记“银行存款”等科目，按其差额，贷记“营业外收入”或借记“营业外支出”等科目。非同一控制下企业合并涉及以库存商品等作为合并对价的，应按库存商品的公允价值，贷记“主营业务收入”科目，并同时结转相关的成本。涉及增值税的，还应进行相应的处理。

以支付现金、非现金资产等其他方式（非企业合并）形成的长期股权投资，比照非同一控制下企业合并形成的长期股权投资的相关规定进行处理。

投资者投入的长期股权投资，应按确定的长期股权投资成本，借记本科目，贷记“实收资本”或“股本”科目。

（2）长期股权投资核算方法的转换。将长期股权投资自成本法转按权益法核算的，应按转换时该项长期股权投资的账面价值作为权益法核算的初始投资成本，初始投资成本小于转换时占被投资单位可辨认净资产公允价值份额的差额，借记本科目（成本），贷记“营业外收入”科目。

长期股权投资自权益法转按成本法核算的，除构成企业合并的以外，应按中止采用权益法时长期股权投资的账面价值作为成本法核算的初始投资成本。

本科目期末借方余额反映企业长期股权投资的价值。

23.4.2 商誉

1. 会计科目核算内容

本科目核算企业合并中形成的商誉价值。商誉发生减值的，可以单独设置“商誉减值准备”科目，比照“无形资产减值准备”科目进行处理。

本科目期末借方余额，反映企业商誉的价值。

2. 主要账务处理

非同一控制下企业合并中确定的商誉价值，借记本科目，贷记有关科目。

23.4.3 递延所得税资产

1. 会计科目核算内容

本科目核算企业确认的可抵扣暂时性差异产生的递延所得税资产。

本科目期末借方余额反映企业确认的递延所得税资产。

2. 明细核算

本科目应按可抵扣暂时性差异等项目进行明细核算。根据税法规定可用以后年度税前利润弥补的亏损及税款抵减产生的所得税资产，也在本科目核算。

3. 主要账务处理

企业合并中取得资产、负债的入账价值与其计税基础不同形成可抵扣暂时性差异的，应于购买日确认递延所得税资产，借记本科目，贷记“商誉”等科目。

与直接计入所有者权益的交易或事项相关的递延所得税资产，借记本科目，贷记“资本公积——其他资本公积”科目。

23.4.4 递延所得税负债

1. 会计科目核算内容

本科目核算企业确认的应纳税暂时性差异产生的所得税负债。

本科目期末贷方余额反映企业已确认的递延所得税负债。

2. 明细核算

本科目可按应纳税暂时性差异的项目进行明细核算。

3. 主要账务处理

企业合并中取得资产、负债的入账价值与其计税基础不同形成应纳税暂时性差异的，应于购买日确认递延所得税负债，同时调整商誉，借记“商誉”等科目，贷记本科目。

23.4.5 资本公积

1. 会计科目核算内容

本科目核算企业收到投资者出资额超出其在注册资本或股本中所占份额的部分。直接计入所有者权益的利得和损失，也通过本科目核算。

本科目期末贷方余额反映企业的资本公积。

2. 明细核算

本科目应当分别“资本溢价（股本溢价）”、“其他资本公积”进行明细核算。

3. 主要账务处理

同一控制下控股合并形成的长期股权投资，应在合并日按取得被合并方所有者权益账面价值的份额，借记“长期股权投资”科目，按享有被投资单位已宣告但尚未发放的现金股利或利润，借记“应收股利”科目，按支付的合并对价的账面价值，贷记有关资产科目或借记有关负债科目，按其差额，贷记本科目（资本溢价或股本溢价）；为借方差额的，借记本科目（资本溢价或股本溢价），资本公积（资本溢价或股本溢价）不足冲减的，借记“盈余公积”、“利润分配——未分配利润”科目。

同一控制下吸收合并涉及的资本公积，比照上述原则进行处理。

23.4.6 库存股

1. 会计科目核算内容

本科目核算企业收购、转让或注销的本公司股份金额。

本科目期末借方余额反映企业持有尚未转让或注销的本公司股份金额。

2. 库存股的主要账务处理

股东因对股东大会做出的公司合并、分立决议持有异议而要求企业收购本公司股份的，企业应按实际支付的金额，借记本科目，贷记“银行存款”等科目。

23.5 附注披露

企业合并发生当期的期末，合并方应当在附注中披露与同一控制下企业合并有关的下列信息：

（1）参与合并企业的基本情况。

（2）属于同一控制下企业合并的判断依据。

（3）合并日的确定依据。

（4）以支付现金、转让非现金资产以及承担债务作为合并对价的，所支付对价在合并日的账面价值；以发行权益性证券作为合并对价的，合并中发行权益性证券的数量及定价原则，以及参与合并各方交换有表决权股份的比例。

（5）被合并方的资产、负债在上一会计期间资产负债表日及合并日的账面价值；被合并方自合并当期期初至合并日的收入、净利润、现金流量等情况。

（6）合并合同或协议约定将承担被合并方或有负债的情况。

（7）被合并方采用的会计政策与合并方不一致所做调整情况的说明。

（8）合并后已处置或准备处置被合并方资产、负债的账面价值、处置价格等。

企业合并发生当期的期末，购买方应当在附注中披露与非同一控制下企业合并有关的下列信息：

（1）参与合并企业的基本情况。

（2）购买日的确定依据。

（3）合并成本的构成及其账面价值、公允价值及公允价值的确定方法。

（4）被购买方各项可辨认资产、负债在上一会计期间资产负债表日及购买日的账面价值和公允价值。

（5）合并合同或协议约定将承担被购买方或有负债的情况。

（6）被购买方自购买日起至报告期期末的收入、净利润和现金流量等情况。

（7）商誉的金额及其确定方法。

（8）因合并成本小于合并中取得的被购买方可辨认净资产公允价值的份额计入当期损益的金额。

（9）合并后已处置或准备处置被购买方资产、负债的账面价值、处置价格等。

第 24 章 租赁

24.1 租赁会计概述

租赁是指在约定的期间内，出租人将资产使用权让与承租人，以获取租金的协议。

1. 融资租赁、经营租赁

承租人和出租人应当在租赁开始日将租赁分为融资租赁和经营租赁。

（1）融资租赁。融资租赁，是指实质上转移了与资产所有权有关的全部风险和报酬的租赁。其所有权最终可能转移，也可能不转移。

符合下列一项或数项标准的，应当认定为融资租赁。

① 在租赁期届满时，租赁资产的所有权转移给承租人。

② 承租人有购买租赁资产的选择权，所订立的购买价款预计将远低于行使选择权时租赁资产的公允价值，因而在租赁开始日就可以合理确定承租人将会行使这种选择权。

③ 即使资产的所有权不转移，但租赁期占租赁资产使用寿命的大部分。

④ 承租人在租赁开始日的最低租赁付款额现值，几乎相当于租赁开始日租赁资产公允价值；出租人在租赁开始日的最低租赁收款额现值，几乎相当于租赁开始日租赁资产公允价值。

⑤ 租赁资产性质特殊，如果不作较大改造，只有承租人才能使用。

《企业会计准则第 21 号——租赁》第六条（一）规定，在租赁期届满时，租赁资产的所有权转移给承租人。此种情况通常是指在租赁合同中已经约定、或者在租赁开始日根据相关条件做出合理判断，租赁期届满时出租人能够将资产的所有权转移给承租人。

《企业会计准则第 21 号——租赁》第六条（三）规定，即使资产的所有权不转移，但租赁期占租赁资产使用寿命的大部分。其中“大部分”通常指掌握在租赁期占租赁资产使用寿命的75%以上（含 75%）。

《企业会计准则第 21 号——租赁》第六条（四）规定，承租人在租赁开始日的最低租赁付款额现值，几乎相当于租赁开始日租赁资产公允价值；出租人在租赁开始日的最低租赁收款额现值，几乎相当于租赁开始日租赁资产公允价值。其中“几乎相当于”通常指掌握在 90%以上（含 90%）。

（2）经营租赁。根据《企业会计准则第 21 号——租赁》第十条规定，经营租赁是指除融资租赁以外的其他租赁。通常情况下，经营租赁资产的所有权不转移，租赁期届满后，承租人有退租或续租的选择权，而不存在优惠购买选择权。

2．租赁开始日、租赁期开始日

《企业会计准则第21号——租赁》第四条和第十一条规定了租赁开始日和租赁期开始日。租赁开始日是指租赁协议日与租赁各方就主要租赁条款做出承诺日中的较早者。在租赁开始日，承租人和出租人应当将租赁认定为融资租赁或经营租赁。

租赁期开始日是指承租人有权行使其使用租赁资产权利的日期，表明租赁行为的开始。在租赁期开始日，承租人应当对租入资产、最低租赁付款额和未确认融资费用进行初始确认；出租人应当对应收融资租赁款、未担保余值和未实现融资收益进行初始确认。

3．租赁期、续租期

租赁期是指租赁合同规定的不可撤销的租赁期间。

租赁合同签订后一般不可撤销，但下列情况除外：

（1）经出租人同意。

（2）承租人与原出租人就同一资产或同类资产签订了新的租赁合同。

（3）承租人支付一笔足够大的额外款项。

（4）发生某些很少会出现的或有事项。

承租人有权选择续租该资产，并且在租赁开始日就可以合理确定承租人将会行使这种选择权，不论是否再支付租金，续租期也包括在租赁期之内。

4．资金余值、担保余值、未担保余值

（1）资产余值。资产余值是指在租赁开始日估计的租赁期届满时租赁资产的公允价值。

（2）担保余值。担保余值，就承租人而言，是指由承租人或与其有关的第三方担保的资产余值；就出租人而言，是指就承租人而言的担保余值加上独立于承租人和出租人的第三方担保的资产余值。

（3）未担保余值。未担保余值是指租赁资产余值中扣除就出租人而言的担保余值以后的资产余值。

计算公式如下：

资产余值=（就出租人而言的）担保余值+未担保余值

=[（就承租人而言的）担保余值+独立第三方担保的资产余值]+未担保余值

=[（由承租人担保的资产余值+与承租人有关的第三方担保的资产余值）+独立第三方担保的资产余值]+未担保余值

5．最低租赁收款额、最低租赁付款额

（1）最低租赁收款额。最低租赁收款额，是指最低租赁付款额加上独立于承租人和出租人的第三方对出租人担保的资产余值。

与承租人的最低租赁付款额相对应，最低租赁收款额是从出租人角度规定的一个概念，其中“最低”一词也是相对或有租金、履约成本等而言的，也就是说，最低租赁收款额中不包括或有租金和履约成本。出租人除了根据租赁合同规定要求承租人支付最低租赁付款额外，如果还存在与承租人和出租人均无关的第三方对出租人的资产余值提供担保，则表明租赁期届满时能够保证出租人实现这一确定的金额，这一担保的资产余值也应包括在出租人的最低租赁收款额之中。

（2）最低租赁付款额。最低租赁付款额是指在租赁期内，承租人应支付或可能被要求支付的款项（不包括或有租金和履约成本），加上由承租人或与其有关的第三方担保的资产余值。

承租人有购买租赁资产选择权，所订立的购买价款预计将远低于行使选择权时租赁资产的公允价值，因而在租赁开始日就可以合理确定承租人将会行使这种选择权的，购买价款应当计入最低租赁付款额。

6. 或有租金

或有租金是指金额不固定、以时间长短以外的其他因素（如销售量、使用量、物价指数等）为依据计算的租金。

7. 履约成本

履约成本是指租赁期内为租赁资产支付的各种使用费用，如技术咨询和服务费、人员培训费、维修费、保险费等。

8. 租赁内含利率

租赁内含利率是指在租赁开始日，使最低租赁收款额的现值与未担保余值的现值之和等于租赁资产公允价值与出租人的初始直接费用之和的折现率。

9. 租赁投资净额

租赁投资净额是融资租赁中最低租赁收款额及未担保余值之和与未实现融资收益之间的差额。

租赁投资净额（融资租赁）=（最低租赁收款额+未担保余值）–未实现融资收益

24.2 融资租赁

24.2.1 融资租赁中承租人的会计处理

1. 租赁期开始日

在租赁期开始日，承租人应当将租赁开始日租赁资产公允价值与最低租赁付款额现值两者中较低者作为租入资产的入账价值，将最低租赁付款额作为长期应付款的入账价值，其差额作为未确认融资费用。

承租人在计算最低租赁付款额的现值时，如果知悉出租人的租赁内含利率，应当采用出租人的租赁内含利率作为折现率；否则，应当采用租赁合同规定的利率作为折现率。如果出租人的租赁内含利率和租赁合同规定的利率均无法知悉，应当采用同期银行贷款利率作为折现率。其中，租赁内含利率，是指在租赁开始日，使最低租赁收款额的现值与未担保余值的现值之和等于租赁资产公允价值与出租人的初始直接费用之和的折现率。

【例 24-1】 20×1 年 12 月 1 日，智董公司（承租人）与贵琛公司（出租人）签订了一份租赁合同。合同主要条款如下：

（1）租赁标的物：塑钢机。

（2）起租日：20×2 年 1 月 1 日。

（3）租赁期：20×2 年 1 月 1 日～20×4 年 12 月 31 日，共 36 个月。

（4）租金支付：自 20×2 年 1 月 1 日每隔 6 个月于月末支付租金 150 000 元。

（5）该机器的保险、维护等费用均由智董公司负担，估计每年约 10 000 元。

（6）该机器在 20×1 年 12 月 1 日的公允价值为 700 000 元。

（7）租赁合同规定的利率为 7%（6 个月利率）（贵琛公司租赁内含利率未知）。

（8）智董公司在租赁谈判和签订租赁合同过程中发生可归属于租赁项目的手续费、差旅费 1 000 元。

（9）该机器的估计使用年限为 8 年，已使用 3 年，期满无残值。承租人采用年限平均法计提折旧。

（10）租赁期届满时，智董公司享有优惠购买该机器的选择权，购买价为 100 元，估计该日租赁资产的公允价值为 80 000 元。

（11）20×3 年和 20×4 年两年，智董公司每年按该机器所生产的产品——塑钢窗户的年销售收入的 5%向贵琛公司支付经营分享收入。

智董公司的会计处理如下：

第一步，判断租赁类型。本例存在优惠购买选择权，优惠购买价 100 元远低于行使选择权日租赁资产的公允价值 80 000 元，所以在租赁开始日，即 20×5 年 12 月 1 日就可合理确定智董公司将会行使这种选择权，符合本章第一节关于融资租赁第（2）条判断标准；另外，最低租赁付款额的现值为 715 116.6 元（计算过程见后）大于租赁资产公允价值的 90%，即 630 000 元（700 000×90%），符合本章第一节关于融资租赁第（4）条判断标准。所以这项租赁应当认定为融资租赁。

第二步，计算租赁开始日最低租赁付款额的现值，确定租赁资产入账价值。

最低租赁付款额=各期租金之和+行使优惠购买选择权支付的金额=150 000×6+100=900 100（元）

计算现值的过程如下：

每期租金 150 000 元的年金现值=150 000×（P/A，7%，6）

优惠购买选择权行使价 100 元的复利现值=100×（P/F，7%，6）

查表得知：

（P/A，7%，6）=4.767

（P/F，7%，6）=0.666

现值合计=150 000×4.767+100×0.666

=715 050+66.6

=715 116.6（元）>700 000（元）

根据公允价值与最低租赁付款额现值孰低原则，租赁资产的入账价值应为其公允价值 700 000 元。

第三步，计算未确认融资费用。

未确认融资费用=最低租赁付款额−租赁开始日租赁资产的公允价值

=900 100−700 000

=200 100（元）

第四步，将初始直接费用计入资产价值。

初始直接费用是指在租赁谈判和签订租赁合同的过程中发生的可直接归属于租赁项目的费用。承租人发生的初始直接费用，通常有印花税、佣金、律师费、差旅费、谈判费等。承租人发生的初始直接费用，应当计入租入资产价值。

具体会计分录如下：

20×2 年 1 月 1 日

借：固定资产——融资租入固定资产	701 000	
未确认融资费用	200 100	
贷：长期应付款——应付融资租赁款		900 100
银行存款		1 000

2. 未确认融资费用的分摊

在融资租赁下，承租人向出租人支付的租金中，包含了本金和利息两部分。承租人支付租金时，一方面应减少长期应付款，另一方面应同时将未确认的融资费用按一定的方法确认为当期融资费用。在先付租金（每期期初等额支付租金）的情况下，租赁期第一期支付的租金不含利息，只需减少长期应付款，不必确认当期融资费用。

在分摊未确认的融资费用时，按照《企业会计准则第 21 号——租赁》的规定，承租人应当采用实际利率法。在采用实际利率法的情况下，根据租赁开始日租赁资产和负债的入账价值基础不同，融资费用分摊率的选择也不同。未确认融资费用的分摊率的确定具体分为下列几种情况。

（1）以出租人的租赁内含利率为折现率将最低租赁付款额折现，且以该现值作为租赁资产入账价值的，应当将租赁内含利率作为未确认融资费用的分摊率。

（2）以合同规定利率为折现率将最低租赁付款额折现，且以该现值作为租赁资产入账价值的，应当将合同规定利率作为未确认融资费用的分摊率。

（3）以银行同期贷款利率为折现率将最低租赁付款额折现，且以该现值作为租赁资产入账价值的，应当将银行同期贷款利率作为未确认融资费用的分摊率。

（4）以租赁资产公允价值为入账价值的，应当重新计算分摊率。该分摊率是使最低租赁付款额的现值等于租赁资产公允价值的折现率。

存在优惠购买选择权的，在租赁期届满时，未确认融资费用应全部摊销完毕，并且租赁负债也应当减少为优惠购买金额。在承租人或与其有关的第三方对租赁资产提供了担保或由于在租赁期届满时没有续租而支付违约金的情况下，在租赁期届满时，未确认融资费用应当全部摊销完毕，并且，租赁负债应减少至担保余值或该日应支付的违约金。

【例 24-2】 沿用例 24-1。以下列示未确认融资费用分摊的处理。

（1）确定融资费用分摊率。

由于租赁资产入账价值为其公允价值，因此应重新计算融资费用分摊率。

因为租赁开始日最低租赁付款额的现值=租赁开始日租赁资产公允价值，可以得出：

150 000×（P/A，r，6）+100×（P/F，r，6）=700 000（元）

可在多次测试的基础上，用插值法计算融资费用分摊率。

当 r=7%时，150 000×4.767+100×0.666=715 050+66.6=715 116.6（元）>700 000（元）

当 r=8%时，150 000×4.623+100×0.630=693 450+63=693 513（元）<700 000（元）

因此，7%<r<8%。用插值法计算如下：

现值	利率
715 116.6	7%
700 000	r
693 513	8%

$$\frac{715\ 116.6-700\ 000}{715\ 116.6-693\ 513}=\frac{7\%-r}{7\%-8\%}$$

r=（21 603.6×7%+15 116.6×1%）÷21 603.6=7.70%

即：融资费用分摊率为 7.70%。

（2）在租赁期内采用实际利率法分摊未确认融资费用（见表 24-1）。

会计分录如下：

20×2 年 6 月 30 日，支付第一期租金时。

借：长期应付款——应付融资租赁款 150 000

　贷：银行存款 150 000

借：财务费用 53 900

　贷：未确认融资费用 53 900

20×2 年 12 月 31 日，支付第二期租金时。

借：长期应付款——应付融资租赁款 150 000

　贷：银行存款 150 000

借：财务费用 46 500.3

　贷：未确认融资费用 46 500.3

20×3 年 6 月 30 日，支付第三期租金时。

借：长期应付款——应付融资租赁款 150 000

　贷：银行存款 150 000

借：财务费用 38 530.82

　贷：未确认融资费用 38 530.82

表 24-1　未确认融资费用分摊表（实际利率法）

20×5 年 12 月 31 日　　单位：元

日　期	租　金	确认的融资费用	应付本金减少额	应付本金余额
①	②	③=期初⑤×7.70%	④=②−③	期末⑤=期初⑤−④
20×1 年 12 月 31 日				700 000
20×2 年 6 月 30 日	150 000	53 900	96 100	603 900
20×2 年 12 月 31 日	150 000	46 500.3	103 499.7	500 400.3
20×3 年 6 月 30 日	150 000	38 530.82	111 469.18	388 931.12
20×3 年 12 月 31 日	150 000	29 947.70	120 052.30	268 878.82
20×4 年 6 月 30 日	150 000	20 703.67	129 296.33	139 582.49
20×4 年 12 月 31 日	150 000	10 517.51*	139 482.49*	100
20×4 年 12 月 31 日	100		100	0
合　计	900 100	200 100	700 000	

注：*做尾数调整：10 517.51=150 000−139 482.49；139 482.49=139 582.49−100。

20×3 年 12 月 31 日，支付第四期租金时。

借：长期应付款——应付融资租赁款 150 000

　贷：银行存款 150 000

借：财务费用　　29 947.70
　贷：未确认融资费用　　29 947.70

20×4 年 6 月 30 日，支付第五期租金时。

借：长期应付款——应付融资租赁款　　150 000
　贷：银行存款　　150 000
借：财务费用　　20 703.67
　贷：未确认融资费用　　20 703.67

20×4 年 12 月 31 日，支付第六期租金时。

借：长期应付款——应付融资租赁款　　150 000
　贷：银行存款　　150 000
借：财务费用　　10 517.51
　贷：未确认融资费用　　10 517.51

3．租赁资产折旧的计提

承租人应对融资租入的固定资产计提折旧。

（1）折旧政策。对于融资租入资产，计提租赁资产折旧时，承租人应采用与自有应折旧资产相一致的折旧政策。同自有应折旧资产一样，租赁资产的折旧方法一般有年限平均法、工作量法、双倍余额递减法、年数总和法等。如果承租人或与其有关的第三方对租赁资产余值提供了担保，则应计折旧总额为租赁期开始日固定资产的入账价值扣除担保余值后的余额；如果承租人或与其有关的第三方未对租赁资产余值提供担保，应计折旧总额为租赁期开始日固定资产的入账价值。

（2）折旧期间。确定租赁资产的折旧期间应视租赁合同的规定而论。如果能够合理确定租赁期届满时承租人将会取得租赁资产所有权，即可认为承租人拥有该项资产的全部使用寿命，因此应以租赁期开始日租赁资产的寿命作为折旧期间；如果无法合理确定租赁期届满后承租人是否能够取得租赁资产的所有权，应以租赁期与租赁资产寿命两者中较短者作为折旧期间。

【例 24-3】 沿用例 24-1。下面列示融资租入固定资产折旧的处理。

融资租入固定资产折旧计算如表 24-2 所示。

表 24-2　融资租入固定资产折旧计算表（年限平均法）

20×6 年 1 月 1 日　　单位：元

日　期	固定资产原价	估计余值	折旧率	当年折旧费	累计折旧	固定资产净值
20×2 年 1 月 1 日	701 000	0				701 000
20×2 年 12 月 31 日			20%	140 200	140 200	560 800
20×3 年 12 月 31 日			20%	140 200	280 400	420 600
20×4 年 12 月 31 日			20%	140 200	420 600	280 400
20×5 年 12 月 31 日			20%	140 200	560 800	140 200
20×6 年 12 月 31 日			20%	140 200	701 000	0
合　计	701 000	0	100%	701 000		

注：在租赁开始日（20×1 年 12 月 1 日）可以合理地确定租赁期届满后承租人能够取得该项资产的所有权，因此在采用年限平均法计提折旧时，应按租赁期开始日租赁资产寿命 5 年（估计使用年限 8 年减去已使用年限 3 年）计提折旧。本例中租赁资产不存在担保余值，应全额计提折旧。

具体会计分录如下：

20×2 年 12 月 31 日，计提本年折旧（假定按年计提折旧）时：

借：制造费用——折旧费	140 200	
贷：累计折旧		140 200

20×3—20×6 年各年分录同上。

4. 履约成本的处理

履约成本是指租赁期内为租赁资产支付的各种使用费用，如技术咨询和服务费、人员培训费、维修费、保险费等。承租人发生的履约成本通常应计入当期损益。

【例 24-4】 沿用例 24-1。假设 20×2 年 12 月 31 日智董公司支付该机器发生的保险费、维护费 10 000 元。

会计分录如下：

借：制造费用	10 000	
贷：银行存款		10 000

5. 或有租金的处理

或有租金是指金额不固定、以时间长短以外的其他因素（如销量、使用量、物价指数等）为依据计算的租金。由于或有租金的金额不固定，无法采用系统合理的方法对其进行分摊，因此或有租金在实际发生时计入当期损益。

【例 24-5】 沿用例 24-1。假设 20×3 年、20×4 年智董公司分别实现塑钢窗户销售收入 100 000 元和 150 000 元，根据租赁合同规定，这两年应支付给贵琛公司经营分享收入分别为 5 000 元和 7 500 元。

相应的会计分录如下：

20×3 年 12 月 31 日：

借：销售费用	5 000	
贷：其他应付款——贵琛公司		5 000

20×4 年 12 月 31 日：

借：销售费用	7 500	
贷：其他应付款——贵琛公司		7 500

6. 租赁期届满时的处理

租赁期届满时，承租人对租赁资产的处理通常有三种情况：返还、优惠续租和留购。

（1）返还租赁资产。租赁期届满，承租人向出租人返还租赁资产时，通常借记“长期应付款——应付融资租赁款”、“累计折旧”科目，贷记“固定资产——融资租入固定资产”科目。

（2）优惠续租租赁资产。承租人行使优惠续租选择权，应视同该项租赁一直存在而做出相应的账务处理。如果租赁期届满时没有续租，根据租赁合同规定须向出租人支付违约金时，借记“营业外支出”科目，贷记“银行存款”等科目。

（3）留购租赁资产。在承租人享有优惠购买选择权的情况下，支付购买价款时，借记“长期应付款——应付融资租赁款”科目，贷记“银行存款”等科目；同时，将固定资产从“融资租入固定资产”明细科目转入有关明细科目。

【例 24-6】 沿用例 24-1。假设 20×4 年 12 月 31 日，智董公司向贵琛公司支付购买价款 100 元。

会计分录如下：

借：长期应付款——应付融资租赁款	100	
贷：银行存款		100
借：固定资产——塑钢机	700 000	
贷：固定资产——融资租入固定资产		700 000

24.2.2 融资租赁中出租人的会计处理

1. 租赁期开始日的处理

在租赁期开始日，将应收融资租赁款、未担保余值之和与其现值的差额确认为未实现融资收益，在将来收到租金的各期内确认为租赁收入。出租人发生的初始直接费用应包括在应收融资租赁款的初始计量中，并减少租赁期内确认的收益金额。

【例 24-7】 沿用例 24-1，并假设融资租赁固定资产账面价值为 700 000 元。出租人（贵琛公司）为签订该项租赁合同发生初始直接费用 10 000 元，已用银行存款支付。以下说明贵琛公司的会计处理。

（1）判断租赁类型。本例存在优惠购买选择权，优惠购买价 100 元远远小于行使选择权日租赁资产的公允价值 70 000 元，因此在 20×1 年 12 月 31 日就可合理确定智董公司将会行使这种选择权，符合本章第一节融资租赁的第（2）条判断标准；另外，在本例中，最低租赁收款额的现值为 710 000 元（计算过程见后），大于租赁开始日租赁资产公允价值的 90%，即 630 000 元（700 000×90%），符合本章第一节融资租赁的第（4）条判断标准；因此这项租赁应认定为融资租赁。

（2）计算租赁内含利率。

最低租赁收款额=租金×期数+优惠购买价格=150 000×6+100=900 100（元）

因此有 150 000×（P/A，r，6）+100×（P/F，r，6）=710 000 元（租赁资产的公允价值+初始直接费用）

根据这一等式，可在多次测试的基础上，用插值法计算租赁内含利率。

当 r=7%时，有：

150 000×4.767+100×0.666=715 050+66.6=715 116.6（元）>710 000（元）

当 r=8%时，有：

150 000×4.623+100×0.630=693 450+63=693 513（元）<710 000（元）

因此，7%<r<8%。用插值法计算如下：

现值	利率
715 116.6	7%
710 000	r
693 513	8%

$$\frac{715\,116.6-710\,000}{715\,116.6-693\,513}=\frac{7\%-r}{7\%-8\%}$$

r=（21 603.6×7%+5 116.6×1%）÷21 603.6=7.24%

即：租赁内含利率为 7.24%。

（3）计算租赁开始日最低租赁收款额及其现值和未实现融资收益。

最低租赁收款额=最低租赁付款额=150 000×6+100=900 100（元）

应收融资租赁款入账价值=900 100+10 000=910 100（元）

最低租赁收款额现值=租赁开始日租赁资产公允价值=700 000（元）

未实现融资收益=900 100−700 000=200 100（元）

具体会计分录如下：

20×2 年 1 月 1 日：

借：长期应收款——应收融资租赁款　　900 100

　贷：银行存款　　10 000

　　　融资租赁固定资产　　700 000

　　　未实现融资收益　　200 100

在本例中，融资租赁固定资产在租赁期开始日的账面价值正好与公允价值一致。

如果账面价值高于或者低于公允价值，其差额应当计入当期损益，通过“营业外收入”或“营业外支出”科目核算。

2. 未实现融资收益的分配

未实现融资收益应当在租赁期内各个期间进行分配，确认为各期的租赁收入。分配时，出租人应当采用实际利率法计算当期应当确认的租赁收入。

出租人每期收到租金时，按收到的租金金额，借记“银行存款”科目，贷记“应收融资租赁款”科目。同时，每期确认租赁收入时，借记“未实现融资收益”科目，贷记“租赁收入”科目。

【例 24-8】 沿用例 24-1。以下说明出租人对未实现融资租赁收益的处理。

计算租赁期内各期应分摊的融资收益参见表 24-3。

表 24-3　未确认融资收益分配表（实际利率法）

20×1 年 12 月 31 日　　单位：元

日　期	租　金	确认的融资收入	租赁投资净额减少额	租赁投资净额余额
①	②	③=期初⑤×7.24%	④=②−③	期末⑤=期初⑤−④
20×1 年 12 月 31 日				700 000
20×2 年 6 月 30 日	150 000	50 680	99 320	600 680
20×2 年 12 月 31 日	150 000	43 489.23	106 510.77	494 169.23
20×3 年 6 月 30 日	150 000	35 777.85	114 222.15	379 947.08
20×3 年 12 月 31 日	150 000	27 508.17	122 491.83	257 455.25
20×4 年 6 月 30 日	150 000	18 639.76	131 360.24	126 095.01
20×4 年 12 月 31 日	150 000	24 004.99*	125 995.01*	100
20×4 年 12 月 31 日	100		100	0
合　计	900 100	200 100	700 000	

注：*做尾数调整：24 004.99=150 000−125 995.01；125 995.01=126 095.01−100

具体会计分录如下：

20×2 年 6 月 30 日收到第一期租金时。

借：银行存款　　150 000

　贷：长期应收款——应收融资租赁款　　150 000

借：未实现融资收益　　　　50 680

　贷：租赁收入　　　　50 680

20×2 年 12 月 31 日收到第二期租金时。

借：银行存款　　　　150 000

　贷：长期应收款——应收融资租赁款　　　　150 000

借：未实现融资收益　　　　43 489.23

　贷：租赁收入　　　　43 489.23

20×3 年 6 月 30 日收到第三期租金时。

借：银行存款　　　　150 000

　贷：长期应收款——应收融资租赁款　　　　150 000

借：未实现融资收益　　　　35 777.85

　贷：租赁收入　　　　35 777.85

20×3 年 12 月 31 日收到第四期租金时。

借：银行存款　　　　150 000

　贷：长期应收款——应收融资租赁款　　　　150 000

借：未实现融资收益　　　　27 508.17

　贷：租赁收入　　　　27 508.17

20×4 年 6 月 30 日收到第五期租金时。

借：银行存款　　　　150 000

　贷：长期应收款——应收融资租赁款　　　　150 000

借：未实现融资收益　　　　18 639.76

　贷：租赁收入　　　　18 639.76

20×4 年 12 月 31 日收到第六期租金时。

借：银行存款　　　　150 000

　贷：长期应收款——应收融资租赁款　　　　150 000

借：未实现融资收益　　　　24 004.99

　贷：租赁收入　　　　24 004.99

3. 初始直接费用的处理

在融资租赁下，出租人发生的初始直接费用应当资本化。出租人在租赁期内确认各期租赁收入时，应当按照各期确认的收入与未实现融资收益的比例，对初始直接费用进行分摊，冲减租赁期内各期确认的租赁收入。

【例 24-9】　沿用例 24-8。在每期分配未实现融资收益同时，分摊初始直接费用，会计分录如下。

20×2 年 6 月 30 日收到第一期租金时，初始直接费用摊销额如下：

初始直接费用摊销额=50 680÷200 100×10 000=2 532.73（元）

借：租赁收入　　　　2 532.73

　贷：长期应收款——应收融资租赁款　　　　2 532.73

20×2 年 12 月 31 日收到第二期租金时，初始直接费用摊销额如下：

初始直接费用摊销额=43 489.23÷200 100×10 000=2 173.37（元）

借：租赁收入　　2 173.37
　贷：长期应收款——应收融资租赁款　　2 173.37

20×3 年 6 月 30 日收到第三期租金时，初始直接费用摊销额如下：

初始直接费用摊销额=35 777.85÷200 100×10 000=1 788（元）

借：租赁收入　　1 788
　贷：长期应收款——应收融资租赁款　　1 788

20×3 年 12 月 31 日收到第四期租金时，初始直接费用摊销额如下：

初始直接费用摊销额=27 508.17÷200 100×10 000=1 374.72（元）

借：租赁收入　　1 374.72
　贷：长期应收款——应收融资租赁款　　1 374.72

20×4 年 6 月 30 日收到第五期租金时，初始直接费用摊销额如下：

初始直接费用摊销额=18 639.76÷200 100×10 000=931.52（元）

借：租赁收入　　931.52
　贷：长期应收款——应收融资租赁款　　931.52

20×4 年 12 月 31 日收到第六期租金时，初始直接费用摊销额如下：

初始直接费用摊销额=24 004.99÷200 100×10 000=1 199.66（元）

借：租赁收入　　1 199.66
　贷：长期应收款——应收融资租赁款　　1 199.66

4．未担保余值发生变动时的处理

由于未担保余值的金额决定了租赁内含利率的大小，从而决定着未实现融资收益的分配，因此，为了真实地反映企业的资产和经营业绩，根据谨慎性原则的要求，在未担保余值发生减少和已确认损失的未担保余值得以恢复的情况下，均应当重新计算租赁内含利率，以后各期根据修正后的租赁投资净额和重新计算的租赁内含利率确定应确认的租赁收入。在未担保余值增加时，不做任何调整。其账务处理如下：

（1）期末，出租人的未担保余值的预计可收回金额低于其账面价值的差额，借记“资产减值损失”科目，贷记“未担保余值减值准备”科目。同时，将未担保余值减少额与由此所产生的租赁投资净额的减少额的差额，借记“未实现融资收益”科目，贷记“资产减值损失”科目。

（2）如果已确认损失的未担保余值得以恢复，应在原已确认的损失金额内转回，借记“未担保余值减值准备”科目，贷记“资产减值损失”科目。同时，将未担保余值恢复额与由此所产生的租赁投资净额的增加额的差额，借记“资产减值损失”科目，贷记“未实现融资收益”科目。

5．或有租金的处理

出租人在融资租赁下收到的或有租金应计入当期损益。

【例 24-10】 沿用例 24-1。假设 20×3 年和 20×4 年，智董公司分别实现塑钢窗户年销售收入 100 000 元和 150 000 元。根据租赁合同的规定，两年应向智董公司收取的经营分享收入分别为 5 000 元和 7 500 元。

会计分录如下：

（1）20×3 年。

借：银行存款（或应收账款）　　5 000
　贷：租赁收入　　5 000

（2）20×4 年。

借：银行存款（或应收账款）　　7 500

　贷：租赁收入　　7 500

6. 租赁期届满时的处理

租赁期届满时出租人应区别以下情况进行会计处理。

（1）租赁期届满时，承租人将租赁资产交还出租人。这时有可能出现以下三种情况。

① 对资产余值全部担保的。出租人收到承租人交还的租赁资产时，应当借记“融资租赁资产”科目，贷记“长期应收款——应收融资租赁款”科目。如果收回租赁资产的价值低于担保余值，则应向承租人收取价值损失补偿金，借记“其他应收款”科目，贷记“营业外收入”科目。

② 对资产余值部分担保的。出租人收到承租人交还的租赁资产时，借记“融资租赁资产”科目，贷记“长期应收款——应收融资租赁款”、“未担保余值”等科目。如果收回租赁资产的价值扣除未担保余值后的余额低于担保余值，则应向承租人收取价值损失补偿金，借记“其他应收款”科目，贷记“营业外收入”科目。

③ 对资产余值全部未担保的。出租人收到承租人交还的租赁资产时，借记“融资租赁资产”科目，贷记“未担保余值”科目。

（2）优惠续租租赁资产。

① 如果承租人行使优惠续租选择权，则出租人应视同该项租赁一直存在而做出相应的账务处理，如继续分配未实现融资收益等。

② 如果租赁期届满时承租人没有续租，根据租赁合同规定应向承租人收取违约金时，并将其确认为营业外收入。同时，将收回的租赁资产按上述规定进行处理。

（3）留购租赁资产。租赁期届满时，承租人行使了优惠购买选择权。出租人应按收到的承租人支付的购买资产的价款，借记“银行存款”等科目，贷记“长期应收款——应收融资租赁款”科目。

【例 24-11】 沿用例 24-1。假设 20×5 年 1 月 1 日，贵琛公司收到智董公司支付的购买价额。

会计分录如下：

借：银行存款　　100

　贷：长期应收款——应收融资租赁款　　100

24.3 经营租赁

24.3.1 经营租赁中承租人的会计处理

1. 租金的处理

在经营租赁下，承租人不必将租赁资产资本化，只需将支付或应付的租金按一定的方法计入相关资产成本或当期损益。

承租人应当将经营租赁的租金在租赁期内各个期间按照年限平均法计入相关资产成本或当期损益；其他方法更为系统合理的，也可以采用其他方法。一般情况下，采用年限平均法将承租人支付的经营租赁租金确认为费用较为合理，但在某些特殊情况下，则应采用比年限平均法更系统、合理的方法，比如根据租赁资产的使用量来确认租金费用。例如，智董公司租入一台起重机，根据起重机的工作小时来确认当期应分摊的租金费用就比按年限平均法确认更为合理。

承租人确认的租金费用，借记"在建工程"、"无形资产"、"销售费用"、"管理费用"等科目，贷记"银行存款"等科目。

2．初始直接费用的处理

对于承租人在经营租赁中发生的初始直接费用，应计入当期损益。其账务处理为：借记"管理费用"等科目，贷记"银行存款"等科目。

3．或有租金的处理

在经营租赁下，承租人对或有租金的处理与融资租赁下相同，即在实际发生时计入当期损益。其账务处理为：借记"财务费用"、"销售费用"等科目，贷记"银行存款"等科目。

24.3.2 经营租赁中出租人的会计处理

1．经营租赁资产在会计报表中的处理

在经营租赁下，与资产所有权有关的主要风险和报酬仍然留在出租人一方，因此出租人应当将出租资产作为自身拥有的资产在资产负债表中列示，如果出租资产属于固定资产，则列在资产负债表固定资产项下，如果出租资产属于流动资产，则列在资产负债表有关流动资产项下。

2．租金的处理

在一般情况下，出租人应采用直线法将收到的租金在租赁期内确认为收益，但在某些特殊情况下，则应采用比直线法更系统、合理的方法。比如根据租赁资产的使用量来确认租赁收益的方法。例如，出租一台起重机，根据起重机的工作小时来确认当期租赁收益就比按直线法确认更为合理。

3．初始直接费用的处理

出租人发生的初始直接费用，应当计入当期损益。

4．租赁资产折旧的计提

对于经营租赁资产中的固定资产，应当采用出租人对类似应折旧资产通常所采用的折旧政策计提折旧；对于其他经营租赁资产如周转材料等，应当采用合理的方法进行摊销。

5．或有租金的处理

在经营租赁下，出租人对或有租金的处理与融资租赁下相同，即在实际发生时计入当期收益。

24.4 售后租回交易

售后租回的流程如图 24-1 所示。

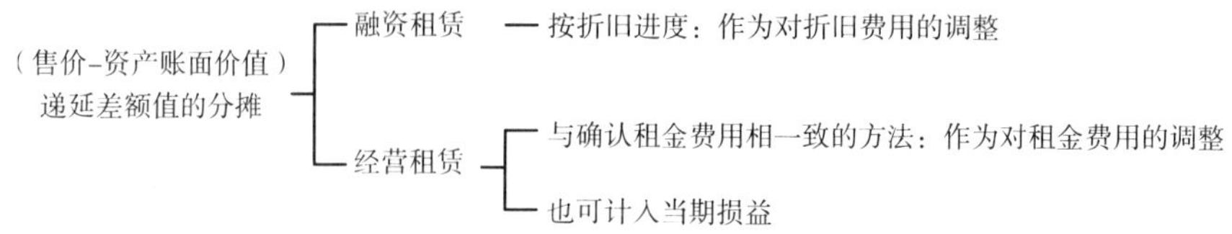

图 24-1　售后租回

1．性质认定

承租人和出租人应当根据《企业会计准则第 21 号——租赁》第二章的规定，将售后租回交易认定为融资租赁或经营租赁。

2．融资租赁

售后租回交易认定为融资租赁的，售价与资产账面价值之间的差额应当予以递延，并按照该项租赁资产的折旧进度进行分摊，作为折旧费用的调整。

【例 24-12】 假设 20×6 年 1 月 1 日，智董公司将一台塑钢机按 700 000 元的价格销售给贵琛公司。该机器的公允价值为 700 000 元，账面原价为 1 000 000 元，已提折旧 400 000 元。同时又签订了一份融资租赁协议将机器租回。

智董公司对售后租回交易中售价与资产账面价值的差额会计处理如下（计算过程见表 24-4）：

（1）20×6 年 1 月 1 日，结转出售固定资产的成本。

借：固定资产清理　　600 000
　　累计折旧　　400 000
　贷：固定资产——塑钢机　　1 000 000

（2）20×6 年 1 月 1 日，向贵琛公司出售塑钢机。

借：银行存款　　700 000
　贷：固定资产清理　　600 000
　　　递延收益——未实现售后租回损益　　100 000

表 24-4　未实现售后租回收益分摊表（年限平均法）

20×6 年 1 月 1 日　　单位：元

日　期	售　价	固定资产账面价值	摊销期	分摊率	摊销额	未实现售后租回损益
20×6 年 1 月 1 日	700 000	600 000	5 年			100 000
20×6 年 12 月 31 日				20%	20 000	80 000
20×7 年 12 月 31 日				20%	20 000	60 000
20×8 年 12 月 31 日				20%	20 000	40 000
20×9 年 12 月 31 日				20%	20 000	20 000
20×0 年 12 月 31 日				20%	20 000	0
合　计	700 000	600 000		100%	100 000	

（3）20×6 年 12 月 31 日，确认本年度应分摊的未实现售后租回损益。

借：递延收益——未实现售后租回损益（融资租赁）　　20 000
　贷：制造费用——折旧费　　20 000

其他会计分录略。

3. 经营租赁

售后租回交易认定为经营租赁的，售价与资产账面价值之间的差额应当予以递延，并在租赁期内按照与确认租金费用相一致的方法进行分摊，作为租金费用的调整。但是，有确凿证据表明售后租回交易是按照公允价值达成的，售价与资产账面价值之间的差额应当计入当期损益。

【例 24-13】 假设 20×6 年 1 月 1 日，智董公司将全新办公用房一套，按照 30 000 000 元的价格售给贵琛公司，并立即签订了一份租赁合同，从贵琛公司租回该办公用房，租期为 3 年。办公用房原账面价值为 29 000 000 元，预计使用年限为 25 年。租赁合同规定，第一年年末支付租金 500 000 元，第二年年末支付租金 750 000 元，第三年年末支付租金 750 000 元。租赁期满后预付租金不退回，贵琛公司收回办公用房使用权（假设智董公司和贵琛公司均在年末确认租金费用和经营租赁收入并且不存在租金逾期支付的情况）。

智董公司的会计处理如下：

第一步，判断租赁类型。根据资料分析，该项租赁属于经营租赁。

第二步，计算未实现售后租回损益。

未实现售后租回损益=售价–资产的账面价值=30 000 000–29 000 000=1 000 000（元）

第三步，在租赁期内按租金支付比例分摊未实现售后租回损益（见表 24-5）。

表 24-5 未实现售后租回收益分摊表

20×6 年 1 月 1 日 单位：元

日　　期	售价	固定资产账面价值	支付的租金	租金支付比例	摊销额	未实现售后租回损益
（1）20×6 年 1 月 1 日	30 000 000	29 000 000				1 000 000
（2）20×6 年 12 月 31 日			500 000	25%	250 000	750 000
（3）20×7 年 12 月 31			750 000	37.5%	375 000	375 000
（4）20×8 年 12 月 31 日			750 000	37.5%	375 000	0
合　　计	30 000 000	29 000 000	2 000 000	100%	1 000 000	

会计分录如下：

（1）20×6 年 1 月 1 日，向贵琛公司出售办公用房。

借：银行存款　　30 000 000

　贷：固定资产清理　　29 000 000

　　　递延收益——未实现售后租回损益（经营租赁）　　1 000 000

（2）20×6 年 1 月 1 日，结转出售固定资产的成本。

借：固定资产清理　　29 000 000

　贷：固定资产——办公用房　　29 000 000

（3）20×6 年 12 月 31 日，分摊未实现售后租回损益。

借：递延收益——未实现售后租回损益（经营租赁）　　250 000

　贷：管理费用——租赁费　　250 000

其他会计分录略。

在有确凿证据表明售后租回交易是按照公允价值达成的情况下，实质上相当于一项正常的销售，售价与资产账面价值的差额，应当计入当期损益。

【例 24-14】 沿用例 24-13，假定有确凿证据表明该办公房产目前公允价值为 30 000 000，则智董公司应当将售价与资产账面价值的差额记入当期损益。账务处理如下：

借：银行存款　　30 000 000

　贷：固定资产清理　　29 000 000

　　营业外收入　　1 000 000

24.5 会计科目及主要账务处理

24.5.1 融资租赁资产

1. 会计科目核算内容

本科目核算企业（租赁）为开展融资租赁业务取得资产的成本。

本科目期末借方余额反映企业融资租赁资产的成本。

2. 明细核算

本科目可按承租人、租赁资产类别和项目进行明细核算。

3. 主要账务处理

（1）企业购入和以其他方式取得的融资租赁资产，借记本科目，贷记“银行存款”等科目。

（2）在租赁期开始日，按租赁开始日最低租赁收款额与初始直接费用之和，借记“长期应收款”科目，按未担保余值，借记“未担保余值”科目，按融资租赁资产的公允价值（最低租赁收款额与未担保余值的现值之和），贷记本科目，按发生的初始直接费用，贷记“银行存款”等科目，按其差额，贷记“未实现融资收益”科目。融资租赁资产的公允价值与其账面价值有差额的，还应借记“营业外支出”科目或贷记“营业外收入”科目。

24.5.2 长期应收款

1. 会计科目核算内容

本科目核算企业的长期应收款项，包括融资租赁产生的应收款项、采用递延方式具有融资性质的销售商品和提供劳务等产生的应收款项等。

实质上构成对被投资单位净投资的长期权益，也通过本科目核算。

2. 明细核算

本科目可按债务人进行明细核算。

3. 主要账务处理

（1）出租人融资租赁产生的应收租赁款，在租赁期开始日，应按租赁开始日最低租赁收款额与初始直接费用之和，借记本科目，按未担保余值，借记“未担保余值”科目，按融资租赁资产的公允价值（最低租赁收款额和未担保余值的现值之和），贷记“融资租赁资产”科目，按融资租赁资产的公允价值与账面价值的差额，借记“营业外支出”科目或贷记“营业外收入”

科目，按发生的初始直接费用，贷记“银行存款”等科目，按其差额，贷记“未实现融资收益”科目。

（2）采用递延方式分期收款销售商品或提供劳务等经营活动产生的长期应收款，满足收入确认条件的，按应收的合同或协议价款，借记本科目，按应收合同或协议价款的公允价值（折现值），贷记“主营业务收入”等科目，按其差额，贷记“未实现融资收益”科目。涉及增值税的，还应进行相应的处理。

（3）如有实质上构成对被投资单位净投资的长期权益，被投资单位发生的净亏损应由本企业承担的部分，在“长期股权投资”的账面价值减记至零以后，还需承担的投资损失，应以本科目中实质上构成了对被投资单位净投资的长期权益部分账面价值减记至零为限，继续确认投资损失，借记“投资收益”科目，贷记本科目。除上述已确认投资损失外，投资合同或协议中约定仍应承担的损失，确认为预计负债。

本科目的期末借方余额反映企业尚未收回的长期应收款。

24.5.3　未实现融资收益

1．会计科目核算内容

本科目核算企业分期计入租赁收入或利息收入的未实现融资收益。

本科目期末贷方余额反映企业尚未转入当期收益的未实现融资收益。

2．明细核算

本科目可按未实现融资收益项目进行明细核算。

3．主要账务处理

（1）出租人融资租赁产生的应收租赁款，在租赁期开始日，应按租赁开始日最低租赁收款额与初始直接费用之和，借记“长期应收款”科目，按未担保余值，借记“未担保余值”科目，按融资租赁资产的公允价值（最低租赁收款额的现值和未担保余值的现值之和），贷记“融资租赁资产”科目，按融资租赁资产的公允价值与账面价值的差额，借记“营业外支出”科目或贷记“营业外收入”科目，按发生的初始直接费用，贷记“银行存款”等科目，按其差额，贷记本科目。

采用实际利率法按期计算确定的融资收入，借记本科目，贷记“租赁收入”科目。

（2）采用递延方式分期收款、实质上具有融资性质的销售商品或提供劳务等经营活动产生的长期应收款，满足收入确认条件的，按应收的合同或协议价款，借记“长期应收款”科目，按应收的合同或协议价款的公允价值，贷记“主营业务收入”等科目，按其差额，贷记本科目。涉及增值税的，还应进行相应的处理。

采用实际利率法按期计算确定的利息收入，借记本科目，贷记“财务费用”科目。

24.5.4　固定资产

1．会计科目核算内容

本科目核算企业持有的固定资产原价。建造承包商的临时设施，以及企业购置计算机硬件所附带的、未单独计价的软件，也通过本科目核算。

本科目期末借方余额，反映企业固定资产的原价。

2. 明细核算

本科目可按固定资产类别和项目进行明细核算。融资租入的固定资产，可在本科目设置“融资租入固定资产”明细科目。

3. 主要账务处理

融资租入的固定资产，在租赁期开始日，按应计入固定资产成本的金额（租赁开始日租赁资产公允价值与最低租赁付款额现值两者中较低者，加上初始直接费用），借记本科目或“在建工程”科目，按最低租赁付款额，贷记“长期应付款”科目，按发生的初始直接费用，贷记“银行存款”等科目，按其差额，借记“未确认融资费用”科目。

租赁期届满，企业取得该项固定资产所有权的，应将该项固定资产从“融资租入固定资产”明细科目转入有关明细科目，等等。

24.5.5 未担保余值

1. 会计科目核算内容

本科目核算企业（租赁）采用融资租赁方式租出资产的未担保余值。

本科目期末借方余额，反映企业融资租出资产的未担保余值。

2. 明细核算

本科目可按承租人、租赁资产类别和项目进行明细核算。

未担保余值发生减值的，可以单独设置“未担保余值减值准备”科目。

3. 主要账务处理

（1）出租人融资租赁产生的应收租赁款，在租赁期开始日，应按租赁开始日最低租赁收款额与初始直接费用之和，借记“长期应收款”科目，按未担保余值，借记本科目，按融资租赁资产的公允价值（最低租赁收款额和未担保余值的现值之和），贷记“融资租赁资产”科目，按发生的初始直接费用，贷记“银行存款”等科目，按其差额，贷记“未实现融资收益”科目。

（2）租赁期限届满，承租人行使了优惠购买选择权的，企业（租赁）按收到承租人支付的购买价款，借记“银行存款”等科目，贷记“长期应收款”科目。存在未担保余值的，按未担保余值，借记“租赁收入”科目，贷记本科目。

承租人未行使优惠购买选择权，企业（租赁）收到承租人交还租赁资产，存在未担保余值的，按未担保余值，借记“融资租赁资产”科目，贷记本科目；存在担保余值的，按担保余值，借记“融资租赁资产”科目，贷记“长期应收款”科目。

（3）资产负债表日，确定未担保余值发生减值的，按应减记的金额，借记“资产减值损失”科目，贷记“未担保余值减值准备”科目。未担保余值价值以后又得以恢复的，应在原已计提的未担保余值减值准备金额内，按恢复增加的金额，借记“未担保余值减值准备”科目，贷记“资产减值损失”科目。

24.5.6 长期待摊费用

1. 会计科目核算内容

本科目核算企业已经发生但应由本期和以后各期负担的分摊期限在 1 年以上的各项费用，如以经营租赁方式租入的固定资产发生的改良支出等。

本科目期末借方余额，反映企业尚未摊销完毕的长期待摊费用。

2．明细核算

本科目可按费用项目进行明细核算。

3．主要账务处理

企业发生的长期待摊费用，借记本科目，贷记“银行存款”、“原材料”等科目。摊销长期待摊费用，借记“管理费用”、“销售费用”等科目，贷记本科目。

24.5.7 应付职工薪酬

1．会计科目核算内容

本科目核算企业根据有关规定应付给职工的各种薪酬。企业（外商）按规定从净利润中提取的职工奖励及福利基金，也在本科目核算。

本科目期末贷方余额反映企业应付未付的职工薪酬。

2．明细核算

本科目可按“工资”、“职工福利”、“社会保险费”、“住房公积金”、“工会经费”、“职工教育经费”、“非货币性福利”、“辞退福利”、“股份支付”等进行明细核算。

3．企业发生应付职工薪酬的主要账务处理

企业以其自产产品发放给职工作为职工薪酬的，借记“管理费用”、“生产成本”、“制造费用”等科目，贷记本科目。

无偿向职工提供住房等固定资产使用的，按应计提的折旧额，借记“管理费用”、“生产成本”、“制造费用”等科目，贷记本科目；同时，借记本科目，贷记“累计折旧”科目。

租赁住房等资产供职工无偿使用的，按每期应支付的租金，借记“管理费用”、“生产成本”、“制造费用”等科目，贷记本科目，等等。

4．企业发放职工薪酬的主要账务处理

企业以其自产产品发放给职工的，借记本科目，贷记“主营业务收入”科目；同时，还应结转产成品的成本。涉及增值税销项税额的，还应进行相应的处理。

支付租赁住房等资产供职工无偿使用所发生的租金，借记本科目，贷记“银行存款”等科目。

24.5.8 长期应付款

1．会计科目核算内容

本科目核算企业除长期借款和应付债券以外的其他各种长期应付款项，包括应付融资租入固定资产的租赁费、以分期付款方式购入固定资产等发生的应付款项等。

本科目期末贷方余额反映企业应付未付的长期应付款项。

2．明细核算

本科目可按长期应付款的种类和债权人进行明细核算。

3. 主要账务处理

企业融资租入的固定资产，在租赁期开始日，按应计入固定资产成本的金额（租赁开始日租赁资产公允价值与最低租赁付款额现值两者中较低者，加上初始直接费用），借记“在建工程”或“固定资产”科目，按最低租赁付款额，贷记本科目，按发生的初始直接费用，贷记“银行存款”等科目，按其差额，借记“未确认融资费用”科目。

按期支付的租金，借记本科目，贷记“银行存款”等科目。

24.5.9 未确认融资费用

1. 会计科目核算内容

本科目核算企业应当分期计入利息费用的未确认融资费用。

本科目期末借方余额反映企业未确认融资费用的摊余价值。

2. 明细核算

本科目可按债权人和长期应付款项目进行明细核算。

3. 主要账务处理

企业融资租入的固定资产，在租赁期开始日，按应计入固定资产成本的金额（租赁开始日租赁资产公允价值与最低租赁付款额现值两者中较低者，加上初始直接费用），借记“在建工程”或“固定资产”科目，按最低租赁付款额，贷记“长期应付款”科目，按发生的初始直接费用，贷记“银行存款”等科目，按其差额，借记本科目。

采用实际利率法分期摊销未确认融资费用，借记“财务费用”、“在建工程”等科目，贷记本科目。

24.5.10 机械作业

1. 会计科目核算内容

本科目核算企业（建造承包商）及其内部独立核算的施工单位、机械站和运输队使用自有施工机械和运输设备进行机械作业（包括机械化施工和运输作业等）所发生的各项费用。

企业及其内部独立核算的施工单位，从外单位或本企业其他内部独立核算的机械站租入施工机械发生的机械租赁费，在“工程施工”科目核算。

本科目期末应无余额。

24.5.11 租赁收入

1. 会计科目核算内容

本科目核算企业（租赁）确认的租赁收入。

期末，应将本科目余额转入“本年利润”科目，结转后本科目无余额。

2. 明细核算

本科目可按租赁资产类别进行明细核算。

3. 主要账务处理

企业确认的租赁收入，借记“未实现融资收益”、“应收账款”等科目，贷记本科目。取得或有租金，借记“银行存款”等科目，贷记本科目。

24.6 租赁的列报

1.《企业会计准则第 21 号——租赁》的规定

承租人应当在资产负债表中，将与融资租赁相关的长期应付款减去未确认融资费用的差额，分别长期负债和一年内到期的长期负债列示。

承租人应当在附注中披露与融资租赁有关的下列信息：

（1）各类租入固定资产的期初和期末原价、累计折旧额。

（2）资产负债表日后连续三个会计年度每年将支付的最低租赁付款额，以及以后年度将支付的最低租赁付款额总额。

（3）未确认融资费用的余额，以及分摊未确认融资费用所采用的方法。

出租人应当在资产负债表中，将应收融资租赁款减去未实现融资收益的差额，作为长期债权列示。

出租人应当在附注中披露与融资租赁有关的下列信息：

（1）资产负债表日后连续三个会计年度每年将收到的最低租赁收款额，以及以后年度将收到的最低租赁收款额总额。

（2）未实现融资收益的余额，以及分配未实现融资收益所采用的方法。

承租人对于重大的经营租赁，应当在附注中披露下列信息。

（1）资产负债表日后连续三个会计年度每年将支付的不可撤销经营租赁的最低租赁付款额。

（2）以后年度将支付的不可撤销经营租赁的最低租赁付款额总额。

出租人对经营租赁，应当披露各类租出资产的账面价值。

承租人和出租人应当披露各售后租回交易以及售后租回合同中的重要条款。

2.《企业会计准则第 30 号——财务报表列报》应用指南的规定

（1）融资租赁出租人应当说明未实现融资收益的余额，并披露与融资租赁有关的信息（见表 24-6）。

表 24-6 与融资租赁有关信息的披露格式

剩余租赁期	最低租赁收款额
1 年以内（含 1 年）	
1 年以上 2 年以内（含 2 年）	
2 年以上 3 年以内（含 3 年）	
3 年以上	
合　计	

（2）经营租赁出租人各类租出资产的披露格式如表 24-7 所示。

表 24-7　各类租出资产的披露格式

经营租赁租出资产类别	期末账面价值	年初账面价值
一、机器设备		
二、运输工具		
……		
合　　计		

（3）融资租赁承租人应当说明未确认融资费用的余额，并披露与融资租赁有关的下列信息。

① 各类租入固定资产的年初和期末原价、累计折旧额、减值准备累计金额。

② 以后年度将支付的最低租赁付款额的披露格式如表 24-8 所示。

表 24-8　最低租赁付款额的披露格式

剩余租赁期	最低租赁付款额
1 年以内（含 1 年）	
1 年以上 2 年以内（含 2 年）	
2 年以上 3 年以内（含 3 年）	
3 年以上	
合　　计	

（4）对于重大的经营租赁，经营租赁承租人应当披露的信息如表 24-9 所示。

表 24-9　重大的经营租赁披露的信息

剩余租赁期	最低租赁付款额
1 年以内（含 1 年）	
1 年以上 2 年以内（含 2 年）	
2 年以上 3 年以内（含 3 年）	
3 年以上	
合　　计	

（5）披露各售后租回交易以及售后租回合同中的重要条款。

第 25 章

会计政策、会计估计变更和差错更正

25.1 会计政策

会计政策是指企业在会计确认、计量和报告中所采用的原则、基础和会计处理方法。企业采用的会计计量基础也属于会计政策。

25.1.1 会计政策变更的概念

会计政策变更是指企业对相同的交易或者事项由原来采用的会计政策改用另 会计政策的行为。

为保证会计信息的可比性，使财务报表使用者在比较企业一个以上期间的财务报表时，能够正确判断企业的财务状况、经营成果和现金流量的趋势，一般情况下，企业采用的会计政策，在每一会计期间和前后各期应当保持一致，不得随意变更。否则，势必削弱会计信息的可比性。但是，满足下列（1）、（2）条件之一的，可以变更会计政策。

（1）法律、行政法规或者国家统一的会计制度等要求变更。这种情况是指，按照法律、行政法规以及国家统一的会计制度的规定，要求企业采用新的会计政策，则企业应当按照法律、行政法规以及国家统一的会计制度的规定改变原会计政策，按照新的会计政策执行。

《企业会计准则第 1 号——存货》规定，不允许企业采用后进先出法核算发出存货成本，这就要求执行企业会计准则体系的企业按照新规定，将原来以后进先出法核算发出存货成本改为准则规定可以采用的会计政策。

《企业会计准则第 8 号——资产减值》规定，已计提固定资产减值准备不允许转回，这就要求执行企业会计准则体系的企业按照新规定改变原允许固定资产减值准备转回的做法，变更原有会计政策。

（2）会计政策变更能够提供更可靠、更相关的会计信息。由于经济环境、客观情况的改变，使企业原采用的会计政策所提供的会计信息，已不能恰当地反映企业的财务状况、经营成果和现金流量等情况。在这种情况下，应改变原有会计政策，按变更后新的会计政策进行会计处理，以便对外提供更可靠、更相关的会计信息。

【例 25-1】 智董公司一直采用成本模式对投资性房地产进行后续计量，如果该企业能够从房地产交易市场上持续地取得同类或类似房地产的市场价格及其他相关信息，从而能够对投资性房地产的公允价值做出合理的估计，此时采用公允价值模式对投资性房地产进行后续计量可以更好地反映其价值。这种情况下，该企业可以将投资性房地产的后续计量方法由成本模式变更为公允价值模式。

需要注意的是，除法律、行政法规以及国家统一的会计制度要求变更会计政策的，应当按照国家的相关规定执行外，企业因满足上述第（2）个条件变更会计政策时，必须有充分、合理的证据表明其变更的合理性，并说明变更会计政策后，能够提供关于企业财务状况、经营成果和现金流量等更可靠、更相关的会计信息的理由。对会计政策的变更，企业仍应经股东大会或董事会、经理（厂长）会议或类似机构批准，并按照法律、行政法规等的规定报送有关各方备案。如无充分、合理的证据表明会计政策变更的合理性，或者未重新经股东大会或董事会、经理（厂长）会议或类似机构批准擅自变更会计政策的，或者连续、反复地自行变更会计政策的，视为滥用会计政策，按照前期差错更正的方法进行处理。

上市公司的会计政策目录及变更会计政策后重新制定的会计政策目录，除应当按照信息披露的要求对外公布外，还应当报公司上市地交易所备案。未报公司上市地交易所备案的，视为滥用会计政策，按照前期差错更正的方法进行处理。

（3）不属于会计政策变更的情况。

1）本期发生的交易或者事项与以前相比具有本质差别而采用新的会计政策。

【例 25-2】 智董公司以往租入的设备均为临时需要而租入的，因此按经营租赁会计处理方法核算，但自本年度起租入的设备均采用融资租赁方式，则该企业自本年度起对新租赁的设备采用融资租赁会计处理方法核算。由于该企业原租入的设备均为经营性租赁，本年度起租赁的设备均改为融资租赁，经营租赁和融资租赁有着本质差别，因而改变会计政策不属于会计政策变更。

2）对初次发生的或不重要的交易或者事项采用新的会计政策。

【例 25-3】 智董公司初次签订一项建造合同，为另一企业建造三栋厂房，该企业对该项建造合同采用完工百分比法确认收入。由于该企业初次发生该项交易，采用完工百分比法确认该项交易的收入，不属于会计政策变更。

【例 25-4】 智董公司在生产经营过程中原使用少量的低值易耗品，并且价值较低，故企业在领用低值易耗品时一次计入费用；该企业于近期转产，生产新产品，所需低值易耗品比较多，且价值较大，企业对领用的低值易耗品处理方法，改为五五摊销的方法，分摊计入费用。该企业低值易耗品原在企业生产经营中所占的费用比例并不大，改变低值易耗品处理方法后，对损益的影响并不大，属于不重要的事项，会计政策在这种情况下的改变不属于会计政策变更。

25.1.2 会计政策变更的会计处理

1. 会计政策变更累积影响数会计政策变更累积影响数，是指按照变更后的会计政策对以前各期追溯计算的列报前期最早期初留存收益应有金额与现有金额之间的差额

根据上述定义的表述，会计政策变更的累积影响数可以分解为以下两个金额之间的差额。

（1）在变更会计政策当期，按变更后的会计政策对以前各期追溯计算，所得到列报前期最

早期初留存收益金额。

（2）在变更会计政策当期，列报前期最早期初留存收益金额。

上述留存收益金额，包括法定盈余公积、法定公益金、任意盈余公积以及未分配利润各项目，不考虑由于损益的变化而应当补分的利润或股利。例如，智董公司由于会计政策变化，增加了以前期间可供分配的利润，该企业通常按净利润的 20%分派股利。但在计算调整会计政策变更当期期初的留存收益时，不应当考虑由于以前期间净利润的变化而需要分派的股利。

在财务报表只提供列报项目上一个可比会计期间比较数据的情况下，上述第（2）项在变更会计政策当期，列报前期最早期初留存收益金额，即为上期资产负债表所反映的期初留存收益，可以从上年资产负债表项目中获得；需要计算确定的是第（1）项，即按变更后的会计政策对以前各期追溯计算所得到的上期期初留存收益金额。

累积影响数通常可以通过以下各步计算获得：

① 根据新会计政策重新计算受影响的前期交易或事项。

② 计算两种会计政策下的差异。

③ 计算差异的所得税影响金额。

④ 确定前期中的每一期的税后差异。

⑤ 计算会计政策变更的累积影响数。

2. 追溯调整法

追溯调整法是指对某项交易或事项变更会计政策，视同该项交易或事项初次发生时，即采用变更后的会计政策，并以此对财务报表相关项目进行调整的方法。

追溯调整法的运用通常由以下几步构成：

（1）计算会计政策变更的累积影响数。

（2）编制相关项目的调整分录。

（3）调整列报前期最早期初财务报表相关项目及其金额。

（4）附注说明。

采用追溯调整法时，对于比较财务报表期间的会计政策变更，应调整各期间净损益各项目和财务报表其他相关项目，视同该政策在比较财务报表期间上一直采用。对于比较财务报表可比期间以前的会计政策变更的累积影响数，应调整比较财务报表最早期间的期初留存收益，财务报表其他相关项目的数字也应一并调整。因此，追溯调整法是将会计政策变更的累积影响数调整列报前期最早期初留存收益，而不计入当期损益。

3. 不切实可行的判断

不切实可行是指企业在采取所有合理的方法后，仍然不能获得采用某项规定所必需的相关信息，而导致无法采用该项规定，则该项规定在此时是不切实可行的。

对于以下特定前期，对某项会计政策变更应用追溯调整法或进行追溯重述以更正一项前期差错是不切实可行的。

（1）应用追溯调整法或追溯重述法的累积影响数不能确定。

（2）应用追溯调整法或追溯重述法要求对管理层在该期当时的意图做出假定。

（3）应用追溯调整法或追溯重述法要求对有关金额进行重大估计，并且不可能将提供有关交易发生时存在状况的证据（例如，有关金额确认、计量或披露日期存在事实的证据，以及在受变更影响的当期和未来期间确认会计估计变更的影响的证据）和该期间财务报表批准报出时能够取得的信息这两类信息与其他信息客观地加以区分。

在某些情况下，调整一个或者多个前期比较信息以获得与当期会计信息的可比性是不切实可行的。例如，某个或者多个前期财务报表有关项目的数据难以收集，而要再造会计信息则可能是不切实可行的。

对根据某项交易或者事项确认、披露的财务报表项目应用会计政策时常常需要进行估计。本质上，估计是主观行为，而且可能在资产负债表日后才做出。当追溯调整会计政策变更或者追溯重述前期差错更正时，要做出切实可行的估计更加困难，因为有关交易或者事项已经发生了较长一段时间，要获得做出切实可行的估计所需要的相关信息往往比较困难。

在前期采用一项新会计政策或者更正前期金额时，不论是对管理层在某个前期的意图做出假定，还是估计在前期确认、计量或者披露的金额，都不应当使用“后见之明”。例如，按照《企业会计准则第22号——金融工具确认和计量》的规定，企业对于原先划归为持有至到期投资的金融资产计量的前期差错，即便管理层随后决定不将这些投资持有至到期，也不能改变它们在前期的计量基础，即该项金融资产应当仍然按照持有至到期投资进行计量。

4. 未来适用法

未来适用法是指将变更后的会计政策应用于变更日及以后发生的交易或者事项，或者在会计估计变更当期和未来期间确认会计估计变更影响数的方法。

在未来适用法下，不需要计算会计政策变更产生的累积影响数，也无须重编以前年度的财务报表。企业会计账簿记录及财务报表上反映的金额，变更之日仍保留原有的金额，不因会计政策变更而改变以前年度的既定结果，并在现有金额的基础上再按新的会计政策进行核算。

5. 会计政策变更的会计处理方法

会计政策变更根据具体情况，分别按照以下规定处理。

（1）法律、行政法规或者国家统一的会计制度等要求变更的情况下，企业应当分别按以下情况进行处理：

① 国家发布相关的会计处理办法，则按照国家发布的相关会计处理规定进行处理。例如，1993年我国会计改革，会计政策发生了较大的变动，财政部制定了相关的新旧会计制度衔接处理办法，各行业在执行新制度过程中对于会计政策变更的处理，应按照该衔接办法的规定进行处理。

② 国家没有发布相关的会计处理办法，则采用追溯调整法进行会计处理。

（2）会计政策变更能够提供更可靠、更相关的会计信息的情况下，企业应当采用追溯调整法进行会计处理，将会计政策变更累积影响数调整列报前期最早期初留存收益，其他相关项目的期初余额和列报前期披露的其他比较数据也应当一并调整。

（3）确定会计政策变更对列报前期影响数不切实可行的，应当从可追溯调整的最早期间期初开始应用变更后的会计政策。

（4）在当期期初确定会计政策变更对以前各期累积影响数不切实可行的，应当采用未来适用法处理。例如，企业因账簿、凭证超过法定保存期限而销毁，或因不可抗力而毁坏、遗失，如火灾、水灾等，或因人为因素，如盗窃、故意毁坏等，可能使当期期初确定会计政策变更对以前各期累积影响数无法计算，即不切实可行，在这种情况下，会计政策变更应当采用未来适用法进行处理。

需要注意的是，按照《企业会计准则第 28 号——会计政策、会计估计变更和差错更正》规定对以前年度损益进行追溯调整或追溯重述的，应当重新计算各列报期间的每股收益。

25.2 会计估计变更

25.2.1 会计估计变更的概念

会计估计变更，是指由于资产和负债的当前状况及预期经济利益和义务发生了变化，从而对资产或负债的账面价值或者资产的定期消耗金额进行调整。

由于企业经营活动中内在的不确定因素，许多财务报表项目不能准确地计量。只能加以估计，估计过程涉及以最近可以得到的信息为基础所做的判断。但是，估计毕竟是就现有资料对未来所作的判断，随着时间的推移，如果赖以进行估计的基础发生变化，或者由于取得了新的信息、积累了更多的经验或后来的发展可能不得不对估计进行修订，但会计估计变更的依据应当真实、可靠。会计估计变更的情形包括以下两种。

1. 赖以进行估计的基础发生了变化

企业进行会计估计，总是依赖于一定的基础。如果其所依赖的基础发生了变化，则会计估计也应相应发生变化。

【例 25-5】 智董公司的一项无形资产摊销年限原定为 10 年，以后发生的情况表明，该资产的受益年限已不足 10 年，相应调减摊销年限。

2. 取得了新的信息、积累了更多的经验

企业进行会计估计是就现有资料对未来所做的判断，随着时间的推移，企业有可能取得新的信息、积累更多的经验，在这种情况下，企业可能不得不对会计估计进行修订，即发生会计估计变更。

【例 25-6】 智董公司原根据当时能够得到的信息，对应收账款每年按其余额的 5%计提坏账准备。现在掌握了新的信息，判定不能收回的应收账款比例已达 15%，企业改按 15%的比例计提坏账准备。

会计估计变更，并不意味着以前期间会计估计是错误的，只是由于情况发生变化，或者掌握了新的信息，积累了更多的经验，使得变更会计估计能够更好地反映企业的财务状况和经营成果。如果以前期间的会计估计是错误的，则属于会计差错，按会计差错更正的会计处理办法进行处理。

25.2.2 会计估计变更的会计处理

企业对会计估计变更应当采用未来适用法处理，其处理方法如下。

1. 会计估计变更仅影响变更当期的，其影响数应当在变更当期予以确认

【例 25-7】 智董公司原按应收账款余额的 5%提取坏账准备，由于企业不能收回应收账款的比例已达 10%，则企业改按应收账款余额的 10%提取坏账准备。这类会计估计的变更，只影响变更当期，因此，应于变更当期确认。

2. 既影响变更当期又影响未来期间的，其影响数应当在变更当期和未来期间予以确认

【例 25-8】 智董公司的一项可计提折旧的固定资产，其有效使用年限或预计净残值的估计发生变更，影响了变更当期及资产以后使用年限内各个期间的折旧费用，这项会计估计的变

更，应于变更当期及以后各期确认。

会计估计变更的影响数应计入变更当期与前期相同的项目中。为了保证不同期间的财务报表具有可比性，会计估计变更的影响如果以前包括在企业日常经营活动的损益中，则以后也应包括在相应的损益类项目中；如果会计估计变更的影响数以前包括在特殊项目中，则以后也相应作为特殊项目反映。

3．企业应当正确划分会计政策变更和会计估计变更，并按不同的方法进行相关会计处理

企业通过判断会计政策变更和会计估计变更划分基础仍然难以对某项变更进行区分的，应当将其作为会计估计变更处理。

25.3 前期差错更正

前期差错是指由于没有运用或错误运用下列两种信息，而对前期财务报表造成省略或错报。

（1）编报前期财务报表时预期能够取得并加以考虑的可靠信息。

（2）前期财务报告批准报出时能够取得的可靠信息。

前期差错通常包括计算错误、应用会计政策错误、疏忽或曲解事实、舞弊产生的影响以及存货、固定资产盘盈等。

25.3.1 前期差错重要性的判断

如果财务报表项目的遗漏或错误表述可能影响财务报表使用者根据财务报表所做出的经济决策，则该项目的遗漏或错误是重要的。

重要的前期差错是指足以影响财务报表使用者对企业财务状况、经营成果和现金流量做出正确判断的前期差错。不重要的前期差错是指不足以影响财务报表使用者对企业财务状况、经营成果和现金流量做出正确判断的前期差错。

前期差错的重要性取决于在相关环境下对遗漏或错误表述的规模和性质的判断。前期差错所影响的财务报表项目的金额或性质，是判断该前期差错是否具有重要性的决定性因素。一般来说，前期差错所影响的财务报表项目的金额越大、性质越严重，其重要性水平越高。

企业应当严格区分会计估计变更和前期差错更正，对于前期根据当时的信息、假设等作了合理估计，在当期按照新的信息、假设等需要对前期估计金额做出变更的，应当作为会计估计变更处理，不应作为前期差错更正处理。

25.3.2 前期差错更正的会计处理

会计差错产生于财务报表项目的确认、计量、列报或披露的会计处理过程中，如果财务报表中包含重要差错，或者差错不重要但是故意造成的（以便形成对企业财务状况、经营成果和现金流量等会计信息某种特定形式的列报），即应认为该财务报表未遵循企业会计准则的规定进行编报。在当期发现的当期差错应当在财务报表发布之前予以更正。当重要差错直到下一期间才被发现，就形成了前期差错。

企业应当采用追溯重述法更正重要的前期差错，但确定前期差错累积影响数不切实可行的除外。追溯重述法是指在发现前期差错时，视同该项前期差错从未发生过，从而对财务报表相关项目进行更正的方法。

1. 不重要的前期差错的处理

对于不重要的前期差错，企业不需调整财务报表相关项目的期初数，但应调整发现当期与前期相同的相关项目。属于影响损益的，应直接计入本期与上期相的净损益项目；属于不影响损益的，应调整本期与前期相同的相关项目。

2. 重要的前期差错的处理

对于重要的前期差错，企业应当在其发现当期的财务报表中，调整前期比较数据。具体地说，企业应当在重要的前期差错发现当期的财务报表中，通过下述处理对其进行追溯更正。

（1）追溯重述差错发生期间列报的前期比较金额。

（2）如果前期差错发生在列报的最早前期之前，则追溯重述列报的最早前期的资产、负债和所有者权益相关项目的期初余额。

对于发生的重要前期差错，如影响损益，应将其对损益的影响数调整发现当期的期初留存收益，财务报表其他相关项目的期初数也应一并调整；如不影响损益，应调整财务报表相关项目的期初数。

在编制比较财务报表时，对于比较财务报表期间的重要的前期差错，应调整各该期间的净损益和其他相关项目，视同该差错在产生的当期已经更正；对于比较财务报表期间以前的重要的前期差错，应调整比较财务报表最早期间的期初留存收益，财务报表其他相关项目的数字也应一并调整。

确定前期差错影响数不切实可行的，可以从可追溯重述的最早期间开始调整留存收益的期初余额，财务报表其他相关项目的期初余额也应当一并调整，也可以采用未来适用法。当企业确定前期差错对列报的一个或者多个前期比较信息的特定期间的累积影响数不切实可行时，应当追溯重述切实可行的最早期间的资产、负债和所有者权益相关项目的期初余额（可能是当期）；当企业在当期期初确定前期差错对所有前期的累积影响数不切实可行时，应当从确定前期差错影响数切实可行的最早日期开始采用未来适用法追溯重述比较信息；当企业确定所有前期差错（如采用错误的会计政策）累积影响数不切实可行时，应当从确定前期差错影响数切实可行的最早日期开始采用未来适用法追溯重述比较信息，为此在该日期之前的资产、负债和所有者权益相关项目的累积重述部分可以忽略不计。

需要注意的是，为了保证经营活动的正常进行，企业应当建立健全内部稽核制度，保证会计资料的真实、完整。但是，在日常会计核算中也可能由于各种原因造成会计差错，如抄写差错、可能对事实的疏忽和误解以及对会计政策的误用。企业发现会计差错时，应当根据差错的性质及时纠正。对于当期发现的、属于当期的会计差错，应调整本期相关项目。例如，企业将本年度在建工程人员的工资计入了管理费用，则应将计入管理费用的在建工程人员工资调整计入工程成本。对于年度资产负债表日至财务报告批准报出日之间发现的报告年度的会计差错及报告年度前不重要的前期差错，应按照《企业会计准则第 29 号——资产负债表日后事项》的规定进行处理。

25.4 附注披露

1.《企业会计准则第 28 号——会计政策、会计估计变更和差错更正》的规定

企业应当在附注中披露与会计政策变更有关的下列信息：

（1）会计政策变更的性质、内容和原因。

（2）当期和各个列报前期财务报表中受影响的项目名称和调整金额。

（3）无法进行追溯调整的，说明该事实和原因以及开始应用变更后的会计政策的时点、具体应用情况。

企业应当在附注中披露与会计估计变更有关的下列信息：

（1）会计估计变更的内容和原因。

（2）会计估计变更对当期和未来期间的影响数。

（3）会计估计变更的影响数不能确定的，披露这一事实和原因。

企业应当在附注中披露与前期差错更正有关的下列信息：

（1）前期差错的性质。

（2）各个列报前期财务报表中受影响的项目名称和更正金额。

（3）无法进行追溯重述的，说明该事实和原因以及对前期差错开始进行更正的时点、具体更正情况。

在以后期间的财务报表中，不需要重复披露在以前期间的附注中已披露的会计政策变更和前期差错更正的信息。

2. 会计政策变更的披露

企业应当在附注中披露与会计政策变更有关的下列信息。

（1）会计政策变更的性质、内容和原因。包括：对会计政策变更的简要阐述、变更的日期、变更前采用的会计政策和变更后所采用的新会计政策及会计政策变更的原因。例如，依据法律或会计准则等行政法规、规章的要求变更会计政策时，在财务报表附注中应当披露所依据的文件，如对于由于执行企业会计准则而发生的变更，应在财务报表附注中说明，依据《企业会计准则第×号——××》的要求变更会计政策。

（2）当期和各个列报前期财务报表中受影响的项目名称和调整金额。包括：采用追溯调整法时，计算出的会计政策变更的累积影响数；当期和各个列报前期财务报表中需要调整的净损益及其影响金额，以及其他需要调整的项目名称和调整金额。

（3）无法进行追溯调整的，说明该事实和原因以及开始应用变更后的会计政策的时点、具体应用情况。包括：无法进行追溯调整的事实；确定会计政策变更对列报前期影响数不切实可行的原因；在当期期初确定会计政策变更对以前各期累积影响数不切实可行的原因；开始应用新会计政策的时点和具体应用情况。

需要注意的是，在以后期间的财务报表中，不需要重复披露在以前期间的附注中已披露的会计政策变更的信息。

【例 25-9】 智董股份有限公司从 20×7 年起对其以交易为目的从股票市场购入的股票由成本与市价孰低改为公允价值计量，该公司保存的会计资料比较齐备，可以通过会计资料追溯计算。假设所得税税率为 33%，税法按完工百分比法计算收入并计入应纳税所得额。该公司按净利润的 10%提取法定盈余公积，按净利润的 5%提取任意盈余公积。该公司发行股票份额为

4 500 万股。用两种方法计算的税前会计利润如表 25-1 所示。

表 25-1 用两种方法计量的交易性金融资产 单位：元

会计政策 年份	成本	市价	成本与市价孰低	公允价值
20×5 年	4 500 000	5 100 000	4 500 000	5 100 000
20×6 年	1 100 000	1 300 000	1 100 000	1 300 000

根据上述资料，智董公司的会计处理如下。

（1）计算改变交易性金融资产计量方法后的累积影响数，如表 25-2 所示。

表 25-2 改变交易性金融资产计量方法后的累积影响数 单位：元

年度	公允价值	成本与市价孰低	税前差异	所得税影响	税后差异
20×5 年	5 100 000	4 500 000	600 000	198 000	402 000
20×6 年	1 300 000	1 100 000	200 000	66 000	134 000
总计	6 400 000	5 600 000	800 000	264 000	536 000

智董公司 20×7 年 12 月 31 日的比较财务报表最早期初为 20×6 年 1 月 1 日。

智董公司在 20×5 年按公允价值计算的税前利润为 5 100 000 元，按成本与市价孰低计算的税前利润为 4 500 000 元，两者的所得税影响为 198 000 元，两者差异的税后净影响额为 402 000 元，即为该公司 20×6 年期初由成本与市价孰低改为公允价值的累积影响数。

智董公司在 20×6 年按公允价值计算的税前利润为 6 400 000 元，按成本与市价孰低计算的税前利润为 5 600 000 元，两者的所得税影响为 264 000 元，两者差异的税后净影响额为 536 000 元，其中，402 000 元是调整 20×6 年累积影响数，134 000 元是调整 20×6 年当期金额。

（2）编制有关项目的调整分录。

20×6 年年初有关项目的调整分录如下：

① 调整会计政策变更累积影响数。

借：交易性金融资产 600 000
　贷：利润分配——未分配利润 402 000
　　递延所得税负债 198 000

② 调整利润分配。

借：利润分配——未分配利润（402 000×15%） 60 300
　贷：盈余公积 60 300

20×7 年年初有关项目的调整分录：

① 调整交易性金融资产。

借：交易性金融资产 800 000
　贷：利润分配——未分配利润 536 000
　　递延所得税负债 264 000

② 调整利润分配。

借：利润分配——未分配利润（536 000×15%） 80 400
　贷：盈余公积 80 400

（3）财务报表调整和重述（财务报表略）。智董公司在列报 20×7 年度的财务报表时，应调整资产负债表和20×7年年初数；利润表及股东权益变动表的上年数也应作相应调整。下表列示资产负债表年初数栏调整前和调整后的数字、利润表及股东权益变动表上年数栏调整前和调整后的数字的有关资料。20×7 年 12 月 31 日资产负债表的期末数栏和利润表及股东权益变动表上本年累计数栏的年初未分配利润应按调整后的数字为基础编制。

① 资产负债表项目的调整：调增20×7 年交易性金融资产年初数 800 000 元；调增 20×7 年度递延所得税负债 264 000 元；调增盈余公积 804 000 元；调增未分配利润 455 600 元。

② 利润表项目的调整：调增20×7 年公允价值变动收益 200 000 元；调增所得税费用 66 000 元；调增净利润 134 000 元；调增基本每股收益 0.003 元。

③ 股东权益变动表项目的调整：调增盈余公积项目下会计政策变更影响数 80 400 元；调增未分配利润项目下会计政策变更影响数 455 600 元。

（4）附注说明。20×7 年智董公司按照会计制度规定，对交易性金融资产计量由成本与市价孰低改为以公允价值计量。此项会计政策变更采用追溯调整法，20×6 年的比较财务报表已重新表述。20×6 年期初运用新会计政策追溯计算的会计政策变更累计影响数为 402 000 元。调增 20×6 年的期初留存收益 402 000 元，其中，调增未分配利润 341 700 元。会计政策变更对 20×7 年度报告的损益的影响为增加净利润 134 000 元。

3. 会计估计变更的披露

企业应当在附注中披露与会计估计变更有关的下列信息：

（1）会计估计变更的内容和原因。包括变更的内容、变更日期以及会计估计变更的原因。

（2）会计估计变更对当期和未来期间的影响数。包括会计估计变更对当期和未来期间损益的影响金额，以及对其他各项目的影响金额。

（3）会计估计变更的影响数不能确定的，披露这一事实和原因。

【例 25-10】 智董公司有一台管理用设备，原始价值为 84 000 元，预计使用寿命为 8 年，净残值为 4 000 元，自 20×2 年 1 月 1 日起按直线法计提折旧。20×6 年 1 月，由于新技术的发展等原因，需要对原预计使用寿命和净残值做出修正，修改后的预计使用寿命为 6 年，净残值为 2 000 元。假定税法允许按变更后的折旧额在税前扣除。智董公司对上述会计估计变更的会计处理如下。

（1）不调整以前各期折旧，也不计算累计影响数。

（2）变更日以后发生的经济业务改按新估计使用寿命提取折旧。

按原估计，每年折旧额为 10 000 元，已提折旧 4 年，共计 40 000 元，固定资产净值为 44 000 元，则第 5 年相关科目的期初余额如下：

固定资产	84 000
减：累计折旧	40 000
固定资产净值	44 000

改变估计使用寿命后，20×6年1月1日起每年计提的折旧费用为21 000元[（44 000−2 000）÷（6−4）]。20×6 年不必对以前年度已提折旧进行调整，只需按重新预计的尚可使用寿命和净残值计算确定的年折旧费用，编制会计分录如下：

借：管理费用	21 000	
贷：累计折旧		21 000

（3）附注说明。本公司一台管理用设备，原始价值为 84 000 元，原预计使用寿命为 8 年，预计净残值为 4 000 元，按直线法计提折旧。由于新技术的发展，该设备已不能按原预计使用寿命计提折旧，本公司于 20×6 年初变更该设备的使用寿命为 6 年，预计净残值为 2 000 元，以反映该设备的真实耐用寿命和净残值。此估计变更影响本年度净利润减少数为 7 370 元［（21 000–10 000）×（1–33%）］。

4．前期差错更正的披露

企业应当在附注中披露与前期差错更正有关的下列信息：

（1）前期差错的性质。

（2）各个列报前期财务报表中受影响的项目名称和更正金额。

（3）无法进行追溯重述的，说明该事实和原因以及对前期差错开始进行更正的时点、具体更正情况。

在以后期间的财务报表中，不需要重复披露在以前期间的附注中已披露的前期差错更正的信息。

【例 25-11】 不重要的前期差错的会计处理

智董公司在 20×6 年 12 月 31 日发现，一台价值 9 600 元、应计入固定资产，并于 20×5 年 2 月 1 日开始计提折旧的管理用设备，在 20×5 年计入了当期费用。该公司固定资产折旧采用直线法，该资产估计使用年限为 4 年，假设不考虑净残值因素。在 20×6 年 12 月 31 日更正此差错的会计分录如下：

借：固定资产	9 600	
贷：管理费用		5 000
累计折旧		4 600

假设该项差错直到 20×9 年 2 月后才发现，则不需要做任何分录，因为该项差错已经抵消了。

【例 25-12】 重要的前期差错的会计处理

智董公司在 20×6 年发现，20×5 年公司漏记一项固定资产的折旧费用 150 000 元，但在所得税申报表中扣除了该项折旧。假设 20×5 年适用所得税税率为 33%，对上述折旧费用记录了 49 500 元的递延所得税负债，无其他纳税调整事项。该公司按净利润的 10%提取法定盈余公积，按净利润的 5%提取任意盈余公积。该公司发行股票份额为 1 800 000 股。

（1）分析差错的影响数。

20×5 年少计折旧费用	150 000
少计累计折旧	150 000
多计所得税费用（150 000×33%）	49 500
多计净利润	100 500
多计递延所得税负债（150 000×33%）	49 500
多提法定盈余公积	10 050
多提任意盈余公积	5 025

（2）编制有关项目的调整分录。

① 补提折旧时：

借：以前年度损益调整	150 000	
贷：累计折旧		150 000

② 调整递延税款时：

借：递延所得税负债　　49 500

　贷：以前年度损益调整　　49 500

③ 将“以前年度损益调整”科目的余额转入利润分配时：

借：利润分配——未分配利润　　100 500

　贷：以前年度损益调整　　100 500

④调整利润分配有关数字时：

借：盈余公积　　15 075

　贷：利润分配——未分配利润　　15 075

（3）财务报表调整和重述（财务报表略）。智董公司 20×6 年度资产负债表的年初数和利润表及股东权益变动表表的上年数栏分别按调整前和调整后的金额列示如下，20×6 年度资产负债表的期末数栏和利润表及股东权益，变动表的本年累计数栏的年初未分配利润，应该调整后的年初数为基础编制。

① 资产负债表项目的调整：调增累计折旧 150 000 元；调减所得税负债 49 500 元；调减盈余公积 15 075 元；调减未分配利润 85 425 元。

② 利润表项目的调整：调增营业成本 150 000 元；调减所得税费用 50 500 元；调增净利润 100 500 元；调减基本每股收益 0.0559 元。

③ 股东权益变动表项目的调整：调减盈余公积项目下前期差错更正影响数 15 075 元。

（4）附注说明。本年度发现 20×5 年漏记固定资产折旧 150 000 元，在编制 20×5 年与 20×6 年可比的财务报表时，已对该项差错进行了更正。由于此项错误的影响，20×5 年虚增净利润及留存收益 100 500 元，少计累计折旧 150 000 元。

第 26 章 资产负债表日后事项

26.1 资产负债表日后事项概述

《企业会计准则第 29 号——资产负债表日后事项》第二条规定，资产负债表日后事项是指资产负债表日至财务报告批准报出日之间发生的有利或不利事项。

如果母公司在国外或子公司在国外，无论国外母公司或子公司是如何确定会计年度的，其向国内提供的财务报表均应按照我国对会计年度的规定，提供相应期间的财务报表，而不能以国外母公司或子公司确定的会计年度作为依据。

对于有利和不利事项，均按同一原则处理，即如果属于调整事项，对有利和不利的调整事项都应按《企业会计准则第 29 号——资产负债表日后事项》的规定，在进行相关的账务处理后，调整报告年度的财务报表；如果属于非调整事项，对有利和不利的非调整事项均应在报告年度的财务报表附注中披露。

公司对外公布的不仅是财务报表，而是包括财务报表在内的一整套系统完整的财务报告，仅仅将财务报表批准报出日作为资产负债表日后事项的时间界限不太准确，实际上也不存在公司单独批准财务报表报出的情况。因此，准则采用了“财务报告”而不是“财务报表”，这也与《公司法》的要求相符合。

进一步说，财务报告通常是由对财务报告的内容负有法律责任的单位或个人批准向企业的外部公布，这里的“对财务报告的内容负有法律责任的单位或个人”一般指所有者、所有者中的多数、董事会或类似的管理单位，“财务报告批准报出日”也就定义为董事会或类似机构批准财务报告报出的日期。这里很容易让人产生误解的是，上市公司的财务报告是由股东大会批准的，因此，财务报告批准报出日应为股东大会批准财务报告报出的日期。实际上，根据《公司法》的规定，董事会有权制定公司的年度财务预算方案、决算方案、利润分配方案和弥补亏损方案，而股东大会有权审议批准公司的年度财务预算方案、决算方案、利润分配方案和弥补亏损方案。上市公司的财务报告是经董事会批准报出，在对外公布的同时，报送给股东大会审议批准，因此，财务报告批准报出日是指董事会或类似机构批准财务报告报出的日期。

1. 资产负债表日后事项的分类

《企业会计准则第 29 号——资产负债表日后事项》第二条规定，资产负债表日后事项包括资产负债表日后调整事项和资产负债表日后非调整事项。

《企业会计准则第 29 号——资产负债表日后事项》第三条规定，资产负债表日后事项表明持续经营假设不再适用的，企业不应当在持续经营基础上编制财务报表。

（1）调整事项。就资产负债表日已经存在的情况提供进一步证据的事项，以确定资产负债表日提供的财务信息是否与事实相符。这类事项所提供的新的追加的证据有助于对资产负债表日存在情况做出新的估计，在《企业会计准则第 29 号——资产负债表日后事项》中称为调整事项。

例如，20×7 年 10 月智董公司有一诉讼事项，在 20×7 年 12 月 31 日未结案，而是在 20×8 年年初结案，则属于资产负债表日后调整事项。

（2）非调整事项。在资产负债表日后才发生的事项，这类事项不影响资产负债表日存在情况，但为了使财务报告使用者全面了解企业的财务状况、经营成果以及现金流量的变动，需要在财务报表附注中予以说明，在《企业会计准则第 29 号——资产负债表日后事项》中称为非调整事项。资产负债表日后非调整事项是指表明资产负债表日后发生的情况的事项。

例如，智董公司在 20×7 年年末批准进行债务重组，20×8 年 1 月重组完成，此为调整事项。又如，智董公司在 20×8 年年初商讨进行债务重组，在 20×8 年 2 月重组完成，此为非调整事项。

2．资产负债表日后事项的几个特殊问题

（1）调整事项和非调整事项如何判断。同一性质的事项可以是调整事项，也可以是非调整事项，这取决于所涉及的情况是在该企业的特定情况下是否已在报表日存在，而没有明确规定，这一事项是调整事项，另一事项是非调整事项。

【例 26-1】 智董公司 20×7 年 8 月向贵琛公司购买商品，货款未付，反映在贵琛公司账上即有一笔应收智董公司的账款，如果 20×7 年 11 月智董公司财务状况不佳，到年末还未偿付，贵琛公司已按应收账款的 5%提取了坏账准备；到 20×8 年 2 月，贵琛公司收到通知，智董公司已破产，无法偿还所欠货款，那么贵琛公司应将此事项作为调整事项，调整 20×7 年度财务报表。

这是一个非常典型的调整事项的常见例子。在这个例子中，我们很容易理解的是，智董公司的破产不是一朝一夕的事，智董公司濒临破产可能已很久了，实际上在贵琛公司的资产负债表日已经无力偿还所欠货款，其后的破产只是间接证实了智董公司的货款在资产负债表日已经是收不回来的。

【例 26-2】 承例 26-1，假设上述智董公司在 20×8 年 2 月发生了一场火灾，这一事项应在智董公司本身的财务报表中，作为非调整事项处理，因为火灾并未给智董公司在资产负债表日存在的情况提供任何新资料。

如果将火灾和应收账款两个例子结合在一起，情况就发生了变化。同样是智董公司 20×7 年 8 月向贵琛公司购买商品，货款至年末还未偿付，在 20×7 年 12 月 31 日，贵琛公司即有一笔应收智董公司的货款，20×8 年 2 月贵琛公司收到智董公司通知，智董公司发生了一场火灾，烧毁了大部分厂房，已无力偿还所欠货款，由于发生火灾是不可预计的，在资产负债表日也不可能有任何迹象表明即将发生火灾，因而不能为资产负债表日存在的情况提供新的证据，贵琛公司只能将这一事项作为非调整事项在 20×7 年度财务报表附注中进行说明。同样是应收智董公司账款这一事项，由于导致收不回来的原因不同，则在贵琛公司 20×7 年的财务报表中反映的方式不同（一个作为调整事项调整财务报表，一个作为非调整事项在财务报表附注中说明）。

（2）资产负债表日后事项与或有事项如何区分。资产负债表日后事项与或有事项有很密切的关系，但也有区别。这里以或有事项最常见的诉讼例子来说明。

【例 26-3】 智董公司在 20×8 年 10 月涉及一个诉讼事项，到年末法庭还没有判决。那么，在年末，该诉讼事项是智董公司的或有事项，智董公司必须按照有关或有事项会计准则（《企业会计准则第 13 号——或有事项》，本节下同）的要求，根据或有损失的可能性决定是否计提准备；由于在年末还没有判决，智董公司一般会根据律师的意见做出估计。如果在财务报告报出前，法庭做出判决，或律师修改其法律意见，该事项就成为一个应调整的资产负债表日后事项。

由例 26-3 可以看出，或有事项与资产负债表日后事项是相关的。首先在资产负债表日，我们应根据有关或有事项的会计准则来判断是否存在或有事项，以及应该为该或有事项所做的准备金额或可能带来的或有损失金额；若根据或有事项会计准则判断在资产负债表日存在一个或有事项，由此我们必须进一步考虑在资产负债表日后是否有相关的调整事项，影响我们对资产负债表日或有事项的估计和判断。判断或有事项的存在及有关金额，依据有关或有事项的会计准则。当或有事项确定下来并成为资产负债表日后事项时，则应依据《企业会计准则第 29 号——资产负债表日后事项》的要求，做出相关的会计处理或附注说明。

26.2 资产负债表日后调整事项

1．资产负债表日后调整事项的性质

在资产负债表日以前，或资产负债表日已经存在，资产负债表日后得以证实的事项，是资产负债表日后事项中的调整事项，这类事项能对资产负债表日存在的有关情况提供追加的证据，并会影响编制财务报表过程中的内在估计。根据《企业会计准则第 29 号——资产负债表日后事项》的要求，资产负债表日后事项如属于调整事项，应对按照资产负债表日已编制的财务报表所反映的收入、费用、资产、负债以及所有者权益作相应的调整，并按调整后的数额重新编制财务报表，以便为财务报表使用者提供与报出日最为相关的财务信息。

2．资产负债表日后调整事项的处理原则

（1）调整财务报表的资产和负债以及相关收入、费用等，以反映资产负债表日后事项的影响。

支持这一方法的人认为，财务报表中列示的金额经常来自估计，而非准确的计量。这些金额一般包括很多近似值、分类、概括、判断和分配。例如，估计是用来确定诸如资产的折旧年限、不可收回的应收账款金额、可能发生的产品保修成本、销售退回和折让、由于减损而减记的资产公允价值，以及为履行采购义务而必须付出的金额等。企业资产的实际结果需要到交易结束才能确定，而这一结果常常发生在财务报告日以后。因此，尽管财务报告都被认为是准确的，但财务报表中的数据几乎无一例外都是基于估计的。支持这种可选方法者认为，在财务报告公布以前可以获得的全部信息都应为其使用者所利用，来评价作为估计基础的情况和条件，以便为其使用者做出正确的判断提供相关可靠的依据。因此，对资产负债表日后所取得的新的证明导致的任何估计的变化，均应调整财务报告。这一方法与权责发生制原则是一致的。

（2）不调整财务报表上的相关数据，仅在财务报表附注中披露资产负债表日后事项对财务报表上相关项目预计产生的影响。

支持这一可选方法者认为，通过在财务报表附注中或一些其他信息方式披露这些事项，可以很好地反映财务报表的原貌以及财务报表中估计的变化情况。

我们认为，资产负债表日后事项中的调整事项，是对资产负债表日所占有资料做出估计的一种追加证据，表明资产负债表日所作的估计与事实存在一定的差距。当新的证据证明原估计数存在差异时，应对根据资产负债表日存在状况编制的财务报表的相关数据进行调整，使对外公布的财务报表所估计的数字更加接近事实。因此，《企业会计准则第 29 号——资产负债表日后事项》采用了第一种方法。

国际会计准则和中国香港、日本、英国及美国等国家（地区）的会计准则都要求，针对有助于资产负债表中数额估计的所有调整事项，应对资产和负债进行调整。只有法国规定，“当事项显示了风险或损失的存在，且损失的金额可合理估计时才要求调整。”

《企业会计准则第 29 号——资产负债表日后事项》第四条规定，企业发生的资产负债表日后调整事项，应当调整资产负债表日的财务报表。

《企业会计准则第 29 号——资产负债表日后事项》第五条规定：“企业发生的资产负债表日后调整事项，通常包括下列各项：

（一）资产负债表日后诉讼案件结案，法院判决证实了企业在资产负债表日已经存在现时义务，需要调整原先确认的与该诉讼案件相关的预计负债，或确认一项新负债。

（二）资产负债表日后取得确凿证据，表明某项资产在资产负债表日发生了减值或者需要调整该项资产原先确认的减值金额。

（三）资产负债表日后进一步确定了资产负债表日前购入资产的成本或售出资产的收入。

（四）资产负债表日后发现了财务报表舞弊或差错。”

3. 资产负债表日后调整事项的具体会计处理

（1）资产负债表日后诉讼案件结案，法院判决证实了企业在资产负债表日已经存在现时义务，需要调整原先确认的与该诉讼案件相关的预计负债，或确认一项新负债。

以已确定获得或支付的赔偿为例。这一事项是指，在资产负债表日以前，或资产负债表日已经存在的赔偿事项，资产负债表日至财务报告批准报出日之间提供了新的证据，表明企业能够收到赔偿款或需要支付赔偿款，这一新的证据如果对资产负债表日所作的估计需要调整的，应对财务报表进行调整。

【例 26-4】 惠勤公司与赓升公司签订的经济合同中订明，惠勤公司应于 20×8 年 8 月 2 日提供赓升公司一批商品，由于惠勤公司未按合同规定按时提供商品，致使赓升公司发生经济损失，赓升公司于 20×8 年 10 月提出起诉，要求惠勤公司赔偿违约经济损失 500 000 元。由于案件尚在审理过程中，并未做出最终判决，惠勤公司于 20×8 年 12 月 31 日根据当时的资料判断可能会败诉，估计赔偿金额 200 000 元，并按此估计金额计入了损益。但在 20×9 年 3 月 1 日财务报告批准报出前经一审判决，惠勤公司需赔偿赓升公司经济损失 450 000 元，惠勤公司和赓升公司均接受此判决，不再诉。

这一事项表明，资产负债表日后至财务报告批准报出日之间有了最终的结果，因而对资产负债表日存在的状况提供了进一步证据，这一新的证据如果表明对资产负债表日所作估计需要调整的，应对资产负债表日编制的财务报表进行调整。

（2）资产负债表日后取得确凿证据，表明某项资产在资产负债表日发生了减值或者需要调整该项资产原先确认的减值金额。

这一事项主要是指，在资产负债表日以前，或在资产负债表日，根据当时资料判断某项资产可能发生了损失或永久性减值，但没有最后确定是否会发生，因而按照当时最好的估计金额反映在财务报表中。但在资产负债表日至财务报告批准报出日之间，所取得的新的或进一步的证据能证明该事实成立，即某项资产已经发生了损失或永久性减值，则应对资产负债表日所作的估计予以修正。

【例 26-5】 惠勤公司应收怡昌祥公司账款 560 000 元，按合同约定应在 20×7 年 11 月 10 日前偿还。在 20×7 年 12 月 31 日结账时惠勤公司尚未收到这笔应收账款，并已知怡昌祥公司财务状况不佳，近期内难以偿还债务，惠勤公司对该项应收账款提取 2%的坏账准备。20×8 年 2 月 10 日，在惠勤公司报出财务报告之前收到怡昌祥公司通知，怡昌祥公司已宣告破产，无法偿付部分欠款。

从这一例子可见，惠勤公司于 20×7 年 12 月 31 日结账时已经知道怡昌祥公司财务状况不佳，即在 20×7 年 12 月 31 日资产负债表日，怡昌祥公司财务状况不佳的事实已经存在，但未得到怡昌祥公司破产的确切证据。20×8 年 2 月 10 日惠勤公司正式收到怡昌祥公司通知，得知怡昌祥公司已破产，并且无法偿付部分货款，即 20×8 年 2 月 10 日对 20×7 年 12 月 31 日存在的情况提供了新的证据，表明根据 20×7 年 12 月 31 日存在情况提供的资产负债表所反映的应收怡昌祥公司账款中已有部分成为坏账，据此应对财务报表相关项目的数字进行调整。

（3）资产负债表日后进一步确定了资产负债表日前购入资产的成本或售出资产的收入。

以销售退回为例。这一事项是指，在产负债表日以前或资产负债表日，根据合同规定所销售的物资已经发出，当时认为与该项物资所有权相关的风险和报酬已经转移，货款能够收回，根据收入确认原则确认了收入并结转了相关成本。即在资产负债表日企业确认为已经销售，并在财务报表上反映。但在资产负债表日后至财务报告批准报出日之间所取得的证据证明该批已确认为销售的物资确实已经退回，应作为调整事项进行相关的账务处理，并调整资产负债表日编制的财务报表有关收入、费用、资产、负债、所有者权益等项目的数字。值得说明的是，资产负债表日后事项中的销售退回，既包括报告年度销售的物资，在报告年度的资产负债表日后退回；也包括报告午度前销售的物资，在报告年度的资产负债表日后退回。《企业会计准则第 29 号——资产负债表日后事项》第九条规定："企业应当在附注中披露与资产负债表日后事项有关的下列信息：（一）财务报告的批准报出者和财务报告批准报出日。按照有关法律、行政法规等规定，企业所有者或其他方面有权对报出的财务报告进行修改的，应当披露这一情况。……"

【例 26-6】 惠勤公司 20×8 年 10 月销售的一批商品，在当时确认了销售，但在 20×9 年 2 月 1 日财务报告批准报出日前收到退回该批已销的商品。

从这一例子可见，惠勤公司 20×8 年 10 月销售的商品，商品已经发出并符合收入确认原则，则企业根据当时的情况确认销售实现，计算了销售收入并结转了成本，该批销售商品的收入、成本、利润已经包括在 20×8 年 12 月 31 日的财务报表中。20×9 年 2 月 1 日收到的新的证据证明该项销售已经退回，表明原确认的销售实现已经不能成立，则应当对 20×8 年 12 月 31 日编制的财务报表进行调整，调整财务报表相关项目的数字。

【例 26-7】 怡昌祥公司 20×7 年 12 月销售一批商品，由于销售商品的所有权上的风险和报酬已经转移，货款能够收回，符合收入确认原则，企业确认了收入并结转了成本；20×9 年 1 月 10 日财务报告批准报出日前，怡昌祥公司收到退回的 20×7 年 12 月销售的商品。

对于这一销售退回事项，虽然是20×7年销售的，但在20×8年报告年度的资产负债表日后（20×9年1月10日）退回，也应当作为调整事项，调整报告年度（20×8年度）财务报表相关项目的数字。

（4）资产负债表日后发现了财务报表舞弊或差错。

这一事项是指资产负债表日后发现报告期或以前期间存在的财务报表舞弊或差错。企业发生这一事项后，应当将其作为资产负债表日后调整事项，调整报告年度的年度财务报告或中期财务报告相关项目的数字。

26.3 资产负债表日后非调整事项

一般而言，非调整事项的财务影响在它发生的那个期间（资产负债表日后的期间）已被记录在财务报表中，不需要调整有关科目和财务报表。这样处理的理由是，如果由于资产负债表日以后才发生的事项而调整资产或负债，通常会导致在赚取收益或发生费用的日期之前报告这些金额，这样处理是不恰当的。但这类事项可能很重大，如不加以说明，将会影响财务报告的使用者对企业财务状况、经营成果做出正确的估价和决策，因而需要在财务报表附注中说明事项的内容、估计对财务状况、经营成果的影响，以提供示范性会计数据来补充资产负债表日编制的财务报表的信息。在实务中，这类事项披露到何种程度，需要依靠职业判断，如资产负债表日后发生的非调整事项无法做出估计，应说明其原因。国际会计准则和日本、美国都要求揭示重要的非调整事项；在被研究的国家中，只有法国推荐但不要求揭示资产负债表日后发生的非调整事项，在实务中，如果这些事项较为重大的话，则通常也会被揭示。

1. 资产负债表日后非调整事项的会计处理

《企业会计准则第29号——资产负债表日后事项》第六条规定，企业发生的资产负债表日后非调整事项，不应当调整资产负债表日的财务报表。

《企业会计准则第 29 号——资产负债表日后事项》第七条规定：“企业发生的资产负债表日后非调整事项，通常包括下列各项：

（1）资产负债表日后发生重大诉讼、仲裁、承诺。

（2）资产负债表日后资产价格、税收政策、外汇汇率发生重大变化。

（3）资产负债表日后因自然灾害导致资产发生重大损失。

（4）资产负债表日后发行股票和债券以及其他巨额举债。

（5）资产负债表日后资本公积转增资本。

（6）资产负债表日后发生巨额亏损。

（7）资产负债表日后发生企业合并或处置子公司。”

《企业会计准则第29号——资产负债表日后事项》第八条规定，资产负债表日后，企业利润分配方案中拟分配的以及经审议批准宣告发放的股利或利润，不确认为资产负债表日的负债，但应当在附注中单独披露。

2. 资产负债表日后非调整事项的具体会计处理

（1）资产负债表日后发生重大诉讼、仲裁、承诺。

资产负债表日后发生的重大诉讼等事项，对企业影响较大，为防止误导投资者及其他财务报告使用者，应当在报表附注中进行相关披露。

（2）资产负债表日后资产价格、税收政策、外汇汇率发生重大变化。

以外汇汇率发生重大变化为例。这一事项是指，在资产负债表日后发生的外汇汇率的较大变动。由于企业已经在资产负债表日，按照当时的汇率对有关账户进行调整，因此，无论资产负债表日后的汇率如何变化，均不应影响按资产负债表日的汇率折算的财务报表数字。但是，如果资产负债表日后汇率发生较大变化，应对由此产生的影响在财务报表附注中进行披露。

【例 26-8】 惠勤公司有一笔长期美元贷款，在编制 20×7 年 12 月 31 日的财务报表时已按 20×7 年年末的汇率进行折算（假设 20×7 年年末的汇率为 1 美元兑换 7.83 元人民币），假设国家规定从 20×8 年 1 月 1 日起进行外汇管理体制改革，外汇管理体制改革后人民币对美元的汇率发生重大变化。

本例中，惠勤公司在资产负债表日已经按照当天的资产计量方式进行处理，或按规定的汇率对有关账户进行调整，因此，无论资产负债表日后的资产价格和汇率如何变化，均不应影响资产负债表日的财务状况和经营成果。但是，如果资产负债表日后资产价格、外汇汇率发生重大变化，应对由此产生的影响在报表附注中进行披露。同样，国家税收政策发生重大改变将会影响企业的财务状况和经营成果，也应当在报表附注中及时披露该信息。

（3）资产负债表日后因自然灾害导致资产发生重大损失。

这一事项是指，资产负债表日后发生的，由于自然灾害导致的资产损失。自然灾害导致的资产损失，不是企业主观上能够决定的，是不可抗力所造成的。但这一事项对企业财务状况所产生的影响，如果不加以披露，有可能使财务报告使用者产生误解，导致做出错误的决策。因此，自然灾害导致的资产重大损失应作为一个非调整事项在财务报表附注中进行披露。

【例 26-9】 惠勤公司拥有某外国企业（怡昌祥公司）15%的股权，无重大影响，投资成本 2 000 000 元。怡昌祥公司的股票在国外的某家股票交易所上市交易。在编制 20×7 年 12 月 31 日的资产负债表时，惠勤公司对怡昌祥公司投资的账面价值按初始投资成本反映。20×8 年 1 月，该国发生海啸造成怡昌祥公司的股票市场价值大幅下跌，惠勤公司对怡昌祥公司的股权投资遭受重大损失。

本例中，自然灾害导致的资产重大损失对企业资产负债表日后财务状况的影响较大，如果不加以披露，有可能使财务报告使用者做出错误的决策，因此应作为非调整事项在报表附注中进行披露。本例中海啸发生在 20×8 年 1 月，属于资产负债表日后才发生或存在的事项。应当作为非调整事项在 20×7 年度报表附注中进行披露。

（4）资产负债表日后发行股票和债券以及其他巨额举债。

这一事项是指，企业在资产负债表日以后发行股票、债券以及其他巨额举债等。企业发行股票或债券以及其他巨额举债是比较重大的事项，虽然这一事项与企业资产负债表日的存在状况无关，但应对这一事项做出披露，以使财务报告使用者了解与此有关的情况及可能带来的影响。

（5）资产负债表日后资本公积转增资本。

企业以资本公积转增资本将会改变企业的资本（或股本）结构，影响较大，需要在报表附注中进行披露。

（6）资产负债表日后发生巨额亏损。

企业资产负债表日后发生巨额亏损将会对企业报告期以后的财务状况和经营成果产生重大影响，应当在报表附注中及时披露该事项，以便为投资者或其他财务报告使用者做出正确决策提供信息。

（7）资产负债表日后发生企业合并或处置子公司。

企业合并或者处置子公司的行为可以影响股权结构、经营范围等方面，对企业未来生产经营活动能产生重大影响。因此企业应在附注中披露处置子公司的信息。

（8）资产负债表日后，企业利润分配方案中拟分配的以及经审议批准宣告发放的股利或利润。

资产负债表日后，企业制定利润分配方案，拟分配或经审议批准宣告发放股利或利润的行为，并不会致使企业在资产负债表日形成现时义务，因此虽然发生该事项可导致企业负有支付股利或利润的义务，但支付义务在资产负债表日尚不存在，不应该调整资产负债表日的财务报告，因此，该事项为非调整事项。

但由于该事项对企业资产负债表日后的财务状况有较大影响，可能导致现金较大规模流出、企业股权结构变动等，为便于财务报告使用者更充分了解相关信息，企业需要在财务报告中适当披露该信息。

26.4 资产负债表日后事项披露

1. 应当在附注中披露与资产负债表日后事项有关的信息

《企业会计准则第 29 号——资产负债表日后事项》第九条规定，企业应当在附注中披露与资产负债表日后事项有关的下列信息。

（1）财务报告的批准报出者和财务报告批准报出日。按照有关法律、行政法规等规定，企业所有者或其他方面有权对报出的财务报告进行修改的，应当披露这一情况。

（2）每项重要的资产负债表日后非调整事项的性质、内容，及其对财务状况和经营成果的影响。无法做出估计的，应当说明原因。

第十条规定，企业在资产负债表日后取得了影响资产负债表日存在情况的新的或进一步的证据，应当调整与之相关的披露信息。

2. 财务报告批准报出日

《企业会计准则第 29 号——资产负债表日后事项》第二条规定，财务报告批准报出日是指董事会或类似机构批准财务报告报出的日期。财务报告批准报出日，通常是指对财务报告的内容负有法律责任的单位或个人批准财务报告向企业外部公布的日期，这里的“对财务报告的内容负有法律责任的单位或个人”一般是指所有者、所有者中的多数、董事会或类似的管理单位，对于上市公司来说，根据《中华人民共和国公司法》的规定，董事会有权制订公司的年度财务预算方案、决算方案、利润分配方案和弥补亏损方案；股东大会有权审议批准公司的年度财务预算方案、决算方案、利润分配方案和弥补亏损方案。上市公司的财务报告是报送给股东大会审议批准的，在股东大会召开之前，财务报告已经报出，因而财务报告批准报出日不是股东大会审议批准的日期，更不是注册会计师出具审计报告的日期。

【例 26-10】 一家上市公司 20×7 年的年度财务报告于 20×8 年 2 月 15 日编制完成，注册会计师完成整个年度审计工作并签署审计报告的日期为 20×8 年 4 月 18 日，经董事会批准财务报告可以对外公布的日期为 20×8 年 4 月 22 日，财务报告实际对外公布的日期为 20×8 年 4 月 25 日，股东大会召开日期为 20×8 年 5 月 6 日。

根据《企业会计准则第 29 号——资产负债表日后事项》的规定，财务报告批准报出日为 20×8 年 4 月 22 日，资产负债表日后事项的时间区间为 20×8 年 1 月 1 日（含 1 月 1 日，下同）至 20×8 年 4 月 22 日。值得说明的是，董事会批准财务报告可以对外公布的日期至公司实际对外公布的日期之间发生的事项，也属于资产负债表日后事项，按照《企业会计准则第 29 号——资产负债表日后事项》规定的原则进行处理，由此影响财务报告对外公布日期的，以董事会再次批准对外公布的日期为准。

在本例中，经董事会批准财务报告可以对外公布的日期为 20×8 年 4 月 22 日，实际对外公布的日期为 20×8 年 4 月 25 日。如果在 4 月 22 日至 25 日之间发生了重大事项，按照《企业会计准则第 29 号——资产负债表日后事项》规定需要调整财务报表相关项目的数字或需要在财务报表附注中披露的，经调整或说明后的财务报告再经董事会批准的报出日期为 20×8 年 4 月 28 日，实际对外公布的日期为 20×8 年 4 月 30 日，则资产负债表日后事项涵盖的期间为 20×8 年 1 月 1 日至 20×8 年 4 月 28 日。

第 27 章

关联方及其披露

27.1 关联方

《国际会计准则第 24 号——关联方披露》中将关联方定义为，在财务或经营决策中，如果一方有能力控制另一方或对另一方施加重大影响，则认为他们是关联方。美国财务会计准则中将关联方定义为，某一企业所涉及的各方，如果其中一方有能力对其他方的管理或经营决策进行控制或施加重大影响（通过所有权或其他方式），达到可阻止交易各方中的一方或多方完全追求自身单独利益的程度。在《企业会计准则第 36 号——关联方披露》中没有专门定义关联方，是考虑到用一个定义很难涵盖关联方所要包含的内容。在很多情况下，两方或多方是否成为关联方，需视具体情况而定。因此，《企业会计准则第 36 号——关联方披露》只给出了判断关联方存在的基本标准。

27.1.1 构成关联方关系的情形

《企业会计准则第 36 号——关联方披露》第三条规定，一方控制、共同控制另一方或对另一方施加重大影响，以及两方或两方以上同受一方控制、共同控制或重大影响的，构成关联方。

1. 控制

控制是指有权决定一个企业的财务和经营政策，并能据以从该企业的经营活动中获取利益。控制可以通过各种方式来实现如下。

（1）通过一方拥有另一方超过半数以上表决权资本的比例来确定。表决权资本，是指具有投票权的资本。包括以下几种情况：

① 一方直接拥有另一方过半数以上表决权资本。例如，智董公司拥有贵琛公司 61%表决权资本，表明智董公司直接控制贵琛公司。

② 一方间接拥有另一方过半数以上表决权资本的控制权。间接拥有另一方过半数以上表决权资本的控制权，是指通过子公司而对子公司的子公司拥有其过半数以上表决权资本的控制权。例如，智董公司拥有贵琛公司 80%的表决权资本，贵琛公司拥有欣郁公司 70%的表决权资本，在这种情况下，智董公司对欣郁公司 70%的表决权资本拥有控制权。

③ 一方直接和间接拥有另一方过半数以上表决权资本的控制权。直接和间接拥有另一方过半数以上表决权资本的控制权，是指母公司虽然只拥有其半数以下的表决权资本，但通过与

子公司所拥有的表决权资本的合计，而达到拥有其过半数以上的表决权资本的控制权。例如，智董公司拥有欣郁公司 30%的表决权资本，拥有贵琛公司 70%的表决权资本；贵琛公司拥有欣郁公司 25%的表决权资本。在这种情况下，智董公司直接拥有欣郁公司的 30%表决权资本加上通过贵琛公司间接拥有欣郁公司 25%的表决权资本的控制权，而控制欣郁公司。

（2）虽然一方拥有另一方表决权资本的比例不超过半数以上，但通过拥有的表决权资本和其他方式达到控制。主要有以下几种情况：

① 通过与其他投资者的协议，拥有另一方半数以上表决权资本的控制权。例如，智董公司拥有贵琛公司 35%的表决权资本，欣郁公司拥有贵琛公司 25%的表决权资本，智董公司和欣郁达成协议，欣郁公司在贵琛公司的权益由智董公司代表。在这种情况下，智董公司实际上拥有了贵琛公司 60%表决权资本的控制权，表明智董公司实际上控制贵琛公司。

② 根据章程或协议，有权控制另一方的财务和经营政策。例如，智董公司拥有贵琛公司 20%表决权资本，同时，根据协议，智董公司负责贵琛公司的经营管理。在这种情况下，智董公司虽然仅拥有贵琛公司 20%的表决权资本，但由于智董公司全面负责贵琛公司的经营管理，能够决定企业的财务和经营政策，则智董公司实际上控制贵琛公司。

③ 有权任免董事会等类似权力机构的多数成员。这种情况是指虽然一方拥有另一方表决权资本的比例不超过半数，但根据章程、协议等能够任免董事会的董事，以达到控制的目的。

④ 在董事会或类似权力机构会议上有半数以上投票权。这种情况是指虽然一方拥有另一方表决权资本的比例不超过半数，但能够控制另一方董事会等权力机构的会议，从而能够控制其财务和经营政策，使其达到事实上的控制。

2．共同控制

共同控制是指按照合同约定对某项经济活动所共有的控制，仅在与该项经济活动相关的重要财务和经营决策需要分享控制权的投资方一致同意时存在。

《企业会计准则第 36 号——关联方披露》所指的共同控制，仅指共同控制实体，不包括共同控制经营、共同控制财产等。即共同控制实体是指由两个或多个企业或个人共同投资建立的企业，该被投资企业的财务和经营政策必须由投资双方或若干方共同决定。

3．重大影响

重大影响是指对一个企业的财务和经营政策有参与决策的权力，但并不能够控制或者与其他方一起共同控制这些政策的制定。

当一方拥有另一方 20%或以上至 50%表决权资本时，一般对被投资企业具有重大影响。此外，符合下列情况之一的，也应当确认为对被投资企业具有重大影响。

（1）在被投资企业的董事会或类似的权力机构中派有代表。在这种情况下，由于在被投资企业的董事会或类似的权力机构中派有代表，可以通过该代表参与政策的制定，从而达到对该企业施加重大影响。

（2）参与政策制定过程。在这种情况下，由于可以参与企业政策的制定过程，在制定政策过程中可以为其自身利益而提出建议和意见，由此可以对该企业施加重大影响。

（3）互相交换管理人员。在这种情况下，通过一方对另一方派出管理人员，或者两方或多方互相交换管理人员，由于管理人员有权力并负责企业的财务和经营活动，从而能对企业施加重大影响。

（4）依赖投资方的技术资料。在这种情况下，由于被投资企业的生产经营需要依赖对方的技术或技术资料，从而对该企业具有重大影响。

小知识

一、什么是控制，控制与母公司和子公司是什么关系

按照《企业会计准则第 36 号——关联方披露》的定义，控制是指有权决定一个企业的财务和经营政策，并能据以从该企业的经营活动中获取利益。从控制的定义可见：决定一个企业的财务和经营政策是控制的主要标志。在一个企业的日常经营中，确定经营方针、谋划经营策略、掌握资金调度和财务政策是至关重要的。当一个企业或个人能够决定某个企业的财务政策和经营方针，则可认为该企业或个人可以控制这个企业。获取经济利益是控制的主要目的。一方通过控制另一方的财务和经营政策，以达到自身获取更多的经济利益。比如，通过使用被控制方的专有技术，使其获得超额收益。又如，通过一方控制另一方或多方，形成产供销整体，保证生产经营的正常进行等。控制可以采取不同的途径，主要有以下几种。

1．以所有权方式达到控制的目的

以所有权方式达到控制的目的，是指一方拥有另一方半数以上的表决权资本，包括一方直接、间接、直接和间接拥有另一方半数以上的表决权资本。一方直接拥有另一方半数以上表决权资本，是指一方通过自身的投资达到拥有另一方半数以上表决权资本。一方间接拥有另一方表决权资本，是指一方通过子公司而对子公司的子公司拥有半数以上表决权资本的控制权。一方直接和间接拥有另一方半数以上表决权资本的控制权，是指母公司虽然只拥有另一方半数以下的表决权资本，但通过与子公司所拥有的表决权资本的合计，而达到拥有其半数以上的表决权资本的控制权。当一方直接、间接、直接和间接拥有另一方半数以上表决权资本时，通常认为一方可以控制另一方的财务和经营政策。

母公司指能直接或间接控制其他企业的企业；子公司，指被母公司控制的企业。如果一方直接、间接、直接和间接拥有另一方半数以上表决权资本，或虽然一方拥有另一方表决权资本的比例不超过半数，但通过其他方式达到控制另一方时，投资者即为被投资企业的母公司，被投资企业为投资者的子公司。

《国际会计准则第 27 号——合并财务报表和对子公司投资的会计》将母、子公司定义为："子公司指被另一企业（称作母公司）所控制的企业。母公司指拥有一个或若干子公司的企业。"《日本商法典》规定，一公司拥有其他股份有限公司已发行股份总数超过 50%，或者超过其他有限责任公司出资额 50%以上的，即构成母子公司关系。通过子公司持有另一股份有限公司或者有限责任公司 50%以上股份或出资额的亦然。在德国，母公司指拥有另一公司一定比例以上的股份，或者通过协议方式能够对另一公司实行实际控制的公司，子公司的概念与母公司相反。《企业会计准则第 36 号——关联方披露》所指的母公司和子公司必须是具有控制和被控制关系，这与《国际会计准则第 27 号——合并财务报表和子公司投资的会计》中的母、子公司的概念意义相同，也与我国《企业会计准则第 33 号——合并财务报表》中的母、子公司概念相同。但《企业会计准则第 36 号——关联方披露》中母、子公司之间关联方交易的披露范围与《企业会计准则第 33 号——合并财务报表》中的合并范围不同。我国《企业会计准则第 33 号——合并财务报表》中规定，母公司在编制合并财务报表时，应当将其所控制的境内外所有子公司纳入合并财务报表的合并范围，但已关停并转的子公司、按照破产程序，已宣告被清理整顿的子公司、已宣告破产的子公司、准备近期售出而短期持有其半数以上的权益性资本的子公司、非持续经营的所有者权益为负数的子公司、受所在国外汇管制及其他管制，资金调度受到限制的境外子公司等可以不包括在合并财务报表的合并范围之内。按照《企业会计准则第 36 号——关联方披露》的要求，母、子公司之间构成关联方关系，应当披露其关系及相关交易，如果母公司编制合并财务报表，所有包括在合并财务报表范围内的子公司，其与母公司和各个子公司之间的交易可以不需要披露，但未包括在合并财务报表范围内的子公司，其与母公司和各个子公司之间的交易应当按照《企业会计准则第 36 号——关联方披露》的要求，在财务报表附注中披露相关信息。《企业会计准则第 36 号——关联方披露》第二条规定，企业财务报表中应当披露所有关联方关系及其交易的相关信息。对外提供合并财务报表的，对于已经包括在合并范围内各企业之间的交易不予披露，但应当披露与合并范围外各关联方的关系及其交易。

从母、子公司的确认条件看，母、子公司关系的存在不仅依据投资比例来确定，还应当看它们之间是否存在控制与被控制关系，当相互之间具有投资与被投资关系，并具有控制与被控制关系时，才构成母、子公司。

母、子公司与总、分公司的概念不同，我国《公司法》明确指出："公司可以设立分公司，分公司不具有企业法人资格，其民事责任由公司承担。公司可以设立子公司，子公司具有企业法人资格，依法独立承担民事责任。"也就是说，母、子公司是以投资和控制为纽带而组成企业集团，组成企业集团后，母、子公司各自仍然作为单独的经济主体和法律主体继续经营，并作为单独的会计主体，实行独立核算，编制各自的财务报表，可以独立地向外提供财务报表。总、分公司与母、子公司不同，总公司下属的分公司不是单独的经济主体和法律主体，分公司根据需要也可以作为单独的会计主体，但一般不单独对外提供财务报表，而是作为总公司的一个内部独立核算单位。在《企业会计准则第 36 号——关联方披露》中，母、子公司是关联方，而总、分公司不构成关联方。

2. 以所有权和其他方式达到控制的目的

以所有权和其他方式达到控制的目的，是指一方拥有另一方表决权资本的比例虽不超过半数，但通过拥有的表决权资本和其他方式达到控制。例如，通过与其他投资者的协议，拥有另一方半数以上表决权资本的控制权等。

3. 以法律或协议形式也能达到控制的目的

例如，甲某拥有一家企业 70%表决权资本，甲某与其儿子签订一项协议。通过此项协议，甲某将其拥有的全部表决权资本转让给其儿子，以此转让为交换，甲某的儿子同意父亲在其健在时对这部分股份具有表决权。在这种情况下，甲某虽然将该企业的表决权资本转让给了其子，但保留了对该企业的控制权。

《国际会计准则第 24 号——关联方披露》中关于控制的定义是："直接地或是通过子公司间接地拥有一个企业半数以上或相当大数量的表决权，并且根据章程或协议，有权指挥企业管理的财务和经营政策。"《国际会计准则第 27 号——合并财务报表和对子公司投资的会计》中将控制定义为："控制，指统驭一个企业的财务和经营政策，借此从该企业的活动中获取利益的权力。"《企业会计准则第 36 号——关联方披露》在制定过程中，对于控制如何做出定义，有不同的观点：一种观点认为，控制是一种权利，这种权利需要通过拥有一定量的表决权资本来实现。因此，控制定义中应当强调所拥有的股权或权益的比例，以量化的股权或权益的比例来说明控制的程度更具操作性；另一种观点认为，控制是一种权利，但这种权利并不一定完全可以量化，而应视其实际情况而定。因此，控制的定义不能仅仅以量化的股权或权益的比例为表述，而应当以实际上拥有的控制权来说明。我们认为，国际会计准则第 24 号和第 27 号关于"控制"的定义，表述虽然不同，但实质上是一致的。相比较而言国际会计准则第 27 号的控制定义表述得更完整，所以《企业会计准则第 36 号——关联方披露》对控制的定义没有用所占表决权资本的比例来表述。

值得注意的是，根据我国《公司法》规定，股东会或股东大会"决定公司的经营方针和投资计划；审议批准公司的年度财务预算方案、决算方案；审议批准公司的利润分配方案和弥补亏损方案"等，并规定有限责任公司的"股东会会议由股东按照出资比例行使表决权"；股份有限公司的"股东出席股东大会，所持每一股份有一表决权"。根据上述规定，我国一般是以投资关系的存在为前提来确定企业间，或个人与企业间是否存在控制和被控制关系。

二、什么是共同控制和合营企业

共同控制是指按照合同约定对某项经济活动所共有的控制，仅在与该项经济活动相关的重要财务和经营决策需要分享控制权的投资方一致同意时存在。共同控制的特征在于：两方或多方按合同约定共同决定某一经济活动的财务和经营政策。通常在两种情况下会形成共同控制，一是投资各方出资比例相同，根据合同规定，投资各方按照出资比例控制被投资企业，从而形成共同控制；二是投资各方出资比例不同，但按照合同规定，被投资企业的财务和经营政策由投资各方共同决定，任何一方不能单方面做出决策，从而形成共同控制。无论哪种情况的共同控制，投资各方均不能单方面做出财务和经营方针的决策，任何经营方针、财务政策都必须由投资各方共同决定。

合营企业是指按合同规定经营活动由投资双方或若干方共同控制的企业。合营企业的主要特点在于，投资各方均不能对被投资企业的财务和经营政策单独出决策，必须由投资各方共同做出决策。可见，合营企业是以共同控制为前提的，两方或多方共同控制某一企业时，该企业则为投资者的合营企业。例如，A、B、C、D 企业各占F企业表决权资本的25%，按照合同规定，投资各方按照出资比例控制F企业，由于出资比例相同，F企业由A、B、C、D共同控制。又如，A、B、C、D企业拥有D企业表决权资本各为30%、40%、30%，各方出资比例虽然不同，但按照合同规定，D企业由各出资方共同控制，D企业所有重大的财务和经营政策必须取得A、B、C企业的一致意见，任何一方不能单方面做出决定。在这种情况下，D企业视为A、B、C企业的合营企业。

合营通常是将两个或更多合营者的专长和资源结合在一起的一种方式，以取得超过单个经营所能达到的更大的成功。合营者是指合营中对合营拥有共同控制权的某一方。通过合营，合营者各方共担风险、共享利益。合营通常是为了开发新技术或开发耗资大的产品，如石油、天然气和矿藏的开采、房地产开发等。

合营有不同的形式和结构，《国际会计准则第31号——合营中权益的财务报告》将其划分为三大类型：共同控制经营、共同控制资产和共同控制实体。国际会计准则认为，所有的合营都具有的特点为：两个或两个以上的合营者受同一项合同约定的约束，并且以合同约定确定共同控制。合营的这一特点，保证任何一个合营者都不处于单方面控制合营活动的地位。合营者任何一方，如果有权决定该经营活动的财务和经营政策，经营者就控制了合营，合营即成为经营者的一个子公司而不再是合营。

合营中的共同控制经营，涉及使用合营者的资产或其他资源，而不是设立一个公司或企业，每一合营者使用自己的财产、厂房和设备，备有自己的存货，也发生自己的费用和负债等。合营活动可以由合营者本身类似活动一并进行，通常合营协议规定共同产品的销售收入和共同发生费用的分配方法。在共同控制经营中，合营者将保留自自身的会计记录并编制其自身的财务报表，这些会计核算以及编制的财务报表包括合营活动中的有关经济业务，以及从出售合营商品或劳务中赚取的收益份额。如制造飞机，在制造过程中各个部分可以由各合营者分担，每一合营者负担自己的费用并从飞机的销售中取得一份收入，取得收入的份额，由合同约定。在这种情况下，合营本身可能不必有单独的会计核算，也不必编制单独的财务报表，如出于管理目的，合营者可以编制管理财务报表，以便评合营的经营业绩。

合营中的共同控制资产，涉及合营者共同控制，而且往往是共同拥有为合营所提供或购置、并为合营所专用的一项或多项资产，这些资产用于为合营者获利。每一合营者可以分享资产带来的产品，并负担所发生费用的议定份额。这类合营不涉及设立公司或企业，每一合营者通过自己在共同控制资产中的份额来控制在未来经济利益中的份额。如多家合营者可以共同控制并经营一条输油管道，每一合营者使用这条管道运输自己的产品，并为此按照议定的比例负担经营管道的费用。在共同控制资产方式下，合营者应当在其单独财务报表中披露其在共同控制资产中的份额、已经发生的任何负债、与合营有关的并与其他合营者共同发生的负债的份额、从销售或使用合营产出份额所得的收入、连同合营发生费用的份额，以及已经发生的与在合营中的权益相关的费用。按国际会计准则的解释，共同控制资产的会计处理反映了合营的实质和经济现实，而且也常常反映了合营的法律形式。合营本身单独设立的会计核算可以限于合营者共同发生并且最终由合营者按照他们议定的份额分担的费用。合营可以不编财务报表，但是合营者可以编制管理财务报表，以便评价合营的经营业绩。

合营中的共同控制实体，涉及设立公司或企业，其中每一合营者拥有一份权益。除在合营者之间以合同约定对该实体经济活动的共同控制外，共同控制实体的经营方式与其他企业相同。共同控制实体与其他企业一样，根据有关法律、法规以及会计准则的要求，进行本企业的会计核算，并编制和提供财务报表。合营者在合营中的权益，作为一项投资核算。

可见，合营中的共同控制经营和共同控制资产都不需要设立专门的会计主体，会计核算仍然包括在原合营者的有关账目中，合营各方按照合同规定负担各自的费用，并按合同规定分享各自的利益份额。但是，共同控制实体是通过合营各方的出资建立企业，新建的企业是一个单独的会计主体，独立核算，投资各方对该企业实施共同控制。《企业会计准则第36号——关联方披露》中的合营企业，仅仅指共同控制实体，而不包括共同控制经营和共同控制资产。

《企业会计准则第36号——关联方披露》为什么将合营企业作为关联方。在《国际会计准则第24号——关联方披露》中涉及的关联方没有包括合营企业，而在《国际会计准则第31号——合营中权益的财务报告》中才涉及合营企业。合营是否应当作为关联方也是在制定准则时多次讨论的问题。有的认为，合营包括共同控制经营、共同控制资产和共同控制实体，从共同控制经营和共同控制资产的合营情况看，都不需要设立一个企业或公司，每一合营者由合同约定分享合营的利益并负担所发生的费用。这种合营本身不需要单独进行会计核算，不涉及关联方交易的披露问题。而共同控制实体与控制某一实体相类似，共同控制与控制仅仅是控制程度不同，共同控制又比重大影响更具影响力。因此，应当将合营企业作为关联方。也有的认为，国际会计准则中既然没有包括合营，《企业会计准则第 36 号——关联方披露》中也不应当包括合营，再说合营在我国并不普遍，按照重要性原则，可以不予考虑。我们认为，合营是对某项经济活动所共有的控制，相对于重大影响而言更具影响力，应当作为关联方。但合营中的共同控制经营和共同控制资产与共同控制实体不同，应当只将共同控制实体纳入关联方的范围内，至于合营中的共同控制经营和共同控制资产的披露问题不属于关联方交易的披露，可以由其他的准则予以规范。

三、什么是重大影响和联营企业

重大影响是指对一个企业的财务和经营政策有参与决策的权力，但并不能够控制或者与其他方一起共同控制这些政策的制定。参与决策的途径主要包括：在董事会或类似的权力机构中派有代表；参与政策的制定过程；互相交换管理人员，或使其他企业依赖于本企业的技术资料等。重大影响的特征在于：当一方拥有另一方 20%或以上至 50%表决权资本，或者一方虽然只拥有另一方 20%以下表决权资本，但实际上具有参与财务和经营决策的能力，一般认为对另一方具有重大影响。如果一方拥有另一方 20%以下表决权资本，并没有其他实施重大影响的途径，可认为不具有重大影响。在拥有表决权资本的情况下，确定是否存在重大影响的一个重要因素，是该投资者的所有权相对于其他投资者的所有权的集中程度。另外，在确定一方是否能对另一方施加重大影响时，应视其实际影响能力方面定。例如，智董公司拥有贵琛公司 15%表决权资本，同时，按照协议规定，贵琛公司可以使用智董公司的某项专利，以此为条件，贵琛公司产品的更新换代必须经智董公司的同意，在这种情况下，智董公司事实上对贵琛公司具有重大影响。获得表决权资本是实施重大影响的基本前提，在董事会或类似权力机构中派有代表、互相交换管理人员等，是实施重大影响的几种具体表现形式。

在制定准则过程中，对重大影响如何定义有不同的观点：一种观点认为，控制和重大影响的概念相近，可以将重大影响的定义归入控制定义中；另一种观点认为，控制和重大影响的概念不同，将其分别定义是恰当的，但重大影响应当以所拥有表决权资本的比例来表述更符合可操作性原则；还有一种观点认为，重大影响在实务中不一定可以用拥有的表决权资本的比例来确定，而应视影响的具体情况而定。因此，定义中不应当以拥有的表决权资本的比例来表述。我们认为，重大影响和控制的主要区别就在于：控制不仅能够参与企业的财务与经营政策的决策，还能够决定是否采纳这些政策；而重大影响仅仅是能够参与企业的财务与经营政策的决策，但不具有是否采纳这些政策的最终决定权。即在参与被投资企业的财务和经营政策的决策过程中，控制与重大影响所起作用的程度不同，应当将其分别定义。通常情况下，当一方拥有另一方 20%或以上至 50%表决权资本时，可认为一方对另一方具有重大影响，但在实务中应视其实际的影响程度而定。作为定义应当是对某一概念的准确概括，不能有例外的情况。因此，在《企业会计准则第 36 号——关联方披露》中，重大影响的定义没有用拥有表决权资本的比例加以表述。

联营企业是指投资者对其具有重大影响，但不是投资者的子公司或合营企业的企业。联营企业和重大影响是相联系的，如果投资者能对被投资企业施加重大影响，则该被投资公司视为投资者的联营企业。例如，智董公司购买了贵琛公司 28%表决权的资本，贵琛公司的其他股票被大量不相关的个人及企业所持有。在五人董事会成员中，有一人为智董公司派出，智董公司派出的董事有权向董事会、其他董事会一人为智董公司派出，智董公司派出的董事有权向董事会、其他董事会成员以及管理人员提出建议。在这种情况下，由于智董公司拥有贵琛公司 28%表决权资本，并且在董事会成员中有一名是代表智董公司利益的董事，可以对贵琛公司的财务和经营政策施加重大影响。因此，贵琛公司是智董公司的联营企业。《企业会计准则第 36 号——关联方披露》所指的联营企业，必须是具有投资和被投资关系，并且投资者能对其施加重大影响的被投资企业。

子公司、合营企业、联营企业的区别主要在于：投资者对被投资企业的影响程度不同。子公司与控制相联系，当投资者能够控制被投资企业的财务和经营政策，则该被投资企业视为投资者的子公司，投资者视为被投资企业的母公司；合营企业与共同控制相联系，当投资各方能对被投资企业的财务和经营政策实施共同控制时，则该被投资企业视为投资各方的合营企业；联营企业与重大影响相联系，当投资者能对被投资企业施加重大影响时，则该被投资企业视为投资者的联营企业。

值得注意的是，按照《民法通则》第三章第四节规定，企业之间或者企业、事业单位之间联营，组成新的经济实体，独立承担民事责任、具备法人条件的，经主管机关核准登记，取得法人资格；企业之间或者企业、事业单位之间联营，共同经营、不具备法人条件的，由联营中各方按照出资比例或者协议的约定，以各自所有的或者经营管理的财产承担民事责任。依照法律的规定，或者协议的约定负连带责任的，承担连带责任；企业之间或者企业、事业单位之间联营，按照合同的约定各自独立经营的，它的权利和义务由合同约定，各自承担民事责任。《企业会计准则第 36 号——关联方披露》所指的子公司、合营企业、联营企业是有特定含义的，与《民法通则》中所述的联营企业法人、合伙型联营、合同型联营的分类方式不同。《企业会计准则第 36 号——关联方披露》中的子公司、合营企业、联营企业基本上与《民法通则》中所指的联营企业法人的概念相似。在实际工作中，应当根据具体情况加以区分。

27.1.2 关联方关系

关联方关系是指关联方之间的相互关系。关联方关系必须存在于两方或多方之间，任何单独的个体不能构成关联方关系。在判断是否存在关联方关系时，应当遵守实质重于形式的原则。例如，两个企业有一位共同的董事，该董事能同时对两个企业施加重大影响，虽然两个企业之间不存在其他关联方关系，但是也应当将这两个企业作为关联方。

关联方关系往往存在于控制或被控制、共同控制或被共同控制、或施加重大影响或被施加重大影响的各方之间，即建立控制、共同控制和施加重大影响是关联方存在的主要特征。国际会计准则以及有些国家和地区的有关准则中详细描述了关联方关系存在的主要形式，以便于实务操作。日本《财务诸表规则》中规定，一公司实质拥有另一公司 20%以上、50%以下的股份或出资额，并通过人事、资金、技术和交易等手段严重影响该公司的财务与经营方针者为关联公司。《联邦德国股份公司法》中规定，关联企业是指法律上独立的企业，这些企业在相互关系上属于拥有多数资产的企业和占有多数股份的企业，从属企业和支配企业、康采恩企业、相互参肌企业或互为一个企业合同的签约方，并用列举方式详细规定了上述各关联企业的具体内容和形式。《国际会计准则 24——关联方披露》中描述的关联方关系包括：① 直接或者通过一个以至若干中间者间接地控制编报企业或是受编报企业的控制，以及和编报企业同受控制的那些企业；② 联营企业；③ 直接或间接地拥有编报企业的表决权并且对该企业有重大影响的个人，以及与其关系密切的家庭成员；④ 关键的管理人员，包括公司的董事和高级职员，及其关系密切的家庭成员；⑤ 上述③或④所述的人直接地或间接地拥有其重大表决权的企业，或是这种人能对其施加重大影响的企业，包括编报企业的董事或主要股东拥有的企业，以及在关键管理人员中有一人与编报企业相同的企业。

《企业会计准则第 36 号——关联方披露》第三条所包含的关联方关系的范围比较广，主要是以此作为判断关联方关系存在的基本原则和标准，准则第四条列举了关联方关系在我国实务中的主要形式，包括企业与企业、企业与部门（或单位）、部门（或单位）与企业之间存在的关联方关系，也包括个人与企业之间存在的关联方关系。

准则的第五条和第六条又对关联方的范围做了部分限定。

第五条规定，仅与企业存在下列关系的各方，不构成企业的关联方。

（1）与该企业发生日常往来的资金提供者、公用事业部门、政府部门和机构。

（2）与该企业发生大量交易而存在经济依存关系的单个客户、供应商、特许商、经销商或代理商。

（3）与该企业共同控制合营企业的合营者。

第六条规定，仅仅同受国家控制而不存在其他关联方关系的企业，不构成关联方。

在理解关联方关系存在的情况时，需要了解以下方面。

（1）在关联方关系例子中的“直接或间接地控制其他企业或受其他企业控制……合营企业；联营企业”包括企业与企业之间、企业与部门（或单位）之间的关系。

这里的部门是指代表国家行使政府职能的各个职能部门。在制定准则时，是否应当在关联方关系中涉及部门有不同的观点。有的认为，部门是代表国家行使职权的，对于国有企业而言，国家不可能直接对其投资，国家是通过各个职能部门对企业进行投资，从而形成国家控制的企业。简单地说，各个部门代表国家对企业投资，可将各个部门视为国家，按照《国际会计准则24 号——关联方披露》的规定，“国家控制的企业，不需要在财务报告中说明与国家控制的其他企业的业务往来”，这就意味着国家控制的企业之间，不视为关联方，也不需要披露他们之间的业务往来。也有的认为，各个部门代表国家行使投资职能而形成国家控制的企业，但由于各个企业的投资部门不同，对于生产同一种产品的两个企业而言，如果分别由两个不同的部门投资兴建，部门间出于各自的利益会对各自的企业分别采用不同的政策，从而使这两个企业的财务成果产生较大的差异，从整个社会角度看是不公允的。另外，在我国，国有企业占多数，企业必须按照国家制定的财务、经营政策执行。但在很多情况下，国家给予某些企业特殊政策如果不加以披露，就难以做到会计信息的充分披露。因此，代表国家行使政策职能的部门应当作为关联方关系中的重要组成部分。还有的认为，国家是个抽象概念，应当指出国家是指行使政府职能的部门、公司等。

我们认为：

① 各个部门代表国家行使投资者的职能，如果将各个部门也视为关联方，则在我国所有的国有企业以及所有的部门都成为关联方。从信息披露角度看，没有必要。

② 在我国，国家具有社会管理者职能和所有者职能双重身份，国家作为社会管理者与企业不构成关联方关系，作为企业所有者是企业主要的投资者。国家代表整个社会公众行使投资者的职能，代表全社会的利益，无须偏袒一方而忽视另一方，并且站在公正的立场上对每个企业进行业绩考核，没有必要为某一企业粉饰财务状况和经营成果。我们可以假设行使国家职能的各个部门对国有企业均采用相同的政策。

③ 国际上普遍认为，国家控制的企业如果说明与国家之间的关系和交易获取不了什么信息，也没有必要披露。

因此，《企业会计准则第 36 号——关联方披露》中虽然将企业与国家（或部门）作为关联方关系存在的情况，但是在信息披露时，受国家控制的企业，不需要披露与国家之间的关系。

（2）《企业会计准则第 36 号——关联方披露》为什么将同受某一企业控制的两个或多个企业也视为关联方，是因为两个或多个企业有相同的控制方，对它们都具有控制能力，即两个或多个企业如果有相同的投资企业，它们的财务和经营政策都由相同的投资企业决定，各个被投资企业之间由于同受相同投资企业的控制可能为自身利益而进行的交易受到某种限制。因此，《企业会计准则第 36 号——关联方披露》规定，同受某一企业控制的两个或多个企业之间构成关联方关系。如同一母公司下的各个子公司之间构成关联方关系。

同受某一企业控制的两个或多个企业之间视为关联方，那么同受国家控制的各个企业之间是否存在关联方关系，也是在制定准则时多次讨论的问题。有的认为，同受国家控制的企业由于受相同来源的控制而将其视为关联方是不妥当的。也有的认为，既然同受某一企业控制的企业之间视为关联方，同受国家控制的企业之间也应当视为关联方。

对于这个问题，我们认为：

① 在我国，国有企业占主导地位，国有企业之间的交易数量往往占重要部分，如果将同受国家控制的企业之间视为关联方，在不存在其他关联方关系时，则所有的国有企业由于其拥有共同的所有者而都成为关联方，从而扩大了关联方的范围。

② 在《企业会计准则第 36 号——关联方披露》中既然不需要披露国家控制的企业与国家之间的关系，则表明国家与企业之间不作为关联方，从而同受国家控制的企业也不应当作为关联方。

③ 在实际工作中，国家控制的企业中的关键管理人员，如同时兼任国家控制的其他企业的关键管理人员，或者存在与关键管理人员关系密切的家庭成员时，由于企业之间受相同人员个人或关系密切的家庭成员的控制，这一关键管理人员工与其关系密切的家庭成员可以操纵两个或多个企业，在这种情况下，企业通过个人而与另一企业构成的关系，应当视为存在关联方关系。

因此，《企业会计准则第 36 号——关联方披露》规定，同受国家控制的企业间不应仅仅因为彼此同受国家控制而成为关联方，而应视实际情况而定。例如，某纺织局下属的两个企业 A 和 B 均为纺织局投资建立的，在这种情况下，如果 A 和 B 之间不存在相同的关键管理人员或与其关系密切的家庭成员，则 A 和 B、以及纺织局和 A、纺织局和 B 均不构成关联方关系。如果 A 的董事长的儿子是 B 的董事长，则 A 和 B 构成关联方关系。

总之，对于同受控制的各个企业之间，既不能一概否认存在关联方关系，也不能笼统地说存在关联方关系，要根据具体情况来确定。即：如果企业之间（不包括部门）存在控制与被控制，或存在相同的关键管理人员，或存在与关键管理人员关系密切的家庭成员直接控制的其他企业是，彼此应视为关联方；同受国家控制的各个企业之间，如果存在相同的关系管理人员，或存在与关键管理人员关系密切的家庭成员直接控制时，彼此应视为关联方。

（3）与企业仅发生日常往来的资金提供者、公用事业部门、政府部门和机构，以及仅仅由于与企业发生大量交易而存在经济依存性的单个购买者、供应商或代理商，《企业会计准则第 36 号——关联方披露》不将其视为关联方。

企业在日常经营活动中，往往与资金提供者，公用事业部门，与企业发生大量交易的供应商、代理商、购买者等往来比较密切，特别是国有企业与政府部门和机构也有较多的联系，政府部门和机构还有可能参与企业的财务和经营决策，或者对企业有某些限制，如果它们之间不存在控制和被控制、共同控制和被共同控制、施加重大影响和被施加重大影响，通常情况下不构成关联方关系。

27.1.3 判断关联方关系是否存在的基本标准

《企业会计准则第 36 号——关联方披露》第四条是判断关联方关系是否存在的基本标准。

第四条规定，下列各方构成企业的关联方：

（1）该企业的母公司。

（2）该企业的子公司。

（3）与该企业受同一母公司控制的其他企业。

（4）对该企业实施共同控制的投资方。

（5）对该企业施加重大影响的投资方。

（6）该企业的合营企业。

（7）该企业的联营企业。

（8）该企业的主要投资者个人及与其关系密切的家庭成员。主要投资者个人，是指能够控制、共同控制一个企业或者对一个企业施加重大影响的个人投资者。

（9）该企业或其母公司的关键管理人员及与其关系密切的家庭成员。关键管理人员，是指有权力并负责计划、指挥和控制企业活动的人员。与主要投资者个人或关键管理人员关系密切的家庭成员，是指在处理与企业的交易时可能影响该个人或受该个人影响的家庭成员。

（10）该企业主要投资者个人、关键管理人员或与其关系密切的家庭成员控制、共同控制或施加重大影响的其他企业。

有关说明如下：

（1）母公司指能直接或间接控制其他企业的企业。包括：直接控制其他企业的企业；通过一个或若干中间企业间接控制其他企业的企业；直接和通过一个或若干中间企业间接控制其他企业的企业。

（2）子公司指被母公司控制的企业。包括：被母公司直接控制的企业；被母公司通过一个或若干中间企业间接控制的企业；被母公司直接和通过一个或若干中间企业间接控制的企业。

（3）合营企业指按合同规定经营活动由投资双方或若干方共同控制的企业。当两个或多个企业或个人共同控制某一企业时，则该企业视为它们的合营企业。

（4）联营企业指投资者对其具有重大影响，但不是投资者的子公司或合营企业的企业。当某一企业或个人拥有另一企业 20%或以上至 50%表决权资本时，通常认为投资者对被投资企业具有重大影响，则该被投资企业视为投资者的联营企业。在这种情况下，虽然投资者拥有被投资企业一定比例的表决权资本，但没有达到控制该企业的表决权资本比例；同时由于投资者拥有被投资企业一定比例的表决权资本，可以通过一定的方式，如在董事会中派有代表等，有能力对被投资企业施加重大影响。

（5）主要投资者个人指直接或间接地控制一个企业 10%或以上表决权资本的个人投资者。《企业会计准则第 36 号——关联方披露》中的主要投资者个人仅仅指个人投资者，不包括法人投资者。其投资形式主要包括：主要投资者个人直接拥有一个企业 10%或以上表决权资本，例如，王钢拥有 D 企业 15%表决权资本，则王钢为 D 企业的主要投资者个人；主要投资者个人通过一个或若干中间企业间接拥有一个企业 10%或以上表决权资本的控制权，例如，陈梅拥有 F 企业 55%表决权资本，F 企业拥有 D 企业 40%表决权资本，陈梅通过 F 企业间接拥有 D 企业 40%表决权资本的控制权，表明陈梅既是 F 企业的主要投资者个人，也是 D 企业的主要投资者个人；主要投资者个人直接和通过一个或若干中间企业间接拥有一个企业 10%或以上表决权资本的控制权，例如，张强顺拥有 D 企业 9%表决权资本，同时拥有 F 企业 60%表决权资本，F 企业拥有 D 企业 30%表决权资本，表明张强顺通过直接拥有 9%表决权资本和通过 F 企业间接拥有 30%表决权资本的控制权，使其成为 D 企业的主要投资者个人。

（6）关键管理人员指有权力并负责进行计划、指挥和控制企业活动的人员。例如，董事、总经理、总会计师、财务总监、主管各项事务的副总经理，以及行使类似政策职能的人员，他们对企业的财务和经营政策起决定性的作用。

（7）关系密切的家庭成员指在处理与企业的交易时有可能影响某人或受其影响的家庭成员。《企业会计准则第 36 号——关联方披露》中所指的关系密切的家庭成员是针对主要投资者个人和关键管理人员而言，家庭成员指上述人员的父母、配偶、兄弟、姐妹和子女。判断上述人员关系密切的家庭成员是否为一个企业的关联方，应该看他们在处理与企业交易时的互相影响程度而定，不能一概而论。

27.1.4 关联方关系存在的主要形式

关联方关系主要存在于两个或多个企业之间、企业与个人之间。《企业会计准则第36号——关联方披露》第五条列举了关联方关系存在的主要形式。

（1）某一企业直接控制一个或多个企业。例如，母公司控制一个或若干个子公司，则母公司与子公司之间即为关联方关系。

（2）某一企业通过一个或若干中间企业间接控制一个或多个企业。例如，母公司通过其子公司，间接控制子公司的子公司，表明母公司与其子公司的子公司存在关联方关系。

（3）一个企业直接地和通过一个或若干中间企业间接地控制一个或多个企业。例如，母公司对某一企业的投资虽然没有达到控股的程度，但由于其子公司也拥有该企业的股份或权益，如果母公司与其子公司对该企业的投资之和达到拥有该企业一半以上表决权资本的控制权，则母公司直接和间接地控制该企业，表明母公司与该企业之间存在关联方关系。

（4）同受某一企业控制的两个或多个企业。例如，受同一母公司控制的各个子公司之间存在关联方关系。

（5）两个或多个企业直接共同控制某一企业，使共同控制方与被共同控制企业之间构成关联方关系。例如，A、B、C三个企业共同控制D企业，从而A和D、B和D，以及C和D成为关联方关系。

（6）某一企业对另一企业具有重大影响，而构成关联方关系。例如，智董公司拥有贵琛公司25%表决权资本，通常表明智董公司对贵琛公司具有重大影响，则智董公司和贵琛公司构成关联方关系。

（7）某一企业与其主要投资者个人之间的关系。例如，李林是智董公司的主要投资者，拥有智董公司15%表决权资本，则智董公司与李林构成关联方关系。

（8）某一企业与其关键管理人员之间的关系。例如，智董公司的董事长与智董公司构成关联方关系。

（9）某一企业与其主要投资者个人关系密切的家庭成员之间的关系。例如，智董公司的主要投资者刘明的儿子刘成与智董公司构成关联方关系。

（10）某一企业与其关键管理人员关系密切的家庭成员之间的关系。例如，智董公司的董事长王明的儿子王成与智董公司构成关联方关系。

（11）某一企业与受该企业主要投资者个人直接控制的其他企业之间的关系。例如，智董公司的主要投资者H拥有贵琛公司60%的表决权资本，则智董公司和贵琛公司存在关联方关系。

（12）某一企业与受该企业关键管理人员直接控制的其他企业之间的关系。例如，智董公司的关键管理人员Y同时也是贵琛公司的关键管理人员，则智董公司和贵琛公司存在关联方关系。

（13）某一企业与受该企业主要投资者个人关系密切的家庭成员直接控制的其他企业之间的关系。例如，智董公司的主要投资者Y的儿子拥有贵琛公司60%的表决权资本，则智董公司和贵琛公司存在关联方关系。

（14）某一企业与受该企业关键管理人员关系密切的家庭成员直接控制的其他企业之间的关系。例如，智董公司的财务总监Y的母亲是贵琛公司的总经理，则智董公司和贵琛公司存在关联方关系。

关联方关系也存在于企业与部门或单位之间，企业与部门或单位之间的关联方关系的形式，与上述相同。

小知识

一、为什么要将主要投资者个人和关键管理人员作为关联方

主要投资者个人指直接或间接地控制一个企业 10%或以上表决权资本的个人投资者。《企业会计准则第 36 号——关联方披露》定义中的“直接或间接”包括直接、间接、直接和间接。主要投资者个人包括自然人和法定代表人。《企业会计准则第 36 号——关联方披露》将主要投资者个人定为持有一个企业 10%或以上表决权资本的个人投资者，主要考虑到，在我国由国家控股的上市公司占多数，个人投资者持有一家上市公司发行在外的普通股一般不超过 10%，在国家控股的情况下，个人投资者持有一家上市公司 10%以下表决权资本时，不会对一家上市公司产生多大影响。

关键管理人员指有权力并负责进行计划、指挥和控制企业活动的人员。通常情况下，企业的关键管理人员负责管理企业的日常经营活动，并且负责制定经营计划、战略目标、指挥调度生产经营活动等，他们在企业中起着至关重要的作用。但《企业会计准则第 36 号——关联方披露》中的关键管理人员与其他法规中的高级管理人员的范围不完全相同，如国务院《关于股份有限公司境外募集股份及上市的特别规定》中规定的高级管理人员指董事、监事、经理、财务负责人、董事会秘书和公司章程规定的其他高级管理人员。《企业会计准则第 36 号——关联方披露》中的关键管理人员包括董事长、董事、总经理、总会计师、财务总监、主管各项事务的副总经理，以及行使类似政策职能的人员，这些人员对企业的财务和经营政策起着决定性的作用。可见，《企业会计准则第 36 号——关联方披露》中的关键管理人员不包括董事会秘书和监事。按照《公司法》的规定，有限责任公司和股份有限公司设立监事会，“其成员不得少于三人。监事会应在其组成人员中推选一名召集人”。“有限责任公司，股东人数较少和规模较小的，可以设一至二名监事”。监事会或者监事除可以列席董事会会议外，其行使的职权包括：检查公司财务；对董事、经理执行公司职务时违反法律、法规或者公司章程的行为进行监督；当董事和经理的行为损害公司的利益时，要求董事和经理予以纠正；提议召开临时股东会；公司章程规定的其他职权。从监事的职权范围看，主要是对企业的财务和执行国家有关法律法规情况进行监督检查，不对企业的财务和经营政策进行控制或施加重大影响。而董事会秘书的职责是负责对外披露信息、召集组织股东大会、处理与股民的有关事项等。监事和董事会秘书从证券监管部门来看非常重要，但从会计角度看，判定某一个职位是否为关键管理人员，要视其在决定企业财务和经营政策时所发生的作用和影响程度而定，监事和董事会秘书一般不能决定或影响企业的财务和经营政策的决策。因而，监事和董事会秘书从会计角度看均不属于关键管理人员。另外值得注意的是，这里的关键管理人员也不包括非执行董事。非执行董事主要是起公正作用的，一般不存在个人利益驱动问题。在美国，董事也区分为执行董事和非执行董事，他们都视为关键管理人员；在中国香港，目前的做法是关键管理人员中不包括非执行董事。

在制定准则过程中，企业与企业之间的关联方关系存在的情况比较好理解，但对于主要投资者个人、关键管理人员是否作为关联方有不同的意见：有的认为，在我国，企业与企业之间的关联方关系比较界定，实务中也较普遍，也较能为大多数企业所接受。如果将个人也作为企业的关联方，一是在实务中很难界定哪一类人员作为关联方，哪一类人员不作为关联方，操作时不方便。二是在我国，主要投资者个人和关键管理人员有时候往往不一定能够决定企业的财务和经营政策，有的企业提出的财务和经营方针需要报经主管部门等批准后才能执行。因此，在制定准则时可不考虑主要投资者个人和关键管理人员。我们认为，首先，企业的主要投资者个人和关键管理人员可通过拥有该企业的表决权资本或与企业经营成果密切相连的业绩奖励而从企业的经营中直接受益，应当将其视为关联方。其次，在主要投资者个人和关键管理人员与企业之间存在交易的情况下，披露他们与企业之间的交易，可以监督主要投资者个人和关键管理人员在与企业交易时对企业和个人利益的影响程度；在主要投资者个人与关键管理人员与企业之间不存在交易的情况下，可以不披露他们之间的关系。在我国，大部分企业中的主要投资者个人和关键管理人员与企业之间不存在交易，或者交易很小，在实务中不会太繁杂；并且对关键管理人员而言，主要披露他们的报酬，在实际工作中比较容易取得。第三，主要投资者只限定在拥有10%或以上表决权资本的个人投资者，关键管理人员也有限制，实务中也可操作。第四，在我们所了解的国家中，均将主要投资者个人和关键管理人员作为关联方看待，如英国规定，除非有证据证明他们不是关联方，否则会将主要投资者个人和关键管理人员假定为关联方。第五，在我国实际中，关键管理人员如总经理，在其他企业兼职很多，往往可以根据实际需要直接操纵被控制的企业，或通过指挥关联各方来调整企业的财务状况和经营成果。因此，《企业会计准则第36号——关联方披露》将主要投资者个人和关键管理人员作为企业的关联方。

二、关联方关系为什么包括关系密切的家庭成员

关系密切的家庭成员，指在处理与企业的交易时有可能影响某人或受其影响的家庭成员。《企业会计准则第36号——关联方披露》所指的关系密切的家庭成员是针对主要投资者人和关键管理人员而言的，即主要投资者个人关系密切的家庭成员和关键管理人员关系密切的家庭成员。在我国，关系密切的家庭成员的构成比较复杂，在现实生活中不一定指直系亲属，在某些大家庭中，非直系亲属也可以左右一切。为了便于操作，在《企业会计准则第36号——关联方披露》中关系密切的家庭成员一般指父母、配偶、兄弟、姐妹和子女。

在制定准则过程中，对关联方关系中是否需要包括主要投资者个人和关键管理人员关系密切的家庭成员，也有不同的意见：一种意见认为，在我国的其他法规中提到关联企业较多，对关联方为个人的情形提及较少，现在准则中已经将主要投资者个人和关键管理人员作为关联方考虑，就不必要再考虑其家庭成员，待今后时机成熟时再予以考虑。另外，我国家庭成员构成较复杂，实务中很难操作，在很多情况下，会计人员无法了解主要投资者个人和关键管理人员家庭成员的情况。另一种意见认为，主要投资者个人和关键管理人员能对企业产生某种影响，这些人员的亲属可以和这些人员本人一样从关联方获取相同的利益，在这些人员处理企业的财务和经营业务时，可能受家庭成员的影响，应当将其视为关联方。我们认为，首先，企业主要投资者个人和关键管理人员关系密切的家庭成员会直接影响企业的财务和经营政策的决策，在我国，此类事情也时有发生，提出这方面的要求，也有一定的针对性；其次，将其视为关联方与国际会计准则以及世界上主要国家的做法是相一致的。为了便于操作，对于与主要投资者和关键管理人员关系密切的家庭成员做了限制。至于会计人员能否知道主要投资者个人和关键管理人员关系密切的家庭成员的实际情况，可以通过其他形式予以规范，例如，可以在公司章程或有关规定中要求他们通报这些情况等。因此，《企业会计准则第36号——关联方披露》将主要投资者个人和关键管理人员关系密切的家庭成员也视为关联方。

三、拥有相同关键管理人员的不同企业为什么视为关联方

在制定准则过程中，企业间如果有相同的关键管理人员，是否应当将这两个或多个企业视为关联方也存在不同的意见。一种意见认为：企业中的关键管理人员是制定企业财务和经营方针的具体参与者和具体运作者，在企业中起着关键作用。在我国，同时担任两个或多个企业的关键管理人员的情况也不少，在某些上市公司中利用同一关键管理人员对两个或多个企业进行操纵从而达到粉饰财务状况和经营成果的情况也时有发生。在这种情况上，为了防止两个或多个企业在同一关键管理人员控制下可能产生的不良后果，应将同受某一关键管理人员控制的企业之间视为关联方。另一种意见认为，关键管理人员在企业中能产生多大的影响是不可确知的，通常情况下，关键管理人员只能对企业起着重大影响的作用，在两个或多个企业有同一关键管理人员时，并不意味着这一关键管理人员能对这两个或多个企业都产生影响。既然同受某一企业重大影响的两个或多个企业之间不构成关联方，为什么要将有同一关键管理人员的两个或多个企业之间视为关联方。我们认为，第一，关键管理人员能够参与企业的财务和经营政策的制定，并且在日常经营中又是企业财务和经营政策的具体实施者，在企业中起着重要的作用。第二，关键管理人员可能在企业中所处的职位不同，其影响的程度也不同。如果两个或多个企业有同一关键管理人员，是否应当将这两个或多个企业视为关联方应视其影响程度而定，不能一概而论。因此，《企业会计准则第36号——关联方披露》规定，企业之间如“受同一关键管理人员或与其关系密切的家庭成员直接控制时，彼此应视为关联方。”

27.2 关联方交易

1. 关联方交易的概念

《企业会计准则第 36 号——关联方披露》第七条规定，关联方交易是指关联方之间转移资源、劳务或义务的行为，而不论是否收取价款。

这一定义的要点如下：

（1）按照关联方定义，构成关联方关系的企业之间、企业与个人之间的交易，即通常是在关联方关系已经存在的情况下，关联各方之间的交易。

（2）资源或义务的转移是关联方交易的主要特征，通常情况下，在资源或义务转移的同时，风险和报酬也相应转移。

（3）关联方之间资源或义务的转移价格是了解关联方交易的关键。关联方交易通常来说能在一般商业条款中使参与双方受益。一般商业条款是指那些不会比与非关联主交易可望合理受益更多或更少的商业条款。母公司与其子公司之间的交易在使用其他条款没有有利之处时，经常以这种条款进行。但在某些情况下，关联方交易是为了使交易的一方受益而进行的，例如，某一公司的董事可能影响销售给他要人的一项资产的价格，使之低于市价，或是一方为另一方提供便利而参与交易。另外，一项关联方交易可能按为减少企业由于另一国家税收或关税而引起民的财务负担而设计的条款定价。

会计上确认资源或义务的转移通常是以风险和报酬的转移为依据，并以各方同意的价格为计量标准。关联方在确定价格时可能有一定程度的弹性，而在非关联方之间的交易中则没有这种弹性，非关联方之间的价格是公平价格。国际会计准则提供了关联方交易中确定价格的几种方法，如可比不可控价格、转售价格、成本加利润法等。但在有些情况下，如果不存在关联方之间的关系，交易就不会发生，如子公司销售给母公司的产品按照成本计价，因为如果母公司不买这些产品，子公司的产品可能就没有买主，在这种情况下，关联方之间的交易采取按成本计价的方法；在另外某些情况下，关联方之间的交易采取不计价的方法，例如，免费提供管理服务等。

《企业会计准则第 36 号——关联方披露》没有提供交易的计价方法，因为在日常商业活动中，交易价格通常由交易各方协商确定（除国家对部分商品有特殊定价政策外），准则中无法说明交易时的定价方法和定价政策。但是在财务报表附注中应当披露交易时的定价政策和定价方法。

《企业会计准则第 36 号——关联方披露》举例说明了关联方交易的例子，这些例子只是各种交易形式的一部分。判断是否属于关联方交易，应以交易是否发生为依据，而不以是否收取价款为前提。例如，智董公司为贵琛公司的母公司，贵琛公司的某项专有技术无偿提供给智董公司使用，智董公司由于使用了贵琛公司的专有技术而打开了产品的销路，利润大幅度增长。在这项交易中虽然贵琛公司没有就智董公司使用其专有技术而收取价款，但是交易已经存在，而且智董公司由于使用了贵琛公司的专有技术而提高了盈利水平，这对智董公司的财务状况和经营成果产生较大的影响，应当将其作为关联方交易。如果在财务报表附注中披露智董公司无偿使用贵琛公司的某项专有技术而获得的利润，则告诉了广大的报表阅读者这一事实。如果税法规定对无偿提供其他企业使用本企业的专有技术需要纳税的，同时可以告诉报表阅读者，贵琛公司为此项交易需要缴纳的税金是贵琛公司的一项损失，借以评价管理当局在处理与智董公司的这项交易时是否恰当。

在某些情况下，有些交易在不存在关联方关系时就不可能产生，正是由于存在着关联方关系，由于一方控制另一方，或对另一方施加重大影响，这种交易才可能产生。例如，在我国，当期的销售退回冲减当期的销售收入，以便于简化核算手续。但有些企业利用这一规定，为了体现良好的经营成果，在年度终了前将产品大量销售给本企业的关联方，形成当年的销售利润，然后到下年年初又作为销售退回，冲减下年度的销售收入和销售成本，以这种虚假销售作为调节利润的手段。又如，通过对被控制企业资产的重估，调整企业长期股权投资的账面价值，达到虚增资产的目的等。在这种情况下，对关联方交易的充分披露，可在一定程度上杜绝虚假关联方交易。

2. 关联方交易的类型

《企业会计准则第36号——关联方披露》第八条规定了关联方交易的类型并列举了有关关联方交易的例子。

（1）购买或销售商品。购买或销售商品是关联方交易较常见的交易事项，例如，企业集团成员之间互相购买或销售商品，从而形成了关联方交易。

（2）购买或销售除商品以外的其他资产。例如，母公司出售给其子公司的设备或建筑物等，购买或销售除商品以外的其他资产也是关联方交易的主要形式。

（3）提供或接受劳务。例如，智董公司为贵琛公司的联营企业，智董公司专门从事设备维修服务，贵琛公司的所有设备均由智董公司负责维修，贵琛公司每年支付设备维修费用20万元。因此，关联方之间提供或接受劳务，是关联方交易的主要形式。

（4）代理。代理主要是依据合同条款，一方可为另一方代理某些事务，如代理销售货物，或一方代另一方签订合同等。因此，关联方之间的代理业务，也是关联方交易的主要形式。

（5）租赁。租赁通常包括经营租赁和融资租赁等，关联方之间的租赁合同也是主要的交易事项。

（6）提供资金（包括贷款或股权投资）。例如，企业从其关联方取得资金、或股权投资的变动等。因此，关联方之间提供资金也是主要的关联方交易。

（7）担保。担保包括在借贷、买卖、货物运输、加工承揽等经济活动中，为了保障其债权实现而实行的保证、抵押等。当存在关联方关系时，一方往往为另一方提供为取得借贷、买卖等经济活动中所需的担保。因此，关联方之间提供的担保也是关联方交易的主要形式。

（8）代表企业或由企业代表另一方进行债务结算。代表企业或由企业代表另一方进行债务结算也是关联方交易的主要形式。

（9）研究与开发项目的转移。在存在关联方关系时，有时某一企业所研究与开发的项目会由于一方的要求而放弃或转移给其他企业。例如，贵琛公司是智董公司的子公司，智董公司要求贵琛公司停止对某一新产品的研究和试制，并将贵琛公司研究的现有成果转给智董公司最近购买的、研究和开发能力超过贵琛公司的欣郁公司继续研制。因此，关联方之间研究与开发项目的转移，是关联方交易的主要形式。

（10）许可协议。当存在关联方关系时，可能关联方之间达成某项协议，允许一方使用另一方的商标等，从而形成了关联方之间的交易。

（11）关键管理人员报酬。企业支付给关键管理人员的报酬，也是一项主要的关联方交易。

27.3 关联方披露

《企业会计准则第 36 号——关联方披露》第九条规定，企业无论是否发生关联方交易，均应当在附注中披露与母公司和子公司有关的下列信息。

（1）母公司和子公司的名称。母公司不是该企业最终控制方的，还应当披露最终控制方名称。母公司和最终控制方均不对外提供财务报表的，还应当披露母公司之上与其最相近的对外提供财务报表的母公司名称。

（2）母公司和子公司的业务性质、注册地、注册资本（或实收资本、股本）及其变化。

（3）母公司对该企业或者该企业对子公司的持股比例和表决权比例。

第十条规定，企业与关联方发生关联方交易的，应当在附注中披露该关联方关系的性质、交易类型及交易要素。交易要素至少如下：

（1）交易的金额。

（2）未结算项目的金额、条款和条件，以及有关提供或取得担保的信息。

（3）未结算应收项目的坏账准备金额。

（4）定价政策。

大多数关联方之间的交易是在公平基础上进行的，但是，很多情况下关联方交易是在日常业务过程中进行的，因而很难确定交易是否基于公平基础，而且关联方相互之间的关系经营以一种微妙的方式来影响交易。此外，大多数关联方交易是在真实的基础上进行的，但是，在某些情况下，一方为了某种目的，如为了使其能有良好的社会形象，让广大的投资者和潜在的投资者对其充满信心，通过关联方之间的非真实性交易，而达到粉饰其财务状况和经营成果的目的。因此，国际会计准则以及世界上主要国家的会计准则均要求对所有关联方交易在财务报表附注中披露，而不仅仅是那些在不公允和不真实基础上发生的交易。例如，美国要求披露没有金额或只有象征性金额的交易、未清金额的结算期限及方式，应收高级职员、雇员或联营企业的票据或账款需要单独披露。又如，法国公司法要求披露同联营企业、董事和其他关联方之间的应收及应付款项、董事和执行总裁的报酬、给董事的贷款和预付款，以及对关联方在资产负债表外的承诺等。

关联方交易的披露有两种方法，一是在财务报表附注中作相关披露；二是对某些重大项目的金额在财务报表中披露，其他事项在财务报表附注中披露。例如，美国有些公司将与关联方的往来款项如金额较大时，通常在资产负债表上披露，与关联方的销售和购买交易通常在利润表上披露。也有些公司在财务报表的附注中披露所有的关联方交易信息。《国际会计准则第 5 号——财务报表应提供的资料》中要求在资产负债表中单独披露：应收联营公司和股东的款项、应付联营公司和董事的款项、对联营企业投资等。《企业会计准则第 36 号——关联方披露》对关联方交易的披露采用第一种方法，即不要求在财务报表中披露，而在财务报表附注中披露，但对重大项目，应当分别关联方以及交易类型披露。

哪些关联方交易必须披露是在制定准则中必须予以考虑的问题。在与国内外专家讨论的过程中，有人认为，关联方交易的披露也应遵循重要性原则，即重大事项并且对企业财务状况和经营成果影响较大的，必须披露；非重大事项并且对企业财务状况和经营成果影响较小或没有影响的，可不予披露。也有人认为，关联方交易应当全部予以披露，而不论是否重要，某些关联方交易可能在当期并不重要，但是不能否认其潜在的重要性，我们不能由于当期的不重要而忽略了未来的重要性。还有人认为，关联方交易的披露应当把握一个度，即在运用重要性原则时，如何把握这个重要性，应当有所规定，以便于实务中的运用。有人认为，重要性在实务中应当运用职业判断去把握，在实际工作中情况千差万别，准则中不可能面面俱到，只有依靠经验和判断去掌握，但准则中必须明确对关联方交易的披露应当遵循重要性原则。有人认为，关联方交易应当披露交易额金额，特别是交易时的定价政策是最关键的，它可以使财务报表阅读者了解关联方之间的利润转移情况。我们认为，首先，对关联方交易的披露应当遵循重要性原则，对重要的关联方交易应当披露；对非重要的、零星的关联方交易，如果对企业财务状况和经营成果影响较小的或几乎没有影响的，可以不予披露。其次，重要性原则的运作更多的应当依靠职业判断，对在实际工作中遇到的各种情况在准则中不可能全部涉及。最后，并联方交易中的金额或相应比例、定价政策、交易的收付款方式及条件、关联方交易中的未结算项目的金额等都是关联方交易中需要披露的事项。因此，在《企业会计准则第 36 号——关联方披露》中有如下要求。

1．关联方之间的交易按照重要性原则分别情况处理

（1）零星的关联方交易，如果对企业财务状况和经营成果影响较小的或几乎没有影响的，可以不予披露。

（2）对企业财务状况和经营成果有影响的关联方交易，如果属于重大交易（主要指交易金额较大的，如销售给关联方产品的销售收入占本企业销售收入 10%及以上），应当分别关联方以及交易类型披露。

分别关联方披露是指分别各个关联企业和关联个人予以披露；分别交易类型披露是指按照交易的各种类型分别披露，这种类型是指《企业会计准则第 36 号——关联方披露》中就关联方交易所举的例子的内容。如果关联方之间属于非重大交易，类型相同的非重大交易可以合并披露，但以不影响财务报表阅读者正确理解企业财务状况、经营成果为前提。

例如，A 企业有两家联营企业 B 和 C，B 企业和 C 企业当期从 A 企业购入材料分别占 B 企业和 C 企业当期购入材料的 1%和 2%，在这种情况下，A 企业和 B、C 企业之间的交易可以合并披露。

2．在企业与关联方发生交易的情况下，企业应当在财务报表附注中披露关联方关系的性质，交易类型及其交易要素

这些要素一般包括：交易的金额或相应比例；未结算项目的金额或相应比例；定价政策（包括没有金额或只有象征性金额的交易）。关联方交易应当分别关联方以及交易类型予以披露，类型相同的关联方交易，在不影响财务报表阅读者正确理解的情况下可以合并披露。

3．在具体执行上述披露原则时，应当注意的几个方面

（1）企业与关联方的交易包括企业与企业之间、企业与个人之间的交易。企业与企业之间的交易包括企业与其子公司、合营企业、联营企业以及与其他关联企业之间的交易；企业与个人之间的交易包括企业与其主要投资者个人、关键管理人员以及与他们关系密切的家庭成员之间的交易。

（2）关联方交易中的主要事项，如购货、销货、应收应付款项等，应当披露连续两年的比较资料。如果两年比较资料中有一年属于重大交易，另一年属于非重大交易，也应当分别关联方和交易类型予以披露，不能采用合并披露的方法。

（3）关联方之间签订的交易协议或合同如涉及当期和以后各期的，应当在签订协议或合同的当期和以后各期披露协议或合同的主要内容、交易总额以及当期的交易数量及金额。

（4）在披露未结算项目的金额或相应比例时，应当披露累计余额，不需要披露本期发生额。

4．关联方交易不要求披露的情况

（1）在合并财务报表中披露包括在合并财务报表中的企业集团成员之间的交易。合并财务报表是将集团作为一个单独整体反映与其有关的财务信息，在合并会计的表中，企业集团作为一个整体年待，企业集团内的交易已不属于交易，并且已经在编制合并报表时予以抵消。因此，在正确编制的合并财务报表中，已没有集团内部交易可以披露。

（2）在与合并财务报表一同提供的母公司财务报表中披露关联方交易。因为，母公司财务报表与合并财务报表一并向外提供，而在合并财务报表中，母公司与其关联方之间交易，有的被抵消，有的已经如实反映；而且财务报表阅读者主要是看整个集团的合并财务报表，与合并财务报表一同提供的母公司的财务报表在这种情况下并不是很重要。

（3）关联方之间虽然有交易，但交易是零星的、非经常性的，并对企业财务状况和经营成果影响较小的或几乎没有影响的，可以不予披露。

小知识

关联方关系需要披露的内容

在确定披露关联方关系的内容时，财政部充分考虑了有关方面的意见，尽量与其他法规以及国际会计准则等协调一致。当关联方之间存在控制关系时，无论关联方有无交易，或者交易是否在公平基础上进行，国际会计准则以及我们所了解的国家的会计准则都要求披露相关的信息。但关联方之间由于互相影响程度不同，即控制、共同控制和重大影响对企业的影响程度不同，因而，在披露方面也有不同的要求。按照《企业会计准则第 36 号——关联方披露》的规定，关联方关系披露的原则如下。

（1）当关联方之间存在控制和被控制关系时，无论关联方之间有无交易，均应披露企业经济性质或类型、名称、法定代表人、注册地、注册资本及其变化；企业的主营业务；所持股份或权益及其变化。

在具体操作时，应当注意以下几个问题。

① 企业经济性质或类型，是营业执照上注明的企业经济性质或企业类型。目前，在进行工商登记时需要确定企业的经济性质或类型，以便对企业按经济性质或类型进行不同的分类。企业按经济性质分类包括国有、集体、私营企业等；按企业类型分类包括股份有限公司、有限责任公司和国有独资公司。在营业执照上有的企业是按照经济性质分类的，有的是按企业类型分类的，无论是按经济性质还是按类型分类，均按照营业执照上注明的情况披露。关联方如为个人，不需要披露这些信息。

② 企业的主营业务，按照营业执照上注明的主营业务披露。

（2）当存在共同控制、重大影响时，在没有发生交易的情况下，可以不披露关联方关系；在发生交易时，应当披露关联方关系的性质。关联方关系的性质，是指关联方与本企业的关系，即关联方为本企业的子公司、合营企业、联营企业、主要投资者个人、关键管理人员、主要投资者个人或关键管理人员关系密切的家庭成员等。

披露内容的说明如下：

① 当存在控制关系并且关联方为企业时，不论他们之间有无交易，均应当按照《企业会计准则第 36 号——关联方披露》的要求在财务报表附注中披露相关信息。

② 在存在共同控制或重大影响的情况下，如果关联方之间无交易，则不需要在财务报表附注中披露任何信息。

③ 在关联方之间发生交易的情况下，应当按照《企业会计准则第 36 号——关联方披露》的要求披露相关信息。《企业会计准则第 36 号——关联方披露》所指的免于披露的情况除外。

④ 国家控制的企业间不应仅仅因为彼此同受国家控制而成为关联方，但企业间存在《企业会计准则第 36 号——关联方披露》第四条（一）至（七）的关系，或根据《企业会计准则第 36 号——关联方披露》第四条（八）

至（十）受同一关键管理人员或与其关系密切的家庭成员直接控制时，彼此应视为关联方。例如，两个企业A和B均属于国家投资兴建的企业，隶属于同一国家行政管理部门，A企业又投资D企业，并形成对D企业的控制，在这种情况下，不能仅仅因为A和B同受国家控制即将其视为关联方；但由于A企业控制D企业，这两个企业之间的关系存在《企业会计准则第36号——关联方披露》第四条所述的关系，则A企业和D企业成为关联方，在A和D各自的财务报表中应该要披露它们之间的关系及其交易（如果D企业包括在A企业的合并财务报表中则不需要披露A、D之间的交易）。但是，如果A和B有一位共同的董事长，则A和B由于存在《企业会计准则第36号——关联方披露》第四条所述的关联方关系，则需要在各自的财务报表中披露他们之间的交易。

⑤《企业会计准则第36号——关联方披露》第十条所述的“附注”，在没有特殊要求的情况下，通常是指年度财务报表附注；如有特殊规定的从其规定。

⑥《企业会计准则第36号——关联方披露》第十条所述的“关联方关系的性质”，是指关联方与本企业的关系，即关联方为本企业的子公司、合营企业、联营企业等。

⑦《企业会计准则第36号——关联方披露》第十条所述的“交易类型”，是指《企业会计准则第36号——关联方披露》第八条所述的情形，例如，购买或销售商品。

⑧《企业会计准则第36号——关联方披露》第十条所述的“交易要素”除《企业会计准则第36号——关联方披露》第十条（一）～（四）所述的内容外，还包括交易的收付款方式及条件等。

⑨《企业会计准则第36号——关联方披露》第十条（一）～（三），是指在财务报表附注中可以披露本期交易的相关金额，或者相应比例。相应比例，是指关联方交易金额或关联方未结算金额在企业该类交易或未结算金额中所占的比例。

关联方交易的金额或相应比例要求披露两年期的比较数据，两年期的比较数据是指各期的实际发生额或各期实际发生额占该类交易金额的比例；未结算金额要求披露至本期期末止的累计关联方交易未结算的金额或相应比例。

《企业会计准则第36号——关联方披露》第十条（四），是指关联方之间在进行交易时确定交易价格的原则，例如，交易价格的确定是否与非关联方的交易价格相一致。如果关联方之间交易没有金额或只有象征性金额的交易，也应当披露是如何进行交易的。

【例27-1】 本公司与关联方的交易披露如表27-1所示。

表27-1 与关联方的交易披露

企业名称	与本企业的联系
惠勤公司	与本企业同一董事长
怡昌祥公司	合营企业
继来公司	与本企业同一总经理
赓升公司	联营企业
继来公司	联营企业
G企业	合营企业

（1）本公司所销售的产品价格由母公司规定。如果母公司规定的价格低于本公司的正常售价，则母公司退回给本公司销售产品的价差；如果母公司规定的价格高于本公司的正常售价，则本公司必须上交给母公司产品销售的价差。20×8年和20×7年度内本公司无任何高于或低于正常售价价格的情况。

（2）不存在控制关系的关联方关系的性质。

（3）采购货物。本公司20×8年及20×7年度向关联方采购货物有关明细资料如表27-2所示。

表 27-2　向关联方采购货物有关明细资料　单位：元

企业名称	20×8 年		20×7 年	
	金　　额	或：占年度购货百分比	金　　额	或：占年度购货百分比
M 企业	3 750 000	15%	4 680 000	18%
怡昌祥公司	3 500 000	14%	2 600 000	10%
继来公司	4 500 000	18%	5 980 000	23%
赓升公司	2 750 000	11%	7 800 000	30%
其他企业	1 000 000	4%		
合　　计	15 500 000	62%	21 060 000	81%

注：上述交易可只披露金额，也可只披露相应比例；上述非重大交易也可以合并披露，但以不影响财务报表阅读者正确理解企业的财务状况和经营成果为前提。

（4）销售货物。本公司 20×8 年及 20×7 年度向关联方销售货物有关明细资料如表 27-3 所示。

表 27-3　向关联方销售货物有关明细资料　单位：元

企业名称	20×8 年		20×7 年	
	金　　额	或：占年度购货百分比	金　　额	或：占年度购货百分比
怡昌祥公司	3 850 000	10%	4 600 000	10%
继来公司	5 005 000	13%	7 820 000	17%
赓升公司	7 700 000	20%	6 900 000	15%
其他企业	4 235 000	11%	7 820 000	17%
合　　计	20 790 000	54%	27 140 000	59%

注：上述交易可只披露金额，也可只披露相应比例；上述非重大交易也可以合并披露，但以不影响财务报表阅读者正确理解企业的财务状况和经营成果为前提。

（5）关联方应收应付款项余额如表 27-4 所示。

表 27-4　关联方应收应付款项　单位．元

项　　目	年末余额		或：占全部应收（付）款项余额的比重	
	20×8 年	20×7 年	20×8 年	20×6 年
应收账款：				
惠勤公司	5 680	3 200	10%	8%
继来公司	6 816	4 000	12%	10%
其他企业	3 976	2 000	7%	5%
应收票据：				
惠勤公司	560 000		12%	
应付账款：				
惠勤公司	25 000	30 000	10%	16%
赓升公司	35 000	20 625	14%	11%
其他企业	7 500		3%	
应付票据：				
赓升公司	20 000	15 000	12%	8%

注：上述交易可只披露金额，也可只披露相应比例；上述非重大交易也可以合并披露，但以不影响财务报表阅读者正确理解企业的财务状况和经营成果为前提。

（6）其他应披露的事项。

① 本公司本年度从惠勤公司购入一栋厂房，以低于市场价格 1%的价格购入，购入价格 20 万元。另外，本企业按市价出售一台闲置设备给怡昌祥公司，出售价格为 85 万元，此项交易所获得的净利润为 15 万元。

② 根据本公司与母公司 M 企业签订的协议，由 M 企业统一管理本公司的退休统筹基金，并汇总后统一上交给退休统筹基金单位,20×8 年本公司按规定计算并支付此项费用为 70 万元，20×7 年本公司支付的此项费用为 40 万元。

③ 母公司 M 企业的运输队为本公司提供运输服务，收费标准按向外单位提供同样服务所收费用的 70%计算。20×8 年度支付运输费用 60 万元，20×7 年度支付运输费用 55 万元。

④ 本公司用一栋办公楼为惠勤公司提供贷款担保，办公楼的账面原价 500 万元，由于这一项担保，惠勤公司从银行获得贷款 400 万元。

⑤ 由于惠勤公司生产的某种产品为名牌产品，本公司生产的同样产品也使用惠勤公司的商标，并与惠勤公司签订了商标使用许可合同，合同中规定本公司每年按照该种产品销售收入的 1%向惠勤公司支付商标使用费。本年度共支付给惠勤公司商标使用费 50 万元，20×7 年支付给惠勤公司该项费用为 35 万元。

⑥ 20×8 年度支付给关键管理人员的报酬（包括采用货币、实物形式和其他形式的工资、福利、奖金、特殊待遇及有价证券等）总额为人民币 15 万元，20×7 年为人民币 10 万元。

第6篇　行业专题

第 28 章

金融工具确认和计量

金融工具是指形成一个企业的金融资产，并形成其他单位的金融负债或权益工具的合同。

金融工具包括金融资产、金融负债和权益工具。其中，金融资产通常指企业的下列资产：库存现金、银行存款、应收账款、应收票据、贷款、股权投资、债权投资等。金融负债通常指企业的下列负债：应付账款、应付票据、应付债券等。从发行方看，权益工具通常指企业发行的普通股、在资本公积项下核算的认股权等。

金融工具可以分为基础金融工具和衍生工具。

基础金融工具包括企业持有的现金、存放于金融机构的款项、普通股，以及代表在未来期间收取或支付金融资产的合同权利或义务等，如应收账款、应付账款、其他应收款、其他应付款、存出保证金、存入保证金、客户贷款、客户存款、债券投资、应付债券等。

衍生工具是指《企业会计准则第 22 号——金融工具确认和计量》涉及的、具有下列特征的金融工具或其他合同：

（1）其价值随特定利率、金融工具价格、商品价格、汇率、价格指数、费率指数、信用等级、信用指数或其他类似变量的变动而变动，变量为非金融变量的，该变量与合同的任一方不存在特定关系。

（2）不要求初始净投资，或与对市场情况变化有类似反应的其他类型合同相比，要求很少的初始净投资。

（3）在未来某一日期结算。

衍生工具包括远期合同、期货合同、互换和期权，以及具有远期合同、期货合同、互换和期权中一种或一种以上特征的工具。

28.1 金融资产和金融负债的分类

根据《企业会计准则第 22 号——金融工具确认和计量》规定，企业对于取得的金融资产或承担的金融负债，应当分别不同类别进行计量：

- 以公允价值计量且其变动计入当期损益的金融资产或金融负债。
- 持有至到期投资。
- 贷款和应收款项。
- 可供出售金融资产。

- 其他金融负债。

1. 金融资产在初始确认时的四分类

金融资产应当在初始确认时划分为下列四类：

（1）以公允价值计量且其变动计入当期损益的金融资产，包括交易性金融资产和指定为以公允价值计量且其变动计入当期损益的金融资产。

（2）持有至到期投资。

（3）贷款和应收款项。

（4）可供出售金融资产。

金融资产和金融负债的分类如图 28-1 所示。

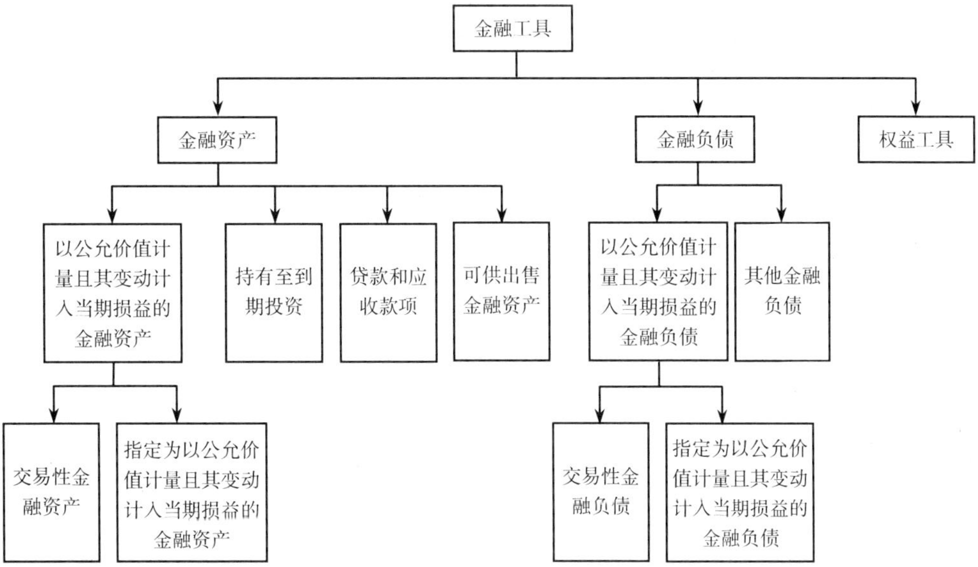

图 28-1　金融资产和金融负债的分类

2. 金融负债在初始确认时的两分类

金融负债应当在初始确认时划分为下列两类：

（1）以公允价值计量且其变动计入当期损益的金融负债，包括交易性金融负债和指定为以公允价值计量且其变动计入当期损益的金融负债。

（2）其他金融负债。

根据《企业会计准则第 22 号——金融工具确认和计量》第八条的规定，其他金融负债是指除以公允价值计量且其变动计入当期损益的金融负债以外的金融负债。通常情况下，企业发行的债券、因购买商品产生的应付账款、长期应付款等，应当划分为其他金融负债。其他金融负债应当按其公允价值和相关交易费用之和作为初始确认金额。其他金融负债通常采用摊余成本进行后续计量。

3. 交易性金融资产或金融负债

金融资产或金融负债满足下列条件之一的，应当划分为交易性金融资产或金融负债：

（1）取得该金融资产或承担该金融负债的目的，主要是为了近期内出售或回购。

（2）属于进行集中管理的可辨认金融工具组合的一部分，且有客观证据表明企业近期采用短期获利方式对该组合进行管理。

（3）属于衍生工具。但是，被指定且为有效套期工具的衍生工具、属于财务担保合同的衍生工具、与在活跃市场中没有报价且其公允价值不能可靠计量的权益工具投资挂钩并须通过交付该权益工具结算的衍生工具除外。

4．指定为以公允价值计量且其变动计入当期损益的金融资产或金融负债

除《企业会计准则第22号——金融工具确认和计量》第二十一条和第二十二条的规定外，只有符合下列条件之一的金融资产或金融负债，才可以在初始确认时指定为以公允价值计量且其变动计入当期损益的金融资产或金融负债：

- 该指定可以消除或明显减少由于该金融资产或金融负债的计量基础不同所导致的相关利得或损失在确认或计量方面不一致的情况。
- 企业风险管理或投资策略的正式书面文件已载明，该金融资产组合、该金融负债组合、或该金融资产和金融负债组合，以公允价值为基础进行管理、评价并向关键管理人员报告。

在活跃市场中没有报价、公允价值不能可靠计量的权益工具投资，不得指定为以公允价值计量且其变动计入当期损益的金融资产。

活跃市场是指同时具有下列特征的市场：

- 市场内交易的对象具有同质性。
- 可随时找到自愿交易的买方和卖方。
- 市场价格信息是公开的。

以下是准则应用指南的相关规定：此类金融资产或金融负债可进一步分为交易性金融资产或金融负债和直接指定为以公允价值计量且其变动计入当期损益的金融资产或金融负债。

（1）交易性金融资产或金融负债，主要是指企业为了近期内出售而持有的金融资产或近期内回购而承担的金融负债。比如，企业以赚取差价为目的从二级市场购入的股票、债券、基金等。

《企业会计准则第22号——金融工具确认和计量》范围内的衍生工具，包括远期合同、期货合同、互换和期权，以及具有远期合同、期货合同、互换和期权中一种或一种以上特征的工具。衍生工具不作为有效套期工具的，也应划分为交易性金融资产或金融负债。

（2）直接指定为以公允价值计量且其变动计入当期损益的金融资产或金融负债，主要是指企业基于风险管理、战略投资需要等所做的指定。

（3）企业划分为以公允价值计量且其变动计入当期损益的金融资产的股票、债券、基金，以及不作为有效套期工具的衍生工具，应当按照取得时的公允价值作为初始确认金额，相关的交易费用在发生时计入当期损益。支付的价款中包含已宣告但尚未发放的现金股利或已到付息期但尚未领取的债券利息，应当单独确认为应收项目。

企业在持有以公允价值计量且其变动计入当期损益的金融资产期间取得的利息或现金股利，应当确认为投资收益。资产负债表日，企业应将以公允价值计量且其变动计入当期损益的金融资产或金融负债的公允价值变动计入当期损益。

处置该金融资产或金融负债时，其公允价值与初始入账金额之间的差额应确认为投资收益，同时调整公允价值变动损益。

5．持有至到期投资

持有至到期投资是指到期日固定、回收金额固定或可确定，且企业有明确意图和能力持有至到期的非衍生金融资产。下列非衍生金融资产不应当划为持有至到期投资：

（1）初始确认时被指定为以公允价值计量且其变动计入当期损益的非衍生金融资产。

（2）初始确认时被指定为可供出售的非衍生金融资产。

（3）贷款和应收款项。

企业应当在资产负债表日对持有意图和能力进行评价。发生变化的，应当按照《企业会计准则第 22 号——金融工具确认和计量》有关规定处理。根据准则第十一条规定，企业从二级市场上购入的固定利率国债、浮动利率公司债券等，符合持有至到期投资条件的，可以划为持有至到期投资。购入的股权投资因其没有固定的到期日，不符合持有至到期投资的条件，不能划为持有至到期投资。持有至到期投资通常具有长期性质，但期限较短（1 年以内）的债券投资，符合持有至到期投资条件的，也可将其划为持有至到期投资。

持有至到期投资应当按取得时的公允价值和相关交易费用之和作为初始确认金额。支付的价款中包含的已到付息期但尚未领取的债券利息，应单独确认为应收项目。

持有至到期投资在持有期间应当按照摊余成本和实际利率计算确认利息收入，计入投资收益。实际利率应当在取得持有至到期投资时确定，在该持有至到期投资预期存续期间或适用的更短期间内保持不变。实际利率与票面利率差别较小的，也可按票面利率计算利息收入，计入投资收益。

处置持有至到期投资时，应将所取得价款与该投资账面价值之间的差额计入投资收益。

存在下列情况之一的，表明企业没有明确意图将金融资产投资持有至到期：

（1）持有该金融资产的期限不确定。

（2）发生市场利率变化、流动性需要变化、替代投资机会及其投资收益率变化、融资来源和条件变化、外汇风险变化等情况时，将出售该金融资产。但是，无法控制、预期不会重复发生且难以合理预计的独立事项引起的金融资产出售除外。

（3）该金融资产的发行方可以按照明显低于其摊余成本的金额清偿。

（4）其他表明企业没有明确意图将该金融资产持有至到期的情况。

金融资产或金融负债的摊余成本是指该金融资产或金融负债的初始确认金额经下列调整后的结果：

（1）扣除已偿还的本金。

（2）加上或减去采用实际利率法将该初始确认金额与到期日金额之间的差额进行摊销形成的累计摊销额。

（3）扣除已发生的减值损失（仅适用于金融资产）。

实际利率法是指按照金融资产或金融负债（含一组金融资产或金融负债）的实际利率计算其摊余成本及各期利息收入或利息费用的方法。

实际利率是指将金融资产或金融负债在预期存续期间或适用的更短期间内的未来现金流量，折现为该金融资产或金融负债当前账面价值所使用的利率。

在确定实际利率时，应当在考虑金融资产或金融负债所有合同条款（包括提前还款权、看涨期权、类似期权等）的基础上预计未来现金流量，但不应当考虑未来信用损失。

金融资产或金融负债合同各方之间支付或收取的、属于实际利率组成部分的各项收费、交易费用及溢价或折价等，应当在确定实际利率时予以考虑。金融资产或金融负债的未来现金流量或存续期间无法可靠预计时，应当采用该金融资产或金融负债在整个合同期内的合同现金流量。

存在下列情况之一的，表明企业没有能力将具有固定期限的金融资产投资持有至到期：

（1）没有可利用的财务资源持续地为该金融资产投资提供资金支持，以使该金融资产投资持有至到期。

（2）受法律、行政法规的限制，使企业难以将该金融资产投资持有至到期。

（3）其他表明企业没有能力将具有固定期限的金融资产投资持有至到期的情况。

企业将尚未到期的某项持有至到期投资在本会计年度内出售或重分类为可供出售金融资产的金额，相对于该类投资在出售或重分类前的总额较大时，应当将该类投资的剩余部分重分类为可供出售金融资产，且在本会计年度及以后两个完整的会计年度内不得再将该金融资产划为持有至到期投资。但是，下列情况除外。

（1）出售日或重分类日距离该项投资到期日或赎回日较近（如到期前三个月内），市场利率变化对该项投资的公允价值没有显著影响。

（2）根据合同约定的定期偿付或提前还款方式收回该投资几乎所有初始本金后，将剩余部分予以出售或重分类。

（3）出售或重分类是由于企业无法控制、预期不会重复发生且难以合理预计的独立事项所引起。此种情况主要包括：

① 因被投资单位信用状况严重恶化，将持有至到期投资予以出售。

② 因相关税收法规取消了持有至到期投资的利息税前可抵扣政策，或显著减少了税前可抵扣金额，将持有至到期投资予以出售。

③ 因发生重大企业合并或重大处置，为保持现行利率风险头寸或维持现行信用风险政策，将持有至到期投资予以出售。

④ 因法律、行政法规对允许投资的范围或特定投资品种的投资限额做出重大调整，将持有至到期投资予以出售。

⑤ 因监管部门要求大幅度提高资产流动性，或大幅度提高持有至到期投资在计算资本充足率时的风险权重，将持有至到期投资予以出售。

6. 贷款和应收款项

贷款和应收款项是指在活跃市场中没有报价、回收金额固定或可确定的非衍生金融资产。企业不应当将下列非衍生金融资产划分为贷款和应收款项：

（1）准备立即出售或在近期出售的非衍生金融资产。

（2）初始确认时被指定为以公允价值计量且其变动计入当期损益的非衍生金融资产。

（3）初始确认时被指定为可供出售的非衍生金融资产。

（4）因债务人信用恶化以外的原因，使持有方可能难以收回几乎所有初始投资的非衍生金融资产。

企业所持证券投资基金或类似基金，不应当划为贷款和应收款项。

《企业会计准则第22号——金融工具确认和计量》第十七条规定，贷款和应收款项主要是指金融企业发放的贷款和一般企业销售商品或提供劳务形成的应收款项等债权。贷款和应收款项在活跃市场中没有报价。

金融企业按当前市场条件发放的贷款，应按发放贷款的本金和相关交易费用之和作为初始确认金额。一般企业对外销售商品或提供劳务形成的应收债权，通常应按从购货方应收的合同或协议价款作为初始确认金额。

贷款持有期间所确认的利息收入，应当根据实际利率计算。实际利率应在取得贷款时确定，在该贷款预期存续期间或适用的更短期间内保持不变。实际利率与合同利率差别较小的，也可按合同利率计算利息收入。

企业收回或处置贷款和应收款项时，应将取得的价款与该贷款和应收款项账面价值之间的差额计入当期损益。

7. 可供出售金融资产

可供出售金融资产是指初始确认时即被指定为可供出售的非衍生金融资产，以及除下列各类资产以外的金融资产：

（1）贷款和应收款项。

（2）持有至到期投资。

（3）以公允价值计量且其变动计入当期损益的金融资产。

《企业会计准则第 22 号——金融工具确认和计量》第十八条规定，可供出售金融资产通常是指企业没有划分为以公允价值计量且其变动计入当期损益的金融资产、持有至到期投资、贷款和应收款项的金融资产。比如，企业购入的在活跃市场上有报价的股票、债券和基金等，没有划分为以公允价值计量且其变动计入当期损益的金融资产或持有至到期投资等金融资产的，可归为此类。

可供出售金融资产应当按取得该金融资产的公允价值和相关交易费用之和作为初始确认金额。支付的价款中包含的已到付息期但尚未领取的债券利息或已宣告但尚未发放的现金股利，应单独确认为应收项目。

可供出售金融资产持有期间取得的利息或现金股利，应当计入投资收益。资产负债表日，可供出售金融资产应当以公允价值计量，且公允价值变动计入资本公积（其他资本公积）。

处置可供出售金融资产时，应将取得的价款与该金融资产账面价值之间的差额，计入投资损益；同时，将原直接计入所有者权益的公允价值变动累计额对应处置部分的金额转出，计入投资损益。

8. 重分类

企业在初始确认时将某金融资产或某金融负债划分为以公允价值计量且其变动计入当期损益的金融资产或金融负债后，不能重分类为其他类金融资产或金融负债；其他类金融资产或金融负债也不能重分类为以公允价值计量且其变动计入当期损益的金融资产或金融负债。

28.2 嵌入衍生工具

嵌入衍生工具是指嵌入到非衍生工具（主合同）中，使混合工具的全部或部分现金流量随特定利率、金融工具价格、商品价格、汇率、价格指数、费率指数、信用等级、信用指数或其他类似变量的变动而变动的衍生工具。嵌入衍生工具与主合同构成混合工具，如可转换公司债券等。

1. 将混合工具指定为以公允价值计量且其变动计入当期损益的金融资产或金融负债

企业可以将混合工具指定为以公允价值计量且其变动计入当期损益的金融资产或金融负债。但是，下列情况除外：

（1）嵌入衍生工具对混合工具的现金流量没有重大改变。

（2）类似混合工具所嵌入的衍生工具，明显不应当从相关混合工具中分拆。

2．嵌入衍生工具从混合工具中分拆

嵌入衍生工具相关的混合工具没有指定为以公允价值计量且其变动计入当期损益的金融资产或金融负债，且同时满足下列条件的，该嵌入衍生工具应当从混合工具中分拆，作为单独存在的衍生工具处理：

（1）与主合同在经济特征及风险方面不存在紧密关系。

（2）与嵌入衍生工具条件相同，单独存在的工具符合衍生工具定义。

无法在取得时或后续的资产负债表日对其进行单独计量的，应当将混合工具整体指定为以公允价值计量且其变动计入当期损益的金融资产或金融负债。

嵌入衍生工具按照《企业会计准则第 22 号——金融工具确认和计量》规定从混合工具分拆后，主合同是金融工具的，应当按照《企业会计准则第 22 号——金融工具确认和计量》有关规定处理；主合同是非金融工具的，应当按照其他会计准则的规定处理。

嵌入衍生金融工具从混合工具中分拆的条件如图 28-2 所示。

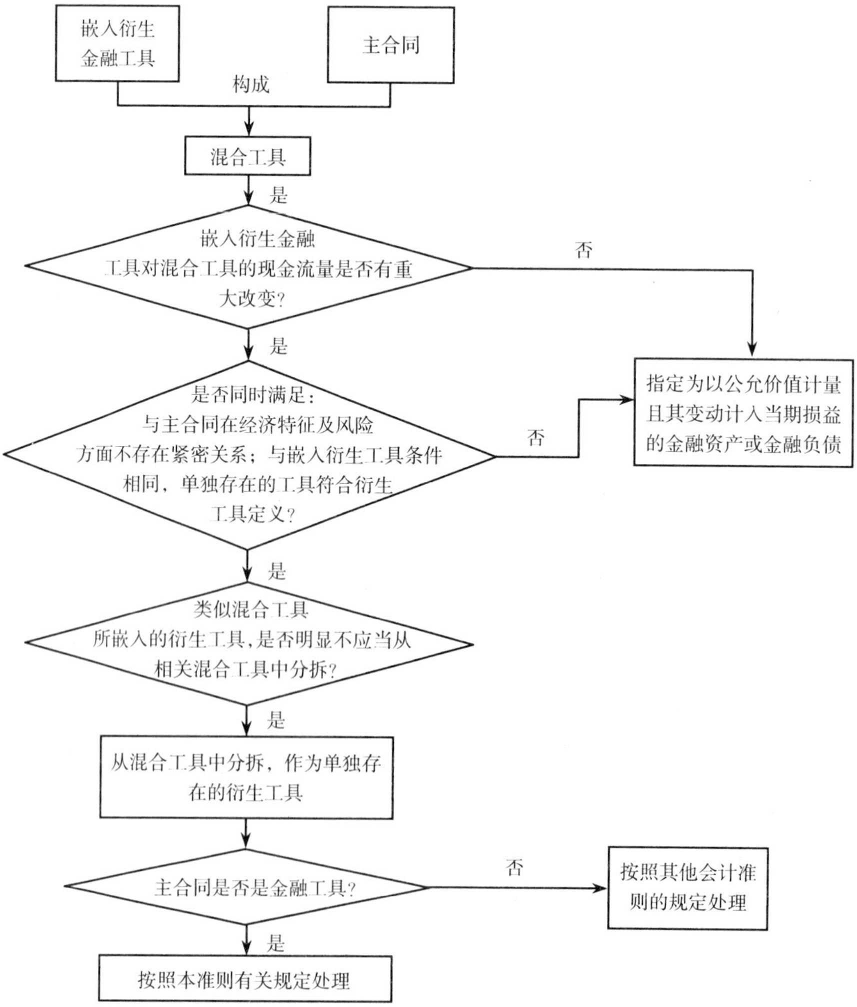

图 28-2　嵌入衍生金融工具从混合工具中分拆的条件

【例 28-1】 欣郁公司购入一批智董公司发行的可转换公司债券。该债券合同条款注明，该债券持有者 1 年后可按固定价格将债券转换为发行者的普通股。此例中，嵌入衍生工具为股份转换权，与主债务合同不存在紧密关系；如混合工具整体没有指定为以公允价值计量且其变动计入当期损益的金融负债，则应分拆为单独的衍生工具核算。

28.3 金融资产和金融负债的确认

金融资产的确认是指将符合金融资产定义和金融资产确认条件的项目记入和列入资产负债表的过程。金融负债的确认是指将符合金融负债定义和金融负债确认条件的项目记入和列入资产负债表的过程。

1. 金融资产和金融负债的确认条件

企业成为金融工具合同的一方时，应当确认一项金融资产或金融负债。根据此确认条件，企业应将《企业会计准则第 22 号——金融工具确认和计量》范围内的衍生工具合同形成的权利或义务，确认为金融资产或金融负债。但是，如果衍生工具涉及金融资产转移，且导致该金融资产转移不符合终止确认条件，则不应将其确认，否则会导致衍生工具形成的义务被重复确认。

2. 金融资产的终止确认

金融资产终止确认，是指将金融资产从企业的账户和资产负债表内予以转销。《企业会计准则第 22 号——金融工具确认和计量》规定，收取金融资产现金流量的合同权利终止，或金融资产已经转移，且符合《企业会计准则第 23 号——金融资产转移》规定的金融资产终止确认条件的，应当终止确认该金融资产。有关金融资产终止确认的会计处理参见第 29 章“金融资产转移”。

3. 金融负债的终止确认

金融负债终止确认是指将金融负债从企业的账户和资产负债表内予以转销。《企业会计准则第 22 号——金融工具确认和计量》规定，金融负债的现时义务全部或部分已经解除的，才能终止确认该金融负债或其一部分。例如，智董公司因购买商品于 20×7 年 3 月 1 日确认了一项应付账款 1 000 万元。按合同约定，该企业于 20×7 年 4 月 1 日支付银行存款 1 000 万元解除了相关现时义务，为此，该企业应将应付账款 1 000 万元从账上转销。如果按合同约定，货款应于 20×7 年 4 月 1 日、4 月 30 日分两次等额清偿。那么，该企业应在 4 月 1 日支付银行存款 500 万元时，终止确认应付账款 500 万元（终止确认该金融负债 50%），在 4 月 30 日支付剩余的货款 500 万元时终止确认应付账款 500 万元。

金融负债现时义务的解除可能还会涉及其他复杂情形，企业应当注重分析交易的法律形式和经济实质。

（1）企业将用于偿付金融负债的资产转入某个机构或设立信托，偿付债务的义务仍存在的，不应当终止确认该金融负债，也不能终止确认转出的资产。

也就是说，虽然企业已为金融负债设立了“偿债基金”，但金融负债对应的债权人拥有全额追索的权利时，不能认为企业的相关现时义务已解除，从而不能终止确认金融负债。

（2）企业（债务人）与债权人之间签订协议（不涉及本书第 14 章“债务重组”所指情形），以承担新金融负债方式替换现存金融负债，且新金融负债与现存金融负债的合同条款实质上不同的，应当终止确认现存金融负债，并同时确认新金融负债。

其中，“实质上不同”是指按照新的合同条款，金融负债未来现金流量现值与原金融负债的剩余期间现金流量现值之间的差异至少相差 10%。有关现值的计算均采用原金融负债的实际利率。

（3）企业回购金融负债一部分的，应当在回购日按照继续确认部分和终止确认部分的相对公允价值，将该金融负债整体的账面价值进行分配。

分配给终止确认部分的账面价值与支付的对价（包括转出的非现金资产或承担的新金融负债）之间的差额，计入当期损益。

28.4 金融工具计量

1. 初始计量

企业初始确认金融资产或金融负债，应当按照公允价值计量。对于以公允价值计量且其变动计入当期损益的金融资产或金融负债，相关交易费用应当直接计入当期损益；对于其他类别的金融资产或金融负债，相关交易费用应当计入初始确认金额。

交易费用，是指可直接归属于购买、发行或处置金融工具新增的外部费用。新增的外部费用，是指企业不购买、发行或处置金融工具就不会发生的费用。交易费用包括支付给代理机构、咨询公司、券商等的手续费和佣金及其他必要支出，不包括债券溢价、折价、融资费用、内部管理成本及其他与交易不直接相关的费用。

2. 金融资产的后续计量

（1）金融资产后续计量原则。金融资产的后续计量与金融资产的分类密切相关。企业应当按照以下原则对金融资产进行后续计量。

① 以公允价值计量且其变动计入当期损益的金融资产，应当按照公允价值计量，且不扣除将来处置该金融资产时可能发生的交易费用。

② 持有至到期投资，应当采用实际利率法，按摊余成本计量。

③ 贷款和应收款项，应当采用实际利率法，按摊余成本计量。

④ 可供出售金融资产，应当按公允价值计量，且不扣除将来处置该金融资产时可能发生的交易费用。

（2）实际利率法及摊余成本。

1）实际利率法。实际利率法是指按照金融资产或金融负债（含一组金融资产或金融负债）的实际利率计算其摊余成本及各期利息收入或利息费用的方法。

① 实际利率是指将金融资产或金融负债在预期存续期间或适用的更短期间内的未来现金流量，折现为该金融资产或金融负债当前账面价值所使用的利率。

② 企业在初始确认以摊余成本计量的金融资产或金融负债时，就应当计算确定实际利率，并在相关金融资产或金融负债预期存续期间或适用的更短期间内保持不变。

在确定实际利率时，应当在考虑金融资产或金融负债所有合同条款（包括提前还款权、看涨期权或类似期权等）的基础上预计未来现金流量，但不应考虑未来信用损失。

金融资产或金融负债合同各方之间支付或收取的、属于实际利率组成部分的各项收费、交易费用及溢价或折价等，应当在确定实际利率时予以考虑。金融资产或金融负债的未来现金流量或存续期间无法可靠预计时，应当采用该金融资产或金融负债在整个合同期内的合同现金流量。

2）摊余成本。金融资产或金融负债的摊余成本是指该金融资产或金融负债的初始确认金额经下列调整后的结果。

① 扣除已偿还的本金。

② 加上或减去采用实际利率法将该初始确认金额与到期日金额之间的差额进行摊销形成的累计摊销额。

③ 扣除已发生的减值损失（仅适用于金融资产）。

需要说明的是，对于要求采用实际利率法摊余成本进行后续计量的金融资产或金融负债，如果有客观证据表明按该金融资产或金融负债的实际利率与名义利率分别计算的各期利息收入或利息费用相差很小，也可以采用名义利率摊余成本进行后续计量。

【例 28-2】 智董公司属于工业企业，20×0 年 1 月 1 日，支付价款 1 000 万元（含交易费用）从活跃市场上购入智董公司 5 年期债券，面值 1 250 万元，票面年利率 4.72%，按年支付利息（每年利息为 59 万元），本金最后一次支付。合同约定，该债券的发行方在遇到特定情况时可以将债券赎回，且不需要为提前赎回支付额外款项。智董公司在购买该债券时，预计发行方不会提前赎回。不考虑所得税、减值损失等因素。

计算实际利率 R：

$59\times(1+R)^{-1}+59\times(1+R)^{-2}+59\times(1+R)^{-3}+59\times(1+R)^{-4}+(59+1\,250)\times(1+R)^{-5}=1\,000$（万元），由此得出 $R=10\%$。

根据相关数据（见表 28-1），智董公司的有关账务处理如下（金额单位：万元）：

表 28-1　智董公司的有关数据　　单位：万元

年　份	期初摊余成本（A）	实际利息（B）（按 10%计算）	现金流入（C）	期末摊余成本（D=A+B−C）
20×0 年	1 000	100	59	1 041
20×1 年	1 041	104	59	1 086
20×2 年	1 086	109	591 136	
20×3 年	1 136	113	59	1 190
20×4 年	1 190	119	1 309	0

（1）20×0 年 1 月 1 日，购入债券。

借：持有至到期投资——成本　　1 250
　贷：银行存款　　1 000
　　　持有至到期投资——利息调整　　250

（2）20×0 年 12 月 31 日，确认实际利息收入、收到票面利息等。

借：应收利息　　59
　　持有至到期投资——利息调整　　41
　贷：投资收益　　100
借：银行存款　　59
　贷：应收利息　　59

（3）20×1 年 12 月 31 日，确认实际利息收入、收到票面利息等。

借：应收利息　　59
　　持有至到期投资——利息调整　　45

贷：投资收益 104

借：银行存款 59

贷：应收利息 59

（4）20×2 年 12 月 31 日，确认实际利息收入、收到票面利息等。

借：应收利息 59

持有至到期投资——利息调整 50

贷：投资收益 109

借：银行存款 59

贷：应收利息 59

（5）20×3 年 12 月 31 日，确认实际利息收入、收到票面利息等。

借：应收利息 59

持有至到期投资——利息调整 54

贷：投资收益 113

借：银行存款 59

贷：应收利息 59

（6）20×4 年 12 月 31 日，确认实际利息收入、收到票面利息和本金等。

借：应收利息 59

持有至到期投资——利息调整 60

贷：投资收益 119

借：银行存款 59

贷：应收利息 59

借：银行存款 1 250

贷：持有至到期投资——成本 1 250

假定在 20×2 年 1 月 1 日，智董公司预计本金的一半（625 万元）将会在该年年末收回，而其余的一半本金将于 20×4 年年末付清。遇到这种情况时，智董公司应当调整 20×2 年年初的摊余成本，计入当期损益；调整时采用最初确定的实际利率。据此，调整上述表中相关数据后如表 28-2 所示。

表 28-2 智董公司调整后的相关数据 单位：万元

年份	期初摊余成本（A）	实际利息（B）（按 10%计算）	现金流入（C）	期末摊余成本（D=A+B−C）
20×2 年	1 138*	114**	684	568
20×3 年	568	57	30***	595
20×4 年	595	60	655	0

注：*（625+59）×（1+10%）$^{-1}$+30×（1+10%）$^{-2}$+（625+30）×（1+10%）$^{-3}$=1 138（万元）（四舍五入）。

**1 138×10%=114（万元）（四舍五入）。

***625×4.72%=30（万元）（四舍五入）。

根据上述调整，智董公司的账务处理如下（金额单位：万元）：

（1）20×2 年 1 月 1 日，调整期初摊余成本。

借：持有至到期投资——利息调整 52

贷：投资收益 52

（2）20×2 年 12 月 31 日，确认实际利息、收回本金等。

借：应收利息　59

　　持有至到期投资——利息调整　55

　　贷：投资收益　114

借：银行存款　59

　　贷：应收利息　59

借：银行存款　625

　　贷：持有至到期投资——成本　625

（3）20×3 年 12 月 31 日，确认实际利息等。

借：应收利息　30

　　持有至到期投资——利息调整　27

　　贷：投资收益　57

借：银行存款　30

　　贷：应收利息　30

（4）20×4 年 12 月 31 日，确认实际利息、收回本金等。

借：应收利息　30

　　持有至到期投资——利息调整　30

　　贷：投资收益　60

借：银行存款　30

　　贷：应收利息　30

借：银行存款　625

　　贷：持有至到期投资——成本　625

假定智董公司购买的债券不是分次付息，而是到期一次还本付息，且利息不是以复利计算。此时，智董公司所购买债券的实际利率 R 计算如下：

（59+59+59+59+59+1 250）×（$1+R$）$^{-5}$=1 000，由此得出 $R\approx9.05\%$。

据此，调整上述表中相关数据后如表 28-3 所示。

表 28-3　智董公司调整后的相关数据　单位：万元

年　份	期初摊余成本（A）	实际利息（B）（按 9.05%计算）	现金流入（C）	期末摊余成本（D=A+B−C）
20×0 年	1 000	90.5	0	1 090.5
20×1 年	1 090.5	98.69	0	1 189.19
20×2 年	1 189.19	107.62	0	1 296.81
20×3 年	1 296.81	117.36	0	1 414.17
20×4 年	1 414.17	130.83*	1 545	0

注：*该数字考虑了计算过程中出现的尾差 2.85 万元。

根据上述数据，智董公司的有关账务处理如下：

（1）20×0 年 1 月 1 日，购入债券。

借：持有至到期投资——成本　1 250

贷：银行存款　　1 000

　　持有至到期投资——利息调整　　250

（2）20×0 年 12 月 31 日，确认实际利息收入。

借：持有至到期投资——应计利息　　59

　　　　　　　　——利息调整　　31.5

　贷：投资收益　　90.5

（3）20×1 年 12 月 31 日，确认实际利息收入。

借：持有至到期投资——应计利息　　59

　　　　　　　　——利息调整　　39.69

　贷：投资收益　　98.69

（4）20×2 年 12 月 31 日，确认实际利息收入。

借：持有至到期投资——应计利息　　59

　　　　　　　　——利息调整　　48.62

　贷：投资收益　　107.62

（5）20×3 年 12 月 31 日，确认实际利息收入。

借：持有至到期投资——应计利息　　59

　　　　　　　　——利息调整　　58.36

　贷：投资收益　　117.36

（6）20×4 年 12 月 31 日，确认实际利息收入、收到本金和名义利息等。

借：持有至到期投资——应计利息　　59

　　　　　　　　——利息调整　　71.83

　贷：投资收益　　130.83

借：银行存款　　1 545

　贷：持有至到期投资——成本　　1 250

　　　　　　　　　——应计利息　　295

（3）金融资产相关利得或损失的处理。

1）对于按照公允价值进行后续计量的金融资产，其公允价值变动形成利得或损失，除与套期保值有关外，应当按照下列规定处理。

① 以公允价值计量且其变动计入当期损益的金融资产公允价值变动形成的利得或损失，应当计入当期损益。

② 可供出售金融资产公允价值变动形成的利得或损失，除减值损失和外币货币性金融资产形成的汇兑差额外，应当直接计入所有者权益，在该金融资产终止确认时转出，计入当期损益。

可供出售外币货币性金融资产形成的汇兑差额，应当计入当期损益。采用实际利率法计算的可供出售金融资产的利息，应当计入当期损益；可供出售权益工具投资的现金股利，应当在被投资单位宣告发放股利时计入当期损益。

2）以摊余成本计量的金融资产，在发生减值、摊销或终止确认时产生的利得或损失，应当计入当期损益。

但是，该金融资产被指定为被套期项目的，相关的利得或损失的处理，适用《企业会计准则第 24 号——套期保值》。

【例28-3】 惠勤公司为工业生产企业，20×7年1月1日，从二级市场支付价款1 020 000元（含已到付息期但尚未领取的利息 20 000 元）购入智董公司发行的债券，另发生交易费用20 000元。该债券面值1 000 000元，剩余期限为2年，票面年利率为4%，每半年付息一次，惠勤公司将其划为交易性金融资产。其他资料如下：

（1）20×7年1月5日，收到该债券20×6年下半年利息20 000元。

（2）20×7年6月30日，该债券的公允价值为1 150 000元（不含利息）。

（3）20×7年7月5日，收到该债券半年利息。

（4）20×7年12月31日，该债券的公允价值为1 100 000元（不含利息）。

（5）20×8年1月5日，收到该债券20×7年下半年利息。

（6）20×8年3月31日，惠勤公司将该债券出售，取得价款1 180 000元（含1季度利息10 000元）。

假定不考虑其他因素。

惠勤公司的账务处理如下：

（1）20×7年1月1日，购入债券。

借：交易性金融资产——成本	1 000 000	
应收利息	20 000	
投资收益	20 000	
贷：银行存款		1 040 000

（2）20×7年1月5日，收到该债券20×6年下半年利息。

借：银行存款	20 000	
贷：应收利息		20 000

（3）20×7年6月30日，确认债券公允价值变动和投资收益。

借：交易性金融资产——公允价值变动	150 000	
贷：公允价值变动损益		150 000
借：应收利息	20 000	
贷：投资收益		20 000

（4）20×7年7月5日，收到该债券半年利息。

借：银行存款	20 000	
贷：应收利息		20 000

（5）20×7年12月31日，确认债券公允价值变动和投资收益。

借：公允价值变动损益	50 000	
贷：交易性金融资产——公允价值变动		50 000
借：应收利息	20 000	
贷：投资收益		20 000

（6）20×8年1月5日，收到该债券20×7年下半年利息。

借：银行存款	20 000	
贷：应收利息		20 000

（7）20×8年3月31日，将该债券予以出售。

借：银行存款	1 180 000	
公允价值变动损益	100 000	

贷：交易性金融资产——成本　　1 000 000
——公允价值变动　　100 000
投资收益　　180 000

【例 28-4】 贵琛公司于20×6年7月13日从二级市场购入股票100万股，每股市价15元，手续费3万元；初始确认时，该股票划分为可供出售金融资产。

贵琛公司至20×6年12月31日仍持有该股票，该股票当时的市价为每股16元。

20×7年2月1日，贵琛公司将该股票售出，售价为每股13元，另支付交易费用1.3万元。假定不考虑其他因素，贵琛公司的账务处理如下（金额单位：万元）：

（1）20×6年7月13日，购入股票。

借：可供出售金融资产——成本　　1 503
　贷：银行存款　　1 503

（2）20×6年12月31日，确认股票价格变动。

借：可供出售金融资产——公允价值变动　　97
　贷：资本公积——其他资本公积　　97

（3）20×7年2月1日，出售股票。

借：银行存款　　1 298.7
　　资本公积——其他资本公积　　97
　　投资收益　　204.3
　贷：可供出售金融资产——成本　　1 503
　　　　——公允价值变动　　97

【例 28-5】 20×1年5月6日，智董公司支付价款1 016万元（含交易费用1万元和已宣告发放现金股利15万元），购入贵琛公司发行的股票200万股，占贵琛公司有表决权股份的0.5%。智董公司将其划分为可供出售金融资产。

20×1年5月10日，智董公司收到贵琛公司发放的现金股利15万元。

20×1年6月30日，该股票市价为每股5.2元。

20×1年12月31日，智董公司仍持有该股票；当日，该股票市价为每股5元。

20×2年5月9日，贵琛公司宣告发放股利4 000万元。

20×2年5月13日，智董公司收到贵琛公司发放的现金股利。

20×2年5月20日，智董公司以每股4.9元的价格将股票全部转让。

假定不考虑其他因素，智董公司的账务处理如下（金额单位：万元）：

（1）20×1年5月6日，购入股票。

借：应收股利　　15
　　可供出售金融资产——成本　　1 001
　贷：银行存款　　1 016

（2）20×1年5月10日，收到现金股利。

借：银行存款　　15
　贷：应收股利　　15

（3）20×1年6月30日，确认股票价格变动。

借：可供出售金融资产——公允价值变动　　39

贷：资本公积——其他资本公积 39

（4）20×1年12月31日，确认股票价格变动。

借：资本公积——其他资本公积 40

贷：可供出售金融资产——公允价值变动 40

（5）20×2年5月9日，确认应收现金股利。

借：应收股利 20

贷：投资收益 20

（6）20×2年5月13日，收到现金股利。

借：银行存款 20

贷：应收股利 20

（7）20×2年5月20日，出售股票。

借：银行存款 980

投资收益 21

可供出售金融资产——公允价值变动 1

贷：可供出售金融资产——成本 1 001

资本公积——其他资本公积 1

假定智董公司将购入的贵琛公司股票划分为交易性金融资产，且20×1年12月31日贵琛公司股票市价为每股4.8元，其他资料不变，则智董公司应做如下账务处理（金额单位：万元）：

（1）20×1年5月6日，购入股票。

借：应收股利 15

交易性金融资产——成本 1 000

投资收益 1

贷：银行存款 1 016

（2）20×1年5月10日，收到现金股利。

借：银行存款 15

贷：应收股利 15

（3）20×1年6月30日，确认股票价格变动。

借：交易性金融资产——公允价值变动 40

贷：公允价值变动损益 40

（4）20×1年12月31日，确认股票价格变动。

借：公允价值变动损益 80

贷：交易性金融资产——公允价值变动 80

注：公允价值变动=200×（4.8−5.2）=−80（万元）

（5）20×2年5月9日，确认应收现金股利。

借：应收股利 20

贷：投资收益 20

（6）20×2年5月13日，收到现金股利。

借：银行存款 20

贷：应收股利 20

（7）20×2年5月20日，出售股票。

借：银行存款 980

投资收益 20

交易性金融资产——公允价值变动 40

贷：交易性金融资产——成本 1 000

公允价值变动损益 40

（4）金融资产之间重分类的处理。

1）企业因持有意图或能力发生改变，使某项投资不再适合划为持有至到期投资的，应当将其重分类为可供出售金融资产，并以公允价值进行后续计量。重分类日，该投资的账面价值与其公允价值之间的差额计入所有者权益，在该可供出售金融资产发生减值或终止确认时转出，计入当期损益。

2）持有至到期投资部分出售或重分类的金额较大，且不属于例外情况，使该投资的剩余部分不再适合划为持有至到期投资的，企业应当将该投资的剩余部分重分类为可供出售金融资产，并以公允价值进行后续计量。重分类日，该投资剩余部分的账面价值与其公允价值之间的差额计入所有者权益，在该可供出售金融资产发生减值或终止确认时转出，计入当期损益。

3）按照《企业会计准则第22号——金融工具确认和计量》规定应当以公允价值计量，但以前公允价值不能可靠计量的金融资产，企业应当在其公允价值能够可靠计量时改按公允价值计量，并视该金融资产是否属于以公允价值计量且其变动计入当期损益的金融资产或者可供出售金融资产，将相关账面价值与公允价值之间的差额计入当期损益或者所有者权益，对于可供出售金融资产，应当在其发生减值或终止确认时将上述差额转出，计入当期损益。

4）因持有意图或能力发生改变，或可供出售金融资产的公允价值不再能够可靠计量（极少出现），或可供出售金融资产持有期限已超过《企业会计准则第22号——金融工具确认和计量》所指“两个完整的会计年度”，使金融资产不再适合按照公允价值计量时，企业可以将该金融资产改按成本或摊余成本计量，该成本或摊余成本为重分类日该金融资产的公允价值或账面价值。与该金融资产相关、原直接计入所有者权益的利得或损失，应当按照下列规定处理。

① 该金融资产有固定到期日的，应当在该金融资产的剩余期限内，采用实际利率法摊销，计入当期损益。该金融资产的摊余成本与到期日金额之间的差额，也应当在该金融资产的剩余期限内，采用实际利率法摊销，计入当期损益。该金融资产在随后的会计期间发生减值的，原直接计入所有者权益的相关利得或损失，应当转出计入当期损益。

② 该金融资产没有固定到期日的，仍应保留在所有者权益中，在该金融资产被处置时转出，计入当期损益。该金融资产在随后的会计期间发生减值的，原直接计入所有者权益的相关利得或损失，应当转出计入当期损益。

3．金融负债的后续计量

（1）金融负债后续计量原则。企业应当按照以下原则对金融负债后续计量。

1）以公允价值计量且其变动计入当期损益的金融负债，应当按照公允价值计量，且不扣除将来结清金融负债时可能发生的交易费用。

2）不属于指定为以公允价值计量且其变动计入当期损益的金融负债的财务担保合同，应当在初始确认后按照下列两项金额之中的较高者进行后续计量：

① 按照《企业会计准则第13号——或有事项》确定的金额。

② 初始确认金额扣除按照《企业会计准则第14号——收入》的原则确定的累计摊销额后的余额。

3）没有指定为以公允价值计量且其变动计入当期损益并将以低于市场利率贷款的贷款承诺，应当在初始确认后按照下列两项金额之中的较高者进行后续计量：

① 按照《企业会计准则第 13 号——或有事项》确定的金额。

② 初始确认金额扣除按照《企业会计准则第 14 号——收入》的原则确定的累计摊销额后的余额。

4）上述金融负债以外的金融负债，应当按摊余成本后续计量。

（2）金融负债相关利得或损失的处理。

1）对于按照公允价值进行后续计量的金融负债，其公允价值变动形成利得或损失，除与套期保值有关外，应当计入当期损益。

2）以摊余成本或成本计量的金融负债，在摊销、终止确认时产生的利得或损失，应当计入当期损益。但是，该金融负债被指定为被套期项目的，相关的利得或损失的处理，适用《企业会计准则第 24 号——套期保值》。

28.5 金融资产减值

企业应当在资产负债表日对以公允价值计量且其变动计入当期损益的金融资产以外的金融资产的账面价值进行检查，有客观证据表明该金融资产发生减值的，应当计提减值准备。

1. 表明金融资产发生减值的客观证据

表明金融资产发生减值的客观证据，是指金融资产初始确认后实际发生的、对该金融资产的预计未来现金流量有影响，且企业能够对该影响进行可靠计量的事项。金融资产发生减值的客观证据，包括下列各项：

（1）发行方或债务人发生严重财务困难。

（2）债务人违反了合同条款，如偿付利息或本金发生违约或逾期等。

（3）债权人出于经济或法律等方面因素的考虑，对发生财务困难的债务人做出让步。

（4）债务人很可能倒闭或进行其他财务重组。

（5）因发行方发生重大财务困难，该金融资产无法在活跃市场继续交易。

（6）无法辨认一组金融资产中的某项资产的现金流量是否已经减少，但根据公开的数据对其进行总体评价后发现，该组金融资产自初始确认以来的预计未来现金流量确已减少且可计量，如该组金融资产的债务人支付能力逐步恶化，或债务人所在国家或地区失业率提高、担保物在其所在地区的价格明显下降、所处行业不景气等。

（7）债务人经营所处的技术、市场、经济或法律环境等发生重大不利变化，使权益工具投资人可能无法收回投资成本。

（8）权益工具投资的公允价值发生严重或非暂时性下跌。

（9）其他表明金融资产发生减值的客观证据。

2. 以摊余成本计量的金融资产发生减值

（1）资产减值损失的确认。以摊余成本计量的金融资产发生减值时，应当将该金融资产的账面价值减记至预计未来现金流量（不包括尚未发生的未来信用损失）现值，减记的金额确认为资产减值损失，计入当期损益。

预计未来现金流量现值，应当按照该金融资产的原实际利率折现确定，并考虑相关担保物的价值（取得和出售该担保物发生的费用应当予以扣除）。原实际利率是初始确认该金融资产时计算确定的实际利率。对于浮动利率贷款、应收款项或持有至到期投资，在计算未来现金流量现值时可采用合同规定的现行实际利率作为折现率。

短期应收款项的预计未来现金流量与其现值相差很小的，在确定相关减值损失时，可不对其预计未来现金流量进行折现。

（2）减值测试。对单项金额重大的金融资产应当单独进行减值测试，如有客观证据表明其已发生减值，应当确认减值损失，计入当期损益。对单项金额不重大的金融资产，可以单独进行减值测试，或包括在具有类似信用风险特征的金融资产组合中进行减值测试。

单独测试未发生减值的金融资产（包括单项金额重大和不重大的金融资产），应当包括在具有类似信用风险特征的金融资产组合中再进行减值测试。已单项确认减值损失的金融资产，不应包括在具有类似信用风险特征的金融资产组合中进行减值测试。

（3）金融资产价值恢复，原确认的减值损失的转回。对以摊余成本计量的金融资产确认减值损失后，如有客观证据表明该金融资产价值已恢复，且客观上与确认该损失后发生的事项有关（如债务人的信用评级已提高等），原确认的减值损失应当予以转回，计入当期损益。但是，该转回后的账面价值不应当超过假定不计提减值准备情况下该金融资产在转回日的摊余成本。

3．在活跃市场中没有报价且其公允价值不能可靠计量的权益工具投资，或与该权益工具挂钩并须通过交付该权益工具结算的衍生金融资产发生减值

在活跃市场中没有报价且其公允价值不能可靠计量的权益工具投资，或与该权益工具挂钩并须通过交付该权益工具结算的衍生金融资产发生减值时，应当将该权益工具投资或衍生金融资产的账面价值，与按照类似金融资产当时市场收益率对未来现金流量折现确定的现值之间的差额，确认为减值损失，计入当期损益。

4．可供出售金融资产、债务工具、权益工具

（1）可供出售金融资产发生减值。可供出售金融资产发生减值时，即使该金融资产没有终止确认，原直接计入所有者权益的因公允价值下降形成的累计损失，应当予以转出，计入当期损益。该转出的累计损失，为可供出售金融资产的初始取得成本扣除已收回本金和已摊销金额、当前公允价值和原已计入损益的减值损失后的余额。

（2）可供出售债务工具。对于已确认减值损失的可供出售债务工具，在随后的会计期间公允价值已上升且客观上与确认原减值损失确认后发生的事项有关的，原确认的减值损失应当予以转回，计入当期损益。

（3）可供出售权益工具投资发生减值。可供出售权益工具投资发生的减值损失，不得通过损益转回。但是，在活跃市场中没有报价且其公允价值不能可靠计量的权益工具投资，或与该权益工具挂钩并须通过交付该权益工具结算的衍生金融资产发生的减值损失，不得转回。

金融资产发生减值后，利息收入应当按照确定减值损失时对未来现金流量进行折现采用的折现率作为利率计算确认。

小知识

1．持有至到期投资、贷款和应收款项

对于持有至到期投资、贷款和应收款项，有客观证据表明其发生了减值的，应当根据其账面价值与预计未来现金流量现值之间的差额计算确认减值损失。

（1）商业银行贷款减值损失的计量根据《企业会计准则第22号——金融工具确认和计量》第四十三条规定，商业银行对贷款进行减值测试，应根据本银行的实际情况分为单项金额重大和非重大的贷款。对单项金额重大

的贷款，应单独进行减值测试；对单项金额不重大的贷款，可以单独进行减值测试，或者将其包含在具有类似信用风险特征的贷款组合中进行减值测试。单独测试未发生减值的贷款，也应当包括在具有类似信用风险特征的贷款组合中再进行减值测试。

商业银行进行贷款减值测试时，可以根据自身管理水平和业务特点，确定单项金额重大贷款的标准。比如，可以将本金大于或等于一定金额的贷款作为单项金额重大的贷款，此标准以下的贷款属于单项金额非重大的贷款。单项金额重大贷款的标准一经确定，不得随意变更。

商业银行对于单独进行减值测试的贷款，有客观证据表明其发生了减值的，应当计算资产负债表日的未来现金流量现值（通常以初始确认时确定的实际利率作为折现率），该现值低于其账面价值之间的差额确认为贷款减值损失。商业银行采用组合方式对贷款进行减值测试的，可以根据自身风险管理模式和数据支持程度，选择合理的方法确认和计量减值损失。

（2）一般企业应收款项减值损失的计量。对于单项金额重大的应收款项，应当单独进行减值测试。有客观证据表明其发生了减值的，应当根据其未来现金流量现值低于其账面价值的差额，确认减值损失，计提坏账准备。

对于单项金额非重大的应收款项可以单独进行减值测试，确定减值损失，计提坏账准备；也可以与经单独测试后未减值的应收款项一起按类似信用风险特征划分为若干组合，再按这些应收款项组合在资产负债表日余额的一定比例计算确定减值损失，计提坏账准备。根据应收款项组合余额的一定比例计算确定的坏账准备，应当反映各项目实际发生的减值损失，即各项组合的账面价值超过其未来现金流量现值的金额。

企业应当根据以前年度与之相同或相类似的、具有类似信用风险特征的应收款项组合的实际损失率为基础，结合现时情况确定本期各项组合计提坏账准备的比例，据此计算本期应计提的坏账准备。

持有至到期投资减值损失的计量，比照贷款和应收款项减值损失计量的相关规定处理。

2. 可供出售金融资产

分析判断可供出售金融资产是否发生减值，应当注重该金融资产公允价值是否持续下降。通常情况下，如果可供出售金融资产的公允价值发生较大幅度下降，或在综合考虑各种相关因素后，预期这种下降趋势属于非暂时性的，可以认定该可供出售金融资产已发生减值，应当确认减值损失。

可供出售金融资产发生减值的，在确认减值损失时，应当将原直接计入所有者权益的公允价值下降形成的累计损失一并转出，计入减值损失。

【例 28-6】 20×5 年 1 月 1 日，智董公司按面值从债券二级市场购入 MNO 公司公开发行的债券 10 000 张，每张面值 100 元，票面利率 3%，划分为可供出售金融资产。

20×5 年 12 月 31 日，该债券的市场价格为每张 100 元。

20×6 年，MNO 公司因投资决策失误，发生严重财务困难，但仍可支付该债券当年的票面利息。20×6 年 12 月 31 日，该债券的公允价值下降为每张 80 元。智董公司预计，如 MNO 公司不采取措施，该债券的公允价值预计会持续下跌。

20×7 年，MNO 公司调整产品结构并整合其他资源，致使上年发生的财务困难大为好转。20×7 年 12 月 31 日，该债券（即 MNO 公司发行的上述债券）的公允价值已上升至每张 95 元。

假定智董公司初始确认该债券时计算确定的债券实际利率为 3%，且不考虑其他因素，则智董公司有关的账务处理如下：

（1）20×5 年 1 月 1 日购入债券。

借：可供出售金融资产——成本　　1 000 000

　贷：银行存款　　1 000 000

（2）20×5 年 12 月 31 日确认利息、公允价值变动。

借：应收利息　　30 000

　贷：投资收益　　30 000

借：银行存款 30 000
　贷：应收利息 30 000

债券的公允价值变动为零，故不做账务处理。

（3）20×6 年 12 月 31 日确认利息收入及减值损失。

借：应收利息 30 000
　贷：投资收益 30 000

借：银行存款 30 000
　贷：应收利息 30 000

借：资产减值损失 200 000
　贷：可供出售金融资产——公允价值变动 200 000

由于该债券的公允价值预计会持续下跌，智董公司应确认减值损失。

（4）20×7 年 12 月 31 日确认利息收入及减值损失回转。

应确认的利息收入=（期初摊余成本 1 000 000–发生的减值损失 200 000）×3%=24 000（元）

借：应收利息 30 000
　贷：投资收益 24 000
　　可供出售金融资产——利息调整 6 000

借：银行存款 30 000
　贷：应收利息 30 000

减值损失回转前，该债券的摊余成本=1 000 000–200 000–6 000=794 000（元）

20×7 年 12 月 31 日，该债券的公允价值=950 000（元）

应回转的金额=950 000–794 000=156 000（元）

借：可供出售金融资产——公允价值变动 156 000
　贷：资产减值损失 156 000

28.6　公允价值的确定

公允价值是指在公平交易中，熟悉情况的交易双方自愿进行资产交换或者债务清偿的金额。在公平交易中，交易双方应当是持续经营企业，不打算或不需要进行清算、重大缩减经营规模，或在不利条件下仍进行交易。

公允价值的确定如图 28-3 所示。

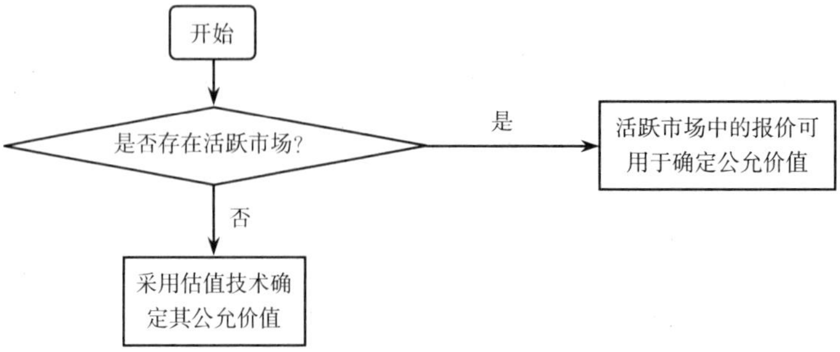

图 28-3　公允价值的确定

1. 存在活跃市场的金融资产或金融负债

存在活跃市场的金融资产或金融负债，活跃市场中的报价应当用于确定其公允价值。活跃市场中的报价是指易于定期从交易所、经纪商、行业协会、定价服务机构等获得的价格，且代表了在公平交易中实际发生的市场交易的价格。

（1）在活跃市场上，企业已持有的金融资产或拟承担的金融负债的报价，应当是现行出价；企业拟购入的金融资产或已承担的金融负债的报价，应当是现行要价。

（2）企业持有可抵消市场风险的资产和负债时，可采用市场中间价确定可抵消市场风险头寸的公允价值；同时，用出价或要价作为确定净敞口的公允价值。

（3）金融资产或金融负债没有现行出价或要价，但最近交易日后经济环境没有发生重大变化的，企业应当采用最近交易的市场报价确定该金融资产或金融负债的公允价值。

最近交易日后经济环境发生了重大变化时，企业应当参考类似金融资产或金融负债的现行价格或利率，调整最近交易的市场报价，以确定该金融资产或金融负债的公允价值。

企业有足够的证据表明最近交易的市场报价不是公允价值的，应当对最近交易的市场报价做出适当调整，以确定该金融资产或金融负债的公允价值。

（4）金融工具组合的公允价值，应当根据该组合内单项金融工具的数量与单位市场报价共同确定。

（5）活期存款的公允价值，应当不低于存款人可支取时应付的金额；通知存款的公允价值，应当不低于存款人要求支取时应付金额从可支取的第一天起进行折现的现值。

2. 金融工具不存在活跃市场的

金融工具不存在活跃市场的，企业应当采用估值技术确定其公允价值。采用估值技术得出的结果，应当反映估值日在公平交易中可能采用的交易价格。估值技术包括参考熟悉情况并自愿交易的各方最近进行的市场交易中使用的价格、参照实质上相同的其他金融工具的当前公允价值、现金流量折现法和期权定价模型等。

企业应当选择市场参与者普遍认同，且被以往市场实际交易价格验证具有可靠性的估值技术确定金融工具的公允价值。

（1）采用估值技术确定金融工具的公允价值时，应当尽可能使用市场参与者在金融工具定价时考虑的所有市场参数，包括无风险利率、信用风险、外汇汇率、商品价格、股价或股价指数、金融工具价格未来波动率、提前偿还风险、金融资产或金融负债的服务成本等，尽可能不使用与企业特定相关的参数。

（2）企业应当定期使用没有经过修正或重新组合的金融工具公开交易价格校正所采用的估值技术，并测试该估值技术的有效性。

（3）金融工具的交易价格应当作为其初始确认时的公允价值的最好证据，但有客观证据表明相同金融工具公开交易价格更公允，或采用仅考虑公开市场参数的估值技术确定的结果更公允的，不应当采用交易价格作为初始确认时的公允价值，而应当采用更公允的交易价格或估值结果确定公允价值。

3. 初始取得或源生的金融资产或承担的金融负债

初始取得或源生的金融资产或承担的金融负债，应当以市场交易价格作为确定其公允价值的基础。

债务工具的公允价值，应当根据取得日或发行日的市场情况和当前市场情况，或其他类似债务工具（有类似的剩余期限、现金流量模式、标价币种、信用风险、担保和利率基础等）的当前市场利率确定。

债务人的信用风险和适用的信用风险贴水在债务工具发行后没有改变的，可使用基准利率估计当前市场利率确定债务工具的公允价值。债务人的信用风险和相应的信用风险贴水在债务工具发行后发生改变的，应当参考类似债务工具的当前价格或利率，并考虑金融工具之间的差异调整，确定债务工具的公允价值。

4．采用未来现金流量折现法确定金融工具公允价值的

企业采用未来现金流量折现法确定金融工具公允价值的，应当使用合同条款和特征在实质上相同的其他金融工具的市场收益率作为折现率。金融工具的条款和特征，包括金融工具本身的信用质量、合同规定采用固定利率计息的剩余期间、支付本金的剩余期间以及支付时采用的货币等。

没有标明利率的短期应收款项和应付款项的现值与实际交易价格相差很小的，可以按照实际交易价格计量。

5．在活跃市场中没有报价的权益工具投资，以及与该权益工具挂钩并须通过交付该权益工具结算的衍生工具

在活跃市场中没有报价的权益工具投资，以及与该权益工具挂钩并须通过交付该权益工具结算的衍生工具，满足下列条件之一的，表明其公允价值能够可靠计量：

（1）该金融工具公允价值合理估计数的变动区间很小。

（2）该金融工具公允价值变动区间内，各种用于确定公允价值估计数的概率能够合理地确定。

28.7 金融资产、金融负债和权益工具

1．金融资产

金融资产是指企业的下列资产：

（1）现金。

（2）持有的其他单位的权益工具。

（3）从其他单位收取现金或其他金融资产的合同权利。

（4）在潜在有利条件下，与其他单位交换金融资产或金融负债的合同权利。

（5）将来须用或可用企业自身权益工具进行结算的非衍生工具的合同权利，企业根据该合同将收到非固定数量的自身权益工具。

（6）将来须用或可用企业自身权益工具进行结算的衍生工具的合同权利，但企业以固定金额的现金或其他金融资产换取固定数量的自身权益工具的衍生工具合同权利除外。其中，企业自身权益工具不包括本身就是在将来收取或支付企业自身权益工具的合同。

2．金融负债

金融负债是指企业的下列负债：

（1）向其他单位交付现金或其他金融资产的合同义务。

（2）在潜在不利条件下，与其他单位交换金融资产或金融负债的合同义务。

（3）将来须用或可用企业自身权益工具进行结算的非衍生工具的合同义务，企业根据该合

同将交付非固定数量的自身权益工具。

（4）将来须用或可用企业自身权益工具进行结算的衍生工具的合同义务，但企业以固定金额的现金或其他金融资产换取固定数量的自身权益工具的衍生工具合同义务除外。其中，企业自身权益工具不包括本身就是在将来收取或支付企业自身权益工具的合同。

3. 权益工具

权益工具是指能证明拥有某个企业在扣除所有负债后的资产中的剩余权益的合同。

28.8 通用会计科目及主要账务处理

28.8.1 应收账款/应收保费/应收手续费及佣金

1. 会计科目核算内容

本科目核算企业因销售商品、提供劳务等经营活动应收取的款项。

企业（保险）按照原保险合同约定应向投保人收取的保费，可将本科目改为“1122 应收保费”科目，并按照投保人进行明细核算。

企业（金融）应收取的手续费和佣金，可将本科目改为“1124 应收手续费及佣金”科目，并按照债务人进行明细核算。

因销售商品、提供劳务等，采用递延方式收取合同或协议价款、实质上具有融资性质的，在“长期应收款”科目核算。

2. 明细核算

本科目可按债务人进行明细核算。

3. 主要账务处理

（1）企业发生应收账款，按应收金额，借记本科目，按确认的营业收入，贷记“主营业务收入”、“手续费及佣金收入”、“保费收入”等科目。收回应收账款时，借记“银行存款”等科目，贷记本科目。涉及增值税销项税额的，还应进行相应的处理。

代购货单位垫付的包装费、运杂费，借记本科目，贷记“银行存款”等科目。收回代垫费用时，借记“银行存款”科目，贷记本科目。

（2）企业与债务人进行债务重组，应当分别债务重组的不同方式进行处理。

收到债务人清偿债务的款项小于该项应收账款账面价值的，应按实际收到的金额，借记“银行存款”等科目，按重组债权已计提的坏账准备，借记“坏账准备”科目，按重组债权的账面余额，贷记本科目，按其差额，借记“营业外支出”科目。

收到债务人清偿债务的款项大于该项应收账款账面价值的，应按实际收到的金额，借记“银行存款”等科目，按重组债权已计提的坏账准备，借记“坏账准备”科目，按重组债权的账面余额，贷记本科目，按其差额，贷记“资产减值损失”科目。

以下债务重组涉及重组债权减值准备的，应当比照此规定进行处理。

28.8.2 应收利息

1. 会计科目核算内容

本科目核算企业交易性金融资产、持有至到期投资、可供出售金融资产、发放贷款、存放中央银行款项、拆出资金、买入返售金融资产等应收取的利息。

企业购入的一次还本付息的持有至到期投资持有期间取得的利息，在“持有至到期投资”科目核算。

2. 明细核算

本科目可按借款人或被投资单位进行明细核算。

3. 主要账务处理

发生减值的持有至到期投资、可供出售债券投资的利息收入，应当比照“贷款”科目相关规定进行处理。

28.8.3 坏账准备

1. 会计科目核算内容

本科目核算企业应收款项的坏账准备。

2. 明细核算

本科目可按应收款项的类别进行明细核算。

3. 主要账务处理

资产负债表日，应收款项发生减值的，按应减记的金额，借记“资产减值损失”科目，贷记本科目。本期应计提的坏账准备大于其账面余额的，应按其差额计提；应计提的坏账准备小于其账面余额的差额做相反的会计分录。

28.8.4 贷款

1. 会计科目核算内容

本科目核算企业（银行）按规定发放的各种客户贷款，包括质押贷款、抵押贷款、保证贷款、信用贷款等。

企业（银行）按规定发放的具有贷款性质的银团贷款、贸易融资、协议透支、信用卡透支、转贷款以及垫款等，在本科目核算；也可以单独设置“银团贷款”、“贸易融资”、“协议透支”、“信用卡透支”、“转贷款”、“垫款”等科目。

企业（保险）的保户质押贷款，可将本科目改为“1303 保户质押贷款”科目。企业（典当）的质押贷款、抵押贷款，可将本科目改为“1303 质押贷款”、“1305 抵押贷款”科目。企业委托银行或其他金融机构向其他单位贷出的款项，可将本科目改为“1303 委托贷款”科目。

2. 明细核算

本科目可按贷款类别、客户，分别“本金”、“利息调整”、“已减值”等进行明细核算。

3. 主要账务处理

（1）企业发放的贷款，应按贷款的合同本金，借记本科目（本金），按实际支付的金额，贷记“吸收存款”、“存放中央银行款项”等科目，有差额的，借记或贷记本科目（利息调整）。

资产负债表日，应按贷款的合同本金和合同利率计算确定的应收未收利息，借记“应收利息”科目，按贷款的摊余成本和实际利率计算确定的利息收入，贷记“利息收入”科目，按其差额，借记或贷记本科目（利息调整）。合同利率与实际利率差异较小的，也可以采用合同利率计算确定利息收入。

收回贷款时，应按客户归还的金额，借记“吸收存款”、“存放中央银行款项”等科目，按收回的应收利息金额，贷记“应收利息”科目，按归还的贷款本金，贷记本科目（本金），按其差额，贷记“利息收入”科目。存在利息调整余额的，还应同时结转。

（2）资产负债表日，确定贷款发生减值的，按应减记的金额，借记“资产减值损失”科目，贷记“贷款损失准备”科目。同时，应将本科目（本金、利息调整）余额转入本科目（已减值），借记本科目（已减值），贷记本科目（本金、利息调整）。

资产负债表日，应按贷款的摊余成本和实际利率计算确定的利息收入，借记“贷款损失准备”科目，贷记“利息收入”科目。同时，将按合同本金和合同利率计算确定的应收利息金额进行表外登记。

收回减值贷款时，应按实际收到的金额，借记“吸收存款”、“存放中央银行款项”等科目，按相关贷款损失准备余额，借记“贷款损失准备”科目，按相关贷款余额，贷记本科目（已减值），按其差额，贷记“资产减值损失”科目。

对于确实无法收回的贷款，按管理权限报经批准后作为呆账予以转销，借记“贷款损失准备”科目，贷记本科目（已减值）。按管理权限报经批准后转销表外应收未收利息，减少表外“应收未收利息”科目金额。

已确认并转销的贷款以后又收回的，按原转销的已减值贷款余额，借记本科目（已减值），贷记“贷款损失准备”科目。按实际收到的金额，借记“吸收存款”、“存放中央银行款项”等科目，按原转销的已减值贷款余额，贷记本科目（已减值），按其差额，贷记“资产减值损失”科目。

本科目期末借方余额反映企业按规定发放尚未收回贷款的摊余成本。

28.8.5 贷款损失准备

1. 会计科目核算内容

本科目核算企业（银行）贷款的减值准备。计提贷款损失准备的资产包括贴现资产、拆出资金、客户贷款、银团贷款、贸易融资、协议透支、信用卡透支、转贷款和垫款等。企业（保险）的保户质押贷款计提的减值准备，也在本科目核算。企业（典当）的质押贷款、抵押贷款计提的减值准备，也在本科

目核算。企业委托银行或其他金融机构向其他单位贷出的款项计提的减值准备，可将本科目改为“1304 委托贷款损失准备”科目。

2. 明细核算

本科目可按计提贷款损失准备的资产类别进行明细核算。

3. 主要账务处理

（1）资产负债表日，贷款发生减值的，按应减记的金额，借记“资产减值损失”科目，贷记本科目。

（2）对于确实无法收回的各项贷款，按管理权限报经批准后转销各项贷款，借记本科目，贷记“贷款”、“贴现资产”、“拆出资金”等科目。

（3）已计提贷款损失准备的贷款价值以后又得以恢复，应在原已计提的贷款损失准备金额

内，按恢复增加的金额，借记本科目，贷记“资产减值损失”科目。

本科目期末贷方余额反映企业已计提但尚未转销的贷款损失准备。

28.8.6 抵债资产

1. 会计科目核算内容

本科目核算企业（金融）依法取得并准备按有关规定进行处置的实物抵债资产的成本。企业（金融）依法取得并准备按有关规定进行处置的非实物抵债资产（不含股权投资），也通过本科目核算。

2. 明细核算

本科目可按抵债资产类别及借款人进行明细核算。抵债资产发生减值的，可以单独设置“抵债资产跌价准备”科目，比照“存货跌价准备”科目进行处理。

3. 主要账务处理

（1）企业取得的抵债资产，按抵债资产的公允价值，借记本科目，按相关资产已计提的减值准备，借记“贷款损失准备”、“坏账准备”等科目，按相关资产的账面余额，贷记“贷款”、“应收手续费及佣金”等科目，按应支付的相关税费，贷记“应交税费”科目，按其差额，借记“营业外支出”科目。如为贷方差额，应贷记“资产减值损失”科目。

（2）抵债资产保管期间取得的收入，借记“库存现金”、“银行存款”、“存放中央银行款项”等科目，贷记“其他业务收入”等科目。保管期间发生的直接费用，借记“其他业务成本”等科目，贷记“库存现金”、“银行存款”、“存放中央银行款项”等科目。

（3）处置抵债资产时，应按实际收到的金额，借记“库存现金”、“银行存款”、“存放中央银行款项”等科目，按应支付的相关税费，贷记“应交税费”科目，按其账面余额，贷记本科目，按其差额，贷记“营业外收入”科目或借记“营业外支出”科目。已计提抵债资产跌价准备的，还应同时结转跌价准备。

（4）取得抵债资产后转为自用的，应在相关手续办妥时，按转换日抵债资产的账面余额，借记“固定资产”等科目，贷记本科目。已计提抵债资产跌价准备的，还应同时结转跌价准备。

本科目期末借方余额反映企业取得的尚未处置的实物抵债资产的成本。

28.8.7 存货跌价准备

1. 会计科目核算内容

本科目核算企业存货的跌价准备。

2. 明细核算

本科目可按存货项目或类别进行明细核算。

3. 主要账务处理

（1）资产负债表日，存货发生减值的，按存货可变现净值低于成本的差额，借记“资产减值损失”科目，贷记本科目。

已计提跌价准备的存货价值以后又得以恢复，应在原已计提的存货跌价准备金额内，按恢复增加的金额，借记本科目，贷记“资产减值损失”科目。

发出存货结转存货跌价准备的，借记本科目，贷记“主营业务成本”、“生产成本”等科目。

（2）企业（建造承包商）建造合同执行中预计总成本超过合同总收入的，应按其差额，借记“资产减值损失”科目，贷记本科目。合同完工时，借记本科目，贷记“主营业务成本”科目。

本科目期末贷方余额反映企业已计提但尚未转销的存货跌价准备。

28.8.8 持有至到期投资

1. 会计科目核算内容

本科目核算企业持有至到期投资的摊余成本。

2. 明细核算

本科目可按持有至到期投资的类别和品种，分别“成本”、“利息调整”、“应计利息”等进行明细核算。

3. 持有至到期投资的主要账务处理

（1）企业取得的持有至到期投资，应按该投资的面值，借记本科目（成本），按支付的价款中包含的已到付息期但尚未领取的利息，借记“应收利息”科目，按实际支付的金额，贷记“银行存款”、“存放中央银行款项”、“结算备付金”等科目，按其差额，借记或贷记本科目（利息调整）。

（2）资产负债表日，持有至到期投资为分期付息、一次还本债券投资的，应按票面利率计算确定的应收未收利息，借记“应收利息”科目，按持有至到期投资摊余成本和实际利率计算确定的利息收入，贷记“投资收益”科目，按其差额，借记或贷记本科目（利息调整）。

持有至到期投资为一次还本付息债券投资的，应于资产负债表日按票面利率计算确定的应收未收利息，借记本科目（应计利息），按持有至到期投资摊余成本和实际利率计算确定的利息收入，贷记“投资收益”科目，按其差额，借记或贷记本科目（利息调整）。

持有至到期投资发生减值后利息的处理，比照“贷款”科目相关规定。

（3）将持有至到期投资重分类为可供出售金融资产的，应在重分类日按其公允价值，借记“可供出售金融资产”科目，按其账面余额，贷记本科目（成本、利息调整、应计利息），按其差额，贷记或借记“资本公积——其他资本公积”科目。已计提减值准备的，还应同时结转减值准备。

（4）出售持有至到期投资，应按实际收到的金额，借记“银行存款”、“存放中央银行款项”、“结算备付金”等科目，按其账面余额，贷记本科目（成本、利息调整、应计利息），按其差额，贷记或借记“投资收益”科目。已计提减值准备的，还应同时结转减值准备。

本科目期末借方余额反映企业持有至到期投资的摊余成本。

28.8.9 持有至到期投资减值准备

1. 会计科目核算内容

本科目核算企业持有至到期投资的减值准备。

本科目期末贷方余额，反映企业已计提但尚未转销的持有至到期投资减值准备。

2. 明细核算

本科目可按持有至到期投资类别和品种进行明细核算。

3. 主要账务处理

资产负债表日，持有至到期投资发生减值的，按应减记的金额，借记“资产减值损失”科目，贷记本科目。

已计提减值准备的持有至到期投资价值以后又得以恢复，应在原已计提的减值准备金额内，按恢复增加的金额，借记本科目，贷记“资产减值损失”科目。

28.8.10 可供出售金融资产

1. 会计科目核算内容

本科目核算企业持有的可供出售金融资产的公允价值，包括划分为可供出售的股票投资、债券投资等金融资产。

本科目期末借方余额，反映企业可供出售金融资产的公允价值。

2. 明细核算

本科目按可供出售金融资产的类别和品种，分别“成本”、“利息调整”、“应计利息”、“公允价值变动”等进行明细核算。

可供出售金融资产发生减值的，可以单独设置“可供出售金融资产减值准备”科目。

3. 主要账务处理

（1）企业取得可供出售的金融资产，应按其公允价值与交易费用之和，借记本科目（成本），按支付的价款中包含的已宣告但尚未发放的现金股利，借记“应收股利”科目，按实际支付的金额，贷记“银行存款”、“存放中央银行款项”、“结算备付金”等科目。

企业取得的可供出售金融资产为债券投资的，应按债券的面值，借记本科目（成本），按支付的价款中包含的已到付息期但尚未领取的利息，借记“应收利息”科目，按实际支付的金额，贷记“银行存款”、“存放中央银行款项”、“结算备付金”等科目，按差额，借记或贷记本科目（利息调整）。

（2）资产负债表日，可供出售债券为分期付息、一次还本债券投资的，应按票面利率计算确定的应收未收利息，借记“应收利息”科目，按可供出售债券的摊余成本和实际利率计算确定的利息收入，贷记“投资收益”科目，按其差额，借记或贷记本科目（利息调整）。

可供出售债券为一次还本付息债券投资的，应于资产负债表日按票面利率计算确定的应收未收利息，借记本科目（应计利息），按可供出售债券的摊余成本和实际利率计算确定的利息收入，贷记“投资收益”科目，按其差额，借记或贷记本科目（利息调整）。

可供出售债券投资发生减值后利息的处理，比照“贷款”科目相关规定。

（3）资产负债表日，可供出售金融资产的公允价值高于其账面余额的差额，借记本科目（公允价值变动），贷记“资本公积——其他资本公积”科目；公允价值低于其账面余额的差额做相反的会计分录。

确定可供出售金融资产发生减值的，按应减记的金额，借记“资产减值损失”科目，按应从所有者权益中转出原计入资本公积的累计损失金额，贷记“资本公积——其他资本公积”科目，按其差额，贷记本科目（公允价值变动）。

对于已确认减值损失的可供出售金融资产，在随后会计期间内公允价值已上升且客观上与确认原减值损失事项有关的，应按原确认的减值损失，借记本科目（公允价值变动），贷记“资产减值损失”科目；但可供出售金融资产为股票等权益工具投资的（不含在活跃市场上没有报价、公允价值不能可靠计量的权益工具投资），借记本科目（公允价值变动），贷记“资本公积——其他资本公积”科目。

（4）将持有至到期投资重分类为可供出售金融资产的，应在重分类日按其公允价值，借记本科目，按其账面余额，贷记“持有至到期投资”科目，按其差额，贷记或借记“资本公积——其他资本公积”科目。已计提减值准备的，还应同时结转减值准备。

（5）出售可供出售的金融资产，应按实际收到的金额，借记“银行存款”、“存放中央银行款项”等科目，按其账面余额，贷记本科目（成本、公允价值变动、利息调整、应计利息），按应从所有者权益中转出的公允价值累计变动额，借记或贷记“资本公积——其他资本公积”科目，按其差额，贷记或借记“投资收益”科目。

28.8.11 未担保余值

1. 会计科目核算内容

本科目核算企业（租赁）采用融资租赁方式租出资产的未担保余值。

本科目期末借方余额，反映企业融资租出资产的未担保余值。

2. 明细核算

本科目可按承租人、租赁资产类别和项目进行明细核算。

未担保余值发生减值的，可以单独设置“未担保余值减值准备”科目。

3. 主要账务处理

（1）出租人融资租赁产生的应收租赁款，在租赁期开始日，应按租赁开始日最低租赁收款额与初始直接费用之和，借记“长期应收款”科目，按未担保余值，借记本科目，按融资租赁资产的公允价值（最低租赁收款额和未担保余值的现值之和），贷记“融资租赁资产”科目，按发生的初始直接费用，贷记“银行存款”等科目，按其差额，贷记“未实现融资收益”科目。

（2）租赁期限届满，承租人行使了优惠购买选择权的，企业（租赁）按收到承租人支付的购买价款，借记“银行存款”等科目，贷记“长期应收款”科目。存在未担保余值的，按未担保余值，借记“租赁收入”科目，贷记本科目。

承租人未行使优惠购买选择权，企业（租赁）收到承租人交还租赁资产，存在未担保余值的，按未担保余值，借记“融资租赁资产”科目，贷记本科目；存在担保余值的，按担保余值，借记“融资租赁资产”科目，贷记“长期应收款”科目。

（3）资产负债表日，确定未担保余值发生减值的，按应减记的金额，借记“资产减值损失”科目，贷记“未担保余值减值准备”科目。未担保余值价值以后又得以恢复的，应在原已计提的未担保余值减值准备金额内，按恢复增加的金额，借记“未担保余值减值准备”科目，贷记“资产减值损失”科目。

28.8.12 商誉

1. 会计科目核算内容

本科目核算企业合并中形成的商誉价值。商誉发生减值的，可以单独设置“商誉减值准备”科目，比照“无形资产减值准备”科目进行处理。

本科目期末借方余额，反映企业商誉的价值。

2．主要账务处理

非同一控制下企业合并中确定的商誉价值，借记本科目，贷记有关科目。

28.8.13 投资收益

1．会计科目核算内容

本科目核算企业确认的投资收益或投资损失。

企业（金融）债券投资持有期间取得的利息收入，也可在“利息收入”科目核算。

期末，应将本科目余额转入“本年利润”科目，本科目结转后应无余额。

2．明细核算

本科目可按投资项目进行明细核算。

3.主要账务处理

（1）长期股权投资采用成本法核算的，企业应按被投资单位宣告发放的现金股利或利润中属于本企业的部分，借记“应收股利”科目，贷记本科目；属于被投资单位在取得本企业投资前实现净利润的分配额，应作为投资成本的收回，借记“应收股利”等科目，贷记“长期股权投资”科目。

长期股权投资采用权益法核算的，应按根据被投资单位实现的净利润或经调整的净利润计算应享有的份额，借记“长期股权投资——损益调整”科目，贷记本科目。被投资单位发生净亏损的，比照“长期股权投资”科目的相关规定进行处理。

处置长期股权投资时，应按实际收到的金额，借记“银行存款”等科目，按其账面余额，贷记“长期股权投资”科目，按尚未领取的现金股利或利润，贷记“应收股利”科目，按其差额，贷记或借记本科目。已计提减值准备的，还应同时结转减值准备。

处置采用权益法核算的长期股权投资，除上述规定外，还应结转原记入资本公积的相关金额，借记或贷记“资本公积——其他资本公积”科目，贷记或借记本科目。

（2）企业持有交易性金融资产、持有至到期投资、可供出售金融资产期间取得的投资收益以及处置交易性金融资产、交易性金融负债、指定为以公允价值计量且其变动计入当期损益的金融资产或金融负债、持有至到期投资、可供出售金融资产实现的损益，比照“交易性金融资产”、“持有至到期投资”、“可供出售金融资产”、“交易性金融负债”等科目的相关规定进行处理。

28.8.14 资产减值损失

1．会计科目核算内容

本科目核算企业计提各项资产减值准备所形成的损失。

期末，应将本科目余额转入“本年利润”科目，结转后本科目无余额。

2．明细核算

本科目可按资产减值损失的项目进行明细核算。

3．主要账务处理

（1）企业的应收款项、存货、长期股权投资、持有至到期投资、固定资产、无形资产、贷款等资产发生减值的，按应减记的金额，借记本科目，贷记“坏账准备”、“存货跌价准备”、“长期股权投资减值准备”、“持有至到期投资减值准备”、“固定资产减值准备”、“无形资产减值准备”、“贷款损失准备”等科目。

在建工程、工程物资、生产性生物资产、商誉、抵债资产、损余物资、采用成本模式计量的投资性房地产等资产发生减值的，应当设置相应的减值准备科目，比照上述规定进行处理。

（2）企业计提坏账准备、存货跌价准备、持有至到期投资减值准备、贷款损失准备等，相关资产的价值又得以恢复的，应在原已计提的减值准备金额内，按恢复增加的金额，借记“坏账准备”、“存货跌价准备”、“持有至到期投资减值准备”、“贷款损失准备”等科目，贷记本科目。

28.9 专用会计科目及主要账务处理

28.9.1 金融共用

资产类

1. 存出保证金

（1）会计科目核算内容。本科目核算企业（金融）因办理业务需要存出或缴纳的各种保证金款项。

本科目期末借方余额，反映企业存出或缴纳的各种保证金余额。

（2）明细核算。本科目可按保证金的类别以及存放单位或交易场所进行明细核算。

（3）主要账务处理。企业存出保证金，借记本科目，贷记“银行存款”、“存放中央银行款项”、“结算备付金”、“应收分保账款”等科目；减少或收回保证金时做相反的会计分录。

2. 交易性金融资产

（1）会计科目核算内容。本科目核算企业为交易目的所持有的债券投资、股票投资、基金投资等交易性金融资产的公允价值。企业持有的直接指定为以公允价值计量且其变动计入当期损益的金融资产，也在本科目核算。

企业（金融）接受委托采用全额承购包销、余额承购包销方式承销的证券，应在收到证券时将其进行分类。划分为以公允价值计量且其变动计入当期损益的金融资产的，应在本科目核算；划分为可供出售金融资产的，应在“可供出售金融资产”科目核算。

衍生金融资产在“衍生工具”科目核算。

本科目期末借方余额，反映企业持有的交易性金融资产的公允价值。

（2）明细核算。本科目可按交易性金融资产的类别和品种，分别“成本”、“公允价值变动”等进行明细核算。

（3）主要账务处理。

① 企业取得交易性金融资产，按其公允价值，借记本科目（成本），按发生的交易费用，借记“投资收益”科目，按已到付息期但尚未领取的利息或已宣告但尚未发放的现金股利，借记“应收利息”或“应收股利”科目，按实际支付的金额，贷记“银行存款”、“存放中央银行款项”、“结算备付金”等科目。

② 交易性金融资产持有期间被投资单位宣告发放的现金股利，或在资产负债表日按分期付息、一次还本债券投资的票面利率计算的利息，借记“应收股利”或“应收利息”科目，贷

记“投资收益”科目。

③ 资产负债表日，交易性金融资产的公允价值高于其账面余额的差额，借记本科目（公允价值变动），贷记“公允价值变动损益”科目；公允价值低于其账面余额的差额做相反的会计分录。

④ 出售交易性金融资产，应按实际收到的金额，借记“银行存款”、“存放中央银行款项”、“结算备付金”等科目，按该金融资产的账面余额，贷记本科目，按其差额，贷记或借记“投资收益”科目。同时，将原计入该金融资产的公允价值变动转出，借记或贷记“公允价值变动损益”科目，贷记或借记“投资收益”科目。

3．买入返售金融资产

（1）会计科目核算内容。本科目核算企业（金融）按照返售协议约定先买入再按固定价格返售的票据、证券、贷款等金融资产所融出的资金。

本科目期末借方余额，反映企业买入的尚未到期返售金融资产摊余成本。

（2）明细核算。本科目可按买入返售金融资产的类别和融资方进行明细核算。

（3）主要账务处理。

① 企业根据返售协议买入金融资产，应按实际支付的金额，借记本科目，贷记“存放中央银行款项”、“结算备付金”、“银行存款”等科目。

② 资产负债表日，按照计算确定的买入返售金融资产的利息收入，借记“应收利息”科目，贷记“利息收入”科目。

③ 返售日，应按实际收到的金额，借记“存放中央银行款项”、“结算备付金”、“银行存款”等科目，按其账面余额，贷记本科目、“应收利息”科目，按其差额，贷记“利息收入”科目。

4．应收账款/应收手续费及佣金

（1）会计科目核算内容。本科目核算企业因销售商品、提供劳务等经营活动应收取的款项。

企业（保险）按照原保险合同约定应向投保人收取的保费，可将本科目改为“1122　应收保费”科目，并按照投保人进行明细核算。

企业（金融）应收取的手续费和佣金，可将本科目改为“1124　应收手续费及佣金”科目，并按照债务人进行明细核算。

因销售商品、提供劳务等，采用递延方式收取合同或协议价款、实质上具有融资性质的，在“长期应收款”科目核算。

（2）明细核算。本科目可按债务人进行明细核算。

（3）主要账务处理。

1）企业发生应收账款，按应收金额，借记本科目，按确认的营业收入，贷记“主营业务收入”、“手续费及佣金收入”、“保费收入”等科目。收回应收账款时，借记“银行存款”等科目，贷记本科目。涉及增值税销项税额的，还应进行相应的处理。

代购货单位垫付的包装费、运杂费，借记本科目，贷记“银行存款”等科目。收回代垫费用时，借记“银行存款”科目，贷记本科目。

2）企业与债务人进行债务重组，应当分别债务重组的不同方式进行处理。

① 收到债务人清偿债务的款项小于该项应收账款账面价值的，应按实际收到的金额，借记“银行存款”等科目，按重组债权已计提的坏账准备，借记“坏账准备”科目，按重组债权的账面余额，贷记本科目，按其差额，借记“营业外支出”科目。

收到债务人清偿债务的款项大于该项应收账款账面价值的，应按实际收到的金额，借记“银行存款”等科目，按重组债权已计提的坏账准备，借记“坏账准备”科目，按重组债权的账面余额，贷记本科目，按其差额，贷记“资产减值损失”科目。

以下债务重组涉及重组债权减值准备的，应当比照此规定进行处理。

② 接受债务人用于清偿债务的非现金资产，应按该项非现金资产的公允价值，借记“原材料”、“库存商品”、“固定资产”、“无形资产”等科目，按重组债权的账面余额，贷记本科目，按应支付的相关税费和其他费用，贷记“银行存款”、“应交税费”等科目，按其差额，借记“营业外支出”科目。涉及增值税进项税额的，还应进行相应的处理。

③ 将债权转为投资，应按享有股份的公允价值，借记“长期股权投资”科目，按重组债权的账面余额，贷记本科目，按应支付的相关税费和其他费用，贷记“银行存款”、“应交税费”等科目，按其差额，借记“营业外支出”科目。

④ 以修改其他债务条件进行清偿的，应按修改其他债务条件后债权的公允价值，借记本科目，按重组债权的账面余额，贷记本科目，按其差额，借记“营业外支出”科目。

本科目期末借方余额，反映企业尚未收回的应收账款；期末如为贷方余额，反映企业预收的账款。

5. 拆出资金

（1）会计科目核算内容。本科目核算企业（金融）拆借给境内、境外其他金融机构的款项。

本科目期末借方余额，反映企业按规定拆放给其他金融机构的款项。

（2）明细核算。本科目可按拆放的金融机构进行明细核算。

（3）主要账务处理。企业拆出的资金，借记本科目，贷记“存放中央银行款项”、“银行存款”等科目；收回资金时做相反的会计分录。

6. 贵金属

（1）会计科目核算内容。本科目核算企业（金融）持有的黄金、白银等贵金属存货的成本。企业（金融）为上市交易而持有的贵金属，比照“交易性金融资产”科目进行处理。

本科目期末借方余额，反映企业持有贵金属存货的成本。

（2）明细核算。本科目可按贵金属的类别进行明细核算。

（3）主要账务处理。

① 企业购买的贵金属，借记本科目，贷记“存放中央银行款项”等科目。

② 出售的贵金属，应按实际收到的金额，借记“存放中央银行款项”等科目，贷记“其他业务收入”科目。按其账面余额，借记“其他业务成本”科目，贷记本科目。

7. 抵债资产

（1）会计科目核算内容。本科目核算企业（金融）依法取得并准备按有关规定进行处置的实物抵债资产的成本。企业（金融）依法取得并准备按有关规定进行处置的非实物抵债资产（不含股权投资），也通过本科目核算。

本科目期末借方余额，反映企业取得的尚未处置的实物抵债资产的成本。

（2）明细核算。本科目可按抵债资产类别及借款人进行明细核算。抵债资产发生减值的，可以单独设置“抵债资产跌价准备”科目，比照“存货跌价准备”科目进行处理。

（3）主要账务处理。

① 企业取得的抵债资产，按抵债资产的公允价值，借记本科目，按相关资产已计提的减

值准备，借记“贷款损失准备”、“坏账准备”等科目，按相关资产的账面余额，贷记“贷款”、“应收手续费及佣金”等科目，按应支付的相关税费，贷记“应交税费”科目，按其差额，借记“营业外支出”科目。如为贷方差额，应贷记“资产减值损失”科目。

② 抵债资产保管期间取得的收入，借记“库存现金”、“银行存款”、“存放中央银行款项”等科目，贷记“其他业务收入”等科目。保管期间发生的直接费用，借记“其他业务成本”等科目，贷记“库存现金”、“银行存款”、“存放中央银行款项”等科目。

③ 处置抵债资产时，应按实际收到的金额，借记“库存现金”、“银行存款”、“存放中央银行款项”等科目，按应支付的相关税费，贷记“应交税费”科目，按其账面余额，贷记本科目，按其差额，贷记“营业外收入”科目或借记“营业外支出”科目。已计提抵债资产跌价准备的，还应同时结转跌价准备。

④ 取得抵债资产后转为自用的，应在相关手续办妥时，按转换日抵债资产的账面余额，借记“固定资产”等科目，贷记本科目。已计提抵债资产跌价准备的，还应同时结转跌价准备。

负 债 类

1．存入保证金

（1）会计科目核算内容。本科目核算企业（金融）收到客户存入的各种保证金，如信用证保证金、承兑汇票保证金、保函保证金、担保保证金等。

本科目期末贷方余额，反映企业接受存入但尚未返还的保证金。

（2）明细核算。本科目可按客户进行明细核算。

（3）主要账务处理。企业收到客户存入的保证金，借记“银行存款”、“存放中央银行款项”、“应付分保账款”等科目，贷记本科目；向客户归还保证金做相反的会计分录。

资产负债表日，应按计算确定的存入保证金利息费用，借记“财务费用”、“利息支出”等科目，贷记“银行存款”、“存放中央银行款项”等科目。

2．拆入资金

（1）会计科目核算内容。本科目核算企业（金融）从境内、境外金融机构拆入的款项。

本科目期末贷方余额，反映企业尚未归还的拆入资金余额。

（2）明细核算。本科目可按拆入资金的金融机构进行明细核算。

（3）主要账务处理。企业应按实际收到的金额，借记“存放中央银行款项”、“银行存款”等科目，贷记本科目；归还拆入资金做相反的会计分录。资产负债表日，应按计算确定的拆入资金的利息费用，借记“利息支出”科目，贷记“应付利息”科目。

3．卖出回购金融资产款

（1）会计科目核算内容。本科目核算企业（金融）按照回购协议先卖出再按固定价格买入的票据、证券、贷款等金融资产所融入的资金。

本科目期末贷方余额，反映企业尚未到期的卖出回购金融资产款。

（2）明细核算。本科目可按卖出回购金融资产的类别和融资方进行明细核算。

（3）主要账务处理。

① 企业根据回购协议卖出票据、证券、贷款等金融资产，应按实际收到的金额，借记“存放中央银行款项”、“结算备付金”、“银行存款”等科目，贷记本科目。

② 资产负债表日，按照计算确定的卖出回购金融资产的利息费用，借记“利息支出”科目，贷记“应付利息”科目。

③ 回购日，按其账面余额，借记本科目、“应付利息”科目，按实际支付的金额，贷记“存放中央银行款项”、“结算备付金”、“银行存款”等科目，按其差额，借记“利息支出”科目。

4. 应付账款

（1）会计科目核算内容。本科目核算企业因购买材料、商品和接受劳务等经营活动应支付的款项。

企业（金融）应支付但尚未支付的手续费和佣金，可将本科目改为“2202 应付手续费及佣金”科目，并按照对方单位（或个人）进行明细核算。

企业（保险）应支付但尚未支付的赔付款项，可以单独设置“应付赔付款”科目。

本科目期末贷方余额，反映企业尚未支付的应付账款余额。

（2）明细核算。本科目可按债权人进行明细核算。

（3）主要账务处理。

1）企业购入材料、商品等验收入库，但货款尚未支付，根据有关凭证（发票账单、随货同行发票上记载的实际价款或暂估价值），借记“材料采购”、“在途物资”等科目，按应付的款项，贷记本科目。

接受供应单位提供劳务而发生的应付未付款项，根据供应单位的发票账单，借记“生产成本”、“管理费用”等科目，贷记本科目。支付时，借记本科目，贷记“银行存款”等科目。

上述交易涉及增值税进项税额的，还应进行相应的处理。

2）企业与债权人进行债务重组，应当分别债务重组的不同方式进行处理。

① 以低于重组债务账面价值的款项清偿债务的，应按应付账款的账面余额，借记本科目，按实际支付的金额，贷记“银行存款”科目，按其差额，贷记“营业外收入——债务重组利得”科目。

② 以非现金资产清偿债务的，应按应付账款的账面余额，借记本科目，按用于清偿债务的非现金资产的公允价值，贷记“主营业务收入”、“其他业务收入”、“固定资产清理”、“无形资产”、“长期股权投资”等科目，按应支付的相关税费和其他费用，贷记“应交税费”、“银行存款”等科目，按其差额，贷记“营业外收入——债务重组利得”科目。

抵债资产为存货的，还应同时结转成本，记入“主营业务成本”、“其他业务成本”等科目；抵债资产为固定资产、无形资产的，其公允价值和账面价值的差额，记入“营业外收入——处置非流动资产利得”或“营业外支出——处置非流动资产损失”科目；抵债资产为可供出售金融资产、持有至到期投资、长期股权投资等的，其公允价值和账面价值的差额，记入“投资收益”科目。

③ 以债务转为资本，应按应付账款的账面余额，借记本科目，按债权人因放弃债权而享有股权的公允价值，贷记“实收资本”或“股本”、“资本公积——资本溢价或股本溢价”科目，按其差额，贷记“营业外收入——债务重组利得”科目。

④ 以修改其他债务条件进行清偿的，应将重组债务的账面余额与重组后债务的公允价值的差额，借记本科目，贷记“营业外收入——债务重组利得”科目。

5. 代理承销证券款

（1）会计科目核算内容。本科目核算企业（金融）接受委托，采用承购包销方式或代销方式承销证券所形成的、应付证券发行人的承销资金。

本科目期末贷方余额，反映企业承销证券应付未付给委托单位的款项。

（2）明细核算。本科目可按委托单位和证券种类进行明细核算。

（3）主要账务处理。

① 通过证券交易所上网发行的，在证券上网发行日根据承销合同确认的证券发行总额，按承销价款，在备查簿中记录承销证券的情况。

② 与证券交易所交割清算，按实际收到的金额，借记“结算备付金”等科目，贷记本科目。

③ 承销期结束，将承销证券款项交付委托单位并收取承销手续费，按承销价款，借记本科目，按应收取的承销手续费，贷记“手续费及佣金收入”科目，按实际支付给委托单位的金额，贷记“银行存款”等科目。

④ 承销期结束有未售出证券、采用余额承购包销方式承销证券的，按合同规定由企业认购，应按承销价款，借记“交易性金融资产”、“可供出售金融资产”等科目，贷记本科目。承销期结束，应将未售出证券退还委托单位。

⑤ 企业承销无记名证券，比照承销记名证券的相关规定进行处理。

共 同 类

货币兑换

（1）会计科目核算内容。本科目核算企业（金融）采用分账制核算外币交易所产生的不同币种之间的兑换。

本科目期末应无余额。

（2）明细核算。本科目按币种进行明细核算。

（3）主要账务处理。

① 企业发生的外币交易仅涉及货币性项目的，应按相同币种金额，借记或贷记有关货币性项目科目，贷记或借记本科目。

② 发生的外币交易同时涉及货币性项目和非货币性项目的，按相同外币金额记入货币性项目和本科目（外币）；同时，按交易发生日即期汇率折算为记账本位币的金额记入非货币性项目和本科目（记账本位币）。结算货币性项目产生的汇兑差额计入“汇兑损益”科目。

③ 期末，应将所有以外币表示的本科目余额按期末汇率折算为记账本位币金额，折算后的记账本位币金额与本科目（记账本位币）余额进行比较，为贷方差额的，借记本科目（记账本位币），贷记“汇兑损益”科目；为借方差额的做相反的会计分录。

所有者权益类

1. 一般风险准备

（1）会计科目核算内容。本科目核算企业（金融）按规定从净利润中提取的一般风险准备。

本科目期末贷方余额，反映企业的一般风险准备。

（2）主要账务处理。企业提取的一般风险准备，借记“利润分配——提取一般风险准备”科目，贷记本科目。用一般风险准备弥补亏损，借记本科目，贷记“利润分配——一般风险准备补亏”科目。

2. 利润分配

（1）会计科目核算内容。本科目核算企业利润的分配（或亏损的弥补）和历年分配（或弥补）后的余额。

本科目年末余额，反映企业的未分配利润（或未弥补亏损）。

（2）明细核算。本科目应当分别“提取法定盈余公积”、“提取任意盈余公积”、“应付现金股利或利润”、“转作股本的股利”、“盈余公积补亏”和“未分配利润”等进行明细核算。

（3）主要账务处理。

① 企业按规定提取的盈余公积，借记本科目（提取法定盈余公积、提取任意盈余公积），贷记“盈余公积——法定盈余公积、任意盈余公积”科目。

外商投资企业按规定提取的储备基金、企业发展基金、职工奖励及福利基金，借记本科目（提取储备基金、提取企业发展基金、提取职工奖励及福利基金），贷记“盈余公积——储备基金、企业发展基金”、“应付职工薪酬”等科目。

企业（金融）按规定提取的一般风险准备，借记本科目（提取一般风险准备），贷记“一般风险准备”科目。

② 经股东大会或类似机构决议，分配给股东或投资者的现金股利或利润，借记本科目（应付现金股利或利润），贷记“应付股利”科目。

经股东大会或类似机构决议，分配给股东的股票股利，应在办理增资手续后，借记本科目（转作股本的股利），贷记“股本”科目。

用盈余公积弥补亏损，借记“盈余公积——法定盈余公积或任意盈余公积”科目，贷记本科目（盈余公积补亏）。

企业（金融）用一般风险准备弥补亏损，借记“一般风险准备”科目，贷记本科目（一般风险准备补亏）科目。

③ 年度终了，企业应将本年实现的净利润，自“本年利润”科目转入本科目，借记“本年利润”科目，贷记本科目（未分配利润），为净亏损的做相反的会计分录；同时，将“利润分配”科目所属其他明细科目的余额转入本科目“未分配利润”明细科目。结转后，本科目除“未分配利润”明细科目外，其他明细科目应无余额。

损 益 类

1. 利息收入

（1）会计科目核算内容。本科目核算企业（金融）确认的利息收入，包括发放的各类贷款（银团贷款、贸易融资、贴现和转贴现融出资金、协议透支、信用卡透支、转贷款、垫款等）、与其他金融机构（中央银行、同业等）之间发生资金往来业务、买入返售金融资产等实现的利息收入等。

期末，应将本科目余额转入“本年利润”科目，结转后本科目无余额。

（2）明细核算。本科目可按业务类别进行明细核算。

（3）主要账务处理。资产负债表日，企业应按合同利率计算确定的应收未收利息，借记“应收利息”等科目，按摊余成本和实际利率计算确定的利息收入，贷记本科目，按其差额，借记或贷记“贷款——利息调整”等科目。

实际利率与合同利率差异较小的，也可以采用合同利率计算确定利息收入。

2. 手续费及佣金收入

（1）会计科目核算内容。本科目核算企业（金融）确认的手续费及佣金收入，包括办理结算业务、咨询业务、担保业务、代保管等代理业务以及办理受托贷款及投资业务等取得的手续费及佣金，如结算手续费收入、佣金收入、业务代办手续费收入、基金托管收入、咨询服务收入、担保收入、受托贷款手续费收入、代保管收入，代理买卖证券、代理承销证券、代理兑付证券、代理保管证券、代理保险业务等代理业务以及其他相关服务实现的手续费及佣金收入等。

期末，应将本科目余额转入“本年利润”科目，结转后本科目无余额。

（2）明细核算。本科目可按手续费及佣金收入类别进行明细核算。

（3）主要账务处理。企业确认的手续费及佣金收入，按应收的金额，借记“应收手续费及佣金”、“代理承销证券款”等科目，贷记本科目。实际收到手续费及佣金，借记“存放中央银行款项”、“银行存款”、“结算备付金”、“吸收存款”等科目，贷记“应收手续费及佣金”等科目。

3. 汇兑损益

（1）会计科目核算内容。本科目核算企业（金融）发生的外币交易因汇率变动而产生的汇兑损益。

期末，应将本科目的余额转入“本年利润”科目，结转后本科目应无余额。

（2）主要账务处理。采用统账制核算的，各外币货币性项目的外币期（月）末余额，应当按照期（月）末汇率折算为记账本位币金额。按照期（月）末汇率折算的记账本位币金额与原账面记账本位币金额之间的差额，如为汇兑收益，借记有关科目，贷记本科目；如为汇兑损失做相反的会计分录。

采用分账制核算的，期（月）末将所有以外币表示的“货币兑换”科目余额按期（月）末汇率折算为记账本位币金额，折算后的记账本位币金额与“货币兑换——记账本位币”科目余额进行比较，为贷方差额的，借记“货币兑换——记账本位币”科目，贷记“汇兑损益”科目；为借方差额的做相反的会计分录。

4. 投资收益

（1）会计科目核算内容。本科目核算企业确认的投资收益或投资损失。

企业（金融）债券投资持有期间取得的利息收入，也可在“利息收入”科目核算。

（2）明细核算。本科目可按投资项目进行明细核算。

（3）主要账务处理。

① 长期股权投资采用成本法核算的，企业应按被投资单位宣告发放的现金股利或利润中属于本企业的部分，借记“应收股利”科目，贷记本科目；属于被投资单位在取得本企业投资前实现净利润的分配额，应作为投资成本的收回，借记“应收股利”等科目，贷记“长期股权投资”科目。

长期股权投资采用权益法核算的，应按根据被投资单位实现的净利润或经调整的净利润计算应享有的份额，借记“长期股权投资——损益调整”科目，贷记本科目。被投资单位发生净亏损的，比照“长期股权投资”科目的相关规定进行处理。

处置长期股权投资时，应按实际收到的金额，借记“银行存款”等科目，按其账面余额，贷记“长期股权投资”科目，按尚未领取的现金股利或利润，贷记“应收股利”科目，按其差额，贷记或借记本科目。已计提减值准备的，还应同时结转减值准备。

处置采用权益法核算的长期股权投资，除上述规定外，还应结转原记入资本公积的相关金额，借记或贷记“资本公积——其他资本公积”科目，贷记或借记本科目。

② 企业持有交易性金融资产、持有至到期投资、可供出售金融资产期间取得的投资收益以及处置交易性金融资产、交易性金融负债、指定为以公允价值计量且其变动计入当期损益的金融资产或金融负债、持有至到期投资、可供出售金融资产实现的损益，比照“交易性金融资产”、“持有至到期投资”、“可供出售金融资产”、“交易性金融负债”等科目的相关规定进行处理。

期末，应将本科目余额转入“本年利润”科目，本科目结转后应无余额。

5. 利息支出

（1）会计科目核算内容。本科目核算企业（金融）发生的利息支出，包括吸收的各种存款（单位存款、个人存款、信用卡存款、特种存款、转贷款资金等）、与其他金融机构（中央银行、同业等）之间发生资金往来业务、卖出回购金融资产等产生的利息支出。

期末，应将本科目余额转入“本年利润”科目，结转后本科目无余额。

（2）明细核算。本科目可按利息支出项目进行明细核算。

（3）主要账务处理。资产负债表日，企业应按摊余成本和实际利率计算确定的利息费用金额，借记本科目，按合同利率计算确定的应付未付利息，贷记“应付利息”科目，按其差额，借记或贷记“吸收存款——利息调整”等科目。

实际利率与合同利率差异较小的，也可以采用合同利率计算确定利息费用。

6. 手续费及佣金支出

（1）会计科目核算内容。本科目核算企业（金融）发生的与其经营活动相关的各项手续费、佣金等支出。

期末，应将本科目余额转入“本年利润”科目，结转后本科目无余额。

（2）明细核算。本科目可按支出类别进行明细核算。

（3）主要账务处理。企业发生的与其经营活动相关的手续费、佣金等支出，借记本科目，贷记“银行存款”、“存放中央银行款项”、“存放同业”、“库存现金”、“应付手续费及佣金”等科目。

7. 销售费用

（1）会计科目核算内容。本科目核算企业销售商品和材料、提供劳务的过程中发生的各种费用，包括保险费、包装费、展览费和广告费、商品维修费、预计产品质量保证损失、运输费、装卸费等以及为销售本企业商品而专设的销售机构（含销售网点、售后服务网点等）的职工薪酬、业务费、折旧费等经营费用。

企业发生的与专设销售机构相关的固定资产修理费用等后续支出，也在本科目核算。

企业（金融）应将本科目改为“6601　业务及管理费”科目，核算企业（金融）在业务经营和管理过程中所发生的各项费用，包括折旧费、业务宣传费、业务招待费、电子设备运转费、钞币运送费、安全防范费、邮电费、劳动保护费、外事费、印刷费、低值易耗品摊销、职工工资及福利费、差旅费、水电费、职工教育经费、工会经费、会议费、诉讼费、公证费、咨询费、无形资产摊销、长期待摊费用摊销、取暖降温费、聘请中介机构费、技术转让费、绿化费、董事会费、财产保险费、劳动保险费、待业保险费、住房公积金、物业管理费、研究费用、提取保险保障基金等。

企业（金融）不应设置“管理费用”科目。

（2）明细核算。本科目可按费用项目进行明细核算。

（3）主要账务处理。

① 企业在销售商品过程中发生的包装费、保险费、展览费和广告费、运输费、装卸费等费用，借记本科目，贷记“库存现金”、“银行存款”等科目。

② 发生的为销售本企业商品而专设的销售机构的职工薪酬、业务费等经营费用，借记本科目，贷记“应付职工薪酬”、“银行存款”、“累计折旧”等科目。

期末，应将本科目余额转入“本年利润”科目，结转后本科目无余额。

28.9.2 银行和保险共用

资产类

1. 贷款

（1）会计科目核算内容。本科目核算企业（银行）按规定发放的各种客户贷款，包括质押贷款、抵押贷款、保证贷款、信用贷款等。

企业（银行）按规定发放的具有贷款性质的银团贷款、贸易融资、协议透支、信用卡透支、转贷款以及垫款等，在本科目核算；也可以单独设置“银团贷款”、“贸易融资”、“协议透支”、“信用卡透支”、“转贷款”、“垫款”等科目。

企业（保险）的保户质押贷款，可将本科目改为“1303 保户质押贷款”科目。企业（典当）的质押贷款、抵押贷款，可将本科目改为“1303 质押贷款”、“1305 抵押贷款”科目。企业委托银行或其他金融机构向其他单位贷出的款项，可将本科目改为“1303 委托贷款”科目。

本科目期末借方余额，反映企业按规定发放尚未收回贷款的摊余成本。

（2）明细核算。本科目可按贷款类别、客户，分别“本金”、“利息调整”、“已减值”等进行明细核算。

（3）主要账务处理。

① 企业发放的贷款，应按贷款的合同本金，借记本科目（本金），按实际支付的金额，贷记“吸收存款”、“存放中央银行款项”等科目，有差额的，借记或贷记本科目（利息调整）。

资产负债表日，应按贷款的合同本金和合同利率计算确定的应收未收利息，借记“应收利息”科目，按贷款的摊余成本和实际利率计算确定的利息收入，贷记“利息收入”科目，按其差额，借记或贷记本科目（利息调整）。合同利率与实际利率差异较小的，也可以采用合同利率计算确定利息收入。

收回贷款时，应按客户归还的金额，借记“吸收存款”、“存放中央银行款项”等科目，按收回的应收利息金额，贷记“应收利息”科目，按归还的贷款本金，贷记本科目（本金），按其差额，贷记“利息收入”科目。存在利息调整余额的，还应同时结转。

② 资产负债表日，确定贷款发生减值的，按应减记的金额，借记“资产减值损失”科目，贷记“贷款损失准备”科目。同时，应将本科目（本金、利息调整）余额转入本科目（已减值），借记本科目（已减值），贷记本科目（本金、利息调整）。

资产负债表日，应按贷款的摊余成本和实际利率计算确定的利息收入，借记“贷款损失准备”科目，贷记“利息收入”科目。同时，将按合同本金和合同利率计算确定的应收利息金额进行表外登记。

收回减值贷款时，应按实际收到的金额，借记“吸收存款”、“存放中央银行款项”等科目，按相关贷款损失准备余额，借记“贷款损失准备”科目，按相关贷款余额，贷记本科目（已减值），按其差额，贷记“资产减值损失”科目。

对于确实无法收回的贷款，按管理权限报经批准后作为呆账予以转销，借记“贷款损失准备”科目，贷记本科目（已减值）。按管理权限报经批准后转销表外应收未收利息，减少表外“应收未收利息”科目金额。

已确认并转销的贷款以后又收回的，按原转销的已减值贷款余额，借记本科目（已减值），贷记“贷款损失准备”科目。按实际收到的金额，借记“吸收存款”、“存放中央银行款项”等科目，按原转销的已减值贷款余额，贷记本科目（已减值），按其差额，贷记“资产减值损失”科目。

2．贷款损失准备

（1）会计科目核算内容。本科目核算企业（银行）贷款的减值准备。计提贷款损失准备的资产包括贴现资产、拆出资金、客户贷款、银团贷款、贸易融资、协议透支、信用卡透支、转贷款和垫款等。企业（保险）的保户质押贷款计提的减值准备，也在本科目核算。企业（典当）的质押贷款、抵押贷款计提的减值准备，也在本科目核算。企业委托银行或其他金融机构向其他单位贷出的款项计提的减值准备，可将本科目改为“1304　委托贷款损失准备”科目。

（2）明细核算。本科目可按计提贷款损失准备的资产类别进行明细核算。

（3）主要账务处理。

① 资产负债表日，贷款发生减值的，按应减记的金额，借记“资产减值损失”科目，贷记本科目。

② 对于确实无法收回的各项贷款，按管理权限报经批准后转销各项贷款，借记本科目，贷记“贷款”、“贴现资产”、“拆出资金”等科目。

③ 已计提贷款损失准备的贷款价值以后又得以恢复，应在原已计提的贷款损失准备金额内，按恢复增加的金额，借记本科目，贷记“资产减值损失”科目。

本科目期末贷方余额，反映企业已计提但尚未转销的贷款损失准备。

28.9.3　银行和证券共用

资 产 类

代理兑付证券

（1）会计科目核算内容。本科目核算企业（证券、银行等）接受委托代理兑付到期的证券。

本科目期末借方余额，反映企业已兑付但尚未收到委托单位兑付资金的证券金额。

（2）明细核算。本科目可按委托单位和证券种类进行明细核算。

（3）主要账务处理。

① 委托单位尚未拨付兑付资金而由企业垫付的，在收到客户交来的证券时，应按兑付金额，借记本科目，贷记“银行存款”等科目。向委托单位交回已兑付的证券并收回垫付的资金时，借记“银行存款”等科目，贷记本科目。

② 收到客户交来的无记名证券时，应按兑付金额，借记本科目，贷记“库存现金”、“银行存款”等科目。向委托单位交回已兑付证券时，借记“代理兑付证券款”科目，贷记本科目。

负 债 类

1．代理承销证券款

（1）会计科目核算内容。本科目核算企业（金融）接受委托，采用承购包销方式或代销方式承销证券所形成的、应付证券发行人的承销资金。

本科目期末贷方余额，反映企业承销证券应付未付给委托单位的款项。

（2）明细核算。本科目可按委托单位和证券种类进行明细核算。

（3）主要账务处理。

① 通过证券交易所上网发行的，在证券上网发行日根据承销合同确认的证券发行总额，按承销价款，在备查簿中记录承销证券的情况。

② 与证券交易所交割清算，按实际收到的金额，借记“结算备付金”等科目，贷记本科目。

③ 承销期结束，将承销证券款项交付委托单位并收取承销手续费，按承销价款，借记本科目，按应收取的承销手续费，贷记“手续费及佣金收入”科目，按实际支付给委托单位的金额，贷记“银行存款”等科目。

④ 承销期结束有未售出证券、采用余额承购包销方式承销证券的，按合同规定由企业认购，应按承销价款，借记“交易性金融资产”、“可供出售金融资产”等科目，贷记本科目。承销期结束，应将未售出证券退还委托单位。

⑤ 企业承销无记名证券，比照承销记名证券的相关规定进行处理。

2. 代理兑付证券款

（1）会计科目核算内容。本科目核算企业（证券、银行等）接受委托代理兑付证券收到的兑付资金。

本科目期末贷方余额，反映企业已收到但尚未兑付的代理兑付证券款项。

（2）明细核算。本科目可按委托单位和证券种类进行明细核算。

（3）主要账务处理。

① 企业兑付记名证券，收到委托单位的兑付资金，借记“银行存款”等科目，贷记本科目。收到客户交来的证券，按兑付金额，借记本科目，贷记“库存现金”、“银行存款”等科目。兑付无记名证券的，还应通过“代理兑付证券”科目核算。

② 收取代理兑付证券手续费收入，向委托单位单独收取的，按应收或已收取的手续费，借记“应收手续费及佣金”等科目，贷记“手续费及佣金收入”科目。

手续费与兑付款一并汇入的，在收到款项时，应按实际收到的金额，借记“结算备付金”等科目，按应兑付的金额，贷记本科目，按事先取得的手续费，贷记“其他应付款——预收代理兑付证券手续费”科目。兑付证券业务完成后确认手续费收入，借记“其他应付款——预收代理兑付证券手续费”科目，贷记“手续费及佣金收入”科目。

28.9.4 银行专用

资 产 类

1. 存放中央银行款项

（1）会计科目核算内容。本科目核算企业（银行）存放于中国人民银行（以下简称“中央银行”）的各种款项，包括业务资金的调拨、办理同城票据交换和异地跨系统资金汇划、提取或缴存现金等。

企业（银行）按规定缴存的法定准备金和超额准备金存款，也通过本科目核算。

本科目期末借方余额，反映企业（银行）存放在中央银行的各种款项。

（2）明细核算。本科目可按存放款项的性质进行明细核算。

（3）主要账务处理。企业增加在中央银行的存款，借记本科目，贷记“吸收存款”、“清算资金往来”等科目；减少在中央银行的存款做相反的会计分录。

2．存放同业

（1）会计科目核算内容。本科目核算企业（银行）存放于境内、境外银行和非银行金融机构的款项。企业（银行）存放中央银行的款项，在“存放中央银行款项”科目核算。

本科目期末借方余额，反映企业（银行）存放在同业的各种款项。

（2）明细核算。本科目可按存放款项的性质和存放的金融机构进行明细核算。

（3）主要账务处理。企业增加在同业的存款，借记本科目，贷记“存放中央银行款项”等科目；减少在同业的存款做相反的会计分录。

3．贴现资产

（1）会计科目核算内容。本科目核算企业（银行）办理商业票据的贴现、转贴现等业务所融出的资金。企业（银行）买入的即期外币票据，也通过本科目核算。

本科目期末借方余额，反映企业办理的贴现、转贴现等业务融出的资金。

（2）明细核算。本科目可按贴现类别和贴现申请人进行明细核算。

（3）主要账务处理。

① 企业办理贴现时，按贴现票面金额，借记本科目（面值），按实际支付的金额，贷记“存放中央银行款项”、“吸收存款”等科目，按其差额，贷记本科目（利息调整）。

② 资产负债表日，按计算确定的贴现利息收入，借记本科目（利息调整），贷记“利息收入”科目。

③ 贴现票据到期，应按实际收到的金额，借记“存放中央银行款项”、“吸收存款”等科目，按贴现的票面金额，贷记本科目（面值），按其差额，贷记“利息收入”科目。存在利息调整金额的，也应同时结转。

负债类

1．向中央银行借款

（1）会计科目核算内容。本科目核算企业（银行）向中央银行借入的款项。

（2）明细核算。本科目可按借款性质进行明细核算。

（3）主要账务处理。企业应按实际收到的金额，借记“存放中央银行款项”科目，贷记本科目；归还借款做相反的会计分录。资产负债表日，应按计算确定的向中央银行借款的利息费用，借记“利息支出”科目，贷记“应付利息”科目。

本科目期末贷方余额，反映企业尚未归还中央银行借款的余额。

2．吸收存款

（1）会计科目核算内容。本科目核算企业（银行）吸收的除同业存放款项以外的其他各种存款，包括单位存款（企业、事业单位、机关、社会团体等）、个人存款、信用卡存款、特种存款、转贷款资金和财政性存款等。

（2）明细核算。本科目可按存款类别及存款单位，分别“本金”、“利息调整”等进行明细核算。

（3）主要账务处理。

① 企业收到客户存入的款项，应按实际收到的金额，借记“存放中央银行款项”等科目，贷记本科目（本金），如存在差额，借记或贷记本科目（利息调整）。

② 资产负债表日，应按摊余成本和实际利率计算确定的存入资金的利息费用，借记“利息支出”科目，按合同利率计算确定的应付未付利息，贷记“应付利息”科目，按其差额，借

记或贷记本科目（利息调整）。实际利率与合同利率差异较小的，也可以采用合同利率计算确定利息费用。

③ 支付的存入资金利息，借记“应付利息”科目，贷记本科目。支付的存款本金，借记本科目（本金），贷记“存放中央银行款项”、“库存现金”等科目，按应转销的利息调整金额，贷记本科目（利息调整），按其差额，借记“利息支出”科目。

本科目期末贷方余额，反映企业吸收的除同业存放款项以外的其他各项存款。

3. 同业存放

（1）会计科目核算内容。本科目核算企业（银行）吸收的境内、境外金融机构的存款。

本科目期末贷方余额，反映企业吸收的同业存放款项。

（2）明细核算。本科目可按存放金融机构进行明细核算。

（3）主要账务处理。企业增加存款，应按实际收到的金额，借记“存放中央银行款项”等科目，贷记本科目。减少存款做相反的会计分录。

4. 贴现负债

（1）会计科目核算内容。本科目核算企业（银行）办理商业票据的转贴现等业务所融入的资金。

（2）明细核算。本科目可按贴现类别和贴现金融机构，分别“面值”、“利息调整”进行明细核算。

（3）主要账务处理。

① 企业持贴现票据向其他金融机构转贴现，应按实际收到的金额，借记“存放中央银行款项”等科目，按贴现票据的票面金额，贷记本科目（面值），按其差额，借记本科目（利息调整）。

② 资产负债表日，按计算确定的利息费用，借记“利息支出”科目，贷记本科目（利息调整）。

③ 贴现票据到期，应按贴现票据的票面金额，借记本科目（面值），按实际支付的金额，贷记“存放中央银行款项”等科目，按其差额，借记“利息支出”科目。存在利息调整的，也应同时结转。

本科目期末贷方余额，反映企业办理的转贴现等业务融入的资金。

共同类

清算资金往来

（1）会计科目核算内容。本科目核算企业（银行）间业务往来的资金清算款项。

本科目期末借方余额，反映企业应收的清算资金；本科目期末贷方余额，反映企业应付的清算资金。

（2）明细核算。本科目可按资金往来单位，分别“同城票据清算”、“信用卡清算”等进行明细核算。

（3）主要账务处理。

① 提出借方凭证，借记本科目，贷记“其他应付款”科目。发生退票，借记“其他应付款”科目，贷记本科目。已过退票时间未发生退票，借记“其他应付款”科目，贷记“吸收存款”等科目。提出贷方凭证，借记“吸收存款”等科目，贷记本科目；发生退票做相反的会计分录。

② 提入借方凭证，提入凭证正确无误的，借记“吸收存款”等科目，贷记本科目。因误提他行凭证等原因不能入账的，借记“其他应收款”科目，贷记本科目。再提出时，借记本科目，贷记“其他应收款”科目。

提入贷方凭证，提入凭证正确无误的，借记本科目，贷记“吸收存款”等科目。因误提他行票据等原因不能入账的，借记本科目，贷记“其他应付款”科目。退票或再提出时，借记“其他应付款”科目，贷记本科目。

③ 将提出凭证和提入凭证计算轧差后为应收差额的，借记“存放中央银行款项”等科目，贷记本科目；如为应付差额做相反的会计分录。

④ 发生的其他清算业务，收到的清算资金，借记“存放中央银行款项”等科目，贷记本科目；划付清算资金时做相反的会计分录。

28.9.5 证券专用

资 产 类

结算备付金

（1）会计科目核算内容。本科目核算企业（证券）为证券交易的资金清算与交收而存入指定清算代理机构的款项。企业（证券）向客户收取的结算手续费、向证券交易所支付的结算手续费，也通过本科目核算。企业（证券）因证券交易与清算代理机构办理资金清算的款项等，可以单独设置“证券清算款”科目。

（2）明细核算。本科目可按清算代理机构，分别“自有”、“客户”等进行明细核算。

（3）主要账务处理。

① 企业将款项存入清算代理机构，借记本科目，贷记“银行存款”等科目；从清算代理机构划回资金做相反的会计分录。

② 接受客户委托，买入证券成交总额大于卖出证券成交总额的，应按买卖证券成交价的差额加上代扣代交的相关税费和应向客户收取的佣金等之和，借记“代理买卖证券款”等科目，贷记本科目（客户）、“银行存款”等科目。按企业应负担的交易费用，借记“手续费及佣金支出”科目，按应向客户收取的手续费及佣金，贷记“手续费及佣金收入”科目，按其差额，借记本科目（自有）、“银行存款”等科目。

接受客户委托，卖出证券成交总额大于买入证券成交总额的，应按买卖证券成交价的差额减去代扣代交的相关税费和应向客户收取的佣金等后的余额，借记本科目（客户）、“银行存款”等科目，贷记“代理买卖证券款”等科目。按企业应负担的交易费用，借记“手续费及佣金支出”科目，按应向客户收取的手续费及佣金，贷记“手续费及佣金收入”科目，按其差额，借记本科目（自有）、“银行存款”等科目。

③ 在证券交易所进行自营证券交易的，应在取得时根据持有证券的意图等对其进行分类，比照“交易性金融资产”、“持有至到期投资”、“可供出售金融资产”等科目的相关规定进行处理。

本科目期末借方余额反映企业存在指定清算代理机构的款项。

负 债 类

代理买卖证券款

（1）会计科目核算内容。本科目核算企业（证券）接受客户委托，代理客户买卖股票、债券和基金等有价证券而收到的款项。

企业（证券）代理客户认购新股的款项、代理客户领取的现金股利和债券利息、代理客户向证券交易所支付的配股款等，也在本科目核算。

（2）明细核算。本科目可按客户类别等进行明细核算。

（3）主要账务处理。

① 企业收到客户交来的款项，借记“银行存款——客户”等科目，贷记本科目；客户提取存款做相反的会计分录。

② 接受客户委托，买入证券成交总额大于卖出证券成交总额的，应按买卖证券成交价的差额加上代扣代交的相关税费和应向客户收取的佣金等之和，借记本科目等，贷记“结算备付金——客户”、“银行存款”等科目。

接受客户委托，卖出证券成交总额大于买入证券成交总额的，应按买卖证券成交价的差额减去代扣代交的相关税费和应向客户收取的佣金等后的余额，借记“结算备付金——客户”、“银行存款”等科目，贷记本科目等。

③ 代理客户认购新股，收到客户交来的认购款项，借记“银行存款——客户”等科目，贷记本科目。将款项划付证券交易所，借记“结算备付金——客户”科目，贷记“银行存款——客户”科目。客户办理申购手续，按实际支付的金额，借记本科目，贷记“结算备付金——客户”科目。证券交易所完成中签认定工作，将未中签资金退给客户时，借记“结算备付金——客户”科目，贷记本科目。企业将未中签的款项划回，借记“银行存款——客户”科目，贷记“结算备付金——客户”科目。企业将未中签的款项退给客户，借记本科目，贷记“银行存款——客户”科目。

④ 代理客户办理配股业务，采用当日向证券交易所缴纳配股款的，当客户提出配股要求时，借记本科目，贷记“结算备付金——客户”科目。采用定期向证券交易所缴纳配股款的，在客户提出配股要求时，借记本科目，贷记“其他应付款——应付客户配股款”科目。与证券交易所清算配股款，按配股金额，借记“其他应付款——应付客户配股款”科目，贷记“结算备付金——客户”科目。

本科目期末贷方余额反映企业接受客户存放的代理买卖证券资金。

成 本 类

劳务成本

（1）会计科目核算内容。本科目核算企业对外提供劳务发生的成本。企业（证券）在为上市公司进行承销业务发生的各项相关支出，可将本科目改为“5201　待转承销费用”科目，并按照客户进行明细核算。

本科目期末借方余额，反映企业尚未完成或尚未结转的劳务成本。

（2）明细核算。本科目可按提供劳务种类进行明细核算。

（3）主要账务处理。企业发生的各项劳务成本，借记本科目，贷记“银行存款”、“应付职工薪酬”、“原材料”等科目。建造承包商对外单位、专项工程等提供机械作业（包括运输设备）的成本，借记本科目，贷记“机械作业”科目。结转劳务的成本，借记“主营业务成本”、“其他业务成本”等科目，贷记本科目。

第 29 章

金融资产转移

金融资产转移是指企业（转出方）将金融资产让与或交付给该金融资产发行方以外的另一方（转入方）。

29.1 金融资产转移的确认

1. 可以确认为金融资产转移的经济事项

企业金融资产转移，包括下列两种情形：

（1）将收取金融资产现金流量的权利转移给另一方。

（2）将金融资产转移给另一方，但保留收取金融资产现金流量的权利，并承担将收取的现金流量支付给最终收款方的义务，同时满足下列条件。

① 从该金融资产收到对等的现金流量时，才有义务将其支付给最终收款方。企业发生短期垫付款，但有权全额收回该垫付款并按照市场上同期银行贷款利率计收利息的，视同满足本条件。

② 根据合同约定，不能出售该金融资产或作为担保物，但可以将其作为对最终收款方支付现金流量的保证。

③ 有义务将收取的现金流量及时支付给最终收款方。企业无权将该现金流量进行再投资，但按照合同约定在相邻两次支付间隔期内将所收到的现金流量进行现金或现金等价物投资的除外。企业按照合同约定进行再投资的，应当将投资收益按照合同约定支付给最终收款方。

2. 金融资产转移的类型

企业应当将金融资产转移区分为金融资产整体转移和部分转移，并分别按照《企业会计准则第 23 号——金融资产转移》有关规定处理。

金融资产部分转移，包括下列三种情形：

（1）将金融资产所产生现金流量中特定、可辨认部分转移，如企业将一组类似贷款的应收利息转移等。

（2）将金融资产所产生全部现金流量的一定比例转移，如企业将一组类似贷款的本金和应收利息合计的一定比例转移等。

（3）将金融资产所产生现金流量中特定、可辨认部分的一定比例转移，如企业将一组类似贷款的应收利息的一定比例转移等。

3. 金融资产转移与终止的确认条件

企业已将金融资产所有权上几乎所有的风险和报酬转移给转入方的，应当终止确认该金融资产；保留了金融资产所有权上几乎所有的风险和报酬的，不应当终止确认该金融资产。

终止确认是指将金融资产或金融负债从企业的账户和资产负债表内予以转销。

小知识

《企业会计准则第 23 号——金融资产转移》第七条规定，企业终止确认某项金融资产，是指将该金融资产从其账户和资产负债表内予以转销。

以下例子表明企业已将金融资产所有权上几乎所有风险和报酬转移给了转入方，应当终止确认相关金融资产：

（1）企业以不附追索权方式出售金融资产。

（2）企业将金融资产出售，同时与买入方签订协议，在约定期限结束时按当日该金融资产的公允价值回购。

（3）企业将金融资产出售，同时与买入方签订看跌期权合约（买入方有权将该金融资产返售给企业），但从合约条款判断，该看跌期权是一项重大价外期权（期权合约的条款设计，使得金融资产的买方极小可能会到期行权）。

以下例子表明企业保留了金融资产所有权上几乎所有风险和报酬，不应当终止确认相关金融资产：

（1）企业采用附追索权方式出售金融资产。

（2）企业将金融资产出售，同时与买入方签订协议，在约定期限结束时按固定价格将该金融资产回购。

（3）企业将金融资产出售，同时与买入方签订看跌期权合约（买入方有权将该金融资产返售给企业），但从合约条款判断，该看跌期权是一项重大价内期权（期权合约的条款设计，使得金融资产的买方很可能会到期行权）。

（4）企业（银行）将信贷资产整体转移，同时保证对金融资产买方可能发生的信用损失进行全额补偿。

（1）整体转移与终止确认。企业在判断是否已将金融资产所有权上几乎所有的风险和报酬转移给了转入方时，应当比较转移前后该金融资产未来现金流量净现值及时间分布的波动使其面临的风险。

企业面临的风险因金融资产转移发生实质性改变的，表明该企业已将金融资产所有权上几乎所有的风险和报酬转移给了转入方，如不附任何保证条款的金融资产出售等。

企业面临的风险没有因金融资产转移发生实质性改变的，表明该企业仍保留了金融资产所有权上几乎所有的风险和报酬，如将贷款整体转移并对该贷款可能发生的信用损失进行全额补偿等。

企业需要通过计算判断是否已将金融资产所有权上几乎所有的风险和报酬转移给了转入方的，在计算金融资产未来现金流量净现值时，应当考虑所有合理、可能的现金流量波动，并采用适当的现行市场利率作为折现率。

（2）部分转移与终止确认。企业既没有转移也没有保留金融资产所有权上几乎所有的风险和报酬的（不属于《企业会计准则第 23 号——金融资产转移》第七条所指情形），应当分别下列情况处理：

① 放弃了对该金融资产控制的，应当终止确认该金融资产。

② 未放弃对该金融资产控制的，应当按照其继续涉入所转移金融资产的程度确认有关金融资产，并相应确认有关负债。

继续涉入所转移金融资产的程度，是指该金融资产价值变动使企业面临的风险水平。

小知识

《企业会计准则第 23 号——金融资产转移》第九条规定，企业对既没有转移也没有保留所有权上几乎所有风险和报酬的金融资产转移，应当判断是否放弃了对所转移金融资产的控制，分别情况进行处理。

判断是否已放弃对所转移金融资产的控制，应当重点关注转入方出售该金融资产的实际能力。如果转入方能够单独将转入的金融资产整体出售给与其不存在关联方关系的第三方，且没有额外条件对此项出售加以限制，说明转入方有出售该金融资产的实际能力，同时表明企业（转出方）已放弃对该金融资产的控制，从而应终止确认所转移的金融资产。

转入方是否能够将转入的金融资产整体出售给与其不存在关联方关系的第三方，应当关注该金融资产是否存在活跃市场。如果不存在活跃市场，即使合同约定转入方有权处置金融资产，也不表明转入方有"实际能力"。

转入方是否能够单独出售所转入的金融资产且没有额外条件对此销售加以限制（是否可以自由地处置所转入金融资产），主要关注是否存在与出售密切相关的约束性条款。比如，转入方出售转入的金融资产时附有一项看涨期权，且该看涨期权又是重大价内期权，以致于可以认定转入方将来很可能会行权。在这种情况下，不表明转入方有出售所转入金融资产的实际能力。

（3）判断是否已放弃对所转移金融资产的控制，应注重转入方出售该金融资产的实际能力。

企业在判断是否已放弃对所转移金融资产的控制时，应当注重转入方出售该金融资产的实际能力。转入方能够单独将转入的金融资产整体出售给与其不存在关联方关系的第三方，且没有额外条件对此项出售加以限制的，表明企业已放弃对该金融资产的控制。

（4）判断金融资产转移是否满足《企业会计准则第 23 号——金融资产转移》规定的金融资产终止确认条件，应注重金融资产转移的实质。

企业在判断金融资产转移是否满足《企业会计准则第 23 号——金融资产转移》规定的金融资产终止确认条件时，应当注重金融资产转移的实质。

① 在附回购协议的金融资产出售中，转出方将予回购的资产与售出的金融资产相同或实质上相同、回购价格固定或是原售价加上合理回报的，不应当终止确认所出售的金融资产，如采用买断式回购、质押式回购交易卖出债券等。

② 转出方在金融资产转移后只保留了优先按照公允价值回购该金融资产的权利的（在转入方出售该金融资产的情况下），应当终止确认所转移的金融资产。

③ 在采用保留次级权益或提供信用担保等进行信用增级的金融资产转移中，转出方只保留了所转移金融资产所有权上的部分（非几乎所有）风险和报酬且能控制所转移金融资产的，应当按照其继续涉入所转移金融资产的程度确认相关资产和负债。

29.2 金融资产转移的计量

1. 整体转移

金融资产整体转移满足终止确认条件的，应当将下列两项金额的差额计入当期损益：

（1）所转移金融资产的账面价值。

（2）因转移而收到的对价，与原直接计入所有者权益的公允价值变动累计额（涉及转移的金融资产为可供出售金融资产的情形）之和。

因金融资产转移获得了新金融资产或承担了新金融负债的，应当在转移日按照公允价值确认该金融资产或金融负债（包括看涨期权、看跌期权、担保负债、远期合同、互换等），并将该金融资产扣除金融负债后的净额作为上述对价的组成部分。

企业与金融资产转入方签订服务合同提供相关服务的（包括收取该金融资产的现金流量，并将所收取的现金流量交付给指定的资金保管机构等），应当就该服务合同确认一项服务资产或服务负债。服务负债应当按照公允价值进行初始计量，并作为上述对价的组成部分。

小知识

《企业会计准则第 23 号——金融资产转移》第十二条规定，金融资产整体转移满足终止确认条件的，应当终止确认该金融资产，同时按以下公式确认相关损益。

金融资产整体转移的损益=因转移收到的对价+原直接计入所有者权益的公允价值变动累计利得（如为累计损失，应为减项）–所转移金融资产的账面价值

说明：

因转移收到的对价=因转移交易收到的价款+新获得金融资产的公允价值+因转移获得服务资产的公允价值–新承担金融负债的公允价值–因转移承担的服务负债的公允价值

其中，新获得的金融资产或新承担的金融负债，包括看涨期权、看跌期权、担保负债、远期合同、互换等；原直接计入所有者权益的公允价值变动累计利得或损失，是指所转移金融资产（可供出售金融资产）转移前公允价值变动直接计入所有者权益的累计额。

【例 29-1】 20×7 年 1 月 1 日，智董公司将持有的贵琛公司发行的 10 年期公司债券出售给欣郁公司，经协商出售价格为 330 万元，20×6 年 12 月 31 日该债券公允价值为 310 万元。该债券于 20×6 年 1 月 1 日发行，智董公司持有该债券时已将其分类为可供出售金融资产，面值为 300 万元，年利率 6%（等于实际利率），按年支付利息。

根据上述资料可以判断，智董公司持有的该笔债券划分为可供出售金融资产，按照规定应当以公允价值计量，并且公允价值的变动应计入所有者权益。

出售该笔债券时，首先应确定出售日该笔债券的账面价值。根据例子所述情况，资产负债表日（20×6 年 12 月 31 日）该债券的公允价值为 310 万元，因此出售日该债券账面价值为 310 万元，即“可供出售金融资产”账户余额为 310 万元。

其次，应确定已计入所有者权益的公允价值变动额。按照规定，企业按期计提利息时，应当借记“应收利息”科目，贷记“投资收益”科目，同时，按其差额，贷记或借记“可供出售金融资产——利息调整”科目。资产负债表日可供出售金融资产公允价值高于其账面余额的差额，应当借记“可供出售金融资产”科目，贷记“资本公积——其他资本公积”科目；反之做相反会计分录。经计算，20×6 年 12 月 31 日智董公司应确认应收利息和投资收益 18 万元（300×6%）。同时，该债券以公允价值计量，公允价值变动额应当计入资本公积。因此，原直接计入所有者权益的利得为 10 万元（310–300）。

最后，确定智董公司出售该债券形成的损益。按照金融资产整体转移形成的损益的计算公式计算，出售该债券形成的收益为 30 万元（330–310+10）。

智董公司出售该债券业务应做如下会计分录：

借：银行存款（或存放中央银行款项）	3 300 000	
贷：可供出售金融资产		3 100 000
投资收益		200 000

同时，将原计入所有者权益的公允价值变动利得或损失转出。

借：资本公积——其他资本公积　　100 000
　贷：投资收益　　100 000

2. 部分转移

金融资产部分转移满足终止确认条件的，应当将所转移金融资产整体的账面价值，在终止确认部分和未终止确认部分（在此种情况下，所保留的服务资产应当视同未终止确认金融资产的一部分）之间，按照各自的相对公允价值进行分摊，并将下列两项金额的差额计入当期损益：

（1）终止确认部分的账面价值。

（2）终止确认部分的对价，与原直接计入所有者权益的公允价值变动累计额中对应终止确认部分的金额（涉及转移的金融资产为可供出售金融资产的情形）之和。

原直接计入所有者权益的公允价值变动累计额中对应终止确认部分的金额，应当按照金融资产终止确认部分和未终止确认部分的相对公允价值，对该累计额进行分摊后确定。

根据《企业会计准则第 23 号——金融资产转移》第十三条的规定，将所转移金融资产整体的账面价值按相对公允价值在终止确认部分和未终止确认部分之间进行分摊时，未终止确认部分的公允价值按照下列规定确定：

（1）企业出售过与未终止确认部分类似的金融资产，或发生过与未终止确认部分有关的其他市场交易的，应当按照最近实际交易价格确定。

（2）未终止确认部分在活跃市场上没有报价，且最近市场上也没有与其有关的实际交易价格的，应当按照所转移金融资产整体的公允价值扣除终止确认部分的对价后的余额确定。该金融资产整体的公允价值确实难以合理确定的，按照金融资产整体的账面价值扣除终止确认部分的对价后的余额确定。

3. 金融资产转移但不符合终止确认条件的会计处理

（1）仍保留与所转移金融资产所有权上几乎所有的风险和报酬。企业仍保留与所转移金融资产所有权上几乎所有的风险和报酬的，应当继续确认所转移金融资产整体，并将收到的对价确认为一项金融负债。

该金融资产与确认的相关金融负债不得相互抵消。在随后的会计期间，企业应当继续确认该金融资产产生的收入和该金融负债产生的费用。所转移的金融资产以摊余成本计量的，确认的相关负债不得指定为以公允价值计量且其变动计入当期损益的金融负债。

小知识

《企业会计准则第 23 号——金融资产转移》第十五条规定，金融资产转移不满足终止确认条件的，应当继续确认该金融资产，所收到的对价确认为一项金融负债。此类金融资产转移实质上具有融资性质，不能将金融资产与所确认的金融负债相互抵消。比如，企业将国债卖出后又承诺将以固定价格买回，因卖出国债所收到的款项应单独确认为一项金融负债。

（2）既没有转移也没有保留金融资产所有权上几乎所有的风险和报酬，且未放弃对该金融资产控制。企业既没有转移也没有保留金融资产所有权上几乎所有的风险和报酬，且未放弃对该金融资产控制的，根据《企业会计准则第 23 号——金融资产转移》第九条规定确认的相关资产和负债，应当充分反映保留的权利和承担的义务。

（3）通过对所转移金融资产提供财务担保方式继续涉入。通过对所转移金融资产提供财务担保方式继续涉入的，应当在转移日按照金融资产的账面价值和财务担保金额两者之中的较低者，确认继续涉入形成的资产，同时按照财务担保金额和财务担保合同的公允价值（提供担保的取费）之和确认继续涉入形成的负债。财务担保金额，是指企业所收到的对价中，将被要求偿还的最高金额。

在随后的会计期间，财务担保合同的初始确认金额应当在该财务担保合同期间内按照时间比例摊销，确认为各期收入。因担保形成的资产的账面价值，应当在资产负债表日进行减值测试。

（4）因卖出一项看跌期权或持有一项看涨期权，使所转移金融资产不符合终止确认条件，且按照摊余成本计量该金融资产。企业因卖出一项看跌期权或持有一项看涨期权，使所转移金融资产不符合终止确认条件，且按照摊余成本计量该金融资产的，应当在转移日按照收到的对价确认继续涉入形成的负债。

所转移金融资产在期权到期日的摊余成本和继续涉入形成的负债初始确认金额之间的差额，应当采用实际利率法摊销，计入当期损益；同时，调整继续涉入所形成负债的账面价值。相关期权行权的，应当在行权时，将继续涉入形成负债的账面价值与行权价格之间的差额计入当期损益。

（5）因持有一项看涨期权使所转移金融资产不满足终止确认条件，且按照公允价值计量该金融资产。企业因持有一项看涨期权使所转移金融资产不满足终止确认条件，且按照公允价值计量该金融资产的，应当在转移日仍按照公允价值确认所转移金融资产，同时按照下列规定计量继续涉入形成的负债：

① 该期权是价内或平价期权的，应当按照期权的行权价格扣除期权的时间价值后的余额，计量继续涉入形成的负债。

② 该期权是价外期权的，应当按照所转移金融资产的公允价值扣除期权的时间价值后的余额，计量继续涉入形成的负债。

（6）因卖出一项看跌期权使所转移金融资产不满足终止确认条件，且按照公允价值计量该金融资产。企业因卖出一项看跌期权使所转移金融资产不满足终止确认条件，且按照公允价值计量该金融资产的，应当在转移日按照该金融资产的公允价值和该期权行权价格之间的较低者，确认继续涉入形成的资产；同时，按照该期权的行权价格与时间价值之和，确认继续涉入形成的负债。

（7）因卖出一项看跌期权和购入一项看涨期权（上下期权）使所转移金融资产不满足终止确认条件，且按照公允价值计量该金融资产。企业因卖出一项看跌期权和购入一项看涨期权（上下期权）使所转移金融资产不满足终止确认条件，且按照公允价值计量该金融资产的，应当在转移日仍按照公允价值确认所转移金融资产；同时，按照下列规定计量继续涉入形成的负债：

① 该看涨期权是价内或平价期权的，应当按照看涨期权的行权价格和看跌期权的公允价值之和，扣除看涨期权的时间价值后的金额，计量继续涉入形成的负债。

② 该看涨期权是价外期权的，应当按照所转移金融资产的公允价值总额和看跌期权的公允价值之和，扣除看涨期权的时间价值后的金额，计量继续涉入形成的负债。

（8）继续涉入所形成的相关资产和负债的后续计量。企业应当对因继续涉入所转移金融资产形成的有关资产确认相关收入，对继续涉入形成的有关负债确认相关费用。继续涉入所形成的相关资产和负债不应当相互抵消，其后续计量适用《企业会计准则第 22 号——金融工具确认和计量》。

（9）仅继续涉入所转移金融资产一部分。企业仅继续涉入所转移金融资产一部分的，应当比照《企业会计准则第 23 号——金融资产转移》第十三条的规定处理。

（10）向金融资产转入方提供了非现金担保物情况下的处理。企业向金融资产转入方提供了非现金担保物（如债务工具或权益工具投资等）的，企业和转入方应当按照下列规定处理。

① 转入方按照合同或惯例有权出售该担保物或将其再作为担保物的，企业应当将该非现金担保物在资产负债表中重新归类，并单独列示。

② 转入方已将该担保物出售的，转入方应当就归还担保物义务，按照公允价值确认一项负债。

③ 企业违约，丧失了赎回担保物权利的，应当终止确认该担保物；转入方应当按照公允价值将该担保物确认为一项资产。转入方已出售该担保物的，转入方应当终止确认归还担保物的义务。

④ 除上述③所涉及的情况外，企业应当继续将担保物确认为一项资产。

【例 29-2】 贵琛公司将其持有的分类为持有至到期投资的长期债券投资出售给怡平公司，同时与怡平公司签订一项看跌期权合约。出售日，该项长期债券投资的摊余成本和账面价值均为 100 万元，收到的出售价款为 95 万元。行权日该投资的摊余成本为 110 万元，行权价为 105 万元。

分析：由于贵琛公司出售的债券投资划分为持有至到期投资，因此，应当按照规定采用摊余成本计量。同时，由于该期权属于重大价内看跌期权，怡平公司在行权日行权，因此贵琛公司不应当终止确认该投资。出售日，贵琛公司应当确认的资产金额为 100 万元，确认继续涉入形成的负债金额为 95 万元，并且将行权日摊余成本与继续涉入形成的负债之间的差额 15 万元（110–95），采用实际利率法进行摊销，计入损益。行权日，贵琛公司应当将继续涉入形成负债的账面价值与行权价 105 万元之间的差额，计入损益。

【例 29-3】 智董公司向贵琛公司出售一项交易性金融资产，同时双方签订一项看涨期权合约。该金融资产公允价值为 90 万元，期权行权价为 105 万元，期权的时间价值为 5 万元。

分析：由于该期权属于重大价外期权，不满足终止确认条件，因此智董公司仍应继续确认该项金融资产，同时确认继续涉入形成的负债。由于该项金融资产原以公允价值计量，出售日智董公司仍应当按照公允价值进行计量。因此，出售日继续确认金融资产的账面价值为 90 万元，继续涉入形成的负债账面价值为 85 万元（90–5）。

【例 29-4】 智董公司与贵琛公司签订一项股票转让协议，同时签订一项看跌期权合约。转让日该股票的公允价值为 110 万元，期权行权价为 95 万元，期权的时间价值为 5 万元。

分析：由于该期权属于重大价内看跌期权，不满足终止确认条件，因此智董公司仍应继续确认该项股票投资，同时确认继续涉入形成的负债。由于该项股票投资的公允价值高于期权行权价格，因此应当按照行权价格确认相关资产。根据相关规定，智董公司应确认继续涉入形成的资产账面价值为 95 万元，应确认的继续涉入形成的负债账面价值为 100 万元（95+5）。

【例 29-5】 智董公司与贵琛公司签订一项股票转让协议，同时购入一项行权价为 110 万元的看涨期权，并出售了一项行权价为 90 万元的看跌期权。假定转移日该股票的公允价值为 100 万元，看涨期权的时间价值为 5 万元，看跌期权的公允价值为 2 万元。

分析：由于智董公司因卖出一项看跌期权和购入一项看涨期权使所转移股票投资不满足终止确认条件，且按照公允价值来计量该股票投资，因此，应当在转移日仍按照公允价值确认所转移金融资产。根据相关规定，智董公司应确认的金融资产金额为 100 万元；应确认的继续涉入形成的负债金额为 97 万元［（100+2）–5］。

第 30 章

金融工具列报

金融工具列报，包括金融工具列示和金融工具披露。金融工具信息的列报，应当有助于财务报表使用者了解发行方对发行的金融工具如何进行分类、计量和列示，并就金融工具对企业财务状况和经营成果影响的重要程度、金融工具使企业在报告期间和期末所面临的风险的性质和程度，以及企业如何管理这些风险作出合理评价。

为了规范金融工具的列报，2006 年 2 月 25 日财政部发布了《企业会计准则第 37 号——金融工具列报》。为了适应社会主义市场经济发展需要，提高企业财务报表列报质量和会计信息透明度，2014 年 6 月 20 日财政部对《企业会计准则第 37 号——金融工具列报》进行了修订（财会[2014]23 号，以下简称本准则），执行企业会计准则的企业应当在 2014 年年度及以后期间的财务报告中按照本准则要求对金融工具进行列报。本准则规定的交易或事项涉及所得税的，应当按照《企业会计准则第 18 号——所得税》进行处理。

小知识

《企业会计准则第 37 号——金融工具列报》的适用范围

（2014 年 6 月 20 日 财会［2014］23 号）

除下列特殊情况外，本准则适用于所有企业各种类型的金融工具：

（1）企业按照《企业会计准则第 2 号——长期股权投资》、《企业会计准则第 33 号——合并财务报表》和《企业会计准则第 40 号——合营安排》规定核算的对子公司、合营安排和联营企业的投资的披露，适用《企业会计准则第 41 号——在其他主体中权益的披露》。但以下情况除外：

1. 与在子公司、合营安排或联营企业中的权益相联系的衍生工具，适用本准则。

2. 符合《企业会计准则第 33 号——合并财务报表》有关投资性主体定义的企业，其根据该准则规定对子公司以公允价值计量且其变动计入当期损益的投资，适用本准则。

3. 根据《企业会计准则第 2 号——长期股权投资》准则的规定，按照《企业会计准则第 22 号——金融工具确认和计量》核算的对联营企业或合营企业的投资，适用本准则。

（2）《企业会计准则第 11 号——股份支付》规范的股份支付安排中的金融工具以及其他合同和义务，适用《企业会计准则第 11 号——股份支付》。但股份支付安排中涉及应当适用本准则第四条相关的交易和事项以及企业发行、回购、出售或注销库存股，适用本准则。

（3）债务重组，适用《企业会计准则第 12 号——债务重组》。但债务重组中涉及金融资产转移披露的，适用本准则。

（4）符合原保险合同或再保险合同定义的保险合同，适用《企业会计准则第25号——原保险合同》或《企业会计准则第26号——再保险合同》（以下简称相关保险合同准则）。

《企业会计准则第22号——金融工具确认和计量》要求从保险合同中分拆后单独核算的嵌入衍生工具，适用本准则。企业选择按照《企业会计准则第22号——金融工具确认和计量》核算的财务担保合同，适用本准则。

（5）因具有相机分红特征而适用相关保险合同准则的金融工具，不适用本准则中关于金融负债和权益工具区分的规定。嵌入此类金融工具的衍生工具，适用本准则。但嵌入衍生工具本身是一项保险合同的，适用相关保险合同准则。

（6）职工薪酬计划形成的企业的权利和义务，适用《企业会计准则第9号——职工薪酬》。

本准则适用于能够以现金或其他金融工具净额结算，或通过交换金融工具结算的买入或卖出非金融项目的合同。但企业按照预定的购买、销售或使用要求签订并持有，旨在收取或交付非金融项目的合同，应当适用其他相关会计准则。

本准则第六章至第八章的规定除适用于企业已按照《企业会计准则第22号——金融工具确认和计量》确认的金融工具外，还适用于未确认的金融工具，如某些贷款承诺。

小知识

衔接规定

（2014年6月20日 财会[2014]23号）

对于本准则施行之前存在的金融工具，其会计处理与本准则规定不一致的，应当按照《企业会计准则第28号——会计政策、会计估计变更和差错更正》的规定采用追溯调整法进行处理。追溯调整不切实可行的，则应当采用未来适用法。

在对外提供比较期间的财务报表时，对于因会计政策变更产生的累积影响数，应当调整比较财务报表最早期间的期初留存收益，涉及财务报表其他相关项目的数字也应当一并调整。

30.1 金融负债和权益工具的区分

企业应当根据所发行金融工具的合同条款及其所反映的经济实质而非仅以法律形式，结合金融资产、金融负债和权益工具的定义，在初始确认时将该金融工具或其组成部分分类为金融资产、金融负债或权益工具。

1. 金融负债的概念和确认条件

金融负债，是指企业符合下列条件之一的负债：

（1）向其他方交付现金或其他金融资产的合同义务。

（2）在潜在不利条件下，与其他方交换金融资产或金融负债的合同义务。

（3）将来须用或可用企业自身权益工具进行结算的非衍生工具合同，且企业根据该合同将交付可变数量的自身权益工具。

（4）将来须用或可用企业自身权益工具进行结算的衍生工具合同，但以固定数量的自身权益工具交换固定金额的现金或其他金融资产的衍生工具合同除外。企业对全部现有同类别非衍生自身权益工具的持有方同比例发行配股权、期权或认股权证，使之有权按比例以固定金额的任何货币换取固定数量的该企业自身权益工具的，该类配股权、期权或认股权证应当分类为权益工具。其中，企业自身权益工具不包括应按照本准则“第三章 特殊金融工具的区分”分类为权益工具的金融工具，也不包括本身就要求在未来收取或交付企业自身权益工具的合同。

2．权益工具的概念和确认条件

权益工具，是指能证明拥有某个企业在扣除所有负债后的资产中的剩余权益的合同。

在同时满足下列条件的情况下，企业应当将发行的金融工具分类为权益工具：

（1）该金融工具应当不包括交付现金或其他金融资产给其他方，或在潜在不利条件下与其他方交换金融资产或金融负债的合同义务。

（2）将来须用或可用企业自身权益工具结算该金融工具。如为非衍生工具，该金融工具应当不包括交付可变数量的自身权益工具进行结算的合同义务；如为衍生工具，企业只能通过以固定数量的自身权益工具交换固定金额的现金或其他金融资产结算该金融工具。

3．金融负债与权益工具的区分

（1）如果企业不能无条件地避免以交付现金或其他金融资产来履行一项合同义务，则该合同义务符合金融负债的定义。有些金融工具虽然没有明确地包含交付现金或其他金融资产义务的条款和条件，但有可能通过其他条款和条件间接地形成合同义务。

（2）如果一项金融工具须用或可用企业自身权益工具进行结算，需要考虑用于结算该工具的企业自身权益工具，是作为现金或其他金融资产的替代品，还是为了使该工具持有方享有在发行方扣除所有负债后的资产中的剩余权益。如果是前者，该工具是发行方的金融负债；如果是后者，该工具是发行方的权益工具。在某些情况下，一项金融工具合同规定企业须用或可用自身权益工具结算该金融工具，其中合同权利或合同义务的金额等于可获取或需交付的自身权益工具的数量乘以其结算时的公允价值，则无论该合同权利或合同义务的金额是固定的，还是完全或部分地基于除企业自身权益工具的市场价格以外变量（如利率、某种商品的价格或某项金融工具的价格）的变动而变动，该合同应当分类为金融负债。

4．以现金或其他金融资产回购自身权益工具

除根据本准则“第三章 特殊金融工具的区分”分类为权益工具的金融工具外，如果一项合同使发行方承担了以现金或其他金融资产回购自身权益工具的义务，即使发行方的回购义务取决于合同对手方是否行使回售权，发行方应当在初始确认时将该义务确认为一项金融负债，其金额等于回购所需支付金额的现值（如远期回购价格的现值、期权行权价格的现值或其他回售金额的现值）。如果最终发行方无须以现金或其他金融资产回购自身权益工具，应当在合同到期时将该项金融负债按照账面价值重分类为权益工具。

5．附有或有结算条款的金融工具

对于附有或有结算条款的金融工具，发行方不能无条件地避免交付现金、其他金融资产或以其他导致该工具成为金融负债的方式进行结算的，应当分类为金融负债。但是，满足下列条件之一的，发行方应当将其分类为权益工具：

（1）要求以现金、其他金融资产或以其他导致该工具成为金融负债的方式进行结算的或有结算条款几乎不具有可能性，即相关情形极端罕见、显著异常或几乎不可能发生。

（2）只有在发行方清算时，才需以现金、其他金融资产或以其他导致该工具成为金融负债的方式进行结算。

（3）按照本准则“第三章 特殊金融工具的区分”分类为权益工具的可回售工具。

附有或有结算条款的金融工具，指是否通过交付现金或其他金融资产进行结算，或者是否以其他导致该金融工具成为金融负债的方式进行结算，需要由发行方和持有方均不能控制的未来不确定事项（如股价指数、消费价格指数变动，利率或税法变动，发行方未来收入、净收益或债务权益比率等)的发生或不发生(或发行方和持有方均不能控制的未来不确定事项的结果)来确定的金融工具。

6. 存在结算选择权的衍生工具

对于存在结算选择权的衍生工具(例如，合同规定发行方或持有方能选择以现金净额或以发行股份交换现金等方式进行结算的衍生工具)，发行方应当将其确认为金融资产或金融负债，但所有可供选择的结算方式均表明该衍生工具应当确认为权益工具的除外。

7. 复合金融工具

企业应对发行的非衍生工具进行评估，以确定所发行的工具是否为复合金融工具。企业所发行的非衍生工具可能同时包含金融负债成分和权益工具成分。对于复合金融工具，发行方应于初始确认时将各组成部分分别分类为金融负债、金融资产或权益工具。

企业发行的一项非衍生工具同时包含金融负债成分和权益工具成分的，应于初始计量时先确定金融负债成分的公允价值(包括其中可能包含的非权益性嵌入衍生工具的公允价值)，再从复合金融工具公允价值中扣除负债成分的公允价值，作为权益工具成分的价值。

8. 在合并财务报表中对金融工具(或其组成部分)进行分类

在合并财务报表中对金融工具(或其组成部分)进行分类时，企业应当考虑集团成员和金融工具的持有方之间达成的所有条款和条件。如果集团作为一个整体由于该工具承担了交付现金、其他金融资产或以其他导致该工具成为金融负债的方式进行结算的义务，则该工具应当分类为金融负债。

【例 30-1】 智董公司于 20×7 年 2 月 1 日向贵琛公司发行以自身普通股为标的的看涨期权。根据该期权合同，如果贵琛公司行权(行权价为 102 元)，贵琛公司有权以每股 102 元的价格从智董公司购入普通股 1 000 股。

其他有关资料如下：

(1)合同签订日	20×7 年 2 月 1 日
(2)行权日(欧式期权)	20×8 年 1 月 31 日
(3)20×7 年 2 月 1 日每股市价	100 元
(4)20×7 年 12 月 31 日每股市价	104 元
(5)20×8 年 1 月 31 日每股市价	104 元
(6)20×8 年 1 月 31 日应支付的固定行权价格	102 元
(7)期权合同中的普通股数量	1 000 股
(8)20×7 年 2 月 1 日期权的公允价值	5 000 元
(9)20×7 年 12 月 31 日期权的公允价值	3 000 元
(10)20×8 年 1 月 31 日期权的公允价值	2 000 元

情形 1：期权将以现金净额结算。

智董公司：20×8 年 1 月 31 日，向贵琛公司支付相当于本公司普通股 1 000 股市值的金额。

贵琛公司：同日，向智董公司支付 102 000 元(1 000×102)。

(1)20×7 年 2 月 1 日：

借：银行存款	5 000	
贷：衍生工具——看涨期权		5 000

确认发行的看涨期权。

（2）20×7 年 12 月 31 日：

借：衍生工具——看涨期权　2 000

　贷：公允价值变动损益　2 000

确认期权公允价值减少。

（3）20×8 年 1 月 31 日：

借：衍生工具——看涨期权　1 000

　贷：公允价值变动损益　1 000

确认期权公允价值减少。

在同一天，贵琛公司行使了该看涨期权，合同以现金净额方式进行结算。智董公司有义务向贵琛公司交付 104 000 元（104×1 000），并从贵琛公司收取 102 000 元（102×1 000），智董公司实际支付净额为 2 000 元。反映看涨期权结算的账务处理如下：

借：衍生工具——看涨期权　2 000

　贷：银行存款　2 000

情形 2：以普通股净额结算。

除期权以普通股净额结算外，其他资料与情形 1 相同。因此，除以下账务处理外，其他账务处理与情形 1 相同。

20×8 年 1 月 31 日：

借：衍生工具——看涨期权　2 000

　贷：股本　19.2

　　资本公积——股本溢价　1 980.8

【例 30-2】　智董公司于 20×7 年 2 月 1 日向贵琛公司发行以自身普通股为标的的看跌期权。根据该期权合同，如果贵琛公司行权（行权价为 98 元），贵琛公司有权以每股 98 元的价格向智董公司出售智董公司普通股 1 000 股。其他有关资料如下：

（1）合同签订	20×7 年 2 月 1 日
（2）行权日（欧式期权）	20×8 年 1 月 31 日
（3）20×7 年 2 月 1 日每股市价	100 元
（4）20×7 年 12 月 31 日每股市价	95 元
（5）20×8 年 1 月 31 日每股市价	95 元
（6）20×8 年 1 月 31 日应支付的固定行权价格	98 元
（7）20×7 年 2 月 1 日行权价格的现值	95 元
（8）期权合同中的普通股数量	1 000 股
（9）20×7 年 2 月 1 日期权的公允价值	5 000 元
（10）20×7 年 12 月 31 日期权的公允价值	4 000 元
（11）20×8 年 1 月 31 日期权的公允价值	3 000 元

情形 1：期权将以现金净额结算。

智董公司：20×8 年 1 月 31 日，向贵琛公司支付相当于本公司普通股 1 000 股市值的金额。

贵琛公司：同日，向智董公司收取 98 000 元（1 000×98）。

（1）20×7 年 2 月 1 日，发行期权。

借：银行存款　5 000

　贷：衍生工具——看跌期权　5 000

确认发行的看跌期权。

（2）20×7 年 12 月 31 日，反映期权公允价值减少。

借：衍生工具——看跌期权　　1 000

　贷：公允价值变动损益　　1 000

（3）20×8 年 1 月 31 日，反映期权公允价值减少。

借：衍生工具——看跌期权　　1 000

　贷：公允价值变动损益　　1 000

在同一天，贵琛公司行使了该看跌期权，合同以现金净额方式进行结算。智董公司有义务向贵琛公司交付 98 000 元（98×1 000），并从贵琛公司收取 95 000 元（95×1 000），智董公司实际支付净额为 3 000 元。反映看跌期权结算的账务处理如下：

借：衍生工具——看跌期权　　3 000

　贷：银行存款　　3 000

情形 2：以普通股净额结算。

除期权以普通股净额结算外，其他资料与情形 1 相同。因此，除以下账务处理外，其他账务处理与情形 1 相同。实际向贵琛公司交付普通股数量 31.6 股（3 000/95）。

借：衍生工具——看跌期权　　3 000

　贷：股本　　31.6

　　　资本公积——股本溢价　　2 968.4

【例 30-3】　智董公司 20×7 年 1 月 1 日按每份面值 1 000 元发行了 2 000 份可转换债券，取得总收入 2 000 000 元。该债券期限为 3 年，票面年利息为 6%，利息按年支付；每份债券均可在债券发行一年后的任何时间转换为 250 股普通股。智董公司发行该债券时，二级市场上与之类似但没有转股权的债券的市场利率为 9%。假定不考虑其他相关因素，智董公司将发行的债券划分为以摊余成本计量的金融负债。

（1）先对负债部分进行计量，债券发行收入与负债部分的公允价值之间的差额则分配到所有者权益部分。负债部分的现值按 9%的折现率计算（见表 30-1）。

表 30-1　负债部分的现值按 9%的折现率计算

项　　目	金　　额
本金的现值：第 3 年年末应付本金 2 000 000 元（复利现值系数为 0.772 183 5）	1 544 367 元
利息的现值：3 年期内每年应付利息 120 000 元（年金现值系数为 2.531 291 7）	303 755 元
负债部分总额	1 848 122 元
所有者权益部分	151 878 元
债券发行总收入	2 000 000 元

（2）智董公司的账务处理：

20×7 年 1 月 1 日，发行可转换债券。

借：银行存款　　2 000 000

　贷：应付债券　　1 848 122

　　　资本公积——其他资本公积（股份转换权）　　151 878

20×7 年 12 月 31 日，计提和实际支付利息。

计提债券利息时。

借：财务费用　166 331

　贷：应付利息　120 000

　　应付债券——利息调整　46 331

实际支付利息时。

借：应付利息　120 000

　贷：银行存款　120 000

20×8 年 12 月 31 日，债券转换前，计提和实际支付利息。

计提债券利息时。

借：财务费用　170 501

　贷：应付利息　120 000

　　应付债券——利息调整　50 501

实际支付利息时。

借：应付利息　120 000

　贷：银行存款　120 000

至此，转换前应付债券的摊余成本为 1 944 954 元（1 848 122+46 331+50 501）。

假定 20×8 年 12 月 31 日，智董公司股票上涨幅度较大，可转换债券持有方均将于当日将持有的可转换债券转为智董公司股份。由于智董公司对应付债券采用摊余成本后续计量，因此，在转换日，转换前应付债券的摊余成本应为 1 944 954 元，而权益部分的账面价值仍为 151 878 元。同样是在转换日，智董公司发行股票数量为 500 000 股。对此，智董公司的账务处理如下：

借：应付债券　1 944 954

　贷：股本　500 000

　　资本公积——股本溢价　1 444 954

借：资本公积——其他资本公积（股份转换权）　151 878

　贷：资本公积——股本溢价　151 878

30.2　特殊金融工具的区分

1. 可回售工具

可回售工具，是指根据合同约定，持有方有权将该工具回售给发行方以获取现金或其他金融资产的权利，或者在未来某一不确定事项发生或者持有方死亡或退休时，自动回售给发行方的金融工具。

符合金融负债定义，但同时具有下列特征的可回售工具，应当分类为权益工具：

（1）赋予持有方在企业清算时按比例份额获得该企业净资产的权利。企业净资产，是指扣除所有优先于该工具对企业资产要求权之后的剩余资产。按比例份额是指清算时将企业的净资产分拆为金额相等的单位，并且将单位金额乘以持有方所持有的单位数量。

（2）该工具所属的类别次于其他所有工具类别，即该工具在归属于该类别前无须转换为另一种工具，且在清算时对企业资产没有优先于其他工具的要求权。

（3）该类别的所有工具具有相同的特征（例如，它们必须都具有可回售特征，并且用于计算回购或赎回价格的公式或其他方法都相同）。

（4）除了发行方应当以现金或其他金融资产回购或赎回该工具的合同义务外，该工具不满足本准则规定的金融负债定义中的任何其他特征。

（5）该工具在存续期内的预计现金流量总额，应当实质上基于该工具存续期内企业的损益、已确认净资产的变动、已确认和未确认净资产的公允价值变动（不包括该工具的任何影响）。

2．发行方仅在清算时才有义务向另一方按比例交付其净资产的金融工具

符合金融负债定义，但同时具有下列特征的发行方仅在清算时才有义务向另一方按比例交付其净资产的金融工具，应当分类为权益工具：

（1）赋予持有方在企业清算时按比例份额获得该企业净资产的权利；

（2）该工具所属的类别次于其他所有工具类别；

（3）在次于其他所有类别的工具类别中，发行方对该类别中所有工具都应当在清算时承担按比例份额交付其净资产的同等合同义务。产生上述合同义务的清算确定将会发生并且不受发行方的控制（如发行方本身是有限寿命主体），或者发生与否取决于该工具的持有方。

分类为权益工具的可回售工具，或发行方仅在清算时才有义务向另一方按比例交付其净资产的金融工具，除应当具有本准则第十六条或第十七条所述特征外，其发行方应当没有同时具备下列特征的其他金融工具或合同：现金流量总额实质上基于企业的损益、已确认净资产的变动、已确认和未确认净资产的公允价值变动（不包括该工具或合同的任何影响）；实质上限制或固定了本准则第十六条或第十七条所述工具持有方所获得的剩余回报。在运用上述条件时，对于发行方与本准则第十六条或第十七条所述工具持有方签订的非金融合同，如果其条款和条件与发行方和其他方之间可能订立的同等合同类似，不应考虑该非金融合同的影响。但如果不能做出此判断，则不得将该工具分类为权益工具。

3．重分类

按照本准则“第三章 特殊金融工具的区分”规定分类为权益工具的金融工具，自不再具有第十六条或第十七条所述特征，或发行方不再满足第十八条规定条件之日起，发行方应当将其重分类为金融负债，以重分类日该工具的公允价值计量，重分类日权益工具的账面价值和金融负债的公允价值之间的差额确认为权益。

按照本准则“第三章 特殊金融工具的区分”规定分类为金融负债的金融工具，自具有第十六条或第十七条所述特征，且发行方满足第十八条规定条件之日起，发行方应当将其重分类为权益工具，以重分类日金融负债的账面价值计量。

4．母公司的合并财务报表中对应的少数股东权益

企业发行的满足本准则“第三章 特殊金融工具的区分”规定分类为权益工具的金融工具，在其母公司的合并财务报表中对应的少数股东权益部分，应当分类为金融负债。

30.3 收益和库存股

金融工具或其组成部分属于金融负债的，相关利息、股利（或股息）、利得或损失，以及赎回或再融资产生的利得或损失等，应当计入当期损益。

金融工具或其组成部分属于权益工具的，其发行（含再融资）、回购、出售或注销时，发行方应当作为权益的变动处理。发行方不应当确认权益工具的公允价值变动。发行方对权益工具持有方的分配应作利润分配处理，发放的股票股利不影响所有者权益总额。

与权益性交易相关的交易费用应当从权益中扣减。交易费用，是指可直接归属于购买、发行或处置金融工具的增量费用。增量费用，是指企业不购买、发行或处置金融工具就不会发生的费用。企业发行或取得自身权益工具时发生的交易费用（如登记费，承销费，法律、会计、评估及其他专业服务费用，印刷成本和印花税等），可直接归属于权益性交易的，应当从权益中扣减。终止的未完成权益性交易所发生的交易费用应当计入当期损益。

发行复合金融工具发生的交易费用，应当在金融负债成分和权益工具成分之间按照各自占总发行价款的比例进行分摊。与多项交易相关的共同交易费用，应当在合理的基础上，采用与其他类似交易一致的方法，在各项交易间进行分摊。

分类为金融负债的金融工具支付的股利，在利润表中应当确认为费用，与其他负债的利息费用合并列示，并在财务报表附注中单独披露。作为权益扣减项的交易费用，应当在财务报表附注中单独披露。

回购自身权益工具（库存股）支付的对价和交易费用，应当减少所有者权益，不得确认金融资产。库存股可由企业自身购回和持有，也可由集团合并范围内的其他成员购回和持有。

企业应当按照《企业会计准则第 30 号——财务报表列报》在资产负债表中单独列示所持有的库存股金额。企业从关联方回购自身权益工具，还应当按照《企业会计准则第 36 号——关联方披露》的相关规定进行披露。

30.4 金融资产和金融负债的抵消

金融资产和金融负债应当在资产负债表内分别列示，不得相互抵消。但同时满足下列条件的，应当以相互抵消后的净额在资产负债表内列示：企业具有抵消已确认金额的法定权利，且该种法定权利是当前可执行的；企业计划以净额结算，或同时变现该金融资产和清偿该金融负债。

在下列情况下，通常认为不满足上述所列条件，不得抵消相关金融资产和金融负债：① 使用多项不同金融工具来仿效单项金融工具的特征，即“合成工具”。例如，利用浮动利率长期债券与收取浮动利息且支付固定利息的利率互换，合成一项固定利率长期负债。② 金融资产和金融负债虽然具有相同的主要风险敞口（如远期合同或其他衍生工具组合中的资产和负债），但涉及不同的交易对手方。③ 无追索权金融负债与作为其担保品的金融资产或其他资产。④ 债务人为解除某项负债而将一定的金融资产进行托管（例如偿债基金或类似安排），但债权人尚未接受以这些资产清偿负债。⑤ 因某些导致损失的事项而产生的义务预计可以通过保险合同向第三方索赔而得以补偿。

不满足终止确认条件的金融资产转移，转出方不得将已转移的金融资产和相关负债进行抵消。

企业应当区分金融资产和金融负债的抵消与终止确认。抵消金融资产和金融负债并在资产负债表中以净额列示，不应当产生利得或损失；终止确认是从资产负债表列示的项目中移除相关金融资产或金融负债，有可能产生利得或损失。

抵消权是债务人根据合同或其他协议，以应收债权人的金额全部或部分抵消应付债权人的金额的法定权利。在某些情况下，如果债务人、债权人和第三方三者之间签署的协议明确表示债务人拥有该抵消权，并且不违反相关法律或法规，债务人可能拥有以应收第三方的金额抵消应付债权人的金额的法定权利。

抵消权应当不取决于未来事项，而且在企业和所有交易对手方的正常经营过程中，或在出现违约、无力偿债或破产等各种情形下，企业均可执行该法定权利。在确定抵消权是否可执行时，企业应当充分考虑相关法律和法规要求以及合同约定等各方面因素。

当前可执行的抵消权不构成互相抵消的充分条件，企业既不打算行使抵消权（净额结算），又无计划同时结算金融资产和金融负债的，该金融资产和金融负债不得抵消。在没有法定权利的情况下，一方或双方即使有意向以净额为基础进行结算或同时结算相关金融资产和金融负债的，该金融资产和金融负债也不得抵消。

企业同时结算金融资产和金融负债的，如果该结算方式相当于净额结算，则满足本准则“企业计划以净额结算，或同时变现该金融资产和清偿该金融负债”以净额结算的标准。这种结算方式必须在同一结算过程或周期内处理了相关应收和应付款项，最终消除或几乎消除了信用风险和流动性风险。如果某结算方式同时具备如下特征，可视为满足净额结算标准：① 符合抵消条件的金融资产和金融负债在同一时点提交处理；② 金融资产和金融负债一经提交处理，各方即承诺履行结算义务；③ 金融资产和金融负债一经提交处理，除非处理失败，这些资产和负债产生的现金流量不可能发生变动；④ 以证券作为担保物的金融资产和金融负债，通过证券结算系统或其他类似机制进行结算（例如券款对付），即如果证券交付失败，则以证券作为抵押的应收款项或应付款项的处理也将失败，反之亦然；⑤ 若发生上述④所述的失败交易，将重新进入处理程序，直至结算完成；⑥ 由同一结算机构执行；⑦ 有足够的日间信用额度，并且能够确保该日间信用额度一经申请提取即可履行，以支持各方能够在结算日进行支付处理。

企业与同一交易对手方进行多项金融工具交易时，可能与对手方签订“总互抵协议”。总互抵协议，是指协议所涵盖的所有金融工具中的任何一项合同在发生违约或终止时，就协议所涵盖的所有金融工具按单一净额进行结算。只有满足本准则第二十八条所列条件时，总互抵协议下的相关金融资产和金融负债才能抵消。

30.5 金融工具对财务状况和经营成果影响的列报

1. 一般性规定

企业在对金融工具各项目进行列报时，应当根据金融工具的特点及相关信息的性质对金融工具进行归类，并充分披露与金融工具相关的信息，使得财务报表附注中的披露与财务报表列示的各项目相互对应。

在确定金融工具的列报类型时，企业至少应当将本准则范围内的金融工具区分为以摊余成本计量和以公允价值计量的类型。

企业应当根据自身实际情况，按照本准则要求，合理确定列报金融工具的详细程度，既不应列报大量过于详细的信息从而掩盖了真正重要的信息，也不得列报过于汇总的信息从而难以区分各项交易或相关风险之间的重要差异。

企业应当披露编制财务报表时对金融工具所采用的重要会计政策、计量基础和与理解财务报表相关的其他会计政策等信息，主要包括：

（1）对于指定为以公允价值计量且其变动计入当期损益的金融资产或金融负债，应当披露下列信息：指定的金融资产或金融负债的性质；初始确认时对上述金融资产或金融负债做出指定的标准；如何满足运用指定的标准。对于以消除或显著减少会计错配为目的的指定，企业应当披露该指定所针对的确认或计量不一致的描述性说明。对于以更好地反映组合的管理实质为目的的指定，企业应当披露该指定符合企业正式书面文件载明的风险管理或投资策略的描述性说明。对于整体指定为以公允价值计量且其变动计入当期损益的混合工具，企业应当披露运用指定标准的描述性说明。

（2）指定金融资产为可供出售金融资产的标准。

（3）金融资产常规购买和出售的会计政策。

（4）核销减值准备并减记金融资产账面价值的原则。

（5）如何确定每类金融工具的利得或损失。

（6）存在客观证据表明金融资产已发生减值的适用标准。

（7）为避免金融资产逾期或减值而重新议定条款的金融资产所适用的会计政策。

2．资产负债表中的列示及相关披露

（1）综合规定。企业应当在资产负债表或相关附注中列报下列金融资产或金融负债的账面价值：以公允价值计量且其变动计入当期损益的金融资产，并分别反映交易性金融资产和在初始确认时指定为以公允价值计量且其变动计入当期损益的金融资产；持有至到期投资；贷款和应收款项；可供出售金融资产；以公允价值计量且其变动计入当期损益的金融负债，并分别反映交易性金融负债和在初始确认时指定为以公允价值计量且其变动计入当期损益的金融负债；其他金融负债。

（2）将单项或一组贷款或应收款项指定为以公允价值计量且其变动计入当期损益的金融资产。企业将单项或一组贷款或应收款项指定为以公允价值计量且其变动计入当期损益的金融资产的，应当披露下列信息：

1）资产负债表日该贷款或应收款项使企业面临的最大信用风险敞口。信用风险，是指金融工具的一方不履行义务，造成另一方发生财务损失的风险。

2）相关信用衍生工具或类似工具使得该最大信用风险敞口降低的金额。

3）该贷款或应收款项因信用风险变动引起的公允价值本期变动额和累计变动额。这些变动额，是该贷款或应收款项公允价值变动扣除由于市场风险因素的变化导致公允价值变动后的部分；或是企业以能够更真实地反映信用风险变动导致该贷款或应收款项公允价值变动的其他方法确定的金额。市场风险因素的变化包括可观察的利率、商品价格、汇率以及价格指数、利率指数、汇率指数等指数的变动。

企业应当披露上述金额的确定方法。如果企业认为披露的信息未能真实反映相关金融工具公允价值变动中由信用风险引起的部分，则应当披露企业做出此结论的原因及其他需要考虑的因素。

4）相关信用衍生工具或类似工具的公允价值本期变动额和自该贷款或应收款项被指定以来的公允价值累计变动额。

（3）将一项金融负债指定为以公允价值计量且其变动计入当期损益的金融负债。企业将一项金融负债指定为以公允价值计量且其变动计入当期损益的金融负债的，应当披露下列信息：

1）该金融负债因信用风险变动引起的公允价值本期变动额和累计变动额。这些变动额，是该金融负债公允价值变动扣除由于市场风险因素的变化导致公允价值变动后的部分；或是企业以能够更真实地反映信用风险变动导致该金融负债公允价值变动的其他方法确定的金额。对于包含投资连结特征的合同，市场风险因素的变化包括相关内部或外部投资组合业绩的变动。

企业应当披露上述金额的确定方法。如果企业认为披露的信息未能真实反映相关金融工具公允价值变动中由信用风险引起的部分，则应当披露企业做出此结论的原因及其他需要考虑的因素。

2）该金融负债的账面价值与按合同约定到期应支付债权人金额之间的差额。

（4）将金融资产进行重分类，改变了该金融资产后续计量基础。企业将金融资产进行重分类，改变了该金融资产后续计量基础的，应当披露该金融资产重分类前后的公允价值或账面价值和重分类的原因。

（5）所有可执行的总互抵协议或类似协议下的已确认金融工具，以及符合抵消条件的已确认金融工具。对于所有可执行的总互抵协议或类似协议下的已确认金融工具，以及符合本准则第二十八条抵消条件的已确认金融工具，企业应当在报告期末以表格形式分别按金融资产和金融负债披露下列定量信息：

1）已确认金融资产和金融负债的总额。

2）按本准则规定抵消的金额。

3）在资产负债表中列示的净额。

4）可执行的总互抵协议或类似协议确定的，未包含在上述 2）中的金额，包括：①不满足本准则抵消条件的已确认金融工具的金额；②与财务担保物（包括现金担保）相关的金额，以在资产负债表中列示的净额扣除上述 4）第①项后的余额为限。

5）资产负债表中列示的净额扣除上述 4）后的余额。

企业应当披露上述 4）所述协议中抵消权的条款及其性质等信息，以及不同计量基础的金融工具适用本条时产生的计量差异。

（6）分类为权益工具的可回售工具。按照本准则“第三章 特殊金融工具的区分”分类为权益工具的可回售工具，企业应当披露以下信息：可回售工具的汇总定量信息；对于按持有方要求承担的回购或赎回义务，企业的管理目标、政策和程序及其变化；回购或赎回可回售工具的预期现金流出金额以及确定方法。

（7）将特殊金融工具在金融负债和权益工具之间重分类。企业将本准则“第三章 特殊金融工具的区分”规定的特殊金融工具在金融负债和权益工具之间重分类的，应当分别披露重分类前后的公允价值或账面价值，以及重分类的时间和原因。

（8）作为负债或或有负债担保物的金融资产。企业应当披露作为负债或或有负债担保物的金融资产的账面价值，以及与该项担保有关的条款和条件。其中，对于已转移金融资产的担保物，转入方有权出售或再抵押的，转出方应当在资产负债表中单独列示该金融资产。

（9）企业取得的担保物，在担保物所有人未违约时可出售或再抵押的。企业取得的担保物，在担保物所有人未违约时可出售或再抵押的，应当披露其公允价值、已出售或再抵押担保物的公允价值，以及承担的返还义务和使用担保物的条款和条件。

（10）金融资产减值备抵账户的设置。企业应当设置专门的备抵账户，记录每类金融资产因信用损失发生的减值，并披露减值准备的期初余额，本期计提、转回、转销、核销及其他变动的金额和期末余额等信息。

（11）复合金融工具。对于企业发行的包含金融负债和权益工具成分的复合金融工具，嵌入了价值相互关联的多项衍生工具（如可赎回的可转换债务工具）的，应当披露相关特征。

（12）除短期应付款项之外的金融负债。除短期应付款项之外的金融负债，企业应当披露下列信息：本期发生拖欠的金融负债的本金、利息、偿债基金、赎回条款的详细情况；发生拖欠的金融负债的期末账面价值；在财务报告批准对外报出前，就拖欠事项已采取的补救措施、对债务条款的重新议定等情况。

企业本期发生了拖欠以外的其他违约情况，且债权人有权在发生违约时要求企业提前偿还的，企业应当按上述要求披露。如果在期末前相关违约情况已得到补救或已重新议定债务条款，则无须披露。

3. 利润表中的列示及相关披露

企业应当披露与金融工具有关的下列收入、费用、利得或损失：

（1）当期各类金融资产和金融负债所产生的利得或损失。其中，指定为以公允价值计量且其变动计入当期损益的金融资产和金融负债以及交易性金融资产和金融负债的利得或损失应当分别披露。对于可供出售金融资产，应当分别披露当期在其他综合收益中确认的以及当期从权益转入损益的利得或损失。

（2）除以公允价值计量且其变动计入当期损益的金融资产或金融负债外，按实际利率法计算的金融资产或金融负债产生的利息收入或利息费用总额，以及直接计入当期损益但在确定实际利率时未包括的手续费收入或支出。

（3）企业通过信托和其他托管活动代他人持有资产或进行投资而形成的，直接计入当期损益的手续费收入或支出。

（4）已发生减值的金融资产产生的利息收入。

（5）每类金融资产本期发生的减值损失。

4. 套期保值相关披露

（1）与每类套期有关信息的披露。企业应当披露与每类套期有关的下列信息：每类套期的描述；对套期工具的描述及其期末公允价值；被套期风险的性质。

（2）与现金流量套期有关信息的披露。企业应当披露与现金流量套期有关的下列信息：现金流量预期发生期间及其预期影响损益的期间；对于前期运用套期会计方法但预期不再发生的交易的描述；本期在其他综合收益中确认的金额；本期从所有者权益中转出至利润表各项目的金额；本期预期交易形成的非金融资产或非金融负债在初始确认时从所有者权益转入的金额。

（3）关于套期会计信息的单独披露。企业应当单独披露下列关于套期会计的信息：在公允价值套期中，套期工具本期形成的利得或损失，以及被套期项目因被套期风险形成的利得或损失；在现金流量套期中，本期套期无效部分形成的利得或损失；在境外经营净投资套期中，本期套期无效部分形成的利得或损失。

5. 公允价值披露

除了本准则第五十九条规定情况外，企业应当披露每类金融资产和金融负债的公允价值，并与账面价值进行比较。对于在资产负债表中相互抵消的金融资产和金融负债，其公允价值应当以抵消后的金额披露。

金融资产或金融负债初始确认的公允价值与交易价格存在差异时，如果其公允价值并非基于相同资产或负债在活跃市场中的报价，也非基于仅使用可观察市场数据的估值技术，企业在初始确认金融资产或金融负债时不应确认利得或损失。在此情况下，企业应当按金融资产或金融负债的类型披露下列信息：企业在损益中确认交易价格与初始确认的公允价值之间差额时所采用的会计政策，以反映市场参与者对资产或负债进行定价时所考虑的因素（包括时间因素）的变动；该项差异期初和期末尚未在损益中确认的金额和本期变动额；企业如何认定交易价格并非公允价值的最佳证据，以及确定公允价值的证据。

企业可以不披露下列金融资产或金融负债的公允价值信息：账面价值与公允价值差异很小的金融资产或金融负债（如短期应收账款或应付账款）；活跃市场中没有报价且其公允价值无法可靠计量的权益工具投资以及与该工具挂钩的衍生工具；包含相机分红特征且其公允价值无法可靠计量的合同。

在本准则第五十九条（二）、（三）所述的情况下，企业应当披露下列信息：对金融工具的描述及其账面价值，以及因公允价值无法可靠计量而未披露其公允价值的事实和说明；金融工具的相关市场信息；企业是否有意图及如何处置这些金融工具；已终止确认金融工具的事实，以及终止确认时的账面价值和形成的利得或损失。

30.6 与金融工具相关的风险披露

1. 定性和定量信息

企业应当披露与各类金融工具风险相关的定性和定量信息，以便财务报表使用者评估报告期末金融工具产生的风险的性质和程度，更好地评价企业所面临的风险敞口。相关风险包括信用风险、流动性风险、市场风险等。

对金融工具产生的各类风险，企业应当披露下列定性信息：风险敞口及其形成原因，以及在本期发生的变化；风险管理目标、政策和程序以及计量风险的方法及其在本期发生的变化。

对金融工具产生的各类风险，企业应当按类别披露下列定量信息：① 期末风险敞口的汇总数据。该数据应当以向内部关键管理人员提供的相关信息为基础。企业运用多种方法管理风险的，披露的信息应当以最相关和可靠的方法为基础。② 按照第六十四条至第七十四条披露的信息。③ 期末风险集中度信息，包括管理层确定风险集中度的说明和参考因素（包括交易对手方、地理区域、货币种类、市场类型等），以及各风险集中度相关的风险敞口金额。上述期末定量信息不能代表企业本期风险敞口情况的，应当进一步提供相关信息。

2. 信用风险披露

企业应当披露与每类金融工具信用风险有关的下列信息：① 在不考虑可利用的担保物或其他信用增级的情况下，企业在资产负债表日的最大信用风险敞口。金融工具的账面价值能代表最大信用风险敞口的，无须提供此项披露。② 可利用担保物或其他信用增级的信息及其对最大信用风险敞口的财务影响。③ 未逾期且未减值的金融资产的信用质量信息。

金融资产在资产负债表日的最大信用风险敞口，通常是账面余额减去减值损失的金额（已减去根据本准则规定已抵消的金额）。

企业应当按类披露在资产负债表日已逾期或已减值的金融资产的下列信息：已逾期未减值的金融资产的账龄分析；已发生单项减值的金融资产的分析，包括判断该金融资产发生减值所考虑的因素。

企业本期通过取得担保物或其他信用增级所确认的金融资产或非金融资产，应当披露下列信息：所确认资产的性质和账面价值；对于不易变现的资产，应当披露处置或拟将其用于日常经营的政策等。

3. 流动性风险披露

流动性风险，是指企业在履行以交付现金或其他金融资产的方式结算的义务时发生资金短缺的风险。

（1）金融负债按剩余到期期限进行的到期期限分析，以及管理这些金融负债流动性风险方法的披露。企业应当披露金融负债按剩余到期期限进行的到期期限分析，以及管理这些金融负债流动性风险的方法：① 对于非衍生金融负债（包括财务担保合同），到期期限分析应当基于合同剩余到期期限。对于包含嵌入衍生工具的混合金融工具，应当将其整体视为非衍生金融负债进行披露。② 对于衍生金融负债，如果合同到期期限是理解现金流量时间分布的关键因素，到期期限分析应当基于合同剩余到期期限。当企业将所持有的金融资产作为流动性风险管理的一部分，且披露金融资产的到期期限分析使财务报表使用者能够恰当地评估企业流动性风险的性质和范围时，企业应当披露金融资产的到期期限分析。

（2）企业在披露到期期限分析时，应当运用职业判断确定适当的时间段。列入各时间段内按照第六十七条所披露的金额，应当是未经折现的合同现金流量。企业可以但不限于按下列时间段进行到期期限分析：一个月以内（含本数，下同）；一个月至三个月以内；三个月至一年以内；一年至五年以内；五年以上。

债权人可以选择收回债权时间的，债务人应当将相应的金融负债列入债权人可以要求收回债权的最早时间段内。

债务人应付债务金额不固定的，应当根据资产负债表日的情况确定到期期限分析所披露的金额。如分期付款的，债务人应当把每期将支付的款项列入相应的最早时间段内。

财务担保合同形成的金融负债，担保人应当将最大担保金额列入相关方可以要求支付的最早时间段内。

（3）企业应当披露流动性风险敞口汇总定量信息的确定方法。此类汇总定量信息中的现金（或另一项金融资产）流出符合以下条件之一的，应当说明相关事实，并提供有助于评价该风险程度的额外定量信息：该现金的流出可能显著早于汇总定量信息中所列示的时间；该现金的流出可能与汇总定量信息中所列示的金额存在重大差异。如果以上信息已包括在本准则第六十七条规定的到期期限分析中，则无须披露上述额外定量信息。

4．市场风险披露

（1）金融工具市场风险的概念和构成。金融工具的市场风险，是指金融工具的公允价值或未来现金流量因市场价格变动而发生波动的风险。

金融工具市场风险包括汇率风险、利率风险和其他价格风险。汇率风险是指金融工具的公允价值或未来现金流量因外汇汇率变动而发生波动的风险。汇率风险可源于以记账本位币之外的外币进行计价的金融工具。利率风险是指金融工具的公允价值或未来现金流量因市场利率变动而发生波动的风险。利率风险可源于已确认的计息金融工具和未确认的金融工具（如某些贷款承诺）。他价格风险是指汇率风险和利率风险以外的市场价格变动而发生波动的风险，无论这些变动是由于与单项金融工具或其发行方有关的因素而引起的，还是由于与市场内交易的所有类似金融工具有关的因素而引起的。其他价格风险可源于商品价格或权益工具价格等的变化。

（2）在对市场风险进行敏感性分析时应披露的信息。在对市场风险进行敏感性分析时，应当以整个企业为基础，披露下列信息：资产负债表日所面临的各类市场风险的敏感性分析，该项披露应当反映资产负债表日相关风险变量发生合理、可能的变动时，将对企业损益和所有者权益产生的影响；对具有重大汇率风险敞口的每一种货币，应当分币种进行敏感性分析；本期敏感性分析所使用的方法和假设，以及本期发生的变化和原因。

（3）可不按上述规定披露信息的有关规定。企业采用风险价值法或类似方法进行敏感性分析能够反映金融风险变量之间（如利率和汇率之间等）的关联性，且企业已采用该种方法管理金融风险的，可不按照上述规定[（2）在对市场风险进行敏感性分析时应披露的信息]进行披露，但应当披露下列信息：用于该种敏感性分析的方法、选用的主要参数和假设；所用方法的目的，以及该方法提供的信息在反映相关资产和负债公允价值方面的局限性。

按照以上（2）、（3）对敏感性分析的披露不能反映金融工具市场风险的（如期末的风险敞口不能反映当期的风险状况），企业应当披露这一事实及其原因。

30.7 金融资产转移的披露

金融资产转移，是指下列两种情形：将收取金融资产现金流量的合同权利转移给另一方；将金融资产整体或部分转移给另一方，但保留收取金融资产现金流量的合同权利，并承担将收取的现金流量支付给一个或多个收款方的合同义务。

1．金融资产转移披露概述

企业应当就资产负债表日存在的所有未终止确认的已转移金融资产，以及对已转移金融资产的继续涉入，按本准则要求单独披露。

企业对于金融资产转移所披露的信息，应当有助于财务报表使用者了解未整体终止确认的已转移金融资产与相关负债之间的关系，评价企业继续涉入已终止确认金融资产的性质和相关风险。企业按照本准则第七十八条和第七十九条所披露信息不能满足前述要求的，应当披露其他补充信息。

小知识

继续涉入

1．继续涉入的概念

继续涉入，是指企业保留了已转移金融资产中内在的合同权利或义务，或者取得了与已转移金融资产相关的新合同权利或义务。

2．形成继续涉入的情形

转出方与转入方签订的转让协议或与第三方单独签订的与转让相关的协议，都有可能形成对已转移金融资产的继续涉入。

3．不形成继续涉入的情形

如果企业对已转移金融资产的未来业绩不享有任何利益，也不承担与已转移金融资产相关的任何未来支付义务，则不形成继续涉入。以下情形不形成继续涉入：

（1）与转移的真实性以及合理、诚信和公平交易等原则有关的常规声明和保证，这些声明和保证可能因法律行为导致转移无效。

（2）以公允价值回购已转移金融资产的远期、期权和其他合同。

（3）使企业保留了获取金融资产现金流量的合同权利但承担了将这些现金流量支付给一个或多个收款方的合同义务的安排，且这类安排满足《企业会计准则第 23 号——金融资产转移》第四条（二）中三个条件。

企业按照上述确定是否继续涉入已转移金融资产时，应当以自身财务报告为基础进行考虑。

2．已转移但未整体终止确认金融资产的信息披露

对于已转移但未整体终止确认的金融资产，应当按照类别披露下列信息：

（1）已转移金融资产的性质；

（2）仍保留的与所有权有关的风险和报酬的性质；

（3）已转移金融资产与相关负债之间关系的性质，包括因转移引起的对企业使用已转移金融资产的限制；

（4）在转移金融资产形成的相关负债的交易对手方仅对已转移金融资产有追索权的情况下，应当以表格形式披露所转移金融资产和相关负债的公允价值以及净头寸，即已转移金融资产和相关负债公允价值之间的差额；

（5）继续确认已转移金融资产整体的，披露已转移金融资产和相关负债的账面价值；

（6）按继续涉入程度确认所转移金融资产的，披露转移前该金融资产整体的账面价值、按继续涉入程度确认的资产和相关负债的账面价值。

3. 已整体终止确认但转出方继续涉入已转移金融资产的信息披露

对于已整体终止确认但转出方继续涉入已转移金融资产的，应当至少按照类别披露下列信息：

（1）因继续涉入确认的资产和负债的账面价值和公允价值，以及在资产负债表中对应的项目。

（2）因继续涉入导致企业发生损失的最大风险敞口及确定方法。

（3）应当或可能回购已终止确认的金融资产需要支付的未折现现金流量（如期权协议中的行权价格）或其他应向转入方支付的款项，以及对这些现金流量或款项的到期期限分析。如果到期期限可能为一个区间，应当以企业必须或可能支付的最早日期为依据归入相应的时间段。到期期限分析应当分别反映企业应当支付的现金流量（如远期合同）、企业可能支付的现金流量（如签出看跌期权）以及企业可选择支付的现金流量（如购入看涨期权）。在现金流量不固定的情形下，上述金额应当基于每个资产负债表日的情况披露。

（4）对上述（1）至（3）定量信息的解释性说明，包括对已转移金融资产、继续涉入的性质和目的，以及企业所面临风险的描述等。其中，对企业所面临风险的描述包括以下各项：对继续涉入已终止确认金融资产的风险进行管理的方法；企业是否应先于其他方承担有关损失，以及先于本企业承担损失的其他方应承担损失的顺序及金额；向已转移金融资产提供财务支持或回购该金融资产的义务的触发条件。

（5）金融资产转移日确认的利得或损失，以及因继续涉入已终止确认金融资产当期和累计确认的收益或费用（如衍生工具的公允价值变动）。

（6）终止确认产生的收款总额在本期分布不均衡的（例如大部分转移金额在临近报告期末发生），应当披露本期最大转移活动发生的时间段、该段期间所确认的金额（如相关利得或损失）和收款总额。

企业在披露本条所规定的信息时，应当按照其继续涉入面临的风险敞口类型分类汇总披露。例如，可按金融工具类别（如担保或看涨期权）或转让类型（如应收账款保理、证券化和融券）分类汇总披露。企业对某项终止确认的金融资产存在多种继续涉入方式的，可按其中一类汇总披露。

第 31 章

套期保值

31.1 套期保值会计概述

套期保值（以下简称套期）是指企业为规避外汇风险、利率风险、商品价格风险、股票价格风险、信用风险等，指定一项或一项以上套期工具，使套期工具的公允价值或现金流量变动，预期抵消被套期项目全部或部分公允价值或现金流量变动。

1. 套期保值的分类

套期分为公允价值套期、现金流量套期和境外经营净投资套期。

公允价值套期是指对已确认资产或负债、尚未确认的确定承诺，或该资产或负债、尚未确认的确定承诺中可辨认部分的公允价值变动风险进行的套期。该类价值变动源于某类特定风险，且将影响企业的损益。

现金流量套期是指对现金流量变动风险进行的套期。该类现金流量变动源于与已确认资产或负债、很可能发生的预期交易有关的某类特定风险，且将影响企业的损益。

境外经营净投资套期是指对境外经营净投资外汇风险进行的套期。境外经营净投资，是指企业在境外经营净资产中的权益份额。

2. 套期会计方法

对于满足《企业会计准则第 24 号——套期保值》第三章规定条件的套期，企业可运用套期会计方法进行处理。

套期会计方法是指在相同会计期间将套期工具和被套期项目公允价值变动的抵消结果计入当期损益的方法。

小知识

套期会计方法的运用

根据《企业会计准则第 24 号——套期保值》第四条规定，套期会计方法是指在相同会计期间将套期工具和被套期项目公允价值变动的抵消结果计入当期损益的方法。比如，智董公司拟对 6 个月之后很可能发生的贵金属销售进行现金流量套期，为规避相关贵金属价格下跌的风险，该企业可于现在卖出相同数量的该种贵金属期货合同并指定为套期工具，同时指定预期的贵金属销售为被套期项目。资产负债表日（假定预期贵金属销售尚未发生），期货合同的公允价值上涨了100万元，对应的贵金属预期销售价格的现值下降了100万元。假定上述套期符合运用套期会计方法的条件，该企业应将期货合同的公允价值变动计入所有者权益（资本公积），待预期销售交易实际发生时，再转出调整销售收入。

31.2 套期工具和被套期项目

1. 套期工具

套期工具，是指企业为进行套期而指定的、其公允价值或现金流量变动预期可抵消被套期项目的公允价值或现金流量变动的衍生工具，对外汇风险进行套期还可以将非衍生金融资产或非衍生金融负债作为套期工具。

根据《企业会计准则第 24 号——套期保值》第五条规定，衍生工具通常可以作为套期工具。衍生工具包括远期合同、期货合同、互换和期权，以及具有远期合同、期货合同、互换和期权中一种或一种以上特征的工具。比如，企业为规避库存铜品价格下跌的风险，可以通过卖出一定数量铜品的期货合同加以实现，其中卖出铜品的期货合同即套期工具。

衍生工具如无法有效地降低被套期项目的风险，不能作为套期工具。比如，对于利率上下限期权或由一项发行的期权和一项购入的期权组成的期权，其实质相当于企业发行一项期权的（企业收取了净期权费），不能将其指定为套期工具。

企业在确立套期关系时，应当将套期工具整体或其一定比例（不含套期工具剩余期限内的某一时段）进行指定，但下列情况除外。

（1）对于期权，企业可以将期权的内在价值和时间价值分开，只就内在价值变动将期权指定为套期工具。

（2）对于远期合同，企业可以将远期合同的利息和即期价格分开，只就即期价格变动将远期合同指定为套期工具。

小知识

《企业会计准则第 24 号——套期保值》第六条规定，对于符合套期工具条件的衍生工具，在套期开始时，通常应当将其整体或其一定比例指定为套期工具。

企业通常可将单项衍生工具指定为对一种风险进行套期，但同时满足下列条件的，可以指定单项衍生工具对一种以上的风险进行套期。

（1）各项被套期风险可以清晰辨认。

（2）套期有效性可以证明。

（3）可以确保该衍生工具与不同风险头寸之间存在具体指定关系。

套期有效性是指套期工具的公允价值或现金流量变动能够抵消被套期风险引起的被套期项目公允价值或现金流量变动的程度。

《企业会计准则第 24 号——套期保值》第七条规定，单项衍生工具通常被指定为对一种风险进行套期。附有多种风险的衍生工具也可以被指定为对一种以上风险进行套期，前提是可以清晰地辨认这些被套期风险、可以证明套期有效性，同时可以确保该衍生工具与不同风险之间存在具体指定关系。比如，智董公司的记账本位币是人民币，发行了一期5年期美元浮动利率债券。为规避该金融负债的外汇风险和利率风险，该企业与某金融企业签订一项交叉货币互换合同并将其指定为套期工具，同时将美元浮动利率债券指定为被套期项目。执行此项合同后，该企业将从金融企业定期收到浮动利率美元利息，以支付债券持有者，并按固定利率支付人民币利息给金融企业。在此例中，该企业将浮动利率美元利息转化成了固定利率人民币利息，从而规避了美元对人民币汇率变动风险及美元利率变动风险。

企业可以将两项或两项以上衍生工具的组合或该组合的一定比例指定为套期工具。对于外汇风险套期，企业可以将两项或两项以上非衍生工具的组合或该组合的一定比例，或将衍生工具和非衍生工具的组合或该组合的一定比例指定为套期工具。对于利率上下限期权或由一项发行的期权和一项购入的期权组成的期权，其实质相当于企业发行的一项期权的（企业收取了净期权费），不能将其指定为套期工具。

2. 被套期项目

被套期项目，是指使企业面临公允价值或现金流量变动风险，且被指定为被套期对象的下列项目：

（1）单项已确认资产、负债、确定承诺、很可能发生的预期交易，或境外经营净投资。

（2）一组具有类似风险特征的已确认资产、负债、确定承诺、很可能发生的预期交易，或境外经营净投资。

（3）分担同一被套期利率风险的金融资产或金融负债组合的一部分（仅适用于利率风险公允价值组合套期）。

确定承诺是指在未来某特定日期或期间，以约定价格交换特定数量资源、具有法律约束力的协议。预期交易，是指尚未承诺但预期会发生的交易。

小知识

《企业会计准则第 24 号——套期保值》第九条规定，库存商品、持有至到期投资、可供出售金融资产、贷款、长期借款、预期商品销售、预期商品购买、对境外经营净投资等项目使企业面临公允价值或现金流量风险变动的，均可被指定为被套期项目。

被套期风险是信用风险或外汇风险的，持有至到期投资可以指定为被套期项目。被套期风险是利率风险或提前还款风险的，持有至到期投资不能指定为被套期项目。

企业集团内部交易形成的货币性项目的汇兑收益或损失，不能在合并财务报表中全额抵消的，该货币性项目的外汇风险可以在合并财务报表中指定为被套期项目。企业集团内部很可能发生的预期交易，按照进行此项交易的主体的记账本位币以外的货币标价（按外币标价），且相关的外汇风险将影响合并利润或损失的，该外汇风险可以在合并财务报表中指定为被套期项目。

对于与金融资产或金融负债现金流量或公允价值的一部分相关的风险，其套期有效性可以计量的，企业可以就该风险将金融资产或金融负债指定为被套期项目。

在金融资产或金融负债组合的利率风险公允价值套期中，可以将某货币金额（如人民币、美元或欧元金额）的资产或负债指定为被套期项目。

企业可以将金融资产或金融负债现金流量的全部指定为被套期项目。但金融资产或金融负债现金流量的一部分被指定为被套期项目的，被指定部分的现金流量应当少于该金融资产或金融负债现金流量总额。

非金融资产或非金融负债指定为被套期项目的，被套期风险应当是该非金融资产或非金融负债相关的全部风险或外汇风险。

对具有类似风险特征的资产或负债组合进行套期时，该组合中的各单项资产或单项负债应当同时承担被套期风险，且该组合内各单项资产或单项负债由被套期风险引起的公允价值变动，应当预期与该组合由被套期风险引起的公允价值整体变动基本成比例。

小知识

《企业会计准则第 24 号——套期保值》第十六条规定，对具有类似风险特征的资产或负债组合（被套期项目）进行套期时，该组合中的各单项资产或单项负债应当共同承担被套期风险，且该组合内各单项资产或单项负债由被套期风险引起的公允价值变动，应当预期与该组合由被套期风险引起的公允价值整体变动基本成比例。比如，当被套期组合整体因被套期风险形成的公允价值变动 10%时，该组合中各单项金融资产或单项金融负债因被套期风险形成的公允价值变动通常应限制在 9%～11%的较小范围内。

31.3 运用套期保值会计的条件

对于满足套期保值准则规定条件的公允价值套期、现金流量套期和境外经营净投资套期，企业可运用套期会计方法进行处理。套期会计方法是指在相同会计期间将套期工具和被套期项目公允价值变动的抵消结果计入当期损益的方法。

套期保值准则规定，公允价值套期、现金流量套期或境外经营净投资套期同时满足下列条件的，才能运用套期会计方法进行处理。

第一，在套期开始时，企业对套期关系（套期工具和被套期项目之间的关系）有正式指定，并准备了关于套期关系、风险管理目标和套期策略的正式书面文件。该文件至少载明了套期工具、被套期项目、被套期风险的性质以及套期有效性评价方法等内容。套期必须与具体可辨认并被指定的风险有关，且最终影响企业的损益。

第二，该套期预期高度有效，且符合企业最初为该套期关系所确定的风险管理策略。

第三，对预期交易的现金流量套期，预期交易应当发生的可能性很大，且必须使企业面临最终将影响损益的现金流量变动风险。

第四，套期有效性能够可靠地计量，即被套期风险引起的被套期项目的公允价值或现金流量以及套期工具的公允价值能够可靠地计量。

第五，企业应当持续地对套期有效性进行评价，并确保该套期在套期关系被指定的会计期间内高度有效。

1. 高度有效套期的认定

套期只有满足下列全部条件时，企业才能认定其为高度有效。

（1）在套期开始及以后期间，该套期预期会高度有效地抵消套期指定期间被套期风险引起的公允价值或现金流量变动。

（2）该套期的实际抵消结果在 80%～125%内。例如，智董公司套期的实际结果是，套期工具公允价值变动形成的损失为 120 万元，而被套期项目的公允价值变动形成的利得为 100 万元，两者相互抵消的程度可以计算如下：120/100，即 120%；或者 100/120，即 83.33%。如果该套期也满足以上条件（1），那么该企业可以认定该套期是高度有效的。

企业至少应当在编制中期报告或年度财务报告时对套期有效性进行评价。

2. 套期有效性评价

运用套期会计方法的条件实际上隐含了两项套期有效性评价要求。

（1）预期性评价，即评价套期在未来会计期间是否高度有效。这就要求企业在套期开始时，以及至少在中期报告或年度财务报告日对套期有效性进行评价。

（2）回顾性评价，即评价套期在以往的会计期间实际上是否高度有效。这就要求企业至少在中期报告或年度财务报告日对套期有效性进行评价。

一般情况下，企业难以实现套期工具和被套期项目的公允价值或现金流量变动完全抵消，因而会出现套期无效的较小金额范围。无效套期的形成源于多方面的因素。这些因素通常如下：

- 套期工具和被套期项目以不同的货币表示。
- 套期工具和被套期项目有不同的到期期限。
- 套期工具和被套期项目内含不同的利率或权益指数变量。
- 套期工具和被套期项目使用不同市场的商品价格标价。
- 套期工具和被套期项目对应不同的交易对手。
- 套期工具在套期开始时的公允价值不等于零，等等。

套期有效性评价方法应当与企业的风险管理策略相吻合，并在套期开始时就在风险管理有关的正式文件中详细加以说明。在这些正式文件中，企业应当就套期有效性评价的程序和方法、评价时是否包括套期工具的全部利得或损失、是否包括套期工具的时间价值等做出说明。

常见的套期有效性评价方法有三种。

（1）主要条款比较法。主要条款比较法，是通过比较套期工具和被套期项目的主要条款，以确定套期是否有效的方法。如果套期工具和被套期项目的所有主要条款均能准确地匹配，可认定因被套期风险引起的套期工具和被套期项目公允价值或现金流量变动可以相互抵消。套期工具和被套期项目的“主要条款”包括名义金额或本金、到期期限、内含变量、定价日期、商品数量、货币单位等。

企业在以利率互换对利率风险进行套期时，可以采用主要条款比较法。此外，以远期合同对很可能发生的预期商品购买进行套期保值，也可以采用主要条款比较法。例如，当以下全部条件同时符合时，可以认定该套期是高度有效的。

① 远期合同与被套期的预期商品购买交易，在商品购买时间、地点、数量、质量等方面条款相同。

② 远期合同初始确认时的公允价值为零。

③ 进行套期有效性评价时，不考虑远期合同溢价或折价变动对其价值的影响，或预期商品购买交易的预计现金流量变动以商品的远期价格为基础确定。

值得注意的是，采用这种方法对套期有效性评价虽然不需要进行计算，但适用的情形往往有限，而且只能用于套期预期性评价。即使套期工具和被套期项目的主要条款均能准确地匹配，企业依然需要进行套期的回顾性评价。因为在这种情况下，套期无效仍可能出现。例如，套期工具的流动性或其交易对手的信用等级发生变化时，通常会导致套期无效。

（2）比率分析法。比率分析法，也称金额对冲法，是通过比较被套期风险引起的套期工具和被套期项目公允价值或现金流量变动比率，以确定套期是否有效的方法。运用比率分析法时，企业可以根据自身风险管理政策的特点进行选择，以累积变动数（自套期开始以来的累积变动数）为基础比较，或以单个期间变动数为基础比较。如果上述比率没有超过 80%～125%，可以认定套期是高度有效的。

应当注意的是，以累积变动数和单个期间变动数分别作为比较基础，可能会得出不同结论。即如果以单个期间变动数为基础，套期可能不是高度有效的，但若以累积变动数为基础，套期却可能是高度有效的。

【例 31-1】 智董公司 20×7 年 1 月 1 日预期将在 20×8 年 1 月 1 日对外出售一批商品。为了规避商品价格下降的风险，智董公司于 20×7 年 1 月 1 日与其他方签订了一项远期合同（套期工具）在20×8年1月1日以预期相同的价格（作为远期价格）卖出相同数量的商品。合同签订日，该远期合同的公允价值为零。假定套期开始时，该现金流量套期高度有效。

智董公司每季采用比率分析法对套期有效性进行评价。套期期间，套期工具的公允价值及其变动、被套期项目的预计未来现金流量现值及其变动如表31-1至表31-3所示。

表31-1 以单个期间为基础比较 单位：万元

项目	3月31日	6月30日	9月30日	12月31日
当季套期工具公允价值变动	（100）	（50）	110	140
当季被套期项目预计未来现金流量现值变动	90	70	（110）	（140）
当季套期有效程度	111%	71.4%	100%	100%
评价	80%～125%	非高度有效	80%～125%	

说明：以单季为基础比较，第2季度非高度有效；带“括号”的数据，表明是净减少额，下同。

表31-2 以累积变动数为基础比较 单位：万元

项目	3月31日	6月30日	9月30日	12月31日
至本月止套期工具公允价值累积变动	（100）	（150）	（40）	100
至本月止被套期项目预计未来现金流量现值累积变动	90	160	50	（90）
至本月止累积套期有效程度	111%	93.8%	80%	111%
评价	80%～125%			

说明：以累积数为基础比较，第2季度高度有效。

表31-3 确定应计入所有者权益/当期损益的套期工具公允价值变动 单位：万元

项目	3月31日	6月30日	9月30日	12月31日
直接在所有者权益中反映的套期工具公允价值变动额	（90）	（150）	（40）	90
当季套期工具公允价值变动中的有效部分（计入所有者权益）	（90）	（60）	110	130
当季套期工具公允价值变动中的无效部分（计入当期损益）	（10）	10	0	10
当季套期工具公允价值变动	（100）	（50）	110	140

（3）回归分析法。回归分析法是一种统计学方法，它是在掌握一定量观察数据基础上，利用数理统计方法建立自变量和因变量之间回归关系函数的方法。将此方法运用到套期有效性评价中，需要研究分析套期工具和被套期项目价值变动之间是否具有高度相关性，进而判断确定套期是否有效。运用回归分析法，自变量反映被套期项目公允价值变动或预计未来现金流量现值变动，而因变量反映套期工具公允价值变动。相关回归模型如下：

$$y = kx + b + \varepsilon$$

式中，y 为因变量，即套期工具的公允价值变动；k 为回归直线的斜率，反映套期工具价值变动/被套期项目价值变动的比率；b 为 y 轴上的截距；X 为自变量，即被套期风险引起的被套期项目价值变动；ε为均值为零的随机变量，服从正态分布。

企业运用线性回归分析确定套期有效性时，套期只有满足以下全部条件才能认为是高度有效的。

① 回归直线的斜率必须为负数，且数值应在–0.8～–1.25。

② 相关系数（R^2）应大于或等于 0.96，该系数表明套期工具价值变动由被套期项目价值变动影响的程度。当 R^2=96%时，说明套期工具价值变动的 96%是由于某特定风险引起被套期项目价值变动形成的。R^2 越大，表明回归模型对观察数据的拟合越好，用回归模型进行预测效果也就越好。

③ 整个回归模型的统计有效性（F–测试）必须是显著的。F 值也称置信程度，表示自变量 x 与因变量 y 之间线性关系的强度。F 值越大，置信程度越高。

31.4　套期确认和计量

1．运用套期会计方法进行处理的条件

公允价值套期、现金流量套期或境外经营净投资套期同时满足下列条件的，才能运用《企业会计准则第 24 号——套期保值》规定的套期会计方法进行处理。

（1）在套期开始时，企业对套期关系（套期工具和被套期项目之间的关系）有正式指定，并准备了关于套期关系、风险管理目标和套期策略的正式书面文件。该文件至少载明了套期工具、被套期项目、被套期风险的性质以及套期有效性评价方法等内容。

套期必须与具体可辨认并被指定的风险有关，且最终影响企业的损益。

（2）该套期预期高度有效，且符合企业最初为该套期关系所确定的风险管理策略。

（3）对预期交易的现金流量套期，预期交易应当很可能发生，且必须使企业面临最终将影响损益的现金流量变动风险。

（4）套期有效性能够可靠地计量。

（5）企业应当持续地对套期有效性进行评价，并确保该套期在套期关系被指定的会计期间内高度有效。

《企业会计准则第 24 号——套期保值》第十七条规定，企业应当持续地对套期有效性进行评价，并确保该套期关系在被指定的会计期间高度有效。

2．套期有效性

（1）套期高度有效的认定。套期同时满足下列条件的，企业应当认定其为高度有效：

① 在套期开始及以后期间，该套期预期会高度有效地抵消套期指定期间被套期风险引起的公允价值或现金流量变动；

② 该套期的实际抵消结果在 80%～125%内。

（2）套期有效性评价。企业至少应当在编制中期或年度财务报告时对套期有效性进行评价。

对利率风险进行套期的，企业可以通过编制金融资产和金融负债的到期时间表，标明每期的利率净风险，据此对套期有效性进行评价。

3．公允价值套期

公允价值套期满足运用套期会计方法条件的，应当按照下列规定处理。

（1）套期工具为衍生工具的，套期工具公允价值变动形成的利得或损失应当计入当期损益；套期工具为非衍生工具的，套期工具账面价值因汇率变动形成的利得或损失应当计入当期损益。

（2）被套期项目因被套期风险形成的利得或损失应当计入当期损益，同时调整被套期项目的账面价值。被套期项目为按成本与可变现净值孰低进行后续计量的存货、按摊余成本进行后续计量的金融资产或可供出售金融资产的，也应当按此规定处理。

对于金融资产或金融负债组合一部分的利率风险公允价值套期，为符合《企业会计准则第24号——套期保值》第二十一条第（二）项的要求，企业对被套期项目形成的利得或损失可按下列方法处理。

（1）被套期项目在重新定价期间内是资产的，在资产负债表中资产项下单列项目反映（列在金融资产后），待终止确认时转销。

（2）被套期项目在重新定价期间内是负债的，在资产负债表中负债项下单列项目反映（列在金融负债后），待终止确认时转销。

满足下列条件之一的，企业不应当再按照《企业会计准则第 24 号——套期保值》第二十一条的规定处理：

（1）套期工具已到期、被出售、合同终止或已行使。

套期工具展期或被另一项套期工具替换时，展期或替换是企业正式书面文件所载明的套期策略组成部分的，不作为已到期或合同终止处理。

（2）该套期不再满足《企业会计准则第 24 号——套期保值》所规定的运用套期会计方法的条件。

（3）企业撤销了对套期关系的指定。

被套期项目是以摊余成本计量的金融工具的，按照《企业会计准则第24号——套期保值》第二十一条第（二）项对被套期项目账面价值所作的调整，应当按照调整日重新计算的实际利率在调整日至到期日的期间内进行摊销，计入当期损益。对利率风险组合的公允价值套期，在资产负债表中单列的相关项目，也应当按照调整日重新计算的实际利率在调整日至相关的重新定价期间结束日的期间内摊销。采用实际利率法进行摊销不切实可行的，可以采用直线法进行摊销。上述调整金额应当于金融工具到期日前摊销完毕；对于利率风险组合的公允价值套期，应当于相关重新定价期间结束日前摊销完毕。

被套期项目为尚未确认的确定承诺的，该确定承诺因被套期风险引起的公允价值变动累计额应当确认为一项资产或负债，相关的利得或损失应当计入当期损益。

在购买资产或承担负债的确定承诺的公允价值套期中，该确定承诺因被套期风险引起的公允价值变动累计额（已确认为资产或负债），应当调整履行该确定承诺所取得的资产或承担的负债的初始确认金额。

【例 31-2】 20×7 年 1 月 1 日，智董公司为规避所持有存货 X 公允价值变动风险，与某金融机构签订了一项衍生工具合同（衍生工具 Y），并将其指定为 20×7 年上半年存货 X 价格变化引起的公允价值变动风险的套期。衍生工具 Y 的标的资产与被套期项目存货在数量、质次、价格变动和产地方面相同。

20×7 年 1 月 1 日，衍生工具 Y 的公允价值为零，被套期项目（存货 X）的账面价值和成本均为 1 000 000 元，公允价值是 1 100 000 元。20×7 年 6 月 30 日，衍生工具 Y 的公允价值上涨了 25 000 元，存货 X 的公允价值下降了 25 000 元。当日，智董公司将存货 X 出售，并将衍生工具 Y 结算。

智董公司采用比率分析法评价套期有效性，即通过比较衍生工具 Y 和存货 X 的公允价值变动评价套期有效性。智董公司预期该套期完全有效。

假定不考虑衍生工具的时间价值、商品销售相关的增值税及其他因素，智董公司的账务处理如下（金额单位：元）：

（1）20×7 年 1 月 1 日。

借：被套期项目——库存商品 X	1 000 000	
贷：库存商品——X		1 000 000

（2）20×7 年 6 月 30 日。

借：套期工具——衍生工具 Y	25 000	
贷：套期损益		25 000
借：套期损益	25 000	
贷：被套期项目——库存商品 X		25 000
借：应收账款或银行存款	1 075 000	
贷：主营业务收入		1 075 000
借：主营业务成本	975 000	
贷：被套期项目——库存商品 X		975 000
借：银行存款	25 000	
贷：套期工具——衍生工具 Y		25 000

注：由于智董公司采用了套期策略，规避了存货公允价值变动风险，因此其存货公允价值下降没有对预期毛利额 100 000 元（1 100 000–1 000 000）产生不利影响。

假定 20×7 年 6 月 30 日，衍生工具 Y 的公允价值上涨了 22 500 元，存货 X 的公允价值下降了 25 000 元。其他资料不变，智董公司的账务处理如下：

（1）20×7 年 1 月 1 日。

借：被套期项目——库存商品 X	1 000 000	
贷：库存商品——X		1 000 000

（2）20×7 年 6 月 30 日。

借：套期工具——衍生工具 Y	22 500	
贷：套期损益		22 500
借：套期损益	25 000	
贷：被套期项目——库存商品 X		25 000
借：应收账款或银行存款	1 075 000	
贷：主营业务收入		1 075 000
借：主营业务成本	975 000	
贷：被套期项目——库存商品 X		975 000
借：银行存款	22 500	
贷：套期工具——衍生工具 Y		22 500

说明：两种情况的差异在于，前者不存在“无效套期损益”，后者存在“无效套期损益”2 500 元，从而对智董公司当期利润总额的影响相差 2 500 元。

【例 31-3】 20×7 年 1 月 1 日，智董公司以每股 50 元的价格，从二级市场上购入贵琛公司股票 20 000 股（占贵琛公司有表决权股份的 3%），且将其划分为可供出售金融资产。为规避该股票价格下降风险，智董公司于 20×7 年 12 月 31 日支付期权费 120 000 元购入一项看跌期权。该期权的行权价格为每股 65 元，行权日期为 20×9 年 12 月 31 日。

智董公司购入的贵琛股票和卖出期权的公允价值如表 31-4 所示。

表 31-4　智董公司购入的贵琛股票和卖出期权的公允价值　单位：元

项　目	20×7 年 12 月 31 日	20×8 年 12 月 31 日	20×9 年 12 月 31 日
贵琛股票			
每股价格	65	60	57
总　价	1 300 000	1 200 000	1 140 000
卖出期权			
时间价值	120 000	70 000	0
内在价值	0	100 000	160 000
总　价	120 000	170 000	160 000

智董公司将该卖出期权指定为对可供出售金融资产（贵琛股票投资）的套期工具，在进行套期有效性评价时将期权的时间价值排除在外，即不考虑期权的时间价值变化。假定智董公司于 20×9 年 12 月 31 日行使了卖出期权，同时不考虑税费等其他因素的影响。

据此，智董公司套期有效性分析及账务处理如下。

（1）套期有效性分析，如表 31-5 所示。

表 31-5　套期有效性分析

日　期	期权内在价值变化（利得）损失	贵琛股票市价变化（利得）损失	套期有效率
20×8 年 12 月 31 日	（100 000）元	100 000 元	100%
20×9 年 12 月 31 日	（60 000）元	60 000 元	100%

（2）账务处理。

① 20×7 年 1 月 1 日：

借：可供出售金融资产　1 000 000
　贷：银行存款　1 000 000

（确认购买贵琛股票）

② 20×7 年 12 月 31 日：

借：可供出售金融资产　300 000
　贷：资本公积——其他资本公积　300 000

（确认贵琛股票价格上涨）

借：被套期项目——可供出售金融资产　1 300 000
　贷：可供出售金融资产　1 300 000

（指定可供出售金融资产为被套期项目）

借：套期工具——卖出期权　120 000
　贷：银行存款　120 000

（购入卖出期权并指定为套期工具）

③ 20×8 年 12 月 31 日：

借：套期工具——卖出期权　100 000
　贷：套期损益　100 000

（确认套期工具公允价值变动——内在价值变动）

借：套期损益 100 000
　贷：被套期项目——可供出售金融资产 100 000
（确认被套期项目公允价值变动）
借：套期损益 50 000
　贷：套期工具——卖出期权 50 000
（确认套期工具公允价值变动——时间价值）
④ 20×9 年 12 月 31 日：
借：套期工具——卖出期权 60 000
　贷：套期损益 60 000
（确认套期工具公允价值变动——内在价值变动）
借：套期损益 60 000
　贷：被套期项目——可供出售金融资产 60 000
（确认被套期项目公允价值变动）
借：套期损益 70 000
　贷：套期工具——卖出期权 70 000
（确认套期工具公允价值变动——时间价值）
借：银行存款 1 300 000
　贷：套期工具——卖出期权 160 000
　　被套期项目——可供出售金融资产 1 140 000
（确认卖出期权行权）
借：资本公积——其他资本公积 300 000
　贷：套期损益 300 000
（将直接计入资本公积的可供出售金融资产价值变动转出，计入当期损益）

【例 31-4】 智董公司为境内商品生产企业，采用人民币作为记账本位币。20×7 年 2 月 3 日，智董公司与某境外公司签订了一项设备购买合同（确定承诺），设备价格为外币 X（本题下称 FCX）270 000 元，交货日期为 20×7 年 5 月 1 日。

20×7 年 2 月 3 日，智董公司签订了一项购买外币 Y（本题下称 FCY）240 000 元的远期合同。根据该远期合同，智董公司将于 20×7 年 5 月 1 日支付人民币 147 000 元购入 FCY 240 000 元，汇率为 1FCY=0.6125 人民币元（20×7 年 5 月 1 日的现行远期汇率）。

智董公司将该远期合同指定为对由于人民币元/FCX 汇率变动可能引起的、确定承诺公允价值变动风险的套期工具，且通过比较远期合同公允价值总体变动和确定承诺人民币元公允价值变动评价套期有效性。假定最近 3 个月，人民币元对 FCY、人民币元对 FCX 之间的汇率变动具有高度相关性。20×7 年 5 月 1 日，智董公司履行确定承诺并以净额结算了远期合同。

与该套期有关的远期汇率资料如表 31-6 所示。

表 31-6 与该套期有关的远期汇率

日 期	20×7 年 5 月 1 日 FCY/人民币元的远期汇率	20×7 年 5 月 1 日 FCX/人民币元的远期汇率
20×7 年 2 月 3 日	1FCY=0.6125 人民币元	1FCX=0.5454 人民币元
20×7 年 3 月 31 日	1FCY=0.5983 人民币元	1FCX=0.5317 人民币元
20×7 年 5 月 1 日	1FCY=0.5777 人民币元	1FCX=0.5137 人民币元

根据上述资料，智董公司进行如下分析和账务处理。

（1）套期有效性评价。智董公司预期该套期高度有效，原因在于：第一，20×7 年 2 月 3 日，FCY240 000 元与 FCX270 000 元按 20×7 年 5 月 1 日的远期汇率换算，相差（仅为 258 人民币元）不大；第二，远期合同和确定承诺将在同一日期结算；第三，最近 3 个月，人民币元对 FCY、人民币元对 FCX 之间的汇率变动具有高度相关性。

但是，该套期并非完全有效，因为与远期合同名义金额 FCY240 000 元等值人民币元的变动，与将支付的 FCX270 000 元等值人民币元的变动存在差异。另外，应注意，即期汇率与远期汇率之间的差异无须在评价套期有效性时考虑，因为确定承诺公允价值变动是以远期汇率来计量的。

远期合同和确定承诺的公允价值变动如表 31-7 所示。

表 31-7 远期合同和确定承诺的公允价值

项　目	2 月 3 日	3 月 31 日	5 月 1 日
A．远期合同			
5 月 1 日结算用的人民币元/FCY 的远期汇率	0.612 5	0.598 3	0.577 7
金额单位：FCY	240 000	240 000	240 000
远期价格（FCY240 000 元折算成人民币元）	147 000	143 592	138 648
合同价格（人民币元）	（147 000）	（147 000）	（147 000）
以上两项的差额（人民币元）	0	（3 408）	（8 352）
公允价值（上述差额的现值，假定折现率为 6%）	0	（3 391）	（8 352）
本期公允价值变动		（3 391）	（4 961）
B．确定承诺			
5 月 1 日结算用的人民币元/FCX 远期汇率	0.545 4	0.531 7	0.513 7
金额单位：FCX	270 000	270 000	270 000
远期价格（FCX270 000 元折成人民币元）	（147 258）	（143 559）	（138 699）
初始远期价格（人民币元）（270 000×0.5454）	147 258	147 258	147 258
以上两项的差额（人民币元）	0	3 699	8 559
公允价值（上述差额的现值，假定折现率为 6%）	0	3 681	8 559
本期公允价值变动		3 681	4 878
C．无效套期部分（以 FCY 标价的远期合同和以 FCX 标价的确定承诺两者公允价值变动的差额）		290	（83）

账务处理如下（为简化核算，假定不考虑设备购买有关的税费因素、设备运输和安装费用等，单位：人民币元）：

① 20×7 年 2 月 3 日。

无须进行账务处理。因为远期合同和确定承诺当日公允价值均为零。

② 20×7 年 3 月 31 日。

借：被套期项目——确定承诺　　3 681

　贷：套期损益　　3 681

借：套期损益　　3 391

　贷：套期工具——远期合同　　3 391

③ 20×7 年 5 月 1 日。

借：被套期项目——确定承诺	4 878	
贷：套期损益		4 878
借：套期损益	4 961	
贷：套期工具——远期合同		4 961
借：套期工具——远期合同	8 352	
贷：银行存款		8 352
（确认远期合同结算）		
借：固定资产——设备	147 258	
贷：银行存款		138 699
被套期项目——确定承诺		8 559
（确认履行确定承诺购入固定资产）		

注：智董公司通过运用套期策略，使所购设备的成本锁定在将确定承诺的购买价格 FCX270 000 元按 1FCX=0.545 4 人民币元（套期开始日的远期合同汇率）进行折算确定的金额上。

4. 现金流量套期

现金流量套期满足运用套期会计方法条件的，应当按照下列规定处理。

（1）套期工具利得或损失中属于有效套期的部分，应当直接确认为所有者权益，并单列项目反映。该有效套期部分的金额，按照下列两项的绝对额中较低者确定：

① 套期工具自套期开始的累计利得或损失。

② 被套期项目自套期开始的预计未来现金流量现值的累计变动额。

（2）套期工具利得或损失中属于无效套期的部分（扣除直接确认为所有者权益后的其他利得或损失），应当计入当期损益。

（3）在风险管理策略的正式书面文件中，载明了在评价套期有效性时将排除套期工具的某部分利得或损失或相关现金流量影响的，被排除的该部分利得或损失的处理适用《企业会计准则第 22 号——金融工具确认和计量》。

对确定承诺的外汇风险进行的套期，企业可以作为现金流量套期或公允价值套期处理。

被套期项目为预期交易，且该预期交易使企业随后确认一项金融资产或一项金融负债的，原直接确认为所有者权益的相关利得或损失，应当在该金融资产或金融负债影响企业损益的相同期间转出，计入当期损益。但是，企业预期原直接在所有者权益中确认的净损失全部或部分在未来会计期间不能弥补时，应当将不能弥补的部分转出，计入当期损益。

被套期项目为预期交易，且该预期交易使企业随后确认一项非金融资产或一项非金融负债的，企业可以选择下列方法处理：

（1）原直接在所有者权益中确认的相关利得或损失，应当在该非金融资产或非金融负债影响企业损益的相同期间转出，计入当期损益。但是，企业预期原直接在所有者权益中确认的净损失全部或部分在未来会计期间不能弥补时，应当将不能弥补的部分转出，计入当期损益。

（2）将原直接在所有者权益中确认的相关利得或损失转出，计入该非金融资产或非金融负债的初始确认金额。

非金融资产或非金融负债的预期交易形成了一项确定承诺时，该确定承诺满足运用《企业会计准则第 24 号——套期保值》规定的套期会计方法条件的，也应当选择上述两种方法之一处理。企业选择了上述两种处理方法之一作为会计政策后，应当一致地运用于相关的所有预期交易套期，不得随意变更。

对于不属于《企业会计准则第 24 号——套期保值》第二十八条和第二十九条涉及的现金流量套期，原直接计入所有者权益中的套期工具利得或损失，应当在被套期预期交易影响损益的相同期间转出，计入当期损益。

在下列情况下，企业不应当再按照《企业会计准则第 24 号——套期保值》第二十七条至第三十条的规定处理。

（1）套期工具已到期、被出售、合同终止或已行使。在套期有效期间直接计入所有者权益中的套期工具利得或损失不应当转出，直至预期交易实际发生时，再按照《企业会计准则第 24 号——套期保值》第二十八条、第二十九条或第三十条的规定处理。

套期工具展期或被另一项套期工具替换，且展期或替换是企业正式书面文件所载明套期策略组成部分的，不作为已到期或合同终止处理。

（2）该套期不再满足运用《企业会计准则第 24 号——套期保值》规定的套期会计方法的条件。在套期有效期间直接计入所有者权益中的套期工具利得或损失不应当转出，直至预期交易实际发生时，再按照《企业会计准则第 24 号——套期保值》第二十八条、第二十九条或第三十条的规定处理。

（3）预期交易预计不会发生。在套期有效期间直接计入所有者权益中的套期工具利得或损失应当转出，计入当期损益。

（4）企业撤销了对套期关系的指定。对于预期交易套期，在套期有效期间直接计入所有者权益中的套期工具利得或损失不应当转出，直至预期交易实际发生或预计不会发生。预期交易实际发生的，应当按照《企业会计准则第 24 号——套期保值》第二十八条、第二十九条或第三十条的规定处理；预期交易预计不会发生的，原直接计入所有者权益中的套期工具利得或损失应当转出，计入当期损益。

【例 31-5】 20×7 年 1 月 1 日，智董公司预期在 20×7 年 6 月 30 日将销售一批商品 X，数量为 100 000 吨。为规避该预期销售有关的现金流量变动风险，智董公司于 20×7 年 1 月 1 日与某金融机构签订了一项衍生工具合同 Y，且将其指定为对该预期商品销售的套期工具。衍生工具 Y 的标的资产与被套期预期商品销售在数量、质地、价格变动和产地等方面相同，并且衍生工具 Y 的结算日和预期商品销售日均为 20×7 年 6 月 30 日。

20×7 年 1 月 1 日，衍生工具 Y 的公允价值为零，商品的预期销售价格为 1 100 000 元。20×7 年 6 月 30 日，衍生工具 Y 的公允价值上涨了 25 000 元，预期销售价格下降了 25 000 元。当日，智董公司将商品 X 出售，并将衍生工具 Y 结算。

智董公司采用比率分析法评价套期有效性，即通过比较衍生工具 Z 和商品 X 预期销售价格变动评价套期有效性。智董公司预期该套期完全有效。

假定不考虑衍生工具的时间价值、商品销售相关的增值税及其他因素，智董公司的账务处理如下（单位：元）：

（1）20×7 年 1 月 1 日，智董公司不做账务处理。

（2）20×7 年 6 月 30 日：

借：套期工具——衍生工具 Y　　　　25 000

　贷：资本公积——其他资本公积（套期工具价值变动）　　　　25 000

（确认衍生工具的公允价值变动）

借：应收账款或银行存款　　　　1 075 000

贷：主营业务收入　　　　　　　　　　　　　　　　　　1 075 000

（确认商品 X 的销售）

借：银行存款　　　　　　　　　　　　　　　　25 000

贷：套期工具——衍生工具 Y　　　　　　　　　　　　25 000

（确认衍生工具 Y 的结算）

借：资本公积——其他资本公积（套期工具价值变动）　　25 000

贷：主营业务收入　　　　　　　　　　　　　　　　25 000

（确认将原计入资本公积的衍生工具公允价值变动转出，调整销售收入）

【例 31-6】 智董公司于 20×6 年 11 月 1 日与境外贵琛公司签订合同，约定于 20×7 年 1 月 30 日以外币（FC）每吨 60 元的价格购入 100 吨橄榄油。智董公司为规避购入橄榄油成本的外汇风险，于当日与某金融机构签订一项 3 个月到期的远期外汇合同，约定汇率为 1FC=45 人民币元，合同金额 FC6 000 元。20×7 年 1 月 30 日，智董公司以净额方式结算该远期外汇合同，并购入橄榄油。

假定：20×6 年 12 月 31 日，1 个月 FC 对人民币远期汇率为 1FC=44.8 人民币元，人民币的市场利率为 6%；20×7 年 1 月 30 日，FC 对人民币即期汇率为 1FC=44.6 人民币元；该套期符合运用套期保值准则所规定的运用套期会计的条件；不考虑增值税等相关税费。

（简要提示：根据套期保值准则，对外汇确定承诺的套期既可以划为公允价值套期，也可以划为现金流量套期。）

情形 1：智董公司将上述套期划分为公允价值套期。

（1）20×6 年 11 月 1 日：

远期合同的公允价值为零，不做账务处理，将套期保值进行表外登记。

（2）20×6 年 12 月 31 日：

远期外汇合同的公允价值=［（45−44.8）×6 000/（1+6%×1/12）］=1 194（人民币元）

借：套期损益　　　　　　　　　　　　　　　　1 194

贷：套期工具——远期外汇合同　　　　　　　　　　1 194

借：被套期项目——确定承诺　　　　　　　　　1 194

贷：套期损益　　　　　　　　　　　　　　　　1 194

（3）20×7 年 1 月 30 日：

远期外汇合同的公允价值=（45−44.6）×6 000=2 400（人民币元）

借：套期损益　　　　　　　　　　　　　　　　1 206

贷：套期工具——远期外汇合同　　　　　　　　　　1 206

借：套期工具——远期外汇合同　　　　　　　　2 400

贷：银行存款　　　　　　　　　　　　　　　　2 400

借：被套期项目——确定承诺　　　　　　　　　1 206

贷：套期损益　　　　　　　　　　　　　　　　1 206

借：库存商品——橄榄油　　　　　　　　　　267 600

贷：银行存款　　　　　　　　　　　　　　　267 600

借：库存商品——橄榄油　　　　　　　　　　　2 400

贷：被套期项目——确定承诺　　　　　　　　　　2 400

（将被套期项目的余额调整橄榄油的入账价值）

情形 2：智董公司将上述套期划分为现金流量套期。

（1）20×6 年 11 月 1 日：

不做账务处理，将套期保值进行表外登记。

（2）20×6 年 12 月 31 日：

远期外汇合同的公允价值=（45–44.8）×6 000/（1+6%×1/12）=1 194（人民币元）

借：资本公积——其他资本公积（套期工具价值变动）　　1 194

　贷：套期工具——远期外汇合同　　1 194

（3）20×7 年 1 月 30 日：

远期外汇合同的公允价值=（45–44.6）×6 000=2 400（人民币元）

借：资本公积——其他资本公积（套期工具价值变动）　　1 206

　贷：套期工具——远期外汇合同　　1 206

借：套期工具——远期外汇合同　　2 400

　贷：银行存款　　2 400

借：库存商品——橄榄油　　267 600

　贷：银行存款　　267 600

智董公司将套期工具于套期期间形成的公允价值变动累计额（净损失）暂记在所有者权益中，在处置橄榄油影响企业损益的期间转出，计入当期损益。该净损失在未来会计期间不能弥补时，将全部转出，计入当期损益。

5. 境外经营净投资套期

对境外经营净投资的套期，应当按照类似于现金流量套期会计的规定处理：

（1）套期工具形成的利得或损失中属于有效套期的部分，应当直接确认为所有者权益，并单列项目反映。

处置境外经营时，上述在所有者权益中单列项目反映的套期工具利得或损失应当转出，计入当期损益。

（2）套期工具形成的利得或损失中属于无效套期的部分，应当计入当期损益。

【例 31-7】 20×6 年 10 月 1 日，智董公司（记账本位币为人民币）在其境外子公司 FS 有一项境外净投资外币 5 000 万元（FC5 000 万元）。为规避境外经营净投资外汇风险，智董公司与某境外金融机构签订了一项外汇远期合同，约定于 20×7 年 4 月 1 日卖出 FC5 000 万元。智董公司每季度对境外净投资余额进行检查，且依据检查结果调整对净投资价值的套期。其他有关资料如表 31-8 所示。

表 31-8　即期汇率、远期汇率和公允价值资料

日　　期	即期汇率（FC/人民币）	远期汇率（FC/人民币）	远期合同的公允价值
20×6 年 10 月 1 日	1.71	1.70	0 元
20×6 年 12 月 31 日	1.64	1.63	3 430 000 元
20×7 年 3 月 31 日	1.60	不适用	5 000 000 元

智董公司在评价套期有效性时，将远期合同的时间价值排除在外。假定智董公司的上述套期满足运用套期会计方法的所有条件。

智董公司的账务处理如下（单位：人民币元）：

（1）20×6 年 10 月 1 日。

借：被套期项目——境外经营净投资　　85 500 000

　贷：长期股权投资　　85 500 000

外汇远期合同的公允价值为零，不做账务处理。

（2）20×6 年 12 月 31 日。

借：套期工具——外汇远期合同　　3 430 000

　　财务费用——汇兑损失　　70 000

　贷：资本公积——其他资本公积　　3 500 000

（确认远期合同的公允价值变动）

借：外币报表折算差额　　3 500 000

　贷：被套期项目——境外经营净投资　　3 500 000

（确认对子公司净投资的汇兑损益）

（3）20×7 年 3 月 31 日。

借：套期工具——外汇远期合同　　1 570 000

　　财务费用——汇兑损失　　430 000

　贷：资本公积——其他资本公积　　2 000 000

（确认远期合同的公允价值变动）

借：外币报表折算差额　　2 000 000

　贷：被套期项目——境外经营净投资　　2 000 000

（确认对子公司净投资的汇兑损益）

借：银行存款　　5 000 000

　贷：套期工具——外汇远期合同　　5 000 000

（确认外汇远期合同的结算）

注：境外经营净投资套期（类似现金流量套期）产生的利得在所有者权益中列示，直至子公司被处置

31.5　会计科目及主要账务处理

31.5.1　套期工具

1. 会计科目核算内容

企业应设置“套期工具”科目核算企业开展的套期业务中套期工具公允价值变动形成的资产或负债，包括公允价值套期、现金流量套期和境外经营净投资套期公允价值变动形成的资产或负债。

本科目期末借方余额反映企业套期工具形成的资产；本科目期末贷方余额，反映企业套期工具形成的负债。

2. 主要账务处理

本科目应当按照套期工具类别进行明细核算。

（1）企业将已确认的金融资产或金融负债指定为套期工具时，应按该金融资产或金融负债的账面价值，借记或贷记本科目，贷记或借记“衍生工具”等科目。

（2）资产负债表日，企业应按套期工具产生的利得，借记本科目，贷记“公允价值变动损益”、“投资收益”、“主营业务成本”、“利息收入”、“资本公积——其他资本公积”等科目；按套期工具产生的损失，做相反的会计分录。

（3）当金融资产或负债不再作为套期工具核算时，应按套期工具形成的资产或负债，借记或贷记相关科目，贷记或借记本科目。

原计入资本公积的利得或损失，应按《企业会计准则第 22 号——金融工具确认和计量》规定的时点转出。企业应按转出的金额，借记或贷记“资本公积——其他资本公积”科目，贷记或借记“投资收益”、“利息收入”、相关资产或负债等科目。

31.5.2 被套期项目

1. 会计科目核算内容

企业应设置“被套期项目”科目核算企业开展的套期业务中被套期项目变动形成的资产或负债。本科目应当按照套期项目类别进行明细核算。本科目期末借方余额反映企业被套期项目形成的资产；本科目期末贷方余额反映企业被套期项目形成的负债。

2. 主要账务处理

（1）企业将已确认的资产或负债指定为被套期项目时，应按该资产或负债的账面价值，借记或贷记本科目，贷记或借记“库存商品”、“长期借款”、“持有至到期投资”等科目。

（2）资产负债表日，企业应按被套期项目产生的利得，借记本科目，贷记“投资收益”、“主营业务成本”、“利息收入”、“资本公积——其他资本公积”等科目；按被套期项目产生的损失，做相反的会计分录。

（3）当资产或负债不再作为被套期项目核算时，应被套期项目形成的资产或负债，借记或贷记相关科目，贷记或借记本科目。

31.5.3 资本公积

1. 会计科目核算内容

企业应设置“资本公积”科目核算企业收到投资者出资超出其在注册资本或股本中所占的份额以及直接计入所有者权益的利得和损失等。

本科目期末贷方余额，反映企业资本公积的余额。

本科目应当分别“资本溢价”或“股本溢价”、“其他资本公积”进行明细核算。

2. 主要账务处理

资产负债表日，满足运用套期会计方法条件的现金流量套期和境外经营净投资套期产生的利得或损失，属于有效套期的，借记或贷记有关科目，贷记或借记本科目（其他资本公积）；属于无效套期的，借记或贷记有关科目，贷记或借记“公允价值变动损益”。

转出现金流量套期和境外经营净投资套期产生的利得或损失中属于有效套期的部分，借记或贷记本科目（其他资本公积），贷记或借记相关资产、负债科目或“公允价值变动损益”科目。

31.5.4 公允价值变动损益

企业应设置“公允价值变动损益”科目核算企业在初始确认时划为以公允价值计量且其变动计入当期损益的金融资产或金融负债（包括交易性金融资产或金融负债和直接指定为以公允价值计量且其变动计入当期损益的金融资产或金融负债），以及采用公允价值模式计量的投资性房地产、衍生工具、套期业务中公允价值变动形成的应计入当期损益的利得或损失。

期末，应将本科目余额转入“本年利润”科目，结转后本科目无余额。

本科目应当按照交易性金融资产、交易性金融负债、投资性房地产等进行明细核算。

第 32 章 原保险合同

保险合同是指保险人与投保人约定保险权利义务关系，并承担源于被保险人保险风险的协议。保险合同分为原保险合同和再保险合同。

原保险合同是指保险人向投保人收取保费，对约定的可能发生的事故因其发生所造成的财产损失承担赔偿保险金责任，或者当被保险人死亡、伤残、疾病或者达到约定的年龄、期限时承担给付保险金责任的保险合同。

32.1 原保险合同的确定

1．是否属原保险合同的判断

保险人与投保人签订的合同是否属于原保险合同，应当在单项合同的基础上，根据合同条款判断保险人是否承担了保险风险。

发生保险事故可能导致保险人承担赔付保险金责任的，应当确定保险人承担了保险风险。

保险事故是指保险合同约定的保险责任范围内的事故。

2．原保险人承担保险风险以外风险的处理

保险人与投保人签订的合同，使保险人既承担保险风险又承担其他风险的，应当分别下列情况进行处理。

（1）保险风险部分和其他风险部分能够区分，并且能够单独计量的，可以将保险风险部分和其他风险部分进行分拆。保险风险部分，确定为原保险合同；其他风险部分，不确定为原保险合同。

（2）保险风险部分和其他风险部分不能够区分，或者虽能够区分但不能够单独计量的，应当将整个合同确定为原保险合同。

3．原保险合同分类及依据

保险人应当根据在原保险合同延长期内是否承担赔付保险金责任，将原保险合同分为寿险原保险合同和非寿险原保险合同。

在原保险合同延长期内承担赔付保险金责任的，应当确定为寿险原保险合同；在原保险合同延长期内不承担赔付保险金责任的，应当确定为非寿险原保险合同。

原保险合同延长期，是指投保人自上一期保费到期日未缴纳保费，保险人仍承担赔付保险

金责任的期间。

32.2 原保险合同收入的确认和计量

保费收入同时满足准则规定的条件，才能予以确认。

1. 原保险合同成立并承担相应的保险责任

原保险合同成立，是指原保险合同已经签订；承担相应保险责任，是指保险人在原保险合同生效时开始承担约定的保险责任。保险人和投保人在签订原保险合同时，通常会约定一个保险责任起讫时间。例如，某非寿险原保险合同约定，保险责任起讫时间以保险单载明的时间为准，从保险责任起始日起，每 12 个月为一个保险年度。再如，某寿险原保险合同约定，保险责任自保险人同意承保并收到首期保费的次日零时开始，至合同列明的终止性保险事故发生时止。如果原保险合同签订日和生效日不是同一天，保险人在合同生效日前收到的款项，不应确认为保费收入，而应确认为一笔负债。

2. 与原保险合同相关的经济利益很可能流入

与原保险合同相关的经济利益很可能流入，是指与原保险合同相关的保费收回的可能性大于不能收回的可能性，即保费收回的可能性超过 50%。

保险人在确定保费能否收回时，应当结合以前和投保人交往的直接经验、投保人的信用和财务状况、其他方面取得的信息等因素，综合进行判断。如果投保人信用良好，能够按照合同约定的期限和金额按期支付保费，通常意味着相关的经济利益很可能流入；如果投保人破产、死亡，财务状况出现严重困难，或由于其他原因造成投保人的生产或生存环境严重恶化，通常意味着相关的经济利益不是很可能流入。通常情况下，对于一次性收取保费的原保险合同，签订合同时通常会收到保费，即意味着相关的经济利益已经流入；对于分期收取保费的原保险合同，签订合同时通常会收到第一期保费，其他各期保费尚未收到，因此，其他各期保费是否能够收回，需要保险人进行职业判断。

3. 与原保险合同相关的收入能够可靠地计量

保险人签发的原保险合同，保费金额通常已经确定，这表明保费收入金额能够可靠计量。对于非寿险原保险合同和寿险原保险合同，保险人承担的保险风险性质不同，保费计量依据的假设不同，保费收入的计量方法也各不相同。

（1）非寿险原保险合同。非寿险原保险合同的保险期间一般较短（通常为一年或短于一年），保费通常一次性收取。即使在分期收取保费的情况下，投保人也一般不能单方面取消合同，保险人在签订原保险合同时通常即可认为保费收回的可能性大于不能收回的可能性。因此，保险人应当根据原保险合同约定的保费总额确定保费收入金额。

【例 32-1】 20×7 年 1 月 1 日，智董公司与王某签订一份家庭财产保险合同，保险金额为 1 000 000 元，保险期间为 1 年，保费为 1 000 元。合同规定，智董公司自 2 月 1 日零时起开始承担保险责任。合同签订当日，智董公司收到王某缴纳的全部保费并存入银行。智董公司的账务处理如下：

（1）1 月 1 日收到保费 1 000 元。

借：银行存款	1 000	
贷：预收保费		1 000

（2）2月1日确认原保费收入1 000元。

借：预收保费　　1 000

　贷：保费收入　　1 000

【例32-2】　20×7年1月1日，智董公司与欣郁公司签订一份工程保险合同，保险金额为4 000 000元，保险期间为20×7年1月1日零时至20×8年12月31日24时；保费总额为4 000元，分两年于每年年初等额收取。合同生效当日，智董公司收到第一期保费并存入银行。智董公司的账务处理如下：

（1）20×7年1月1日收到保费2 000元，确认原保费收入4 000元。

借：银行存款　　2 000

　　应收保费　　2 000

　贷：保费收入　　4 000

（2）20×8年1月1日收取保费2 000元。

借：银行存款　　2 000

　贷：应收保费　　2 000

（2）寿险原保险合同。寿险原保险合同的保险期间一般较长，保费通常分期收取，一次性趸交较少；投保人可以单方面取消合同，保费的收回存在不确定性。因此，对于分期收取保费的寿险原保险合同，保险人应当根据当期应收取的保费确定保费收入金额；对于一次性收取保费的寿险原保险合同，保险人应当根据一次性应收取的保费确定保费收入金额。

32.3　原保险合同准备金的确认和计量

原保险合同准备金包括未到期责任准备金、未决赔款准备金、寿险责任准备金和长期健康险责任准备金。其中，未到期责任准备金、未决赔款准备金适用于非寿险原保险合同，寿险责任准备金、长期健康险责任准备金适用于寿险原保险合同。未决赔款准备金、寿险责任准备金、长期健康险责任准备金又称为保险责任准备金。

1．未到期责任准备金

在保险人按原保险合同约定的保费总额确认保费收入的情况下，为了真实地反映保险人当期已赚取的保费收入，保险人就有必要在确认保费收入的当期期末，按照保险精算确定的未到期责任准备金金额，提取未到期责任准备金，将保费收入调整为已赚取的保费收入，并确认未到期责任准备金负债。

未到期责任准备金，是指保险人为尚未终止的非寿险保险责任提取的准备金。从性质上讲，未到期责任准备金属于未赚取的保费收入，确认未到期责任准备金就是确认未赚取的保费收入。随着时间的推移，保险风险在逐渐减少，未赚取的保费收入也随之转化为已赚取的保费收入。因此，通常情况下，对同一尚未终止的非寿险保险责任而言，保险人在资产负债表日按照保险精算重新计算确定的未到期责任准备金金额应当小于上一资产负债表日已确认的未到期责任准备金余额。为了真实地反映保险人当期末未赚取的保费收入，保险人应当在资产负债表日，按照保险精算重新计算确定的未到期责任准备金金额与已确认的未到期责任准备金余额的差额，对未到期责任准备金余额进行调整。

2. 未决赔款准备金

保险人与投保人签订原保险合同，向投保人收取保费，同时承担了在保险事故发生时向受益人赔付保险金的责任。对于非寿险原保险合同，在保险事故发生之前，保险人承担的向受益人赔付保险金的责任是一种潜在义务，不满足负债的确认条件，不应当确认为负债。保险事故一旦发生，保险人承担的向受益人赔付保险金的责任变成一种现时义务，满足负债的确认条件，应当确认为负债。因此，保险人应当在非寿险保险事故发生的当期，按照保险精算确定的未决赔款准备金金额，提取未决赔款准备金，并确认未决赔款准备金负债。

未决赔款准备金，是指保险人为非寿险保险事故已发生尚未结案的赔案提取的准备金，包括已发生已报案未决赔款准备金、已发生未报案未决赔款准备金和理赔费用准备金。其中，已发生已报案未决赔款准备金，是指保险人为非寿险保险事故已发生并已向保险人提出索赔、尚未结案的赔案提取的准备金。已发生已报案未决赔款准备金的基础数据主要来源于理赔部门，应当反映理赔部门对于理赔模式、赔付支出变化、零赔案、大赔案等问题的经验和判断。已发生未报案未决赔款准备金，是指保险人为非寿险保险事故已发生、尚未向保险人提出索赔的赔案提取的准备金。理赔费用准备金，是指保险人为非寿险保险事故已发生尚未结案的赔案可能发生的律师费、诉讼费、损失检验费、相关理赔人员薪酬等理赔查勘费用提取的准备金。根据与具体赔案之间的关系，理赔费用准备金可分为直接理赔费用准备金和间接理赔费用准备金。保险人专门设置的理赔部门发生的理赔人员薪酬，通常应当根据与具体赔案之间的关系，分别归属于直接理赔费用准备金和间接理赔费用准备。直接理赔费用准备金，是指保险人为直接发生于具体赔案的律师费、诉讼费、损失检验费等提取的理赔费用准备金。间接理赔费用准备金，是指保险人为非直接发生于具体赔案的理赔人员薪酬等理赔查勘费用提取的理赔费用准备金。在计算确定间接理赔费用准备金金额时，保险精算部门通常采用比率分摊法进行评估。

3. 寿险（长期健康险）责任准备金

保险人与投保人签订原保险合同，向投保人收取保费，同时承担了在保险事故发生时向受益人赔付保险金的责任，这种责任是保险人承担的现时义务。寿险原保险合同保险事故的表现形式是被保险人死亡、伤残、疾病或者达到约定的年龄、期限，对于这类保险事故，保险人承担赔付保险金责任导致经济利益流出的可能性超过 50%。虽然寿险原保险合同保险事故具体发生的时间具有不确定性，保险事故发生时具体应当给付的金额具有不确定性，但是，根据保险精算的原理，保险人能够可靠地估计承担的向受益人赔付保险金责任的大小和时间。因此，保险人承担的向受益人赔付保险金的责任满足负债的确认条件，应当确认为负债，即保险人应当在确认寿险保费收入的当期，按照保险精算确定的寿险责任准备金、长期健康险责任准备金金额，提取寿险责任准备金、长期健康险责任准备金，并确认为负债。

寿险责任准备金，是指保险人为尚未终止的人寿保险责任提取的准备金。长期健康险责任准备金，是指保险人为尚未终止的长期健康保险责任提取的准备金。通常情况下，对于定期寿险、终身寿险、两全保险、年金保险等原保险合同，保险人应当在确认保费收入的当期，根据保险精算部门确定的寿险责任准备金确认寿险责任准备金负债；对于长期健康保险等原保险合同，保险人应当在确认保费收入的当期，根据保险精算部门确定的长期健康险责任准备金确认长期健康险责任准备金负债。

4. 保险责任准备金充足性测试

保险人在非寿险保险事故发生的当期，已经根据保险精算部门确定的未决赔款准备金金额确认了保险责任准备金（未决赔款准备金）；在确认寿险保费收入的当期，已经根据保险精算部门确定的寿险责任准备金、长期健康险责任准备金金额确认了保险责任准备金（寿险责任准备金、长期健康险责任准备金）。但是，随着理赔案件调查的深入（如未决赔款准备金）和时间的推移（如寿险责任准备金、长期健康险责任准备金），原定保险精算假设可能发生变化，从而导致已确认的保险责任准备金金额与保险人应承担的赔付保险金责任不一致。此时，如果不对已确认的保险责任准备金金额进行调整，就不能真实地反映保险人承担的赔付保险金责任。

基于会计信息质量特征中的谨慎性，并考虑成本效益原则，保险人应当至少于每年年度终了，以掌握的有关资料为依据，选择恰当的方法对保险责任准备金进行充足性测试。如果保险人按照保险精算重新计算确定的相关保险责任准备金金额超过充足性测试日已确认的相关保险责任准备金余额的，应当按照其差额补提相关保险责任准备金；如果保险人按照保险精算重新计算确定的相关保险责任准备金金额小于充足性测试日已确认的相关保险责任准备金余额的，不调整相关保险责任准备金。

5. 原保险合同提前解除

保险人与投保人签订的原保险合同，投保人由于各种原因可能提前解除。投保人要求提前解除原保险合同的，保险人应当按照原保险合同约定计算确定应退还投保人的金额，其表现形式是退保费。原保险合同提前解除时，保险人应当分别不同的原保险合同进行处理。

（1）非寿险原保险合同。对于非寿险原保险合同，投保人在保险责任开始后要求提前解除原保险合同的，保险人可以收取自保险责任开始之日起至合同解除之日止期间的保险费，剩余的应当退还投保人的保险费即为退保费。投保人在保险责任开始前要求提前解除原保险合同的，投保人应当向保险人支付手续费，保险人应当退还保险费。保险人在这种情况下退还的保险费不是退保费，而是预收保费的退还。同时，保险人在确认非寿险原保险合同保费收入的当期，通过确认未到期责任准备金，已将保费收入调整为已赚取的保费收入。在非寿险原保险合同提前解除时，尚未赚取的保费收入已经不可能再赚取。因此，保险人应当在非寿险原保险合同提前解除时，转销相关的尚未赚取的保费收入，即转销相关未到期责任准备金余额。

对于非寿险原保险合同确认的未决赔款准备金，其确认的前提条件是发生非寿险保险事故。在发生非寿险保险事故的情况下，理性的投保人是不可能要求解除合同的，因此，一般也就不存在转销相关的未决赔款准备金余额。

（2）寿险原保险合同。对于寿险原保险合同，投保人在保险责任开始后提前解除原保险合同的，如果在犹豫期内，保险人应当在扣除手续费后退还保险费，退还的保险费作为退保费，应直接冲减保费收入。如果过了犹豫期，保险人应当按照合同约定退还保险单的现金价值，保险人退还的保险单的现金价值即为退保费，应计入退保金。同时，保险人在确认寿险原保险合同保费收入的当期，已经将未来应承担的赔付保险金责任确认为寿险责任准备金、长期健康险责任准备金。在寿险原保险合同提前解除时，保险人原确认的未来应承担的赔付保险金责任已经不复存在，应当同时转销相关准备金余额。因此，保险人应当在寿险原保险合同提前解除时，转销已确认的相关寿险责任准备金、长期健康险责任准备金。

32.4 原保险合同成本的确认和计量

原保险合同成本是指原保险合同发生的、会导致所有者权益减少的、与向所有者分配利润无关的经济利益的总流出。原保险合同成本主要包括发生的保单取得成本、赔付成本、损余物资、代位追偿款，以及提取的未决赔款准备金、寿险责任准备金、长期健康险责任准备金等。

1．保单取得成本

保单取得成本是指保险人在取得原保险合同过程中发生的支出，包括发生的手续费或佣金支出、保单签订费、医药费、检查费等。其中，保险人在取得原保险合同过程中发生的手续费或佣金支出，是保单取得成本的主要内容。

现行保单取得成本的会计处理方法主要有两种：一种是将保单取得成本资本化，在保险期间内采用一定的方法进行摊销，计入当期损益，如美国的做法；另一种是将保单取得成本在发生时计入当期损益，国际会计准则理事会在关于保险合同项目第二阶段初步结论中倾向于采用这种方法，我国现行实务也采用这种方法，新准则维持了我国现行做法。

2．赔付成本

赔付成本包括保险人支付的赔款、给付，以及在理赔过程中发生的律师费、诉讼费、损失检验费、相关理赔人员薪酬等理赔费用。

（1）确定支付赔付款项。

1）非寿险原保险合同。对于非寿险原保险合同，保险人在发生保险事故当期，已经根据保险精算部门计算确定的未决赔款准备金金额，确认了保险责任准备金（未决赔款准备金）负债，同时确认提取保险责任准备金，计入当期损益。保险人在确定了实际应支付赔偿款项金额的当期，首先应当将确定支付的赔偿款项金额计入当期赔付支出；其次，应当按照确定支付的赔偿款项金额，冲减相应的保险责任准备金（未决赔款准备金）余额。

保险人将实际应支付的赔偿款确认为赔付支出单独核算，而不是直接冲减未决赔款准备金余额，主要是为了满足赔付率监管的需要，并与未决赔款准备金精算实务相衔接。在实务中，保险精算部门是根据有效保单定期计算未决赔款准备金余额，已决保单没有包括在有效保单内。在资产负债表日，会计部门根据保险精算结果按差额确认未决赔款准备金时，已经自动将已决保单相关的未决赔款准备金转销。

保险人在保险事故发生后较短的时间内（通常为保险事故发生当月）即能够结案定损的，保险人不需要先确认未决赔款准备金，再予以转销，而可以直接将确定支付的赔付款项金额计入当期损益。

2）寿险原保险合同。对于寿险原保险合同，保险人在确认保费收入当期，已经根据保险精算部门计算确定的寿险责任准备金、长期健康险责任准备金金额，确认了保险责任准备金（寿险责任准备金、长期健康险责任准备金）负债，同时确认提取保险责任准备金，计入当期损益。保险人在确定了实际支付给付款项金额的当期，首先应当将确定支付的给付款项金额，计入当期赔付支出；其次，应当按照确定支付的给付款项金额，冲减相应的保险责任准备金（寿险责任准备金、长期健康险责任准备金）余额。

（2）发生理赔费用。保险事故发生后，保险人为了确定应承担赔付保险金责任的金额，需要经过一系列的调查核实过程，如现场查勘、审查有关单证、审核责任、核定赔偿范围等。在这一过程中发生的律师费、诉讼费、损失检验费、相关理赔人员薪酬等，即为理赔费用。

保险人发生的理赔费用，应当在实际发生的当期计入赔付支出，同时冲减相应的保险责任准备金（未决赔款准备金、寿险责任准备金、长期健康险责任准备金）余额。理赔费用准备金中包括的相关理赔人员薪酬，应当在实际分配的当期计入赔付支出，同时冲减相应的保险责任准备金（未决赔款准备金、寿险责任准备金、长期健康险责任准备金）余额。

3. 损余物资

损余物资是指保险人对非寿险保险事故承担赔偿保险金责任后取得的原保险标的受损后的财产。

通常情况下，保险人承担赔偿保险金责任时，一般将取得的有关财产折价给受益人，该财产不属于保险人的损余物资，不应当纳入保险人的资产负债表内反映，而应当将其从应支付的赔偿款项中扣除，按扣除后的金额支付给受益人。

如果保险人承担赔偿保险金责任时，没有将取得的原保险标的受损后的有关财产折价给受益人，则该资产属于保险人的损余物资，在满足确认条件时应纳入保险人的资产负债表反映。保险人取得的损余物资是对其发生赔付支出的补偿，因此，在确认损余物资时，应当按照同类或类似资产的市场价格计算确定的金额确认为资产，同时冲减赔付支出。同类或类似资产，通常是指与损余物资的性质相同、功能相近的资产。

4. 代位追偿款

代位追偿款，是指保险人承担赔偿保险金责任后，依法从被保险人取得代位追偿权向第三者责任人索赔而应取得的赔款。

保险人承担赔付保险金责任后应取得的代位追偿款，只有在同时满足准则规定的条件时才能予以确认。对于不满足确认条件的代位追偿款，保险人不应当确认。在判断代位追偿款能否收回时，保险人应当根据以往的经验、债务人的财务状况和现金流量；等相关信息进行合理估计。如果判断代位追偿款收回的可能性大于不能收回的可能性，就应当认为代位追偿款能够收回。如果判断代位追偿款收回的可能性小于不能收回的可能性，就不应当确认应收代位追偿款，但应当提供确凿的证据。

保险人确认的应收代位追偿款，其实质是对保险人发生的赔付支出的补偿，在确认时应当冲减赔付支出。收到应收代位追偿款时，保险人应当按照收到的金额与相关应收代位追偿款账面价值的差额，调整当期赔付支出。

32.5 原保险合同的列报

保险人应当在资产负债表中单独列示与原保险合同有关的下列项目：

（1）未到期责任准备金。

（2）未决赔款准备金。

（3）寿险责任准备金。

（4）长期健康险责任准备金。

保险人应当在利润表中单独列示与原保险合同有关的下列项目：

（1）保费收入。

（2）退保费。

（3）提取未到期责任准备金。

（4）已赚保费。

（5）手续费支出。

（6）赔付成本。

（7）提取未决赔款准备金。

（8）提取寿险责任准备金。

（9）提取长期健康险责任准备金。

保险人应当在附注中披露与原保险合同有关的下列信息：

（1）代位追偿款的有关情况。

（2）损余物资的有关情况。

（3）各项准备金的增减变动情况。

（4）提取各项准备金及进行准备金充足性测试的主要精算假设和方法。

32.6 会计科目及主要账务处理

32.6.1 应收账款/应收保费

1. 会计科目核算内容

本科目核算企业因销售商品、提供劳务等经营活动应收取的款项。

企业（保险）按照原保险合同约定应向投保人收取的保费，可将本科目改为“1122 应收保费”科目，并按照投保人进行明细核算。

企业（金融）应收取的手续费和佣金，可将本科目改为“1124 应收手续费及佣金”科目，并按照债务人进行明细核算。

因销售商品、提供劳务等，采用递延方式收取合同或协议价款、实质上具有融资性质的，在“长期应收款”科目核算。

本科目期末借方余额，反映企业尚未收回的应收账款；期末如为贷方余额，反映企业预收的账款。

2. 明细核算

本科目可按债务人进行明细核算。

3. 主要账务处理

（1）企业发生应收账款，按应收金额，借记本科目，按确认的营业收入，贷记“主营业务收入”、“手续费及佣金收入”、“保费收入”等科目。收回应收账款时，借记“银行存款”等科目，贷记本科目。涉及增值税销项税额的，还应进行相应的处理。

代购货单位垫付的包装费、运杂费，借记本科目，贷记“银行存款”等科目。收回代垫费用时，借记“银行存款”科目，贷记本科目。

（2）企业与债务人进行债务重组，应当分别债务重组的不同方式进行处理。

① 收到债务人清偿债务的款项小于该项应收账款账面价值的，应按实际收到的金额，借记“银行存款”等科目，按重组债权已计提的坏账准备，借记“坏账准备”科目，按重组债权的账面余额，贷记本科目，按其差额，借记“营业外支出”科目。

收到债务人清偿债务的款项大于该项应收账款账面价值的，应按实际收到的金额，借记“银行存款”等科目，按重组债权已计提的坏账准备，借记“坏账准备”科目，按重组债权的账面余额，贷记本科目，按其差额，贷记“资产减值损失”科目。

以下债务重组涉及重组债权减值准备的，应当比照此规定进行处理。

② 接受债务人用于清偿债务的非现金资产，应按该项非现金资产的公允价值，借记“原材料”、“库存商品”、“固定资产”、“无形资产”等科目，按重组债权的账面余额，贷记本科目，按应支付的相关税费和其他费用，贷记“银行存款”、“应交税费”等科目，按其差额，借记“营

业外支出”科目。涉及增值税进项税额的，还应进行相应的处理。

③ 将债权转为投资，应按享有股份的公允价值，借记“长期股权投资”科目，按重组债权的账面余额，贷记本科目，按应支付的相关税费和其他费用，贷记“银行存款”、“应交税费”等科目，按其差额，借记“营业外支出”科目。

④ 以修改其他债务条件进行清偿的，应按修改其他债务条件后债权的公允价值，借记本科目，按重组债权的账面余额，贷记本科目，按其差额，借记“营业外支出”科目。

32.6.2 预付账款/预付赔付款

1. 会计科目核算内容

本科目核算企业按照合同规定预付的款项。预付款项情况不多的，也可以不设置本科目，将预付的款项直接记入“应付账款”科目。企业进行在建工程预付的工程价款，也在本科目核算。企业（保险）从事保险业务预先支付的赔付款，可将本科目改为“1123　预付赔付款”科目，并按照保险人或受益人进行明细核算。

本科目期末借方余额，反映企业预付的款项；期末如为贷方余额，反映企业尚未补付的款项。

2. 明细核算

本科目可按供货单位进行明细核算。

3. 主要账务处理

（1）企业因购货而预付的款项，借记本科目，贷记“银行存款”等科目。

收到所购物资，按应计入购入物资成本的金额，借记“材料采购”或“原材料”、“库存商品”等科目，按应支付的金额，贷记本科目。补付的款项，借记本科目，贷记“银行存款”等科目；退回多付的款项做相反的会计分录。涉及增值税进项税额的，还应进行相应的处理。

（2）企业进行在建工程预付的工程价款，借记本科目，贷记“银行存款”等科目。按工程进度结算工程价款，借记“在建工程”科目，贷记本科目、“银行存款”等科目。

（3）企业（保险）预付的赔付款，借记本科目，贷记“银行存款”等科目。转销预付的赔付款，借记“赔付支出”、“应付分保账款”等科目，贷记本科目。

32.6.3 应收代位追偿款

1. 会计科目核算内容

本科目核算企业（保险）按照原保险合同约定承担赔付保险金责任后确认的代位追偿款。

本科目期末借方余额，反映企业已确认尚未收回的代位追偿款。

2. 明细核算

本科目可按被追偿单位（或个人）进行明细核算。

3. 主要账务处理

（1）企业承担赔付保险金责任后确认的代位追偿款，借记本科目，贷记“赔付支出”科目。

（2）收回应收代位追偿款时，按实际收到的金额，借记“库存现金”、“银行存款”等科目，按其账面余额，贷记本科目，按其差额，借记或贷记“赔付支出”科目。已计提坏账准备的，还应同时结转坏账准备。

32.6.4 贷款/保户质押贷款

1．会计科目核算内容

本科目核算企业（银行）按规定发放的各种客户贷款，包括质押贷款、抵押贷款、保证贷款、信用贷款等。

企业（银行）按规定发放的具有贷款性质的银团贷款、贸易融资、协议透支、信用卡透支、转贷款以及垫款等，在本科目核算；也可以单独设置“银团贷款”、“贸易融资”、“协议透支”、“信用卡透支”、“转贷款”、“垫款”等科目。

企业（保险）的保户质押贷款，可将本科目改为“1303　保户质押贷款”科目。企业（典当）的质押贷款、抵押贷款，可将本科目改为“1303　质押贷款”、“1305　抵押贷款”科目。企业委托银行或其他金融机构向其他单位贷出的款项，可将本科目改为“1303　委托贷款”科目。

本科目期末借方余额，反映企业按规定发放尚未收回贷款的摊余成本。

2．明细核算

本科目可按贷款类别、客户，分别“本金”、“利息调整”、“已减值”等进行明细核算。

3．主要账务处理

（1）企业发放的贷款，应按贷款的合同本金，借记本科目（本金），按实际支付的金额，贷记“吸收存款”、“存放中央银行款项”等科目，有差额的，借记或贷记本科目（利息调整）。

资产负债表日，应按贷款的合同本金和合同利率计算确定的应收未收利息，借记“应收利息”科目，按贷款的摊余成本和实际利率计算确定的利息收入，贷记“利息收入”科目，按其差额，借记或贷记本科目（利息调整）。合同利率与实际利率差异较小的，也可以采用合同利率计算确定利息收入。

收回贷款时，应按客户归还的金额，借记“吸收存款”、“存放中央银行款项”等科目，按收回的应收利息金额，贷记“应收利息”科目，按归还的贷款本金，贷记本科目（本金），按其差额，贷记“利息收入”科目。存在利息调整余额的，还应同时结转。

（2）资产负债表日，确定贷款发生减值的，按应减记的金额，借记“资产减值损失”科目，贷记“贷款损失准备”科目。同时，应将本科目（本金、利息调整）余额转入本科目（已减值），借记本科目（已减值），贷记本科目（本金、利息调整）。

资产负债表日，应按贷款的摊余成本和实际利率计算确定的利息收入，借记“贷款损失准备”科目，贷记“利息收入”科目。同时，将按合同本金和合同利率计算确定的应收利息金额进行表外登记。

收回减值贷款时，应按实际收到的金额，借记“吸收存款”、“存放中央银行款项”等科目，按相关贷款损失准备余额，借记“贷款损失准备”科目，按相关贷款余额，贷记本科目（已减值），按其差额，贷记“资产减值损失”科目。

对于确实无法收回的贷款，按管理权限报经批准后作为呆账予以转销，借记“贷款损失准备”科目，贷记本科目（已减值）。按管理权限报经批准后转销表外应收未收利息，减少表外“应收未收利息”科目金额。

已确认并转销的贷款以后又收回的，按原转销的已减值贷款余额，借记本科目（已减值），贷记“贷款损失准备”科目。按实际收到的金额，借记“吸收存款”、“存放中央银行款项”等科目，按原转销的已减值贷款余额，贷记本科目（已减值），按其差额，贷记“资产减值损失”科目。

32.6.5 贷款损失准备

1. 会计科目核算内容

本科目核算企业（银行）贷款的减值准备。计提贷款损失准备的资产包括贴现资产、拆出资金、客户贷款、银团贷款、贸易融资、协议透支、信用卡透支、转贷款和垫款等。企业（保险）的保户质押贷款计提的减值准备，也在本科目核算。企业（典当）的质押贷款、抵押贷款计提的减值准备，也在本科目核算。企业委托银行或其他金融机构向其他单位贷出的款项计提的减值准备，可将本科目改为“1304 委托贷款损失准备”科目。

本科目期末贷方余额，反映企业已计提但尚未转销的贷款损失准备。

2. 明细核算

本科目可按计提贷款损失准备的资产类别进行明细核算。

3. 主要账务处理

（1）资产负债表日，贷款发生减值的，按应减记的金额，借记“资产减值损失”科目，贷记本科目。

（2）对于确实无法收回的各项贷款，按管理权限报经批准后转销各项贷款，借记本科目，贷记“贷款”、“贴现资产”、“拆出资金”等科目。

（3）已计提贷款损失准备的贷款价值以后又得以恢复，应在原已计提的贷款损失准备金额内，按恢复增加的金额，借记本科目，贷记“资产减值损失”科目。

32.6.6 损余物资

1. 会计科目核算内容

本科目核算企业（保险）按照原保险合同约定承担赔偿保险金责任后取得的损余物资成本。

本科目期末借方余额，反映企业承担赔偿保险金责任后取得的损余物资成本。

2. 明细核算

本科目可按损余物资种类进行明细核算。

损余物资发生减值的，可以单独设置“损余物资跌价准备”科目，比照“存货跌价准备”科目进行处理。

3. 主要账务处理

（1）企业承担赔偿保险金责任后取得的损余物资，按同类或类似资产的市场价格计算确定的金额，借记本科目，贷记“赔付支出”科目。

（2）处置损余物资时，按实际收到的金额，借记“库存现金”、“银行存款”等科目，按其账面余额，贷记本科目，按其差额，借记或贷记“赔付支出”科目。已计提跌价准备的，还应同时结转跌价准备。

32.6.7 存出资本保证金

1. 会计科目核算内容

本科目核算企业（保险）按规定比例缴存的资本保证金。

本科目期末借方余额，反映企业缴存的资本保证金。

2. 主要账务处理

企业存出的资本保证金，借记本科目，贷记“银行存款”等科目。

32.6.8 独立账户资产

1. 会计科目核算内容

本科目核算企业（保险）对分拆核算的投资连接产品不属于风险保障部分确认的独立账户资产价值。

本科目期末借方余额，反映企业确认的独立账户资产价值。

2. 明细核算

本科目可按资产类别进行明细核算。

3. 主要账务处理

（1）向独立账户划入资金，借记本科目（银行存款及现金），贷记“独立账户负债”科目。

（2）独立账户进行投资，借记本科目（债券、股票等），贷记本科目（银行存款及现金）。对独立账户投资进行估值，按估值增值，借记本科目（估值），贷记“独立账户负债”科目；估值减值的做相反的会计分录。

（3）按照独立账户计提的保险费，借记“银行存款”科目，贷记“保费收入”科目。同时，借记“独立账户负债”科目，贷记本科目（银行存款及现金）。

对独立账户计提账户管理费，借记“银行存款”科目，贷记“手续费及佣金收入”科目。同时，借记“独立账户负债”科目，贷记本科目（银行存款及现金）。

（4）支付独立账户资产，借记“独立账户负债”科目，贷记本科目（银行存款及现金）。

32.6.9 应付账款/应付赔付款

1. 会计科目核算内容

本科目核算企业因购买材料、商品和接受劳务等经营活动应支付的款项。

企业（金融）应支付但尚未支付的手续费和佣金，可将本科目改为“2202　应付手续费及佣金”科目，并按照对方单位（或个人）进行明细核算。

企业（保险）应支付但尚未支付的赔付款项，可以单独设置“应付赔付款”科目。

2. 明细核算

本科目可按债权人进行明细核算。

3. 主要账务处理

（1）企业购入材料、商品等验收入库，但货款尚未支付，根据有关凭证（发票账单、随货同行发票上记载的实际价款或暂估价值），借记“材料采购”、“在途物资”等科目，按应付的款项，贷记本科目。

接受供应单位提供劳务而发生的应付未付款项，根据供应单位的发票账单，借记“生产成本”、“管理费用”等科目，贷记本科目。支付时，借记本科目，贷记“银行存款”等科目。

上述交易涉及增值税进项税额的，还应进行相应的处理。

（2）企业与债权人进行债务重组，应当分别债务重组的不同方式进行处理。

① 以低于重组债务账面价值的款项清偿债务的，应按应付账款的账面余额，借记本科目，按实际支付的金额，贷记“银行存款”科目，按其差额，贷记“营业外收入——债务重组利得”科目。

② 以非现金资产清偿债务的，应按应付账款的账面余额，借记本科目，按用于清偿债务的非现金资产的公允价值，贷记“主营业务收入”、“其他业务收入”、“固定资产清理”、“无形资产”、“长期股权投资”等科目，按应支付的相关税费和其他费用，贷记“应交税费”、“银行存款”等科目，按其差额，贷记“营业外收入——债务重组利得”科目。

抵债资产为存货的，还应同时结转成本，记入“主营业务成本”、“其他业务成本”等科目；抵债资产为固定资产、无形资产的，其公允价值和账面价值的差额，记入“营业外收入——处置非流动资产利得”或“营业外支出——处置非流动资产损失”科目；抵债资产为可供出售金融资产、持有至到期投资、长期股权投资等的，其公允价值和账面价值的差额，记入“投资收益”科目。

③ 以债务转为资本，应按应付账款的账面余额，借记本科目，按债权人因放弃债权而享有股权的公允价值，贷记“实收资本”或“股本”、“资本公积——资本溢价或股本溢价”科目，按其差额，贷记“营业外收入——债务重组利得”科目。

④ 以修改其他债务条件进行清偿的，应将重组债务的账面余额与重组后债务的公允价值的差额，借记本科目，贷记“营业外收入——债务重组利得”科目。

本科目期末贷方余额，反映企业尚未支付的应付账款余额。

32.6.10 预收账款、预收保费、预收赔付款

1. 会计科目核算内容

本科目核算企业按照合同规定预收的款项。预收账款情况不多的，也可以不设置本科目，将预收的款项直接记入“应收账款”科目。

企业（保险）收到未满足保费收入确认条件的保险费，可将本科目改为“2203 预收保费”科目，并按投保人进行明细核算；从事再保险分出业务预收的赔款，可以单独设置“预收赔付款”科目。

2. 明细核算

本科目可按购货单位进行明细核算。

3. 主要账务处理

（1）企业向购货单位预收的款项，借记“银行存款”等科目，贷记本科目；销售实现时，按实现的收入，借记本科目，贷记“主营业务收入”科目。涉及增值税销项税额的，还应进行相应的处理。

（2）企业（保险）收到预收的保费，借记“银行存款”、“库存现金”等科目，贷记本科目。确认保费收入，借记本科目，贷记“保费收入”科目。

从事再保险业务转销预收的赔款，借记本科目，贷记“应收分保账款”科目。

本科目期末贷方余额，反映企业预收的款项；期末如为借方余额，反映企业尚未转销的款项。

32.6.11 其他应付款

1. 会计科目核算内容

本科目核算企业除应付票据、应付账款、预收账款、应付职工薪酬、应付利息、应付股利、应交税费、长期应付款等以外的其他各项应付、暂收的款项。

企业（保险）应缴纳的保险保障基金，也通过本科目核算。

本科目期末贷方余额，反映企业应付未付的其他应付款项。

2. 明细核算

本科目可按其他应付款的项目和对方单位（或个人）进行明细核算。

3. 主要账务处理

（1）企业采用售后回购方式融入资金的，应按实际收到的金额，借记“银行存款”科目，贷记本科目。回购价格与原销售价格之间的差额，应在售后回购期间内按期计提利息费用，借记“财务费用”科目，贷记本科目。按照合同约定购回该项商品等时，应按实际支付的金额，借记本科目，贷记“银行存款”科目。

（2）企业发生的其他各种应付、暂收款项，借记“管理费用”等科目，贷记本科目；支付的其他各种应付、暂收款项，借记本科目，贷记“银行存款”等科目。

32.6.12 应付保单红利

1. 会计科目核算内容

本科目核算企业（保险）按原保险合同约定应付未付投保人的红利。

本科目期末贷方余额，反映企业应付未付投保人的红利。

2. 明细核算

本科目可按投保人进行明细核算。

3. 主要账务处理

企业按原保险合同约定计提应支付的保单红利，借记“保单红利支出”科目，贷记本科目。向投保人支付的保单红利，借记本科目，贷记“库存现金”、“银行存款”等科目。

32.6.13 未到期责任准备金

1. 会计科目核算内容

本科目核算企业（保险）提取的非寿险原保险合同未到期责任准备金。再保险接受人提取的再保险合同分保未到期责任准备金，也在本科目核算。

本科目期末贷方余额，反映企业的未到期责任准备金。

2. 明细核算

本科目可按保险合同进行明细核算。

3. 主要账务处理

（1）企业确认原保费收入、分保费收入的当期，应按保险精算确定的未到期责任准备金，借记“提取未到期责任准备金”科目，贷记本科目。

（2）资产负债表日，按保险精算重新计算确定的未到期责任准备金与已确认的未到期责任准备金的差额，借记本科目，贷记“提取未到期责任准备金”科目。

（3）原保险合同提前解除的，按相关未到期责任准备金余额，借记本科目，贷记“提取未到期责任准备金”科目。

32.6.14 保险责任准备金

1. 会计科目核算内容

本科目核算企业（保险）提取的原保险合同保险责任准备金，包括未决赔款准备金、寿险责任准备金、长期健康险责任准备金。

再保险接受人提取的再保险合同保险责任准备金，也在本科目核算。

企业（保险）也可以单独设置“未决赔款准备金”、“寿险责任准备金”、“长期健康险责任准备金”等科目。

2. 明细核算

本科目可按保险责任准备金类别、保险合同进行明细核算。

3. 主要账务处理

（1）企业确认寿险保费收入，应按保险精算确定的寿险责任准备金、长期健康险责任准备金，借记“提取保险责任准备金”科目，贷记本科目。

投保人发生非寿险保险合同约定的保险事故当期，企业应按保险精算确定的未决赔款准备金，借记“提取保险责任准备金”科目，贷记本科目。

对保险责任准备金进行充足性测试，应按补提的保险责任准备金，借记“提取保险责任准备金”科目，贷记本科目。

（2）原保险合同保险人确定支付赔付款项金额或实际发生理赔费用的当期，应按冲减的相应保险责任准备金余额，借记本科目，贷记“提取保险责任准备金”科目。

再保险接受人收到分保业务账单的当期，应按分保保险责任准备金的相应冲减金额，借记本科目，贷记“提取保险责任准备金”科目。

（3）寿险原保险合同提前解除的，应按相关寿险责任准备金、长期健康险责任准备金余额，借记本科目，贷记“提取保险责任准备金”科目。

本科目期末贷方余额，反映企业的保险责任准备金。

32.6.15 保户储金

1. 会计科目核算内容

本科目核算企业（保险）收到投保人以储金本金增值作为保费收入的储金。企业（保险）收到投保人投资型保险业务的投资款，可将本科目改为“2611 保户投资款”科目。企业（保险）应向投保人支付的储金或投资款增值，也在本科目核算。

本科目期末贷方余额，反映企业应付未付投保人储金。

2. 明细核算

本科目可按投保人进行明细核算。

3．主要账务处理

企业收到投保人缴纳的储金，借记“银行存款”、“库存现金”等科目，贷记本科目。向投保人支付储金做相反的会计分录。

32.6.16 独立账户负债

1．会计科目核算内容

本科目核算企业（保险）对分拆核算的投资连接产品不属于风险保障部分确认的独立账户负债。

2．明细核算

本科目可按负债类别进行明细核算。

3．主要账务处理

（1）向独立账户划入资金，借记“独立账户资产——银行存款及现金”科目，贷记本科目。

（2）对独立账户投资进行估值，按估值增值，借记“独立账户资产”科目，贷记本科目；估值减值的做相反的会计分录。

（3）按照独立账户计提的保险费，借记“银行存款”科目，贷记“保费收入”科目；同时，借记本科目，贷记“独立账户资产”科目。对独立账户计提账户管理费，借记“银行存款”科目，贷记“手续费及佣金收入”科目；同时，借记本科目，贷记“独立账户资产”科目。

（4）支付独立账户资产，借记本科目，贷记“独立账户资产”科目。

本科目期末贷方余额，反映企业确认的独立账户负债。

32.6.17 保费收入

1．会计科目核算内容

本科目核算企业（保险）确认的保费收入。

期末，应将本科目余额转入“本年利润”科目，结转后本科目无余额。

2．明细核算

本科目可按保险合同和险种进行明细核算。

3．主要账务处理

（1）企业确认的原保险合同保费收入，借记“应收保费”、“预收保费”、“银行存款”、“库存现金”等科目，贷记本科目。

非寿险原保险合同提前解除的，按原保险合同约定计算确定的应退还投保人的金额，借记本科目，贷记“库存现金”、“银行存款”等科目。

（2）确认的再保险合同分保费收入，借记“应收分保账款”科目，贷记本科目。

收到分保业务账单，按账单标明的金额对分保费收入进行调整，按调整增加额，借记“应收分保账款”科目，贷记本科目；调整减少额做相反的会计分录。

32.6.18 其他业务收入

1. 会计科目核算内容

本科目核算企业确认的除主营业务活动以外的其他经营活动实现的收入，包括出租固定资产、出租无形资产、出租包装物和商品、销售材料、用材料进行非货币性交换（非货币性资产交换具有商业实质且公允价值能够可靠计量）或债务重组等实现的收入。

企业（保险）经营受托管理业务收取的管理费收入，也通过本科目核算。

期末，应将本科目余额转入“本年利润”科目，结转后本科目应无余额。

2. 明细核算

本科目可按其他业务收入种类进行明细核算。

3. 主要账务处理

企业确认的其他业务收入，借记“银行存款”、“其他应收款”等科目，贷记本科目等。

32.6.19 提取未到期责任准备金

1. 会计科目核算内容

本科目核算企业（保险）提取的非寿险原保险合同未到期责任准备金和再保险合同分保未到期责任准备金。

期末，应将本科目余额转入“本年利润”科目，结转后本科目无余额。

2. 明细核算

本科目可按保险合同和险种进行明细核算。

3. 主要账务处理

（1）企业在确认原保费收入、分保费收入的当期，应按保险精算确定的未到期责任准备金，借记本科目，贷记“未到期责任准备金”科目。

（2）资产负债表日，应按保险精算重新计算确定的未到期责任准备金与已确认的未到期责任准备金的差额，借记“未到期责任准备金”科目，贷记本科目。

（3）原保险合同提前解除的，应按相关未到期责任准备金余额，借记“未到期责任准备金”科目，贷记本科目。

（4）在确认非寿险原保险合同保费收入的当期，按相关再保险合同约定计算确定的相关应收分保未到期责任准备金金额，借记“应收分保合同准备金”科目，贷记本科目。

资产负债表日，调整原保险合同未到期责任准备金余额的，按相关再保险合同约定计算确定的应收分保未到期责任准备金的调整金额，借记本科目，贷记“应收分保合同准备金”科目。

32.6.20 提取保险责任准备金

1. 会计科目核算内容

本科目核算企业（保险）提取的原保险合同保险责任准备金，包括提取的未决赔款准备金、提取的寿险责任准备金、提取的长期健康险责任准备金。

再保险接受人提取的再保险合同保险责任准备金，也在本科目核算。

企业（保险）也可以单独设置“提取未决赔款准备金”、“提取寿险责任准备金”、“提取长期健康险责任准备金”等科目。

期末，应将本科目余额转入“本年利润”科目，结转后本科目无余额。

2. 明细核算

本科目可按保险责任准备金类别、险种和保险合同进行明细核算。

3. 主要账务处理

（1）企业确认寿险保费收入，应按保险精算确定的寿险责任准备金、长期健康险责任准备金，借记本科目，贷记“保险责任准备金”科目。

投保人发生非寿险保险合同约定的保险事故当期，企业应按保险

精算确定的未决赔款准备金，借记本科目，贷记“保险责任准备金”科目。对保险责任准备金进行充足性测试，应按补提的保险责任准备金，借记本科目，贷记“保险责任准备金”科目。

（2）原保险合同保险人确定支付赔付款项金额或实际发生理赔费用的当期，应按冲减的相应保险责任准备金余额，借记“保险责任准备金”科目，贷记本科目。

再保险接受人收到分保业务账单的当期，应按分保保险责任准备金的相应冲减金额，借记“保险责任准备金”科目，贷记本科目。

（3）寿险原保险合同提前解除的，应按相关寿险责任准备金、长期健康险责任准备金余额，借记“保险责任准备金”科目，贷记本科目。

32.6.21 赔付支出

1. 会计科目核算内容

本科目核算企业（保险）支付的原保险合同赔付款项和再保险合同赔付款项。企业（保险）可以单独设置“赔款支出”、“满期给付”、“年金给付”、“死伤医疗给付”、“分保赔付支出”等科目。

2. 明细核算

本科目可按保险合同和险种进行明细核算。

3. 主要账务处理

（1）企业在确定支付赔付款项金额或实际发生理赔费用的当期，借记本科目，贷记“银行存款”、“库存现金”等科目。

（2）承担赔付保险金责任后应当确认的代位追偿款，借记“应收代位追偿款”科目，贷记本科目。

收到应收代位追偿款时，应按实际收到的金额，借记“库存现金”、“银行存款”等科目，按应收代位追偿款的账面余额，贷记“应收代位追偿款”科目，按其差额，借记或贷记本科目。已计提坏账准备的，还应同时结转坏账准备。

（3）承担赔偿保险金责任后取得的损余物资，应按同类或类似资产的市场价格计算确定的金额，借记“损余物资”科目，贷记本科目。

处置损余物资，应按实际收到的金额，借记“库存现金”、“银行存款”等科目，按损余物资的账面余额，贷记“损余物资”科目，按其差额，借记或贷记本科目。已计提跌价准备的，还应同时结转跌价准备。

（4）再保险接受人收到分保业务账单的当期，应按账单标明的分保赔付款项金额，借记本科目，贷记“应付分保账款”科目。

期末，应将本科目余额转入“本年利润”科目，结转后本科目无余额。

32.6.22 保单红利支出

1．会计科目核算内容

本科目核算企业（保险）按原保险合同约定支付给投保人的红利。

期末，应将本科目余额转入“本年利润”科目，结转后本科目无余额。

2．明细核算

本科目可按保单红利来源进行明细核算。

3．主要账务处理

企业按原保险合同约定计提应支付的保单红利，借记本科目，贷记“应付保单红利”科目。

32.6.23 退保金

1．会计科目核算内容

本科目核算企业（保险）寿险原保险合同提前解除时按照约定应当退还投保人的保单现金价值。

企业（保险）寿险原保险合同提前解除时应当退还投保人的不属于保单现金价值的款项，以及非寿险原保险合同提前解除时应当退还投保人的款项，在“保费收入”科目核算。

期末，应将本科目余额转入“本年利润”科目，结转后本科目无余额。

2．明细核算

本科目可按险种进行明细核算。

3．主要账务处理

企业寿险原保险合同提前解除的，应按原保险合同约定计算确定的应退还投保人的保单现金价值，借记本科目，贷记“库存现金”、“银行存款”等科目。

第33章 再保险合同

再保险合同的会计核算方法有两种。

（1）预估法，即再保险业务相关收入、费用在发生时确认。例如，分出业务相关分出保费、摊回分保费用、摊回赔付成本等于实际发生时确认，而不是于发出账单时确认。

（2）账单法，即再保险业务相关收入、费用于发出或收到账单时确认，这是我国现行实务所采用的方法。

再保险合同准则要求分出业务采用预估法处理，而分入业务一般采用预估法，在不违反重要性原则和不损害会计信息质量的前提下，也可以采用账单法。在会计实务中，由于非比例分保业务的特殊性，该类分入业务一般采用账单法处理。

再保险合同准则着重解决了与再保险分出业务和分入业务有关的确认、计量和列报，尤其是分出业务的分出保费、摊回各项准备金、摊回分保费用的处理，分入业务的分保费收入、分保费用、分保赔付成本的处理。

33.1 分出业务的会计处理

1. 分保业务账单

保险人之间履行再保险合同约定、办理再保险业务和进行再保险资金结算的主要凭据是分保业务账单（基本格式及内容见表33-1）。分保业务账单一般由再保险分出人按季度编制。为了减少付款次数和不必要的汇款费用，再保险合同双方通常约定按照账单上各项应收应付款项相抵后的净额结算。表33-1中“应付你方余额”为账单贷方金额合计减去借方金额合计后的净额，是再保险分出人应向再保险接受人实际支付的金额；“应付我方余额”为账单借方金额合计减去贷方金额合计后的净额，是再保险接受人应向再保险分出人实际支付的金额。

分出业务的会计处理主要包括应收分保准备金、分出保费及摊回成本费用、预收赔款和存入分保保证金等。

表 33-1　分保业务账单

分出公司名称：　　　　　　　　　　　　　　　　分入公司名称：
账单期：　　　　　　　　　　　　　　　　　　　业务年度：
合同名称：　　　　　　　　　　　　　　　　　　币种：

借　方		贷　方	
项　目	金　额	项　目	金　额
分保手续费		分保费	
分保赔付款			
纯益手续费			
应付你方余额		应付我方余额	
合　计			
备　注			

经办人：　　　　　　　　复核人：　　　　　　　　批准人：
日期：
盖章：

2. 应收分保准备金

（1）应收分保准备金与有关原保险合同准备金不得相互抵消。再保险分出人不应当将再保险合同形成的资产与有关原保险合同形成的负债相互抵消。这里“原保险合同形成的负债”主要指再保险分出人对原保险合同提取的各项准备金；“再保险合同形成的资产”主要指再保险分出人对再保险合同确认的各项应收分保准备金。

在签订再保险合同的情况下，再保险分出人提取相关原保险合同各项准备金（未到期责任准备金除外）确认应付保险受益人负债的同时，也产生了向再保险接受人收取补偿金额的权利，该权利所带来的经济利益很可能流入保险人并且权利金额能够可靠地计量，符合资产要素的定义及确认条件，应当确认为应收分保准备金资产。需要说明的是，应收分保未到期责任准备金属于分出的未赚保费，本质上不属于预期从再保险接受人处获得补偿的权利金额。

应收分保准备金的确认应符合与有关原保险合同准备金不相互抵消的要求，即再保险分出人不应仅以各项原保险合同准备金扣除相关应收分保准备金后的金额列示于资产负债表的负债方。原保险合同准备金反映再保险分出人应付保险受益人的负债，而应收分保准备金反映的则是再保险分出人应收再保险接受人的债权。再保险合同的签订并不能减少或免除再保险分出人对原保险合同保险受益人的保险责任，无论再保险接受人能否对再保险分出人支付补偿金额，再保险分出人都要向保险受益人全额履行赔付义务。因此，应收分保准备金与相关原保险合同准备金不应相互抵消，抵消处理会掩盖再保险分出人客观存在的信用风险，造成信息披露不充分。按照再保险合同准则要求，再保险分出人应在资产负债表中全额列示原保险合同各项准备金，以全面、真实反映其对原保险合同保险受益人的负债情况，同时将各项应收分保准备金作为资产单独列示，以真实反映其对：再保险接受人应有的债权。这样，也有利于准确考核再保险分出人的偿付能力。应收分保未到期责任准备金和未到期责任准备金同样不符合相抵消条件，应分别列示于资产负债表的资产方和负债方。

（2）应收分保准备金的确认。再保险分出人应当在确认非寿险原保险合同保费收入的当期，按照相关再保险合同的约定，计算确认相关的应收分保未到期责任准备金资产，并冲减提取未到期责任准备金。再保险分出人应当在提取原保险合同未决赔款准备金、寿险责任准备金、长期健康险责任准备金的当期，按照相关再保险合同的约定，计算确定应向再保险接受人摊回的相应准备金，确认为相应的应收分保准备金资产。

应收分保未到期责任准备金实质属于分出的未赚保费，确认应收分保未到期责任准备金是对当期分出保费的调整，并非收入的实现。提取未到期责任准备金（含分保未到期责任准备金）和确认应收分保未到期责任准备金的最终结果都是对当期自留保费（原保险合同保费收入加上分保费收入再减去分出保费后的金额）的调整，即将当期的自留保费调整为已赚保费。因此，确认应收分保未到期责任准备金时应作冲减提取未到期责任准备金处理，通过“提取未到期责任准备金”科目集中反映将当期自留保费调整为已赚保费的调整金额。而应收分保未决赔款准备金、应收分保寿险责任准备金和应收分保长期健康险责任准备金都表示再保险分出人预期从再保险接受人处获得补偿的金额具有收入性质，确认时应作为摊回相应准备金处理。

（3）应收分保准备金账面余额的调整。

1）应收分保未到期责任准备金的调整。再保险分出人在资产负债表日按照保险精算重新计算确定的未到期责任准备金金额与已提取的未到期责任准备金余额的差额调整未到期责任准备金余额时，应按照相关再保险合同约定计算确定应收分保未到期责任准备金的相应调整金额，调整应收分保未到期责任准备金和提取未到期责任准备金的账面余额。

2）应收分保未决赔款准备金、应收分保寿险责任准备金、应收分保长期健康险责任准备金的调整。再保险分出人对未决赔款准备金、寿险责任准备金、长期健康险责任准备金进行充足性测试而补提相关准备金时，应按照相关再保险合同约定计算确定相关应收分保准备金的增加金额，调整增加相关应收分保准备金和摊回责任准备金的账面余额。

（4）应收分保准备金的冲减或转销。

1）再保险分出人在确定支付赔付款项金额或实际发生理赔费用而冲减原保险合同未决赔款准备金、寿险责任准备金、长期健康险责任准备金余额的当期，应按照相关再保险合同约定计算确定相关应收分保准备金的相应冲减金额，冲减相关应收分保准备金和摊回责任准备金的账面余额。

2）再保险分出人应当在原保险合同提前解除而转销相关未到期责任准备金、寿险责任准备金、长期健康险责任准备金余额的当期，转销相关应收分保准备金余额。

3. 分出保费及摊回款项

（1）分出保费及摊回款项与有关原保险合同收入或费用不得相互抵消。《企业会计准则第26号——再保险合同》规定，再保险分出人不应当将再保险合同形成的收入或费用与有关原保险合同形成的费用或收入相互抵消。这里“再保险合同形成的收入”指再保险分出人按照再保险合同约定向再保险接受人摊回的准备金、分保费用、赔付成本等；“再保险合同形成的费用”指再保险分出人按照再保险合同约定向再保险接受人分出的保费等。

分出业务的分出保费及摊回金额与原保险合同保费收入及相关费用所反映的经济内容与实质不同。原保险合同保费收入是再保险分出人向投保人销售保单，为承担源自被保险人的保险风险责任所取得的收入；分出保费则是再保险分出人向再保险接受人购买保险所付出的代价，不同于共同保险业务各保险人之间对保费收入的分配。分出业务各项摊回金额是对再保险分出人由原保险合同所引起的提取保险责任准备金、赔付成本及其他相关费用的补偿，而非对原保险合同受益人的直接赔偿或给付。因此，为全面、真实地反映再保险分出人原保险业务和再保险业务的经济内容与实质，再保险合同分出业务的分出保费不应直接计入原保险合同保费收入的借方进行抵减，再保险合同分出业务摊回准备金、摊回赔付成本、摊回分保费用不应直接计入原保险合同提取准备金、赔付成本、手续费支出等的贷方进行抵减，都应单独确认入账并在利润表中单独列报。

（2）分出保费、摊回分保手续费及摊回赔付成本的处理。

1）分出保费、摊回分保手续费、摊回赔付成本的确认。再保险分出人应当在确认原保险合同保费收入的当期，按照相关再保险合同的约定，计算确定分出保费和应向再保险接受人摊回的分保费用，计入当期损益。再保险分出人应当在确定支付赔付款项金额或实际发生理赔费用而冲减原保险合同相应准备金余额的当期，冲减相应的应收分保准备金余额；同时，按照相关再保险合同的约定，计算确定应向再保险接受人摊回的赔付成本，计入当期损益。

这里“摊回的分保费用”指摊回的分保手续费。

摊回准备金和摊回赔付成本的区别在于：摊回准备金是预计由再保险接受人补偿的金额；摊回赔付成本是由再保险接受人实际补偿的金额。因此，在确认摊回赔付成本的同时应冲减相应的摊回准备金。

分出保费、摊回分保费用、摊回赔付成本的计算方法因再保险合同种类的不同而不同，具体计量金额一般由保险人业务部门根据再保险合同约定计算确定。

2）分出保费、摊回分保手续费、摊回赔付成本的调整。再保险分出人对分出保费、摊回分保手续费、摊回赔付成本进行调整时，应将调整金额计入调整当期的损益，主要有以下几种情况。

① 再保险分出人应当在原保险合同提前解除的当期，按照相关再保险合同的约定，计算确定分出保费、摊回分保费用的调整金额，计入当期损益。

② 再保险分出人应当在因取得和处置损余物资、确认和收到应收代位追偿款等而调整原保险合同赔付成本的当期，按照相关再保险合同的约定，计算确定摊回赔付成本的调整金额，计入当期损益。

③ 再保险分出人与再保险接受人约定采用浮动（或累进）分保手续费方式下，再保险分出人依据合同规定在能够计算确定实际分保手续费率而调整分保手续费时，应将调整金额计入当期损益。再保险分出人确认入账的分保手续费调整金额应为经再保险接受人确认一致后的金额。

（3）纯益手续费的处理。再保险分出人应当根据相关再保险合同的约定，在能够计算确定应向再保险接受人收取的纯益手续费时，将该项纯益手续费作为摊回分保费用计入当期损益。

纯益手续费只有再保险接受人实际上有“纯益”时才给付。实务中，保险人通常按照业务年度计算纯益，而一个业务年度的再保险业务往往要跨越若干个会计年度才能结算出损益。再保险分出人确认纯益手续费收入主要应考虑其可靠计量问题，只有能够依据相关数据计算确定应向再保险接受人收取的纯益手续费时，即纯益手续费能够可靠计量时，纯益手续费收入才予以确认。

分保手续费是再保险接受人对再保险分出人取得和经营原保险业务所发生费用的补偿，纯益手续费是再保险接受人对再保险分出人谨慎地选择原保险业务而为其带来盈利的一种“奖励”措施，其实质是对再保险分出人经营原保险业务的“额外”补偿。因此纯益手续费与分保手续费眭质相类似，确认应取得的纯益手续费时应做摊回分保费用处理。

（4）非比例再保险合同分出保费、摊回赔付成本的处理。对于超额赔款再保险等非比例再保险合同，再保险分出人应当根据再保险合同的约定，计算确定分出保费，计入当期损益。再保险分出人调整分出保费时，应当将调整金额计入当期损益。再保险分出人应当在能够计算确定应向再保险接受人摊回的赔付成本时，将该项应摊回的赔付成本计入当期损益。

这里“再保险分出人应当根据再保险合同的约定，计算确定分出保费，计入当期损益”指的是再保险分出人向再保险接受人预付保费的情况。预付保费通常与所谓的最低保费数额相同。对于非比例再保险合同，再保险分出人难以根据每一原保险合同保费收入的一定比例来计算分保费，而是按照再保险合同保险责任年度毛净保费（年度原保险保费收入减去退保费和比例再保险分出保费后的金额）乘以超赔费率来计算确定。年度毛净保费往往要到再保险责任年度终了后才能计算确定，但再保险分出人通常要在合同起期时按估计的年度毛净保费向再保险接受人计算预付一定金额的保费。预付保费可以分期支付，也可于合同起期时一次性支付。一次性支付预付保费的，应在发出预付分保费账单时将预付金额一次性计入当期损益；分次支付预付保费的，应在每次发出预付分保费账单时按每次支付金额分次计入当期损益。非比例再保险合同通常不需要按一定期间编发账单。其首期账单一般要求在合同起期后即刻发送（一般不能迟于合同起期后的两周），主要内容是向再保险接受人预付分保费，合同责任期满后调整预付分保费时再编制分保费调整账单。超额赔款再保险合同项下发生的赔款，均须编送出险通知和赔款账单。

这里“再保险分出人调整分出保费时，应当将调整金额计入当期损益”指的是再保险责任年度终了后再保险分出人能够按合同约定计算确定毛净保费，进而计算确定分出保费的最终金额时，应将分出保费的最终金额与预付金额的差额计入当期损益。有的再保险合同约定在年度中期要对预付保费先行调整一次，会计处理方法同年度终了后的调整。

对于非比例再保险合同，再保险分出人应在能够计算确定应向再保险接受人摊回的赔付成本时，将该项应摊回的赔付成本计入当期损益。

4．预收赔款和存入分保保证金

（1）预收赔款的处理。由于比例再保险合同分保业务账单的期间性，再保险分出人在发生大额索赔的情况下有可能会垫付很大金额的再保险份额的赔款。为了避免这种情况，有些再保险合同约定再保险分出人承保的每一张保险单项下或每一次事故的估计损失达到或超过合同约定的限额时，再保险分出人可根据已决赔款或预付赔款的结付金额向再保险接受人发出现金赔款通知书及相关理赔资料，要求再保险接受人预先支付分保份额相对应的现金赔款；再保险分出人收到该现金赔款后，视为已决赔款，在当季度账单中进行冲销。这种情况下，分保业务账单的贷方栏中会增加“现金赔款（冲销）”等类似项目。再保险分出人收到再保险接受人预付的现金赔款时，借记“银行存款”科目，贷记“预收赔付款”科目；发出分保业务账单时，按照账单中转销的现金赔款金额，借记“预收赔付款”科目，贷记“应收分保账款”科目。

（2）存入分保保证金的处理。分保保证金是再保险分出人从应付给再保险接受人的分保费中以一定比例扣存，作为再保险接受人履行分保未了责任的保证金。该保证金留存期一般为 12 个月，至次年同期归还，归还时要支付利息。分保保证金从性质上属于再保险接受人的预付款。当再保险接受人无力履行分保赔付责任时，扣存的分保保证金给再保险分出人提供了一定安全保障。在再保险合同约定再保险分出人扣存分保保证金的情况下，相关分保业务账单借方栏中会增加“扣存分保保证金”项目，贷方栏中会增加“转回上年度扣存的分保保证金”、“分保证金利息”等项目。

因再保险分出人扣存分保保证金的交易具体体现在分保业务账单中，再保险分出人应当在发出分保业务账单时，依据账单标明的相关金额进行会计处理。再保险分出人对于存入分保保证金，应当按期计提利息。

33.2 分入业务的会计处理

1. 分保费收入及分保费用

（1）分保费收入及分保手续费的处理。分保费收入同时满足下列条件的才能予以确认。

1）再保险合同成立并承担相应保险责任。再保险合同一般自签订日起成立，但自合同规定的起期日起才开始承担保险责任。因此，再保险合同的签订日与开始承担保险责任的日期可能一致，也可能不一致。

2）与再保险合同相关的经济利益很可能流入。对于再保险接受人而言，与再保险合同相关的经济利益即为分保费。如果再保险接受人能够确定分保费收回的可能性大于不能收回的可能性，即分保费收回的可能性超过 50%，则表明经济利益很可能流入。一般情况下，如果再保险分出人信用良好，能够按照合同规定如期发送分保业务账单，并能够按约定及时进行分保往来款项的结算，则意味着与再保险合同相关的经济利益很可能流入再保险接受人。

3）与再保险合同相关的收入能够可靠地计量。由于再保险合同一般只是规定某一时期再保险所承保的业务范围和地区范围、自留额和分保额的计算基础、分保费及手续费的计算方法等，并不直接明确分保费的具体金额，分保费的具体金额往往要根据再保险分出人原保险合同保费收入金额来计算确定，因此，再保险接受人在判断“与再保险合同相关的收入能够可靠地计量”条件时就产生了以下两种情况。

① 再保险接受人可以在每一会计期间对该期间的分保费收入金额做出合理估计。如果再保险接受人具有长期积累的丰富经验和大量数据资料，能够采用先进的估算方法，借助专门的技术手段，对再保险合同项下每一会计期间再保险分出人相关原保险合同保费收入进行估计，进而按照再保险合同约定计算出相关分保费收入金额，且该估计金额与收到的分保业务账单标明的分保费金额比较接近，则表明再保险接受人可以在每一会计期间对该期间内的分保费收入金额进行可靠计量。这种情况下，如果分保费收入确认的其他条件均满足，再保险接受人应在每一会计期间按照估计金额确认当期分保费收入，并按照再保险合同约定计算确认当期分保费用，待后期收到该期间的分保业务账单时，再按照账单标明的金额进行调整，将调整金额计入调整当期的损益。按账单金额调整估计金额属于资产负债表日后事项的，按《企业会计准则第 29 号——资产负债表日后事项》进行处理。

② 再保险接受人只有收到分保业务账单时才能对分保费收入进行可靠计量。如果再保险接受人由于缺乏丰富的经验数据资料和先进的技术方法、手段，而无法对再保险合同项下每一会计期间分保费收入金额进行估计，或估计金额可能与实际金额产生重大差异，则表明再保险接受人只能于收到分保业务账单时才能对分保费收入进行可靠计量。这种情况下，再保险接受人应当于收到分保业务账单时根据账单标明的金额确认分保费收入及相关的分保费用。

（2）纯益手续费的处理。因纯益手续费计算的特殊性，再保险接受人应当根据相关再保险合同的约定，在能够计算确定应向再保险分出人支付的纯益手续费时，将该项纯益手续费作为分保费用计入当期损益。再保险接受人确认入账的纯益手续费支出金额应为经双方确认一致后的金额。

2. 分保赔付成本

再保险接受人确认分保赔付成本的会计处理与保险人确认原保险合同赔付成本的会计处理相类似，即再保险接受人应当在收到分保业务账单的当期，按照账单标明的分保赔付款项金额，作为分保赔付成本，计入当期损益；同时冲减相应的分保准备金余额。

3. 预付赔款和存出分保保证金

（1）预付赔款的处理。再保险接受人向再保险分出人预付的现金赔款，应当在支付预付赔款时，借记“预付赔付款”科目，贷记“银行存款”科目；收到分保业务账单时，按照账单上转销的赔款，借记“应付分保账款”科目，贷记“预付赔付款”科目。

（2）存出分保保证金的处理。再保险接受人应当在收到分保业务账单时，依据账单标明的相关金额进行存出分保保证金的会计处理。再保险接受人对存出的分保保证金，应当按期计提利息。

33.3 再保险合同的列报

保险人应当在资产负债表中单独列示与再保险合同有关的下列项目：

（1）应收分保账款。

（2）应收分保未到期责任准备金。

（3）应收分保未决赔款准备金。

（4）应收分保寿险责任准备金。

（5）应收分保长期健康险责任准备金。

（6）应付分保账款。

保险人应当在利润表中单独列示与再保险合同有关的下列项目：

（1）分保费收入。

（2）分出保费。

（3）摊回分保费用。

（4）分保费用。

（5）摊回赔付成本。

（6）分保赔付成本。

（7）摊回未决赔款准备金。

（8）摊回寿险责任准备金。

（9）摊回长期健康险责任准备金。

保险人应当在附注中披露与再保险合同有关的下列信息：

（1）分入业务各项分保准备金的增减变动情况。

（2）分入业务提取各项分保准备金及进行分保准备金充足性测试的主要精算假设和方法。

33.4 会计科目及主要账务处理

33.4.1 预收账款/预收赔付款

1. 会计科目核算内容

本科目核算企业按照合同规定预收的款项。预收账款情况不多的，也可以不设置本科目，将预收的款项直接记入“应收账款”科目。

企业（保险）收到未满足保费收入确认条件的保险费，可将本科目改为“2203 预收保费”

科目，并按投保人进行明细核算；从事再保险分出业务预收的赔款，可以单独设置“预收赔付款”科目。

本科目期末贷方余额，反映企业预收的款项；期末如为借方余额，反映企业尚未转销的款项。

2．明细核算

本科目可按购货单位进行明细核算。

3．主要账务处理

（1）企业向购货单位预收的款项，借记“银行存款”等科目，贷记本科目；销售实现时，按实现的收入，借记本科目，贷记“主营业务收入”科目。涉及增值税销项税额的，还应进行相应的处理。

（2）企业（保险）收到预收的保费，借记“银行存款”、“库存现金”等科目，贷记本科目。确认保费收入，借记本科目，贷记“保费收入”科目。

从事再保险业务转销预收的赔款，借记本科目，贷记“应收分保账款”科目。

33.4.2 应付分保账款

1．会计科目核算内容

本科目核算企业（保险）从事再保险业务应付未付的款项。

本科目期末贷方余额反映企业从事再保险业务应付未付的款项。

2．明细核算

本科目可按再保险分出人或再保险接受人和再保险合同进行明细核算。

3．再保险分出人应付分保账款的主要账务处理

（1）企业在确认原保险合同保费收入的当期，按相关再保险合同约定计算确定的分出保费金额，借记“分出保费”科目，贷记本科目。

在原保险合同提前解除的当期，按相关再保险合同约定计算确定的分出保费的调整金额，借记本科目，贷记“分出保费”科目。对于超额赔款再保险等非比例再保险合同，按相关再保险合同约定计算确定的分出保费金额，借记“分出保费”科目，贷记本科目。

（2）发出分保业务账单时，按账单标明的扣存本期分保保证金，借记本科目，贷记“存入保证金”科目。按账单标明的返还上期扣存分保保证金，借记“存入保证金”科目，贷记本科目。

按期计算的存入分保保证金利息，借记“利息支出”科目，贷记本科目。

4．再保险接受人应付分保账款的主要账务处理

（1）企业在确认分保费收入的当期，按相关再保险合同约定计算确定的分保费用金额，借记“分保费用”科目，贷记本科目。

收到分保业务账单时，按账单标明的金额对分保费用进行调整，按调整增加额，借记“分保费用”科目，贷记本科目；按调整减少额做相反的会计分录。

（2）计算确定应向再保险分出人支付纯益手续费的，按相关再保险合同约定计算确定的纯益手续费金额，借记“分保费用”科目，贷记本科目。

（3）收到分保业务账单的当期，按账单标明的分保赔付款项金额，借记“赔付支出”科目，

贷记本科目。

再保险分出人、再保险接受人结算分保账款时，按应付分保账款金额，借记本科目，按应收分保账款金额，贷记“应收分保账款”科目，按其差额，借记或贷记“银行存款”科目。

33.4.3 未到期责任准备金

1. 会计科目核算内容

本科目核算企业（保险）提取的非寿险原保险合同未到期责任准备金。再保险接受人提取的再保险合同分保未到期责任准备金，也在本科目核算。

本科目期末贷方余额，反映企业的未到期责任准备金。

2. 明细核算

本科目可按保险合同进行明细核算。

3. 主要账务处理

（1）企业确认原保费收入、分保费收入的当期，应按保险精算确定的未到期责任准备金，借记“提取未到期责任准备金”科目，贷记本科目。

（2）资产负债表日，按保险精算重新计算确定的未到期责任准备金与已确认的未到期责任准备金的差额，借记本科目，贷记“提取未到期责任准备金”科目。

（3）原保险合同提前解除的，按相关未到期责任准备金余额，借记本科目，贷记“提取未到期责任准备金”科目。

33.4.4 保险责任准备金

1. 会计科目核算内容

本科目核算企业（保险）提取的原保险合同保险责任准备金，包括未决赔款准备金、寿险责任准备金、长期健康险责任准备金。

再保险接受人提取的再保险合同保险责任准备金，也在本科目核算。

企业（保险）也可以单独设置“未决赔款准备金”、“寿险责任准备金”、“长期健康险责任准备金”等科目。

本科目期末贷方余额，反映企业的保险责任准备金。

2. 明细核算

本科目可按保险责任准备金类别、保险合同进行明细核算。

3. 主要账务处理

（1）企业确认寿险保费收入，应按保险精算确定的寿险责任准备金、长期健康险责任准备金，借记“提取保险责任准备金”科目，贷记本科目。

投保人发生非寿险保险合同约定的保险事故当期，企业应按保险精算确定的未决赔款准备金，借记“提取保险责任准备金”科目，贷记本科目。

对保险责任准备金进行充足性测试，应按补提的保险责任准备金，借记“提取保险责任准备金”科目，贷记本科目。

（2）原保险合同保险人确定支付赔付款项金额或实际发生理赔费用的当期，应按冲减的相应保险责任准备金余额，借记本科目，贷记“提取保险责任准备金”科目。

再保险接受人收到分保业务账单的当期，应按分保保险责任准备金的相应冲减金额，借记本科目，贷记“提取保险责任准备金”科目。

（3）寿险原保险合同提前解除的，应按相关寿险责任准备金、长期健康险责任准备金余额，借记本科目，贷记“提取保险责任准备金”科目。

33.4.5 保费收入

1．会计科目核算内容

本科目核算企业（保险）确认的保费收入。

期末，应将本科目余额转入“本年利润”科目，结转后本科目无余额。

2．明细核算

本科目可按保险合同和险种进行明细核算。

3．主要账务处理

（1）企业确认的原保险合同保费收入，借记“应收保费”、“预收保费”、“银行存款”、“库存现金”等科目，贷记本科目。

非寿险原保险合同提前解除的，按原保险合同约定计算确定的应退还投保人的金额，借记本科目，贷记“库存现金”、“银行存款”等科目。

（2）确认的再保险合同分保费收入，借记“应收分保账款”科目，贷记本科目。

收到分保业务账单，按账单标明的金额对分保费收入进行调整，按调整增加额，借记“应收分保账款”科目，贷记本科目；调整减少额做相反的会计分录。

33.4.6 摊回保险责任准备金

1．会计科目核算内容

本科目核算企业（再保险分出人）从事再保险业务应向再保险接受人摊回的保险责任准备金，包括未决赔款准备金、寿险责任准备金、长期健康险责任准备金。

企业（再保险分出人）也可以单独设置“摊回未决赔款准备金”、“摊回寿险责任准备金”、“摊回长期健康险责任准备金”等科目。

期末，应将本科目余额转入“本年利润”科目，结转后本科目无余额。

2．明细核算

本科目可按保险责任准备金类别和险种进行明细核算。

3．主要账务处理

（1）企业在提取原保险合同保险责任准备金的当期，应按相关再保险合同约定计算确定的应向再保险接受人摊回的保险责任准备金，借记“应收分保合同准备金”科目，贷记本科目。

对原保险合同保险责任准备金进行充足性测试补提保险责任准备金，应按相关再保险合同约定计算确定的应收分保保险责任准备金的相应增加额，借记“应收分保合同准备金”科目，贷记本科目。

（2）在确定支付赔付款项金额或实际发生理赔费用而冲减原保险合同相应保险责任准备金余额的当期，应按相关应收分保保险责任准备金的相应冲减金额，借记本科目，贷记“应收分保合同准备金”科目。

（3）在寿险原保险合同提前解除而转销相关寿险责任准备金、长期健康险责任准备金余额的当期，应按相关应收分保保险责任准备金余额，借记本科目，贷记“应收分保合同准备金”科目。

33.4.7 摊回赔付支出

1. 会计科目核算内容

本科目核算企业（再保险分出人）向再保险接受人摊回的赔付成本。企业（再保险分出人）也可以单独设置“摊回赔款支出”、“摊回年金给付”、“摊回满期给付”、“摊回死伤医疗给付”等科目。

期末，应将本科目余额转入“本年利润”科目，结转后本科目无余额。

2. 明细核算

本科目可按险种进行明细核算。

3. 主要账务处理

（1）企业在确定支付赔付款项金额或实际发生理赔费用而确认原保险合同赔付成本的当期，应按相关再保险合同约定计算确定的应向再保险接受人摊回的赔付成本金额，借记“应收分保账款”科目，贷记本科目。

（2）在因取得和处置损余物资、确认和收到应收代位追偿款等而调整原保险合同赔付成本的当期，应按相关再保险合同约定计算确定的摊回赔付成本的调整金额，借记或贷记本科目，贷记或借记“应收分保账款”科目。

（3）对于超额赔款再保险等非比例再保险合同，计算确定应向再保险接受人摊回的赔付成本的，应按摊回的赔付成本金额，借记“应收分保账款”科目，贷记本科目。

33.4.8 摊回分保费用

1. 会计科目核算内容

本科目核算企业（再保险分出人）向再保险接受人摊回的分保费用。

期末，应将本科目余额转入“本年利润”科目，结转后本科目无余额。

2. 明细核算

本科目可按险种进行明细核算。

3. 主要账务处理

（1）企业在确认原保险合同保费收入的当期，应按相关再保险合同约定计算确定的应向再保险接受人摊回的分保费用，借记“应收分保账款”科目，贷记本科目。

（2）计算确定应向再保险接受人收取的纯益手续费的，应按相关再保险合同约定计算确定的纯益手续费，借记“应收分保账款”科目，贷记本科目。

（3）在原保险合同提前解除的当期，应按相关再保险合同约定计算确定的摊回分保费用的调整金额，借记本科目，贷记“应收分保账款”科目。

33.4.9 提取未到期责任准备金

1. 会计科目核算内容

本科目核算企业（保险）提取的非寿险原保险合同未到期责任准备金和再保险合同分保未到期责任准备金。

期末，应将本科目余额转入“本年利润”科目，结转后本科目无余额。

2. 明细核算

本科目可按保险合同和险种进行明细核算。

3. 主要账务处理

（1）企业在确认原保费收入、分保费收入的当期，应按保险精算确定的未到期责任准备金，借记本科目，贷记“未到期责任准备金”科目。

（2）资产负债表日，应按保险精算重新计算确定的未到期责任准备金与已确认的未到期责任准备金的差额，借记“未到期责任准备金”科目，贷记本科目。

（3）原保险合同提前解除的，应按相关未到期责任准备金余额，借记“未到期责任准备金”科目，贷记本科目。

（4）在确认非寿险原保险合同保费收入的当期，按相关再保险合同约定计算确定的相关应收分保未到期责任准备金金额，借记“应收分保合同准备金”科目，贷记本科目。

资产负债表日，调整原保险合同未到期责任准备金余额的，按相关再保险合同约定计算确定的应收分保未到期责任准备金的调整金额，借记本科目，贷记“应收分保合同准备金”科目。

33.4.10 提取保险责任准备金

1. 会计科目核算内容

本科目核算企业（保险）提取的原保险合同保险责任准备金，包括提取的未决赔款准备金、提取的寿险责任准备金、提取的长期健康险责任准备金。

再保险接受人提取的再保险合同保险责任准备金，也在本科目核算。

企业（保险）也可以单独设置“提取未决赔款准备金”、“提取寿险责任准备金”、“提取长期健康险责任准备金”等科目。

期末，应将本科目余额转入“本年利润”科目，结转后本科目无余额。

2. 明细核算

本科目可按保险责任准备金类别、险种和保险合同进行明细核算。

3. 主要账务处理

（1）企业确认寿险保费收入，应按保险精算确定的寿险责任准备金、长期健康险责任准备金，借记本科目，贷记“保险责任准备金”科目。

投保人发生非寿险保险合同约定的保险事故当期，企业应按保险

精算确定的未决赔款准备金，借记本科目，贷记“保险责任准备金”科目。对保险责任准备金进行充足性测试，应按补提的保险责任准备金，借记本科目，贷记“保险责任准备金”科目。

（2）原保险合同保险人确定支付赔付款项金额或实际发生理赔费用的当期，应按冲减的相应保险责任准备金余额，借记“保险责任准备金”科目，贷记本科目。

再保险接受人收到分保业务账单的当期，应按分保保险责任准备金的相应冲减金额，借记“保险责任准备金”科目，贷记本科目。

（3）寿险原保险合同提前解除的，应按相关寿险责任准备金、长期健康险责任准备金余额，借记“保险责任准备金”科目，贷记本科目。

33.4.11 赔付支出

1. 会计科目核算内容

本科目核算企业（保险）支付的原保险合同赔付款项和再保险合同赔付款项。企业（保险）可以单独设置“赔款支出”、“满期给付”、“年金给付”、“死伤医疗给付”、“分保赔付支出”等科目。

期末，应将本科目余额转入“本年利润”科目，结转后本科目无余额。

2. 明细核算

本科目可按保险合同和险种进行明细核算。

3. 主要账务处理

（1）企业在确定支付赔付款项金额或实际发生理赔费用的当期，借记本科目，贷记“银行存款”、“库存现金”等科目。

（2）承担赔付保险金责任后应当确认的代位追偿款，借记“应收代位追偿款”科目，贷记本科目。

收到应收代位追偿款时，应按实际收到的金额，借记“库存现金”、“银行存款”等科目，按应收代位追偿款的账面余额，贷记“应收代位追偿款”科目，按其差额，借记或贷记本科目。已计提坏账准备的，还应同时结转坏账准备。

（3）承担赔偿保险金责任后取得的损余物资，应按同类或类似资产的市场价格计算确定的金额，借记“损余物资”科目，贷记本科目。

处置损余物资，应按实际收到的金额，借记“库存现金”、“银行存款”等科目，按损余物资的账面余额，贷记“损余物资”科目，按其差额，借记或贷记本科目。已计提跌价准备的，还应同时结转跌价准备。

（4）再保险接受人收到分保业务账单的当期，应按账单标明的分保赔付款项金额，借记本科目，贷记“应付分保账款”科目。

33.4.12 分出保费

1. 会计科目核算内容

本科目核算企业（再保险分出人）向再保险接受人分出的保费。

期末，应将本科目余额转入“本年利润”科目，结转后本科目无余额。

2. 明细核算

本科目可按险种进行明细核算。

3．主要账务处理

（1）企业在确认原保险合同保费收入的当期，应按再保险合同约定计算确定的分出保费金额，借记本科目，贷记“应付分保账款”科目。

在原保险合同提前解除的当期，应按再保险合同约定计算确定的分出保费的调整金额，借记“应付分保账款”科目，贷记本科目。

（2）对于超额赔款再保险等非比例再保险合同，应按再保险合同约定计算确定的分出保费金额，借记本科目，贷记“应付分保账款”科目。调整分出保费时，借记或贷记本科目，贷记或借记“应付分保账款”科目。

33.4.13 分保费用

1．会计科目核算内容

本科目核算企业（再保险接受人）向再保险分出人支付的分保费用。

期末，应将本科目余额转入“本年利润”科目，结转后本科目无余额。

2．明细核算

本科目可按险种进行明细核算。

3．主要账务处理

（1）企业在确认分保费收入的当期，应按再保险合同约定计算确定的分保费用金额，借记本科目，贷记“应付分保账款”科目。

收到分保业务账单，按账单标明的金额对分保费用进行调整，借记或贷记本科目，贷记或借记“应付分保账款”科目。

（2）计算确定应向再保险分出人支付的纯益手续费的，应按再保险合同约定计算确定的纯益手续费，借记本科目，贷记“应付分保账款”科目。

第 34 章 石油天然气开采

矿区是指企业进行油气开采活动所划分的区域或独立的开发单元。矿区的划分是计提油气资产折耗、进行减值测试等的基础。矿区的划分应当遵循以下原则。

（1）一个油气藏可作为一个矿区。

（2）若干相邻且地质构造或储层条件相同或相近的油气藏可作为一个矿区。

（3）一个独立集输计量系统为一个矿区。

（4）一个大的油气藏分为几个独立集输系统并分别进行计量的，可分为几个矿区。

（5）采用重大新型采油技术并实行工业化推广的区域可作为一个矿区。

（6）在同一地理区域内不得将分属不同国家的作业区划分在同一个矿区或矿区组内。

34.1 矿区权益的会计处理

矿区权益是指企业取得的在矿区内勘探、开发和生产油气的权利。

1. 矿区权益的分类

矿区权益分为探明矿区权益和未探明矿区权益。探明矿区是指已发现探明经济可采储量的矿区，未探明矿区是指未发现探明经济可采储量的矿区。

探明经济可采储量是指在现有技术和经济条件下，根据地质和工程分析，可合理确定的能够从已知油气藏中开采的油气数量。

2. 矿区权益的确认和计量

为取得矿区权益而发生的成本应当在发生时予以资本化。企业取得的矿区权益，应当按照取得时的成本进行初始计量。

（1）申请取得矿区权益的成本包括探矿权使用费、采矿权使用费、土地或海域使用权支出、中介费以及可直接归属于矿区权益的其他申请取得支出。

（2）购买取得矿区权益的成本包括购买价款、中介费以及可直接归属于矿区权益的其他购买取得支出。

矿区权益取得后发生的探矿权使用费、采矿权使用费和租金等维持矿区权益的支出，应当计入当期损益。

3．折耗

企业应当采用产量法或年限平均法对探明矿区权益计提折耗。采用产量法计提折耗的，折耗额可按照单个矿区计算，也可按照若干具有相同或类似地质构造特征或储层条件的相邻矿区所组成的矿区组计算。计算公式如下：

探明矿区权益折耗额=探明矿区权益账面价值×探明矿区权益折耗率

探明矿区权益折耗率=探明矿区当期产量/（探明矿区期末探明经济可采储量+探明矿区当期产量）

4．减值

企业对于矿区权益的减值，应当分别不同情况确认减值损失。

（1）探明矿区权益的减值，按照《企业会计准则第8号——资产减值》处理。

（2）对于未探明矿区权益，应当至少每年进行一次减值测试。

单个矿区取得成本较大的，应当以单个矿区为基础进行减值测试，并确定未探明矿区权益减值金额。单个矿区取得成本较小且与其他相邻矿区具有相同或类似地质构造特征或储层条件的，可按照若干具有相同或类似地质构造特征或储层条件的相邻矿区所组成的矿区组进行减值测试。

未探明矿区权益公允价值低于账面价值的差额，应当确认为减值损失，计入当期损益。未探明矿区权益减值损失一经确认，不得转回。

小知识

未探明矿区权益的减值

根据《企业会计准则第27号——石油天然气开采》第七条第（二）项规定，未探明矿区权益应当至少每年进行一次减值测试。按照单个矿区进行减值测试的，其公允价值低于账面价值的，应当将其账面价值减记至公允价值，减记的金额确认为油气资产减值损失；按照矿区组进行减值测试并计提减值准备的，确认的减值损失不分摊至单个矿区权益的账面价值。

5．矿区权益的转让

企业转让矿区权益的，应当按照下列规定进行处理。

（1）转让全部探明矿区权益的，将转让所得与矿区权益账面价值的差额计入当期损益。

转让部分探明矿区权益的，按照转让权益和保留权益的公允价值比例，计算确定已转让部分矿区权益账面价值，转让所得与已转让矿区权益账面价值的差额计入当期损益。

（2）转让单独计提减值准备的全部未探明矿区权益的，转让所得与未探明矿区权益账面价值的差额，计入当期损益。

转让单独计提减值准备的部分未探明矿区权益的，如果转让所得大于矿区权益账面价值，将其差额计入当期损益；如果转让所得小于矿区权益账面价值，以转让所得冲减矿区权益账面价值，不确认损益。

（3）转让以矿区组为基础计提减值准备的未探明矿区权益的，如果转让所得大于矿区权益账面原值，将其差额计入当期损益；如果转让所得小于矿区权益账面原值，以转让所得冲减矿区权益账面原值，不确认损益。

转让该矿区组最后一个未探明矿区的剩余矿区权益时，转让所得与未探明矿区权益账面价值的差额，计入当期损益。

（1）探明矿区权益的转让。

1）转让全部探明矿区权益。根据油气准则，企业应将转让所得与矿区权益账面价值之间的差额计入当期损益。

2）转让部分探明矿区权益。根据油气准则，企业应按照转让权益和保留权益的公允价值比例，计算确定已转让部分矿区权益账面价值，转让所得与已转让矿区权益账面价值的差额计入当期损益。

（2）未探明矿区权益的转让。

1）转让全部未探明矿区权益，且该矿区权益单独计提减值准备。根据油气准则，企业应将转让全部未探明矿区权益的所得与矿区权益账面价值之间的差额计入损益。

2）转让全部未探明矿区权益，且该矿区权益以矿区组为基础计提减值准备。根据油气准则，如果转让所得大于未探明矿区权益的账面原值，应将其差额确认为收益；如果转让所得小于矿区账面原值，将转让所得冲减矿区组权益的账面价值，冲减至零为止。

3）转让部分未探明矿区权益，且该矿区权益单独计提减值准备。根据油气准则，如果转让部分未探明矿区权益所得大于该未探明矿区权益的账面价值，应将其差额计入收益；如果转让所得小于其账面价值，应将转让所得冲减被转让矿区权益账面价值，冲减至零为止。

4）转让部分未探明矿区权益，且该矿区权益以矿区组为基础计提减值准备。根据油气准则，如果转让所得大于未探明矿区权益的账面原值，企业应将其差额计入收益；如果转让所得小于该未探明矿区权益的账面原值，企业应将转让所得冲减矿区组的账面价值，冲减至零为止。

6. 对未探明矿区（组）的两种处理方法

未探明矿区（组）内发现探明经济可采储量而将未探明矿区（组）转为探明矿区（组）的，应当按照其账面价值转为探明矿区权益。

未探明矿区因最终未能发现探明经济可采储量而放弃的，应当按照放弃时的账面价值转销未探明矿区权益并计入当期损益。因未完成义务工作量等因素导致发生的放弃成本，计入当期损益。

34.2 油气勘探的会计处理

油气勘探是指为了识别勘探区域或探明油气储量而进行的地质调查、地球物理勘探、钻探活动以及其他相关活动。

1. 油气勘探的确认和计量

油气勘探支出包括钻井勘探支出和非钻井勘探支出。

钻井勘探支出主要包括钻探区域探井、勘探型详探井、评价井和资料井等活动发生的支出；非钻井勘探支出主要包括进行地质调查、地球物理勘探等活动发生的支出。

2. 钻井勘探支出

钻井勘探支出在完井后，确定该井发现了探明经济可采储量的，应当将钻探该井的支出结转为井及相关设施成本。确定该井未发现探明经济可采储量的，应当将钻探该井的支出扣除净残值后计入当期损益。确定部分井段发现了探明经济可采储量的，应当将发现探明经济可采储量的有效井段的钻井勘探支出结转为井及相关设施成本，无效井段钻井勘探累计支出转入当期损益。未能确定该探井是否发现探明经济可采储量的，应当在完井后一年内将钻探该井的支出予以暂时资本化。

在完井一年时仍未能确定该探井是否发现探明经济可采储量，同时满足下列条件的，应当将钻探该井的资本化支出继续暂时资本化，否则应当计入当期损益。

（1）该井已发现足够数量的储量，但要确定其是否属于探明经济可采储量，还需要实施进一步的勘探活动。

（2）进一步的勘探活动已在实施中或已有明确计划并即将实施。

钻井勘探支出已费用化的探井又发现了探明经济可采储量的，已费用化的钻井勘探支出不做调整，重新钻探和完井发生的支出应当予以资本化。

3. 非钻井勘探支出

非钻井勘探支出于发生时计入当期损益。

小知识

钻井勘探支出的处理采用成果法

根据《企业会计准则第27号——石油天然气开采》第十三、十四和十五条规定，对于钻井勘探支出的资本化应当采用成果法，即只有发现了探明经济可采储量的钻井勘探支出才能资本化，结转为井及相关设施成本，否则计入当期损益。

34.3 油气开发的会计处理

油气开发是指为了取得探明矿区中的油气而建造或更新井及相关设施的活动。

油气开发活动所发生的支出，应当根据其用途分别予以资本化，作为油气开发形成的井及相关设施的成本。

油气开发形成的井及相关设施的成本主要如下：

（1）钻前准备支出，包括前期研究、工程地质调查、工程设计、确定井位、清理井场、修建道路等活动发生的支出。

（2）井的设备购置和建造支出，井的设备包括套管、油管、抽油设备和井口装置等，井的建造包括钻井和完井。

（3）购建提高采收率系统发生的支出。

（4）购建矿区内集输设施、分离处理设施、计量设备、储存设施、各种海上平台、海底及陆上电缆等发生的支出。

在探明矿区内，钻井至现有已探明层位的支出，作为油气开发支出；为获取新增探明经济可采储量而继续钻至未探明层位的支出，作为钻井勘探支出，按照《企业会计准则第27号——石油天然气开采》第十三条和第十四条处理。

34.4 油气生产的会计处理

油气生产是指将油气从油气藏提取到地表以及在矿区内收集、拉运、处理、现场储存和矿区管理等活动。

1. 油气生产的确认和计量

油气的生产成本包括相关矿区权益折耗、井及相关设施折耗、辅助设备及设施折旧以及操作费用等。操作费用包括油气生产和矿区管理过程中发生的直接和间接费用。

2. 油气生产的折耗

企业应当采用产量法或年限平均法对井及相关设施计提折耗。井及相关设施包括确定发现了探明经济可采储量的探井和开采活动中形成的井，以及与开采活动直接相关的各种设施。采用产量法计提折耗的，折耗额可按照单个矿区计算，也可按照若干具有相同或类似地质构造特征或储层条件的相邻矿区所组成的矿区组计算。计算公式如下：

矿区井及相关设施折耗额=期末矿区井及相关设施账面价值×矿区井及相关设施折耗率

矿区井及相关设施折耗率=矿区当期产量/（矿区期末探明已开发经济可采储量+矿区当期产量）

探明已开发经济可采储量，包括矿区的开发井网钻探和配套设施建设完成后已全面投入开采的探明经济可采储量，以及在提高采收率技术所需的设施已建成并已投产后相应增加的可采储量。

小知识

油气资产是指油气开采企业所拥有或控制的井及相关设施和矿区权益。油气资产属于递耗资产。递耗资产是指通过开采、采伐、利用而逐渐耗竭，以致无法恢复或难以恢复、更新或按原样重置的自然资源，如矿藏等。

开采油气所必需的辅助设备和设施（如房屋、机器等），作为一般固定资产管理，适用《企业会计准则第 4 号——固定资产》。

油气资产的折耗是指油气资产随着当期开发进展而逐渐转移到所开采产品（油气）成本中的价值。《企业会计准则第 27 号——石油天然气开采》第六条和第二十一条规定，企业应当采用产量法或年限平均法对油气资产计提折耗。

（1）产量法又称单位产量法。该方法是以单位产量为基础对探明矿区权益的取得成本和井及相关设施成本计提折耗。采用该方法对油气资产计提折耗时，矿区权益应以探明经济可采储量为基础，井及相关设施以探明已开发经济可采储量为基础。

（2）年限平均法又称直线法。该方法将油气资产成本均衡地分摊到各会计期间。采用该方法计算的每期油气资产折耗金额相等。企业采用的油气资产折耗方法，一经确定，不得随意变更。

未探明矿区权益不计提折耗。

3. 辅助设备及设施的会计处理

地震设备、建造设备、车辆、修理车间、仓库、供应站、通信设备、办公设施等辅助设备及设施，应当按照《企业会计准则第 4 号——固定资产》处理。

4. 矿区废弃处置义务

企业承担的矿区废弃处置义务，满足《企业会计准则第 13 号——或有事项》中预计负债确认条件的，应当将该义务确认为预计负债，并相应增加井及相关设施的账面价值。

不符合预计负债确认条件的，在废弃时发生的拆卸、搬移、场地清理等支出，应当计入当期损益。

矿区废弃是指矿区内的最后一口井停产。

小知识

《企业会计准则第 27 号——石油天然气开采》第二十三条规定，在确认井及相关设施成本时，弃置义务应当以矿区为基础进行预计，主要涉及井及相关设施的弃置、拆移、填埋、清理和恢复生态环境等所发生的支出。

5. 减值

井及相关设施、辅助设备及设施的减值，应当按照《企业会计准则第 8 号——资产减值》处理。

34.5 石油天然气开采披露

1.《企业会计准则第 27 号——石油天然气开采》的规定

企业应当在附注中披露与石油天然气开采活动有关的下列信息。

（1）拥有国内和国外的油气储量年初、年末数据。

（2）当期在国内和国外发生的矿区权益的取得、油气勘探和油气开发各项支出的总额。

（3）探明矿区权益、井及相关设施的账面原值，累计折耗和减值准备累计金额及其计提方法；与油气开采活动相关的辅助设备及设施的账面原价，累计折旧和减值准备累计金额及其计提方法。

2. 《企业会计准则第 30 号——财务报表列报应用指南》的规定

一般企业报表附注（油气资产）如下：

（1）当期在国内和国外发生的取得矿区权益、油气勘探和油气开发各项支出的总额。

（2）油气资产的披露格式如表 34-1 所示。

表 34-1 油气资产的披露格式

项　　目	年初账面余额	本期增加额	本期减少额	期末账面余额
一、原价合计				
1. 探明矿区权益				
2. 未探明矿区权益				
3. 井及相关设施				
二、累计折耗合计				
1. 探明矿区权益				
2. 井及相关设施				
三、油气资产减值准备累计金额合计				
1. 探明矿区权益				
2. 未探明矿区权益				
3. 井及相关设施				
四、油气资产账面价值合计				
1. 探明矿区权益				
2. 未探明矿区权益				
3. 井及相关设施				

34.6 会计科目及主要账务处理

34.6.1 在建工程/油气勘探支出、油气开发支出

1. 会计科目核算内容

本科目核算企业基建、更新改造等在建工程发生的支出。在建工程发生减值的，可以单独设置“在建工程减值准备”科目，比照“固定资产减值准备”科目进行处理。企业（石油天然气开采）发生的油气勘探支出和油气开发支出，可以单独设置“油气勘探支出”、“油气开发支出”科目。

本科目的期末借方余额，反映企业尚未达到预定可使用状态的在建工程的成本。

2. 明细核算

本科目可按“建筑工程”、“安装工程”、“在安装设备”、“待摊支出”以及单项工程等进行明细核算。

3. 主要账务处理

（1）企业在建工程发生的管理费、征地费、可行性研究费、临时设施费、公证费、监理费及应负担的税费等，借记本科目（待摊支出），贷记“银行存款”等科目。

（2）企业发包的在建工程，应按合理估计的发包工程进度和合同规定结算的进度款，借记本科目，贷记“银行存款”、“预付账款”等科目。将设备交付建造承包商建造安装时，借记本科目（在安装设备），贷记“工程物资”科目。

工程完成时，按合同规定补付的工程款，借记本科目，贷记“银行存款”科目。

（3）企业自营在建工程的主要账务处理。

① 自营的在建工程领用工程物资、原材料或库存商品的，借记本科目，贷记“工程物资”、“原材料”、“库存商品”等科目。采用计划成本核算的，应同时结转应分摊的成本差异。涉及增值税的，还应进行相应的处理。

在建工程应负担的职工薪酬，借记本科目，贷记“应付职工薪酬”科目。

辅助生产部门为工程提供的水、电、设备安装、修理、运输等劳务，借记本科目，贷记“生产成本——辅助生产成本”等科目。

在建工程发生的借款费用满足借款费用资本化条件的，借记本科目，贷记“长期借款”、“应付利息”等科目。

② 在建工程进行负荷联合试车发生的费用，借记本科目（待摊支出），贷记“银行存款”、“原材料”等科目；试车形成的产品或副产品对外销售或转为库存商品的，借记“银行存款”、“库存商品”等科目，贷记本科目（待摊支出）。

③ 在建工程达到预定可使用状态时，应计算分配待摊支出，借记本科目（××工程），贷记本科目（待摊支出）；结转在建工程成本，借记“固定资产”等科目，贷记本科目（××工程）。

在建工程完工已领出的剩余物资应办理退库手续，借记“工程物资”科目，贷记本科目。

④ 建设期间发生的工程物资盘亏、报废及毁损净损失，借记本科目，贷记“工程物资”科目；盘盈的工程物资或处置净收益做相反的会计分录。

由于自然灾害等原因造成的在建工程报废或毁损，减去残料价值和过失人或保险公司等赔款后的净损失，借记“营业外支出——非常损失”科目，贷记本科目（建筑工程、安装工程等）。

（4）企业（石油天然气开采）在油气勘探过程中发生的各项钻井勘探支出，借记“油气勘探支出”科目，贷记“银行存款”、“应付职工薪酬”等科目。属于发现探明经济可采储量的钻井勘探支出，借记“油气资产”科目，贷记“油气勘探支出”科目；属于未发现探明经济可采储量的钻井勘探支出，借记“勘探费用”科目，贷记“油气勘探支出”科目。

企业（石油天然气开采）在油气开发过程中发生的各项相关支出，借记“油气开发支出”科目，贷记“银行存款”、“应付职工薪酬”等科目。开发工程项目达到预定可使用状态时，借记“油气资产”科目，贷记“油气开发支出”科目。

34.6.2 油气资产

1. 会计科目核算内容

本科目核算企业（石油天然气开采）持有的矿区权益和油气井及相关设施的原价。企业（石油天然气开采）可以单独设置“油气资产清理”科目，比照“固定资产清理”科目进行处理。企业（石油天然气开采）与油气开采活动相关的辅助设备及设施在“固定资产”科目核算。

本科目期末借方余额反映企业油气资产的原价。

2. 明细核算

本科目可按油气资产的类别、不同矿区或油田等进行明细核算。

3. 主要账务处理

（1）企业购入油气资产（含申请取得矿区权益）的成本，借记本科目，贷记“银行存款”、“应付票据”、“其他应付款”等科目。

（2）自行建造的油气资产，在油气勘探、开发工程达到预定可使用状态时，借记本科目，贷记“油气勘探支出”、“油气开发支出”等科目。

（3）油气资产存在弃置义务的，应在取得油气资产时，按预计弃置费用的现值，借记本科目，贷记“预计负债”科目。在油气资产的使用寿命内，计算确定各期应负担的利息费用，借记“财务费用”科目，贷记“预计负债”科目。

（4）处置油气资产，应按该项油气资产的账面价值，借记“油气资产清理”科目，按已计提的累计折耗，借记“累计折耗”科目，按其账面原价，贷记本科目。已计提减值准备的，还应同时结转减值准备。

34.6.3 累计折耗

1. 会计科目核算内容

本科目核算企业（石油天然气开采）油气资产的累计折耗。

本科目期末贷方余额，反映企业油气资产的累计折耗额。

2. 明细核算

本科目可按油气资产的类别、不同矿区或油田进行明细核算。

3. 主要账务处理

企业按期（月）计提油气资产的折耗，借记“生产成本”等科目，贷记本科目。处置油气资产时，还应同时结转油气资产累计折耗。

34.6.4 预计负债

1. 会计科目核算内容

本科目核算企业确认的对外提供担保、未决诉讼、产品质量保证、重组义务、亏损性合同等预计负债。

本科目期末贷方余额，反映企业已确认尚未支付的预计负债。

2. 明细核算

本科目可按形成预计负债的交易或事项进行明细核算。

3. 主要账务处理

（1）企业由对外提供担保、未决诉讼、重组义务产生的预计负债，应按确定的金额，借记“营业外支出”等科目，贷记本科目。由产品质量保证产生的预计负债，应按确定的金额，借记“销售费用”科目，贷记本科目。

由资产弃置义务产生的预计负债，应按确定的金额，借记“固定资产”或“油气资产”科目，贷记本科目。在固定资产或油气资产的使用寿命内，按计算确定各期应负担的利息费用，借记“财务费用”科目，贷记本科目。

（2）实际清偿或冲减的预计负债，借记本科目，贷记“银行存款”等科目。

（3）根据确凿证据需要对已确认的预计负债进行调整的，调整增加的预计负债，借记有关科目，贷记本科目；调整减少的预计负债做相反的会计分录。

34.6.5 勘探费用

1. 会计科目核算内容

本科目核算企业（石油天然气开采）在油气勘探过程中发生的地质调查、物理化学勘探各项支出和非成功探井等支出。

期末，应将本科目余额转入“本年利润”科目，结转后本科目无余额。

2. 明细核算

本科目可按勘探项目进行明细核算。

3. 主要账务处理

企业油气勘探过程中发生的各项非钻井勘探支出，借记本科目，贷记“银行存款”、“累计折旧”、“应付职工薪酬”等科目。油气勘探过程中发生的各项钻井勘探支出中属于未发现探明经济可采储量的钻井勘探支出，借记本科目，贷记“油气勘探支出”科目。

第 35 章 生物资产

35.1 生物资产的确认

生物资产是指有生命的动物和植物。

《企业会计准则第 5 号——生物资产》规范的农业，包括种植业、畜牧养殖业、林业和水产业等。

有生命的动物和植物具有生物转化的能力，这种能力导致生物资产质量或数量发生变化，通常表现为生长、蜕化、生产和繁殖等。生物资产的形态、价值以及产生经济利益的方式，随其出生、成长、衰老、死亡等自然规律和生产经营活动的变化而变化。企业从事农业生产的目的，主要是增强生物资产的生物转化能力，最终获得更多的符合市场需要的农产品。

农产品与生物资产密不可分，当其附在生物资产上时，构成生物资产的一部分。收获的农产品从生物资产这一母体分离开始，不再具有生命和生物转化能力、或者其生命和生物转化能力受到限制，应当作为存货处理，比如，从用材林中采伐的木材、奶牛产出的牛奶、绵羊产出的羊毛、肉猪宰杀后的猪肉、收获后的蔬菜、从果树上采摘的水果等。

1. 生物资产的分类

生物资产分为消耗性生物资产、生产性生物资产和公益性生物资产。

消耗性生物资产是指为出售而持有的，或在将来收获为农产品的生物资产，包括生长中的大田作物、蔬菜、用材林以及存栏待售的牲畜等。

小知识

关于林木类消耗性生物资产

（1）郁闭通常指林木类消耗性生物资产的郁闭度达 0.20 以上（含 0.20）。郁闭度是指森林中乔木树冠遮蔽地面的程度，是反映林分密度的指标，以林地树冠垂直投影面积与林地面积之比表示，完全覆盖地面为 1。

不同林种、不同林分等对郁闭度指标的要求有所不同，比如，生产纤维原料的工业原材料林一般要求郁闭度相对较高；以培育珍贵大径材为主要目标的林木一般要求郁闭度相对较低。企业应当结合历史经验数据和自身实际情况，确定林木类消耗性生物资产的郁闭度及是否达到郁闭。各类林木类消耗性生物资产的郁闭度一经确定，不得随意变更。

（2）郁闭之前的林木类消耗性生物资产处在培植阶段，需要发生较多的造林费、抚育费、营林设施费、良种试验费、调查设计费等相关支出，这些支出应当予以资本化计入林木成本；郁闭之后的林木类消耗性生物资产基本上可以比较稳定地成活，一般只需要发生较少的管护费用，应当计入当期费用。

因择伐、间伐或抚育更新等生产性采伐而进行补植所发生的支出，应当予以资本化。

生产性生物资产是指为产出农产品、提供劳务或出租等目的而持有的生物资产，包括经济林、薪炭林、产畜和役畜等。

公益性生物资产是指以防护、环境保护为主要目的的生物资产，包括防风固沙林、水土保持林和水源涵养林等。

2．生物资产的确认条件

生物资产同时满足下列条件的，才能予以确认：

（1）企业因过去的交易或者事项而拥有或者控制该生物资产。

（2）与该生物资产有关的经济利益或服务潜能很可能流入企业。

（3）该生物资产的成本能够可靠地计量。

生物资产的定义、分类和确认如图 35-1 所示。

生物资产的定义、分类和确认
- 定义 —— 生物资产，是指有生命的动物和植物。生物资产是与农业生产相关的有生命的动物和植物，其中涵盖收获时点的农产品
- 分类
  - 消耗性生物资产是指为出售而持有的、或在将来收获为农产品的生物资产，包括生长中的大田作物、蔬菜、用材林以及存栏待售的牲畜等
  - 生产性生物资产是指为产出农产品、提供劳务或出租等目的而持有的生物资产，包括经济林、薪炭林、产畜和役畜等
  - 公益性生物资产是指以防护、环境保护为主要目的的生物资产，包括防风固沙林、水土保持林和水源涵养林等
- 确认 —— 生物资产同时满足下列条件的，才能予以确认：
  （1）企业因过去的交易或者事项而拥有或者控制该生物资产
  （2）与该生物资产有关的经济利益或服务潜能很可能流入企业
  （3）该生物资产的成本能够可靠地计量

图 35-1　生物资产的定义、分类和确认

35.2　生物资产的初始计量

生物资产的计量如表 35-1 所示。

表 35-1　生物资产的计量

项　目	初始计量	后续支出	摊　销	减值准备
消耗性生物资产	按取得时的实际成本计量	某些情形下确认为当期费用 某些情形下予以资本化	不计提折旧	减值测试，计提跌价准备
生产性生物资产	按取得时的实际成本计量	某些情形下确认为当期费用 某些情形下（达到预定生产经营目的后）予以资本化	对进入正常生产期、可以多年连续收获或连续提供劳务的计提折旧	减值测试，计提减值准备

续表

项　目	初始计量	后续支出	摊　销	减值准备
公益性生物资产	按取得时的实际成本计量	达到预定公益目的后发生的管护费用等后续支出，确认为当期费用	不计提折旧	不计提减值准备

准则规定，企业取得消耗性、生产性、公益性生物资产，均按其实际成本进行初始计量。准则还对不同取得方式下实际成本的确定进行说明（见表 35-2）。

表 35-2　生物资产初始计量实际成本的确定

项　目	外　购	自行营造	天然起源
消耗性生物资产	购买价格、相关税费、运输费、保险费及其他可直接归属于购买该资产的其他支出	自行栽培大田作物和蔬菜：收获前发生的必要支出 自行营造林木类消耗性生物资产：郁闭成林前的必要支出 自行繁殖育肥畜：出售前发生的必要支出 水产养殖动植物：出售或入库前的必要支出	参照人工培育的同类消耗性生物资产的实际成本确定
生产性生物资产	购买价格、相关税费、运输费、保险费及其他可直接归属于购买该资产的其他支出	自行营造的林木类生产性生物资产：达到预定生产经营目的前发生的必要支出 自行繁殖的产畜和役畜：成龄前发生的必要支出	无规定
公益性生物资产	购买价格、相关税费、运输费、保险费及其他可直接归属于购买该资产的其他支出	自行营造的林木类公益性生物资产：达到预定公益目的前发生的必要支出	参照人工培育的同类公益性生物资产的实际成本确定

从表 35-2 可以看出，三类生物资产在确定外购取得资产实际成本的原则相同。消耗性生物资产和公益性生物资产在确定天然起源的资产实际成本的原则也相同。至于自行营造方式，三类生物资产分别根据某时点（初始计量资本化终止点）之前的必要支出确定，如自行营造的消耗性生物资产按出售或收获前的必要支出确定，自行营造的生产性生物资产按达到产出农产品、提供劳务或出租目的之前的必要支出确定，自行营造的公益性生物资产按达到预定公益目的之前的必要支出确定。

35.2.1　初始计量

生物资产应当按照成本进行初始计量。

1. 外购生物资产的成本

外购生物资产的成本包括购买价款、相关税费、运输费、保险费以及可直接归属于购买该资产的其他支出。

企业基于产品价格等因素的考虑，可能以一笔款项购入多项没有单独标价的生物资产。如果这些生物资产均符合生物资产的定义，并满足生物资产的确认标准，则应将各项资产单独确认为生物资产，并按各项生物资产公允价值的比例对总成本进行分配，分别确定各项生物资产的入账价值。如果以一笔款项购入的多项资产中还包括生物资产以外的其他资产，则应按类似的方法予以处理。

【例35-1】 海南海口农业公司从市场上一次性购买了10头种母猪，为此共支付价款65 600元，发生的运输费为400元、装卸费为600元，款项全部以银行存款支付。

种母猪属于产畜，应属生产性生物资产。据准则确定应计入生物资产成本的金额，包括买价、运输费、保险费、装卸费等，即种母猪的入账金额=65 600+400+600=66 600（元）。

【例 35-2】 为降低购买成本，20×7 年 6 月 8 日，海南海口农业公司从市场上一次性购买了混群核算的 5 头种牛、3 头肉猪和 10 株橡胶树苗，为此共支付价款 40 000 元，发生的运输费为 800 元、保险费为 500 元、装卸费为 600 元，款项全部以银行存款支付。假设 5 头种牛、3 头肉猪、10 株橡胶树苗分别满足生物资产的定义及其确认标准，公允价值分别为 20 000 元、14 000 元、6 000 元。假设不考虑其他相关税费。

海南海口农业公司的会计处理如下：

（1）确定应计入生物资产成本的金额，包括买价、运输费、保险费、装卸费等。

生物资产成本=40 000+800+500+600=41 900（元）

（2）确定 5 头种牛、3 头肉猪和 10 株橡胶树苗的价值分配比例。

5 头种牛应分配的生物资产价值比例=20 000÷（20 000+14 000+6 000）×100%=50%

3 头肉猪应分配的生物资产价值比例=14 000÷（20 000+14 000+6 000）×100%=35%

10 株橡胶树苗应分配的生物资产价值比例=6 000÷（20 000+14 000+6 000）×100%=15%

（3）确定 5 头种牛、3 头肉猪和 10 株橡胶树苗各自的入账价值。

5 头种牛的入账价值=41 900×50%=20 950（元）

3 头肉猪的入账价值=41 900×35%=14 665（元）

10 株橡胶树苗的入账价值=41 900×15%=6 285（元）

会计分录如下：

借：生产性生物资产——种牛	20 950	
——橡胶树苗	6 285	
消耗性生物资产	14 665	
贷：银行存款		41 900

2．自行栽培、营造、繁殖或养殖的消耗性生物资产的成本

（1）自行栽培的大田作物和蔬菜的成本，包括在收获前耗用的种子、肥料、农药等材料费、人工费和应分摊的间接费用等必要支出。

（2）自行营造的林木类消耗性生物资产的成本，包括郁闭前发生的造林费、抚育费、营林设施费、良种试验费、调查设计费和应分摊的间接费用等必要支出。

（3）自行繁殖的育肥畜的成本，包括出售前发生的饲料费、人工费和应分摊的间接费用等必要支出。

（4）水产养殖的动物和植物的成本，包括在出售或入库前耗用的苗种、饲料、肥料等材料费、人工费和应分摊的间接费用等必要支出。

【例 35-3】 海南海口农业公司 20×7 年度自行营造的林木类消耗性生物资产在郁闭前发生的造林费 4 000 元，抚育费 3 000 元，营林设施摊销费 2 000 元，应分摊的间接费用 1 200 元，均以银行存款支付。

海南海口农业公司的会计处理如下：

借：银行存款　　10 200
　贷：消耗性生物资产　　7 000
　　　农业生产成本　　3 200

3. 自行营造或繁殖的生产性生物资产的成本

（1）自行营造的林木类生产性生物资产的成本，包括达到预定生产经营目的前发生的造林费、抚育费、营林设施费、良种试验费、调查设计费和应分摊的间接费用等必要支出。

（2）自行繁殖的产畜和役畜的成本，包括达到预定生产经营目的（成龄）前发生的饲料费、人工费和应分摊的间接费用等必要支出。达到预定生产经营目的，是指生产性生物资产进入正常生产期，可以多年连续稳定产出农产品、提供劳务或出租。

【例 35-4】 20×7 年 1 月，海南海口农业公司自行营造的生产性生物资产共发生支出 1 200 元，其中 1 000 元为以银行存款支付的相关费用，200 元为分摊的间接费用。

海南海口农业公司的会计处理如下：

借：生产性生物资产——未成熟生产性生物资产　　1 200
　贷：银行存款　　1 000
　　　农业生产成本　　200

4. 自行营造的公益性生物资产的成本

应当按照郁闭前发生的造林费、抚育费、森林保护费、营林设施费、良种试验费、调查设计费和应分摊的间接费用等必要支出确定。

【例 35-5】 20×7 年 2 月份，海南海口农业公司利用国家资金营造的公益林达到预定目的，共发生支出 23 000 元，其中 20 000 元为工人的工资和福利费，3 000 元为分摊的间接费用。

海南海口农业公司的会计处理如下：

借：公益性生物资产　　23 000
　贷：农业生产成本　　3 000
　　　应付职工薪酬　　20 000
借：专项应付款　　23 000
　贷：资本公积　　23 000

5. 应计入生物资产成本的借款费用

按照《企业会计准则第 17 号——借款费用》处理。消耗性林木类生物资产发生的借款费用，应当在郁闭时停止资本化。

6. 投资者投入生物资产的成本

应当按照投资合同或协议约定的价值确定，但合同或协议约定价值不公允的除外。

【例 35-6】 海南海口农业公司系股份有限公司，其注册资本为 100 000 元。20×7 年 6 月 30 日，海南海口农业公司接受江西南坑农业公司以某生产性生物资产进行投资。该生产性生物资产的原价为 56 000 元，已计提折旧 16 620 元，双方经协商确认的价值为 44 380 元，占智董公司注册资本的 30%。假定不考虑其他相关税费。

海南海口农业公司的账务处理如下：

借：生产性生物资产	44 380	
贷：股本——江西南坑农业公司		30 000
资本公积——股本溢价		14 380

7．天然起源的生物资产的成本

天然起源的生物资产的成本，应当按照名义金额确定。

天然林等天然起源的生物资产，有确凿证据表明企业能够拥有或者控制时，才能予以确认。

企业拥有或控制的天然起源的生物资产，通常并未进行相关的农业生产，如企业从土地、河流湖泊中取得的天然生长的天然林、水生动植物等。

根据《企业会计准则第 5 号——生物资产》第十三条规定，企业应当按照名义金额确定天然起源的生物资产的成本，同时计入当期损益，名义金额为 1 元。

8．非货币性资产交换、债务重组和企业合并取得的生物资产的成本

应当分别按照《企业会计准则第 7 号——非货币性资产交换》、《企业会计准则第 12 号——债务重组》和《企业会计准则第 20 号——企业合并》确定。

35.2.2 后续支出

（1）因择伐、间伐或抚育更新性质采伐而补植林木类生物资产发生的后续支出，应当计入林木类生物资产的成本。

（2）生物资产在郁闭或达到预定生产经营目的后发生的管护、饲养费用等后续支出，应当计入当期损益。

上述规定可归纳为初始计量资本化终止点之后发生的后续支出应确认为当期费用，因择伐、间伐而补植林木类消耗性、生产性生物资产的后续支出应资本化。

35.2.3 林木类消耗性生物资产的资本化

1．郁闭及郁闭度

郁闭通常指林木类消耗性生物资产的郁闭度达 0.20 以上（含 0.20）。郁闭度是指森林中乔木树冠遮蔽地面的程度，它是反映林分密度的指标，以林地树冠垂直投影面积与林地面积之比表示，完全覆盖地面为 1。根据联合国粮农组织规定，郁闭度达 0.20 以上（含 0.20）的为郁闭林（其中一般以 0.20 ~ 0.69 为中度郁闭，0.70 以上为密郁闭）；0.20 以下（不含 0.20）的为疏林（未郁闭林）。

不同林种、不同林分等对郁闭度指标的要求有所不同，比如，以降低雨水冲刷为主要目标的水土保持林要求郁闭度相对较高；以培育珍贵大径材为主要目标的林木要求郁闭度相对较低。企业应当结合历史经验数据和自身实际情况，确定林木类消耗性生物资产的郁闭度及是否达到郁闭。

2．消耗性生物资产郁闭前的相关支出应予资本化，郁闭后的相关支出计入当期费用

郁闭是判断消耗性生物资产相关支出（包括借款费用）资本化或者费用化的时点。

郁闭之前的林木类消耗性生物资产处在培植阶段，需要发生较多的造林费、抚育费、营林设施费、良种试验费、调查设计费相关支出，这些支出应当予以资本化计入林木成本；郁闭之

后的林木类消耗性生物资产基本上可以比较稳定地成活，一般只需要发生较少的管护费用，应当计入当期费用。

因择伐、间伐或抚育更新性质采伐而进行补植所发生的支出，应予以资本化。

35.3　生物资产的后续计量

企业应当按照《企业会计准则第 5 号——生物资产》第十七条至第二十一条的规定对生物资产进行后续计量，但《企业会计准则第 5 号——生物资产》第二十二条规定的除外。

生物资产的后续计量如图 35-2 所示。

生物资产的后续计量
- 使用寿命、预计净残值和折旧方法的确定
- 减值
- 采用公允价值计量

图 35-2　生物资产的后续计量

1. 生物资产的折旧

企业对达到预定生产经营目的的生产性生物资产，应当按期计提折旧，并根据用途分别计入相关资产的成本或当期损益。

企业应当根据生产性生物资产的性质、使用情况和有关经济利益的预期实现方式，合理确定其使用寿命、预计净残值和折旧方法。可选用的折旧方法包括年限平均法、工作量法、产量法等。

生产性生物资产的使用寿命、预计净残值和折旧方法一经确定，不得随意变更。但是，符合《企业会计准则第 5 号——生物资产》第二十条规定的除外。

企业确定生产性生物资产的使用寿命，应当考虑下列因素。

（1）该资产的预计产出能力或实物产量。

（2）该资产的预计有形损耗，如产畜和役畜衰老、经济林老化等。

（3）该资产的预计无形损耗，如因新品种的出现而使现有的生产性生物资产的产出能力和产出农产品的质量等方面相对下降、市场需求的变化使生产性生物资产产出的农产品相对过时等。

企业至少应当于每年年度终了对生产性生物资产的使用寿命、预计净残值和折旧方法进行复核。

使用寿命或预计净残值的预期数与原先估计数有差异的，或者有关经济利益预期实现方式有重大改变的，应当作为会计估计变更，按照《企业会计准则第 28 号——会计政策、会计估计变更和差错更正》处理，调整生产性生物资产的使用寿命或预计净残值或者改变折旧方法。

【例 35-7】　海南海口农业公司有一生产性生物资产原价为 500 000 元，预计使用年限为 20 年，预计净残值率为 2%；假设海南海口农业公司没有为该生产性生物计提减值准备。

该生产性生物的折旧率和折旧额的计算如下：

年折旧率=（1–2%）÷20=4.9%

月折旧率=4.9%÷12=0.41%

月折旧额=500 000×0.41%=2 050（元）

上述折旧率是按个别生产性生物资产单独计算的，称为个别折旧率，即某项生产性生物资产在一定期间的折旧额与该项生产性生物资产原价的比率。此外，还有分类折旧率和综合折旧率。

【例 35-8】 海南海口农业公司的一头奶牛原价为 8 000 元，预计生产牛奶 20 000 千克，预计净残值率为 5%，本月生产牛奶 400 千克。

该头奶牛的月折旧额计如下：

每千克牛奶折旧额=8 000×（1−5%）÷20 000 =0.38（元/千克）

月折旧额=400×0.38=152（元）

【例 35-9】 20×7 年 3 月，海南海口农业公司主要种植小麦、玉米、大豆的农田防护林本月应计提的折旧为 300 元，奶牛应计提的折旧为 600 元。

海南海口农业公司的会计处理如下：

借：生产成本（农业） 900

　贷：生产性生物资产累计折旧 900

2．生物资产跌价准备或减值准备

企业至少应当于每年年度终了对消耗性生物资产和生产性生物资产进行检查，有确凿证据表明由于遭受自然灾害、病虫害、动物疫病侵袭或市场需求变化等原因，使消耗性生物资产的可变现净值或生产性生物资产的可收回金额低于其账面价值的，应当按照可变现净值或可收回金额低于账面价值的差额，计提生物资产跌价准备或减值准备，并计入当期损益。上述可变现净值和可收回金额，应当分别按照《企业会计准则第 1 号——存货》和《企业会计准则第 8 号——资产减值》确定。

消耗性生物资产减值的影响因素已经消失的，减记金额应当予以恢复，并在原已计提的跌价准备金额内转回，转回的金额计入当期损益。生产性生物资产减值准备一经计提，不得转回。公益性生物资产不计提减值准备。

小知识

消耗性和生产性生物资产的减值迹象

《企业会计准则第 5 号——生物资产》第二十一条规定，企业至少应当于每年年度终了对消耗性和生产性生物资产进行检查，有确凿证据表明生物资产发生减值的，应当计提消耗性生物资产跌价准备或生产性生物资产减值准备。

生物资产存在下列情形之一的，通常表明该生物资产发生了减值。

（1）因遭受火灾、旱灾、水灾、冻灾、台风、冰雹等自然灾害，造成消耗性或生产性生物资产发生实体损坏，影响该资产的进一步生长或生产，从而降低其产生经济利益的能力。

（2）因遭受病虫害或动物疫病侵袭，造成消耗性或生产性生物资产的市场价格大幅度持续下跌，并且在可预见的未来无回升的希望。

（3）因消费者偏好改变而使企业消耗性或生产性生物资产收获的农产品的市场需求发生变化，导致市场价格逐渐下跌。

（4）因企业所处经营环境，如动植物检验检疫标准等发生重大变化，从而对企业产生不利影响，导致消耗性或生产性生物资产的市场价格逐渐下跌。

（5）其他足以证明消耗性或生产性生物资产实质上已经发生减值的情形。

【例 35-10】 20×7 年 12 月 31 日，海南海口农业公司对橡胶园（经济林，生产性生物资产）进行检查时发现其可能发生减值。橡胶园尚可使用 5 年，预计其在未来 4 年内产生的现金流量分别为 400 000 元、360 000 元、320 000 元、250 000 元。第 5 年产生的现金流量以及使用寿命结束时处置形成的现金流量合计为 200 000 元。在考虑相关风险的基础上，公司决定采用 5%的折现率。假设 20×7 年 12 月 31 日该橡胶园的账面价值为 1 500 000 元，以前年度没有计提生产性生物资产减值准备。

有关计算过程如表 35-3 所示。

表 35-3 生产性生物资产未来现金流量贴现表 金额单位：元

年 度	未来现金流量	折现率	现值系数	现 值
2008	400 000	5%	0.9524	380 960
2009	360 000	5%	0.9070	326 520
2010	320 000	5%	0.8638	276 416
2011	250 000	5%	0.8227	205 675
2012	200 000	5%	0.7835	156 700
合 计				1 346 271

该企业橡胶园的账面价值为 1 500 000 元，可收回金额为 1 346 271 元，其账面价值大于可收回金额的差额为 153 729 元（1 500 000–1 346 271）。因此，应计提 153 729 元的减值准备。

【例 35-11】 20×1 年 12 月 31 日，海南海口农业公司在对某橡胶园进行检查时发现其可能发生减值。该类橡胶园的公允价值总额为 1 210 000 元，可归属于该橡胶园的处置费用为 10 000 元。预计尚可使用 5 年，预计其在未来 4 年内每年年末产生的现金流量分别为 400 000 元、360 000 元、320 000 元、250 000 元。第 5 年产生的现金流量以及使用寿命结束时处置形成的现金流量合计为 200 000 元。假定在考虑相关因素的基础上，海南海口农业公司决定采用 5%的折现率。有关计算过程如表 35-4 所示。

表 35-4 橡胶园未来现金流量现值计算表

年 度	预计未来现金流量（元）	折现率	现值系数	预计未来现金流量现值（元）
20×2 年	400 000	5%	0.9524	380 960
20×3 年	360 000	5%	0.9070	326 520
20×4 年	320 000	5%	0.8638	276 416
20×5 年	250 000	5%	0.8227	205 675
20×6 年	200 000	5%	0.7835	156 700
合 计				1 346 271

由表 35-4 可见，海南海口农业公司预计该橡胶园未来现金流量的现值为 1 346 271 元，大于其公允价值减去处置费用后的净额 1 200 000 元（1 210 000–10 000），所以，该橡胶园的可收回金额为 1 346 271 元。

假定该橡胶园的账面价值为 1 600 000 元，以前年度未计提减值准备。海南海口农业公司的会计处理如下：

借：资产减值损失　　253 729

　贷：生产性生物资产减值准备　　253 729

3. 采用公允价值计量

生物资产通常按照成本计量，但有确凿证据表明其公允价值能够持续可靠取得的除外。采用公允价值计量的生物资产，应当同时满足下列两个条件。

（1）生物资产有活跃的交易市场。活跃的交易市场，是指同时具有下列特征的市场：

① 市场内交易的对象具有同质性。

② 可以随时找到自愿交易的买方和卖方。

③ 市场价格的信息是公开的。

（2）能够从交易市场上取得同类或类似生物资产的市场价格及其他相关信息，从而对生物资产的公允价值做出合理估计。同类或类似是指生物资产的品种相同或类似、质量等级相同或类似、生长时间相同或类似、所处气候和地理环境相同或类似。

【例 35-12】 20×8 年 4 月 30 日，海南海口农业公司某生产性生物资产账面余额为 23 000 元，公允价值为 22 000 元。某消耗性生物资产账面余额为 12 000 元，公允价值为 14 000 元；某公益性生物资产账面余额为 2 100 元，公允价值为 2 300 元。假定海南海口农业公司对生物资产采用公允价值计量，不考虑其他因素。

海南海口农业公司的会计处理如下：

借：公允价值变动损益　　1 000

　贷：生产性生物资产　　1 000

借：消耗性生物资产　　2 000

　　公益性生物资产　　200

　贷：公允价值变动损益　　2 200

35.4 生物资产的收获与处置

生物资产的收获与处置内容如图 35-3 所示。

生物资产的收获与处置

- 结转成本：
  （1）消耗性生物资产。对于消耗性生物资产，应当在收获或出售时，按照其账面价值结转成本。结转成本的方法包括加权平均法、个别计价法、蓄积量比例法、轮伐期年限法等
  （2）生产性生物资产。生产性生物资产收获的农产品成本，按照产出或采收过程中发生的材料费、人工费和应分摊的间接费用等必要支出计算确定，并采用加权平均法、个别计价法、蓄积量比例法、轮伐期年限法等方法，将其账面价值结转为农产品成本。收获之后的农产品，应当按照《企业会计准则第 1 号——存货》处理
- 改变用途：生物资产改变用途后的成本，应当按照改变用途时的账面价值确定
- 处置收益：生物资产出售、盘亏或死亡、毁损时，应当将处置收入扣除其账面价值和相关税费后的余额计入当期损益

图 35-3　生物资产的收获与处置

【例 35-13】 20×7 年 1 月 31 日，海南海口农业公司库存小麦 20 吨，成本为 2 000 元。假定不考虑其他因素。

海南海口农业公司的会计处理如下：

借：农产品　　2 000
　贷：消耗性生物资产　　2 000

【例 35-14】 20×7 年 2 月，海南海口农业公司出售活鱼 3 000 千克，每千克成本为 7.25 元，每千克销售价格为 8 元。假定不考虑相关税费。

海南海口农业公司的会计处理如下：

借：应收账款　　24 000
　贷：主营业务收入　　24 000
借：主营业务成本　　21 750
　贷：消耗性生物资产　　21 750

【例 35-15】 20×7 年 9 月 30 日，海南海口农业公司丢失 2 头母猪，账面原价为 1 500 元，已计提折旧 600 元，未计提减值准备。经研究决定由保卫人员赔偿 600 元。假定不考虑其他因素。

海南海口农业公司的会计处理如下：

借：待处理财产损溢　　900
　　生产性生物资产累计折旧　　600
　贷：生产性生物资产　　1 500
借：其他应收款　　600
　　管理费用　　300
　贷：待处理财产损溢　　900

35.5 会计科目及主要账务处理

35.5.1 库存商品/农产品

1. 会计科目核算内容

本科目核算企业库存的各种商品的实际成本（或进价）或计划成本（或售价），包括库存产成品、外购商品、存放在门市部准备出售的商品、发出展览的商品以及寄存在外的商品等。

接受来料加工制造的代制品和为外单位加工修理的代修品，在制造和修理完成验收入库后，视同企业的产成品，也通过本科目核算。

企业（房地产开发）的开发产品，可将本科目改为“1405 开发产品”科目。

企业（农业）收获的农产品，可将本科目改为“1405 农产品”科目。

本科目期末借方余额，反映企业库存商品的实际成本（或进价）或计划成本（或售价）。

2. 明细核算

本科目可按库存商品的种类、品种和规格等进行明细核算。

3. 主要账务处理

（1）企业生产的产成品一般应按实际成本核算，产成品的入库和出库，平时只记数量不记金额，期（月）末计算入库产成品的实际成本。生产完成验收入库的产成品，按其实际成本，借记本科目、“农产品”等科目，贷记“生产成本”、“消耗性生物资产”、“农业生产成本”等科目。

产成品种类较多的，也可按计划成本进行日常核算，其实际成本与计划成本的差异，可以单独设置“产品成本差异”科目，比照“材料成本差异”科目核算。

采用实际成本进行产成品日常核算的，发出产成品的实际成本，可以采用先进先出法、加权平均法或个别认定法计算确定。

对外销售产成品（包括采用分期收款方式销售产成品），结转销售成本时，借记“主营业务成本”科目，贷记本科目。采用计划成本核算的，发出产成品还应结转产品成本差异，将发出产成品的计划成本调整为实际成本。

（2）购入商品采用进价核算的，在商品到达验收入库后，按商品进价，借记本科目，贷记“银行存款”、“在途物资”等科目。委托外单位加工收回的商品，按商品进价，借记本科目，贷记“委托加工物资”科目。

购入商品采用售价核算的，在商品到达验收入库后，按商品售价，借记本科目，按商品进价，贷记“银行存款”、“在途物资”等科目，按商品售价与进价的差额，贷记“商品进销差价”科目。委托外单位加工收回的商品，按商品售价，借记本科目，按委托加工商品的账面余额，贷记“委托加工物资”科目，按商品售价与进价的差额，贷记“商品进销差价”科目。

对外销售商品（包括采用分期收款方式销售商品），结转销售成本时，借记“主营业务成本”科目，贷记本科目。采用进价进行商品日常核算的，发出商品的实际成本，可以采用先进先出法、加权平均法或个别认定法计算确定。采用售价核算的，还应结转应分摊的商品进销差价。

（3）企业（房地产开发）开发的产品，达到预定可销售状态时，按实际成本，借记“开发产品”科目，贷记“开发成本”科目。期末，企业结转对外转让、销售和结算开发产品的实际成本，借记“主营业务成本”科目，贷记“开发产品”科目。

企业将开发的营业性配套设施用于本企业从事第三产业经营用房，应视同自用固定资产进行处理，并按营业性配套设施的实际成本，借记“固定资产”科目，贷记“开发产品”科目。

35.5.2 消耗性生物资产

1．会计科目核算内容

本科目核算企业（农业）持有的消耗性生物资产的实际成本。消耗性生物资产发生减值的，可以单独设置“消耗性生物资产跌价准备”科目，比照“存货跌价准备”科目进行处理。

2．明细核算

本科目可按消耗性生物资产的种类、群别等进行明细核算。

3．主要账务处理

（1）外购的消耗性生物资产，按应计入消耗性生物资产成本的金额，借记本科目，贷记“银行存款”、“应付账款”、“应付票据”等科目。

（2）自行栽培的大田作物和蔬菜，应按收获前发生的必要支出，借记本科目，贷记“银行存款”等科目。自行营造的林木类消耗性生物资产，应按郁闭前发生的必要支出，借记本科目，贷记“银行存款”等科目。自行繁殖的育肥畜、水产养殖的动植物，应按出售前发生的必要支出，借记本科目，贷记“银行存款”等科目。

（3）取得天然起源的消耗性生物资产，应按名义金额，借记本科目，贷记“营业外收入”科目。

（4）产畜或役畜淘汰转为育肥畜的，按转群时的账面价值，借记本科目，按已计提的累计折旧，借记“生产性生物资产累计折旧”科目，按其账面余额，贷记“生产性生物资产”科目。已计提减值准备的，还应同时结转减值准备。

育肥畜转为产畜或役畜的，应按其账面余额，借记“生产性生物资产”科目，贷记本科目。已计提跌价准备的，还应同时结转跌价准备。

（5）择伐、间伐或抚育更新性质采伐而补植林木类消耗性生物资产发生的后续支出，借记本科目，贷记“银行存款”等科目。林木类消耗性生物资产达到郁闭后发生的管护费用等后续支出，借记“管理费用”科目，贷记“银行存款”等科目。

（6）农业生产过程中发生的应归属于消耗性生物资产的费用，按应分配的金额，借记本科目，贷记“农业生产成本”科目。

（7）消耗性生物资产收获为农产品时，应按其账面余额，借记“农产品”科目，贷记本科目。已计提跌价准备的，还应同时结转跌价准备。

（8）出售消耗性生物资产，应按实际收到的金额，借记“银行存款”等科目，贷记“主营业务收入”等科目。按其账面余额，借记“主营业务成本”等科目，贷记本科目。已计提跌价准备的，还应同时结转跌价准备。

本科目期末借方余额，反映企业消耗性生物资产的实际成本。

35.5.3 生产性生物资产

1. 会计科目核算内容

本科目核算企业（农业）持有的生产性生物资产原价。

2. 明细核算

本科目可按“未成熟生产性生物资产”和“成熟生产性生物资产”，分别生物资产的种类、群别、所属部门等进行明细核算。

生产性生物资产发生减值的，可以单独设置“生产性生物资产减值准备”科目，比照“固定资产减值准备”科目进行处理。

3. 主要账务处理

（1）企业外购的生产性生物资产，按应计入生产性生物资产成本的金额，借记本科目，贷记“银行存款”等科目。

（2）自行营造的林木类生产性生物资产、自行繁殖的产畜和役畜，应按达到预定生产经营目的前发生的必要支出，借记本科目（未成熟生产性生物资产），贷记“银行存款”等科目。

（3）天然起源的生产性生物资产，应按名义金额，借记本科目，贷记“营业外收入”科目。

（4）育肥畜转为产畜或役畜，应按其账面余额，借记本科目，贷记“消耗性生物资产”科目。已计提跌价准备的，还应同时结转跌价准备。

产畜或役畜淘汰转为育肥畜，按转群时的账面价值，借记“消耗性生物资产”科目，按已计提的累计折旧，借记“生产性生物资产累计折旧”科目，按其账面余额，贷记本科目。已计提减值准备的，还应同时结转减值准备。

（5）未成熟生产性生物资产达到预定生产经营目的时，按其账面余额，借记本科目（成熟生产性生物资产），贷记本科目（未成熟生产性生物资产）。已计提减值准备的，还应同时结转减值准备。

（6）择伐、间伐或抚育更新等生产性采伐而补植林木类生产性生物资产发生的后续支出，借记本科目，贷记“银行存款”等科目。生产性生物资产达到预定生产经营目的后发生的管护、饲养费用等后续支出，借记“管理费用”科目，贷记“银行存款”等科目。

（7）处置生产性生物资产，应按实际收到的金额，借记“银行存款”等科目，按已计提的累计折旧，借记“生产性生物资产累计折旧”科目，按其账面余额，贷记本科目，按其差额，借记“营业外支出——处置非流动资产损失”科目或贷记“营业外收入——处置非流动资产利得”科目。已计提减值准备的，还应同时结转减值准备。

本科目期末借方余额，反映企业生产性生物资产的原价。

35.5.4 生产性生物资产累计折旧

1. 会计科目核算内容

本科目核算企业（农业）成熟生产性生物资产的累计折旧。

本科目期末贷方余额，反映企业成熟生产性生物资产的累计折旧额。

2. 明细核算

本科目可按生产性生物资产的种类、群别、所属部门等进行明细核算。

3. 主要账务处理

企业按期（月）计提成熟生产性生物资产的折旧，借记“农业生产成本”、“管理费用”等科目，贷记本科目。处置生产性生物资产还应同时结转生产性生物资产累计折旧。

35.5.5 公益性生物资产

1. 会计科目核算内容

本科目核算企业（农业）持有的公益性生物资产的实际成本。

本科目期末借方余额，反映企业公益性生物资产的原价。

2. 明细核算

本科目可按公益性生物资产的种类或项目进行明细核算。

3. 主要账务处理

（1）企业外购的公益性生物资产，按应计入公益性生物资产成本的金额，借记本科目，贷记“银行存款”等科目。

（2）自行营造的公益性生物资产，应按郁闭前发生的必要支出，借记本科目，贷记“银行存款”等科目。

（3）天然起源的公益性生物资产，应按名义金额，借记本科目，贷记“营业外收入”科目。

（4）消耗性生物资产、生产性生物资产转为公益性生物资产的，应按其账面余额或账面价值，借记本科目，按已计提的生产性生物资产累计折旧，借记“生产性生物资产累计折旧”科目，按其账面余额，贷记“消耗性生物资产”、“生产性生物资产”等科目。已计提跌价准备或减值准备的，还应同时结转跌价准备或减值准备。

（5）择伐、间伐或抚育更新等生产性采伐而补植林木类公益性生物资产发生的后续支出，借记本科目，贷记“银行存款”等科目。林木类公益性生物资产郁闭后发生的管护费用等其他后续支出，借记“管理费用”科目，贷记“银行存款”等科目。

35.5.6 待处理财产损溢

1．会计科目核算内容

本科目核算企业在清查财产过程中查明的各种财产盘盈、盘亏和毁损的价值。物资在运输途中发生的非正常短缺与损耗，也通过本科目核算。企业如有盘盈固定资产的，应作为前期差错记入“以前年度损益调整”科目。

2．明细核算

本科目可按盘盈、盘亏的资产种类和项目进行明细核算。

3．主要账务处理

（1）盘盈的各种材料、产成品、商品、生物资产等，借记“原材料”、“库存商品”、“消耗性生物资产”等科目，贷记本科目。

盘亏、毁损的各种材料、产成品、商品、生物资产等，盘亏的固定资产，借记本科目，贷记“原材料”、“库存商品”、“消耗性生物资产”、“固定资产”等科目。材料、产成品、商品采用计划成本（或售价）核算的，还应同时结转成本差异（或商品进销差价）。涉及增值税的，还应进行相应处理。

（2）盘亏、毁损的各项资产，按管理权限报经批准后处理时，按残料价值，借记“原材料”等科目，按可收回的保险赔偿或过失人赔偿，借记“其他应收款”科目，按本科目余额，贷记本科目，按其借方差额，借记“管理费用”、“营业外支出”等科目。

盘盈的除固定资产以外的其他财产，借记本科目，贷记“管理费用”、“营业外收入”等科目。

企业的财产损溢，应查明原因，在期末结账前处理完毕，处理后本科目应无余额。

35.5.7 生产成本

1．会计科目核算内容

本科目核算企业进行工业性生产发生的各项生产成本，包括生产各种产品（产成品、自制半成品等）、自制材料、自制工具、自制设备等。

企业（农业）进行农业生产发生的各项生产成本，可将本科目改为“5001 农业生产成本”科目，并分别种植业、畜牧养殖业、林业和水产业确定成本核算对象（消耗性生物资产、生产性生物资产、公益性生物资产和农产品）和成本项目，进行费用的归集和分配。

企业（房地产开发）可将本科目改为“5001 开发成本”科目。

本科目期末借方余额，反映企业尚未加工完成的在产品成本或尚未收获的农产品成本。

2．明细核算

本科目可按基本生产成本和辅助生产成本进行明细核算。

基本生产成本应当分别按照基本生产车间和成本核算对象（产品的品种、类别、订单、批别、生产阶段等）设置明细账（或成本计算单，下同），并按照规定的成本项目设置专栏。

3．主要账务处理

（1）企业发生的各项直接生产成本，借记本科目（基本生产成本、辅助生产成本），贷记“原材料”、“库存现金”、“银行存款”、“应付职工薪酬”等科目。

各生产车间应负担的制造费用，借记本科目（基本生产成本、辅助生产成本），贷记“制造费用”科目。

辅助生产车间为基本生产车间、企业管理部门和其他部门提供的劳务和产品，期（月）末按照一定的分配标准分配给各受益对象，借记本科目（基本生产成本）、“管理费用”、“销售费用”、“其他业务成本”、“在建工程”等科目，贷记本科目（辅助生产成本）。

企业已经生产完成并已验收入库的产成品以及入库的自制半成品，应于期（月）末，借记“库存商品”等科目，贷记本科目（基本生产成本）。

（2）生产性生物资产在产出农产品过程中发生的各项费用，借记“农业生产成本”科目，贷记“库存现金”、“银行存款”、“原材料”、“应付职工薪酬”、“生产性生物资产累计折旧”等科目。

农业生产过程中发生的应由农产品、消耗性生物资产、生产性生物资产和公益性生物资产共同负担的费用，借记“农业生产成本——共同费用”科目，贷记“库存现金”、“银行存款”、“原材料”、“应付职工薪酬”、“农业生产成本”等科目。

期（月）末，可按一定的分配标准对上述共同负担的费用进行分配，借记“农业生产成本——农产品”、“消耗性生物资产”、“生产性生物资产”、“公益性生物资产”等科目，贷记“农业生产成本——共同费用”科目。

应由生产性生物资产收获的农产品负担的费用，应当采用合理的方法在农产品各品种之间进行分配；如有尚未收获的农产品，还应当在已收获和尚未收获的农产品之间进行分配。

生产性生物资产收获的农产品验收入库时，按其实际成本，借记“农产品”科目，贷记本科目（农产品）。

35.5.8 资产减值损失

1. 会计科目核算内容

本科目核算企业计提各项资产减值准备所形成的损失。

期末，应将本科目余额转入“本年利润”科目，结转后本科目无余额。

2. 明细核算

本科目可按资产减值损失的项目进行明细核算。

3. 主要账务处理

（1）企业的应收款项、存货、长期股权投资、持有至到期投资、固定资产、无形资产、贷款等资产发生减值的，按应减记的金额，借记本科目，贷记“坏账准备”、“存货跌价准备”、“长期股权投资减值准备”、“持有至到期投资减值准备”、“固定资产减值准备”、“无形资产减值准备”、“贷款损失准备”等科目。

在建工程、工程物资、生产性生物资产、商誉、抵债资产、损余物资、采用成本模式计量的投资性房地产等资产发生减值的，应当设置相应的减值准备科目，比照上述规定进行处理。

（2）企业计提坏账准备、存货跌价准备、持有至到期投资减值准备、贷款损失准备等，相关资产的价值又得以恢复的，应在原已计提的减值准备金额内，按恢复增加的金额，借记“坏账准备”、“存货跌价准备”、“持有至到期投资减值准备”、“贷款损失准备”等科目，贷记本科目。

35.6 附注披露

1.《企业会计准则第 5 号——生物资产》的规定

企业应当在附注中披露与生物资产有关的下列信息：

（1）生物资产的类别以及各类生物资产的实物数量和账面价值。

（2）各类消耗性生物资产的跌价准备累计金额，以及各类生产性生物资产的使用寿命、预计净残值、折旧方法、累计折旧和减值准备累计金额。

（3）天然起源生物资产的类别、取得方式和实物数量。

（4）用于担保的生物资产的账面价值。

（5）与生物资产相关的风险情况与管理措施。

企业应当在附注中披露与生物资产增减变动有关的下列信息：

（1）因购买而增加的生物资产。

（2）因自行培育而增加的生物资产。

（3）因出售而减少的生物资产。

（4）因盘亏或死亡、毁损而减少的生物资产。

（5）计提的折旧及计提的跌价准备或减值准备。

（6）其他变动。

2.《企业会计准则第 30 号——财务报表列报》应用指南的规定

（1）说明各类生物资产的期末实物数量，并按表 35-5 所示的格式披露金额信息。

表 35-5　各类生物资产披露的金额信息

项　　目	年初账面价值	本期增加额	本期减少额	期末账面价值
一、种植业				
1.				
……				
二、畜牧养殖业				
1.				
……				
三、林业				
1.				
……				
四、水产业				
1.				
……				
合　　计				

如有天然起源的生物资产，还应披露该资产的类别、取得方式和数量等。

（2）各类生产性生物资产的预计使用寿命、预计净残值、折旧方法、累计折旧和减值准备累计金额。

（3）与生物资产相关的风险情况与管理措施。

第 7 篇　企业财务报表

第 36 章 财务报表列报

36.1 财务会计报告概述

财务会计报告（又称财务报告，下同）是指企业对外提供的反映企业某一特定日期的财务状况和某一会计期间的经营成果、现金流量等会计信息的文件。企业应当编制财务会计报告。

为了规范财务报表的列报，保证同一企业不同期间和同一期间不同企业的财务报表相互可比，根据《企业会计准则——基本准则》，财政部发布了《企业会计准则第 30 号——财务报表列报》等。为了适应社会主义市场经济发展需要，提高企业财务报表列报质量和会计信息透明度，根据《企业会计准则——基本准则》，财政部 2014 年 1 月 26 日印发了《关于印发修订〈企业会计准则第 30 号——财务报表列报〉的通知》、《关于印发修订<企业会计准则第 33 号——合并财务报表>的通知》等，自 2014 年 7 月 1 日起在所有执行企业会计准则的企业范围内施行（财会［2014］7 号、财会［2014］10 号）。

1. 财务会计报告的组成

财务会计报告（见图 36-1）包括会计报表及其附注和其他应当在财务会计报告中披露的相关信息和资料。会计报表至少应当包括资产负债表、利润表、现金流量表等报表。会计报表也叫财务报表，是对企业财务状况、经营成果和现金流量的结构性表述。

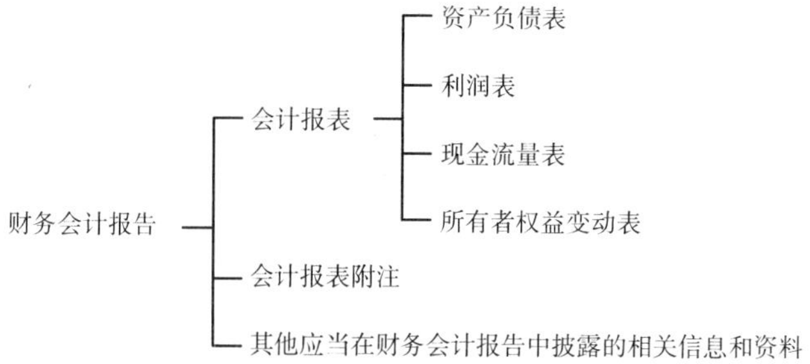

图 36-1　财务会计报告的组成

《企业会计准则第 30 号——财务报表列报》第二条规定，财务报表是对企业财务状况、经营成果和现金流量的结构性表述。财务报表至少应当包括下列组成部分：

（1）资产负债表。

（2）利润表。

（3）现金流量表。

（4）所有者权益（或股东权益，下同）变动表。

（5）附注。

财务报表上述组成部分具有同等的重要程度。

2．编制财务会计报告的目标

财务会计的目标是指在一定的历史条件下，人们通过财务会计所意欲实现的目的或达到的最终结果。财务会计的目标主要解决向谁提供信息、为何提供信息和提供何种信息这三个问题。

关于财务会计目标的观点主要有两种：决策有用观和受托责任观。这两种观点并不相互排斥，只是强调的侧重点不同，所以许多国家财务会计目标是两者的结合。

（1）原基本准则对编制财务会计报告的目标表述存在的缺陷。在 1992 年颁布的《企业会计准则（基本准则）》中，我国对会计目标的表述是“会计信息应当符合国家宏观经济管理的要求；满足有关各方了解企业财务状况和经营成果的需要；满足企业加强内部经营管理的需要”。这种表述至少有以下缺陷。

① 过于强调“符合国家宏观经济管理的要求”。在社会主义市场经济条件下，建立现代企业制度必然要求企业是独立的法人，即使是国有企业，按照两权分离的原则，国家也不能任意对企业进行行政干预。国家虽然是企业最大的投资者，但也应和其他投资者一样，通过财务报告了解企业的经营状况，并以此作为决策的基础。企业没有义务为最大的投资者专门提供特殊的财务信息。原基本准则把“满足国家宏观经济管理的需要”单独列出并放在突出位置，却没有突出满足投资者或信贷者使用信息的需要，这明显地带有“计划经济”的色彩，不符合建立和完善现代企业制度以及市场经济的需要。

② 目标过于笼统，对实践缺乏指导意义。美国财务会计准则委员会 FASB 和国际会计准则理事会 IASB 制定的财务报告的目标均具体说明了企业应该提供决策有用的和反映经管责任的信息，并具体规定了提供的信息应包括企业的资源及其变动情况、盈利能力、偿债能力、现金流动的情况以及受托责任完成情况等各个方面。

但我国原《企业会计准则（基本准则）》中仅仅提到“满足有关各方了解企业财务状况和经济成果的需要”，对企业具体应提供什么信息、信息的用途等并未做出详细的规定。

只有合理地确定会计目标，会计信息的质量特征、报表要素、要素的确认、计量和报告才能依次有逻辑地建立起来，目标才能对准则的制定起到指南和评判的作用。

③ 目标涵盖面过宽，容易造成认识上的混乱。从性质上看，基本准则是《企业会计准则第 30 号——财务报表列报》，因此其制定的目标也应该是财务报表的目标，主要应满足外部使用者使用信息的需要。

而原《企业会计准则（基本准则）》把管理会计的目标“满足企业加强内部经营管理的需要”纳入财务会计目标中，这不但与财务报表部分的内容相脱节（在财务报表部分，原基本准则第九章仅提到外部报表，并没有涉及内部报表），也容易造成对会计目标认识的混乱。

财务会计的目标固然是最基本、最重要的，但不能因此涵盖其他会计学科的目标。只有对财务会计的目标进行充分研究，才能在其他会计学科的目标研究上取得突破。如果不加以区分，把所有的目标通通强加到财务会计上，那么最终只能是“欲速而不达”。

（2）新修订的基本准则对编制财务会计报告目标的表述。鉴于原基本准则在财务会计目标中存在的缺陷，新修订的基本准则将财务会计的目标定位为“向财务会计报告使用者提供与企业财务状况、经营成果和现金流量等有关的会计信息，反映企业管理层受托责任履行情况，有助于财务会计报告使用者做出经济决策”。

这一定位克服了原基本准则在会计目标定位上的不足，与国际会计准则中对财务会计目标的定位一致，体现了我国的财务会计既重视决策有用又重视受托责任的双重目标。

（3）财务会计报告使用者。财务会计报告使用者，是指那些需要运用财务会计信息进行有关决策的组织或人士。这些组织或人士要做出正确的决策，除了要具备决策技能外，还需要占有充分、可靠的信息，包括会计信息和非会计信息。财务会计报告的目的在于为财务会计报告使用者提供有用的会计信息。

为了向财务会计报告使用者提供有用的信息，首先必须弄清财务会计报告使用者究竟有哪些。按其与企业的关系，可以将财务会计报告使用者分成两大类：外部使用者和内部使用者。会计信息的外部使用者按其与企业经济利益关系的紧密程度，可分为有直接利益关系的使用者和有间接利益关系的使用者。前者如投资者和债权人等，后者如政府监管部门、供应商、客户以及社会公众等。会计信息的内部使用者主要包括企业管理层和企业内部的职工。

这些财务会计报告使用者做出的决策不同，所需要的会计信息也不一样，财务会计不可能按每个使用者提供其所需的特别信息，只能提供通用的会计信息。这些通用的会计信息主要是关于企业财务状况、经营成果和现金流量的信息。

3．财务会计报告的作用

（1）有助于财务会计报告使用者了解企业的财务状况、经营成果和现金流量，并据以做出经济决策、进行宏观经济管理。

反映过去是为了预测未来，有关企业财务状况、经营成果和现金流量等方面的信息，是包括投资者和债权人在内的各方面进行决策的依据，而决策离不开会计信息，尤其是高质量的会计信息。

比如，对于作为企业所有者的国家和广大投资者来说，他们为了选择投资对象、衡量投资风险、做出投资决策，不仅需要了解企业包括毛利率、资产收益率、净收益率等指标在内的盈利能力和发展趋势方面的信息，也需要了解有关企业经营情况方面的信息及其所处行业的信息；对于作为债权人的银行来说，他们为了选择贷款对象、衡量贷款风险、做出贷款决策，不仅需要了解企业包括速动比率、资产负债率等指标在内的短期偿债能力和长期偿债能力，也需要了解企业所处行业的基本情况及其在同行业所处的地位；对于作为社会经济管理者的政府部门来说，他们为了制定经济政策、进行宏观调控、配置社会资源，需要从总体上掌握企业的资产负债结构、损益状况和现金流转情况，从宏观上把握经济运行的状况和发展变化趋势。所有这一切，都需要作为经济管理工作的会计提供有助于他们进行决策的信息，都离不开会计信息的指导。

（2）有助于考核企业管理层经济责任的履行情况。

企业接受了包括国家在内的所有投资者和债权人的投资，就有责任按照其预定的发展目标和要求，合理利用资源，加强经营管理，提高经济效益，接受考核和评价。会计信息应该有助于考核企业管理层经济责任的履行情况。

比如，对于作为企业所有者的国家和广大投资者来说，他们为了了解企业当年度经营活动成果和当年度的资产保值和增值情况，需要将利润表中的净利润与上年度进行对比，以反映企业的盈利发展趋势；需要将其与同行业进行对比，以反映企业在与同行业竞争时所处的位置，从而考核企业管理层经济责任的履行情况；对于作为社会经济管理者的政府部门来说，他们需要了解企业执行计划的能力，需要将资产负债表、利润表和现金流量表中所反映的实际情况与预算进行对比，反映企业完成预算的情况，表明企业执行预算的能力和水平。所有这一切，都需要作为经济管理工作的会计提供信息。

（3）会计信息有助于企业管理层加强经营管理、提高经济效益。

企业经营管理水平的高低直接影响着企业的经济效益、经营风格、竞争能力和发展前景，在一定程度上决定着企业的前途和命运。为了满足企业管理层进行经营管理对会计信息的需要，现代会计已经发展了以满足内部经营管理需要为主的管理会计。但是，这并不意味着企业内部经营管理不需要财务会计信息。实际上，通过分析和利用财务会计所提供的有关企业财务状况、经营成果和现金流量等方面的信息，企业管理层就可以全面、系统、总括地了解企业生产经营活动情况、财务状况和经营成果，并在此基础上预测和分析未来发展前景；可以发现过去经营活动中存在的问题，找出存在的差距及原因，并提出改进措施；可以通过预算的分解和落实，建立起内部经济责任制，从而做到目标明确、落实责任、考核严格、赏罚分明。要做到这一点，没有会计所提供的真实、完整的信息，几乎是不可能的。

会计通过真实地反映企业的权益结构，为处理企业与各方面的关系、考核企业管理层的经营业绩、落实企业内部管理责任奠定了基础，也使得会计信息真正成为企业加强经营管理、提高经济效益的基础。

4. 财务报表的列报要求

《企业会计准则第 30 号——财务报表列报》规定：

第四条　企业应当以持续经营为基础，根据实际发生的交易和事项，按照《企业会计准则——基本准则》和其他各项会计准则的规定进行确认和计量，在此基础上编制财务报表。企业不应以附注披露代替确认和计量，不恰当的确认和计量也不能通过充分披露相关会计政策而纠正。

如果按照各项会计准则规定披露的信息不足以让报表使用者了解特定交易或事项对企业财务状况和经营成果的影响时，企业还应当披露其他的必要信息。

第五条　在编制财务报表的过程中，企业管理层应当利用所有可获得信息来评价企业自报告期末起至少 12 个月的持续经营能力。

评价时需要考虑宏观政策风险、市场经营风险、企业目前或长期的盈利能力、偿债能力、财务弹性以及企业管理层改变经营政策的意向等因素。

评价结果表明对持续经营能力产生重大怀疑的，企业应当在附注中披露导致对持续经营能力产生重大怀疑的因素以及企业拟采取的改善措施。

第六条　企业如有近期获利经营的历史且有财务资源支持，则通常表明以持续经营为基础编制财务报表是合理的。

企业正式决定或被迫在当期或将在下一个会计期间进行清算或停止营业的，则表明以持续经营为基础编制财务报表不再合理。在这种情况下，企业应当采用其他基础编制财务报表，并在附注中声明财务报表未以持续经营为基础编制的事实、披露未以持续经营为基础编制的原因和财务报表的编制基础。

第七条　除现金流量表按照收付实现制原则编制外，企业应当按照权责发生制原则编制财务报表。

第八条 财务报表项目的列报应当在各个会计期间保持一致，不得随意变更，但下列情况除外：

（一）会计准则要求改变财务报表项目的列报。

（二）企业经营业务的性质发生重大变化或对企业经营影响较大的交易或事项发生后，变更财务报表项目的列报能够提供更可靠、更相关的会计信息。

第九条 性质或功能不同的项目，应当在财务报表中单独列报，但不具有重要性的项目除外。

性质或功能类似的项目，其所属类别具有重要性的，应当按其类别在财务报表中单独列报。

某些项目的重要性程度不足以在资产负债表、利润表、现金流量表或所有者权益变动表中单独列示，但对附注却具有重要性，则应当在附注中单独披露。

第十条 重要性，是指在合理预期下，财务报表某项目的省略或错报会影响使用者据此做出经济决策的，该项目具有重要性。

重要性应当根据企业所处的具体环境，从项目的性质和金额两方面予以判断，且对各项目重要性的判断标准一经确定，不得随意变更。判断项目性质的重要性，应当考虑该项目在性质上是否属于企业日常活动、是否显著影响企业的财务状况、经营成果和现金流量等因素；判断项目金额大小的重要性，应当考虑该项目金额占资产总额、负债总额、所有者权益总额、营业收入总额、营业成本总额、净利润、综合收益总额等直接相关项目金额的比重或所属报表单列项目金额的比重。

第十一条 财务报表中的资产项目和负债项目的金额、收入项目和费用项目的金额、直接计入当期利润的利得项目和损失项目的金额不得相互抵消，但其他会计准则另有规定的除外。

一组类似交易形成的利得和损失应当以净额列示，但具有重要性的除外。

资产或负债项目按扣除备抵项目后的净额列示，不属于抵消。

非日常活动产生的利得和损失，以同一交易形成的收益扣减相关费用后的净额列示更能反映交易实质的，不属于抵消。

第十二条 当期财务报表的列报，至少应当提供所有列报项目上一个可比会计期间的比较数据，以及与理解当期财务报表相关的说明，但其他会计准则另有规定的除外。

根据本准则第八条的规定，财务报表的列报项目发生变更的，应当至少对可比期间的数据按照当期的列报要求进行调整，并在附注中披露调整的原因和性质，以及调整的各项目金额。对可比数据进行调整不切实可行的，应当在附注中披露不能调整的原因。

不切实可行，是指企业在做出所有合理努力后仍然无法采用某项会计准则规定。

第十三条 企业应当在财务报表的显著位置至少披露下列各项：

（一）编报企业的名称。

（二）资产负债表日或财务报表涵盖的会计期间。

（三）人民币金额单位。

（四）财务报表是合并财务报表的，应当予以标明。

第十四条 企业至少应当按年编制财务报表。年度财务报表涵盖的期间短于一年的，应当披露年度财务报表的涵盖期间、短于一年的原因以及报表数据不具可比性的事实。

第十五条 本准则规定在财务报表中单独列报的项目，应当单独列报。其他会计准则规定单独列报的项目，应当增加单独列报项目。

36.2 企业会计报表附注

36.2.1 会计报表附注的定义及披露要求

《企业会计准则第 30 号——财务报表列报》(2014 年 1 月 26 日修订，自 2014 年 7 月 1 日起在所有执行企业会计准则的企业范围内施行）第三十七条规定，附注是对在资产负债表、利润表、现金流量表和所有者权益变动表等报表中列示项目的文字描述或明细资料，以及对未能在这些报表中列示项目的说明等。

《企业会计准则第 30 号——财务报表列报》规定：

第三十八条　附注应当披露财务报表的编制基础，相关信息应当与资产负债表、利润表、现金流量表和所有者权益变动表等报表中列示的项目相互参照。

第三十九条　附注一般应当按照下列顺序至少披露：

（一）企业的基本情况。

1. 企业注册地、组织形式和总部地址。

2. 企业的业务性质和主要经营活动。

3. 母公司以及集团最终母公司的名称。

4. 财务报告的批准报出者和财务报告批准报出日，或者以签字人及其签字日期为准。

5. 营业期限有限的企业，还应当披露有关其营业期限的信息。

（二）财务报表的编制基础。

（三）遵循企业会计准则的声明。企业应当声明编制的财务报表符合企业会计准则的要求，真实、完整地反映了企业的财务状况、经营成果和现金流量等有关信息。

（四）重要会计政策和会计估计。重要会计政策的说明，包括财务报表项目的计量基础和在运用会计政策过程中所做的重要判断等。重要会计估计的说明，包括可能导致下一个会计期间内资产、负债账面价值重大调整的会计估计的确定依据等。

企业应当披露采用的重要会计政策和会计估计，并结合企业的具体实际披露其重要会计政策的确定依据和财务报表项目的计量基础，及其会计估计所采用的关键假设和不确定因素。

（五）会计政策和会计估计变更以及差错更正的说明。企业应当按照《企业会计准则第 28 号——会计政策、会计估计变更和差错更正》的规定，披露会计政策和会计估计变更以及差错更正的情况。

（六）报表重要项目的说明。企业应当按照资产负债表、利润表、现金流量表、所有者权益变动表及其项目列示的顺序，对报表重要项目的说明采用文字和数字描述相结合的方式进行披露。报表重要项目的明细金额合计，应当与报表项目金额相衔接。

企业应当在附注中披露费用按照性质分类的利润表补充资料，可将费用分为耗用的原材料、职工薪酬费用、折旧费用、摊销费用等。

（七）或有和承诺事项、资产负债表日后非调整事项、关联方关系及其交易等需要说明的事项。

（八）有助于财务报表使用者评价企业管理资本的目标、政策及程序的信息。

第四十条　企业应当在附注中披露下列关于其他综合收益各项目的信息：

（一）其他综合收益各项目及其所得税影响；

（二）其他综合收益各项目原计入其他综合收益、当期转出计入当期损益的金额；

（三）其他综合收益各项目的期初和期末余额及其调节情况。

第四十一条　企业应当在附注中披露终止经营的收入、费用、利润总额、所得税费用和净利润，以及归属于母公司所有者的终止经营利润。

第四十二条　终止经营，是指满足下列条件之一的已被企业处置或被企业划归为持有待售的、在经营和编制财务报表时能够单独区分的组成部分：

（一）该组成部分代表一项独立的主要业务或一个主要经营地区。

（二）该组成部分是拟对一项独立的主要业务或一个主要经营地区进行处置计划的一部分。

（三）该组成部分是仅仅为了再出售而取得的子公司。同时满足下列条件的企业组成部分（或非流动资产，下同）

应当确认为持有待售：该组成部分必须在其当前状况下仅根据出售此类组成部分的惯常条款即可立即出售；企业已经就处置该组成部分做出决议，如按规定需得到股东批准的，应当已经取得股东大会或相应权力机构的批准；企业已经与受让方签订了不可撤销的转让协议；该项转让将在一年内完成。

第四十三条　企业应当在附注中披露在资产负债表日后、财务报告批准报出日前提议或宣布发放的股利总额和每股股利金额（或向投资者分配的利润总额）。

36.2.2　各具体准则中的附注披露要求

1．存货的披露

企业应当在附注中披露与存货有关的下列信息：

（1）各类存货的期初和期末账面价值。

（2）确定发出存货成本所采用的方法。

（3）存货可变现净值的确定依据，存货跌价准备的计提方法，当期计提的存货跌价准备的金额，当期转回的存货跌价准备的金额，以及计提和转回的有关情况。

（4）用于担保的存货账面价值。

2．长期股权投资的披露

投资企业应当在报表附注中披露与长期股权投资有关的下列信息：

（1）子公司、合营企业和联营企业清单，包括企业名称、注册地、业务性质、投资企业的持股比例和表决权比例。

（2）合营企业和联营企业当期的主要财务信息，包括资产、负债、收入、费用等的合计金额。

（3）被投资单位向投资企业转移资金的能力受到严格限制的情况。

（4）当期及累计未确认的投资损失的金额。

（5）与子公司、合营企业及联营企业投资相关的或有负债。

3．投资性房地产的披露

企业应当在附注中披露与投资性房地产有关的下列信息：

（1）投资性房地产的种类、金额和计量模式。

（2）采用成本模式的，投资性房地产的折旧或摊销，以及减值准备的计提情况。

（3）采用公允价值模式的，公允价值的确定依据和方法，以及公允价值变动对损益的影响。

（4）房地产转换情况、理由，以及对损益或所有者权益的影响。

（5）当期处置的投资性房地产及其对损益的影响。

4．固定资产的披露

企业应当在附注中披露与固定资产有关的下列信息：

（1）固定资产的确认条件、分类、计量基础和折旧方法。

（2）各类固定资产的使用寿命、预计净残值和折旧率。

（3）各类固定资产的期初和期末原价、累计折旧额及固定资产减值准备累计金额。

（4）当期确认的折旧费用。

（5）对固定资产所有权的限制及其金额和用于担保的固定资产账面价值。

（6）准备处置的固定资产名称、账面价值、公允价值、预计处置费用和预计处置时间等。

5．生物资产的披露

（1）企业应当在附注中披露与生物资产有关的下列信息：

① 生物资产的类别以及各类生物资产的实物数量和账面价值。

② 各类消耗性生物资产的跌价准备累计金额，以及各类生产性生物资产的使用寿命、预计净残值、折旧方法、累计折旧和减值准备累计金额。

③ 天然起源生物资产的类别、取得方式和实物数量。

④ 用于担保的生物资产的账面价值。

⑤ 与生物资产相关的风险情况与管理措施。

（2）企业应当在附注中披露与生物资产增减变动有关的下列信息：

① 因购买而增加的生物资产。

② 因自行培育而增加的生物资产。

③ 因出售而减少的生物资产。

④ 因盘亏或死亡、毁损而减少的生物资产。

⑤ 计提的折旧及计提的跌价准备或减值准备。

⑥ 其他变动。

6．无形资产的披露

企业应当按照无形资产的类别在附注中披露与无形资产有关的下列信息：

（1）无形资产的期初和期末账面余额、累计摊销额及减值准备累计金额。

（2）使用寿命有限的无形资产，其使用寿命的估计情况；使用寿命不确定的无形资产，其使用寿命不确定的判断依据。

（3）无形资产的摊销方法。

（4）用于担保的无形资产账面价值、当期摊销额等情况。

（5）计入当期损益和确认为无形资产的研究开发支出金额。

7．非货币性资产交换的披露

企业应当在附注中披露与非货币性资产交换有关的下列信息：

（1）换入资产、换出资产的类别。

（2）换入资产成本的确定方式。

（3）换入资产、换出资产的公允价值以及换出资产的账面价值。

（4）非货币性资产交换确认的损益。

8．资产减值的披露

（1）企业应当在附注中披露与资产减值有关的下列信息：

① 当期确认的各项资产减值损失金额。

② 计提的各项资产减值准备累计金额。

③ 提供分部报告信息的，应当披露每个报告分部当期确认的减值损失金额。

（2）发生重大资产减值损失的，应当在附注中披露导致每项重大资产减值损失的原因和当期确认的重大资产减值损失的金额。

1）发生重大减值损失的资产是单项资产的，应当披露该单项资产的性质。提供分部报告信息的，还应披露该项资产所属的主要报告分部。

2）发生重大减值损失的资产是资产组（或者资产组组合，下同）的，应当披露如下内容：

① 资产组的基本情况。

② 资产组中所包括的各项资产于当期确认的减值损失金额。

③ 资产组的组成与前期相比发生变化的，应当披露变化的原因以及前期和当期资产组组成情况。

（3）对于重大资产减值，应当在附注中披露资产（或者资产组，下同）可收回金额的确定方法。

① 可收回金额按资产的公允价值减去处置费用后的净额确定的，还应当披露公允价值减去处置费用后的净额的估计基础。

② 可收回金额按资产预计未来现金流量的现值确定的，还应当披露估计其现值时所采用的折现率，以及该资产前期可收回金额也按照其预计未来现金流量的现值确定的情况下，前期所采用的折现率。

（4）《企业会计准则第 8 号——资产减值》第二十六条（一）、（二）和第二十七条（二）第 2 项信息应当按照资产类别予以披露。资产类别应当以资产在企业生产经营活动中的性质或者功能是否相同或者相似为基础确定。

（5）分摊到某资产组的商誉（或者使用寿命不确定的无形资产，下同）的账面价值占商誉账面价值总额的比例重大的，应当在附注中披露下列信息。

1）分摊到该资产组的商誉的账面价值。

2）该资产组可收回金额的确定方法。

可收回金额按照资产组公允价值减去处置费用后的净额确定的，还应当披露确定公允价值减去处置费用后的净额的方法。资产组的公允价值减去处置费用后的净额不是按照市场价格确定的，应当披露：

① 企业管理层在确定公允价值减去处置费用后的净额时所采用的各关键假设及其依据。

② 企业管理层在确定各关键假设相关的价值时，是否与企业历史经验或者外部信息来源相一致；如不一致，应当说明理由。

可收回金额按照资产组预计未来现金流量的现值确定的，应当披露：

① 企业管理层预计未来现金流量的各关键假设及其依据。

② 企业管理层在确定各关键假设相关的价值时，是否与企业历史经验或者外部信息来源相一致；如不一致，应当说明理由。

③ 估计现值时所采用的折现率。

（6）商誉的全部或者部分账面价值分摊到多个资产组，且分摊到每个资产组的商誉的账面价值占商誉账面价值总额的比例不重大的，企业应当在附注中说明这一情况以及分摊到上述资产组的商誉合计金额。

商誉账面价值按照相同的关键假设分摊到上述多个资产组，且分摊的商誉合计金额占商誉账面价值总额的比例重大的，企业应当在附注中说明这一情况，并披露下列信息。

① 分摊到上述资产组的商誉的账面价值合计。

② 采用的关键假设及其依据。

③ 企业管理层在确定各关键假设相关的价值时，是否与企业历史经验或者外部信息来源相一致；如不一致，应当说明理由。

9. 职工薪酬的披露

企业应当在附注中披露与职工薪酬有关的下列信息：

（1）应当支付给职工的工资、奖金、津贴和补贴，及其期末应付未付金额。

（2）应当为职工缴纳的医疗保险费、养老保险费、失业保险费、工伤保险费和生育保险费等社会保险费，及其期末应付未付金额。

（3）应当为职工缴存的住房公积金，及其期末应付未付金额。

（4）为职工提供的非货币性福利，及其计算依据。

（5）应当支付的因解除劳动关系给予的补偿，及其期末应付未付金额。

（6）其他职工薪酬。

因自愿接受裁减建议的职工数量、补偿标准等不确定而产生的或有负债，应当按照《企业会计准则第 13 号——或有事项》披露。

10. 企业年金基金列报的披露

企业应当在附注中披露与企业年金基金列报有关的下列信息：

（1）企业年金计划的主要内容及重大变化。

（2）投资种类、金额及公允价值的确定方法。

（3）各类投资占投资总额的比例。

（4）可能使投资价值受到重大影响的其他事项。

11. 股份支付的披露

企业应当在附注中披露与股份支付有关的下列信息。

（1）当期授予、行权和失效的各项权益工具总额。

（2）期末发行在外的股份期权或其他权益工具行权价格的范围和合同剩余期限。

（3）当期行权的股份期权或其他权益工具以其行权日价格计算的加权平均价格。

（4）权益工具公允价值的确定方法。

企业对性质相似的股份支付信息可以合并披露。

企业应当在附注中披露股份支付交易对当期财务状况和经营成果的影响，至少包括下列信息：

① 当期因以权益结算的股份支付而确认的费用总额。

② 当期因以现金结算的股份支付而确认的费用总额。

③ 当期以股份支付换取的职工服务总额及其他方服务总额。

12. 债务重组的披露

（1）债务人应当在附注中披露与债务重组有关的下列信息：

① 债务重组方式。

② 确认的债务重组利得总额。

③ 将债务转为资本所导致的股本（或者实收资本）增加额。

④ 或有应付金额。

⑤ 债务重组中转让的非现金资产的公允价值、由债务转成的股份的公允价值和修改其他债务条件后债务的公允价值的确定方法及依据。

（2）债权人应当在附注中披露与债务重组有关的下列信息：

① 债务重组方式。

② 确认的债务重组损失总额。

③ 债权转为股份所导致的投资增加额及该投资占债务人股份总额的比例。

④ 或有应收金额。

⑤ 债务重组中受让的非现金资产的公允价值、由债权转成的股份的公允价值和修改其他债务条件后债权的公允价值的确定方法及依据。

13. 或有事项的披露

企业应当在附注中披露与或有事项有关的下列信息：

（1）预计负债。

① 预计负债的种类、形成原因以及经济利益流出不确定性的说明。

② 各类预计负债的期初、期末余额和本期变动情况。

③ 与预计负债有关的预期补偿金额和本期已确认的预期补偿金额。

（2）或有负债（不包括极小可能导致经济利益流出企业的或有负债）。

① 或有负债的种类及其形成原因，包括已贴现商业承兑汇票、未决诉讼、未决仲裁、对外提供担保等形成的或有负债。

② 经济利益流出不确定性的说明。

③ 或有负债预计产生的财务影响，以及获得补偿的可能性；无法预计的，应当说明原因。

（3）企业通常不应当披露或有资产。但或有资产很可能会给企业带来经济利益的，应当披露其形成的原因、预计产生的财务影响等。

在涉及未决诉讼、未决仲裁的情况下，按照《企业会计准则第 13 号——或有事项》第十四条披露全部或部分信息预期对企业造成重大不利影响的，企业无须披露这些信息，但应当披露该未决诉讼、未决仲裁的性质，以及没有披露这些信息的事实和原因。

14. 收入的披露

企业应当在附注中披露与收入有关的下列信息：

（1）收入确认所采用的会计政策，包括确定提供劳务交易完工进度的方法。

（2）本期确认的销售商品收入、提供劳务收入、利息收入和使用费收入的金额。

15. 建造合同的披露

企业应当在附注中披露与建造合同有关的下列信息：

（1）各项合同总金额，以及确定合同完工进度的方法。

（2）各项合同累计已发生成本、累计已确认毛利（或亏损）。

（3）各项合同已办理结算的价款金额。

（4）当期预计损失的原因和金额。

16. 政府补助的披露

企业应当在附注中披露与政府补助有关的下列信息：

（1）政府补助的种类及金额。

（2）计入当期损益的政府补助金额。

（3）本期返还的政府补助金额及原因。

17. 借款费用的披露

企业应当在附注中披露与借款费用有关的下列信息：

（1）当期资本化的借款费用金额。

（2）当期用于计算确定借款费用资本化金额的资本化率。

18. 所得税列报的披露

企业应当在附注中披露与所得税有关的下列信息：

（1）所得税费用（收益）的主要组成部分。

（2）所得税费用（收益）与会计利润关系的说明。

（3）未确认递延所得税资产的可抵扣暂时性差异、可抵扣亏损的金额（如果存在到期日，还应披露到期日）。

（4）对每一类暂时性差异和可抵扣亏损，在列报期间确认的递延所得税资产或递延所得税负债的金额，确认递延所得税资产的依据。

（5）未确认递延所得税负债的，与对子公司、联营企业及合营企业投资相关的暂时性差异金额。

19. 外币折算的披露

企业应当在附注中披露与外币折算有关的下列信息：

（1）企业及其境外经营选定的记账本位币及选定的原因，记账本位币发生变更的，说明变更理由。

（2）采用近似汇率的，近似汇率的确定方法。

（3）计入当期损益的汇兑差额。

（4）处置境外经营对外币财务报表折算差额的影响。

20. 企业合并的披露

（1）企业合并发生当期的期末，合并方应当在附注中披露与同一控制下企业合并有关的下列信息：

① 参与合并企业的基本情况。

② 属于同一控制下企业合并的判断依据。

③ 合并日的确定依据。

④ 以支付现金、转让非现金资产以及承担债务作为合并对价的，所支付对价在合并日的账面价值；以发行权益性证券作为合并对价的，合并中发行权益性证券的数量及定价原则，以及参与合并各方交换有表决权股份的比例。

⑤ 被合并方的资产、负债在上一会计期间资产负债表日及合并日的账面价值；被合并方自合并当期期初至合并日的收入、净利润、现金流量等情况。

⑥ 合并合同或协议约定将承担被合并方或有负债的情况。

⑦ 被合并方采用的会计政策与合并方不一致所做调整情况的说明。

⑧ 合并后已处置或准备处置被合并方资产、负债的账面价值、处置价格等。

（2）企业合并发生当期的期末，购买方应当在附注中披露与非同一控制下企业合并有关的下列信息：

① 参与合并企业的基本情况。

② 购买日的确定依据。

③ 合并成本的构成及其账面价值、公允价值及公允价值的确定方法。

④ 被购买方各项可辨认资产、负债在上一会计期间资产负债表日及购买日的账面价值和公允价值。

⑤ 合并合同或协议约定将承担被购买方或有负债的情况。

⑥ 被购买方自购买日起至报告期期末的收入、净利润和现金流量等情况。

⑦ 商誉的金额及其确定方法。

⑧ 因合并成本小于合并中取得的被购买方可辨认净资产公允价值的份额计入当期损益的金额。

⑨ 合并后已处置或准备处置被购买方资产、负债的账面价值、处置价格等。

21. 租赁列报的披露

（1）承租人应当在附注中披露与融资租赁有关的下列信息：

① 各类租入固定资产的期初和期末原价、累计折旧额。

② 资产负债表日后连续三个会计年度每年将支付的最低租赁付款额，以及以后年度将支付的最低租赁付款额总额。

③ 未确认融资费用的余额，以及分摊未确认融资费用所采用的方法。

出租人应当在资产负债表中，将应收融资租赁款减去未实现融资收益的差额，作为长期债权列示。

（2）出租人应当在附注中披露与融资租赁有关的下列信息：

① 资产负债表日后连续三个会计年度每年将收到的最低租赁收款额，以及以后年度将收到的最低租赁收款额总额。

② 未实现融资收益的余额，以及分配未实现融资收益所采用的方法。

（3）承租人对于重大的经营租赁，应当在附注中披露下列信息：

① 资产负债表日后连续三个会计年度每年将支付的不可撤销经营租赁的最低租赁付款额。

② 以后年度将支付的不可撤销经营租赁的最低租赁付款额总额。

出租人对经营租赁，应当披露各类租出资产的账面价值。

承租人和出租人应当披露各售后租回交易以及售后租回合同中的重要条款。

22. 原保险合同列报的披露

保险人应当在附注中披露与原保险合同有关的下列信息：

（1）代位追偿款的有关情况。

（2）损余物资的有关情况。

（3）各项准备金的增减变动情况。

（4）提取各项准备金及进行准备金充足性测试的主要精算假设和方法。

23. 再保险合同列报的披露

保险人应当在附注中披露与再保险合同有关的下列信息：

（1）分入业务各项分保准备金的增减变动情况。

（2）分入业务提取各项分保准备金及进行分保准备金充足性测试的主要精算假设和方法。

24. 石油天然气开采的披露

企业应当在附注中披露与石油天然气开采活动有关的下列信息：

（1）拥有国内和国外的油气储量年初、年末数据。

（2）当期在国内和国外发生的矿区权益的取得、油气勘探和油气开发各项支出的总额。

（3）探明矿区权益、井及相关设施的账面原值，累计折耗和减值准备累计金额及其计提方法；与油气开采活动相关的辅助设备及设施的账面原价，累计折旧和减值准备累计金额及其计提方法。

25. 会计政策、会计估计变更和差错更正的披露

（1）企业应当在附注中披露与会计政策变更有关的下列信息：

① 会计政策变更的性质、内容和原因。

② 当期和各个列报前期财务报表中受影响的项目名称和调整金额。

③ 无法进行追溯调整的，说明该事实和原因以及开始应用变更后的会计政策的时点、具体应用情况。

（2）企业应当在附注中披露与会计估计变更有关的下列信息：

① 会计估计变更的内容和原因。

② 会计估计变更对当期和未来期间的影响数。

③ 会计估计变更的影响数不能确定的，披露这一事实和原因。

（3）企业应当在附注中披露与前期差错更正有关的下列信息。

① 前期差错的性质。

② 各个列报前期财务报表中受影响的项目名称和更正金额。

③ 无法进行追溯重述的，说明该事实和原因以及对前期差错开始进行更正的时点、具体更正情况。

在以后期间的财务报表中，不需要重复披露在以前期间的附注中已披露的会计政策变更和前期差错更正的信息。

26. 资产负债表日后事项的披露

企业应当在附注中披露与资产负债表日后事项有关的下列信息：

（1）财务报告的批准报出者和财务报告批准报出日。按照有关法律、行政法规等规定，企业所有者或其他方面有权对报出的财务报告进行修改的，应当披露这一情况。

（2）每项重要的资产负债表日后非调整事项的性质、内容，及其对财务状况和经营成果的影响。无法做出估计的，应当说明原因。企业在资产负债表日后取得了影响资产负债表日存在情况的新的或进一步的证据，应当调整与之相关的披露信息。

27. 每股收益列报的披露

企业应当在附注中披露与每股收益有关的下列信息：

（1）基本每股收益和稀释每股收益分子、分母的计算过程。

（2）列报期间不具有稀释性但以后期间很可能具有稀释性的潜在普通股。

（3）在资产负债表日至财务报告批准报出日之间，企业发行在外普通股或潜在普通股股数发生重大变化的情况。

36.2.3 一般企业报表附注

附注是财务报表的重要组成部分。企业应当按照规定披露附注信息，主要包括下列内容。

1．企业的基本情况

（1）企业注册地、组织形式和总部地址。

（2）企业的业务性质和主要经营活动。

（3）母公司以及集团最终母公司的名称。

（4）财务报告的批准报出者和财务报告批准报出日。

2．财务报表的编制基础

企业应说明财务报表编制的基础。

3．遵循企业会计准则的声明

企业应当声明编制的财务报表符合企业会计准则的要求，真实、完整地反映了企业的财务状况、经营成果和现金流量等有关信息。

4．重要会计政策和会计估计

企业应当披露采用的重要会计政策和会计估计，不重要的会计政策和会计估计可以不披露。在披露重要会计政策和会计估计时，应当披露重要会计政策的确定依据和财务报表项目的计量基础，以及会计估计中所采用的关键假设和不确定因素。

5．会计政策和会计估计变更以及差错更正的说明

企业应当按照《企业会计准则第 28 号——会计政策、会计估计变更和差错更正》及其应用指南的规定，披露会计政策和会计估计变更以及差错更正的有关情况。

6．报表重要项目的说明

企业对报表重要项目的说明，应当按照资产负债表、利润表、现金流量表、所有者权益变动表及其项目列示的顺序，采用文字和数字描述相结合的方式进行披露。报表重要项目的明细金额合计，应当与报表项目金额相衔接。

（1）交易性金融资产，披露格式如表 36-1 所示。

表 36-1 交易性金融资产的披露格式

项　　目	期末公允价值	年初公允价值
1．交易性债券投资		
2．交易性权益工具投资		
3．指定为以公允价值计量且其变动计入当期损益的金融资产		
4．衍生金融资产		
5．其他		
合　　计		

（2）应收款项。应收账款按账龄结构披露的格式如表 36-2 所示。

表 36-2　应收账款按账龄结构披露的格式

账龄结构	期末账面余额	年初账面余额
1 年以内（含 1 年）		
1 年至 2 年（含 2 年）		
2 年至 3 年（含 3 年）		
3 年以上		
合　计		

注：有应收票据、预付账款、长期应收款、其他应收款的，比照应收账款进行披露。

应收账款按客户类别披露的格式如表 36-3 所示。

表 36-3　应收账款按客户类别披露的格式

客户类别	期末账面余额	年初账面余额
客户 1		
……		
其他客户		
合　计		

注：有应收票据、预付账款、长期应收款、其他应收款的，比照应收账款进行披露。

（3）存货。存货的披露格式如表 36-4 所示。

表 36-4　存货的披露格式

存货种类	年初账面余额	本期增加额	本期减少额	期末账面余额
1．原材料				
2．在产品				
3．库存商品				
4．周转材料				
5．消耗性生物资产				
……				
合　计				

说明消耗性生物资产的期末实物数量，并按表 36-5 所示的格式披露金额信息。

表 36-5　消耗性生物资产的披露金额信息

项　目	年初账面余额	本期增加额	本期减少额	期末账面余额
一、种植业				
1．				
……				
二、畜牧养殖业				
1．				
……				

续表

项　　目	年初账面余额	本期增加额	本期减少额	期末账面余额
三、林业				
1.				
……				
四、水产业				
1.				
……				
合　　计				

存货跌价准备的披露格式如表36-6所示。

表36-6　存货跌价准备的披露格式

存货种类	年初账面余额	本期计提额	本期减少额		期末账面余额
			转　回	转　销	
1. 原材料					
2. 在产品					
3. 库存商品					
4. 周转材料					
5. 消耗性生物资产					
6. 建造合同形成的资产					
……					
合　　计					

（4）其他流动资产，披露格式如表36-7所示。

表36-7　其他流动资产的披露格式

项　　目	期末账面价值	年初账面价值
1.		
……		
合　　计		

注：有长期待摊费用、其他非流动资产的，比照其他流动资产进行披露。

（5）可供出售金融资产，披露格式如表36-8所示。

表36-8　可供出售金融资产的披露格式

项　　目	期末公允价值	年初公允价值
1. 可供出售债券		
2. 可供出售权益工具		
3. 其他		
合　　计		

（6）持有至到期投资，披露格式如表36-9所示。

表 36-9　持有至到期投资的披露格式

项　　目	期末账面余额	年初账面余额
1.		
……		
合　　计		

（7）长期股权投资，披露格式如表 36-10 所示。

表 36-10　长期股权投资的披露格式

被投资单位	期末账面余额	年初账面余额
1.		
……		
合　　计		

被投资单位由于所在国家或地区及其他方面的影响，其向投资企业转移资金的能力受到限制的，应当披露受限制的具体情况。还应披露当期及累计未确认的投资损失金额。

（8）投资性房地产。

1）企业采用成本模式进行后续计量的，应当披露如表 36-11 所示的信息。

表 36-11　投资性房地产后续计量披露的信息

项　　目	年初账面余额	本期增加额	本期减少额	期末账面余额
一、原价合计				
1. 房屋、建筑物				
2. 土地使用权				
二、累计折旧和累计摊销合计				
1. 房屋、建筑物				
2. 土地使用权				
三、投资性房地产减值准备累计金额合计				
1. 房屋、建筑物				
2. 土地使用权				
四、投资性房地产账面价值合计				
1. 房屋、建筑物				
2. 土地使用权				

2）企业采用公允价值模式进行后续计量的，应当披露投资性房地产公允价值的确定依据及公允价值金额的增减变动情况。

3）如有房地产转换的，应当说明房地产转换的原因及其影响。

（9）固定资产，披露格式如表 36-12 所示。

企业确有准备处置固定资产的，应当说明准备处置的固定资产名称、账面价值、公允价值、预计处置费用和预计处置时间等。

（10）生产性生物资产和公益性生物资产。

1）应说明各类生物资产的期末实物数量，并按表 36-13 所示的格式披露金额信息。

表 36-12　固定资产的披露格式

项　　目	年初账面余额	本期增加额	本期减少额	期末账面余额
一、原价合计				
其中：房屋、建筑物				
机器设备				
运输工具				
……				
二、累计折旧合计				
其中：房屋、建筑物				
机器设备				
运输工具				
……				
三、固定资产减值准备累计金额合计				
其中：房屋、建筑物				
机器设备				
运输工具				
……				
四、固定资产账面价值合计				
其中：房屋、建筑物				
机器设备				
运输工具				
……				

表 36-13　各类生物资产披露的金额信息

项　　目	年初账面价值	本期增加额	本期减少额	期末账面价值
一、种植业				
1.				
……				
二、畜牧养殖业				
1.				
……				
三、林业				
1.				
……				
四、水产业				
1.				
……				
合　　计				

如有天然起源的生物资产，还应披露该资产的类别、取得方式和数量等。

2）各类生产性生物资产的预计使用寿命、预计净残值、折旧方法、累计折旧和减值准备累计金额。

3）应披露与生物资产相关的风险情况与管理措施。

（11）油气资产。

1）应披露当期在国内和国外发生的取得矿区权益、油气勘探和油气开发各项支出的总额。

2）油气资产的披露格式如表 36-14 所示。

表 36-14　油气资产的披露格式

项　　目	年初账面余额	本期增加额	本期减少额	期末账面余额
一、原价合计				
1．探明矿区权益				
2．未探明矿区权益				
3．井及相关设施				
二、累计折耗合计				
1．探明矿区权益				
2．井及相关设施				
三、油气资产减值准备累计金额合计				
1．探明矿区权益				
2．未探明矿区权益				
3．井及相关设施				
四、油气资产账面价值合计				
1．探明矿区权益				
2．未探明矿区权益				
3．井及相关设施				

（12）无形资产。各类无形资产的披露格式如表 36-15 所示。

表 36-15　各类无形资产的披露格式

项　　目	年初账面余额	本期增加额	本期减少额	期末账面余额
一、原价合计				
1.				
……				
二、累计摊销额合计				
1.				
……				
三、无形资产减值准备累计金额合计				
1.				
……				
四、无形资产账面价值合计				
1.				
……				

还应披露计入当期损益和确认为无形资产的研究开发支出金额。

（13）商誉的形成来源、账面价值的增减变动情况。

（略）

（14）递延所得税资产和递延所得税负债。已确认递延所得税资产和递延所得税负债的披露格式如表36-16所示。

表36-16　已确认递延所得税资产和递延所得税负债的披露格式

项　目	期末账面余额	年初账面余额
一、递延所得税资产		
1.		
……		
合　计		
二、递延所得税负债		
1.		
……		
合　计		

还应披露未确认递延所得税资产的可抵扣暂时性差异、可抵扣亏损等的金额（存在到期日的，还应披露到期日）。

（15）资产减值准备，披露格式如表36-17所示。

表36-17　资产减值准备的披露格式

项　目	年初账面余额	本期计提额	本期减少额		期末账面余额
			转回	转销	
一、坏账准备					
二、存货跌价准备					
三、可供出售金融资产减值准备					
四、持有至到期投资减值准备					
五、长期股权投资减值准备					
六、投资性房地产减值准备					
七、固定资产减值准备					
八、工程物资减值准备					
九、在建工程减值准备					
十、生产性生物资产减值准备					
其中：成熟生产性生物资产减值准备					
十一、油气资产减值准备					
十二、无形资产减值准备					
十三、商誉减值准备					
十四、其他					
合　计					

（16）所有权受到限制的资产。

1）应披露资产所有权受到限制的原因。

2）所有权受到限制的资产披露格式如表 36-18 所示。

表 36-18　所有权受到限制的资产披露格式

所有权受到限制的资产类别	年初账面价值	本期增加额	本期减少额	期末账面价值
一、用于担保的资产				
1.				
……				
二、其他原因造成所有权受到限制的资产				
1.				
……				
合　计				

（17）交易性金融负债，披露格式如表 36-19 所示。

表 36-19　交易性金融负债的披露格式

项　目	期末公允价值	年初公允价值
1. 发行的交易性债券		
2. 指定为以公允价值计量且其变动计入当期损益的金融负债		
3. 衍生金融负债		
4. 其他		
合　计		

（18）职工薪酬。应付职工薪酬的披露格式如表 36-20 所示。

表 36-20　应付职工薪酬的披露格式

项　目	年初账面余额	本期增加额	本期支付额	期末账面余额
一、工资、奖金、津贴和补贴				
二、职工福利费				
三、社会保险费				
其中：1. 医疗保险费				
2. 基本养老保险费				
3. 年金缴费				
4. 失业保险费				
5. 工伤保险费				
6. 生育保险费				
四、住房公积金				
五、工会经费和职工教育经费				
六、非货币性福利				
七、因解除劳动关系给予的补偿				
八、其他				
其中：以现金结算的股份支付				
合　计				

还应披露企业本期为职工提供的各项非货币性福利形式、金额及其计算依据。

（19）应交税费，披露格式如表 36-21 所示。

表 36-21　应交税费的披露格式

税费项目	期末账面余额	年初账面余额
1. 增值税		
……		
合　　计		

（20）其他流动负债，披露格式如表 36-22 所示。

表 36-22　其他流动负债的披露格式

项　　目	期末账面余额	年初账面余额
1.		
……		
合　　计		

注：有预计负债、其他非流动负债的，比照其他流动负债进行披露。

（21）短期借款和长期借款。借款的披露格式如表 36-23 所示。

表 36-23　借款的披露格式

项　　目	短期借款		长期借款	
	期末账面余额	年初账面余额	期末账面余额	年初账面余额
信用借款				
抵押借款				
质押借款				
保证借款				
合　　计				

对于期末逾期借款，应分别贷款单位、借款金额、逾期时间、年利率、逾期未偿还原因和预期还款期等进行披露。

（22）应付债券，应付债券的披露格式如表 36-24 所示。

表 36-24　应付债券的披露格式

项　　目	年初账面余额	本期增加额	本期减少额	期末账面余额
1.				
……				
合　　计				

（23）长期应付款，披露格式如表 36-25 所示。

（24）营业收入。营业收入的披露格式如表 36-26 所示。

还应披露建造合同当期预计损失的原因和金额，同时按表 36-27 所示的格式披露。

表 36-25　长期应付款的披露格式

项　　目	期末账面价值	年初账面价值
1.		
……		
合　　计		

表 36-26　营业收入的披露格式

项　　目	本期发生额	上期发生额
1. 主营业务收入		
2. 其他业务收入		
合　　计		

表 36-27　建造合同的披露格式

合同项目		总金额	累计已发生成本	累计已确认毛利（亏损以“–”号表示）	已办理结算的价款金额
固定造价合同	1.				
	……				
	合　计				
成本加成合同	1.				
	……				
	合　计				

（25）公允价值变动收益，披露格式如表 36-28 所示。

表 36-28　公允价值变动收益的披露格式

产生公允价值变动收益的来源	本期发生额	上期发生额
1.		
……		
合　　计		

（26）投资收益，披露格式如表 36-29 所示。

表 36-29　投资收益的披露格式

产生投资收益的来源	本期发生额	上期发生额
1.		
……		
合　　计		

还应披露按照权益法核算的长期股权投资，直接以被投资单位的账面净损益计算确认投资损益的事实及原因。

（27）资产减值损失，披露格式如表 36-30 所示。

表 36-30 资产减值损失的披露格式

项　　目	本期发生额	上期发生额
一、坏账损失		
二、存货跌价损失		
三、可供出售金融资产减值损失		
四、持有至到期投资减值损失		
五、长期股权投资减值损失		
六、投资性房地产减值损失		
七、固定资产减值损失		
八、工程物资减值损失		
九、在建工程减值损失		
十、生产性生物资产减值损失		
十一、油气资产减值损失		
十二、无形资产减值损失		
十三、商誉减值损失		
十四、其他		
合　　计		

（28）营业外收入，披露格式如表 36-31 所示。

表 36-31 营业外收入的披露格式

项　　目	本期发生额	上期发生额
1. 非流动资产处置利得合计		
其中：固定资产处置利得		
无形资产处置利得		
……		
合　　计		

（29）营业外支出，披露格式如表 36-32 所示。

表 36-32 营业外支出的披露格式

项　　目	本期发生额	上期发生额
1. 非流动资产处置损失合计		
其中：固定资产处置损失		
无形资产处置损失		
……		
合　　计		

（30）所得税费用。

1）应披露所得税费用（收益）的组成，包括当期所得税、递延所得税。

2）应披露所得税费用（收益）与会计利润的关系。

（31）政府补助。企业应当披露取得政府补助的种类及金额。

（32）每股收益

1）应披露基本每股收益和稀释每股收益分子、分母的计算过程。

2）应披露列报期间不具有稀释性但以后期间很可能具有稀释性的潜在普通股。

3）应披露在资产负债表日至财务报告批准报出日之间，企业发行在外普通股或潜在普通股股数发生重大变化的情况，如股份发行、股份回购、潜在普通股发行、潜在普通股转换或行权等。

（33）企业可以按照费用的性质分类披露利润表。

（34）非货币性资产交换。

1）应披露换入资产、换出资产的类别。

2）应披露换入资产成本的确定方式。

3）应披露换入资产、换出资产的公允价值及换出资产的账面价值。

（35）股份支付。

1）应披露当期授予、行权和失效的各项权益工具总额。

2）应披露期末发行在外股份期权或其他权益工具行权价的范围和合同剩余期限。

3）应披露当期行权的股份期权或其他权益工具以其行权日价格计算的加权平均价格。

4）应披露股份支付交易对当期财务状况和经营成果的影响。

（36）债务重组。按照《企业会计准则第 12 号——债务重组》第十四条或第十五条的相关规定进行披露。

（37）借款费用。

1）应披露当期资本化的借款费用金额。

2）应披露当期用于计算确定借款费用资本化金额的资本化率。

（38）外币折算。

1）应披露计入当期损益的汇兑差额。

2）应披露处置境外经营对外币财务报表折算差额的影响。

（39）企业合并。企业合并发生当期的期末，合并方或购买方应当按照《企业会计准则第 20 号——企业合并》第十八条或第十九条的相关规定进行披露。

（40）租赁。

1）融资租赁出租人应当说明未实现融资收益的余额，并披露与融资租赁有关的信息（见表 36-33）。

表 36-33　与融资租赁有关的信息披露

剩余租赁期	最低租赁收款额
1 年以内（含 1 年）	
1 年以上 2 年以内（含 2 年）	
2 年以上 3 年以内（含 3 年）	
3 年以上	
合　　计	

2）经营租赁出租人各类租出资产的披露格式如表 36-34 所示。

表 36-34　经营租赁出租人各类租出资产的披露格式

经营租赁租出资产类别	期末账面价值	年初账面价值
1．机器设备		
2．运输工具		
……		
合　　计		

3）融资租赁承租人应当说明未确认融资费用的余额，并披露与融资租赁有关的下列信息：

① 各类租入固定资产的年初和期末原价、累计折旧额、减值准备累计金额。

② 以后年度将支付的最低租赁付款额的披露格式如表 36-35 所示。

表 36-35　最低租赁付款额的披露格式

剩余租赁期	最低租赁付款额
1 年以内（含 1 年）	
1 年以上 2 年以内（含 2 年）	
2 年以上 3 年以内（含 3 年）	
3 年以上	
合　　计	

4）对于重大的经营租赁，经营租赁承租人应当披露表 36-36 所示的信息。

表 36-36　经营租赁承租人的披露信息

剩余租赁期	最低租赁付款额
1 年以内（含 1 年）	
1 年以上 2 年以内（含 2 年）	
2 年以上 3 年以内（含 3 年）	
3 年以上	
合　　计	

5）披露各售后租回交易以及售后租回合同中的重要条款。

（41）终止经营，披露格式如表 36-37 所示。

表 36-37　终止经营的披露格式

项　　目	本期发生额	上期发生额
一、终止经营收入		
减：终止经营费用		
二、终止经营利润总额		
减：终止经营所得税费用		
三、终止经营净利润		

（42）分部报告。主要报告形式是业务分部的披露格式如表 36-38 所示。

表 36-38　主要报告形式是业务分部的披露格式

项　目	××业务		××业务		……	其　他		抵　销		合　计	
	本期	上期	本期	上期		本期	上期	本期	上期	本期	上期
一、营业收入											
其中：对外交易收入											
分部间交易收入											
二、营业费用											
三、营业利润（亏损）											
四、资产总额											
五、负债总额											
六、补充信息											
1. 折旧和摊销费用											
2. 资本性支出											
3. 折旧和摊销以外的非现金费用											

注：主要报告形式是地区分部的，比照业务分部格式进行披露。

在主要报告形式的基础上，对于次要报告形式，企业还应披露对外交易收入、分部资产总额。

7. 或有事项

按照《企业会计准则第 13 号——或有事项》第十四条和第十五条的相关规定进行披露。

8. 资产负债表日后事项

（1）每项重要的资产负债表日后非调整事项的性质、内容，及其对财务状况和经营成果的影响。无法做出估计的，应当说明原因。

（2）资产负债表日后，企业利润分配方案中拟分配的以及经审议批准宣告发放的股利或利润。

9. 关联方关系及其交易

（1）本企业的母公司有关信息披露格式如表 36-39 所示。

表 36-39　本企业的母公司有关信息披露格式

母公司名称	注册地	业务性质	注册资本

母公司不是本企业最终控制方的，说明最终控制方名称。

母公司和最终控制方均不对外提供财务报表的，说明母公司之上与其最相近的对外提供财务报表的母公司名称。

（2）应披露母公司对本企业的持股比例和表决权比例。

（3）本企业的子公司有关信息披露格式如表 36-40 所示。

表 36-40　本企业的子公司有关信息披露格式

子公司名称	注册地	业务性质	注册资本	本企业合计持股比例	本企业合计享有的表决权比例
1.					
……					

（4）本企业的合营企业有关信息披露格式如表 36-41 所示。

表 36-41　本企业的合营企业有关信息的披露格式

被投资单位名称	注册地	业务性质	注册资本	本企业持股比例	本企业在被投资单位表决权比例	期末资产总额	期末负债总额	本期营业收入总额	本期净利润
1.									
……									

注：有联营企业的，比照合营企业进行披露。

（5）本企业与关联方发生交易的，分别说明各关联方关系的性质、交易类型及交易要素。交易要素至少应当包括：

① 交易的金额。

② 未结算项目的金额、条款和条件，以及有关提供或取得担保的信息。

③ 未结算应收项目的坏账准备金额。

④ 定价政策。

36.2.4　商业银行报表附注

商业银行应当按照规定披露附注信息，主要包括下列内容。

1. 商业银行的基本情况

比照一般企业进行披露。

2. 财务报表的编制基础

比照一般企业进行披露。

3. 遵循企业会计准则的声明

比照一般企业进行披露。

4. 重要会计政策和会计估计

比照一般企业进行披露。

5. 会计政策和会计估计变更以及差错更正的说明

比照一般企业进行披露。

6. 报表重要项目的说明

（1）现金及存放中央银行款项，披露格式如表 36-42 所示。

表 36-42 现金及存放中央银行款项披露格式

项　　目	期末账面余额	年初账面余额
库存现金		
存放中央银行法定准备金		
存放中央银行超额存款准备金		
存放中央银行的其他款项		
合　　计		

（2）拆出资金，披露格式如表 36-43 所示。

表 36-43 拆出资金的披露格式

项　　目	期末账面余额	年初账面余额
拆放其他银行		
拆放非银行金融机构		
减：贷款损失准备		
拆出资金账面价值		

（3）交易性金融资产（不含衍生金融资产），披露格式如表 36-44 所示。

表 36-44 交易性金融资产（不含衍生金融资产）的披露格式

项　　目	期末公允价值	年初公允价值
债券		
基金		
权益工具		
其他		
合　　计		

如有指定为以公允价值计量且其变动计入当期损益的金融资产，也应比照上述格式进行披露。

（4）衍生工具，披露格式如表 36-45 所示。

表 36-45 衍生工具的披露格式

类　　别	期末金额						年初金额					
	套期工具			非套期工具			套期工具			非套期工具		
	名义金额	公允价值		名义金额	公允价值		名义金额	公允价值		名义金额	公允价值	
		资产	负债		资产	负债		资产	负债		资产	负债
利率衍生工具												
衍生工具 1												
……												
货币衍生工具												
衍生工具 1												
……												

续表

类别	期末金额						年初金额					
	套期工具			非套期工具			套期工具			非套期工具		
	名义金额	公允价值		名义金额	公允价值		名义金额	公允价值		名义金额	公允价值	
		资产	负债		资产	负债		资产	负债		资产	负债
权益衍生工具												
衍生工具 1												
……												
信用衍生工具												
衍生工具 1												
……												
其他衍生工具												
合计												

（5）买入返售金融资产，披露格式如表 36-46 所示。

表 36-46　买入返售金融资产的披露格式

项目	期末账面余额	年初账面余额
证券		
票据		
贷款		
其他		
减：坏账准备		
买入返售金融资产账面价值		

（6）发放贷款和垫款。贷款和垫款按个人和企业分布情况的披露格式如表 36-47 所示。

表 36-47　贷款和垫款按个人和企业分布情况的披露格式

项目	期末账面余额	年初账面余额
个人贷款和垫款		
—信用卡		
—住房抵押		
—其他		
企业贷款和垫款		
—贷款		
—贴现		
—其他		
贷款和垫款总额		
减：贷款损失准备		
其中：单项计提数		
组合计提数		
贷款和垫款账面价值		

贷款和垫款按行业分布情况的披露格式如表 36-48 所示。

表 36-48 贷款和垫款按行业分布情况的披露格式

行业分布	期末账面余额	比例（%）	年初账面余额	比例（%）
农牧业、渔业				
采掘业				
房地产业				
建筑业				
金融保险业				
……				
其他行业				
贷款和垫款总额				
减：贷款损失准备 其中：单项计提数 组合计提数				
贷款和垫款账面价值				

注：银行可以按行业风险集中情况自行确定行业分布。

贷款和垫款按地区分布情况的披露格式如表 36-49 所示。

表 36-49 贷款和垫款按地区分布情况的披露格式

地区分布	期末账面余额	比例（%）	年初账面余额	比例（%）
华南地区				
华北地区				
……				
其他地区				
贷款和垫款总额				
减：贷款损失准备 其中：单项计提数 组合计提数				
贷款和垫款账面价值				

注：银行可以按地区风险集中情况自行确定地区分布。

贷款和垫款按担保方式分布情况的披露格式如表 36-50 所示。

表 36-50 贷款和垫款按担保方式分布情况的披露格式

项　目	期末账面余额	年初账面余额
信用贷款		
保证贷款		
附担保物贷款		
其中：抵押贷款		
质押贷款		
……		

续表

项　　目	期末账面余额	年初账面余额
贷款和垫款总额		
减：贷款损失准备 其中：单项计提数 组合计提数		
贷款和垫款账面价值		

逾期贷款的披露格式如表 36-51 所示。

表 36-51　逾期贷款的披露格式

项　　目	期末账面余额					年初账面余额				
	逾期 1 天至 90 天（含 90 天）	逾期 90 天至 360 天（含 360 天）	逾期 360 天至 3 年（含 3 年）	逾期 3 年以上	合计	逾期 1 天至 90 天（含 90 天）	逾期 90 天至 360 天（含 360 天）	逾期 360 天至 3 年（含 3 年）	逾期 3 年以上	合计
信用贷款										
保证贷款										
附担保物贷款										
其中：抵押贷款										
质押贷款										
……										
合　　计										

注：即使是本金逾期 1 天，整笔贷款也应划为逾期贷款。

贷款损失准备的披露格式如表 36-52 所示。

表 36-52　贷款损失准备的披露格式

项　　目	本期金额		上期金额	
	单　　项	组　　合	单　　项	组　　合
期初余额				
本期计提				
本期转出				
本期核销				
本期转回 —收回原转销贷款和垫款导致的转回 —贷款和垫款因折现价值上升导致的转回 —其他因素导致的转回				
期末余额				

注：① 本期转出是指贷款转为抵债资产等而转出的贷款损失准备。

② 本期核销是指经批准贷款予以核销而核销的贷款损失准备。

（7）可供出售金融资产，披露格式如表 36-53 所示。

表 36-53　可供出售金融资产的披露格式

项　　目	期末公允价值	年初公允价值
债券 其中：债券类别 1 ……		
权益工具 其中：权益类别 1 ……		
其他		
合　　计		

（8）持有至到期投资，披露格式如表 36-54 所示。

表 36-54　持有至到期投资的披露格式

项　　目	期末账面余额	年初账面余额	期末公允价值
债券 其中：债券类别 1 ……			
其他			
持有至到期投资合计			
减：持有至到期投资减值准备			
持有至到期投资账面价值			

（9）其他资产，披露格式如表 36-55 所示。

表 36-55　其他资产的披露格式

项　　目	期末账面价值	年初账面价值
存出保证金		
应收股利		
其他应收款		
抵债资产		
……		
合　　计		

注：抵债资产的类别、减值准备计提、本年处置情况及未来处置计划，应同时予以披露。

另外：

（10）企业应当分别披露借入中央银行款项、国家外汇存款等披露期末账面余额和年初账面余额。

（略）

（11）企业应当分别披露同业、其他金融机构存放款项披露期末账面余额和年初账面余额。

（略）

（12）企业应当分别披露银行拆入、非银行金融机构拆入披露期末账面余额和年初账面余额。

（略）

（13）交易性金融负债（不含衍生金融负债），披露格式如表 36-56 所示。

表 36-56 交易性金融负债（不含衍生金融负债）的披露格式

项 目	期末公允价值	年初公允价值
外币债券卖空		
其他		
合 计		

如有指定为以公允价值计量且其变动计入当期损益的金融负债，也应比照上述格式披露。

（14）卖出回购金融资产款，披露格式如表 36-57 所示。

表 36-57 卖出回购金融资产款的披露格式

项 目	期末账面余额	年初账面余额
证券		
票据		
贷款		
其他		
合 计		

（15）吸收存款，披露格式如表 36-58 所示。

表 36-58 吸收存款的披露格式

项 目	期末账面余额	年初账面余额
活期存款 —公司 ……		
定期存款（含通知存款） —公司 ……		
其他存款（含汇出汇款、应解汇款等）		
合 计		

（16）应付债券，披露格式如表 36-59 所示。

表 36-59 应付债券的披露格式

债券类型	发行日	到期日	利率	期初账面余额	本期增加额	本期减少额	期末账面余额
债券类别 1							
……							
合 计							

注：① 发行次级债券的，应补充披露发行总面值、转换选择权条款、未摊销发行成本余额等。

② 发行可转换公司债券的，应补充披露发行日可转换公司债券面值、债务成分和权益成分的初始确认金额、本期和上期支付的利息总额等。

（17）其他负债，披露格式如表 36-60 所示。

表 36-60　其他负债的披露格式

项　　目	期末账面余额	年初账面余额
存入保证金		
应付股利		
其他应付款		
……		
合　　计		

（18）披露一般风险准备的期末、年初余额及计提比例。

（19）利息净收入，披露格式如表 36-61 所示。

表 36-61　利息净收入的披露格式

项　　目	本期发生额	上期发生额
同业		
—存放中央银行		
—拆出资金		
—发放贷款及垫款		
其中：个人贷款和垫款		
公司贷款和垫款		
票据贴现		
—买入返售金融资产		
—债券投资		
—其他		
其中：已减值金融资产利息收入		
利息支出		
—同业存放		
—向中央银行借款		
—拆入资金		
—吸收存款		
—卖出回购金融资产		
—发行债券		
—其他		
利息净收入		

（20）手续费及佣金净收入，披露格式如表 36-62 所示。

（21）投资收益，披露格式如表 36-63 所示。

（22）公允价值变动收益，披露格式如表 36-64 所示。

表 36-62　手续费及佣金净收入的披露格式

项　　目	本期发生额	上期发生额
手续费及佣金收入		
—结算与清算手续费		
—代理业务手续费		
—信用承诺手续费及佣金		
—银行卡手续费		
—顾问和咨询费		
—托管及其他受托业务佣金		
—其他		
手续费及佣金支出		
—手续费支出		
—佣金支出		
手续费及佣金净收入		

表 36-63　投资收益的披露格式

项　　目	本期发生额	上期发生额
以公允价值计量且其变动计入当期损益的权益工具投资		
可供出售权益工具投资		
长期股权投资		
其他		
合　　计		

表 36-64　公允价值变动收益的披露格式

项　　目	本期发生额	上期发生额
交易性金融工具		
指定为以公允价值计量且其变动计入当期损益的金融工具		
衍生工具		
其他		
合　　计		

（23）业务及管理费，披露格式如表 36-65 所示。

表 36-65　业务及管理费披露格式

项　　目	本期发生额	上期发生额
电子设备运转费		
安全防范费		
物业管理费		
其他		
合　　计		

（24）分部报告。

1）主要报告形式是业务分部的披露格式如表 36-66 所示。

表 36-66 主要报告形式是业务分部的披露格式

项目	××业务		××业务		……	其他		抵销		合计	
	本期	上期	本期	上期		本期	上期	本期	上期	本期	上期
一、营业收入											
利息净收入 其中：分部间利息净收入											
手续费及佣金净收入 其中：分部间手续费及佣金净收入											
其他收入											
二、营业费用											
三、营业利润（亏损）											
四、资产总额											
五、负债总额											
六、补充信息											
1. 折旧和摊销费用											
2. 资本性支出											
3. 折旧和摊销以外的非现金费用											

注：主要报告形式是地区分部的，比照业务分部格式进行披露。

2）在主要报告形式的基础上，对于次要报告形式，企业还应披露对外交易收入、分部资产总额。

（25）担保物，按照《企业会计准则第 37 号——金融工具列报》第二十一条和第二十二条的相关规定进行披露。

（26）金融资产转移（含资产证券化），按照《企业会计准则第 37 号——金融工具列报》第二十条的相关规定进行披露。

除上述项目以外的其他项目，应当比照一般企业进行披露。

7. 或有事项

除比照一般企业进行披露外，还应对承诺事项做如下披露。

（1）信贷承诺的披露格式如表 36-67 所示。

表 36-67 信贷承诺的披露格式

项目	期末合同金额	年初合同金额
贷款承诺 其中：1. 原到期日在 1 年以内 2. 原到期日在 1 年或以上		

续表

项　　目	期末合同金额	年初合同金额
开出信用证		
开出保函		
银行承兑汇票		
其他		
合　　计		

注：对信贷承诺应计算并披露本期和上期信贷风险加权金额。

（2）存在经营租赁承诺、资本支出承诺、证券承销及债券承兑承诺的，还应披露有关情况。

8．资产负债表日后事项

比照一般企业进行披露。

9．关联方关系及其交易

比照一般企业进行披露。

10．风险管理

按照《企业会计准则第 37 号——金融工具列报》第二十五条至第四十五条的相关规定进行披露。

36.2.5　保险公司报表附注

保险公司应当按照规定披露附注信息，主要包括下列内容。

1．保险公司的基本情况

比照一般企业进行披露。

2．财务报表的编制基础

比照一般企业进行披露。

3．遵循企业会计准则的声明

比照一般企业进行披露。

4．重要会计政策和会计估计

比照一般企业进行披露。

5．会计政策和会计估计变更以及差错更正的说明

比照一般企业进行披露。

6．报表重要项目的说明

（1）应收保费账龄结构，披露格式如表 36-68 所示。

表 36-68 应收保费账龄结构的披露格式

账　　龄	期末账面余额	年初账面余额
3 个月以内（含 3 个月）		
3 个月至 1 年（含 1 年）		
1 年以上		
合　　计		

（2）应收代位追偿款。应收代位追偿款账龄结构的披露格式如表 36-69 所示。

表 36-69 应收代位追偿款账龄结构的披露格式

账　　龄	期末账面余额	年初账面余额
1 个月以内（含 1 个月）		
1 个月至 3 个月（含 3 个月）		
3 个月至 1 年（含 1 年）		
1 年以上		
合　　计		

还应披露金额重大代位追偿款产生的原因和未确认的理由。

（3）定期存款，披露格式如表 36-70 所示。

表 36-70 定期存款的披露格式

到期期限	期末账面余额	年初账面余额
1 个月至 3 个月（含 3 个月）		
3 个月至 1 年（含 1 年）		
1 年至 2 年（含 2 年）		
2 年至 3 年（含 3 年）		
3 年至 4 年（含 4 年）		
4 年至 5 年（含 5 年）		
5 年以上		
合　　计		

债券投资到期期限结构，比照上述格式披露。

（4）其他资产，披露格式如表 36-71 所示。

表 36-71 其他资产的披露格式

项　　目	期末账面价值	年初账面价值
应收股利		
损余物资		
……		
其他		
合　　计		

注：损余物资产生的原因、所处置损余物资的账面价值、实现的损益，应同时予以披露。

（5）保户储金（或保户投资款），披露格式如表 36-72 所示。

表 36-72　保户储金（或保户投资款）的披露格式

到期期限	期末账面余额	年初账面余额
1 年以内（含 1 年）		
1 年至 3 年（含 3 年）		
3 年至 5 年（含 5 年）		
5 年以上		
合　计		

（6）保险合同准备金。保险合同准备金增减变动情况的披露格式如表 36-73 所示。

表 36-73　保险合同准备金增减变动情况的披露格式

项　目	年初账面余额	本期增加额	本期减少额				期末账面余额
			赔付款项	提前解除	其他	合计	
未到期责任准备金							
原保险合同							
再保险合同							
未决赔款准备金							
原保险合同							
再保险合同							
寿险责任准备金							
原保险合同							
再保险合同							
长期健康险责任准备金							
原保险合同							
再保险合同							
合　计							

保险合同准备金未到期期限的披露格式如表 36-74 所示。

表 36-74　保险合同准备金未到期期限的披露格式

项　目	期末账面余额		年初账面余额	
	1 年以下(含 1 年)	1 年以上	1 年以下（含 1 年）	1 年以上
未到期责任准备金				
原保险合同				
再保险合同				
未决赔款准备金				
原保险合同				
再保险合同				
寿险责任准备金				
原保险合同				
再保险合同				

续表

项目	期末账面余额		年初账面余额	
	1 年以下（含 1 年）	1 年以上	1 年以下（含 1 年）	1 年以上
长期健康险责任准备金 原保险合同 再保险合同				
合计				

原保险合同未决赔款准备金的披露格式如表 36-75 所示。

表 36-75 原保险合同未决赔款准备金的披露格式

未决赔款准备金	期末账面余额	年初账面余额
已发生已报案未决赔款准备金		
已发生未报案未决赔款准备金		
理赔费用准备金		
合计		

（7）其他负债，披露格式如表 36-76 所示。

表 36-76 其他负债的披露格式

项目	期末账面余额	年初账面余额
应付利息		
……		
合计		

（8）提取未到期责任准备金。企业应当分别原保险合同和再保险合同披露提取未到期责任准备金的本期发生额和上期发生额。

（9）赔付支出。赔付支出按保险合同列示的披露格式如表 36-77 所示。

表 36-77 赔付支出按保险合同列示的披露格式

项目	本期发生额	上期发生额
原保险合同		
再保险合同		
合计		

赔付支出按内容列示的披露格式如表 36-78 所示。

表 36-78 赔付支出按内容列示的披露格式

项目	本期发生额	上期发生额
赔款支出		
满期给付		
年金给付		
死伤医疗给付		
……		
合计		

（10）提取保险责任准备金。提取保险责任准备金按保险合同列示的披露格式如表 36-79 所示。

表 36-79　提取保险责任准备金按保险合同列示的披露格式

项　目	本期发生额	上期发生额
提取未决赔款准备金		
原保险合同		
再保险合同		
提取寿险责任准备金		
原保险合同		
再保险合同		
提取长期健康险责任准备金		
原保险合同		
再保险合同		
合　计		

提取原保险合同未决赔款准备金按构成内容列示的披露格式如表 36-80 所示。

表 36-80　提取原保险合同未决赔款准备金按构成内容列示的披露格式

提取未决赔款准备金	本期发生额	上期发生额
已发生已报案未决赔款准备金		
已发生未报案未决赔款准备金		
理赔费用准备金		
合　计		

（11）摊回保险责任准备金，披露格式如表 36-81 所示。

表 36-81　摊回保险责任准备金的披露格式

项　目	本期发生额	上期发生额
摊回未决赔款准备金		
摊回寿险责任准备金		
摊回长期健康险责任准备金		
合　计		

（12）分部报告。主要报告形式是业务分部的披露格式如表 36-82 所示。

表 36-82　主要报告形式是业务分部的披露格式

项　目	××业务		××业务		……	其　他		抵　销		合　计	
	本期	上期	本期	上期		本期	上期	本期	上期	本期	上期
一、营业收入											
二、营业费用											
三、营业利润（亏损）											
四、资产总额											

续表

项　目	××业务		××业务		……	其　他		抵　销		合　计	
	本期	上期	本期	上期		本期	上期	本期	上期	本期	上期
五、负债总额											
六、补充信息											
1. 折旧和摊销费用											
2. 资本性支出											
3. 折旧和摊销以外的非现金费用											

注：主要报告形式是地区分部的，比照业务分部格式进行披露。

在主要报告形式的基础上，对于次要报告形式，企业还应披露对外交易收入、分部资产总额。

（13）投资连接产品。

1）应披露投资连接产品的基本情况，包括名称、设立时间、账户特征、投资组合规定、投资风险等。

2）应披露独立账户单位数及每一独立账户单位净资产。

3）应披露独立账户的投资组合情况。

4）应披露风险保费、独立账户管理费计提情况。

5）应披露投资连接产品采用的主要会计政策。

6）应披露独立账户资产的估值原则。

除以上项目以外的其他项目，应当比照商业银行进行披露。

7. 或有事项

比照商业银行进行披露。

8. 资产负债表日后事项

比照商业银行进行披露。

9. 关联方关系及其交易

比照商业银行进行披露。

10. 风险管理

（1）风险管理目标和减轻风险的政策。

① 管理资产负债的技术，包括保持偿付能力的方法等。

② 选择和接受可承保保险风险的政策，包括确定可接受风险的范围和水平等。

③ 评估和监控保险风险的方法，包括内部风险计量模型、敏感性分析等。

④ 限制和转移保险风险的方法，包括共同保险、再保险等。

（2）保险风险类型

① 保险风险的内容。

② 减轻保险风险的因素及程度，包括再保险等。

③ 可能引起现金流量发生变动的因素。

（3）保险风险集中度

① 保险风险集中的险种。

② 保险风险集中的地域。

（4）不考虑分出业务的索赔进展信息的披露格式

不考虑分出业务的索赔进展信息的披露格式如表36-83所示。

表 36-83　不考虑分出业务的索赔进展信息的披露格式

项　　目	前四年	前三年	前二年	前一年	本　　年	合　　计
本年末累计赔付款项估计额						
一年后累计赔付款项估计额						
二年后累计赔付款项估计额						
三年后累计赔付款项估计额						
四年后累计赔付款项估计额						
累计赔付款项估计额						
累计支付的赔付款项						
以前期间调整额						
尚未支付的赔付款项						

扣除分出业务后的索赔进展信息，比照上述不考虑分出业务的索赔进展信息的格式进行披露。

（5）与保险合同有关的重大假设

① 重大假设，包括死亡率、发病率、退保率、投资收益率等。

② 对假设具有重大影响的数据的来源。

③ 假设变动的影响及敏感性分析。

④ 影响假设不确定性的事项和程度。

⑤ 不同假设之间的关系。

⑥ 描述过去经验和当前情况。

⑦ 假设与可观察到的市场价格或其他公开信息的符合程度。

除保险风险以外的其他风险，应当比照商业银行进行披露。

36.2.6　证券公司报表附注

证券公司应当按照规定披露附注信息，主要包括下列内容。

1．证券公司的基本情况

比照一般企业进行披露。

2．财务报表的编制基础

比照一般企业进行披露。

3．遵循企业会计准则的声明

比照一般企业进行披露。

4．重要会计政策和会计估计

比照一般企业进行披露。

5．会计政策和会计估计变更以及差错更正的说明

比照一般企业进行披露。

6．报表重要项目的说明

（1）货币资金，披露格式如表 36-84 所示。

表 36-84　货币资金的披露格式

项　　目	期末账面余额	年初账面余额
库存现金		
银行存款		
其中：公司自有		
经纪业务客户		
结算备付金		
其中：公司自有		
经纪业务客户		
其他货币资金		
其中：新股申购款		
合　　计		

（2）买入返售金融资产，除比照商业银行进行披露外，还应按交易对手披露表 36-85 所示的信息。

表 36-85　按交易对手披露的信息

项　　目	期末账面余额	年初账面余额
同业		
其他非银行金融机构		
合　　计		

（3）存出保证金，披露格式如表 36-86 所示。

表 36-86　存出保证金的披露格式

项　　目	期末账面余额	年初账面余额
交易保证金		
履约保证金		
合　　计		

（4）代理承销证券，企业应当披露代理承销证券的方式（全额包销、余额包销、代销）、承销证券的种类等情况。

（5）代理兑付债券，企业应当披露代理兑付债券的方式、种类、记名证券或无记名证券情况。

（6）交易席位费，披露格式如表 36-87 所示。

表 36-87　交易席位费的披露格式

项　　目	年初账面余额	本期增加额	本期减少额	期末账面余额
一、原价合计				
1．上海证券交易所				
其中：A 股				
B 股				
2．深圳证券交易所				
其中：A 股				
B 股				
二、累计摊销额合计				
1．上海证券交易所				
其中：A 股				
B 股				
2．深圳证券交易所				
其中：A 股				
B 股				
三、交易席位费账面价值合计				
1．上海证券交易所				
其中：A 股				
B 股				
2．深圳证券交易所				
其中：A 股				
B 股				

（7）其他资产，披露格式如表 36-88 所示。

表 36-88　其他资产的披露格式

项　　目	期末账面价值	年初账面价值
应收股利		
其他应收款		
……		
其他		
合　　计		

（8）卖出回购金融资产款，除比照商业银行进行披露外，还应按交易对手披露表 36-89 所示的信息。

（9）代理买卖证券款，披露格式如表 36-90 所示。

（10）代理承销证券款，披露格式如表 36-91 所示。

表 36-89 按交易对手披露的信息

项　目	期末账面余额	年初账面余额
同业		
其他非银行金融机构		
合　计		

表 36-90 代理买卖证券款的披露格式

项　目	期末账面余额	年初账面余额
个人客户		
法人客户		
……		
合　计		

表 36-91 代理承销证券款的披露格式

项　目	期末账面余额	年初账面余额
股票		
债券		
其中：国债		
金融债券		
企业债券		
其他有价证券		
合　计		

（11）代理兑付证券款，披露格式如表 36-92 所示。

表 36-92 代理兑付证券款的披露格式

项　目	年初账面余额	本期收到兑付资金	本期已兑付债券	本期结转手续费收入	期末账面余额
国债					
企业债券					
金融债券					
其他债券					
合　计					

（12）其他负债，披露格式如表 36-93 所示。

表 36-93 其他负债的披露格式

项　目	期末账面余额	年初账面余额
应付股利		
其他应付款		
……		
合　计		

（13）受托客户资产管理业务，披露格式如表 36-94 所示。

表 36-94　受托客户资产管理业务的披露格式

资产项目	期末余额	年初余额	负债项目	期末余额	年初余额
受托管理资金存款			受托管理资金		
客户结算备付金			应付款项		
应收款项					
受托投资					
其中：投资成本					
已实现未结算损益					
合　计			合　计		

（14）手续费及佣金净收入，披露格式如表 36-95 所示。

表 36-95　手续费及佣金净收入的披露格式

项　目	本期发生额	上期发生额
手续费及佣金收入		
—证券承销业务		
—证券经纪业务		
—受托客户资产管理业务		
—代理兑付证券		
—代理保管证券		
—其他		
手续费及佣金支出		
—证券经纪业务手续费支出		
—佣金支出		
—其他		
手续费及佣金净收入		

（15）受托客户资产管理手续费及佣金收入，披露格式如表 36-96 所示。

表 36-96　受托客户资产管理手续费及佣金收入的披露格式

项　目	本期发生额	上期发生额
定向资产管理业务		
专项资产管理业务		
集合资产管理业务（按项目列示） ……		
合　计		

（16）分部报告。主要报告形式是业务分部的披露格式如表 36-97 所示。

表 36-97　主要报告形式是业务分部的披露格式　　单位：元

项　　目	××业务		××业务		……	其　　他		抵　　销		合　　计	
	本期	上期	本期	上期		本期	上期	本期	上期	本期	上期
一、营业收入											
手续费及佣金净收入 其中：分部间手续费及佣金净收入											
其他收入											
二、营业费用											
三、营业利润（亏损）											
四、资产总额											
五、负债总额											
六、补充信息											
1. 折旧和摊销费用											
2. 资本性支出											
3. 折旧和摊销以外的非现金费用											

注：主要报告形式是地区分部的，比照业务分部格式进行披露。

在主要报告形式的基础上，对于次要报告形式，企业还应披露对外交易收入、分部资产总额。

除以上项目以外的其他项目，应当比照商业银行进行披露。

7. 或有事项

比照商业银行进行披露。

8. 资产负债表日后事项

比照商业银行进行披露。

9. 关联方关系及其交易

比照商业银行进行披露。

10. 风险管理

（1）风险管理政策和组织架构。

1）风险管理政策，主要包括对各种风险的来源、正式风险治理组织和科学的监督流程及其定期复核制度，以及在严格职责分离、监督和控制基础上各相关业务部门、高级管理人员和风险管理职能部门之间的沟通和协作等。

2）风险治理组织架构，主要包括各风险管理委员会和相关职能部门的设立和运转情况。

（2）信用风险。除比照商业银行披露必要的信用风险信息外，还应按行业、地区和交易对手的信用评级等分别披露信用风险信息。

（3）流动风险。除比照商业银行披露必要的流动风险信息外，还应披露进行流动性风险管理拟采取的主要措施。

（4）市场风险。比照商业银行披露市场风险信息。

第 37 章 中期财务报告

37.1 中期财务报告综述

37.1.1 中期和中期财务报告的定义

1. 中期的定义

中期指短于一个完整的会计年度的报告期间。

根据《中华人民共和国会计法》的规定，"会计年度自公历 1 月 1 日起至 12 月 31 日止"，所以，中期应是在这一会计年度之内，但短于一个会计年度的报告期间，它可以是一个月、一个季度或者半年，也可以是其他短于一个会计年度的期间，如 1 月 1 日至 9 月 30 日的期间等。

对于"中期"的界定，还需要说明以下几点。

（1）如果企业不是在会计年度年初，而是在中期内开业的，则开业日至中期末应当视为一个中期。

【例 37-1】 智董股份公司于 20×8 年 5 月 1 日开业，要求提供中期财务报告的期间为季度。则该公司应当将 20×8 年 5 月 1 日至 6 月 30 日这一期间视为一个中期（季度），公司应当编制第 2 季度财务报告。

（2）如果企业在年度中间歇业，中期的界定和中期财务报告的编制不应当受到影响。

【例 37-2】 智董股份公司是一家具有数十年历史的百货企业，需要对外提供半年度财务报告。20×8 年为了对百货大楼进行整体装修，公司于 20×8 年 5、6 月歇业两个月。在这种情况下，尽管公司在 5、6 月歇业，但是仍然应当把 20×8 年 1 月 1 日至 6 月 30 日视为一个中期，而不应当将歇业期间排除在中期的计算之外，即仅将 20×8 年 1 月 1 日至 4 月 30 日这一期间视为一个中期，这是不准确的。

（3）如果股份有限公司在中期内发行股票或者上市，其中期的界定也不能因此而受到影响，因为公司仍然属于持续经营的公司，中期的界定应当按照正常的公历时间予以确定。

【例 37-3】 某国有企业于 20×7 年 7 月 1 日改组为股份有限公司，20×9 年 4 月 10 日经核准对外公开发行股票，所发股票于 20×9 年 6 月 15 日正式在证券交易所挂牌交易。证券交易所要求在该所交易股票的公司必须编制季度财务报告。本例中，尽管公司分别于 20×9 年 4

月和 6 月对外发行了股票并得以上市交易，公司股权结构也发生了变化，但是公司一直在持续经营过程中，所以应当在 20×9 年 6 月 30 日按照正常的公历时间编制第 2 季度财务报告，而不应当仅仅以 20×9 年 4 月 10 日至 6 月 30 日的期间作为一个中期（季度）或者以 20×9 年 6 月 15 日至 6 月 30 日的期间作为一个中期（季度）来编制第 2 季度财务报告。

2. 中期财务报告的定义

中期财务报告是指以中期为基础编制的财务报告。中期财务报告的定义具体包括以下两层含义。

（1）中期财务报告涵盖的会计期间是以中期为基础，因此，中期财务报告有可能是月度财务报告，也有可能是季度财务报告或者半年度财务报告，当然也包括年初至本中期末的财务报告。企业以什么中期为基础编制财务报告应视有关法律、行政法规或者规章的规定，或者会计信息使用者的要求而定。

（2）中期财务报告和年度财务报告一样，作为财务报告的一种，应当能够反映企业中期末的财务状况和中期经营成果及其现金流量。为了达到这一目的，首先，企业应当按照《企业会计准则第 32 号——中期财务报告》的要求编制中期财务报表及其附注，有关规定具体包括中期财务报表的组成（通常，资产负债表可以反映企业中期末的财务状况，利润表可以反映企业中期的经营成果，现金流量表可以反映企业中期的现金流量，所以，在中期财务报告中，企业至少应当包括上述三张报表），中期财务报表的内容、格式和编制要求，中期财务报表附注应当包括的内容等。尽管财务报表是中期财务报告的主要组成部分，但是中期财务报告不应当仅仅包括财务报表，它还应当包括那些有助于理解中期末财务状况、中期经营成果及其现金流量的、有助于会计信息使用者进行决策的其他相关信息。比如，对于那些享受国家税收优惠政策的企业来讲，在中期财务报告中披露中期发生的税收优惠政策的变化对企业的影响是十分重要的。

37.1.2 为什么要编制中期财务报告

通常所讲的会计原则及方法是建立在年度财务报告的基础之上的，在企业外部经营环境变化不大、会计年度内的收入与费用发生情况比较均衡以及会计信息使用者对财务报告信息的及时性要求不高的情况下，年度财务报告信息已经能够基本满足会计信息使用者的信息需要。但是，随着我国改革开放的深入，市场竞争日趋激烈，外部经营环境的变化和企业日常经营活动的波动要远甚于以往，尤其是近年来随着我国证券市场的发展和市场效率的提高，我国股票市场正逐步走向规范化和理性化，投资者对公开披露的财务报告信息的及时性和相关性提出了更高的要求。在这种情况下，各年度财务报告之间相隔的时间相对于投资者的决策需要来讲已经显得太长，不利于投资者的及时决策和合理预测。在这瞬息万变的时代背景下，等到企业年度财务报告公开披露的时候，许多信息对于会计信息使用者来讲已经过时，十分不利于资源的有效配置和证券市场的稳定。为此，世界上大部分国家都要求企业（主要是上市公司）提供中期财务报告，通过及时披露企业中期末的财务状况和中期经营成果及其现金流量，来弥补年度财务报告的不足，满足会计信息使用者的信息需要。这其中最为典型的是美国，美国纽约证券交易所早在 60 多年以前就要求其上市公司编报季度财务报告。另外，如澳大利亚、加拿大、智利、哥伦比亚、以色列、墨西哥、挪威、菲律宾、巴西、丹麦、法国、德国、英国、印度、意大利、马来西亚、卢森堡、新西兰、巴基斯坦、新加坡、南非、西班牙、斯里兰卡、津巴布韦和我国香港等国家或地区则要求上市公司提供半年度的中期财务报告。

37.1.3 编制中期财务报告的作用

1. 编制中期财务报告有助于提高会计信息质量

会计信息的一个重要质量特征是其及时性，换句话说，对外披露的财务报告信息的有用性在很大程度上取决于它的及时性。许多信息即使非常可靠，但是如果在提供的时间上相对滞后，其价值就有可能大打折扣，所以对于会计信息使用者来讲，会计信息的披露和传递无疑是越快越好，而中期财务报告正好可以在很大程度上满足这一要求，弥补年度财务报告时间间隔过长的缺陷。同时，会计信息的价值还体现在其反馈价值和预测价值上，中期财务报告对于及时反映企业中期末的财务状况和中期经营成果及其现金流量（体现会计信息的反馈价值），便于投资者、债权人等据以预测企业未来的获利能力和发展前景（体现会计信息的预测价值），从而做出比较正确的相关决策，将起到积极作用。

2. 编制中期财务报告有助于完善上市公司的信息披露制度

当今世界，一个国家上市公司信息披露的透明程度及其制度的完善程度，已成为衡量该国证券市场乃至整个市场经济成熟程度的一个重要标志，我国亦概莫能外。上市公司信息披露制度包含内容较多，其中中期财务报告是其有机组成部分，而且随着我国证券市场的发展，投资者对会计信息质量要求的提高和信息技术的日新月异，中期财务报告信息的作用更趋突出。要及时了解企业的相关情况，强化企业的有效监管，提高信息披露的及时性是一项重要措施。因此编制中期财务报告有助于健全上市公司信息披露制度，提高证券市场的效率，促进资源的有效配置。

3. 中期财务报告有助于规范企业行为

从本质上讲，财务报告制度是企业业绩评价和监督机制的有效组成部分。正是因为有了定期财务报告，我们才可以据以评价企业的经营业绩和管理效率，对企业管理者是否站在投资者利益的角度从事生产经营活动实施有效监控。而编制中期财务报告可以使这种监控更加及时，更有助于揭示问题，寻求相应的应对措施，从而规范企业经营者的行为，谋求投资者利益的最大化。

37.1.4 关于中期财务报告的理论基础

1. 中期财务报告的独立观和一体观

关于编制中期财务报告的理论基础问题，概括起来，目前主要有两种观点：一种是独立观（Discrete View），一种是一体观（Integral View）。

独立观是将每一中期视为一个独立的会计期间，其基本特点是：中期财务报告中所采用的会计政策和确认与计量原则与年度财务报告相一致，其中所应用的会计估计、成本分配和应计项目的处理等也与年度财务报告相一致。应用独立观编制中期财务报告的优点是中期财务报告的编制可以直接采用企业在编制年度财务报告时已有的一套会计政策和确认、计量原则，便于实务操作，而且在中期财务报告中所反映的财务状况和经营业绩等相对比较可靠，不容易被操控；缺点是容易导致各中期收入与费用的不合理配比，一方面会影响企业业绩的评价，另一方面可能会导致各中期列报的收益波动较大，影响会计信息使用者对年度结果的预测。

一体观是将每一中期视为年度会计期间的有机组成部分，是会计年度整体不可分割的一部分而非独立的会计期间，其基本特点是：中期财务报告中应用的会计估计、成本分配、各递延和应计项目的处理必须考虑到全年将要发生的情况，即需要顾及会计年度剩余期间的经营结果，所以，会计年度内发生的成本与费用，需要以年度预计活动水平（如预计受益期间、预计销售量和产量等）为基础，分配至各个中期。应用一体观编制中期财务报告的优点是可以避免因会计期间的缩短而导致的各中期收益的非正常波动，从而有利于年度收益的预测；缺点是许多成本和费用需要以年度结果为基础进行估计，因此需要依赖于较高的职业判断能力，而且可能所估计的结果因缺乏客观、可靠的依据作为佐证，因此容易操控收益，影响中期财务报告信息的可靠性。

2．我国中期财务报告的编制应当采用何种理论基础

在《企业会计准则第32号——中期财务报告》的制定过程中，基于以下理由，认为我国中期财务报告的编制应当侧重于以独立观作为其理论基础。

（1）从会计信息质量角度来看，我国企业目前的会计信息失真现象还不容忽视，所以强调中期财务报告信息的可靠性，强调在中期财务报告中应当如实反映中期末的财务状况和中期经营成果及其现金流量，提高会计信息的公信力就显得十分重要。

（2）从我国证券市场的发育程度（如信息使用者的信息需求状况及其对公开信息的反映程度）来看，我国证券市场还处于初创阶段，市场效率还不很高，说明会计信息使用者“消化”、“吸收”信息的能力还不强，披露过多的相关信息（尤其是不甚可靠的相关信息）可能会造成信息浪费，得不偿失。

（3）从我国会计人员的职业判断水平来看，广大会计人员职业判断水平的提高还需要一个过程，而在中期财务报告的一体观下，企业在中期财务报告的编制过程中需要考虑全年预计发生的情况，需要较多地依赖于会计人员的估计和职业判断。以我国目前会计人员的职业判断水平来看，恐怕一时难以达到这一要求，反而容易增加中期确认和计量的随意性以及企业操控中期损益的余地。相对而言，在采用独立观编制中期财务报告的情况下，比较简便易行，需要会计人员进行职业判断的要少些，较为符合我国实际。

（4）从外部监管的角度来看，由于目前大多数中期财务报告无须经过注册会计师审计，监管部门对于企业编制中期财务报告的过程也不甚了解，所以，在这种情况下，采用独立观更有助于保证中期财务报告信息的可靠性，并提高大家对中期财务报告信息的信任度。

（5）从国际惯例来看，世界上，除了美国等少数国家或者地区采用中期财务报告的一体观之外，大多数国家或者地区采用的都是独立观，比如国际会计准则以及英国、加拿大、澳大利亚、墨西哥、新西兰等国家或者地区的会计准则都采用的是独立观。以独立观作为中期财务报告的理论基础已是世界上中期财务报告会计准则制定的一个发展趋势。当然，从各国或者地区中期财务报告会计准则（包括国际会计准则）的具体内容来看，纯粹地采用其中一种观点的情况比较少，往往都有例外情况，所以从严格意义上讲，上述国家或者地区的中期财务报告准则只是侧重于采用一体观或者独立观。

基于上述分析，《企业会计准则第32号——中期财务报告》在制定时主要采用了独立观，在尽可能保证中期财务报告信息可靠性的前提下，提高中期财务报告信息的相关性，以满足会计信息使用者的需要。

37.1.5 《企业会计准则第 32 号——中期财务报告》基本要求

1. 企业应当在中期末根据《企业会计准则第 32 号——中期财务报告》的要求编制中期财务报告

企业应当根据《企业会计准则第 32 号——中期财务报告》规定的中期财务报告的内容和在编制中期财务报告时应当遵循的确认与计量原则编制中期财务报告。中期财务报告的内容应当能够真实、完整地反映企业的财务状况、经营成果和现金流量，不会对中期财务报告使用者产生误导。

2. 企业在编制中期财务报告时应当遵循及时性和重要性原则

编制中期财务报告的目的是为了向会计信息使用者提供比年度财务报告更加及时的信息，以提高会计信息的决策有用性。中期财务报告所涵盖的会计期间短于一个会计年度，其编报的时间通常也短于年度财务报告，所以，中期财务报告应当能够提供比年度财务报告更加及时的信息。

与此同时，企业在编制中期财务报告时，还应当遵循重要性原则，在中期财务报告中披露有助于理解企业在中期期末的财务状况、中期经营成果及其现金流量的所有重大交易或者事项。为了体现企业编制中期财务报告的及时性和重要性原则，中期财务报告一般可以比年度财务报告应用更多的会计估计。

强调中期财务报告编制的及时性和重要性原则，是由于企业在编制中期财务报告时需要对这两个原则加以特殊考虑。对于其他会计原则，比如权责发生制基础、一贯性原则、可比性原则、划分收益性支出和资本性支出原则等，企业在编制中期财务报告时也应当像年度财务报告一样予以遵循。

3. 企业在编制中期财务报告时应当采用与年度财务报告相一致的会计政策和会计要素的确认与计量原则

企业在编制中期财务报告时，应当将中期视同为一个独立的会计期间，不仅所采用的会计政策应当与年度财务报表所采用的会计政策相一致，而且各会计要素的确认和计量原则也应当与年度财务报表相一致。企业在编制中期财务报告时不得随意变更会计政策和会计要素的确认与计量原则。

37.1.6 关于重要性信息质量要求

企业在确认、计量和披露各中期财务报表项目时，应当遵循重要性原则。重要性原则是企业编制中期财务报告的一项十分重要的原则。企业在判断重要性程度时，应当以中期财务数据为基础；不应以预计的年度财务数据为基础；而且，与年度财务数据相比，中期会计计量可在更大程度上依赖于估计。企业应当保证所提供的中期财务报告包括了与理解企业中期末财务状况和中期经营成果及其现金流量相关的信息。

1. 重要性程度的判断应当以中期财务数据为基础

企业在为编制中期财务报告的目的而决定应当如何确认、计量和披露各财务报表项目时，对于重要性程度的判断应当以中期财务数据为基础。这里所指的中期财务数据既包括本中期的财务数据，也包括年初至本中期末的财务数据。但是企业不得以预计的年度财务数据为基础对中期财务报表项目进行重要性的判断。因为有些对于预计的年度财务数据显得不重要的信息对于中期财务数据而言可能是重要的，也就是说，该信息对于理解年度财务报表而言虽然并不十分相关，但是对于理解中期财务报表而言却是相关的，企业应当在中期财务报告中披露这些信息。

【例 37-4】 智董公司在 20×9 年第 1 季度转回前期已计提的持有至到期投资减值准备 80 万元，公司第 1 季度利润表反映的投资收益为 20 万元，净利润为 100 万元，公司预计全年的净利润为 5 000 万元。在本例中，第 1 季度所发生的持有至到期投资减值准备转回金额尽管只占预计全年净利润的 1.6%，以预计全年净利润为基础进行重要性程度的判断时，可能会认为该事项属于非重要事项而不予披露，但是，该损失转回金额占 20×9 年第 1 季度投资收益的 400%，占该季度净利润的 80%，属于重要事项，所以企业应当在第 1 季度财务报告中披露该事项。

2. 中期会计计量可在更大程度上依赖于估计

基于中期财务报告的编报时间一般比年度财务报告短，有关编报要求相对于年度财务报告而言也有所放宽，所以，在编制中期财务报告的过程中，对重要性进行评估时，中期会计计量相对于年度财务数据的计量而言，可在更大程度上依赖于估计。例如，企业通常在会计年度末对存货进行全面、详细的实地盘点，因此，对年末存货可以达到较为精确的计价。但是在中期末，出于时间上的限制和成本效益方面的考虑，有时不大可能对存货进行全面、详细的实地盘点，在这种情况下，对于中期末存货的计价就可在更大程度上依赖于会计估计。

3. 重要性原则的运用应当保证所提供的中期财务报告包括了与理解企业中期末财务状况和中期经营成果及其现金流量相关的信息

企业在运用重要性原则决定中期财务报告信息披露的内容和进行会计估计时，应当保证中期财务报告中包括了与理解企业中期末财务状况和中期经营成果及其现金流量相关的信息，以避免在中期财务报告中由于不确认、不披露或者忽略某些信息而对信息使用者的决策产生误导。

4. 重要性程度的判断需要依赖于会计人员的职业判断，需要根据具体情况作具体分析和判断

在实务中，对财务报表项目进行重要性程度的判断时，会计人员需要依靠其职业判断，根据具体情况作具体分析和判断。通常，在判断某一项目的重要性程度时，应当将项目的金额和性质结合在一起予以考虑，而且在判断项目金额的重要性时，应当以资产总额、负债总额、净资产总额、营业收入总额、净利润等直接相关项目数字作为比较基础，并综合考虑其他相关因素。有时，在一些特殊情况下，单独依据项目的金额或者性质就可以判断其重要性，例如，企业发生会计政策变更，该变更事项对当期期末财务状况或者当期损益的影响可能比较小，但对以后期财务状况或者损益的影响却比较大，因此会计政策变更从性质上讲属于重要事项，应当在财务报告中予以披露。

37.2 中期财务报告的内容

《企业会计准则第 32 号——中期财务报告》规定了中期财务报表编制的一些基本要求，它包括中期财务报表的格式和内容、中期财务报表应否按照合并基础编报、应否提供母公司财务报表以及提供比较财务报表的要求等。

37.2.1 中期财务报告的组成

中期财务报告至少应当包括以下组成部分：资产负债表、利润表、现金流量表、财务报表附注。

这一规定规范了企业编制的中期财务报告的最基本内容，它包括以下几层含义。

（1）企业中期财务报告的组成至少应当包括资产负债表、利润表、现金流量表和财务报表附注四个部分。

其中，资产负债表、利润表和现金流量表是三张基本报表，分别反映企业中期末的财务状况、中期的经营成果和现金流量状况；财务报表附注则是对上述财务报表项目的说明或者有助于理解企业中期期末财务状况、中期经营成果和现金流量的补充披露，它应当包括编制财务报表所采用的会计政策、对资产负债表、利润表和现金流量表等表内项目的说明或者更详细的分析，同时也应当包括那些在表内没有反映、但对于真实、完整反映企业财务状况、经营成果和现金流量却是必要的附加信息，如或有负债信息等。

（2）资产负债表、利润表、现金流量表和财务报表附注仅仅是企业在中期财务报告中至少应当披露的会计信息，因此，《企业会计准则第 32 号——中期财务报告》不反对也不禁止企业在中期财务报告中提供其他财务报表或者相关信息，比如企业在中期财务报告中提供所有者权益（或者股东权益）变动表等亦是允许的，但是这些财务报表或者其他相关信息一旦在中期财务报告中提供，就应当遵循《企业会计准则第 32 号——中期财务报告》关于中期财务报表的编制要求、会计政策的选择和其他有关确认、计量以及信息披露的规定。

（3）《企业会计准则第 32 号——中期财务报告》规定的中期财务报表附注并不要求企业提供像年度财务报表那样完整的附注信息，它相对于年度财务报表附注而言可以适当简化，因此，中期财务报表附注的编制可以是选择性的，但应当遵循重要性原则。如果某项信息没有在中期财务报表附注中披露，会影响到投资者等信息使用者对企业财务状况、经营成果和现金流量判断的正确性，那么就认为这一信息是重要的，企业应当在中期财务报表附注中予以披露，《企业会计准则第 32 号——中期财务报告》第八条规范了中期财务报表附注至少应当披露的信息。

37.2.2 中期财务报表的格式和内容

在中期财务报告中根据《企业会计准则第 32 号——中期财务报告》要求所提供的各财务报表应当是完整的财务报表，其格式和内容应当与上年度财务报表相一致。如果法律、行政法规或者规章（如当年新施行的会计准则）对当年财务报表的格式和内容进行了修改，则中期财务报表应当按照修改后的报表格式和内容编制，与此同时，根据《企业会计准则第 32 号——中期财务报告》的要求在中期财务报告中提供的上年度比较财务报表的格式和内容也应当作相应的调整。也就是说，企业在编制中期财务报表时，中期财务报表（包括资产负债表、利润表和现金流量表）各项目的名称、内容及其含义、各项目在报表中的列报顺序等，均应当与上年度财务报表保持一致，企业不得随意增删财务报表项目或者随意改变财务报表项目的名称和内涵。关于本项规定，还应当说明以下几点。

（1）自上一会计年度末到本中期末期间，如果有新的会计准则或者有关法规对财务报表的格式和内容进行了修改并且生效，那么，中期财务报表的格式和内容就应当遵循新的会计准则或者有关法规的规定。在这种情况下，中期财务报表的格式和内容就有可能与上年度财务报表的格式和内容不相一致。为此，当企业在中期财务报告中提供上年度有关比较财务报表时，比较财务报表的格式和内容也应当按照新准则或者有关规定的要求做相应调整。

（2）在中期财务报告中，如果企业自愿提供除资产负债表、利润表和现金流量表三张基本报表之外的其他报表，比如所有者权益（或者股东权益）变动表、利润分配表等财务报表，则企业提供的这些财务报表格式和内容也应当与上年度有关财务报表的格式和内容相一致。

（3）在强调中期财务报表的格式和内容应当与上年度财务报表相一致的同时，各报表有关栏次应当按照中期财务报表的要求作相应调整。例如，在编制中期资产负债表时，资产负债表中的“××××年 12 月 31 日”栏就应当改成中期期末日，即如果企业编制的是第 1 季度的财务报告，则该栏就应当改成“××××年 3 月 31 日”，如果企业编制的是第 2 季度财务报告，则该栏就应当改成“××××年 6 月 30 日”等；在编制中期利润表时，利润表表头中有关报告期间就应当改成“××××年××中期（如××××年××季度）”，利润表表格中有关期间数的栏次应当改成相应的中期期间，即如果企业编制的是第 1 季度财务报告，则应当改成“××××年 1 月 1 日至 3 月 31 日”，如果企业编制的是第 2 季度财务报告，则应当改成两栏：一栏是“××××年 4 月 1 日至 6 月 30 日”（反映第 2 季度经营成果）；一栏是“××××年 1 月 1 日至 6 月 30 日”（反映年初至本季度末经营成果）等；在编制中期现金流量表时，现金流量表中的“本年数”栏就应当改成中期期间，即如果企业编制的是第 1 季度财务报告，则该栏就应当改成“××××年 1 月 1 日至 3 月 31 日”，如果企业编制的是第 2 季度财务报告，则该栏就应当改成“××××年 1 月 1 日至 6 月 30 日”。

37.2.3 企业在中期财务报告中编制合并财务报表和提供母公司财务报表的要求

如果企业在上年度财务报告中编制的是合并财务报表，则企业在中期末也应当编制合并财务报表；如果企业在上年度财务报告中还包括母公司财务报表，则企业在中期财务报告中也应当提供母公司财务报表。如果企业上年度财务报告中既包括了合并财务报表，也包括了母公司财务报表，但是在报告中期内，企业处置了所有纳入上年度合并财务报表编制范围的子公司，则企业在中期财务报告中只需要提供母公司财务报表，但是根据《企业会计准则第 32 号——中期财务报告》要求提供的上年度比较财务报表应当包括合并财务报表，除非上年度可比中期的财务报告没有提供合并财务报表。本规定具体包括以下内容。

（1）在上年度财务报告中编报合并财务报表的企业，其中期财务报表也应当按照合并基础编报，即企业在中期财务报告中也应当编制合并财务报表，而且合并财务报表的合并范围、合并原则、编制方法和合并财务报表的格式与内容等也应当与上年度合并财务报表相一致。如果在本会计年度有新的会计准则或者有关法规对合并财务报表的编制原则和方法等做了新的规范和要求，则企业应当按照新准则或者法规的规定编制中期合并财务报表：

（2）如果企业在中期发生了合并财务报表合并范围变化的情况，则应当区别情况进行处理。

① 在上一会计年度纳入合并财务报表合并范围的子公司在报告中期不再符合合并范围的要求。在这种情况下，企业在中期末编制合并财务报表时，就不必将该子公司的个别财务报表纳入合并范围。需要说明的是，如果企业在报告中期内处置了所有纳入上年度合并财务报表编制范围的子公司，而且在报告中期又没有新增子公司，那么企业在其中期财务报告中就不必编制合并财务报表。尽管如此，企业根据《企业会计准则第 32 号——中期财务报告》要求提供的上年度比较财务报表仍然应当同时提供合并财务报表和母公司财务报表。除非在上年度可比中期末，企业没有应纳入合并财务报表合并范围的子公司（上年度纳入合并财务报表合并范围的子公司是在上年度可比中期末之后新增的），因而在上年度可比中期的财务报告中并没有编

制有关合并财务报表，在这种情况下，上年度可比中期的财务报表（可比利润表和可比现金流量表）就不必提供合并财务报表了。

【例 37-5】 贵琛公司有一家子公司智董公司，在20×7年年末拥有该子公司60%的股份，且拥有其控制权，所以，贵琛公司在20×7年年末将智董公司报表并入到了其合并财务报表中。20×8年1月15日，贵琛公司将智董公司35%的股份有偿转让给另外一家公司，通过此次股权转让，贵琛公司仅拥有智董公司25%的股份，而且失去了对该公司的控制权，所以，智董公司不再符合贵琛公司编制合并财务报表的合并范围要求，贵琛公司在编制20×8年度中期财务报告时，就不应当再将智董公司财务报表纳入其合并范围。如果贵琛公司只有这一家子公司，那么公司20×7年年度财务报告应当编制合并财务报表，而在20×8年度各中期财务报告中只需要编制贵琛公司（母公司）的个别财务报表，无须再编制合并财务报表：在这种情况下，尽管公司在上年度编制了合并财务报表，但是在本年度（包括各中期）却不必编制合并财务报表。

【例 37-6】 智董公司成立于20×8年年初，公司成立之初没有一家子公司，因此公司在20×8年第1季度财务报告中只需要提供公司本身的个别财务报表即可，不必编制合并财务报表。在20×8年第2季度，公司购并一家LLQ公司，获得了该公司80%的股份，从而使得该公司成为智董公司的控股子公司。这样，在20×8年第2季度财务报告中，智董公司就需要同时提供合并财务报表和母公司财务报表。第3季度财务报告和20×8年年度财务报告也是如此。假定在20×9年第1季度，公司又将LLQ子公司对外出售，这样，智董公司又没有了子公司，所以，尽管公司在上年度财务报告中编制了合并财务报表，但是在20×9年第1季度财务报告中，公司无须编制合并财务报表。而且由于在上年度第1季度财务报告中公司也没有编制合并财务报表，所以，在提供《企业会计准则第32号——中期财务报告》要求的上年度比较财务报表时，除了上年度末的资产负债表仍然应当包括合并财务报表和母公司财务报表之外，其他比较财务报表（包括利润表和现金流量表）都不必提供合并财务报表。在20×9年第2季度，公司仍然没有需要纳入合并财务报表合并范围的子公司，因此仍然不必编制合并财务报表，但是，在提供《企业会计准则第32号——中期财务报告》要求的上年度比较财务报表时，则应当同时提供合并财务报表和母公司财务报表。

② 中期内新增符合合并财务报表合并范围要求的子公司。在这种情况下，企业在中期末就需要将该子公司的个别财务报表纳入合并财务报表的合并范围中。

【例 37-7】 风华公司在20×7年末没有任何长期股权投资项目，当然也不拥有子公司，所以在20×7年度该公司就无须编制合并财务报表。20×8年年初，公司股东大会通过了董事会关于收购贵琛公司70%股权的决议，并于3月1日完成所有收购事宜，风华公司因而取得了对贵琛公司的控制权。这样，尽管风华公司在20×7年年末没有编制合并财务报表，但是在20×8年3月之后编制各中期财务报告时，就应当将贵琛公司纳入合并范围，编制合并财务报表。

（3）对于应当编制合并财务报表的企业而言，如果企业在上年度财务报告中除了提供合并财务报表之外，还提供了母公司财务报表，那么在其中期财务报告中除了应当提供合并财务报表之外，还应当提供母公司财务报表。鉴于我国目前规定上市公司年度财务报告在提供合并财务报表的同时，必须提供母公司财务报表，企业没有选择性。因此，对于上市公司中期财务报告而言，应当同时提供合并财务报表和母公司财务报表。

小知识

关于在中期财务报告中提供合并财务报表和母公司财务报表的问题

在中期财务报告中，企业应当提供合并财务报表，还是仅仅提供母公司财务报表，还是两者都应当提供？如果企业上年度财务报告中编制的是合并财务报表，则企业在中期末也应当编制合并财务报表；如果企业在上年度财务报告中还包括母公司财务报表，则企业在中期财务报告中也应当提供母公司财务报表。也就是说，对于符合合并财务报表编制要求的企业而言，其中期财务报告中既应当提供合并财务报表，也应当提供母公司财务报表。其理由主要包括以下几个方面。

（1）编制合并财务报表可以更加全面地反映企业集团整体的财务状况、经营成果和现金流量，尤其是在企业（母公司）拥有较多重要的子公司的情况下更是如此。

（2）在我国，一些母公司是纯管理型或者投资型的公司，大量经济业务都是在其子公司中发生的，所以，如果仅仅提供母公司单独的财务报表，则往往难以如实反映企业的经济现实和整体状况，容易引起会计信息使用者的决策误导。

（3）要求企业在中期财务报告中同时提供合并财务报表和母公司财务报表，有助于会计信息使用者全面了解企业的结构和经营模式，有助于会计信息使用者正确评价企业的财务状况、经营成果和现金流量。与此同时，如果企业在中期财务报告中同时提供了合并财务报表和母公司财务报表，再结合在中期财务报表附注中提供的关联方交易信息等，还有助于会计信息使用者据以验证企业提供的合并财务报表编制的正确性。

基于上述考虑，《企业会计准则第 32 号——中期财务报告》要求那些符合合并财务报表编制要求的企业应当在中期财务报告中同时提供合并财务报表和母公司财务报表。

37.2.4　比较财务报表的要求

企业在中期末除了需要编制中期末资产负债表、中期利润表和现金流量表之外，还应当提供前期比较财务报表，以提高财务报表信息的可比性和有用性。在中期财务报告中，企业应当提供以下财务报表。

（1）本中期末的资产负债表和上年度末的资产负债表。

（2）本中期的利润表、年初至本中期末的利润表以及上年度可比期间的利润表（上年度可比期间的利润表包括上年度可比中期的利润表和上年度年初至可比本中期末的利润表）。

（3）年初至本中期末的现金流量表和上年度年初至可比本中期末的现金流量表。以下分别举例说明企业在按半年度和按季度编制中期财务报告时，应当在中期财务报告中披露的财务报表。

【例 37-8】　我国企业会计年度为每年 1 月 1 日至 12 月 31 日（公历年度），企业被要求按照半年度提供中期财务报告，则企业在截至 20×8 年 6 月 30 日的上半年的财务报告中应当提供的财务报表如表 37-1 所示。

表 37-1　20×8 年 6 月 30 日的上半年的财务报告中的财务报表

报表类别	本年度中期财务报表时间（或者期间）	上年度比较财务报表时间（或者期间）
资产负债表	20×8 年 6 月 30 日	20×7 年 12 月 31 日
利润表	20×8 年 1 月 1 日 6 月 30 日	20×7 年 1 月 1 日 6 月 30 日
现金流量表	20×8 年 6 月 30 日 6 月 30 日	20×7 年 1 月 1 日 6 月 30 日

【例 37-9】 我国企业会计年度为每年 1 月 1 日至 12 月 31 日（公历年度），企业被要求按照季度提供中期财务报告，则企业在截至 20×8 年 3 月 31 日、6 月 30 日和 9 月 30 日的各季度财务报告（第 1、2、3 季度财务报告）中就应当分别提供如下财务报表。

（1）20×8 年第 1 季度财务报告应当提供的财务报表如表 37-2 所示。

表 37-2 20×8 年第 1 季度财务报告应当提供的财务报表

报表类别	本年度中期财务报表时间（或者期间）	上年度比较财务报表时间（或者期间）
资产负债表	20×8 年 3 月 31 日	20×7 年 12 月 31 日
利润表*	20×8 年 1 月 1 日 3 月 31 日	20×7 年 1 月 1 日 3 月 31 日
现金流量表	20×8 年 1 月 1 日 3 月 31 日	20×7 年 1 月 1 日 3 月 31 日

注：*在第 1 季度财务报告中，“本中期”与“年初至本中期末”的期间是相同的，所以在第 1 季度财务报告中只需提供一张利润表，因为在第 1 季度，本中期利润表即为年初至本中期末利润表，相应地，上年度的比较财务报表也只需提供一张利润表。

（2）20×8 年第 2 季度财务报告应当提供的财务报表如表 37-3 所示。

表 37-3 20×8 年第 2 季度财务报告应当提供的财务报表

报表类别	本年度中期财务报表时间（或者期间）	上年度比较财务报表时间（或者期间）
资产负债表	20×8 年 6 月 30 日	20×7 年 12 月 31 日
利润表（本中期）	20×8 年 4 月 1 日 6 月 30 日	20×7 年 4 月 1 日 6 月 30 日
利润表（年初至本中期）	20×8 年 1 月 1 日 6 月 30 日	20×8 年 1 月 1 日 6 月 30 日
现金流量表	20×8 年 1 月 1 日 6 月 30 日	20×7 年 1 月 1 日 6 月 30 日

（3）20×8 年第 3 季度财务报告应当提供的财务报表如表 37-4 所示。

表 37-4 20×8 年第 3 季度财务报告应当提供的财务报表

报表类别	本年度中期财务报表时间（或者期间）	上年度比较财务报表时间（或者期间）
资产负债表	20×8 年 9 月 30 日	20×7 年 12 月 31 日
利润表（本中期）	20×8 年 7 月 1 日 96 月 30 日	20×7 年 7 月 1 日 9 月 30 日
利润表（年初至本中期）	20×8 年 1 月 1 日 9 月 30 日	20×8 年 1 月 1 日 9 月 30 日
现金流量表	20×8 年 1 月 1 日 9 月 30 日	20×7 年 1 月 1 日 9 月 30 日

需要说明的是，企业在中期财务报告中提供比较财务报表时，应当注意以下三点。

（1）企业在中期内如果由于新的会计准则或有关法规的要求，对财务报表项目的列报或分类进行了调整或者修订，或者企业出于便于报表使用者阅读和理解的需要，对财务报表项目作了调整，从而导致本年度中期财务报表项目及其分类与比较财务报表项目及其分类出现不同。在这种情况下，比较财务报表中的有关金额应当按照本年度中期财务报表的要求予以重新分类，以确保其与本年度中期财务报表的相应信息相互可比。同时，企业还应当在财务报表附注中说明财务报表项目重新分类的原因及其内容。

如果企业因原始数据收集、整理或者记录等方面的原因，导致无法对比较财务报表中的有关金额进行重新分类，在这种情况下，可以不对比较财务报表进行重新分类，但是，企业应当在本年度中期财务报表附注中说明不能进行重新分类的原因。

（2）企业在中期内如果发生了会计政策变更或者重大会计差错更正事项，则应当调整相关比较财务报表期间的净损益和其他有关项目，视同该项会计政策在比较财务报表期间一贯采用或者该重大会计差错在产生的当期已经得到了更正。对于比较财务报表可比期间以前的会计政策变更的累积影响数或者重大会计差错，应当根据规定调整比较财务报表最早期间的期初留存收益，财务报表其他相关项目的数字也应当一并调整。

（3）对于在本年度中期内发生的调整以前年度损益事项，企业应当调整本年度财务报表相关项目的年初数，同时，中期财务报告中相应的比较财务报表也应当为已经调整以前年度损益后的报表。

小知识

关于比较财务报表

1. 企业为什么应当在中期财务报告中提供比较财务报表信息

企业提供财务报告的目的是为了向会计信息使用者提供与其决策有用的信息。因此，在中期财务报告中提供反映企业报告中期末财务状况和报告中期经营成果及其现金流量的信息固然十分重要，但是如果在企业的中期财务报告中仅仅提供这些信息，没有前期比较数据可资比较，将会影响这些信息的使用价值，因为会计信息使用者难以直接据以判断企业的增长情况，也难以据以直接做出相关的趋势分析，当然会计信息使用者也因没有比较的基础而无法分析、判断各中期财务报表项目在中期内是否发生了异常变动。相反，如果企业在中期财务报告中除了提供报告中期的财务报表之外，还提供了前期比较财务报表信息，那么，这些中期财务报表的信息含量将大为拓展，对会计信息使用者的决策有用性也将提高。所以，无论是国际会计准则，还是其他国家会计准则，都要求企业在财务报告中提供前期比较信息，这已成为一个国际通行的惯例。为了提高中期财务报告信息的有用性和会计准则的国际化水平，《企业会计准则第 32 号——中期财务报告》规定企业应当在中期财务报告中提供比较财务报表信息。

2. 企业应当在中期财务报告中提供哪些比较财务报表

企业在中期财务报告中至少应当提供资产负债表、利润表和现金流量表三张报表，基于此，企业至少也应当提供上述三张报表的前期比较财务报表信息。而且通常会计信息使用者是在上年度有关财务信息的基础之上进行财务报表比较分析的，所以，在财务报告中一般提供一年（上一年度）的比较财务报表信息较为恰当。为此，企业应当在中期财务报告中提供以下比较财务报表。

（1）本中期末的资产负债表和上年度末的资产负债表。

（2）本中期的利润表、年初至本中期末的利润表以及上年度可比期间的利润表（其中上年度可比期间的利润表是指上年度可比本中期的利润表和上年度年初至可比本中期末的利润表）。

（3）年初至本中期末的现金流量表和上年度年初至可比本中期末的现金流量表。

其中，关于比较资产负债表，《企业会计准则第 32 号——中期财务报告》要求企业提供上年度末的资产负债表，而不是上年度可比中期末的资产负债表，原因是资产负债表以时点作为编制基础，反映的是某一时点的财务状况。这样，财务状况实际上每天都在更新，相应地，上年度可比中期末的财务状况随着时间的推移也被逐日更新，一直到上年度末被年末资产负债表所反映的财务状况更新。因此，要通过中期财务报告来分析企业财务状况所发生的变化，只有将本中期末的资产负债表与上年度末的资产负债表相比较，才是最恰当的，也是最有价值的。

关于比较利润表，《企业会计准则第 32 号——中期财务报告》要求企业提供上年度可比本中期的利润表和上年度年初至可比本中期末的利润表，其原因是利润表是以期间作为编制基础，反映的是企业某一会计期间的经营成果，所以在提供比较信息时，也应当要求企业提供上年度相应会计期间的经营成果，这样才具备共同的比较基础。鉴于中期财务报告不仅需要反映本中期的经营成果，还需要反映年初至本中期末的经营成果，所以，企业在提供上年度可比期间的利润表时，既必须提供上年度可比中期的利润表，还必须提供上年度年初至可比中期末的利润表，以使相互之间的比较口径（期间基础）保持一致。

关于比较现金流量表，《企业会计准则第 32 号——中期财务报告》要求企业提供上年度年初至可比本中期末的现金流量表。尽管现金流量表反映的也是一定会计期间现金和现金等价物流入、流出情况，但是其实质则是为了具体说明资产负债表中所反映的现金和现金等价物（部分在“货币资金”项目下列报，部分在“交易性金融资产”项目下列报）变化情况的来龙去脉，所以尽管现金流量表和利润表一样也是以期间作为编制基础，但是它实际上又是企业财务状况的进一步说明，与资产负债表之间有着密切的内在钩稽关系。如前所述，在中期财务报告中，企业需要提供“本中期末的资产负债表和上年度末的资产负债表”，而通过比较资产负债表，可以反映年初至本中期末这一期间的现金和现金等价物的变化情况，所以，在中期财务报告中，与资产负债表之间存在内在钩稽关系的现金流量表只需提供年初至本中期末的现金流量表即可。相应地，上年度的比较现金流量表也只需要提供上年度年初至可比本中期末的现金流量表。

另外，《企业会计准则第 32 号——中期财务报告》还规定，企业如果在中期对财务报表项目进行了调整或者修订，那么在中期财务报告中所提供的上年度比较财务报表项目的有关金额就应当按照本年度中期财务报表的要求予以重新分类，并在财务报表附注中说明财务报表项目金额重新分类的原因及其内容。如果企业无法对比较财务报表中的有关金额进行重新分类，企业应当在中期财务报表附注中说明不能进行重新分类的原因。这主要是为了使比较财务报表之间具备相同的核算口径和列报基础，从而使之具有比较价值，以免产生误导。

37.2.5 中期财务报表附注编制的基本要求和至少应当包括的内容

1. 中期财务报表附注编制的基本要求

财务报表附注是对财务报表信息的补充说明，目的是使财务报表信息对会计信息使用者的决策更加相关、有用，但同时又必须顾及成本效益原则。为此，《企业会计准则第 32 号——中期财务报告》规定了以下几点中期财务报表附注编制的基本要求。

（1）中期财务报表附注应当提供比上年度财务报告更新的信息。企业在其中期财务报表附注中应当重点披露自上年度资产负债表日之后发生的，有助于理解企业财务状况、经营成果和现金流量变化情况的重要事项或者交易。也就是说，中期财务报告应当提供相对于上年度财务报告而言更新的事项或者交易，无须重复披露在上年度财务报告中已经披露过的、相对并不重要的信息。因为企业中期财务报告使用者一般都可以获得上年度财务报告信息，所以，在中期财务报表附注编制过程中，应当重点披露比上年度财务报告更新的信息。

（2）中期财务报表附注应当遵循重要性原则。如前所述，重要性原则是中期会计确认、计量和披露的一项重要原则，同样地，中期财务报表附注的披露也应当遵循重要性原则，对于那些会影响中期财务报告信息使用者的决策但又未在中期财务报告的其他部分披露的重要信息，企业应当在财务报表附注中予以披露。

（3）中期财务报表附注的编制应当以会计年度年初至本中期末为基础。由于编制中期财务报告的目的是为了向报告使用者提供自上年度资产负债表日之后所发生的重要事项或者交易，因此，中期财务报表附注的编制应当以“年初至本中期末”为基础，而不应当仅仅只披露本中期所发生的重要事项或者交易。

【例 37-10】 KK 公司需要编制季度财务报告，该公司在 20×7 年 3 月 5 日对外进行重大投资，设立一家子公司。对于这一事项，KK 公司不仅应当在 20×7 年度第 1 季度财务报告的财务报表附注中予以披露，在 20×7 年度第 2 季度财务报告和第 3 季度财务报告的财务报表附注中也应当予以披露。

【例 37-11】 MM 公司为一家水果生产和销售企业，需要对外提供季度财务报告。公司水果的收获和销售主要集中在每年的第 3 季度。该公司在 20×8 年 1 月 1 日至 9 月 30 日（年初至第 3 季度末）间累计实现净利润 400 万元，其中第 1 季度发生亏损 1 400 万元，第 2 季度发生亏损 1 200 万元，第 3 季度实现净利润 3 000 万元。第 3 季度末的存货（库存水果）为 150 万元，公司考虑到该批存货已经过了销售旺季，可变现净值已经远低于账面价值，故确认了存货跌价损失 120 万元，尽管该项损失仅仅占 MM 公司第 3 季度净利润总额的 4%（120/3 000），可能并不重要。但是，该项损失占公司 1～9 月份累计净利润的 30%（120/400），对于理解 MM 公司 20×8 年 1～9 月的经营成果来讲，却属于重要事项，所以，MM 公司应当在第 3 季度财务报告的财务报表附注中披露该事项。当然，在实务工作中，企业还应当综合考虑资产规模、经营特征等因素，以对重要性做出较为合理的判断。

（4）中期财务报表附注还应当披露对于本中期重要的交易或者事项。《企业会计准则第 32 号——中期财务报告》在规定企业应当以“年初至本中期末”为基础编制中期财务报表附注的同时，又规定，“对与理解本中期财务状况、经营成果和现金流量有关的重要事项或者交易，也应当在中期财务报表附注中予以披露”。也就是说，企业除了应当按照“年初至本中期末”为基础的原则编制财务报表附注之外，还应当在财务报表附注中披露相对于本中期财务状况、经营成果和现金流量而言重要的交易或者事项。

【例 37-12】 智董公司在 20×8 年 1 月 1 日至 6 月 30 日（年初至第 2 季度末）累计实现净利润 2 500 万元，其中，第 2 季度实现净利润 80 万元，公司在第 2 季度转回前期计提的坏账准备 100 万元，第 2 季度末应收账款余额为 800 万元。尽管该转回的坏账准备仅仅占智董公司 1～6 月净利润总额的 4%（100/2 500），可能并不重要，但是该项转回金额占第 2 季度净利润的 125%（100/80），占第 2 季度末应收账款余额的 12.5%，对于理解第 2 季度（4×6 月）经营成果和第 2 季度末财务状况而言，属于重要事项，所以，智董公司应当在第 2 季度财务报告的财务报表附注中披露该事项。当然，在实务工作中，企业还应当综合考虑资产规模、经营特征等因素，以对重要性做出较为合理的判断。

2. 中期财务报表附注应当包括的内容

（1）中期财务报表附注至少应当包括的内容。中期财务报告中的附注至少应当包括下列信息。

① 中期财务报表所采用的会计政策与上年度财务报表相一致的声明。

会计政策发生变更的，应当说明会计政策变更的性质、内容、原因及其影响数；无法进行追溯调整的，应当说明原因。

② 会计估计变更的内容、原因及其影响数；影响数不能确定的，应当说明原因。

③ 前期差错的性质及其更正金额；无法进行追溯重述的，应当说明原因。

④ 企业经营的季节性或者周期性特征。

⑤ 存在控制关系的关联方发生变化的情况；关联方之间发生交易的，应当披露关联方关系的性质、交易类型和交易要素。

⑥ 合并财务报表的合并范围发生变化的情况。

⑦ 对性质特别或者金额异常的财务报表项目的说明。

⑧ 证券发行、回购和偿还情况。

⑨ 向所有者分配利润的情况，包括在中期内实施的利润分配和已提出或者已批准但尚未实施的利润分配情况。

⑩ 根据《企业会计准则第 35 号——分部报告》规定应当披露分部报告信息的，应当披露主要报告形式的分部收入与分部利润（亏损）。

⑪ 中期资产负债表日至中期财务报告批准报出日之间发生的非调整事项。

⑫ 上年度资产负债表日以后所发生的或有负债和或有资产的变化情况。

⑬ 企业结构变化情况，包括企业合并，对被投资单位具有重大影响、共同控制或者控制关系的长期股权投资的购买或者处置，终止经营等。

⑭ 其他重大交易或者事项，包括重大的长期资产转让及其出售情况、重大的固定资产和无形资产取得情况、重大的研究和开发支出、重大的资产减值损失情况等。

企业在提供上述⑤和⑩有关关联方交易、分部收入与分部利润（亏损）信息时，应当同时提供本中期（或者本中期末）和本年度年初至本中期末的数据，以及上年度可比本中期（或者可比期末）和可比年初至本中期末的比较数据。

需要说明的是，上述内容只是企业至少应当在中期财务报表附注中披露的内容。并非企业中期财务报表附注应当披露的全部内容。如果企业除了上述附注信息之外，还有对中期财务报告信息使用者决策有用的其他重要信息，也应当在中期财务报表附注中予以披露。另外，中期财务报表附注除了应当包括对在中期财务报告中披露的各财务报表项目所反映的金额进行进一步的说明和分析之外，还应当包括不在中期财务报表内列报的，但对于真实、完整反映企业中期期末财务状况、中期经营成果和现金流量却是必要的附加信息，如或有负债信息等。当然，企业在中期财务报表附注中披露的信息都应当遵循前述的“提供比上年度财务报告更新的信息”、“重要性原则”、“以会计年度年初至本中期末为基础”和“披露对于本中期重要的交易或者事项”等要求。

（2）中期财务报表附注至少应当包括的内容的说明及其举例。

1）关于会计政策的说明。企业应当在中期财务报表附注中披露编制中期财务报表所采用的会计政策，其应予披露的内容视在中期内有无发生会计政策变更或者是否因发生了新的交易或者事项而采用了新的会计政策而有所不同。

① 在中期内没有发生会计政策变更的情况。如果企业在中期没有发生会计政策变更的情况，即说明企业在编制中期财务报表时采用的是与上年度财务报表相一致的会计政策，那么企业在中期财务报表附注中所披露的有关会计政策的信息就比较简单，只需对中期财务报表的编制采用了与上年度相一致的会计政策这一情况加以说明即可。

【例 37-13】 FM 公司在 20×8 年第 1 季度没有发生任何会计政策变更的情况，那么它在编制 20×8 年第 1 季度财务报告时。应当在财务报表附注中作如下说明。

会计政策的说明：

本季度财务报表的编制，采用了与上年末编制 20×7 年年度财务报表时相一致的会计政策。

或者做如下说明，两者的含义是相同的。

会计政策的说明：

本季度财务报表与 20×7 年度财务报表相比，所采用的会计政策没有发生变化。

需要说明的是，在企业没有发生中期会计政策变更的情况下。如果中期财务报告信息使用者需要知道企业在编制中期财务报表时所采用的具体会计政策，只需查阅上年度财务报告即可。

② 在中期内发生会计政策变更的情况。企业如果在中期（包括在本中期和从年初至本中期末的期间，下同）发生了会计政策变更，则应当按照《企业会计准则第 28 号——会计政策、会计估计变更和差错更正》的要求，在财务报表附注中披露以下内容。

- 会计政策变更的内容和理由。包括对会计政策变更的简要表述、变更的日期、变更前采用的会计政策和变更后采用的新会计政策以及会计政策变更的原因。
- 会计政策变更的影响数。包括采用会计政策变更的追溯调整法时，计算出的会计政策变更累积影响数；会计政策变更对本中期、本会计年度年初至本中期末的期间以及比较财务报表相关期间净损益的影响金额；比较财务报表最早期间期初留存收益的调整金额等。
- 如果会计政策变更的累积影响数不能合理确定，应当说明其理由，同时，还应当说明由于会计政策变更对中期经营成果的影响金额。

③ 在中期内因发生了新的交易或者事项而采用新的会计政策的情况。企业如果在中期内发生了新的交易或者事项，因而采用了新的会计政策来对该交易或者事项进行会计处理，则企业应当在中期财务报表附注中披露该项会计政策的内容以及采用该项会计政策的原因。

【例 37-14】 MG 公司为一家商品流通企业，需要编制季度财务报告。该企业从 20×9 年 4 月起，开始涉足建筑行业，承揽建造合同，并按照《企业会计准则第 15 号——建造合同》的规定核算建造合同工程。为此，MG 公司就应当在其第 2 季度财务报告的财务报表附注中披露核算建造合同所采用的会计政策及其原因。

会计政策的说明：

本企业自 20×9 年 4 月起涉足建筑行业，承揽建造合同，并按照《企业会计准则第 15 号——建造合同》的规定，对于期末尚未完工的建造合同采用完工百分比法进行会计核算。

2）关于会计估计变更的说明。企业如果在中期发生了会计估计变更，则应当按照《企业会计准则第 28 号——会计政策、会计估计变更和差错更正》的要求，在财务报表附注中披露以下内容。

① 会计估计发生变更的内容和理由。包括会计估计变更内容的简要表述、会计估计变更的日期以及会计估计变更的原因等。

② 会计估计变更的影响数。包括会计估计变更对本中期和本会计年度年初至本中期末损益的影响金额，以及对其他有关财务报表项目的影响金额。

③ 如果会计估计变更的影响数不能确定，应当说明不能确定的理由。

【例 37-15】 智董公司为一家需要编制季度财务报告的企业。假设公司适用的所得税税率为 33%。该公司有一台管理用设备，于 20×7 年 1 月 1 日起开始计提折旧，设备原价为 10 000 000 元，预计使用年限为 8 年，预计净残值为 400 000 元，采用年限平均法计提折旧。2011 年 1 月 1 日，公司考虑到该设备损耗较大，技术更新较快，对原估计的使用年限和净残值进行了修正，修正后该设备的使用年限调整为 6 年（该设备剩余使用年限为 2 年），净残值调整为 160 000 元。则该公司在编制 2011 年各季度财务报告时，对于该项会计估计变更应做如下会计处理。

第 1 季度：

① 不调整以前各期已提折旧，也不计算累积影响数。

② 会计估计变更日以后改按新估计使用年限和新估计净残值提取折旧。

按照原来的会计估计，公司每年计提的折旧额为 1 200 000 元［（10 000 000−400 000）+8］，每季度计提折旧额为 300 000 元，截至 2011 年 1 月 1 日公司已计提折旧 4 年，累计折旧额为 4 800 000，固定资产净值为 5 200 000 元。自 2011 年 1 月 1 日起，公司改按新的估计使用年限和净残值计提折旧，则 2011 年起每年应计提的折旧额为 2 520 000 元［（5 200 000−160 000）÷（6−4）］，每季度应计提的折旧额为 630 000 元，比会计估计变更前多计提折旧 330 000 元

（630 000–300 000）。公司据此编制 2011 年第 1 季度会计分录如下：

借：管理费用　　630 000

　贷：累计折旧　　630 000

③ 在第 1 季度财务报告的财务报表附注中说明。

会计估计变更的说明：

本公司一台管理用设备，原始价值 10 000 000 元，原预计使用年限为 8 年，预计净残值为 400 000 元，按年限平均法计提折旧。由于该设备损耗较大，技术更新较快，本公司从 2011 年 1 月 1 日起变更该项设备的预计使用年限为 6 年，预计净残值为 160 000 元，以如实反映该项设备的真实可使用年限和净残值。此项会计估计变更使本季度净利润减少了 221 100 元［（630 000–300 000）×（1–33%）］。

第 2 季度：

① 与第 1 季度一样，公司应当编制如下会计分录。

借：管理费用　　630 000

　贷：累计折旧　　630 000

② 在第 2 季度财务报告的财务报表附注中说明（公司需要在附注中说明会计估计变更对第 2 季度损益的影响以及对当年年初至第 2 季度末累计损益的影响）。

会计估计变更的说明：

本公司一台管理用设备，原始价值 10 000 000 元，原预计使用年限为 8 年，预计净残值为 400 000 元，按年限平均法计提折旧。由于该设备损耗较大，技术更新较快，本公司从 2011 年 1 月 1 日起变更该项设备的预计使用年限为 6 年，预计净残值为 160 000 元，以如实反映该项设备的真实可使用年限和净残值。此项会计估计变更使本季度净利润减少了 221 100 元［（630 000–300 000）×（1–33%）］，使本年度 1～6 月的净利润减少了 442 200 元（221 100+221 100）。

第 3 季度：

① 与第 1 季度一样，公司应当编制如下会计分录。

借：管理费用　　630 000

　贷：累计折旧　　630 000

② 在第 3 季度财务报告的财务报表附注中说明（公司需要在附注中说明会计估计变更对第 3 季度损益的影响以及对当年年初至第 3 季度末累计损益的影响）。

会计估计变更的说明：

本公司一台管理用设备，原始价值 10 000 000 元，原预计使用年限为 8 年，预计净残值为 400 000 元，按年限平均法计提折旧。由于该设备损耗较大，技术更新较快，本公司从 2011 年年初变更该项设备的预计使用年限为 6 年，预计净残值为 160 000 元，以如实反映该项设备的真实可使用年限和净残值。此项会计估计变更使本季度净利润减少了 221 100 元［（630 000–300 000）×（1–33%）］，使本年度 1～9 月的净利润减少了 663 300 元（221 100+221 100+221 100）。

3）关于重大会计差错的说明。企业如果在中期发现了以前年度的重大会计差错或者本年度以前中期的重大会计差错，则企业应当按照《企业会计准则第 28 号——会计政策、会计估计变更和差错更正》的要求，在财务报表附注中披露以下内容。

① 重大会计差错的内容。包括重大会计差错的事项陈述、原因以及更正方法。

② 重大会计差错的更正金额。包括重大会计差错对净损益的影响金额以及对其他财务报表项目的影响金额。

4）关于企业经营的季节性或者周期性特征的说明。如果企业的经营存在明显的季节性或者周期性特征。企业应当在财务报表附注中予以说明。

① 关于企业经营的季节性特征的说明。对于企业的经营活动受季节性因素影响较大的企业，《企业会计准则第 32 号——中期财务报告》要求在中期财务报表附注中披露其经营的季节性特征。这里所指的企业经营的季节性特征，主要是指企业营业收入的取得或者营业成本的发生主要集中在全年度的某一季节或者某段期间内，即它会随着季节的变化而在会计年度内发生较大的波动。例如，供暖企业的营业收入主要来自冬季；冷饮企业的营业收入主要来自夏季；农业企业的营业收入则主要来自农作物的收获和销售季节如秋季）等；为了避免中期财务报告信息使用者直接将中期经营成果用于估计全年经营成果、误导决策，所以，对于经营业务明显受季节因素影响的企业，应当在中期会计报表附注中对其经营的季节性特征做出说明，内容可以包括季节性经营的业务及其特征、相关的季节性收入及其对损益的影响等。

【例 37-16】 智董公司（冷饮企业）为一家需要编制季度财务报告的企业，生产和销售主要集中在夏季，该企业在其 20×1 年第 2 季度财务报告的财务报表附注中作如下披露：

企业经营的季节性特征的说明：

本企业经营活动受季节性因素影响明显，生产和销售旺季集中在 6、7、8 三个月，其他月基本上处于半停产状态：企业在 1～6 月共实现销售收入 15 000 万元，其中，6 月实现销售收入 12 000 万元，净利润 4 500 万元，6 月的销售收入和净利润分别占 20×8 年 1～6 月销售收入和净利润总额的 80%和 90%。

② 关于企业经营的周期性特征的说明。对于企业经营活动受周期性因素影响较大的企业，《企业会计准则第 32 号——中期财务报告》要求在其中期财务报表附注中披露其经营的周期性特征。这里所指的企业经营的周期性特征，主要是指企业每隔一个周期就会稳定地取得一定的收入或者发生一定的成本的情况，比如某房地产开发企业开发房地产通常需要一个周期，如需要 2 至 3 年才能完成开发，而该企业又不同时开发多个项目，这样在房地产开发完成并出售之前，企业不能确认收入，所发生的相关成本费用则作为房地产的开发成本，企业只有在将所开发完成的房地产对外出售之后才能确认收入，这类企业的经营就属于具有比较典型的周期性特征。这里周期的长短依据企业的经营特征或者有关合约、政策而定。由于这类企业的周期性收入（或者成本费用）通常在一个会计年度内发生次数较少，或者每隔几年才发生一次，因此，为了避免中期财务报告信息使用者直接将中期经营成果用于估计全年经营成果，误导决策，对于经营业务受周期性因素影响较大的企业，应当在中期财务报表附注中对其经营的周期性特征做出说明，内容可以包括周期性经营的业务及其特征，周期性收入（或者成本费用）的金额及其对损益的影响等情况。

【例 37-17】 HF 公司为一家房地产开发企业，需要编制季度财务报告。公司的业务是开发房地产，而且公司业务的特点是：每开发完成一个房地产项目之后，再开发下一个房地产项目。该公司于 20×8 年 1 月 1 日开始开发一住宅小区，小区建成完工约需 2 年。公司预计开发小区需发生成本 1.2 亿元，可实现收入 1.8 亿元。在 20×8 年第 1 季度公司为小区建设发生开发成本 2 000 万元，发生不能计入开发成本的管理费用等期间费用 80 万元。

分析：本例中，HF 公司的经营业务具有明显的周期性特征，公司只有在每隔一个周期，等房地产开发完成并实现对外销售后，才能确认收入，这样，公司在 20×8 年第 1 季度，尽管已经开始开发住宅小区，发生相关的成本费用（该部分费用在符合规定的情况下可资本化，计入开发成本），但是不能确认收入，所以在第 1 季度因发生不能予以资本化的其他费用而可能出现亏损。但是，为了避免给投资者产生决策误导，公司就需要在其第 1 季度财务报告中对其经营的周期性特征予以说明（其他季度财务报告也是如此）。

据此，HF 公司在其第 1 季度财务报告的财务报表附注中，应当做如下披露。

企业经营的周期性特征的说明：

本公司经营业务主要为房地产开发，而且每开发完成一个房地产项目之后，再开发下一个房地产项目。本公司于 20×8 年 1 月 1 日开始开发××住宅小区，小区开发周期为 2 年。同期无其他开发项目。由于所开发的房地产在完工并实现对外销售之前不能确认收入，所以本公司在本季度无收入可予确认。

5）关于关联方披露。对于关联方关系及其交易，《企业会计准则第 32 号——中期财务报告》要求企业在中期财务报告中披露两方面的信息：一是存在控制关系的关联企业发生变化的信息；二是关联方交易的相关信息。

① 关于存在控制关系的关联企业发生变化情况的披露。企业应当在中期财务报表附注中披露“存在控制关系的关联企业发生变化的情况”，具体包含三层意思。

第一，按照《企业会计准则第 36 号——关联方披露》的规定，在存在控制关系的情况下，关联方如为企业时，不论它们之间有无交易，都应当在年度财务报表附注中披露关联方关系的相关信息。但是在中期财务报表附注中，本着“提供比上年度财务报告更新信息”的原则，企业无须披露所有存在控制关系的关联企业情况，只需要披露自上年度资产负债表日之后，企业存在控制关系的关联企业发生变化的情况。

第二，企业在中期财务报表附注中披露存在控制关系的关联企业自上年度资产负债表日之后所发生的变化情况时，其披露要求应当遵循《企业会计准则第 36 号——关联方披露》的规定，即应当披露以下事项：

- 企业的经济性质或者类型、名称、法定代表人、注册地、注册资本及其变化。
- 企业的主营业务。
- 所持股份或权益及其变化。

需要说明的是，在会计年度年初至本中期末期间，即使与关联企业的控制关系没有发生变化，但是该关联企业的经济性质或者类型、名称、法定代表人、注册地、注册资本、主营业务、所持股份或者权益等发生了变化的。也应当在中期财务报表附注中予以披露。

第三，如果自上年度资产负债表日之后，存在控制关系的关联企业没有发生任何变化，则企业需要在中期财务报表附注中对没有发生变化这一事实做一说明，不必再详细披露关联企业的有关内容。

【例 37-18】 赓升公司为一家需要编制季度财务报告的企业。公司 20×8 年度财务报告中披露：与公司存在控制关系的关联企业有四家，它们分别是：赓升公司的母公司 M 公司和赓升公司的三家子公司智董公司、贵琛公司以及欣郁公司，公司按要求披露了这些关联方的有关特征和关联方关系：在 20×9 年 1 月 1 日至 3 月 31 日，赓升公司的这些关联企业及其关联方关系没有发生变化，同时也没有新增其他存在控制关系的关联企业，则赓升公司在 20×9 年第 1 季度财务报告中，只需在财务报表附注中对与公司存在控制关系的关联企业没有发生变化这一事实予以说明即可。

关联方关系及其交易的披露：

关联方关系：

截至本季度末与本公司存在控制关系的关联企业与20×8年度财务报告所披露的相同，没有发生任何变化。

【例 37-19】 承例 37-18，假设赓升公司与智董公司于20×9年4月5日共同投资设立了W公司，W公司注册资本为1 000万元，赓升公司投入800万元，控制其中80%的股份。与赓升公司存在控制关系的其他关联方在本中期没有发生变化。则赓升公司在20×9年第2季度财务报告的财务报表附注中应做如下披露。

关联方关系及其交易的披露

关联方关系：

A. 存在控制关系的关联方如表37-5所示。

表 37-5 存在控制关系的关联方

企业名称	注册地址	主营业务	与本企业关系	经济性质或类型	法定代表人
W公司	北京学院路10号	精细化工	子公司	股份有限公司	李四

B. 存在控制关系的关联方注册资本及其变化如表37-6所示。

表 37-6 存在控制关系的关联方注册资本及其变化

企业名称	期初数	本期增加数	本期减少数	期末数
W公司	0	1 000万元	0	1 000万元

C. 存在控制关系的关联方所持股份或权益及其变化如表37-7所示。

表 37-7 存在控制关系的关联方所持股份或权益及其变化

企业名称	期初数		本期增加		本期减少		期末数	
	金 额	%	金 额	%	金 额	%	金 额	%
W公司	0		800万元	80	0		800万元	80

D. 除上述W公司之外，与本公司存在控制关系的关联企业与上年度财务报告相比没有发生变化。

② 关于关联方交易的披露。关联方之间在中期发生交易的，应当披露关联方关系的性质、交易的类型和交易要素等，这里所指的交易要素一般包括：交易的金额或者相应比例、未结算项目的金额或者相应比例，以及交易过程中的定价政策（包括没有金额或者只有象征性金额的交易）等。上述信息的具体披露要求应当遵循《企业会计准则第 36 号——关联方披露》的规定。需要说明的是，企业中期财务报告中披露关联方交易的金额或者相应比例时，还应当披露有关比较数据。如果所披露的关联方交易涉及利润表项目的，应当披露本中期和本会计年度年初至本中期末的数据，以及上年度可比本中期和年初至可比本中期末的比较数据；如果所披露的关联方交易涉及资产负债表项目的，应当披露本中期末的数据和上年度末的比较数据。

【例 37-20】 ABC公司是一家需要编制季度财务报告的企业。公司在20×9年第1季度与关联方——惠勤公司、怡昌祥公司、继来公司和赓升公司之间发生了关联方交易，公司与上述四家企业的关联方关系于上年度业已存在，其中，公司与惠勤公司和怡昌祥公司之间存在控制关系，惠勤公司与怡昌祥公司分别是ABC公司的母公司和子公司。由于公司与上述四家企业之间发生了关联方交易，所以，公司在编制20×9年第1季度财务报告时应当作如下披露（假定关联方之间形成的应收应付款均不计息，也没有相应的抵押物）。

关联方关系及其交易的披露：

在本季度，与本公司存在控制关系的关联企业与20×8年度财务报告所披露的相同，没有发生任何变化。公司与关联方——惠勤公司、怡昌祥公司、继来公司和赓升公司之间发生了关联方交易，相关信息披露如下。

A．发生关联方交易的关联方关系的性质如表37-8所示。

表37-8 发生关联方交易的关联方关系的性质

企业名称	与本企业的关系
惠勤公司	为本企业的母公司
怡昌祥公司	为本企业的子公司
继来公司	与本企业同一母公司
赓升公司	与本企业同一子公司

B．关联方交易情况（按交易金额披露）。

a．采购货物：按照本公司与母公司（惠勤公司）签订的商品购销合同，本公司从惠勤公司及其子公司购入的产品按照实际成本加价5%计价。公司20×9年第1季度从关联方采购货物的金额如表37-9所示。

表37-9 20×9年第1季度从关联方采购货物的金额 单位：万元

企业名称	20×9年1月1日至3月31日	20×9年1月1日至3月31日
惠勤公司	1 000	800
继来公司	500	600
合　计	1 500	1 400

b．销售货物：按照本公司与母公司（惠勤公司）签订的商品购销合同，本公司向惠勤公司及其子公司销售商品按照同期市场价格计算。公司20×9年第1季度向关联方销售货物的金额如表37-10所示。

表37-10 20×9年第1季度向关联方销售货物的金额 单位：万元

企业名称	20×9年1月1日至3月31日	20×8年1月1日至3月31日
惠勤公司	900	500
继来公司	800	400
合　计	1 700	900

c．关联方应收应付款余额如表37-11所示。

表37-11 关联方应收应付款项 单位：万元

项　目	20×9年3月31日余额	20×8年12月31日余额
应收账款：		
惠勤公司	2 100	1 200
赓升公司	1 800	1 000
合　计	3 900	2 200

续表

项　　目	20×9 年 3 月 31 日余额	20×8 年 12 月 31 日余额
应付账款：		
惠勤公司	1 900	900
赓升公司	1 500	1 000
合　　计	3 400	1 900

d. 担保：本公司于 20×9 年 2 月 1 日用一幢办公楼为怡昌祥公司提供贷款担保，办公楼账面原价为 2 000 万元，累计已计提折旧 500 万元。怡昌祥公司由于这一担保，于当日从银行获得贷款 1 200 万元，贷款年利率为 6%，期限为 2 年。

需要说明的是，当企业在编制第 2 季度、第 3 季度财务报告披露关联方交易时，除了需要披露从年初至本季度末的关联方交易之外，还需要披露对于本季度重要的关联方交易事项，相应地，企业还需要披露上年度可比期间（包括上年度可比季度和上年度年初至本季度末）的关联方交易信息。

【例 37-21】　承例 37-20，假设 ABC 公司在 20×9 年第 2 季度又分别向惠勤公司和继来公司购货 1 200 万元和 300 万元，分别向惠勤公司和赓升公司销货 500 万元和 400 万元，款项均未支付或者收到。在第 2 季度内没有发生其他关联方交易，关联方关系也没有发生变化，前期与关联方交易所形成的应付账款和应收账款在第 2 季度也没有支付或者收到。则 ABC 公司在编制第 2 季度财务报告时，对于关联方关系性质的披露与第 1 季度财务报告相同，对于关联方交易情况应做如下披露。

关联方关系及其交易的披露

关联方交易情况（按交易金额披露）：

A. 采购货物：按照本公司与母公司（惠勤公司）签订的《商品购销合同》，本公司从惠勤公司及其子公司购入的产品按照实际成本加价 5%计价。公司 20×9 年第 2 季度以及 1~6 月向关联方采购货物的金额如表 37-12 所示。

表 37-12　向关联方采购货物的金额　　单位：万元

企业名称	20×9 年		20×8 年	
	4 月 1 日至 6 月 30 日	1 月 1 日至 6 月 30 日	4 月 1 日至 6 月 30 日	1 月 1 日至 6 月 30 日
惠勤公司	1 200	2 200	500	1 300
继来公司	300	800	400	1 000
合　　计	1 500	3 000	900	2 300

B. 销售货物：按照本公司与母公司（惠勤公司）签订的《商品购销合同》，本公司向惠勤公司及其子公司销售商品按照同期市场价格计算。公司 20×9 年第 2 季度以及 1~6 月向关联方销售货物的金额如表 37-13 所示。

C. 关联方应收应付款余额如表 37-14 所示。

表 37-13　20×9 年第 2 季度以及 1～6 月向关联方销售货物的金额　　单位：万元

企业名称	20×9 年		20×8 年	
	4 月 1 日至 6 月 30 日	1 月 1 日至 6 月 30 日	4 月 1 日至 6 月 30 日	1 月 1 日至 6 月 30 日
惠勤公司	500	1 400	300	800
赓升公司	400	1 200	250	650
合　计	900	2 600	550	1 450

表 37-14　关联方应收应付款项　　单位：万元

项　目	20×9 年 6 月 30 日余额	20×8 年 12 月 31 日余额
应收账款：		
惠勤公司	2 600	1 200
赓升公司	2 200	1 000
合　计	4 800	2 200
应付账款：		
惠勤公司	3 100	900
继来公司	1 800	1 000
合　计	4 900	1 900

D．担保：本公司于 20×9 年 2 月 1 日用一栋办公楼为怡昌祥公司提供贷款担保，办公楼账面原价为 2 000 万元，累计已计提折旧 500 万元。怡昌祥公司由于这一担保，于当日从银行获得贷款 1 200 万元，贷款年利率为 6%，期限为 2 年。

6）关于合并财务报表合并范围变化情况的说明。企业应当在财务报表附注中披露合并财务报表合并范围发生变化的情况。这里所指的合并财务报表合并范围发生变化的情况主要指由于公司在中期内发生兼并、收购、对于公司增资，或者控股子公司在中期发生关停并转、宣告破产等原因，导致中期内应当纳入合并财务报表范围的子公司与上年度财务报告相比，发生增加或者减少的情况。需要强调的是，在判断中期合并范围是否发生增减变化时，是相对于上年度而言的，不是相对于本年度以前中期而言的，即应当以“年初至本中期末”为基础。

企业合并财务报表的合并范围如果在中期内发生了增减变化，则应当在中期财务报表附注中披露合并范围发生变化的原因及其内容。

【例 37-22】　智董公司为一家需要编制季度财务报告的企业，在 20×8 年度发生了以下事项。

2 月 1 日，向 XYZ 公司作价转让了 A 全资子公司，转让价为 5 000 万元，转让时长期股权投资的账面价值为 4 000 万元。

8 月 20 日，投资 7 000 万元与其他企业共同设立贵琛公司，贵琛公司注册资本为 10 000 万元，智董公司占其股份的 70%，并拥有控制权。

在本例中，智董公司转让了 A 子公司，失去了对该子公司的控制权，所以，智董公司不应当再纳入智董公司编制合并财务报表的范围。而对于新设的贵琛公司，智董公司拥有其控股权，并占 70%的股份，应当将其纳入合并财务报表的范围。基于此，智董公司在编制 20×8 年度各季度财务报告时，应当在财务报表附注中做如下披露。

① 20×8年第1季度财务报告。

合并范围发生变化情况的说明：本公司编制20×7年度合并财务报表时纳入合并范围的A子公司，于20×8年2月1日作价转让给了XYZ公司，因此本季度合并财务报表的合并范围与上年度相比，减少了智董公司。

② 20×8年第2季度财务报告。

合并范围发生变化情况的说明：披露的内容与第1季度相同（说明：尽管智董公司在第2季度没有发生合并范围变化的情况，但是，根据中期财务报表附注应当以“年初至本中期末”为基础编制的要求，智董公司在第2季度财务报告中仍然应当披露在第1季度发生的合并范围变化的情况）。

③ 20×8年第3季度财务报告。

智董公司应当同时披露因智董公司转让和贵琛公司设立而发生的合并范围变化的情况，披露内容如下。

合并范围发生变化情况的说明：本公司编制20×7年度合并财务报表时纳入合并范围的A子公司，于20×8年2月1日作价转让给了XYZ公司，因此本报告中期合并财务报表的合并范围与上年度相比，减少了智董公司。与此同时，本公司在20×8年8月20日出资7 000万元，与其他企业投资设立贵琛公司，本公司拥有贵琛公司股份的70%，所以，本报告中期合并财务报表的合并范围增加了贵琛公司。

7）对性质特别或者金额异常的财务报表项目的说明。当企业编制的中期财务报表项目的性质特别或者金额异常时，企业应当在财务报表附注中予以说明。这里所指的财务报表项目既包括企业资产、负债、所有者权益（或者股东权益）、收入、费用和利润等资产负债表、利润表项目，也包括现金流量表项目。

对于应在财务报表附注中披露的性质特别项目需要根据具体情况而定。例如，某企业的总经理挪用公司资金占为己有造成公司损失，即使金额不大，但是暴露出公司管理问题，对投资者的决策有用，应当将其作为性质特别项目在财务报表附注中予以披露；某企业因生产产品造成环境污染而被处以罚款，尽管金额不大，但在环保意识日益增强的社会中，这一事项对于企业未来发展影响深远，因此也应当作为性质特别项目在财务报表附注中予以披露；再如，企业收取承包经营费、受托经营其他企业资产、与知名高科技企业签订合作协议共同进行科研开发等，尽管这些收入或者费用在承包期、资产受托经营期或者合作开发期内都属于经常性项目，但是这些项目的性质较为特殊，对信息使用者的决策有用，企业也应当在财务报表附注中予以披露。当企业在中期财务报表附注中披露这些性质特别的项目时，应当对这些项目的内容、金额及其影响等做具体说明。

与此同时，如果中期财务报表中披露的财务数据与上年末资产负债表数据或者上年度可比期间的财务报表数据相比变动幅度较大，而且金额较大，则应当作为发生金额异常项目，在中期财务报表附注中对该项目的内容、金额及其异常情况和金额发生异常的原因等做出说明。

另外，对于企业在中期内因那些明显区别于正常生产经营活动的、预期不会经常发生或者不再复发的交易或者事项等所产生的损益项目，如企业因地震或者其他自然灾害所造成的损失、企业资产被征用所产生的损失等，企业应当分别项目在财务报表附注中披露其内容及其金额。

【例37-23】 智董公司为一家软件开发商，需要编制季度财务报告。公司于20×9年6月1日与中国科学院软件研究所签订了一项总金额为3 000万元的技术合作协议，合作开发新的软件产品，合作期限为3年，当月投入200万元。尽管此项目在20×9年第2季度的发生金额并不大。但是从性质上讲，它属于性质特殊项目，因为该项目对于企业新产品的开发和长远发展均具有深远影响。所以，企业应当在财务报表附注中予以披露。

据此，智董公司在其第2季度财务报告的财务报表附注中，应当做如下披露。

性质特别和金额异常项目的说明：

本公司在今年6月1日与中国科学院软件研究所签订了一项总金额为3 000万元、合作期限为3年的技术合作协议，合作开发软件新品，公司在本季度已经投入了200万元。

8）证券的发行、回购和偿还情况。当企业在中期存在发行、回购或者偿还债务性证券或者权益性证券等的交易或者事项时，企业应当在中期财务报表附注中披露中期发行、回购和偿还的证券的种类、日期、金额等相关信息。如果企业在中期内发生了资本公积转增资本（股本）情况，也视同企业增加了权益性证券，应当根据前述要求做相应披露。

【例37-24】 智董公司为一家需要编制季度财务报告的企业。公司在20×9年3月1日至11日期间，向社会公众以面值发行了期限为5年、年利率为6%、总额为5 000万元的公司债券，扣除债券发行手续费、佣金等支出，实筹资金4 800万元，对于这一事项，公司在编制第1季度财务报表附注时应当做如下披露。

债务性证券和权益性证券的发行、回购和偿还情况的说明

发行公司债券的情况：

在20×9年3月1日至11日期间，本公司经有关部门批准，向社会公众以面值公开发行了5年期、年利率为6%、总额为5 000万元的公司债券，扣除债券发行手续费、佣金等费用，此次发行债券共筹得资金4 800万元。

按照《企业会计准则第32号——中期财务报告》规定的财务报表附注应当以“年初至本中期末”为基础编制的原则，公司在编制第2、3季度财务报告时，也应当在财务报表附注中披露这一事项。

9）关于向所有者分配利润情况的说明。企业如果在中期内实施了向所有者分配利润的方案，或者在中期财务报告批准报出日之前提出或者批准了向所有者分配利润的预案但尚未实施的，企业均应当在中期财务报表附注中披露这一事项及其相关金额。这里所指的所有者在股份有限公司即为股东；向所有者分配的利润既包括向所有者分配的现金利润或者现金股利，也包括向所有者分配的股票股利；披露向所有者分配利润的相关金额则应当包括所分配的现金利润（或者现金股利）和股票股利的总额以及每股现金股利金额。

【例37-25】 智董公司为一家需要编制季度财务报告的企业。公司于20×9年5月15日向股东实施了上年度财务报告提出的“每10股送3股并派发现金股利0.50元”的利润分配方案，该利润分配方案的实施以上年末总股本10 000万股为基数。对此事项，公司需要在其第2季度财务报告中做如下披露。

利润分配情况的说明：

公司以20×8年年末10 000万股总股本为基数，于20×9年5月15日向全体股东实施了20×8年度财务报告提出的“每10股送3股并派发现金股利0.50元”的利润分配方案，共计送股3 000万股，派发现金500万元，其中每股派发现金股利为0.05元（含税）。

10）关于分部报告信息。企业应当在中期财务报表附注中披露分部报告信息，披露的内容包括业务分部和地区分部的分部收入和分部利润（亏损）信息。需要说明的是，企业在中期财务报告中披露上述信息时，应当同时披露本中期和年初至本中期末的相关财务数据，与此同时，企业还应当提供上年度可比期间（包括可比本中期和年初至可比本中期末）的相关财务数据。

【例 37-26】 智董公司按其业务形成了服装、玩具、运输三个分部，按其地区形成了中国、美国和加拿大、英国、东南亚四个分部。公司在其 20×9 年第 1 季度财务报告中分别根据业务分部和地区分部披露的分部收入与分部利润信息如下（假定智董公司没有发生分部间交易，也没有未分配的公司费用）。

分部报告信息：

本公司按业务形成了服装、玩具和运输三个分部；按地区形成了中国、美国和加拿大、英国、东南亚四个分部。这些分部的分部收入和分部利润如表 37-15 所示。

表 37-15 分部的分部收入和分部利润 单位：万元

报告分部	分部收入		分部利润	
	20×9 年 1 月 1 日至 3 月 31 日	20×8 年 1 月 1 日至 3 月 31 日	20×9 年 1 月 1 日至 3 月 31 日	20×8 年 1 月 1 日至 3 月 31 日
业务分部：				
服装	1 600	1 200	300	220
玩具	1 300	500	300	130
运输	1 500	2 000	200	150
抵消	0	0	0	0
未分配项目	—	—	0	0
合 计	4 400	3 700	800	500
地区分部：				
中国	1 500	1 100	190	120
美国和加拿大	1 400	700	260	180
英国	800	1 000	180	110
东南亚	700	900	170	90
抵消	0	0	0	0
未分配利润	—	—	0	0
合 计	4 400	3 700	800	500

11）关于资产负债表日后事项的披露。当企业在中期资产负债表日至中期财务报告批准报出日之间发生《企业会计准则第 29 号——资产负债表日后事项》规定的需要披露的非调整事项时，企业应当根据《企业会计准则第 29 号——资产负债表日后事项》的要求在其中期财务报表附注中予以披露。这些事项主要包括在中期资产负债表日之后、中期财务报告批准报出日之前发生的，会影响到中期财务报告使用者做出正确估计和决策的重要事项，如股票和债券的发行、对一个企业的巨额投资、自然灾害导致的资产损失、外汇汇率发生较大变动等事项。企业在中期财务报表附注中披露这些事项时，应当说明这些事项的内容，估计会对企业财务状况、经营成果和现金流量产生的影响等。如果无法估计这些事项对中期财务报表数据的影响数，则应当在中期财务报表附注中说明其原因。

【例 37-27】 MN 公司为一家需要编制季度财务报告的企业。公司甲生产车间在 20×9 年 4 月 5 日发生了一场火灾。车间厂房、生产设备、存货等均被烧毁，造成重大损失，预计直接资产净损失为 3 850 万元：公司 20×8 年度财务报告已于 3 月 10 日报出。公司第 1 季度财务报告的批准报出日为 4 月 13 日。由于该事项发生在第 1 季度资产负债表日（3 月 31 日）之后、第 1 季度财务报告批准报出日之前，所以，公司应当将其作为第 1 季度资产负债表日后的非调整事项处理，在第 1 季度财务报表附注中披露。具体可做如下披露。

资产负债表日后非调整事项的说明：

本公司一生产车间在 4 月 5 日发生一场大火，车间厂房、生产设备、存货等均被烧毁，预计直接资产净损失约为 3 850 万元。

12）关于或有事项的说明。企业应当在中期财务报表附注中披露自上年度资产负债表日以后所发生的或有负债或者或有资产的变化情况，具体包括以下三种情况。

① 上年度资产负债表日已经存在的、并且在上年度财务报告中已经披露的或有负债或者或有资产在中期所发生的变化。包括这些或有负债或者或有资产发生的可能性的变化，预计的财务影响的变化等。

② 在报告中期内新发生的应予披露的或有负债和或有资产。

③ 在本年度以前中期新发生而且已经在以前中期财务报告中披露的或有负债和或有资产在本中期发生的变化，包括这些或有负债和或有资产发生的可能性的变化和预计的财务影响的变化等。

当企业在中期发生上述或有负债或者或有资产的变化事项时，应当在中期财务报表附注中予以披露，披露的内容和要求应当遵循《企业会计准则第 13 号——或有事项》。根据《企业会计准则第 13 号——或有事项》规定，企业对于应予披露的或有负债，应当披露或有负债形成的原因、或有负债预计产生的财务影响（如无法预计，应说明理由）和获得补偿的可能性。对于或有资产，当其很可能会给企业带来经济利益时，应当在财务报表附注中披露其形成的原因；如果能够预计其产生的财务影响，还应当作相应披露。对于企业在中期发生的应予披露的或有负债和或有资产变化事项，企业应当据此在财务报表附注中做相关披露。

【例 37-28】 DSP 公司是一家化工企业，需要编制季度财务报告。公司在生产过程中将产生的污水在没有经过严格净化处理的情况下排出厂外。周围居民王某、张某身患癌症，认为是由于 DSP 公司排放包括致癌物质的污水污染水质所致，于 20×8 年 11 月 10 日将 DSP 公司告上法庭，要求 DSP 公司赔偿损失 300 万元。该案件在 20×8 年 12 月 31 日尚未判决。由于居民王某、张某身患癌症与公司排污之间关系未明，公司在其于 20×9 年 3 月 1 日公布的 20×8 年度财务报告中，对这一事项作为或有负债做了披露。20×9 年，在案件的审理过程中，王某和张某根据自身的受损程度，于 5 月 8 日向法院提出，将要求 DSP 公司赔偿损失的金额提高到 500 万元，法院已予受理，但是，截止到 6 月 30 日，该诉讼案尚未判决。对于该或有负债情况的变化，公司需要在其编制的 20×9 年第 2 季度财务报告的财务报表附注中做如下披露。

或有负债或者或有资产变化情况的说明

或有负债：

本公司在上年度财务报告中披露的居民王某和张某起诉公司排放污水致癌事件在本季度又有新的进展，居民王某和张某在本季度 5 月 8 日将要求公司赔偿的金额由原来的 300 万元提高到 500 万元。目前，此案尚在审理过程之中。

13）关于企业结构变化情况的说明。如果在中期内企业结构发生了变化，应当在中期财务报表附注中对此予以说明。常见的企业结构变化的情况包括企业合并，对被投资单位具有重大影响、共同控制关系或者控制关系的长期股权投资的购买或者处置、终止营业等。对于这些事项，企业应当在中期财务报表附注中说明其内容和对企业财务状况、经营成果及现金流量的影响等。

【例 37-29】 智董公司为一家钢铁制造企业，需要编制季度财务报告。公司在 20×9 年第 1 季度耗资 30 000 万元收购了 WK 高科技公司 80%的股权，成为该公司的第一大股东。获得了对该公司的控股权。合并生效日为 20×9 年 2 月 1 日，收购时被收购企业净资产的账面价值为 12 000 万元。WK 公司是一家专门研制生物、基因工程及其相关产品的公司，其研究成果在国内乃至世界处于领先地位，研制的产品市场前景广阔。智董公司收购 WK 公司的意图在于希望借此实现公司产业转型和产品结构的调整。对于这一企业合并事项，公司应当在其第 1 季度财务报告的财务报表附注中做如下披露。

企业结构变化情况的说明：

本公司于本季度出资 30 000 万元收购了 WK 高科技公司 80%的股权，成为该公司的第一大股东，获得了对该公司的控股权。WK 公司是一家专门研制生物、基因工程及其相关产品的公司，在收购了 WK 公司之后，将有助于本公司的产业转型和产品结构调整，促进本公司向高科技产业，尤其是生物基因工程业进军。本项收购的全部款项均已支付，合并生效日期为 20×9 年 2 月 1 日。对于此项企业合并交易，公司采用购买法进行核算：被收购企业在收购时净资产的账面价值为 12 000 万元。

与此同时，由于智董公司新增了一家存在控制关系的关联企业——WK 公司，所以公司还需要根据《企业会计准则第 32 号——中期财务报告》第八条第五项的要求在财务报表附注中披露关联方关系的有关内容。

14）其他重大交易或者事项的说明。除了上述事项之外，《企业会计准则第 32 号——中期财务报告》还规定，企业应当在中期财务报表附注中对在中期内发生的其他重大交易或者事项予以说明。这些重大交易或者事项包括重大的长期资产转让及其出售情况、重大的固定资产和无形资产取得情况、重大的研究和开发支出、重大的资产减值损失情况等。这里所指的重大的长期资产转让及其出售情况主要是指重大的固定资产、无形资产等长期资产的转让或者出售，重大的固定资产、无形资产取得情况主要是指企业为了购建固定资产、无形资产所发生的资本性支出情况。

【例 37-30】 KWL 电力公司于 20×9 年第 1 季度用银行存款 9 800 万元购入一套先进的发电设备，该设备投入运营后，将使公司每年的发电能力增加 2 万千瓦·时。对此固定资产投资事项，企业应当在 20×9 年度的中期财务报表附注中予以说明。

在实务中，上述有关财务报表附注的披露事项有可能会出现重复。比如，企业结构变化的事项（如企业合并）可能既涉及合并财务报表合并范围发生变化的情况，也涉及关联方关系及其交易事项。对此类事项，企业在编制财务报表附注时，可以在首次涉及该交易事项时，予以详细披露，其他地方则可适当简化。

37.2.6 在年度财务报表中的披露

在同一会计年度内，如果以前中期财务报告中所披露的会计估计在最后一个中期发生了重大变更，而企业又不单独披露该最后中期的财务报告，则企业应当在其年度财务报表附注中披露该项会计估计变更的内容、理由及其影响金额。例如，智董公司为一家需要编制季度财务报告的企业，但是无须单独披露第 4 季度财务报告，假设公司在第 4 季度里，对第 1、2 或者 3 季度财务报表中所采用的会计估计（如固定资产折旧年限的估计、各项资产减值金额的估计、预计负债的估计、所得税的估计等）做了重大变更，则需要在其年度财务报表附注中，对此事项作特别说明，说明的内容应当依据《企业会计准则第 28 号——会计政策、会计估计变更和差错更正》关于会计估计变更的规定。同样，假如一家公司是需要编制半年度财务报告的企业，但不单独披露下半年的财务报告，则如果该公司对于上半年财务报告中所采用的会计估计在下半年做了重大变更，也应当在其年度财务报表附注中予以说明。

37.3 确认和计量

企业各中期财务报表的编制以确认和计量为基础，因此，中期财务报表能否真实、完整地反映企业财务状况、经营成果和现金流量，在很大程度上取决于企业在进行会计要素的确认和计量时所遵循的会计原则。对于在中期，企业究竟应当以什么原则来进行会计要素的确认和计量？从世界各国的做法来看，主要形成了两种观点，一种是独立观，一种是一体观。如前所述，独立观是将每一中期视为一个独立的会计期间，各中期所采用的会计政策和会计要素的确认与计量原则与年度财务报告相一致；一体观是将每一中期视为年度会计期间的有机组成部分，其会计估计、成本分配、各递延和应计项目的处理必须考虑到全年将要发生的情况，有关成本费用要以年度预计活动水平为基础，在各个中期之间进行分配。持独立观者主要以国际会计准则为代表，持一体观者主要以美国会计准则为代表。

37.3.1 独立观和一体观在中期确认和计量上的主要区别

无论是独立观，还是一体观，对于在中期财务报表中列报的收入确认和计量原则均是一致的，即以是否符合收入确认条件和收入实现原则来确认和计量收入。即使对于那些季节性、周期性或者偶然性收入，也是如此，企业应当在发生时予以确认，不得在中期末随意预计或者递延。但为避免会计信息使用者在进行业绩预测和投资决策时产生不必要的误导，应当在财务报表附注中作相应披露。

独立观和一体观的差异主要体现在对费用的确认和计量上。在独立观下，企业中期费用的确认与计量原则与年度财务报告相一致，即以每一中期的实际发生额作为确认和计量的基础，因此在独立观下对于费用的处理相对比较简单；在一体观下，则视费用项目与收入是否直接相关，而在中期采用不同的会计处理方法。以下以美国、我国台湾等采用一体观的国家或者地区的会计准则为例说明一体观下费用的处理原则及其与独立观之间的差别。

按照美国、我国台湾等国家或者地区的会计准则，首先将费用区分为两类，一类是与收入相关的费用，一类是其他费用。

1. 与收入相关的费用

与收入相关的费用是指与企业所售商品或者提供劳务直接相关的费用（如直接材料、直接人工、制造费用等）。对于这些费用，在一体观下，企业在编制中期财务报告时应当根据配比原则，在收入确认的期间予以确认，这一原则实际上是与年度财务报告相一致的，即独立观采用的也是这一处理原则。而且企业一般应当采用与年度财务报告相一致的存货计价方法，但是在一体观下，以下情况除外。

（1）在中期财务报表中采用毛利率法或者其他有别于年度财务报表的方法确定销货成本

的，企业应当在财务报表附注中披露所采用的方法。也就是说，在中期末并不一定需要采用实地盘点方法来确定销货成本和期末存货，企业可以采用其他方法。在这种情况下，中期财务报表所采用的会计政策与年度财务报表有所不同。

对于这种情况，基于重要性、及时性和成本——效益原则等的考虑，即使是在坚持独立观的国家或者地区的会计准则中也是允许的。比如，国际会计准则在其附录示例中也讲到，“虽然在会计年度末可能要求进行全面的存货盘点和计价程序，但是在中期报告日可以不要求。在中期报告日以销售毛利为基础来进行估计就足够了”。

（2）在一体观下，期末存货的计价和各中期销货成本的确定需要考虑全年预计发生的情况；而在严格的独立观下，企业在确定中期末存货的成本和销货成本时，应不考虑会计年度内预计发生的情况。

（3）在存货市价下跌的情况下，存货损失（存货市价低于账面价值）应当在发生中期予以确认，不得递延。该损失如果在本会计年度的以后中期因存货市价上升而得以恢复，则应当在以后中期确认为利得，而且所确认的利得不应当超过前期已确认的损失。但是，如果在中期末存货市价的下跌，可以合理预计将在会计年度末之前回升的，则属于暂时性的市价下跌，企业在中期末不应当将其确认为损失，因为从整个会计年度来看，该损失预计将不会发生。

而在独立观下，中期末存货的计价方法应当与年度财务报表相一致，所以在中期末存货市价的下跌即使从整个会计年度来看属于暂时性下跌，也应当在中期末予以及时确认，不允许递延到以后中期。

（4）采用标准成本制确定存货和生产成本的企业，在中期末原则上应当和年末一样反映购料价格差异、工资率差异、数量差异或者效率差异。如果这些差异计划或者预期将在会计年度末前抵消的，则在中期末应当予以递延。但是对于非计划的或者不可预测的购料价格差异或者数量差异，则应当采用与年度财务报表相同的政策，在中期末予以反映。

但是在独立观下，对于上述差异的处理应当根据中期末实际发生的情况予以处理，不应当考虑会计年度预计发生的情况，所以不允许递延这些差异。比如，国际会计准则规定，制造业企业的价格、效率、消耗和产量差异应当于中期报告日在收益表中确认，确认程度应当与这些差异在会计年度末收益表中的确认相一致，将那些预期到年末将被吸收的差异予以递延是不恰当的，因为这将使中期报告日以多于或者少于实际制造成本的金额报告存货。

（5）固定制造费用应当平均分摊至全年估计产量，若各中期间产量有波动时，其所产生之成本差异应予递延。显然，在一体观下，企业在每一中期确认固定制造费用时，并不是根据其每期实际发生额确认的，而是根据其预计全年的产量以及当期实际产量而分摊确认的。因此，在一体观下，确认固定制造费用的前提条件是需要事先估计全年产量，这对每期确认的固定制造费用至关重要。

而在独立观下，对于每一中期的固定制造费用，企业都应当根据其实际发生额予以确认，不得预计或者递延。

2. 与收入相关的费用之外的其他费用

对于与收入相关的费用之外的其他费用在中期财务报告中的处理，不外乎两种方式：一种是在发生时直接将其全额计入当期（中期）损益；二是根据预计受益期间、获得的效益或者相关业务量在各中期期间进行分配，不在发生时直接根据发生额全部计入当期损益。

美国等持一体观的国家或者地区会计准则规定，对于其他费用应当在发生时即予确认，计入当期损益，或者根据预计受益期间、获得的效益或者相关业务量将其分摊到各个中期，其分摊程序应当与年度财务报表所采用的基础相一致。但是如果在年度财务报表中被确认为费用、应计入年度损益的项目，其受益期超过一个中期，则必须将其分摊到各个中期。如果某一中期发生的其他费用，无法明确归属于其他中期的活动或者效益，则应当在发生中期予以确认，计入发生中期的损益。对于利得和损失项目，如果在年度财务报表中不允许递延的，则在中期财务报表中也不允许递延，企业应当在发生时予以确认。

而在独立观下，对于上述其他费用，原则上应当在发生时予以确认，不允许随意分摊。如国际会计准则规定，在中期末不符合资产定义的费用不应在资产负债表中递延，既不能等待未来信息以确定其是否符合资产定义，也不应用来均衡财务年度内各中期的利润；收益（收入）和费用的基本特征是资产和负债的相关流入和流出已经发生。如果这些流入和流出已经发生，相关的收入和费用应予确认；否则，就不应予以确认；如果未来经济利益的减少与资产的减少或者负债的增加相联系，并且能够可靠地加以计量，就应当在收益表中确认费用……不允许在资产负债表中确认不符合资产或者负债定义的项目。与此同时，针对财务年度中不均匀发生的费用，国际会计准则规定，只有当企业在财务年度末预计或者递延年度中不均匀发生的费用是恰当时，在编制中期报告时才能对这类费用进行预计或递延。显然，国际会计准则原则上是严格按照定义来确认费用的，而且与年度财务报表所采用的会计政策相一致，所以国际会计准则对于与收入不相关的其他费用，在原则上坚持在发生时即予确认，不得随意预计或者递延。

37.3.2 关于中期会计确认和计量的基本原则

《企业会计准则第 32 号——中期财务报告》规定了中期会计确认和计量的基本原则，这些原则具体包括以下内容。

1. 中期采用的会计政策原则上应当与年度财务报表相一致

企业应当在中期财务报表中采用与年度财务报表相一致的会计政策。即企业在中期进行确认和计量时所采用的会计政策应当与年度财务报表相一致，企业在中期不得随意变更会计政策，而应当保持前后各期会计政策的一贯性，以提高会计信息的可比性和有用性。

2. 中期变更会计政策应当符合规定

《企业会计准则第 32 号——中期财务报告》在强调中期会计政策应当与年度财务报表相一致的同时，又规定企业“如果在上年度资产负债表日之后发生了会计政策变更，且该变更了的会计政策将在本年度财务报表中采用，则中期财务报表应当采用该变更了的会计政策”。对于中期会计政策的变更需要说明以下两点。

（1）《企业会计准则第 32 号——中期财务报告》并不禁止企业在中期发生会计政策的变更，但是企业变更会计政策必须符合《企业会计准则第 28 号——会计政策、会计估计变更和差错更正》规定的允许企业进行会计政策变更的条件，即企业只有在符合下列条件之一时，才能在中期进行会计政策变更。

① 法律或会计准则等行政法规、规章的要求。

② 这种变更能够提供有关企业财务状况、经营成果和现金流量等更可靠、相关的会计信息。

（2）企业在中期进行会计政策变更时，通常应当确保该项会计政策亦将在当年年度财务报表中采用，即《企业会计准则第 32 号——中期财务报告》不允许企业在同一会计年度的各个中期之间随意变更会计政策，但符合国家法律、行政法规和规章规定（包括其他会计准则的规定）的除外。

3. 中期会计要素的确认和计量原则应当与年度财务报表相一致

中期财务报表中务会计要素的确认和计量原则应当与年度财务报表所采用的原则相一致。即企业在中期根据所发生交易或者事项，对资产、负债、所有者权益（股东权益）、收入、费用和利润等务会计要素进行确认和计量时，应当符合这些会计要素的定义和确认、计量标准，不能够因为财务报告期间的缩短（相对于会计年度而言）而改变会计要素的确认和计量标准。

（1）关于中期资产的确认和计量原则。在中期资产负债表中反映的资产首先应当符合资产的定义，即它应当是过去的交易、事项形成并由企业拥有或者控制的资源，该资源预期会给企业带来经济利益。企业在中期资产负债表日对某些项目（如一些支出、费用、损失项目）进行判断时，应当采用与年度财务报表一样的标准，即看其能否预期给企业带来未来经济利益。如果不具备资产确认条件，就不应当在中期资产负债表中递延，将其确认为一项资产。企业既不能够根据会计年度内以后中期将要发生的交易或者事项来判断当前中期的有关项目是否符合资产的定义，也不能够借中期财务报告来人为均衡会计年度内务中期的收益。例如，企业在中期资产负债表日对于待处理财产损溢项目，也应当像会计年度末一样，将其计入当期损益，不能够递延到以后中期，因为它已经不符合资产的定义和确认标准。

【例 37-31】 AAA 公司为一家化工生产企业，需要编制季度财务报告。20×9 年 6 月 30 日，AAA 公司在盘点库存时，发现一批账面价值为 100 万元的存货已经毁损，对 AAA 公司而言已无任何价值可言，不会再给企业带来经济利益，该批存货不再符合资产的定义。因此，在编制 AAA 公司第二季度财务报告时，该批存货就不能再作为资产列报，而应当及时确认一项损失。

（2）关于中期负债的确认和计量原则。在中期资产负债表中反映的负债也应当首先符合负债的定义，即它应当是过去的交易、事项形成的现时义务，履行该义务预期会导致经济利益流出企业。也就是说，企业在中期资产负债表日的负债必须反映的是当时的现时义务，并预期将导致企业未来经济利益的流出，这一判断标准是与年度财务报表相一致的。企业在中期资产负债表日既不能把潜在义务（即使该义务很可能在会计年度的以后中期变为现时义务）确认为负债，也不能把当时已经符合负债确认条件的现时义务（即使履行该义务的时间和金额还须等到会计年度以后中期才能够完全确定）递延到以后中期进行确认。

【例 37-32】 A 公司是一家管理软件开发商，需要编制季度财务报告。20×8 年 4 月 1 日，A 公司将其 20×8 年新版 MNX 管理信息系统软件投放市场，市场前景看好。4 月 10 日，A 公司收到 B 公司（B 公司为一家财务软件开发商）来函，声明 MN×管理信息系统软件中的财务管理软件包与该公司开发的并已于 20×7 年申请专利的财务管理系统相同，要求 A 公司停止侵权，并赔偿该公司损失 1 000 万元。A 公司不服，继续销售其新产品。B 公司遂于 4 月 15 日将 A 公司告上法庭，要求 A 公司停止一切侵权行为，公开道歉，并赔偿该公司损失 1 000 万元。法院受理了此案，随后做了数次调查取证，初步认定 A 公司的确侵犯了 B 公司的专利权，而且根据有关法律需赔偿 B 公司 800 万 ~ 1 000 万元的损失。为此，A 公司在 6 月 30 日提出，希望能够庭外和解，B 公司初步表示同意。8 月 2 日，双方经过数次调解，没有达成和解协议，只能再次通过法律诉讼程序。9 月 20 日，法院判决，A 公司立即停止对 B 公司的侵权行为，赔偿 B 公司损失 980 万元，并在媒体上公开道歉。A 公司不服，继续上诉。12 月 1 日，二审判决，维持原判。20×9 年 1 月 20 日，根据最终判决，A 公司被强制执行，向 U 公司支付侵权赔偿款 980 万元。

在本例中，尽管从20×8年度财务报表的角度，该事项已经属于确定事项，980万元的赔偿款应当在A公司20×8年度资产负债表中确认为一项负债。但是，由于A公司需要编制季度财务报告，这样在20×8年第2季度中，该事项属于或有事项，但是，在20×8年第2季度末，A公司已经可以合理预计在诉讼案中公司将很可能会败诉，需要向B公司赔偿由于侵权导致的损失，公司在当时已经承担了一项现时义务，而且赔偿金额可以可靠估计，因此应当在20×8年第2季度末就确认一项负债，即预计负债），金额为900万元［（800+1 000）/2］，而不是等到以后季度或者年末时再予确认。在20×8年第3季度财务报表中，由于法院一审已经判决，要求A公司赔偿980万元，所以，A公司在第3季度财务报表中还应当再确认80万元负债，以反映A公司在第3季度末的现时义务。与此同时，作为预计负债和会计估计变更事项，A公司还应当根据《企业会计准则第32号——中期财务报告》第8条的规定在有关中期财务报表附注中作相应披露。

（3）关于中期所有者权益的确认和计量原则。在中期资产负债表上反映的所有者权益也应当符合所有者权益的定义，即所有者权益应当是所有者在企业资产中享有的经济利益，其金额为资产减去负债后的余额，所有者权益应当反映企业的净资产的增减变动。在年度财务报表中应当确认为所有者权益的项目，在中期财务报表中也应当确认为所有者权益，两者的确认和计量标准应当一致。

（4）关于中期收入的确认和计量原则。在中期利润表中反映的收入也应当首先符合收入的定义，即收入应当是企业在销售商品、提供劳务及让渡资产使用权等日常活动中所形成的经济利益的总流入。与年度财务报表一样，企业在中期也应当严格按照《企业会计准则第14号——收入》和《企业会计准则第15号——建造合同》等规定的收入确认条件和计量方法确认和计量收入，不能够在会计年度的各个中期内随意预计或者递延收入。

【例37-33】 HBC图书出版公司对外征订图书，收到订单和购书款与发送图书分属于不同的中期，则企业在收到订单和购书款的中期就不能确认图书的销售收入，因为此与图书所有权有关的风险和报酬尚未转移，不符合收入确认的条件，企业只能在发送图书，并且与图书所有权有关的风险和报酬已经转移的中期才能确认收入。

（5）关于中期费用的确认和计量原则。在中期利润表中反映的费用也应当首先符合费用的定义，即费用应当是企业为销售商品、提供劳务等日常活动所发生的经济利益的流出。企业在中期应当严格按照配比原则、权责发生制基础、划分资本性支出和收益性支出原则等会计原则来确认和计量费用，确认和计量标准应当和年度财务报表相一致。企业不能够在会计年度的各个中期内随意预提或者待摊所发生的费用。如果需要在中期财务报表中预提或者待摊费用，必须符合会计要素的定义和确认、计量标准。

（6）关于中期利润的确认和计量原则。中期利润和年度利润一样，应当反映企业在中期期间内的经营成果，所以其确认和计量原则也应当与年度财务报表相一致。

4．中期会计计量应当以年初至本中期末为基础

企业财务报告的频率不应当影响其年度结果的计量，也就是说，无论企业中期财务报告的频率是月度、季度还是半年度，企业中期会计计量的结果最终应当与年度财务报表中的会计计量结果相一致。为了达到这一目的，企业中期财务报表的计量应当以年初至本中期末为基础，即企业在中期应当以年初至本中期末作为中期会计计量的期间基础，而不应当以本中期作为会计计量的期间基础。

【例37-34】 ADC公司于20×8年11月利用专门借款资金开工兴建一项固定资产。20×9年3月1日，固定资产建造工程由于资金周转发生困难而停工。公司预计在1个半月内即可获得补充专门借款，解决资金周转问题，工程可以重新施工。根据我国《企业会计准则第17号——借款费用》的规定，固定资产的购建活动发生非正常中断，并且中断时间连续超过3个月的，应当暂停借款费用的资本化，将其确认为当期费用，直至资产的购建活动重新开始。据此，在第1季度末，公司考虑到所购建固定资产的非正常中断时间将短于3个月，所以，在编制20×9年第1季度财务报告时，没有中断借款费用的资本化，将3月发生的符合资本化条件的借款费用继续资本化，计入在建工程成本。后来的事实发展表明，公司直至20×9年6月15日才获得补充专门借款，工程才重新开工。这样，公司在编制20×9年第2季度财务报告时，如果仅仅以第2季度发生的交易或者事项作为会计计量的基础，那么，公司在第2季度发生工程非正常中断的时间也只有2个半月，短于《企业会计准则第17号——借款费用》规定的借款费用应当暂停资本化的3个月的期限，从而在第2季度内将4月1日至6月15日所发生的与购建固定资产有关的借款费用将继续资本化，计入在建工程成本。

显然，这样处理是错误的，因为，如果企业只需编制年度财务报表，不必编制季度财务报表，那么，从全年来看，企业建造固定资产工程发生非正常中断的时间为3个半月，企业应当暂停这3个半月内所发生借款费用的资本化。也就是说，如果以整个会计年度作为会计计量的基础，上述3月1日至6月15日发生的借款费用都应当予以费用化，计入当期损益。而如果仅仅以每一报告季度作为会计计量的基础，则上述3月1日至6月15日发生的相关借款费用都将继续资本化，计入在建工程成本季度计量的结果与年度计量的结果将发生不一致，而这种不一致的产生就是由于财务报告的频率由按年编报变为按季编报所致。毫无疑问，单纯以季度为基础对上述固定资产建造中断期间所发生的借款费用进行计量是不正确的。为了避免企业中期会计计量与年度会计计量的不一致，防止企业因财务报告的频率而影响其年度财务结果的计量，企业应当以年初至本中期末为期间基础进行中期会计计量。在本例中，当企业编制第2季度财务报告时，对于所购建固定资产中断期间所发生的借款费用的会计处理，应当以20×9年1月1日至6月30日的期间为基础。显然，在1月1日至6月30日的期间基础之上，所购建固定资产的中断期间超过了3个月，应当将中断期间所发生的所有借款费用全部费用化，所以在编制第2季度财务报告时，不仅第2季度4月1日至6月15日发生的借款费用应当费用化，计入第2季度的损益，而且，上一季度已经资本化了的3月的借款费用也应当费用化，调减在建工程成本，调增财务费用，这样计量的结果将能够保证中期会计计量结果与年度会计计量结果相一致，实现财务报告的频率不影响年度结果计量的目标。需要说明的是，本例还涉及会计估计变更事项，因此企业还应当在其第2季度财务报表附注中作相应披露。

5. 在中期会计计量过程中，会计估计变更的处理应当符合规定

对于会计年度内以前中期的财务报表项目在以后中期发生了会计估计变更，则在以后中期财务报表中应当反映这种会计估计变更的金额，但对以前中期财务报告中已反映的金额不再作调整。也就是说，如果一个企业在一个会计年度内，前一个或者几个中期（如季度）的会计估计在以后一个中期或者几个中期（如季度）里发生了变更，则既不能对以前中期已经报告过的会计估计金额做追溯调整，也不能重编以前中期的财务报表，企业只需在变更当期或者以后期间按照变更后的会计估计进行会计处理即可。至于会计估计变更的影响数也只能计入变更当期，如果还影响到以后期间的话，则还应当将会计估计变更的影响数计入以后期间。即当企业在中期发生会计估计变更时，企业应当按照《企业会计准则第28号——会计政策、会计估计

变更和差错更正》规定的原则处理。

37.3.3 关于季节性、周期性或者偶然性取得的收入的确认和计量

通常情况下，企业的各项收入往往是在一个会计年度的各个中期内均匀发生的，各中期之间实现的收入差异不会很大。但是，企业因季节性、周期性或者偶然性取得的收入，则往往集中在会计年度的个别中期内，对于这些收入，《企业会计准则第 32 号——中期财务报告》规定企业应当在发生时予以确认和计量，不应当在中期财务报表中予以预计或者递延，即企业应当在这些收入取得并实现时及时予以确认和计量，不应当为了平衡各中期的收益而将这些收入在会计年度的各个中期之间进行分摊。与此同时，《企业会计准则第 32 号——中期财务报告》还规定，如果季节性、周期性或者偶然性取得的收入在会计年度末允许预计或者递延的，则在中期财务报表中也允许预计或者递延。这些收入的确认标准和计量基础应当严格遵循《企业会计准则第 14 号——收入》、《企业会计准则第 15 号——建造合同》、《企业会计准则第 21 号——租赁》等的规定。

【例 37-35】 承例 37-17。HF 公司的主要业务是滚动开发房地产，即每开发完成一个房地产项目之后，再开发下一个房地产项目。该公司于 20×8 年 1 月 1 日起开始开发一住宅小区，小区建成完工需 2 年。公司采取边开发、边销售楼盘的策略，假定该公司在 20×8 年各季度分别收到楼盘销售款 1 000 万元、3 000 万元、2 500 万元和 2 000 万元，为小区建设分别发生开发成本 2 000 万元、1 500 万元、2 200 万元和 1 800 万元；在 20×9 年各季度分别收到楼盘销售款 2 500 万元、3 000 万元、3 000 万元和 1 000 万元，为小区建设分别发生开发成本 1 000 万元、1 700 万元、1 500 万元和 300 万元。小区所有商品房于 20×9 年 11 月完工，12 月全部交付给购房者，并办理完有关产权手续。

在本例中，HF 公司的经营业务具有明显的周期性特征，公司只有在每隔一个周期，等房地产开发完成并实现对外销售后，才能确认收入，即公司只有在 20×9 年 12 月所建商品房完工后，与商品房有关的风险和报酬已经转移给了购房者，符合收入确认标准后，才能确认收入。这一收入就属于周期性取得的收入，在 20×9 年 12 月之前的各中期都不能预计收入，也不能将已经收到的楼盘销售款直接确认为收入，企业应当在收到这些款项时将其作为预收款处理。对于开发小区所发生的成本也应当首先归集在“开发成本”中，待到确认收入时，再结转相应的成本。当然该公司对于其经营的周期性特征，则应当根据《企业会计准则第 32 号——中期财务报告》第 8 条的要求在各有关中期财务报表附注中予以披露。

37.3.4 关于会计年度中不均匀发生的费用的确认和计量

通常情况下，与企业生产经营和管理活动有关的费用往往是在一个会计年度的各个中期内均匀发生的，各中期之间发生的费用不会有较大差异。但是，那些诸如员工培训费、年度财务报表审计费等，则往往集中在会计年度的个别中期内。对于这些会计年度中不均匀发生的费用，企业应当在发生时予以确认和计量，不应当在中期财务报表中予以预提或者待摊；也就是说，企业不应当为了使各中期间收益的平滑化而将这些费用在会计年度的各个中期之间进行分摊。

【例 37-36】 智董公司根据年度培训计划，在 20×9 年 6 月对员工进行了专业技能和管理知识方面的集中培训，共发生培训费用 30 万元。对于该项费用，公司应当直接计入 6 月的损益，既不能在 6 月之前预提，也不能在 6 月之后待摊。

但是,《企业会计准则第 32 号——中期财务报告》同时又规定，如果会计年度内不均匀发生的费用在会计年度末允许预提或者待摊，则在中期末也允许预提或者待摊。

37.3.5 关于中期确认和计量原则的若干应用示例

1. 存货

尽管企业的存货往往处于不断的流转过程之中，而且在每个中期末或者年末都涉及存货数量的确定、成本的计价等问题，但是，企业在编制中期财务报告时，应当采用与会计年度末相同的原则来确认和计量存货。当然，为了节约成本和时间，企业在各中期末对存货进行计量时，可以比会计年度末采用更多的会计估计。

2. 合同或者预计购买价格的变化

在中期末，企业如果可以判断购货折扣基本确定已经赚得或者将会赚得（或者销货折扣很可能已经发生或者将会发生），应当将其作为购货价格（或者销货价格）的抵减，以购货价格（或者销货价格）扣减数量折扣后的净额来确认和计量购货成本（或者销货收入），及时反映购货价格（或者销货价格）的变化。同样，企业提供的劳务、发生的人工费等，如果合同规定存在数量折扣，企业亦应当以与上述购货或者销货折扣相同的原则进行处理。但是，对于合同没有规定、带有随意性的数量折扣则不能够事先预计。

3. 资产减值

在每一中期末，企业都应当按照规定计提减值准备，确认减值损失。中期末采用的资产减值测试、确认和转回的标准应当与会计年度末所采用的标准相一致，但是，这并不意味着企业在每个中期末都应当像会计年度末那样对各相关资产作全面、详细的减值测试和计算。企业在中期末可以只对自上一会计年度末以来所发生的重大减值迹象进行检查，如果检查发现存在重大的资产减值情况，再进行相关测试和计算，确认减值损失。

4. 预计负债

如果企业在中期发生的事项导致企业承担了一项现时义务（无论该义务是法定义务还是推定义务），而且履行该义务很可能会导致经济利益流出企业，同时该义务的金额又能够可靠地计量，企业就应当在中期末根据《企业会计准则第 13 号——或有事项》的规定，将其确认为一项负债，计入预计负债，而且其确认和计量的标准应当与会计年度末相一致。导致经济利益流出企业的义务存在与否，与财务报告期间的长度无关。

当然，预计负债的金额是根据会计期末清偿该负债所需支出的最佳估计数确定的，但是随着事项的发展，如果清偿该负债的最佳估计数发生了变化，则企业应当对已经确认的预计负债金额作相应调增或者调减。

5. 建造合同

在中期末确认和计量建造合同收入和费用时，应当遵循《企业会计准则第 15 号——建造合同》的规定。对于中期末尚未完工的建造合同，不论这些建造合同是否将在本年度内完工，企业都应当按照以下原则进行中期会计处理。

（1）如果建造合同的结果能够可靠地估计，企业应当根据完工百分比法在中期资产负债表日确认中期合同收入和费用。

（2）如果建造合同的结果不能可靠地估计，企业应当区别以下情况处理。

①合同成本能够收回的，中期合同收入应当根据能够收回的合同成本加以确认，合同成本在其发生的当期确认为费用。

②合同成本不可能收回的，企业应当在发生时立即确认为费用，不确认收入。

（3）如果合同预计总成本将超过合同预计总收入，应当将预计损失立即确认为当期费用。

【例 37-37】 智董公司为一家需要编制季度财务报告的企业，于 20×1 年年初签订了一项工程建造合同，合同总金额为 2 000 万元。工程于 20×1 年 1 月开工，20×3 年 3 月完工，建造该项工程的其他有关资料如表 37-16 所示。

表 37-16 建造该项工程的其他有关资料 单位：万元

项目	20×1 年	20×2 年	20×3 年
每年实际发生成本	400	800	400
至本年末累计已发生成本	400	1 200	1 600
完成合同尚需发生成本	1 200	400	0
当年已结算工程价款	500	900	600
当年实际收到价款	400	800	800

20×1 年各季度建造该项工程的有关资料如表 37-17 所示。

表 37-17 20×1 年各季度建造该项工程的有关资料 单位：万元

项目	第 1 季度	第 2 季度	第 3 季度	第 4 季度
每季实际发生成本	80	100	60	160
至本季末止累计已发生成本	80	180	240	400
完成合同尚需发生成本	1 520	1 420	1 360	1 200
合同预计总成本	1 600	1 600	1 600	1 600
当季已结算工程价款	50	150	100	200
当季已结算价款	30	120	100	150

假定公司采用累计实际发生的合同成本占合同预计总成本的比例计算确定合同完工进度。根据上述资料，确认和计量 20×1 年度各季度合同收入和费用如下：

（1）确定各季度的合同完工进度。

第 1 季度末合同完工进度=80÷1 600×100%=5%

第 2 季度末合同完工进度=180÷1 600×100%=11.25%

第 3 季度末合同完工进度=240÷1 600×100%=15%

第 4 季度末合同完工进度：400÷1 600×100%=25%

（2）确认、计量各季度的合同收入、费用和毛利如表 37-18 所示。

表 37-18 各季度的合同收入、费用和毛利 单位：万元

项目	第 1 季度	第 2 季度	第 3 季度	第 4 季度
至本季末止累计收入（工程总价款×完工进度）	100 （2 000×15%）	225 （2 000×11.25%）	300 （2 000×15%）	500 （2 000×25%）
减：前期已确认累计收入	0	100	225	300
本季应确认收入	100	125	75	200

续表

项　目	第 1 季度	第 2 季度	第 3 季度	第 4 季度
至本季末止累计毛利（合同总毛利×完工进度）	20 （400×5%）	45 （400×11.25%）	60 （400×15%）	100 （400×25%）
减：前期已确认累计毛利	0	20	45	60
本季应确认毛利	20	25	15	40
本季应确认费用	80	100	60	160

（3）编制 20×1 年各季度有关会计分录。

① 第 1 季度：

A. 登记实际发生的工程成本。

借：工程施工　　800 000

　贷：银行存款、应付职工薪酬——工资等　　800 000

B. 登记已结算的工程价款。

借：应收账款　　500 000

　贷：工程结算　　500 000

C. 登记已收的工程价款。

借：银行存款　　300 000

　贷：应收账款　　300 000

D. 登记确认的收入、费用和毛利。

借：工程施工——毛利　　200 000

　　主营业务成本　　800 000

　贷：主营业务收入　　1 000 000

② 第 2 季度：

A. 登记实际发生的工程成本。

借：工程施工　　1 000 000

　贷：银行存款、应付职工薪酬——工资等　　1 000 000

B. 登记已结算的工程价款。

借：应收账款　　1 500 000

　贷：工程结算　　1 500 000

C. 登记已收的工程价款。

借：银行存款　　1 200 000

　贷：应收账款　　1 200 000

D. 登记确认的收入、费用和毛利。

借：工程施工——毛利　　250 000

　　主营业务成本　　1 000 000

　贷：主营业务收入　　1 250 000

③ 第 3 季度：

A. 登记实际发生的工程成本。

借：工程施工　　600 000

　贷：银行存款、应付职工薪酬——工资等　　600 000

B．登记已结算的工程价款。

借：应收账款	1 000 000	
贷：工程结算		1 000 000

C．登记已收的工程价款。

借：银行存款	1 000 000	
贷：应收账款		1 000 000

D．登记确认的收入、费用和毛利。

借：工程施工——毛利	150 000	
主营业务成本	600 000	
贷：主营业务收入		750 000

④ 第 4 季度：

A．登记实际发生的工程成本。

借：工程施工	1 600 000	
贷：银行存款、应付职工薪酬——工资等		1 600 000

B．登记已结算的工程价款。

借：应收账款	2 000 000	
贷：工程结算		2 000 000

C．登记已收的工程价款。

借：银行存款	1 500 000	
贷：应收账款		1 500 000

D．登记确认的收入、费用和毛利。

借：工程施工——毛利	400 000	
主营业务成本	1 600 000	
贷：主营业务收入		2 000 000

（4）20×2 年各季度和 20×3 年第 1 季度工程完工时确认和计量合同收入、费用和毛利的原则和方法与 20×1 年各季度相同。

6．提供劳务

在中期末确认和计量劳务收入以及成本时，应当遵循《企业会计准则第 14 号——收入》的规定。对于中期末尚未完成的劳务，不论这些劳务是否将在本年度内完成，企业都应当按照以下原则进行中期会计处理。

（1）在提供劳务的交易结果能够可靠估计的情况下，企业应当在中期资产负债表日按照完工百分比法确认相关的劳务收入。

（2）在提供劳务的交易结果不能够可靠估计的情况下，在中期资产负债表日，企业应当区别以下三种情况进行处理。

①如果已经发生的劳务成本能够得到补偿，应按照已经发生的劳务成本金额确认收入，并按相同金额结转成本。

②如果已经发生的劳务成本预计不能够全部得到补偿，应当按照能够得到补偿的劳务成本金额确认收入，并按已经发生的劳务成本确认当期费用，确认的收入金额小于已经发生的劳务成本的差额，确认为当期损失。

③如果已经发生的劳务成本全部不能够得到补偿，则不应当在中期资产负债表日确认收入，但应当将已经发生的劳务成本确认为当期费用。

【例 37-38】 智董咨询公司于 20×1 年 1 月 1 日与客户签订了一项咨询合同，合同规定，咨询期为 1 年，咨询费为 300 000 元，客户分三次平均支付，第一次在项目开始时（1 月 1 日）支付，第二次在项目中期（7 月 1 日）支付，第三次在项目结束时（12 月 31 日）支付。估计总成本为 200 000 元，假定成本估计十分准确，不会发生变化。

每季实际发生的成本（均为咨询人员工资）资料如表 37-19 所示。

表 37-19 每季实际发生的成本 单位：元

项 目	第 1 季度	第 2 季度	第 3 季度	第 4 季度	合 计
实际发生的成本	30 000	50 000	90 000	30 000	200 000

假设公司按照已经发生的成本占估计总成本的比例计算确定劳务的完成程度。

根据上述资料，确认和计量 20×1 年度各季度劳务收入和成本如下。

（1）第 1 季度：

① 收到第 1 笔咨询费时。

借：银行存款 100 000

　贷：预收账款 100 000

② 实际发生成本时。

借：劳务成本 30 000

　贷：银行存款、应付职工薪酬——工资等 30 000

③ 3 月 30 日按照完工百分比法确认第 1 季度收入时。

劳务完成程度=30 000÷200 000×100%=15%

确认收入=300 000×15%=45 000（元）

结转成本=200 000×15%=30 000（元）

借：预收账款 5 000

　贷：主营业务收入 45 000

④ 结转成本时。

借：主营业务成本 30 000

　贷：劳务成本 30 000

（2）第 2 季度：

① 实际发生成本时。

借：劳务成本 50 000

　贷：银行存款、应付职工薪酬——工资等 50 000

② 6 月 30 日按完工百分比法确认第 2 季度收入时。

劳务完成程度=（30 000+50 000）÷200 000×100%=40%

确认收入=300 000×40%−45 000−75 000（元）

结转成本=200 000×40%−30 000=50 000（元）

借：预收账款 55 000

　　应收账款 20 000

　贷：主营业务收入 75 000

③ 结转成本时。

借：主营业务成本　　50 000

　贷：劳务成本　　50 000

（3）第 3 季度：

① 收到第 2 笔咨询费时。

借：银行存款　　100 000

　贷：预收账款　　80 000

　　　应收账款　　20 000

② 实际发生成本时。

借：劳务成本　　90 000

　贷：银行存款、应付职工薪酬——工资等　　90 000

③ 9 月 30 日按完工百分比法确认第 3 季度收入时。

劳务完成程度=30 000+50 000+90 000）÷200 000×100%=85%

确认收入=300 000×85%−75 000−45 000=135 000（元）

结转成本=200 000×85%−30 000−50 000=90 000（元）

借：预收账款　　80 000

　　应收账款　　55 000

　贷：主营业务收入　　135 000

④ 结转成本时。

借：主营业务成本　　90 000

　贷：劳务成本　　90 000

（4）第 4 季度：

① 收到第 3 笔咨询费时。

借：银行存款　　100 000

　贷：预收账款　　45 000

　　　应收账款　　55 000

② 实际发生成本时。

借：劳务成本　　30 000

　贷：银行存款、应付职工薪酬——工资等　　30 000

③ 12 月 31 日完工时确认剩余收入时。

借：预收账款　　45 000

　贷：主营业务收入　　45 000

④ 结转成本时。

借：主营业务成本　　30 000

　贷：劳务成本　　30 000

7. 中期所得税

根据收入与费用相配比的原则，企业应当在中期确认所得税费用，不能够因为我国企业所得税实行按年计征的方式而不在中期财务报表中确认所得税费用。而且中期所得税的确认和计量原则应当与年度财务报表所采用的所得税确认和计量原则相一致。

37.3.6 中期会计估计的原则及其应用示例

1. 中期会计估计的原则

企业在中期进行会计计量时，应当保证所提供的会计信息是可靠的，而且与理解企业财务状况、经营成果和现金流量相关的所有重要财务信息都能够得到恰当的披露。同时，在中期财务报告中的计量和年度财务报告一样，都应当基于合理的估计。但是，在编制中期财务报告时，一般需要比年度财务报告应用更多的会计估计。也就是说，基于中期财务报告编报时间比较短和成本–效益原则等方面的考虑，企业在编制中期财务报告时，可以比年度财务报告在更大程度上依赖于会计估计。

2. 中期会计估计原则的应用示例

（1）存货。企业存货应当定期盘点，每年至少盘点一次。通常企业会在会计年度末对存货进行全面盘点，但是，在中期末并不一定要求企业对存货进行全面的实地盘点；这样，对于采用实地盘存制核算期末存货价值和当期销货成本的企业，在中期末可以以当期所售产品（或者商品）的销售毛利率为基础来估计当期销货成本和期末存货价值。

（2）预计负债。在会计期末，企业要估计因产品质量保证、未决诉讼（尤其是与环境污染、侵权等有关的未决诉讼）等事项所引起的预计负债金额，往往比较复杂，通常有一定的技术难度，成本较高而且耗时长。为此，企业有时会在会计年度末邀请外部专家来协助计算，估计应确认的预计负债金额。但是在中期末基于时间上的限制和成本效益方面的考虑，企业不一定需要像年末一样邀请外部专家作新的估算，可以在上年末确认的预计负债金额的基础之上，再根据当年发生的一些新的情况来估计中期末应予确认的预计负债金额。

（3）或有负债和或有资产。根据《企业会计准则第 13 号——或有事项》的规定，企业需要在财务报表附注中披露或有负债和很可能给企业带来经济利益的或有资产的相关信息。基于与预计负债同样的原因，对于这些或有负债和或有资产发生的可能性以及预计产生的财务影响等的判断有时也需要外部专家的意见。对于这些意见，在中期末由于时间上的限制和成本效益方面的考虑可能也并不一定需要，企业在中期末可以在更大程度上依赖于自己的判断来估计或有负债和或有资产发生的可能性及其预计产生的财务影响等。

（4）编制合并财务报表时集团内公司间内部交易或者事项的抵消。合并财务报表是以整个企业集团作为一个会计主体，以组成企业集团的母公司和子公司的个别财务报表为基础，抵消母子公司之间发生的内部交易或者事项对个别财务报表的影响之后编制而成的。对于集团内母子公司之间的内部交易或者事项，企业在会计年度末编制合并财务报表时，通常需要进行全面而详细的抵消处理，但是，在中期末基于重要性原则的考虑，在编制合并财务报表进行内部交易或者事项的抵消处理时，企业就可以不必像会计年度末那样全面而详细。

（5）特殊行业。某些特殊行业（如保险行业）在编制中期财务报表时，如果要像年度财务报表那样进行精确计量的话，技术复杂，成本较高，而且耗时甚多。因此，对于这些特殊行业的中期会计计量的精确性也可以比会计年度末小一些。

37.3.7 关于中期会计政策变更的处理

企业在中期如果发生了会计政策的变更，应当按照《企业会计准则第 28 号——会计政策、会计估计变更和差错更正》的规定处理，并在财务报表附注中做相应披露。其中，在会计政策变更的累积影响数能够合理确定的情况下，除非国家规定了相关的会计处理方法，企业应当对根据《企业会计准则第 32 号——中期财务报告》要求提供的以前年度比较财务报表最早期间的期初留存收益和这些财务报表其他相关项目的数字进行追溯调整；同时，涉及本会计年度内会计政策变更以前各中期财务报表相关项目数字的，也应当予以追溯调整，视同该会计政策在整个会计年度和可比财务报表期间一贯采用。

根据《企业会计准则第 28 号——会计政策、会计估计变更和差错更正》的规定，企业在发生会计政策变更时，除非国家规定了相关的会计处理规定，否则，如果该会计政策变更的累积影响数能够合理确定，应当采用追溯调整法进行处理；如果累积影响数不能合理确定，应当采用未来适用法。这一会计政策变更的处理原则同样适用于企业在中期发生会计政策变更的情况。同时，还应当根据《企业会计准则第 32 号——中期财务报告》的要求在财务报表附注中作相应披露，即企业应当在财务报表附注中说明会计政策变更的内容、理由和影响数，如果会计政策变更的累积影响数不能合理确定的，也应当说明理由。需要说明的是，当企业在中期财务报告中披露会计政策变更的影响数时，基于中期会计政策变更的特殊性，企业除了应当披露会计政策变更对以前年度的累积影响数（包括对比较财务报表最早期间期初留存收益的影响数和以前年度可比中期损益的影响数）之外，还应当在财务报表附注中披露会计政策变更对变更中期、年初至变更中期末损益的影响数以及对当年度会计政策变更前各中期损益的影响数。另外，在当年度会计政策变更以后中期的财务报告中也应当作相应披露。

在实践中，对于一家需要编制季度财务报告的企业而言，在对累积影响数能够合理确定的中期会计政策变更进行具体处理时，通常又应当区别以下两种情况：

1. 会计政策变更发生在会计年度内第 1 季度的情况

如果企业的会计政策变更发生在会计年度的第 1 季度，则企业除了计算会计政策变更的累积影响数并作相应的账务处理之外，在财务报表的列报方面，只需要根据变更后的会计政策编制第 1 季度和当年度以后季度财务报表，并对根据《企业会计准则第 32 号——中期财务报告》要求提供的以前年度比较财务报表最早期间的期初留存收益和这些财务报表的其他相关项目数字作相应调整即可。在财务报表附注的披露方面，应当披露会计政策变更对以前年度的累积影响数（包括对比较财务报表最早期间期初留存收益的影响数和以前年度可比中期损益的影响数）和对第 1 季度损益的影响数，在当年度第 1 季度之后的其他季度财务报表附注中，则应当披露第 1 季度发生的会计政策变更对当季度损益的影响数和年初至本季度末损益的影响数。

2. 会计政策变更发生在会计年度内第 1 季度之外的其他季度

如果企业的会计政策变更发生在会计年度内第 1 季度之外的其他季度，如第 2 季度、第 3 季度等，其会计处理相对于会计政策变更发生在第 1 季度而言要复杂一些。

企业除了应当计算会计政策变更的累积影响数并作相应的账务处理之外，在财务报表的列报方面，还需要调整根据《企业会计准则第 32 号——中期财务报告》要求提供的以前年度比较财务报表最早期间的期初留存收益和比较财务报表其他相关项目的数字，以及在会计政策变更季度财务报告中或者变更以后季度财务报告中所涉及的本会计年度内发生会计政策变更之前季度财务报表相关项目的数字；在财务报表附注的披露方面，企业需要披露会计政策变更对以前年度的累积影响数 [包括对比较财务报表最早期间期初留存收益的影响数和以前年度可比中期损益的影响数（这里所指的可比中期损益的影响数包括可比季度损益的影响数和可比年初至季度末损益的影响数）]，以及对当年度变更季度、年初至变更季度末损益的影响数和当年度会计政策变更前各季度损益的影响数，同时，在发生会计政策变更以后季度财务报表附注中也需要做相应披露。例如，智董公司在第 3 季度发生了会计政策变更，则在其第 3 季度财务报告中，需要调整上年度年初留存收益和上年度末资产负债表、上年度第 3 季度利润表和上年度年初至第 3 季度末利润表相关项目的数字，同时，在财务报表附注中还需要对会计政策变更对以前年度累积影响数、上年度年初留存收益影响数、上年度第 3 季度净利润影响数、上年度年初至第 3 季度末净利润影响数，以及对本年度第 3 季度净利润影响数、本年度年初至第 3 季度末净利润影响数和本年度第 1、2 季度净利润影响数分别做出说明。

第 38 章

合并财务报表

38.1 合并财务报表综合知识

合并财务报表是指反映母公司和其全部子公司形成的企业集团整体财务状况、经营成果和现金流量的财务报表。

其中，母公司是指控制一个或一个以上主体（含企业、被投资单位中可分割的部分，以及企业所控制的结构化主体等,下同）的主体。子公司，是指被母公司控制的主体。

小知识

合并财务报表会计准则的修订情况

在合并财务报表方面，修订后的准则(《关于印发修订〈企业会计准则第 33 号——合并财务报表〉的通知》,自 2014 年 7 月 1 日起在所有执行企业会计准则的企业范围内施行)采纳了企业集团编制合并财务报表的豁免规定，即借鉴原企业会计制度下关于企业集团编制合并财务报表的豁免规定，要求除国有及国有控股企业、股票或债券已公开交易的企业、正处于公开发行股票或债券过程中的企业、金融机构或其他具有金融性质的企业以及其他需要对外提供合并财务报表的企业必须按照准则要求编制合并财务报表准则外，其他企业集团是否编制合并会计报表由企业管理层自行确定。关于控制的定义和具体判断原则方面：改进控制的定义，强调控制构成的三要素为对被投资者的权力、可变回报以及能够行使权力影响可变回报；引入实质性控制概念，即投资方虽持有小于 50%的表决权，但综合考虑投资方拥有的表决权相对于其他各方拥有的表决权份额的大小、其他各方表决权的分散程度、潜在表决权、其他合约性安排、被投资方以往的表决权行使情况等所有因素和条件后仍可具有控制。引入关于拥有决策制定权利的投资者是委托人还是代理人的判断指引。其中，代理人作为代表其他方行使权力的第三方，并不控制被投资方。引入对被投资方可分割部分的控制。投资方通常是在被投资方整体层面对是否控制进行评估，但极个别情况下，可以将被投资方的一部分视为被投资方可分割的部分，进而判断是否控制该部分。其他修订：明确规定购买少数股权、不丧失控制权情况下处置部分对子公司投资交易在合并财务报表层面应作为权益性交易进行会计处理。明确规定因抵消未实现内部销售损益导致合并资产负债表中资产、负债的账面价值与其在所属纳税主体的计税基础之间产生暂时性差异的，在合并财务报表层面应确认相应的所得税影响。明确规定因处置部分股权投资或其他原因丧失对原有子公司控制权的，在合并财务报表层面应视为处置子公司同时取得一项新的投资性资产，对剩余股权应按照其丧失控制权日的公允价值进行重新计量。明确规定子公司当期综合收益中属于少数股东权益的份额，应当合并利润表中综合收益总额项目下以“归属于少数股东的综合收益总额”项目列示。明确规定子公司少数股东分担的当期亏损超过了少数股东在该子公司期初所有者权益中所享有的份额的，其余额仍应当冲减少数股东权益。

1．合并财务报表的特点

合并财务报表是以整个企业集团为一会计主体，以组成企业集团的母公司和子公司的个别财务报表（指企业单独编制的财务报表，为了与合并财务报表相区别，将其称之为个别财务报表）为基础，抵消内部交易或事项对个别财务报表的影响后编制而成的。

（1）与个别财务报表比较。

1）反映的内容和对象。合并财务报表反映的是母公司和子公司所组成的企业集团整体的财务状况和经营成果，反映的对象是由若干个法人组成的会计主体，是经济意义上的会计主体，而不是法律意义上的主体。个别财务报表反映的则是单个企业法人的财务状况和经营成果，反映的对象是企业法人。对于由母公司和若干个子公司组成的企业集团来说，母公司和子公司编制的个别财务报表分别反映母公司本身或子公司本身各自的财务状况和经营成果，而合并财务报表则反映母公司和子公司组成的集团这一会计主体综合的财务状况和经营成果。

2）编制人及需编制范围。合并财务报表由企业集团中对其他企业有控制权的控股公司或母公司编制。也就是说，并不是企业集团中所有企业都必须编制合并财务报表，更不是社会上所有企业都需要编制合并财务报表。与此不同，个别财务报表是由独立的法人企业编制，所有企业都需要编制个别财务报表。

3）编制基础。合并财务报表以个别财务报表为基础编制。企业编制个别财务报表，从设置账簿、审核凭证、编制记账凭证、登记会计账簿到编制财务报表，都有一套，完整的会计核算方法体系。而合并财务报表则不同，它是以纳入合并范围的企业个别财务报表为基础，根据其他有关资料，抵消有关会计事项对个别财务报表的影响编制的，它并不需要在现行会计核算方法体系之外，单独设置一套账簿体系。

4）编制方法和程序。合并财务报表编制有其独特的方法。个别财务报表的编制有其自身固有的一套编制方法和程序。合并财务报表则是在对纳入合并范围的个别财务报表的数据进行加总的基础上，通过编制抵消分录将企业集团内部的经济业务对个别财务报表的影响予以抵消，然后合并财务报表各项目的数额编制。

（2）与汇总财务报表比较。合并财务报表也不同于汇总财务报表。汇总财务报表主要是指由行政管理部门根据所属企业报送的财务报表，对其各项目进行加总编制的财务报表。

1）编制目的不同。

① 汇总财务报表的目的主要是满足有关行政部门或国家掌握了解整个行业或整个部门所属企业的财务经营情况的需要。

② 合并财务报表则主要是满足公司的所有者、债权人以及其他有关方面了解企业集团整体财务状况和经营成果的需要。

2）确定编报范围的依据不同。

① 汇总财务报表的编报范围主要是以企业的财务隶属关系作为确定的依据，即以企业是否归其管理，是否是其下属企业作为确定编报范围的依据，凡属于其下属企业，在财务上归其管理，则包括在汇总财务报表的编报范围之内。

② 合并财务报表则是以母公司对另一企业的控制关系作为确定编报范围（合并范围）的依据，凡是通过投资关系或协议能够对其实施有效控制的企业则属于合并财务报表的编制范围。

3）所采用的编制方法不同。

① 汇总财务报表主要采用简单加总方法编制。

② 合并财务报表则必须采用抵消内部投资、内部交易、内部债权债务等内部会计事项对个别财务报表的影响后编制。

2．合并财务报表至少应当包括的组成部分

合并财务报表至少应当包括下列组成部分：

（1）合并资产负债表。

（2）合并利润表。

（3）合并现金流量表。

（4）合并所有者权益（或股东权益，下同）变动表。

（5）附注。

企业集团中期期末编制合并财务报表的，至少应当包括合并资产负债表、合并利润表、合并现金流量表和附注。

3．母公司是否应当编制合并财务报表

母公司应当编制合并财务报表。

如果母公司是投资性主体，且不存在为其投资活动提供相关服务的子公司，则不应当编制合并财务报表，该母公司按照《企业会计准则第 33 号——合并财务报表》第二十一条的规定以公允价值计量其对所有子公司的投资，且公允价值变动计入当期损益。

4．外币财务报表折算

外币财务报表折算，适用《企业会计准则第 19 号——外币折算》和《企业会计准则第 31 号——现金流量表》。

5．在子公司权益的披露

关于在子公司权益的披露，适用《企业会计准则第 41 号——在其他主体中权益的披露》。

6．合并财务报表的合并范围

《企业会计准则第 33 号——合并财务报表》规定：

第七条　合并财务报表的合并范围应当以控制为基础予以确定。

控制，是指投资方拥有对被投资方的权力,通过参与被投资方的相关活动而享有可变回报，并且有能力运用对被投资方的权力影响其回报金额。

本准则所称相关活动，是指对被投资方的回报产生重大影响的活动。被投资方的相关活动应当根据具体情况进行判断，通常包括商品或劳务的销售和购买、金融资产的管理、资产的购买和处置、研究与开发活动以及融资活动等。

第八条　投资方应当在综合考虑所有相关事实和情况的基础上对是否控制被投资方进行判断。一旦相关事实和情况的变化导致对控制定义所涉及的相关要素发生变化的，投资方应当进行重新评估。相关事实和情况主要包括：

（一）被投资方的设立目的。

（二）被投资方的相关活动以及如何对相关活动做出决策。

（三）投资方享有的权利是否使其目前有能力主导被投资方的相关活动。

（四）投资方是否通过参与被投资方的相关活动而享有可变回报。

（五）投资方是否有能力运用对被投资方的权力影响其回报金额。

（六）投资方与其他方的关系。

第九条　投资方享有现时权利使其目前有能力主导被投资方的相关活动，而不论其是否实际行使该权利，视为投资方拥有对被投资方的权力。

第十条　两个或两个以上投资方分别享有能够单方面主导被投资方不同相关活动的现时权利的，能够主导对被投资方回报产生最重大影响的活动的一方拥有对被投资方的权力。

第十一条　投资方在判断是否拥有对被投资方的权力时，应当仅考虑与被投资方相关的实质性权利，包括自身所享有的实质性权利以及其他方所享有的实质性权利。

实质性权利，是指持有人在对相关活动进行决策时有实际能力行使的可执行权利。判断一项权利是否为实质性权利，应当综合考虑所有相关因素，包括权利持有人行使该项权利是否存在财务、价格、条款、机制、信息、运营、法律法规等方面的障碍；当权利由多方持有或者行权需要多方同意时，是否存在实际可行的机制使得这些权利持有人在其愿意的情况下能够一致行权；权利持有人能否从行权中获利等。

某些情况下，其他方享有的实质性权利有可能会阻止投资方对被投资方的控制。这种实质性权利既包括提出议案以供决策的主动性权利，也包括对已提出议案做出决策的被动性权利。

第十二条　仅享有保护性权利的投资方不拥有对被投资方的权力。

保护性权利，是指仅为了保护权利持有人利益却没有赋予持有人对相关活动决策权的一项权利。保护性权利通常只能在被投资方发生根本性改变或某些例外情况发生时才能够行使，它既没有赋予其持有人对被投资方拥有权力，也不能阻止其他方对被投资方拥有权力。

第十三条　除非有确凿证据表明其不能主导被投资方相关活动，下列情况，表明投资方对被投资方拥有权力：

（一）投资方持有被投资方半数以上的表决权的。

（二）投资方持有被投资方半数或以下的表决权，但通过与其他表决权持有人之间的协议能够控制半数以上表决权的。

第十四条　投资方持有被投资方半数或以下的表决权，但综合考虑下列事实和情况后，判断投资方持有的表决权足以使其目前有能力主导被投资方相关活动的，视为投资方对被投资方拥有权力：

（一）投资方持有的表决权相对于其他投资方持有的表决权份额的大小，以及其他投资方持有表决权的分散程度。

（二）投资方和其他投资方持有的被投资方的潜在表决权，如可转换公司债券、可执行认股权证等。

（三）其他合同安排产生的权利。

（四）被投资方以往的表决权行使情况等其他相关事实和情况。

第十五条　当表决权不能对被投资方的回报产生重大影响时，如仅与被投资方的日常行政管理活动有关，并且被投资方的相关活动由合同安排所决定，投资方需要评估这些合同安排，以评价其享有的权利是否足够使其拥有对被投资方的权力。

第十六条　某些情况下，投资方可能难以判断其享有的权利是否足以使其拥有对被投资方的权力。在这种情况下，投资方应当考虑其具有实际能力以单方面主导被投资方相关活动的证据，从而判断其是否拥有对被投资方的权力。投资方应考虑的因素包括但不限于下列事项：

（一）投资方能否任命或批准被投资方的关键管理人员。

（二）投资方能否出于其自身利益决定或否决被投资方的重大交易。

（三）投资方能否掌控被投资方董事会等类似权力机构成员的任命程序，或者从其他表决权持有人手中获得代理权。

（四）投资方与被投资方的关键管理人员或董事会等类似权力机构中的多数成员是否存在关联方关系。投资方与被投资方之间存在某种特殊关系的，在评价投资方是否拥有对被投资方的权力时，应当适当考虑这种特殊关系的影响。特殊关系通常包括：被投资方的关键管理人员是投资方的现任或前任职工、被投资方的经营依赖于投资方、被投资方活动的重大部分有投资方参与其中或者是以投资方的名义进行、投资方自被投资方承担可变回报的风险或享有可变回报的收益远超过其持有的表决权或其他类似权利的比例等。

第十七条　投资方自被投资方取得的回报可能会随着被投资方业绩而变动的，视为享有可变回报。投资方应当基于合同安排的实质而非回报的法律形式对回报的可变性进行评价。

第十八条　投资方在判断是否控制被投资方时，应当确定其自身是以主要责任人还是代理人的身份行使决策权，在其他方拥有决策权的情况下，还需要确定其他方是否以其代理人的身份代为行使决策权。代理人仅代表主要责任人行使决策权，不控制被投资方。

投资方将被投资方相关活动的决策权委托给代理人的，应当将该决策权视为自身直接持有。

第十九条　在确定决策者是否为代理人时，应当综合考虑该决策者与被投资方以及其他投资方之间的关系。

（一）存在单独一方拥有实质性权利可以无条件罢免决策者的，该决策者为代理人。

（二）除（一）以外的情况下，应当综合考虑决策者对被投资方的决策权范围、其他方享有的实质性权利、决策者的薪酬水平、决策者因持有被投资方中的其他权益所承担可变回报的风险等相关因素进行判断。

第二十条　投资方通常应当对是否控制被投资方整体进行判断。但极个别情况下，有确凿证据表明同时满足下列条件并且符合相关法律法规规定的，投资方应当将被投资方的一部分（以下简称“该部分”）视为被投资方可分割的部分（单独主体），进而判断是否控制该部分（单独主体）。

（一）该部分的资产是偿付该部分负债或该部分其他权益的唯一来源，不能用于偿还该部分以外的被投资方的其他负债；

（二）除与该部分相关的各方外，其他方不享有与该部分资产相关的权利，也不享有与该部分资产剩余现金流量相关的权利。

第二十一条　母公司应当将其全部子公司（包括母公司所控制的单独主体）纳入合并财务报表的合并范围。

如果母公司是投资性主体，则母公司应当仅将为其投资活动提供相关服务的子公司（如有）纳入合并范围并编制合并财务报表；其他子公司不应当予以合并，母公司对其他子公司的投资应当按照公允价值计量且其变动计入当期损益。

第二十二条　当母公司同时满足下列条件时，该母公司属于投资性主体：

（一）该公司是以向投资者提供投资管理服务为目的，从一个或多个投资者处获取资金；

（二）该公司的唯一经营目的，是通过资本增值、投资收益或两者兼有而让投资者获得回报；

（三）该公司按照公允价值对几乎所有投资的业绩进行考量和评价。

第二十三条　母公司属于投资性主体的，通常情况下应当符合下列所有特征：

（一）拥有一个以上投资；

（二）拥有一个以上投资者；

（三）投资者不是该主体的关联方；

（四）其所有者权益以股权或类似权益方式存在。

第二十四条　投资性主体的母公司本身不是投资性主体，则应当将其控制的全部主体，包括那些通过投资性主体所间接控制的主体，纳入合并财务报表范围。

第二十五条　当母公司由非投资性主体转变为投资性主体时，除仅将为其投资活动提供相关服务的子公司纳入合并财务报表范围编制合并财务报表外，企业自转变日起对其他子公司不再予以合并，并参照本准则第四十九条的规定，按照视同在转变日处置子公司但保留剩余股权的原则进行会计处理。

当母公司由投资性主体转变为非投资性主体时，应将原未纳入合并财务报表范围的子公司于转变日纳入合并财务报表范围，原未纳入合并财务报表范围的子公司在转变日的公允价值视同为购买的交易对价。

……

第五十三条　首次采用本准则的企业应当根据本准则的规定对被投资方进行重新评估，确定其是否应纳入合并财务报表范围。因首次采用本准则导致合并范围发生变化的，应当进行追溯调整，追溯调整不切实可行的除外。比较期间已丧失控制权的原子公司，不再追溯调整。

小知识

企业对于合营企业是否应纳入合并财务报表的合并范围

按照《企业会计准则第33号——合并财务报表》的规定，投资企业对于与其他投资方一起实施共同控制的被投资单位，应当采用权益法核算，不应采用比例合并法。但是，如果根据有关章程、协议等，表明投资企业能够对被投资单位实施控制的，应当将被投资单位纳入合并财务报表的合并范围。

7. 合并程序

《企业会计准则第33号——合并财务报表》规定：

第二十六条　母公司应当以自身和其子公司的财务报表为基础，根据其他有关资料，编制合并财务报表。

母公司编制合并财务报表，应当将整个企业集团视为一个会计主体，依据相关企业会计准则的确认、计量和列报要求，按照统一的会计政策，反映企业集团整体财务状况、经营成果和现金流量。

（一）合并母公司与子公司的资产、负债、所有者权益、收入、费用和现金流等项目。

（二）抵消母公司对子公司的长期股权投资与母公司在子公司所有者权益中所享有的份额。

（三）抵消母公司与子公司、子公司相互之间发生的内部交易的影响。内部交易表明相关资产发生减值损失的，应当全额确认该部分损失。

（四）站在企业集团角度对特殊交易事项予以调整。

第二十七条　母公司应当统一子公司所采用的会计政策，使子公司采用的会计政策与母公司保持一致。

子公司所采用的会计政策与母公司不一致的，应当按照母公司的会计政策对子公司财务报表进行必要的调整；或者要求子公司按照母公司的会计政策另行编报财务报表。

第二十八条　母公司应当统一子公司的会计期间，使子公司的会计期间与母公司保持一致。

子公司的会计期间与母公司不一致的，应当按照母公司的会计期间对子公司财务报表进行调整；或者要求子公司按照母公司的会计期间另行编报财务报表。

第二十九条　在编制合并财务报表时，子公司除了应当向母公司提供财务报表外，还应当向母公司提供下列有关资料：

（一）采用的与母公司不一致的会计政策及其影响金额；

（二）与母公司不一致的会计期间的说明；

（三）与母公司、其他子公司之间发生的所有内部交易的相关资料；

（四）所有者权益变动的有关资料；

（五）编制合并财务报表所需要的其他资料。

8. 合并财务报表编制的前期准备事项

合并财务报表的编制涉及数个法人企业实体。为了使编制的合并财务报表准确、全面反映企业集团的真实情况，必须做好一系列的前期准备事项。这些前期准备事项主要有如下几项。

（1）统一母子公司的财务报表决算日及会计期间。财务报表总是反映一定日期的财务状况和一定会计期间的经营成果的，母公司和子公司的个别财务报表只有在反映财务状况的日期和反映经营成果的会计期间一致的情况下，才能进行合并。

为了编制合并财务报表，必须要求子公司的财务报表决算日和会计期间保持一致，统一企业集团内部各企业的财务报表决算日和会计期间，以便于子公司提供相同日期和会计期间的财务报表。

对于境外子公司，由于当地法律限制不能与母公司财务报表决算日和会计期间一致的，可以要求其为编制合并财务报表单独编报与母公司财务报表决算日和会计期间一致的个别财务报表。

（2）统一母子公司的会计政策。会计政策是指企业进行会计核算和编制财务报表时所采用的会计原则、会计程序和会计处理方法，是编制财务报表的基础，是保证财务报表各项目反映内容一致的基础。

只有在财务报表各项目反映的内容一致的情况下，才能对其进行加总，编制合并财务报表。

为此，在编制财务报表前，应统一母子公司会计政策，要求子公司所采用的会计政策与母公司保持一致。

（3）对子公司股权投资采用权益法核算。投资企业对子公司的长期股权投资，应当采用《企业会计准则第 2 号——长期股权投资》规定的成本法核算，编制合并财务报表时按照权益法进行调整。

《企业会计准则第 33 号——合并财务报表》第十一条规定，合并财务报表应当以母公司和其子公司的财务报表为基础，根据其他有关资料，按照权益法调整对子公司的长期股权投资后，由母公司编制。

权益法是股权投资的核算方法之一。在采用权益法核算长期股权投资的情况下，长期股权投资账面价值反映其在被投资企业权益的变动情况，即长期股权投资的账面余额等于其在子公司所有者权益中所拥有的份额。在编制合并报表时进行抵消处理的项目之一，就是母公司对子公司长期股权投资与子公司所有者权益各项目相互抵消。在采用权益法的情况下，有利于合并财务报表的编制。

（4）对子公司外币表示的财务报表进行折算。对母公司和子公司的财务报表进行合并，其前提必须是母子公司个别财务报表所采用的货币计量单位一致。在我国允许外币业务比较多的企业采用某一外币作为记账本位币，境外企业一般也是采用其所在国或地区的货币作为其记账本位币。

外币财务报表折算，适用《企业会计准则第 19 号——外币折算》和《企业会计准则第 31 号——现金流量表》。

法律依据

《企业会计准则第 19 号——外币折算》

第四条 记账本位币，是指企业经营所处的主要经济环境中的货币。

企业通常应选择人民币作为记账本位币。业务收支以人民币以外的货币为主的企业，可以按照本准则第五条规定选定其中一种货币作为记账本位币。但是，编报的财务报表应当折算为人民币。

第五条 企业选定记账本位币，应当考虑下列因素：

（一）该货币主要影响商品和劳务的销售价格，通常以该货币进行商品和劳务的计价和结算；

（二）该货币主要影响商品和劳务所需人工、材料和其他费用，通常以该货币进行上述费用的计价和结算；

（三）融资活动获得的货币以及保存从经营活动中收取款项所使用的货币。

第六条 企业选定境外经营的记账本位币，还应当考虑下列因素：

（一）境外经营对其所从事的活动是否拥有很强的自主性；

（二）境外经营活动中与企业的交易是否在境外经营活动中占有较大比重；

（三）境外经营活动产生的现金流量是否直接影响企业的现金流量、是否可以随时汇回；

（四）境外经营活动产生的现金流量是否足以偿还其现有债务和可预期的债务。

第七条 境外经营，是指企业在境外的子公司、合营企业、联营企业或分支机构。

在境内的子公司、合营企业、联营企业或分支机构，采用不同于企业记账本位币的，也视同境外经营。

第八条 企业记账本位币一经确定，不得随意变更，除非企业经营所处的主要经济环境发生重大变化。

企业因经营所处的主要经济环境发生重大变化，确需变更记账本位币的，应当采用变更当日的即期汇率将所有项目折算为变更后的记账本位币。

9. 合并财务报表的编制原则

合并财务报表作为财务报表，必须符合财务报表编制的一般原则和基本要求。这些基本要求包括真实可靠、全面完整和编报及时。合并财务报表又与个别财务报表不同，它反映母公司和子公司组成的企业集团整体财务情况，反映的是若干个法人共同形成的会计主体的财务情况。因此，合并财务报表的编制除遵循财务报表编制的一般原则和要求外，还应当遵循以下原则和要求。

（1）以个别财务报表为基础编制。合并财务报表并不是直接根据母公司和子公司账簿编制，而是利用母公司和子公司编制的反映各自财务状况和经营成果的财务报表提供的数据，通过合并财务报表的特有方法进行编制。

以纳入合并范围的个别财务报表为基础，可以说是客观性原则在合并财务报表编制时的具体体现。

（2）一体性原则。合并财务报表反映的是企业集团的财务状况和经营成果，反映由多个法人企业组成的一个会计主体的财务情况。在编制合并财务报表时应当将母公司和所有子公司作为整体来看待，视为同一会计主体。母公司和子公司发生的经营活动都应当从企业集团这一整体的角度进行考虑。因此，在编制合并财务报表时，对于母公司与子公司、子公司相互之间发生的经济业务，应当视同同一会计主体内部业务处理，视同同一会计主体之下的不同核算单位的内部业务。

10．合并财务报表的编制程序

（1）编制合并工作底稿。合并会计工作底稿的作用是为合并财务报表的编制提供基础。在合并工作底稿中，对母公司和纳入合并范围的子公司的个别财务报表各项目的数额进行汇总和抵消处理，最终计算得出合并财务报表各项目的合并数。合并工作底稿的基本格式如表 38-1 所示。

表 38-1　合并工作底稿的基本格式

项　　目	母公司	子公司 1	子公司 2	合计数	抵消分录		少数股东权益	合并数
					借方	贷方		
（利润表项目）								
营业收入								
营业成本								
……								
净利润								
（资产负债表项目）								
货币资金								
……								
短期借款								
……								
实收资本								
……								
未分配利润								
少数股东权益								

（2）将母公司、纳入合并范围的子公司个别资产负债表、利润表各项目的数据过入合并工作底稿，并在合并工作底稿中对母公司和子公司个别财务报表各项目的数据进行加总，计算得出个别资产负债表、个别利润表各项目合计数额。

（3）编制抵消分录，将母公司与子公司、子公司相互之间发生的经济业务对个别财务报表有关项目的影响进行抵消处理。

编制抵消分录，进行抵消处理是合并财务报表编制的关键和主要内容，其目的在于将个别财务报表各项目的加总数据中重复的因素予以抵消。

（4）计算合并财务报表各项目的合并数额。即在母公司和纳入合并范围的子公司个别财务报表各项目加总数额的基础上，分别计算财务报表中的资产项目、负债项目、所有者权益项目、收入项目和费用项目的合并数。其计算方法如下：

① 资产类各项目，其合并数根据该项目加总的数额，加上该项目抵消分录有关的借方发生额，减去该项目抵消分录有关的贷方发生额计算确定。

② 负债类各项目和所有者权益类项目，其合并数根据该项目加总的数额，减去该项目抵消分录有关的借方发生额，加上该项目抵消分录有关的贷方发生额计算确定。对于少数股东权益项目，在计算其合并数时，比照负债类项目和所有者权益类项目进行处理。

③ 收益类各项目，其合并数根据该项目加总的数额，减去该项目抵消分录的借方发生额，加上该项目抵消分录的贷方发生额计算确定。

④ 成本费用类项目和利润分配的各项目，其合并数根据该项目加总的数额，加上该项目抵消分录的借方发生额，减去该项目抵消分录的贷方发生额计算确定。

（5）填列合并财务报表。即根据合并工作底稿中计算出的资产、负债、所有者权益、收入、成本费用类各项目的合并数，填列正式的合并财务报表。

法律依据

特殊交易的会计处理

（关于印发修订《企业会计准则第 33 号——合并财务报表》的通知，2014 年 2 月 17 日，财会［2014］10 号）

第四十七条 母公司购买子公司少数股东拥有的子公司股权，在合并财务报表中，因购买少数股权新取得的长期股权投资与按照新增持股比例计算应享有子公司自购买日或合并日开始持续计算的净资产份额之间的差额，应当调整资本公积（资本溢价或股本溢价），资本公积不足冲减的，调整留存收益。

第四十八条 企业因追加投资等原因能够对非同一控制下的被投资方实施控制的，在合并财务报表中，对于购买日之前持有的被购买方的股权，应当按照该股权在购买日的公允价值进行重新计量，公允价值与其账面价值的差额计入当期投资收益；购买日之前持有的被购买方的股权涉及权益法核算下的其他综合收益等的，与其相关的其他综合收益等应当转为购买日所属当期收益。购买方应当在附注中披露其在购买日之前持有的被购买方的股权在购买日的公允价值、按照公允价值重新计量产生的相关利得或损失的金额。

第四十九条 母公司在不丧失控制权的情况下部分处置对子公司的长期股权投资，在合并财务报表中，处置价款与处置长期股权投资相对应享有子公司自购买日或合并日开始持续计算的净资产份额之间的差额，应当调整资本公积（资本溢价或股本溢价），资本公积不足冲减的，调整留存收益。

第五十条 企业因处置部分股权投资等原因丧失了对被投资方的控制权的，在编制合并财务报表时，对于剩余股权，应当按照其在丧失控制权日的公允价值进行重新计量。处置股权取得的对价与剩余股权公允价值之和，减去按原持股比例计算应享有原有子公司自购买日或合并日开始持续计算的净资产的份额之间的差额，计入丧失控制权当期的投资收益，同时冲减商誉。与原有子公司股权投资相关的其他综合收益等，应当在丧失控制权时转为当期投资收益。

第五十一条 企业通过多次交易分步处置对子公司股权投资直至丧失控制权的，如果处置对子公司股权投资直至丧失控制权的各项交易属于一揽子交易的，应当将各项交易作为一项处置子公司并丧失控制权的交易进行会计处理；但是，在丧失控制权之前每一次处置价款与处置投资对应的享有该子公司净资产份额的差额，在合并财务报表中应当确认为其他综合收益，在丧失控制权时一并转入丧失控制权当期的损益。

处置对子公司股权投资的各项交易的条款、条件以及经济影响符合下列一种或多种情况，通常表明应将多次交易事项作为一揽子交易进行会计处理：

（一）这些交易是同时或者在考虑了彼此影响的情况下订立的。

（二）这些交易整体才能达成一项完整的商业结果。

（三）一项交易的发生取决于其他至少一项交易的发生。

（四）一项交易单独考虑时是不经济的，但是和其他交易一并考虑时是经济的。

第五十二条 对于本章未列举的交易或者事项，如果站在企业集团合并财务报表角度的确认和计量结果与其所属的母公司或子公司的个别财务报表层面的确认和计量结果不一致的，则在编制合并财务报表时，也应当按照本准则第二十六条第二款第（四）项的规定，对其确认和计量结果予以相应调整。

38.2 合并财务报表附注披露

1.《企业会计准则第 33 号——合并财务报表》的有关规定

企业应当在附注中披露下列信息。

（1）子公司的清单，包括企业名称、注册地、业务性质、母公司的持股比例和表决权比例。

（2）母公司直接或通过子公司间接拥有被投资单位表决权不足半数但能对其形成控制的原因。

（3）母公司直接或通过其他子公司间接拥有被投资单位半数以上的表决权但未能对其形成控制的原因。

（4）子公司所采用的与母公司不一致的会计政策，编制合并财务报表的处理方法及其影响。

（5）子公司与母公司不一致的会计期间，编制合并财务报表的处理方法及其影响。

（6）本期增加子公司，按照《企业会计准则第 20 号——企业合并》的规定进行披露。

（7）本期不再纳入合并范围的原子公司，说明原子公司的名称、注册地、业务性质、母公司的持股比例和表决权比例，本期不再成为子公司的原因，其在处置日和上一会计期间资产负债表日资产、负债和所有者权益的金额以及本期期初至处置日的收入、费用和利润的金额。

（8）子公司向母公司转移资金的能力受到严格限制的情况。

（9）需要在附注中说明的其他事项。

2.《企业会计准则第 33 号——合并财务报表》应用指南规定的披露内容及要求

企业应当按照规定披露附注信息，主要包括下列内容：

（1）企业集团的基本情况。

（2）财务报表的编制基础。

（3）遵循企业会计准则的声明。

（4）重要会计政策和会计估计。

（5）会计政策和会计估计变更以及差错更正的说明。

（6）报表重要项目的说明。

（7）或有事项。

（8）资产负债表日后事项。

（9）关联方关系及其交易。

（10）风险管理。

以上（1）至（10）项，应当比照《企业会计准则第 30 号——财务报表列报》应用指南的相关规定进行披露。

合并现金流量表，还应遵循《企业会计准则第 31 号——现金流量表》应用指南的相关规定进行披露。

（11）母公司和子公司信息。

① 子公司有关信息的披露格式如表 38-2 所示。

表 38-2　子公司有关信息的披露格式

子公司名称	注册地	业务性质	注册资本	本企业合计持股比例	本企业合计享有的表决权比例
1.					
……					

② 母公司拥有被投资单位表决权不足半数但能对被投资单位形成控制的原因。

③ 母公司直接或通过其他子公司间接拥有被投资单位半数以上的表决权但未能对其形成控制的原因。

④ 子公司所采用的会计政策与母公司不一致的，母公司编制合并财务报表的处理方法。

⑤ 子公司与母公司会计期间不一致的，母公司编制合并财务报表的处理方法。

⑥ 本期不再纳入合并范围的原子公司，说明原子公司的名称、注册地、业务性质、母公司的持股比例和表决权比例，本期不再成为子公司的原因。

原子公司在处置日和上一会计期间资产负债表日资产、负债和所有者权益的金额以及本期期初至处置日的收入、费用和利润的金额。

⑦ 子公司向母公司转移资金的能力受到严格限制的情况。

⑧ 作为子公司纳入合并范围的特殊目的主体的业务性质、业务活动等。

第 39 章 分部报告

分部是指企业内部可区分的，专门用于向外部提供信息的一部分。

分部报告是指在企业的财务会计报告中，按照确定的企业内部组成部分提供的有关各组成部分收入、资产和负债等信息的报告。

《企业会计准则第 35 号——分部报告》第三条规定，企业应当以对外提供的财务报表为基础披露分部信息。对外提供合并财务报表的企业，应当以合并财务报表为基础披露分部信息。

分部报告通常是作为财务会计报告的一个组成部分予以披露的。在企业财务会计报告披露合并财务报表的情况下，分部报告的披露以该合并财务报表为基础列报；而在其财务会计报告仅披露个别财务报表的情况下，则其分部报告的披露以个别财务报表为基础列报。分部报告通常作为财务报表附注的一个组成部分予以披露。

39.1 企业报告分部的确定

在披露分部报告时，首先必须确定报告主体的分部。

企业应当以内部组织结构、管理要求、内部报告制度为依据确定经营分部，以经营分部为基础确定报告分部，并按下列规定披露分部信息。原有关确定地区分部和业务分部以及按照主要报告形式、次要报告形式披露分部信息的规定不再执行。

1. 重要性的标准——10%

一个分部是否作为报告分部，取决于其是否具有重要性，对于具有重要性的分部，则应将其作为报告分部。

一般情况下，判断其重要性主要依据其是否达到下列各项目中至少一项标准。

（1）一个分部的收入（包括对外交易收入和对其他分部的交易收入）达到企业分部收入总额的 10%以上。但当某一分部仅对内部其他分部提供产品和劳务，并不对外销售产品或提供劳务时，则不能将其作为报告分部对待。各分部从企业外部取得的利息收入，以及分部相互之间发生的应收款项（列入分部可辨认资产者）而取得的利息收入，应当将其作为分部收入处理。对其他分部预付款或贷款所发生的利息收入，则不能包括在分部收入中。但当企业内部设立有融资机构时，由于其主要业务为融资、贷款给其他部门，其贷款收入则应计入该融资分部的分部收入之中。

（2）一个分部的营业利润（或营业亏损），达到下列两项中绝对值较大者的 10%：所有盈利分部的分部利润合计额；所有亏损分部的分部营业亏损合计额。

在这里，分部利润（或营业亏损）是指分部收入扣除分部费用后的余额。其中，分部费用是指分部从经营活动中产生的、可直接归属于该分部的费用，以及能按合理的基础分配给该分部的费用份额。

（3）分部资产达各分部资产总额的 10%以上。

但当某一分部的交易收入、营业利润或营业亏损及其可辨认的资产，每项均达到全部分部合计数 90%以上时。则企业的合并财务报表即可以提供该分部在风险及经营业绩的会计信息。此时，只须在财务报表附注中予以说明即可，而无必要提供分部报告。

2．报告分部 75%的标准

《企业会计准则第 35 号——分部报告》第十条规定，报告分部的对外交易收入合计额占合并总收入或企业总收入的比重未达到 75%的，应当将其他的分部确定为报告分部（即使它们未满足本准则第八条规定的条件），直到该比重达到 75%。

在分部报告中披露的对外交易收入合计额必须达到合并总收入（或企业总收入）的 75%。如果未达到总收入的 75%的标准，则必须增加报告分部的数量，直到达到 75%的比例。

3．报告分部的数量不超过 10 个

作为报告分部的数量不宜过多，一般不得超过 10 个。因为如果将过多的分部作为报告分部，对其会计信息予以披露，则将导致披露的信息过多，使对外披露的会计信息流于琐碎，反而不利于会计信息使用者的使用。

除遵循上述标准外，某一分部确定是否应作为报告分部，还应当注意与其他会计期间的情况相比较，注意保持报告分部在不同会计期间的一贯性。对于某一分部，因某一会计年度特殊事项而导致其不符合上述标准时，在该会计年度仍然应当将其作为报告分部披露其会计信息。反之，在正常情况下不符合报告分部的定义，而由某一特殊事项而导致其达到 10%的标准时，在该会计年度也不应将其作为报告分部披露其会计信息。但是，当某一分部以前年度未达到报告分部的标准，但在本会计年度达到上述标准，并且预计在以后的会计年度也将达到上述标准的要求时，则应将该分部作为报告分部披露其相关的会计信息。在这种情况下，对该报告分部以前会计年度相关的分部信息应当予以重编，以便该报告分部相关信息的相互可比。

39.2　分部会计信息的披露

企业在确定报告分部之后，应当按照确定的报告分部，进行分部会计信息的披露。

1．分部的日常活动是金融性质的，利息收入和利息费用的披露

分部的日常活动是金融性质的，利息收入和利息费用应当作为分部收入和分部费用进行披露。

2．与合并财务报表或企业财务报表中的总额信息衔接

企业披露的分部信息，应当与合并财务报表或企业财务报表中的总额信息相衔接。

分部收入应当与企业的对外交易收入（包括企业对外交易取得的、未包括在任何分部收入中的收入）相衔接；分部利润（亏损）应当与企业营业利润（亏损）和企业净利润（净亏损）相衔接；分部资产总额应当与企业资产总额相衔接；分部负债总额应当与企业负债总额相衔接。

3．分部间转移交易的披露

分部间转移交易应当以实际交易价格为基础计量。转移价格的确定基础及其变更情况，应当予以披露。

4．分部会计政策的披露

分部会计政策，是指编制合并财务报表或企业财务报表时采用的会计政策，以及与分部报告特别相关的会计政策。与分部报告特别相关的会计政策包括分部的确定、分部间转移价格的确定方法，以及将收入和费用分配给分部的基础等。

企业应当披露分部会计政策，但分部会计政策与合并财务报表或企业财务报表一致的除外。

分部会计政策变更影响重大的，应当按照《企业会计准则第 28 号——会计政策、会计估计变更和差错更正》进行披露，并提供相关比较数据。提供比较数据不切实可行的，应当说明原因。

企业改变分部的分类且提供比较数据不切实可行的，应当在改变分部分类的年度，分别披露改变前和改变后的报告分部信息。

5．前期比较数据的提供

企业在披露分部信息时，应当提供前期比较数据。但是，提供比较数据不切实可行的除外。

反侵权盗版声明

举报电话：（010）88254396；（010）88258888

传　　真：（010）88254397

E-mail：　dbqq@phei.com.cn

通信地址：北京市万寿路 173 信箱

电子工业出版社总编办公室

邮　　编：100036